一、总类

中国律师执业必备手册
法律意见书的研究与制作
律师谋略——原告的诉讼策略与技巧
被告谋略——被告的诉讼策略与技巧
律师实务技能十字诀——律师各项业务的特点和操作要领
律师执业基本技能：法律服务收费谈判
律师事务所精细化管理手册
法律谈判策略与技巧
法律咨询策略与技巧
○ **律师文书写作技能与范例（第四版）**

二、民事业务

民商事再审程序操作指引
医疗纠纷案件律师业务
婚姻家庭纠纷案件律师业务（最新修订版）
反不正当竞争法律制度与实务技能

三、房地产与建设工程业务

律师房地产法律服务技能
建设工程法：法律制度与实务技能（最新修订版）
房地产诉讼谋略与非诉技巧

四、公司业务

企业法律顾问实务全书（最新修订版）
并购重组操作指引
证券律师实务
中小企业境内上市法律实务
律师国有资产业务
企业国有产权转让律师业务
中国税务律师实务
破产清算律师实务
应诉欧共体反倾销律师业务
商业特许经营法律实务——纠纷解决与风险防控

五、刑事业务

刑事辩护操作指引
死刑辩护——加强中国死刑案件辩护技能培训
刑事辩护实务操作技能与执业风险防范（最新修订版）
死刑改判操作指引

六、行政法业务

律师行政法业务
政府法律顾问实务

新版“律师业务必备”丛书

最·权·威·的·中·国·律·师·业·务·指·南

律师文书写作技能与范例

（第四版）

LÜSHI WENSHU XIEZUO JINENG YU FANLI (DI-SI BAN)

栾兆安 著

By Luan Zhaoan

法律出版社
LAW PRESS·CHINA

北京

作者简介

栾兆安

山东省莱芜市人,1985年大学毕业;1993年7月中国人民大学国际政治系硕士研究生毕业,获法学硕士学位。中国社会科学院法学研究所法治宣传教育与公法研究中心客座研究员。

长期从事律师制度与律师实务研究及律师资格考试、国家司法考试辅导与培训工作。参与司法部“法律援助制度比较研究”“一国两制法律问题研究”和独立完成“论社会主义法治与社会主义精神文明之间的关系”重大课题研究,并于1994年11月17日独立完成司法部办公厅和司法研究所交给的“国家主席答美国《领袖》主编口径”重大任务。在《法制日报》《中国律师报》《中国改革报》《当代世界与社会主义》《理论学刊》等报纸、杂志发表论文数十篇。近十年来主要从事民商事法律实务研究,出版《合同陷阱及其防范》《最新合同制作指南及风险防范》《中国律师文书制作及范本指引》《全国律师资格考试复习全书》《国家司法考试备考与实战测试题解》等作品30多部。

前言

律师文书是律师和其他法律服务工作者接受自然人、法人或者其他组织的委托担任法律顾问，担任民事案件、行政案件代理人以及接受当事人的委托或人民法院的指定担任刑事案件辩护人或代理人而依法制作的具有法律效力或法律意义的书面材料。

律师文书是律师和其他法律服务工作者从事法律服务的基本工具。律师和其他法律服务工作者提供法律服务一般是通过撰写和向当事人出具律师文书以及向人民法院、人民检察院、公安机关提交律师文书实现的。律师文书既是律师和其他法律服务工作者提供法律服务的基本形式，也是其提供法律服务的成果体现。律师和其他法律服务工作者撰写文书能力的强弱决定着其向当事人提供法律服务水平的高低。可以毫不夸张地说，得心应手地制作高质量的法律文书是律师和其他法律服务工作者向当事人提供优质法律服务及出奇制胜的法宝。

律师文书制作是一项复杂的工作，认真撰写律师文书是每个律师和其他法律服务工作者从事法律服务工作的必备基本功。律师文书不仅涉及民事诉讼法、仲裁法、劳动争议调解仲裁法、行政复议法、行政诉讼法、刑事诉讼法等程序性法律，而且涉及民商事法律、经济法律、社会法律、行政法律等实体性法律甚至宪法性法律。这就要求律师文书制作者在深入研究和掌握实体性法律知识的基础上，还需要全面了解有关律师文书制作的程序性知识以及深入研究和真正掌握律师文书的写作要领与制作方法，努力提高律师文书写作技能。

律师文书在表现形式上具有一定的程式化和规范化特点，准确把握律师文书的基本样式和制作方法是律师文书制作的基本要求。在长期的法律服务实践中，不同类型、不同种类的律师文书各自形成了相对固定的样式，其形式结构、内容构成和基本用语都有严格、明确的要求。针对当事人的不同法律需求，正确选择律师文书样式和精准地制作律师文书是律师和其他法律服务工作者的必备能力。因此，律师及其他法律服务工作者应当对各种律师文书了然于胸，运用自如。

为了进一步规范和统一诉讼文书写作标准、提高诉讼文书质量，最高人民法院于2014年制定和发布《行政诉讼文书样式（试行）》，于2016年制定和发布《人民法院民事裁判文书制作规范》《民事诉讼文书样式》。后两份文件自最高人民法院发布施行以来，对律师文书制作的规范化和科学化要求达到了一个新的高度。为了满足律师、其他法律服务工作者以及公民个人快速领会和掌握新律师文书样式的基本内容和写作技能以及快捷、高效制作律师文书的需要，作者在前三版的基础上修订出版本书。

本书具有以下显著特点：

全面性与系统性。本书内容涵盖了律师业务的主要方面，容量大、内容全。本书分为以下三编：第一编为律师诉讼业务文书，包括民事诉讼业务文书、海事诉讼业务文书、行政诉讼业务文书、刑事诉讼业务文书和执行业务文书。第二编为律师非诉讼业务文书，包括民事调解与仲裁业务文书、劳动争议调解与仲裁业务文书、行政复议与国家赔偿业务文书、民商事合同业务文书、其他民事业务文书、房地产业务文书、企业登记与破产业务文书、法律咨询业务文书。第三编为律师事务所业务文书,包括法律服务协议书与委托书、律师事务所业务信函文书和律师事务所管理必备表格。本书内容架构及体例安排独到、合理,旨在为律师、其他法律服务工作者以及广大法律服务需求者提供全面、有效的律师文书支持系统,力图帮助读者在较短的时间内掌握有关律师文书制作的基本知识和专业技能。

实用性与可操作性。本书对所涉及的每一种律师文书,首先,给出了完整的定义,详细阐述了与其相关的法律知识,以便读者掌握有关文书的基本含义,了解文书的基本用途、适用条件和适用情形及其他背景知识。其次,根据有关法律规定准确说明了文书的基本内容,并在此基础上全面、系统和准确地阐述与论证了文书所涵盖的每一部分及其制作方法。再次,准确地提供了文书样式,并以简明、概括的语言给出了作为文书范本制作依据的有关实例,由此避免了同类图书中只提供范本、不提供案情,而使读者"雾里看花,不知所云"的弊端。最后,根据有关文书的基本样式和制作方法,运用有关实体法和程序法等综合性知识,作者精心撰写和提供了具有典型性和代表性的文书范本。本书内容具有极强的实用性和可操作性,作者所撰写的大量起诉状、申请书、反诉状、上诉状等文书范本,读者根据有关案情和具体需要只需对相关内容替换即可使用。

独创性与示范性。目前市面上虽不乏同类题材的图书,但大都流于律师文书样式与相关资料的堆积,其所提供的文书范本有的直接来自不规范的网络作品,对文书应如何制作没有涉及或者涉及很少。本书作者对文书的制作方法进行了深入研究,做出了独创性的阐述,给出了标准的文书样式,对于没有官方公布文本的,作者根据有关程序法或实体法的有关规定给出了经得住推敲的参考样式。本书独特的创作方法不仅可以使读者全面了解和掌握有关文书制作的基本知识、基本方法,而且能够使读者透过作者根据具体实例所撰写的典型文书范本真切体会文书制作的奥秘,切实把握文书制作的真谛。本书所提供的每种文书范本不仅结构严谨、内容完整,而且阐释细致、论证严密、重点突出,对律师文书的制作富有启发性,具有极强的指导与示范作用。

本书是作者多年潜心研究的成果。本次修订根据最高人民法院《关于适用〈中华人民共和国行政诉讼法〉若干问题的解释》,最高人民法院发布实施的《行政诉讼文书样式(试行)》《人民法院民事裁判文书制作规范》《民事诉讼文书样式》,新增律师文书22种,修改和替换律师文书36种,替换和新增内容计20万余字。

本书自2012年4月在法律出版社首次出版以来,承蒙广大读者的厚爱和持续好评,作者深感欣慰。同时,作者也深知律师文书制作不仅是一项浩大的工程,而且是一门精深的学问,不可能"毕其功于一役"。真诚希望读者对本书存在的不足给予指正,愿在我们共同的努力下,推动律师文书制作与研究达到新的高度!

栾兆安

电子邮箱:luanzhaoan@ sina. com

2017年4月16日

目录

第一编　律师诉讼业务文书

第一部分　民事诉讼业务文书 …… 3

一、民事起诉状 …… 3
二、民事反诉状 …… 19
三、管辖权异议书 …… 29
四、民事答辩状 …… 36
五、追加必要的共同诉讼当事人申请书 …… 45
六、无独立请求权的第三人参加诉讼申请书 …… 47
七、回避申请书 …… 50
八、诉讼财产保全申请书 …… 53
九、诉前财产保全申请书 …… 57
十、解除保全申请书 …… 60
十一、先予执行申请书 …… 62
十二、案外人提供保全或先予执行担保书 …… 66
十三、复议申请书 …… 69
十四、调查收集证据申请书 …… 75
十五、延长举证期限申请书 …… 78
十六、证据保全申请书 …… 80
十七、通知证人出庭作证申请书 …… 84
十八、鉴定申请书 …… 86
十九、返还鉴定费用申请书 …… 88
二十、不公开审理申请书 …… 91
二十一、缓交(或减交、免交)诉讼费申请书 …… 93
二十二、增加诉讼请求申请书 …… 95
二十三、变更诉讼请求申请书 …… 97
二十四、放弃诉讼请求声明书 …… 100
二十五、民事撤诉申请书 …… 101
二十六、恢复诉讼申请书 …… 104
二十七、适用简易程序异议书 …… 106

二十八、适用小额诉讼程序异议书 …… 108
二十九、民事诉讼代理词 …… 111
三十、民事上诉状 …… 117
三十一、宣告公民失踪申请书 …… 125
三十二、撤销宣告失踪申请书 …… 128
三十三、宣告公民死亡申请书 …… 130
三十四、撤销宣告死亡申请书 …… 133
三十五、认定公民民事行为能力申请书 …… 135
三十六、恢复公民民事行为能力申请书 …… 139
三十七、确认监护人申请书 …… 142
三十八、变更监护人申请书 …… 144
三十九、撤销监护人资格申请书 …… 147
四十、人身安全保护令申请书 …… 149
四十一、不服驳回人身安全保护令复议申请书 …… 151
四十二、撤销/变更/延长人身安全保护令申请书 …… 155
四十三、支付令申请书 …… 158
四十四、撤回支付令申请书 …… 161
四十五、支付令异议书 …… 163
四十六、公示催告申请书 …… 165
四十七、撤回公示催告申请书 …… 168
四十八、民事再审申请书 …… 170

第二部分　海事诉讼业务文书 …… 179

一、诉前扣船申请书 …… 179
二、诉讼扣船申请书 …… 181
三、拍卖船舶申请书 …… 184
四、海事强制令申请书 …… 185
五、海事证据保全申请书 …… 187
六、海事事故调查表 …… 188
七、完成举证说明书 …… 190
八、代位求偿变更当事人申请书 …… 191
九、追加油污损害共同被告申请书 …… 192
十、支付令申请书 …… 193
十一、公示催告申请书 …… 194
十二、设立海事赔偿责任限制基金申请书 …… 195
十三、担保函 …… 197
十四、设立油污损害赔偿责任限制基金申请书 …… 198
十五、异议书 …… 199
十六、债权登记申请书 …… 200
十七、船舶优先权催告申请书 …… 201

第三部分　行政诉讼业务文书 …… 203

一、行政起诉状 …… 203
二、行政上诉状 …… 211
三、行政诉讼答辩状 …… 215
四、行政诉讼代理词 …… 219
五、行政诉讼再审申请书 …… 222

第四部分　刑事诉讼业务文书 …… 225

一、刑事自诉状 …… 225
二、刑事附带民事起诉状 …… 229
三、刑事自诉案件反诉状 …… 234
四、刑事答辩状 …… 237
五、立案监督请求书 …… 239
六、取保候审申请书 …… 241
七、解除强制措施申请书 …… 244
八、不服不起诉决定申诉书 …… 246
九、回避申请书 …… 248
十、提请收集、调取证据申请书 …… 250
十一、调查取证申请书 …… 252
十二、通知证人出庭申请书 …… 254
十三、重新鉴定、勘验申请书 …… 256
十四、延期审理申请书 …… 257
十五、刑事抗诉请求书 …… 259
十六、刑事上诉状 …… 260
十七、辩护词 …… 264
十八、刑事代理词 …… 270
十九、刑事申诉状 …… 274

第五部分　执行业务文书 …… 279

一、执行民事裁判申请书 …… 279
二、被执行人财产状况表 …… 283
三、执行异议书 …… 285
四、提级执行申请书 …… 288
五、授权委托书 …… 290
六、执行和解协议书 …… 292
七、执行担保保证书 …… 294
八、承认和执行外国法院生效判决、裁定申请书 …… 296
九、执行行政裁判申请书 …… 298
十、减刑、假释申请书 …… 302

第二编　律师非诉讼业务文书

第一部分　民事调解与仲裁业务文书 …… 307

一、民事调解协议 …… 307
二、司法确认调解协议申请书 …… 309
三、撤销确认调解协议裁定申请书 …… 312
四、仲裁协议书 …… 315
五、仲裁申请书 …… 317
六、仲裁答辩书 …… 321
七、仲裁反请求书 …… 326
八、撤销仲裁裁决申请书 …… 329
九、执行仲裁裁决申请书 …… 332

第二部分　劳动争议调解与仲裁业务文书 …… 337

一、劳动争议调解申请书 …… 337
二、劳动争议调解协议书 …… 339
三、劳动争议仲裁申请书 …… 342
四、劳动争议仲裁答辩书 …… 345
五、管辖权异议书 …… 347
六、劳动争议仲裁反申请书 …… 350
七、先予执行申请书 …… 353
八、撤销劳动争议仲裁裁决申请书 …… 355

第三部分　行政复议与国家赔偿业务文书 …… 359

一、行政复议申请书 …… 359
二、行政复议答辩书 …… 363
三、行政赔偿申请书 …… 365
四、刑事赔偿申请书 …… 370
五、刑事赔偿复议申请书 …… 374
六、刑事赔偿决定申请书 …… 377

第四部分　民商事合同业务文书 …… 382

一、买卖合同 …… 382
二、借款合同 …… 400
三、承揽合同 …… 406
四、货物运输合同 …… 413
五、租赁合同 …… 419
六、融资租赁合同 …… 425

七、保管合同 …… 434
八、仓储合同 …… 439
九、赠与合同 …… 445
十、委托合同 …… 448
十一、行纪合同 …… 453
十二、居间合同 …… 461
十三、保证合同 …… 464
十四、定金合同 …… 470
十五、抵押合同 …… 473
十六、质权合同 …… 479
十七、劳动合同 …… 488
十八、人身保险合同 …… 497
十九、财产保险合同 …… 512
二十、委托拍卖合同 …… 523

第五部分　其他民事业务文书 …… 530

一、财产分割协议 …… 530
二、财产约定协议 …… 533
三、离婚协议 …… 535
四、收养协议 …… 538
五、遗嘱 …… 540
六、遗赠扶养协议 …… 543
七、债务追偿催促书 …… 545

第六部分　房地产业务文书 …… 548

一、房屋买卖合同 …… 548
二、房屋租赁合同 …… 585
三、房屋赠与合同 …… 597
四、房屋抵押合同 …… 600
五、国有土地使用权出让合同 …… 603
六、房屋征收与补偿安置协议 …… 613

第七部分　企业登记与破产业务文书 …… 618

一、企业名称预先核准申请书 …… 618
二、企业设立登记申请书 …… 624
三、合伙协议 …… 637
四、有限责任公司章程 …… 648
五、有限责任公司股权转让协议 …… 657
六、股份有限公司章程 …… 663
七、企业变更登记申请书 …… 675

八、破产申请书 …… 685
九、破产重整计划草案 …… 689
十、破产和解协议草案 …… 695
十一、破产财产分配方案 …… 698
十二、企业注销登记申请书 …… 703

第八部分　法律咨询业务文书 …… 707

一、法律意见书 …… 707
二、法律建议书 …… 712
三、合同审查意见书 …… 716
四、律师见证书 …… 721
五、授权声明 …… 722
六、资信调查报告 …… 723
七、法律顾问合同 …… 725

第三编　律师事务所业务文书

第一部分　法律服务协议书与委托书 …… 731

一、民事诉讼委托代理协议 …… 731
二、民事诉讼代理授权委托书 …… 733
三、行政诉讼委托代理协议 …… 734
四、代理行政诉讼授权委托书 …… 736
五、为犯罪嫌疑人提供法律帮助委托协议 …… 737
六、刑事辩护授权委托书 …… 738
七、刑事辩护委托协议 …… 739
八、刑事案件代理委托协议 …… 740
九、刑事诉讼授权委托书 …… 741

第二部分　律师事务所业务信函文书 …… 743

一、刑事辩护与代理函 …… 743
二、指定律师辩护函 …… 745
三、律师事务所专用介绍信 …… 745
四、会见在押犯罪嫌疑人申请书 …… 747

第三部分　律师事务所管理必备表格 …… 749

一、解答法律咨询登记表 …… 749
二、法律顾问单位基本情况登记表 …… 750
三、律师事务所收结案表 …… 750

第一编

律师诉讼业务文书

第一部分
民事诉讼业务文书

一、民事起诉状

（一）文书制作的基本知识

民事起诉状，是指民事法律关系主体因自己的民事权益受到侵害或者与他人发生争议，而向人民法院提交的、请求人民法院依照法定程序进行裁判的法律文书。

1. 起诉的条件与形式

根据2012年8月31日第十一届全国人民代表大会常务委员会第二十八次会议《关于修改〈中华人民共和国民事诉讼法〉的决定》第二次修正并重新公布实施的《中华人民共和国民事诉讼法》（以下简称《民事诉讼法》）第119条的规定，起诉必须符合下列条件：（1）原告是与本案有直接利害关系的公民、法人和其他组织。（2）有明确的被告。根据最高人民法院2015年1月30日公布、自2015年2月4日起施行的最高人民法院《关于适用〈中华人民共和国民事诉讼法〉的解释》（法释〔2015〕5号，以下简称《民事诉讼法司法解释》）第209条的规定，原告提供被告的姓名或者名称、住所等信息具体明确，足以使被告与他人相区别的，可以认定为有明确的被告。起诉状列写被告信息不足以认定明确的被告的，人民法院可以告知原告补正。原告补正后仍不能确定明确的被告的，人民法院裁定不予受理。（3）有具体的诉讼请求和事实、理由。（4）属于人民法院受理民事诉讼的范围和受诉人民法院管辖。对此，《民事诉讼法司法解释》第211条规定，对本院没有管辖权的案件，告知原告向有管辖权的人民法院起诉；原告坚持起诉的，裁定不予受理；立案后发现本院没有管辖权的，应当将案件移送有管辖权的人民法院。

《民事诉讼法》第124条规定，人民法院对下列起诉，分别情形，予以处理：（1）依照行政诉讼法的规定，属于行政诉讼受案范围的，告知原告提起行政诉讼；（2）依照法律规定，双方当事人达成书面仲裁协议申请仲裁、不得向人民法院起诉的，告知原告向仲裁机构申请仲裁；（3）依照法律规定，应当由其他机关处理的争议，告知原告向有关机关申请解决；（4）对不属于本院管辖的案件，告知原告向有管辖权的人民法院起诉；（5）对判决、裁定、调解书已经发生法律效力的案件，当事人又起诉的，告知原告申请再审，但人民法院准许撤诉的裁定除外；（6）依照法律规定，在一定期限内不得起诉的案件，在不得起诉的期限内起诉的，不予受理；

(7)判决不准离婚和调解和好的离婚案件,判决、调解维持收养关系的案件,没有新情况、新理由,原告在6个月内又起诉的,不予受理。

《民事诉讼法》第120条规定,起诉应当向人民法院递交起诉状,并按照被告人数提出副本。书写起诉状确有困难的,可以口头起诉,由人民法院记入笔录,并告知对方当事人。该法第123条规定,人民法院应当保障当事人依照法律规定享有的起诉权利。对符合本法第119条的起诉,必须受理。符合起诉条件的,应当在7日内立案,并通知当事人;不符合起诉条件的,应当在7日内作出裁定书,不予受理;原告对裁定不服的,可以提起上诉。对此,《民事诉讼法司法解释》第208条进一步明确规定,人民法院接到当事人提交的民事起诉状时,对符合《民事诉讼法》第119条的规定,且不属于第124条规定情形的,应当登记立案;对当场不能判定是否符合起诉条件的,应当接收起诉材料,并出具注明收到日期的书面凭证。需要补充必要相关材料的,人民法院应当及时告知当事人。在补齐相关材料后,应当在7日内决定是否立案。立案后发现不符合起诉条件或者属于《民事诉讼法》第124条规定情形的,裁定驳回起诉。该解释第212条规定,裁定不予受理、驳回起诉的案件,原告再次起诉,符合起诉条件且不属于《民事诉讼法》第124条规定情形的,人民法院应予受理。

2. 民事诉讼当事人的确定

民事诉讼当事人主要包括民事诉讼原告和被告。原告是提起民事诉讼并以自己的名义请求人民法院行使审判权解决民事争议或保护其民事权益的一方当事人;被告则是由原告要求其履行民事义务或承担民事责任,并被动应诉的一方当事人。

根据《民事诉讼法司法解释》第53条至第72条的规定,民事诉讼当事人按照下列规定确定:

(1)法人非依法设立的分支机构,或者虽依法设立,但没有领取营业执照的分支机构,以设立该分支机构的法人为当事人。

(2)以挂靠形式从事民事活动,当事人请求由挂靠人和被挂靠人依法承担民事责任的,该挂靠人和被挂靠人为共同诉讼人。

(3)在诉讼中,一方当事人死亡,需要等待继承人表明是否参加诉讼的,裁定中止诉讼。人民法院应当及时通知继承人作为当事人承担诉讼,被继承人已经进行的诉讼行为对承担诉讼的继承人有效。

(4)法人或者其他组织的工作人员执行工作任务造成他人损害的,该法人或者其他组织为当事人。

(5)提供劳务一方因劳务造成他人损害,受害人提起诉讼的,以接受劳务一方为被告。

(6)在劳务派遣期间,被派遣的工作人员因执行工作任务造成他人损害的,以接受劳务派遣的用工单位为当事人。当事人主张劳务派遣单位承担责任的,该劳务派遣单位为共同被告。

(7)在诉讼中,个体工商户以营业执照上登记的经营者为当事人。有字号的,以营业执照上登记的字号为当事人,但应同时注明该字号经营者的基本信息。营业执照上登记的经营者与实际经营者不一致的,以登记的经营者和实际经营者为共同诉讼人。

(8)在诉讼中,未依法登记领取营业执照的个人合伙的全体合伙人为共同诉讼人。个人合伙有依法核准登记的字号的,应在法律文书中注明登记的字号。全体合伙人可以推选代表人;被推选的代表人,应由全体合伙人出具推选书。

(9)当事人之间的纠纷经人民调解委员会调解达成协议后,一方当事人不履行调解协议,另一方当事人向人民法院提起诉讼的,应以对方当事人为被告。

(10)下列情形,以行为人为当事人:①法人或者其他组织应登记而未登记,行为人即以该法人或者其他组织名义进行民事活动的；②行为人没有代理权、超越代理权或者代理权终止后以被代理人名义进行民事活动的，但相对人有理由相信行为人有代理权的除外；③法人或者其他组织依法终止后，行为人仍以其名义进行民事活动的。

(11)企业法人合并的，因合并前的民事活动发生的纠纷，以合并后的企业为当事人；企业法人分立的，因分立前的民事活动发生的纠纷，以分立后的企业为共同诉讼人。

(12)企业法人解散的，依法清算并注销前，以该企业法人为当事人；未依法清算即被注销的，以该企业法人的股东、发起人或者出资人为当事人。

(13)借用业务介绍信、合同专用章、盖章的空白合同书或者银行账户的，出借单位和借用人为共同诉讼人。

(14)因保证合同纠纷提起的诉讼，债权人向保证人和被保证人一并主张权利的，人民法院应当将保证人和被保证人列为共同被告。保证合同约定为一般保证，债权人仅起诉保证人的，人民法院应当通知被保证人作为共同被告参加诉讼；债权人仅起诉被保证人的，可以只列被保证人为被告。

(15)无民事行为能力人、限制民事行为能力人造成他人损害的，无民事行为能力人、限制民事行为能力人和其监护人为共同被告。

(16)村民委员会或者村民小组与他人发生民事纠纷的，村民委员会或者有独立财产的村民小组为当事人。

(17)对侵害死者遗体、遗骨以及姓名、肖像、名誉、荣誉、隐私等行为提起诉讼的，死者的近亲属为当事人。近亲属包括其配偶、父母、子女、兄弟姐妹、祖父母、外祖父母、孙子女、外孙子女。

(18)在继承遗产的诉讼中，部分继承人起诉的，人民法院应通知其他继承人作为共同原告参加诉讼；被通知的继承人不愿意参加诉讼又未明确表示放弃实体权利的，人民法院仍应将其列为共同原告。

(19)原告起诉被代理人和代理人，要求承担连带责任的，被代理人和代理人为共同被告。

(20)共有财产权受到他人侵害，部分共有权人起诉的，其他共有权人为共同诉讼人。

3. 原告应当在诉讼时效期间提起诉讼

《中华人民共和国民法通则》(以下简称《民法通则》)第135条规定，向人民法院请求保护民事权利的诉讼时效期间为2年，法律另有规定的除外。根据该条规定，普通诉讼时效为2年，在法律没有规定特别诉讼时效的情况下，权利人应当在知道或者应当知道其权利受到侵害之日起2年内提起诉讼。普通诉讼时效是适用于法律没有特别规定诉讼时效的一般诉讼时效；法律对诉讼时效有特别规定的，民事权利受到侵害的权利人应当在特别诉讼时效期间内提起诉讼。权利人超过诉讼时效期间提起诉讼的，其将丧失通过诉讼获得救济的权利，尽管其诉讼请求具有实体法上胜诉的根据，也将因超过诉讼时效而法院不再对其权利予以保护。《民法通则》第137条规定，诉讼时效期间从知道或者应当知道权利被侵害时起计算。但是，从权利被侵害之日起超过20年的，人民法院不予保护。有特殊情况的，人民法院可以延长诉讼时效期间。

在法律特别规定诉讼时效的情况下，适用特别诉讼时效，而不适用普通诉讼时效即一般诉讼时效。《民法通则》第136条规定了特别诉讼时效，即下列的诉讼时效期间为1年：(1)身体受到伤害要求赔偿的；(2)出售质量不合格的商品未声明的；(3)延付或者拒付租金的；(4)寄存财物被丢失或者损毁的。此外，《中华人民共和国环境保护法》(以下简称《环境保护法》)第42条规定，因环境污染损害赔偿提起诉讼的时效期间为3年，从当事人知道或者应当知道受到污染损害时起计算。根据《中华人民共和国合同法》(以下简称《合同法》)第129条的规定,因国际货物买卖合同和技术进出口合同争议提起诉讼的期限为4年,自当事人知道或者应当知道其权利受到侵害之日起计算。因其他合同争议提起诉讼的期限,依照有关法律的规定。

2017年3月15日第十二届全国人民代表大会第五次会议通过、将于2017年10月1日起生效的《中华人民共和国民法总则》(以下简称《民法总则》)在吸收《民法通则》有关诉讼时效规定的基础上,将普通诉讼时效由原来规定的2年提高到了3年;废除了《民法通则》第136条规定的4类特殊诉讼时效。此外,《民法总则》完善了诉讼时效期间开始计算的起始时间的有关规定。《民法总则》第188条规定,向人民法院请求保护民事权利的诉讼时效期间为3年。法律另有规定的,依照其规定。诉讼时效期间自权利人知道或者应当知道权利受到损害以及义务人之日起计算。法律另有规定的,依照其规定。但是自权利受到损害之日起超过20年的,人民法院不予保护;有特殊情况的,人民法院可以根据权利人的申请决定延长。该法第189条规定,当事人约定同一债务分期履行的,诉讼时效期间自最后一期履行期限届满之日起计算。该法第190条规定,无民事行为能力人或者限制民事行为能力人对其法定代理人的请求权的诉讼时效期间,自该法定代理终止之日起计算。该法第191条规定,未成年人遭受性侵害的损害赔偿请求权的诉讼时效期间,自受害人年满18周岁之日起计算。与《民法通则》相比,《民法总则》在规定了普通诉讼时效外,并未规定特别诉讼时效,而仅仅规定"法律另有规定的,依照其规定"。自《民法总则》生效之日起,现行《民法通则》第135条规定的普通诉讼时效和第136条规定的特别诉讼时效将不再适用。

4. 原告应当依法提出诉讼请求

民事诉讼请求是民事诉讼原告当事人通过人民法院向被告当事人所主张的具体权利,这主要表现为请求被告履行义务或者承担具体的民事责任。一般来说,原告提起诉讼是在其合法与正当权益受到了不法侵害的情况下提起的。根据原告所遭受损害的民事权利不同,原告在起诉时的诉讼请求也就不同。

公民享有包括生命健康权、姓名权、肖像权、名誉权、荣誉权、隐私权、贞操权等在内的人格权,享有包括配偶权、亲权、亲属权在内的身份权以及享有物权和债权在内的财产权。侵害自然人人格权的,应当承担停止侵害、恢复名誉、消除影响、赔礼道歉、赔偿损失、支付精神赔偿金等民事责任。侵害公民身体造成伤害的,其赔偿范围包括医疗费、因误工减少的收入、残废者生活补助费;造成死亡的,并应当支付丧葬费、死者生前扶养的人必要的生活费等费用。

根据《中华人民共和国物权法》(以下简称《物权法》)的有关规定,因物权的归属、内容发生争议的,利害关系人可以请求确认权利。无权占有不动产或者动产的,权利人可以请求返还原物。妨害物权或者可能妨害物权的,权利人可以请求排除妨害或者消除危险。造成不动产或者动产毁损的,权利人可以请求修理、重作、更换或者恢复原状。侵害物权,造成权利人损害的,权利人可以请求损害赔偿,也可以请求承担其他民事责任。

根据《合同法》的有关规定,当事人一方不履行合同义务或者履行合同义务不符合约定的,应当承担继续履行、采取补救措施或者赔偿损失等违约责任。当事人一方未支付价款或者报酬的,对方可以要求其支付价款或者报酬。质量不符合约定的,应当按照当事人的约定承担违约责任。对违约责任没有约定或者约定不明确,依法定仍不能确定的,受损害方根据标的的性质以及损失的大小,可以合理选择要求对方承担修理、更换、重作、退货、减少价款或者报酬等违约责任。当事人一方不履行合同义务或者履行合同义务不符合约定的,在履行义务或者采取补救措施后,对方还有其他损失的,应当赔偿损失。当事人既约定违约金,又约定定金的,一方违约时,对方可以选择适用违约金或者定金条款。

5. 原告应当提供相应的证据支持自己的诉讼请求

根据最高人民法院《关于民事诉讼证据的若干规定》的有关规定,原告向人民法院起诉或者被告提出反诉应当附有符合起诉条件的相应的证据材料。当事人对自己提出的诉讼请求所依据的事实或者反驳对方诉讼请求所依据的事实有责任提供证据加以证明。没有证据或者证据不足以证明当事人的事实主张的,由负有举证责任的当事人承担不利后果。人民法院应当向当事人说明举证的要求及法律后果,促使当事人在合理期限内积极、全面、正确、诚实地完成举证。当事人因客观原因不能自行收集的证据,可申请人民法院调查收集。

在民事诉讼中,证据主要包括书证、物证、电子数据、证人证言、当事人的陈述、鉴定意见等。当事人提供的证据应当符合以下要求:(1)客观性。证据必须是客观存在的真实情况,是客观存在和不以人的意志为转移的真凭实据,任何伪造、虚构和主观揣测和臆想的东西都不能成为证据。(2)关联性。证据必须与案件待证事实之间具有内在的、必然的联系,而不是外在的、表面的和偶然的联系。对查明案件事实没有实际意义的事实,无论其多么真实可靠,都不能作为证据。(3)合法性。证据必须是按照法定程序收集与提供,并符合法定条件和要求的客观事实。采取刑讯逼供、非法入室等非法形式获得的证据材料,不能作为证据使用。

6. 原告应当向有管辖权的人民法院提起诉讼

诉讼管辖是指各级人民法院之间和同级各地方人民法院之间受理第一审民事案件的分工和权限。民事诉讼管辖包括级别管辖、地域管辖、专属管辖以及共同管辖和选择管辖,其中级别管辖和地域管辖是最两种基本的管辖类型。

(1)级别管辖。级别管辖,是指各级人民法院之间受理第一审民事案件的分工和权限。《民事诉讼法》第17条规定,基层人民法院管辖第一审民事案件,但本法另有规定的除外。该法第18条规定,中级人民法院管辖下列第一审民事案件:①重大涉外案件。根据《民事诉讼法司法解释》第1条规定,该项规定的重大涉外案件,包括争议标的额大的案件、案情复杂的案件,或者一方当事人人数众多等具有重大影响的案件。②在本辖区有重大影响的案件。③最高人民法院确定由中级人民法院管辖的案件。该法第19条规定,高级人民法院管辖在本辖区有重大影响的第一审民事案件。该法第20条规定,最高人民法院管辖下列第一审民事案件:①在全国有重大影响的案件;②认为应当由本院审理的案件。

(2)地域管辖。根据《民事诉讼法》第21条的规定,对公民提起的民事诉讼,由被告住所地人民法院管辖;被告住所地与经常居住地不一致的,由经常居住地人民法院管辖。对法人或者其他组织提起的民事诉讼,由被告住所地人民法院管辖。同一诉讼的几个被告住所地、经常居住地在两个以上人民法院辖区的,各该人民法院都有管辖权。上述所确定的由被告所在地的管辖原则为一般地域管辖原则,即原告就被告原则。原告就被告原则适用于大多数民事案件,但为了适应某些特殊情形下的管辖需要,《民事诉讼法》又在一般地域管辖外,作出了由原告所在地管辖的例外规定。该法第22条规定,下列民事诉讼,由原告住所地人民法院管辖;原告住所地与经常居住地不一致的,由原告经常居住地人民法院管辖:①对不在中华人民共和国领域内居住的人提起的有关身份关系的诉讼;②对下落不明或者宣告失踪的人提起的有关身份关系的诉讼;③对被采取强制性教育措施的人提起的诉讼;④对被监禁的人提起的诉讼。

(3)特殊地域管辖。①合同纠纷诉讼管辖。《民事诉讼法》第23条规定,因合同纠纷提起的诉讼,由被告住所地或者合同履行地人民法院管辖。②保险合同纠纷诉讼管辖。《民事诉讼法》第24条规定,因保险合同纠纷提起的诉讼,由被告住所地或者保险标的物所在地人民法院管辖。③票据纠纷诉讼管辖。《民事诉讼法》第25条规定,因票据纠纷提起的诉讼,由票据支付地或者被告住所地人民法院管辖。④公司股东及股权纠纷诉讼管辖。《民事诉讼法》第26条规定,因公司设立、确认股东资格、分配利润、解散等纠纷提起的诉讼,由公司住所地人民法院管辖。⑤运输合同纠纷管辖。《民事诉讼法》第27条规定,因铁路、公路、水上、航空运输和联合运输合同纠纷提起的诉讼,由运输始发地、目的地或者被告住所地人民法院管辖。⑥侵权诉讼管辖。《民事诉讼法》第28条规定,因侵权行为提起的诉讼,由侵权行为地或者被告住所地人民法院管辖。⑦交通和航空事故诉讼管辖。《民事诉讼法》第29条规定,因铁路、公路、水上和航空事故请求损害赔偿提起的诉讼,由事故发生地或者车辆、船舶最先到达地、航空器最先降落地或者被告住所地人民法院管辖。⑧海事损害事故请求损害赔偿诉讼管辖。《民事诉讼法》第30条规定,因船舶碰撞或者其他海事损害事故请求损害赔偿提起的诉讼,由碰撞发生地、碰撞船舶最先到达地、加害船舶被扣留地或者被告住所地人民法院管辖。⑨海难救助费用诉讼管辖。《民事诉讼法》第31条规定,因海难救助费用提起的诉讼,由救助地或者被救助船舶最先到达地人民法院管辖。⑩共同海损诉讼管辖。《民事诉讼法》第32条规定,因共同海损提起的诉讼,由船舶最先到达地、共同海损理算地或者航程终止地的人民法院管辖。⑪协议管辖。《民事诉讼法》第34条规定,合同或者其他财产权益纠纷的当事人可以书面协议选择被告住所地、合同履行地、合同签订地、原告住所地、标的物所在地等与争议有实际联系的地点的人民法院管辖,但不得违反本法对级别管辖和专属管辖的规定。

(4)专属管辖。根据《民事诉讼法》第33条的规定,下列案件,由本条规定的人民法院专属管辖:因不动产纠纷提起的诉讼,由不动产所在地人民法院管辖;因港口作业中发生纠纷提起的诉讼,由港口所在地人民法院管辖;因继承遗产纠纷提起的诉讼,由被继承人死亡时住所地或者主要遗产所在地人民法院管辖。

(5)共同管辖和选择管辖。《民事诉讼法》第35条规定,两个以上人民法院都有管辖权的诉讼,原告可以向其中一个人民法院起诉;原告向两个以上有管辖权的人民法院起诉的,由最先立案的人民法院管辖。为了防止有管辖权的法院相互推诿或者争夺行使管辖权,《民事诉讼法司法解释》第36条明确规定,两个以上人民法院都有管辖权的诉讼,先立案的人民法院不得将案件移送给另一个有管辖权的人民法院。人民法院在立案前发现其他有管辖权的人民法院已先立案的,不得重复立案;立案后发现其他有管辖权的人民法院已先立案的,裁定将案件移送给先立案的人民法院。

(二)文书的内容及制作方法

根据《民事诉讼法》第121条的规定,起诉状应当记明下列事项:当事人的姓名、性别、年龄、民族、职业、工作单位、住所、联系方式,法人或者其他组织的名称、住所和法定代表人或者主要负责人的姓名、职务、联系方式;诉讼请求和所根据的事实与理由;证据和证据来源,证人姓名和住所。具体来讲包括以下三个部分:

1. 首部

(1)文书名称。在首页正上方居中写明“民事起诉状”。

(2)当事人的基本情况。分别写明原告、被告的姓名、性别、出生日期、民族、工作单位和职务或职业、联系方式、住址。如果原告或被告为无民事诉讼行为能力人、限制民事行为能力人的,应在原告或被告事项之后写明其法定代理人的基本情况以及与原告或被告的关系;无民事行为能力人、限制民事行为能力人造成他人损害的,无民事行为能力人、限制民事行为能力人及其监护人应当作为共同被告列明。当事人是法人或其他组织的,应写明其全称、法定代表人或主要负责人姓名、职务、联系方式等项内容。原告或者其法定代理人委托了诉讼代理人的,应在委托人之后写明诉讼代理人的姓名等基本情况。诉讼代理人为律师的,应当写明律师的姓名和其所在的律师事务所名称。如果有第三人的,还应当写明第三人的基本情况。如果有数个原告、被告、第三人的,则依据他们在案件中的地位和作用,由重到轻分别依次排列。

2. 正文

(1)诉讼请求。诉讼请求是民事纠纷当事人通过人民法院向对方当事人所主张的具体权利,这主要表现为被告所应当承担的具体民事责任。承担民事责任的方式主要有:①停止侵害;②排除妨碍;③消除危险;④返还财产;⑤恢复原状;⑥修理、重作、更换;⑦赔偿损失;⑧支付违约金;⑨消除影响、恢复名誉;⑩赔礼道歉。以上承担民事责任的方式,可以单独适用,也可以合并适用。在起诉状中原告向法院提出的诉讼请求应当结合纠纷的实际情况,将被告应承担的上述责任或其他民事责任明确化、具体化,如“1. 停止侵权行为;2. 向原告公开赔礼道歉;3. 赔偿原告经济损失××元”等。

(2)事实和理由。这是民事起诉状的核心部分,在这一部分应写明请求人民法院裁决纠纷和争议的事实依据和法律依据。首先,应针对诉讼请求,客观、准确地阐明当事人双方争议的事实或被告侵权的事实;当事人之间发生纠纷的原因和民事权益争执的具体内容,与案件有直接关联的客观事实以及双方对问题处理的实质性分歧意见。其次,依据事实,分析出双方纠纷的性质,在此基础上指出被告的行为给自己造成的危害结果、危害程度,被告因此所获得的利益以及原告因此所遭受的损失等。再次,运用相关的法律规定和法学原理,阐述诉讼请求的正当性与合法性以及被告所应承担的责任。最后,以相关法律的具体规定为依据,请求人民法院依法判决。在叙述事实时应抓住重点并围绕着诉讼请求这一主题展开叙述和分析论证,并注意详略得当、层次分明;引用的法律条文必须准确、全面。

(3)证据和证据来源,证人的姓名和住址。写明向人民法院提供的能够证明案情的证据的名称、件数或证据线索,并写明证据来源。有证人的,则应写明证人的姓名和住址。原告提供的证据必须具有真实性、合法性、与解决本案纠纷具有关联性,而且应尽量充分,能够从多角度证实其阐述的事实,从而对其诉讼请求提供有力的证据支持。

3. 尾部

(1)写明致送人民法院的名称。

(2)起诉状应由起诉人签名。起诉人是法人或其他组织的应加盖公章,并由法定代表人或主要负责人签名。

(3)注明提起诉讼的年、月、日。

(三)文书样式与范例

1. 文书样式

民事起诉书(1)

(公民提起民事诉讼用)

原告:×××,男/女,××××年×月××日出生,×族,……(写明工作单位和职务或职业),住……。联系方式:……。

法定代理人/指定代理人:×××,……。

委托诉讼代理人:×××,……。

被告:×××,……。

……

(以上写明当事人和其他诉讼参加人的姓名或名称等基本信息)

诉讼请求:

……

事实和理由:

……

证据和证据来源,证人姓名和住所:

……

此致

××××人民法院

附:本起诉状副本×份

起诉人(签名)

××××年××月××日

民事起诉书(2)

(法人或其他组织提起民事诉讼用)

原告:×××,住所……。

法定代表人/主要负责人:×××,……(写明职务),联系方式:……。

委托诉讼代理人:×××,……。

被告:×××,……。

……

(以上写明当事人和其他诉讼参加人的姓名或名称等基本信息)

诉讼请求:

……

事实和理由:

……

证据和证据来源,证人姓名和住所:

……

此致

××××人民法院

附:本起诉状副本×份

起诉人(公章和签名)

××××年××月××日

2. 实例与范本

【实例1】张甲和曹乙系×小学三年级的学生。2015年9月7日下午,张甲在学校下课期间趴在课桌上看书时,曹乙跑过去拍打他。张甲站起后,曹乙将其绊倒在地,致使张甲的牙齿折断。张甲在学校附近口腔诊所做止血处理后,先后两次在市口腔医院治疗。同年10月19

日经司法鉴定中心鉴定，张甲的上前牙1/3处折断两颗，2/3处折断一颗，牙髓腔暴露；后期治疗期需15天，后期需治疗费用6000元。为此，张甲作为原告向人民法院提起诉讼，请求法院判令被告赔偿医疗费、交通费等各项费用12,036元并负担本案诉讼费用。

民事起诉状

原告：张甲，男，2006年2月5日出生，汉族，学生，住××省××市××镇××村××号。联系方式：×××××××××。

法定代理人：张××，男，系原告之父。

法定代理人：刘××，女，系原告之母。

委托诉讼代理人：马××，山东××律师事务所律师。

被告：曹乙，男，2005年5月7日出生，汉族，学生，住××省××市××区××街××号。

被告：曹××，男，系曹乙之父。

诉讼请求：

请求法院判令被告赔偿医疗费、交通费等各项费用12,036元并负担本案全部诉讼费用。

事实和理由：

2015年9月7日下午，我在学校下课期间趴在课桌上看书时，被告曹乙跑过来拍打我，我站起后，被告曹乙将我绊倒在地，致使我的牙齿折断。我在学校附近口腔诊所做止血处理后，于9月9日、24日和10月3日先后在市口腔医院治疗。当年10月19日经司法鉴定中心鉴定，我的上前牙1/3折断两颗，2/3折断一颗，牙髓腔暴露；后期治疗期需15天，后期需治疗费用6000元。我受伤后，我父母亲多次与被告的父亲协商，要求被告的监护人即被告曹××承担医疗费用，并进行人身损害赔偿，但被告的监护人曹××以被告曹乙在学校期间应由学校承担监护职责为由拒绝赔偿。为维护我本人的合法权益，根据《中华人民共和国民法通则》第119条和第133条的规定以及最高人民法院《关于审理人身损害赔偿案件适用法律若干问题的解释》的规定，特提起诉讼，恳请法院依法支持我的诉讼请求，判令被告赔偿我各项费用12,036元，并负担本案全部诉讼费用。

证据和证据来源，证人的姓名和住址：

司法鉴定书原件1份；××医院门诊诊疗本原件1份；医院收费单原件12份；证人希××，××市××镇小学三年级班主任，住××市××镇××村。

此致

××市××区人民法院

附：本诉状副本1份

起诉人　张甲

法定代理人　刘××

2015年12月25日

【实例2】朱×（女）与李×（男）双方于2001年年底相识并恋爱，2004年3月14日登记结婚，婚后感情一般，2006年8月10日生育一子。婚后李×脾气暴躁，经常对朱×拳打脚踢。2014年11月19日双方因家务事发生争执，李×将朱×打得耳膜穿孔，2015年7月李×将朱×手指打伤导致朱×不能从事重力劳动,连拿笔都有困难。朱×看在孩子的面子上,一次次原谅了李×。然而这几年,李×根本没有任何改变,朱×为此已伤透了心,遂决定与李×离婚。双方共同财产有1辆摩托车、1辆农用三轮车和30万元的银行定期存款。

民事起诉状

原告:朱××,女,1973年10月25日出生,汉族,公司职员,住××市××区××路××号楼2单元12号。联系方式:×××××××××。

被告:李×,男,1968年6月17日出生,汉族,公司职员,住××市××区××路××号楼×单元××号。联系方式:×××××××××。

诉讼请求:

1. 请求人民法院判令原、被告离婚;
2. 请求判令原、被告双方婚生子李××由被告抚养;
3. 依法分割夫妻共同财产1辆摩托车、1辆农用三轮车和30万元存款;
4. 本案诉讼费用全部由被告承担。

事实和理由:

原告朱××与被告李×双方于2001年年底相识并恋爱,2004年3月14日登记结婚,婚后感情一般,2006年8月10日生育一子,取名李××。原被告双方由于婚前了解较少,草率结婚,婚后被告脾气暴躁,经常不务正业,对整个家庭及孩子不管不问。原告稍有不从,被告就拳打脚踢,2014年11月19日原、被告因家务事发生争执,被告把原告打得耳膜穿孔。2015年7月,被告把原告手指打伤导致原告至今不能从事重力劳动,连拿笔都有困难。原告看在孩子的面子上,一次次原谅了被告,然而这几年,被告根本没有任何改变,原告为此已伤透了心。原告与被告夫妻感情确已彻底破裂,已无挽回的可能。现原告根据《中华人民共和国婚姻法》第32条的规定,提起诉讼,请求人民法院判令原、被告离婚;判令原被告双方婚生子李××由被告抚养;依法分割夫妻共同财产1辆摩托车、1辆农用三轮车和30万元存款;并由被告承担本案全部诉讼费。

证据和证据来源:

原告朱××的身份证和户口簿复印件各1份;朱××与李×的结婚证原件;××医院门诊诊疗本原件1份;医院收费单原件4份;在×银行支行某分理处以被告李×名义办理的300,000元的开户存折复印件1份。

此致

××市××区人民法院

附:本诉状副本1份

起诉人　朱××

2016年10月9日

【实例3】××市大厦有限建筑公司(以下简称大厦建筑公司)派公司人员马×外出采购水泥,马×在总经理办公室领取2份加盖大厦建筑公司公章的介绍信和盖有大厦建筑公司合同专用章的空白合同书4份,介绍信中载明:“兹有我单位工作人员马×壹同志前去贵单位采购500号水泥200吨,望予接洽。大厦建筑公司2015年12月17日。”之后,马×持单位介绍信1份、空白合同书2份于2015年12月19日与白水水泥厂签订合同,购买500号水泥200

吨。同年12月26日白水水泥厂将货送至,大厦建筑公司支付全部货款。2016年1月15日,黑山水泥厂派销售员持其与大厦建筑公司签订的买卖水泥合同书前来大厦建筑公司催款,大厦建筑公司称从未购买黑山水泥厂的水泥,亦未收到黑山水泥厂的水泥,黑山水泥厂的销售员遂出示马×手写的提取500号200吨水泥的提货单和大厦建筑公司的介绍信与加盖大厦建筑公司公章的合同书,大厦建筑公司始得知是马×私自购买据为己有,且马×已下落不明。大厦建筑公司以对马×与黑山水泥厂之间的水泥买卖合同毫不知情,亦未收到黑山水泥厂的水泥为由,拒绝付款。黑山水泥厂在索款未果的情况下,向人民法院起诉大厦建筑公司,要求其支付马×以大厦建筑公司名义购买的200吨水泥的全部货款70,000元。

民事起诉状

原告:××市××镇黑山水泥厂,住所××市××镇××街××号。

法定代表人:肖××,该厂厂长,联系方式:×××××××××。

委托代理人:苏××,××市××律师事务所律师。

被告:××市大厦有限建筑公司,住所××市××镇××街××号。

法定代表人:崔××,该公司经理,联系方式:×××××××××。

诉讼请求:

请求人民法院判决被告支付拖欠水泥货款70,000元。

事实和理由:

2015年12月25日被告单位业务员马×持被告单位加盖公章的介绍信1份、空白合同书2份与原告签订水泥买卖合同,约定:被告向原告购买500号水泥200吨,每吨价款350元,由被告到原告处提货,被告提货后5日内将货款结清。当月28日马×带车将所购水泥全部运走。2016年1月15日,原告派销售员持其与被告签订的水泥买卖合同书到被告处催款,被告称从未购买原告的水泥,亦从未派车去原告处拉运水泥。在原告的销售员出示被告业务员马×手写的提取500号200吨水泥的提货单和被告加盖公章的介绍信与加盖被告公章的合同书后,被告否认双方签订了水泥买卖合同,并告知购买原告水泥纯属马×个人行为,被告以对马×与原告之间的水泥买卖合同毫不知情,亦未收到原告的水泥为由,拒绝付款。

《中华人民共和国合同法》第49条规定,行为人没有代理权、超越代理权或者代理权终止后以被代理人名义订立合同,相对人有理由相信行为人有代理权的,该代理行为有效。该条规定了表见代理制度。法律设立这一制度旨在对善意第三人进行保护。根据广义的无权代理概念,表见代理亦属于无权代理之一种,但实际上它与一般无权代理是不同的。无权代理非经被代理人追认不发生代理之效果,而在表见代理情况下,将直接发生代理的效果,无须本人的追认。在本案中,原告不知道也不应当知道马×实际上没有代理权。相反,从外部现象如行为人马×持有被代理人即本案被告加盖的公章介绍信与空白合同书等可以使原告有充足的理由相信行为人马×具有代理权。原告在主观上为善意且无过失,因此,马×与原告所订立的200吨水泥买卖合同的行为构成表见代理,故对被告有效,被告应当支付马×以被告名义购买的200吨水泥的全部货款70,000元。原告现依法向贵院提起诉讼,请求贵院依法判令被告向原告支付上述款项,以维护原告的合法权益。

证据和证据来源,证人的姓名和住址:

加盖原、被告双方单位公章的《水泥买卖合同书》原件1份;马×提供的加盖被告单位公章的《洽谈业务介绍信》1份;马×手写的提取500号200吨水泥的提货单原件1份;运输水泥的司机任×,住××市××镇××街11号院,联系电话:×××××××××××。

此致

××市××区人民法院

附:本诉状副本1份

起诉人　××市××镇黑山水泥厂

肖××

2016年3月24日

【实例4】2013年3月18日,高××与××市房地产开发公司签订商品房预售合同。合同约定:开发公司将坐落于本市技术开发区××路××号在建商品房8栋1单元1306室预售给高××,售价为326,820元;卖方应于2014年10月31日将出售房屋交付给买方,并协助买方办理房屋产权登记手续。合同签订后,买方依约定将房款一次性全部支付给卖方。房屋交付期届满后,因卖方自始即没有取得商品房预售许可证而无法交付。为此,高××以双方订立的合同无效为由,向人民法院提起诉讼,要求卖方返还已付购房款及利息、赔偿损失,并要求其承担已付购房款1倍的赔偿责任,计953,640元。

民事起诉状

原告:高××,男,1957年4月20日出生,汉族,××大学美术学院雕塑系讲师,住××市××区××街××号。联系方式:×××××××××××。

委托诉讼代理人:朱××,浙江××律师事务所律师。

被告:××市××房地产开发有限公司,住所××市××路××号楼××房间。

法定代表人:于××,该公司经理,联系方式:15192××××××。

诉讼请求:

1. 请求判决双方订立的商品房买卖合同无效,原告退房给被告。

2. 判令被告双倍返还购房款、支付利息并赔偿各项财产损失,总计953,640元。

事实和理由:

2013年3月18日,原告与被告签订商品房预售合同。合同约定:被告将坐落于本市技术开发区××路××号在建商品房8栋1单元1306室预售给原告,售价为326,820元;被告应于2014年10月31日将出售房屋交付给原告,并协助原告办理房屋产权登记手续。合同签订后,原告依约定将房款一次性全部支付给被告。房屋交付期届满后,因被告自始即没有取得商品房预售许可证而无法交付。被告在不具备预售商品房屋的条件下出售房屋,且对原告隐瞒这一事实,导致原告至今仍不能取得对所购房屋的所有权和使用权。这不仅影响了原告对房屋的使用权,而且也使原告丧失了购买低价房屋的可能性。这不仅给原告造成了巨大的利息损失,也给原告购买其他房屋造成了不应有的损失。

在原告购买房屋时被告故意出示其私自印制的商品房预售许可证,对此,根据《中华人民共和国合同法》的有关规定及最高人民法院《关于审理商品房买卖合同纠纷案件适用法律若干问题的解释》第2条的规定,双方之间订立的商品房买卖合同应当依法认定为无效。最高人民法院《关于审理商品房买卖合同纠纷案件适用法律若干问题的解释》第9条第1项规定,出卖人订立商品房买卖合同时,故意隐瞒没有取得商品房预售许可证明的事实或者提供虚假商品房预售许可证明导致合同无效或者被撤销、解除的,买受人可以请求返还已付购房款及利息、赔偿损失，并可以请求出卖人承担不超过已付购房款1倍的赔偿责任。据此，原告请求人民法院认定合同无效、原告退房给被告；并判令被告双倍返还购房款，赔偿利息、购买同等面积的房屋差价损失，总计953,640元。

证据和证据来源：

原被告双方签订的《商品房预售合同》原件1份；被告向原告出具的一次性全部支付房款收据原件1份。

此致

××市××区人民法院

附：本诉状副本1份

起诉人　高××

2015年2月28日

【实例5】2004年11月4日××银行股份公司北京分行（以下简称银行分行）与被告李××、××置业有限责任公司（以下简称置业公司）签订《房屋买卖按揭贷款合同》《房屋按揭贷款抵押合同》，合同约定：李××因购买房屋向银行分行贷款499万元，供款总期数为228个月，贷款利率为年息5.31%；李××每月还款日前在银行分行开设的活期储蓄存款账户内存入足额款项按时还本付息；否则，银行分行逾期欠款部分按合同载明的贷款利率水平加收42.37%计收罚息，并对未支付的利息按罚息利率计收复利。非因银行分行原因导致李××连续90日未交清应付款，银行分行有权要求李××提前归还全部贷款本金、利息、罚息。若李××未按时缴纳供款或发生其他违约事项时，××置业有限责任公司同意在银行分行通知后15日内履行连带保证责任。银行分行于2004年11月4日依约向李××发放贷款499万元。自2009年4月起，李××未再依约偿还贷款本息。银行分行依法提起诉讼，要求李××清偿全部借款和银行利息、罚息和复息，并要求李××的保证人××置业公司承担连带责任。

民事起诉状

原告：××银行股份有限公司北京分行，住所北京市××区××路××号。

负责人：罗××，该行行长，联系方式：××××××××。

委托诉讼代理人：杨××，北京××律师事务所律师。

委托诉讼代理人：史××，北京××律师事务所律师。

被告：李××，男，1959年5月12日出生，汉族，北京××科技有限公司职员，住××省××市××区××居委会××小区21栋706号。

被告：××置业有限责任公司，住所北京市××区××路××号××小区××写字楼二层。

法定代表人：高××，该公司董事长，联系方式：××××××××。

诉讼请求：

1. 请求判令被告李××提前偿还全部借款本金4,237,801.79元以及至实际清偿之日止的全部利息、罚息和复息；

2. 判令李××支付原告聘请律师费用40,000元；

3. 请求判令被告××置业有限责任公司对上述款项承担连带保证责任；

4. 请求判令上述两被告承担本案全部全部诉讼费用、保全费用。

事实和理由:

2004年11月4日××银行股份公司北京分行(以下简称银行分行)与被告李××、××置业有限责任公司(以下简称置业公司)签订《房屋买卖按揭贷款合同》《房屋按揭贷款抵押合同》,合同约定:李××因购买房屋向银行分行贷款499万元,李××应从贷款发放日起按月分期偿还贷款本息,还款日为每月20日,供款总期数为228个月,贷款利率为年息5.31%,李××每期还款额为34,796.52元;李××每月还款日前在银行分行开设的活期储蓄存款账户内存入足额款项按时还本付息;否则,银行分行逾期欠款部分按合同载明的贷款利率水平加收42.37%计收罚息,并对未支付的利息按罚息利率计收复利。非因银行分行原因导致李××连续90日未交清应付款,银行分行有权要求李××提前归还全部贷款本金、利息、罚息。在房屋抵押登记手续办妥、完善前,若李××未按时缴纳供款或发生其他违约事项时,××置业有限责任公司同意在银行分行通知后15日内履行连带保证责任,担保范围为《房屋买卖按揭贷款合同》项下贷款本息、罚息以及由此引起的有关费用的总和。上述合同签订后,银行分行于2004年11月4日依约向李××发放贷款499万元。自2009年4月起,李××未再依约偿还贷款本息。截至2009年10月15日李××拖欠贷款本金4,237,801.79元,利息、罚息和复息110,684.71元。

原告与被告李××之间订立的金融借款合同以及在该合同中所订立的借款保证条款,是原告、被告李××和被告××置业公司等各方当事人的真实意思表示,内容不违反法律、行政法规的强制性规定,根据《中华人民共和国合同法》的有关规定其属于有效合同和有效条款。因此,合同各方当事人应当按照约定全面履行自己的义务。本案中在原告按照《房屋买卖按揭贷款合同》约定向被告李××提供贷款后,李××就依法负有按照约定的期限、数额偿还借款的义务。在其违反合同约定拒不按期偿还借款的情况下,原告依据双方约定和法律规定已书面通知其解除合同,并依法要求其偿还贷款本金4,237,801.79元以及至实际清偿之日止的全部利息、罚息和复息;承担原告聘请律师费用40,000元。本案中被告××置业公司作为被告李××的连带保证人,对上述款项,应当与李××承担连带保证责任。现原告根据《中华人民共和国合同法》第61条第1款、第205条、第206条、第207条,《中华人民共和国担保法》第18条、第31条的规定,依法提起诉讼,请求人民法院依法判决,以支持原告的合法权益和全部诉讼请求。

证据和证据来源:

《房屋按揭贷款合同》原件1份;贷款转账凭证1份;个人消费信贷业务还款交易表1份;个人住房贷款客户逾期明细表1份;《律师代理合同》原件1份;律师收费发票1份。

此致

北京市××区人民法院

附:本诉状副本2份

起诉人　××银行股份有限公司北京分行

罗××

2009年10月15日

【实例6】2009年6月9日黄××向李×借款51,000元。2010年5月1日黄××向李×

出具《借款偿还承诺书》,黄××承诺于2010年6月1日偿还全部借款。如未按承诺期限偿还,黄××需向李×按年息20%支付利息(按总借款额51,000元计算),但最终还款日不得晚于2010年11月30日。否则,李×享有黄××位于××市×区×镇×小区10号楼5单元402房间的出租权,出租所得款直至偿还全部本金及违约金为止;在偿还李×的贷款本金及违约金前,未经李×同意,黄××对此房不得进行出租及出售活动。本承诺书签订之日,黄××应李×要求将房屋产权证交付李×。经征得李×同意,黄××将上述房屋出卖给刘××。刘××向黄××支付10万元定金,李×当场拿走7万元。之后,在黄××的一再要求下,李×按照双方约定扣除年息20%的利息后退回黄××14,900元。黄××认为李×扣除的利息远高出法定利息标准,遂向法院起诉,要求李×依法退还超出法定标准收取的利息。

民事起诉状

原告:黄××,男,1972年2月19日出生,汉族,××市××科技开发有限公司职员,住××市××区××街32号院701室。联系方式:×××××××××。

被告:李×,女,1976年3月24日出生,汉族,××市××日报编辑,住××市××区××小区7号楼1208室。联系方式:×××××××××。

诉讼请求:

请求判令被告向原告返还非法利息所得2550元。

事实和理由:

2009年6月9日原告向被告借款51,000元,由被告通过银行转到原告的中国银行卡上,卡号为××××××××××××。2010年5月1日原告在被告的要求下向被告出具《借款偿还承诺书》,在承诺书中双方约定:黄××应于2010年6月1日偿还全部借款。如未按承诺期限偿还,黄××需按年息20%向李×支付利息(按总借款额51,000元计算),但最终还款日不得晚于2010年11月30日。否则,李×享有黄××位于××市×区×镇×小区10号楼5单元402房间的出租权,出租所得款直至偿还全部本金及违约金为止;在偿还李×的贷款本金及违约金前,未经李×同意,黄××对此房不得进行出租及出售活动。本承诺书签订之日,原告黄××应被告李×要求将房屋产权证交付李×。经征得被告李×同意,原告黄××将上述房屋出卖他人,2010年11月12日房屋买受人刘××向出卖人黄××支付10万元定金,被告李×当场拿走7万元。之后,在原告黄××的一再要求下被告李×按照双方扣除年息20%的利息后退回原告黄××14,900元。

《中华人民共和国合同法》第211条规定,自然人之间的借款合同对支付利息没有约定或者约定不明确的,视为不支付利息。自然人之间的借款合同约定支付利息的,借款的利率不得违反国家有关限制借款利率的规定。据此,原告向被告借款自2009年6月9日至2010年5月30日因双方未约定利息,因此被告无权要求原告支付利息。原告应当自2010年6月1日开始向被告支付利息。最高人民法院《关于人民法院审理借贷案件的若干意见》第6条规定,民间的利率可以适当高于银行利率,各地人民法院可根据本地区的实际情况具体掌握,但不得超过银行同类相关利率的4倍(包括利率本息)。当年银行同类贷款年利率只有2.25%,因此,作为民间借贷被告向原告收取的利息不能超过银行同类相关利率的4倍的法定标准,即最高只能按10%的年利率收取利息。因此,被告向原告收取的超过按照法定标准计算的利息部分不受法律保护,对于被告向原告收取的超过法定标准的利息即2550元应当予以返还。原告现依法向贵院提起诉讼,请求贵院依法判决以维护原告的合法权益。

证据和证据来源,证人的姓名和住址:

李×签名的借据1份;黄××和李×双方签订的《借款偿还承诺书》1份;中国银行出具的黄××的信用卡账项记录和交易明细表1份;证人刘××,住××市×区×镇×小区10号楼5单元402房间,联系电话:×××××××××。

此致

××市××区人民法院

附:本诉状副本1份

起诉人 黄××

2011年1月16日

【实例7】《合同陷阱及其防范》一书为栾××独自完成的一本法律实务类作品,由××出版社1995年11月出版。该书内容遭到了××网络公司的侵权。该网络公司于2008年9月15日至2009年11月20日在其网站"防骗高招"页面,一直登载的《民事商事合同风险及其防范对策》一文,其内容全部来自被侵权作品《合同陷阱及其防范》一书第四章"民事商事合同订立中的风险控制"中的有关内容,侵权所涉字数为2万多字。为此,栾××提起诉讼,请求法院判令被告赔偿经济损失2万元;并判令被告就其著作权侵权行为向原告公开赔礼道歉,并在被告网站的首页登出。

民事起诉状

原告:栾××,男,19××年××月××日出生,汉族,××研究所研究人员,住××省××市××区××街××号。联系方式:×××××××××。

被告:××市×××网络公司,住所××省××市××路××号。

法定代表人:刘××,该公司董事会主席,联系方式:×××××××××。

诉讼请求:

1. 请求法院判令被告赔偿原告经济损失20,000元;

2. 请求法院判令被告就其著作权侵权行为向原告公开赔礼道歉,并在被告网站的首页登出30天。

事实和理由:

《合同陷阱及其防范》一书为原告独自完成的一本法律实务类作品,由××出版社1995年11月出版。该书以独特与崭新的视角,通过典型案例分析,全面揭示了民事商事合同订立中的漏洞、陷阱与风险表现形式,深刻阐释了民事商事合同订立中的漏洞、陷阱与风险形成的法律原因及其法律后果,从多角度提出了控制合同漏洞、陷阱与风险的一系列的防范对策,因此使之成为这类法律图书的经典之作。本书因其原创性,自出版以来得到了广大读者的好评,收到了很好的社会效益,同时也遭到被告的抄袭与剽窃。

被告在其网站"防骗高招"页面于2008年9月15日至2009年11月20日,一直登载的《民事商事合同签订风险及其防范对策》一文,其内容全部来自被侵权作品《合同陷阱及其防范》一书第四章"民事商事合同订立中的风险控制"中的有关内容,侵权所涉字数为2万多字。被告在未经原告同意、未注明出处与作者的情况下,为了招徕客户和树立其网站作为网络交易的诚信品牌,在长达14个月的时间里对上述内容无偿使用并任加传播。被告的行为侵犯了原告对其作品的署名权、修改权、保护作品完整权、网络传播权及作者的获取报酬权等。正如被告网站所标明的那样，其网站每天的点击率达10万人次，在14个月的时间里就有数百万人次登录过该网站。其传播的结果是，不仅给其带来了一定的商业利益，而且导致了其他网站和登录者对上述侵权内容的任意使用，造成了原告再也无法控制被侵权内容的局面。无论是从其传播速度、传播范围还是从其危害性来看，被告的侵权行为及其侵权方式都是传统的著作权侵权行为及侵权方式无法比拟的，这充分说明被告的侵权行为对原告的著作权、获得报酬权及其他相关利益构成了极其严重的侵害。

本着解决问题和与人为善的态度，原告发现被告对原告作品侵权的事实后，主动与之联系并将证明被告侵权的公证书和被侵权作品复印件等寄给被告，希望能够通过协商解决，但被告毫无解决问题的诚意。被告的行为不仅给作为原创者的原告的经济利益造成了严重损害，而且也给原告带来了精神伤害。鉴于此，现根据《中华人民共和国著作权法》第10条、第11条、第47条、第48条和最高人民法院《关于审理著作权民事纠纷案件适用法律若干问题的解释》第26条的规定，特提出上述诉讼请求，请求贵院受理并依法作出判决。

证据和证据来源：

被侵权作品《合同陷阱及其防范》原件1份；被侵权内容复印件1份；××市××公证处出具的网络侵权内容与被侵权内容公证书1份。

此致

××市××区人民法院

附：本诉状副本1份

起诉人　栾××

2009年12月12日

二、民事反诉状

（一）文书制作的基本知识

民事反诉状，是指民事案件的被告在诉讼过程中，以本诉原告为被告向人民法院提起诉讼时而递交的诉讼文书。

1. 反诉及其特点

反诉是指在已经进行的诉讼中，被告以本诉的原告为被告，向本诉受诉法院提出的与本诉的诉讼标的有直接联系的独立的诉讼请求。《民事诉讼法》第51条明确规定，被告有权提起反诉。反诉是起诉制度的一种特殊形式，具有下列特点：(1)反诉只能由本诉被告对本诉原告提起；(2)反诉的请求具有独立性，反诉已经成立就不因本诉的撤回而终结，也不因本诉原告放弃诉讼而失效；(3)反诉与本诉具有直接牵连关系，这种牵连关系既可以是在诉讼标的上的牵连，也可以是争议事项所涉及的法律事实上的牵连。也就是说，在本诉的原告向被告提起诉讼后，基于同一诉讼标的或者法律事实，本诉的被告作为原告又向本诉的原告提起诉讼即反诉。

2. 反诉提起与审理

反诉必须向提起本诉的人民法院提起;反诉必须在本诉案件受理后,法庭辩论结束前由本诉被告提出;反诉与本诉的审理适用同一诉讼程序。在案件受理后,法庭辩论结束前,本诉被告提出反诉,可以合并审理的,人民法院应当合并审理。案件审理后,人民法院原则上应当对本诉与反诉一同作出判决。如果本诉的原告在反诉被受理之后撤回本诉的,只要被告不撤回反诉,人民法院应当对反诉继续进行审理并作出判决。

(二)文书的内容及制作方法

1. 首部

(1)应当写明文书名称“民事反诉状”或者“反诉状”。

(2)应当写明当事人的基本情况,即反诉人和被反诉人的姓名、性别、出生年月日、民族、职务或职业、住址、联系方式等。在反诉人和被反诉人后应分别注明其在本诉中的诉讼地位,即本诉被告或本诉原告。

2. 正文

(1)反诉请求。反诉请求是反诉人即本诉被告基于与本诉具有牵连关系的法律事实或法律关系,而提出的诉讼请求。反诉人向人民法院提出的反诉请求事项应当具体、明确。

(2)事实和理由。这是反诉状的核心部分。在这一部分应写明反诉人请求人民法院裁决纠纷的事实依据和法律依据。首先,应针对诉讼请求,客观、准确地阐明当事人双方争议的事实或反诉被告(本诉原告)对反诉人(本诉被告)侵权或违约的法律事实,在此基础上,分析出双方纠纷的性质,阐述反诉被告的行为给反诉人造成的危害结果、危害程度,反诉被告因此所获得的利益或者反诉人所受到的损失等,并提出有力的证据加以支持;其次,运用相关的法律规定和法学原理,阐述反诉请求的正当性与合法性以及反诉被告应承担的法律责任;最后,以相关法律的具体规定为依据,请求人民法院依法判决。在叙述事实时应抓住重点,特别应当讲明反诉被告即本诉原告所未提供的事实,并围绕着反诉请求这一主题展开分析论证,并注意详略得当、层次分明;引用的法律条文必须准确、全面。

(3)证据和证据来源,证人的姓名和住址。应当写明向人民法院提供的能够证明案情的证据的名称、件数或证据线索,并写明证据来源。有证人的,则应写明证人的姓名和住址。反诉人提供的证据必须具有真实性、合法性,与解决案件纠纷据具有牵连性,而且应尽量充分,能够从不同角度证实其提供的事实根据,从而对其反诉请求提供有力的证据支持。

3. 尾部

(1)写明致送人民法院的名称,应当与本诉为同一法院。

(2)反诉人签名。反诉人是法人或其他组织的,由法定代表人或主要负责人签名,并应加盖单位公章。

(3)写明提交反诉状的年、月、日。

(4)附项,应注明本反诉状副本份数。反诉状副本份数,应按反诉被告的人数提交。

(三)文书样式与范例

1. 文书样式

民事反诉书(1)

(公民提起民事反诉用)

反诉原告(本诉被告):×××,男/女,××××年×月××日出生,×族,……(写明工作单位和职务或职业),住……。联系方式:……。

法定代理人/指定代理人:×××,……。

委托诉讼代理人:×××,……。

反诉被告(本诉原告):×××,……。

……

(以上写明当事人和其他诉讼参加人的姓名或名称等基本信息)

反诉请求:

……

事实和理由:

……

证据和证据来源,证人姓名和住所:

……

此致

××××人民法院

附:本反诉状副本×份

反诉人(签名)

××××年××月××日

民事反诉书(2)

(法人或其他组织提起民事反诉用)

反诉原告(本诉被告):×××,住所……。

法定代表人/主要负责人:×××,……(写明职务),联系方式:……。

委托诉讼代理人:×××,……。

反诉被告(本诉原告):×××,……。

……

(以上写明当事人和其他诉讼参加人的姓名或名称等基本信息)

诉讼请求:

……

事实和理由:

……

证据和证据来源,证人姓名和住所:

……

此致

××××人民法院

附:本反诉状副本×份

反诉人(公章和签名)

××××年××月××日

2. 实例与范本

【实例1】原告王××与被告李×是邻居,王××在楼顶层的平台上摆放了20盆君子兰,2015年8月1日的早晨王××浇完花以后就去上班。下午突然刮起大风,大雨即将来临。之后,李×发现王××养的花遭雨淋遂动手将花盆搬下楼,在搬运第三盆时,因不慎摔了一跤,扭伤了脚,同时将王××的一盆花摔坏。王××回家后,发现花已被摔坏,非常恼怒,认为李×擅自搬动其花盆,由此造成损失,应当负责赔偿。遂向法院起诉,要求李×赔偿损失。被告李×认为,自己出于好心帮助,不应赔偿,并提起反诉,请求原告王××支付其因治疗脚扭伤而花费的医疗费和误工费。

民事反诉状

反诉原告(本诉被告):李×,男,30岁,汉族,××县××厂工人,住本厂宿舍楼×栋×单元×号。联系方式:×××××××××。

反诉被告(本诉原告):王××,男,46岁,汉族,××县政府办公室干部,住××厂宿舍楼×栋×单元×号。联系方式:139××××××××。

反诉请求:

请求判令反诉被告支付反诉人医疗费、误工费600元。

事实和理由:

2015年8月1日下午突然刮起大风,大雨即将来临,反诉人为了避免反诉被告王××的花遭雨淋凋谢,将花盆搬下楼。在搬运第三盆时,因不慎摔了一跤,将脚扭伤,同时将王××的一盆花摔坏,王××遂起诉我赔偿损失。王××起诉我赔偿损失的理由不能成立。首先,我为王××从楼上将花搬下,以避免雨淋花凋谢,是我在没有法定和约定义务的情况下,为了王××的利益考虑,实施了管理他人事务的行为,因此构成了无因管理。其次,我在实施无因管理中已尽了力,以至于在搬花过程中将自己的脚扭伤,使自己既遭受了痛苦又因医疗造成了损失。再说,我在搬花过程中,由于不小心被绊倒,摔了一跤,并将花盆摔碎,是在自己摔伤和尽到了保护花和花盆的情况下发生的意外,不存在重大过失。

由上述可见,王××诉我的理由不仅不能成立,而且还应赔偿我所遭受的损失。现在基于无因管理之债,提出反诉,请求贵院依法判令反诉被告王××支付我因治疗脚扭伤所花费的医疗费和误工费600元。

证据和证据来源:

(1)医疗费收据3份;(2)误工证明1份;(3)月工资单7份;(4)收入证明1份。

此致

××县人民法院

附:本反诉状副本1份

反诉人　李×
2015年12月7日

【实例2】原告××市××电子有限公司(以下简称电子公司)起诉称,自2014年4月以来,其与被告××电子产品销售有限公司(以下简称销售公司)签订9份关于彩色手机液晶片的买卖合同。双方约定由电子公司从我国台湾地区的生产厂家采购货源,然后按照销售公司通知将货物交付给其指定的在广东深圳的使用单位。上述合同签订后,电子公司认真备好货物,并按照合同约定积极履行货物交付义务。销售公司在履行合同之初,均能正常履行合同约定的提货和付款义务。但自2014年11月以后,销售公司开始延迟和拒绝履行提货义务。在销售公司严重违约的情况下,为避免造成更大的经济损失,电子公司不得不临时寻求其他买家。截至本诉状提起之日,电子公司被迫以低于上述合同价格向其他第三方转售被销售公司拒绝提货和付款的货物共计318,500片,其中产生的价差损失为278,548美元,约合人民币1,905,268元(按中国人民银行2015年9月8日公布的人民币对美元以6.84∶1的汇率计算)。电子公司提起诉讼,请求法院判令销售公司赔偿损失人民币1,905,268元,判令销售公司承担本案诉讼费。销售公司在接到原告的民事起诉状后,以积极履行了提货付款义务、不存在延迟和拒绝提货的问题,以及原告要求被告赔偿转卖差价损失属于无理要求为由进行了答辩,请求法院驳回其全部诉讼请求,并依法提起反诉,要求反诉被告电子公司承担因其不按时交付货物违约导致反诉人销售公司对第三方违约而向第三方赔偿的经济损失人民币880,000元,承担销售公司聘请律师费用12万元和承担诉讼费用。

民事反诉状

反诉被告(本诉被告):××市电子销售有限公司,住所××市××区××路×号商务大厦A座101室、102室。

法定代表人:蔡××,该公司董事长,联系方式:××××××××。

委托诉讼代理人:王×,××市××律师事务所律师。

反诉被告(本诉原告):××电子有限公司,住所××市××区××号××商业中心B座202室。

法定代表人:黄××,该公司经理,联系方式:××××××××。

委托诉讼代理人:章××,××市××律师事务所律师。

反诉请求:

1. 判令反诉被告赔偿反诉人经济损失880,000元及其利息损失;

2. 判令反诉被告承担反诉人聘请律师费120,000元和本案诉讼费用。

事实和理由:

自2014年4月以来,反诉人与反诉被告双方签订9份彩色手机液晶片的《订购合同》。双方约定由反诉被告从我国台湾地区的生产厂家采购货源,然后按照反诉人通知将货物交付给其指定的在广东深圳的使用单位。在每份《订购合同》中,双方均约定了商品名称及规格、数量、单价、总值、包装、付款条件、保险、装运时间、装运口岸、目的口岸、装运码头、验收及提出异议期限、质量保证等条款,并由双方以传真的方式签字盖章后生效。在合作前期,尽管反诉被告存在交货延误的问题,但反诉人本着与反诉被告友好合作的态度,均自行承担了因反诉被告延期交货致使反诉人对其客户所构成的违约责任,反诉人根据《订购合同》的约定向反诉被告按约支付了全部款项。因此,反诉被告(本诉原告)对反诉人(本诉被告)提起诉讼的理由与事实不能成立。

2015年8月10日双方签订了08DZ120HK《订购合同》,合同约定反诉被告在2015年8月18日交货TFR-08-28液晶片13,000片,但反诉被告未予交货。2015年8月20日双方签订了08DZ220HK《订购合同》,合同约定反诉被告在2015年8月25日交货TFR-08-28液晶片42,000片,但反诉被告逾期交货且仅交付了16,000片,尚有26,000片未交货。经反诉人多次催货,反诉被告仍未能交付上述货物,反诉被告的这一根本违约行为,也直接导致了反诉人对自己客户的根本违约。之后,反诉人曾多次要求反诉被告对其违约行为提出解决方案,但都遭到了反诉被告的拒绝。无奈之下,反诉人经与客户反复协商,在2016年4月21日反诉人与客户签订了《关于取消HM2008081201,HM2008082501的协议书》。经过协商与征得客户减免,由反诉人赔偿由于反诉人不能供货而给客户造成的经济损失880,000元,此款项已于2016年4月24日即反诉被告起诉前,由反诉人支付给了客户。

反诉人与反诉被告之间订立的《订购合同》合法有效,作为供货人的反诉被告应当按照合同约定的期限、数量等全面履行合同义务。反诉被告迟延履行和部分履行《订购合同》所约定的交货义务,构成根本违约。《中华人民共和国合同法》第113条规定,当事人一方不履行合同义务或者履行合同义务不符合约定,给对方造成损失的,损失赔偿额应当相当于因违约所造成的损失,包括合同履行后可以获得的利益,但不得超过违反合同一方订立合同时预见到或者应当预见到的因违反合同可能造成的损失。本案中由于反诉被告的根本违约,导致反诉人违约并赔偿给第三方经济损失880,000元。鉴于反诉人的上述损失系反诉被告根本违约所引起,且反诉被告对此在订立合同时已经预见到和应当预见到的,因此,反诉被告应当对反诉人上述损失承担赔偿责任。反诉人现根据《中华人民共和国合同法》第113条的规定,提起反诉,请求贵院依法判令反诉被告支付因其违约而导致的反诉人经济损失880,000元及该款项自2016年4月25日起至实际给付之日止的利息损失(按中国人民银行同期贷款利率计算);判令反诉被告承担反诉人聘请律师费120,000元和本案诉讼费。

证据和证据来源:

证据(1)反诉人与反诉被告双方签订的《订购合同》原件2份;证据(2)反诉人与第三方签订的《电子产品买卖合同》原件;证据(3)关税缴款书、进口增值税缴款书、报关单、核销单、汇款申请书、委托书、载货清单和发票;证据(4)反诉人向反诉被告发出的要求其尽快履行供货义务通知函;证据(5)第三方向反诉人发出的要求在10日内全部履行供货义务并承担相应违约责任函件;证据(6)反诉人与第三方签订的《关于取消HM2008081201,HM2008082501的协议书》;证据(7)反诉人向第三方支付880,000元违约赔偿金的电汇凭证、收据。

此致

××市××区人民法院

附:本反诉状副本1份

反诉人　××市电子销售有限公司

蔡××

2009年5月15日

【实例3】众望环保技术有限责任公司(以下简称众望公司)与大合软件开发有限责任公司(以下简称大合公司)双方于2016年5月18日签订了《制图合同》。该合同约定由众望公司委托大合公司制作"××省环境监控应急指挥系统(项目一期)"所需的专业电子地图,众望公司根据项目的需要向大合公司提供项目所必需的环保专业数据,地图的制作按照合同附件的技术要求完成;制图合同的总金额为150,000元;并约定了完成时间、付款方式等条款。合同签订后,大合公司于2016年7月4日和7月11日向众望公司交付了电子地图数据。众望公司仅支付了30,000元预付款,尚欠大合公司制图款120,000元。2016年9月13日大合公司遂向法院起诉,请求法院判令众望公司支付制图工程款120,000元;诉讼费用由众望公司承担。众望公司则以大合公司制作的专业电子地图达不到约定的质量要求以及大合公司根本不具备相应资质为由,向受案法院提起反诉,请求法院判令解除原、被告双方签订的《制图合同》;大合公司向众望公司返还制图费30,000元;诉讼费用由大合公司承担。

民事反诉状

反诉人(本诉被告):××市众望环保技术有限责任公司,住所××市××街××号。

法定代表人:钱××,该公司总经理,联系方式:×××××××××。

被反诉人(本诉原告):××市大合软件开发有限责任公司,住所××市××街××号。

法定代表人:孙××,该公司董事长,联系方式:×××××××××。

反诉请求:

1. 请求法院判令解除双方签订的《制图合同》;

2. 判令反诉被告向反诉人返还制图费用30,000元;

3. 判令反诉被告承担本案全部诉讼费用。

事实和理由:

反诉人与反诉被告双方于2016年5月18日签订的《制图合同》。该合同约定由反诉人委托反诉被告制作省环境监控应急指挥系统所需的专业电子地图,反诉人根据项目的需要向反诉被告提供项目所必需的环保专业数据,地图的制作按照合同附件的技术要求完成;制图合同的总金额为150,000元;并约定了完成时间、付款方式等条款。合同签订后,反诉人履行了合同约定的义务,并向反诉被告支付了30,000元预付款。2016年9月13日反诉被告以反诉人拖欠制图费用为由向贵法院起诉,要求反诉人向其支付120,000元制图费用。反诉人基于下列理由,认为其诉求不能成立:

第一,《制图合同》签订后,反诉人按照合同约定积极履行了自己的义务。按照合同约定,反诉被告应于2016年6月20日前交付产品,但其推迟至7月方才交付仅包含合同部分内容且有严重质量问题的光盘。

第二,在反诉被告已提供的部分制作的电子地图完全没有按照双方合同约定的技术要求制作,出现了数据陈旧、标注错误、数据不完整、属性字段凌乱、坐标系采用错误等一系列重大质量问题,还存在地图中有很多不明间隙等问题。按照双方合同约定的技术要求的6项指标,其中有5项指标完全不能达到要求。该产品致使众望公司根本无法使用,合同目的无法实现。

第三,根据《中华人民共和国测绘法》第22条、《测绘资质管理规定》第5条、《中华人民共和国地图编制出版管理条例》第5条的规定,编制地图必须取得相应的测绘资质,而反诉被告根本不具备相应资质,双方所签订的《制图合同》因违背法律强制性规定而无效,反诉被告应当返还已收取的30,000元制作费。

基于以上事实与理由,根据《中华人民共和国合同法》第262条的规定,请求人民法院依法驳回反诉被告的全部诉讼请求,并请求贵院依法判令解除双方签订的《制图合同》,判令反诉被告向反诉人返还制图费30,000元和承担本案全部诉讼费用。

证据和证据来源:

(1)反诉被告为反诉人制作的电子地图数据光盘2张。(2)反诉人于2010年5月25日向反诉被告发出的"关于环境监控应急指挥系统软件建设"的函1份。(3)反诉人与反诉被告订立的《制图合同》原件1份。(4)反诉人向反诉被告发出的《竞争性谈判文件》1份。(5)反诉人于2010年5月10日发给反诉被告要求解除《制图合同》的函以及寄送函件的快递详情单。

此致

××市××区人民法院

附：本反诉状副本1份

反诉人 ××市众望环保技术有限责任公司

钱××

2016年9月28日

【实例4】李×与×市东方豪华大酒店于2013年11月26日签订房屋租赁合同，由李×租赁东方豪华大酒店的地下层开办洗浴中心，李×负责对租赁的地下层进行装修和购置设施。合同签订后，李×按照合同约定向东方豪华大酒店交纳了自2014年1月18日至2014年7月18日6个月的房屋租金。2014年1月18日东方豪华大酒店和该洗浴中心同日正式开业。开业后不久，因出租房屋漏水，造成李×装修好的两间房屋顶部和墙壁出现霉变损坏，致使李×被迫停业15天。2015年3月，东方豪华大酒店的宾馆厨房起火烧坏洗浴中心的部分设施，致使李×被迫停业15天。自2015年4月开始，李×再未向东方豪华大酒店支付租金，东方豪华大酒店多次向李×催收未果，遂提起诉讼，请求法院判令解除双方签订的房屋租赁合同；要求李×支付所拖欠的15个月租金122,990元，滞纳金13,230元，合计136,220元。李×则以承租房屋水管爆裂和防水处理及防火存在问题，导致停业30天和租赁2间房屋的装修及设施被损坏，无法使用达10个月，造成经济损失129,904元为由，提起反诉，请求法院判令东方豪华大酒店减收1个月的房租和赔偿经济损失129,904元。

民事反诉状

反诉原告（本诉被告）：李×，男，1968年4月15日出生，汉族，××省××市人，住××市××街××号。联系方式：×××××××××。

委托诉讼代理人：孙××，××省××律师事务所律师。

反诉被告（本诉原告）：××市东方豪华大酒店，住所××市××区××路39号。

代表人：吴××，东方豪华大酒店执行事务合伙人。联系方式：×××××××××。

委托诉讼代理人：罗××，××省××律师事务所律师。

反诉请求：

1. 判令反诉被告减收1个月的租金即8167元；
2. 判令反诉被告向反诉人赔偿经济损失129,904元；
3. 判令反诉被告承担本案全部诉讼费用。

事实和理由：

反诉人与反诉被告于2013年11月26日签订房屋租赁合同，由反诉人租赁反诉被告东方豪华大酒店的地下层开办洗浴中心，反诉人负责对租赁的地下层进行装修和购置设施。该合同约定：租赁期限从2013年12月28日至2018年12月27日，自反诉被告实际开业之日起计算租金。房屋租金按每年98,000元标准计算，承租方应按期交付租金，逾期3个月内，按欠交租金的1%支付滞纳金，超过3个月不交纳租金，出租方有权解除合同；如因出租方原因造成承租方损失的，应由出租方进行赔偿。合同签订后，反诉人按照合同约定向反诉被告交纳了自2014年1月18日至7月18日6个月的房屋租金。2014年1月18日东方豪华大酒店和该洗浴中心同日正式开业。2014年1月26日因出租房屋漏水，造成反诉人装修好的两间房屋顶部和墙壁出现霉变损坏，致使反诉人被迫停业15天。2015年3月6日反诉被告东方豪华大酒店的宾馆厨房起火烧坏洗浴中心的部分设施，导致反诉人停业15天和租赁2间房子的装修及设施被损坏，无法使用达10个月，造成经济损失129,904元。自2014年1月26日以来，反诉人多次要求反诉被告解决因出租房屋漏水给反诉人造成的两间房屋顶部装修损坏和墙壁出现霉变损坏问题。2015年3月6日反诉人多次就反诉被告经营的东方豪华大酒店失火给本人所经营的洗浴中心所造成的房子的装修及设施被损坏，要求反诉被告赔偿，反诉被告都置之不理。自2015年4月开始有10个月时间，反诉人以租金冲抵反诉被告造成的装修损失、设施损坏损失和被迫停业1个月的租金。

《中华人民共和国合同法》第216条规定，出租人应当按照约定将租赁物交付承租人，并在租赁期间保持租赁物符合约定的用途。该法第231条规定，因不可归责于承租人的事由，致使租赁物部分或者全部毁损、灭失的，承租人可以要求减少租金或者不支付租金；因租赁物部分或者全部毁损、灭失，致使不能实现合同目的的，承租人可以解除合同。本案中2014年1月26日因出租房屋漏水致使李×被迫停业15天，2015年3月6日反诉被告东方豪华大酒店的宾馆厨房起火烧坏洗浴中心的部分设施，导致反诉人停业15天，因此，对于反诉人这30天的停业，作为出租人的东方豪华大酒店无权要求租金。此外，反诉人租赁东方豪华大酒店的地下层开办洗浴中心，并按照约定负责对租赁的地下层进行了装修和购置设施。由于反诉被告经营的酒店漏水和失火对反诉人的装修和购置的设施造成了直接毁坏。根据《中华人民共和国侵权责任法》第6条的规定，行为人因过错侵害他人民事权益，应当承担侵权责任。该法第19条规定，侵害他人财产的，财产损失按照损失发生时的市场价格或者其他方式计算。据此，反诉被告应当对反诉人租赁房屋内的装修损坏和购置的设施毁坏依法进行赔偿。在反诉被告对反诉人造成的上述损坏既不赔偿损失，也不作相应的退还租金的情况下，作为承租人的反诉人有权拒绝支付租金和要求其赔偿损失。

基于以上事实和理由，现根据《中华人民共和国民事诉讼法》第51条的规定，提起反诉，请求人民法院依法驳回反诉被告（本诉原告）的诉讼要求，并判令其减收1个月的租金即8167元，向反诉人赔偿经济损失129,904元并承担本案全部诉讼费用。

证据和证据来源：

（1）房屋租赁合同原件1份；（2）证明租赁房屋因漏水和因失火被损情况的照片4张；（3）洗浴中心装修材料购物凭证6份；（4）被损毁设施维修单据3份；（5）证人证明1份；（6）反诉人和诉讼代理人身份证复印件各1份；（7）诉讼代理委托书原件1份。

此致

××市××区人民法院

附：本反诉状副本1份

反诉人　李×

2016年4月28日

【实例5】2013年3月10日甲商务网络公司聘用李×为网络技术总监,负责该公司的商务网络技术开发,双方签订了为期2年的劳动合同,李×的月工资4000元。双方并在劳动合同中订入了竞业限制条款,约定:李×自甲公司离职后的2年内,不得设立商务网络公司或者到与甲商务网络公司具有竞争关系的其他商务网络公司工作;在竞业限制期间甲商务网络公司每月向李×支付月工资的一半即2000元作为经济补偿;双方解除或者终止劳动合同后,李×若违反竞业限制规定,应当向甲商务网络公司赔偿5万元的违约金。2015年3月10日双方的劳动合同届满,双方终止劳动合同。李×要求甲公司按照劳动合同的约定每月支付2000元的竞业限制补偿,遭到甲公司的拒绝。自双方终止劳动合同8个月后,李×通知甲公司解除双方在劳动合同中订立的竞业限制条款,李×遂与他人合作设立了乙商务网络公司从事电子商务。甲公司得知该情形后,向劳动争议仲裁委员会申请仲裁。甲公司对仲裁裁决不服,向人民法院提起诉讼,要求李×按照竞业限制条款的约定赔偿5万元的违反竞业限制的违约金。李×遂提起反诉,要求甲公司按照约定支付竞业限制期间的经济补偿16,000元。

民事反诉状

反诉原告(本诉被告):李×,25岁,男,汉族,××省××市人。住××市××街××号。联系电话:×××××××××。

反诉被告(本诉原告):××市甲商务网络公司,住所××市××街××号。

法定代表人:刁××,该公司董事长。联系电话:×××××××××。

反诉请求:

请求判令反诉被告支付8个月的竞业限制经济补偿16,000元。

事实和理由:

2013年3月10日反诉被告(本诉原告)甲商务网络公司聘用反诉人(本诉被告)为网络技术总监负责进行商务网络的技术开发,双方签订了为期2年的劳动合同,月工资4000元。双方并在劳动合同中订入了竞业限制条款,约定:反诉人自甲公司离职后的2年内,不得设立商务网络公司或者到与甲商务网络公司具有竞争关系的其他商务网络公司工作;在竞业限制期间甲商务网络公司每月向反诉人支付月工资的一半即2000元作为经济补偿;双方解除或者终止劳动合同后,反诉人若违反竞业限制规定,应当向甲商务网络公司赔偿50,000元的违约金。

2015年3月10日双方的劳动合同届满,双方终止劳动合同。反诉人要求反诉被告按照劳动合同的约定每月支付2000元的竞业限制补偿,遭到反诉被告的拒绝。直至双方终止劳动合同8个月后,反诉被告亦未按照劳动合同的约定向反诉人支付竞业限制的经济补偿。在反诉人既不能从事自己熟悉的工作而又得不到经济补偿的情况下,在双方终止劳动合同8个月后与他人合伙创办了乙商务网站,并在反诉人与他人合作创办乙商务网络公司之前,以书面通知方式解除了双方在劳动合同中订立的竞业限制条款。在此情形下反诉人设立与反诉被告具有竞争关系的乙商务网络公司,并未违反竞业限制规定,反诉被告不仅无权要求反诉人承担违约责任;相反,正因为反诉人遵守双方订立的竞业限制条款的8个月时间内,反诉被告没有向反诉人按约定支付竞业限制的经济补偿构成了违约。对此,现根据《中华人民共和国劳动合同法》第23条、《中华人民共和国民事诉讼法》第51条的规定,向贵院提出反诉,请求依法判决反诉被告向反诉人支付8个月的竞业限制经济补偿 16,000 元。

证据和证据来源:

反诉人与反诉被告双方订立的劳动合同原件 1 份;反诉被告出具的解除劳动合同的证明原件 1 份。

此致

××市××区人民法院

附:本反诉状副本 1 份

反诉人　李×

2016 年 3 月 16 日

三、管辖权异议书

(一)文书制作的基本知识

管辖权异议书,是指人民法院受理案件后,作为案件当事人对管辖权有异议时,向人民法院递交的、请求人民法院依法改变管辖的法律文书。

1. 民事诉讼管辖

民事诉讼管辖,是指各级人民法院之间和同级人民法院之间受理第一审民事案件的分工和权限。民事诉讼当事人应当向有管辖权的人民法院提起诉讼,人民法院受理案件也须具有管辖权。判断某一人民法院对于一个具体的案件是否具有管辖权,应当通过以下两步确定:首先应当按照一定的标准确定级别管辖;其次在级别管辖的基础上,根据地域管辖的原则及有关规定确定应当具体属于哪一个人民法院管辖。

《民事诉讼法》关于级别管辖的规定:

《民事诉讼法》第 17 条规定,基层人民法院管辖第一审民事案件,但本法另有规定的除外。该法第 18 条规定,中级人民法院管辖下列第一审民事案件:①重大涉外案件。根据《民事诉讼法司法解释》第 1 条的规定,该项规定的重大涉外案件,包括争议标的额大的案件、案情复杂的案件,或者一方当事人人数众多等具有重大影响的案件。②在本辖区有重大影响的案件。③最高人民法院确定由中级人民法院管辖的案件。根据《民事诉讼法司法解释》第 2 条的规定,专利纠纷案件由知识产权法院、最高人民法院确定的中级人民法院和基层人民法院管辖。《民事诉讼法》第 19 条规定,高级人民法院管辖在本辖区有重大影响的第一审民事案件。该法第 20 条规定,最高人民法院管辖下列第一审民事案件:①在全国有重大影响的案件;②认为应当由本院审理的案件。

《民事诉讼法》关于地域管辖的规定:

(1)地域管辖。根据《民事诉讼法》第 21 条的规定,对公民提起的民事诉讼,由被告住所地人民法院管辖;被告住所地与经常居住地不一致的,由经常居住地人民法院管辖。对法人或者其他组织提起的民事诉讼,由被告住所地人民法院管辖。同一诉讼的几个被告住所地、经常居住地在两个以上人民法院辖区的,各该人民法院都有管辖权。根据《民事诉讼法司法解释》第 3 条的规定,公民的住所地是指公民的户籍所在地,法人或者其他组织的住所地是指法人或者其他组织的主要办事机构所在地。法人或者其他组织的主要办事机构所在地不能确定的,法人或者其他组织的注册地或者登记地为住所地。根据该解释第 4 条的规定,公民的经常居住地是指公民离开住所地至起诉时已连续居住 1 年以上的地方,但公民住院就医的地方除外。此外,根据该解释第5条的规定,对没有办事机构的个人合伙、合伙型联营体提起的诉讼,由被告注册登记地人民法院管辖。没有注册登记,几名被告又不在同一辖区的,被告住所地的人民法院都有管辖权。该解释第23条规定,债权人申请支付令,适用《民事诉讼法》第21条规定,由债务人住所地基层人民法院管辖。上述所确定的由被告所在地的管辖原则为一般地域管辖原则,即原告就被告原则。

原告就被告原则适用于大多数民事案件,但为了适应某些特殊情形下的管辖需要,《民事诉讼法》又在一般地域管辖外,作出了由原告所在地管辖或者根据具体情况确定管辖的例外规定。该法第22条规定,下列民事诉讼,由原告住所地人民法院管辖;原告住所地与经常居住地不一致的,由原告经常居住地人民法院管辖:①对不在中华人民共和国领域内居住的人提起的有关身份关系的诉讼;②对下落不明或者宣告失踪的人提起的有关身份关系的诉讼;③对被采取强制性教育措施的人提起的诉讼;④对被监禁的人提起的诉讼。此外,《民事诉讼法司法解释》第6条规定,被告被注销户籍的,依照《民事诉讼法》第22条的规定确定管辖;原告、被告均被注销户籍的,由被告居住地人民法院管辖。该解释第7条规定,当事人的户籍迁出后尚未落户,有经常居住地的,由该地人民法院管辖;没有经常居住地的,由其原户籍所在地人民法院管辖。该解释第8条规定,双方当事人都被监禁或者被采取强制性教育措施的,由被告原住所地人民法院管辖。被告被监禁或者被采取强制性教育措施1年以上的,由被告被监禁地或者被采取强制性教育措施地人民法院管辖。该解释第9条规定,追索赡养费、抚育费、扶养费案件的几个被告住所地不在同一辖区的,可以由原告住所地人民法院管辖。该解释第10条规定,不服指定监护或者变更监护关系的案件,可以由被监护人住所地人民法院管辖。该解释第11条规定,双方当事人均为军人或者军队单位的民事案件由军事法院管辖。该解释第12条规定,夫妻一方离开住所地超过1年,另一方起诉离婚的案件,可以由原告住所地人民法院管辖。夫妻双方离开住所地超过1年,一方起诉离婚的案件,由被告经常居住地人民法院管辖;没有经常居住地的,由原告起诉时被告居住地人民法院管辖。该解释第13条规定,在国内结婚并定居国外的华侨,如定居国法院以离婚诉讼须由婚姻缔结地法院管辖为由不予受理,当事人向人民法院提出离婚诉讼的,由婚姻缔结地或者一方在国内的最后居住地人民法院管辖。该解释第14条规定,在国外结婚并定居国外的华侨,如定居国法院以离婚诉讼须由国籍所属国法院管辖为由不予受理,当事人向人民法院提出离婚诉讼的,由一方原住所地或者在国内的最后居住地人民法院管辖。该解释第15条规定,中国公民一方居住在国外,另一方居住在国内,无论哪一方向人民法院提起离婚诉讼,国内一方住所地人民法院都有权管辖。国外一方在居住国法院起诉,国内一方向人民法院起诉的,受诉人民法院有权管辖。该解释第16条规定,中国公民双方在国外但未定居,一方向人民法院起诉离婚的,应由原告或者被告原住所地人民法院管辖。该解释第17条规定,已经离婚的中国公民,双方均定居国外,仅就国内财产分割提起诉讼的,由主要财产所在地人民法院管辖。

(2)特殊地域管辖。①合同纠纷诉讼管辖。《民事诉讼法》第23条规定,因合同纠纷提起的诉讼,由被告住所地或者合同履行地人民法院管辖。《民事诉讼法司法解释》第18条规定,合同约定履行地点的,以约定的履行地点为合同履行地。合同对履行地点没有约定或者约定不明确,争议标的为给付货币的,接收货币一方所在地为合同履行地;交付不动产的,不动产所在地为合同履行地;其他标的,履行义务一方所在地为合同履行地。即时结清的合同,交易行为地为合同履行地。合同没有实际履行,当事人双方住所地都不在合同约定的履行地的,由被告住所地人民法院管辖。该解释第19条规定,财产租赁合同、融资租赁合同以租赁物使用地为合同履行地。合同对履行地有约定的,从其约定。该解释第20条规定,以信息网络方式订立的买卖合同,通过信息网络交付标的的,以买受人住所地为合同履行地;通过其他方式交付标的的,收货地为合同履行地。合同对履行地有约定的,从其约定。②保险合同纠纷诉讼管辖。《民事诉讼法》第24条规定,因保险合同纠纷提起的诉讼,由被告住所地或者保险标的物所在地人民法院管辖。《民事诉讼法司法解释》第21条规定,因财产保险合同纠纷提起的诉讼,如果保险标的物是运输工具或者运输中的货物,可以由运输工具登记注册地、运输目的地、保险事故发生地人民法院管辖。因人身保险合同纠纷提起的诉讼,可以由被保险人住所地人民法院管辖。③票据纠纷诉讼管辖。《民事诉讼法》第25条规定,因票据纠纷提起的诉讼,由票据支付地或者被告住所地人民法院管辖。④公司股东及股权纠纷诉讼管辖。《民事诉讼法》第26条规定,因公司设立、确认股东资格、分配利润、解散等纠纷提起的诉讼,由公司住所地人民法院管辖。《民事诉讼法司法解释》第22条规定,因股东名册记载、请求变更公司登记、股东知情权、公司决议、公司合并、公司分立、公司减资、公司增资等纠纷提起的诉讼,依照《民事诉讼法》第26条的规定确定管辖。⑤运输纠纷诉讼管辖。《民事诉讼法》第27条规定,因铁路、公路、水上、航空运输和联合运输合同纠纷提起的诉讼,由运输始发地、目的地或者被告住所地人民法院管辖。⑥侵权诉讼管辖。《民事诉讼法》第28条规定,因侵权行为提起的诉讼,由侵权行为地或者被告住所地人民法院管辖。根据《民事诉讼法司法解释》第24条的规定,上述规定的侵权行为地,包括侵权行为实施地、侵权结果发生地。该解释第25条规定,信息网络侵权行为实施地包括实施被诉侵权行为的计算机等信息设备所在地,侵权结果发生地包括被侵权人住所地。该解释第26条规定,因产品、服务质量不合格造成他人财产、人身损害提起的诉讼,产品制造地、产品销售地、服务提供地、侵权行为地和被告住所地人民法院都有管辖权。⑦交通和航空事故诉讼管辖。《民事诉讼法》第29条规定,因铁路、公路、水上和航空事故请求损害赔偿提起的诉讼,由事故发生地或者车辆、船舶最先到达地、航空器最先降落地或者被告住所地人民法院管辖。⑧海事损害事故请求损害赔偿诉讼管辖。《民事诉讼法》第30条规定,因船舶碰撞或者其他海事损害事故请求损害赔偿提起的诉讼,由碰撞发生地、碰撞船舶最先到达地、加害船舶被扣留地或者被告住所地人民法院管辖。⑨海难救助费用诉讼管辖。《民事诉讼法》第31条规定,因海难救助费用提起的诉讼,由救助地或者被救助船舶最先到达地人民法院管辖。⑩共同海损诉讼管辖。《民事诉讼法》第32条规定,因共同海损提起的诉讼,由船舶最先到达地、共同海损理算地或者航程终止地的人民法院管辖。⑪保全纠纷诉讼管辖。《民事诉讼法司法解释》第27条规定,当事人申请诉前保全后没有在法定期间起诉或者申请仲裁,给被申请人、利害关系人造成损失引起的诉讼,由采取保全措施的人民法院管辖。当事人申请诉前保全后在法定期间内起诉或者申请仲裁,被申请人、利害关系人因保全受到损失提起的诉讼,由受理起诉的人民法院或者采取保全措施的人民法院管辖。

《民事诉讼法》关于专属管辖的规定:

《民事诉讼法》第33条规定,下列案件,由本条规定的人民法院专属管辖:(1)因不动产纠纷提起的诉讼,由不动产所在地人民法院管辖。根据《民事诉讼法司法解释》第28条的规定,上述第33条规定的不动产纠纷是指因不动产的权利确认、分割、相邻关系等引起的物权纠纷。农村土地承包经营合同纠纷、房屋租赁合同纠纷、建设工程施工合同纠纷、政策性房屋买卖合同纠纷,按照不动产纠纷确定管辖。不动产已登记的,以不动产登记簿记载的所在地为不动产所在地;不动产未登记的,以不动产实际所在地为不动产所在地。(2)因港口作业中发生纠纷提起的诉讼,由港口所在地人民法院管辖。(3)因继承遗产纠纷提起的诉讼,由被继承人死亡时住所地或者主要遗产所在地人民法院管辖。

《民事诉讼法》关于协议管辖的规定：

《民事诉讼法》第34条规定，合同或者其他财产权益纠纷的当事人可以书面协议选择被告住所地、合同履行地、合同签订地、原告住所地、标的物所在地等与争议有实际联系的地点的人民法院管辖，但不得违反本法对级别管辖和专属管辖的规定。根据《民事诉讼法司法解释》第29条的规定，上述第34条规定的书面协议，包括书面合同中的协议管辖条款或者诉讼前以书面形式达成的选择管辖的协议。该解释第30条规定，根据管辖协议，起诉时能够确定管辖法院的，从其约定；不能确定的，依照民事诉讼法的相关规定确定管辖。管辖协议约定两个以上与争议有实际联系的地点的人民法院管辖，原告可以向其中一个人民法院起诉。该解释第31条规定，经营者使用格式条款与消费者订立管辖协议，未采取合理方式提请消费者注意，消费者主张管辖协议无效的，人民法院应予支持。该解释第32条规定，管辖协议约定由一方当事人住所地人民法院管辖，协议签订后当事人住所地变更的，由签订管辖协议时的住所地人民法院管辖，但当事人另有约定的除外。该解释第33条规定，合同转让的，合同的管辖协议对合同受让人有效，但转让时受让人不知道有管辖协议，或者转让协议另有约定且原合同相对人同意的除外。该解释第34条规定，当事人因同居或者在解除婚姻、收养关系后发生财产争议，约定管辖的，可以适用《民事诉讼法》第34条的规定确定管辖。

《民事诉讼法》关于共同管辖与选择管辖的规定：

《民事诉讼法》第35条规定，两个以上人民法院都有管辖权的诉讼，原告可以向其中一个人民法院起诉；原告向两个以上有管辖权的人民法院起诉的，由最先立案的人民法院管辖。

《民事诉讼法》关于移送管辖和指定管辖的规定：

《民事诉讼法》第36条规定，人民法院发现受理的案件不属于本院管辖的，应当移送有管辖权的人民法院，受移送的人民法院应当受理。受移送的人民法院认为受移送的案件依照规定不属于本院管辖的，应当报请上级人民法院指定管辖，不得再自行移送。该法第37条规定，有管辖权的人民法院由于特殊原因，不能行使管辖权的，由上级人民法院指定管辖。人民法院之间因管辖权发生争议，由争议双方协商解决；协商解决不了的，报请它们的共同上级人民法院指定管辖。根据《民事诉讼法司法解释》第40条的规定，依照上述规定，发生管辖权争议的两个人民法院因协商不成报请它们的共同上级人民法院指定管辖时，双方为同属一个地、市辖区的基层人民法院的，由该地、市的中级人民法院及时指定管辖；同属一个省、自治区、直辖市的两个人民法院的，由该省、自治区、直辖市的高级人民法院及时指定管辖；双方为跨省、自治区、直辖市的人民法院，高级人民法院协商不成的，由最高人民法院及时指定管辖。依照前款规定报请上级人民法院指定管辖时，应当逐级进行。该解释第41条规定，人民法院依照《民事诉讼法》第37条第2款的规定指定管辖的，应当作出裁定。对报请上级人民法院指定管辖的案件，下级人民法院应当中止审理。指定管辖裁定作出前，下级人民法院对案件作出判决、裁定的，上级人民法院应当在裁定指定管辖的同时，一并撤销下级人民法院的判决、裁定。

2. 管辖权异议

《民事诉讼法》第127条规定，人民法院受理案件后，当事人对管辖权有异议的，应当在提交答辩状期间提出。人民法院对当事人提出的异议，应当审查。异议成立的，裁定将案件移送有管辖权的人民法院；异议不成立的，裁定驳回。当事人未提出管辖异议，并应诉答辩的，视为受诉人民法院有管辖权，但违反级别管辖和专属管辖规定的除外。根据上述规定，当事人提出管辖权异议须具备下列条件：(1)管辖权异议的客体是第一审民事案件的管辖权。(2)管辖权异议的实质是纠正管辖中存在的错误，提出管辖权异议的当事人应当是本案的被告。(3)管辖权异议须在提交答辩状期间提出，即在被告收到起诉书副本之日起15日内提出。司法实践中，受诉人民法院收到当事人提出的管辖权异议后，经审查认为异议成立的应裁定将案件送有管辖权的人民法院审理。如认为异议不成立的，应当裁定驳回。法院在裁定移送时，遇有两个以上法院都有管辖权的案件，究竟向哪一个法院移送，应当征求原告的意见。此外，根据《民事诉讼法司法解释》第39条的规定，人民法院对管辖异议审查后确定有管辖权的，不因当事人提起反诉、增加或者变更诉讼请求等改变管辖，但违反级别管辖、专属管辖规定的除外。人民法院发回重审或者按第一审程序再审的案件，当事人提出管辖异议的，人民法院不予审查。根据《民事诉讼法》第147条第2款的规定，对人民法院就管辖权异议所作的裁定，当事人如果不服，可以在裁定书送达后10日内向上一级人民法院提出上诉。上一级人民法院收到上诉状后，应当依法进行审理，并做出终审裁定。当事人在第二审人民法院确定案件的管辖权后，或对一审裁定逾期未上诉的，应自觉按照二审或一审生效裁定所确定的管辖权法院参加诉讼。

(二)文书的内容及制作方法

1. 首部

(1)标题。写明文书名称“管辖权异议书”。

(2)异议人的基本情况。异议人是公民的，应写明其姓名、性别、出生年月日、民族、工作单位和职务或职业、住址、联系方式。异议人为法人或其他组织的，应写明其全称、住所及法定代表人或负责人姓名、职务、联系方式。

2. 正文

(1)请求事项。异议人应明确请求人民法院将本案移送至有管辖权的人民法院审理。

(2)事实和理由。首先简明扼要地说明纠纷性质；其次根据诉讼标的的种类及其数额或者影响程度，以及原告、被告所在地，侵权行为发生地、合同履行地等情况，依照《民事诉讼法》有关管辖的规定着重阐述本案不应由受诉人民法院管辖的理由，从而说明异议人对本案管辖权的异议的成立，并重申对本案的管辖异议请求。

3. 尾部

(1)写明致送人民法院的名称。该法院应当是异议人向其提出异议的法院即已经受理案件的法院。

(2)异议人签名。异议人是法人或其他组织的，由法定代表人签名并加盖单位公章。

(3)注明文书提交的年、月、日。

(三)文书样式与范例

1. 文书样式

管辖权异议书

(对管辖权提出异议用)

异议人(被告)：×××，男/女，××××年×月××日出生，×族，……(写明工作单位和职务或职业)，住……。联系方式：……。

法定代理人/指定代理人：×××，……。

委托诉讼代理人：×××，……。

(以上写明当事人和其他诉讼参加人的姓名或名称等基本信息)

请求事项:

将××××人民法院(××××)……号……(写明案件当事人和案由)一案移送××××人民法院管辖。

事实和理由:

……(写明提出管辖权异议的事实和理由)。

此致

××××人民法院

异议人(签名或盖章)

××××年××月××日

2. 实例与范本

【实例 1】北京××创意文化有限责任公司(以下简称创意公司)投资 500 万元,组织创作和出版了电子版的《三人行三维绘画软件》作品。北京××信息技术有限公司(以下简称信息公司)未经许可,将涉案作品在其公司网站上全文发表并出售给第三人在网络上使用。创意公司以信息公司的行为构成侵权为由,向北京市第一中级人民法院提起诉讼。该案由北京市第一中级人民法院受理后,信息公司以未在住所地北京市房山区××镇××大街 12 号经营或办公,实际经营或者办公地址为北京市东城区××大街 21 号××花园 602 室为由,提出管辖权异议。

管辖权异议书

异议人:北京××信息技术有限公司,住所北京市东城区××大街 21 号××花园 602 室。

法定代表人:程××,该公司总经理,联系方式:×××××××××。

请求事项:

将北京市第一中级人民法院(2016)一民初字××号北京××创意文化有限责任公司诉北京××信息技术有限公司著作权侵权纠纷一案移送北京市第二中级人民法院管辖。

事实和理由:

异议人北京市××信息技术有限公司于 2016 年 2 月 16 日注册成立,其注册地是北京市房山区××镇××大街 12 号。异议人自 2016 年 12 月 1 日开始未在住所地经营或办公,实际经营与办公地址现为北京市东城区××大街 21 号××花园 602 室,并自此在东城区税务部门办理纳税登记和进行年检。《中华人民共和国民事诉讼法》第 28 条规定,因侵权行为提起的民事诉讼,由侵权行为地或者被告住所地人民法院管辖。法人的住所地是指法人的主要营业地或者主要办事机构所在地。据此,异议人的实际经营与办公地址为北京市东城区××大街 21 号××花园 602 室,故应认定异议人的住所地为该地址,所以,北京市第二中级人民法院对本案有管辖权,北京市第一中级人民法院对本案不具有管辖权。现根据《中华人民共和国民事诉讼法》第 127 条的规定,请求贵院依法裁定将此案移送至北京市第二中级人民法院审理。

此致

北京市第一中级人民法院

异议人　北京××信息技术有限公司
程××
2016年5月12日

【实例2】2013年8月12日山东泰安××机械有限公司(供方)与河南洛阳××建材有限公司(需方)签订了一份《产品购销合同》,合同就产品种类、数量、质量、金额及付款方式均作了约定。此外,该合同第12条对解决合同纠纷的方式作出了约定:双方协商或向供方当地法院提出诉讼。合同签订后,山东泰安××机械有限公司按需方要求将货送至洛阳××建材公司指定在本市的某施工地点,按约履行了合同义务,但河南洛阳××建材有限公司未按约履行支付货款义务。山东泰安××机械有限公司在多次催款未果的情况下,2015年12月28日遂向泰安市中级人民法院提起诉讼。被告河南洛阳××建材有限公司收到起诉状副本后,对本案提出了管辖权异议。

管辖权异议书

异议人(被告):河南省洛阳市××建材有限公司,住所洛阳市××区××大街××号。联系方式:×××××××××。

法定代表人:曹××,该公司董事长,联系方式:×××××××××。

委托诉讼代理人:万××,河南省××律师事务所律师。

请求事项:

将山东省泰安市中级人民法院(2005)泰民初××号山东泰安××机械有限公司诉河南洛阳××建材有限公司买卖合同纠纷一案移送至河南省洛阳市中级人民法院审理。

事实和理由:

2015年12月28日山东泰安××机械有限公司诉河南洛阳××建材有限公司买卖合同纠纷一案已由贵院受理。基于下列理由,申请人认为贵院无管辖权:根据《中华人民共和国民事诉讼法》第24条的规定,因合同纠纷提起的诉讼,由被告住所地或者合同履行地人民法院管辖。本案中作为被告即申请人住所地在河南省洛阳市;本案中双方之间的《产品购销合同》签订后,山东泰安××机械有限公司按需方要求将货送至洛阳××建材公司指定在本市的某施工地点,可见合同履行地也是河南省洛阳市。因此,作为被告所在地和合同履行地的河南省洛阳市中级人民法院对本案具有管辖权。现根据《中华人民共和国民事诉讼法》第127条的规定,请求贵院依法裁定将此案移送至洛阳市中级人民法院审理。

此致

山东省泰安市中级人民法院

异议人　河南省洛阳市××建材有限公司
曹××
2016年1月10日

【实例3】王××与甲市东方科技有限公司订立的劳动合同中约定载明"鉴于王××本人主动放弃'三险'的恳求,东方公司将不给王××办理有关保险事宜,如因病、工伤需治疗费用由王××自己承担”。在劳动合同履行期间,王××因病动手术花去医疗费2万多元。因自己无力承担,遂找本单位法定代表人报销部分医疗费,但遭到东方公司的法定代表人朱××的拒绝。王××认为对于这样高额的医疗费用的确无力承担,虽然当初在劳动合同中约定了放弃“三险”和承诺医疗费用自己承担的条款,但也是迫于求职压力采取的不得已的办法,遂申请劳动争议仲裁,要求东方公司承担因其未给自己缴纳医疗保险所造成的损失。劳动争议仲裁机构裁定驳回王××的仲裁请求后,王××遂向自己所在的乙市A区人民法院起诉,乙市A区人民法院予以立案。甲市东方科技有限公司收到起诉状副本后,认为乙市A区人民法院无管辖权,遂向乙市A区人民法院提出管辖权异议。

管辖权异议申请书

异议人(被告):甲市东方科技有限公司,住所甲市东城区××路××街××号。

法定代表人:朱××,该公司董事长,联系方式:×××××××××。

委托诉讼代理人:刘×,××省××律师事务所律师。

请求事项:

将甲市A区人民法院(2016)A民初字第××号王××诉甲市东方科技有限公司医疗费纠纷一案移送甲市东城区人民法院管辖。

事实和理由:

王××诉我公司支付医疗费一案属于劳动合同纠纷。最高人民法院《关于审理劳动争议案件适用法律若干问题的解释(一)》第8条规定,劳动争议案件由用人单位所在地或者劳动合同履行地的基层人民法院管辖。劳动合同履行地不明确的,由用人单位所在地的基层人民法院管辖。上述规定,确定了劳动争议诉讼由用人单位所在地或者劳动合同履行地的人民法院的地域管辖原则。因此,本案应当由作为劳动合同履行地和甲市东方技术有限公司住所地的甲市东城区人民法院管辖,而作为原告住所地的乙市A区人民法院即贵院无管辖权。现申请贵院依法裁定将此案移送有管辖权的人民法院即甲市东区人民法院审理。

此致

乙市A区人民法院

异议人　甲市东方科技有限公司

朱××

2016年3月20日

四、民事答辩状

(一)文书制作的基本知识

民事答辩状,是指被告(或被上诉人、再审被申请人)收到原告(或上诉人、再审申请人)的起诉状副本(或上诉状副本、再审申请书副本)后,在法定期限内,针对原告(或上诉人、再审申请人)提出的诉讼请求(或上诉请求、再审请求)、事实和理由,向人民法院提交的、进行回应和辩驳的诉讼法律文书。根据诉讼程序,可以分为一审民事答辩状、二审民事答辩状和再审民事答辩状。

《民事诉讼法》在赋予原告起诉权和当事人上诉权的同时,也相应地赋予了被告就原告的起诉和被上诉人就上诉人的上诉进行答辩的权利。根据《民事诉讼法》第125条的规定,人民法院应当在立案之日起5日内将起诉状副本发送被告,被告在收到之日起15日内提出答辩状。被告提出答辩状的,人民法院应当在收到之日起5日内将答辩状副本发送原告。被告不提出答辩状的,不影响人民法院审理。一审人民法院作出判决、裁定后,当事人不服判决、裁定的,应当通过递交上诉状依法提起上诉。根据《民事诉讼法》第166条和第167条的规定,上诉状应当通过原审人民法院提出。原审人民法院收到上诉状,应当在5日内将上诉状副本送达对方当事人,对方当事人在收到之日起15日内提出答辩状。人民法院应当在收到答辩状之日起5日内将副本送达上诉人。对方当事人不提出答辩状的,不影响人民法院审理。原审人民法院收到上诉状、答辩状,应当在5日内连同全部案卷和证据,报送第二审人民法院。根据《民事诉讼法》第203条的规定,当事人申请再审的,应当提交再审申请书等材料。人民法院应当自收到再审申请书之日起5日内将再审申请书副本发送对方当事人。对方当事人应当自收到再审申请书副本之日起15日内提交书面意见;不提交书面意见的,不影响人民法院审查。

(二)文书的内容及制作方法

1. 首部

(1)注明文书名称"民事答辩状"。

(2)答辩人的基本情况。答辩人是公民的,写明姓名、性别、出生年月日、民族、工作单位和职务或职业、住所、联系方式;答辩人是法人或其他组织的,应写明其全称、住所、法定代表人或者主要负责人的姓名、职务、联系方式等事项。

2. 正文

(1)答辩事由。写明答辩人因原告、上诉人、再审申请人提起的何种案由的起诉、上诉或申诉提出答辩。

(2)答辩意见。本部分为答辩状的核心内容,可从以下方面进行答辩:首先,针对起诉状或上诉状中陈述事实方面进行答辩,指明对方陈述的不实之处,可根据实际情况部分否定或全部否定,并通过相应的证据支持自己的主张,揭露对方所提供证据的虚假性、非法性和与本案不具有关联性,从而否定对方证据的证明力。其次,针对起诉状或上诉状中的诉讼请求、陈述的理由方面进行答辩,对此可根据案由的性质以及自己所掌握的事实证据,并根据相关的法律规定进行论证驳斥或据理力争。对于二审程序来讲,法院所审理的案件范围并非对一审裁判所认定事实和法律适用进行全面审查,主要针对上诉人的上诉请求和上诉理由展开,因此,二审答辩状也应针对上诉请求和上诉理由进行答辩。最后,对自己的观点进行归纳,并作总结性的发言。

3. 尾部

(1)写明致送人民法院的名称。

(2)答辩人签名。答辩人是法人或其他组织的,应加盖单位公章并由法定代表人或负责人签名。

(3)注明文书提交的年、月、日。

(4)附项。写明本答辩状副本份数;列明证据名称、数量以及证人的姓名、住址及联系方式。

(三)文书样式与范例

1. 文书样式

民事答辩状(1)

(公民对民事起诉提出答辩用)

答辩人:×××,男/女,××××年×月××日出生,×族,……(写明工作单位和职务或职业),住……。联系方式:……。

法定代理人/指定代理人:×××,……。

委托诉讼代理人:×××,……。

(以上写明当事人和其他诉讼参加人的姓名或名称等基本信息)

对××××人民法院(××××)……号……(写明案件当事人和案由)一案的起诉(或上诉),答辩如下:

……(写明答辩意见)。

证据和证据来源,证人姓名和住所:

……

此致

××××人民法院

附:本答辩状副本×份

答辩人(签名)

××××年××月××日

民事答辩状(2)

(法人或者其他组织对民事起诉提出答辩用)

答辩人:×××,住所……。

法定代表人/主要负责人:×××,……(写明职务),联系方式:……。

委托诉讼代理人:×××,……。

(以上写明当事人和其他诉讼参加人的姓名或名称等基本信息)

对××××人民法院(××××)……号……(写明案件当事人和案由)一案的起诉(或上诉),答辩如下:

……(写明答辩意见)。

证据和证据来源,证人姓名和住所:

……

此致

××××人民法院

附:本答辩状副本×份

答辩人(公章和签名)

××××年××月××日

2. 实例与范本

【实例1】原告王×与被告赵×原为恋人关系,于2013年年初至2016年8月初同居生活。2014年1月21日原告与被告双方签订了一份赠与协议,被告将位于××市××区××小区3号楼6单元B02号的一套两居室住房赠与原告,约定协议经公证后生效。2014年1月22日,原告和被告在原告家中经过××市××区第二公证处达成(2014)××民证字第0102号公证书。因被告未向原告交付赠与合同约定的上述房屋,也未办理该房的产权过户手续。于2015年10月10日原告以被告至今不履行其在(2014)××民证字第0102号公证书中所承诺赠与的两居室住房为由,向法院起诉,要求依法判令被告交付承诺赠与的房产,办理过户手续,并承担本案受理费。被告赵×收到法院送达的起诉状副本后，在法定期间向该法院递交了答辩状。

民事答辩状

（一审）

答辩人：赵×，男，1996年3月12日出生，汉族，××市××公司职工，住××市××区××路××小区××号楼201室。联系方式：×××××××××。

对××××人民法院（2015）×民初××号王×诉答辩人交付赠与房产一案，提出答辩如下：

现原告以赠与协议经公证后已生效为由，向法院起诉要求答辩人交付赠与房产的诉讼事实与理由不能成立。

答辩人与原告王×原为恋人关系，于2013年至2016年8月初同居生活。2014年1月21日，原告与答辩人双方签订了一份赠与协议，协议约定：（1）属于王×所有的坐落于×市×区××村19号北房三间、西房三间、南房两间，共八间房产，均作为王×的婚前财产。（2）属赵×所有的坐落于××区双槐树小区3号楼6单元B02号两居室住房，赵×自愿赠给王×，也作为王×的婚前财产。（3）王×的婚前财产在王×与赵×结婚后的夫妻存续期间均不作为夫妻共同财产处理。（4）本协议一式两份，经公证后生效。本协议虽经公证，但是原告王×作为婚姻登记处工作人员，利用职务之便自其工作单位开出假结婚证欺骗答辩人，致使答辩人在公证书上签了字。可见其与答辩人对赠与协议进行公证，是为了骗取答辩人赠与的房产，其行为是以合法形式达到其占有答辩人房产的非法目的，因此，该赠与公证无效，原告王×无权根据双方订立的赠与协议和房产赠与公证取得答辩人的房产。

婚前财产公证是指公证机关依法对将要结婚的男女双方，就各自婚前财产和债务的范围、权利归属问题所达成的协议的真实性、合法性给予证明的活动。根据《中华人民共和国婚姻法》的规定，夫妻可以约定婚姻关系存续期间所得的财产以及婚前财产归各自所有、部分共同所有。约定应采用书面形式。该法第19条第2款规定，夫妻对婚姻关系存续期间所得的财产以及婚前财产的约定，对双方具有约束力。由此可见，对于符合结婚条件并即将登记结婚的男女之间通过婚前财产约定，将一方的婚前财产约定为另一方所有的这种财产赠与形式不同于单纯的赠与，它是以该男女双方结合为夫妻才产生约束力的，不可能因婚前财产公证而产生一般赠与的效果。在该男女双方之间不能依法结为夫妻，即赠与合同在所附条件没有成就的情况下，该赠与合同不会生效。因此，本案中由于双方当事人至今尚未履行登记结婚手续，致使该协议无法生效并实际履行。

基于以上理由，答辩人请求人民法院依法判决驳回原告王×要求被告即答辩人给付赠与合同标的物即坐落于本市××区××小区3号楼6单元B02号两居室，并办理产权过户手续的诉讼请求；案件受理费3510元由原告王×负担。

此致

××市××区人民法院

附：本答辩状副本1份

答辩人　赵×

2015年10月25日

【实例2】家住甲省甲县城的张××于2011年9月19日到乙省乙市旅游时，在乙省乙市的乙电器公司为其妻子陈××购买了一部价格为5600元的手机。该手机由丙省丙市丙科技有限公司生产。在使用中该手机多次出现故障，经过两次修理后手机仍不能正常使用，最后将手机拿到该生产商位于丙省丙市的客户服务中心交涉，但该服务中心因该手机为“串货”拒绝修理及换货。根据该服务中心的解释，所谓“串货”指的是该手机不应在乙省乙市地区范围内销售，如果在此地区销售该手机是不享受正品手机所应享受的退、换货待遇。从2012年5月起张××多次找乙电器公司洽谈此事，8月底乙电器公司承认错误并同意退手机并进行赔偿。但当张××在8月30日拿着所有手续去乙电器公司办理退机赔偿手续时，乙电器公司工作人员以给手续照相为借口将购机发票拿走，并拒不给张××办理退货。无奈之下，张××的妻子陈××以乙电器公司和手机制造商丙科技公司的行为构成产品侵权为由，向甲省甲县人民法院起诉，要求两被告承担连带责任，赔偿双倍手机款及其他经济损失30,000元、精神赔偿5000元，共计35,000元。丙科技公司收到起诉状副本后，依法递交了答辩状。

民事答辩状

（一审）

答辩人：丙科技有限责任公司，住所××市××区××大街×号××大厦8层。

法定代表人：马××，该公司总经理，联系电话：×××××××××。

委托诉讼代理人：徐××，××市××律师事务所律师。

对××××人民法院(2012)×民初××号陈××诉答辩人侵权纠纷一案，现依据事实与法律，提交答辩意见如下：

一、本案原告陈××和答辩人没有订立买卖合同，不具有诉讼当事人的资格，原告的起诉应当依法予以驳回

本案中是由于购买手机后的使用中因产品质量问题而引起的消费者权益纠纷。在这起纠纷中买卖合同的双方当事人是答辩人和作为买方的张××，作为张××妻子的陈××和作为手机生产者的答辩人不具有买卖合同当事人的主体地位，因此，从买卖合同的法律关系看，二者不能成为本案的诉讼主体。即使从《中华人民共和国消费者权益保护法》的角度来看，张××的妻子陈××作为手机的使用者，因消费者权益纠纷即使可以成为提起本案诉讼的原告，其可以要求作为卖方的乙省乙市乙电器公司退还手机款或者更换手机以及赔偿损失，但作为手机生产者的答辩人在其商品仅仅存在质量问题而非因产品缺陷给使用者陈××造成人身、财产损害的情况下，作为手机使用者的陈××亦无权向手机生产者即答辩人要求赔偿。因此，作为手机使用者的陈××即使具有原告资格，而作为手机生产者的答辩人也不具有被告资格，显然本案中原告起诉对象明显错误，没有法律依据，人民法院应当予以驳回其对答辩人的起诉。

二、甲省甲县人民法院对本案没有管辖权，应当移送有管辖权的人民法院管辖

本案是一起因“产品质量问题引起的买卖合同纠纷案”，而非是起诉状中所称的“侵权纠纷案”，因此本案应当适用“合同纠纷案”管辖权的有关规定，而不得适用“侵权纠纷案”管辖权的有关规定。根据《中华人民共和国民事诉讼法》第21条第2款之规定，对法人或者其他组织提起的民事诉讼，由被告住所地人民法院管辖。该法第23条规定，因合同纠纷提起的诉讼，由被告住所地或者合同履行地人民法院管辖。该法第28条规定，因侵权行为提起的诉讼，由侵权行为地或者被告住所地人民法院管辖。本案中，陈××在使用中该机多

次出现故障，经过两次修理后手机仍不能正常使用，最后将手机拿到该生产商位于丙省丙市的客户服务中心交涉，但该服务中心因该手机为“串货”拒绝修理及换货，并未出现产品侵权所导致的人身或财产损害。因此，该案应当适用一般“合同纠纷案”管辖的规定，即由被告住所地丙公司所在地丙市基层人民法院管辖或者合同履行地即乙电器公司所在地的基层人民法院管辖，而不应当由原告所在地的人民法院管辖。可见，甲省甲县人民法院对本案不具有管辖权。根据《中华人民共和国民事诉讼法》第36条的规定，甲省甲县人民法院应当将本案移送有管辖权的人民法院，即丙省丙市丙公司所在地丙市基层人民法院管辖或者乙省乙市乙电器公司所在地的基层人民法院管辖，请求贵院依法将本案移送至有管辖权的人民法院审理。

三、本案原告提出的赔偿数额明显过高，且其提出精神赔偿没有法律依据

在本案中原告丈夫购买手机的价款为5600元，但原告提出的损失赔偿额高达30,000元，要求赔偿数额明显过高。本案中原告所主张的其直接经济损失30,000元中，其有证据能够证明的损失为购机款5600元，车旅费2300元，上述费用共为7800元，而其他直接经济损失未能提供相应证据证明。按照《中华人民共和国消费者权益保护法》第49条关于惩罚性赔偿的规定，因经营者提供商品或者服务有欺诈行为的，消费者要求增加赔偿的金额最高才为14,400元，本案中陈××要求赔偿30,000元的损失，明显过高，于法无据。再者，最高人民法院《关于确定民事侵权精神损害赔偿责任若干问题的解释》第1条规定：“自然人因下列人格权利遭受非法侵害，向人民法院起诉请求赔偿精神损害的，人民法院应当依法予以受理：（一）生命权、健康权、身体权；（二）姓名权、肖像权、名誉权、荣誉权；（三）人格尊严权、人身自由权。”本案显然不属于上述精神损害赔偿范围，原告要求5000元的精神损害赔偿缺乏法律依据，请求贵院依法驳回。

此致

甲省甲县人民法院

答辩人　丙科技有限责任公司

2013年1月4日

【实例3】2016年7月初××市××建设工程有限责任公司（以下简称建设工程公司）项目部工作人员王××经朱××介绍认识了甲市张××，张××向王××介绍甲市热电厂2×155MW建设工程招标投标事宜。2016年7月14日王××代表建设工程公司与张××签订了居间协议，双方约定：若建设工程公司中标甲市热电厂2×155MW建设工程，并在建设工程公司承包合同签订后，建设工程公司按建设工程价款总额2%的比例向张××支付居间报酬；首次支付20万元，余款按工程转款比例支付；违约方赔偿对方10万元损失。经过招标投标，当年8月14日，甲市热电厂向建设工程公司发出中标通知书，建设工程公司中标该热电厂主控楼、主厂房、升压站工程。8月31日甲市热电厂与建设工程公司签订了建设工程承包合同。之后，因建设工程公司拒绝向张××支付居间报酬，张××向法院提起诉讼。一审法院经审理作出（2016）×民初字第256号判决，判决建设工程公司于判决生效后10日内支付张××居间报酬372,375元，违约金60,000元，合计432,375元。案件受理费、保全费及其他费用15,291元，由建设工程公司承担。宣判后，建设工程公司不服，向××市中级人民法院提起上诉称原判决认定以下事实错误：一是建设工程公司从未与张××签订过居间合同。二是居间合同违反了我国法律的强制性规定，为无效协议。三是原判决认定的中介报酬计算错

误。请求撤销原判决,改判建设工程公司不承担任何责任。张××在收到上诉状副本后,在答辩期间向二审法院提交了如下答辩状。

民事答辩状

(二审)

答辩人:张××,男,1955年3月27日出生,汉族,甲市××公司技术员,住甲市西区文化二路××号院。联系方式:×××××××××。

对上诉人王××不服××市××区人民法院作出的(2016)×民初字第256号判决所提上诉,作如下答辩:

一、本案中王××以上诉人××建设工程公司名义与答辩人所签订的居间协议是其职务行为

王××与答辩人所签订的《甲市热电厂建设工程居间协议》上虽未写明王××所在单位××建设工程公司的名称,但该居间协议所约定的居间事项是甲市热电厂建设工程项目投标以及××建设工程公司与甲市热电厂签订建设工程合同等。在王××与张××签订居间协议后,经过答辩人的居间活动和上诉人××建设工程公司参加投标活动,上诉人中标并与甲市热电厂签订建设工程合同。该建设工程合同签订后,王××经成为该工程项目的实际负责人。《中华人民共和国民法通则》第66条规定,没有代理权、超越代理权或者代理权终止后的行为,只有经过被代理人的追认,被代理人才承担民事责任。未经追认的行为,由行为人承担民事责任。本人知道他人以本人名义实施民事行为而不作否认表示的,视为同意。本案中王××所在单位××建设工程公司不仅知道王××以其单位名义与答辩人订立《甲市热电厂建设工程居间协议》而不作否认表示,而且利用了答辩人所报告的参加投标机会,最终与甲市热电厂订立了建设工程合同。可见,王××以其所在单位××建设工程公司名义与答辩人所订立的《甲市热电厂建设工程居间协议》是王××的职务行为,该居间协议对王××所在单位即上诉人××建设工程公司具有约束力,在其利用了答辩人所报告的参加投标机会并与甲市热电厂订立了建设工程合同后,应当按照《甲市热电厂建设工程居间协议》的约定履行向居间人即答辩人支付报酬的义务。可见,本案中上诉人××建设工程公司否认其与答辩人之间订立居间合同,请求贵院撤销原判决,判决其不承担任何责任的上诉理由不能成立。

二、我国法律法规并没有以建设工程合同的订立要通过招标和投标进行而否定居间合同的合法性及其有效性

根据《中华人民共和国合同法》的规定,居间合同是居间人向委托人报告订立合同的机会或者提供订立合同的媒介服务,委托人支付报酬的合同。《中华人民共和国合同法》以及相关法律法规并没有以建设工程合同的订立要通过招标和投标进行而否定居间合同的合法性及其有效性。招标活动虽然通过公开招标事项公开进行,但并非公开的招标事项就众所周知。公开招标的事项也存在向他人报告投标和订立合同机会的情形,投标人也可以将自己在投标活动中所办理的投标事项委托他人代理或者协助进行。招标投标活动遵循公开、公正、公平和诚实信用原则,但并非招标投标活动有居间行为就违反了招标投标活动的原则,只是招标投标活动中的居间事项与其他合同的居间事项有所差别。本案中××建设工程公司提供投标所需的各种资料和投标书,委托答辩人参与其投

标事务并支付一定居间报酬的约定,没有违反我国法律和行政法规的强制性规定,因此该行为为有效民事法律行为。《中华人民共和国建筑法》和《中华人民共和国招标投标法》相关法律规定的均是发包方与承包方之间不得以不正当手段签订建设工程合同。本案各方当事人没有证据证明发包方与承包方以及居间人之间有违反《中华人民共和国建筑法》和《中华人民共和国招标投标法》相应规定的行为,也没有证据证明作为投标人的上诉人向答辩人支付居间报酬为用于贿赂和收买招标单位的有关人员或其他相关人员。因此,上诉人××建设工程公司认为其与答辩人订立的《甲市热电厂建设工程居间协议》违反了《中华人民共和国招标投标法》《中华人民共和国建筑法》等法律法规的相关规定的主张没有法律依据,其请求确认该居间合同无效的理由不能成立。

三、答辩人作为居间人促成上诉人与甲市热电厂订立建设工程合同的情况下,上诉人负有支付居间报酬的义务

根据《中华人民共和国合同法》第426条和第427条的规定,居间人促成合同成立的,委托人应当按照约定支付报酬。居间人未促成合同成立的不得要求支付报酬,但可以要求委托人支付从事居间活动支出的必要费用。由此规定可知,居间报酬的请求权以促成合同成立为条件,不以所促成的合同是否履行为条件,委托人和第三人之间的合同因居间服务而成立的,居间人就可以行使居间报酬请求权。居间报酬的数额应当按照居间人与委托人订立的居间合同确定。本案中2016年7月14日王××代表建设工程公司与答辩人签订了居间协议明确约定:若建设工程公司中标甲市热电厂2×155MW建设工程,并在建设工程公司承包合同签订后,建设工程公司按建设工程价款总额2%的比例向答辩人支付居间报酬;首次支付20万元,余款按工程转款比例支付;违约方赔偿对方100,000元损失。按照上述约定,作为委托人的××建设工程公司应当向作为居间人的答辩人支付的全部居间报酬为建设工程价款总额的2%,居间成立即建设工程公司与甲市热电厂签订建设工程合同后,建设工程公司就应当向居间人即答辩人首先支付200,000元的居间报酬,其余的居间报酬按照甲市热电厂向建设工程公司分期支付的工程价款与工程总价款的比例由建设工程公司向答辩人即居间人分期支付。本案中上诉人××建设工程公司拒不向居间人支付居间报酬构成违约,其应当案中双方约定向答辩人支付100,000元违约金。

综上所述,上诉人××建设工程公司的上诉请求不能成立;原判决认定基本事实清楚,但酌定上诉人支付居间报酬的标准和违约的责任属于适用法律错误,故请求上诉法院依法予以纠正。

此致

××市中级人民法院

答辩人 张××

2016年10月26日

【实例4】2014年1月6日,甲电子销售公司聘用王××为业务员,双方签订了劳动合同。2014年1月29日,双方又补签了一份《保密与竞业限制协议书》,约定:王××自甲电子销售公司离职后18个月内,不得直接或间接从事与销售公司有关电子防盗器、警报器、扬声器之相关行业,亦不得泄露甲电子销售公司的机密或其他会损害销售公司的事情,若违反本条规定,王××须赔偿甲电子销售公司损失金2万元。2015年3月15日王××以攻读硕士研究

生为由,向甲电子销售公司提出辞职,并办理了离职手续。半年后,甲电子销售公司发现王××并未“读研”而是到了本市另一家与自己公司具有竞争业务的乙公司任职。甲电子销售公司遂向法院提起诉讼,请求法院判令被告王××停止侵害、支付违约金2万元。一审法院认为,甲电子销售公司的诉讼理由不成立,遂作出(2015)×民初字第1281号判决书,驳回其起诉。甲电子销售公司不服判决,提起上诉。王××收到上诉状副本后,递交了如下答辩状。

民事答辩状
(二审)

答辩人:王××,女,1972年11月4日出生,汉族,××市乙电子产品销售公司职工,住××市××区××号院××号楼××房间。联系方式:×××××××××。

对上诉人不服××市××区人民法院(2015)×民初字第1281号判决所提上诉,答辩如下:

一、上诉人关于“《保密与竞业限制协议书》是双方当事人真实意思表示,内容并未违反国家法律规定,应属有效,双方当事人应按约定履行”的上诉主张不能成立

首先,《保密与竞业限制协议书》并非被上诉人真实意思表示。该协议书是一份用人单位(上诉人)凭借其强势地位强迫处于弱势地位的劳动者(被上诉人)签订的,并非劳动者(被上诉人)真实意思表示。试想,有谁愿意签订一份自己只有义务(要支付2万元违约金)而没有任何权利的协议?

其次,《保密与竞业限制协议书》违反了权利义务对等的公平原则。根据《中华人民共和国劳动合同法》第3条的规定,订立劳动合同,应当遵循合法、公平原则。但是,上诉人与答辩人所订立的《保密与竞业限制协议书》中的竞业限制条款,只规定了上诉人的权利和被上诉人即答辩人的义务,却没有规定上诉人的义务和被上诉人的权利;只要求被上诉人即答辩人履行竞业限制义务,却不依法支付被上诉人竞业限制补偿费,明显违反了权利义务对等的公平原则。

最后,《保密与竞业限制协议书》违反了国家法律的强制性规定。《中华人民共和国劳动合同法》第23条规定,用人单位与劳动者可以在劳动合同中约定保守用人单位的商业秘密和与知识产权相关的保密事项。对负有保密义务的劳动者,用人单位可以在劳动合同或者保密协议中与劳动者约定竞业限制条款,并约定在解除或者终止劳动合同后,在竞业限制期限内按月给予劳动者经济补偿。劳动者违反竞业限制约定的,应当按照约定向用人单位支付违约金。可见,对负有保密义务的劳动者,用人单位可以在劳动合同或者保密协议中与其约定竞业限制条款。但是,约定竞业限制条款的同时,应当在劳动合同中约定在劳动合同终止或者解除后的竞业限制期限内按月给予劳动者经济补偿。劳动合同中仅约定竞业限制条款,而未同时约定用人单位在竞业限制期限内按月给予劳动者经济补偿的,该竞业限制条款无效,在劳动合同终止或者解除后劳动者不受竞业限制条款的限制。

二、上诉人关于“《保密与竞业限制协议书》中的竞业限制条款是显失公平的条款,被上诉人未在法定期限内行使撤销权,撤销权现已消灭”的上诉主张也不能成立

首先,《保密与竞业限制协议书》中订立的竞业限制条款属于无效条款。竞业限制条款,是指用人单位与知悉或掌握其商业秘密或知识产权的劳动者在劳动合同中约定的在劳动合同终止或者解除后的一定期限内,劳动者不得到生产与本单位同类产品或者经营

同类业务的有竞争关系的其他用人单位任职,也不得自己开业生产或者经营与用人单位有竞争关系的同类产品或者业务条款。根据《中华人民共和国劳动合同法》的规定,竞业限制条款的设定,是为了保护用人单位的商业秘密、知识产权和经营信息。但是,用人单位与负有保密义务的劳动者订立竞业限制条款势必会限制劳动者的择业和就业权利,直接影响劳动者离开用人单位后的职业发展和经济收入。因此,基于权利与义务对等的公平原则,《中华人民共和国劳动合同法》规定,在解除或者终止劳动合同后,在竞业限制期限内用人单位应当按照约定按月给予劳动者经济补偿。本案中上诉人在其提供的格式合同即《保密与竞业限制协议书》中仅约定对劳动者的竞业限制而不约定对劳动者的竞业限制补偿,属于用人单位免除自己的法定责任、排除劳动者权利的无效条款。对于该无效条款,作为劳动者的答辩人没有履行和遵守的义务。

其次,《保密与竞业限制协议书》中仅约定对劳动者的竞业限制而不约定对劳动者的竞业限制补偿,虽然违背了权利与义务对等的公平原则,但是,并不能以此认定其为显失公平的合同和可撤销的合同。因为作为无效合同其根本特征是具有违法性,该协议书所约定的竞业限制条款自始不受法律保护。因此,上诉人关于"《保密与竞业限制协议书》中的竞业限制条款是显失公平的条款,被上诉人即答辩人自知道或者应当知道撤销事由之日起1年内没有行使撤销权,撤销权现已消灭"的上诉主张也不能成立。

综上可知,上诉人与答辩人订立的《保密与竞业限制协议书》违反了国家法律的强制性规定,违反了权利义务对等的公平原则,并且是上诉人凭借其强势地位强迫被上诉人即答辩人订立的,并非答辩人真实意思表示,所以《保密与竞业限制协议书》中的竞业限制条款应为无效条款,上诉人无权要求答辩人履行一个无法律约束力的条款。因此,上诉人的上诉理由不成立,请求二审人民法院依法判决驳回其上诉。

附:本答辩状副本1份

答辩人　王××

2015年10月27日

五、追加必要的共同诉讼当事人申请书

(一)文书制作的基本知识

追加必要的共同诉讼当事人申请书,是指在必要共同诉讼中,当事人向人民法院提交的、请求没有参加诉讼的其他必要共同诉讼当事人参加共同诉讼的法律文书。

《民事诉讼法》第137条规定,必须共同进行诉讼的当事人没有参加诉讼的,人民法院应当通知其参加诉讼。据此,必要共同诉讼,是指当事人一方或者双方为二人以上,其诉讼标的是共同的即共同诉讼当事人对诉讼标的的权利、义务有共同的利害关系,人民法院必须合并审理并作出同一判决的诉讼。根据《民事诉讼法司法解释》第73条的规定,必须共同进行诉讼的当事人没有参加诉讼的,人民法院应当依照《民事诉讼法》第132条的规定,通知其参加;当事人也可以向人民法院申请追加。人民法院对当事人提出的申请,应当进行审查,申请理由不成立的,裁定驳回;申请理由成立的,书面通知被追加的当事人参加诉讼。该解释第74条规定,人民法院追加共同诉讼的当事人时,应当通知其他当事人。应当追加的原告,已明确表示放弃实体权利的,可不予追加;既不愿意参加诉讼,又不放弃实体权利的,仍应追加为共同原告,其不参加诉讼,不影响人民法院对案件的审理和依法作出判决。

(二)文书的内容及制作方法

1. 首部

(1)应当注明文书名称"申请书"或者"追加必要的共同诉讼当事人申请书"。

(2)申请人和被申请人的基本情况。申请人和被申请人都是公民的,应写明其姓名、性别、出生年月日、民族、工作单位和职务或职业、住址和联系方式。申请人和被申请人都为法人或其他组织的,应写明其名称、地址及法定代表人或负责人的姓名、职务和联系方式。

2. 正文

(1)请求事项。应当写明申请何人作为哪一案件的共同诉讼当事人(原告或者被告)参加诉讼,一般表述为:"追加×××作为你院(××××)……民初……号……(写明当事人和案由)一案共同原告/被告参加诉讼。"

(2)事实和理由。写明当事人申请人民法院追加必要共同诉讼当事人参加共同诉讼的事实和理由,主要阐明正在进行的诉讼中,被申请人与本案原告或者被告对诉讼标的权利、义务有共同的利害关系,属于必须参加本案诉讼的共同诉讼当事人,人民法院应当通知其参加并一并作出判决。

3. 尾部

(1)写明致送人民法院的名称。

(2)申请人签名。申请人为法人或其他组织的,应加盖单位公章并由法定代表人或负责人签名。

(3)注明提交申请书的年、月、日。

(三)文书样式与范例

1. 文书样式

申 请 书

(申请追加必要的共同诉讼当事人用)

申请人:×××,男/女,××××年×月××日出生,×族,……(写明工作单位和职务或职业),住……。联系方式:……。

法定代理人/指定代理人:×××,……。

委托诉讼代理人:×××,……。

被申请人:×××(写明其姓名、出生年月日、工作单位和职务或职业或者单位名称、法定代表人/负责人等信息)。

(以上写明申请人和其他诉讼参加人的姓名或名称等基本信息)

请求事项:

追加×××作为你院(××××)……民初……号……(写明当事人和案由)一案共同原告/被告参加诉讼。

事实和理由:

……(写明申请追加的事实和理由)。

此致

××××人民法院

申请人(签名或者盖章)

××××年××月××日

2. 实例与范本

【实例】2016 年 3 月 21 日因房屋买卖合同纠纷，郑××向××市××区人民法院提起诉讼，要求房屋出卖人林××履行房屋交付义务，并以林××逾期交房和办理房屋产权过户登记手续构成违约为由要求其承担违约责任。该人民法院受理后法庭开庭前，郑××以林××的丈夫贾××为本案必要共同被告，向该院提交以下申请书，请求贾××作为本案共同被告参加诉讼。

申　请　书

申请人：郑××，女，1975 年 11 月 11 日出生，汉族，××市××科技公司职工，住××市××区××路 12 号楼 302 室。联系方式：×××××××××××。

委托诉讼代理人：郭××，××市××律师事务所律师。

被申请人：贾××，男，1971 年 1 月 23 日出生，汉族，××大学教师，住址同上。联系方式：×××××××××××。

请求事项：

追加贾××作为你院(2016)×民初 36 号郑××诉林××房屋买卖合同纠纷一案共同被告参加诉讼。

事实和理由：

在你院(2016)×民初 36 号郑××诉林××房屋买卖合同纠纷一案中，贾××作为林×市×的丈夫，是本诉讼标的××市××区××路 12 号楼 302 室的共同房产所有人，对该出售房屋的权利、义务有共同的利害关系，属于必须参加本案诉讼的共同诉讼当事人。现根据最高人民法院《关于适用〈中华人民共和国民事诉讼法〉的解释》第 73 条的规定，请求你院追加贾××作为本案必须参加的共同被告参加诉讼。

此致

××市××区人民法院

申请人　郑××

2016 年 5 月 12 日

六、无独立请求权的第三人参加诉讼申请书

(一) 文书制作的基本知识

无独立请求权的第三人参加诉讼申请书，是指民事诉讼开始后，与案件处理结果有法律上的利害关系的第三人，向法院递交的、请求参加到诉讼中的法律文书。

根据《民事诉讼法》第 56 条第 1 款和第 2 款的规定，对当事人双方的诉讼标的，第三人认为有独立请求权的，有权提起诉讼。对当事人双方的诉讼标的，第三人虽然没有独立请求权，但案件处理结果同他有法律上的利害关系的，可以申请参加诉讼，或者由人民法院通知他参加诉讼。人民法院判决承担民事责任的第三人，有当事人的诉讼权利义务。

民事诉讼中的第三人，是指对他人之间的诉讼标的有独立的请求权，或者没有独立的请求权，但同案件处理结果有法律上的利害关系。第三人与正在进行的诉讼有法律上的利害关系，主要包括以下两种情形：原、被告争执的诉讼标的侵害了第三人的合法权益，而且这种合

法权益独立存在;或者是法院对案件的处理结果影响到第三人的利益,这种利益不具有独立性。前一种情形下的第三人,是有独立请求权的第三人,它既反对本诉中原告的主张,又反对被告的主张,认为他们的主张均侵犯了其合法权益,其参加诉讼将置原、被告于被告的地位,并享有原告的权利。后一种情形下的第三人,是无独立请求权的第三人,其通过参加到诉讼中原告或被告的一方,并通过帮助其中一方赢得诉讼来维护自己的合法权益。根据《民事诉讼法》第 56 条第 1 款和第 2 款的规定,有独立请求权的第三人是以起诉的方式参加诉讼,其起诉必须符合起诉的条件,并向人民法院提交起诉状。而无独立请求权的第三人参加诉讼,可以自己申请,也可以由法院通知。无独立请求权的第三人通过申请参加诉讼时,应提交参加诉讼申请书。

(二)文书的内容及制作方法

1. 首部

(1)标题。文书顶部居中注明文书名称“申请书”或“第三人参加诉讼申请书”。

(2)申请人的基本情况。申请人是公民的,应写明其姓名、性别、出生年月日、民族和职务或职业、工作单位、住址、联系方式。申请人为法人或其他组织的,应写明其全称、地址及法定代表人或负责人姓名、职务、联系方式。

2. 正文

(1)请求事项。写明无独立请求权的第三人参加到诉讼的请求。无独立请求权的第三人,其申请参加诉讼,是为了支持原告或被告其中一方的诉讼请求。

(2)事实和理由。本部分应阐明无独立请求权的第三人申请参加诉讼的具体事实原因和法律根据即应阐明具体事实,说明无独立请求权的第三人与本案处理结果具有法律上的利害关系。基于这种利害关系,根据法律有关规定,提出参加诉讼的申请。

(3)证据及其来源。写明相关证据材料的名称、来源,有证人的应写明证人姓名及住址。

3. 尾部

(1)写明致送人民法院的名称。

(2)申请人签名。申请人为法人或其他组织的,应由法定代表人或负责人签名并加盖单位公章。

(3)注明提交申请的年、月、日。

(三)文书样式与范例

1. 文书样式

申 请 书

(无独立请求权的第三人申请参加诉讼用)

申请人:×××,男/女,××××年×月××日出生,×族,……(写明工作单位和职务或职业),住……。联系方式:……。

法定代理人/指定代理人:×××,……。

委托诉讼代理人:×××,……。

(以上写明当事人和其他诉讼参加人的姓名或名称等基本信息)

请求事项:

以无独立请求权的第三人参加你院(××××)……号……(写明案件当事人和案由)一案的诉讼。

事实和理由:

……(写明申请参加诉讼的事实和理由)。

此致

××××人民法院

申请人(签名或者公章)

××××年××月××日

2. 实例与范本

【实例1】2015年3月6日张××与金××订立了为期1年的租赁合同,由张××承租金××的一处旧厂房。2016年3月8日即租期满前两天,金××以20万元的价格将该租赁厂房出卖给了第三人王××。张××得知后,认为他也可以出同样的价钱将该厂房买下。2016年3月26日张××以金××侵犯其作为承租人的优先购买权为由向法院起诉,要求确认金××将厂房出卖给王××的买卖行为无效。法院受理该案后,王××申请作为无独立请求权的民事诉讼第三人参加诉讼。

申　请　书

申请人:王××,男,1970年6月21日出生,汉族,××市××公司经理,住××市××区××路××小区25号楼201房间。联系方式:151××××××××。

请求事项:

以无独请求权的第三人参加你院(2016)×民××号张××与金××房屋优先购权纠纷一案的诉讼。

事实和理由:

在贵院受理的张××诉金××房屋买卖合同纠纷一案中,张××以厂房出卖人金××侵犯优先购买权为由主张金××与申请人之间的厂房买卖合同无效,这直接涉及申请人作为系争厂房买受人的合法权益,因此,申请人与本案处理结果具有法律上的利害关系。现根据《中华人民共和国民事诉讼法》第56条的规定,申请人请求作为无独请求权的第三人参加本案诉讼,请依法准许。

此致

××市××区人民法院

申请人　王××

2016年4月15日

【实例2】马××是甲软件开发公司(以下简称甲公司)的技术开发人员,双方订立了为期5年的劳动合同。乙计算机有限责任公司(以下简称乙公司)急需软件开发人员,以高薪聘请马××。在马××擅自解除了与甲公司的劳动合同后,致使甲公司的软件技术开发工作中断,并因此造成了10万元的损失。甲公司遂申请劳动争议仲裁,之后,因甲公司不服仲裁裁决向人民法院提起诉讼。在诉讼中乙公司向受诉人民法院提交了参加诉讼申请书,请求参加本案诉讼。

申　请　书

申请人:××市乙计算机有限责任公司,住所××市××区××路××商务大厦二层。

法定代理人:姚××,该公司总经理,联系方式:×××××××××。

委托诉讼代理人:戴××,××律师事务所律师。

请求事项:

以无独请求权的第三人参加你院(2016)×民××号甲软件开发公司诉马××劳动合同纠纷一案诉讼。

事实和理由:

在贵院受理的甲软件开发公司诉马××劳动合同纠纷一案中,尽管申请人在与马××订立劳动合同之前对其与甲软件开发公司已经存在劳动关系毫不知情,但是,根据最高人民法院《关于审理劳动争议案件适用法律若干问题的解释(一)》第11条第1款和第2款的规定,用人单位招用尚未解除劳动合同的劳动者,原用人单位与劳动者发生的劳动争议,可以列新的用人单位为第三人;且根据《中华人民共和国劳动合同法》第91条的规定,用人单位招用与其他用人单位尚未解除或者终止劳动合同的劳动者,给其他用人单位造成损失的,应当承担连带赔偿责任。因此,申请人与本案处理结果具有法律上的利害关系。现根据《中华人民共和国民事诉讼法》第56条的规定,申请人请求作为无独立请求权的第三人参加本案诉讼,请依法准许。

此致

××市××区人民法院

申请人　××市乙计算机有限责任公司

姚××

2016年3月26日

七、回避申请书

(一)文书制作的基本知识

回避申请书,是指案件审判人员、书记员、翻译人员、鉴定人、勘验人等有关人员在与法院受理的案件存在一定利害关系或具有其他应当依法回避的情形的,本案当事人依法向受理诉讼的人民法院提交的要求上述相关人员不得参加本案审理或其他相关诉讼活动的法律文书。

1. 回避的情形及其适用人员

根据《民事诉讼法》第45条的规定,审判人员、书记员、翻译人员、鉴定人、勘验人有下列情形之一的,必须回避:是本案当事人或者当事人、诉讼代理人的近亲属;与本案有利害关系;与本案当事人有其他关系,可能影响对案件公正审理的。对此,《民事诉讼法司法解释》第43条进一步明确规定,审判人员有下列情形之一的,应当自行回避,当事人有权申请其回避:(1)是本案当事人或者当事人近亲属的;(2)本人或者其近亲属与本案有利害关系的;(3)担任过本案的证人、鉴定人、辩护人、诉讼代理人、翻译人员的;(4)是本案诉讼代理人近亲属的;(5)本人或者其近亲属持有本案非上市公司当事人的股份或者股权的;(6)与本案当事人或者诉讼代理人有其他利害关系,可能影响公正审理的。该解释第44条规定,审判人员有下列情形之一的,当事人有权申请其回避:(1)接受本案当事人及其受托人宴请,或者参加由其支付费用的活动的;(2)索取、接受本案当事人及其受托人财物或者其他利益的;(3)违反规定会见本案当事人、诉讼代理人的;(4)为本案当事人推荐、介绍诉讼代理人,或者为律师、其他人员介绍代理本案的;(5)向本案当事人及其受托人借用款物的;(6)有其他不正当行为,可能影响公正审理的。该解释第48条规定,《民事诉讼法》第44条所称的审判人员,包括参与本案审理的人民法院院长、副院长、审判委员会委员、庭长、副庭长、审判员、助理审判员和人民陪审员。该解释第49条规定,书记员和执行员适用审判人员回避的有关规定。

2. 回避的形式及提出时间

回避制度设立的目的是确保审判人员和其他有关人员保持中立和确保案件的公正裁判。申请回避是当事人及其委托诉讼代理人的一项基本权利,当事人及其委托诉讼代理人可以口头形式或者书面形式提出回避申请。当事人提出回避申请,在案件开始审理时提出;回避事由在案件开始审理后知道的,也可以在法庭辩论终结前提出。无论是口头提出还是书面提出,都应当说明理由即审判人员和其他有关人员具有依法应当回避的情形。

(二)文书的内容及制作方法

1. 首部

(1)注明文书名称“申请书”或“回避申请书”。

(2)申请人和被申请人的基本情况。申请人为公民的,应分别写明其姓名、性别、出生年月日、民族、工作单位或职业和住址、联系方式。申请人为法人或其他组织的,应写明其全称、地址、法定代表人或负责人的姓名、职务等。对于被申请人,应当说明其姓名、性别、工作单位、在诉讼中的身份(是审判员还是陪审员、书记员、翻译人员、司法鉴定人员、勘验人员)及职务。

2. 正文

(1)请求事项。本部分应当写明申请哪一案件中的何人回避,一般可表述为:“申请你院(××××)……号……(写明案件当事人和案由)一案的……(写明被申请人的诉讼地位和姓名)回避。”

(2)事实和理由。本部分应阐明当事人申请回避的具体事实原因和法律根据。事实原因主要包括被申请人具有《民事诉讼法》第44条或最高人民法院《关于适用〈中华人民共和国民事诉讼法〉的解释》第43条、第44条规定的应当回避的一种或者多种情形。

3. 尾部

(1)写明致送人民法院的名称。

(2)申请人签名。申请人为法人或其他组织的,应由法定代表人或负责人签名并加盖单位公章。

(3)注明提交申请的年、月、日。

(三)文书样式与范例

1. 文书样式

申　请　书

(申请回避用)

申请人:×××,男/女,××××年×月××日出生,×族,……(写明工作单位和职务或职业),住……。联系方式:……。

法定代理人/指定代理人:×××,……。

委托诉讼代理人:×××,……。

(以上写明当事人和其他诉讼参加人的姓名或名称等基本信息)

请求事项:

申请你院(××××)……号……(写明案件当事人和案由)一案的……(写明被申请人的诉讼地位和姓名)回避。

事实和理由:

……(写明申请回避的事实和理由)。

此致

××××人民法院

申请人(签名或者盖章)

××××年××月××日

2. 实例与范本

【实例1】2015年2月1日,刘×向张×借款50万元,双方签订借款合同,约定借款期限1年,王×提供保证。合同到期后,刘×没有偿还借款。2016年1月1日,张×要求王×偿还借款。王×无力偿还,但书面同意继续提供保证。2016年3月1日,张×向法院起诉,请求王×承担保证责任偿还借款。××市××区人民法院受理后,通知张×法庭审理合议庭组成人员。张×发现其中陪审员高××是被告王××的妻弟,张×遂向受诉法院提出回避申请。

申 请 书

申请人:张×,男,1966年12月21日出生,汉族,××市××运输公司经理,住××市××区××路××号。联系方式:×××××××××。

被申请人:高××,男,××市××区人民法院民事庭陪审员。

请求事项:

申请你院(2016)×民××号张×诉王×担保合同纠纷一案的陪审员高××回避。

事实和理由:

在贵院受理的申请人诉王×保证合同纠纷一案的合议庭组成中,陪审员高××是被告王×的妻弟,可见,高××与本案被告王×具有姻亲关系。根据《中华人民共和国民事诉讼法》第44条的规定,高××属于依法应当回避的审判人员。现申请高××回避,请贵院依法作出回避决定。

此致

××市××区人民法院

申请人 张×

2016年4月12日

【实例2】蔡××应聘到××市××信息咨询有限公司工作。该公司法定代表人林××口头约定,蔡××月薪5000元,工作任务是为公司搜罗有关文字信息和建立网站,具体内容有待公司召开的业务会议上明确。1年期限届满后,蔡××根据公司安排在1年的时间内负责为公司建立了一个大型网站。之后,蔡××提出与该公司签订无固定期限的劳动合同的要求。但公司认为,双方之间订立的是以完成一定工作任务为期限的劳动合同,现在双方的劳动合同已经履行完毕,该公司遂通知蔡××终止劳动合同。在经过劳动争议仲裁程序处理后,蔡××提起诉讼,××市××区人民法院受理后在通知蔡××法庭审理合议庭组成人员中,林××的弟弟林乙是3名合议庭组成人员之一,且为审判长,蔡××遂向受诉法院提出回避申请。

申 请 书

申请人:蔡××,男,1972年3月2日出生,汉族,××市××信息咨询有限公司职工,住××市××区××路××号,联系方式:×××××××××。

被申请人：林乙，男，××市××区人民法院民事庭审判员。

请求事项：

申请你院（2016）××号蔡××诉××市信息咨询有限公司劳动合同纠纷一案的合议庭组成人员林乙审判长回避。

事实和理由：

在贵院于2016年1月9日受理的申请人诉××市××信息咨询有限公司劳动合同纠纷一案的合议庭组成人员中，被告公司法定代表人林××的弟弟林乙是3名合议庭组成人员之一，且为审判长，属于《中华人民共和国民事诉讼法》第44条和最高人民法院《关于适用〈中华人民共和国民事诉讼法〉的解释》第43条规定的应当回避的审判人员。现申请林乙回避，请贵院依法作出回避决定。

此致

××市××区人民法院

申请人　蔡××

2016年2月26日

八、诉讼财产保全申请书

（一）文书制作的基本知识

诉讼财产保全申请书，是指案件在人民法院受理后执行程序发生前，对于可能因当事人一方的行为或其他原因，使判决不能执行或难以执行的案件，当事人另一方依法请求人民法院对对方当事人即被申请人所有或控制的可能作为执行标的的财产，作出保全的裁定的法律文书。

1. 诉讼保全的作用及其适用条件

诉讼保全是指在诉讼程序开始之后终结之前，人民法院根据一方当事人的申请或者依职权，对将来负有履行义务的另一方当事人的财产通过裁定所采取的强制性保护措施。诉讼保全制度的设立，对于防止可能因当事人一方的行为或其他原因，造成可能作为执行标的的财产的减损或灭失，以及防止生效裁判不能执行或难以执行具有重要作用。

根据《民事诉讼法》第100条第1款的规定，诉讼保全应当符合以下条件：

（1）采取诉讼保全的案件须为保全申请人要求被申请人承担给付义务的诉讼。劳动争议诉讼中，在劳动者要求用人单位支付工资、加班费、经济补偿、赔偿金以及用人单位要求劳动者支付违约金等具有财产支付内容的案件中也可以采取保全措施，而对于没有财产给付内容的确认劳动关系诉讼则不得采取财产保全。

（2）须具有财产保全的必要性，即对那些“可能因当事人一方的行为或者其他原因，使判决难以执行或者造成当事人其他损害的案件”，才可以采取保全。“因当事人一方的行为”通常是指有可能被判决承担给付义务的一方当事人出于恶意而出卖、转移、隐匿、损毁或者挥霍其占有、支配或者管理的可用于执行的财产。“其他原因”主要是指因自然原因或者人为原因造成的可用于执行的财产腐烂、变质等无法执行的因素。

（3）诉讼保全一般是人民法院根据申请人的申请而采取的，但在申请人未提出诉讼财产保全申请而人民法院认为必要时，法院也可以依职权裁定采取保全措施。

2. 诉讼保全裁定及其保全范围

根据《民事诉讼法》第102~105条的规定,财产保全限于请求的范围,或者与本案有关的财物。财产保全采取查封、扣押、冻结或者法律规定的其他方法。人民法院冻结财产后,应当立即通知被冻结财产的人。财产已被查封、冻结的,不得重复查封、冻结。财产纠纷案件被申请人提供担保的,人民法院应当解除保全。申请有错误的,申请人应当赔偿被申请人因财产保全所遭受的损失。

3. 诉讼财产保全担保裁定

《民事诉讼法》第100条第2款规定,人民法院采取保全措施,可以责令申请人提供担保,申请人不提供担保的,裁定驳回申请。该条第3款规定,人民法院接受申请后,对情况紧急的,必须在48小时内作出裁定;裁定采取保全措施的,应当立即执行。《民事诉讼法司法解释》第152条第3款进一步规定,在诉讼中,人民法院依申请或者依职权采取保全措施的,应当根据案件的具体情况,决定当事人是否应当提供担保以及担保的数额。为了加强对劳动者的保护和便于劳动者申请财产保全措施,最高人民法院《关于审理劳动争议案件适用法律若干问题的解释(二)》第14条规定,在诉讼过程中,劳动者向人民法院申请采取财产保全措施,人民法院经审查认为申请人经济确有困难,或有证据证明用人单位存在欠薪逃匿可能的,应当减轻或者免除劳动者提供担保的义务,及时采取保全措施。诉讼财产保全担保制度的设立,一方面可以制约申请人审慎地申请诉讼财产保全措施,另一方面对被申请保全的财产发挥担保作用,当申请有错误时被申请人因财产保全所遭受的损失可以通过处分担保财产而及时得到补偿。

(二)文书的内容及制作方法

1. 首部

(1)注明文书名称"申请书"或"诉讼财产保全申请书"。

(2)申请人和被申请人的基本情况。申请人与被申请人为公民的,应分别写明其姓名、性别、出生年月日、民族、工作单位和职务或职业、住址、联系方式。申请人有法定代理人或委托诉讼代理人的,应写明其基本情况。如果申请人或被申请人是法人或其他组织的,应写明其名称、地址、法定代表人姓名、职务、联系方式等。

2. 正文

本部分应写明申请诉讼财产保全的具体请求及所依据的事实和理由。

(1)请求事项。应写明请求人民法院采取保全措施的财产名称、数量数额、所在地及其期限。

(2)事实和理由。首先写明申请人与被申请人间的诉争及其法律关系的具体情况;其次写明申请保全所依据的事实,如被申请人对被申请保全的财产企图恶意转让、赠与、隐匿、毁损、挥霍等;最后写明申请财产保全的必要性,如不采取财产保全,将使判决难以执行或者造成申请人其他损害。基于所述事实,根据《民事诉讼法》第100条的规定,向人民法院提出对被申请人所有或控制的可能作为执行标的的财产申请财产保全的具体请求。

(3)担保情况。人民法院责令申请人担供担保的,申请人可以在诉讼财产保全申请书中对所提供的担保及担保财产的名称、性质、数量或数额、所在地等写明。

3. 尾部

(1)写明致送人民法院的名称。

(2)申请人签名。申请人为法人或其他组织的,应由法定代表人或负责人签名并加盖单位公章。

(3)注明提交申请的年、月、日。

(三)文书样式与范例

1. 文书样式

申　请　书

(申请诉讼财产保全用)

申请人:×××,男/女,××××年××月××日出生,×族,……(写明工作单位和职务或职业),住……。联系方式:……。

法定代理人/指定代理人:×××,……。

委托诉讼代理人:×××,……。

被申请人:×××,……。

……

(以上写明当事人和其他诉讼参加人的姓名或名称等基本信息)

请求事项:

查封/扣押/冻结被申请人×××的……(写明保全财产的名称/性质/数量/数额/所在地等),期限为……年/月/日(写明保全的期限)。

事实和理由:

(××××)……号……(写明案件当事人和案由)一案,……(写明申请诉讼财产保全的事实和理由)。

申请人提供……(写明担保财产的名称/性质/数量/数额/所在地等)作为担保。

此致

××××人民法院

申请人(签名或者盖章)

××××年××月××日

2. 实例与范本

【实例1】2015年9月13日,××结构工程有限公司(以下简称工程公司)与××科贸有限公司(以下简称科贸公司)签订建设工程合同,约定由工程公司承建科贸物流一号库房钢结构及彩板围护工程,合同价款240万元,竣工日期2015年11月2日,并约定工程未按合同工期完工,每拖一天,工程公司按每天1000元的金额向科贸公司支付违约金;科贸公司未按约定向工程公司支付工程款,科贸公司应按每天1000元的金额向工程公司支付滞纳金。合同签订后,工程公司按时完成施工工程,但科贸公司拖欠工程公司工程款890,000元。2016年3月7日工程公司诉至原审法院,要求科贸公司支付所欠工程款、违约金、赔偿损失,计125万元。原告工程公司提起诉讼后,依法申请诉讼财产保全。

申　请　书

申请人:××市××结构工程有限公司,住所××市××区××镇××大街××号院。

法定代表人:药××,该公司总经理,联系方式:×××××××××。

被申请人:××市××科贸有限公司,住所××市××区××路××办公楼二层。

法定代表人:何××,该公司董事长,联系方式:×××××××××。

请求事项:

冻结被申请人在中国建设银行××分理处其银行账号××-×××××××银行存款125万元,期限自2016年3月13日开始。

事实和理由:

申请人因建设工程合同纠纷诉被申请人××市××科贸有限公司一案,已于2015年3月7日向贵院提起诉讼,要求被告申请人支付所欠工程款、违约金、赔偿损失,计125万元。为了保证使本案将来的生效裁判能够顺利执行和防止被申请人转移财产,现根据《中华人民共和国民事诉讼法》第100条第1款的规定,特请求贵院对被申请人在中国建设银行××分理处的银行存款(其银行账号为:××××××××××)采取冻结措施。

申请人提供位于本市××路××号楼××号125平方米三室一厅的公司写字楼作为担保。

此致

××市××区人民法院

申请人 ××市××结构工程有限公司

药××

2016年3月11日

【实例2】原告徐××与周××系夫妻关系,被告李××受雇于被告赵××。2015年12月5日8时许,被告李××将驾驶的被告赵××的电动三轮车停放于道路旁并在餐饮点就餐,未将电动三轮车钥匙拔掉。推人力三轮车路经此地的原告徐××与妻子周××因被告李××停放的电动三轮车受阻,周××便上前移动电动三轮车,在推行过程中因操作不当,导致电动三轮车失控,撞翻餐饮点的油锅并撞倒原告徐××,造成原告徐××被烫伤。原告徐××受伤后住院治疗。原告徐××于2016年3月6日向人民法院提起诉讼,要求被告赔偿医疗费、误工费、护理费及后续治疗费、住院伙食补助费、交通费、残疾赔偿金和精神损害抚慰金,共计76,596.3元。为了防止生效裁判不能执行或难以执行,原告徐××在法院受理诉讼后依法申请诉讼财产保全。

申 请 书

申请人:徐××,汉族,1970年3月3日出生,个体工商户,住××市××区××路×××小区××号楼××房间。联系方式:×××××××××。

被申请人:赵××,42岁,住××市××区××街道××号院××号楼××房间;联系方式:×××××××××。

请求事项:

扣押被申请人赵××所有的一辆捷达牌汽车,车牌号为:×××××××。

事实和理由:

申请人因交通事故纠纷诉被申请人赵××、李××一案,已于2015年3月6日向贵院提起诉讼,要求被告赵××和李××共同赔偿医疗费、误工费、护理费及后续治疗费、住院伙食补助费、交通费、残疾赔偿金和精神损害抚慰金,共计76,596.3元。考虑到被告李××为被告赵××的雇员、无赔偿能力以及被告赵××为外地人、在本地无固定住址(租房居住),被告赵××返回原籍或到其他地方谋生的可能性,如不采取诉讼财产保全,即使贵院判决两被告对申请人承担交通事故赔偿责任,也将因被申请人赵××居无定所而使判决不能执行或者难以执行。现根据《中华人民共和国民事诉讼法》第100条的规定,向贵院提出对被申请人赵××所有的一辆捷达牌汽车(车牌号为×××××××)采取保全措施,望贵院依法裁定准许申请人的上述请求。

此致

××市××区人民法院

申请人　徐××

2016年3月29日

九、诉前财产保全申请书

(一)文书制作的基本知识

诉前财产保全申请书,是指利害关系人在起诉前因情况紧急,不立即采取保全措施将会使其合法权益受到难以弥补的损害的情况下,请求人民法院对被申请人的财产采取强制性保护措施的法律文书。

1. 诉前财产保全的适用条件

根据《民事诉讼法》第101条第1款的规定,诉前财产保全是指在提起诉讼前,人民法院根据当事人的申请,对争议标的物或者被申请人的有关财产采取的强制性保护措施。采取诉前财产保全须具备以下条件:

(1)利害关系人因情况紧急,不立即申请财产保全将会使其合法权益受到难以弥补的损害。也就是说,诉前保全是在被申请人有可能对其占有、支配和管理的可用于执行的财产进行转移或处分,而申请人如不立即申请财产保全就会导致其财产权利难以实现或根本无法实现的严重后果的情况下所采取的紧急措施。

(2)必须由利害关系人提出财产保全措申请。在诉讼财产保全中,采取财产保全可以由当事人申请,也可以由法院依职权决定,而诉前财产保全只能由利害关系人提出申请的情况下法院才能采取,利害关系人未提出申请的情况下法院不得依职权采取诉前财产保全。

(3)申请人必须提供担保。在诉讼财产保全中申请人是否应当提供担保由法院视情况而定,法院不要求提供担保的当事人可以不用提供;而诉前保全的申请人必须提供担保,不提供担保的,法院应驳回其诉前财产保全申请。《民事诉讼法司法解释》第152条第3款进一步规定,在诉讼中,人民法院依申请或者依职权采取保全措施的,应当根据案件的具体情况,决定当事人是否应当提供担保以及担保的数额。

2. 诉前财产保全裁定及其保全范围

根据《民事诉讼法》第101条第2款至第105条的规定,人民法院接受诉前财产保全申请后,必须在48小时内作出裁定;裁定采取财产保全措施的,应当立即开始执行。申请人在人民法院采取保全措施后30日内不起诉的,人民法院应当解除财产保全。财产保全限于请求的范围,或者与本案有关的财物。财产保全采取查封、扣押、冻结或者法律规定的其他方法。人民法院冻结财产后,应当立即通知被冻结财产的人。财产已被查封、冻结的,不得重复查封、冻结。被申请人提供担保的,人民法院应当解除财产保全。申请有错误的,申请人应当赔偿被申请人因财产保全所遭受的损失。

(二)文书的内容及制作方法

1. 首部

(1)注明文书名称“诉前财产保全申请书”或“申请书”。

(2)申请人和被申请人的基本情况。申请人与被申请人为公民的,应分别写明其姓名、性别、年龄、民族、工作单位和职务或职业住址。有法定代理人或委托代理人的,应写明其基本情况。如果申请人或被申请人是法人或其他组织的,应写明其全称、地址、法定代表人或负责人姓名、职务、联系方式等。

2. 正文

本部分应写明申请诉前保全的具体请求及所依据的事实和理由。

(1)请求事项。应写明请求人民法院采取保全措施的财产名称、数量及其范围。

(2)事实与理由。首先写明申请人与被申请人间的诉争及其法律关系的具体情况;其次写明申请诉前财产保全所依据的事实,如诉前被申请人对被申请保全的财产企图恶意转让、赠与、隐匿、毁损、挥霍等;最后写明申请诉前财产保全的紧迫性和必要性。基于所述事实,根据《民事诉讼法》第101条的规定,向人民法院提出对被申请人的财产予以保全的具体请求。

3. 尾部

(1)写明致送人民法院的名称。根据《民事诉讼法》第101条的规定,申请人申请保全措施应当向被保全财产所在地、被申请人住所地或者对案件有管辖权的人民法院申请。据此,申请人申请诉前保全措施应当根据上述规定向有管辖权的法院递交申请书。

(2)申请人签名。申请人为法人或其他组织的,应由法定代表人或负责人签名并加盖单位公章。

(3)注明提交申请的年、月、日。

(三)文书样式与范例

1. 文书样式

申 请 书

(申请诉前财产保全用)

申请人:×××,男/女,××××年××月××日出生,×族,……(写明工作单位和职务或职业),住……。联系方式:……。

法定代理人/指定代理人:×××,……。

委托诉讼代理人:×××,……。

被申请人:×××,……。

……

(以上写明当事人和其他诉讼参加人的姓名或名称等基本信息)

请求事项:

查封/扣押/冻结被申请人×××的……(写明保全财产的名称/性质/数量/数额/所在地等),期限为……年/月/日(写明保全的期限)。

事实和理由:

……(写明诉前申请财产保全的事实和理由)。

申请人提供……(写明担保财产的名称/性质/数量/数额/所在地等)作为担保。

此致

××××人民法院

申请人(签名或者盖章)

××××年××月××日

2. 实例与范本

【实例】甲省广爱医院与户籍为乙省××市的邓×签订一份聘用合同,合同约定聘用期限自2013年4月15日起至2015年4月15日止,邓×的工作内容为眼科负责人。同时,双方又签订了一份进修协议书,约定邓×的进修时间为半年,自2013年4月23日至2013年10月23日;进修期满后邓×必须回广爱医院工作,5年内不得调离本院,如违约应赔偿广爱医院支付的进修期间的一切费用。尔后,双方均按约履行。2015年1月10日邓×突然离院,离院后电话告知该医院办公室,决定不再在广爱医院上班并回到原籍所在地乙省××市医院。之后,广爱医院发函给邓×速回医院上班,否则应赔偿广爱医院为其支付的全部进修费用12,000元。广爱医院得知邓×在医院宿舍中有1台价值15,000元左右的笔记本电脑尚未带走,遂决定向人民法院申请诉前财产保全。

申　请　书

申请人:甲省广爱医院,住所××市××区××路××号。

法定代表人:高××,该院院长,联系方式:×××××××××。

被申请人:邓×,女,1973年4月16日出生,汉族,乙省××市人,住甲省××市××区××路广爱医院宿舍××号楼××房间。联系方式:×××××××××××。

请求事项:

扣押被申请人邓×存放于广爱医院宿舍××号楼××房间的一台IBM牌T50型电脑。

事实和理由:

2013年4月15日申请人聘用被申请人邓某为眼科负责人,2015年1月10日邓某突然离职并解除了与申请人订立的为期2年的聘用合同,并违背了与申请人签订的《进修协议书》所约定的进修期满后邓某必须回广爱医院工作,5年内不得调离本院等条款。为此,邓某应当赔偿申请人为其进修培训所支付的全部费用12,000万元,申请人即将向贵院提起诉讼。考虑到被申请人为乙省××市人和其已经返回原籍乙省××市的现实,如不采取诉前保全,即使将来的判决支持申请人的诉讼请求,也将难以执行。根据《中华人民共和国民事诉讼法》第101条的规定,向贵院申请对被申请人存放于广爱医院宿舍××号楼××房间的一台IBM牌T50型号电脑采取保全措施。

申请人提供在中国建设银行××分理处的银行存款12,000元(存单账号为××

××××)作为担保。

此致

××市××区人民法院

申请人 ××市广爱医院

高××

2016年3月2日

十、解除保全申请书

(一)文书制作的基本知识

解除保全申请书,是指人民法院依法采取财产保全、行为保全或者证据保全措施后,在具有法定解除保全措施的情况下,有关当事人向人民法院提交的请求解除保全措施的法律文书。

《民事诉讼法》第103条第3款规定,申请人在人民法院采取保全措施后30日内不依法提起诉讼或者申请仲裁的,人民法院应当解除保全。根据该法第104条的规定,财产纠纷案件,诉前财产保全或者诉讼财产保全中的被申请人提供担保的,人民法院应当裁定解除保全。《民事诉讼法司法解释》第166条规定,裁定采取保全措施后,有下列情形之一的,人民法院应当作出解除保全裁定:(1)保全错误的;(2)申请人撤回保全申请的;(3)申请人的起诉或者诉讼请求被生效裁判驳回的;(4)人民法院认为应当解除保全的其他情形。解除以登记方式实施的保全措施的,应当向登记机关发出协助执行通知书。

(二)文书的内容及制作方法

1.首部

(1)写明文书名称"申请书"或"解除保全申请书"。

(2)申请人的基本情况。申请人为公民的,写明其姓名、性别、出生年月日、民族、工作单位和职务或职业、住址和联系方式。申请人为法人或其他组织的,写明其名称、地址及法定代表人或主要负责人姓名、职务和联系方式。

2.正文

(1)请求事项。写明解除保全的具体种类即财产保全或者行为保全或者证据保全。

(2)事实和理由。首先,应当写明保全裁定及其内容,可表述为:"你院于××××年××月××日作出(××××)……号财产保全/行为保全/证据保全民事裁定,……(写明保全内容)。"其次,具体阐明解除保全的事实和理由。

3.尾部

(1)写明致送人民法院的名称。

(2)申请人签名。申请人为法人或其他组织的,应由法定代表人或负责人签名并加盖单位公章。

(3)注明提交申请书的年、月、日。

(三)文书样式与范例

1.文书样式

申 请 书

(申请解除保全用)

申请人:×××,男/女,××××年××月××日出生,×族,……(写明工作单位和职务或职业),住……。联系方式:……。

法定代理人/指定代理人:×××,……。

委托诉讼代理人:×××,……。

被申请人:×××,……。

……

(以上写明当事人和其他诉讼参加人的姓名或名称等基本信息)

请求事项:

解除……(写明财产保全/行为保全/证据保全措施)。

事实和理由:

你院于××××年××月××日作出(××××)……号财产保全/行为保全/证据保全民事裁定,……(写明保全内容)。

……(写明申请解除保全的事实和理由)。

此致

××××人民法院

申请人(签名或者盖章)

××××年××月××日

2. 实例与范本

【实例】在甲省××市广爱医院与邓××劳动服务合同纠纷一案中,因邓××提前解除聘用合同,广爱医院要求邓××赔偿为其进修培训所支付的全部费用12,000元,甲省××市广爱医院向人民法院申请诉前财产保全,该院于2016年3月3日作出(2016)××号诉前财产保全民事裁定,对邓××存放于××市广爱医院宿舍××号楼××房间的一台××牌××型号的电脑查封、扣押。该裁定作出后的30日之内,××市广爱医院未提起诉讼,邓××遂向作出上述裁定的人民法院提交以下申请书,请求解除诉前财产保全裁定。

申　请　书

申请人:邓××,女,1973年4月16日出生,汉族,乙省××市××医院眼科医生,住乙省××市××区××路××号楼××室。联系方式:×××××××××××。

被申请人:甲省××市广爱医院,住所甲省××市××区××路××号。

法定代表人:高××,该院院长,联系方式:××××××××。

请求事项:

解除诉前财产保全措施。

事实和理由:

你院于2016年3月3日作出(2016)××号诉前财产保全民事裁定,对申请人存放于××市广爱医院宿舍××号楼××房间的一台××牌××型号的电脑查封、扣押。

在甲省××市广爱医院与邓××劳动服务合同纠纷一案中,被申请人向你院申请诉前财产保全,你院于2016年3月3日作出(2016)××号诉前财产保全民事裁定,对申请人存放于被申请人××号宿舍楼××房间的一台××牌××型号的电脑查封、扣押。该裁定作出后的30日之内,被申请人一直未提起诉讼,现申请人根据《中华人民共和国民事诉讼法》第103条第3款的规定,请求解除上述诉前财产保全裁定。

此致

甲省××市××区人民法院

申请人 邓××

2016年4月12日

十一、先予执行申请书

(一)文书制作的基本知识

先予执行申请书,是指民事诉讼的权利人因生活、生产、经营急需或其他急需等法定事由,在人民法院受理案件后终审判决前,请求人民法院责令义务人预先履行义务的法律文书。

1. 先予执行的作用及其适用范围

在通过诉讼解决民事纠纷时,申请执行一般应当根据生效判决为依据,而生效判决往往需要相当长的时间才能作出。在权利人的权利请求十分急迫的情况下,如果一定要求生效判决作出后才予以执行,就会因此给权利人的生活或者生产经营造成严重影响。因此,为了保证权利人的生活与生产经营在诉讼期间不受严重影响,《民事诉讼法》设立了先予执行制度,其设立的意义在于使权利人的权利在判决生效前即可全部实现或者部分得到实现。

《民事诉讼法》第106条规定,人民法院对下列案件,根据当事人的申请,可以裁定先予执行:(1)追索赡养费、扶养费、抚育费、抚恤金、医疗费用的;(2)追索劳动报酬的;(3)因情况紧急需要先予执行的。根据《民事诉讼法司法解释》第170条的规定,《民事诉讼法》第106条第3项规定的情况紧急,包括:需要立即停止侵害、排除妨碍的;需要立即制止某项行为的;追索恢复生产、经营急需的保险理赔费的;需要立即返还社会保险金、社会救助资金的;不立即返还款项,将严重影响权利人生活和生产经营的。此外,根据《中华人民共和国劳动争议调解仲裁法》(以下简称《劳动争议调解仲裁法》)第44条第1款的规定,劳动者追索劳动报酬、工伤医疗费、经济补偿或者赔偿金的案件可以申请先予执行。

2. 先予执行的适用条件

根据《民事诉讼法》第107条第1款的规定,人民法院裁定先予执行的,应当符合下列条件:

(1)当事人之间权利义务关系明确。先予执行的意义在于判决前预先满足权利人的权利请求,而权利人的权利请求肯定在将来的判决中能够得到法院的支持,这就要求权利人(申请人)与义务人(被申请人)之间存在明确的权利义务关系。否则,双方之间的权利义务关系不明确或者彼此之间互负义务,就会导致先予执行的权利请求在将来的判决中不能得到法院的支持。

(2)不先予执行将严重影响权利人的生活或者生产经营。采取先予执行,必须是权利人具有生活上的急迫需要,或者是具有生产经营上的急迫需要。在不采取先予执行不会导致权利人生活无法维持,或者不会导致权利人生产经营无法继续的,则不得采取先予执行。

(3)义务人有履行能力。义务人有履行能力才有必要采取先予执行,如果义务人没有履行义务的能力,即使法院裁定先予执行,权利人的权利也无法实现。

此外,根据《民事诉讼法司法解释》第196条的规定,《民事诉讼法》规定的先予执行,人民法院应当在受理案件后终审判决作出前采取。先予执行应当限于当事人诉讼请求的范围，并以当事人的生活、生产经营的急需为限。根据《民事诉讼法》第107条第2款的规定，人民法院可以责令申请人提供担保，申请人不提供担保的，驳回申请。申请人败诉的，应当赔偿被申请人因先予执行遭受的财产损失。

（二）文书的内容及制作方法

先予执行的开始须以权利人的申请为前提，人民法院不能依职权裁定先予执行。先予执行申请应当采用书面形式，其内容由首部、正文和尾部构成。

1. 首部

（1）注明文书名称“申请书”或“先予执行申请书”。

（2）说明申请人、被申请人基本情况。申请人与被申请人是公民的，应分别写明其姓名、性别、年龄、民族、工作单位和职务或职业、住址、联系方式。为法人或其他组织的，应分别写明其全称、住所及法定代表人或负责人姓名、职务、联系方式。

2. 正文

（1）请求事项。主要写明先予执行的标的及其数量，如先予执行赔偿金××元，或者先予执行劳动报酬××元。

（2）事实和理由。在该部分应当简要陈述案情，说明申请人与被申请人之间所存在的债权债务关系；然后根据本案事实与民事诉讼法的有关规定，阐述本案符合先予执行的条件，并说明申请人生活或生产经营上确实有急需，或存在法律规定的其他紧急情况，不先予执行将使申请人生产或生活受到严重影响。此外，应阐明被申请人有能力履行先予执行要求的义务。在制作文书时，所述实事应当准确，理由应当充分，请求先予执行的数额不得超出诉讼请求的范围。

3. 尾部

（1）写明致送人民法院的名称，裁定先予执行的人民法院应当是根据管辖原则有权受理案件的人民法院。

（2）申请人签名。申请人为法人或其他组织的，应加盖单位公章。

（3）注明申请日期。

（三）文书样式与范例

1. 文书样式

申　请　书

（申请先予执行用）

申请人：×××，男/女，××××年××月××日出生，×族，……（写明工作单位和职务或职业），住……。联系方式：……。

法定代理人/指定代理人：×××，……。

委托诉讼代理人：×××，……。

被申请人：×××，……。

……

（以上写明当事人和其他诉讼参加人的姓名或名称等基本信息）

请求事项:

请求裁定……(写明先予执行措施)。

事实和理由:

申请人×××与被申请人×××(写明案由)一案,你院(××××)……号已立案,……(写明申请先予执行的事实和理由)。

申请人提供……(写明担保财产的名称、性质、数量或数额、所在地点等)作为担保。

此致

××××人民法院

申请人(签名或者盖章)

××××年××月××日

2. 实例与范本

【实例1】2014年12月6日某农副产品销售公司(以下简称销售公司)与某农村合作社(以下简称农合社)签订了山牛蒡种植收购合同,约定:由销售公司提供山牛蒡种子,由农合社根据合同约定的面积种植,届时由销售公司按照约定的价格负责收购。到了2015年7月下旬山牛蒡的收购季节,农合社负责人多次联系销售公司收购,但销售公司以总经理牛某出差为由,迟迟不予收购,后经多次请求,销售公司仅同意收购长度70厘米以上的山牛蒡,对于山牛蒡种植收购合同约定的长度70厘米以下的山牛蒡拒绝收购。因来不及通过其他途径销售,致使农合社农户种植的近500亩山牛蒡全部霉烂掉。农合社在多次交涉而销售公司拒绝承担违约责任的情况下,依法提起诉讼。人民法院受理该案后,为了及时得到购置生产资料所需资金,农合社向人民法院依法申请先予执行。

申 请 书

申请人:××市××农村信用合作社,住所××市××县××镇××村。

负责人:尹××,该农合社社长,联系方式:×××××××××。

被申请人:××市××农副产品销售公司,住所××市××街××号商务写字楼218房间。

法定代表人:余××,该公司总经理,联系方式:×××××××××。

请求事项:

请求裁定被申请人先行支付因其拒绝履行收购山牛蒡给申请人造成的直接经济损失12,800,000元。

事实和理由:

申请人诉被申请人农产品种植收购合同纠纷一案,贵院(2016)×号已立案。在本案中因被申请人拒绝按照双方订立的山牛蒡种植收购合同的约定履行收购义务,给申请人造成直接经济损失12,800,000元。被申请人的这一违约行为给申请人及其所属农户农业生产经营带来了极大困难,如果如不先予执行将使申请人及其所属农户的生产经营将无法继续。现根据《中华人民共和国民事诉讼法》第107条的规定,请求人民法院依法裁定被申请人先予执行,使被申请人先予给付其给申请人造成的直接经济损失12,800,000元。

申请人提供位于××市××区××街道××号的××农村信用社办公楼抵押担保。

此致

××市××中级人民法院

申请人　××市××农村信用合作社

2016年1月30日

【实例2】甲建筑公司承包了某大楼的施工建设后，将其发包给了朱××，朱××组建了施工队进行施工，刘××为该施工队的建筑工人。2015年12月30日刘××要求朱××支付拖欠的6个月的工资，朱××以甲建筑公司未付工程款为由推托。随后，刘××得知朱××已于10天前领到了全部工程款，就去找朱××要求支付工资，结果发现朱××已经携全部工程款逃之夭夭。在春节即将到来之际，在外辛辛苦苦工作了1年的刘××本想领到朱××拖欠的半年的工资后回家与妻女团聚，不料分文未领到。刘××遂以甲建筑公司和朱××为被申请人向当地劳动仲裁委员会申请仲裁，仲裁委员会裁决朱××支付刘××全部工资。刘××对此裁决不服，遂以甲建筑公司和朱××为被告向人民法院起诉。考虑到法院不可能在春节前开庭审理，刘××以甲建筑公司为被申请人向法院申请先予执行，要求甲建筑公司先予支付18,000元的拖欠工资。

申　请　书

申请人：刘××，1978年9月9日出生，汉族，住××市××街××号。联系方式：××××××××。

被申请人：××省××市甲建筑公司，住××省××市××街××号。

法定代表人：何××，该公司经理，联系方式：×××××××××。

请求事项：

请求裁定被申请人先行给付朱××所拖欠申请人的6个月工资18,000元。

事实和理由：

申请人刘××与被申请人××市甲建筑公司劳动合同纠纷一案，你院（××××）×号已立案。被申请人承包了××大楼的施工建设后，将其发包给了朱××，朱××组建了施工队进行施工，申请人为该施工队聘用的建筑工人。2015年12月20日朱××领到了全部工程款后携款而逃。根据《中华人民共和国劳动合同法》第94条的规定，作为个人承包人的朱××携全部工程款而逃的情况下，应当由作为连带赔偿责任人的被申请人向申请人支付工资。现在申请人已有近7个月未领取工资，也没有其他收入和生活来源，如不先予执行将使申请人的生活无法维系。现根据《中华人民共和国民事诉讼法》第107条的规定，请求人民法院依法裁定被申请人先予执行，使被申请人先予给付朱××所拖欠的申请人6个月的全部工资18,000元。

此致

××市××区人民法院

申请人　刘××

2016年1月28日

十二、案外人提供保全或先予执行担保书

(一)文书制作的基本知识

案外人提供保全或先予执行担保书,是指财产保全申请人向人民法院申请采取诉前财产保全或诉讼财产保全措施时,或者先予执行申请人向人民法院申请先予执行时,依法向人民法院提交的由案外人为申请人或财产保全的被申请人提供财产担保的法律文书。当事人提供本人的财产担保的,可以直接写入诉前或者诉讼财产保全申请书、先予执行申请书,而不必另外提供担保书。

1. 财产保全或者先予执行担保的作用及其适用条件

担保制度的设立,一方面可以制约当事人慎重地向人民法院申请财产保全或者先予执行,另一方面对被申请保全或先予执行的财产可起到担保作用,当申请有错误时被申请人因财产保全或者先予执行所遭受的损失可以担保财产及时补偿。案外人既可以提供金钱、有价证券和实物担保,也可以提供担保人担保。

根据《民事诉讼法》第100条第2款的规定,当事人申请诉讼财产保全,人民法院采取保全措施,可以责令申请人提供担保,申请人不提供担保的,裁定驳回申请。该法第101条第1款规定,申请采取诉前财产保全措施,申请人应当提供担保,不提供担保的,裁定驳回申请。该法第104条规定,财产纠纷案件,被申请人提供担保的,人民法院应当裁定解除保全。该法第195条规定,申请有错误的,申请人应当赔偿被申请人因保全所遭受的损失。该法第107条第2款规定,申请人申请先予执行,人民法院可以责令申请人提供担保,申请人不提供担保的,驳回申请。申请人败诉的,应当赔偿被申请人因先予执行遭受的财产损失。

2. 财产保全或者先予执行担保的数额

根据《民事诉讼法》第102条的规定,保全限于请求的范围,或者与本案有关的财物。根据《民事诉讼法司法解释》第152条的规定,人民法院依照《民事诉讼法》第100条、第101条的规定,在采取诉前保全、诉讼保全措施时,责令利害关系人或者当事人提供担保的,应当书面通知。利害关系人申请诉前保全的,应当提供担保。申请诉前财产保全的,应当提供相当于请求保全数额的担保;情况特殊的,人民法院可以酌情处理。申请诉前行为保全的,担保的数额由人民法院根据案件的具体情况决定。在诉讼中,人民法院依申请或者依职权采取保全措施的,应当根据案件的具体情况,决定当事人是否应当提供担保以及担保的数额。最高人民法院《关于审理劳动争议案件适用法律若干问题的解释(一)》第14条规定,在诉讼过程中,劳动者向人民法院申请采取财产保全措施,人民法院经审查认为申请人经济确有困难,或有证据证明用人单位存在欠薪逃匿可能的,应当减轻或者免除劳动者提供担保的义务,及时采取保全措施。《民事诉讼法司法解释》第164条规定,对申请保全人或者他人提供的担保财产,人民法院应当依法办理查封、扣押、冻结等手续。

(二)文书的内容及制作方法

1. 首部

(1)写明文书名称"担保书"或者"案外人提供保全担保书""案外人提供先予执行担保书"。

(2)担保人的基本情况。担保人为公民的,写明其姓名、性别、出生年月日、民族、工作单位和职务或职业、住址和联系方式。担保人为法人或其他组织的,写明其名称、地址及法定代

表人或负责人姓名、职务和联系方式。

2. 正文

(1)担保事项。写明担保人所提供的作为担保的担保财产的名称、性质、数量或数额、所在地等,为申请人何人的财产保全申请或者先予执行申请提供担保,或者为被申请人何人的何种纠纷债务提供担保,并说明担保范围。

(2)事实和理由。本部分应当主要写明担保内容即担保人对人民法院采取诉前财产保全或诉讼财产保全措施,或申请人申请先予执行提供担保,应写明担保财物的名称、数量、价值,并保证如因申请人的申请错误,致使被申请人因财产保全遭受损失,由担保人提供的担保财产承担担保责任。

3. 尾部

(1)写明致送人民法院的名称。

(2)担保人签名。担保人为法人或其他组织的,应由法定代表人或负责人签名并加盖单位公章。

(3)注明提交担保书的年、月、日。

(三)文书样式与范例

1. 文书样式

担　保　书

(案外人提供保全或者先予执行担保用)

担保人:×××,男/女,××××年××月××日出生,×族,……(写明工作单位和职务或职业),住……。联系方式:……。

担保事项:

担保人以……(写明担保财产的名称、性质、数量或数额、所在地等)作为担保财产,为申请人/被申请人×××提供……(写明担保范围)的财产担保。

事实和理由:

……(写明担保的事实和理由)。

此致

××××人民法院

担保人(签名或盖章)

××××年××月××日

2. 实例与范本

【实例1】申请人××因交通事故纠纷诉赵××、李××一案,已于2015年4月6日向××人民法院提起诉讼,要求被告赵××和李××共同赔偿医疗费、误工费、护理费、后续治疗费、住院伙食补助费、交通费、残疾赔偿金和精神损害抚慰金,共计76,596.3元。2015年4月12日徐××向受诉人民法院提交了诉讼保全申请书。人民法院受理该申请后,认为符合诉讼财产保全条件,并依法责令申请人徐××提供担保。因申请人徐××自身无力提供保全担保,案外人刘××同意提供自己的一台价值10万元的挖掘机作为徐××申请财产的担保。

担 保 书

担保人:刘××,女,1978年12月11日出生,汉族,××市××商贸公司经理,住××市××区××路××号。联系方式:138××××××××。

担保事项:

担保人以自己所有的一台价值10万元的车牌号为××××××东风牌挖掘机作为担保财产,为申请人徐××提供76,596.3元的财产担保。

事实和理由:

申请人因交通事故纠纷诉赵××、李××一案,已于2016年4月6日向贵院提起诉讼,要求被告赵××和李××共同赔偿医疗费、误工费、护理费、后续治疗费、住院伙食补助费、交通费、残疾赔偿金和精神损害抚慰金,共计76,596.3元。2016年4月12日徐××向受诉人民法院提交了诉讼保全申请书,贵院要求申请人徐××提供财产保全担保,因其自身无力提供担保财产,担保人同意以自己所有的一台价值10万元的车牌号为××××××东风牌挖掘机作为担保财产,为申请人徐××提供76,596.3元的财产担保,如申请人诉讼财产保全申请错误给被申请人造成损失的,请贵院依法处分上述担保财产以赔偿因贵院对被申请人赵××的车牌号为××××××捷达牌汽车采取保全措施所造成的全部损失。

此致

××市××区人民法院

担保人 刘××

2016年4月15日

【实例2】在××市××结构工程有限公司因建设工程合同纠纷诉××市××科贸有限公司一案中,××市××结构工程有限公司申请诉讼财产保全后,人民法院依法裁定对被申请人在中国建设银行××分理处的银行存款(其银行账号为:××××××××)采取保全措施。申请人××市××结构工程有限公司应人民法院的要求,向采取保全措施的人民法院出具了以下担保书。

担 保 书

担保人:××市××结构工程有限公司,住所××市××区××镇××大街××号院。

法定代表人:药××,该公司总经理,联系方式:××××××××。

担保人以本单位在中国建设银行××分理处50万元的银行存款(银行账号为:××××××××)作为担保,如担保人诉讼财产保全申请错误,请求贵院依法处分担保人的上述存款,以赔偿因采取保全措施对××市××科贸有限公司所造成的全部财产损失。

在贵院同意本担保书所提供的担保之日,担保人将交付上述银行存款凭证于贵院保存。

此致

××市××人民法院

担保人 ××市××结构工程有限公司

2017年3月14日

十三、复议申请书

(一)文书制作的基本知识

复议申请书,是指诉讼参与人或其他人因不服人民法院作出的驳回回避申请决定或保全、先予执行裁定、司法制裁决定等,依法向人民法院提交的请求对该决定或裁定进行复议审查并变更原决定或裁定的法律文书。

根据《民事诉讼法》的有关规定,当事人对人民法院作出的驳回回避申请决定、财产保全或者先予执行的裁定不服的;诉讼参与人和其他人、当事人、被执行人以及有义务协助调查、执行的单位对人民法院作出的罚款、拘留决定等司法制裁不服的,可以依法向人民法院申请复议。

《民事诉讼法》第 47 条规定,人民法院对当事人提出的回避申请,应当在申请提出的 3 日内,以口头或者书面形式作出决定。申请人对决定不服的,可以在接到决定时申请复议一次。复议期间,被申请回避的人员,不停止参与本案的工作。人民法院对复议申请,应当在 3 日内作出复议决定,并通知复议申请人。

《民事诉讼法》第 108 条规定,当事人对保全或者先予执行的裁定不服的,可以申请复议一次。复议期间不停止裁定的执行。

《民事诉讼法》第 110 条规定,诉讼参与人和其他人应当遵守法庭规则。人民法院对违反法庭规则的人,可以予以训诫,责令退出法庭或者予以罚款、拘留。人民法院对哄闹、冲击法庭,侮辱、诽谤、威胁、殴打审判人员,严重扰乱法庭秩序的人,依法追究刑事责任;情节较轻的,予以罚款、拘留。该法第 111 条规定,诉讼参与人或者其他人有下列行为之一的,人民法院可以根据情节轻重予以罚款、拘留;构成犯罪的,依法追究刑事责任:(1)伪造、毁灭重要证据,妨碍人民法院审理案件的;(2)以暴力、威胁、贿买方法阻止证人作证或者指使、贿买、胁迫他人作伪证的;(3)隐藏、转移、变卖、毁损已被查封、扣押的财产,或者已被清点并责令其保管的财产,转移已被冻结的财产的;(4)对司法工作人员、诉讼参加人、证人、翻译人员、鉴定人、勘验人、协助执行的人,进行侮辱、诽谤、诬陷、殴打或者打击报复的;(5)以暴力、威胁或者其他方法阻碍司法工作人员执行职务的;(6)拒不履行人民法院已经发生法律效力的判决、裁定的。人民法院对有前款规定的行为之一的单位,可以对其主要负责人或者直接责任人员予以罚款、拘留;构成犯罪的,依法追究刑事责任。该法第 112 条规定,当事人之间恶意串通,企图通过诉讼、调解等方式侵害他人合法权益的,人民法院应当驳回其请求,并根据情节轻重予以罚款、拘留;构成犯罪的,依法追究刑事责任。该法第 113 条规定,被执行人与他人恶意串通,通过诉讼、仲裁、调解等方式逃避履行法律文书确定的义务的,人民法院应当根据情节轻重予以罚款、拘留;构成犯罪的,依法追究刑事责任。该法第 114 条规定,有义务协助调查、执行的单位有下列行为之一的,人民法院除责令其履行协助义务外,并可以予以罚款:(1)有关单位拒绝或者妨碍人民法院调查取证的;(2)有关单位接到人民法院协助执行通知书后,拒不协助查询、扣押、冻结、划拨、变价财产的;(3)有关单位接到人民法院协助执行通知书后,拒不协助扣留被执行人的收入、办理有关财产权证照转移手续、转交有关票证、证照或者其他财产的;(4)其他拒绝协助执行的。人民法院对有前款规定的行为之一的单位,可以对其主要负责人或者直接责任人员予以罚款;对仍不履行协助义务的,可以予以拘留;并可以向监察机关或者有关机关提出予以纪律处分的司法建议。该法第115条规定,对个人的罚款金额,为10万元以下。对单位的罚款金额,为5万元以上100万元以下。拘留的期限,为15日以下。被拘留的人,由人民法院交公安机关看管。在拘留期间,被拘留人承认并改正错误的,人民法院可以决定提前解除拘留。该法第116条规定,拘传、罚款、拘留必须经院长批准。拘传应当发拘传票。罚款、拘留应当用决定书。对决定不服的,可以向上一级人民法院申请复议一次。复议期间不停止执行。

(二)文书的内容及制作方法

1. 首部

(1)写明文书名称"复议申请书"。

(2)复议申请人的基本情况。复议申请人是公民的,应写明其姓名、性别、出生年月日、民族、工作单位和职务或职业、住址、联系方式;为法人或其他组织的,应写明其全称、地址及法定代表人或负责人姓名、职务和联系方式。

2. 正文

(1)请求事项。请求作出原决定或裁定的人民法院撤销原决定或裁定。

(2)事实和理由。复议申请人可以通过阐述原决定或裁定缺乏事实依据和适用法律不当等,论证原决定或裁定错误,并通过提出新的事实和举证以及根据有关的法律规定,请求依法变更或撤销原决定或裁定。

3. 尾部

(1)写明致送人民法院的名称。

(2)复议申请人签名。复议申请人是法人或其他组织的,由其法定代表人或负责人签名并加盖单位公章。

(3)附原决定或裁定书。

(4)注明提交复议申请书的年、月、日。

(三)文书样式与范例

1. 文书样式

复议申请书(1)

(申请对驳回回避申请决定复议用)

复议申请人:×××,男/女,××××年×月××日出生,×族,……(写明工作单位和职务或职业),住……。联系方式:……。

法定代理人/指定代理人:×××,……。

委托诉讼代理人:×××,……。

(以上写明当事人和其他诉讼参加人的姓名或名称等基本信息)

请求事项:

请求对你院(××××)……号……一案驳回回避申请的决定进行复议。

1. 撤销驳回回避申请的决定;

2. 准许×××(写明被申请回避人员的诉讼地位和姓名)回避。

事实和理由:

复议申请人在你院(××××)……号……(写明案件当事人和案由)一案中,向你院申请……(写明被申请回避人的诉讼地位和姓名)回避。你院(××××)……号决定驳回回避申请。

……(写明申请复议的事实和理由)。

此致

××××人民法院

复议申请人(签名或者盖章)

××××年××月××日

复议申请书(2)

(申请对保全或者先予执行裁定复议用)

复议申请人:×××,男/女,××××年×月××日出生,×族,……(写明工作单位和职务或职业),住……。联系方式:……。

法定代理人/指定代理人:×××,……。

委托诉讼代理人:×××,……。

(以上写明当事人和其他诉讼参加人的姓名或名称等基本信息)

请求事项:

撤销(××××)……号……财产保全/行为保全/先予执行民事裁定书。

事实和理由:

你院于××××年××月××日作出(××××)……号……财产保全/行为保全/先予执行民事裁定(写明保全或者先予执行的内容)。

……(写明申请复议的事实和理由)。

此致

××××人民法院

附:(××××)……号……财产保全/行为保全/先予执行民事裁定书

复议申请人(签名或者盖章)

××××年××月××日

复议申请书(3)

(司法制裁复议案件用)

复议申请人:×××,男/女,××××年×月××日出生,×族,……(写明工作单位和职务或职业),住……。联系方式:……。

法定代理人/指定代理人:×××,……。

委托诉讼代理人:×××,……。

(以上写明当事人和其他诉讼参加人的姓名或名称等基本信息)

请求事项:

撤销××××人民法院(××××)……司惩……号拘留/罚款/拘留并罚款决定。

事实和理由:

××××年××月××日,××××人民法院作出(××××)……司惩……号决定:……(写明决定结果)。

……(写明申请复议的事实和理由)。

此致

××××人民法院

附:××××人民法院(××××)……司惩……号决定书

复议申请人(签名或者盖章)

××××年××月××日

2. 实例与范本

【实例1】2015年2月1日,刘×向张×借款50万元,双方签订借款合同,约定借款期限一年,王×提供保证。合同到期后,刘×没有还借款。2016年1月1日,张×要求王×偿还借款。王×无力偿还,但书面同意继续提供保证。2016年3月1日,刘×向法院起诉,请求王×承担保证责任偿还借款。××市××区人民法院受理后在通知张×法庭审理合议庭组成人员中,陪审员高××是被告王×的妻弟,张×遂向受诉法院提出回避申请。该法院作出(××××)××号决定书驳回申请人张×提出的回避申请,张×对该决定不服,遂依法申请复议。

复议申请书

复议申请人:张×,男,1966年12月21日出生,汉族,××市××运输公司经理,住××市××区××路××小区21号楼1121房间。联系方式:139××××××××。

委托诉讼代理人:万××,××省××律师事务所律师。

请求事项:

请求对你院(××××)××号驳回回避申请决定书进行复议。

1. 撤销驳回回避申请的决定;

2. 准许陪审员高××回避。

事实和理由:

复议申请人在你院(××××)××号张×诉王×担保合同纠纷一案中,向你院申请陪审员高××回避。你院(××××)××号决定驳回回避申请。

你院在审理张×诉王×担保合同纠纷一案的合议庭组成人员中,陪审员高××是被告王×的妻弟,属于《中华人民共和国民事诉讼法》第44条和最高人民法院《关于适用〈中华人民共和国民事诉讼法〉的解释》第48条依法应当回避的人员,请求对你院(××××)××号驳回回避申请决定书进行复议,撤销驳回回避申请的决定,准许陪审员高××回避。

此致

××××人民法院

复议申请人 张×

2016年4月8日

【实例2】在××建设工程有限公司因建设工程合同纠纷诉××商业集公司一案中,××建设工程公司对××商业集团公司在中国建设银行××分理处的银行存款(其银行账号为:××××××××)申请诉讼财产保全后,人民法院于2016年1月12日作出(××××)××财保××号裁定,依法裁定驳回了××建设工程公司的诉讼保全申请。××建设工程公司不服,遂向人民法院申请复议。

复议申请书

复议申请人：××市××建设工程有限公司，住所××市××区××路××大街××号院。

法定代表人：李××，董事长，联系方式：×××××××××。

请求事项：

撤销（××××）××号财产保全民事裁定书。

事实与理由：

复议申请人因建设工程合同纠纷诉被申请人××市××科贸有限公司一案；已于2016年1月10日向贵院提起诉讼，要求被申请人支付所欠工程款、违约金、赔偿损失，计1,550,000元。贵院受理后，被申请人为了阻止将来的生效判决能够执行，其已开始与其未到履行期限的合同债权人洽谈偿还其债务。贵院如不对被申请人在中国建设银行××分理处的银行账号为×××××××××的存款采取诉讼保全措施，复议申请人赢得本案诉讼后，也会因被申请人无力偿还而使将来的生效判决不能顺利执行。现根据《中华人民共和国民事诉讼法》第108条的规定，特此提出复议，请求贵院依法撤销（××××）××号裁定，并裁定准予申请人提出的诉讼财产保全申请。

此致

××市××区人民法院

复议申请人　××市××建设工程公司

李××

2016年1月13日

【实例3】××市甲建筑公司承包了××大楼的施工建设后，将其发包给了朱××，朱××组建了施工队进行施工。朱××一直拖欠建筑工人工资，在2015年12月20日朱××领到了全部工程款后携款而逃。刘××以甲建筑公司和朱××为被告向人民法院起诉后，为了及时领到工资，遂向人民法院申请先予执行。但法院经审查后，认为刘××不具备申请先予执行的条件，裁定驳回刘××的先予执行申请。刘××对该裁定不服，遂申请复议。

复议申请书

复议申请人：刘××，1979年1月2日出生，汉族，住××省××市××街××号。联系方式：×××××××××。

请求事项：

撤销（××××）××民×××号裁定书。

事实与理由：

首先，按照《中华人民共和国民事诉讼法》第106条第2款的规定，追索劳动报酬的案件属于人民法院根据当事人的申请，可以裁定先予执行的案件范围。

其次，本案符合《中华人民共和国民事诉讼法》第107条规定的人民法院裁定先予执行的条件：(1)当事人之间权利义务关系明确。《中华人民共和国劳动合同法》第94条规定，个人承包经营违反本法规定招用劳动者，给劳动者造成损害的，发包的组织与个人承包经营者承担连带赔偿责任。据此,本案中作为施工承包人的甲建筑公司对个人承包人朱××携款而逃给包括申请人在内的劳动者所造成的损失,应当承担连带责任。本案中,申请人申请先予执行的案件事实十分清楚,申请人所申请保护的权利和被申请人应当承担的责任十分明确,不存在事实不清和法律关系不明以及责任不能确定的情形。(2)不先予执行将严重影响申请人的生活。本案中,申请人已有近7个月未领取工资,这7个月来申请人一直靠借钱维持生活。现在,在申请人既没有其他收入又无处借钱维持生活的情况下,如不先予执行将使申请人的生活无法维系,必将严重影响申请人的生活。(3)被申请人有履行能力。本案中的被申请人甲建筑公司每年承包施工工程的盈利额达数千万元,对于申请人的区区18,000元的工资当然具有支付能力。

基于上述理由,申请人认为,贵院(××××)××民×××号裁定适用法律错误,现请求贵院进行复议,依法撤销原裁决决定,并裁定准予申请人提出的先予执行申请。

此致

××县人民法院

复议申请人　刘××

2016年1月26日

【实例4】原告张××诉被告马××房屋买卖合同纠纷一案中,××市××区人民法院于2016年7月6日作出(2016)×民初字第1027号判决书,判决被告马××于本判决生效后10日内向原告张××支付所欠房款680,588元。在上诉期限内原被告双方均未提起上诉,判决生效。在判决书规定的履行期间被告未能履行判决,张××向人民法院申请执行。该法院依据《民事诉讼法》第111条第1款第6项规定,于2016年9月26日依法作出(××××)××司惩××号拘留决定,对马××拘留15日。马××对该决定不服,遂向上级人民法院申请复议。

复议申请书

复议申请人:马××,女,1969年12月7日出生,汉族,××大学科研处职工,住××市××区××小区××号楼××室。联系方式:136××××××××。

委托诉讼代理人:郭××,××市××律师事务所律师。

请求事项:

撤销××××人民法院(××××)……司惩……号拘留决定。

事实和理由:

2016年9月26日,××××人民法院作出(××××)××司惩××号决定:对复议申请人拘留15日。

张××诉马××房屋买卖合同纠纷一案中,××市××区人民法院于2016年7月6日作出(2016)×民初字第1027号判决书,判决被告马××于本判决生效后10日内向原告张××支付所欠房款680,588元。该判决生效后,因复议申请人暂时无力支付上述执行款项,于2016年8月12日达成和解协议,张××同意复议申请人在判决书生效后3个月内履行。现××××人民法院无视双方达成的执行和解协议,作出(××××)××司惩××号决定对复议申请人拘留15日,适用法律错误,现复议申请人向贵院申请复议,请求撤销××××人民法院(××××)……司惩……号拘留决定。

此致

××××中级人民法院

附:××××人民法院(××××)……司惩……号决定书

复议申请人　马××

2016年9月28日

十四、调查收集证据申请书

(一)文书制作的基本知识

调查收集证据申请书,是指民事诉讼中当事人及其诉讼代理人因客观原因不能自行收集证据时,依法提交的请求人民法院依职权调查收集证据的法律文书。

《民事诉讼法》第64条第1款和第2款规定,当事人对自己提出的主张,有责任提供证据。当事人及其诉讼代理人因客观原因不能自行收集的证据,或者人民法院认为审理案件需要的证据,人民法院应当调查收集。《民事诉讼法司法解释》第90条进一步明确规定,当事人对自己提出的诉讼请求所依据的事实或者反驳对方诉讼请求所依据的事实,应当提供证据加以证明,但法律另有规定的除外。在作出判决前,当事人未能提供证据或者证据不足以证明其事实主张的,由负有举证证明责任的当事人承担不利的后果。该解释第91条规定,人民法院应当依照下列原则确定举证证明责任的承担,但法律另有规定的除外:(1)主张法律关系存在的当事人,应当对产生该法律关系的基本事实承担举证证明责任;(2)主张法律关系变更、消灭或者权利受到妨害的当事人,应当对该法律关系变更、消灭或者权利受到妨害的基本事实承担举证证明责任。

根据《民事诉讼法司法解释》第96条的规定,《民事诉讼法》第64条第2款规定的人民法院认为审理案件需要的证据包括:(1)涉及可能损害国家利益、社会公共利益的。(2)涉及身份关系的。(3)涉及《民事诉讼法》第55条规定诉讼的,即法律规定的机关和有关组织"对污染环境、侵害众多消费者合法权益等损害社会公共利益的行为"向人民法院提起的诉讼。(4)当事人有恶意串通损害他人合法权益可能的。(5)涉及依职权追加当事人、中止诉讼、终结诉讼、回避等程序性事项的。除前款规定外,人民法院调查收集证据,应当依照当事人的申请进行。可见,除上述法定情形外,人民法院调查收集证据,应当依当事人的申请进行。

根据《民事诉讼法司法解释》第94条的规定,符合下列条件之一的,属于当事人及其诉讼代理人因客观原因不能自行收集、而需要由人民法院依当事人及其诉讼代理人申请调查收集的证据:(1)证据由国家有关部门保存,当事人及其诉讼代理人无权查阅调取的;(2)涉及国家秘密、商业秘密或者个人隐私的;(3)当事人及其诉讼代理人因客观原因不能自行收集的其他证据。当事人及其诉讼代理人因客观原因不能自行收集的证据,可以在举证期限届满前书面申请人民法院调查收集。该解释第95条规定,当事人申请调查收集的证据,与待证事实无关联、对证明待证事实无意义或者其他无调查收集必要的,人民法院不予准许。

《民事诉讼法司法解释》第94条第2款规定,当事人及其诉讼代理人因客观原因不能自行收集的证据,可以在举证期限届满前书面申请人民法院调查收集。该解释第112条规定,书证在对方当事人控制之下的,承担举证证明责任的当事人可以在举证期限届满前书面申请人民法院责令对方当事人提交。申请理由成立的,人民法院应当责令对方当事人提交,因提交书证所产生的费用,由申请人负担。对方当事人无正当理由拒不提交的,人民法院可以认定申请人所主张的书证内容为真实。可见,当事人及其诉讼代理人申请人民法院调查收集证据,应当提交书面申请并应当在举证期限届满前提出。

(二)文书的内容及制作方法

最高人民法院《关于民事诉讼证据的若干规定》第18条规定,当事人及其诉讼代理人申请人民法院调查收集证据,应当提交书面申请。申请书应当载明被调查人的姓名或者单位名称、住所地等基本情况、所要调查收集的证据的内容、需要由人民法院调查收集证据的原因及其要证明的事实。具体来讲包括首部、正文和尾部三部分:

1. 首部

(1)注明文书名称"调查收集证据申请书"或"申请书"。

(2)载明申请人和被调查人的基本情况。申请人和被调查人是公民的,分别写明其姓名、性别、年龄、民族、籍贯、工作单位和职务或职业、住址。申请人和被调查人为法人或其他组织的,分别写明其全称、地址及法定代表人或负责人姓名、职务、联系方式等。

2. 正文

(1)写明申请调查事项。明确写出申请人请求人民法院依职权调查、收集证据的具体事项。

(2)写明事实和理由。阐明申请人不能自行调查收集证据的原因以及申请人民法院依职权予以调查的证据的具体内容对案件事实的确认、案件的正确审理以及被申请人承担责任所具有的重要性。然后阐明申请人无法收集该证据的原因,指出请求人民法院依职权调查证据的必要性。基于上述原因和事实,根据法律有关规定,特向人民法院申请调查收集上述证据。

3. 尾部

(1)写明致送人民法院的名称。

(2)申请人签名。申请人为法人或其他组织的,应加盖单位公章并由法定代表人或负责人签名。

(3)注明提交申请书的年、月、日。

(三)文书样式与范例

1. 文书样式

申 请 书

(申请调查收集证据用)

申请人:×××,男/女,××××年×月××日出生,×族,……(写明工作单位和职务或职业),住……。联系方式:……。

法定代理人/指定代理人:×××,……。

委托诉讼代理人:×××,……。

被调查人:……(写明姓名或者单位名称、住所地等基本情况)

(以上写明申请人和被调查人的姓名或名称等基本信息)

请求事项:

申请你院调查收集……(写明证据名称)。

事实和理由:

你院于××××年××月××日作出(××××)……号……(写明申请人因客观

原因不能自行收集，申请法院调查收集证据的理由。）

此致

××××人民法院

申请人（签名或者盖章）

××××年××月××日

2. 实例与范本

【实例1】《全国律师资格考试高分突破》系栾兆安撰写，由中国社会科学出版社1999年5月出版。2001年5月某出版社出版了《2001年全国律师资格考试典型案例精选》一书，该书全部字数为453,000字，其中230,000字为抄袭前书内容。栾兆安发现上述侵权情节后，在双方协商未果的情况下，向北京市朝阳区人民法院提起诉讼，要求被告某出版社承担侵权责任。在法院安排的双方交换证据时，被告向法院提交了No.（京）0068764图书期刊印制委托书，该委托书载明被告委托北京市密云××印刷厂印制侵权作品1000册。但该印刷委托书所载明的书名和印刷册数有明显涂改痕迹。原告栾兆安经向印刷厂联系，希望查阅被告向其提供的印制委托书原件，遭到印刷厂的拒绝。原告遂向受理法院提交了以下调查证据申请书，要求调取印制委托书。

申　请　书

申请人：栾兆安，男，19××年××月××日出生。汉族，×××研究所研究员，住北京市西城区南长街××号。联系方式：×××××××××××。

被调查人：北京市密云××印刷厂，住所北京市密云区××路××号。

法定代表人：王××，厂长，联系方式：×××××××××××××。

请求事项：

请求人民法院依法调取北京市密云××印刷厂印刷《2001年全国律师资格考试典型案例精选》一书的印制委托书。

事实和理由：

在申请人诉被告××出版社著作权侵权一案[卷号（2003）朝民初字第14832号]证据交换中，被告向法庭提交的No.（京）0068764图书期刊印制委托书所载名的书名和印刷册数有涂改。根据被告提供的北京市新闻出版局监制的No.（京）0068764号图书期刊印制委托书"注2，此委托书涂改无效"的说明，该印制委托书不能作为定案的依据。因侵权作品《2001年全国律师资格考试典型案例精选》一书的版权页上未载明印刷册数，因此，该印制委托书所载明的印刷册数也是判定被告侵权程度和承担侵权责任的最重要的证据。该印制委托书所载内容涉及被调查人的经营信息和商业秘密，原告取证确有困难。现根据《中华人民共和国民事诉讼法》第64条和最高人民法院《关于民事诉讼证据的若干规定》第17条的规定，特向贵院提出证据调查申请，请求贵院向被调查人调取侵权作品《2001年全国律师资格考试典型案例精选》一书的印制委托书。

此致

北京市朝阳区人民法院

申请人　栾兆安

2003年7月23日

【实例2】××市衡器有限责任公司(以下简称衡器公司)派员工陈××出国培训前,双方签订了一份《员工出国培训协议》,其中规定:陈××自出国研修结束回国之日起为公司提供服务的期限至少为5年,如辞职、终止劳动合同或者退休离开本公司后不得泄露公司商业秘密,5年内不得进入与本公司同业种、产品相近的公司工作;若违反以上规定,陈××接受有关法律的追究。陈××出国培训回国为衡器公司服务2年后,就提出解除劳动合同。6个月后,衡器公司得知陈××在香港××公司驻大陆代表处工作。经衡器公司调查了解,香港××公司是在香港注册的一家有限责任公司,主要业务为电子测计器和产品机械的销售,其中包括大型衡器的销售。衡器公司以陈××的行为违背双方劳动合同中关于竞业限制的规定,遂致函香港××公司和其驻大陆代表处调查陈××泄露商业秘密的情况,但被拒绝。提起诉讼后,该衡器公司向法院递交调查收集证据申请书。

申 请 书

申请人:××市衡器有限责任公司,住××市××街××号。

法定代表人:马××,董事长,联系方式:×××××××××。

被调查人:陈××,28岁,汉族,住××市××街××号院××房间,联系方式:×××××××××。

被调查人:香港××有限责任公司驻内地办事处,住所××市××街××号。

负责人:朱××,该办事处主任,联系方式:×××××××××。

请求事项:

请求你院调查收集被调查人陈××泄露申请人商业秘密行为。

事实和理由:

陈××在竞业限制期间到与申请人具有竞争关系的香港××公司驻大陆代表处工作,违反了与申请人签订的《员工出国培训协议》规定的竞业限制规定和保密义务。对被调查人陈××泄露申请人商业秘密行为进行取证,直接关系到申请人能否追究陈××的法律责任。申请人曾多次致函香港××公司驻大陆代表处调查陈××泄露商业秘密的情况,但被拒绝,可见这是申请人确因客观原因不能自行调查收集证据材料的情形。根据《中华人民共和国民事诉讼法》第64条第2款的规定,特向贵院申请调查收集上述证据。

此致

××市××区人民法院

申请人 ××市衡器有限责任公司

马××

2015年12月16日

十五、延长举证期限申请书

(一)文书制作的基本知识

延长举证期限申请书,是指当事人在举证期限内提供证据确有困难的情况下,向人民法院递交的请求延长举证期限的法律文书。

《民事诉讼法》第65条规定，当事人对自己提出的主张应当及时提供证据。人民法院根据当事人的主张和案件审理情况，确定当事人应当提供的证据及其期限。当事人在该期限内提供证据确有困难的，可以向人民法院申请延长期限，人民法院根据当事人的申请适当延长。当事人逾期提供证据的，人民法院应当责令其说明理由；拒不说明理由或者理由不成立的，人民法院根据不同情形可以不予采纳该证据，或者采纳该证据但予以训诫、罚款。对此，《民事诉讼法司法解释》第99条进一步明确规定，人民法院应当在审理前的准备阶段确定当事人的举证期限。举证期限可以由当事人协商，并经人民法院准许。人民法院确定举证期限，第一审普通程序案件不得少于15日，当事人提供新的证据的第二审案件不得少于10日。举证期限届满后，当事人对已经提供的证据，申请提供反驳证据或者对证据来源、形式等方面的瑕疵进行补正的，人民法院可以酌情再次确定举证期限，该期限不受前款规定的限制。该解释第100条规定，当事人申请延长举证期限的，应当在举证期限届满前向人民法院提出书面申请。申请理由成立的，人民法院应当准许，适当延长举证期限，并通知其他当事人。延长的举证期限适用于其他当事人。申请理由不成立的，人民法院不予准许，并通知申请人。

（二）文书的内容及制作方法

1. 首部

（1）应当注明文书名称“申请书”或“延长举证期限申请书”。

（2）应当载明申请人的基本情况。申请人是公民的，应写明其姓名、性别、出生年月日、民族、工作单位和职务或职业、住址、联系方式。申请人为法人或其他组织的，应写明其名称、地址及法定代表人或负责人的姓名、职务和联系方式。

2. 正文

（1）请求事项。应当写明申请人民法院延长哪一案件的举证期限至××××年××月××日。

（2）事实和理由。首先，应当说明案件的原定举证期限自××××年××月××日至××××年××月××日。其次，写明在原举证期限内提供证据确有困难及申请延长举证期限的具体理由。

3. 尾部

（1）写明致送人民法院的名称。

（2）申请人签名。申请人为法人或其他组织的，应加盖单位公章并由法定代表人或负责人签名。

（3）注明提交申请书的年、月、日。

（三）文书样式与范例

1. 文书样式

申　请　书

（申请延长举证期限用）

申请人：×××，男/女，××××年×月××日出生，×族，……（写明工作单位和职务或职业），住……。联系方式：……。

法定代理人/指定代理人：×××，……。

委托诉讼代理人：×××，……。

(以上写明当事人的姓名或名称等基本信息)

请求事项:

申请延长你院(××××)……号……(写明当事人和案由)一案的举证期限至××××年×月××日。

事实和理由:

申请人×××与×××……(写明案由)一案,原定举证期限自××××年××月××日至××××年××月××日。……(写明申请延长举证期限的理由)。

此致

××××人民法院

申请人(签名或者盖章)

××××年××月××日

2. 实例与范本

【实例】陈××诉路××借款担保合同纠纷一案,经××市××区人民法院受理后,于2016年4月1日向陈××和路××送达举证通知书,指定本案的举证期限至2016年4月20日届满。陈××原定在此期间出国洽谈商务,因无法改变行程和履行举证义务,遂申请延长举证期限。

申 请 书

申请人:陈××,女,××××年×月××日出生,汉族,××市××科技有限责任公司总经理,住××市××区××路××街道26号院。联系方式:139××××××××。

请求事项:

申请延长你院(2016)××号陈××与路××借款担保合同纠纷一案的举证期限至2016年4月30日。

事实和理由:

申请人陈××与路××借款担保合同纠纷一案,原定举证期限自2016年4月1日至2016年4月20日。因申请人原定在此期间出国洽谈商务,无法改变行程,在该期限内提供证据确有困难,特向贵院请求延长举证期限至2016年4月30日,请与准许。

此致

××××人民法院

申请人 陈××

2016年4月6日

十六、证据保全申请书

(一)文书制作的基本知识

证据保全申请书,是指提起民事诉讼前或民事诉讼过程中在证据可能灭失或者以后难以取得的情况下,诉讼参加人向人民法院申请保全证据时所提交的法律文书。

1. 证据保全的条件

证据保全,是指在证据可能灭失或者以后难以取得的情况下,人民法院根据当事人和其他诉讼参加人的申请,或者人民法院依职权决定,对证据加以调查收集和固定保存的活动。《民事诉讼法》第81条第1款规定,在证据可能灭失或者以后难以取得的情况下,当事人可以在诉讼过程中向人民法院申请保全证据,人民法院也可以主动采取保全措施。该条第2款规定,因情况紧急,在证据可能灭失或者以后难以取得的情况下,利害关系人可以在提起诉讼或者申请仲裁前向证据所在地、被申请人住所地或者对案件有管辖权的人民法院申请保全证据。可见,无论是在起诉前还是诉讼中,证据都可能因为一方当事人隐匿、毁灭对其不利的证据,以及因物证腐烂、现场被破坏、痕迹消失、有关证人死亡或者出国定居等发生灭失或者以后难以取得的情况。证据一旦灭失或者难以取得的情况发生,将会给当事人举证和人民法院查明真相带来困难,从而使有关当事人和其他诉讼参与人承担不应有的风险。因此,应当及时对证据进行保全。

证据保全应当具备下列条件:(1)证据保全的主体只能是人民法院,当事人和其他诉讼参加人无权进行证据保全。(2)证据保全可由诉讼参加人即本案的当事人、诉讼代理人或法定代表人、诉讼代表人、第三人及其他诉讼参加人申请或者由人民法院依职权决定而采取证据保全措施。(3)证据保全是在证据存在毁损、灭失或以后难以取得的可能性的情况下采取的保全措施。(4)被申请保全的证据与案件所涉及的法律关系有关,对证明案件事实及认定当事人或者诉讼参与人的责任具有直接的关联性。(5)诉讼当事人及其他参加人申请证据保全,既可以在诉前申请,也可以在起诉后开庭审理前申请。根据《民事诉讼法司法解释》第98条第1款的规定,当事人根据《民事诉讼法》第81条第1款的规定申请诉讼证据保全的,可以在举证期限届满前书面提出。(6)申请人应当依法提供相应的担保。对此,《民事诉讼法司法解释》第98条第2款规定,证据保全可能对他人造成损失的,人民法院应当责令申请人提供相应的担保。(7)申请证据保全应当向有管辖权的人民法院提出。申请人在诉讼中申请保全,应当向受理诉讼的人民法院提出。申请诉前证据保全,应当向证据所在地、被申请人住所地或者对案件有管辖权的人民法院申请。

2. 证据保全的措施

人民法院进行证据保全,可以根据具体情况,采取查封、扣押、拍照、录音、录像、复制、鉴定、勘验、制作笔录等方法。也就是说,对不同的证据,人民法院应当采取不同的保全措施。对证人证言、当事人的陈述,可以制作询问笔录或录音;对于书证、视听材料可以采取复制;对于物证可以进行勘验或封存原物。人民法院进行证据保全,可以要求当事人或者诉讼代理人到场。

(二)文书的内容及制作方法

1. 首部

(1)应当注明文书名称"诉前证据保全申请书"或"诉讼证据保全申请书"。

(2)应当载明申请人、被申请人的基本情况。申请人和被申请人是公民的,应写明其姓名、性别、出生年月日、民族、籍贯、工作单位、职务或职业、住址和联系方式。申请人和被申请人为法人或其他组织的,应写明其全称、地址及法定代表人或负责人的姓名、职务和联系方式。

2. 正文

(1)请求事项。写明申请人请求人民法院裁定采取保全措施的证据的名称及具体保全措施。

(2)事实和理由。主要是说明所申请保全的证据材料对于证明案件事实或性质所具有的价值,以及对于本案裁判所具有的重要性。在此基础上说明证据亟须保全的原因,如不采取保全措施,申请保全的证据将会因证据的人为破坏、变质等灭失或因证人年老病故等再无法取得。基于所述事实与理由,根据《民事诉讼法》第81条第1款或第2款的规定,特向人民法院申请对证据予以保全的请求。

3. 尾部

(1)写明致送人民法院的名称。

(2)申请人签名。申请人为法人或其他组织的,应加盖单位公章并由法定代表人或负责人签名。

(3)注明提交申请书的年、月、日。

(三)文书样式与范例

1. 文书样式

诉前证据保全申请书

申请人:×××,男/女,××××年×月××日出生,×族,……(写明工作单位和职务或职业),住……。联系方式:……。

法定代理人/指定代理人:×××,……。

委托诉讼代理人:×××,……。

被申请人:……(写明姓名或者单位名称、住所地等基本情况)

(以上写明申请人和被申请人的姓名或名称等基本信息)

请求事项:

申请裁定……(写明证据保全措施)。

事实和理由:

……(写明诉前证据保全的理由)。

申请人提供……(写明担保财产的名称、性质、数量或数额、所在地等)作为担保。

此致

××××人民法院

申请人(签名或者盖章)

××××年××月××日

诉讼证据保全申请书

申请人:×××,男/女,××××年×月××日出生,×族,……(写明工作单位和职务或职业),住……。联系方式:……。

法定代理人/指定代理人:×××,……。

委托诉讼代理人:×××,……。

被申请人:……(写明姓名或者单位名称、住所地等基本情况)

(以上写明申请人和被申请人的姓名或名称等基本信息)

请求事项:

因(××××)……号……一案(写明当事人和案由)请求裁定……(写明证据保全

措施)。

事实和理由:

……(写明申请诉讼证据保全的理由)。

申请人提供……(写明担保财产的名称、性质、数量或数额、所在地等)作为担保。

此致

××××人民法院

申请人(签名或者盖章)

××××年××月××日

2. 实例与范本

【实例】蔡××与××市甲科技开发有限责任公司(以下简称甲公司)签订了为期2年的劳动合同,任数字硬盘录像系统软件开发项目经理,负责视频采集卡压缩卡的驱动程序及系统应用界面的开发。蔡××在该公司工作1年后,因双方发生争议而辞职。蔡××辞职不久,市场上出现了乙公司开发的数字硬盘录像系统软件,其功能与甲公司开发的数字硬盘录像系统软件相同,编程和操作程序一样。甲公司遂展开调查,得知乙公司出售的数字硬盘录像系统软件也为蔡××开发。为了防止证据灭失,甲公司遂在提起诉讼前向证据所在地人民法院申请证据保全。

申　请　书

申请人:××市甲科技开发有限责任公司,住所××市××区××街××商务大厦。

法定代表人:杨××,总经理,联系方式:×××××××××。

被申请人:蔡××,男,25岁,汉族,住××市××区××路××号。联系方式:×××××××××。

请求事项:

请求人民法院对被申请人蔡××位于××市××区××路××号家中电脑及相关存储设备中有关数字硬盘录像系统软件及其电子邮箱中有关与乙公司开发数字硬盘录像系统软件的电子邮件和相关资料裁定证据保全。

事实和理由:

2014年5月1日蔡××与申请人签订了为期2年的劳动合同,任数字硬盘录像系统软件开发项目经理,负责视频采集卡压缩卡的驱动程序及系统应用界面的开发。蔡××在我公司工作1年后,因双方发生争议而辞职。蔡××辞职不久,市场上出现了乙公司开发的数字硬盘录像系统软件,其功能与我公司开发的的数字硬盘录像系统软件相同,编程和操作程序一样。申请人遂展开调查,得知乙公司出售的数字硬盘录像系统软件也为蔡××开发。可见,蔡××转让给乙公司的数字硬盘录像系统软件为在我单位工作期间的职务作品,现正存放于其在××市××区××路××号家中电脑及相关存储设备中,这些资料极易被修改、藏匿、销毁和灭失,一旦修改、销毁和灭失,将使申请人丧失胜诉的有利证据,并给申请人造成不可挽回的损失。现根据《中华人民共和国民事诉讼法》第81条的规定,特向贵院申请证据保全,请求贵院行使法律赋予的职权,对被申请人蔡××上述家中电脑及相关存储设备中有关数字硬盘录像系统软件,以及蔡××电子邮箱中有关与乙公司开发数字硬盘录像系统软件的电子邮件和相关资料,裁定采取查封、扣押和存储等保全措施。

此致

××市××区人民法院

申请人 ××市甲科技开发有限责任公司
杨××
2016年1月16日

十七、通知证人出庭作证申请书

(一)文书制作的基本知识

通知证人出庭作证申请书,是指为了查明案件事实,当事人向人民法院提交的、申请了解案件情况的单位或个人出庭作证的法律文书。

民事诉讼中的证人,是指了解案件情况,并向人民法院提供证言的人。证言则是指证人将其了解的案件情况向人民法院所作的当庭陈述或者递交的书面文字材料。《民事诉讼法》第72条规定,凡是知道案件情况的单位和个人,都有义务出庭作证。有关单位的负责人应当支持证人作证。不能正确表达意思的人,不能作证。可见,证人既可以是单位,又可以是个人。单位证人出庭作证的,应当是单位法定代表人、负责人或者其授权的人。该法第73条规定,经人民法院通知,证人应当出庭作证。有下列情形之一的,经人民法院许可,可以通过书面证言、视听传输技术或者视听资料等方式作证:(1)因健康原因不能出庭的;(2)因路途遥远,交通不便不能出庭的;(3)因自然灾害等不可抗力不能出庭的;(4)其他有正当理由不能出庭的。该法第74条规定,证人因履行出庭作证义务而支出的交通、住宿、就餐等必要费用以及误工损失,由败诉一方当事人负担。当事人申请证人作证的,由该当事人先行垫付;当事人没有申请,人民法院通知证人作证的,由人民法院先行垫付。对此,根据《民事诉讼法司法解释》第118条的规定,《民事诉讼法》第74条规定的证人因履行出庭作证义务而支出的交通、住宿、就餐等必要费用,按照机关事业单位工作人员差旅费用和补贴标准计算;误工损失按照国家上年度职工日平均工资标准计算。该解释第117条第1款和第3款规定,当事人申请证人出庭作证的,应当在举证期限届满前提出。未经人民法院通知,证人不得出庭作证,但双方当事人同意并经人民法院准许的除外。

(二)文书的内容及制作方法

1.首部

(1)应当注明文书名称“申请书”或“通知证人出庭作证申请书”。

(2)应当载明申请人的基本情况。申请人是公民的,应写明其姓名、性别、出生年月日、民族、工作单位和职务或职业、住址、联系方式。申请人为法人或其他组织的,应写明其名称、地址及法定代表人或负责人的姓名、职务和联系方式。

2.正文

(1)请求事项。应当写明因哪一案件,申请人民法院通知哪一证人或者哪些证人出庭作证,以证明哪一或哪些待证事实。

(2)事实和理由。写明当事人申请人民法院通知证人出庭作证的事实与理由,这里的

“事实”是指证人了解的案件事实,既可以是证人亲眼看到案件发生的事实,也可以是证人听说的案件事实。这里的“理由”是申请人民法院通知证人出庭作证的理由,主要阐明对查明案件事实的作用。

3. 尾部

(1)写明致送人民法院的名称。

(2)申请人签名。申请人为法人或其他组织的,应加盖单位公章并由法定代表人或负责人签名。

(3)注明提交申请书的年、月、日。

(三)文书样式与范例

1. 文书样式

申 请 书

(申请通知证人出庭作证用)

申请人:×××,男/女,××××年×月××日出生,×族,……(写明工作单位和职务或职业),住……。联系方式:……。

法定代理人/指定代理人:×××,……。

委托诉讼代理人:×××,……。

被申请人:……(写明姓名或者单位名称、住所地等基本情况)。

(以上写明申请人和其他诉讼参加人的姓名或名称等基本信息)

请求事项:

因(××××)……号……(写明当事人和案由)一案,请求你院通知×××出庭作证,以证明……(写明待证事实)。

事实和理由:

……(写明申请证人出庭作证的事实和理由)。

此致

××××人民法院

申请人(签名或者盖章)

××××年××月××日

2. 实例与范本

【实例】2015年12月5日8时许,李××将驾驶的电动三轮车停放于道路旁,并在钱××的餐饮点前就餐,未将电动三轮车钥匙拔掉。周××和妻子徐××推人力三轮车路经此地,因李××停放的电动三轮车挡住道路,徐××上前移动电动三轮车,在推行过程中因操作不当,导致电动三轮车失控,撞翻钱××经营的餐饮点的油锅并撞倒徐××,造成徐××面部、上身大面积被烫伤的事故发生。徐××受伤后住院治疗。徐××于2016年3月6日向人民法院提起诉讼,要求被告赔偿医疗费、误工费、护理费、后续治疗费、住院伙食补助费、交通费、残疾赔偿金和精神损害抚慰金,共计76,596.3元。为了便于法庭查明案件事实,在证据举证期间届满前徐××申请人民法院通知经营餐饮点的钱××出庭作证,向受理案件的人民法院提交了通知证人出庭作证申请书。

申 请 书

申请人:徐××,女,1978年4月21日出生,汉族,××市个体工商户,住××市××区××街道32号院。联系方式:135××××××××。

委托诉讼代理人:史××,××省××律师事务所律师。

被申请人:钱××,男,45岁,汉族,××市个体工商户,住××市××区××街道56号院。联系方式:137××××××××。

请求事项:

因(2015)××号徐××与李××人身伤害纠纷一案,请求你院通知钱××出庭作证,以证明徐××人身伤害事故的发生系李××在道路旁不当停放电动三轮车造成的。

事实和理由:

2015年12月5日8时许,李××将驾驶的电动三轮车停放于道路旁,并在钱××的餐饮点前就餐,未将电动三轮车钥匙拔掉。周××和妻子徐××推人力三轮车路经此地,因李××停放的电动三轮车挡住道路,徐××上前移动电动三轮车,在推行过程中因操作不当,导致电动三轮车失控,撞翻钱××经营的餐饮点的油锅并撞倒徐××,造成徐××面部、上身大面积被烫伤的事故发生。作为餐饮点经营者的钱××目睹了整个事故发生的过程,作为徐××与李××人身伤害纠纷一案的关键证人,其出庭作证,对于查明徐××人身伤害事故发生的原因及案件事实极为关键。现根据《中华人民共和国民事诉讼法》第72条和最高人民法院《关于适用〈中华人民共和国民事诉讼法〉的解释》第117条的规定,请求你院通知钱××出庭作证,以证明徐××人身伤害事故的发生系李××在道路旁不当停放电动三轮车造成的。

此致

××市××区人民法院

申请人 徐××
2016年4月21日

十八、鉴定申请书

(一)文书制作的基本知识

鉴定申请书,是指当事人就查明事实的专门性问题,向人民法院提交的申请具备资格的鉴定人进行鉴定的法律文书。

鉴定,是指鉴定人运用专门的知识和技能,根据当事人提供的案件材料,对案件中的专门性问题进行分析、鉴别、判断的活动,其结果是鉴定人通过出具具有权威性、科学性的鉴定意见以协助人民法院查明案件事实。《民事诉讼法》第76条规定,当事人可以就查明事实的专门性问题向人民法院申请鉴定。当事人申请鉴定的,由双方当事人协商确定具备资格的鉴定人;协商不成的,由人民法院指定。当事人未申请鉴定,人民法院对专门性问题认为需要鉴定的,应当委托具备资格的鉴定人进行鉴定。该法第77条规定,鉴定人有权了解进行鉴定所需要的案件材料,必要时可以询问当事人、证人。鉴定人应当提出书面鉴定意见,在鉴定书上签名或者盖章。该法第78条规定,当事人对鉴定意见有异议或者人民法院认为鉴定人有必要出庭的，鉴定人应当出庭作证。经人民法院通知，鉴定人拒不出庭作证的，鉴定意见不得作为认定事实的根据；支付鉴定费用的当事人可以要求返还鉴定费用。

（二）文书的内容及制作方法

1. 首部

（1）应当注明文书名称“申请书”或“鉴定申请书”。

（2）应当载明申请人的基本情况。申请人是公民的，应写明其姓名、性别、出生年月日、民族、工作单位和职务或职业、住址、联系方式。申请人为法人或其他组织的，应写明其名称、地址及法定代表人或负责人的姓名、职务和联系方式。

2. 正文

（1）请求事项。应当写明因哪一案件，申请对哪一专门性问题（包括鉴定种类、鉴定事项）进行鉴定。

（2）事实和理由。写明当事人申请人民法院对哪一专门性问题（包括鉴定种类、鉴定事项）进行鉴定的事实与理由，主要阐明需要鉴定的专门性问题与查明事实的关系及适用法律的关系等。

3. 尾部

（1）写明致送人民法院的名称。

（2）申请人签名。申请人为法人或其他组织的，应加盖单位公章并由法定代表人或负责人签名。

（3）注明提交申请书的年、月、日。

（三）文书样式与范例

1. 文书样式

申　请　书

（申请鉴定用）

申请人：×××，男/女，××××年×月××日出生，×族，……（写明工作单位和职务或职业），住……。联系方式：……。

法定代理人/指定代理人：×××，……。

委托诉讼代理人：×××，……。

（以上写明申请人和其他诉讼参加人的姓名或名称等基本信息）

请求事项：

因（××××）……号……（写明当事人和案由）一案，请求你院对……（鉴定种类、鉴定事项）进行鉴定。

事实和理由：

……（写明申请鉴定的事实和理由）。

此致

××××人民法院

申请人（签名或者盖章）

××××年××月××日

2. 实例与范本

【实例】2015 年 7 月至 2016 年 5 月，× ×市× ×酒店有限责任公司(以下简称酒店)从钱× ×处购买× ×品牌白酒。钱× ×于 2016 年 6 月起诉，要求酒店给付所欠货款 39,699 元，支付逾期利息 3500 元，并承担诉讼费用。酒店则以钱× ×卖给自己的× ×白酒是假酒为由提起反诉，要求将收取的全部货款返还。在证据交换中，酒店举证指出："钱× ×交付的假酒的商标上，每瓶商标上都写有一个'钱'字。"酒店称这些"钱"字均为钱× ×及其送货人鄢× ×所写，而钱× ×否认自己卖给酒店的× ×品牌白酒是假酒，同时否认自己及其他送货人在酒瓶上写过字。送货人鄢× ×在出庭作证时也否认酒瓶上的"钱"字系自己所写。为此，酒店向人民法院提出申请，请求对酒瓶上的"钱"字与钱× ×、鄢× ×的笔迹进行笔迹鉴定。

申 请 书

申请人：× ×市× ×酒店有限责任公司，住所× ×市× ×区× ×路× ×号。

法定代表人：孙× ×，该公司总经理，联系方式：× × × × × × × × ×。

委托诉讼代理人：曹× ×，× ×省× ×律师事务律师。

请求事项：

因(2016)× ×号× ×市× ×酒店有限公司反诉钱× ×返还全部货款一案，请求你院对× ×品牌白酒商标上所写"钱"字进行笔迹鉴定。

事实和理由：

2015 年 7 月至 2016 年 5 月，× ×市× ×酒店有限责任公司(以下简称酒店)从钱× ×处购买× ×品牌白酒。钱× ×于 2016 年 6 月起诉，要求酒店给付所欠货款 39,699 元，支付逾期利息 3500 元，并承担诉讼费用。申请人以钱× ×卖给自己的× ×白酒是假酒为由提起反诉，要求将收取的全部货款返还。钱× ×交付申请人的假酒商标上，每瓶商标上都写有一个'钱'字，这些'钱'字均为钱× ×及其送货人鄢× ×所写，而钱× ×否认卖给申请人的× ×品牌白酒是假酒，同时否认自己及其他送货人在酒瓶上写过"钱"字。这些假酒商标上的"钱"字是否为钱× ×及其送货人鄢× ×所写，对判定申请人收到的是不是这些假酒以及钱× ×是否承担法律责任至关重要。现根据《中华人民共和国民事诉讼法》第 76 条的规定，请求你院对× ×品牌白酒商标上所写"钱"字进行笔迹鉴定。

此致

× ×市× ×区人民法院

申请人 × ×市× ×酒店有限公司
孙× ×
2016 年 7 月 26 日

十九、返还鉴定费用申请书

(一)文书制作的基本知识

返还鉴定费用申请书，是在依法应当出庭作证的鉴定人拒不出庭作证而导致鉴定意见不得作为认定事实根据的情况下，支付鉴定费用的当事人向法院提交的要求鉴定人返还鉴定费用的法律文书。

《民事诉讼法》第78条规定，当事人对鉴定意见有异议或者人民法院认为鉴定人有必要出庭的，鉴定人应当出庭作证。经人民法院通知，鉴定人拒不出庭作证的，鉴定意见不得作为认定事实的根据；支付鉴定费用的当事人可以要求返还鉴定费用。可见，当事人对鉴定意见有异议或者人民法院认为鉴定人有必要出庭的，鉴定人负有出庭作证的义务。经人民法院通知，鉴定人拒不出庭作证的，鉴定意见不得作为认定事实的根据。在此情形下，支付鉴定费用的当事人可以要求返还鉴定费用，鉴定人拒不返还的，该当事人可以向人民法院提出申请要求鉴定人返还已支付的鉴定费用。但在上述情形下，鉴定人依法出庭作证的，无论其出具的鉴定意见是否被法庭作为认定事实的根据，支付鉴定费用的当事人无权要求鉴定人返还已支付的鉴定费用。

（二）文书的内容及制作方法

1. 首部

（1）应当注明文书名称“申请人”或“返还鉴定费用申请书”。

（2）应当载明申请人和被申请人的基本情况。申请人是公民的，应写明其姓名、性别、出生年月日、民族、工作单位和职务或职业、住址、联系方式。申请人为法人或其他组织的，应写明其名称、地址及法定代表人或负责人的姓名、职务和联系方式。被申请人为鉴定机构的，应当写明请名称、住所和法定代表人或者负责人的姓名、职务和联系方式。

2. 正文

（1）请求事项。应当写明“裁定被申请人×××返还申请人×××鉴定费用……元”。

（2）事实和理由。首先，应当写明在法院受理的哪一案件，因申请鉴定，被申请人收取鉴定费用的事实。其次，应当写明作为鉴定人的被申请人在负有出庭作证义务的情况下，拒不出庭作证的事实。最后，根据《民事诉讼法》第78条的规定，要求其返还鉴定费用。

3. 尾部

（1）写明致送人民法院的名称。

（2）申请人签名。申请人为法人或其他组织的，应加盖单位公章并由法定代表人或负责人签名。

（3）注明提交申请书的年、月、日。

（三）文书样式与范例

1. 文书样式

申　请　书

（申请返还鉴定费用用）

申请人：×××，男/女，××××年×月××日出生，×族，……（写明工作单位和职务或职业），住……。联系方式：……。

法定代理人/指定代理人：×××，……。

委托诉讼代理人：×××，……。

被申请人：×××，……。

……

（以上写明申请人和其他诉讼参加人的姓名或名称等基本信息）

请求事项:

裁定被申请人×××返还申请人×××鉴定费用……元。

事实和理由:

你院(××××)……号……(写明当事人和案由)一案,……(写明申请返还鉴定费用的事实和理由)。

此致

××××人民法院

申请人(签名或者盖章)

××××年××月××日

2. 实例与范本

【实例】(2016)××号××市××酒店有限公司反诉钱××返还全部货款一案中,钱××否认自己卖给酒店的××品牌白酒是假酒,同时否认酒瓶商标上的"钱"字为自己及其他送货人在酒瓶上所写。为此,酒店向人民法院提出申请,请求对酒瓶上的"钱"字与钱××、鄢××的进行笔迹鉴定。人民法院准许该酒店的鉴定申请,在双方当事人对鉴定人协商不成的情况下,人民法院遂指定××市××鉴定中心进行鉴定。该鉴定中心经鉴定向人民法院出具鉴定意见,认定酒店的××品牌白酒商标上的"钱"字不是钱××与其送货人的笔迹。申请人××××市××酒店有限公司对鉴定意见有异议,人民法院通知该鉴定中心出庭作证,但××市××鉴定中心以负责酒瓶字迹鉴定的鉴定师出国为由,拒绝出庭作证。××市××酒店有限公司向人民法院提交以下申请要求鉴定人返还已支付的鉴定费用。

申　请　书

申请人:××市××酒店有限公司,住所××市××区××路××号。

法定代表人:孙××,该公司总经理,联系方式:×××××××××。

委托诉讼代理人:曹××,××省××律师事务律师。

被申请人:××市××鉴定中心,住所××市××区××路××号××商务大楼××房间。

负责人:皮××,该中心主任,联系方式:×××××××××。

请求事项:

裁定被申请人××市××鉴定中心返还申请人×××鉴定费用3000元。

事实和理由:

你院(2016)××号××市××酒店有限公司反诉钱××返还全部货款一案,为查明××品牌白酒商标上的"钱"字为供货人钱××或其送货人的笔迹,申请人依法申请笔迹鉴定,在双方当事人对鉴定人协商不成的情况下,人民法院遂指定××市××鉴定中心进行鉴定。该鉴定中心经鉴定向人民法院出具鉴定意见,认定酒店的××品牌白酒商标上的"钱"字不是钱××与其送货人的笔迹,申请人对此提出异议。人民法院通知该鉴定中心出庭作证,但××市××鉴定中心以负责酒瓶字迹鉴定的鉴定师出国为由,拒绝出庭作证。现根据《中华人民共和国民事诉讼法》第78条的规定,请求你院裁定被申请人××市××鉴定中心返还申请人已支付的鉴定费用3000元。

此致

××××人民法院

申请人 ××市××酒店有限公司

2016年12月22日

二十、不公开审理申请书

(一)文书制作的基本知识

不公开审理申请书,是指在法庭开庭审理前当事人向受诉人民法院提交的、请求对本案不予公开审理的法律文书。

根据《民事诉讼法》第134条的规定,公开审理和公开宣判是公开审判制度的基本要求。案件公开审理时,社会公众未经申请可以径行旁听,新闻媒体可以自由报道。法院应当在判决书中公开判决的事实依据和法律依据。但是,为了防止公开审理给国家或当事人造成不可挽回的损失,法律规定了不应当公开审理的案件范围和经当事人申请可以不公开审理的案件范围。《民事诉讼法》第134条规定,人民法院审理民事案件,除涉及国家秘密、个人隐私或者法律另有规定的以外,应当公开进行。离婚案件,涉及商业秘密的案件,当事人申请不公开审理的,可以不公开审理。

国家秘密是关系国家的安全利益,依照法定程序确定,在一定时间内只限一定范围的人员知悉的事项。一切国家机关、武装力量、政党、社会团体、企业事业单位和公民都有保守国家秘密的义务。因此,涉及国家秘密的民事案件不得公开审理。个人隐私是指不愿公开或者让他人知悉的个人私密。一般来说,公民的隐私权包括通信秘密权和个人生活秘密权。通信秘密权是指公民对其在信件、电报、电话中的内容享有保密权,未经允许不得非法公开。个人生活秘密权是指公民对其财产状况、生活经历、个人资料等生活信息所享有的禁止他人非法利用的权利,涉及当事人个人隐私的民事案件不得公开进行。除了《民事诉讼法》规定的上述案件不得公开审理外,法律另有规定不得公开审理的案件,也不得进行公开审理。这里的“法律”是指全国人民代表大会及其常务委员会制定和通过的法律。

商业秘密,是指不为公众所知悉、能为权利人带来经济利益、具有实用性并经权利人采取保密措施的技术信息和经营信息。“不为公众所知悉”是指有关信息不为其所属领域的相关人员普遍知悉和容易获得。“能为权利人带来经济利益、具有实用性”是指有关信息具有现实的或者潜在的商业价值,能为权利人带来竞争优势。“保密措施”是指权利人为防止信息泄露所采取的与其商业价值等具体情况相适应的合理保护措施。主要应当根据所涉信息载体的特性、权利人保密的意愿、保密措施的可识别程度、他人通过正当方式获得的难易程度等因素,认定权利人是否采取了保密措施。在涉及商业秘密案件的情况下当事人可以申请不公开审理。离婚案件也往往涉及当事人个人生活的私密性以及未成年人的保护问题,当事人也可以申请不公开审理。

(二)文书的内容及制作方法

1. 首部

(1)应当注明文书名称“申请书”或“不公开审理申请书”。

(2)应当载明申请人的基本情况。申请人是公民的,应写明其姓名、性别、出生年月日、民族、工作单位和职务或职业、住址、联系方式。申请人为法人或其他组织的,应写明其名称、地址及法定代表人或负责人的姓名、职务、联系方式。

2. 正文

(1)案由及请求事项。应当写明在什么性质的纠纷中请求不公开审理。案由应当写明案件性质,如婚姻纠纷、商业秘密纠纷等,请求事项应当写明不公开审理。

(2)申请理由。主要说明基于案件的性质,从申请人的保护商业秘密和个人隐私及正常生活免受干扰等角度说明不适用公开审理程序的理由。最后,根据《民事诉讼法》第134条的规定,特向人民法院申请对本案不予公开审理。

3. 尾部

(1)写明致送人民法院的名称。

(2)申请人签名。申请人为法人或其他组织的,应加盖单位公章并由法定代表人或负责人签名。

(3)注明提交申请书的年、月、日。

(三)文书样式与范例

1. 文书样式

申 请 书

(申请不公开审理用)

申请人:×××,男/女,××××年×月××日出生,×族,……(写明工作单位和职务或职业),住……。联系方式:……。

法定代理人/指定代理人:×××,……。

委托诉讼代理人:×××,……。

(以上写明申请人和其他诉讼参加人的姓名或名称等基本信息)

请求事项:

不公开审理你院(××××)……号……(写明当事人和案由)一案。

事实和理由:

……(写明申请不公开审理的事实和理由)。

此致

××××人民法院

申请人(签名或者盖章)

××××年××月××日

2. 实例与范本

【实例】××技术研究所研制开发了镉镍、氢镍电池制造技术,这两项技术成果均已经过中试,并形成生产能力。其中,氢镍电池是化学电源领域近年来兴起的新型碱性蓄电池,能量高于镉镍电池1.5~2.0倍,可与镉镍电池互换且没有镉污染,综合性能居国内领先地位,应用领域广泛,经济效益高。××技术研究所因曾担任氢镍电池制造技术的课题组长、高级工程师孙××以该技术入股与他人组建公司制售氢镍电池、侵犯商业秘密为由提起诉讼。开庭前,该公司为防止因本案公开审理泄露商业秘密,向法院提交了不公开审理申请书。

申　请　书

申请人：××市××技术研究所，住××市××区××路××号。

法定代表人：曹××，所长；联系方式：×××××××××。

请求事项：

不公开审理你院（××××）××号××市××技术研究所与孙××商业秘密纠纷一案。

事实与理由：

申请人诉孙××侵犯商业秘密一案，已有贵院立案受理。考虑到本案公开审理将会泄露被侵权技术所涉及的关键技术秘密，并给申请人造成不可挽回的损失，现根据《中华人民共和国民事诉讼法》第134条的规定，特向人民法院申请对本案不予公开审理，请审查批准。

此致

××市××区人民法院

申请人　××市××技术研究所

曹××

2016年2月16日

二十一、缓交（或减交、免交）诉讼费申请书

（一）文书制作的基本知识

缓交（或减交、免交）诉讼费申请书，是指交纳诉讼费用确有困难的当事人，向人民法院提交的请求缓交（或减交、免交）诉讼费用的法律文书。

1. 当事人申请司法救助的条件

根据《诉讼费用交纳办法》第44条的规定，当事人交纳诉讼费用确有困难的，可以依照本办法向人民法院申请缓交、减交或者免交诉讼费用的司法救助。诉讼费用的免交只适用于自然人。该办法第45条规定，当事人申请司法救助，符合下列情形之一的，人民法院应当准予免交诉讼费用：（1）残疾人无固定生活来源的；（2）追索赡养费、扶养费、抚育费、抚恤金的；（3）最低生活保障对象、农村特困定期救济对象、农村五保供养对象或者领取失业保险金人员，无其他收入的；（4）因见义勇为或者为保护社会公共利益致使自身合法权益受到损害，本人或者其近亲属请求赔偿或者补偿的；（5）确实需要免交的其他情形。该办法第46条规定，当事人申请司法救助，符合下列情形之一的，人民法院应当准予减交诉讼费用：（1）因自然灾害等不可抗力造成生活困难，正在接受社会救济，或者家庭生产经营难以为继的；（2）属于国家规定的优抚、安置对象的；（3）社会福利机构和救助管理站；（4）确实需要减交的其他情形。人民法院准予减交诉讼费用的，减交比例不得低于30%。该办法第47条规定，当事人申请司法救助，符合下列情形之一的，人民法院应当准予缓交诉讼费用：（1）追索社会保险金、经济补偿金的；（2）海上事故、交通事故、医疗事故、工伤事故、产品质量事故或者其他人身伤害事故的受害人请求赔偿的；（3）正在接受有关部门法律援助的；（4）确实需要缓交的其他情形。该办法第49条规定，当事人申请缓交诉讼费用经审查符合本办法第47条规定的，人民法院应

当在决定立案之前作出准予缓交的决定。

2. 申请司法救助的形式及诉讼费用的最终承担

《诉讼费用交纳办法》第48条规定,当事人申请司法救助,应当在起诉或者上诉时提交书面申请、足以证明其确有经济困难的证明材料以及其他相关证明材料。因生活困难或者追索基本生活费用申请免交、减交诉讼费用的,还应当提供本人及其家庭经济状况符合当地民政、劳动保障等部门规定的公民经济困难标准的证明。人民法院对当事人的司法救助申请不予批准的,应当向当事人书面说明理由。该办法第50条规定,人民法院对一方当事人提供司法救助,对方当事人败诉的,诉讼费用由对方当事人负担;对方当事人胜诉的,可以视申请司法救助的当事人的经济状况决定其减交、免交诉讼费用。

(二)文书的内容及制作方法

1. 首部

(1)应当注明文书名称"缓交(或减交、免交)诉讼费申请书"。

(2)应当载明申请人的基本情况。申请诉讼费用免交的申请人只能是自然人,而申请诉讼费用缓交或减交的申请人既可以是公民又可以是法人或其他组织。申请人是自然人的,应写明其姓名、性别、出生年月日、民族、工作单位、职务或职业、住所,住所与经常居住地不一致的,写经常居住地。申请人有法定代理人或指定代理人的,应列项写明其姓名、性别、职业或工作单位、住所,并在姓名后括注其与当事人的关系。申请人为法人或其他组织的,应写明其全称、地址及法定代表人或负责人的姓名、职务。申请人有委托代理人的,应写明其姓名、性别、职业或工作单位、住所;委托代理人是律师的,可只写明其姓名和所在的律师事务所名称。

2. 正文

(1)案由及请求事项。应当写明在什么性质的纠纷中请求缓交或减交、免交诉讼费。

(2)申请理由。主要基于生活困难,并符合国务院制定的《诉讼费用交纳办法》所规定的缓交或者减交、免交诉讼费情形,阐明申请理由。

3. 尾部

(1)写明致送人民法院的名称。

(2)申请人签名。申请人为法人或其他组织的,应加盖单位公章并由法定代表人或负责人签名。

(3)注明提交申请书的年、月、日。

(三)文书样式与范例

1. 文书样式

缓交(或减交、免交)诉讼费申请书

申请人:×××,男/女,××××年×月××日出生,×族,……(写明工作单位和职务或职业),住……。联系方式:……。

法定代理人/指定代理人:×××,……。

委托诉讼代理人:×××,……。

(以上写明申请人和其他诉讼参加人的姓名或名称等基本信息)

请求事项:

缓交/减交/免交诉讼费用……元。

事实和理由：

……（写明案件当事人和案由）一案，……（写明申请缓交/减交/免交诉讼费用的事实和理由）。

此致

××××人民法院

申请人（签名或者盖章）

××××年××月××日

2. 实例与范本

【实例】周××（女，78周岁）的四个儿子，对赡养母亲相互推诿。因无人照料，周××从2009年7月12日至2009年12月30日一直住在乡镇的小旅社，每晚住宿费15元并购买55元的凉席一张。无奈之下，周××经人帮助于2015年12月31日到区人民法院起诉。因无力预交诉讼费，遂申请免交诉讼费。

免交诉讼费申请书

申请人：周××；女，1931年5月15日出生，汉族，××市××镇××村村民。住××市××镇××旅社，联系方式：×××××××××。

委托诉讼代理人：刘×，××市××法律服务所法律服务工作者。

请求事项：

请求免交诉讼费50元。

事实和理由：

周××与李甲、李乙、李丙、李丁赡养纠纷一案，因年老体迈，无收入来源，生活困难，根据《诉讼费用交纳办法》第45条第2项的规定，特向人民法院申请免交诉讼费50元，请审查批准。

此致

××市××区人民法院

申请人 周××

2015年12月31日

二十二、增加诉讼请求申请书

（一）文书制作的基本知识

增加诉讼请求申请书，是指民事诉讼原告在案件经人民法院受理后，法庭辩论结束前，向人民法院提交的请求增加诉讼请求的法律文书。

《民事诉讼法》第140条规定，原告增加诉讼请求，被告提出反诉，第三人提出与本案有关的诉讼请求，可以合并审理。《民事诉讼法司法解释》第232条规定，在案件受理后，法庭辩论结束前，原告增加诉讼请求，被告提出反诉，第三人提出与本案有关的诉讼请求，可以合并审理的，人民法院应当合并审理。据此，原告有增加诉讼请求的权利。民事诉讼请求是民事诉讼原告通过人民法院向被告所主张的具体权利,这主要表现为请求被告履行义务或者承担具体的民事责任。一般来说,原告提起诉讼是在其合法或正当权益受到了不法侵害的情况下提起的。

(二)文书的内容及制作方法

1. 首部

(1)应当注明文书名称"增加诉讼请求申请书"或"申请书"。

(2)写明申请人的基本情况。申请人是公民的,应写明其姓名、性别、出生年月日、民族、工作单位和职务或职业、住址、联系方式。申请人为法人或其他组织的,应写明其名称、住所及法定代表人或负责人的姓名、职务和联系方式。

2. 正文

(1)请求事项。应当写明原告申请增加诉讼请求的具体内容,如在人身侵权案件中请求增加赔偿数额、支付精神损害赔偿金及其数额;在合同纠纷案件中增加违约金数额等。一般表述为:"对于你院(××××)……号……(写明当事人和案由)一案增加诉讼请求如下:……(写明增加的诉讼请求具体内容)。"

(2)事实和理由。具体阐述原告所增加的诉讼请求的事实依据和理由,说明和论证所增加的诉讼请求的正当性与合法性。

3. 尾部

(1)写明致送人民法院的名称。

(2)申请人签名。申请人为法人或其他组织的,应加盖单位公章并由法定代表人或负责人签名。

(3)注明提交申请书的年、月、日。

(三)文书样式与范例

1. 文书样式

申 请 书

(申请增加诉讼请求用)

申请人:×××,男/女,××××年×月××日出生,×族,……(写明工作单位和职务或职业),住……。联系方式:……。

法定代理人/指定代理人:×××,……。

委托诉讼代理人:×××,……。

(以上写明申请人和其他诉讼参加人的姓名或名称等基本信息)

请求事项:

对于你院(××××)……号……(写明当事人和案由)一案增加诉讼请求如下:……(写明增加的诉讼请求具体内容)。

事实和理由:

……(写明增加诉讼请求的事实和理由)。

此致

××××人民法院

申请人(签名或者盖章)

××××年××月××日

2. 实例与范本

【实例】某日晚，邢××到一家饭店就餐，其间看见一群警察聚集在服务台处，她便凑过去与老板说了几句话，又回到客厅就餐。第二天晚间当地电视新闻节目中播放了一组警察进行治安清查的画面，其中竟有邢××被警察围在当中的镜头，画面伴有“在此次扫黄行动中共查获卖淫女4名”等解说词。当晚电视新闻节目播放后，邢××的熟人在私下开始传播邢××“卖淫”被抓的消息。邢××看到这一报道和得知人们的负面评价后，受到严重精神打击，遂以自己的名誉权受到损害为由向法院提起诉讼，请求法院判令电视台赔礼道歉、消除影响。法院受理后，邢××增加诉讼请求，要求被告承担5000元的精神损害赔偿。

申　请　书

申请人：邢××，女，1992年5月25日出生，汉族，××市××职业学院学生，住××市××职业学院学生公寓5号楼412房间。联系方式：×××××××××××。

委托诉讼代理人：艾××，××省××律师事务所律师。

请求事项：

对于你院（2016）×民初第26号邢××与××市××电视台名誉权纠纷一案增加诉讼请求如下：支付精神损害赔偿金5000元。

事实和理由：

在申请人诉××市××电视台名誉权侵权纠纷一案中，被告的行为不仅使申请人的名誉受到严重损害，而且使申请人受到严重精神打击，后果严重。现根据《中华人民共和国民法通则》、最高人民法院《关于审理人身损害赔偿案件适用法律若干问题的解释》和《中华人民共和国民事诉讼法》的有关规定，增加诉讼请求如下：请求你院判决被告支付精神损害赔偿金5000元。

此致

××××人民法院

申请人　邢××

2016年3月16日

二十三、变更诉讼请求申请书

(一) 文书制作的基本知识

变更诉讼请求申请书，是指民事诉讼原告向人民法院提交的请求变更诉讼请求的法律文书。

《民事诉讼法》第51条规定，原告可以放弃或者变更诉讼请求。被告可以承认或者反驳诉讼请求，有权提起反诉。该法第53条规定，当事人一方人数众多的共同诉讼，可以由当事人推选代表人进行诉讼。代表人的诉讼行为对其所代表的当事人发生效力，但代表人变更、放弃诉讼请求或者承认对方当事人的诉讼请求，进行和解，必须经被代表的当事人同意。该法第54条规定,诉讼标的是同一种类、当事人一方人数众多在起诉时人数尚未确定的,人民法院可以发出公告,说明案件情况和诉讼请求,通知权利人在一定期间向人民法院登记。向人民法院登记的权利人可以推选代表人进行诉讼;推选不出代表人的,人民法院可以与参加登记的权利人商定代表人。代表人的诉讼行为对其所代表的当事人发生效力,但代表人变更、放弃诉讼请求或者承认对方当事人的诉讼请求,进行和解,必须经被代表的当事人同意。人民法院作出的判决、裁定,对参加登记的全体权利人发生效力。未参加登记的权利人在诉讼时效期间提起诉讼的,适用该判决、裁定。可见,原告有权变更诉讼请求;共同诉讼代表人变更诉讼请求,必须经被代表的当事人同意。

(二)文书的内容及制作方法

1. 首部

(1)应当注明文书名称"申请书"或"变更诉讼请求申请书"。

(2)写明申请人的基本情况。申请人是公民的,应写明其姓名、性别、出生年月日、民族、工作单位和职务或职业、住址、联系方式。申请人为法人或其他组织的,应写明其名称、地址及法定代表人或负责人的姓名、职务和联系方式。

2. 正文

(1)请求事项。应当写明原告申请变更诉讼请求的具体内容,一般表述为:"申请将你院(××××)……号……(写明当事人和案由)一案的诉讼请求……(写明原诉讼请求具体内容),变更为(写明变更的诉讼请求具体内容)。"

(2)事实和理由。具体阐述原告变更诉讼请求的事实依据和理由,说明变更诉讼请求的正当性与合法性。

3. 尾部

(1)写明致送人民法院的名称。

(2)申请人签名。申请人为法人或其他组织的,应加盖单位公章并由法定代表人或负责人签名。

(3)注明提交申请书的年、月、日。

(三)文书样式与范例

1. 文书样式

申 请 书

(申请变更诉讼请求用)

申请人:×××,男/女,××××年×月××日出生,×族,……(写明工作单位和职务或职业),住……。联系方式:……。

法定代理人/指定代理人:×××,……。

委托诉讼代理人:×××,……。

(以上写明申请人和其他诉讼参加人的姓名或名称等基本信息)

请求事项:

申请将你院(××××)……号……(写明当事人和案由)一案的诉讼请求……(写明原诉讼请求具体内容),变更为(写明变更的诉讼请求具体内容)。

事实和理由：

……（写明变更诉讼请求的事实和理由）。

此致

××××人民法院

申请人（签名或者盖章）

××××年××月××日

2. 实例与范本

【实例】××市天达印刷有限责任公司（以下简称天达公司）派其技术员文××就购买××市向阳印刷设备有限公司（以下简称向阳公司）的一套先进印刷设备进行洽谈。在洽谈时，文××对向阳公司的该种设备的性能达到其产品说明书上所列的性能指标表示怀疑。向阳公司急于推销产品，便向文××出具了该种设备的设计图纸以证明其设备的技术性能完全符合该设备说明书的要求，并允许文××将该图纸带走。天达公司将图纸进行了全部复制后，派文××将图纸送回，并以该设备不符合天达公司的要求为由，告知向阳公司无法达成买卖协议。数月后，向阳公司发现几家商场正在出售与其开发的性能相同的印刷设备。经调查得知，这几家商场都是从天达公司进的货。为此，向阳公司向法院起诉，提出以下诉讼请求：（1）要求被告天达公司停止侵害；（2）赔偿经济损失86万元。在诉讼过程中，向阳公司向法院提交以下变更诉讼请求申请书。

申　请　书

申请人：××市向阳印刷设备有限公司，住所××市××区××街道39号。

法定代理人：龙××，该公司总经理，联系方式：×××××××××××。

委托诉讼代理人：赵××，××市向阳印刷设备有限公司职工。

请求事项：

申请将你院（2016）××号××市向阳印刷设备有限公司与××市天达印刷有限责任公司缔约过失纠纷一案的诉讼请求赔偿经济损失86万元，变更为赔偿经济损失256万元。

事实和理由：

××市天达印刷有限责任公司派其技术员文××以购买申请人的××型号的先进印刷设备为由进行洽谈，窃取了申请人拥有的商业秘密，并研制销售，构成不正当竞争。根据《中华人民共和国反不正当竞争法》第20条的规定，将原诉讼请求赔偿经济损失86万元，变更为赔偿经济损失256万元。

此致

××××人民法院

申请人　××市天达印刷有限责任公司

龙××

2016年9月21日

二十四、放弃诉讼请求声明书

(一)文书制作的基本知识

放弃诉讼请求声明书,是指民事诉讼原告向人民法院提交的声明放弃诉讼请求的法律文书。

(二)文书的内容及制作方法

1. 首部

(1)应当注明文书名称“声明书”或“放弃诉讼请求声明书”。

(2)写明声明人的基本情况。声明人是公民的,应写明其姓名、性别、出生年月日、民族、工作单位和职务或职业、住址、联系方式。声明人为法人或其他组织的,应写明其名称、地址及法定代表人或负责人的姓名、职务和联系方式。

2. 正文

写明声明内容,一般可表述为:“本人/本方在你院(××××)……号……(写明当事人和案由)一案中,放弃全部诉讼请求/放弃第×项诉讼请求:……(写明放弃诉讼请求的具体内容)。”

3. 尾部

(1)写明致送人民法院的名称。

(2)声明人签名。声明人为法人或其他组织的,应加盖单位公章并由法定代表人或负责人签名。

(3)注明提交声明书的年、月、日。

(三)文书样式与范例

1. 文书样式

声　明　书

(放弃诉讼请求用)

声明人:×××,男/女,××××年×月××日出生,×族,……(写明工作单位和职务或职业),住……。联系方式:……。

法定代理人/指定代理人:×××,……。

委托诉讼代理人:×××,……。

(以上写明声明人和其他诉讼参加人的姓名或名称等基本信息)

本人/本方在你院(××××)……号……(写明当事人和案由)一案中,放弃全部诉讼请求/放弃第×项诉讼请求:……(写明放弃诉讼请求的具体内容)。

特此声明。

此致

××××人民法院

声明人(签名或者盖章)

××××年××月××日

2. 实例与范本

【实例】吴××诉黄××离婚一案中，吴××在法庭提交的起诉状中提出以下诉讼请求：(1)请求人民法院判决原、被告离婚；(2)请求判令原被告双方婚生子黄×由被告抚养；(3)分割夫妻共同财产1辆××牌摩托车和30万元存款；(4)本案诉讼费用全部由被告承担。在法庭审理中，吴××表示放弃夫妻共同财产分割，向法庭提交以下放弃诉讼请求声明书。

声　明　书

声明人：吴××，女，1982年10月31日出生，满族，××市××医院主任医师，住××市××区××大街78号院。联系方式：××××××××××××。

委托诉讼代理人：路××，××律师事务所律师。

本人在你院(2017)××号吴××诉黄××离婚一案中，放弃第3项诉讼请求：分割夫妻共同财产1辆××牌摩托车和30万元存款。

特此声明。

此致

××市××区人民法院

声明人　吴××

2017年4月26日

二十五、民事撤诉申请书

(一) 文书制作的基本知识

民事撤诉申请书，是指在人民法院受理案件后，人民法院作出判决之前，民事诉讼的原告、反诉原告、有独立请求权的第三人或上诉人向人民法院递交的，请求撤回诉讼的法律文书。

1. 撤诉权的行使及其限制

根据《民事诉讼法》第13条的规定，在民事诉讼中，当事人有权在法律规定范围内处分自己的民事权利和诉讼权利。该法第145条规定，宣判前，原告申请撤诉的，是否准许，由人民法院裁定。人民法院裁定不准许撤诉的，原告经传票传唤，无正当理由拒不到庭的，可以缺席判决。根据《民事诉讼法司法解释》第236条的规定，有独立请求权的第三人经人民法院传票传唤，无正当理由拒不到庭的，或者未经法庭许可中途退庭的，比照《民事诉讼法》第143条的规定，按撤诉处理。该解释第237条规定，有独立请求权的第三人参加诉讼后，原告申请撤诉，人民法院在准许原告撤诉后，有独立请求权的第三人作为另案原告，原案原告、被告作为另案被告，诉讼继续进行。该解释第238条规定，当事人申请撤诉或者依法可以按撤诉处理的案件，如果当事人有违反法律的行为需要依法处理的，人民法院可以不准许撤诉或者不按撤诉处理。法庭辩论终结后原告申请撤诉，被告不同意的，人民法院可以不予准许。该解释第239条规定，人民法院准许本诉原告撤诉的，应当对反诉继续审理；被告申请撤回反诉的，人民法院应予准许。

《民事诉讼法》第173条规定，第二审人民法院判决宣告前，上诉人申请撤回上诉的，是否准许，由第二审人民法院裁定。《民事诉讼法司法解释》第337条进一步明确规定，在第二审程序中，当事人申请撤回上诉，人民法院经审查认为一审判决确有错误，或者当事人之间恶意串通损害国家利益、社会公共利益、他人合法权益的,不应准许。该解释第338条规定,在第二审程序中,原审原告申请撤回起诉,经其他当事人同意,且不损害国家利益、社会公共利益、他人合法权益的,人民法院可以准许。准许撤诉的,应当一并裁定撤销一审裁判。原审原告在第二审程序中撤回起诉后重复起诉的,人民法院不予受理。该解释第339条规定,当事人在第二审程序中达成和解协议的,人民法院可以根据当事人的请求,对双方达成的和解协议进行审查并制作调解书送达当事人;因和解而申请撤诉,经审查符合撤诉条件的,人民法院应予准许。

2. 申请撤诉的条件及方式

根据《民事诉讼法》的规定,申请撤诉应当符合下列条件:(1)申请人应当是原告、反诉原告、有独立请求权的第三人、上诉人及其法定代理人。经原告、反诉原告、有独立请求权的第三人、上诉人特别授权的诉讼代理人也可以提出撤诉申请。有独立请求权的第三人有权提出撤诉申请,其撤诉不影响原被告诉讼的进行。(2)撤诉是撤诉权人的自愿行为,包括审判人员在内任何人都无权强迫、干涉或动员撤诉权人撤诉。(3)撤诉必须合法,应当在人民法院受理案件后,人民法院作出判决之前提出,双方当事人不得串通损害国家和集体利益、社会公共利益及他人合法权益。(4)撤诉必须由人民法院作出裁定,经审查符合撤诉条件的,人民法院应予准许。对于不符合条件的,裁定驳回申请,案件继续审理。当事人对自己提出的起诉、反诉和上诉申请撤诉时可以口头提出,也可以提交撤诉申请书。

(二)文书的内容及制作方法

1. 首部

(1)标题。注明文书名称“申请书”或“民事撤诉申请书”。

(2)申请人的基本情况。申请人是公民的,应写明其姓名、性别、出生年月日、民族、职务或职业、住址、联系方式等基本事项。申请人是法人或其他组织的,应写明其全称、住所及法定代表人或负责人姓名、职务。

2. 正文

本部分主要应写明撤诉请求与理由。首先应写明申请人请求撤回起诉、反诉或上诉;其次要说明撤诉的原因,如双方经协商达成和解、对方当事人主动履行义务、上诉人愿意服从原裁判等。此外,如果起诉、反诉或上诉时附送的证据,需要请求发还的,应写明退还证据名称。

3. 尾部

(1)写明致送人民法院的名称。

(2)申请人签名。申请人是法人或其他组织的,应由法定代表人或主要负责人签名并加盖单位公章。

(3)注明提交申请书的年、月、日。

(三)文书样式与范例

1. 文书样式

申 请 书

(申请撤回起诉、反诉或者上诉用)

申请人:×××,男/女,××××年×月××日出生,×族,……(写明工作单位和职务或职业),住……。联系方式:……。

法定代理人/指定代理人:×××,……。

委托诉讼代理人：×××，……。

（以上写明申请人和其他诉讼参加人的姓名或名称等基本信息）

请求事项：

撤回（××××）……号……（写明当事人和案由）一案的起诉/反诉/上诉。

事实和理由：

……（写明申请撤回起诉/反诉/上诉的事实和理由）。

此致

××××人民法院

申请人（签名或者盖章）

××××年××月××日

2. 实例与范本

【实例1】2009年11月3日晚，牛××下班后和往常一样骑车回家，行至××市××区××村时，突然陷进道路中间的一个污水井口中，造成自己面部多处受伤，一颗门牙松动，一颗牙齿脱落。事发后，牛××被送到医院就诊，按照医生的嘱咐休息了35天，前后花费2800元医药费。牛××认为，让她遭受无妄之灾的这条公路属于当地村委会负责管理维护，该村委会应当承担相应的赔偿责任。于是将该村委会告上法庭，请求法院判令该村委会支付医疗费、误工费、交通费、营养费、修车费等损失共计8256元。法院开庭审理前，双方达成和解协议，该村委会向牛××支付医疗费、误工费、交通费、营养费、修车费等损失共计6500元，牛××同意向法院申请撤诉。

撤回起诉申请书

申请人：牛××，女，1951年8月2日出生，农民，住××市××区××村××号院。联系方式：×××××××××。

请求事项：

撤回（2016）××号牛××与××村委会侵权纠纷一案的起诉。

事实和理由：

申请人因××市××区××村民事侵权一案，于2009年12月10日向贵院提起诉讼，业经贵院受理。现因双方自愿达成和解协议，特此申请撤回起诉，请予批准。

此致

××市××区人民法院

申请人　牛××

2009年12月25日

【实例2】2009年3月1日原告某国际文化传播有限责任公司与被告××房地产开发有限责任公司在《商品房预售合同》中约定：原告购买其开发的×商品房的G01单元，建筑面积为105.62平方米，每平方米2800美元，合计295，736美元。合同签订后，原告交付了全部购房款，被告房地产公司延期2个月至2009年11月30日交付了房屋，但一直未办理房屋买卖过户手续。2011年4月22日原告得知所购房屋实测面积比合同减少了28.12平方米，面积误差比为购房合同约定面积的26.6%,实际多付房款共计人民币653,508.8元。2011年5月10日遂提起诉讼,要求被告应双倍返还房价款计人民币1,233,314.26元。被告提起反诉,要求本诉原告承担延迟交付房款的违约责任。法庭开庭审理前,反诉人即本诉被告向法庭交付了以下撤诉申请书。

撤回反诉申请书

申请人:××市××房地产开发有限责任公司,住所××市××区××号××商务大楼××室。

法定代表人:赵××,总经理,联系方式:×××××××××。

请求事项:

撤回你院(2016)××号××市××房地产开发有限责任公司与××国际文化传播有限公司商品房预售合同纠纷一案的反诉。

事实和理由:

申请人因房屋买卖合同纠纷一案,于2011年5月10日向贵院提起反诉,业经贵院受理。现因需要补充证据,特此申请撤回反诉,请予批准。

此致

××市××区人民法院

申请人　××市××房地产开发有限责任公司
赵××
2011年6月11日

二十六、恢复诉讼申请书

(一)文书制作的基本知识

恢复诉讼申请书,是指中止诉讼的原因消除后,民事诉讼当事人向人民法院提交的申请恢复诉讼的法律文书。

《民事诉讼法》第151条规定,有下列情形之一的,中止诉讼:(1)一方当事人死亡,需要等待继承人表明是否参加诉讼的;(2)一方当事人丧失诉讼行为能力,尚未确定法定代理人的;(3)作为一方当事人的法人或者其他组织终止,尚未确定权利义务承受人的;(4)一方当事人因不可抗拒的事由,不能参加诉讼的;(5)本案必须以另一案的审理结果为依据,而另一案尚未审结的;(6)其他应当中止诉讼的情形。中止诉讼的原因消除后,恢复诉讼。

(二)文书的内容及制作方法

1.首部

(1)应当注明文书名称"申请书"或"恢复诉讼申请书"。

(2)写明申请人的基本情况。申请人是公民的,应写明其姓名、性别、出生年月日、民族、工作单位和职务或职业、住址、联系方式。申请人为法人或其他组织的,应写明其名称、地址及法定代表人或负责人的姓名、职务和联系方式。

2.正文

(1)请求事项。应当写明申请恢复诉讼请求,一般表述为:"恢复……(写明当事人和案由)一案诉讼。"

(2)事实和理由。具体阐述说明申请恢复诉讼理由,即主要说明中止诉讼的原因消失。

3. 尾部

(1)写明致送人民法院的名称。

(2)申请人签名。申请人为法人或其他组织的,应加盖单位公章并由法定代表人或负责人签名。

(3)注明提交申请书的年、月、日。

(三)文书样式与范例

1. 文书样式

申　请　书

(申请恢复诉讼用)

申请人:×××,男/女,××××年×月××日出生,×族,……(写明工作单位和职务或职业),住……。联系方式:……。

法定代理人/指定代理人:×××,……。

委托诉讼代理人:×××,……。

(以上写明申请人和其他诉讼参加人的姓名或名称等基本信息)

请求事项:

恢复……(写明当事人和案由)一案诉讼。

事实和理由:

你院于××××年××月××日作出(××××)……号裁定中止诉讼。

……(写明申请恢复诉讼的理由)。

此致

××××人民法院

申请人(签名或者盖章)

××××年××月××日

2. 实例与范本

【实例】在邢××诉××市××电视台名誉权侵权纠纷一案中,邢××受到严重精神打击,整日精神恍惚,经依法鉴定为间歇性精神失常,经其父申请并被法院认定为限制民事行为能力人,法庭因此对邢××诉××市××电视台名誉权侵权纠纷一案裁定中止诉讼。经过1年多的精心治疗,邢××完全康复,经其父申请并由法院裁定宣告邢××为完全民事行为能力人。之后,邢××向人民法院申请恢复诉讼。

申　请　书

申请人:邢××,女,1992年5月25日出生,汉族,××市××职业学院学生,住××市××职业学院学生公寓5号楼412房间。联系方式:×××××××××××。

委托诉讼代理人:艾××,××省××律师事务所律师。

请求事项:

恢复邢××与××市××电视台名誉权侵权纠纷一案诉讼。

事实和理由:

你院于2015年6月29日作出(2015)××号裁定中止诉讼。

在中止诉讼期间,经过1年多的精心治疗和护理,申请人已完全康复,经依法申请,人民法院作出(2016)××号裁定,认定申请人为完全民事行为能力人。因此,本案中止诉讼的原因已消失。现申请人根据《中华人民共和国民事诉讼法》第151条第2款的规定,申请恢复诉讼。

此致

××市××区人民法院

申请人 邢××

2016年10月22日

二十七、适用简易程序异议书

(一)文书制作的基本知识

适用简易程序异议书,是指对于基层人民法院和它派出的法庭适用简易程序审理案件有异议的当事人,向审理该案件的基层人民法院或者它派出的法庭提交的请求转为适用普通程序审理该案的法律文书。

《民事诉讼法》第157条规定,基层人民法院和它派出的法庭审理事实清楚、权利义务关系明确、争议不大的简单的民事案件,适用本章规定。基层人民法院和它派出的法庭审理前款规定以外的民事案件,当事人双方也可以约定适用简易程序。该法第162条规定,基层人民法院和它派出的法庭审理符合本法第157条第1款规定的简单的民事案件,标的额为各省、自治区、直辖市上年度就业人员年平均工资30%以下的,实行一审终审。根据《民事诉讼法司法解释》第256条的规定,《民事诉讼法》第157条规定的简单民事案件中的事实清楚,是指当事人对争议的事实陈述基本一致,并能提供相应的证据,无须人民法院调查收集证据即可查明事实;权利义务关系明确是指能明确区分谁是责任的承担者,谁是权利的享有者;争议不大是指当事人对案件的是非、责任承担以及诉讼标的争执无原则分歧。

《民事诉讼法司法解释》第257条规定,下列案件,不适用简易程序:(1)起诉时被告下落不明的;(2)发回重审的;(3)当事人一方人数众多的;(4)适用审判监督程序的;(5)涉及国家利益、社会公共利益的;(6)第三人起诉请求改变或者撤销生效判决、裁定、调解书的;(7)其他不宜适用简易程序的案件。

《民事诉讼法司法解释》第269条规定,当事人就案件适用简易程序提出异议,人民法院经审查,异议成立的,裁定转为普通程序;异议不成立的,口头告知当事人,并记入笔录。转为普通程序的,人民法院应当将合议庭组成人员及相关事项以书面形式通知双方当事人。转为普通程序前,双方当事人已确认的事实,可以不再进行举证、质证。

根据上述规定,对于事实不够清楚、权利义务关系不够明确、争议大的民事案件以及上述明确规定不适用简易程序的民事案件,基层人民法院或者它派出的法庭适用简易程序审理的,任何一方当事人都可以提出异议,申请转为适用普通程序审理。

(二)文书的内容及制作方法

1.首部

(1)应当注明文书名称"异议书"或"适用简易程序异议书"。

(2)写明异议人的基本情况。异议人是公民的,应写明其姓名、性别、出生年月日、民族、工作单位和职务或职业、住址、联系方式。异议人为法人或其他组织的,应写明其名称、住所及法定代表人或负责人的姓名、职务和联系方式。

2.正文

(1)请求事项。请求将适用简易程序审理的案件转为适用普通程序进行审理,一般表述为:"依法对(××××)……号……(写明当事人和案由)一案适用普通程序进行审理。"

(2)事实和理由。具体阐述和说明不宜适用简易程序审理的事实和理由,如:该案案情复杂,对案件事实双方争议和分歧较大甚至重大,双方对各自享有的权利和应承担的责任认识不一,根本无法达成共识;该案件属于《民事诉讼法司法解释》第257条规定的不适用简易程序审理的案件。

3.尾部

(1)写明致送人民法院的名称。

(2)异议人签名。异议人为法人或其他组织的,应加盖单位公章并由法定代表人或负责人签名。

(3)注明提交异议书的年、月、日。

(三)文书样式与范例

1.文书样式

异　议　书

(对适用简易程序提出异议用)

异议人:×××,男/女,××××年×月××日出生,×族,……(写明工作单位和职务或职业),住……。联系方式:……。

法定代理人/指定代理人:×××,……。

委托诉讼代理人:×××,……。

(以上写明异议人和其他诉讼参加人的姓名或名称等基本信息)

请求事项:

依法对(××××)……号……(写明当事人和案由)一案适用普通程序进行审理。

事实和理由:

……(写明不适用简易程序审理的事实和理由)。

此致

××××人民法院

异议人(签名或者盖章)

××××年××月××日

2.实例与范本

【实例】2015年11月21日,原告谢××向××市××区人民法院××镇法庭提起诉讼,诉称:2015年10月31日,庄××(甲方)与谢××(乙方)双方订立《房屋转让协议》,约定:甲方将坐落于××县××镇××街19号砖混结构一幢四层共237.88平方米的房屋,以每平方米423元的价格由甲方转让给乙方,共计约100,623元。原告按约定支付全部房款后,被告当即将房产证和土地使用证交给原告,并将房屋交给原告实际占有和使用。原告为办理产权过户手续交清了相应的税费,当找到被告要求协助办理产权过户手续时,被告拒不协助过户。原告请求判决确认原告与被告于2015年10月31日签订的《房屋转让协议》合法、有效;判令被告立即协助原告将所售房屋过户到原告的名下。被告辩称,双方2015年10月31日签订的《房屋买卖协议》,未约定被告协助办理过户手续,仅约定过户的费用由原告自己承担;房屋的真实价款为22.8万元,为了避税等原因,合同上写的价款10多万元。根据《合同法》的规定,恶意串通损害国家、集体、第三人利益的合同无效,请求法院确认《房屋转让协议》无效。第一次开庭审理前,被告庄××以该案权利义务关系不明确、争议大为由,对本案适用简易程序提出异议,请求转为适用普通程序审理。

异 议 书

异议人:庄××,男,1958年2月21日出生,汉族,××县××镇××村村民,住××县××镇××街29号。联系方式:×××××××××。

委托诉讼代理人:封××,××县××镇法律服务所法律服务工作者。

请求事项:

依法对(2015)××号谢××与庄××房屋买卖合同纠纷一案适用普通程序进行审理。

事实和理由:

申请人认为:双方对本案案件事实不能达成一致,各方对自己应承担的法律责任和各方的权利义务关系不够明确并存在较大争议。因此,本案不适用简易程序进行审理,现请求你院适用普通程序审理本案。

此致

××市××区人民法院

异议人 庄××

2016年1月14日

二十八、适用小额诉讼程序异议书

(一)文书制作的基本知识

适用小额诉讼程序异议书,是指对于基层人民法院和它派出的法庭适用小额诉讼程序审理案件有异议的当事人,在开庭前向受理该案件的基层人民法院或者它派出的法庭提交的请求适用简易程序的其他规定审理该案的法律文书。

《民事诉讼法》第162条规定,基层人民法院和它派出的法庭审理符合本法第157条第1款规定的简单的民事案件,标的额为各省、自治区、直辖市上年度就业人员年平均工资30%以下的,实行一审终审。根据《民事诉讼法司法解释》第271条的规定,人民法院审理小额诉讼案件,适用《民事诉讼法》第162条的规定,实行一审终审。根据该解释第272条的规定,《民事诉讼法》第162条规定的各省、自治区、直辖市上年度就业人员年平均工资,是指已经公布的各省、自治区、直辖市上一年度就业人员年平均工资。在上一年度就业人员年平均工资公布前,以已经公布的最近年度就业人员年平均工资为准。可见,小额民事诉讼程序是指适用于审理标的额为各省、自治区、直辖市上年度就业人员年平均工资30%以下的简单民事案件的诉讼程序。小额民事诉讼程序属于简易程序的一种特殊形式。对于基层人民法院或它派出的法庭适用小额民事诉讼程序审理的案件实行一审终审制,自判决之日起生效,当事人无权提起上诉。

《民事诉讼法司法解释》第274条规定,下列金钱给付的案件,适用小额诉讼程序审理:(1)买卖合同、借款合同、租赁合同纠纷;(2)身份关系清楚,仅在给付的数额、时间、方式上存在争议的赡养费、抚育费、扶养费纠纷;(3)责任明确,仅在给付的数额、时间、方式上存在争议的交通事故损害赔偿和其他人身损害赔偿纠纷;(4)供用水、电、气、热力合同纠纷;(5)银行卡纠纷;(6)劳动关系清楚,仅在劳动报酬、工伤医疗费、经济补偿金或者赔偿金给付数额、时间、方式上存在争议的劳动合同纠纷;(7)劳务关系清楚,仅在劳务报酬给付数额、时间、方式上存在争议的劳务合同纠纷;(8)物业、电信等服务合同纠纷;(9)其他金钱给付纠纷。该解释第275条规定,下列案件,不适用小额诉讼程序审理:(1)人身关系、财产确权纠纷;(2)涉外民事纠纷;(3)知识产权纠纷;(4)需要评估、鉴定或者对诉前评估、鉴定结果有异议的纠纷;(5)其他不宜适用一审终审的纠纷。

《民事诉讼法司法解释》第281条规定,当事人对按照小额诉讼案件审理有异议的,应当在开庭前提出。人民法院经审查,异议成立的,适用简易程序的其他规定审理;异议不成立的,告知当事人,并记入笔录。

(二)文书的内容及制作方法

1. 首部

(1)应当注明文书名称“异议书”或“适用小额诉讼程序异议书”。

(2)写明异议人的基本情况。异议人是公民的,应写明其姓名、性别、出生年月日、民族、工作单位和职务或职业、住址、联系方式。异议人为法人或其他组织的,应写明其名称、地址及法定代表人或负责人的姓名、职务和联系方式。

2. 正文

(1)请求事项。请求将适用小额诉讼程序审理的案件转为适用简易程序进行审理,一般表述为:“依法对(××××)……号……(写明当事人和案由)一案适用简易程序审理。”

(2)事实和理由。具体阐述和说明不宜适用小额程序审理的事实和理由,如:本案不属于金钱给付的案件或者其他不适用小额诉讼程序审理的案件。因此,应当适用简易程序审理。

3. 尾部

(1)写明致送人民法院的名称。

(2)异议人签名。异议人为法人或其他组织的,应加盖单位公章并由法定代表人或负责人签名。

(3)注明提交异议书的年、月、日。

(三)文书样式与范例

1. 文书样式

异 议 书

(对适用小额诉讼程序提出异议用)

异议人:×××,男/女,××××年×月××日出生,×族,……(写明工作单位和职务或职业),住……。联系方式:……。

法定代理人/指定代理人:×××,……。

委托诉讼代理人:×××,……。

(以上写明申请人和其他诉讼参加人的姓名或名称等基本信息)

请求事项:

依法对(××××)……号……(写明当事人和案由)一案适用简易程序进行审理。

事实和理由:

……(写明不适用小额诉讼程序审理的事实和理由)。

此致

××××人民法院

异议人(签名或者盖章)

××××年××月××日

2. 实例与范本

【实例】2013年5月朱××与××在线科技有限公司(以下简称科技公司)签订一份劳动合同,约定:劳动合同期限从2013年5月1日起至2016年4月30日止;朱××的工作职位为科技公司技术资料部总监;岗位工资为月薪3000元。此外,约定:在合同期内需解约的,经双方协商达成协议,双方不负赔偿责任;双方达不成协议而单方终止合同的,违约一方应交违约金3000元。2015年10月31日科技公司进行机构调整,将技术资料部撤销,免去朱××总监职务,改任网上科技产品营销工作,并把朱××的总监待遇降为副总监待遇,月薪2000元。朱××对科技公司单方面改变工作岗位并降低工资不满,要求协商解除劳动合同,遭到科技公司的拒绝,并声称朱××若单方解除合同应当交付违约金3000元。朱××于2016年3月19日向劳动仲裁委员会申请仲裁,以科技公司未经协商变更工作岗位(由总监降级为副总监)和降低工资待遇为由请求裁决:(1)解除双方之间的劳动合同关系;(2)裁定技术公司支付违约金3000元,支付解除劳动合同的经济补偿9000元;(3)按月3000元的标准扣除已支付的2000元月薪外,补发6个月的月薪差额6000元。劳动仲裁委员会作出裁决驳回朱××的仲裁请求。朱××不服,于2016年4月21日诉至××市××区法院。该院受理朱××的起诉后,通知双方当事人本案适用小额诉讼程序审理。在开庭审理前,朱××认为本案应当适用简易程序审理,遂向人民法院提交以下异议书。

异 议 书

异议人:朱××,男,1968年1月10日出生,汉族,××市××在线科技有限公司职员,住××市××区××小区××号楼××房间。联系方式:××××××××。

请求事项：

依法对(2016)××号朱××与××××在线科技有限公司劳动合同纠纷一案适用简易程序审理。

事实和理由：

根据最高人民法院《关于适用〈中华人民共和国民事诉讼法〉的解释》第274条第6项的规定，劳动关系清楚，仅在劳动报酬、工伤医疗费、经济补偿金或者赔偿金给付数额、时间、方式上存在争议的劳动合同纠纷案件，适用小额诉讼程序审理。而本案除了涉及劳动报酬、经济补偿金的给付纠纷外，尚需对××在线科技有限公司单方面改变本人的工作岗位并降低本人工资是否构成违约以及因此是否应当支付违约金判定，可见，本案不属于适用小额诉讼程序审理的案件范围。现根据最高人民法院《关于适用〈中华人民共和国民事诉讼法〉的解释》第281条的规定，提出异议，请求你院对本案适用简易程序审理。

此致

××市××区人民法院

异议人　朱××

2016年5月16日

二十九、民事诉讼代理词

(一)文书制作的基本知识

民事诉讼代理词，是指民事诉讼中的诉讼代理人接受民事纠纷当事人或其法定代理人、诉讼代表人的委托，在法律规定和被代理人授权范围内为维护被代理人的合法权益，而在法庭辩论阶段或人民法院依法进行书面审理中所作的系统性发言或递交的书面意见。

根据《民事诉讼法》第57条和第58条的规定，无诉讼行为能力人由他的监护人作为法定代理人代为诉讼。法定代理人之间互相推诿代理责任的，由人民法院指定其中一人代为诉讼。当事人、法定代理人可以委托1人至2人作为诉讼代理人。律师、基层法律工作者；当事人的近亲属或者工作人员；当事人所在社区、单位以及有关社会团体推荐的公民，都可以被委托为诉讼代理人。

根据法律规定和委托人的授权参加诉讼、发表代理意见是诉讼代理人的重要工作内容。民事诉讼代理词按诉讼程序划分，可以分为一审代理词、二审代理词和再审代理词。按被代理人在诉讼中的地位划分，又可以分为一审原告方代理词、一审被告方代理词、二审上诉方代理词、二审被上诉方代理词。

(二)文书的内容及制作方法

1. 首部

(1)注明文书名称“代理词”或“民事诉讼代理词”。

(2)写明称呼语即“审判长和审判员”。

2. 序言

(1)向法庭说明出庭代理的合法性依据，如“根据《中华人民共和国民事诉讼法》第58条的规定，我经××市××律师事务所的委派，担任被告××的诉讼代理人”。

(2)向法庭简要说明代理人出庭前所进行的准备工作,如阅读起诉书、会见当事人、阅读案卷材料、进行调查收集证据等有关情况。

(3)表明对本案的基本态度,如系上诉案件则应说明对一审判决的基本看法和概括性意见。

3. 正文

正文是代理词的主体部分,是诉讼代理人为维护民事诉讼原告或被告,上诉人或被上诉人的合法权益和履行法定职责所作的主旨阐述。应该针对起诉书、上诉状或一审判决书所认定的本案事实和证据出发,根据法律规定,阐述和论证代理意见。

民事诉讼代理词的内容应根据委托人在诉讼中所处的地位、案件的性质、审理程序等因素来加以确定和进行制作。诉讼代理人在制作代理词时,可以从以下方面进行阐述和论证:陈述纠纷事实,提供相关证据加以支持,并根据委托人的诉讼地位不同,对陈述和论证的侧重点有所不同。原告方的代理词以起诉状为基础,重点陈述和分析事实,并根据当事人双方权利义务关系,阐述和论证诉讼请求的合法性和正当性。

二审中的上诉方代理词则以一审裁判书为基础,针对原审裁判和对方意见进行分析辩驳,分析和论证己方意见。而被上诉方代理词通过对上诉人的上诉请求和事实理由进行分析、评判和反驳。

这部分内容的制作要求应当坚持实事求是,从案情的实际情况出发,提出合理的主张、意见与要求,也可以在辨明事实和分清责任的基础上提出能为各双方当事人所接受的解决办法或解决建议。当然,代理词的内容应严格限于当事人的授权范围内,不可超越当事人的授权范围发表代理意见。

4. 尾部

书面向法庭提交代理词的,诉讼代理人应当签名并注明代理词制作或提交的年、月、日。

(三)文书样式与范例

1. 文书样式

代 理 词

审判长、审判员:

我依法接受________的委托,担任________的诉讼代理人,出庭参与诉讼活动。现就本案争议事实和有关法律适用问题等,发表代理意见如下:

____

____

____

____。

诉讼代理人:(签名)

____年____月____日

2. 实例与范本

【实例1】某日晚,邢××到一家饭店就餐,其间看见一群警察聚集在服务台处,她便凑过去与老板说了几句话后，又回到餐厅就餐。第二天晚间当地电视新闻节目中播放了一组警察进行治安清查的画面，其中竟有邢××被警察围在当中的镜头，画面伴有“在此次扫黄行动中共查获卖淫女4名”等解说词。当晚电视新闻节目播放后，邢××的熟人在私下开始传播邢××“卖淫”被抓的消息。邢××看到这一报道和得知人们的负面评价后，受到严重精神打击，整日精神恍惚、夜不能寐，遂以自己的名誉权受到损害为由向法院提起诉讼，请求法院判令电视台赔礼道歉、消除影响，并进行精神损害赔偿。在开庭审理中邢××的委托代理人刘××宣读了如下代理词。

代 理 词

（一审）

审判长、审判员：

××律师事务所接受原告邢××的委托，指派我作为其诉讼代理人。经过认真调查和参加刚才的法庭调查，我认为，原告起诉的事实清楚、证据确凿，法院对其诉讼请求应予支持。现发表以下代理意见：

名誉权是公民或法人享有的就其自身活动及自身特性所表现出来的社会价值而获得社会公正评价的权利。这种评价直接关系到公民、法人的社会地位和人格尊严，关系到公民和法人民事权利及其他权利的得失，因此公民和法人都享有名誉权，都享有有关自己的社会评价不受他人侵犯的权利。

《中华人民共和国民法通则》第101条规定：“禁止用侮辱、诽谤等方式损害公民、法人的名誉。”最高人民法院《关于审理名誉权案件若干问题的解答》中指出：“是否构成名誉权的侵害的责任，应当根据受害人确有名誉损害的事实、行为人行为违法、违法行为与损害结果之间有因果关系、行为人主观上有过错来认定。”

从上述规定可以看出，侵害名誉权的责任构成要件是：

(1)行为人向特定人实施了侮辱、诽谤等行为，给受害人确实造成了名誉损害的事实。所谓侮辱，是用暴力或语言、文字等方式贬低他人人格，破坏他人名誉。所谓诽谤，是指无中生有，凭空捏造虚假事实并予以散布，从而损害他人人格和名誉。在司法实践中，除了上述两种基本形式外，名誉权也可因其他行为而受侵害。在本案中，电视画面中出现的邢××被警察团团围住，同时又配以“查获卖淫女”的解说词，已足以使人相信邢××是卖淫女，且现实中人们已对邢××的人格进行非议，对其无中生有的“卖淫”活动进行传播，对邢××的名誉造成了事实上的损害。

(2)行为人具有主观上的过错。本案中电视台对其传播的新闻图片负有审查的义务，但是其并未尽到注意义务。在本案中，电视台虽没有追求侵害邢××名誉权的直接故意，但电视台根据其职业要求，对电视新闻报道应当作认真的把关，在播放前应当考虑到在邢××置于那种场面又配以那种解说词的情况下，对邢××名誉所可能造成的损害结果。但电视台并未采取措施以至于放任这种结果的发生，因此电视台具有主观上的过错。

(3)违法行为与损害结果之间有因果关系。电视台进行客观报道是合法行为，但是如果歪曲事实，对公民或法人有关其声誉的报道严重失实则构成违法行为。本案中，当晚电视新闻节目播放后，邢××的熟人在私下开始传播邢××“卖淫”被抓的消息，由此，给邢××的名誉权造成直接侵害。本案中,电视台的行为与邢××名誉权受到侵害之间有直接的因果关系。

此外,根据最高人民法院《关于确定民事侵权精神损害赔偿责任若干问题的解释》第1条和第8条的规定,自然人因名誉权遭受非法侵害,造成严重后果的,侵权行为人应当承担精神损害赔偿的民事责任。本案中,原告邢××看到被告的侵权报道和得知人们的负面评价后,整日精神恍惚、夜不能寐,受到严重精神打击,因此,对于原告要求被告承担5000元精神损害赔偿的诉讼请求,人民法院应当依法予以支持。

由上述分析可见,本案被告的行为完全符合侵害名誉权的责任构成要件,作为被告的电视台构成了对邢××名誉权的侵害,应承担赔礼道歉,消除影响和精神损害赔偿的民事责任。

以上代理意见望法庭充分考虑,并依法作出公正判决。

诉讼代理人　×××

2016年9月21日

【实例2】张××(17岁)为高二学生,王××(13岁)为初二学生,在某日放学后二人在途中玩耍,站在公路一侧的高处向公路上扔石块。不料,路经此处的油漆工高××(57岁)被一块石头击中右眼。经数月治疗,误工费连同花去的医疗费、交通费、护理费共给高××造成44,021元的损失。高××以张××和王××实施共同危险行为构成侵权为由,提起诉讼,要求二人赔偿经济损失44,021元、住院伙食补助费和必要的营养费2600元,支付精神赔偿5000元,并承担连带责任。一审法院经审理认为,王××幼小不可能造成高××人身伤害,判决张××赔偿高××38,223元的赔偿,驳回高××要求支付住院伙食补助费、必要的营养费、精神赔偿和对王××的诉讼请求。高××和张××对一审判决不服,提起上诉。在二审开庭审理期间,高××的委托诉讼代理人,当庭宣读了如下代理词。

代　理　词

（二审）

尊敬的审判长、审判员:

我依法接受上诉人高××的委托担任其本案二审的诉讼代理人。现依据一审判决书、上诉人高××的上诉请求和二审的庭审调查情况,主要针对一审判决适用法律的错误和二审应如何适用法律提出代理意见,请合议庭参考。

一、本案被上诉人张××和王××的行为属于共同危险行为,两人应承担连带责任

共同危险行为是指两人或两人以上共同实施的危及他人人身安全的行为并造成损害后果,且因各个行为人的行为都有造成该损害后果的可能性,但不能确定实际侵害行为人的一种侵权行为。共同危险行为的特征:

1. 实施危险行为的主体为两人或两人以上。如果加害人为一人,真正加害人必然确定,则应当按照一般的单独侵权处理。

2. 数人的危险行为均有可能造成损害结果。在共同危险行为中,数人所实施的危险行为都有可能引发实际的损害,而只是因为不能确知何人之行为造成该损害结果,才能构成共同危险行为。如果确知该损害结果为何人造成,则构成单独侵权或者共同侵权,而不构成共同危险行为。

3. 损害结果已经发生,但不知何人实施的行为造成。在共同危险行为情况下,多人分别独立地实施侵害他人法益的行为,但事实上,只有该多个独立的侵权行为中的一个真正引发了损害后果,或者每个单独行为都可能引发全部侵权损害后果,而无法查明真正的侵权人。

4. 共同参与危险行为的人承担连带责任。数个行为人共同实施了危险行为,而且每个人的行为对损害结果的发生都具有可能性,在真正行为人无法确定时,各个行为人承担连带责任。但是,根据最高人民法院《关于审理人身损害赔偿案件适用法律若干问题的解释》第4条的规定,共同危险行为人能够证明损害后果不是由其行为造成的,不承担赔偿责任。

本案中王××和张××都站在公路一侧的高处向公路上扔石块,居高临下,都有砸伤上诉人高××的可能性。在没有证据证明不是王××砸伤高××的情况下,应当认定王××和张××的行为属于共同危险行为,两人应承担连带责任。因此,一审法院仅以王××幼小不可能造成高××人身伤害的理由不能成立,一审法院判决驳回高××对王××的诉讼请求适用法律错误。

二、原审法院所判决的财产损害赔偿数额适用法律错误,二审应当予以纠正

《中华人民共和国民法通则》第98条规定,公民享有生命健康权。根据《中华人民共和国民法通则》第119条和最高人民法院《关于审理人身损害赔偿案件适用法律若干问题的解释》的有关规定,侵害公民身体造成伤害的,应当赔偿医疗费、因误工减少的收入、残废者生活补助费;造成死亡的,并应当支付丧葬费、死者生前扶养的人必要的生活费等费用。本案中的两被上诉人的行为损害了上诉人的右眼,因此应依法承担人身损害赔偿责任。

1. 医疗费共计33,540元。根据最高人民法院《关于审理人身损害赔偿案件适用法律若干问题的解释》第19条第1款的规定,医疗费根据医疗机构出具的医药费、住院费等收款凭证,结合病历和诊断证明等相关证据确定。赔偿义务人对治疗的必要性和合理性有异议的,应当承担相应的举证责任。在本案中,原告出具了医院的《门诊病历》《诊断证明书》和挂号费、门诊费、医药费等发票,再结合县公安局《人体损伤程度鉴定书》的轻伤鉴定结论,综合上述证据足以确定上诉人因为两被上诉人侵犯健康权所花费的医药费用数额为33,540元,其数额并没有超过必要的限度。其中,上诉人所进行的大脑CT检查和胸部检查,根据《门诊病历》可知是由医生安排的,且属于确定上诉人所受伤害范围和伤害程度所必须进行的,但是,原审法院判定为过度治疗,其花费的医疗费680元由上诉人自己承担,属于适用法律错误,二审法院对此应当予以纠正。

2. 误工费为6500元。根据最高人民法院《关于审理人身损害赔偿案件适用法律若干问题的解释》第20条的规定,误工费根据受害人的误工时间和收入状况确定。误工时间根据受害人接受治疗的医疗机构出具的证明确定。受害人因伤致残持续误工的,误工时间可以计算至定残日前一天。受害人有固定收入的,误工费按照实际减少的收入计算;受害人无固定收入的,按照其最近3年的平均收入计算;受害人不能举证证明其最近3年的平均收入状况的,可以参照受诉法院所在地相同或者相近行业上一年度职工的平均工资计算。本案中,根据医院出具的《住院总结》显示上诉人住院误工时间为65天,因其为无固定收入的油漆工,参照当地相同行业上一年度职工的平均工资计算,每天工资为100元,误工费共计6500元。而原审法院只按当地上一年度的职工平均工资每日75

元计算，属于适用法律错误，二审法院应当依法予以纠正。

3. 护理费共计2925元。根据最高人民法院《关于审理人身损害赔偿案件适用法律若干问题的解释》第21条的规定，护理费根据护理人员的收入状况和护理人数、护理期限确定。护理人员有收入的，参照误工费的规定计算；护理人员没有收入或者雇用护工的，参照当地护工从事同等级别护理的劳务报酬标准计算。护理期限应计算至受害人恢复生活自理能力时止。本案中，上诉人高××伤情较重无法自理，尤其视物不清直接导致需要陪护护理。当时在两被上诉人未安排护理人员的情况下，由高××的外甥刘××负责照顾和护理，按照刘××的误工费计算每天为45元，按照护理期限65天计算，护理费用共计2925元。一审法院驳回了高××的这一合理诉求，请求二审法院依法予以纠正。

4. 交通费共计1056元。根据最高人民法院《关于审理人身损害赔偿案件适用法律若干问题的解释》第22条的规定，交通费根据受害人及其必要的陪护人员因就医或者转院治疗实际发生的费用计算。交通费应当以正式票据为凭。在一审庭审中上诉人出具了受害人及其必要的陪护人员因就医或者转院治疗的车票和出租车收费凭证，交通费用共计1056元。对于其中的568元出租车收费，一审法院以搭乘出租车不具有合理性和必要性为由，对高××的该诉讼请求不予支持。但是，我们认为，在上诉人高××眼睛受伤急需治疗，以及眼睛包扎、视物不清、行动不便的情况下，要求其乘坐公交车去医院是不现实和不合理的，上诉人乘坐出租车的该部分费用理应由被上诉人承担，请二审法院支持上诉人的这一上诉请求。

5. 住院伙食补助费和必要的营养费合计2600元。根据最高人民法院《关于审理人身损害赔偿案件适用法律若干问题的解释》第23条的规定，住院伙食补助费可以参照当地国家机关一般工作人员的出差伙食补助标准予以确定。在本案中，上诉人因受伤在医院住了65天，应当依据上述条款规定给予住院伙食补助费，按照平均每天20元计算应为1300元。此外，依据上述解释第24条的规定，营养费根据受害人伤残情况参照医疗机构的意见确定。本案中上诉人因为眼睛受伤，失血过多恢复缓慢需要补充大量营养，结合其受伤事实和住院时间长达65天的情况，其提出必要的营养费按照每天20元标准计算共1300元的主张并不为过。可见，高××在一审中提出的要求两原审被告支付住院伙食补助费和必要的营养费合计2600元的诉讼请求，于法有据，对此，理应得到法庭的支持。然而原审法院对高××的这一诉讼请求未予支持，请求二审法院对此予以纠正。

三、两被上诉人应当依法向上诉人支付精神损害赔偿

根据《中华人民共和国民法通则》第119条和最高人民法院《关于确定民事侵权精神损害赔偿责任若干问题的解释》第1条之规定，公民的生命权、健康权、身体权等人格权利遭受非法侵害，并造成严重后果的，赔偿义务人应当向支付精神抚慰金即精神损害赔偿。本案中两被上诉人对上诉人的身体健康和眼睛及其他部位造成了严重的损伤，致使大量出血，多处软组织受伤，住院治疗长达两个多月，给其肉体上和精神上造成了巨大的痛苦。特别是被上诉人伤害行为给上诉人的心理蒙上了深厚的阴影，导致夜间失眠，精神焦虑不安，心理痛苦煎熬，因此，其精神损害赔偿请求理应得到法庭的支持。

根据最高人民法院《关于确定民事侵权精神损害赔偿责任若干问题的解释》第10条的规定，精神损害的赔偿数额根据以下因素确定：(1)侵权人的过错程度，法律另有规定

的除外;(2)侵害的手段、场合、行为方式等具体情节;(3)侵权行为所造成的后果;(4)侵权人的获利情况;(5)侵权人承担责任的经济能力;(6)受诉法院所在地平均生活水平。本案中,张××(17岁)为高二学生,王××(13岁)为初二学生,根据生活常识和日常经验能够对其在公路一侧扔石块的危险性作出正确判断,在其明知其行为具有危险性的情况下,仍然实施危险行为,存在者明显的主观过错;尽管张××的家庭经济情况一般,但王××的父亲是当地一家轧钢厂的合伙人,家庭经济富裕,因两被上诉人承担连带责任,因此作为共同侵权人具有相应的责任承担能力;受诉法院所在地平均生活水平在所辖市内属于富裕地区。综合上述因素,本案精神损害赔偿数额确定为5000元是合理而适当的。然而原审法院对高××的这一诉求驳回,属于适用法律不当,请求二审法院对此予以纠正。

综上所述,两被告给原告造成的财产损失,包括医药费、护理费、交通费、住院伙食补助费和必要的营养费、误工费共计48,056元应当得到法庭支持;被告给原告造成了重大的精神损害,应当赔偿精神抚慰金5000元,也应当得到法庭支持。

最后,本代理人真心地希望二审法院能够慎重考虑和采纳本代理意见,严格依据我国法律规定作出公平、公正、合理的判决!

诉讼代理人　马××

××市××律师事务所律师

2010年6月15日

三十、民事上诉状

(一)文书制作的基本知识

民事上诉状,是指民事案件当事人因不服人民法院一审未生效判决、裁定,在法定期限内向原审法院或其上一级法院提交的、请求上一级法院对案件进行审理并变更或者撤销原审裁判的诉讼文书。

根据《民事诉讼法》的有关规定,上诉应当具备以下条件:

1. 必须具有合格的上诉人和被上诉人。上诉人是享有上诉权的人,被上诉人是上诉人的上诉对象。凡是在地方人民法院第一审程序中具有实体权利的当事人都可以成为上诉人和被上诉人。具体包括以下人员:地方人民法院第一审程序中的原告和被告、共同诉讼人、诉讼代表人、有独立请求权的第三人及一审法院的判决认定其承担责任的无独立请求权的第三人。也就是说,双方当事人和第三人都提出上诉的,均为上诉人。必要共同诉讼人中的一人或者部分人提出上诉的,按下列情况分别处理:(1)上诉仅对与对方当事人之间权利义务分担有意见,不涉及其他共同诉讼人利益的,对方当事人为被上诉人,未上诉的同一方当事人依原审诉讼地位列明;(2)上诉仅对共同诉讼人之间权利义务分担有意见,不涉及对方当事人利益的,未上诉的同一方当事人为被上诉人,对方当事人依原审诉讼地位列明;(3)上诉对双方当事人之间以及共同诉讼人之间权利义务承担有意见的,未提出上诉的其他当事人均为被上诉人。无民事行为能力人、限制民事行为能力人的法定代理人,可以代理当事人提起上诉。此外,在第二审程序中,作为当事人的法人或者其他组织分立的,人民法院可以直接将分立后的法人或者其他组织列为共同诉讼人;合并的,将合并后的法人或者其他组织列为当事人。

2. 必须是《民事诉讼法》规定的可以上诉的判决、裁定。根据《民事诉讼法》的规定,地方各级人民法院适用普通程序和简易程序审理后作出的一审判决、二审法院发回重审后的判决、按照一审程序对案件再审作出的判决,都是可以上诉的判决。一审法院所作的不予受理的裁定、对管辖权异议的裁定和驳回起诉的裁定为可以上诉的裁定。对于超过上诉期限而生效的一审判决、裁定和最高人民法院作出的判决不得提起上诉。

3. 上诉人必须在法定上诉期间内向原审人民法院的上一级人民法院提出上诉。《民事诉讼法》第164条规定,当事人不服地方人民法院第一审判决的,有权在判决书送达之日起15日内向上一级人民法院提起上诉。当事人不服地方人民法院第一审裁定的,有权在裁定书送达之日起10日内向上一级人民法院提起上诉。

4. 上诉应当递交上诉状。《民事诉讼法》第165条规定,上诉应当递交上诉状。上诉状的内容,应当包括当事人的姓名、法人的名称及其法定代表人的姓名或者其他组织的名称及其主要负责人的姓名;原审人民法院名称、案件的编号和案由;上诉的请求和理由。《民事诉讼法司法解释》第320条规定,一审宣判时或判决书、裁定书送达时,当事人口头表示上诉的,人民法院应告知其必须在法定上诉期间内提出上诉状。未在法定上诉期间内递交上诉状的,视为未提出上诉。虽提交上诉状,但未在指定的期限内交纳上诉费的,按自动撤回上诉处理。可见,上诉必须递交书面上诉状。

(二)文书的内容及制作方法

1. 首部

(1)注明诉状名称即"民事上诉状"。

(2)当事人的基本情况。首先应当注明当事人在原审中的诉讼地位,如原审原告、原审被告、原审第三人等;其次应写明当事人的基本情况,分别写明上诉人、被上诉人的姓名、性别、出生年月日、民族、工作单位和职务或职业、住址、联系方式。如果上诉人、被上诉人不具有民事诉讼行为能力的,应写明其法定代理人的基本情况以及与上诉人或被上诉人的关系;当事人是法人或其他组织的,应写明其全称、地址、法定代表人或负责人姓名、职务、联系方式等项内容。如果有数个上诉人或被上诉人的,则依据他们在案件中的地位和作用,由重到轻分别依次排列。当事人委托了诉讼代理人的,应在各当事人后写明其诉讼代理人的姓名等基本情况;诉讼代理人为律师的,应写明其姓名和某律师事务所的律师。

(3)案由及案号。应写明原审人民法院名称、案件的编号和案由,表明在什么案件中不服哪一法院、何时所作的判决或裁定的案号,并表明上诉的态度。

2. 正文

本部分主要阐明上诉人提出上诉的具体请求以及提出上诉请求所依据的事实理由。

(1)上诉请求。主要是针对原裁判认定事实错误或者证据不足、适用法律错误及违反法定程序影响案件正确裁判等情形,提出具体的上诉请求事项,如撤销或变更一审裁判,请求重新审理。

(2)上诉理由。主要是对原判决认定事实错误或者证据不足、原判决或裁定适用法律错误、原判决、裁定违反法定程序影响案件正确裁判等事实进行陈述,并提供有力的证据和充分而确凿的事实根据加以支持。在此基础上,运用相关法律针对原审裁判的错误或不当,进行反驳,阐明对一审裁判不服的事实原因和法律依据,以支持提出的上诉请求。引用的相关法律规定必须准确,所阐述的上诉理由应做到于法有据。

(3)证据和证据来源,证人姓名和住址。应列明有关证据材料的名称、件数;证人姓名和住址。

3. 尾部

(1)写明致送人民法院的名称。

(2)附项,应注明副本份数。

(3)上诉人签名。上诉人是法人或其他组织的,应加盖单位公章并由法定代表人或负责人签名。

(4)注明递交上诉书的年、月、日。

(三)文书样式与范例

1. 文书样式

民事上诉书(1)

(公民提起上诉用)

上诉人(原审诉讼地位):×××,男/女,××××年×月××日出生,×族,……(写明工作单位和职务或职业),住……。联系方式:……。

法定代理人/指定代理人:×××,……。

委托诉讼代理人:×××,……。

被上诉人(原审诉讼地位):×××,……。

……

(以上写明当事人和其他诉讼参加人的姓名或名称等基本信息)

×××因与×××……(写明案由)一案,不服××××法院××××年××月××日作出的(××××)……号民事判决/裁定,现提起上诉。

上诉请求:

……

上诉理由:

……

此致

××××人民法院

附:本上诉状副本×份

上诉人(签名)

××××年××月××日

民事上诉书(2)

(法人或其他组织提起上诉用)

上诉人(原审诉讼地位):×××,住所……。

法定代表人/主要负责人:×××,……(写明职务),联系方式:……。

委托诉讼代理人:×××,……。

被上诉人(原审诉讼地位):×××,……。

……

(以上写明当事人和其他诉讼参加人的姓名或名称等基本信息)

×××因与×××……(写明案由)一案,不服××××法院××××年××月××

日作出的(××××)……号民事判决/裁定,现提起上诉。

上诉请求:

……

上诉理由:

……

此致

××××人民法院

附:本起诉状副本×份

上诉人(盖章和签名)

××××年××月××日

民事上诉书(3)

(对驳回管辖权异议裁定提起上诉用)

上诉人(原审诉讼地位):×××,男/女,××××年×月××日出生,×族,……(写明工作单位和职务或职业),住……。联系方式:……。

法定代理人/指定代理人:×××,……。

委托诉讼代理人:×××,……。

被上诉人(原审诉讼地位):×××,……。

……

(以上写明当事人和其他诉讼参加人的姓名或名称等基本信息)

上诉人×××因与被上诉人×××……(写明案由)一案,不服××××法院××××年××月××日作出的(××××)……民初……号驳回管辖权异议裁定,现提起上诉。

上诉请求:

1. 撤销××××法院(××××)……民初……号民事裁定;

2. 本案移送××××法院处理。

上诉理由:

……(写明不服驳回管辖权异议裁定的事实和理由)。

此致

××××人民法院

附:本上诉状副本×份

上诉人(签名或者盖章)

××××年××月××日

2. 实例与范本

【实例1】2014年2月16日,李×与郑××双方订立书面借用合同,郑××无偿借用李×在某县农村的祖传平房两间,期限4年。2015年5月29日,房屋因雷击引起大火而被烧毁。李×知道后,要求郑××赔偿12万元(12万元相当于这两间平房的市场价格)。经双方协调不成,李×诉至法院,要求郑××赔偿全部财产损失。法院经审理认为:在借用合同中,借用人有责任保护借用财产,李×的房屋在借用期内被烧毁,借用人有责任予以赔偿,判决如下:

自本判决生效之日起10日内,被告郑××赔偿李×房屋损失12万元;本案诉讼费3400元由郑××承担。郑××不服判决,提起上诉。

民事上诉状

上诉人(原审被告):郑××,女,40岁,×族,××县人,××厂工人,住本厂宿舍楼×栋×单元×号。联系方式:×××××××××。

被上诉人(原审原告):李×,男,45岁,×族,××县人,××厂工人,住本厂宿舍楼×栋×单元×号。联系方式:×××××××××。

郑××因与李××财产损害赔偿一案,不服××县人民法院2016年2月12日(2016)×民初字第21号判决,现提出上诉。

上诉请求:

1. 撤销(2016)×民初字第21号判决书判决;
2. 依法改判12万元的房屋财产损失由被上诉人自己承担;
3. 判令被上诉人承担本案一审、二审全部诉讼费用。

上诉理由:

一、一审法院审理程序严重违法

一审法院受理本案后决定适用简易程序,因案情复杂又作出(2016)×民初字第136号转换程序通知书决定适用普通程序。然而随后一审法院又擅自适用简易程序,由独任审判员刘×独自公开审理本案。在本案双方当事人未自愿选择适用简易程序,而一审法院应当适用普通程序审理本案的情况下,一审法院的上述做法明显违反了最高人民法院《关于适用简易程序审理民事案件的若干规定》第1条和第2条的规定。一审法院这种违法适用程序的行为直接影响到了上诉人在一审中的各种程序权利的行使,使上诉人在一审中仓促应诉,导致了本案一审结果对上诉人极为不利。

二、一审法院适用法律错误

首先,在借用合同中,借用人对借用物负有管理、维修和保护义务,借用人若未尽到善良保护和管理义务致使借用物毁损、灭失的,应当承担赔偿责任。但是,本案中上诉人作为借用人已尽到了善良保护和管理义务,对于所借用之物房屋的毁损、灭失不具有任何过错,因此,对借用房屋的毁损灭失不负赔偿责任。其次,借用物房屋的所有权并没有发生转移,借用人只享有对借用物的占有和使用的权利;由于所有权没有发生转移,因此借用物的意外灭失风险责任仍由出借人承担。最后,房子是遭雷击引起的火灾而造成毁损、灭失,这属于不可抗力,上诉人对此既无法预见也无力控制,因此房子的灭失损失也就应由所有权人即被上诉人承担。

综上所述,一审法院的审判程序违法;其判决没有法律根据,属适用法律错误。上诉人请求二审法院撤销一审判决,依法改判12万元的房屋财产损失由被上诉人自己承担,并承担本案一审、二审全部诉讼费用。

此致

××市中级人民法院

附:本上诉状副本1份

上诉人　郑××

2016年10月20日

【实例2】2010年5月,胡×与××钢铁总公司(以下简称钢铁公司)签订一份劳动合同,期限从2010年5月1日起至2017年4月30日止,约定胡×从事管理人员工作。其间,胡×担任总公司资料科科长职务。合同期满后,胡×和钢铁公司续签了一份无固定期限劳动合同,约定胡×的岗位为"管理工作",岗位工资为"不低于3000元",并实际担任资料科科长职务。在续签的劳动合同中还约定,在合同期内需解约的,经双方协商达成协议,双方不负赔偿责任;双方达不成协议而终止合同的,违约一方应交违约金5000元。

2015年4月16日,钢铁公司进行机构调整,将资料科撤销,免去胡×科长职务,改任机械产品设计工作,并把胡×的科长待遇降为副科长待遇。胡×对钢铁公司单方面改变工作岗位并降低工资不满,要求协商解除劳动合同,遭到钢铁公司的拒绝,并声称胡×若单方解除合同应当交付违约金5000元。胡×于2015年5月19日向劳动仲裁委员会申请仲裁,以钢铁公司未经协商变更工作岗位(由科长降级为副科长)和降低工资待遇(由科长待遇将为副科长待遇)为由请求裁决解除双方之间的劳动合同关系,并裁定钢铁公司支付违约金及经济补偿。劳动仲裁委员会作出裁决驳回胡×的仲裁请求。胡×不服,于2015年11月11日诉至原审法院。一审法院经审理于2016年3月26日依法判决如下:(1)解除胡×与××钢铁公司的劳动合同;(2)××钢铁公司于判决发生法律效力之日起10日内向胡×支付经济补偿金67,634.58元以及违约金5000元。案件受理费50元由××钢铁公司负担。

××钢铁公司不服原审判决,以原审法院认定钢铁公司没有按约定提供劳动条件以及判决支付违约金和经济补偿金属于认定事实不清,适用法律错误为由提起上诉,请求二审法院撤销原审判决,驳回胡×的诉讼请求,并由胡×承担本案一审、二审诉讼费用。

民事上诉状

上诉人(原审被告):××市钢铁总公司,住所××市××区××街××号。

法定代表人:肖××,董事长,联系方式:×××××××××。

被上诉人(原审原告):胡×,男,1967年3月1日出生,汉族,住××市××区××街××号;联系方式:×××××××××。

上诉人××钢铁公司因与被上诉人胡××劳动合同纠纷一案,不服××市××区人民法院2016年3月26日(2016)×民初字第122号判决,现提出上诉。

上诉请求:

撤销(2016)×民初字第122号判决书判决,驳回胡×的全部诉讼请求。

上诉理由:

上诉人认为原审法院认定上诉人没有按约定提供劳动条件以及判决支付违约金和经济补偿金属于认定事实不清,适用法律错误。具体理由如下:

一、原审法院认定事实不清,"确认的事实"部分错误,对上诉人与被上诉人签订的劳动合同"工作内容"及"劳动条件"相关条款理解错误,导致适用法律错误。

1. 劳动合同约定被上诉人的工作内容是"管理人员"或"管理工作",被上诉人一直从事产品设计工作,从无异议,产品设计工作属于管理工作的范畴。被上诉人自2010年进入我单位工作至2015年离职一直从事轻工机械产品设计工作,从未间断。其间,因机构整合和需要,上诉人曾任命被上诉人兼任资料科科长职务,保管技术资料,其主要工作仍是轻工机械产品设计工作。原审法院在没有查清被上诉人一直从事轻工机械产品设计工作的事实的情况下，认定上诉人免去被上诉人兼任的资料科科长职务后继续专事产品设计工作是"改变了工作岗位"显然是错误的。

2."劳动条件"与"工作内容"是不同范畴，上诉人不存在"未按劳动合同约定提供劳动条件"的情形，原审法院认定错误，适用法律错误。上诉人虽然因整合技术队伍撤销资料科，免去被上诉人兼任的资料科科长职务，但没有改变被上诉人一直从事的轻工机械产品设计工作，提供给被上诉人的劳动条件，诸如办公环境、办公场所没变，办公室、办公桌、办公电脑及其他办公设备设施没有丝毫变化。上诉人为被上诉人所提供的劳动条件和劳动保护符合国家劳动安全卫生规定标准。原审法院认为被上诉人"没有按照劳动合同约定提供劳动条件"毫无事实依据，原审法院据此认为被上诉人"可以随时解除劳动合同"当然错误。因此，原审法院认定事实错误，适用法律错误，请二审法院依法纠正。

二、被上诉人在不符合可以随时要求解除劳动合同的情形下擅自离职、连续旷工，严重违反劳动纪律，上诉人对其作出除名处分合法。根据《中华人民共和国劳动合同法》的有关规定，上诉人在被上诉人严重违背劳动纪律的情况下与其解除劳动合同，不负有向其支付解除劳动合同的经济补偿的义务。

根据《中华人民共和国劳动合同法》的有关规定，用人单位未按照劳动合同的约定提供劳动保护或者劳动条件的，劳动者可以解除劳动合同并有权得到解除劳动合同的经济补偿。被上诉人不具有解除劳动合同的上述理由，且自始至终没有向上诉人提出免职异议和要求解除劳动合同的举动，直至劳动仲裁委员会送达仲裁文书后，上诉人才知道其提起劳动争议仲裁申请。原审法院认定被上诉人向上诉人曾要求解除劳动合同毫无事实依据，亦无证据证实。因此，被上诉人不具有单方解除劳动合同的法定情形，其要求上诉人支付解除劳动合同的经济补偿的诉讼请求应予以驳回。

综上所述，上诉人没有变更被上诉人的工作内容，已向被上诉人提供了劳动合同约定的劳动保护和工作条件，上诉人在本案中没有违反劳动法律规定和劳动合同约定。原审法院错误认定上诉人没有按约定提供劳动条件，判决上诉人向被上诉人支付违约金和经济补偿金是错误的。现根据《中华人民共和国民事诉讼法》第164条的规定提起上诉，请求二审法院予以撤销原审判决，驳回被上诉人的诉讼请求，并判决被上诉人承担本案一审、二审诉讼费用。

此致

××市中级人民法院

附：本上诉状副本1份

上诉人　××市钢铁总公司

肖××

2016年4月2日

【实例3】2014年4月8日，甲股份公司以乙有限公司侵犯其乳化型压克力感压胶外加增黏剂技术信息和经营信息等商业秘密为由，向甲省甲市中级人民法院提起诉讼，要求乙公司赔偿经济损失6000万元。2014年5月17日，甲省甲市中级人民法院发出立案受理通知书和应诉通知书。2014年11月29日，甲公司向甲省甲市中级人民法院递交了《变更诉讼请求申请书》,变更赔偿请求为1.5亿元。甲省甲市中级人民法院向甲省高级人民法院请示,请求将该案移至甲省高级人民法院,被准许。2014年10月13日乙公司以甲公司侵犯其压敏黏合剂技术信息和经营信息等商业秘密为由,向乙省高级人民法院提起诉讼,乙省高级人民法院当日受理了该案。乙省高级人民法院以该案与甲公司诉乙公司侵犯其乳化型压克力感压胶外加增黏剂技术信息和经营信息等商业秘密一案是基于同一法律事实而发生的纠纷,甲省甲市中级人民法院立案时间早于乙省高级人民法院,又因级别管辖原因移送到甲省高级人民法院等为由,乙省高级人民法院于2015年11月8日作出裁定将该案移送至甲省高级人民法院。

在甲省高级人民法院适用一审程序审理本案的答辩期内,乙公司以甲省甲市中级人民法院对本案无管辖权,且甲省高级人民法院立案时间晚于乙省高级人民法院对关联案件的立案时间,本案应当移送给乙省高级人民法院审理为由,向甲省高级人民法院提出管辖权异议。甲省高级人民法院认为:《民事诉讼法》第29条规定,因侵权行为提起的诉讼,由侵权行为地或者被告住所地人民法院管辖。本案为侵犯商业秘密纠纷,因此被告的住所地及被告在甲市的营业部所在地人民法院均有地域上的管辖权。又因本案争议标的大,根据级别管辖的有关规定甲省甲市中级人民法院将本案移送甲省高级人民法院审理,因此,甲省高级人民法院依法享有本案的管辖权,乙公司的管辖异议不成立。甲省高级人民法院作出(2015)甲高法民三初字第1-1号民事裁定,驳回乙公司对本案管辖权的异议。乙公司对该裁定不服,遂提起上诉。

民事上诉状

上诉人(原审被告):乙有限公司,住所乙省乙市××区××路××号。

法定代表人:毛××,公司总裁,联系方式:×××××××××。

委托代理人:×××,××市××律师事务所律师。

被上诉人(原审原告):甲有限公司,住所甲省甲市××区××路××号。

法定代表人:朱××,公司董事长,联系方式:×××××××××。

上诉人乙有限公司因与被上诉人甲有限公司侵犯商业秘密纠纷管辖权异议一案,不服甲省高级人民法院(2015)甲高法民三初字第1-1号民事裁定,提起上诉。

上诉请求:

1. 请求撤销甲省高级人民法院(2015)甲高法民三初字第1-1号民事裁定;

2. 请求将本案移送乙省高级人民法院审理。

上诉理由:

一、侵权产品的销售地不得视为使用商业秘密的侵权结果发生地

2014年4月8日甲有限公司向甲省甲市中级人民法院提交的起诉状和2015年6月6日甲有限公司向甲省高级人民法院补充提交的起诉状的诉讼请求是"请求法院判乙有限公司在甲市的营业部立即停止销售和使用侵犯原告商业秘密所制造的侵权产品。乙有限公司利用原告的商业秘密生产、制造、销售相关侵权产品,并销往中国各地,包括甲市"。根据《中华人民共和国反不正当竞争法》的规定,销售侵犯商业秘密所制造的侵权产品并不属于该法所列明的侵犯商业秘密的行为,故乙有限公司在甲市的经营部被控销售侵犯商业秘密所制造的侵权产品的行为不是《中华人民共和国反不正当竞争法》规定的侵犯商业秘密的行为。因此,甲省甲市中级人民法院不能因乙有限公司在甲市的经营部被控销售侵犯商业秘密所制造的侵权产品而具有本案的管辖权。一般而言,使用商业

秘密的行为实施地和结果发生地是重合的。亦即,使用商业秘密的过程通常是制造侵权产品的过程,当侵权产品制造完成时,使用商业秘密的侵权结果即同时发生,不宜将该侵权产品的销售地视为使用商业秘密的侵权结果发生地。因此,虽然甲有限公司指控上诉人将被控侵权产品销往甲市,但甲市并不是上诉人使用商业秘密行为的侵权结果发生地,甲省甲市中级人民法院亦不能据此具有本案的管辖权。关于上诉人在甲市的经营部使用侵犯原告商业秘密所制造的侵权产品,因该行为不属于《中华人民共和国反不正当竞争法》规定的侵犯商业秘密的行为,故不能成为甲市中级人民法院管辖本案的依据。

二、本案移送至乙省高级人民法院管辖,可以有效阻止甲有限公司的恶意诉讼

甲有限公司2012年在乙省高级人民法院起诉上诉人乙有限公司,又于2013年撤诉。2014年甲有限公司再向甲省甲市中级人民法院起诉。如果不阻止甲有限公司无事实根据和正当理由的重复诉讼,将导致乙有限公司等无法从事商业活动,也势必浪费国家有限的司法资源。据此,请求贵院撤销原审裁定,指定乙省高级人民法院审理本案。

三、即使甲省高级人民法院对本案享有管辖权,但因其晚于乙省高级人民法院立案时间,也应当移送至乙省高级人民法院管辖

如上述第一点所述,根据《中华人民共和国民事诉讼法》及其司法解释的有关规定,甲省甲市中级人民法院对本案没有管辖权。因本案争议标的大,根据级别管辖的有关规定,甲省甲市中级人民法院将本案移送甲省高级人民法院审理,即使甲省高级人民法院因此对本案有管辖权的情况下,但因本案与乙省高级人民法院受理的(2014)乙民三初字第003号案件是当事人基于同一法律事实而发生的纠纷,且乙省高级人民法院的立案时间早于甲省高级人民法院的立案时间,故根据最高人民法院《关于在经济审判工作中严格执行〈中华人民共和国民事诉讼法〉的若干规定》第2条的规定,本案也应移至乙省高级人民法院合并审理。原审法院对本案管辖权的认定有误,请求贵院应予纠正。

此致

中华人民共和国最高人民法院

上诉人　乙有限公司

2015年12月16日

三十一、宣告公民失踪申请书

(一)文书制作的基本知识

宣告公民失踪申请书,是指利害关系人对具备宣告失踪法定条件的公民,依法向人民法院提交的、请求从法律上确认并宣告该公民失踪的法律文书。

1. 申请宣告失踪应当具备的条件

根据《民事诉讼法》第183条第1款的规定,公民下落不明满2年,利害关系人申请宣告其失踪的,向下落不明人住所地基层人民法院提出。根据该法第185条的规定,人民法院受理宣告失踪案件后,应当发出寻找下落不明人的公告。宣告失踪的公告期间为3个月。公告期间届满,人民法院应当根据被宣告失踪的事实是否得到确认,作出宣告失踪的判决或者驳回申请的判决。根据该法第186条的规定,被宣告失踪的公民重新出现,经本人或者利害关系人申请,人民法院应当作出新判决,撤销原判决。

根据上述规定,申请宣告失踪应当具备下列条件:(1)申请人必须是失踪人的利害关系人。申请宣告失踪的利害关系人,包括被申请宣告失踪人的配偶、父母、子女、兄弟姐妹、祖父母、外祖父母、孙子女、外孙子女以及其他与被申请人有民事权利义务关系的人。(2)公民下落不明满2年,即公民离开最后住所地不知去向,持续时间达2年以上。(3)申请人应当向有管辖权的基层人民法院申请宣告失踪。宣告失踪的案件,一般由被宣告失踪人住所地的基层人民法院管辖。住所地与居住地不一致的,由最后居住地基层人民法院管辖。(4)利害关系人申请宣告公民失踪必须书面提出。

2. 宣告失踪的法律后果

根据《民法通则》第21条的规定,经人民法院宣告失踪,将产生以下法律后果:(1)失踪人的财产由他的配偶、父母、成年子女或者关系密切的其他亲属、朋友代管。代管有争议的,没有以上规定的人或者以上规定的人无能力代管的,由人民法院指定的人代管。(2)失踪人所欠税款、债务和应付的其他费用,由代管人从失踪人的财产中支付。(3)根据《工伤条例》第41条的规定,职工因工外出期间发生事故或者在抢险救灾中下落不明的,从事故发生当月起3个月内照发工资,从第4个月起停发工资,由工伤保险基金向其供养亲属按月支付供养亲属抚恤金。生活有困难的,可以预支一次性工亡补助金的50%。对此,《民法总则》第42条明确规定,失踪人的财产由其配偶、成年子女、父母或者其他愿意担任财产代管人的人代管。代管有争议,没有前款规定的人,或者前款规定的人无代管能力的,由人民法院指定的人代管。该法第43条规定,财产代管人应当妥善管理失踪人的财产,维护其财产权益。失踪人所欠税款、债务和应付的其他费用,由财产代管人从失踪人的财产中支付。财产代管人因故意或者重大过失造成失踪人财产损失的,应当承担赔偿责任。

(二)文书的内容及制作方法

根据《民事诉讼法》第183条第2款的规定,申请书应当写明失踪的事实、时间和请求,并附有公安机关或者其他有关机关关于该公民下落不明的书面证明。宣告失踪申请书包括以下三个部分:

1. 首部

(1)标题。写明文书名称"申请书"或"宣告公民失踪申请书"。

(2)申请人的基本情况。写明申请人的姓名、性别、出生年月日、民族、职业、住址等基本事项。申请人是法人或其他组织的,应写明其全称、地址及法定代表人或负责人的姓名、职务。符合法律规定的多个利害关系人提出宣告失踪的,列为共同申请人。

2. 正文

(1)请求事项。请求人民法院宣告被申请人失踪。

(2)事实和理由。申请书应当写明失踪的事实、时间,以及申请人与被申请宣告失踪人的权利义务关系。在被申请人下落不明已达到法定期限的情况下,根据《民事诉讼法》的具体规定,请求人民法院从法律上判决认定其为失踪人。

3. 尾部

(1)写明致送人民法院的名称。

(2)申请人签名。申请人是法人或其他组织的,应由法定代表人或主要负责人签名并加盖单位公章。

(3)注明提交申请书的年、月、日。

(4)附项。被申请人下落不明的书面证明。

(三)文书样式与范例

1. 文书样式

申　请　书

(申请宣告公民失踪用)

申请人:×××,男/女,××××年×月××日出生,×族,……(写明工作单位和职务或职业),住……。联系方式:……。

法定代理人/指定代理人:×××,……。

委托诉讼代理人:×××,……。

(以上写明申请人和其他诉讼参加人的姓名或名称等基本信息)

请求事项:

1. 宣告×××失踪;

2. 指定×××为失踪人×××的财产代管人。

事实和理由:

申请人×××与下落不明人×××,男/女,××××年×月××日出生,×族,……(写明工作单位和职务或职业),住……,系……(写明双方的关系)。……(写明下落不明的事实、时间),至今已下落不明满二年。

此致

××××人民法院

附:关于×××下落不明的证明

申请人(签名或者盖章)

××××年××月××日

2. 实例与范本

【实例】杨××,女,64岁,2014年1月26日离家到镇集市购物,但一去不返,与家人再无联系。之后,家人四处寻找,杳无音信。2016年2月12日,其子马××持当地公安派出所出具的关于杨××下落不明的书面证明到县人民法院宣告失踪。

宣告失踪申请书

申请人:马××,男,1975年11月2日出生,汉族,××省××市××镇××村村民。

请求事项:

1. 宣告被申请人失踪。

2. 指定马××为失踪人杨××的财产代管人。

事实和理由:

申请人与下落不明人杨××,女,1949年7月16日出生,汉族,××省××市××镇××村村民,系申请人的母亲,2014年1月26日离家到镇集市购物,但一去不返,与家人再无联系。之后,家人和亲朋好友四处寻找,杳无音信。至今,被申请人下落不明时间已达2年时间。现根据《民事诉讼法》第183条第1款的规定,向贵院申请宣告其失踪。

此致

××县人民法院

附:××市××县公安局关于杨××下落不明的证明

申请人　马××

2016年2月12日

三十二、撤销宣告失踪申请书

(一)文书制作的基本知识

撤销宣告失踪申请书,是指被宣告失踪的公民重新出现,由本人或者利害关系人作为申请人向作出宣告失踪判决的原人民法院提交的,申请作出新判决、撤销原判决的法律文书。

根据《民事诉讼法》第185条的规定,人民法院受理宣告失踪案件后,应当发出寻找下落不明人的公告。宣告失踪的公告期间为3个月。公告期间届满,人民法院应当根据被宣告失踪的事实是否得到确认,作出宣告失踪的判决或者驳回申请的判决。根据该法第186条的规定,被宣告失踪的公民重新出现,经本人或者利害关系人申请,人民法院应当作出新判决,撤销原判决。

(二)文书的内容及制作方法

1. 首部

(1)标题。写明文书名称"申请书"或"撤销宣告失踪申请书"。

(2)申请人的基本情况。应分别写明申请人的姓名、性别、出生年月日、民族、工作单位和职业或职务、住址与联系方式等基本事项。申请人是法人或其他组织的,应写明其名称、地址及法定代表人或主要负责人的姓名、职务和联系方式。申请人为被宣告失踪人本人之外的利害关系人的,在申请人的姓名或者名称等基本信息中最后写明与被宣告失踪人的关系"系×××的……"。

2. 正文

(1)请求事项。写明申请撤销宣告失踪判决书,一般表述为:"撤销××××法院(××××)……民特……号宣告失踪民事判决书。"

(2)事实和理由。首先,写明申请人申请人民法院撤销的宣告公民失踪判决书的内容,包括宣告何人失踪和指定何人为失踪人的财产代管人。其次,写明撤销宣告公民失踪的事实,如被宣告失踪人已重新出现或者已确知其下落。最后,根据《民事诉讼法》第186条的规定,请求人民法院作出新判决,撤销原判决。

3. 尾部

(1)写明致送人民法院的名称。

(2)申请人签名。申请人是法人或其他组织的,应加盖单位公章并由法定代表人或负责人签名。

(3)附项。宣告失踪民事判决书。

(4)注明提交申请书的年、月、日。

(三)文书样式与范例

1. 文书样式

申　请　书

(申请撤销宣告失踪用)

申请人:×××,男/女,××××年××月××日出生,×族,……(写明工作单位和职务或职业),住……。联系方式:……。

法定代理人/指定代理人:×××,……。

委托诉讼代理人:×××,……。

(以上写明申请人和其他诉讼参加人的姓名或名称等基本信息)

请求事项:

撤销××××法院(××××)……民特……号宣告失踪民事判决书。

事实和理由:

××××年××月××日,××××人民法院作出(××××)……民特……号宣告失踪民事判决书:一、宣告×××失踪;二、指定×××为失踪人×××的财产代管人。

……(写明被宣告失踪人已重新出现或者确知其下落的事实)。

此致

××县人民法院

附:××××法院(××××)……民特……号宣告失踪民事判决书

申请人(签名或者盖章)

××××年××月××日

2. 实例与范本

【实例】杨××,女,1952年7月16日,2014年1月26日到镇集市购物,但一去不返,与家人再无联系。之后,家人四处寻找,杳无音信。2016年2月25日,其子马××持当地公安派出所出具的关于杨××下落不明的书面证明到县人民法院宣告失踪。该院于2016年5月30日,依法作出××县人民法院(2016)×民特29号宣告失踪民事判决书。宣告失踪4个多月后,杨××自外地返回家中,其子马××向××人民法院提交下列申请书申请撤销宣告失踪。

申　请　书

申请人:马××,男,1975年11月2日出生,汉族,××省××市××镇××村村民。联系方式:×××××××××××。系被宣告失踪人杨××的儿子。

请求事项:

撤销××县人民法院(2016)×民特29号宣告失踪民事判决书。

事实和理由:

2016年5月30日,××县人民法院作出(2016)×民特29号民事判决书:一、宣告杨××失踪;二、指定马××为失踪人×××的财产代管人。

上述宣告失踪判决作出之日起4个多月后,被宣告失踪人杨××自外地返回家中,根据《中华人民共和国民事诉讼法》第186条的规定,现申请人向你院申请撤销上述宣告失踪判决。

此致

××县人民法院

附:××××法院(××××)……民特……号民事判决书

申请人(签名或者盖章)

2016年10月6日

三十三、宣告公民死亡申请书

(一)文书制作的基本知识

宣告公民死亡申请书,是指利害关系人对符合宣告死亡法定条件的公民依法向人民法院提交的、请求从法律上确认并判决宣告该公民死亡的法律文书。

1. 申请宣告死亡应当具备的条件

根据《民事诉讼法》第184条至第186条的规定,公民下落不明满4年,或者因意外事故下落不明满2年,或者因意外事故下落不明,经有关机关证明该公民不可能生存,利害关系人申请宣告其死亡的,向下落不明人住所地基层人民法院提出。人民法院受理宣告死亡案件后,应当发出寻找下落不明人的公告。宣告死亡的公告期间为1年。因意外事故下落不明,经有关机关证明该公民不可能生存的,宣告死亡的公告期间为3个月。公告期间届满,人民法院应当根据被宣告死亡的事实是否得到确认,作出宣告死亡的判决或者驳回申请的判决。

根据上述规定,申请宣告死亡应符合下列条件:(1)必须有公民下落不明的事实存在,并且下落不明达到法定期限。公民下落不明满4年,或者因意外事故下落不明满2年,或者因意外事故下落不明,经有关机关证明该公民不可能生存,利害关系人可以申请宣告其死亡。因意外事故下落不明的,下落不明的时间从事故发生之日起计算;战争期间下落不明的,下落不明的时间从战争结束之日起计算。(2)申请人必须是失踪公民的利害关系人。申请宣告死亡的利害关系人的顺序是:①配偶;②父母、子女;③兄弟姐妹、祖父母、外祖父母、孙子女、外孙子女;④其他有民事权利义务关系的人。在前一顺序的利害关系人未提出宣告公民死亡申请的情况下,后一顺序的利害关系人不得提出申请;同一顺序的利害关系人,有的申请宣告死亡,有的不同意宣告死亡,则应当宣告死亡。申请撤销死亡宣告不受上列顺序限制。(3)申请人必须向失踪公民住所地基层人民法院提出申请。(4)提交申请书时必须同时附上公安机关或其他有关机关出具的该公民失踪的证明文件。

2. 宣告死亡的法律后果

根据《民法通则》及其适用意见的规定,宣告死亡将产生以下后果:(1)被宣告死亡的人,判决宣告之日为其死亡的日期。(2)被宣告死亡的人与配偶的婚姻关系,自死亡宣告之日起消灭。(3)自死亡宣告之日起,被宣告死亡人的财产可以用于偿还其个人债务并可以发生财产继承。(4)根据《工伤条例》第41条的规定,职工因工外出期间发生事故或者在抢险救灾中下落不明,职工被人民法院宣告死亡的,按照本条例第39条职工因工死亡的规定处理,即其直系亲属按照规定从工伤保险基金领取丧葬补助金、供养亲属抚恤金和一次性工亡补助金。对此,《民法总则》第48条明确规定,被宣告死亡的人,人民法院宣告死亡的判决作出之日视为其死亡的日期;因意外事件下落不明宣告死亡的,意外事件发生之日视为其死亡的日期。该法第49条规定,自然人被宣告死亡但是并未死亡的,不影响该自然人在被宣告死亡期间实施的民事法律行为的效力。该法第51条规定,被宣告死亡的人的婚姻关系,自死亡宣告之日起消灭。死亡宣告被撤销的,婚姻关系自撤销死亡宣告之日起自行恢复,但是其配偶再婚或者向婚姻登记机关书面声明不愿意恢复的除外。该法第52条规定,被宣告死亡的人在被宣告死亡期间,其子女被他人依法收养的,在死亡宣告被撤销后,不得以未经本人同意为由主张收养关系无效。

(二)文书的内容及制作方法

根据《民事诉讼法》第166条第2款的规定,申请书应当写明下落不明的事实、时间和请求,并附有公安机关或者其他有关机关关于该公民下落不明的书面证明。宣告死亡申请书包括以下三部分:

1. 首部

(1)标题。写明文书名称"申请书"或"宣告死亡申请书"。

(2)申请人和被申请人的基本情况。应分别写明申请人和被申请人的姓名、性别、出生年月日、民族、工作单位和职务或职业、住址等基本事项。申请人是法人或其他组织的,应写明其全称、地址及法定代表人或主要负责人的姓名、职务、联系方式。符合法律规定的多个利害关系人提出宣告死亡申请的,列为共同申请人。

2. 正文

(1)请求事项。请求人民法院宣告被申请人死亡。

(2)事实和理由。申请书应当写明死亡的事实、时间,以及申请人与被申请宣告死亡人的法律关系。在被申请人下落不明已达到法定期限的情况下,根据《民事诉讼法》的具体规定,请求人民法院从法律上认定并宣告其为死亡人。

3. 尾部

(1)写明致送人民法院的名称。

(2)申请人签名。申请人是法人或其他组织的,应由法定代表人或主要负责人签名并加盖单位公章。

(3)注明提交申请书的年、月、日。

(4)附项。公安机关或有关机关出具的关于被申请人下落不明的书面证明。

(三)文书样式与范例

1. 文书样式

申　请　书

(申请宣告公民死亡用)

申请人:×××,男/女,××××年×月××日出生,×族,……(写明工作单位和职务或职业),住……。联系方式:……。

法定代理人/指定代理人:×××,……。

委托诉讼代理人:×××,……。

(以上写明申请人和其他诉讼参加人的姓名或名称等基本信息)

请求事项:

宣告×××死亡。

事实和理由:

申请人×××与下落不明人×××,男/女,××××年×月××日出生,×族,……(写明工作单位和职务或职业),住……,系……(写明双方的关系)。

……(写明下落不明的事实、时间)。

此致

××××人民法院

附:关于×××下落不明的证明

申请人(签名或者盖章)

××××年××月××日

2. 实例与范本

【实例】2015年9月17日,××号轮船在珠江口××锚地遇9316号强台风触礁沉没,仅3名船员获救生还,其余船员全部失踪或死亡。事故发生后,广州海上安全监督局对事故进行了充分调查,于同年11月13日作出××号轮船沉没事故调查报告。12月1日,大连××对外经济技术开发公司就李××等失踪船员生还的可能性致函广州海上安全监督局。12月3日,负责调处此次海难事故的主管机关广州海上安全监督局复函认为:沉船位置正处于山脚峭壁,风大浪大,船沉后船员难以在如此恶劣的环境中逃生,失踪船员已不可能生存。李××等17名失踪船员的家属据此向人民法院申请宣告失踪船员死亡。

申 请 书

申请人:郭××,女,××××年××月××日出生,×族,××市××技术研究所职工,住××市××区××路××小区××楼××号,联系方式:×××××××××。

请求事项:

宣告李××死亡。

事实和理由:

申请人郭××与下落不明人李××,男,××××年××月××日出生,×族,大连市××对外经济技术开发公司职工,与申请人住同一住所,系夫妻关系。2015年9月17日,乘××号轮船在珠江口××锚地遇9316号强台风触礁沉没。之后一直下落不明,经事故主管机关广州海上安全监督局证明,事故中失踪船员已不可能生存。根据《民事诉讼法》第184条第1款的规定,申请人请求人民法院依法判决,宣告被申请人死亡。

此致

××市××区人民法院

附:广州海上安全监督局证明

申请人　郭××

2016年1月3日

三十四、撤销宣告死亡申请书

(一)文书制作的基本知识

撤销宣告死亡申请书,是指被宣告失踪的公民重新出现,由本人或者利害关系人作为申请人向作出宣告失踪判决的原人民法院提交的,申请作出新判决、撤销原判决的法律文书。

根据《民事诉讼法》第185条的规定,人民法院受理宣告死亡案件后,应当发出寻找下落不明人的公告。宣告死亡的公告期间为1年。因意外事故下落不明,经有关机关证明该公民不可能生存的,宣告死亡的公告期间为3个月。公告期间届满,人民法院应当根据被宣告死亡的事实是否得到确认,作出宣告死亡的判决或者驳回申请的判决。根据该法第186条的规定,被宣告死亡的公民重新出现,经本人或者利害关系人申请,人民法院应当作出新判决,撤销原判决。

根据《民事诉讼法》和《民法通则》及其适用意见的规定,被宣告死亡的公民重新出现,经本人或者利害关系人申请,人民法院应当作出新判决、撤销原判决。人民法院撤销死亡宣告,将产生以下后果:(1)有民事行为能力人在被宣告死亡期间实施的民事法律行为有效。(2)被撤销死亡宣告的人有权请求返还财产。依照《中华人民共和国继承法》(以下简称《继承法》)的规定,取得他的财产的公民或者组织,应当返还原物;原物不存在的,给予适当补偿。(3)死亡宣告被人民法院撤销,如果其配偶尚未再婚的,夫妻关系从撤销死亡宣告之日起自行恢复;如果其配偶再婚后又离婚或者再婚后配偶又死亡的,则不得认定夫妻关系自行恢复。(4)被宣告死亡的人在被宣告死亡期间,其子女被他人依法收养,被宣告死亡的人在死亡宣告被撤销后,仅以未经本人同意为由主张收养关系无效的,一般不应准许,但收养人和被收养人同意的除外。(5)利害关系人隐瞒真实情况使他人被宣告死亡而取得其财产的,除应返还原物及孳息外,对因此给被宣告死亡人造成的损失也应当予以赔偿。

《民法总则》在吸收《民法通则》及其适用意见的基础上,对撤销死亡宣告产生的后果作了明确规定。该法第50条规定,被宣告死亡的人重新出现,经本人或者利害关系人申请,人民法院应当撤销死亡宣告。该法第51条规定,被宣告死亡的人的婚姻关系,自死亡宣告之日起消灭。死亡宣告被撤销的,婚姻关系自撤销死亡宣告之日起自行恢复,但是其配偶再婚或者向婚姻登记机关书面声明不愿意恢复的除外。该法第52条规定,被宣告死亡的人在被宣告死亡期间,其子女被他人依法收养的,在死亡宣告被撤销后,不得以未经本人同意为由主张收养关系无效。该法第53条规定,被撤销死亡宣告的人有权请求依照《继承法》取得其财产的民事主体返还财产。无法返还的,应当给予适当补偿。利害关系人隐瞒真实情况,致使他人被宣告死亡取得其财产的,除应当返还财产外,还应当对由此造成的损失承担赔偿责任。

(二)文书的内容及制作方法

1.首部

(1)标题。写明文书名称"申请书"或"撤销宣告死亡申请书"。

(2)申请人的基本情况。应分别写明申请人的姓名、性别、出生年月日、民族、工作单位和职业或职务、住址与联系方式等基本事项。申请人是法人或其他组织的,应写明其名称、住所及法定代表人或主要负责人的姓名、职务和联系方式。申请人为被宣告死亡人本人之外的利害关系人的,在申请人的姓名或者名称等基本信息中最后写明与被宣告死亡人的关系"系×××的……"。

2. 正文

(1)请求事项。写明申请撤销宣告死亡判决书,一般表述为:"撤销××××法院(××××)……民特……号宣告死亡民事判决书"。

(2)事实和理由。首先,写明申请人申请人民法院撤销的宣告公民死亡判决书的内容。其次,写明撤销公民宣告死亡的事实,如被宣告死亡人已重新出现或者已确知其下落。最后,根据《民事诉讼法》第186条的规定,请求人民法院作出新判决,撤销原判决。

3. 尾部

(1)写明致送人民法院的名称。

(2)申请人签名。申请人是法人或其他组织的,应加盖单位公章并由法定代表人或负责人签名。

(3)附项。宣告公民死亡判决书。

(4)注明提交申请书的年、月、日。

(三)文书样式与范例

1. 文书样式

申 请 书

(申请撤销宣告死亡用)

申请人:×××,男/女,××××年××月××日出生,×族,……(写明工作单位和职务或职业),住……。联系方式:……。

法定代理人/指定代理人:×××,……。

委托诉讼代理人:×××,……。

(以上写明申请人和其他诉讼参加人的姓名或名称等基本信息)

请求事项:

撤销××××法院(××××)……民特……号宣告死亡民事判决书。

事实和理由:

××××年××月××日,××××人民法院作出(××××)……民特……号民事判决书:宣告×××死亡。……(写明被宣告死亡人已重新出现或者确知其下落的事实)。

此致

××××人民法院

附:××××法院(××××)……民特……号民事判决书

申请人(签名或者盖章)

××××年××月××日

2. 实例与范本

【实例】2013年2月27日,林××到××市进货,在返回的途中,其乘坐的小货车不幸翻车坠入河中,司机李××当场遇难,林××至今下落不明。事故发生后,林××家属及××市交警大队组织多人到出事地点沿河打捞寻找,但既没有发现林××的尸体,也没有得到任何音信。以后,又多次在沿河村镇寻找,仍然未发现林××的任何踪影。2015年2月28日林××的债权人邹××向林××住所地××市××区人民法院申请宣告林××死亡,期望以林××的遗产偿还邹××借给他的5万元货款。宣告死亡公告期届满，××市××区人民法院依法作出(2016)×民特6号宣告死亡民事判决书，宣告林××死亡。宣告林××死亡20多天后，林××的妻子徐××得知林××在广东省××市××公司打工的确切下落，遂向人民法院申请撤销对林××的宣告死亡判决。

申　请　书

申请人：徐××，女，1976年9月22日出生，回族，××县××建材厂职工，住××市××区××路××号。联系方式：×××××××××××。系被宣告死亡人林××的妻子。

请求事项：

撤销××市××区人民法院(2016)×民特6号宣告死亡民事判决书。

事实和理由：

××市××区人民法院依法作出(2016)×民特6号宣告死亡民事判决书，宣告林××死亡。你院宣告林××死亡20多天后，申请人已得知林××在广东省××市××公司打工的确切下落。根据《中华人民共和国民事诉讼法》第186条的规定，现向你院申请撤销上述宣告死亡判决。

此致

××市××区人民法院

附：××市××区人民法院(2016)×民特6号民事判决书

申请人　徐××

2016年5月6日

三十五、认定公民民事行为能力申请书

(一)文书制作的基本知识

认定公民民事行为能力申请书(包括认定公民无民事行为能力或限制民事行为能力申请书)，是指申请人向人民法院提交的、请求人民法院认定公民无民事行为能力或者限制民事行为能力的法律文书。

根据《民法通则》第13条的规定，不能辨认自己行为的精神病人是无民事行为能力人，由他的法定代理人代理民事活动。不能完全辨认自己行为的精神病人是限制民事行为能力人，可以进行与他的精神健康状况相适应的民事活动；其他民事活动由他的法定代理人代理，或者征得他的法定代理人的同意。在吸收以上规定内容的基础上，《民法总则》进一步完善了无民事行为能力人和限制民事行为能力人的规定。《民法总则》第21条规定，不能辨认自己行为的成年人为无民事行为能力人，由其法定代理人代理实施民事法律行为。8周岁以上的未成年人不能辨认自己行为的，适用前款规定。该法第22条规定，不能完全辨认自己行为的成年人为限制民事行为能力人，实施民事法律行为由其法定代理人代理或者经其法定代理人同意、追认，但是可以独立实施纯获利益的民事法律行为或者与其智力、精神健康状况相适应的民事法律行为。在司法实践中，不能完全辨认自己行为的精神病人进行的民事活动，是否与其精神健康状态相适应，可以从行为与本人生活相关联的程度、本人的精神状态能否理解其

行为并预见相应的行为后果,以及行为标的数额等方面认定。精神病人(包括痴呆症人)如果没有判断能力和自我保护能力,不知其行为后果的,可以认定为不能辨认自己行为的人;对于比较复杂的事物或者比较重大的行为缺乏判断能力和自我保护能力,并且不能预见其行为后果的,可以认定为不能完全辨认自己行为的人。

《民法总则》第 24 条规定,不能辨认或者不能完全辨认自己行为的成年人,其利害关系人或者有关组织,可以向人民法院申请认定该成年人为无民事行为能力人或者限制民事行为能力人。被人民法院认定为无民事行为能力人或者限制民事行为能力人的,经本人、利害关系人或者有关组织申请,人民法院可以根据其智力、精神健康恢复的状况,认定该成年人恢复为限制民事行为能力人或者完全民事行为能力人。本条规定的有关组织包括居民委员会、村民委员会、学校、医疗机构、妇女联合会、残疾人联合会、依法设立的老年人组织、民政部门等。

根据《民事诉讼法》第 187 条至第 189 条的规定,申请认定公民无民事行为能力或者限制民事行为能力,由其近亲属或者其他利害关系人向该公民住所地基层人民法院提出。人民法院受理申请后,必要时应当对被请求认定为无民事行为能力或者限制民事行为能力的公民进行鉴定。申请人已提供鉴定结论的,应当对鉴定结论进行审查。人民法院审理认定公民无民事行为能力或者限制民事行为能力的案件,应当由该公民的近亲属为代理人,但申请人除外。近亲属互相推诿的,由人民法院指定其中一人为代理人。该公民健康情况许可的,还应当询问本人的意见。人民法院经审理认定申请有事实根据的,判决该公民为无民事行为能力人或者限制民事行为能力人;认定申请没有事实根据的,应当判决予以驳回。

(二)文书的内容及制作方法

根据《民事诉讼法》第 187 条第 2 款的规定,申请书应当写明该公民无民事行为能力或者限制民事行为能力的事实和根据。认定公民无民事行为能力申请书或限制民事行为能力申请书包括以下三个部分:

1. 首部

(1)标题。应注明文书名称“申请书”或“认定公民无民事行为能力申请书”“认定公民限制民事行为能力申请书”。

(2)申请人与被申请人的基本情况。申请人或被申请人为公民的,应写明姓名、性别、出生年月日、工作单位和职务或职业、住址。申请人为法人或其他组织的,应写明单位名称、住所及法定代表人或负责人的姓名、职务和联系方式。

2. 正文

(1)请求事项。请求人民法院认定被申请人为无民事行为能力人或限制民事行为能力人;指定何人为被申请人的监护人。

(2)事实和理由。主要阐明被申请人为无民事行为能力或限制民事行为能力的事实和根据。首先说明申请人与被申请人的关系,如实陈述被申请认定人的健康状况及其症状的具体和一贯表现。提供被申请人完全丧失或部分丧失民事行为能力的证据,经过医院诊断或法医鉴定的,应写明医院诊断结果或法医鉴定结论。其次根据有关法律规定,请求人民法院依法认定其为无民事行为能力人或限制民事行为能力人。

3. 尾部

(1)写明致送人民法院的名称。

(2)申请人签名。申请人是法人或其他组织的,应由法定代表人或主要负责人签名并加盖单位公章。

(3)注明提交申请书的年、月、日。

(4)附项。有医院诊断或法医鉴定的,附诊断证明或鉴定意见书。

(三)文书样式与范例

1. 文书样式

申请书(1)

(申请宣告公民无民事行为能力用)

申请人:×××,男/女,××××年×月××日出生,×族,……(写明工作单位和职务或职业),住……。联系方式:……。

法定代理人/指定代理人:×××,……。

委托诉讼代理人:×××,……。

被申请人:×××。

(以上写明申请人和其他诉讼参加人的姓名或名称等基本信息)

请求事项:

1. 宣告×××为无民事行为能力人;

2. 指定×××为×××的监护人。

事实和理由:

申请人×××与被申请人×××系……(写明双方的关系)。……(写明被申请人为无民事行为能力人的事实)。

此致

××××人民法院

附:……诊断证明/鉴定意见书

申请人(签名或者盖章)

××××年××月××日

申请书(2)

(申请宣告公民限制民事行为能力用)

申请人:×××,男/女,××××年×月××日出生,×族,……(写明工作单位和职务或职业),住……。联系方式:……。

法定代理人/指定代理人:×××,……。

委托诉讼代理人:×××,……。

被申请人:×××。

(以上写明申请人和其他诉讼参加人的姓名或名称等基本信息)

请求事项:

1. 宣告×××为限制民事行为能力人;

2. 指定×××为×××的监护人。

事实和理由:

申请人×××与被申请人×××系……(写明双方的关系)。……(写明被申请人为限制民事行为能力人的事实)。

此致

××××人民法院

附:……诊断证明/鉴定意见书

申请人(签名或者盖章)

××××年××月××日

2. 实例与范本

【实例】张××(女,70岁)于2011年6月21日由××市第一医院实施胆囊切除手术,术后出现神志不清、语言表达障碍、二便失禁并偶有短促肢体抽搐症状,无法辨别亲友。2013年1月6日张××经诊断确认为:缺氧性脑病及症状性癫痫,处于意识朦胧状态。2013年2月27日张××的女儿姚××凭××市第一医院出具的张××病情证明书、病情书面说明、××市公安局××派出所出具的本案当事人间亲属关系的证明,向人民法院申请认定其母亲为无民事行为人。

申 请 书

申请人:姚××,女,1966年12月31日出生,×族,××市××广告有限公司职员,住××市××路××号××楼××室。联系方式:×××××××××。

诉讼代理人:涂××,××市××律师事务所律师。

被申请人:张××,女,1939年1月28日出生,×族,住××市××区××路××街道××号院。

指定代理人:姚甲,1936年12月28日出生,男,无业,系被申请人的丈夫。

请求事项:

1. 宣告张××为无民事行为能力人。

2. 指定姚××××为张××的监护人。

事实和理由:

被申请人张××是申请人的母亲,于2011年6月21日在××市第一医院实施胆囊切除手术,术后出现神志不清、语言表达障碍、二便失禁并偶有短促肢体抽搐症状,至今无法辨别亲友。2013年1月6日经××市第一医院诊断确认为:缺氧性脑病及症状性癫痫,处于意识蒙眬状态。根据《中华人民共和国民事诉讼法》第187条的规定,申请人请求人民法院依法宣告被申请人为无民事行为能力人。

此致

××县人民法院

附:1. ××市第一医院出具的被申请人张××诊断证明

2. ××鉴定机构鉴定意见书

申请人 姚××

2013年2月27日

三十六、恢复公民民事行为能力申请书

（一）文书制作的基本知识

恢复公民民事行为能力申请书，是指经人民法院依法判决认定为无民事行为能力人、限制民事行为能力人的人或者他的监护人向人民法院提交的请求作出新判决，撤销原判决的法律文书。

《民法通则》第19条规定，精神病人的利害关系人，可以向人民法院申请宣告精神病人为无民事行为能力人或者限制民事行为能力人。被人民法院宣告为无民事行为能力人或者限制民事行为能力人的，根据他健康恢复的状况，经本人或者利害关系人申请，人民法院可以宣告他为限制民事行为能力人或者完全民事行为能力人。对此，《民法总则》第24条第1款、第2款规定，不能辨认或者不能完全辨认自己行为的成年人，其利害关系人或者有关组织，可以向人民法院申请认定该成年人为无民事行为能力人或者限制民事行为能力人。被人民法院认定为无民事行为能力人或者限制民事行为能力人的，经本人、利害关系人或者有关组织申请，人民法院可以根据其智力、精神健康恢复的状况，认定该成年人恢复为限制民事行为能力人或者完全民事行为能力人。《民事诉讼法》第190条规定，人民法院根据被认定为无民事行为能力人、限制民事行为能力人的人或者他的监护人的申请，证实该公民无民事行为能力或者限制民事行为能力的原因已经消除的，应当作出新判决、撤销原判决。

（二）文书的内容及制作方法

1. 首部

（1）标题。写明文书名称"申请书"或"宣告公民恢复限制/完全民事行为能力申请书"。

（2）申请人和被申请人的基本情况。被认定为无民事行为能力人、限制民事行为能力人本人为申请人，申请恢复完全民事行为能力的，应当写明本人的姓名、性别、出生年月日等基本情况。本人之外的人为申请人的，应分别写明申请人和被申请人的姓名、性别、出生年月日、民族、工作单位和职业或职务、住址与联系方式等基本事项。

2. 正文

（1）请求事项。写明申请撤销原宣告无民事行为能力/限制民事行为能力判决书，一般表述为："1. 撤销××××法院（××××）……民特……号宣告无民事行为能力/限制民事行为能力民事判决；2. 恢复×××为限制民事行为能力人/完全民事行为能力人。"

（2）事实和理由。首先，写明申请人申请人民法院撤销的原民事判决书的内容，一般表述为："××××年××月××日，××××人民法院作出（××××）……民特……号宣告限制民事行为能力民事判决书：一、宣告×××为无/限制民事行为能力人；二、指定×××为×××的监护人。"其次，写明恢复限制民事行为能力或恢复完全民事行为能力的事实，也就是写明证实该被申请人无民事行为能力或者限制民事行为能力的原因已经消除的事实。最后，根据《民事诉讼法》第190条的规定，请求人民法院作出新判决，撤销原判决。

3. 尾部

（1）写明致送人民法院的名称。

（2）申请人签名。申请人为有关组织的，应当加盖单位公章并由法定代表人或负责人签名。

(3)附项。附上诊断证明或鉴定意见书。

(4)注明提交申请书的年、月、日。

(三)文书样式与范例

1. 文书样式

申请书(1)

(申请宣告公民恢复限制民事行为能力用)

申请人:×××,男/女,××××年×月××日出生,×族,……(写明工作单位和职务或职业),住……。联系方式:……。

法定代理人/指定代理人:×××,……。

委托诉讼代理人:×××,……。

被申请人:×××。

(以上写明申请人和其他诉讼参加人的姓名或名称等基本信息)

请求事项:

1. 撤销××××法院(××××)……民特……号宣告无民事行为能力民事判决;

2. 恢复×××为限制民事行为能力人。

事实和理由:

××××年××月××日,××××人民法院作出(××××)……民特……号宣告无民事行为能力民事判决:一、宣告×××为无民事行为能力人;二、指定×××为×××的监护人。

……(写明恢复限制民事行为能力的事实)。

此致

××××人民法院

附:……诊断证明/鉴定意见书

申请人(签名或者盖章)

××××年××月××日

申请书(2)

(申请宣告公民恢复完全民事行为能力用)

申请人:×××,男/女,××××年×月××日出生,×族,……(写明工作单位和职务或职业),住……。联系方式:……。

法定代理人/指定代理人:×××,……。

委托诉讼代理人:×××,……。

被申请人:×××。

(以上写明申请人和其他诉讼参加人的姓名或名称等基本信息)

请求事项:

1. 撤销××××法院(××××)……民特……号宣告无/限制民事行为能力民事判决;

2. 恢复×××为完全民事行为能力人。

事实和理由：

××××年××月××日，××××人民法院作出(××××)……民特……号宣告无/限制民事行为能力民事判决：一、宣告×××为无/限制民事行为能力人；二、指定×××为×××的监护人。

……(写明恢复完全民事行为能力的事实)。

此致

××××人民法院

附：……诊断证明/鉴定意见书

申请人(签名或者盖章)

××××年××月××日

2. 实例与范本

【实例】白××因2015年1月7日在韩国整形医院进行手术过程中出现医疗事故而重度昏迷，由于其不能辨认和控制自己的行为，沙××(白××的母亲)向××市××区人民法院申请宣告被申请人白××为无民事行为能力人，并为其指定监护人。案件审理过程中，依申请人申请，该院依法委托××市××司法鉴定中心对被申请人白××进行了民事行为能力鉴定，××市××司法鉴定中心于2015年4月7日出具了×××(2015)精神病鉴字第115号《司法鉴定意见书》，鉴定意见为：白××为无民事行为能力人。经依法审理，2015年4月12日，××市××区人民法院作出(2015)××民特21号宣告无民事行为能力民事判决：(1)宣告白××为无民事行为能力人；(2)指定沙××为白××的监护人。之后，经过1年多的精心治疗，白××经××市××医院诊断，恢复完全民事行为能力，白××遂向人民法院申请撤销××市××区人民法院作出的(2015)××民特21号宣告无民事行为能力民事判决，恢复其为完全民事行为能力人。

申　请　书

申请人：白××，女，1986年11月13日出生，汉族，××工业大学化工系学生，住××省××工业大学学生公寓6号楼302房间。联系方式：×××××××××××。

委托诉讼代理人：谭×，××省××律师事务所律师。

请求事项：

1. 撤销××市××区人民法院(2015)××民特21号宣告无民事行为能力民事判决；

2. 恢复白××为完全民事行为能力人。

事实和理由：

2015年4月12日，××市××区人民法院作出(2015)××民特21号宣告无民事行为能力民事判决书：一、宣告白××为无民事行为能力人；二、指定沙××为白××的监护人。

之后，经过1年多的精心治疗，申请人已完全恢复正常生活和学习。经××市××医院诊断，申请人已恢复完全民事行为能力。根据《中华人民共和国民事诉讼法》第190条的规定，请求人民法院作出新判决，撤销原判决，宣告申请人为完全民事行为能力人。

此致

××市××区人民法院

附:××市××医院诊断证明

申请人　白××

2016 年 10 月 31 日

三十七、确认监护人申请书

(一)文书制作的基本知识

确认监护人申请书,是指被指定为未成年人、无民事行为能力或者限制民事行为能力的精神病人的监护人,对该指定不服的,向人民法院提交的申请撤销其为监护人的法律文书。

《民法通则》第 16 条第 1 款和第 2 款规定,未成年人的父母是未成年人的监护人。未成年人的父母已经死亡或者没有监护能力的,由下列人员中有监护能力的人担任监护人:(1)祖父母、外祖父母;(2)兄、姐;(3)关系密切的其他亲属、朋友愿意承担监护责任,经未成年人的父、母所在单位或者未成年人住所地的居民委员会、村民委员会同意的。对担任监护人有争议的,由未成年人的父、母所在单位或者未成年人住所地的居民委员会、村民委员会在近亲属中指定。对指定不服提起诉讼的,由人民法院裁决。该法第 17 条第 1 款规定,无民事行为能力或者限制民事行为能力的精神病人,由下列人员担任监护人:(1)配偶;(2)父母;(3)成年子女;(4)其他近亲属;(5)关系密切的其他亲属、朋友愿意承担监护责任,经精神病人所在单位或者住所地的居民委员会、村民委员会同意的。该条第 2 款规定,对担任监护人有争议的,由精神病人所在单位或者住所地的居民委员会、村民委员会在近亲属中指定。对指定不服提起诉讼的,由人民法院裁决。

《民法总则》在吸收《民法通则》第 16 条规定内容的基础上,对监护人制度进行了细化和完善。《民法总则》第 27 条第 1 款规定,父母是未成年子女的监护人。该条第 2 款规定,未成年人的父母已经死亡或者没有监护能力的,由下列有监护能力的人按顺序担任监护人:(1)祖父母、外祖父母;(2)兄、姐;(3)其他愿意担任监护人的个人或者组织,但是须经未成年人住所地的居民委员会、村民委员会或者民政部门同意。该法第 29 条规定,被监护人的父母担任监护人的,可以通过遗嘱指定监护人。该法第 30 条规定,依法具有监护资格的人之间可以协议确定监护人。协议确定监护人应当尊重被监护人的真实意愿。该法第 31 条第 1 款规定,对监护人的确定有争议的,由被监护人住所地的居民委员会、村民委员会或者民政部门指定监护人,有关当事人对指定不服的,可以向人民法院申请指定监护人;有关当事人也可以直接向人民法院申请指定监护人。该条第 2 款规定,居民委员会、村民委员会、民政部门或者人民法院应当尊重被监护人的真实意愿,按照最有利于被监护人的原则在依法具有监护资格的人中指定监护人。该条第 3 款规定,依照本条第 1 款规定指定监护人前,被监护人的人身权利、财产权利以及其他合法权益处于无人保护状态的,由被监护人住所地的居民委员会、村民委员会、法律规定的有关组织或者民政部门担任临时监护人。该条第 4 款规定,监护人被指定后,不得擅自变更;擅自变更的,不免除被指定的监护人的责任。该法第 32 条规定,没有依法具有监护资格的人的,监护人由民政部门担任,也可以由具备履行监护职责条件的被监护人住所地的居民委员会、村民委员会担任。

《民事诉讼法司法解释》第351条规定，被指定的监护人不服指定，应当自接到通知之日起30日内向人民法院提出异议。经审理，认为指定并无不当的，裁定驳回异议；指定不当的，判决撤销指定，同时另行指定监护人。判决书应当送达异议人、原指定单位及判决指定的监护人。可见，被指定的监护人不服指定，应当自接到通知之日起30日内向人民法院提出异议。超过30日提出异议的，按申请变更监护人确定案由。

（二）文书的内容及制作方法

1. 首部

（1）标题。写明文书名称"申请书"或"确认监护人申请书"。

（2）申请人的基本情况。应当写明申请人的姓名、性别、出生年月日、民族、工作单位和职业或职务、住址与联系方式等基本事项。

2. 正文

（1）请求事项。写明申请撤销指定申请人为监护人，一般表述为："撤销指定×××为监护人。"

（2）事实和理由。首先，写明申请人对被指定担任何人的监护人不服提出异议。其次，写明不服被指定为监护人的事实和理由。最后，根据《民事诉讼法司法的解释》第351条的规定，请求人民法院撤销指定申请人为监护人。

3. 尾部

（1）写明致送人民法院的名称。

（2）申请人签名。

（3）注明提交申请书的年、月、日。

（4）附项。附上指定意见书。

（三）文书样式与范例

1. 文书样式

申　请　书

（申请确认监护人用）

申请人：×××，男/女，××××年×月××日出生，×族，……（写明工作单位和职务或职业），住……。联系方式：……。

法定代理人/指定代理人：×××，……。

委托诉讼代理人：×××，……。

（以上写明申请人和其他诉讼参加人的姓名或名称等基本信息）

请求事项：

撤销×××为×××的监护人。

事实和理由：

××××因对……（原指定单位）指定担任×××……（写明被监护人的性别、出生日期、民族、工作单位和职务或者职业、住所）的监护人不服，向你院提出异议。

……（写明申请撤销指定监护的事实和理由）。

此致

××××人民法院

附:……指定意见书

申请人(签名或者盖章)
××××年××月××日

2. 实例与范本

【实例】屈××与康×系夫妻,于2008年11月9日生女儿屈乙,屈乙3个月大时其母康×离家出走,至今未归。屈乙由其祖母赵××和其父屈××抚养。2016年2月屈××因发生交通事故死亡,2016年3月20日屈乙所在居民委员会指定屈甲(系屈乙的姐姐,1992年8月4日出生)为监护人,但屈乙一直与其祖母赵××一起生活并由赵××一人抚养。屈甲对该监护指定不服,遂向××市××区人民法院提出异议,请求撤销居民委员会的监护指定。

申 请 书

申请人:屈甲,女,1992年8月4日出生,汉族,××市××医院护士,住××市××区××医院职工宿舍楼305房间。联系方式:××××××××××××。

请求事项:

撤销屈甲为屈乙的监护人。

事实和理由:

屈甲因对××市××区××街道××居民委员会指定担任屈乙(女,2008年11月9日出生,汉族,××市××小学学生,住××市××区××街道32号)的监护人不服,向你院提出异议。

申请人为一刚刚毕业的青年,缺乏生活和自理经验,工资收入微薄,工作繁忙,经常加班,难以履行照顾屈乙生活和对其进行管理与教育的监护职责。申请人对××市××街道××居民委员会指定本人为屈乙监护人不服,特向你院提出异议。

此致

××市××区人民法院

附:××市××区××街道××居民委员会指定意见书

申请人 屈甲
2016年4月16日

三十八、变更监护人申请书

(一)文书制作的基本知识

变更监护人申请书,是指被指定为未成年人、无民事行为能力或者限制民事行为能力的精神病人的监护人,对该指定不服的,向人民法院提交的申请撤销其为监护人并变更他人为监护人的法律文书。

《民法通则》第16条第1款和第2款规定,未成年人的父母是未成年人的监护人。未成年人的父母已经死亡或者没有监护能力的,由下列人员中有监护能力的人担任监护人:(1)祖父母、外祖父母;(2)兄、姐;(3)关系密切的其他亲属、朋友愿意承担监护责任,经未成年人的父、母所在单位或者未成年人住所地的居民委员会、村民委员会同意的。对担任监护人有争议的，由未成年人的父、母所在单位或者未成年人住所地的居民委员会、村民委员会在近亲属中指定。对指定不服提起诉讼的，由人民法院裁决。该法第17条第1款规定，无民事行为能力或者限制民事行为能力的精神病人，由下列人员担任监护人：(1)配偶；(2)父母；(3)成年子女；(4)其他近亲属；(5)关系密切的其他亲属、朋友愿意承担监护责任，经精神病人所在单位或者住所地的居民委员会、村民委员会同意的。该条第2款规定，对担任监护人有争议的，由精神病人所在单位或者住所地的居民委员会、村民委员会在近亲属中指定。对指定不服提起诉讼的，由人民法院裁决。该法第18条规定，监护人应当履行监护职责，保护被监护人的人身、财产及其他合法权益，除为被监护人的利益外，不得处理被监护人的财产。监护人依法履行监护的权利，受法律保护。监护人不履行监护职责或者侵害被监护人的合法权益的，应当承担责任；给被监护人造成财产损失的，应当赔偿损失。人民法院可以根据有关人员或者有关单位的申请，撤销监护人的资格。《民法总则》第31条第4款规定，监护人被指定后，不得擅自变更；擅自变更的，不免除被指定的监护人的责任。根据上述规定，监护人不能或者无力履行监护职责的情况下，其他监护人或者利害关系人可以请求人民法院撤销原指定监护人并变更监护人。

(二)文书的内容及制作方法

1. 首部

(1)标题。写明文书名称“申请书”或“变更监护人申请书”。

(2)申请人的基本情况。应当写明申请人的姓名、性别、出生年月日、民族、工作单位和职业或职务、住址与联系方式等基本事项。

2. 正文

(1)请求事项。写明申请撤销何人为监护人和申请指定何人为监护人，一般表述为：“1. 撤销×××为×××的监护人；2. 指定×××为×××的监护人。”

(2)事实和理由。主要写明变更监护人的事实和理由，如监护人不能履行监护职责，不能保护被监护人的人身、财产及其他合法权益，或者滥用监护权，给被监护人造成财产损失等。在此基础上，请求人民法院撤销原指定监护人并变更监护人。

3. 尾部

(1)写明致送人民法院的名称。

(2)申请人签名。

(3)注明提交申请书的年、月、日。

(4)附项。附上诊断证明或鉴定意见书。

(三)文书样式与范例

1. 文书样式

申　请　书

(申请变更监护人用)

申请人：×××，男/女，××××年×月××日出生，×族，……(写明工作单位和职务或职业)，住……。联系方式：……。

法定代理人/指定代理人：×××，……。

委托诉讼代理人：×××，……。

(以上写明申请人和其他诉讼参加人的姓名或名称等基本信息)

请求事项:

1. 撤销×××为×××的监护人。

2. 指定×××为×××的监护人。

事实和理由:

……(写明申请变更监护的事实和理由)。

此致

××××人民法院

附:……诊断证明/鉴定意见书

申请人(签名或者盖章)

××××年××月××日

2. 实例与范本

【实例】胡××与被监护人何××系母子关系,杜××与被监护人何××系夫妻关系。2016年杜××向××市××区人民法院申请宣告何××为无民事行为能力人,该院于2016年4月21日作出(2016)×0113民特16号民事判决书,宣告何××为无民事行为能力人。2016年4月25日,何××所在单位××市××控股股份有限公司指定胡××为何××的监护人。杜××以胡××年事已高,无力照顾何××,且胡××的日常生活也需要杜××照料为由,向××市××区人民法院申请将何××的监护人变更为杜××。

申 请 书

申请人:杜××,女,1976年3月26日出生,汉族,××市××区××街道居民,住××市××区××街道32院。联系方式:××××××××××××。

请求事项:

1. 撤销胡××为何××的监护人。

2. 指定杜××为何××的监护人。

事实和理由:

申请人杜××与被监护人何××系夫妻关系,胡××与被监护人何××系母子关系。2016年杜××向××市××区人民法院申请宣告何××为无民事行为能力人,该院于2016年4月21日作出(2016)×0113民特16号民事判决书,宣告何××为无民事行为能力人。2016年4月25日,何××所在单位××市××控股股份有限公司指定胡××为何××的监护人。胡××今年76岁,年事已高,无力照顾何××,且胡××的日常生活也需要杜××照料。现向你院申请将何××的监护人变更为杜××。

此致

××市××区人民法院

申请人 杜××

2016年9月10日

三十九、撤销监护人资格申请书

（一）文书制作的基本知识

撤销监护人资格申请书，是指在监护人不履行监护职责，或者监护人实施家庭暴力严重侵害被监护人合法权益的情况下，被监护人的近亲属及有关人员或者单位，向人民法院提交的请求撤销其监护人资格，另行指定监护人的法律文书。

《民法通则》第18条规定，监护人应当履行监护职责，保护被监护人的人身、财产及其他合法权益，除为被监护人的利益外，不得处理被监护人的财产。监护人依法履行监护的权利，受法律保护。监护人不履行监护职责或者侵害被监护人的合法权益的，应当承担责任；给被监护人造成财产损失的，应当赔偿损失。人民法院可以根据有关人员或者有关单位的申请，撤销监护人的资格。根据《中华人民共和国反家庭暴力法》（以下简称《反家庭暴力法》）的规定，家庭暴力，是指家庭成员之间以殴打、捆绑、残害、限制人身自由以及经常性谩骂、恐吓等方式实施的身体、精神等侵害行为。反家庭暴力是国家、社会和每个家庭的共同责任。国家禁止任何形式的家庭暴力。《反家庭暴力法》第21条规定，监护人实施家庭暴力严重侵害被监护人合法权益的，人民法院可以根据被监护人的近亲属、居民委员会、村民委员会、县级人民政府民政部门等有关人员或者单位的申请，依法撤销其监护人资格，另行指定监护人。被撤销监护人资格的加害人，应当继续负担相应的赡养、扶养、抚养费用。

（二）文书的内容及制作方法

1. 首部

（1）标题。写明文书名称“申请书”或“撤销监护人资格申请书”。

（2）申请人的基本情况。应当写明申请人的姓名、性别、出生年月日、民族、工作单位和职业或职务、住址与联系方式等基本事项。申请人是有关单位的，写明名称、住所；另起一行写明法定代表人或负责人及其姓名、职务、联系方式。

2. 正文

（1）请求事项。写明申请撤销何人为何人的监护人资格，一般表述为：“撤销×××为×××的监护人资格。”

（2）事实和理由。主要写明撤销监护人的事实和理由，如监护人不能履行监护职责，不能保护被监护人的人身、财产及其他合法权益，或者滥用监护权，给被监护人造成财产损失，或者对被监护人以殴打、捆绑、残害、限制人身自由以及经常性谩骂、恐吓等方式实施身体、精神等家庭暴力行为等。在阐述上述事实和理由的基础上，请求人民法院撤销监护人对被监护人的监护资格。

3. 尾部

（1）写明致送人民法院的名称。

（2）申请人签名。申请人为有关单位的，加盖单位公章并由法定代表人或者负责人签名。

（3）注明提交申请书的年、月、日。

(三)文书样式与范例

1.文书样式

申　请　书

(申请撤销监护人资格用)

申请人:×××,男/女,××××年××月××日出生,×族,……(写明工作单位和职务或者职业),住……。联系方式:……。

委托诉讼代理人:×××,……。

(以上写明申请人和其他诉讼参加人的姓名或者名称等基本信息)

请求事项:

撤销×××为×××的监护人资格。

事实和理由:

……(写明撤销监护人的事实和理由)。

此致

××××人民法院

申请人(签名或者盖章)

××××年××月××日

2.实例与范本

【实例】××省××县××镇××村村民林××(女)多次使用菜刀割伤年仅9岁的亲生儿子马××的后背、双臂,用火钳打马××的双腿,并经常让马××挨饿。自2015年8月始,当地镇政府、村委会干部及派出所民警多次对林××进行批评教育,但林××拒不悔改。2016年1月,共青团莆田市委、市妇联等部门联合对林××进行劝解教育,林××书面保证不再殴打马××,但其后林××依然我行我素。同年5月29日凌晨,林××再次用菜刀割伤马××的后背、双臂。为此,××县公安局对林××处以行政拘留15日并处罚款1000元。6月13日,申请人××县××镇××村民委员会以监护人林××长期对马××的虐待行为已严重影响其身心健康为由,向法院请求依法撤销林××对马××的监护人资格,指定××村民委员会作为马××的监护人。

申　请　书

申请人:××县××镇××村村民委员会,住所××省××县××镇××村××院。

负责人:闫××,该村民委员会主任,联系方式:×××××××××。

请求事项:

撤销林××为马××的监护人资格。

事实和理由:

××省××县××镇××村村民林××(女)多次使用菜刀割伤年仅9岁的亲生儿子马××的后背、双臂,用火钳打马××的双腿,并经常让马××挨饿。自2013年8月始,当地镇政府、村委会干部及派出所民警多次对林××进行批评教育,但林××拒不悔改。2014年1月,共青团莆田市委、市妇联等部门联合对林××进行劝解教育,林××书面保证不再殴打马××,但其后林××依然我行我素。同年5月29日凌晨,林××再次用菜刀割伤马××的后背、双臂。为此,××县公安局对林××处以行政拘留15日并处罚款1000元。鉴于监护人林××长期对被监护人马××的虐待行为已严重影响其身心健康,故其不宜再担任马××的监护人。依照《中华人民共和国民法通则》《中华人民共和国未成年人保护法》《中华人民共和国反家庭暴力法》的有关规定,现向你院请求依法撤销林××对马××的监护人资格,指定申请人作为马××的监护人。

此致

××县人民法院

申请人　××县××镇××村村民委员会

闫××

2016年6月13日

四十、人身安全保护令申请书

(一)文书制作的基本知识

人身安全保护令申请书,是指当事人因遭受家庭暴力或者面临家庭暴力的现实危险时,由其本人或者近亲属、有关单位代为向人民法院提交的申请人身安全保护令的法律文书。

《中华人民共和国反家庭暴力法》(以下简称《反家庭暴力法》)第23条规定,当事人因遭受家庭暴力或者面临家庭暴力的现实危险,向人民法院申请人身安全保护令的,人民法院应当受理。当事人是无民事行为能力人、限制民事行为能力人,或者因受到强制、威吓等原因无法申请人身安全保护令的,其近亲属、公安机关、妇女联合会、居民委员会、村民委员会、救助管理机构可以代为申请。该法第24条规定,申请人身安全保护令应当以书面方式提出;书面申请确有困难的,可以口头申请,由人民法院记入笔录。该法第25条规定,人身安全保护令案件由申请人或者被申请人居住地、家庭暴力发生地的基层人民法院管辖。该法第26条规定,人身安全保护令由人民法院以裁定形式作出。该法第27条规定,作出人身安全保护令,应当具备下列条件:(1)有明确的被申请人;(2)有具体的请求;(3)有遭受家庭暴力或者面临家庭暴力现实危险的情形。该法第28条规定,人民法院受理申请后,应当在72小时内作出人身安全保护令或者驳回申请;情况紧急的,应当在24小时内作出。该法第29条规定,人身安全保护令可以包括下列措施:(1)禁止被申请人实施家庭暴力;(2)禁止被申请人骚扰、跟踪、接触申请人及其相关近亲属;(3)责令被申请人迁出申请人住所;(4)保护申请人人身安全的其他措施。

(二)文书的内容及制作方法

1.首部

(1)标题。写明文书名称"申请书"或"人身安全保护令申请书"。

(2)申请人和被申请人的基本情况。应当写明申请人和被申请人的姓名、性别、出生年月日、民族、工作单位和职业或职务、住址与联系方式等基本事项。有关单位代为申请的,写明代为申请人的名称和住所;另起一行写明法定代表人或负责人及其姓名、职务、联系方式。

2.正文

(1)请求事项。请求事项可以写明以下人身安全保护令措施:①禁止被申请人实施家庭暴力;②禁止被申请人骚扰、跟踪、接触申请人和其相关近亲属;③责令被申请人迁出申请人住所;④保护申请人人身安全的其他措施。

(2)事实和理由。主要写明遭受家庭暴力或者面临家庭暴力的情形以及其他事实和理由,如被申请人对申请人施以殴打、捆绑、残害、限制人身自由以及经常性谩骂、恐吓等方式的身体、精神等家庭暴力行为等。在阐述上述事实和理由的基础上,请求人民法院发出人身保护令,采取保护措施以保护申请人的人身安全。

3. 尾部

(1)写明致送人民法院的名称。

(2)申请人签名。有关单位代为申请的,加盖单位公章并由法定代表人或者负责人签名。

(3)注明提交申请书的年、月、日。

(三)文书样式与范例

1. 文书样式

申　请　书

(申请人身安全保护令用)

申请人:×××,男/女,××××年××月××日出生,×族,……(写明工作单位和职务或者职业),住……。联系方式:……。

法定代理人/指定代理人:×××,……。

委托诉讼代理人:×××,……。

被申请人:×××,……。

……

(以上写明当事人和其他诉讼参加人的姓名或者名称等基本信息)

请求事项:

……(写明保护申请人人身安全的措施)。

事实和理由:

……(写明遭受家庭暴力或者面临家庭暴力现实危险的情形以及其他事实和理由)。

此致

××××人民法院

申请人(签名或者盖章)

××××年××月××日

2. 实例与范本

【实例】谷××与赵××于1982年经人介绍相识,1982年5月5日双方登记结婚。婚后因生活琐事产生摩擦,谷××多次遭到赵××殴打。2015年12月12日双方因生活琐事发生争执,赵××对谷××进行殴打,致使谷某受伤,后经医院鉴定为鼻外伤、鼻出血。谷××于2015年12月14日向××市××区人民法院提交人身安全保护令申请书,要求禁止被申请人对申请人实施家庭暴力,禁止被申请人骚扰、跟踪、接触申请人。

申　请　书

申请人:谷××,女,1960年10月4日出生,汉族,××市××区××街道居民,住××市××区××街道××号。联系方式:×××××××××××。

委托诉讼代理人:于××,××市××法律服务所法律服务工作者。

被申请人:赵××,1956年1月11日出生,汉族,××市××区××街道居民,住址同上。联系方式:×××××××××××。

请求事项:

1.禁止被申请人对申请人实施家庭暴力;

2.禁止被申请人骚扰、跟踪、接触申请人。

事实和理由:

申请人谷××与被申请人赵××于1982年经人介绍相识,1982年5月5日双方登记结婚。婚后因生活琐事产生摩擦,申请人谷××多次遭到被申请人赵××殴打。2016年8月12日双方因生活琐事发生争执,被申请人对申请人进行殴打,致使申请人受伤,后经医院鉴定为鼻外伤、鼻出血。为了保证申请人的人身安全,现申请你院发出人身安全保护令,禁止被申请人对申请人实施家庭暴力,禁止被申请人骚扰、跟踪、接触申请人。

此致

××市××区人民法院

申请人　谷××

2015年12月14日

四十一、不服驳回人身安全保护令复议申请书

(一)文书制作的基本知识

不服驳回人身安全保护令复议申请书,是指向人民法院申请人身安全保护令的申请人对驳回申请不服或者被申请人对人身安全保护令不服的,向作出裁定的人民法院提交的请求复议的法律文书。

《反家庭暴力法》第23条第1款规定,当事人因遭受家庭暴力或者面临家庭暴力的现实危险,向人民法院申请人身安全保护令的,人民法院应当受理。该法第27条规定,作出人身安全保护令,应当具备下列条件:(1)有明确的被申请人;(2)有具体的请求;(3)有遭受家庭暴力或者面临家庭暴力现实危险的情形。该法第28条规定,人民法院受理申请后,应当在72小时内作出人身安全保护令或者驳回申请;情况紧急的,应当在24小时内作出。

《反家庭暴力法》第31条规定,申请人对驳回申请不服或者被申请人对人身安全保护令不服的,可以自裁定生效之日起5日内向作出裁定的人民法院申请复议一次。人民法院依法作出人身安全保护令的,复议期间不停止人身安全保护令的执行。

(二)文书的内容及制作方法

1.首部

(1)标题。写明文书名称"复议申请书"。

(2)申请人和被申请人的基本情况。应当写明申请人和被申请人的姓名、性别、出生年月日、民族、工作单位和职业或职务、住址与联系方式等基本事项。有关单位代为申请的,写明代为申请人的名称和住所;另起一行写明法定代表人、主要负责人及其姓名、职务、联系方式。

2. 正文

(1)请求事项。复议申请人为人身安全保护令申请人的,首先写明撤销驳回人身安全保护令申请的原民事裁定;其次写明请求采取以下哪种或哪几种人身安全保护令措施:①禁止被申请人实施家庭暴力;②禁止被申请人骚扰、跟踪、接触申请人和其相关近亲属;③责令被申请人迁出申请人住所;④保护申请人人身安全的其他措施。

复议申请人为人身安全保护令被申请人的,请求事项写明撤销人身安全保护令民事裁定,一般表述为:“撤销你院(××××)……民保令……号人身安全保护令民事裁定。”

(2)事实和理由。复议申请人为人身安全保护令申请人的,写明“复议申请人×××与被申请人×××申请人身安全保护令一案,不服你院××××年××月××日作出(××××)……民保令……号驳回申请裁定,申请复议”。

复议申请人为人身安全保护令被申请人的,首先写明“复议申请人×××因与×××申请人身安全保护令一案,不服你院于××××年××月××日作出(××××)……民保令……号人身安全保护令裁定:……(写明裁定结果)。申请复议”。

其次写明申请复议的事实和理由。复议申请人为人身安全保护令申请人的,可针对人民法院作出的驳回申请民事裁定书的有关内容,写明申请人具备请求人民法院作出人身安全保护令的条件:①有明确的被申请人;②有具体的请求;③有遭受家庭暴力或者面临家庭暴力现实危险的情形。

复议申请人为人身安全保护令被申请人的,可针对人民法院作出的人身安全保护令民事裁定书的有关内容,说明人民法院不具有作出人身安全保护令的条件即被申请人没有遭受家庭暴力或者面临家庭暴力现实危险的情形。

在阐述上述事实和理由的基础上,复议申请人为人身安全保护令申请人的,请求人民法院撤销已作出的驳回申请裁定书,发出人身安全保护令,采取保护措施以保护申请人的人身安全。复议申请人为人身安全保护令被申请人的,请求人民法院撤销已作出的人身安全保护令民事裁定。

3. 尾部

(1)写明致送人民法院的名称。

(2)复议申请人签名。有关单位代为申请复议的,加盖单位公章并由法定代表人或者负责人签名。

(3)注明提交申请书的年、月、日。

(4)附项。附上民事裁定书。

(三)文书样式与范例

1. 文书样式

复议申请书(1)

(申请人对驳回人身安全保护令申请复议用)

复议申请人:×××,男/女,××××年××月××日出生,×族,……(写明工作单位和职务或者职业),住……。联系方式:……。

法定代理人/指定代理人:×××,……。

委托诉讼代理人:×××,……。

被申请人:×××,……。

……

（以上写明当事人和其他诉讼参加人的姓名或者名称等基本信息）

请求事项：

1. 撤销你院（××××）……民保令……号驳回申请民事裁定；

2. ……（写明保护申请人人身安全的措施）。

事实和理由：

复议申请人×××与被申请人×××申请人身安全保护令一案，不服你院××××年××月××日作出（××××）……民保令……号驳回申请裁定，申请复议。

……（写明申请复议的事实和理由）。

此致

××××人民法院

附：××××人民法院（××××）……民保令……号民事裁定书

复议申请人（签名或者盖章）

××××年××月××日

复议申请书（2）

（被申请人对作出人身安全保护令申请复议用）

复议申请人：×××，男/女，××××年××月××日出生，×族，……（写明工作单位和职务或者职业），住……。联系方式：……。

法定代理人/指定代理人：×××，……。

委托诉讼代理人：×××，……。

被申请人：×××，……。

……

（以上写明当事人和其他诉讼参加人的姓名或者名称等基本信息）

请求事项：

撤销你院（××××）……民保令……号人身安全保护令民事裁定。

事实和理由：

复议申请人×××因与×××申请人身安全保护令一案，不服你院于××××年××月××日作出（××××）……民保令……号人身安全保护令裁定：……（写明裁定结果）。申请复议。

……（写明申请复议的事实和理由）。

此致

××××人民法院

附：××××人民法院（××××）……民保令……号民事裁定书

复议申请人（签名或者盖章）

××××年××月××日

2. 实例与范本

【实例1】秦××与花××经网络聊天相识，于2015年3月8日登记结婚。婚后因生活琐事多次发生争吵。2015年12月28日晚间秦××与朋友聚会，回家后遭到花××训斥，秦××酒后失控，将花××打倒在地，猛揣花××的臀部几脚。数日后，双方和好，一直相安无事。2016年10月11日双方又因生活琐事在家中院落内争吵,秦××随手拿起园内的一把铁锹准备向花××砸去,被其父秦×夺下。2016年10月12日花××以人身安全受到威胁为由,向××县人民法院申请人身安全保护令:禁止被申请人实施家庭暴力;责令被申请人迁出家庭住所。××县人民法院经审理认为,秦××对花××尽管2015年12月28日晚间有过家庭暴力行为,但已经过去。2016年10月11日双方又因生活琐事在家中院落内争吵,秦××虽有家庭暴力企图,但已被其父制止,已经不具有现实危险性,遂依法裁定驳回了花××的人身安全保护令申请。花××对该裁定不服,遂向作出裁定的××县人民法院申请复议。

复议申请书

复议申请人:花××,女,1986年9月22日出生,汉族,××县××百货大楼职工,住××县××号××楼××室。联系方式:×××××××××××。

被申请人:秦××,1982年2月4日出生,汉族,××县××中学职工,与复议申请人同住一室。联系方式:×××××××××××。

请求事项:

1. 撤销你院(2016)×民保令03号驳回申请民事裁定;

2. 禁止被申请人实施家庭暴力;

3. 责令被申请人迁出家庭住所。

事实和理由:

复议申请人花××与被申请人秦××申请人身安全保护令一案,不服你院2016年10月13日作出(2016)×民保令03号驳回申请裁定,申请复议。

秦××与花××2015年3月8日登记结婚,婚后因生活琐事多次发生争吵。2015年12月28日晚间秦××与朋友聚会,回家后遭到花××训斥,秦××酒后失控,将花××打倒在地,猛揣花××的臀部几脚。2016年10月11日双方又因生活琐事在家中院落内争吵,秦××随手拿起园内的一把铁锹准备向花××砸去,尽管被其父制止,但他扔多次扬言要狠狠教训申请人,申请人还一直处于家庭暴力的现实危险之中。现向你院申请复议,请求撤销你院作出的(2016)×民保令03号驳回申请民事裁定,发出人身安全保护令:禁止被申请人实施家庭暴力;责令被申请人迁出家庭住所。

此致

××县人民法院

附:××县人民法院(2016)×民保令03号民事裁定书

复议申请人 花××

2016年10月16日

【实例2】在谷××向人民法院申请人身安全保护令一案中,法院认为,当事人因遭受家庭暴力或者面临家庭暴力的现实危险,向人民法院申请人身安全保护令,人民法院应当受理,本案中,谷××的申请符合法律规定。该院于2015年12月16日作出××市××区人民法院(2015)×民保令12号民事裁定书,裁定:禁止被申请人赵××对申请人谷××实施辱骂、殴打等形式的家庭暴力;禁止赵××骚扰、跟踪、接触申请人谷××。被申请人赵××不服上述裁定,于2015年12月20日向作出原裁定的人民法院申请复议。

复议申请书

复议申请人：赵××，男，1956年1月11日出生，汉族，××市××区××街道居民，住××市××区××街道××号。联系方式：××××××××××××。

被申请人：谷××，女，1960年10月4日出生，汉族，××市××区××街道居民，住址同上。联系方式：××××××××××××。

请求事项：

撤销你院(2015)×民保令12号人身安全保护令民事裁定。

事实和理由：

复议申请人赵××因与谷××申请人身安全保护令一案，不服你院于2015年12月16日作出(2015)×民保令12号人身安全保护令裁定：禁止被申请人赵××对申请人谷××实施辱骂、殴打等形式的家庭暴力；禁止赵××骚扰、跟踪、接触申请人谷××。申请复议。

复议申请人与被申请人谷××于1982年经人介绍相识，于1982年5月5日登记结婚。婚后育有一儿一女，在长期的共同生活中培养起了感情基础。婚后尽管因生活琐事产生摩擦和矛盾，复议申请人也曾有过家庭暴力行为，但已经过去，被申请人现在已不面临任何现实危险。今后本人将严于律己、宽以待人，对被申请人绝不再实施粗暴行为。复议申请人对你院作出的(2015)×民保令12号人身安全保护令民事裁定不服，现提请你院复议，撤销该民事裁定。

此致

××市××区人民法院

附：××市××区人民法院(2015)×民保令12号民事裁定书

复议申请人　赵××

2015年12月20日

四十二、撤销/变更/延长人身安全保护令申请书

(一)文书制作的基本知识

撤销/变更/延长人身安全保护令申请书，是指人身安全保护令失效前，人身安全保护令申请人向人民法院提交的请求撤销、变更或者延长人身安全保护令的法律文书。

《反家庭暴力法》第30条规定，人身安全保护令的有效期不超过6个月，自作出之日起生效。人身安全保护令失效前，人民法院可以根据申请人的申请撤销、变更或者延长。根据上述规定，人身安全保护令失效前，当申请人遭受的家庭暴力或者面临家庭暴力的现实危险消失时，可以向人民法院申请撤销人身安全保护令；当申请人遭受的家庭暴力或者面临家庭暴力的现实危险加重时，而人身安全保护措施需要变更或人身安全保护令需要延长的，申请人可以申请变更或者延长人身安全保护令。

(二)文书的内容及制作方法

1. 首部

(1)标题。写明文书名称“申请书”或“撤销/变更/延长人身安全保护令申请书”。

(2)申请人和被申请人的基本情况。应当写明申请人和被申请人的姓名、性别、出生年月日、民族、工作单位和职业或职务、住址与联系方式等基本事项。有关单位代为申请的,写明代为申请人的名称和住所;另起一行写明法定代表人、主要负责人及其姓名、职务、联系方式。

2. 正文

(1)请求事项。请求撤销人身安全保护令的,可表述为:"撤销你院(××××)……民保令……号人身安全保护令民事裁定。"请求变更的,除了按照上述表述写明撤销请求外,还应当写明变更的人身安全保护令措施;请求延长保护期的,应写明延长人身安全保护令的措施和期限。

(2)事实和理由。首先,应写明在哪一申请人身安全保护令案中,人民法院于何时作出哪一案号的人身安全保护令裁定及裁定结果。其次,写明申请人主张撤销/变更/延长人身安全保护令的事实和理由。申请撤销的,主要是说明申请人遭到的家庭暴力和家庭暴力现实危险已经消失;申请变更的,主要说明申请人遭到的家庭暴力和家庭暴力现实危险发生了变化,根据变化情况请求变更人身安全保护令的措施;申请延长的,主要说明人身安全保护令失效前,申请人受到的家庭暴力或者家庭暴力现实危险依然存在,需要延长人身安全保护令。

3. 尾部

(1)写明致送人民法院的名称。

(2)申请人签名。有关单位代为申请的,加盖单位公章并由法定代表人或者负责人签名。

(3)注明提交申请书的年、月、日。

(4)附项。附上民事裁定书。

(三)文书样式与范例

1. 文书样式

申　请　书

(申请撤销/变更/延长人身安全保护令用)

申请人:×××,男/女,××××年××月××日出生,×族,……(写明工作单位和职务或者职业),住……。联系方式:……。

法定代理人/指定代理人:×××,……。

委托诉讼代理人:×××,……。

被申请人:×××,……。

……

(以上写明当事人和其他诉讼参加人的姓名或者名称等基本信息)

请求事项:

(请求撤销的,写明:)

撤销你院(××××)……民保令……号人身安全保护令民事裁定。

(请求变更的,写明:)

1. 撤销你院(××××)……民保令……号人身安全保护令民事裁定第×项;

2. ……(写明变更的人身安全保护令的措施)。

(请求延长的,写明延长人身安全保护令的措施和期限:)

延长……×个月。

事实和理由：

申请人×××与被申请人×××申请人身安全保护令一案，你院于××××年××月××日作出(××××)……民保令……号人身安全保护令裁定：……(写明裁定结果)。

……(写明申请人主张撤销/变更/延长的事实和理由)。

此致

××××人民法院

附：××××人民法院(××××)……民保令……号民事裁定书

申请人(签名或者盖章)

××××年××月××日

2. 实例与范本

【实例】在谷××向人民法院申请人身安全保护令一案中，人民法院于2015年12月16日作出××人民法院(2015)×民保令12号民事裁定书，裁定：禁止被申请人赵××对申请人谷××实施辱骂、殴打等形式的家庭暴力；禁止赵××骚扰、跟踪、接触申请人谷××。被申请人赵××不服上述裁定，于2015年12月20日向作出原裁定的人民法院申请复议。该复议申请被依法驳回后，赵××继续骚扰、跟踪、辱骂谷××，并扬言继续殴打谷××，谷××不堪忍受，鉴于夫妻感情彻底破裂，在人身安全保护令失效前10天起诉离婚。为了保证离婚期间免遭赵××的骚扰、跟踪，向人民法院申请延长保护令。

申　请　书

申请人：谷××，女，1960年10月4日出生，汉族，××市××区××街道居民，住××市××区××街道××号。联系方式：×××××××××××。

委托诉讼代理人：于××，××市××法律服务所法律服务工作者。

被申请人：赵××，1956年1月11日出生，汉族，××市××区××街道居民，住址同上。联系方式：×××××××××××。

请求事项：

延长禁止被申请人赵××对申请人谷××实施辱骂、殴打等形式的家庭暴力，禁止赵××骚扰、跟踪、接触申请人谷××3个月。

事实和理由：

申请人谷××与被申请赵××申请人身安全保护令一案，你院于2015年12月16日作出××人民法院(2015)×民保令12号民事裁定书，裁定：禁止被申请人赵××对申请人谷××实施辱骂、殴打等形式的家庭暴力；禁止赵××骚扰、跟踪、接触申请人谷××。

被申请人赵××不服上述裁定，于2015年12月20日向作出原裁定的人民法院申请复议。该复议申请被依法驳回后，赵××的行为有所收敛，但近一个月来继续骚扰、跟踪申请人。鉴于夫妻感情彻底破裂，申请人已提起离婚诉讼。为了保证离婚期间免遭赵××的骚扰、跟踪，向你院申请延长保护令的有效期3个月，禁止被申请人赵××对申请人实施辱骂、殴打等形式的家庭暴力，禁止赵××骚扰、跟踪、接触申请人。

此致

××人民法院

附:××人民法院(2015)×民保令12号民事裁定书

申请人　谷××
2016年6月6日

四十三、支付令申请书

(一)文书制作的基本知识

支付令申请书,是指债权人以给付金钱、有价证券为标的,向人民法院提交的、请求人民法院启动督促程序及发出支付令,督促债务人限期偿还债务的法律文书。

1. 债权人申请支付令的条件

督促程序是人民法院根据债权人申请,以支付令催促债务人限期履行债务的程序。也就是说,督促程序是人民法院根据债权人的申请,由人民法院对符合条件的债权债务纠纷的债务人发出支付令,督促其清偿所欠债务的一种民事程序。由于督促程序是以支付令催促债务人履行债务,在法定期间内债务人若对该支付令不提出异议又不履行其债务的,债权人有权向发出支付令的人民法院申请强制执行。因此,督促程序又被称为支付令程序。

根据《民事诉讼法》第214条及《民事诉讼法司法解释》第429条的规定,债权人申请支付令,符合下列条件的,基层人民法院应当受理,并在收到支付令申请书后5日内通知债权人:(1)请求给付金钱或者汇票、本票、支票、股票、债券、国库券、可转让的存款单等有价证券。此外,根据《劳动合同法》第30条的规定,用人单位未按照劳动合同约定和国家规定,拖欠或者未足额支付劳动报酬的,劳动者可以依法向当地人民法院申请支付令,人民法院应当依法发出支付令。(2)请求给付的金钱或者有价证券已到期且数额确定,并写明了请求所根据的事实、证据。(3)债权人没有对待给付义务。(4)债务人在我国境内且未下落不明。(5)支付令能够送达债务人。(6)收到申请书的人民法院有管辖权。《民事诉讼法司法解释》第427条规定,两个以上人民法院都有管辖权的,债权人可以向其中一个基层人民法院申请支付令。债权人向两个以上有管辖权的基层人民法院申请支付令的,由最先立案的人民法院管辖。(7)债权人未向人民法院申请诉前保全。不符合前款规定的,人民法院应当在收到支付令申请书后5日内通知债权人不予受理。基层人民法院受理申请支付令案件,不受债权金额的限制。

2. 支付令申请的受理与审查

根据《民事诉讼法》第215条的规定,债权人提出申请后,人民法院应当在5日内通知债权人是否受理。该法第216条第1款规定,人民法院受理申请后,经审查债权人提供的事实、证据,对债权债务关系明确、合法的,应当在受理之日起15日内向债务人发出支付令;申请不成立的,裁定予以驳回。《民事诉讼法司法解释》第430条规定,人民法院受理申请后,由审判员1人进行审查。经审查,有下列情形之一的,裁定驳回申请:(1)申请人不具备当事人资格的;(2)给付金钱或者有价证券的证明文件没有约定逾期给付利息或者违约金、赔偿金,债权人坚持要求给付利息或者违约金、赔偿金的;(3)要求给付的金钱或者有价证券属于违法所得的;(4)要求给付的金钱或者有价证券尚未到期或者数额不确定的。人民法院受理支付令申请后,发现不符合本解释规定的受理条件的,应当在受理之日起15五日内裁定驳回申请。根据该解释第432条的规定,人民法院受理支付令申请后,债权人就同一债权债务关系又提起诉讼的;人民法院发出支付令之日起30日内无法送达债务人的;债务人收到支付令前,债权人撤回申请的,有上列情形之一的,人民法院应当裁定终结督促程序,已发出支付令的,支付令自行失效。

(二)文书的内容及制作方法

根据《民事诉讼法》第214条第2款的规定,支付令申请书应当写明请求给付金钱或者有价证券的数量和所根据的事实、证据。支付令申请书一般包括以下三部分:

1. 首部

(1)标题。写明文书名称"申请书"或"支付令申请书"。

(2)申请人和被申请人的基本情况。申请人和被申请人是公民的,分别写明其姓名、性别、出生年月日、民族、工作单位和职务与职业、住址、联系方式;申请人为法人或其他组织的,则写明其名称、地址、法定代表人或主要负责人的姓名、职务、联系方式。申请人是无诉讼行为能力的公民,应写明其法定代理人的基本情况及其与申请人的关系。有委托律师为代理人的,应在申请人或被申请人之后另起一行写明其姓名和所在律师事务所名称。

2. 正文

(1)请求事项。明确请求人民法院向债务人发出支付令,并写明要求债务人支付的债款或有价证券的名称和数量。

(2)事实和理由。主要阐明申请人请求人民法院发出支付令的事实理由和法律根据。首先,应阐明申请人和被申请人之间债权债务关系发生的具体情况,提供证明债权债务关系发生的确凿证据。其次,根据人民法院受理支付令的条件逐项写明并符合每项要求。最后,根据《民事诉讼法》的有关规定,请求人民法院依法定程序向被申请人发出支付令,以催促其限期偿还债务。

3. 尾部

(1)写明致送人民法院的名称。

(2)申请人签名。申请人是法人或其他组织的,应由法定代表人或主要负责人签名并加盖单位公章。

(3)注明提交申请书的年、月、日。

(4)附项。列明证据名称、数量,证人姓名、住址。

(三)文书样式与范例

1. 文书样式

申　请　书

(申请支付令用)

申请人:×××,男/女,××××年××月××日出生,×族,……(写明工作单位和职务或者职业),住……。联系方式:……。

法定代理人/指定代理人:×××,……。

委托诉讼代理人:×××,……。

被申请人:×××,……。

……

(以上写明当事人和其他诉讼参加人的姓名或者名称等基本信息)

请求事项:

向被申请人×××发出支付令,督促被申请人×××给付申请人×××……(写明请求给付的金钱或者有价证券的名称和数量)。

事实和理由:

……(写明债权债务关系发生的事实、证据)。

此致

××××人民法院

申请人(签名或者公章)

××××年××月××日

2. 实例与范本

【实例】××市××技术有限责任公司聘用王××为研究员从事技术开发,双方约定王××的月工资为5000元。王××工作6个月后,该技术公司以资金周转困难为由,在未与王××协商的情况下,就停发王××4个月的工资,计20,000元。王××虽多次交涉,但该技术公司都以种种理由推托。王××遂到该技术公司所在的基层法院起诉,法院以该劳动争议案件未进行仲裁裁决为由拒不受理。之后,王××经向有关法律专家咨询,认为具备申请支付令的条件,遂向该人民法院申请支付令。

支付令申请书

申请人:王××,男,1970年4月22日出生,汉族,××市××技术公司职员,住××市××路××号××楼××室。联系方式:×××××××××。

被申请人:××市××技术有限责任公司,住××市东城区××路××号××办公大楼二层。

法定代表人:孔××,董事长。联系方式:×××××××××。

请求事项:

向被申请人×××发出支付令,督促被申请人×××给付申请人工资20,000元。

事实和理由:

申请人为××市××技术有限责任公司聘用的技术开发人员,按照双方劳动合同的约定,被申请人应当按月向申请人支付5000元的工资。最近4个月来,被申请人以资金周转困难为由,擅自停发申请人4个月的工资,计20,000元。申请人与被申请人虽多次交涉,但被申请人都拒绝向申请人支付工资。

根据《劳动合同法》第30条的规定,用人单位未按照劳动合同约定和国家规定,拖欠或者未足额支付劳动报酬的,劳动者有权向当地人民法院申请支付令。现根据《中华人民共和国劳动合同法》第30条和《中华人民共和国民事诉讼法》第214条第1款的规定,请求贵院向被申请人发出支付令,督促其支付所拖欠申请人的20,000元工资。

此致

××市东城区人民法院

附:劳动合同书原件1份

申请人　王××

2017年4月1日

四十四、撤回支付令申请书

(一)文书制作的基本知识

撤回支付令申请书,是指债权人向有管辖权的基层人民法院申请支付令后,债务人收到支付令前,作为申请人的债权人向受理法院提交的请求撤回支付令申请的法律文书。

《民事诉讼法司法解释》第432条规定,有下列情形之一的,人民法院应当裁定终结督促程序,已发出支付令的,支付令自行失效:(1)人民法院受理支付令申请后,债权人就同一债权债务关系又提起诉讼的;(2)人民法院发出支付令之日起30日内无法送达债务人的;(3)债务人收到支付令前,债权人撤回申请的。可见,债权人向有管辖权的基层人民法院申请支付令后,债务人收到支付令前,债权人可以向受理法院撤回支付令申请。

(二)文书的内容及制作方法

1. 首部

(1)标题。写明文书名称"申请书"或"撤回支付令申请书"。

(2)申请人和被申请人的基本情况。申请人或被申请人是公民的,分别写明其姓名、性别、出生年月日、民族、工作单位和职务或职业、住址和联系方式;申请人或被申请人为法人或其他组织的,写明其名称、住所、法定代表人或主要负责人的姓名、职务和联系方式。申请人是无诉讼行为能力的公民,应写明其法定代理人的基本情况及其与申请人的关系。委托律师为代理人的,应在申请人或被申请人之后另起一行写明其姓名和所在律师事务所名称。

2. 正文

(1)请求事项。写明向人民法院申请撤回支付令申请,一般表述为:"撤回向被申请人×××发出给付申请人×××……(写明请求给付的金钱或者有价证券的名称和数量)的支付令申请。"

(2)事实和理由。主要阐明申请人撤回支付令申请的事实理由和法律根据,例如,债务人已经偿还债务;发现不符合申请支付令的条件;申请人与被申请人之间存在其他债务;申请人与被申请人达成和解,申请人同意其延期偿还债务等。

3. 尾部

(1)写明致送人民法院的名称。

(2)申请人签名。申请人是法人或其他组织的,应由法定代表人或主要负责人签名并加盖单位公章。

(3)注明提交申请书的年、月、日。

(三)文书样式与范例

1. 文书样式

申　请　书

(撤回支付令申请用)

申请人:×××,男/女,××××年××月××日出生,×族,……(写明工作单位和职务或者职业),住……。联系方式:……。

法定代理人/指定代理人:×××,……。

委托诉讼代理人:×××,……。

被申请人:×××,……。

……

(以上写明当事人和其他诉讼参加人的姓名或者名称等基本信息)

请求事项:

撤回向被申请人×××发出给付申请人×××……(写明请求给付的金钱或者有价证券的名称和数量)的支付令申请。

事实和理由:

……(写明撤回申请支付令的事实和理由)。

此致

××××人民法院

申请人(签名或者公章)

××××年××月××日

2. 实例与范本

【实例】在××市××技术有限责任公司拖欠王××4个月的工资计20,000元一案中,王××于2016年8月1日向人民法院申请支付令。在该人民法院发出支付令前,××市××技术有限责任公司将上述全部款项支付给了王××,王××遂向该人民法院申请撤回支付令申请。

申 请 书

申请人:王××,男,1970年4月22日出生,汉族,××市××技术有限责任公司职员,住××市××路××号××楼××室。联系方式:×××××××××××。

被申请人:××市××技术有限责任公司,住所××市东城区××路××号××办公大楼二层。

法定代表人:孔××,总经理。联系方式:×××××××××。

请求事项:

撤回向被申请人××市××技术有限责任公司发出给付申请人王××工资20,000元的支付令申请。

事实和理由:

因被申请人××市××技术有限责任公司拖欠申请人4个月的工资计20,000元,申请人于2017年4月26日向你院申请支付令。在你院受理后的第4天,××市××技术有限责任公司将上述全部款项支付给了申请人。根据最高人民法院《关于适用〈中华人民共和国民事诉讼法〉的解释》第432条的规定,申请人申请撤回向被申请人发出给付申请人工资20,000元的支付令申请。

此致

××市××区人民法院

申请人　王××

2017年4月30日

四十五、支付令异议书

（一）文书制作的基本知识

支付令异议书，是指债务人在收到支付令后，在法定期间向发出支付令的人民法院提出的书面异议文书。

根据《民事诉讼法》第216条的规定，人民法院受理支付令申请后，经审查债权人提供的事实、证据，对债权债务关系明确、合法的，应当在受理之日起15日内向债务人发出支付令；申请不成立的，裁定予以驳回。债务人应当自收到支付令之日起15日内清偿债务，或者向人民法院提出书面异议。债务人在前款规定的期间不提出异议又不履行支付令的，债权人可以向人民法院申请执行。《民事诉讼法司法解释》第433条规定，债务人在收到支付令后，未在法定期间提出书面异议，而向其他人民法院起诉的，不影响支付令的效力。债务人超过法定期间提出异议的，视为未提出异议。该解释第434条规定，债权人基于同一债权债务关系，在同一支付令申请中向债务人提出多项支付请求，债务人仅就其中一项或者几项请求提出异议的，不影响其他各项请求的效力。该解释第435条规定，债权人基于同一债权债务关系，就可分之债向多个债务人提出支付请求，多个债务人中的一人或者几人提出异议的，不影响其他请求的效力。

《民事诉讼法》第217条规定，人民法院收到债务人提出的书面异议后，经审查，异议成立的，应当裁定终结督促程序，支付令自行失效。支付令失效的，转入诉讼程序，但申请支付令的一方当事人不同意提起诉讼的除外。《民事诉讼法司法解释》第437条规定，经形式审查，债务人提出的书面异议有下列情形之一的，应当认定异议成立，裁定终结督促程序，支付令自行失效：（1）本解释规定的不予受理申请情形的；（2）本解释规定的裁定驳回申请情形的；（3）本解释规定的应当裁定终结督促程序情形的；（4）人民法院对是否符合发出支付令条件产生合理怀疑的。该解释第438条规定，债务人对债务本身没有异议，只是提出缺乏清偿能力、延缓债务清偿期限、变更债务清偿方式等异议的，不影响支付令的效力。人民法院经审查认为异议不成立的，裁定驳回。债务人的口头异议无效。该解释第439条规定，人民法院作出终结督促程序或者驳回异议裁定前，债务人请求撤回异议的，应当裁定准许。债务人对撤回异议反悔的，人民法院不予支持。

（二）文书的内容及制作方法

1. 首部

（1）标题。注明文书名称“支付令异议书”。

（2）异议人的基本情况。异议人是公民的，写明其姓名、性别、出生年月日、民族、工作单位和职务或职业、住址、联系方式；异议人为法人或其他组织的，则写明其名称、地址、法定代表人或主要负责人的姓名、职务、联系方式。委托律师为代理人的，应写明其姓名和所在律师事务所名称。

2. 正文

（1）请求事项。明确写明请求人民法院裁定终结督促程序。

（2）事实和理由。这部分着重阐明债务人对支付令提出异议的事实根据。对此，可根据具体情况从以下方面提出异议：请求给付的金钱或者有价证券尚未到期或者数额不能确定；

债权人与债务人之间还有其他债务纠纷;要求履行的债务没有事实根据;发出支付令的人民法院没有管辖权等。最后,根据《民事诉讼法》的具体规定,请求人民法院裁定终结督促程序。

3. 尾部

(1)写明致送人民法院的名称。

(2)异议人签名。异议人是法人或其他组织的,应由法定代表人或主要负责人签名并加盖单位公章。

(3)注明提交异议书的年、月、日。

(4)附项。列明证据名称、数量,证人姓名、住址。

(三)文书样式与范例

1. 文书样式

异 议 书

(对支付令提出异议用)

异议人(被申请人):×××,男/女,××××年××月××日出生,×族,……(写明工作单位和职务或者职业),住……。联系方式:……。

法定代理人/指定代理人:×××,……。

委托诉讼代理人:×××,……。

(以上写明异议人和其他诉讼参加人的姓名或者名称等基本信息)

请求事项:

裁定终结督促程序。

事实和理由:

异议人于××××年××月××日收到你院于××××年××月××日根据×××申请发出的(××××)……民督……号支付令:……(写明支付令内容)。

……(写明终结督促程序的理由)。

此致

××××人民法院

异议人(签名或者公章)

××××年××月××日

2. 实例与范本

【实例】谢××与蔡××系朋友关系。2012年2月1日,蔡××因资金周转困难,向谢××借款30,000元。当日,蔡××给谢××出具借条。借条载明:今借到谢××现金人民币叁万元整(30,000元),期限1年,到期还清。双方同时口头约定利息为每月2000元。2013年2月1日借款到期后,蔡××向谢××支付12,000元利息,并以种种理由拒付借款本金。谢××向××市××区人民法院申请支付令,该法院向蔡××签出支付令。蔡××于2013年2月12日收到支付令后,提出书面异议。

支付令异议书

异议人(被申请人):蔡××,男,1972年7月19日出生,汉族,××市××区××

镇××村村民，住××镇××路××号院。联系方式：136××××××××。

请求事项：

裁定终结督促程序。

异议人于2013年2月12日收到你院2013年2月9日根据谢××申请发出的(2013)×民督第62号支付令：被申请人蔡××应当自收到本支付之日起15日内，给付申请人债款30,000元。

事实和理由：

2012年2月1日，申请人因生意周转困难，向谢××借款30,000元。当日，申请人给谢××出具借条，借条载明：今借到谢××现金人民币叁万元整(30,000元)，期限1年，到期还清。双方同时口头约定利息为每月2000元。2013年2月1日借款到期后，申请人向谢××支付12,000元利息。根据《中华人民共和国合同法》第211条第2款的规定，自然人之间的借款合同约定支付利息的，借款的利率不得违反国家有关限制借款利率的规定。最高人民法院《关于人民法院审理借贷案件的若干意见》第6条规定，民间的利率可以适当高于银行利率，各地人民法院可根据本地区的实际情况具体掌握，但不得超过银行同类相关利率的4倍(包括利率本息)。据此，双方关于借款利息的约定无效。可见，作为债务人的申请人与债权人之间就还款数额存在争议，债权债务不够明确。现根据《中华人民共和国民事诉讼法》第214条和第216条的有关规定，对贵院发出的(2013)×字×号支付令提出异议，请依法判决终止支付令效力并终结督促程序。

此致

××市××区人民法院

异议人　蔡××

2013年3月1日

四十六、公示催告申请书

(一)文书制作的基本知识

公示催告申请书，是指可以背书转让的票据持有人，在票据被盗、遗失或者灭失的情况下，为了保护自己所拥有的票据合法权利，依法向票据支付地的基层人民法院申请作出公示催告的法律文书。

根据《民事诉讼法》第218条第1款的规定，按照规定可以背书转让的票据持有人，因票据被盗、遗失或者灭失，可以向票据支付地的基层人民法院申请公示催告。依照法律规定可以申请公示催告的其他事项，适用本章规定。这里所谓的票据持有人，是指票据被盗、遗失或者灭失前的最后持有人。该法第219条规定，人民法院决定受理申请，应当同时通知支付人停止支付，并在3日内发出公告，催促利害关系人申报权利。公示催告的期间，由人民法院根据情况决定，但不得少于60日。根据上述规定，公示催告程序的适用应具备下列条件：(1)公示催告程序的开始必须基于票据持有人的申请，人民法院收到公示催告的申请后，经审查认为符合条件的，予以受理并作出公示催告；(2)申请公示催告以持有人持有的可以背书转让的票据被盗、遗失或者灭失为条件；(3)公示催告的申请人为票据的合法持有人，即票据被盗、遗失或者灭失前的合法持有人。

《民事诉讼法》第220条规定,支付人收到人民法院停止支付的通知,应当停止支付,至公示催告程序终结。公示催告期间,转让票据权利的行为无效。该法第221条规定,利害关系人应当在公示催告期间向人民法院申报。人民法院收到利害关系人的申报后,应当裁定终结公示催告程序,并通知申请人和支付人。申请人或者申报人可以向人民法院起诉。该法第222条规定,没有人申报的,人民法院应当根据申请人的申请,作出判决,宣告票据无效。判决应当公告,并通知支付人。自判决公告之日起,申请人有权向支付人请求支付。该法第223条规定,利害关系人因正当理由不能在判决前向人民法院申报的,自知道或者应当知道判决公告之日起1年内,可以向作出判决的人民法院起诉。

(二)文书的内容及制作方法

《民事诉讼法》第218条第2款规定,申请人应当向人民法院递交申请书,写明票面金额、发票人、持票人、背书人等票据主要内容和申请的理由、事实。公示催告申请书包括以下三部分:

1. 首部

(1)标题。注明文书名称"申请书"或"公示催告申请书"。

(2)申请人的基本情况。申请人是公民的,写明其姓名、性别、出生年月日、民族、职业、住址、联系方式;申请人为法人或其他组织的,则写明其名称、住所、法定代表人或主要负责人的姓名、职务、联系方式。

2. 正文

(1)请求事项。写明被盗、遗失或者灭失的票据的种类、数量及票面金额,请求人民法院进行公示催告;受理之后即通知票据支付人停止支付;在公告期满之后,无人申报权利的,或者申报被驳回的,人民法院作出除权判决,宣告已丧失的票据不再具有法律效力。

(2)事实和理由。这部分主要阐述票据的内容和申请公示催告的事实和法律依据。应写明票据关系发生的经过,票据的种类、数量、金额、票据账号、发票人、持票人、背书人、被背书人、付款人的姓名或名称。其他可以申请公示催告的权利凭证,应当写明权利的种类、号码、权利范围、权利人、义务人、行权日期等事项。基于上述事实和根据相关的法律规定,请求人民法院进行公示催告程序,并立即通知票据支付人停止支付,宣告所失票据无效,以保护申请人在该票据上应有的权利。

3. 尾部

(1)写明致送人民法院的名称。

(2)申请人签名。申请人是法人或其他组织的,应由法定代表人或主要负责人签名并加盖单位公章。

(3)注明提交申请书的年、月、日。

(4)附项。列明证据名称、数量,证人姓名、住址。

(三)文书样式与范例

1. 文书样式

申 请 书

(申请公示催告用)

申请人:×××,男/女,××××年××月××日出生,×族,……(写明工作单位和职务或者职业)，住……。联系方式：……。

法定代理人/指定代理人：×××，……。

委托诉讼代理人：×××，……。

(以上写明申请人和其他诉讼参加人的姓名或者名称等基本信息)

请求事项：

1. 对……票据进行公示催告(写明票面金额、发票人、持票人、背书人等票据主要内容)；

2. 受理后立即通知票据支付人停止支付；

3. 在公告期满后，无人申报权利的，或者申报被驳回的，人民法院作出除权判决，宣告已丧失的票据不再具有法律效力。

事实和理由：

……(写明申请公示催告的事实和理由)。

此致

××××人民法院

申请人(签名或者公章)

××××年××月××日

2. 实例与范本

【实例】2016年3月21日，××市××服装有限责任公司董事长安××出差途经甲市时，被他人盗走汇往乙市采购原料的银行承兑汇票一张，票据号为MB/01 00143225，汇票金额为30万元，出票人是中国银行××支行，持票人是××服装有限责任公司，支付人是中国银行临安分行，承兑协议编号1－1－4，交易合同号码09－110，未向任何单位背书转让。××市××服装有限责任公司于2016年3月26日向乙市城区人民法院申请公示催告。

申　请　书

申请人：××市××服装有限责任公司，住××市××区××路××院。

法定代表人：安××，董事长，联系方式：×××××××××。

请求事项：

1. 对MB/0100143225号汇票公示催告，票面金额30万元，出票人中国银行××支行。持票人××市××服装有限公司。

2. 受理后立即通知票据支付人停止支付。

3. 在公告期满后，无人申报权利的，或者申报被驳回的，人民法院作出除权判决，宣告已丧失的票据不再具有法律效力。

事实和理由：

2016年3月21日，××市××服装有限责任公司董事长安××出差途经甲市时，被他人盗走汇往乙市采购原料的银行承兑汇票一张，票据号为MB/0100143225，汇票金额为30万元，出票人是中国银行××支行，持票人是××服装有限责任公司，支付人是中国银行乙市分行，承兑协议编号1－1－4，交易合同号码09－110，未向任何单位背书转让。申请人现根据《中华人民共和国民事诉讼法》第218条第1款的规定，请求乙市城区人民法院对MB/0100143225号汇票公示催告,依法作出判决并宣告上述票据无效,以维护申请人的合法权益不受损失。

此致

乙市城区人民法院

申请人　××市××服装有限责任公司
2016年3月26日

四十七、撤回公示催告申请书

(一)文书制作的基本知识

撤回公示催告申请书,是指公示催告申请人在公示催告前向受理人民法院提交的请求撤回公示催告申请的法律文书。

根据《民事诉讼法》的有关规定,按照规定可以背书转让的票据持有人,因票据被盗、遗失或者灭失,可以向票据支付地的基层人民法院申请公示催告。人民法院决定受理申请,应当同时通知支付人停止支付。支付人收到人民法院停止支付的通知,应当停止支付,至公示催告程序终结。公示催告期间,转让票据权利的行为无效。但是,在公示催告前申请人对被盗或者丢失的票据失而复得或者并未丢失的,可以向受理申请的人民法院撤回申请。《民事诉讼法司法解释》第455条规定,公示催告申请人撤回申请,应在公示催告前提出;公示催告期间申请撤回的,人民法院可以径行裁定终结公示催告程序。

(二)文书的内容及制作方法

1.首部

(1)标题。注明文书名称“申请书”或“撤回公示催告申请书”。

(2)申请人的基本情况。申请人是公民的,写明其姓名、性别、出生年月日、民族、工作单位和职务或职业、住址和联系方式;申请人为法人或其他组织的,则写明其名称、地址、法定代表人或主要负责人的姓名、职务与联系方式。

2.正文

(1)请求事项。写明撤回对哪一票据(写明票面金额、发票人、持票人、背书人等票据主要内容)的公示催告申请。

(2)事实和理由。这部分首先要简要交代申请人提交公示催告申请的时间和请求事项及人民法院的受理案号。其次写明撤回申请的具体原因,如在公示催告前被盗票据被追回、丢失的票据失而复得、票据并未丢失等。

3.尾部

(1)写明致送人民法院的名称。

(2)申请人签名。申请人是法人或其他组织的,应由法定代表人或主要负责人签名并加盖单位公章。

(3)注明提交申请书的年、月、日。

（三）文书样式与范例

1. 文书样式

申　请　书

（撤回公示催告申请用）

申请人：×××，男/女，××××年××月××日出生，×族，……（写明工作单位和职务或者职业），住……。联系方式：……。

法定代理人/指定代理人：×××，……。

委托诉讼代理人：×××，……。

（以上写明申请人和其他诉讼参加人的姓名或者名称等基本信息）

请求事项：

请求撤回对……票据（写明票面金额、发票人、持票人、背书人等票据主要内容）公示催告申请。

事实和理由：

申请人××××年××月××日向××××人民法院提交了公示催告申请，请求：……（写明请求事项）。你院××××年××月××日以（××××）……民催……号立案。

……（写明撤回申请的原因）。

此致

××××人民法院

申请人（签名或者公章）

××××年××月××日

2. 实例与范本

【实例】在××市××服装有限责任公司因被他人盗走银行承兑汇票一案中，该公司于2016年3月26日向乙市城区人民法院申请公示催告。法院受理后，上述被盗汇票被公安机关查获并交付该公司。在公示催告前，该公司向受理法院申请撤回公示催告申请。

申　请　书

申请人：××市××服装有限责任公司，住所××市××区××路××院。

法定代表人：安××，董事长，联系方式：×××××××××。

请求事项：

请求撤回对MB/0100143225号汇票（金额为30万元，出票人是中国银行××支行，持票人是××市××服装有限责任公司，支付人是中国银行乙市分行，承兑协议编号1-1-4，交易合同号码09-110）公示催告申请。

事实和理由：

申请人2016年3月26日向乙市城区人民法院提交了公示催告申请，请求：对MB/0100143225号汇票（金额为30万元，出票人是中国银行××支行，持票人是××市××服装有限责任公司，支付人是中国银行乙市分行，承兑协议编号1-1-4，交易合同号码

09－110)进行公示催告;受理后立即通知票据支付人停止支付;在公告期满后,无人申报权利的,或者申报被驳回的,人民法院作出除权判决,宣告已丧失的票据不再具有法律效力。你院2016年3月26日以(2016)……民催38号立案。

在你院受理后,上述被盗汇票于2016年3月31日被公安机关查获并于当日交付申请人,现根据最高人民法院《关于适用〈中华人民共和国民事诉讼法〉的解释》第455条的规定,向你院申请撤回公示催告申请。

此致

××××人民法院

申请人 ××市××服装有限责任公司

2016年4月1日

四十八、民事再审申请书

(一)文书制作的基本知识

民事再审申请书,是指当事人对已经发生法律效力的判决、裁定,认为有错误的,向原审人民法院或者上一级人民法院申请再审的法律文书。

1. 当事人申请再审应当具备的条件

(1)当事人认为已经发生法律效力的判决、裁定有错误的。《民事诉讼法》第199条规定,当事人对已经发生法律效力的判决、裁定,认为有错误的,可以向上一级人民法院申请再审;当事人一方人数众多或者当事人双方为公民的案件,也可以向原审人民法院申请再审。当事人申请再审的,不停止判决、裁定的执行。该法第201条规定,当事人对已经发生法律效力的调解书,提出证据证明调解违反自愿原则或者调解协议的内容违反法律的,可以申请再审。经人民法院审查属实的,应当再审。根据《民事诉讼法司法解释》第375条第1款的规定,当事人死亡或者终止的,其权利义务承继者可以根据上述规定申请再审。根据该解释第376条规定,《民事诉讼法》第199条规定的人数众多的一方当事人,包括公民、法人和其他组织。《民事诉讼法》第199条规定的当事人双方为公民的案件,是指原告和被告均为公民的案件。

(2)申请再审应在法定期间内提出。《民事诉讼法》第205条规定,当事人申请再审,应当在判决、裁定发生法律效力后6个月内提出;有本法第200条第1项、第3项、第12项、第13项规定情形的,自知道或者应当知道之日起6个月内提出。《民事诉讼法司法解释》第384条规定,当事人对已经发生法律效力的调解书申请再审,应当在调解书发生法律效力后6个月内提出。

(3)当事人申请再审要符合再审法定情形。根据《民事诉讼法》第200条第1款的规定,当事人的申请符合下列情形之一的,人民法院应当再审:①有新的证据,足以推翻原判决、裁定的。根据《民事诉讼法司法解释》第387条第1款的规定,再审申请人提供的新的证据,能够证明原判决、裁定认定基本事实或者裁判结果错误的,应当认定为该项规定的情形。根据该解释第388条的规定,再审申请人证明其提交的新的证据符合下列情形之一的,可以认定逾期提供证据的理由成立:在原审庭审结束前已经存在,因客观原因于庭审结束后才发现的;在原审庭审结束前已经发现,但因客观原因无法取得或者在规定的期限内不能提供的;在原审庭审结束后形成,无法据此另行提起诉讼的。再审申请人提交的证据在原审中已经提供,原审人民法院未组织质证且未作为裁判根据的，视为逾期提供证据的理由成立，但原审人民法院依照《民事诉讼法》第 65 条的规定不予采纳的除外。②原判决、裁定认定的基本事实缺乏证据证明的。③原判决、裁定认定事实的主要证据是伪造的。④原判决、裁定认定事实的主要证据未经质证的。根据《民事诉讼法司法解释》第 389 条的规定，当事人对原判决、裁定认定事实的主要证据在原审中拒绝发表质证意见或者质证中未对证据发表质证意见的，不属于该项规定的未经质证的情形。⑤对审理案件需要的主要证据，当事人因客观原因不能自行收集，书面申请人民法院调查收集，人民法院未调查收集的。⑥原判决、裁定适用法律确有错误的。根据《民事诉讼法司法解释》第 390 条的规定，有下列情形之一，导致判决、裁定结果错误的，应当认定为民事诉讼法该项规定的原判决、裁定适用法律确有错误：适用的法律与案件性质明显不符的；确定民事责任明显违背当事人约定或者法律规定的；适用已经失效或者尚未施行的法律的；违反法律溯及力规定的；违反法律适用规则的；明显违背立法原意的。⑦审判组织的组成不合法或者依法应当回避的审判人员没有回避的。⑧无诉讼行为能力人未经法定代理人代为诉讼或者应当参加诉讼的当事人，因不能归责于本人或者其诉讼代理人的事由，未参加诉讼的。⑨违反法律规定，剥夺当事人辩论权利的。根据《民事诉讼法司法解释》第 391 条的规定，原审开庭过程中有下列情形之一的，应当认定为该项规定的剥夺当事人辩论权利：不允许当事人发表辩论意见的；应当开庭审理而未开庭审理的；违反法律规定送达起诉状副本或者上诉状副本，致使当事人无法行使辩论权利的；违法剥夺当事人辩论权利的其他情形。⑩未经传票传唤，缺席判决的。⑪原判决、裁定遗漏或者超出诉讼请求的。根据《民事诉讼法司法解释》第 392 条的规定，该项规定的诉讼请求，包括一审诉讼请求、二审上诉请求，但当事人未对一审判决、裁定遗漏或者超出诉讼请求提起上诉的除外。⑫据以作出原判决、裁定的法律文书被撤销或者变更的。根据《民事诉讼法司法解释》第 393 条的规定，该项规定的法律文书包括：发生法律效力的判决书、裁定书、调解书；发生法律效力的仲裁裁决书；具有强制执行效力的公证债权文书。⑬审判人员审理该案件时有贪污受贿，徇私舞弊，枉法裁判行为的。根据《民事诉讼法司法解释》第 394 条的规定，该项规定的审判人员审理该案件时有贪污受贿、徇私舞弊、枉法裁判行为，是指已经由生效刑事法律文书或者纪律处分决定所确认的行为。

2. 申请再审的形式及再审审查

根据《民事诉讼法》第 203 条的规定，当事人申请再审的，应当提交再审申请书等材料。对此，人民法院应当自收到再审申请书之日起 5 日内将再审申请书副本发送对方当事人。对方当事人应当自收到再审申请书副本之日起 15 日内提交书面意见；不提交书面意见的，不影响人民法院审查。人民法院可以要求申请人和对方当事人补充有关材料，询问有关事项。《民事诉讼法解释》第 370 条规定，当事人申请再审，应当提交下列材料：①再审申请书，并按照被申请人和原审其他当事人的人数提交副本。②再审申请人是自然人的，应当提交身份证明；再审申请人是法人或者其他组织的，应当提交营业执照、组织机构代码证书、法定代表人或者主要负责人身份证明书。委托他人代为申请的，应当提交授权委托书和代理人身份证明。③原审判决书、裁定书、调解书。④反映案件基本事实的主要证据及其他材料。前款第 2 项、第 3 项、第 4 项规定的材料可以是与原件核对无异的复印件。该解释第 385 条规定，人民法院应当自收到符合条件的再审申请书等材料之日起 5 日内向再审申请人发送受理通知书，并向被申请人及原审其他当事人发送应诉通知书、再审申请书副本等材料。

根据《民事诉讼法》第204条的规定,人民法院应当自收到再审申请书之日起3个月内审查,符合本法规定的,裁定再审;不符合本法规定的,裁定驳回申请。有特殊情况需要延长的,由本院院长批准。因当事人申请裁定再审的案件由中级人民法院以上的人民法院审理,但当事人依照本法第199条的规定选择向基层人民法院申请再审的除外。最高人民法院、高级人民法院裁定再审的案件,由本院再审或者交其他人民法院再审,也可以交原审人民法院再审。

(二)文书的内容及制作方法

再审申请书应当载明下列事项:再审申请人与被申请人和原审其他当事人的姓名或者名称等基本信息;原审人民法院的名称,原判决、裁定、调解文书案号;具体的再审请求;申请再审的法定情形及具体事实、理由。再审申请书应当明确再审的人民法院,并由再审申请人签名、捺印或者盖章。具体来讲,再审申请书包括以下三部分:

1. 首部

(1)标题。应写明文书名称"民事再审申请书"。

(2)当事人的基本情况。应当写明再审申请人与被申请人和原审其他当事人的姓名、住所及有效联系方式等基本情况;再审申请人与对方当事人为法人或其他组织的,应写明再审申请人与对方当事人的名称、住所和法定代表人或主要负责人的姓名、职务及有效联系方式等基本情况。再审申请人委托律师代理申请再审的,应写明其姓名及其所在律师事务所名称。

2. 正文

(1)案由。应当概括写明不服原生效判决和提出再审的请求,其中应注明作出原生效裁判的人民法院的名称,原生效判决、裁定、调解文书案号等。

(2)请求事项。请求事项部分,要简明扼要地提出请求人民法院对本案按照审判监督程序进行再审,并依法变更或撤销原裁判。

(3)事实和理由。首先,陈述案件事实并以相关证据加以证实。其次,可从以下方面阐述生效裁判的错误:通过提供新的证据,以推翻原判决、裁定的事实基础;揭示原裁判存在的证据矛盾或证据不足、适用法律错误、违反法定程序以及审判人员在审理该案件时有贪污受贿、徇私舞弊、枉法裁判行为。最后,归纳原裁判所存在的错误,根据法律有关规定提出申请再审的具体请求。

(4)证据及证据来源。申请再审,应当向人民法院提交已经发生法律效力的判决书、裁定书、调解书,身份证明及相关证据材料,并应在正文的后面列明证据名称、数量,证人姓名、住址。

3. 尾部

(1)写明致送人民法院的名称。

(2)申请人签名。申请人是法人或其他组织的,应由法定代表人或主要负责人签名并加盖单位公章。

(3)注明提交申请书的年、月、日。

(4)附项。应按照对方当事人人数提供副本。

(三)文书样式与范例

1. 文书样式

再审申请书

(申请再审用)

再审申请人(一、二审诉讼地位):×××,男/女,××××年××月××日出生,×族,……(写明工作单位和职务或者职业),住……。联系方式:……。

法定代理人/指定代理人:×××,……。

委托诉讼代理人:×××,……。

被申请人(一、二审诉讼地位):×××,……。

……

原审原告/被告/第三人(一审诉讼地位):×××,……。

……

(以上写明当事人和其他诉讼参加人的姓名或者名称等基本信息)

再审申请人×××因与×××……(写明案由)一案,不服××××人民法院(写明原审人民法院的名称)××××年××月××日作出的(××××)……号民事判决/民事裁定/民事调解书,现提出再审申请。

再审请求:

……

事实和理由:

……(写明申请再审的法定情形及事实和理由)。

此致

××××人民法院

附:本民事再审申请书副本×份

再审申请人(签名或者盖章)

××××年××月××日

2. 实例与范本

【实例1】2015年5月1日,甲建筑总公司作为总承包人与某商品房开发商签订施工合同。同年5月18日,甲建筑总公司下属的施工项目部与没有建筑资质的乙工贸有限责任公司(以下简称乙公司)签订施工协议,施工项目部将其承包的部分建筑工程分包给乙公司。之后,乙公司以施工项目部第二施工队的名义施工。乙公司于2015年5月26日与申请人马××签订租赁合同,向申请人租用日立牌挖掘机一台用于工程施工。2015年7月21日第二施工队正在施工的建筑工程倒塌,将申请人出租的挖掘机砸翻,并造成现场3名施工人员死亡的重大责任事故。2015年7月25日,乙公司针对挖掘机受损事宜向出租人即申请人作出修复和赔偿承诺。2015年8月1日,由甲建筑总公司施工项目部经理召开会议讨论挖掘机修复协调会,会议形成会议纪要并确认了乙公司对出租人所作的承诺。之后,乙公司并没有按照承诺修复挖掘机,甲公司施工项目部也没有对申请人承担修复和赔偿责任。申请人遂作为原告将总承包人即甲建筑总公司诉至某基层人民法院。一审法院判决被告甲建筑总公司赔偿申请人挖掘机修复费用、误工损失及其他损失共计825,320元。该判决认定事实基本属实,对原告即申请人的损失进行了合理补偿。但被告即甲建筑总公司不服一审判决,上诉至市中级人民法院,二审法院经审理认为上诉人即甲建筑总公司不是挖掘机租赁合同的承租人,对被上诉人即申请人的财产损失不负赔偿责任,作出了撤销一审判决、驳回申请人诉讼请求的终审判决。申请人认为该判决在认定事实和适用法律上均有错误,严重损害了申请人的合法权益,遂依法对本案申请再审。

再审申请书

再审申请人(一审原告、二审被上诉人):马××,男,1970年5月6日出生,汉族,××市××工程施工队负责人,住××县××镇××路××号。联系方式:××××××××。

被申请人(一审被告、二审上诉人):××省甲建筑总公司,住所××市××区××号××大楼。

法定代表人:任××,董事长,联系方式:××××××。

再审申请人马××因与××省甲建筑总公司财产损害赔偿一案,不服××市中级人民法院2015年9月2日作出的(2015)×民终字第86号民事判决书,现提出再审申请。

再审请求:

1. 请求撤销(2015)×民终字第86号民事判决书;

2. 判决被申请人赔偿财产损失802,300元、支付误工费10,220元、交通费12,800元,共计825,320元。

事实和理由:

2015年5月1日,甲建筑总公司作为总承包人与某商品房开发商签订施工合同。同年5月18日,甲建筑总公司下属的施工项目部与没有建筑资质的乙工贸有限责任公司(以下简称乙公司)签订施工协议,施工项目部将其承包的部分建筑工程分包给乙公司。之后,乙公司以施工项目部第二施工队的名义施工。乙公司于2015年5月26日与再审申请人(以下简称申请人)马××签订租赁合同,向申请人租用日立牌挖掘机一台用于工程施工。2015年7月21日第二施工队正在施工的建筑工程倒塌,将申请人出租的挖掘机砸翻,并造成现场3名施工人员死亡的重大责任事故。2015年7月25日,乙公司针对挖掘机受损事宜向出租人即申请人作出修复和赔偿承诺。2015年8月1日,由甲建筑总公司施工项目部经理召开会议讨论挖掘机修复协调会,会议形成会议纪要并确认了乙公司对出租人所作的承诺。之后,乙公司并没有按照承诺修复挖掘机,甲公司施工项目部也没有对申请人承担修复和赔偿责任。申请人遂作为原告将总承包人即甲建筑总公司诉至××人民法院。一审法院判决被告甲建筑总公司赔偿申请人挖掘机修复费用、误工损失及其他损失共计825,320元。该判决认定事实基本属实,对原告即申请人的损失进行了合理补偿。但被告即甲建筑总公司不服一审判决,上诉至市中级人民法院,二审法院经审理认为上诉人即甲建筑总公司不是挖掘机租赁合同的承租人,对被上诉人即申请人的财产损失不服赔偿责任,作出了撤销一审判决、驳回申请人诉讼请求的终审判决。申请人认为该判决在认定事实和适用法律上均有错误,严重损害了申请人的合法权益,遂依法对本案申请再审。

一、二审判决认定没有建筑资质的乙工贸有限责任公司为建设施工责任主体，适用法律错误

《中华人民共和国合同法》第272条第2款规定，禁止承包人将工程分包给不具备相应资质条件的单位。禁止分包单位将其承包的工程再分包。建设工程主体结构的施工必须由承包人自行完成。可见，作为分包人的建设施工单位应当具有相应资质条件。对此，《中华人民共和国建筑法》第29条明确规定，建筑工程总承包单位可以将承包工程中的部分工程发包给具有相应资质条件的分包单位。由此可以断定，本案中作为分承包人的乙工贸有限责任公司不具有订立分包合同的主体资格。一审判决对这一事实进行了确认，但是，二审判决却无视乙公司不具有建筑施工企业资质这一事实，将违法分包认定为合法的工程分包，并在此基础上得出了乙公司对所承包工程施工中产生的权利自行享有和义务应独自承担的错误结论。乙公司是否具有建筑承包资质直接影响到对本案的定性和责任承担的认定。

《中华人民共和国建筑法》第44条规定，建筑施工企业必须依法加强对建筑安全生产的管理，执行安全生产责任制度，采取有效措施，防止伤亡和其他安全生产事故的发生。建筑施工企业的法定代表人对本企业的安全生产负责。该法第45条规定，施工现场安全由建筑施工企业负责。实行施工总承包的，由总承包单位负责。分包单位向总承包单位负责，服从总承包单位对施工现场的安全生产管理。本案中，建筑施工现场之所以发生机毁人亡的安全事故，主要是由于作为总承包单位的甲建筑总公司未采取适当的施工现场安全生产管理，没有制订相应的施工作业方案和没有采取必要的安全防范措施。此外，由于总承包单位选择的分包单位乙公司不具备相应的施工资质，不具有安全生产能力和管理水平。因此，对于本案中安全事故的发生和对申请人挖掘机造成的毁损，作为总承包人的甲建筑总公司和分包人的乙公司都负有不可推卸的责任。可见，二审判决认定没有建筑资质的乙工贸有限责任公司为建设施工责任主体，适用法律错误。

《中华人民共和国安全生产法》第100条第1款规定，生产经营单位将生产经营项目、场所、设备发包或者出租给不具备安全生产条件或者相应资质的单位或者个人的，责令限期改正，没收违法所得；违法所得10万元以上的，并处违法所得2倍以上5倍以下的罚款；没有违法所得或者违法所得不足10万元的，单处或者并处10万元以上20万元以下的罚款；对直接负责的主管人员和其他直接责任人员处1万元以上2万元以下的罚款；导致发生生产安全事故给他人造成损害的，与承包方、承租方承担连带赔偿责任。可见，本案中，甲建筑总公司明知乙公司不具有建筑承包资质，仍将部分建筑工程分包给了乙公司，使工程施工安全没有保障，对发生建筑坍塌的生产安全事故和造成申请人财产损害负有不可推卸的责任，甲建筑总公司与乙公司应依法承担连带赔偿责任。二审法院关于“乙公司所作的《赔偿承诺书》和《7·21事故协调会议纪要》两文件确定了乙公司为修复马××受损挖掘机、承担修复费用的唯一责任主体”的认定，既与事实不符，也违反了上述法律关于违法分包的发承包人应承担连带责任的规定。

二、本案中申请人有权选择甲建筑总公司与乙公司承担连带侵权责任或者乙公司承担违约责任，但是，二审判决认定乙公司的违约责任优先于甲公司的侵权责任于法无据

本案中，甲建筑总公司和乙公司作为共同的安全责任事故责任人和侵权人，对给申请人造成的财产损害即挖掘机损坏，负有连带赔偿责任，因此，作为债权人的本案申请人

可以向债务人即甲建筑总公司和乙公司二者中的任何一人要求其承担全部责任。本案中作为承担连带赔偿责任的债务人之一的乙公司,其表示愿意承担修理受损挖掘机的赔偿责任,作为债权人的申请人当然没有拒绝的理由。因为事故发生后乙公司出具的《赔偿承诺书》中没有加盖乙公司的公章,之后,在申请人的要求下,甲建筑总公司、乙公司与申请人所达成的《7·21事故协调会议纪要》确认了《赔偿承诺书》的内容。但是,无论是在《赔偿承诺书》还是在《7·21事故协调会议纪要》中,申请人从未放弃要求甲建筑总公司作为共同侵权人应承担的赔偿责任的权利和免除甲建筑总公司承担连带赔偿责任的义务。在乙公司没有实际履行赔偿责任的情况下,申请人有权要求连带债务人中的任何一人承担赔偿责任。然而,二审判决置法律关于连带责任的规定和甲建筑总公司应承担的连带赔偿责任于不顾,认定申请人"以甲建筑总公司作为承担赔偿责任的主体要求其支付挖掘机修复费等费用的诉讼请求不能成立",这真是岂有此理!

《中华人民共和国合同法》第122条规定,因当事人一方的违约行为,侵害对方人身、财产权益的,受损害方有权选择依照本法要求其承担违约责任或者依照其他法律要求其承担侵权责任。本案中,甲建筑总公司将工程违法分包给没有相应资质的乙公司,致使发生安全生产事故并使申请人的挖掘机受损,申请人既有权要求甲建筑总公司和乙公司承担侵权责任,又有权根据租赁关系要求乙公司承担违约责任。是对乙公司提起违约之诉还是对甲建筑总公司和乙公司提起侵权之诉,申请人完全有权作出自主选择,无论是侵权责任人还是人民法院都无权要求和强迫申请人必须提起违约之诉。但是,二审判决认为"乙公司应承担的赔偿责任系基于其与马××之间的租赁关系而产生,故马××应当以乙公司为被告提起租赁纠纷的诉讼",并以《中华人民共和国合同法》中关于租赁合同的法律规定为依据。对此,申请人基于上述理由认为,二审法院的这一判决理由完全不能成立。二审法院所作的"只有在乙公司不能承担赔偿责任的前提下,才应由甲建筑总公司承担相应的民事责任"的责任认定,显然是错误的。其不仅剥夺了申请人依法享有的诉讼权利,影响了申请人债权的实现;申请人如果按其理解的诉讼程序进行诉讼,也会浪费国家有限的司法资源。

综上所述,本案二审判决认定事实不清,适用法律错误。申请人现根据《中华人民共和国民事诉讼法》第199条、第200条的规定,向贵院提起民事再审申请,恳请贵院依法纠正二审人民法院对本案所作的错误判决。

此致

××省高级人民法院

附:本民事再审申请书副本1份

申请人　马××

2016年1月22日

【实例2】李××于2012年3月被某房地产开发公司(以下简称房地产公司)聘为房屋销售员,双方在劳动合同中约定李××的月基本工资为1000元,另加1%的销售绩效。进入公司半年后,李××以其突出的销售业绩得到该公司开发商的青睐,房地产公司聘请李××为该公司销售部总经理,并兼任房地产公司副总经理。李××的工资上调为月基本工资8000元,另根据公司的整体效益每年分得年终奖金。房地产公司的董事会要求公司的副总经理和部门总经理周六加班，以便及时了解公司的发展及销售状况和及时处理公司经营中的新问题、新情况。李××任职3年后离开了该公司，因公司欠其最后1个月的工资和拒绝支付加班费发生纠纷。劳动争议仲裁委员会裁决后，李××不服裁决遂依法提起诉讼，要求房地产公司支付拖欠的1个月的工资8000元，并另行支付其担任该公司销售部总经理和兼任房地产公司副总经理以来的周六加班费20万元。人民法院经审理认为：李××作为公司的高层管理人员，不同于一般公司员工，其周六加班是其担任公司销售部总经理和房地产公司副总经理的职责要求，也是其获得月薪8000元高薪和年终效益奖的先决条件。李××在获得高薪的同时，不能再另行获得周六加班费。据此，人民法院对李××的诉讼请求不予支持，于2016年3月25日作出(2016)×民初字第12号判决，驳回其诉讼请求。对于该判决，李××在法定上诉期间未提起上诉。但李××认为，其作为公司高层管理人员的角色，并未改变其作为公司受聘的劳动者的身份，获得加班费是其法定权利，房地产公司不能以其为公司高层管理者为由予以剥夺，遂向人民法院申请再审。

再审申请书

再审申请人(原审原告)：李××，38岁，××市人，住××市××区××街××号；联系方式：×××××××××。

被申请人(原审被告)：××市××房地产开发公司。住所××市××区××街××号××商务大厦。

法定代表人：韦××，董事长，联系方式：×××××××××。

再审申请人李××对××人民法院2016年3月25日(×)民初字第12号判决不服，现依法申请再审，请予受理。

请求事项：

1. 撤销原审判决；

2. 判决被申请人支付拖欠的1个月的工资8000元；

3. 判决被申请人支付加班费200,000元。

事实和理由：

再审申请人于2012年3月被被申请人聘为房屋销售员，在劳动合同中约定申请人的月基本工资为1000元，另加1%的销售绩效。进入公司半年后，因申请人销售业绩突出，被聘请为该公司销售部总经理，并兼任该公司副总经理，申请人的工资上调为基本工资8000元。该公司的董事会要求公司的副总经理和部门总经理周六加班，但以公司高级负责人不同于一般员工为由拒绝支付加班费。申请人任职3年后离开了该公司，因被申请人拒不向申请人支付最后1个月的工资和拒绝支付加班费发生纠纷。经劳动争议仲裁委员会裁决后，申请人不服裁决遂依法提起诉讼，要求房地产公司支付拖欠的1个月的工资8000元，并另行支付其担任该公司销售部总经理和兼任房地产公司副总经理以来的周六加班费和赔偿金200,000元。原审人民法院经审理认为：申请人作为公司的高层管理人员，不同于一般公司员工，周六加班是其担任公司销售部总经理和房地产公司副总经理的职责要求，也是其获得月薪8000元高薪和年终效益奖的先决条件。原审法院认定申请人在获得高薪的同时，无权再获得周六加班费，于2016年3月25日作出(2016)×民初字第12号判决书。该判决虽判决被申请人支付8000元的拖欠工资，但驳回了申请人要求支付加班费的诉讼请求。根据《中华人民共和国劳动合同法》的有关规定,申请人作为公司高层管理人员的角色并未改变其作为公司受聘的劳动者的身份,被申请人不能以申请人为公司高层管理者为由剥夺依法获得加班费的法定权利。因原审判决已经生效,现根据《中华人民共和国民事诉讼法》第200条和第205条的规定,向贵院依法申请再审,恳望贵院通过再审以纠正原生效判决中的错误,以切实维护申请人的合法权益不受侵犯。

此致

××市中级人民法院

附:1. 本申请书副本1份

2. 本案一审判决书1份

再审申请人　李××

2016年9月27日

第二部分
海事诉讼业务文书

一、诉前扣船申请书

（一）文书制作的基本知识

诉前扣船申请书，是海事请求权人为保全其海事请求权的行使，在起诉前向海事法院提出并请求扣押被申请人所属的特定船舶的财产保全法律文书。

1. 可以申请扣押船舶的情形

根据《中华人民共和国海事诉讼特别程序法》（以下简称《海事诉讼特别程序法》）第21条的规定，下列海事请求，可以申请扣押船舶：（1）船舶营运造成的财产灭失或者损坏。（2）与船舶营运直接有关的人身伤亡。（3）海难救助。（4）船舶对环境、海岸或者有关利益方造成的损害或者损害威胁；为预防、减少或者消除此种损害而采取的措施；为此种损害而支付的赔偿；为恢复环境而实际采取或者准备采取的合理措施的费用；第三方因此种损害而蒙受或者可能蒙受的损失；以及与本项所指的性质类似的损害、费用或者损失。（5）与起浮、清除、回收或者摧毁沉船、残骸、搁浅船、被弃船或者使其无害有关的费用，包括与起浮、清除、回收或者摧毁仍在或者曾在该船上的物件或者使其无害的费用，以及与维护放弃的船舶和维持其船员有关的费用。（6）船舶的使用或者租用的协议。（7）货物运输或者旅客运输的协议。（8）船载货物（包括行李）或者与其有关的灭失或者损坏。（9）共同海损。（10）拖航。（11）引航。（12）为船舶营运、管理、维护、维修提供物资或者服务。（13）船舶的建造、改建、修理、改装或者装备。（14）港口、运河、码头、港湾以及其他水道规费和费用。（15）船员的工资和其他款项，包括应当为船员支付的遣返费和社会保险费。（16）为船舶或者船舶所有人支付的费用。（17）船舶所有人或者光船承租人应当支付或者他人为其支付的船舶保险费（包括互保会费）。（18）船舶所有人或者光船承租人应当支付的或者他人为其支付的与船舶有关的佣金、经纪费或者代理费。（19）有关船舶所有权或者占有的纠纷。（20）船舶共有人之间有关船舶的使用或者收益的纠纷。（21）船舶抵押权或者同样性质的权利。（22）因船舶买卖合同产生的纠纷。

2. 可以申请扣押已被扣押过的船舶的情形

根据《海事诉讼特别程序法》第22条的规定，非因本法第21条规定的海事请求不得申请扣押船舶,但为执行判决、仲裁裁决以及其他法律文书的除外。该法第 24 条规定,海事请求人不得因同一海事请求申请扣押已被扣押过的船舶,但有下列情形之一的除外:(1)被请求人未提供充分的担保;(2)担保人有可能不能全部或者部分履行担保义务;(3)海事请求人因合理的原因同意释放被扣押的船舶或者返还已提供的担保,或者不能通过合理措施阻止释放被扣押的船舶或者返还已提供的担保。该法第 25 条规定,海事请求人申请扣押当事船舶,不能立即查明被请求人名称的,不影响申请的提出。

3. 申请海事请求保全的形式

海事请求保全是指海事法院根据海事请求人的申请,为保障其海事请求的实现,对被请求人的财产所采取的强制措施。根据《海事诉讼特别程序法》第 13 条和第 14 条的规定,当事人在起诉前申请海事请求保全,应当向被保全的财产所在地海事法院提出。海事请求保全不受当事人之间关于该海事请求的诉讼管辖协议或者仲裁协议的约束。该法第 15 条和第 16 条规定,海事请求人申请海事请求保全,应当向海事法院提交书面申请。海事法院受理海事请求保全申请,可以责令海事请求人提供担保。海事请求人不提供的,驳回其申请。

4. 海事保全裁定与复议

《海事诉讼特别程序法》第 17 条和第 18 条规定,海事法院接受申请后,应当在 48 小时内作出裁定。裁定采取海事请求保全措施的,应当立即执行;对不符合海事请求保全条件的,裁定驳回其申请。当事人对裁定不服的,可以在收到裁定书之日起 5 日内申请复议一次。海事法院应当在收到复议申请之日起 5 日内作出复议决定。复议期间不停止裁定的执行。利害关系人对海事请求保全提出异议,海事法院经审查,认为理由成立的,应当解除对其财产的保全。被请求人提供担保,或者当事人有正当理由申请解除海事请求保全的,海事法院应当及时解除保全。海事请求人在本法规定的期间内,未提起诉讼或者未按照仲裁协议申请仲裁的,海事法院应当及时解除保全或者返还担保。

5. 海事保全诉讼与错误保全赔偿

根据《海事诉讼特别程序法》第 19 条和第 20 条的规定,海事请求保全执行后,有关海事纠纷未进入诉讼或者仲裁程序的,当事人就该海事请求,可以向采取海事请求保全的海事法院或者其他有管辖权的海事法院提起诉讼,但当事人之间订有诉讼管辖协议或者仲裁协议的除外。海事请求人申请海事请求保全错误的,应当赔偿被请求人或者利害关系人因此所遭受的损失。

(二)文书的内容及制作方法

根据《海事诉讼特别程序法》第 15 条的规定,海事请求保全申请书应当载明海事请求事项、申请理由、保全的标的物以及要求提供担保的数额,并附有关证据。诉前扣船申请书作为海事请求保全申请书的一种,具体包括以下三个部分:

1. 首部

(1)标题。应当写明文书名称“诉前扣船申请书”。

(2)当事人的基本情况,即应当分别写明申请人和被申请人的基本情况,有第三人的也应当写明第三人的基本情况。申请人、被申请人、第三人为自然人的,应写明其姓名、国籍、住所地等;申请人、被申请人、第三人为法人的,应当写明其名称、国籍、住所地等基本情况,并另行写明法定代表人的姓名和职务。涉外海事案件中的外国人,应用中文写明其国籍和外国的人名、企业名称、船名、地名、国名等,同时,除国籍外均应括注外文。

2. 正文

(1)首先应当写明被申请人姓名或者名称及所属某国船籍的船舶名称,写明请求保全的理由,造成申请人损失的实况或估算的货币名称和数额。其次申请人提供现被申请人所属的该船在我国的锚地。在上述基础上,特申请人民院予以扣押,并责令被申请人提供担保。

(2)申请人提供担保。首先写明担保的财物名称和数额等。其次作出具体保证:如因申请人的申请错误,致使被申请人因财产保全遭受损失,由申请人承担赔偿责任。

3. 尾部

(1)写明文书致送的海事法院名称。

(2)附件。写明附件的名称和份数。海事请求权人申请扣押船舶,应在向海事法院提交申请书时,提供具有海事请求权的证明材料,作为申请书的附件。

(3)申请人签名、盖章。

(4)注明提交文书的年、月、日。

(三)文书样式

诉前扣船申请书

申请人______(写明姓名、名称、国籍、住所地等基本情况)。

法定代表人________(写明姓名和职务)。

被申请人________(写明名称、国籍、地址等基本情况)。

被申请人______所属________(写明船籍)"____"轮,因________(写明请求保全的理由),造成申请人损失________(写明损失的实况或估算的货币名称和数额)。现被申请人所属的该船,停泊在中华人民共和国______港(锚地)。特申请你院予以扣押,并责令被申请人提供担保。

申请人提供________(写明担保的财物名称和数额等)担保。如因申请人的申请错误,致使被申请人因财产保全遭受损失,由申请人承担赔偿责任。

此致

中华人民共和国____海事法院

附件:________(具有海事请求权的证明)

申请人(签章)

________年____月____日

二、诉讼扣船申请书

(一)文书制作的基本知识

诉讼扣船申请书,是海事请求权人在海事案件起诉后或者在起诉的同时,向海事法院提出并请求扣押被申请人所属特定船舶的财产保全法律文书。

1. 可以申请扣押船舶的情形

我国《海事诉讼特别程序法》第21条规定,下列海事请求,可以申请扣押船舶:(1)船舶营运造成的财产灭失或者损坏。(2)与船舶营运直接有关的人身伤亡。(3)海难救助。(4)船舶对环境、海岸或者有关利益方造成的损害或者损害威胁;为预防、减少或者消除此种损害而采取的措施;为此种损害而支付的赔偿;为恢复环境而实际采取或者准备采取的合理措施的费用;第三方因此种损害而蒙受或者可能蒙受的损失,以及与本项所指的性质类似的损害、费用或者损失。(5)与起浮、清除、回收或者摧毁沉船、残骸、搁浅船、被弃船或者使其无害有关的费用,包括与起浮、清除、回收或者摧毁仍在或者曾在该船上的物件或者使其无害的费用,以及与维护放弃的船舶和维持其船员有关的费用。(6)船舶的使用或者租用的协议。(7)货物运输或者旅客运输的协议。(8)船载货物(包括行李)或者与其有关的灭失或者损坏。(9)共同海损。(10)拖航。(11)引航。(12)为船舶营运、管理、维护、维修提供物资或者服务。(13)船舶的建造、改建、修理、改装或者装备。(14)港口、运河、码头、港湾以及其他水道规费和费用。(15)船员的工资和其他款项,包括应当为船员支付的遣返费和社会保险费。(16)为船舶或者船舶所有人支付的费用。(17)船舶所有人或者光船承租人应当支付或者他人为其支付的船舶保险费(包括互保会费)。(18)船舶所有人或者光船承租人应当支付的或者他人为其支付的与船舶有关的佣金、经纪费或者代理费。(19)有关船舶所有权或者占有的纠纷。(20)船舶共有人之间有关船舶的使用或者收益的纠纷。(21)船舶抵押权或者同样性质的权利。(22)因船舶买卖合同产生的纠纷。

2. 可以申请扣押已被扣押过的船舶的情形

根据《海事诉讼特别程序法》第22条的规定,非因本法第21条规定的海事请求不得申请扣押船舶,但为执行判决、仲裁裁决以及其他法律文书的除外。该法第24条规定,海事请求人不得因同一海事请求申请扣押已被扣押过的船舶,但有下列情形之一的除外:(1)被请求人未提供充分的担保;(2)担保人有可能不能全部或者部分履行担保义务;(3)海事请求人因合理的原因同意释放被扣押的船舶或者返还已提供的担保,或者不能通过合理措施阻止释放被扣押的船舶或者返还已提供的担保。该法第25条规定,海事请求人申请扣押当事船舶,不能立即查明被请求人名称的,不影响申请的提出。

3. 申请海事保全的形式

海事请求保全是指海事法院根据海事请求人的申请,为保障其海事请求的实现,对被请求人的财产所采取的强制措施。根据《海事诉讼特别程序法》第14条的规定,海事请求保全不受当事人之间关于该海事请求的诉讼管辖协议或者仲裁协议的约束。该法第15条和第16条规定,海事请求人申请海事请求保全,应当向海事法院提交书面申请。海事法院受理海事请求保全申请,可以责令海事请求人提供担保。海事请求人不提供的,驳回其申请。

4. 海事保全裁定及保全担保

根据《海事诉讼特别程序法》第17条和第18条的规定,海事法院接受申请后,应当在48小时内作出裁定。裁定采取海事请求保全措施的,应当立即执行;对不符合海事请求保全条件的,裁定驳回其申请。当事人对裁定不服的,可以在收到裁定书之日起5日内申请复议一次。海事法院应当在收到复议申请之日起5日内作出复议决定。复议期间不停止裁定的执行。利害关系人对海事请求保全提出异议,海事法院经审查,认为理由成立的,应当解除对其财产的保全。被请求人提供担保,或者当事人有正当理由申请解除海事请求保全的,海事法院应当及时解除保全。海事请求人在本法规定的期间内,未提起诉讼或者未按照仲裁协议申请仲裁的,海事法院应当及时解除保全或者返还担保。

根据《海事诉讼特别程序法》第19条和第20条的规定,海事请求保全执行后,有关海事纠纷未进入诉讼或者仲裁程序的,当事人就该海事请求,可以向采取海事请求保全的海事法院或者其他有管辖权的海事法院提起诉讼,但当事人之间订有诉讼管辖协议或者仲裁协议的除外。海事请求人申请海事请求保全错误的,应当赔偿被请求人或者利害关系人因此所遭受的损失。

（二）文书的内容及制作方法

根据《海事诉讼特别程序法》第15条的规定，海事请求保全申请书应当载明海事请求事项、申请理由、保全的标的物以及要求提供担保的数额，并附有关证据。诉讼扣船申请书作为海事请求保全申请书的一种，具体包括以下三个部分：

1. 首部

（1）标题。应当写明文书名称“诉讼扣船申请书”。

（2）当事人的基本情况，即应当写明申请人和被申请人及第三人的基本情况。申请人、被申请人、第三人为自然人的，应写明其姓名、国籍、住所地等基本情况；申请人、被申请人、第三人为法人的，应当写明其名称、国籍、住所地等基本情况，并另行写明法定代表人的姓名和职务。涉外海事案件中的外国人，应用中文写明其国籍和外国的人名、企业名称、船名、地名、国名等，同时，除国籍外均应括注外文。

2. 正文

（1）首先，应当写明被申请人的姓名或者名称及所属船舶的国籍与名称，阐明请求保全的理由，造成申请人损失的实况或估算的货币名称和数额。其次，申请人应提供现被申请人所属的该船在我国的锚地。在上述基础上提出具体申请，即特申请人民院予以扣押，并责令被申请人提供担保。

（2）申请人提供担保。首先，写明担保的财物名称和数额等，申请人没有提供担保的不写此句。其次，作出具体保证，即如因申请人的申请错误，致使被申请人因财产保全遭受损失，由申请人承担赔偿责任。

3. 尾部

（1）写明文书致送的海事法院名称。

（2）附件，写明附件的名称和份数。海事请求权人申请扣押船舶，应在向海事法院提交申请书时，提供具有海事请求权的证明材料，作为申请书的附件。

（3）申请人签名、盖章。

（4）注明制作或提交文书的年、月、日。

（三）文书样式

诉讼扣船申请书

申请人________（写明姓名或名称、国籍、住所地等）。

法定代表人________（写明姓名和职务）。

被申请人________（写明姓名或名称、国籍、住所地等）。

法定代表人________（写明姓名和职务）。

被申请人所属________（写明船舶的停泊港口、船籍和船只），因________（写明请求保全的理由），造成申请人损失________（写明损失的实况或估算的货币名称和数额），特申请你院将该船予以扣押，责令被申请人提供担保。

申请人提供________（写明担保财产的名称和数额等）担保（没有提供担保的不写此句）。如因申请人的错误，致使被申请人因财产保全遭受损失，由申请人承担赔偿责任。

此致

中华人民共和国____海事法院

附件:________(具有海事请求权的证明)

申请人(签章)

________年____月____日

三、拍卖船舶申请书

(一)文书制作的基本知识

拍卖船舶申请书,是船舶扣押期间届满,被请求人不提供担保,而且船舶不宜继续扣押的,海事请求人在提起诉讼或者申请仲裁后,向扣押船舶的海事法院提交的申请拍卖已扣押船舶的法律文书。

《海事诉讼特别程序法》第29条规定,船舶扣押期间届满,被请求人不提供担保,而且船舶不宜继续扣押的,海事请求人可以在提起诉讼或者申请仲裁后,向扣押船舶的海事法院申请拍卖船舶。该法第30条规定,海事法院收到拍卖船舶的申请后,应当进行审查,作出准予或者不准予拍卖船舶的裁定。当事人对裁定不服的,可以在收到裁定书之日起5日内申请复议一次。海事法院应当在收到复议申请之日起5日内作出复议决定。复议期间停止裁定的执行。该法第31条规定,海事请求人提交拍卖船舶申请后,又申请终止拍卖的,是否准许由海事法院裁定。海事法院裁定终止拍卖船舶的,为准备拍卖船舶所发生的费用由海事请求人承担。

《海事诉讼特别程序法》第32条规定,海事法院裁定拍卖船舶,应当通过报纸或者其他新闻媒体发布公告。拍卖外籍船舶的,应当通过对外发行的报纸或者其他新闻媒体发布公告。公告包括以下内容:(1)被拍卖船舶的名称和国籍;(2)拍卖船舶的理由和依据;(3)拍卖船舶委员会的组成;(4)拍卖船舶的时间和地点;(5)被拍卖船舶的展示时间和地点;(6)参加竞买应当办理的手续;(7)办理债权登记事项;(8)需要公告的其他事项。拍卖船舶的公告期间不少于30日。

(二)文书的内容及制作方法

1. 首部

(1)标题。应当写明文书名称“拍卖船舶申请书”。

(2)当事人的基本情况。申请人、被申请人、第三人为自然人的,应写明其姓名、国籍、住所地等基本情况;申请人、被申请人、第三人为法人的,应当写明其名称、国籍、住所地等基本情况,并另行写明法定代表人的姓名和职务。涉外海事案件中的外国人,应用中文写明其国籍和外国的人名、企业名称、船名、地名、国名等,同时,除国籍外均应括注外文。

2. 正文

本部分为文书的核心内容,主要应当写明申请拍卖船舶的事实、理由及法律依据。

首先,应当说明受理申请的海事法院根据本申请人于何年何月何日提出的海事请求保全申请,于何年何月何日依法扣押了被申请人______(写明名称、国籍)所属的某国籍(写明船籍)的船舶“____”轮(写明中文和外文船名)。

其次,应当写明申请拍卖的理由,即船舶扣押期间届满,被请求人不提供担保,而且船舶不宜继续扣押的情况。

最后,说明申请拍卖船舶的法律依据,即根据《海事诉讼特别程序法》第29条的规定,特申请你院将“____”轮(写明船名)强制拍卖。

3. 尾部

(1)写明文书致送的人民法院名称。

(2)申请人签名、盖章。

(3)注明制作或提交文书的年、月、日。

(三)文书样式

拍卖船舶申请书

申请人________(写明姓名或名称、住所地等基本情况)。

法定代表人________(写明姓名、职务)。

你院根据本申请人______于________年____月____日提出的海事请求保全申请,于________年____月____日依法扣押了被申请人______(写明名称、国籍)所属________籍(写明船籍)的"____"轮(写明中文和外文船名)。今因________(写明申请拍卖的理由),根据《中华人民共和国海事诉讼特别程序法》第29条的规定,特申请你院将"____"轮(写明船名)强制拍卖。

此致

中华人民共和国____海事法院

申请人(签章)

________年____月____日

四、海事强制令申请书

(一)文书制作的基本知识

海事强制令申请书,是指海事请求人为使其合法权益免受侵害,在起诉前向海事法院递交的请求海事法院采取强制措施,责令被请求人作为或者不作为的法律文书。

1. 申请海事强制令应具备的条件

根据《海事诉讼特别程序法》第56条的规定,作出海事强制令,应当具备下列条件:(1)请求人有具体的海事请求;(2)需要纠正被请求人违反法律规定或者合同约定的行为;(3)情况紧急,不立即作出海事强制令将造成损害或者使损害扩大。根据该法第57～58条的规定,海事法院接受申请后,应当在48小时内作出裁定。裁定作出海事强制令的,应当立即执行;对不符合海事强制令条件的,裁定驳回其申请。当事人对裁定不服的,可以在收到裁定书之日起5日内申请复议一次。海事法院应当在收到复议申请之日起5日内作出复议决定。复议期间不停止裁定的执行。利害关系人对海事强制令提出异议,海事法院经审查,认为理由成立的,应当裁定撤销海事强制令。

2. 申请海事强制令的形式和申请担保

根据《海事诉讼特别程序法》第52～55条的规定,当事人在起诉前申请海事强制令,应当向海事纠纷发生地海事法院提出。海事强制令不受当事人之间关于该海事请求的诉讼管辖协议或者仲裁协议的约束。海事请求人申请海事强制令,应当向海事法院提交书面申请。海事法院受理海事强制令申请,可以责令海事请求人提供担保。海事请求人不提供的,驳回其申请。

根据《海事诉讼特别程序法》第60～61条的规定,海事请求人申请海事强制令错误的,应当赔偿被请求人或者利害关系人因此所遭受的损失。海事强制令执行后,有关海事纠纷未进入诉讼或者仲裁程序的,当事人就该海事请求,可以向作出海事强制令的海事法院或者其他有管辖权的海事法院提起诉讼,但当事人之间订有诉讼管辖协议或者仲裁协议的除外。

(二)文书的内容及制作方法

《海事诉讼特别程序法》第54条规定,海事强制令申请书应当载明申请理由,并附有关证据。海事强制令申请书包括以下三部分:

1. 首部

(1)标题,即写明文书的名称"海事强制令申请书"。

(2)当事人的基本情况。申请人、被申请人为自然人的,应写明其姓名、国籍、住所地等基本情况;申请人、被申请人为法人的,应当写明其名称、国籍、住所地等基本情况,并另行写明法定代表人的姓名和职务。涉外海事案件中的外国人,应用中文写明其国籍和外国的人名、企业名称、船名、地名、国名等,同时,除国籍外均应括注外文。

2. 正文

(1)请求事项。应当简明扼要地写明要求被请求人作为或不作为的具体内容。

(2)事实和理由。本部分包括以下内容:首先,需要写明产生具体海事请求的事实;其次,在事实依据的基础上,具体阐明需要纠正的被请求人的违反法律规定或合同约定的行为;再次,说明请求人权益受到侵害的事实,提供权益受到侵害的事实依据与计算方法等;最后,阐明情况紧急的理由,即不立即作出海事强制令将给申请人造成损害或者使损害扩大。

3. 尾部

(1)写明致送的我国海事法院名称。

(2)附件,写明有关证据材料的名称和份数。

(3)申请人签章。

(4)注明制作文书的年、月、日。

(三)文书样式

海事强制令申请书

请求人________(写明姓名或名称、住所地等基本情况)。

被请求人________(写明姓名或名称、住所地等基本情况)。

请求事项________(写明要求被请求人作为或不作为的具体内容)。

事实和理由________(写明产生具体海事请求的事实、需要纠正的被请求人的违反法律规定或合同约定的行为、请求人权益受到侵害的事实、情况紧急的理由等内容)。

此致

中华人民共和国____海事法院

附:________(有关证据材料)

申请人(签章)

________年____月____日

五、海事证据保全申请书

（一）文书的基本知识

海事证据保全申请书，是指海事请求人向海事法院递交的，请求对有关海事请求的证据采取提取、保存或者封存的强制措施的法律文书。

1. 申请海事证据保全应当具备的条件

《海事诉讼特别程序法》第67条规定，采取海事证据保全，应当具备下列条件：（1）请求人是海事请求的当事人；（2）请求保全的证据对该海事请求具有证明作用；（3）被请求人是与请求保全的证据有关的人；（4）情况紧急，不立即采取证据保全就会使该海事请求的证据灭失或者难以取得。

2. 申请海事证据保全的形式和申请担保

根据《海事诉讼特别程序法》第63～66条的规定，海事请求人申请海事证据保全，应当向海事法院提交书面申请。当事人在起诉前申请海事证据保全，应当向被保全的证据所在地海事法院提出。海事证据保全不受当事人之间关于该海事请求的诉讼管辖协议或者仲裁协议的约束。海事法院受理海事证据保全申请，可以责令海事请求人提供担保。海事请求人不提供的，驳回其申请。

3. 海事证据保全裁定和申请错误赔偿

根据《海事诉讼特别程序法》第68～71条的规定，海事法院接受申请后，应当在48小时内作出裁定。裁定采取海事证据保全措施的，应当立即执行；对不符合海事证据保全条件的，裁定驳回其申请。当事人对裁定不服的，可以在收到裁定书之日起5日内申请复议一次。海事法院应当在收到复议申请之日起5日内作出复议决定。复议期间不停止裁定的执行。被请求人申请复议的理由成立的，应当将保全的证据返还被请求人。利害关系人对海事证据保全提出异议，海事法院经审查，认为理由成立的，应当裁定撤销海事证据保全；已经执行的，应当将与利害关系人有关的证据返还利害关系人。海事请求人申请海事证据保全错误的，应当赔偿被请求人或者利害关系人因此所遭受的损失。

根据《海事诉讼特别程序法》第72条的规定，海事证据保全后，有关海事纠纷未进入诉讼或者仲裁程序的，当事人就该海事请求，可以向采取证据保全的海事法院或者其他有管辖权的海事法院提起诉讼，但当事人之间订有诉讼管辖协议或者仲裁协议的除外。

（二）文书的内容及制作方法

海事证据保全申请书应当载明请求保全的证据、该证据与海事请求的联系、申请理由以及证据收集、调取的有关线索。海事证据保全申请书包括以下三个部分：

1. 首部

（1）标题，即应当写明“海事证据保全申请书”。

（2）当事人的基本情况。申请人、被申请人为自然人的，应写明其姓名、国籍、住所地等基本情况；申请人、被申请人为法人的，应当写明其名称、国籍、住所地等基本情况，并另行写明法定代表人的姓名和职务。涉外海事案件中的外国人，应用中文写明其国籍和外国的人名、企业名称、船名、地名、国名等，同时，除国籍外均应括注外文。

2. 正文

（1）请求事项。应当写明请求保全的证据名称、要求保全的方式等。根据《海事诉讼特别程序法》第70条的规定,海事法院采取海事证据保全的方式主要包括:封存证据,提取复制件、副本,或者进行拍照、录像,制作节录本、调查笔录,提取证据原件等。

(2)事实和理由。应当写明具体海事请求的事实,对于事实的说明应当简明、具体。海事证据保全的理由主要说明请求保全的证据与海事请求的联系、被请求人与请求保全的证据之间的关系等。阐述的重点在于所申请保全的证据材料对于证明案件事实或性质所具有的价值,以及对于本案裁判所具有的重要性。在此基础上说明证据急需保全的原因,如不采取保全措施,申请保全的证据将会因证据的人为破坏、变质、灭失等再无法或难以取得。基于所述事实与理由,根据《海事诉讼特别程序法》的有关规定,提出向海事人民法院申请对证据予以保全的请求。

3. 尾部

(1)写明致送的我国海事法院名称。

(2)附件,写明有关证据材料的名称和份数。

(3)申请人签章。

(4)注明制作文书的年、月、日。

(三)文书样式

海事证据保全申请书

请求人________(写明姓名或名称、住所地等基本情况)。

被请求人________(写明姓名或名称、住所地等基本情况)。

请求事项________(写明请求保全的证据名称、要求保全的方式等)。

事实和理由________(写明具体海事请求的事实、请求保全的证据与海事请求的联系、被请求人与请求保全的证据之间的关系等内容)。

此致

中华人民共和国____海事法院

附:________(有关证据材料)

申请人(签章)

________年____月____日

六、海事事故调查表

(一)文书制作的基本知识

海事事故调查表,是海事法院审理船舶碰撞案件时,要求原告在起诉时、被告在答辩时,所填写的有关海事事故调查的书面文书。

根据《海事诉讼特别程序法》第82条的规定,原告在起诉时、被告在答辩时,应当如实填写《海事事故调查表》。该法第85条规定,当事人不能推翻其在《海事事故调查表》中的陈述和已经完成的举证,但有新的证据,并有充分的理由说明该证据不能在举证期间内提交的除外。须指出的是,《海事事故调查表》属于当事人对发生船舶碰撞基本事实的陈述。此调查表在作为证据时,仅起到当事人的陈述作用。经对方当事人认可或者经法院查证属实,可以作为认定事实的依据。

(二)文书的内容及制作方法

《海事事故调查表》为海事法院提供的格式化文本,其分为封面和内文两部分。

1. 封面

(1)标题。在封面上方居中印有"中华人民共和国____海事法院海事事故调查表(审理船舶碰撞案件用)"字样。

(2)当事人的基本情况。原告在起诉时填写本表或被告在答辩时填写本表,应当表明在诉讼中所处的原告或被告地位。原告或被告为自然人的应填写姓名;为法人的应填写全称并加盖单位公章。填表人应填写自己的姓名,注明填表时间。

2. 内文

内文部分所填写的内容为海事事故发生情况和经过。对此,应当写明船舶碰撞时间、地点以及船舶碰撞所造成的损害状况与事故发生的经过,说明发生事故的原因等。

3. 填表须知

(1)此表应在起诉或答辩时由发生海事事故的当事船舶船长或值班驾驶人员或其他有关人员按各船的实际情况及设备如实逐项填写,如有伪造将依法承担责任。

(2)须用钢笔或毛笔并使用中国的语言和文字(如系外文填写,须译成中文),填写字迹要工整,意思表示要明确,凡涂改处须加盖印章或捺指印。

(3)当事人应根据所填写的内容,在开庭审理前提供相应的证据材料,凡系外文版本的材料,应附中文译本。

(4)附当事船舶应提供的书面的证据。当事船舶所有权的所有权证书和国籍证书;当事船舶的船舶检验证书和适航证书;当事船舶的航行签证簿和营运许可证或类似的文件。当事船舶在航行中的航行日志、甲板、轮机、车钟、电台、雷达等原始记录簿或类似文件;当事船舶罗经差表和碰撞时所使用的原始海图及自动航向记录;当事船舶的船长、值班驾驶员、轮机员的适任证书、船员人数、名单、地址及相应的职务证书;发生海事水域的气象、水文情况证明材料;当事船舶的海事报告或海事声明;当事船舶的海损检验报告;当事船舶发生海事时在场证人的证言;其他与本案有关的证据材料。上述证据各船按实际情况的设备提供。

(三)文书样式

中华人民共和国____海事法院

海事事故调查表

(用于审理船舶碰撞案件)

(封面)

原(被)告________________(签名或盖章)

填表人姓名________________职务________

填表时间______________________________

海事事故发生情况和经过

(内文)

____

____

____

____

七、完成举证说明书

(一)文书制作的基本知识

完成举证说明书,是当事人在开庭前完成所有举证后填写的,供受理案件的海事法院在审理船舶碰撞案件时使用的书面说明。

根据《海事诉讼特别程序法》第83条和第84条的规定,海事法院向当事人送达起诉状或者答辩状时,不附送有关证据材料。当事人应当在开庭审理前完成举证。当事人完成举证并向海事法院出具完成举证说明书后,可以申请查阅有关船舶碰撞的事实证据材料。最高人民法院《关于适用〈中华人民共和国海事诉讼特别程序法〉若干问题的解释》第58条规定,有关船舶碰撞的事实证据材料指涉及船舶碰撞的经过、碰撞原因等方面的证据材料。有关船舶碰撞的事实证据材料,在各方当事人完成举证后进行交换。当事人在完成举证前向法院申请查阅有关船舶碰撞的事实证据材料的,海事法院应予驳回。

(二)文书的内容及制作方法

1. 首部

首部即标题。写明文书名称"完成举证说明书"。

2. 正文

本文书采取书信格式,首先,应写明所致送的海事法院名称;其次,应写明当事人在海事诉讼中的地位,如原告或被告;再次,说明已在开庭审理前完成举证义务以及提交证据;最后,如需申请查阅有关船舶碰撞的事实证据材料的,也应当同时提出申请查阅要求。可将内容表述为:______(说明书提交人)作为(________)__海法初字第____号案件的________(写明当事人诉讼地位),已在开庭审理前完成举证义务,将下列证据提交法院,同时申请查阅有关船舶碰撞的事实证据材料(如不申请,此句可不写)。特此说明。

3. 尾部

(1)附件,列明证据目录。

(2)举证人署名。写明举证人在诉讼中的地位即原告或被告、名称并签章。

(3)注明制作文书的年、月、日。

(三)文书样式

完成举证说明书

(用于审理船舶碰撞案件)

____海事法院:

______(说明书提交人)作为(________)__海法初字第____号案件的________(写

明当事人诉讼地位)，已在开庭审理前完成举证义务，将下列证据提交法院，同时申请查阅有关船舶碰撞的事实证据材料(如不申请，此句可不写)。

特此说明。

附：(列明证据目录)

________(当事人诉讼地位、名称并签章)

________年____月____日

八、代位求偿变更当事人申请书

(一)文书制作的基本知识

代位求偿变更当事人申请书，是指保险人行使代位请求赔偿权利时，被保险人已经向造成保险事故的第三人提起诉讼的，保险人向受理该案的法院提出变更当事人的请求，代位行使被保险人对第三人请求赔偿的权利的法律文书。

本样式由取得代位权的保险人提出，供各海事法院及其上诉审法院在审理案件时使用。在此值得注意的是，依据《海事诉讼特别程序法》第95条第2款的规定，保险人或被保险人要求作为共同原告参加诉讼时的申请，也可参照本申请书，将申请事由改为要求参加诉讼。

《海事诉讼特别程序法》第93条规定，因第三人造成保险事故，保险人向被保险人支付保险赔偿后，在保险赔偿范围内可以代位行使被保险人对第三人请求赔偿的权利。该法第94条规定，保险人行使代位请求赔偿权利时，被保险人未向造成保险事故的第三人提起诉讼的，保险人应当以自己的名义向该第三人提起诉讼。该法第95条规定，保险人行使代位请求赔偿权利时，被保险人已经向造成保险事故的第三人提起诉讼的，保险人可以向受理该案的法院提出变更当事人的请求，代位行使被保险人对第三人请求赔偿的权利。被保险人取得的保险赔偿不能弥补第三人造成的全部损失的，保险人和被保险人可以作为共同原告向第三人请求赔偿。

《海事诉讼特别程序法》第96条规定，保险人依照本法第94条、第95条的规定提起诉讼或者申请参加诉讼的，应当向受理该案的海事法院提交保险人支付保险赔偿的凭证，以及参加诉讼应当提交的其他文件。

(二)文书的内容及制作方法

1. 首部

即标题。应当写明文书名称“代位求偿变更当事人申请书”。

2. 正文

本文书采取书信格式。在本部分的开头应当写明所致送的法院名称即“____(海事)法院”之后，正文中应当写明该院受理的原告当事人与被告当事人____(案由，如海上运输合同纠纷诉讼、海船租用合同纠纷诉讼等)案中，作为申请人的保险公司已经作为何方当事人的保险人履行了全部(或部分)赔付义务。基于以上事实，作为申请人的保险人已取得了代位求偿权。基于上述理由，为了行使代位求偿权，向法院申请变更当事人(或申请作为共同当事人参加诉讼)，以代位行使本案何方当事人的权利。

3. 尾部

(1)附件：保险合同及理赔清单、赔款支付凭证。

(2)申请人签章。

(3)注明制作文书的年、月、日。

(三)文书样式

代位求偿变更当事人申请书

(用于诉讼中保险人提起代位求偿)

____(海事)法院:

钧院________(写明当事人与案由)一案,我____保险公司作为______(写明当事人的名称)的保险人,已于________年____月____日支付了承保范围内的全部理赔款项。为了行使代位求偿权,现向贵院申请变更当事人(或申请作为共同当事人参加诉讼),以代位行使______(写明当事人的名称)的权利。

特此申请,请予准许。

附:(保险合同及理赔清单、赔款支付凭证)

申请人 (签章)

________年____月____日

九、追加油污损害共同被告申请书

(一)文书制作的基本知识

追加油污损害共同被告申请书,是指油污损害的保险人或提供财务保证的其他人在作为被告时向海事法院及其上诉审法院提出的追加油污损害共同被告的法律文书。

根据《海事诉讼特别程序法》第97条的规定,对船舶造成油污损害的赔偿请求,受损害人可以向造成油污损害的船舶所有人提出,也可以直接向承担船舶所有人油污损害责任的保险人或者提供财务保证的其他人提出。油污损害责任的保险人或者提供财务保证的其他人被起诉的,有权要求造成油污损害的船舶所有人参加诉讼。

(二)文书的内容及制作方法

1. 首部

首部即标题。应当写明文书名称"追加油污损害共同被告申请书"。

2. 正文

本文书采取书信格式。在本部分的开头应当写明所致送的法院名称即"____(海事)法院"。正文应当说明追究油污损害共同被告的理由,应当说明原告诉被告油污损害赔偿案中,未将造成油污损害的"____"轮船东列为当事人。基于以上事实,依据《海事诉讼特别程序法》第97条第2款的规定,申请追加其为本案的被告或第三人。

3. 尾部

(1)申请人签章。申请人如系法人或其他组织的,应写明全称,由法定代表人或负责人签名,加盖单位公章。

(2)注明制作文书的年、月、日。

(三)文书样式

追加油污损害共同被告申请书

____(海事)法院:

原告______诉被告________(写明当事人与案由)一案,未将造成油污损害的

“____”轮船东________（写明国籍与名称）列为当事人。依据《中华人民共和国海事诉讼特别程序法》第97条第2款的规定，申请追加______（写明追加人名称）为本案的________（写明追加后的诉讼地位）。

特此申请。

申请人（签章）

________年____月____日

十、支付令申请书

（一）文书制作的基本知识

支付令申请书，是指债权人基于海事事由请求债务人以给付金钱、有价证券时，向人民法院提交的请求人民法院发出支付令，督促债务人限期偿还债务的法律文书。本申请书供债权人基于海事事由提起支付令申请用。

根据《海事诉讼特别程序法》第99条的规定，债权人基于海事事由请求债务人给付金钱或者有价证券，符合《民事诉讼法》有关规定的，可以向有管辖权的海事法院申请支付令。债务人是外国人、无国籍人、外国企业或者组织，但在中华人民共和国领域内有住所、代表机构或者分支机构并能够送达支付令的，债权人可以向有管辖权的海事法院申请支付令。

（二）文书的内容及制作方法

1. 首部

（1）标题。写明文书名称“支付令申请书”。

（2）申请人和被申请人的基本情况。申请人和被申请人是公民的，分别写明其姓名、性别、出生年月日、民族、职业、住址；申请人为法人或其他组织的，则写明其名称、地址、法定代表人或主要负责人的姓名、职务。有委托律师为代理人的，应在申请人或被申请人之后另起一行写明其姓名和所在律师事务所名称。

2. 正文

（1）申请事项。请求海事法院向被申请人发出支付令，督促被申请人给付一定数额的金钱或者有价证券。应当写明钱金或者有价证券的名称和数量。

（2）事实与理由。写明申请人与被申请人之间形成债权债务关系经过、依据和要求支付的原因等。首先，应阐明申请人和被申请人之间债权债务关系发生的具体情况，提供证明债权债务关系发生的确凿证据。其次，根据人民法院受理支付令的条件逐项写明并符合每项要求。最后，根据《民事诉讼法》的有关规定，请求海事人民法院依法定程序向被申请人发出支付令，以催促其限期偿还债务。

3. 尾部

（1）写明致送的海事法院名称。

（2）附件，写明有关证据材料名称。

（3）申请人签章。申请人如系法人或其他组织的，应写明全称，由法定代表人或负责人签名，加盖单位公章。

（4）注明制作文书的年、月、日。

(三)文书样式

支付令申请书

申请人________(写明姓名或名称、住所地等基本情况)。

被申请人________(写明姓名或名称、住所地等基本情况)。

申请事项________(请求海事法院向被申请人发出支付令,督促被申请人给付一定数额的金钱或者有价证券)。

事实与理由________(具体说明申请人与被申请人之间形成债权债务关系经过、依据和要求支付的原因等)。

此致

中华人民共和国____海事法院

附:(有关证据材料)

申请人(签章)

________年____月____日

十一、公示催告申请书

(一)文书制作的基本知识

公示催告申请书,是指可以背书转让的票据持有人,在票据被盗、遗失或者灭失的情况下,为了保护自己所拥有的票据合法权利,依法向票据支付地的法院申请作出公示催告的法律文书。本申请书供提单等提货凭证持有人提起公示催告申请用。

《海事诉讼特别程序法》第100条规定,提单等提货凭证持有人,因提货凭证(提单或者其他提货凭证)被盗、遗失等失控或者灭失,可以向货物所在地海事法院申请公示催告。

(二)文书的内容及制作方法

公示催告申请书应当载明提单等提货凭证的种类、编号、货物品名、数量、承运人、托运人、收货人、承运船舶名称、航次以及背书情况和申请的理由、事实等。有副本的应当附有单证的副本。具体包括以下三部分:

1. 首部

(1)标题。写明文书名称“公示催告申请书”。

(2)申请人的基本情况。申请人是公民的,应写明其姓名、性别、年龄、民族、籍贯、职业、住址;申请人为法人或其他组织的,则写明其名称、地址、法定代表人或主要负责人的姓名、职务。有委托律师为代理人的,应在申请人或被申请人之后另起一行写明其姓名和所在律师事务所名称。

2. 正文

(1)申请事项。写明请求海事法院发出公告,督促利害关系人申报权利等内容。

(2)事实与理由。写明提货凭证失控的事实及请求公示催告的理由等内容。首先,应写明货凭证失控的事实及其经过详情,包括失控提单等提货凭证的种类、编号、货物品名、数量、承运人、托运人、收货人、承运船舶名称、航次以及背书情况。其次,写明前述事实的有关证据。基于上述事实,根据相关的法律规定,请求海事法院进行公示催告程序,并立即通知票据支付人停止支付,宣告所失票据无效,以保护申请人在该票据上应有的权利。

3. 尾部

(1)写明致送的海事法院名称。

(2)附件,写明有关证据材料名称。

(3)申请人签章。申请人如系法人或其他组织的,应写明全称,由法定代表人或负责人签名,加盖单位公章。

(4)注明制作文书的年、月、日。

(三)文书样式

公示催告申请书

申请人________(写明姓名、名称、住所地等基本情况)。

请求事项________(写明请求海事法院发出公告,督促利害关系人申报权利等内容)。

事实与理由________(写明提货凭证失控的事实及请求公示催告的理由等内容)。

此致

中华人民共和国____海事法院

附:(有关证据材料)

申请人(签章)

________年____月____日

十二、设立海事赔偿责任限制基金申请书

(一)文书制作的基本知识

根据《海事诉讼特别程序法》第101条的规定,船舶所有人、承租人、经营人、救助人、保险人在发生海事事故后,依法申请责任限制的,可以向海事法院申请设立海事赔偿责任限制基金。船舶造成油污损害的,船舶所有人及其责任保险人或者提供财务保证的其他人为取得法律规定的责任限制的权利,应当向海事法院设立油污损害的海事赔偿责任限制基金。

根据《海事诉讼特别程序法》及最高人民法院《关于适用〈中华人民共和国海事诉讼特别程序法〉若干问题的解释》的规定,设立责任限制基金的申请可以在起诉前或者诉讼中提出,但最迟应当在一审判决作出前提出。当事人在起诉前申请设立海事赔偿责任限制基金的,应当向事故发生地、合同履行地或者船舶扣押地海事法院提出。当事人在诉讼中申请设立海事赔偿责任限制基金的,应当向受理相关海事纠纷案件的海事法院提出,但当事人之间订有效诉讼管辖协议或者仲裁协议的除外。设立海事赔偿责任限制基金,不受当事人之间关于诉讼管辖协议或者仲裁协议的约束。申请人向海事法院申请设立海事赔偿责任限制基金,应当提交书面申请。

海事法院受理设立海事赔偿责任限制基金申请后,应当在7日内向已知的利害关系人发出通知,同时通过报纸或者其他新闻媒体发布公告。利害关系人在规定的期间内没有提出异议的,海事法院裁定准予申请人设立海事赔偿责任限制基金。准予申请人设立海事赔偿责任限制基金的裁定生效后,申请人应当在海事法院设立海事赔偿责任限制基金。

设立海事赔偿责任限制基金以后,当事人就有关海事纠纷应当向设立海事赔偿责任限制基金的海事法院提起诉讼,但当事人之间订有诉讼管辖协议或者仲裁协议的除外。申请人申请设立海事赔偿责任限制基金错误的,应当赔偿利害关系人因此所遭受的损失。

(二)文书的内容及制作方法

申请书应当载明申请设立海事赔偿责任限制基金的数额、理由,以及已知的利害关系人的名称、地址和通信方法,并附有关证据。具体来讲包括以下三个部分:

1. 首部

(1)标题。即写明文书名称“设立海事赔偿责任限制基金申请书”。

(2)申请人的基本情况。应写明其姓名、性别、出生年月日、民族、籍贯、职业、住址;申请人为法人或其他组织的,则写明其名称、地址、法定代表人或主要负责人的姓名、职务。

2. 正文

(1)请求事项,即写明要求设立海事赔偿责任限制基金的数额。

(2)请求理由。首先,写明申请人所属或承租、经营、承保的船舶的船籍、船名等基本情况。其次,写明发生海损事故的具体时间、地点;申请人是救助人的,则应写明实施救助的时间与地点,对地点应写明港口或海域名称及其经纬度;之后表述为“已给下列利害关系人造成经济损失”并列写已知的利害关系人的名称、地址和通信方法。最后,表述为:根据《海事诉讼特别程序法》第101条的规定,特提出设立海事赔偿责任限制基金申请。

3. 尾部

(1)写明致送的海事法院名称。

(2)附件,写明有关证据材料名称。

(3)申请人签章。申请人如系法人或其他组织的,应写明全称,由法定代表人或负责人签名,加盖单位公章。

(4)注明制作文书的年、月、日。

(三)文书样式

设立海事赔偿责任限制基金申请书

申请人________(写明姓名或名称、住所地等基本情况)。

请求事项________(要求设立海事赔偿责任限制基金的数额)。

请求理由:本申请人所属(或承租、经营、承保)的________(写明船籍、船名等船舶基本情况),于________年____月____日____时____分在________(写明港口或海域名称及其经纬度)发生海损事故[或申请人是救助人的,写成“本申请人于________年____月____日____时____分在________(写明港口或海域名称及其经纬度)在救助________(写明船籍、船名等船舶基本情况)时发生海损事故”],已给下列利害关系人造成经济损失:________(写明已知的利害关系人的名称、地址和通信方法)。

根据《中华人民共和国海事诉讼特别程序法》第101条的规定,特提出设立海事赔偿责任限制基金申请。

此致

中华人民共和国____海事法院

附:(相关证据材料)

申请人(签章)

________年____月____日

十三、担保函

(一)文书制作的基本知识

担保函是担保人为被担保人设立责任限制基金提供担保时所使用的法律文书。

《海事诉讼特别程序法》第108条规定,准予申请人设立海事赔偿责任限制基金的裁定生效后,申请人应当在海事法院设立海事赔偿责任限制基金。设立海事赔偿责任限制基金可以提供现金,也可以提供经海事法院认可的担保。海事赔偿责任限制基金的数额,为海事赔偿责任限额和自事故发生之日起至基金设立之日的利息。以担保方式设立基金的,担保数额为基金数额及其在基金设立期间的利息。以现金设立基金的,基金到达海事法院指定账户之日为基金设立之日。以担保设立基金的,海事法院接受担保之日为基金设立之日。

(二)文书的内容及制作方法

1. 首部

(1)标题,即写明文书名称"担保函"。

(2)担保人和被担保人的基本情况。应分别写明其姓名、性别、出生年月日、民族、籍贯、职业、住址;为法人或其他组织的,则写明其名称、地址、法定代表人或主要负责人的姓名、职务。

2. 正文

(1)担保事由。主要说明应被担保人的要求,担保人为其轮船于何年何月何日事故设立海事赔偿责任限制基金提供担保。

(2)担保金额及利息。担保金额为海事法院民事裁定书所确定的基金数额及在基金设立期间的利息。

(3)保证。写明担保人保证在贵院分配该笔基金时,按贵院通知,将上述款项一次性汇入指定账户。

3. 尾部

(1)写明致送的海事法院名称。

(2)担保人签章。担保人应写明其法人的全称,由法定代表人签名,加盖单位公章。

(3)注明制作文书的年、月、日。

(三)文书样式

担　保　函

(用于为设立基金提供担保)

担保人________(写明名称、住所地等基本情况)。

被担保人________(写明名称、住所地等基本情况)。

应被担保人______的要求,______(担保人)为其"____"轮________年____月____日____事故设立海事赔偿责任限制基金提供担保。担保金额为________法院(________)__海法限字第____号民事裁定书所确定的基金数额________(写明货币种类及金额)及在基金设立期间的利息。______(担保人)保证在贵院分配该笔基金时,按贵院通知,将上述款项一次性汇入指定账户。

此致

中华人民共和国____海事法院

担保人(盖章)

法定代表人(签字)

________年____月____日

十四、设立油污损害赔偿责任限制基金申请书

(一)文书制作的基本知识

根据《海事诉讼特别程序法》第101条第2款的规定,船舶造成油污损害的,船舶所有人及其责任保险人或者提供财务保证的其他人为取得法律规定的责任限制的权利,应当向海事法院设立油污损害的海事赔偿责任限制基金。

(二)文书的内容及制作方法

申请书应当载明申请设立油污损害赔偿责任限制基金的数额、理由,以及已知的利害关系人的名称、地址和通信方法,并附有关证据。具体来讲包括以下三个部分:

1. 首部

(1)标题,即写明文书名称"设立油污损害赔偿责任限制基金申请书"。

(2)申请人的基本情况。申请人是公民的,应写明其姓名、性别、出生年月日、民族、籍贯、职业、住址;申请人为法人或其他组织的,则写明其名称、地址、法定代表人或主要负责人的姓名、职务。

2. 正文

(1)请求事项,即写明要求设立油污损害赔偿责任限制基金的数额。

(2)请求理由。首先写明申请人所属或承租、经营、承保的船舶的船籍、船名等基本情况。其次写明发生油污损害的具体时间、地点;对此应写明港口或海域名称及其经纬度;之后表述为"已给下列利害关系人造成经济损失",并列写已知的利害关系人的名称、地址和通信方法。最后表述为:根据《海事诉讼特别程序法》第101条的规定,特提出设立油污损害赔偿责任限制基金申请。

3. 尾部

(1)写明致送的海事法院名称。

(2)附件,写明有关证据材料名称。

(3)申请人签章。申请人如系法人或其他组织的,应写明全称,由法定代表人或负责人签名,加盖单位公章。

(4)注明制作文书的年、月、日。

(三)文书样式

设立油污损害赔偿责任限制基金申请书

申请人________(写明姓名或名称、住所地等基本情况)。

请求事项________(要求设立海事赔偿责任限制基金的数额)。

请求理由:本申请人所属(或承租、经营、承保)的________(写明船籍、船名等船舶基本情况),于________年____月____日____时____分在________(写明港口或海域名称

及其经纬度）发生油污损害，已经对下列利害关系人造成经济损失：________（写明已知的利害关系人的名称、地址和通信方法）。

根据《海事诉讼特别程序法》第101条的规定，特提出设立油污损害赔偿责任限制基金申请。

此致

中华人民共和国____海事法院

附：（相关证据材料）

申请人（签章）

________年____月____日

十五、异议书

（一）文书制作的基本知识

本样式供对海事事故责任人设立海事赔偿责任限制基金的申请提出异议时使用。

根据《海事诉讼特别程序法》第105条的规定，海事法院受理设立海事赔偿责任限制基金申请后，应当在7日内向已知的利害关系人发出通知，同时通过报纸或者其他新闻媒体发布公告。通知和公告包括下列内容：（1）申请人的名称；（2）申请的事实和理由；（3）设立海事赔偿责任限制基金事项；（4）办理债权登记事项；（5）需要告知的其他事项。

根据《海事诉讼特别程序法》第106条的规定，利害关系人对申请人申请设立海事赔偿责任限制基金有异议的，应当在收到通知之日起7日内或者未收到通知的在公告之日起30日内，以书面形式向海事法院提出。海事法院收到利害关系人提出的书面异议后，应当进行审查，在15日内作出裁定。异议成立的，裁定驳回申请人的申请；异议不成立的，裁定准予申请人设立海事赔偿责任限制基金。当事人对裁定不服的，可以在收到裁定书之日起7日内提起上诉。第二审人民法院应当在收到上诉状之日起15日内作出裁定。该法第107条规定，利害关系人在规定的期间内没有提出异议的，海事法院裁定准予申请人设立海事赔偿责任限制基金。

（二）文书的内容及制作方法

1. 首部

（1）标题，即应写明文书名称“异议书”。

（2）异议人的基本情况。异议人为自然人的，应写明其姓名、国籍、住址；异议人为法人或其他组织的，则写明其名称、国籍、住所地等。

2. 正文

（1）异议事项。异议事项是异议人针对海事事故责任人设立海事赔偿责任限制基金的申请提出异议，异议事项包括海事事故责任人设立海事赔偿责任限制基金申请是否在法定期间提出、受理的海事法院是否有管辖权、设立海事赔偿责任限制基金申请的事实和理由是否成立等。

（2）异议事实和理由。写明对申请人设立海事赔偿责任限制基金、基金数额等所依据的具体事实提出异议，并通过提供相应的证据材料加以证实。在此基础上根据有关的法律规定论证异议内容的成立。

3. 尾部

（1）写明致送的海事法院名称。

(2)附件,写明有关证据材料名称。

(3)异议人签章。异议人如系法人或其他组织的,应写明全称,并由法定代表人或负责人签名,加盖单位公章。

(4)注明制作文书的年、月、日。

(三)文书样式

异 议 书

异议人________________(写明姓名或名称、国籍、住所地等基本情况)。

异议事项________________(异议事项包括设立海事赔偿责任限制基金申请是否在法定期间提出、受理的海事法院是否有管辖权、设立海事赔偿责任限制基金申请的事实和理由是否成立等)。

异议事实和理由________________(写明对申请人设立基金、基金数额提出异议依据的具体事实、法律根据等内容)。

此致

中华人民共和国____海事法院

附:(有关证据材料)

异议人(签章)

________年____月____日

十六、债权登记申请书

(一)文书制作的基本知识

本申请书样式供与被拍卖船舶有关的或特定场合发生海事事故有关的债权人在申请债权登记时使用。

根据《海事诉讼特别程序法》第 111 条的规定,海事法院裁定强制拍卖船舶的公告发布后,债权人应当在公告期间,就与被拍卖船舶有关的债权申请登记。公告期间届满不登记的,视为放弃在本次拍卖船舶价款中受偿的权利。该法第 112 条规定,海事法院受理设立海事赔偿责任限制基金的公告发布后,债权人应当在公告期间就与特定场合发生的海事事故有关的债权申请登记。公告期间届满不登记的,视为放弃债权。

根据《海事诉讼特别程序法》第 113 条至第 116 条的规定,债权人向海事法院申请登记债权的,应当提交书面申请,并提供有关债权证据。海事法院应当对债权人的申请进行审查,对提供债权证据的,裁定准予登记;对不提供债权证据的,裁定驳回申请。债权人提供证明债权的判决书、裁定书、调解书、仲裁裁决书或者公证债权文书的,海事法院经审查认定上述文书真实合法的,裁定予以确认。债权人提供其他海事请求证据的,应当在办理债权登记以后,在受理债权登记的海事法院提起确权诉讼。当事人之间有仲裁协议的,应当及时申请仲裁。海事法院对确权诉讼作出的判决、裁定具有法律效力,当事人不得提起上诉。

(二)文书的内容及制作方法

1. 首部

(1)标题。应当写明文书名称“债权登记申请书”。

(2)申请人的基本情况。申请人如系公民,应写明姓名、性别、出生年月日、民族、籍贯、职业或工作单位和职务、住所地等;如系法人或其他组织的,应写明名称、住所地、法定代表人或负责人姓名和职务。

2. 正文

(1)请求事项。应当写明要求登记债权的性质、金额等。

(2)事实与理由。应简明、扼要地说明要求登记的债权与被拍卖船舶或特定场合发生的海事事故有关的事实和债权成立的依据,并提供有关债权证据加以证实。债权证据包括:证明债权的具有法律效力的判决书、裁定书、调解书、仲裁裁决书和公证债权文书,以及其他证明具有海事请求的证据材料。在上述基础上,根据有关法律的规定阐述申请债权登记的理由。

3. 尾部

(1)写明致送的海事法院名称。

(2)附件,写明有关证据材料名称。

(3)申请人签章。申请人如系法人或其他组织的,应写明全称,由法定代表人或负责人签名,加盖单位公章。

(4)注明制作文书的年、月、日。

(三)文书样式

债权登记申请书

申请人________________(写明姓名或名称、住所地等基本情况)。

请求事项________________(要求登记债权的性质、金额等)。

事实与理由________________(要求登记的债权与被拍卖船舶或特定场合发生的海事事故有关的事实、债权成立的依据及申请债权登记的理由等)。

此致

中华人民共和国____海事法院

申请人(签章)

________年____月____日

十七、船舶优先权催告申请书

(一)文书制作的基本知识

船舶优先权催告申请书,是指船舶转让时,受让人向海事法院提交的申请船舶优先权催告,催促船舶优先权人及时主张权利,消灭该船舶附有的船舶优先权的法律文书。

根据《海事诉讼特别程序法》第 121 条和第 122 条的规定,受让人申请船舶优先权催告的,应当向转让船舶交付地或者受让人住所地海事法院提出。申请船舶优先权催告,应当向海事法院提交申请书、船舶转让合同、船舶技术资料等文件。

根据《海事诉讼特别程序法》第 123 条和第 124 条的规定,海事法院在收到申请书以及有关文件后,应当进行审查,在 7 日内作出准予或者不准予申请的裁定。受让人对裁定不服的,可以申请复议一次。海事法院在准予申请的裁定生效后,应当通过报纸或者其他新闻媒体发布公告,催促船舶优先权人在催告期间主张船舶优先权。船舶优先权催告期间为 60 日。

根据《海事诉讼特别程序法》第 125 条和第 126 条的规定,船舶优先权催告期间,船舶优先权人主张权利的,应当在海事法院办理登记;不主张权利的,视为放弃船舶优先权。船舶优先权催告期间届满,无人主张船舶优先权的,海事法院应当根据当事人的申请作出判决,宣告该转让船舶不附有船舶优先权。判决内容应当公告。

(二)文书的内容及制作方法

申请书应当载明船舶的名称、申请船舶优先权催告的事实和理由。具体来讲包括以下三个部分:

1. 首部

(1)标题。应当写明文书名称"船舶优先权催告申请书"。

(2)申请人的基本情况。申请人如系公民,应写明姓名、性别、出生年月日、民族、籍贯、职业或工作单位和职务、住所地等;如系法人或其他组织的,应写明名称、住所地、法定代表人或负责人姓名和职务。

2. 正文

主要说明船舶转让的事实及申请催告的理由。首先说明申请人已(拟)受让"____"轮以及该轮的所有权、基本技术数据等情况。其次说明为催促船舶优先权人及时主张权利,消灭该船舶附有的船舶优先权,特依照《海事诉讼特别程序法》的有关规定,申请船舶优先权催告,请予准许。

3. 尾部

(1)写明致送的海事法院名称。

(2)附件,包括船舶转让合同、船舶技术资料。

(3)申请人签章。申请人如系法人或其他组织的,应写明全称,由法定代表人或负责人签名,加盖单位公章。

(4)注明制作文书的年、月、日。

(三)文书样式

船舶优先权催告申请书

申请人________(写明姓名或名称、住所地等基本情况)。

申请人______已(拟)受让"____"轮,该轮________(写明船舶所有权、基本技术数据等情况)。为催促船舶优先权人及时主张权利,消灭该船舶附有的船舶优先权,特依照《中华人民共和国海事诉讼特别程序法》的有关规定,申请船舶优先权催告,请予准许。

此致

中华人民共和国____海事法院

附:(船舶转让合同、船舶技术资料)

申请人(签章)

________年____月____日

第三部分
行政诉讼业务文书

一、行政起诉状

（一）文书制作的基本知识

行政起诉状，是公民、法人或者其他组织认为行政机关的具体行政行为侵犯其合法权益时，依法请求人民法院行使裁判权给予司法救济时所提交的法律文书。

1. 人民法院行政诉讼的受案范围

公民、法人或者其他组织对具有国家行政职权的机关和组织及其工作人员的行政行为不服，依法提起诉讼的，属于人民法院行政诉讼的受案范围。2014年11月1日第十二届全国人民代表大会常务委员会第十一次会议通过了《关于修改〈中华人民共和国行政诉讼法〉的决定》，该决定自2015年5月1日起施行。根据该决定修改并重新公布的《中华人民共和国行政诉讼法》（以下简称《行政诉讼法》）第12条的规定，人民法院受理公民、法人或者其他组织提起的下列诉讼：（1）对行政拘留、暂扣或者吊销许可证和执照、责令停产停业、没收违法所得、没收非法财物、罚款、警告等行政处罚不服的；（2）对限制人身自由或者对财产的查封、扣押、冻结等行政强制措施和行政强制执行不服的；（3）申请行政许可，行政机关拒绝或者在法定期限内不予答复，或者对行政机关作出的有关行政许可的其他决定不服的；（4）对行政机关作出的关于确认土地、矿藏、水流、森林、山岭、草原、荒地、滩涂、海域等自然资源的所有权或者使用权的决定不服的；（5）对征收、征用决定及其补偿决定不服的；（6）申请行政机关履行保护人身权、财产权等合法权益的法定职责，行政机关拒绝履行或者不予答复的；（7）认为行政机关侵犯其经营自主权或者农村土地承包经营权、农村土地经营权的；（8）认为行政机关滥用行政权力排除或者限制竞争的；（9）认为行政机关违法集资、摊派费用或者违法要求履行其他义务的；（10）认为行政机关没有依法支付抚恤金、最低生活保障待遇或者社会保险待遇的；（11）认为行政机关不依法履行、未按照约定履行或者违法变更、解除政府特许经营协议、土地房屋征收补偿协议等协议的；（12）认为行政机关侵犯其他人身权、财产权等合法权益的。除前款规定外，人民法院受理法律、法规规定可以提起诉讼的其他行政案件。

《行政诉讼法》第13条规定,人民法院不受理公民、法人或者其他组织对下列事项提起的诉讼:(1)国防、外交等国家行为;(2)行政法规、规章或者行政机关制定、发布的具有普遍约束力的决定、命令;(3)行政机关对行政机关工作人员的奖惩、任免等决定;(4)法律规定由行政机关最终裁决的具体行政行为。

2. 提起行政诉讼应当具备的条件及法院受理

《行政诉讼法》第49条规定,提起诉讼应当符合下列条件:(1)原告是符合本法第25条规定的公民、法人或者其他组织;(2)有明确的被告;(3)有具体的诉讼请求和事实根据;(4)属于人民法院受案范围和受诉人民法院管辖。该法第44条规定,对属于人民法院受案范围的行政案件,公民、法人或者其他组织可以先向行政机关申请复议,对复议决定不服的,再向人民法院提起诉讼;也可以直接向人民法院提起诉讼。法律、法规规定应当先向行政机关申请复议,对复议决定不服再向人民法院提起诉讼的,依照法律、法规的规定。据此,法律、法规规定应当先申请复议,公民、法人或者其他组织未申请复议直接提起诉讼的,人民法院不予受理。复议机关不受理复议申请或者在法定期限内不作出复议决定,公民、法人或者其他组织不服,依法向人民法院提起诉讼的,人民法院应当依法受理。法律、法规未规定行政复议为提起行政诉讼必经程序,公民、法人或者其他组织既提起诉讼又申请行政复议的,由先受理的机关管辖;同时受理的,由公民、法人或者其他组织选择。公民、法人或者其他组织已经申请行政复议,在法定复议期间内又向人民法院提起诉讼的,人民法院不予受理。法律、法规未规定行政复议为提起行政诉讼必经程序,公民、法人或者其他组织向复议机关申请行政复议后,又经复议机关同意撤回复议申请,在法定起诉期限内对原具体行政行为提起诉讼的,人民法院应当依法受理。

《行政诉讼法》第51条规定,人民法院在接到起诉状时对符合本法规定的起诉条件的,应当登记立案。对当场不能判定是否符合本法规定的起诉条件的,应当接收起诉状,出具注明收到日期的书面凭证,并在7日内决定是否立案。不符合起诉条件的,作出不予立案的裁定。裁定书应当载明不予立案的理由。原告对裁定不服的,可以提起上诉。起诉状内容欠缺或者有其他错误的,应当给予指导和释明,并一次性告知当事人需要补正的内容。不得未经指导和释明即以起诉不符合条件为由不接收起诉状。对于不接收起诉状、接收起诉状后不出具书面凭证,以及不一次性告知当事人需要补正的起诉状内容的,当事人可以向上级人民法院投诉,上级人民法院应当责令改正,并对直接负责的主管人员和其他直接责任人员依法给予处分。该法第52条规定,人民法院既不立案,又不作出不予立案裁定的,当事人可以向上一级人民法院起诉。上一级人民法院认为符合起诉条件的,应当立案、审理,也可以指定其他下级人民法院立案、审理。该法第53条规定,公民、法人或者其他组织认为行政行为所依据的国务院部门和地方人民政府及其部门制定的规范性文件不合法,在对行政行为提起诉讼时,可以一并请求对该规范性文件进行审查。前款规定的规范性文件不含规章。

3. 行政诉讼原告或诉讼代表人的确定

《行政诉讼法》第25条规定,行政行为的相对人以及其他与行政行为有利害关系的公民、法人或者其他组织,有权提起诉讼。有权提起诉讼的公民死亡,其近亲属可以提起诉讼。有权提起诉讼的法人或者其他组织终止,承受其权利的法人或者其他组织可以提起诉讼。《行政诉讼法》第49条第1项规定,原告是符合本法第25条规定的公民、法人或者其他组织。司法实践中,行政诉讼的原告或者行政诉讼的代表人可以根据不同情况加以确定:(1)有权提起诉讼的公民死亡,其近亲属可以提起诉讼。这里的“近亲属”,包括配偶、父母、子女、兄弟姐妹、祖父母、外祖父母、孙子女、外孙子女和其他具有扶养、赡养关系的亲属。公民因被限制人身自由而不能提起诉讼的，其近亲属可以依其口头或者书面委托以该公民的名义提起诉讼。(2)有权提起诉讼的法人或者其他组织终止，承受其权利的法人或者其他组织可以提起诉讼。(3)合伙企业向人民法院提起诉讼的，应当以核准登记的字号为原告，由执行合伙企业事务的合伙人作诉讼代表人；其他合伙组织提起诉讼的，合伙人为共同原告。(4)不具备法人资格的其他组织向人民法院提起诉讼的，由该组织的主要负责人作诉讼代表人；没有主要负责人的，可以由推选的负责人作诉讼代表人。(5)同案原告为5人以上，应当推选1名至5名诉讼代表人参加诉讼；在指定期限内未选定的，人民法院可以依职权指定。(6)联营企业、中外合资或者合作企业的联营、合资、合作各方，认为联营、合资、合作企业权益或者自己一方合法权益受具体行政行为侵害的，均可以自己的名义提起诉讼。(7)农村土地承包人等土地使用权人对行政机关处分其使用的农村集体所有土地的行为不服，可以自己的名义提起诉讼。(8)非国有企业被行政机关注销、撤销、合并、强令兼并、出售、分立或者改变企业隶属关系的，该企业或者其法定代表人可以提起诉讼。(9)股份制企业的股东大会、股东代表大会、董事会等认为行政机关作出的具体行政行为侵犯企业经营自主权的，可以企业名义提起诉讼。

4. 行政诉讼被告的确定

根据《行政诉讼法》第49条第2项的规定，提起诉讼应当有明确的被告。该法第26条规定，公民、法人或者其他组织直接向人民法院提起诉讼的，作出行政行为的行政机关是被告。经复议的案件，复议机关决定维持原行政行为的，作出原行政行为的行政机关和复议机关是共同被告；复议机关改变原行政行为的，复议机关是被告。复议机关在法定期限内未作出复议决定，公民、法人或者其他组织起诉原行政行为的，作出原行政行为的行政机关是被告；起诉复议机关不作为的，复议机关是被告。两个以上行政机关作出同一行政行为的，共同作出行政行为的行政机关是共同被告。行政机关委托的组织所作的行政行为，委托的行政机关是被告。行政机关被撤销或者职权变更的，继续行使其职权的行政机关是被告。《行政诉讼法司法解释》第6条规定，《行政诉讼法》第26条第2款规定的“复议机关决定维持原行政行为”，包括复议机关驳回复议申请或者复议请求的情形，但以复议申请不符合受理条件为由驳回的除外。《行政诉讼法》第26条第2款规定的“复议机关改变原行政行为”，是指复议机关改变原行政行为的处理结果。《行政诉讼法司法解释》第7条规定，复议机关决定维持原行政行为的，作出原行政行为的行政机关和复议机关是共同被告。原告只起诉作出原行政行为的行政机关或者复议机关的，人民法院应当告知原告追加被告。原告不同意追加的，人民法院应当将另一机关列为共同被告。

5. 提起行政诉讼应当向有管辖权人民法院提出

根据《行政诉讼法》第49条第4项的规定，原告提起行政诉讼应当向有管辖权的人民法院提出即应当根据《行政诉讼法》有关级别管辖、地域管辖、特别管辖、共同管辖与选择管辖的规定，向有管辖权的人民法院提出行政诉讼。

(1)级别管辖。《行政诉讼法》第14条规定，基层人民法院管辖第一审行政案件。该法第15条规定，中级人民法院管辖下列第一审行政案件：对国务院部门或者县级以上地方人民政府所作的行政行为提起诉讼的案件；海关处理的案件；本辖区内重大、复杂的案件；其他法律规定由中级人民法院管辖的案件。该法第16条规定，高级人民法院管辖本辖区内重大、复杂的第一审行政案件。该法第17条规定，最高人民法院管辖全国范围内重大、复杂的第一审行政案件。此外，根据《行政诉讼法司法解释》第8条的规定，作出原行政行为的机关和复议机关为共同被告的,以作出原行政行为的行政机关确定案件的级别管辖。

(2)地域管辖。《行政诉讼法》第18条规定,行政案件由最初作出行政行为的行政机关所在地人民法院管辖。经复议的案件,也可以由复议机关所在地人民法院管辖。经最高人民法院批准,高级人民法院可以根据审判工作的实际情况,确定若干人民法院跨行政区域管辖行政案件。该法第19条规定,对限制人身自由的行政强制措施不服提起的诉讼,由被告所在地或者原告所在地人民法院管辖。

(3)特别管辖。《行政诉讼法》第20条规定,因不动产提起的行政诉讼,由不动产所在地人民法院管辖。

(4)共同管辖与选择管辖。《行政诉讼法》第21条规定,两个以上人民法院都有管辖权的案件,原告可以选择其中一个人民法院提起诉讼。原告向两个以上有管辖权的人民法院提起诉讼的,由最先立案的人民法院管辖。

6. 提起行政诉讼应当在法定期限内提出

《行政诉讼法》第44条规定,对属于人民法院受案范围的行政案件,公民、法人或者其他组织可以先向行政机关申请复议,对复议决定不服的,再向人民法院提起诉讼;也可以直接向人民法院提起诉讼。法律、法规规定应当先向行政机关申请复议,对复议决定不服再向人民法院提起诉讼的,依照法律、法规的规定。该法第45条规定,公民、法人或者其他组织不服复议决定的,可以在收到复议决定书之日起15日内向人民法院提起诉讼。复议机关逾期不作决定的,申请人可以在复议期满之日起15日内向人民法院提起诉讼。法律另有规定的除外。

《行政诉讼法》第46条规定,公民、法人或者其他组织直接向人民法院提起诉讼的,应当自知道或者应当知道作出行政行为之日起6个月内提出。法律另有规定的除外。因不动产提起诉讼的案件自行政行为作出之日起超过20年,其他案件自行政行为作出之日起超过5年提起诉讼的,人民法院不予受理。

《行政诉讼法》第47条第1款规定,公民、法人或者其他组织申请行政机关履行保护其人身权、财产权等合法权益的法定职责,行政机关在接到申请之日起2个月内不履行的,公民、法人或者其他组织可以向人民法院提起诉讼。法律、法规对行政机关履行职责的期限另有规定的,从其规定。该条第2款规定,公民、法人或者其他组织在紧急情况下请求行政机关履行保护其人身权、财产权等合法权益的法定职责,行政机关不履行的,提起诉讼不受前款规定期限的限制。《行政诉讼法司法解释》第4条规定,公民、法人或者其他组织根据上述第47条第1款的规定,对行政机关不履行法定职责提起诉讼的,应当在行政机关履行法定职责期限届满之日起6个月内提出。

《行政诉讼法》第48条规定,公民、法人或者其他组织因不可抗力或者其他不属于其自身的原因耽误起诉期限的,被耽误的时间不计算在起诉期限内。公民、法人或者其他组织因前款规定以外的其他特殊情况耽误起诉期限的,在障碍消除后10日内,可以申请延长期限,是否准许由人民法院决定。

(二)文书的内容及制作方法

《行政诉讼法》第50条规定,起诉应当向人民法院递交起诉状,并按照被告人数提出副本。书写起诉状确有困难的,可以口头起诉,由人民法院记入笔录,出具注明日期的书面凭证,并告知对方当事人。可见,提起行政诉讼以书面形式起诉为原则,即应通过向人民法院递交行政起诉状及副本提起诉讼;以口头起诉为例外,即原告书写起诉状确有困难的,可以口头起诉。起诉状主要应当包括当事人的情况,诉讼请求和所根据的事实和理由,证据和证据来源、证人姓名和住址等内容。行政诉讼状包括以下三部分：

1. 首部

(1)写明文书名称“行政起诉状”。

(2)当事人的基本情况。作为提起行政诉讼的原告为公民的，应分别写明姓名、性别、年龄、民族、职业、工作单位和住址；如果原告或者被告是无诉讼行为能力的人，还应写明其法定代理人的姓名、性别、年龄、民族、职业、工作单位和住址；如果是法人或者其他组织的，应写明法人或组织的名称、所在地址、法定代表人的姓名、职务等。作为被告的行政机关，应当写明其名称、单位法定代表人的姓名、职务等。如果原告委托了诉讼代理人的，应写明诉讼代理人的基本情况；诉讼代理人为律师的，写明律师的姓名及其所在律师事务所的名称。如果有第三人的，还应写明第三人的情况。

2. 正文

(1)诉讼请求。公民、法人或者其他组织提起行政诉讼，应针对不服被告行政行为的情况分别提出不同的诉讼请求，可以根据《行政诉讼法》第49条第3项的规定提出下列具体的诉讼请求：请求判决撤销、变更行政行为；请求判决行政机关履行法定职责或者给付义务；请求判决确认行政行为违法；请求判决行政机关予以赔偿或者补偿；请求解决行政协议争议；请求一并审查规章以下规范性文件；请求一并解决相关民事争议；其他诉讼请求。诉讼请求不明确的，人民法院应当予以释明。有多项诉讼请求的应当一一写明。

(2)事实和理由。首先，应写明被诉行政机关的行政行为及其依据，以及这一行为所侵犯的原告的具体合法权益与后果；其次，反映原告对该行政行为是否申请复议，复议机关是否改变原行政行为及改变的具体内容；再次，基于上述内容阐述和根据有关的法律法规论证、分析具体行政行为的错误，这可以从以下方面进行：被告做出具体行政行为所依据的事实不清、证据不足，适用法律、法规错误，违反法定程序，超越职权、滥用职权等；最后，基于本案事实和根据《行政诉讼法》及其他法律规定，请求人民法院依法裁判。

(3)证据和证据来源，证人姓名和住址。《行政诉讼法》第37条规定，原告可以提供证明行政行为违法证据。原告提供的证据不成立的，不免除被告的举证责任。该法第38条规定，在起诉被告不履行法定职责的案件中，原告应当提供其向被告提出申请的证据。但有下列情形之一的除外：①被告应当依职权主动履行法定职责的；②原告因正当理由不能提供证据的。在行政赔偿、补偿的案件中，原告应当对行政行为造成的损害提供证据。因被告的原因导致原告无法举证的，由被告承担举证责任。据此，原告在提起行政诉讼时应写明向人民法院提供能够证明案件事实的各类证据名称、数量以及证据的来源。提供证人的，应写明证人的姓名和住址及联系方式。

3. 尾部

(1)应写明致送人民法院的名称。

(2)原告签名。原告是法人或其他组织的应当盖章。

(3)写明提交本诉状的年、月、日。

(4)附项。按被告的人数向人民法院提交起诉状副本。

(三)文书样式与范例

1. 文书样式

行政起诉状

原告：×××，……(自然人写明姓名、性别、工作单位、住址、有效身份证件号码、联系方式等基本信息;法人或其他组织写明名称、地址、联系电话、法定代表人或负责人等基本信息)。

委托代理人:×××,……(写明姓名、工作单位等基本信息)。

被告:×××,……(写明名称、地址、法定代表人等基本信息)。

其他当事人:×××,……(参照原告的身份写法,没有其他当事人的,此项可不写)。

诉讼请求:……(应写明具体、明确的诉讼请求)。

事实和理由:……(写明起诉的理由及相关事实依据,尽量逐条列明)。

此致

××××人民法院

附:1. 起诉状副本××份

2. 被诉行政行为××份

3. 其他材料××份

原告(签字盖章)

[法人(盖章)]

××××年××月××日

(写明递交起诉之日)

2. 实例与范本

【实例1】2016年7月20日和25日苗××在××县城××农批市场第120号商铺出卖水果等农副产品时遭到朱××、孙××和钱××三人的非法干扰,苗××当时拨打110报警电话,但××派出所公安人员以抽不出人手为由拒不出警。2016年8月11日,朱××带领20多个不明身份的人再次闯到苗××120号店铺哄抢了进价25,000元的货物,造成苗××利润损失达82,000元,合计107,000元,并殴打了苗××。苗××再次向××派出所报案后,该派出所仍既不立案,也不对违法者依法进行处罚,且拒不给原告报案回执手续。对于××派出所上述行政不作为,苗××于2016年8月22日向其主管分局投诉,要求其尽快履行法定职责对朱××等主要违法人员依法惩处,尽快追回被违法者暴力抢走的全部货物和赔偿全部被砸毁的财物,尽快纠正××派出所不履行法定职责的行政不作为错误。但该公安分局于2016年10月21日所给的答复中,将朱××等人针对苗××的打砸抢行为定性为"市场打架",认定为"不构成刑事立案事实,属于民事纠纷"。对于××公安分局的上述定性和不履行法定职责的行为,苗××不服,遂向××市公安局反映,要求其纠正××公安分局不履行法定职责的行政不作为错误。但该市公安局在答复中却将苗××店铺货物多次被朱××等人聚众暴力哄抢的事实,认定为"因店铺货物摆放不规范朱××等人将货物暂扣","将存放在店内的货物临时搬走",并以此作为不予追究朱××等人法律责任的理由。苗××遂以该市公安局不履行法定职责为由,依法提起行政诉讼。

行政起诉状

原告:苗××,男,汉族,1967年4月20日出生,系个体工商户,住××省××县××镇××街××号,联系方式:1300×××××××。

被告:××市公安局,住××市××区××路××号。

法定代表人:崔××,局长,联系方式:2222×××。

诉讼请求：

1. 判令被告履行法定职责,依法对违法人员朱××等进行行政处罚；

2. 判令被告赔偿因其行政不作为给原告造成的经济损失107,000元；

3. 判令被告承担本案全部诉讼费用。

事实与理由：

2016年7月20日和25日原告在××市城××农批市场第120号商铺出卖水果等农副产品时遭到朱××、孙××和钱××三人的非法干扰,原告当时拨打110,但××派出所公安人员以抽不出人手为由拒不出警。由于被告属下××派出所对2016年7月20日和25日朱××等人的违法事件不予处理——不履行法定职责即行政不作为,鼓励了朱××等人的违法嚣张气焰,致使发生朱××等人针对原告的第三次违法行为。2016年8月11日,朱××带领20多个不明身份的人闯到原告120号店铺哄抢了原告25,000元货物,利润损失达82,000元,合计107,000元,并殴打了原告。在原告的财产安全、人身安全、经营安全再次遭到严重威胁的情况下,原告向被告下属××派出所报案,该派出所仍既不立案,也不对违法者依法进行处罚,且拒不给原告报案回执手续。

对于××派出所上述行政不作为,原告于2016年8月22日向其主管分局投诉,要求其尽快履行法定职责对朱××等主要违法人员依法惩处,尽快追回被违法者暴力抢走的全部货物和赔偿全部被砸毁的财物,尽快纠正××派出所不履行法定职责的行政不作为错误。但该公安分局于2016年10月21日所给的答复中,将朱××等人针对原告的打砸抢行为定性为"市场打架",认定为"不构成刑事立案事实,属于民事纠纷"。该公安分局不仅不纠正其所辖的××派出所不履行法定职责的行政不作为错误,而且自己也不履行法定职责对违法者依法给予惩处和维护原告的合法权益。

对于被告所辖的××公安分局不履行法定职责的行为,原告不服,遂向被告××市公安局反映,要求其纠正××市公安分局不履行法定职责的行政不作为错误。但被告在答复中却将原告店铺货物多次被朱××等人聚众暴力哄抢的事实,轻描淡写地认定为"因店铺货物摆放不规范朱××等人将货物暂扣","将存放在店内的货物临时搬走",并以此作为不予追究朱××等人法律责任的理由。

公安机关依法负有打击违法犯罪活动和保护公民、法人和其他组织生命安全和财产安全的义务,本案中××市公安局及其下辖的××公安分局和××派出所,对原告申请其履行保护人身权、财产权的法定职责并依法给予朱××等违法行为人行政处罚的请求,拒绝履行或者不予答复,其行政不作为助长了朱××等人的违法犯罪行为的实施,已经给原告造成了财产和人身损害。现根据《中华人民共和国行政诉讼法》第12条和《中华人民共和国国家赔偿法》第4条、第9条和第36条的有关规定,请求贵院依法判令被告履行法定职责,对违法人员朱××等进行行政处罚；判令被告赔偿因其行政不作为给原告造成的经济损失107,000元进行赔偿；判令被告承担本案全部诉讼费用。

此致

××市人民法院

附：本起诉状副本1份

起诉人　苗××

2016年8月30日

【实例2】1990年1月1日周××、邓××与×××村民委员会签订土地承包合同书,约定:由周××、邓××承包经营×××村××地块的全部水旱田,承包期限为30年。2016年3月11日,××县国土资源局在周××、邓××所在村庄张贴《××县国土资源局征地安置方案公告》,周××、邓××承包经营的全部水旱田被征收。征收后作为香精香料项目的建设用地,将出让给××市××房地产开发公司使用。对此,周××、邓××认为自己依法享有的承包经营权受到了侵犯,遂向人民法院提起行政诉讼。

行政起诉状

原告:周××,男,1957年4月17日出生,汉族,住××县××镇××村,联系方式:×××××××××。

原告:邓××,男,汉族,1961年8月1日出生,住址同上,联系方式:××××××××。

被告:××省国土资源厅,住所××市××路××号。

法定代表人:朱××,厅长,联系方式:×××××××××。

诉讼请求:

请求法院依法撤销××省国土资源厅×国土资(建)(2016)××号行政决定。

事实和理由:

1990年1月1日周××、邓××与×××村民委员会签订土地承包合同书,约定:由周××、邓××承包经营×××村××地块的全部水旱田,承包期限为30年。2016年3月11日,××县国土资源局在周××、邓××所在村庄张贴《××县国土资源局征地安置方案公告》,周××、邓××承包经营的全部水旱田被征收。根据××省国土资源厅×国土资(建)(2016)××号《关于批准〈××县人民政府征用土地方案〉的决定》,被征用的土地作为香精香料项目的建设用地,将出让给××市××有限公司使用。××省国土资源厅的上述行政行为既违背了国家的有关法律法规,也直接侵害了申请人的合法权益。

根据《中华人民共和国宪法》第10条第3款的规定,国家为了公共利益的需要,可以依照法律规定对土地实行征收或者征用并给予补偿。然而,本案中××县政府征用原告承包经营的土地,是为了给××有限公司的香精香料项目提供土地,并不是出于公共利益的需要,而是为了私人企业谋取利益的需要,因此,被告的行为严重违背了国家征用农地的宗旨。

根据《中华人民共和国土地管理法》《中华人民共和国土地管理法实施条例》的规定,征用农用地,必须履行农用地转用的审批手续。在农地征用目的不合法,征用手续不完善的情况下,××省国土资源厅以×国土资(建)(2016)××号文件批准了《××县人民政府征用土地方案》,因此,被告《关于批准〈××县人民政府征用土地方案〉的决定》这一具体行政行为,具有明显的违法性。

根据《中华人民共和国农村土地承包法》第5条的规定,农村集体经济组织成员有权依法承包由本集体经济组织发包的农村土地。任何组织和个人不得剥夺和非法限制农村集体经济组织成员承包土地的权利。被告《关于批准〈××县人民政府征用土地方案〉的决定》这一具体行政行为,直接导致原告赖以生存的土地承包经营权的丧失,因此,严重侵害了原告依法享有的农村土地承包经营权。

为了维护原告的合法权益免受不法侵害,根据《中华人民共和国行政诉讼法》第2

条、第12条的规定，特向人民法院提起行政诉讼，请人民法院支持原告的诉讼请求。

此致

××市中级人民法院

附：本起诉书副本1份

起诉人　周××、邓××

2016年4月26日

二、行政上诉状

（一）文书制作的基本知识

行政上诉状，是指行政诉讼当事人不服人民法院第一审判决、裁定，在法定期限内按照法定程序，向人民法院提交的请求上一级人民法院撤销、变更一审判决、裁定的法律文书。

行政诉讼实行两审终审制，无论一审原告还是被告如果不服一审判决和裁定的，都可以通过法定程序提起上诉。根据《行政诉讼法》第29条第2款的规定，人民法院判决第三人承担义务或者减损第三人权益的，第三人有权依法提起上诉。可见，原告、被告及有权提起上诉的第三人行使上诉权，提起上诉，其上诉对象为地方各级人民法院第一审未发生法律效力的判决或裁定。最高人民法院的判决和裁定是终审的判决和裁定，不得上诉。

《行政诉讼法》第85条规定，当事人不服人民法院第一审判决的，有权在判决书送达之日起15日内向上一级人民法院提起上诉。当事人不服人民法院第一审裁定的，有权在裁定书送达之日起10日内向上一级人民法院提起上诉。逾期不提起上诉的，人民法院的第一审判决或者裁定发生法律效力。可见，对发生法律效力的判决或裁定，当事人无权提起上诉。

（二）文书的内容及制作方法

1. 首部

（1）注明文书名称“上诉状”或“行政上诉状”。

（2）当事人的基本情况。上诉人或被上诉人是公民的，应写明其姓名、性别、出生年月日、民族、工作单位和职务或职业、住址、联系方式；上诉人或被上诉人是法人或其他组织的，应写明其名称、地址、法定代表人或主要负责人姓名、职务、联系方式等项内容。如果有数个上诉人或被上诉人的，则依据他们在案件中的地位和作用，由重到轻分别依次排列。上诉人委托了诉讼代理人的，应在各上诉人的下一行写明其姓名等基本情况。

2. 正文

本部分主要阐明当事人提出上诉的具体请求以及提出上诉请求所依据的事实理由。

（1）案由。写明上诉人提出上诉的判决、裁定的案由、表明不服哪一法院、何时所作的判决或裁定的编号，并表明上诉的态度。一般表述为“上诉人××因……一案，不服××××人民法院××××年××月××日作出的（××××）×字第××号（判决或裁定），现提出上诉”。

（2）上诉请求。提出具体的上诉请求事项，如撤销或变更一审裁判，请求重新审理等。

（3）上诉理由。对原裁判认定事实错误或者证据不足、适用法律错误、违反法定程序影响案件正确裁判等事实进行陈述，并提供有力的证据和充分而确凿的事实加以支持。在此基础上，运用相关法律针对原审裁判的错误或不当，进行反驳，阐明对一审裁判不服的事实原因和法律依据，以支持提出的上诉请求。引用的相关法律规定必须准确，所阐述的上诉理由应做到于法有据。

3. 尾部

(1)写明致送人民法院的名称。

(2)上诉人签名。上诉人是法人或其他组织的,还应加盖单位公章。

(3)注明递交本上诉状的年、月、日。

(4)附项。应附上本上诉状副本及有关证据材料的名称、件数。

(三)文书样式与范例

1. 文书样式

上　诉　状

上诉人:×××,……(写明姓名或名称等基本情况)。

被上诉人:×××,……(写明姓名或名称等基本情况)。

上诉人×××因……(写明案由)一案,不服××××人民法院××××年××月××日作出的(××××)×行×字第××号(判决或裁定),现提出上诉。

上诉请求:

……(写明具体的上诉请求)。

上诉理由:

……(写明不服原审判决或裁定的事实及理由)。

此致

××××人民法院

附:上诉状副本×份

上诉人(签名或者盖章)

××××年××月××日

2. 实例与范本

【实例1】2016年3月16日××市××区××小区全体业主依法召开业主大会,选举业主委员会。经此次业主大会民主投票选举产生了小区第一届业主委员会成员。业主大会召开前,曾向被上诉人汇报业主大会召开事宜,并请被上诉人派人出席会议并给予现场指导,但被上诉人未派人参加。小区业主委员会产生后,报经小区所在街道办事处即被上诉人备案和公布。但被上诉人以上诉人召开业主大会未经其指导和同意为由拒不办理备案和公布。上诉人为此提起诉讼,原审裁定认定"丁××等人召开业主大会并选举产生业主委员会时,被告××市××区××街道办事处并未到场进行指导,故该选举程序不合法,因此本案原告不具备依法成立的主体资格,不是适格的诉讼主体。"据此,驳回原告的诉讼请求。原告不服一审判决,遂依法提起上诉。

上　诉　状

上诉人(原审原告):××市××区××小区业主委员会,住所××市××区××小区××号楼××室。

负责人:丁××,主任,联系方式:×××××××××。

被上诉人(原审被告):××市××区××街道办事处,住所××市××区××路××号。

负责人:李××，主任,电话:×××××××××。

上诉人因被上诉人行政不作为一案,不服××市××区人民法院(2016)×行初字第89号行政裁定书,现提出上诉。

上诉请求:

1. 请求判令撤销××市××区人民法院(2016)×行初字第89号行政裁定书;

2. 请求确认被上诉人不履行备案职责的行政不作为违法并责令其履行法定备案职责;

3. 判令被上诉人承担本案一、二审全部诉讼费用。

上诉理由:

2016年3月16日上诉人全体业主依法召开业主大会,选举业主委员会。经该次业主大会民主投票选举产生了小区第一届业主委员会成员。业主大会召开前,曾向上诉人汇报业主大会召开事宜,并请被上诉人派人出席会议并给予现场指导,但被上诉人未派人参加。小区业主委员会产生后,报经小区所在街道办事处即被上诉人备案和公布。但被上诉人以上诉人召开业主大会未经其指导和同意为由拒不办理备案和公布。上诉人为此提起诉讼,原审裁定认定"丁××等人召开业主大会并选举产生业主委员会时,被告××市××区××街道办事处并未到场进行指导,故该选举程序不合法,因此本案原告不具备依法成立的主体资格,不是适格的诉讼主体。"据此,驳回原告的诉讼请求。原审法院这一认定与事实不符,适用法律错误:

一、选举业主委员会是业主享有的权利,其所在街道办事处是否到场指导不能作为判断业主委员会成立是否有效的根据

根据《中华人民共和国物权法》第76条第1项和第3项的规定,制定和修改业主大会议事规则,选举业主委员会或者更换业主委员会成员由业主共同决定。决定上述事项,应当经专有部分占建筑物总面积过半数的业主且占总人数过半数的业主同意。可见,上诉人所在街道办事处是否出席业主大会、是否给予现场指导,不是认定上诉人即××市××区××小区业主委员会成立是否有效的依据。本案中××市××区××小区业主委员会由全体业主选举产生,符合法定人数,因此,依法有效。

二、上诉人所在街道办事处不到场指导是其未履行法定职责的不作为表现,不能以此作为否定业主大会自治性的理由

《中华人民共和国物权法》第75条规定,业主可以设立业主大会,选举业主委员会。地方人民政府有关部门应当对设立业主大会和选举业主委员会给予指导和协助。国务院颁布的《物业管理条例》第10条规定,同一个物业管理区域内的业主,应当在物业所在地的区、县人民政府房地产行政主管部门或者街道办事处、乡镇人民政府的指导下成立业主大会,并选举产生业主委员会。但是,只有一个业主的,或者业主人数较少且经全体业主一致同意,决定不成立业主大会的,由业主共同履行业主大会、业主委员会职责。从上述法律、行政法规的规定可以看出,业主大会的成立具有自主性和自治性,不具有必然接受行政管理的强制性,物业所在地的区、县人民政府房地产行政主管部门或者街道办事处、乡镇人民政府对不具有自治能力或者自治能力不强的业主给予指导,是其应尽的法定义务而不是其应享有行政主导权和行政决定权。

本案上诉人在业主大会召开前,曾向上诉人汇报业主大会召开事宜,并请被上诉人派人出席会议并给予现场指导,但被上诉人未派人参加,这是其拒绝履行法定义务和行

政不作为的表现,而不能将其作为否定业主大会自治性和合法性的理由。行政机关的指导不是领导,并不具有强制性,而业主对自己事务的管理是一种自治管理,“自治”本身就是给行政权力干预的限制,而行政机关对于业主物业管理的自主权和自治权如果仍固守传统的权力本位,业主委员会应由其任命、选举应当走过场,否则就是认无效,这是对行政指导的误解,是对业主自治管理事务的粗暴践踏。

三、一审法院脱离被上诉人的答辩理由和主张,认定上诉人不合格,属于司法越权和司法擅断

被上诉人在一审中并未否定过进行指导的事实,而只是以“在原告未依法办理完毕各类备案手续的情况下,其不能代表××小区的全体业主”(裁定书第2页)为由,主张上诉人的主体资格不符合法律规定。但原审法院却篡改了被上诉人自认的事实,并以被上诉人未到场指导为由认定上诉人的主体不适格。这种脱离上诉人的答辩理由和主张的做法,貌似依法断案,但其实质是司法擅断。因为,上诉人的产生是否合乎法定程序,应当由作为行政机关的被上诉人作出认定,在被上诉人未作任何认定的情况下,原审法院却擅自认定上诉人的产生程序不合法,这是典型的司法权僭越行政权,侵犯了行政机关的首次判断权,或者说司法权过度干预行政权,当然,其结果是侵害了上诉人的合法权益。

综上所述,被上诉人对于上诉人依法选举产生的业主委员会具有依法备案,并应当在备案后出具相关证明文件并予以公布的义务,但被上诉人拒不履行,构成了行政不作为。请求二审法院依法撤销原审裁定,支持上诉人的诉讼请求,维护上诉人的合法权益。

此致

××市中级人民法院

上诉人　××市××区××小区业主委员会

2016年5月16日

【实例2】马××系甲市凯歌文具制造有限公司(以下简称凯歌公司)的员工。马××于2015年4月17日20:00下班,在骑电动自行车下班途中,沿甲市金园六路由西向东驶入金园一路路口时,于20:15左右与一小型普通客车相撞受伤,经医院抢救无效死亡。2015年5月19日,马××的丈夫陈×向甲市乙区人力资源和社会保障局提出申请,要求对马××4月17日发生的伤亡事故予以工伤认定。同日,乙区人力资源和社会保障局受理了陈×的申请,并于次日向凯歌公司发出了《提供证据通知书》。经过调查核实,该局于2015年7月16日作出了乙劳认(2015)字第2037号工伤认定,认定马××2015年4月17日发生交通事故致其死亡属于工伤。凯歌公司对该工伤认定结论不服,向甲市人力资源和社会保障局申请行政复议。2015年11月16日,甲市人力资源和社会保障局作出甲人社复决字(2015)第112号行政复议决定,维持了上述工伤认定。凯歌公司仍不服,起诉要求撤销乙区人力资源和社会保障局作出的乙劳认(2015)字第2037号工伤认定。原审法院认为,乙区人力资源和社会保障局在其辖区范围内具有作出工伤认定的主体资格,其工伤认定程序合法。根据乙区人力资源和社会保障局向凯歌公司生产主管沈××所作的第一次调查记录和向凯歌公司员工所作的调查记录可以证明,凯歌公司的工作时间为8:00至16:30,加班3小时的,其下班时间应为20:00。马××在事发当日是完成加班后回家,其下班时间应为20:00,其于20:15左右在下班回家途中发生机动车交通事故,属于在一个合理的时间段及合理的行车途径内,

其应属于下班途中受到交通事故伤害致死。乙区人力资源和社会保障局据此作出认定马××所受到的伤害为工伤的认定结论，属事实清楚、证据充分、适用法律正确。原审遂判决：维持乙区人力资源和社会保障局作出的乙劳认(2015)字第2037号工伤认定。判决后，凯歌公司不服，提起上诉。

上 诉 状

上诉人(原审原告)：甲市凯歌文具制造有限公司，住所甲市××区××路××号。

法定代表人：高×，该公司总经理。联系方式：×××××××××。

委托代理人：徐×，甲市某律师事务所律师。

委托代理人：葛××，甲市凯歌文具制造有限公司员工。

被上诉人(原审被告)：甲市乙区人力资源和社会保障局，住所甲市乙区××路××号。

法定代表人：陈×，该局局长。联系方式：×××××××××。

上诉人因工伤认定一案，不服甲市乙区人民法院(2016)乙行初字第2号行政判决，现提出上诉。

上诉请求：

请求撤销甲市乙区人民法院(2016)乙行初字第2号行政判决和被诉工伤认定。

上诉理由：

上诉人于马××死亡的当日即2015年4月17日虽然安排职工加班，但加班时间为2.5小时，下班时间为17:30，马××骑车从单位到家只需5分钟，而交通事故发生时已经20:15，故马××发生事故时已经不是合理的下班回家时间；马××不是由西向东从金园六路驶入金园一路路口时发生的交通事故，而可能是从旁边的小路右转至金园一路时发生事故，故马××行驶的方向不是回家的方向，而可能是从家里出来。被诉具体行政行为认定马××在下班回家途中发生机动车事故属事实不清。因此，根据《工伤条例》第14条第1款第6项的规定，马××的死亡不具备认定为工伤的条件。原审判决认定事实错误，现上诉人请求二审人民法院依法撤销原审判决和被诉工伤认定。

此致

上海市第二中级人民法院

附：本上诉状副本1份

上诉人 甲市凯歌文具制造有限公司

高×

2016年10月29日

三、行政诉讼答辩状

(一)文书制作的基本知识

行政答辩状，是行政诉讼中的被告或被上诉人针对原告或上诉人在行政起诉状或上诉状中提出的诉讼请求、事实与理由，向人民法院作出回应和辩解时所提交的书面法律意见。

《行政诉讼法》第67条规定，人民法院应当在立案之日起5日内，将起诉状副本发送被告。被告应当在收到起诉状副本之日起15日内向人民法院提交作出行政行为的证据和所依据的规范性文件,并提出答辩状。人民法院应当在收到答辩状之日起5日内,将答辩状副本发送原告。被告不提出答辩状的,不影响人民法院审理。

司法实践中,当事人提出上诉,应当按照其他当事人或者诉讼代表人的人数提出上诉状副本。原审人民法院收到上诉状,应当在5日内将上诉状副本送达其他当事人,对方当事人应当在收到上诉状副本之日起10日内提出答辩状。原审人民法院应当在收到答辩状之日起5日内将副本送达当事人。原审人民法院收到上诉状、答辩状,应当在5日内连同全部案卷和证据,报送第二审人民法院。已经预收诉讼费用的,一并报送。

答辩状分为一审答辩状和二审答辩状,有权制作并向人民法院提交答辩状的主体包括一审中的被告、二审中的被上诉人。

(二)文书的内容及制作方法

1. 首部

(1)应写明文书的名称“答辩状”或“行政诉讼答辩状”。

(2)答辩人的基本情况。答辩人是法人或其他机构或组织的,应写明其名称、地址、电话号码、法定代表人或主要负责人的姓名、职务、联系方式等;答辩人是公民的,则应写明姓名、性别、年龄、民族、职业、工作单位和住址等。

(3)案由。写明案件的性质,一般表述为“答辩人因________________(案由)一案,提出答辩如下”。

2. 正文

本部分为答辩状的核心内容,可从以下几个方面进行答辩:

(1)针对起诉状或上诉状中陈述事实方面进行答辩。指明对方陈述的不实之处,可根据实际情况部分或全部否定,并通过相应的证据支持自己的主张,揭露对方所提供证据的虚假性、非法性和与本案不具有关联性,从而否定对方证据的证明力。

(2)针对起诉状或上诉状中陈述的理由方面进行答辩。对此,可根据案由的性质以及自己所掌握的事实证据并根据相关的法律法规规定进行论证、驳斥或据理力争。由于《行政诉讼法》规定被诉行政机关对作出的具体行政行为负有举证责任,因而行政机关作为一审被告或二审被上诉人在提交的答辩状中应当对作出该具体行政行为的全部证据和规范性文件加以具体说明。

(3)从原告起诉超过诉讼时效、受诉法院不具有管辖权等方面提出答辩或异议。

(4)对自己的观点进行归纳,并作总结性的发言或意见,希望法庭能作出公正判决。

3. 尾部

(1)应写明致送人民法院的名称。

(2)答辩人签名。答辩人是法人或其他组织的,应当盖章。

(3)附项。按对方当事人的人数向人民法院提交答辩状副本份数。

(4)注明提交本答辩状的年、月、日。

(三)文书样式与范例

1. 文书样式

行政诉讼答辩状

答辩人:×××,……(写明名称、地址、法定代表人等基本信息)。

法定代表人:×××,……(写明姓名、职务等基本信息)。

委托代理人：×××，……（写明姓名、工作单位等基本信息）。

因×××诉我单位……（写明案由或起因）一案，现答辩如下：

答辩请求：……

事实和理由：……（写明答辩的观点、事实与理由）。

此致

××××人民法院

附：1. 答辩状副本×份

2. 其他文件×份

3. 证物或书证×件

答辩人（盖章）

××××年××月××日

（写明递交答辩状之日）

2. 实例与范本

【实例】2009年8月25日16时许，××市公安局××分局花园路派出所接到"110"报警电话，称某市花园路文华苑16幢701室有人从楼上将玻璃瓶摔到三楼院内（1、2楼系门面房）。接报后，花园路派出所民警刘×等人赶到现场依法处理，到达现场民警向701室的住户表明了执法身份，并从门上"猫眼"处将警察证出示给该户主人查验后，要求该户主人开门以便了解情况，而该户女主人何×拒绝开门，并在明知敲门人是依法执行职务的警察的情况下，突然开门用一塑料桶水泼到民警刘×等人身上，使民警工作无法继续开展。花园路派出所遂按照法定程序进行了传唤、询问，并在查明案件基础上由××市公安局××分局依法作出了公（三）决字（2009）第369号公安行政处罚决定，对何×给予10天的行政拘留处罚。何×对该决定，以该行政处罚决定事实不清、证据不足和行政处罚程序违法等事由，以该市公安局××分局为被告提起行政诉讼。被告在接到人民法院送达的起诉状副本后，向受理该案的人民法院依法提交了如下答辩状。

行政诉讼答辩状

答辩人：××市公安局××分局。

答辩人因何×诉我单位公安行政处罚决定一案，现答辩如下：

答辩请求：1. 驳回起诉，维持原处罚决定；2. 判决其承担本案全部诉讼费用。

一、何×拒绝、阻碍国家工作人员依法执行职务，事实清楚，证据确凿充分

2009年8月25日16时许，我分局花园路派出所接到"110"报警电话，称某市花园路文华苑16幢701室有人从楼上将玻璃瓶摔到楼下三层院内。接报后，花园路派出所民警刘×等人赶到现场依法处理，到达现场后民警向701室的住户表明了执法身份，并从门上"猫眼"处将警察证出示给该户主人查验后，要求该户主人开门以便了解情况，而该户女主人何×拒绝开门，并在明知敲门人是依法执行职务的警察的情况下，突然开门用一塑料桶水泼到民警刘×等人身上，致使工作无法继续开展。原告在起诉状称其案发时间不在现场，与事实不符。经我分局依法收集的证据查明，案发当日，花园路文华苑16幢701室除了何×及其照看的小孩外，没有其他人在场，其丈夫谷×正在单位上班。而且有何×的哥哥何×的证言、证人徐××等人的证言以及我分局民警所写的情况说明等

证据证明何×案发时间在现场且与民警有一段对话，并实施了违法行为。在我分局花园路派出所民警刘×依法执行职务，要求何×开门了解情况和原告了解民警身份时，民警将警察证对着原告家门上的猫眼处以便出示给原告查看且告诉原告警车正在楼下，原告反映其看了楼下确实有警车停在那里。该事实由答辩人提供的现场录音资料能够证实。原告在明知我分局民警是在依法执行职务时，不仅不予配合，而且用水桶向执法民警泼水加以阻止。对此，由我分局提供的一张黑白照片和一张彩色照片能够证实。上述事实充分说明，何×拒绝、阻碍国家工作人员依法执行职务，事实清楚，证据确凿充分，其诉称的我分局对其作出行政拘留处罚缺乏事实依据的理由不能成立。

二、在我分局民警对何×的查处严格按照法定程序，何×关于我分局民警违法办案的诉讼主张不能成立

在查处该案过程中，我分局严格按照《中华人民共和国治安管理处罚法》的规定，依法进行了受案、传唤、调查取证、告知、裁决、宣布送达等程序。我分局对原告何×的两次传唤都是严格按照法律法规规定进行的，并将传唤的原因和依据告知被传唤人。有传唤证及传唤证存根等证据证实。我分局对原告的传唤不是强制传唤，在传唤过程中也没有对原告采用手铐等约束性警械。在传唤何×时出于何×的小孩无人照顾，在小孩到达派出所后，花园路派出所专门派一名女民警看护，让其在派出所值班室看电视，并给其买了面包等食品，充分体现了人性化执法。原告起诉书中关于民警将其小孩一起强制传唤及将其及小孩关押在派出所一间封闭的房间的陈述与事实不符。原告称其8月28日被传唤到派出所后从11时至16时无人讯问和查证是根本不存在的，因原告上午11时30分到达花园路派出所时正是中午吃饭和休息时间，自14时始民警就开始对其讯问，有讯问笔录为证。在对其传唤的同时，花园路派出所及时将传唤的原因和处所通过电话方式通知被传唤人的配偶，有当天电话记录为凭。可见，我分局对何×的传唤和询问时间符合《中华人民共和国治安管理处罚法》第38条的规定，也履行了该条规定的通知义务。此外，我分局作出治安管理处罚决定前，已将对何×作出治安管理处罚的事实、理由及依据及何×依法享有的权利告知了何×，并告知何×有权陈述和申辩。我分局制作的公安行政处罚决定书是严格按照公安部的要求规范制作的。在我分局行政拘留决定书送达回执中已载明行政拘留的履行方式和相关权利，有何×的亲笔签名为证。因此，何×关于我分局民警违法办案和我分局违法实施行政处罚的诉讼主张没有任何证据能够证实。而我分局严格按照法定程序依法办案的事实清楚、证据确凿。

三、我分局对何×作出的公安行政处罚决定适用法律正确，处罚方式适当

根据《中华人民共和国人民警察法》的规定，人民警察依法执行职务受法律保护。根据《中华人民共和国治安管理处罚法》第50条第2项的规定，阻碍国家机关工作人员依法执行职务的，处警告或者200元以下罚款；情节严重的，处5日以上10日以下拘留，可以并处500元以下罚款。本案中，当何×所在居民楼的受害群众要求公安机关处理何×与邻居发生的纠纷，公安机关接警后立即前往调查情况，遭到何×的无理拒绝和阻碍，其行为构成了拒绝、阻碍民警依法执行职务。且因其实施向民警身上泼水等严重情节，因此，我分局根据《中华人民共和国治安管理处罚法》第50条第2项的规定对其作出治安拘留10日处罚适当，适用法律正确。

综上所述，我分局2009年作出的公(三)决字(2009)第369号公安行政处罚决定，事实清楚，证据确凿充分，适用法律正确，处罚方式适当，程序合法。现请求人民法院依法

判决维持我局公(三)决字(2009)第369号公安行政处罚决定,依法驳回原告何×的诉讼请求并判决其承担本案全部诉讼费用。

此致

××市××区人民法院

答辩人 ××市公安局××分局

2009年9月25日

四、行政诉讼代理词

(一)文书制作的基本知识

行政诉讼代理词,是指行政诉讼中的诉讼代理人接受行政诉讼当事人或其法定代理人、诉讼代表人的委托,在法律规定和被代理人授权范围内为维护被代理人的合法权益,而在法庭辩论阶段或人民法院依法进行书面审理中,以被代理人的名义所作的系统辩论性发言或递交的书面辩论性意见。

《行政诉讼法》第31条规定,当事人、法定代理人,可以委托1人至2人作为诉讼代理人。下列人员可以被委托为诉讼代理人:(1)律师、基层法律服务工作者;(2)当事人的近亲属或者工作人员;(3)当事人所在社区、单位以及有关社会团体推荐的公民。据此,作为行政诉讼当事人的法人、其他组织以及行政机关可以聘请律师、基层法律服务工作者及其工作人员作为诉讼代理人。而作为当事人的公民既可以聘请律师、基层法律服务工作者,也可以由其近亲属、所在社区、单位以及有关社会团体推荐的公民作为诉讼代理人。

根据法律规定和委托人的授权依法参加诉讼、发表代理意见是行政诉讼代理人的重要工作内容。行政诉讼代理词按诉讼程序划分,可以分为一审代理词、二审代理词和再审代理词。按被代理人在诉讼中的地位划分,又可以分为一审原告方代理词、一审被告方代理词;二审上诉方代理词、二审被上诉方代理词;再审申请人一方代理词和再审被申请人一方代理词。

(二)文书的内容及制作方法

行政诉讼代理词一般包括以下部分:

1. 序言

(1)写明称呼语即“审判长、审判员”。

(2)向法庭说明出庭代理的合法性依据,如“我经____市____律师事务所的委派,担任被告____的诉讼代理人”。

(3)向法庭简要说明代理人出庭前所进行的准备工作,如阅读起诉书、会见当事人、阅读案卷材料、进行调查收集证据等有关情况。

(4)表明对本案的基本态度,如系上诉案件则可说明对一审判决的概括性意见。

2. 正文

正文是代理词的主体部分,是代理人为维护原告或被告,上诉人或被上诉人的合法权益和履行法定职责所作的主旨阐述。应该针对起诉书、上诉状或一审判决书所认定的本案事实和证据出发,根据法律规定,阐述和论证代理意见。

行政诉讼代理词的内容应根据委托人在诉讼中所处的地位、案件的性质、审理程序等因素来加以确定和进行制作。诉讼代理人在制作代理词时,可以从以下方面进行阐述和论证:通过陈述纠纷事实,提供相关证据加以支持委托人的诉讼主张,并根据委托人的诉讼地位不同,对陈述和论证的侧重点有所不同。原告方的代理词以起诉状为基础,重点陈述和分析事实,并根据当事人双方权利义务关系,阐述和论证诉讼请求的合法性和正当性。而被告方的代理词则主要针对原告方阐述的事实、向法庭提供的证据的真实性提出质疑,对法律理解与适用错误等进行批驳。二审中的上诉方代理词则以上诉状为基础,针对原审裁决和对方意见进行分析辩驳,分析和论证己方意见。而被上诉方代理词通过对上诉人的上诉请求和事实理由进行分析、评判和反驳,证明原裁判的正确性,以维护原裁判所支持的己方权益。特别值得注意的是,作为被告、上诉人或者被上诉人一方的行政机关,对作出的具体行政行为负有举证责任,应当提供作出该具体行政行为的证据和所依据的规范性文件。否则,其诉讼主张和辩护意见将不被法庭采纳。最后,诉讼代理人对代理意见可以进行总结性发言,请求法院充分考虑和采纳代理意见。

这部分内容的制作要求应当坚持实事求是,从案情的实际情况出发,提出合理的主张、意见与要求,也可以在辨明事实和分清责任的基础上提出能为各双方当事人所接受的解决办法或解决建议。当然,代理词的内容应严格限于当事人的授权范围内,不可超越当事人的授权范围发表代理意见。

3. 尾部

(1)代理人签名。

(2)写明代理词制作或提交的年、月、日。

(三)文书样式与范例

1. 文书样式

代　理　词

审判长、审判员:

我依法接受________________的委托,担任________________的诉讼代理人,出庭参与诉讼活动。现就本案争议事实,发表代理意见如下:

____

____

____

____。

诉讼代理人(签名)

________年____月____日

2. 实例与范本

【实例】曹××于2008年2月18日进入擎天公司从事机械加工工作,2013年8月31日与擎天公司解除劳动合同。2013年9月3日,曹××就其与擎天公司之间的劳动争议向甲市A区劳动争议仲裁委员会申请劳动仲裁。因不服仲裁裁决,曹××提起民事诉讼,甲市A区人民法院作出一审判决。二审期间,双方达成调解协议,约定:擎天公司于2014年5月16日之前支付曹××6000元,一、二审案件受理费10元由擎天公司负担,双方当事人无其他争执。2015年6月,曹××向甲市公积金中心投诉,该中心经调查,认为擎天公司未依法为曹××缴纳住房公积金,违反了《住房公积金管理条例》第20条第1款之规定。市公积金中心根据相关证据和依据,认定擎天公司应当为曹××补缴住房公积金8438元,利息1710.10元。据此,市公积金中心于2015年8月3日作出甲公积金责缴告字(2015)33号《告知书》,告知擎天公司拟对其作出处理决定的事实、理由及依据。擎天公司提出了书面申辩意见。市公积金中心经审核,依据《住房公积金管理条例》第38条等规定,于同年9月4日作出甲公积金责缴字(2015)26号《责令限期缴存通知书》,责令擎天公司为曹××补缴2008年3月至2013年8月期间的住房公积金本息共计10,148.10元,并将通知书送达擎天公司。擎天公司不服,申请行政复议。2016年12月24日,甲市人民政府作出甲府复决字(2016)第409号行政复议决定,维持了市公积金中心所作的具体行政行为。擎天公司仍不服,以甲市公积金管理中心为被告向人民法院提起行政诉讼,要求撤销甲市公积金中心作出的《责令限期缴存通知书》。在法庭审理期间,甲市公积金管理中心的诉讼代理人发表了以下代理意见。

代　理　词

审判长、审判员:

我依法接受甲市公积金管理中心的委托,担任其诉讼代理人,出庭参与诉讼活动。现就本案争议发表代理意见如下:

一、被告责令原告限期缴存住房公积金是依法履行的法定职权

根据《住房公积金管理条例》第10条和《甲市住房公积金管理若干规定》第2条的规定,甲市公积金管理中心(以下简称市公积金管理中心)负责本市住房公积金的管理运作,监督检查本市单位和职工缴存、提取和使用住房公积金的情况,依法履行行政处罚职能。

《住房公积金管理条例》第34条规定,住房公积金管理中心和职工有权督促单位按时履行下列义务:(1)住房公积金的缴存登记或者变更、注销登记;(2)住房公积金账户的设立、转移或者封存;(3)足额缴存住房公积金。该条例第38条规定,违反本条例的规定,单位逾期不缴或者少缴住房公积金的,由住房公积金管理中心责令限期缴存;逾期仍不缴存的,可以申请人民法院强制执行。可见,本案中,被告具有作出责令限期缴存住房公积金的法定职权。被告接到曹××的举报后,经调查,向原告发出《告知书》,告知被告拟对其作出的行政处理决定内容,在审查了原告提出的申辩意见后,于2015年9月4日作出《责令限期缴存通知书》,被上诉人执法程序合法。

二、原告依法为职工缴存住房公积金是其法定义务,不能通过与职工的约定而免除

《住房公积金管理条例》第20条规定,单位应当按时、足额缴存住房公积金,不得逾期缴存或者少缴。对缴存住房公积金确有困难的单位,经本单位职工代表大会或者工会讨论通过,并经住房公积金管理中心审核,报住房公积金管理委员会批准后,可以降低缴存比例或者缓缴;待单位经济效益好转后,再提高缴存比例或者补缴、缓缴。因此,本案中原告依法负有为其职工曹××按时、足额缴存住房公积金是用人单位的法定义务,该项义务不因当事人的约定而免除,故虽然原告与曹××在民事调解书中约定"双方当事人无其他争执",原告依然负有依法为曹××缴存住房公积金的义务。

三、被告所确定的原告为第三人曹××缴存公积金的基数和承担利息损失,符合法律规定

根据《住房公积金管理条例》第16条的规定,住房公积金以职工本人上一年度月平均工资作为缴存基数。原告已为曹××缴纳2008年3月至2013年8月的社会保险费,其月缴费基数为曹××上一年度月平均工资性收入,故被告将曹××社会保险费的月缴费基数作为其公积金缴存基数,并无不当,亦符合建设部、国家统计局关于职工月平均工

资计算方式的相关规定。原告认为应以民事诉讼中作为加班工资计算基数的月工资作为缴存基数的意见,缺乏法律依据。《住房公积金管理条例》第21条规定,住房公积金自存入职工住房公积金账户之日起按照国家规定的利率计息。本案中,因原告未按时缴存和代缴住房公积金,致曹××未能取得根据行政法规规定本应取得的法定孳息,被告责令原告承担该项损失,限期缴纳相应利息,于法不悖。

综上所述,原告的诉讼理由不能成立,请求人民法院依法判决驳回原告擎天公司的诉讼请求,维持被告甲市公积金中心作出的《责令限期缴存通知书》。

诉讼代理人　胡××

2016年2月16日

五、行政诉讼再审申请书

(一)文书制作的基本知识

行政诉讼再审申请书,是行政诉讼当事人对已经发生法律效力的判决、裁定,认为确有错误的,向原审人民法院的上一级人民法院申请再审的法律文书。

《行政诉讼法》第90条规定,当事人对已经发生法律效力的判决、裁定,认为确有错误的,可以向上一级人民法院申请再审,但判决、裁定不停止执行。该法第91条规定,当事人的申请符合下列情形之一的,人民法院应当再审:(1)不予立案或者驳回起诉确有错误的;(2)有新的证据,足以推翻原判决、裁定的;(3)原判决、裁定认定事实的主要证据不足、未经质证或者系伪造的;(4)原判决、裁定适用法律、法规确有错误的;(5)违反法律规定的诉讼程序,可能影响公正审判的;(6)原判决、裁定遗漏诉讼请求的;(7)据以作出原判决、裁定的法律文书被撤销或者变更的;(8)审判人员在审理该案件时有贪污受贿、徇私舞弊、枉法裁判行为的。

当事人申请再审,应当在判决、裁定发生法律效力后2年内提出。当事人对已经发生法律效力的行政赔偿调解书,提出证据证明调解违反自愿原则或者调解协议的内容违反法律规定的,可以在2年内申请再审。人民法院接到当事人的再审申请后,经审查,符合再审条件的,应当立案并及时通知各方当事人;不符合再审条件的,予以驳回。

(二)文书的内容及制作方法

1. 首部

(1)标题。写明文书名称"再审申请书"。

(2)申请人基本情况。申请人为公民的,写明姓名、性别、年龄、民族、籍贯、职业、住址;申请人为法人或其他组织的,则写明其名称、地址、法定代表人或主要负责人的姓名、职务。申请人是无诉讼行为能力的公民,应写明其法定代理人的基本情况及其与申请人的关系。委托律师代理申请再审的,应写明其姓名及其所在律师事务所的名称。

2. 正文

(1)案由。写明申请人对哪一人民法院何时所作的生效裁判或调解书不服,申请再审。

(2)请求事项。简明扼要地提出请求人民法院对本案按照审判监督程序进行再审,并依法变更或撤销原裁判。

(3)事实和理由。首先,陈述案件事实,并以相关确凿的证据加以证实。在此基础上,可从以下方面阐述生效裁判的错误:通过提供新的证据,以推翻原判决、裁定的事实基础,揭示原裁判所存在的证据矛盾或证据不足、原判决或裁定适用法律的错误、违反法定程序判决、裁定。其次,在上述基础上,根据法律有关规定提出申请再审的具体请求。

3. 尾部

(1)写明致送人民法院的名称。

(2)申请人签名。申请人是法人或其他组织的,应由法定代表人或主要负责人签名并加盖单位公章。

(3)注明提交申请书的年、月、日。

(4)附项。列明证据名称、数量,证人姓名、住址。

(三)文书样式与范例

1. 文书样式

再审申请书

申请人:×××,……(写明姓名或名称等基本情况)。

被申请人:×××,……(写明姓名或名称等基本情况)。

申请人×××因……(写明案由)一案,不服××××人民法院××××年××月××日(××××)×行×字第××号(判决、裁定或调解),根据……的规定(写明申请再审的法律依据),现提出再审申请。

申请请求:

……(写明具体的申请请求)。

申请理由:

……(写明具体的申请事实、理由以及具体的法律依据)。

此致

××××人民法院

附:1. 再审申请书副本××份

2. 原审裁判文书副本××份

3. 证据名称、份数;证人姓名、住址

再审申请人(签名)

××××年××月××日

2. 实例与范本

【实例】杨×系甲市东升机械制造有限公司(以下简称东升机械公司)的职工,东升机械公司的早晨上班时间为7时30分。2014年9月23日5时27分左右,杨×驾驶二轮摩托车,在经过甲市某轧钢厂门口时,不慎摔伤。经诊治,诊断为外伤性脾破裂、胸腹腔积液、失血性休克、左胫骨平台、左腓骨近端粉碎性骨折、左第7、9肋骨骨折、左颧骨骨折、头面部、四肢挫裂伤。2015年2月4日杨×向市劳动局提出工伤认定申请,市劳动和社会保障局经调查核实,于2015年3月20日作出《工伤认定决定书》,认定杨×遭受机动车事故伤害的情形符合《工伤保险条例》第14条第6项规定的情形,认定为工伤。2015年3月24日甲市劳动和社会保障局向东升机械公司和杨×邮寄送达了《工伤认定决定书》。东升机械公司不服,于2015年7月6日向法院提起行政诉讼,请求撤销市劳动和社会保障局的工伤认定决定。一审法院经审理,判决维持甲市劳动和社会保障局2015年3月20日作出的甲劳工伤认(2015)第0795号工伤认定决定。对于该判决,原告东升机械公司仍不服,依法提起上诉,二审法院经审理,作出了(2015)甲行终字第0068号判决书,驳回上诉,维持原判。甲市东升机械公司遂依法申请再审。

再审申请书

申诉人:甲市东升机械制造有限公司,住所××市××区××路××号。

法定代表人:张××,总经理。联系方式:×××××××××。

申诉人对甲市人民法院2015年11月29日(2015)甲行字第0068号判决不服,申请再审。

请求事项:

撤销甲市人民法院2015年11月29日(2015)甲行字第0068号判决,并依法改判。

事实和理由:

杨×系甲市东升机械制造有限公司(以下简称东升机械公司)的职工,东升机械公司的早晨上班时间为7时30分。2014年9月23日5时27分左右,杨×驾驶二轮摩托车,在经过甲市某轧钢厂门口时,不慎摔伤。经诊治,诊断为外伤性脾破裂、胸腹腔积液、失血性休克、左胫骨平台、左腓骨近端粉碎性骨折、左第7、9肋骨骨折、左颧骨骨折、头面部、四肢挫裂伤。2015年2月4日杨×向市劳动局提出工伤认定申请,市劳动和社会保障局经调查核实,于2015年3月20日作出《工伤认定决定书》,认定杨×遭受机动车事故伤害的情形符合《工伤保险条例》第14条第6项规定的情形,认定为工伤。2015年3月24日甲市劳动和社会保障局向东升机械公司和杨×邮寄送达了《工伤认定决定书》。东升机械公司不服,于2015年7月6日向法院提起行政诉讼,请求撤销市劳动和社会保障局的工伤认定决定。一审法院经审理,判决维持甲市劳动和社会保障局2015年3月20日作出的甲劳工伤认(2015)第0795号工伤认定决定。对于该判决,原告东升机械公司仍不服,依法提起上诉,二审法院经审理,作出了(2015)甲行终字第0068号判决书,驳回上诉,维持原判。

申诉人认为,甲市劳动和社会保障局作出的《工伤认定决定书》以及一审和二审法院判决书缺乏事实依据,适用法律不当。首先,本案中,2014年9月23日5时27分左右,杨×驾驶二轮摩托车,在经过甲市×轧钢厂门口时,不慎摔伤所遭受机动车事故伤害的事实并不是在其早晨加班途中发生的。申诉人上班时间为7:30~17:00,加班时间为17:30~21:00。第三人杨×自述事故当天须提前到5:45上班,没有相应的证据佐证或证人证实。相反,申诉人于杨×发生摔伤事故的当天的出勤记录表明,没有任何员工因加班提前上班。其次,根据《工伤保险条例》第14条第6项的规定,在上下班途中,受到机动车事故伤害的,应当认定为工伤。这里的"上下班途中",应是在合理时间内经过合理路线,而不能作不合理的扩大解释。因申诉人的早晨上班时间为7:30,根据杨×的上班的合理路线,其自家中到工作单位的时间仅需10分钟,而杨×发生摔伤事故的当天提前2个小时上班,肯定不属于合理的上班时间,因此,杨×的摔伤认定为工伤属于适用法律错误。现申诉人根据《中华人民共和国行政诉讼法》第90条的规定,请求贵院依法撤销甲市人民法院2015年11月29日(2015)甲行终字第0068号判决,并依法改判。

此致

××省高级人民法院

申诉人　甲市东升机械制造有限公司

2015年12月16日

第四部分
刑事诉讼业务文书

一、刑事自诉状

（一）文书制作的基本知识

刑事自诉状，又称刑事起诉状，是刑事案件的被害人或其法定代理人向人民法院提起刑事诉讼，请求人民法院启动诉讼程序，依法请求追究被告人刑事责任时向人民法院提交的法律文书。

1. 刑事自诉案件的范围

根据2012年3月14日第十一届全国人民代表大会第五次会议《关于修改〈中华人民共和国刑事诉讼法〉的决定》第二次修正的《中华人民共和国刑事诉讼法》（以下简称《刑事诉讼法》）第204条的规定，自诉案件包括下列案件：（1）告诉才处理的案件；（2）被害人有证据证明的轻微刑事案件；（3）被害人有证据证明对被告人侵犯自己人身、财产权利的行为应当依法追究刑事责任，而公安机关或者人民检察院不予追究被告人刑事责任的案件。该法第205条规定，人民法院对于自诉案件进行审查后，按照下列情形分别处理：（1）犯罪事实清楚，有足够证据的案件，应当开庭审判；（2）缺乏罪证的自诉案件，如果自诉人提不出补充证据，应当说服自诉人撤回自诉，或者裁定驳回。自诉人经两次依法传唤，无正当理由拒不到庭的，或者未经法庭许可中途退庭的，按撤诉处理。法庭审理过程中，审判人员对证据有疑问，需要调查核实的，适用本法第191条的规定。该法第206条第1款规定，人民法院对自诉案件，可以进行调解；自诉人在宣告判决前，可以同被告人自行和解或者撤回自诉。本法第204条第3项规定的案件不适用调解。

根据最高人民法院《关于适用〈中华人民共和国刑事诉讼法〉的解释》（以下简称《刑事诉讼法司法解释》）第1条的规定，人民法院直接受理的自诉案件包括：

（1）告诉才处理的案件：侮辱、诽谤案（《刑法》第246条规定的，但严重危害社会秩序和国家利益的除外）；暴力干涉婚姻自由案（《刑法》第257条第1款规定的）；虐待案（《刑法》第260条第1款规定的）；侵占案（《刑法》第270条规定的）。

（2）人民检察院没有提起公诉，被害人有证据证明的轻微刑事案件：故意伤害案（《刑法》第234条第1款规定的）；非法侵入住宅案（《刑法》第245条规定的）；侵犯通信自由案（《刑法》第252条规定的）；重婚案（《刑法》第258条规定的）；遗弃案(《刑法》第261条规定的);生产、销售伪劣商品案(《刑法》分则第三章第一节规定的,但严重危害社会秩序和国家利益的除外);侵犯知识产权案(《刑法》分则第三章第七节规定的,但严重危害社会秩序和国家利益的除外);《刑法》分则第四章、第五章规定的,对被告人可能判处3年有期徒刑以下刑罚的案件。本项规定的案件,被害人直接向人民法院起诉的,人民法院应当依法受理。对其中证据不足、可以由公安机关受理的,或者认为对被告人可能判处3年有期徒刑以上刑罚的,应当告知被害人向公安机关报案,或者移送公安机关立案侦查。

(3)被害人有证据证明对被告人侵犯自己人身、财产权利的行为应当依法追究刑事责任,且有证据证明曾经提出控告,而公安机关或者人民检察院不予追究被告人刑事责任的案件。

2. 自诉案件的受理条件、提起自诉的形式

根据《刑事诉讼法司法解释》第259条和第260条的规定,人民法院受理自诉案件必须符合下列条件:(1)符合《刑事诉讼法》第204条、本解释第1条的规定;(2)属于本院管辖;(3)被害人告诉;(4)有明确的被告人、具体的诉讼请求和证明被告人犯罪事实的证据。对于自诉案件,如果被害人死亡、丧失行为能力或者因受强制、威吓等无法告诉,或者是限制行为能力人以及因年老、患病、盲、聋、哑等不能亲自告诉,其法定代理人、近亲属告诉或者代为告诉的,人民法院应当依法受理。被害人的法定代理人、近亲属告诉或者代为告诉,应当提供与被害人关系的证明和被害人不能亲自告诉的原因的证明。该解释第261条规定,提起自诉应当提交刑事自诉状;同时提起附带民事诉讼的,应当提交刑事附带民事自诉状。

根据《刑事诉讼法》第44条的规定,自诉案件的自诉人及其法定代理人,附带民事诉讼的当事人及其法定代理人,有权随时委托诉讼代理人。人民法院自受理自诉案件之日起3日以内,应当告知自诉人及其法定代理人、附带民事诉讼的当事人及其法定代理人有权委托诉讼代理人。据此,自诉案件自诉人或者其法定代理人委托律师担任刑事自诉案件自诉人的诉讼代理人的,律师应当根据委托书的约定代自诉人撰写自诉状和提供法律服务。根据《刑事诉讼法司法解释》第263条第1款的规定,对自诉案件,人民法院应当在15日内审查完毕。经审查,符合受理条件的,应当决定立案,并书面通知自诉人或者代为告诉人。

(二)文书的内容及制作方法

《刑事诉讼法司法解释》第262条规定,刑事自诉状应当包括以下内容:自诉人(代为告诉人)、被告人的姓名、性别、年龄、民族、出生地、文化程度、职业、工作单位、住址、联系方式;被告人犯罪行为的时间、地点、手段、情节和危害后果等;具体的诉讼请求;致送人民法院的名称及具状时间;证人的姓名、住址、联系方式等。具体来讲刑事自诉状的制作方法如下:

1. 首部

(1)标题。应当在文书顶部居中写明"刑事自诉状"。

(2)当事人的基本情况。应当依次写明自诉人、被告人、代为告诉人的姓名、性别、年龄、民族、出生地、文化程度、职业、工作单位、住址等。自诉人聘请律师作为诉讼代理人的,应当写明诉讼代理人的姓名、工作单位或律师事务所名称。书写当事人的基本情况,应注意以下问题:应当先写自诉人,后写被告人;自诉人或被告人有两人或两人以上的,对于自诉人应当按受伤害的程度列出,受伤害重的在先,轻的在后;对于被告人应当按实施加害行为人的责任大小列出,责任大的在先,责任小的在后。

2. 正文

(1)案由。应写明控告的内容,其应当根据被告人的犯罪行为所触犯的罪名加以确定,且这些案件属于自诉案件范围,如暴力干涉婚姻自由、虐待、侵占、侵犯通信自由、重婚、遗弃等。

（2）诉讼请求。应当根据被告人的犯罪行为确定其所触犯的罪名，在此基础上请求依法追究其刑事责任，如“被告人王某某犯重婚罪，请求依法追究其刑事责任”。被告人的犯罪行为触犯两种或两种以上罪名的，且都属于自诉案件的，应当逐一逐项写明。

（3）事实和理由。这是刑事自诉状的关键部分，是提起诉讼、请求人民法院进行审理的根据。写作的时候，应当以事实为根据，以法律为准绳。具体来讲应当注意以下几点：所叙述的事实应当具有客观性，要尊重客观事实，实事求是，不可随意扩大对被告人不利的事实，掩盖对自己不利的事实，更不可虚构事实；叙述犯罪事实应当交代被告人实施犯罪的时间、地点、手段、情节和危害结果等；指明被告人犯罪行为所触犯的罪名及其应承担的法律责任。叙述应当符合逻辑，文法规范，条理清楚。阐明理由应当注意两点：一是根据犯罪事实说明被告人犯罪行为的性质及其危害后果；二是具体准确地引用法律条文。

（4）证人的姓名、住址及其他证据的名称、来源等。自诉人依法负有举证责任。《刑事诉讼法》第52条第4款规定，凡是伪造证据、隐匿证据或者毁灭证据的，无论属于何方，必须受法律追究。该法第53条第1款规定，对一切案件的判处都要重证据，重调查研究，不轻信口供。只有被告人供述，没有其他证据的，不能认定被告人有罪和处以刑罚；没有被告人供述，证据确实、充分的，可以认定被告人有罪和处以刑罚。根据该法第205条的规定，对缺乏罪证的自诉案件，如果自诉人提不出补充证据，人民法院应当说服自诉人撤回自诉，或者裁定驳回。因此，证据对法庭认定被告人的犯罪是否成立和是否应当承担刑事责任具有决定性的意义。自诉人在刑事自诉状中写完事实与理由之后，应当列举被告人犯罪事实的有关证据，并写明证据的来源和证人的姓名、住址。证明案件真实情况的一切事实，都是证据。自诉人提供的证据有下列七种：物证、书证；证人证言；被害人陈述；犯罪嫌疑人、被告人供述和辩解；鉴定意见；勘验、检查、辨认、侦查实验等笔录；视听资料、电子数据。自诉人提供的证据应尽量做到充分、确凿。

3. 尾部

（1）写明致送人民法院的名称。

（2）自诉人签名或盖章；自诉人委托诉讼代理人的，委托诉讼代理人亦可签名、盖章。

（3）注明提交本诉状的年、月、日。

（4）附项。写明本诉状副本的份数，列出各种证据的名称和件数。如果被告人是两人以上的，自诉人在起诉时需按被告人的人数提供自诉状副本。

（三）文书样式与范例

1. 文书样式

刑事自诉状

自诉人：________________（姓名、性别、民族、出生年月日、出生地、职业、工作单位、住址等）。

被告人：________________（姓名、性别、民族、出生年月日、工作单位、住址等情况，出生年月日不详者可写明其年龄）。

案由：____。

诉讼请求：

____

____。

事实和理由：

____

____

____

____。

证据和证据来源，证人姓名和住址：

____

____。

此致

____________人民法院

附：本诉状副本____份

自诉人(签名)

________年____月____日

2. 实例与范本

【实例】2012年5月，××药业公司的多名男职工收到了一条诽谤本公司女职工张×的短信："张×喜欢有妇之夫，有意者速打电话××××××××"，该电话号码是张×家的号码。张×于2012年5月27日报警，但公安机关未查出短信为何人所发。后张×怀疑短信是本公司女职工夏×所发，在院内谩骂，导致双方产生纠纷。夏×及其儿子白×为报复张×，自网上申请QQ聊天号码，网名"激情视频聊天"，并在QQ信息里留了张×的住址和家庭电话。在2012年8~9月，夏×和其儿子白×多次在网络聊天时将信息"我是个寂寞女人、想激情吗？拨打电话××××××××"等内容予以发布。后张×家中经常半夜有人打电话，内容为"你寂寞吗？你对象在家吗"等。张×因短信及互联网发布信息被骚扰之事，出现情绪低落、失眠等精神异常。2012年11月30日，经鉴定：张×患有创伤后应急障碍，该精神障碍与被短信及互联网辱骂等事件有因果关系。经依法取证后，张×遂以夏×及其儿子白×为被告人向人民法院提起刑事诉讼，请求人民法院追究夏×及其儿子白×的刑事责任。

刑事自诉状

自诉人：张×，女，1972年××月××日出生，汉族，××药业股份公司职工，住××市××区××路××号院××房间。

被告人：夏×，女，1969年××月××日出生，汉族，××药业股份公司职工，住××市××区××路××号院××房间。

被告人：白×，男，1980年××月××日出生，无业，住××市××区××路××号院××房间。

案由：诽谤罪

诉讼请求：

被告人夏×、白×的行为构成诽谤罪，请求人民法院依法追究其刑事责任。

事实和理由：

2012年5月，自诉人所在的某市××药业公司的多名男职工收到了一条诽谤自诉人的短信，诽谤自诉人喜欢有妇之夫，并留下自诉人家中的电话号码。自诉人在查找短信发送人时导致与夏×产生纠纷。夏×及其儿子白×为报复自诉人,自网上申请QQ聊天号码,网名"激情视频聊天",并在QQ信息里留了自诉人的住址和家庭电话。在2012年8~9月,夏×和其儿子白×多次在网络聊天时发布如下内容的信息:"我是个寂寞女人、想激情吗?拨打电话××××××××"。之后,自诉人家中经常半夜有人打电话问:"你寂寞吗?你对象在家吗"等。夏×及其儿子白×在互联网发布的这些诽谤信息以及引起的对自诉人的半夜骚扰之事,导致自诉人出现情绪低落、失眠等精神异常。2012年11月30日,经鉴定:自诉人患有创伤后应急障碍,该精神障碍与被短信及互联网辱骂等事件有因果关系。经向人民法院申请证据保全,在夏×家中的电脑中存有夏×和白×网上申请QQ聊天号码,网名"激情视频聊天"等证据资料。夏×与白×通过互联网散播诽谤自诉人的信息,严重扰乱了自诉人的正常生活,且造成了自诉人精神创伤性应急障碍,在一定范围内给自诉人的人格和名誉造成了不良影响,两被告人诽谤自诉人的行为情节严重,已构成诽谤罪。现依据《中华人民共和国刑法》第246条、《中华人民共和国刑事诉讼法》第204条的规定,向人民法院提起刑事诉讼,请求人民法院依法追究夏×及其儿子白×的刑事责任。

此致

××市××区人民法院

附:本诉状副本2份

自诉人 张×

2013年1月16日

二、刑事附带民事起诉状

(一)文书制作的基本知识

刑事附带民事诉状,是被害人由于刑事被告人的犯罪行为而遭受物质损失,在刑事诉讼过程中,依法向人民法院递交的要求刑事被告人等致害人给予民事赔偿的法律文书。刑事附带民事诉状包括刑事自诉案件附带民事诉状和刑事公诉案件附带民事诉状。

1. 有权提起附带民事诉讼的主体

根据《刑事诉讼法》第99条的规定,被害人由于被告人的犯罪行为而遭受物质损失的,在刑事诉讼过程中,有权提起附带民事诉讼。被害人死亡或者丧失行为能力的,被害人的法定代理人、近亲属有权提起附带民事诉讼。如果是国家财产、集体财产遭受损失的,人民检察院在提起公诉的时候,可以提起附带民事诉讼。对此,《刑事诉讼法司法解释》第138条第1款进一步规定,被害人因人身权利受到犯罪侵犯或者财物被犯罪分子毁坏而遭受物质损失的,有权在刑事诉讼过程中提起附带民事诉讼;被害人死亡或者丧失行为能力的,其法定代理人、近亲属有权提起附带民事诉讼。该解释第142条第1款和第2款规定,国家财产、集体财产遭受损失,受损失的单位未提起附带民事诉讼,人民检察院在提起公诉时提起附带民事诉讼的,人民法院应当受理。人民检察院提起附带民事诉讼的,应当列为附带民事诉讼原告人。

2. 附带民事诉讼中依法负有赔偿责任的人

根据《刑事诉讼法司法解释》第143条的规定,附带民事诉讼中依法负有赔偿责任的人包括:(1)刑事被告人以及未被追究刑事责任的其他共同侵害人;(2)刑事被告人的监护人;(3)死刑罪犯的遗产继承人;(4)共同犯罪案件中,案件审结前死亡的被告人的遗产继承人;(5)对被害人的物质损失依法应当承担赔偿责任的其他单位和个人。附带民事诉讼被告人的亲友自愿代为赔偿的,应当准许。该解释第144条规定,被害人或者其法定代理人、近亲属仅对部分共同侵害人提起附带民事诉讼的,人民法院应当告知其可以对其他共同侵害人,包括没有被追究刑事责任的共同侵害人,一并提起附带民事诉讼,但共同犯罪案件中同案犯在逃的除外。被害人或者其法定代理人、近亲属放弃对其他共同侵害人的诉讼权利的,人民法院应当告知其相应法律后果,并在裁判文书中说明其放弃诉讼请求的情况。

3. 附带民事诉讼的起诉条件

根据《刑事诉讼法司法解释》第145条的规定,附带民事诉讼的起诉条件是:(1)起诉人符合法定条件;(2)有明确的被告人;(3)有请求赔偿的具体要求和事实、理由;(4)属于人民法院受理附带民事诉讼的范围。该解释第146条规定,共同犯罪案件,同案犯在逃的,不应列为附带民事诉讼被告人。逃跑的同案犯到案后,被害人或者其法定代理人、近亲属可以对其提起附带民事诉讼,但已经从其他共同犯罪人处获得足额赔偿的除外。最高人民法院《关于刑事附带民事诉讼范围问题的规定》第1条规定,因人身权利受到犯罪侵犯而遭受物质损失或者财物被犯罪分子毁坏而遭受物质损失的可以提起附带民事诉讼。对于被害人因犯罪行为遭受精神损失而提起附带民事诉讼的,人民法院不予受理。该规定第2条规定,被害人因犯罪行为遭受的物质损失,是指被害人因犯罪行为已经遭受的实际损失和必然遭受的损失。《刑事诉讼法司法解释》第138条第2款进一步明确规定,因受到犯罪侵犯,提起附带民事诉讼或者单独提起民事诉讼要求赔偿精神损失的,人民法院不予受理。

4. 提起附带民事诉讼的时间

《刑事诉讼法司法解释》第147条第1款规定,附带民事诉讼应当在刑事案件立案后及时提起。该解释第148条规定,侦查、审查起诉期间,有权提起附带民事诉讼的人提出赔偿要求,经公安机关、人民检察院调解,当事人双方已经达成协议并全部履行,被害人或者其法定代理人、近亲属又提起附带民事诉讼的,人民法院不予受理,但有证据证明调解违反自愿、合法原则的除外。该解释第149条规定,被害人或者其法定代理人、近亲属提起附带民事诉讼的,人民法院应当在7日内决定是否立案。符合《刑事诉讼法》第99条以及本解释有关规定的,应当受理;不符合的,裁定不予受理。

5. 提起附带民事诉讼的形式

根据《刑事诉讼法司法解释》第147条第2款的规定,提起附带民事诉讼应当提交附带民事起诉状。该解释第261条规定,提起自诉应当提交刑事自诉状;同时提起附带民事诉讼的,应当提交刑事附带民事自诉状。

(二)文书的内容及制作方法

附带民事诉讼状的内容包括附带民事诉讼当事人的姓名、性别、年龄、民族、出生地、文化程度、职业、工作单位、住址;具体的诉讼请求;事实与理由;致送人民法院的名称及具状时间;证人的姓名、住址及其他证据的名称、来源等。具体来讲刑事附带民事诉讼状的制作方法如下:

1. 首部

(1)标题。应写明诉讼状的名称即"刑事附带民事起诉状"。

(2)当事人的基本情况。应当写明附带民事诉讼原告在诉讼中的地位(注明是被害人,附带民事诉讼原告如系被害人的法定代理人或近亲属的,也应当注明)、性别、出生年月日、民族、工作单位、住址和联系电话等;附带民事诉讼被告在诉讼中的地位、性别、出生年月日、民族、工作单位、住址和联系电话等。如果属单位、法人,应写明单位名称、法定代表人、所在地址。代理律师应当写明姓名及其所在律师事务所名称。

2. 正文

(1)诉讼请求。应当符合《刑事诉讼法》及其司法解释的有关规定,写明诉讼和请求赔偿的具体要求。诉讼请求应属于人民法院受理附带民事诉讼的范围。

(2)事实和理由。应当写明附带民事诉讼被告具体犯罪行为的事实,包括犯罪的时间、地点和犯罪的手段、情节、危害结果;附带民事诉讼原告由于被告人的犯罪行为而遭受的物质损失,对该物质损失赔偿请求应当有具体数额和计算依据,并应当写明起诉的法律条文依据。

(3)证人的姓名、住址及其他证据的名称、来源。《刑事诉讼法司法解释》第151条规定:"附带民事诉讼案件的当事人对自己提出的主张,有责任提供证据。"如果附带民事诉讼的原告对自己提出的主张在起诉时不能提供证据,起诉后又不能补充证据,那么应当撤回附带民事诉讼,否则人民法院将依法驳回。对于物证,要写明它的来源;书证,应当作为附件提交;证人,应当说明其姓名、住址和能证明的问题。

3. 尾部

(1)写明致送人民法院的名称。

(2)刑事附带民事诉讼原告签名或盖章。

(3)注明提交本诉状的年、月、日。

(4)附件,写明本诉状副本的份数,列出各种证据的名称和件数。如果刑事附带民事诉讼被告是两人以上的,原告在起诉时应按被告的人数提供附带民事诉状副本。

(三)文书样式与范例

1. 文书样式

刑事附带民事起诉状(1)

附带民事诉讼原告:________________(姓名、性别、民族、出生年月日、出生地、职业、工作单位、住址等)。

附带民事诉讼被告:________________(姓名、性别、民族、出生年月日、工作单位、住址等,出生年月日不详者可写明其年龄)。

诉讼请求:

____。

事实和理由:

____

____

____

____。

证据和证据来源,证人姓名和住所:

____

____。

此致

____________人民法院

附:本诉状副本____份

附带民事诉讼原告(签名)

________年____月____日

刑事附带民事自诉状(2)

附带民事诉讼自诉人:________(姓名、性别、民族、出生年月日、出生地、职业、工作单位、住址等)。

附带民事诉讼被告人:________(姓名、性别、民族、出生年月日、工作单位、住址等,出生年月日不详者可写明其年龄)。

案由:____________________。

诉讼请求:

____

____。

事实和理由:

____

____

____

____。

证据和证据来源,证人姓名和住所:

____

____。

此致

__________人民法院

附:本诉状副本____份

附带民事诉讼自诉人(签名)

________年____月____日

2. 实例与范本

【实例1】田×和苗×是前后院邻居,田×家盖的房子挡住了苗×家的采光,苗×多次交涉,田×不听,反将苗×打成重伤,田×被逮捕,并由××市××区人民检察院向××市××区人民法院提起公诉。在刑事诉讼过程中,苗×为提起附带民事诉讼,委托本市×律师事务所律师胡×为其诉讼代理人。胡律师接受委托后,为苗×写了如下诉状:

刑事附带民事起诉状

附带民事诉讼原告(系田×故意伤害案的被害人):苗×,男,34岁,汉族,××公司职员,家住××市××区××胡同20号。

诉讼代理人:胡×,××市××律师事务所律师。

附带民事诉讼被告(系田×故意伤害案的加害人):田×,男,36岁,汉族,××公司职员,家住××市××区××胡同21号。

请求事项:

请求法院依法判处被告赔偿全部医疗费、误工损失费和伤残补助费125,600元。

事实和理由:

被告田×和原告系前后院邻居。今年3月,被告在房屋改建过程中,不顾邻里关系,新建的房屋后檐离原告家的前窗只有半米，严重影响了原告家房屋的采光。原告多次同被告交涉，被告均置之不理。今年4月1日，原告再次找被告交涉时，被告态度更为恶劣，不但不听原告劝说，反而拿起铁锨铲原告，原告躲闪不及，右脚跟腱被铲断，虽经住院治疗30余天，仍然留下残疾，行走不便，经鉴定为三级伤残。以上事实，有证人××的证言，××医院的诊断证明书，以及××司法鉴定中心的鉴定报告为证。

被告的上述行为，不仅给原告的身心健康造成了极大的伤害，而且也给原告造成直接的经济损失。现向贵院提起刑事附带民事诉讼，请求人民法院在依法追究其承担刑事责任外，依法判决被告向附带民事诉讼原告即本人支付医疗费30,600元，误工费23,000元，伤残补助费72,000元，共计125,600元。

证据和证据来源，证人姓名和住址：

(1)田×打伤苗×时所使用的铁锨。(2)医院出具的医疗用药及价格明细单。(3)医院出具的住院发票。(4)医院出具的化验单和手术单及收费凭证。(5)证人刘戊和张庚所各提供的证词一份。刘戊住××市××区××镇××村××号，张庚住××市××区××镇××村××号。(6)××市公安局法医鉴定中心所出具的鉴定结论1份。

此致

××市××区人民法院

附：本诉状副本1份

附带民事诉讼原告　苗×

2012年5月4日

【实例2】周××因其丈夫于2012年2月初提出与其离婚，遂怀疑其夫妻关系感情破裂与李××有关。周××遂通过给李××发送手机短信、打手机电话以及给李××的工作单位打电话等方式，以无法复述的低级、难听的语言对李××侮辱谩骂。此外，周××还有两次到李××的办公室向李××的同事散布一些与李××有关的、很难听的语言。为防止周××到工作单位找李××的麻烦、影响单位的正常工作，李××被单位暂停工作，并扣发其工资。李××因周××的侮辱行为彻夜失眠、终日头疼，并被诊断为精神抑郁症，不得不住院治疗。李××遂以周××的行为构成侮辱罪为由向人民法院提起刑事附带民事诉讼。

刑事附带民事自诉状

刑事附带民事诉讼自诉人：李××，女，1962年××月××日出生，汉族，××大学招待所职工，住××市××区××路××号院××房间。

刑事附带民事诉讼被告人：周××，女，1959年××月××日出生，汉族，××公司职工，住××市××区××路××小区××号楼××房间。

案由：侮辱罪

诉讼请求：

1. 被告人周××的行为构成侮辱罪，请求人民法院依法追究其刑事责任；
2. 请求人民法院依法判决被告人赔偿自诉人经济损失16,306元。

事实和理由：

被告人周××因其丈夫于2012年2月初提出与其离婚，就无端怀疑自诉人是导致其夫妻关系感情破裂的第三者。自2012年2月中旬至10月中旬,被告人向自诉人的手机发送短信数十条,极尽侮辱、谩骂之能事。自当年5月中旬开始,被告人数十次给自诉人的手机打电话,以不堪入耳的低级、下流语言辱骂自诉人。被告人还通过拨自诉人工作单位的办公电话,以极为难听、无法复述的低级、下流语言辱骂和羞辱自诉人。此外,被告人还有两次到自诉人的办公室向自诉人的同事散布一些与自诉人有关的、很难听的语言。由于被告人不断通过打电话或直接到自诉人的工作单位制造事端,以至于影响和干扰了自诉人和自诉人工作单位的正常工作,并直接导致了自诉人的工作被单位暂停和被单位扣发6006元的工资。自诉人因被告人的长时间侮辱、谩骂和干扰工作,身心疲惫、彻夜难眠,头疼欲裂,被医院诊断为患上了精神抑郁症,不得不住院治疗。被告人以低级下流、恶毒刻薄的语言和到自诉人工作单位散布侮辱性语言,公然贬损自诉人的人格和名誉,情节严重,并造成了自诉人精神抑郁的严重后果。根据《中华人民共和国刑法》第246条的规定,其行为已经构成了侮辱罪。现自诉人根据《中华人民共和国刑事诉讼法》第99条、第204条和最高人民法院《关于适用〈中华人民共和国刑事诉讼法〉的解释》第1条和第145条的规定,提起刑事附带民事诉讼,请求人民法院依法追究被告人周××的刑事责任,并判决其赔偿给自诉人造成6006元单位停工损失和10,300元的医药费与治疗费损失。

证据和证据来源,证人姓名和住址:

(1)自诉人手机(137928×××××)中保存的来自被告人手机(131768×××××)的31条手机短信。(2)自诉人录制的被告人电话录音光盘2张及书面整理材料1份、原告手机来电电话号码显示清单1份。(3)自诉人委托律师对自诉人工作单位4位工作人员所作的调查笔录4份。

此致

××市××区人民法院

附:本诉状副本1份

自诉人　李××
2013年1月19日

三、刑事自诉案件反诉状

(一)文书制作的基本知识

刑事自诉案件反诉状,是指刑事自诉案件中的被告人在已经开始的刑事诉讼程序进行中,以自诉案件的自诉人作为被告,向同一人民法院提出和本诉(原刑事自诉案件)有牵连的、旨在保护被告人刑事上或民事上的合法权益的书面请求的诉状。

刑事自诉案件反诉状的提出,必须以反诉的成立为前提条件。《刑事诉讼法》第207条规定,自诉案件的被告人在诉讼过程中,可以对自诉人提起反诉。反诉适用自诉的规定。《刑事诉讼法司法解释》第277条规定,告诉才处理和被害人有证据证明的轻微刑事案件的被告人或者其法定代理人在诉讼过程中,可以对自诉人提起反诉。

反诉必须符合下列条件:(1)反诉的对象必须是本案自诉人;(2)反诉的内容必须是与本案有关的行为;(3)反诉的案件必须符合《刑事诉讼法司法解释》第1条第1项、第2项的规定。反诉案件适用自诉案件的规定,并应当与自诉案件一并审理。自诉人撤诉的,不影响反诉案件的继续审理。辩护律师接受自诉案件被告人的委托后，对符合反诉条件的，应当告知被告人享有对自诉人提起反诉的权利。如果被告人要求辩护律师协助其提起反诉，辩护律师可以帮助被告人制作刑事反诉状，并按照刑事自诉的要求和方式向受理自诉案件的人民法院递交。

（二）文书的内容及制作方法

刑事自诉案件反诉状的内容包括：当事人的姓名、性别、年龄、民族、出生地、文化程度、职业、工作单位、住址；被反诉人犯罪行为的时间、地点、手段、情节和危害后果等；具体的诉讼请求等内容。刑事自诉案件反诉状包括以下部分：

1. 首部

写明自诉案件反诉当事人的基本情况，并标明其与自诉案件当事人的关系。首先写明反诉人（本诉被告人）的姓名、年龄、民族、籍贯、文化程度、职业、工作单位、住址、电话、邮政编码等；其次写明被反诉人（本诉原告或本诉自诉人）的姓名、年龄、民族、籍贯、文化程度、职业、工作单位、住址、电话、邮政编码等。如果反诉人已经委托了诉讼代理人的，还应写明诉讼代理人的姓名、工作单位、电话、邮政编码等有关情况。

2. 正文

（1）反诉请求。要求具体写明反诉被告人侵犯反诉人合法权益的行为性质以及在法律上所构成的罪名，向人民法院提出依法追究反诉被告人刑事责任的请求。

（2）事实和理由。在这一部分应着重阐述反诉被告人犯罪行为的事实及其犯罪构成以及罪名认定。具体内容包括犯罪行为发生的时间、地点、犯罪手段、情节和危害后果等，在充分说明反诉被告人犯罪事实基础上，阐述危害行为与危害结果之间的因果关系；分析犯罪主观要件即反诉被告人对自己所实施的犯罪行为及其危害社会结果所持的心理态度，目的和动机。根据犯罪事实，适用《刑法》的有关条款准确认定犯罪性质，请求人民法院依法追究其刑事责任。

（3）证人的姓名、住址及其他证据的名称、来源等。反诉人所提出的证据应尽量做到确实、充分、富有说服力和证明力。应当做到真实、合法、与其反诉主张具有关联性。要对证据、证人名单以列举的方式逐个写清，以便人民法院予以查证核实。

3. 尾部

（1）写明该反诉状致送人民法院的名称。

（2）在诉状的右下角写明：反诉人（签名、盖章）；注明年、月、日。

（3）附件，写明本反诉状的份数；证物、书证（名称）及件数；证人的姓名及其住所地。

（三）文书样式与范例

1. 文书样式

刑事自诉案件反诉状

反诉人（本诉被告人）：________________（姓名、性别、民族、出生年月日、出生地、职业、工作单位、住址等）。

被反诉人（本诉自诉人）：________________（姓名、性别、民族、出生年月日、出生地、职业、工作单位、住址等）。

反诉请求：

____。

事实和理由：
____
____
____
____。

证据和证据来源，证人姓名和住址：
____
____。

此致

__________人民法院

附：1. 本反诉状副本____份
2. 证物（名称）__________件；书证（名称）__________件
3. 证人（姓名）__________，住址__________________

反诉人（签名）
________年____月____日

2. 实例与范本

【实例】2012年12月6日下午，因一单苹果批发买卖，王××认为刘××抢走了他的生意，遂到王××摊前理论并发生争吵。在争执中，刘××遂抓起旁边的水果刀向王××刺去，将其右臂刺伤。王××也奋起还击，朝刘××的右耳猛击一拳。后经在场的买主朱××、张××等人阻拦、劝说，刘××放下了水果刀、王××停止还击。经鉴定，王××被刘××刺成轻伤，刘××的耳膜穿孔，亦为轻伤。王××认为刘××的行刺行为已构成故意伤害罪，故向人民法院提起自诉，要求追究其刑事责任。刘××认为王××将其打成耳膜穿孔，亦应当承担刑事责任，提起反诉。××律师事务所的叶××律师接受刘××的委托，作为其诉讼代理人其为刘××撰写了如下一份刑事自诉案件反诉状。

刑事自诉案件反诉状

反诉人（本诉被告人）：刘××，男，1981年6月30日出生，汉族，出生于××省××县，农民，初中文化，住××市××区××镇××号院。

诉讼代理人：叶××，××律师事务所律师。

被反诉人（本诉自诉人）：王××，男，1979年1月25日，汉族，出生于××省××县，农民，高中文化，住址同上。

反诉请求：

在本诉自诉人王××诉本诉被告人刘××犯故意伤害罪一案中，自诉人王××对被告人刘××具有故意伤害行为，请求依法追究其刑事责任。

事实和理由：

2012年12月6日下午，因一单苹果批发买卖，反诉人（本诉被告人）认为被反诉人（本诉自诉人）抢走了自己的生意，遂到其摊前理论。在争执中，反诉人不慎用手中拿着的水果刀刺伤了被反诉人的右臂。之后，在反诉人再未对被反诉人进行任何伤害的情况下，被反诉人见自己的右臂流血就奋起还击，朝反诉人的右耳猛击一拳。经××法医鉴定中心鉴定,反诉人为轻伤。被反诉人打伤反诉人的行为,在主观上具有故意,在客观上造成了轻伤的后果,根据《中华人民共和国刑法》第 234 条第 1 款的规定,其行为已构成故意伤害罪。根据《中华人民共和国刑事诉讼法》第 207 条的规定,现向人民法院提起反诉,请求人民法院对被反诉人的犯罪行为进行依法惩处。

证据和证据来源,证人姓名和住址:

(1)证人朱××和张××各提供的证词 1 份。朱××住××市××区××镇××村××号;张××住××市××区××路××号楼××号房间。(2)××市公安局法医鉴定中心所出具的鉴定结论 1 份。

此致

北京市××区人民法院

附:本诉状副本 1 份

反诉人　刘××

2013 年 2 月 20 日

四、刑事答辩状

(一)文书制作的基本知识

刑事答辩状,是刑事自诉案件的被告人或者被上诉人、刑事附带民事案件的被告人针对起诉状或上诉状的指控,向人民法院提交的书面辩解和答辩意见。

有权提供刑事答辩状的人员包括刑事附带民事案件中的被告人、刑事自诉案件中的被告人(包括本诉被告人和反诉被告人)和第二审程序中的被上诉人。对刑事答辩的当事人来说,制作刑事答辩状,可以向人民法院全面、系统地阐述自己的观点,并对自诉人、刑事附带民事诉讼的原告或上诉人的主张或意见进行答辩和反驳,从而有利于维护自己的合法权益。

根据《律师办理刑事案件规范》第 175 条和第 176 条的规定,刑事诉讼被告人的辩护律师也可接受委托,同时担任附带民事诉讼被告人的诉讼代理人;代理律师应帮助被告人撰写答辩状,进行调查、取证、申请鉴定、参加庭审、举证质证、进行辩论、发表代理意见。可见,代书刑事答辩状是律师的一项重要工作内容。代理律师通过书写刑事答辩状,可以全面地熟悉案情,在此基础上有利于及时展开调查和取证、申请鉴定,为参加庭审、举证质证、进行辩论和在庭审中发表代理意见创造良好条件。

(二)文书的内容及制作方法

刑事答辩状由首部、正文和尾部三部分组成,各部分内容及制作方法如下:

1. 首部

(1)标题。应在文书的顶部居中写明“刑事答辩状”。

(2)答辩人的基本情况,即应写明答辩人的姓名、性别、出生年月日、民族、籍贯、职业或工作单位和职务、住址等。

2. 正文

(1)案由。应写明“因……一案,提出答辩如下”。对此,可以针对不同的案件作出具体表述,如“因自诉人诉被被告人故意伤害一案提出答辩如下”,“因反诉人诉被反诉人诽谤罪一案提出答辩如下”。

(2)答辩内容。答辩人应针对起诉状或上诉状的指控提出答辩理由,要通过列举事实和提供证据对指控的事实进行反驳;在此基础上对起诉状或上诉状中的法律适用错误,通过引据法律条文及学理性阐述进行辩驳;此外,还可以根据不同情况从不符合起诉或上诉条件的角度进行答辩。由此,正确地阐明观点和提出合法合理的答辩意见。在上述基础上,请求人民法院查明真相并对起诉状或上诉状的指控做出正确的处理,如请求人民法院驳回起诉或者上诉;要求人民法院对部分或者全部诉讼请求或上诉请求不予支持等。

3. 尾部

(1)应写明刑事答辩状致送人民法院的名称。

(2)答辩人签名,并注明提交刑事答辩状的年、月、日。

(3)附项。应写明该答辩状副本的份数及其他附件的名称和件数。

(三)文书样式与范本

1. 文书样式

刑事答辩状

答辩人:________。

因________________一案,现提出答辩如下:

____

____

____。

此致

__________人民法院

附:本答辩状副本____份

答辩人(签名)

______年____月____日

2. 文书范本

刑事答辩状

答辩人:刘××

因自诉人王××诉答辩人故意伤害罪一案,现提出答辩如下:

一、答辩人刘××与自诉人王××之间的纠纷属于民事纠纷,答辩人给自诉人王××造成轻伤的行为不构成故意伤害罪

根据《中华人民共和国刑法》第234条第1款的规定,行为人构成故意伤害罪在主观上须具有故意。首先,在本案中,从答辩人的主观意图来看,不具有实施伤害自诉人的动机和故意。该案的起因是一单苹果批发买卖,答辩人认为自诉人抢走了自己的生意,遂到自诉人摊前理论而发生争执的,答辩人并不是为了实施伤害行为而发起的挑衅行为。其次,答辩人并未为实施伤害而作准备。再次,从事态发展来看,造成自诉人轻伤,是由于双方争执和相持中各不相让造成的误伤,而不是答辩人通过积极的行为实施的结果。最后,造成自诉人轻伤,也违背了答辩人自己的意志,并超出了答辩人的预料。当答辩人看到自诉人右臂被刀刺伤而流血时,并未放任不管,而是主动送自诉人到附近区中心医院医治,并承担了全部医疗费用。从上述可以看出,答辩人不具有伤害自诉人的故意,答

辩人与自诉人的争执亦未超出民事纠纷的范围，因此，不能因自诉人在争执中受了轻伤就认定答辩人构成了故意伤害罪。

二、答辩人同意赔偿自诉人的直接经济损失3000元和摊位租赁费500元，但自诉人的其他赔偿要求于法无据

根据《中华人民共和国民法通则》规定的损害赔偿原则，答辩人所承担的民事民事赔偿范围应当以给自诉人即被害人造成的实际损害为限，赔偿范围应与受害人的实际损失相当。据此，答辩人对于自诉人因治疗期间所造成的水果腐烂损失3000元和摊位租赁费500元负有赔偿责任。自诉人的医疗费和住院费8000元，已由答辩人向医院支付。此外，自诉人要求答辩人赔偿1500元误工收入于法无据。最高人民法院《关于审理人身损害赔偿案件适用法律若干问题的解释》第20条规定："误工费根据受害人的误工时间和收入状况确定。误工时间根据受害人接受治疗的医疗机构出具的证明确定。受害人因伤致残持续误工的，误工时间可以计算至定残日前一天。受害人有固定收入的，误工费按照实际减少的收入计算。受害人无固定收入的，按照其最近3年的平均收入计算；受害人不能举证证明其最近3年的平均收入状况的，可以参照受诉法院所在地相同或者相近行业上一年度职工的平均工资计算。"据此，自诉人作为无固定收入的人员，被告人对其赔偿应按照其最近3年的平均收入计算，但某农贸市场仅出具了自诉人今年以来的收入证明，且其证明因该市场并不掌握自诉人的实际收入状况，故不具有证明力。

综上所述，本案不具有刑事自诉案件的立案条件，自诉人与答辩人之间的纠纷属于民事纠纷，恳切请求人民法院明察案情，并依法驳回自诉人的诉讼请求。

此致

北京市××区人民法院

附：本答辩状副本1份

答辩人　刘××

2013年2月26日

五、立案监督请求书

（一）文书制作的基本知识

立案监督请求书，是公诉案件的被害人认为公安机关对应当立案侦查的案件而不立案侦查的，依法向人民检察院提出并请求人民检察院对公安机关的不立案行为行使监督权的法律文书。

根据《刑事诉讼法》第18条的规定，刑事案件的侦查由公安机关进行，法律另有规定的除外。根据该法第108条的规定，公安机关对于报案、控告、举报，都应当接受。对于不属于自己管辖的，应当移送主管机关处理，并且通知报案人、控告人、举报人；公安机关发现犯罪事实或者犯罪嫌疑人，应当按照管辖范围，立案侦查。

根据《刑事诉讼法》第110条的规定，人民法院、人民检察院或者公安机关对于报案、控告、举报和自首的材料，应当按照管辖范围，迅速进行审查，认为有犯罪事实需要追究刑事责任的时候，应当立案；认为没有犯罪事实，或者犯罪事实显著轻微，不需要追究刑事责任的时候，不予立案，并且将不立案的原因通知控告人。控告人如果不服，可以申请复议。《刑事诉

讼法》第111条规定,人民检察院认为公安机关对应当立案侦查的案件而不立案侦查的,或者被害人认为公安机关对应当立案侦查的案件而不立案侦查,向人民检察院提出的,人民检察院应当要求公安机关说明不立案的理由。人民检察院认为公安机关不立案理由不能成立的,应当通知公安机关立案,公安机关接到通知后应当立案。

(二)文书的内容及制作方法

1. 首部

(1)标题。首页顶部居中写明"立案监督请求书"。

(2)请求人的基本情况。应写明请求人(被害人及其法定代理人、近亲属)的姓名、性别、年龄、工作单位或住址。如果请求人是刑事案件受害人的法定代理人或近亲属的,应写明其与被害人的关系。

2. 正文

(1)请求事项。提出立案监督请求,即写明请求人民检察院对公安机关进行立案监督。

(2)事实和理由。将犯罪嫌疑人针对被害人实施的犯罪事实叙述清楚,并以相应的证据予以证明。在此基础上根据刑法的有关规定,阐述犯罪嫌疑人的行为构成犯罪及其应当追究的刑事责任等。最后根据《刑事诉讼法》的有关规定,说明不服公安机关不予立案决定的理由,据此特向人民检察院提出立案监督的请求。

3. 尾部

(1)写明致送人民检察院的名称。

(2)请求人签名。

(3)注明提出请求的年、月、日。

(4)附项。应附上有关证据和公安机关不予立案决定书等。

(三)文书样式与范例

1. 文书样式

立案监督请求书

请求人(刑事案件受害人或其法定代理人、近亲属):______________________________。

请求人________对________公安局________年________月____日(　　)____字第____号决定,向贵院提出立案监督请求。

事实和理由:

____

____

____。

此致

________________人民检察院

附:证据目录及公安机关不予立案决定书

请求人(签名)

________年____月____日

2. 实例与范本

【实例】孙×(男,29岁)通过玩网络游戏,结识了比他小10岁的女青年董×,两人经常在网上视频聊天。一天,孙×打电话给董×要求见面并发生"一夜情",被董×拒绝。为此,孙×还和董×的男友厮打起来。孙×为了发泄对董×的不满和怨恨,遂在网上发布了其与董×通过视频聊天时董×露乳及做出的一些激情动作的网络截图,达30余张。董×认为孙×的行为构成侮辱罪,向公安机关报案,公安机关对此作出了不予立案的决定,董×的父亲董××遂向人民检察院递交立案监督请求书。

立案监督请求书

请求人:董××(被害人董×之父)。

请求人董××对××县公安局2016年9月20日(2016)××字第369号决定不服,向贵院提出立案监督请求。

事实和理由:

申请人之女董×因年幼无知,通过玩网络游戏结识了比自己大10岁的孙×。在孙×的引诱下与其发生不雅视频。之后,在孙×打电话给董×要求见面并发生"一夜情"遭到董×拒绝的情况下,为了发泄对董×的不满和怨恨,遂在网上发布了与董×通过视频聊天时董×做出一些不雅动作的网络截图,达30余张。这些网络截图很快在国内各大网站传播,给被害人董×造成极大的精神压力和不良影响。孙×行为的性质极为恶劣,严重损毁了被害人董×的名誉和人格尊严,根据《中华人民共和国刑法》第246条和第363条的规定,孙×的行为已构成侮辱罪和传播淫秽物品罪。案发后,董×以孙×的行为构成侮辱罪向公安机关报案,公安机关之后作出了不予立案的决定。请求人董××认为公安机关的上述决定违背了《中华人民共和国刑法》和《中华人民共和国刑事诉讼法》有关惩治和打击犯罪的规定,现依法向人民检察院递交立案监督请求书,请求贵院督促公安机关予以立案并依法对孙×的犯罪行为进行制裁。

此致

××县人民检察院

附:1. 录有孙某发布的网络视频图U盘1个

2. 公安机关不予立案决定书

请求人　董××

2016年9月27日

六、取保候审申请书

(一)文书制作的基本知识

取保候审申请书,是指在刑事诉讼过程中由被羁押的犯罪嫌疑人、被告人及其法定代理人、近亲属,依法向人民法院、人民检察院、公安机关递交的请求对犯罪嫌疑人、被告人解除羁押而采取取保候审强制措施的法律文书。

1. 申请取保候审的条件

取保候审,是指在刑事诉讼过程中由被羁押的犯罪嫌疑人、被告人及其法定代理人、近亲属依法提出申请,经人民法院、人民检察院、公安机关根据案件情况同意后,责令犯罪嫌疑人、被告人提出保证人或者交纳保证金,被取保候审的犯罪嫌疑人、被告人被解除羁押并保证不得擅自离开所居住的市、县,在传讯的时候及时到案,不得以任何形式干扰证人作证,不得毁灭、伪造证据或者串供的一种强制措施。根据《刑事诉讼法》第 64 条和第 65 条的规定,有权对犯罪嫌疑人、被告人可以采取取保候审强制措施的机关为人民法院、人民检察院和公安机关。人民法院、人民检察院和公安机关对于符合下列情形之一的犯罪嫌疑人、被告人,可以取保候审:可能判处管制、拘役或者独立适用附加刑的;可能判处有期徒刑以上刑罚,采取取保候审、监视居住不致发生社会危险性的;患有严重疾病、生活不能自理,怀孕或者正在哺乳自己婴儿的妇女,采取取保候审不致发生社会危害性的;羁押期限届满,案件尚未办结,需要采取取保候审的。取保候审、监视居住由公安机关执行。

2. 有权申请取保候审的主体

根据《刑事诉讼法》第 95 条的规定,被羁押的犯罪嫌疑人、被告人及其法定代理人、近亲属或者辩护人有权申请变更强制措施。根据《刑事诉讼法》第 66 条的规定,人民法院、人民检察院和公安机关决定对犯罪嫌疑人、被告人取保候审,应当责令犯罪嫌疑人、被告人提出保证人或者交纳保证金。

3. 保证人的条件及其义务

根据《刑事诉讼法》第 67 条的规定,保证人必须符合下列条件:与本案无牵连;有能力履行保证义务;享有政治权利,人身自由未受到限制;有固定的住处和收入。根据《刑事诉讼法》第 68 条的规定,保证人应当履行以下义务:监督被保证人遵守本法第 69 条的规定;发现被保证人可能发生或者已经发生违反本法第 69 条规定的行为的,应当及时向执行机关报告。被保证人有违反本法第 69 条规定的行为,保证人未履行保证义务的,对保证人处以罚款,构成犯罪的,依法追究刑事责任。

4. 被取保候审的犯罪嫌疑人、被告人应遵守的规定

根据《刑事诉讼法》第 69 条的规定,被取保候审的犯罪嫌疑人、被告人应当遵守以下规定:未经执行机关批准不得离开所居住的市、县;住址、工作单位和联系方式发生变动的,在 24 小时以内向执行机关报告;在传讯的时候及时到案;不得以任何形式干扰证人作证;不得毁灭、伪造证据或者串供。被取保候审的犯罪嫌疑人、被告人违反前述规定,已交纳保证金的,没收保证金,并且区别情形,责令犯罪嫌疑人、被告人具结悔过,重新交纳保证金、提出保证人或者监视居住、予以逮捕。犯罪嫌疑人、被告人在取保候审期间未违反前述规定的,取保候审结束的时候,应当退还保证金。

取保候审申请书是人民法院、人民检察院、公安机关决定对符合条件的犯罪嫌疑人、被告人进行取保候审的前提和书面依据。接受被羁押的犯罪嫌疑人、被告人及其法定代理人、近亲属的委托后制作取保候审申请书是律师的一项工作内容。

(二)文书的内容及制作方法

取保候审申请书属填充式文书,由首部、正文和尾部三部分组成。

1. 首部

(1)标题。应居中写明“取保候审申请书”。

(2)申请人的基本情况。应写明申请人的姓名、性别、出生年月日、民族、职业或工作单位和职务、住址等;如果申请人为律师,只需写明律师姓名和所在律师事务所名称及通信地址或联系方法即可。

2. 正文

(1)申请事项。应写明犯罪嫌疑人姓名及其涉嫌的案件,提出取保候审要求。

(2)申请理由。应写明犯罪嫌疑人、被告人符合《刑事诉讼法》第65条规定的情形之一,并提供保证方式。如果保证方式为保证人,则应写明保证人的姓名等情况;如果保证方式为保证金,则应写明保证金的具体数额。最后应写明提出保证申请的法律依据。

3. 尾部

(1)写明致送机关的名称,应具体写明是人民法院还是人民检察院或公安机关。

(2)申请人、保证人(如果有的话)签名。如果是律师代为申请的,应写明律师姓名及所在律师事务所名称,并盖上该所专用章。

(3)注明提出该申请的年、月、日。

(三)文书样式与范本

1. 文书样式

取保候审申请书

[　]第　号

申请人:________律师事务所________律师。

通信地址或联系方法:________。

申请事项:

对犯罪嫌疑人(被告人)________申请取保候审。

申请理由:

犯罪嫌疑人(被告人)________因涉嫌________一案,于________年____月____日经________人民检察院批准(或人民法院决定)逮捕羁押。根据________案的犯罪嫌疑人(被告人)________(或其法定代理人或其近亲属________)的要求,本人为犯罪嫌疑人(被告人)提出申请取保候审。其保证人是________(或保证金为________)。根据《中华人民共和国刑事诉讼法》第65条的规定,特为其提出申请,请予批准。

此致

________人民法院(人民检察院或公安机关)

申请人(签名)

律师事务所(盖章)

________年____月____日

2. 文书范本

取保候审申请书

申请人:北京市××律师事务所张××律师。

通讯地址:北京市西城区××路××号院××办公楼306室。

联系电话:×××××××××。

申请事项:

对犯罪嫌疑人朱××申请取保候审。

申请理由:

犯罪嫌疑人朱××因行贿一案,于2017年3月21日经北京市人民检察院批准逮捕羁押。根据行贿案犯罪嫌疑人朱××的要求,本人为其申请取保候审。保证人是马××,系犯罪嫌疑人朱××之妻,为北京市××医院医生,有固定的住处和收入,有能力履行保证义务。根据《中华人民共和国刑事诉讼法》第65条的规定,特为其提出申请,请予批准。

此致

北京市人民检察院

申请人　张××

北京××律师事务所(盖章)

2017年4月12日

七、解除强制措施申请书

(一)文书制作的基本知识

解除强制措施申请书,是指刑事诉讼中,犯罪嫌疑人、被告人及其法定代理人、近亲属或者犯罪嫌疑人、被告人或其委托的律师及其他辩护人,向采取强制措施超过法定期限的人民法院、人民检察院或者公安机关提交的要求其解除强制措施的法律文书。

刑事诉讼中的强制措施,是公安机关、人民检察院和人民法院为保障刑事侦查、起诉和审判活动的顺利进行,依法对犯罪嫌疑人、被告人采取的在一定期限内暂时限制或剥夺其人身自由的法定强制方法。我国《刑事诉讼法》规定的对犯罪嫌疑人、被告人可以采取的强制措施有拘传、取保候审或者监视居住、拘留和逮捕。

对犯罪嫌疑人、被告人采取强制措施应当遵循《刑事诉讼法》规定的法定期限。根据该法第77条的规定,人民法院、人民检察院和公安机关对犯罪嫌疑人、被告人取保候审最长不得超过12个月,监视居住最长不得超过6个月。在取保候审、监视居住期间,对于发现不应当追究刑事责任或者取保候审、监视居住期限届满的,应当及时解除取保候审、监视居住。根据该法第89条的规定,公安机关对被拘留的人,认为需要逮捕的,应当在拘留后的3日以内,提请人民检察院审查批准。在特殊情况下,提请审查批准的时间可以延长1日至4日。对于流窜作案、多次作案、结伙作案的重大嫌疑分子,提请审查批准的时间可以延长至30日。人民检察院应当自接到公安机关提请批准逮捕书后的7日以内,作出批准逮捕或者不批准逮捕的决定。人民检察院不批准逮捕的,公安机关应当在接到通知后立即释放,并且将执行情况及时通知人民检察院。对于需要继续侦查,并且符合取保候审、监视居住条件的,依法取保候审或者监视居住。

根据《刑事诉讼法》第94条的规定,人民法院、人民检察院和公安机关如果发现对犯罪嫌疑人、被告人采取强制措施不当的,应当及时撤销或者变更。根据该法第97条的规定,人民法院、人民检察院或者公安机关对被采取强制措施法定期限届满的犯罪嫌疑人、被告人应当予以释放、解除取保候审、监视居住或者依法变更强制措施。犯罪嫌疑人、被告人及其法定代理人、近亲属或者辩护人对于人民法院、人民检察院或者公安机关采取强制措施法定期限届满的,有权要求解除强制措施。

(二)文书的内容及制作方法

1. 首部

(1)标题。应居中写明“解除强制措施申请书”。

(2)申请人的基本情况。申请人为犯罪嫌疑人、被告人的,应当写明自己的姓名;申请人为犯罪嫌疑人、被告人的法定代理人、近亲属的,应当写明姓名、出生年月日、工作单位、职业及其与犯罪嫌疑人、被告人的身份关系(系犯罪嫌疑人或被告人的父亲或母亲、哥哥、姐姐等);律师作为申请人应填写其姓名、所属的律师事务所以及具体的通信地址和联系方法。

2. 正文

(1)申请事项。应写明"解除对犯罪嫌疑人(或被告人)采取的强制措施"。

(2)申请理由。对这部分的内容应写明犯罪嫌疑人(或被告人)被采取强制措施的事由、时间,采取强制措施的机关和具体的强制措施;说明申请解除强制措施的具体理由即超过法定期限以及申请解除的法律依据。

3. 尾部

(1)写明致送机关的名称,应具体写明是人民法院还是人民检察院或公安机关。

(2)申请人签名。如果是律师代为申请的,应写明律师姓名及所在律师事务所名称,并盖上该所专用章。

(3)应当注明提出该申请的年、月、日。

(4)附项。在附项中可以附上申请解除强制措施的有关证据,如拘留通知书、取保候审决定书、逮捕证等。

(三)文书样式与范本

1. 文书样式

解除强制措施申请书

申请人:________________律师事务所________________律师。

通信地址或联系方法:________________。

申请事项:

解除对犯罪嫌疑人(被告人)________采取的强制措施。

申请理由:

犯罪嫌疑人(被告人)________因涉嫌________一案,于________年____月____日________时始被________采取________的强制措施,现已超过法定期限。作为犯罪嫌疑人(被告人)________委托的律师,根据《中华人民共和国刑事诉讼法》第97条的规定,特提出申请。请予解除对其采取的强制措施。

此致

________________公安局(人民检察院或人民法院)

申请人(律师)(签名)

律师事务所(章)

________年____月____日

2. 文书范本

解除强制措施申请书

申请人:××市××律师事务所刘××律师。

通讯地址:××市××区××路××街××号××律师事务所。

联系电话:×××××××××。

申请事项:

请求解除对犯罪嫌疑人唐××采取的强制措施。

申请理由:

犯罪嫌疑人唐××因涉嫌盗窃一案,于2017年2月11日21时始被××县公安局采取拘留的强制措施,现已超过法定期限。作为犯罪嫌疑人唐××委托的律师,根据《中华人民共和国刑事诉讼法》第97条规定,特提出申请。请予解除对其采取的强制措施。

此致

××县公安局

申请人　尹××

××市××律师事务所(章)

2017年2月15日

八、不服不起诉决定申诉书

(一)文书制作的基本知识

不服不起诉决定申诉书,是被害人、被不起诉人对人民检察院作出的不起诉决定不服而依法向人民检察院请求申诉时提交的法律文书。

根据《刑事诉讼法》第172条的规定,人民检察院认为犯罪嫌疑人的犯罪事实已经查清,证据确实、充分,依法应当追究刑事责任的,应当作出起诉决定,按照审判管辖的规定,向人民法院提起公诉,并将案卷材料、证据移送人民法院。但是根据该法第173条的规定,犯罪嫌疑人没有犯罪事实,或者有下列情形之一的,人民检察院应当作出不起诉决定:(1)情节显著轻微、危害不大,不认为是犯罪的;(2)犯罪已过追诉时效期限的;(3)经特赦令免除刑罚的;(4)依照刑法告诉才处理的犯罪,没有告诉或者撤回告诉的;(5)犯罪嫌疑人、被告人死亡的;(6)其他法律规定免予追究刑事责任的。对于犯罪情节轻微,依照刑法规定不需要判处刑罚或者免除刑罚的,人民检察院可以作出不起诉决定。根据该法第171条第4款的规定,对于二次补充侦查的案件,人民检察院仍然认为证据不足,不符合起诉条件的,应当作出不起诉的决定。

根据《刑事诉讼法》第176条的规定,对于有被害人的案件,决定不起诉的,人民检察院应当将不起诉决定书送达被害人。被害人如果不服,可以自收到决定书后7日内向上一级人民检察院申诉,请求提起公诉。人民检察院应当将复查决定告知被害人。对人民检察院维持不起诉决定的,被害人可以向人民法院起诉。被害人也可以不经申诉,直接向人民法院起诉。人民法院受理案件后,人民检察院应当将有关案件材料移送人民法院。

根据《刑事诉讼法》第177条的规定,被不起诉人如果对于人民检察院做出的下列不起诉决定(人民检察院对于犯罪情节轻微,依照刑法规定不需要判处刑罚或者免除刑罚的,人民检察院作出的不起诉决定)不服,可以自收到决定书后7日内向人民检察院申诉。人民检察院应当作出复查决定,通知被不起诉的人,同时抄送公安机关。

(二)文书的内容及制作方法

1. 首部

(1)标题。写明文书名称“不服不起诉决定申诉书”。

(2)申诉人的基本情况,应写明其姓名、性别、年龄、民族、职业、单位、住址等。若被害人提出申诉,被申诉人只限于案件的被不起诉人,应写明被申诉人的基本情况;若被不起诉人提出申请,则无被申诉人。

2. 正文

（1）案由。写明申诉人因何案件，不服何人民检察院××号不起诉决定书而提出申诉。

（2）请求事项。写明具体的请求，如请求人民检察院撤销不起诉决定。

（3）事实和理由。应简要说明案件事实，重点是针对人民检察院作出不起诉决定，从以下方面阐述不服不起诉的原因：犯罪事实是否查清，证据是否确实、充分，是否属于依法不追究刑事责任的情形。最后应写明申诉的法律依据，并重申具体的请求。

3. 尾部

（1）写明文书致送人民检察院的名称。

（2）申诉人签名。

（3）注明提交申诉书的年、月、日。

（4）附项。附上有关的证据，其中书证、物证应注明件数，证人应注明其姓名、地址。

（三）文书样式与范例

1. 文书样式

不服不起诉决定申诉书

申诉人：________（姓名、性别、年龄、民族、职业、单位、住址等）。

被申诉人：________（姓名、性别、年龄、民族、职业、单位、住址等）。

申诉人因________一案，不服________人民检察院________年____月____日____字第____号不起诉决定书，现依法提出申诉。

请求事项：

____

____。

事实和理由：

____

____

____。

此致

________________人民检察院

附：有关的证据

申诉人（签名）

________年____月____日

2. 实例与范本

【实例】李×（女，24岁）与黄×（男，28岁）相识后恋爱同居。其间，黄×用相机拍摄了李×的裸照和两人的性爱视频。一年后李×提出分手，黄×不同意，并对李×百般纠缠，遭到李×的拒绝。黄×对此怀恨在心，遂专门购买了笔记本电脑、上网卡等设备，将李×的裸照和两人的性爱视频在网上发布。同时通过手机彩信的方式，向李×的亲友发送上述图片。黄×的行为给李×造成了巨大的精神伤害，遂向当地公安机关报案。公安机关经立案侦查后，以黄×涉嫌侮辱、诽谤罪移送检察机关审查起诉，但检察机关认为此案为自诉案件，对黄×作出不起诉决定书。李×接到检察机关送达的不起诉决定书后，对此不服，遂向上一级人民检察院申诉，请求提起公诉。

不服不起诉决定申诉书

申诉人:李×,女,1984年5月24日出生,汉族,住××市××区××路××号院××房间。

被申诉人:黄×,男,1976年11月12日出生,汉族,住××市××区××路××号院××房间。

申诉人因黄×侮辱、诽谤一案,不服××县人民检察院2013年1月4日(2013)××字第××号不起诉决定书,现依法提出申诉。

请求事项:

撤销(2013)××字第××号不起诉决定书,依法提起公诉。

事实和理由:

申诉人与被申诉人自2012年3月相识并恋爱,因双方性格不合,一年后申诉人提出与其断绝恋爱关系。被申诉人不同意,并对申诉人百般纠缠,遭到申诉人的拒绝。被申诉人对此怀恨在心,遂专门购买了笔记本电脑、上网卡等设备,于2012年11月将申诉人的裸照和两人恋爱同居期间的性爱视频在网上发布。由此在互联网上迅速传播,引发了网民的广泛关注,各类新闻媒体对此也争相报道,各大门户网站纷纷转载。同时被申诉人通过手机彩信的方式,向申诉人的亲友发送上述图片。被申诉人黄×的行为严重损毁了申诉人的人格和名誉,并给申诉人造成了巨大的精神伤害,严重危害了社会秩序,其行为已构成侮辱罪、诽谤罪和传播淫秽物品罪。××县公安机关接到申诉人的报案后,通过立案侦查,被申诉人黄×实施上述罪行的事实清楚、证据确凿,而且被申诉人黄×对此供认不讳。申诉人认为,××县检察机关认为此案为自诉案件,对黄×作出不起诉决定的理由不能成立。现根据《中华人民共和国刑事诉讼法》第176条的规定,向贵人民检察院申诉,请求依法撤销××县人民检察院2013年1月4日(2013)××字第××号不起诉决定书,并依法提起公诉,对被申诉人黄×的犯罪行为给予应有的刑事制裁。

此致

××市人民检察院

申诉人　李×

2013年2月20日

九、回避申请书

(一)文书制作的基本知识

回避申请书,是指刑事诉讼当事人及其法定代理人依法对审判人员、检察人员、侦查人员申请回避时使用的书面文书。

根据《刑事诉讼法》第106条第2项的规定,"当事人"是指被害人、自诉人、犯罪嫌疑人、被告人、附带民事诉讼的原告人和被告人,因此,有权申请回避以及有权聘请律师制作回避申请书的人员包括:被害人、自诉人、犯罪嫌疑人、被告人、附带民事诉讼的原告人和被告人及其法定代理人。

根据《刑事诉讼法》第28条和第29条的规定,审判人员、检察人员、侦查人员有下列情形之一的,当事人及其法定代理人有权要求他们回避:(1)是本案的当事人或者是当事人的近亲属的;(2)本人或者他的近亲属和本案有利害关系的;(3)担任过本案的证人、鉴定人、辩护人、诉讼代理人的;(4)与本案当事人有其他关系,可能影响公正处理案件的;(5)审判人员、检察人员、侦查人员接受当事人及其委托人的请客送礼,违反规定会见当事人及其委托人的。该法第30条规定,审判人员、检察人员、侦查人员的回避,应当分别由院长、检察长、公安机关负责人决定;院长的回避,由本院审判委员会决定;检察长和公安机关负责人的回避,由同级人民检察院检察委员会决定。对侦查人员的回避作出决定前,侦查人员不能停止对案件的侦查。对驳回申请回避的决定,当事人及其法定代理人可以申请复议一次。根据该法第31条的规定,本章的规定适用于书记员、翻译人员和鉴定人。辩护人、诉讼代理人可以根据本章的规定要求回避。

(二)文书的内容及制作方法

1. 首部

(1)标题。应居中写明"回避申请书"。

(2)申请人与被申请人的基本情况。应写明申请人的姓名、性别、出生年月日、民族、职业、工作单位和职务、住址等;被申请人的姓名、性别、工作单位和职务以及在参与本案办理中的具体职务。应当注意的是,申请人应当是有权向人民法院申请回避的人;被申请回避的人,应当属于《刑事诉讼法》第28条和第31条规定的人员范围。

2. 正文

申请事项和理由:应当写明申请回避的具体原因,即申请人认为被申请人具备《刑事诉讼法》第28条和第29条规定应当回避的情形。在此,应当具体说明具有应当回避的哪一种情形或哪几种情形。最后应写明申请的法律依据,并重申具体的请求。

3. 尾部

(1)写明本申请书致送人民法院、人民检察院或公安机关的名称。

(2)申请人签名。

(3)应注明提出申请的年、月、日。

(三)文书样式与范例

1. 文书样式

回避申请书

申请人:________(姓名、性别、出生年月日、民族、职业、工作单位和职务、住址等)。

被申请人:________(姓名、性别、工作单位和职务等)。

请求事项和理由:

____

____

____。

此致

________________人民法院(人民检察院或公安机关)

申请人(签名)

________年____月____日

2. 实例与范本

【实例】自2015年10月罗×担任某银行支行营业部二处汇入科业务经办员。2016年3月该银行支行发现罗×利用职务之便,采取伪造汇款行及受益人确认书等手段,先后多次擅自将其经管的银行汇款科目中的1,256,548美元,通过电脑划账的方式,转入非受益人单位的账户上,挪给我国台湾地区商人郑×(在逃)等人进行营利活动。该银行支行向公安机关报案后,公安机关派刘×等负责侦查。罗×经了解得知刘×系其所在单位即×银行支行经理的弟弟,遂依法申请回避。

回避申请书

申请人:罗×,男,住××市××区××路××号。

被申请人:刘×,男,××市××区公安分局侦查员。

请求事项和理由:

在申请人涉嫌挪用公款一案的侦查人员组成中,刘×系申请人原所在单位即某银行支行经理刘××的弟弟,根据《中华人民共和国刑事诉讼法》第28条规定,刘×的近亲属和本案具有利害关系。现根据《中华人民共和国刑事诉讼法》第28条和第30条的规定申请刘×回避,请公安机关依法作出回避决定。

此致

××市××区公安分局

申请人　罗×

2016年4月6日

十、提请收集、调取证据申请书

(一)文书制作的基本知识

提请收集、调取证据申请书,是律师对于各种能够证实犯罪嫌疑人、被告人有罪或无罪以及犯罪情节轻重的证据,凭借自己的力量难以收集、调取时,请求人民检察院或者人民法院直接收集、调取与案件有关的证据材料的书面申请。

《刑事诉讼法》第41条规定,辩护律师经证人或者其他有关单位和个人同意,可以向他们收集与本案有关的材料,也可以申请人民检察院、人民法院收集、调取证据,或者申请人民法院通知证人出庭作证。辩护律师经人民检察院或者人民法院许可,并且经被害人或者其近亲属、被害人提供的证人同意,可以向他们收集与本案有关的材料。

根据《刑事诉讼法司法解释》第51条的规定,辩护律师向证人或者其他有关单位和个人收集、调取与本案有关的材料,因证人或者有关单位、个人不同意,申请人民法院收集、调取,人民法院认为确有必要的,应当同意。该解释第52条规定,辩护律师直接申请人民法院向证人或者有关单位、个人收集、调取证据材料,人民法院认为确有收集、调取必要,且不宜或不能由辩护律师收集、调取的,应当同意。人民法院收集、调取证据材料时,辩护律师可以在场。

根据《刑事诉讼法》及有关司法解释的规定,辩护律师申请人民检察院、人民法院收集、调取证据,应当以书面形式提出申请,并说明申请的理由,写明需要收集、调取证据材料的内容或者需要调查问题的提纲。因此,律师对于自己不宜或不能收集而又确实需要的证据,应当及时向人民检察院或人民法院提交《提请收集、调取证据申请书》。《提请收集、调取证据申请书》是律师履行职责、提请收集、调取证据不可或缺的文书,应当认真制作。

(二)文书的内容及制作方法

1. 首部

(1)标题。应居中写明“提请收集、调取证据申请书”。

(2)申请人的基本情况。律师作为申请人应填写其姓名、所属的律师事务所以及具体的通信地址和联系方法。

2. 正文

(1)申请事项。要写明所请求的人民检察院或人民法院的名称;收集、调取证据的对象(单位或个人)的名称或姓名。

(2)申请理由。首先,写明犯罪嫌疑人(或被告人)的姓名及其所涉嫌的案由;其次,写明收集、调取证据的对象(单位或个人)的名称或姓名与向其收集、调取证据的具体理由,如其作为本案的证人了解与案件有关的情况,或其掌握着公安司法机关尚未掌握的与案件有关的书证、物证等;再次,要说明自己不宜或不能收集证据的原因;最后,在写明提出申请的法律依据基础上,重申自己的申请请求。

3. 尾部

(1)写明文书所要提交的人民检察院或人民法院名称。

(2)申请人签名及所属律师事务所盖章。

(3)注明提交文书的具体时间。

(4)附项。应附收集、调取证据对象(有关单位和个人)的姓名、住址或联系方式;调查问题的提纲。

(三)文书样式与范本

1. 文书样式

提请收集、调取证据申请书

申请人:____________律师事务所____________律师。

通信地址或联系方法:____________________。

申请事项:

请求__________人民检察院(或人民法院)向____________收集调取证据。

申请理由:

作为犯罪嫌疑人(被告人)__________涉嫌____________一案的辩护人,本人认为需要向证人(有关单位、公民个人)____________收集、调取证据。因情况特殊,根据《中华人民共和国刑事诉讼法》第41条第1款的规定,特请贵院予以收集、调取。

此致

__________人民检察院(或人民法院)

附:1. 证人姓名________,有关单位名称________,住址或通信方式________

2. 提请收集、调取的证据内容或者需要调查问题的提纲

申请人(签名)

律师事务所(章)

________年____月____日

2. 文书范本

提请收集、调取证据申请书

申请人:××市××律师事务所张××律师。

通讯地址:××市××区××街道××号。

联系电话:×××××××××。

申请事项:

请求××市××市人民检察院向证人姚××收集、调取证据。

申请理由:

作为犯罪嫌疑人谭××涉嫌挪用公款一案的辩护人,本人认为需要向谭××原所在工作单位××市××大学财务处会计赵××收集、调取证据。因情况特殊,根据《中华人民共和国刑事诉讼法》第52条的规定,特请贵院予以收集、调取。

此致

××市人民检察院

附:1. 证人姓名赵××,通信方式:××市××区××街道××号××市××大学财务处

2. 收集、调查证据的范围、内容:(1)谭××挪用公款的具体时间;(2)谭××挪用公款的理由和详细过程

申请人　张××

××市××律师事务所(章)

2016年7月29日

十一、调查取证申请书

(一)文书制作的基本知识

调查取证申请书,是辩护律师为了向被害人或其近亲属、被害人提供的证人调查取证,请求人民检察院或者人民法院许可而提交的书面申请。

根据《刑事诉讼法》第41条第2款的规定,辩护律师经人民检察院或者人民法院许可,并且经被害人或者其近亲属、被害人提供的证人同意,可以向他们收集与本案有关的材料。对此,《刑事诉讼法》第50条进一步明确规定,辩护律师申请向被害人及其近亲属、被害人提供的证人收集与本案有关的材料,人民法院认为确有必要的,应当签发准许调查书。我国法律赋予了律师调查取证的权利,但当行使这项权利向被害人一方取证时,为了防止给其造成新的伤害,法律也设置了程序性约束,即不仅要经被害人或者其近亲属、被害人提供的证人同意,而且辩护律师须经人民检察院或者人民法院许可。为此,律师须认真制作调查取证申请书。

(二)文书的内容及制作方法

1. 首部

(1)标题。居中写明“调查取证申请书”。

(2)申请人的基本情况。律师作为申请人应填写其姓名、所属的律师事务所以及具体的通信地址和联系方法。

2. 正文

(1)申请事项。即许可调查取证。

(2)申请理由。首先,写明犯罪嫌疑人(或被告人)的姓名及其所涉嫌的案由;其次,写明申请许可调查取证的对象(被害人或其近亲属、被害人提供的证人)的名称或姓名;最后,在写

明提出申请的法律依据基础上,重申许可自己的调查取证请求。

3. 尾部

(1)写明文书所要提交的人民检察院或人民法院名称。

(2)申请人的签名及所属律师事务所的盖章。

(3)注明提交文书的具体时间。

(4)附项。应附调取证据对象的姓名;调查取证的提纲。

(三)文书样式与范本

1. 文书样式

调查取证申请书

申请人:____________律师事务所____________律师。

通信地址或联系方法:____________________________。

申请事项:许可调查取证。

申请理由:

作为犯罪嫌疑人(被告人)____________的辩护律师,因案情需要,本人拟向被害人(被害人近亲属、被害人提供的证人)调查取证。根据《中华人民共和国刑事诉讼法》第41条第2款的规定,特此申请,请予许可。

此致

____________人民检察院(或人民法院)

附:1. 收集、调取证据对象(个人)的姓名________,有关单位名称________,住址或通信方式________

2. 调查取证的提纲

申请人(签名)

律师事务所(章)

________年____月____日

(注:本申请书用于审查起诉、审判阶段向检察院或法院提交)

2. 文书范本

调查取证申请书

申请人:××市××律师事务所雷××律师。

通讯地址:××市××区××街道××号。

联系电话:×××××××××。

申请事项:许可调查取证。

申请理由:

作为被告人毕××的辩护律师,因案情需要,本人拟向被害人肖××和证人周××调查取证。根据《中华人民共和国刑事诉讼法》第41条第2款的规定,特此申请,请予许可。

此致

××市人民检察院

附:1. 收集、调取证据对象(个人):被害人肖××和证人周××

2. 调查证据的范围、内容:(1)被告人毕××伺机报复肖××的原因;(2)被告人毕××行凶的经过和行凶所使用的工具;(3)证人周××所看到的被告人对被害人的伤害部位及伤势情况

申请人　雷××
××市××律师事务所(章)
2014年7月22日

十二、通知证人出庭申请书

(一)文书制作的基本知识

通知证人出庭申请书,是在法庭审理过程中,当事人或辩护人、诉讼代理人向法庭提交的要求证人出庭的书面文书。

根据《刑事诉讼法》第48条的规定,可以用于证明案件事实的材料都是证据,而证人证言就是证据的一种。《刑事诉讼法》第60条规定,凡是知道案件情况的人,都有作证的义务。生理上、精神上有缺陷或者年幼、不能辨别是非、不能正确表达的人,不能作证人。现实中虽然证人证言对查明案件真相可以提供重要线索,但是,由于证人既可以是亲眼看到案件发生事实的人,也可以是听说案件事实的人,因此,证人证言往往受证人的主观意识、观察的角度、利害关系、社会影响、个人认识能力的限制,具有一定的主观性和片面性。对此,《刑事诉讼法》第59条明确规定,证人证言必须在法庭上经过公诉人、被害人和被告人、辩护人双方质证并且查实以后,才能作为定案的根据。法庭查明证人有意作伪证或者隐匿罪证的时候,应当依法处理。

《刑事诉讼法》第41条第1款规定,辩护律师经证人或者其他有关单位和个人同意,可以向他们收集与本案有关的材料,也可以申请人民检察院、人民法院收集、调取证据,或者申请人民法院通知证人出庭作证。根据该法第192条第1款和第3款的规定,法庭审理过程中,当事人和辩护人、诉讼代理人有权申请通知新的证人到庭。法庭对于上述申请,应当作出是否同意的决定。可见,申请人民法院通知证人出庭作证是辩护律师的一项工作内容。

(二)文书的内容及制作方法

1. 首部

(1)标题。居中写明“通知证人出庭申请书”。

(2)申请人的基本情况。律师作为申请人应填写其姓名、所属的律师事务所以及具体的通信地址和联系方法。

2. 正文

(1)申请事项。写明请求人民法院通知证人×××出庭作证。

(2)申请理由。首先,写明证人×××为犯罪嫌疑人(或被告人)×××所涉嫌××(案由)一案的证人;其次,阐述证人出庭作证的必要性;最后,说明根据《刑事诉讼法》的有关规定提出申请。

3. 尾部

(1)写明文书所要提交的人民法院名称。

(2)申请人的签名及所属律师事务所的盖章。

(3)注明提交文书的具体时间。

(三)文书样式与范本

1. 文书样式

通知证人出庭申请书

申请人:________律师事务所________律师。

通信地址或联系方法:________________。

申请事项:

请求人民法院通知证人________(姓名)出庭作证。

申请理由:

________(拟申请出庭作证的证人姓名)系被告人________(姓名)涉嫌________(案由)一案的证人。因法庭调查和查明案情的需要,根据《中华人民共和国刑事诉讼法》第41条第1款的规定,作为本案被告人的辩护人请求人民法院通知证人________(姓名)出庭作证。请予准许。

此致

________人民法院

申请人(签名)

律师事务所(盖章)

________年____月____日

2. 文书范本

通知证人出庭申请书

申请人:××市××律师事务所许××律师。

通信地址:××市××县××街××号楼××室。

联系电话:××××××××。

申请事项:

请求人民法院通知证人钱××出庭作证。

申请理由:

钱××系被告人曹××被控交通肇事罪一案的证人。申请人认为需要该证人钱××出庭作证。根据《中华人民共和国刑事诉讼法》第41条第1款的规定,特提出申请。

此致

××市××县人民法院

申请人　许××

××市××律师事务所　(盖章)

2014年12月15日

十三、重新鉴定、勘验申请书

(一)文书制作的基本知识

重新鉴定、勘验申请书,是在法庭审理过程中,当事人或辩护人、诉讼代理人对鉴定报告、勘验笔录等证据存有异议时,依法向法庭递交的、请求重新鉴定、勘验的书面文书。

证据鉴定,是指证据鉴定机构运用专门的知识和技能,对证据中的专门性问题进行分析、鉴别、判断,并作出鉴定意见的活动。勘验,是指案件侦查部门指派的侦查人员对与对犯罪现场、物品、人体等进行勘测、调查、检验的活动。侦查人员勘验物证或者现场,应当制作笔录,记录勘验的时间、地点、勘验人、在场人、勘验的经过、结果,由勘验人、在场人签名或者盖章。《刑事诉讼法》第192条第1款和第3款规定,法庭审理过程中,当事人和辩护人、诉讼代理人有权申请通知新的证人到庭,调取新的物证,申请重新鉴定或者勘验。法庭对于上述申请,应当作出是否同意的决定。因此,在法庭审理过程中,当事人和辩护人、诉讼代理人对鉴定结论、勘验报告有异议,认为鉴定机构、勘验部门或者鉴定人员、勘验人员不具备相关的鉴定、勘验资格的,鉴定、勘验程序严重违法的,鉴定意见明显依据不足或者勘验报告违背生活常识或缺乏科学根据的,以及经过质证认定不能作为证据使用的其他情形的,有权向法庭申请重新鉴定或者勘验。

(二)文书的内容及制作方法

1. 首部

(1)标题。居中写明文书名称“重新鉴定、勘验申请书”。

(2)申请人的基本情况。申请人为当事人的,应当写明姓名、出生年月日、工作单位、住所等情况,并应在姓名后面括注在诉讼中的地位,如被告人、被害人、自诉人、刑事附带民事诉讼原告或者被告等;申请人为律师的,应填写其姓名、所属的律师事务所以及具体的通信地址和联系方法。

2. 正文

(1)申请事项。写明对哪一具体的鉴定结论或勘验报告申请重新鉴定、勘验。

(2)申请理由。首先写明律师在诉讼中的地位,即案件何方当事人委托的辩护人或诉讼代理人;其次阐明申请重新鉴定、勘验的理由,即指出对原鉴定和勘验存在的异议和存在的问题。在上述基础上,根据《刑事诉讼法》的有关规定提出申请。

3. 尾部

(1)写明文书所要提交的人民法院名称。

(2)申请人的签名;申请人为律师的,应写明姓名和其所在的律师事务所名称。

(3)注明提交文书的具体时间。

(三)文书样式与范本

1. 文书样式

重新鉴定、勘验申请书

申请人:________________律师事务所________________律师。

通信地址或联系方法:________________________________。

申请事项:

请求人民法院对________鉴定意见(或勘验报告)重新鉴定(或勘验)。

申请理由:

申请人作为______(委托人姓名与案由)案______(当事人姓名)委托的辩护人(或诉讼代理人),认为关于________鉴定意见(或勘验报告)存在以下问题:____。

申请人根据《刑事诉讼法》第192条的规定,申请重新鉴定(或勘验),请予同意。

此致

______人民法院

申请人(签名)

律师事务所(盖章)

____年__月__日

2. 文书范本

重新鉴定申请书

申请人:××市××律师事务所孙××律师。

通信地址:××市××区××街××院××号楼××室。

联系电话:××××××××。

申请事项:

请求人民法院对××司法鉴定科学技术研究所司法鉴定中心司鉴(2013)第981号《司法鉴定书》所作的鉴定意见重新鉴定。

申请理由:

申请人作为故意杀人案被告人胡××委托的辩护人,认为××司法鉴定科学技术研究所司法鉴定中心司鉴(2013)第981号《司法鉴定书》作出的鉴定意见存在以下问题:

根据《中华人民共和国刑事诉讼法》第145条第1款的规定,鉴定人进行鉴定后,应当写出鉴定意见,并且签名。本案中(2013)第919号《司法鉴定书》所作的鉴定意见仅加盖单位公章,而鉴定人员没有签字,属于形式不合法,应当依法认定无效。

申请人现根据《中华人民共和国刑事诉讼法》第192条的规定,申请重新鉴定请予同意。

此致

××市中级人民法院

申请人　孙××

××市××律师事务所　(盖章)

2013年10月11日

十四、延期审理申请书

(一)文书制作的基本知识

延期审理申请书,是刑事案件当事人及其委托的辩护人或诉讼代理人在法庭审判过程中,遇有影响审判进行的法定情形时,向人民法院提交的请求延期对案件进行审理的书面申请。

根据《刑事诉讼法》第198条的规定,在法庭审判过程中,遇有下列情形之一,影响审判进行的,可以延期审理:(1)需要通知新的证人到庭,调取新的物证,重新鉴定或者勘验的;(2)检察人员发现提起公诉的案件需要补充侦查,提出建议的;(3)由于申请回避而不能进行审判的。法庭审判过程中,作为辩护人或诉讼代理人的律师在遇有影响审判进行的法定情形时,应制作延期审理申请书来提出延期审理的请求。

(二)文书的内容及制作方法

1. 首部

(1)标题。应居中写明文书名称“延期审理申请书”。

(2)申请人律师的基本情况。应写明申请律师的姓名、所在的律师事务所的名称以及通信地址或联系方法。

2. 正文

(1)申请事项。要写明请求的事项,即请求人民法院对该案延期审理。

(2)申请理由。应写明申请延期审理的具体理由,即具有《刑事诉讼法》第198条规定的情形,如由于申请回避而不能进行审判等;紧接着写明申请延期审理的法律依据及“特提请法庭延期审理”。

3. 尾部

(1)写明文书所要提交的人民法院名称。

(2)申请人签名;申请人为律师的,由其所属律师事务所盖章。

(3)注明文书提交的年、月、日。

(三)文书样式与范本

1. 文书样式

延期审理申请书

申请人:____________律师事务所____________律师。

通信地址或联系方法:________________________。

申请事项:延期审理。

申请理由:作为____________(委托人姓名与案由)案__________(当事人姓名)委托的辩护人(或诉讼代理人),由于:____________________________。

根据《中华人民共和国刑事诉讼法》第198条的规定,特提请法庭延期审理。

此致

__________人民法院

申请人(签名)

律师事务所(盖章)

______年___月___日

2. 文书范本

延期审理申请书

申请人:××市××律师事务所白××律师。

通信地址:××市××区××街××号院××楼2102室。

联系电话：×××××××××。

申请事项：延期审理

申请理由：

作为刘××抢劫一案被害人冯××的诉讼代理人，由于需要对鉴定意见重新鉴定，根据《中华人民共和国刑事诉讼法》第198条的规定，特提请法庭延期审理。

此致

____________人民法院

申请人　高××

2017年2月11日

十五、刑事抗诉请求书

（一）文书制作的基本知识

刑事抗诉请求书，是公诉案件被害人及其法定代理人不服地方各级人民法院第一审未生效的判决而依法向人民检察院提出抗诉请求的书面文书。

《刑事诉讼法》第218条明确规定，被害人及其法定代理人不服地方各级人民法院第一审的判决的，自收到判决书后5日以内，有权请求人民检察院提出抗诉。人民检察院自收到被害人及其法定代理人的请求后5日以内，应当作出是否抗诉的决定并且答复请求人。从这一规定可以看出，公诉案件被害人及其法定代理人不是抗诉主体，抗诉主体为检察机关；公诉案件被害人及其法定代理人不享有抗诉权，但享有抗诉请求权，公诉案件被害人及其法定代理人不服地方各级人民法院第一审未生效的判决时，有权请求人民检察院抗诉。这种抗诉请求一般应以规范的书面形式提出，即要求制作刑事抗诉请求书。公诉案件被害人及其法定代理人虽不享有抗诉权，但其行使抗诉请求权对检察机关提起抗诉及启动二审程序具有不可忽视的意义，因此，律师作为公诉案件被害人及其法定代理人的诉讼代理人时，制作刑事抗诉请求书也是其一项重要的工作内容。

（二）文书的内容及制作方法

刑事抗诉请求书由首部、正文和尾部三部分组成，其具体内容与制作方法如下：

1. 首部

应在文书的顶部居中写明标题“刑事抗诉请求书”。

2. 正文

刑事抗诉请求书包括以下内容：

（1）请求抗诉的起因，即写明被告人姓名、案由、作出第一审未生效判决的人民法院的全称及判决书作出的时间和判决书的文号与内容。

（2）请求抗诉的理由和法律依据。抗诉请求书是一种格式化的法律文书，对请求理由一律归为“我不服该判决”。请求抗诉的“法律依据”为“按照《刑事诉讼法》第218条的规定”。

（3）请求事项，即应写明“请求你院向××人民法院提出抗诉”。

3. 尾部

（1）写明致送人民检察院的全称。

（2）由被害人或其法定代理人签名，如果由诉讼代理人代书，该代书人应签名或盖章。

（3）注明提出抗诉请求书的具体时间。

(三)文书样式与范本

1. 文书样式

刑事抗诉请求书

被告人________一案,________法院于________年____月____日以(________)__刑初字第____号判决被告人________。我不服该判决,按照《刑事诉讼法》第218条之规定,请求你院向____________法院提出抗诉。

此致

____________人民检察院

被害人(或其法定代理人)(签名)

________年____月____日

2. 文书范本

刑事抗诉请求书

被告人刘××一案,××市××区人民法院于2017年1月19日以(2017)×刑初字第8号文第一审判决被告人刘××犯故意伤害罪,有期徒刑7年。我不服该判决,按照《中华人民共和国刑事诉讼法》第218条之规定,请求你院向××市中级人民法院提出抗诉。

此致

××省××市人民检察分院

被害人　乔××

2017年1月21日

十六、刑事上诉状

(一)文书制作的基本知识

刑事上诉状,是刑事案件中的被告人、自诉人及其法定代理人,附带民事诉讼当事人及其法定代理人,以及经被告人同意的辩护人和近亲属,不服人民法院第一审未生效的判决或裁定时,依照法定程序在法定期限内向人民法院递交的请求撤销或变更原裁判的书面法律文书。

1. 提起上诉应当由具有上诉权的主体行使

根据《刑事诉讼法》第216条第1款和第2款的规定,有权独立行使上诉权的主体为被告人、自诉人和他们的法定代理人;附带民事诉讼的当事人和他们的法定代理人。被告人、自诉人和他们的法定代理人不服地方各级人民法院第一审的判决、裁定,有权用书状或者口头方式向上一级人民法院上诉。附带民事诉讼的当事人和他们的法定代理人,可以对地方各级人民法院第一审的判决、裁定中的附带民事诉讼部分,提出上诉。无权独立行使上诉权的主体为被告人的辩护人和近亲属。被告人的辩护人和近亲属经被告人同意,可以提出上诉。

2. 提起上诉应当在上诉期限内提交上诉状

《刑事诉讼法》对刑事上诉状的提交有严格的期限限制:不服判决的上诉期限为10日,不服裁定的上诉期限为5日,从接到判决书、裁定书的第2日起算。

3. 提起上诉应遵循法定程序

根据《刑事诉讼法》第220条的规定,刑事上诉状既可以通过原审人民法院提出,也可以直接向上一级人民法院提出。被告人、自诉人、附带民事诉讼当事人通过原审人民法院提出上诉的,原审人民法院应当在3日内将上诉状连同案卷、证据移送上一级人民法院,同时将上诉状副本送交同级人民检察院和对方当事人。被告人、自诉人、附带民事诉讼的原告人和被告人直接向第二审人民法院提出上诉的,第二审人民法院应当在3日内将上诉状交原审人民法院送交同级人民检察院和对方当事人。

4. 刑事上诉状的撤回

根据《刑事诉讼法司法解释》第304条和第305条的规定,被告人、自诉人、附带民事诉讼的原告人和被告人及其法定代理人在上诉期限内要求撤回上诉的,人民法院应当准许。被告人、自诉人、附带民事诉讼的当事人及其法定代理人在上诉期满后要求撤回上诉的,第二审人民法院应当审查。经审查认为原判决认定事实和适用法律正确,量刑适当的,应当裁定准许撤回上诉;认为原判决事实不清,证据不足或者将无罪判为有罪、轻罪重判等的,应当不准许撤回上诉,继续按照上诉案件审理。被判处死刑立即执行的被告人提出上诉,在第二审开庭后裁判前申请撤回上诉的,应当不予准许,继续按照上诉案件审理。

5. 上诉不加刑原则及其例外

根据《刑事诉讼法》第226条的规定,第二审人民法院审理被告人或者他的法定代理人、辩护人、近亲属上诉的案件,不得加重被告人的刑罚。第二审人民法院发回原审人民法院重新审判的案件,除有新的犯罪事实,人民检察院补充起诉的以外,原审人民法院也不得加重被告人的刑罚。人民检察院提出抗诉或者自诉人提出上诉的,不受前述规定的限制。

(二)文书的内容及制作方法

根据《刑事诉讼法司法解释》第300条的规定,人民法院受理的上诉案件,一般应当有上诉状正本及副本。上诉状内容应当包括:第一审判决书、裁定书的文号和上诉人收到的时间;第一审法院的名称;上诉的请求和理由;提出上诉的时间。刑事上诉状具体包括以下三部分:

1. 首部

(1)标题。应写明"刑事上诉状"。

(2)当事人的基本情况。应写明:上诉人(原审被告人)的姓名、性别、出生年月日、民族、籍贯、职业或工作单位和职务、住址;如果原审被告人系未成年人而由其法定代理人提起上诉的,应写为上诉人(原审被告人的法定代理人)的基本情况,之后,要另行写明原审被告人的基本情况。值得注意的是,刑事自诉案件的自诉人、被告人中的一方提起上诉,或者是附带民事诉讼当事人中的一方提起上诉,则相对的另一方为被上诉人。公诉案件的被告提起上诉的,没有被上诉人,只要写明上诉人(原审被告人)的基本情况,并将上诉人因本案现被羁押在何处的情况写明即可。

2. 正文

(1)案由。应当写明上诉人在什么案件中不服何年何月何日哪一人民法院所作的哪一案号刑事判决或裁定提起上诉。一般可写为:上诉人因××(案由)一案,于××××年××月××日收到××人民法院×字第×号刑事判决(或裁定),现不服该判决,提出上诉。

(2)上诉请求。上诉人的诉讼请求一般要求写明上诉人请求第二审人民法院对原审裁判撤销或变更,或者请求第二审人民法院对原审裁判重新审理,依法改判。上诉请求应当明确、具体,不得含糊其词、模棱两可、不知所云。

(3)上诉理由。上诉的理由部分主要是针对原审判决的不当,采用驳论手法,在反驳中正面说理,阐述上诉的根据。上诉人可基于下列理由提出上诉:原判决事实不清楚或者证据不足;原判决认定事实和适用法律错误、量刑不适当;原判决认定事实没有错误,但适用法律有错误,或者量刑不当。

对于原判决事实不清楚或者证据不足的,应当以事实、新的证据加以支持上诉请求和运用刑法学知识加以阐述和论证上诉理由。对于一审裁判中遗漏的重要事实,应当举证说明;对一审裁判所认定的事实,如果认为不真实,或者认为没有证据支持,或者认为无中生有,在上诉状中应明确指出其错误所在,并应举出确实、充分的证据予以驳斥和指正;对用以否定原裁判认定事实的客观事实或证据,必须提出确实、充分的证据来加以证明。

对于原审裁决认定事实没有错误,但适用法律有错误,或者量刑不当的,应就本案的客观事实,根据实体法的规定分析一审裁判的错误所在和发生错误的原因。对于原审适用程序错误,妨碍了上诉人行使权利和公正判决的,应当根据程序法的有关规定指出其违反公开审判规定,或违反回避制度,或审判组织组成不合法等方面的错误。

对于量刑不当的,应当根据刑法规定的法定从重处罚的情节,从轻处罚的情节,减轻处罚的情节,免除处罚的情节等方面阐述量刑方面存在的适用法律的错误。

总之,通过上述分析论证和新证据的支持,得出上诉理由是正确的结论。至于刑事案件上诉人是否必须在刑事上诉状中列明上诉理由,法律并无明文规定。对此,刑事案件上诉人只要不服第一审未生效的判决或裁定时,就可以依照法定程序提出上诉。

3. 尾部

(1)应写明刑事上诉状致送的第二审人民法院名称。

(2)右下方应有上诉人的签名和提出刑事上诉状的具体日期。

(3)标明有关附项。

(三)文书样式与范例

1. 文书样式

刑事上诉状(1)

(用于自诉案件、附带民事诉讼案件当事人提起上诉)

上诉人:________(姓名、性别、出生年月日、民族、职业或工作单位、住址等)。

被上诉人:________(姓名、性别、出生年月日、民族、职业或工作单位、住址等)。

上诉人因________一案,于________年____月____日收到________人民法院(____)____字第____号刑事判决书(或裁定书),现不服该判决(或裁定),提出上诉。

上诉请求:

____。

上诉理由:

____

____

____

____。

此致

__________人民法院

附:本上诉状副本____份;证物________件;书证________件

上诉人(签名)

________年____月____日

刑事上诉状(2)

(用于公诉案件被告人提起上诉)

上诉人:________(姓名、性别、出生年月日、民族、职业或工作单位、住址等)。

上诉人因________一案,于________年____月____日收到________人民法院(____)____字第____号刑事判决书(或裁定书),现不服该判决(或裁定),提出上诉。

上诉请求:

____

____。

上诉理由:

____

____

____

____。

此致

__________人民法院

附:本上诉状副本________份;证物____件;书证____件

上诉人(签名)

________年____月____日

2. 实例与范本

【实例】被告人袁××,男,30岁,原系××省×××矿务局焦化总厂下属的畜牧场的电工。2008年3月29日19时许,因畜牧场急需用电抽水,被告人袁××便来到通往畜牧场的6000伏高压线路电闸处。袁××当时发现电闸已被分开,却没有看到"有人作业,禁止合闸"的警告牌。按规定若有人作业,该警告牌应挂在电闸的鸭嘴上,但此时警告牌掉落在电闸高压线杆底下的草丛中,袁××没有发现。袁××误认为此时已无人作业,并且认为天色已晚,即使有人作业这时也该完工了,以前畜牧场电工弄完电以后也曾没有人合闸,畜牧场要用电,也都是自己去合闸。于是,袁××便找来铝线接通线路把电闸合上,致使正在高压线上作业的刘××、林××触电死亡。

××省××市××区人民法院经公开审理认为,被告人袁××身为畜牧场的电工,当见到高压线路的电闸被分开的时候,已经预见到此时如果合闸可能导致作业人员触电伤亡,只是因为没有见到"有人作业,禁止合闸"的警告牌,便过于自信地判断此时已无人作业,轻率地把电闸合上,以致发生正在高压线上作业的刘××、林××死亡的严重后果。被告人主观上有过于自信的过失,客观上有关闭电闸的行为,而此行为与被害人刘××、林××的死亡之间有直接的因果关系。因此,被告人袁××的行为已触犯刑律,构成过失杀人罪,应予处罚。该院依照《刑法》第15条、第233条的规定,于2008年6月3日作出刑事判决如下:被告人袁××犯过失杀人罪,判处有期徒刑4年。宣判后,被告人袁××不服判决,提出上诉。

刑事上诉状

上诉人(原审被告):袁××,男,30岁,汉族,××省××市人,×××矿务局焦化总厂所属畜牧场的电工,住本厂宿舍楼×栋×单元×号。

上诉人因过失杀人一案,于2005年10月31日收到××市××区人民法院(2005)×刑初字第×号刑事判决,我不服,现提出上诉。

上诉请求:

请求撤销××市××区人民法院(2005)×刑初字第×号刑事判决,改判无罪。

上诉理由:

上诉人于2005年6月29日19时,因单位急需用电抽水,来到6000伏高压线路电闸处,在接通电闸时,造成正在作业的刘××、林××的死亡。对于这一死亡结果,上诉人在主观上既不存在故意,也不具有过失,完全是由于意外事件造成的。《中华人民共和国刑法》第16条规定:"行为人在客观上虽然造成了损害结果,但不是出于故意或者过失,而是由于不能抗拒或者不能预见的原因所引起的,不是犯罪。"案发之时,上诉人来到6000伏高压线路电闸处,没有看到"有人作业,禁止合闸"的警告牌。按照常规,如果有人作业,该警告牌应挂在电闸的鸭嘴上,或者有人在附近看管,以免有人合闸,但当时这两者都不存在。所以,在单位急于用水的情况下,上诉人用铝线接通电路合闸并无不当。事实上该警告牌掉落在电闸高压线杆底下的草丛中,因天色已晚不易被发现,这是上诉人不能预见的。由此可见,虽然上诉人的合闸行为造成了两人触电死亡的严重后果,但这种结果是由于上诉人不能预见的原因引起的,属于意外事件,上诉人对此不应负刑事责任。

为此,特提出上诉,请××市中级人民法院撤销一审判决,依法改判上诉人无罪。

此致

××市中级人民法院

上诉人 袁××

2005年11月5日

十七、辩护词

(一)文书的基本知识

辩护词,是刑事案件被告人或上诉人的辩护人为了维护刑事被告人的合法权益,在法庭辩论阶段,根据事实和法律为被告人或上诉人所作的无罪、罪轻或者应当减轻、免除刑事责任的论辩性发言或书面意见。

根据《刑事诉讼法》第32条的规定,犯罪嫌疑人被告人除自己行使辩护权以外,还可以委托下列1人至2人作为辩护人:律师;人民团体或者犯罪嫌疑人、被告人所在单位推荐的人;犯罪嫌疑人、被告人的监护人、亲友。正在被执行刑罚或者依法被剥夺、限制人身自由的人,不得担任辩护人。该法第34条规定,犯罪嫌疑人、被告人因经济困难或者其他原因没有委托辩护人的，本人及其近亲属可以向法律援助机构提出申请。对符合法律援助条件的，法律援助机构应当指派律师为其提供辩护。犯罪嫌疑人、被告人是盲、聋、哑人，或者是尚未完全丧失辨认或者控制自己行为能力的精神病人，没有委托辩护人的，人民法院、人民检察院和公安机关应当通知法律援助机构指派律师为其提供辩护。犯罪嫌疑人、被告人可能被判处无期徒刑、死刑，没有委托辩护人的，人民法院、人民检察院和公安机关应当通知法律援助机构指派律师为其提供辩护。可见，辩护人有委托辩护人和指定辩护人两种。

《刑事诉讼法》第35条明确规定，辩护人的责任是根据事实和法律，提出证明犯罪嫌疑人、被告人无罪、罪轻或者减轻、免除其刑事责任的材料和意见，维护犯罪嫌疑人、被告人的诉讼权利和其他合法权益。为了完成法律赋予的职责和刑事被告人的委托，辩护人就必须在阅卷、取证、会见被告人和认真研究诉状的基础上，准备法庭辩护词。辩护人的法庭辩护词与公诉人的公诉词、一审判决书、抗诉状分别从不同的角度剖析案件事实，论证案件性质，提出不同的法律适用意见。辩护人与公诉人和法官通过从不同的方面阐述观点，可以更全面、更客观地揭示案情真相，有利于法官正确判案。因此，思维缜密、结构清晰、论证充分、说理透彻的辩护词对保证公正判决和维护被告人的合法权益具有不可忽视的作用。

（二）文书的内容及制作方法

法庭辩护词一般包括首部、序言、正文、结束语和尾部等部分。

1. 首部

首部即标题。可写明为“辩护词”或“关于×××（被告人姓名）××（案由）一案的辩护词”。

2. 序言

（1）称呼语，可以直接写“审判长、审判员（人民陪审员）”。

（2）向法庭说明辩护律师出庭辩护的合法性依据，如“××市××律师事务所接受被告人×××的委托，并指派我担任被告人×××的辩护人”或者“我接受人民法院的指定，担任被告人×××的辩护人”。

（3）向法庭简要说明辩护人为出庭辩护所做的准备工作，如阅读起诉书，会见被告人，阅读案卷材料，进行调查收集证据等有关情况。

（4）辩护人概括说明对本案或上诉案件的基本态度，如认为被告人无罪、罪轻或者减轻、免除其刑事责任的一审辩护意见；或者认为一审认定事实不清、证据不足、适用法律错误、程序违法等二审辩护意见。

3. 正文

正文是辩护词的主体部分，是辩护人为维护刑事被告人的合法权益和履行法定职责所作的主旨阐述，其内容主要是从案件事实和证据出发，根据法律规定，阐述和论证被告人无罪、罪轻或者减轻、免除其刑事责任的意见和理由。辩护人在制作法庭辩护词时，可以根据案件具体情况，从以下方面进行阐述和论证：

首先，从事实是否清楚、证据是否确凿上来进行辩护。案件事实和情节是否清楚直接关系到对被告人是否应承担刑事责任，如果犯罪事实不存在，或者没有确实、充分的证据来证明犯罪事实确实存在，那么就失去了定罪量刑的基础，就有可能从根本上否定犯罪。因此，辩护人应当通过阅卷，询问被告人、证人得来的信息与起诉书、抗诉状中认定的事实加以对照以发现其中被夸大或不存在的部分，并以调查取证或勘验、鉴定得来的确凿证据来进行有力的反驳,来证实被告人无罪、罪轻辩护意见的正确性。证据确凿、充分,来源合法,具有证明力,是认定犯罪的基础。如果证据是通过刑讯逼供取得,那么就会失去合法性并丧失证明力;如果证据互相矛盾,就不能以此种证据证明犯罪就是被告人所为。根据疑罪从无的原则,即使犯罪事实存在,也应当将被告人宣告无罪释放。

其次,从定罪是否准确、量刑是否适当来进行辩护。罪刑相当原则是我国刑法确立的一条基本原则,即刑罚的轻重,应当与犯罪分子所犯罪行和承担的刑事责任相适应。因此,辩护人在辩护时,应当根据具体案情研究被告所触犯罪名的犯罪构成,注意把握罪与非罪、此罪与彼罪的界限:被告人是否已达到法定的刑事责任年龄,是否具有刑事责任能力,是否具有特定罪名所具有的特定身份与主体资格要求,是单位犯罪还是个人犯罪,是否已达到刑法所规定的社会危害性程度,是否具备构成特定罪名所要求的严重情节、严重后果,是否具备特定犯罪构成所要求的“明知”“故意”等主观要件和特定目的,是否具备特定犯罪构成所要求的金钱数额,是否使用了法律所规定的犯罪工具、方法。

再次,要注意分析故意犯罪所处的阶段,分析被告人是否具有从轻、减轻或者免除刑事处罚的情节,如是否为预备犯、未遂犯、中止犯以及在共同犯罪是从犯、胁从犯还是教唆犯等,是否具有立功、重大立功表现和自首等情节。总之,通过辩护,可以有利于司法机关在查明和弄清楚犯罪事实和犯罪情节的基础上准确适用法律。

最后,从是否具有违反法定程序上来进行辩护。程序合法是公正执法和公正司法的程序保障,辩护人应当从程序上审视立案、侦查和提起公诉中有无超期羁押或滥用强制措施的情形,是否有违反法定公开审判要求的情形,是否违反了回避制度,是否非法剥夺或限制了被告人的法定诉讼权利以及法院审判组织的组成是否合法等。这对于维护被告人的合法权益,认定被告是否有罪,也具有不可忽视的意义。

二审辩护词与一审辩护词尽管在撰写内容与撰写方法上基本相同,但辩护意见的针对性不同。一审辩护词应该针对人民检察机关提起公诉的起诉书或者自诉案件自诉人提交法院的自诉状中所指控的犯罪事实、所认定的罪名及其所依据的证据展开辩护。二审辩护词不仅针对人民检察机关的起诉书或者自诉人的自诉状中所指控的犯罪事实、所认定的罪名及其所依据的证据进行辩护,而且应当主要针对一审判决书在认定事实、采信证据以及一审程序方面的不足以及人民检察机关的刑事抗诉书中所指控的犯罪事实、所认定的罪名及其所依据的证据展开辩护。

上述内容仅仅提供了辩护词制作的基本思路和一般方法,辩护词应当根据具体个案要求和涉及的具体法律问题来撰写。撰写辩护词所应遵循的根本原则就是以事实为根据,以法律为准绳。不得编造事实和提供虚假证据,否则将承担刑事责任。辩护要言之合法,论之有据,观点明确,逻辑条理,紧扣论点,层层深入,并应注意辩论方法、辩论技巧和辩论艺术的运用。

4. 结束语

一般包括两方面的内容:一是归纳或复述辩护发言的基本要点;二是从定罪量刑的角度向法庭提出对被告人的处理意见。

5. 尾部

辩护人签名、盖章,注明年、月、日。

(三)文书样式与范例

1. 文书样式

辩　护　词

尊敬的审判长、审判员：

____市____律师事务所接受了被告人________的委托，指派我担任其一审(或二审、再审)辩护人。经过会见被告人、调查和阅卷，以及参加了法庭调查和听取了公诉人的发言，现依据事实与法律，对本案发表如下辩护意见：

____

____

____

____。

辩护人(签名)

________年____月____日

2. 实例与范本

【实例1】甲(男，26岁，汉族)与乙(男，24岁，汉族)系表兄弟。2003年3月，二人相约一起进城务工，在同一农贸市场分别摆摊做水果生意，并合租一小院共同居住。由于甲善于经营，生意一直比乙好，乙因此有些怨气。

2009年8月6日下午，因一单苹果批发买卖，乙认为甲抢走了自己的生意，遂到甲摊前理论。甲说："我的苹果质量好、价格低，人家愿意买我的，你不能怨我。"乙说："人家本来要买我的苹果，是你故意压价，抢走了我的生意。你不帮我就算了，但你不该连表弟也欺负。我忍你已经很久了！"乙越说越急，抓起旁边的水果刀，向甲刺去。甲见状，急忙伸手抓刀。相持间甲右臂被刀刺伤。后经在场的买主丙、丁等人阻拦、劝说，乙放下了水果刀，向流血不止的甲道歉说："我只是一时气愤，请表哥原谅。"并送甲到附近区中心医院医治。经鉴定，甲为轻伤。甲住院治疗期间，乙主动承担了医疗费用，并为甲洗衣送饭，帮助护理。但因甲住院，生意无人照料，致使数百斤水果腐烂，损失3000余元。甲痊愈出院后，认为此事使自己在市场上丢了面子，生意损失严重，十分生气。在前来探望的妻子坚持下，向农贸市场所在地的区人民法院提起刑事附带民事诉讼。法院受理了此案，并在法定期限内依法开庭审理。李丙接受乙的委托，为乙进行了无罪辩护。

辩　护　词

尊敬的审判长、审判员：

××市××律师事务所接受了被告人乙的委托，指派我担任其一审辩护人。经过会见被告人、调查和阅卷，刚才又参加了法庭调查，听取了公诉人的发言，辩护人认为被告人乙无罪。现依据事实与法律，对本案发表如下辩护意见：

一、被告人乙与自诉人甲之间的纠纷属于民事纠纷，被告人在与自诉人争执中造成自诉人轻伤的行为不构成故意伤害罪

根据《中华人民共和国刑法》第234条第1款规定，行为人构成故意伤害罪在主观上须具有故意。首先，在本案中，从被告人乙的主观意图来看，不具有实施伤害自诉人的动

机和故意。该案的起因是因一单苹果批发买卖,被告人认为自诉人抢走了自己的生意,遂到自诉人摊前理论而发生争执的,被告人并不是为了实施伤害行为而发起的挑衅行为;其次,被告人并未为实施伤害而作准备;再次,从事态发展来看,造成自诉人轻伤,是由于双方争执和相持中各不相让造成的误伤,而不是被告人通过积极的危害行为实施的结果;最后,从事后被告人乙的态度来看,造成自诉人轻伤,也违背了被告人自己的意志,并超出了被告人的预料,当被告人看到自诉人右臂被刀刺伤而流血时,主动向自诉人道歉,请求原谅。对造成自诉人轻伤后也没有放任不管,而是主动送自诉人到附近区中心医院医治,并承担了全部医疗费用。还有一点,需向法院说明的是,自诉人是被告人的表哥,他们自小在一块长大,感情深厚,一块进城务工,在同一市场摆摊卖水果,合租一个小院共同居住,在某种程度上被告人对自诉人具有一定的依赖,在生活中虽然有点冲突和摩擦,但在经营中也具有共同利益,从情理上说被告人也不至于加害自己的表哥。从上述可以看出,被告人乙不具有伤害自诉人的故意,被告人与自诉人的争执亦未超出民事纠纷的范围,因此,不能因自诉人在争执中受了轻伤就认定被告人构成了故意伤害罪。

二、被告人同意赔偿自诉人的直接经济损失3000元和摊位租赁费500元,但其他赔偿要求于法无据,被告人不负赔偿责任

根据《中华人民共和国民法通则》规定的损害赔偿原则,被告人所承担的民事赔偿范围应当以被告人给自诉人即被害人造成的实际损害为前提,赔偿范围应与受害人的实际损失相当。据此,被告人对于自诉人因治疗期间所造成的水果腐烂损失3000元和摊位租赁费500元负有赔偿责任。自诉人的医疗费和住院费8000元,已由被告人向医院支付,对此,被告人有医院的出具的收费单据为凭。此外,自诉人要求被告人赔偿1500元误工收入于法无据。最高人民法院《关于审理人身损害赔偿案件适用法律若干问题的解释》第20条规定:"误工费根据受害人的误工时间和收入状况确定。误工时间根据受害人接受治疗的医疗机构出具的证明确定。受害人因伤致残持续误工的,误工时间可以计算至定残日前一天。受害人有固定收入的,误工费按照实际减少的收入计算。受害人无固定收入的,按照其最近三年的平均收入计算;受害人不能举证证明其最近三年的平均收入状况的,可以参照受诉法院所在地相同或者相近行业上一年度职工的平均工资计算。"据此,自诉人作为无固定收入的人员,被告人对其赔偿应按照其最近3年的平均收入计算,但某农贸市场仅出具了自诉人今年以来的收入证明,且其证明因该市场并不掌握自诉人的实际收入状况,故不具有证明力,所以,该证明不能被采信。

在此,恳切请求人民法院采纳上述辩护意见,对被告人乙的行为作出正确认定,依法公正判决。

此致

××市××区人民法院

辩护人　李丙

2009年9月25日

【实例2】被告人伍××与唐××多次通奸,并表示要离婚后同唐××结婚。某日,被告人伍××的丈夫何×得知后即对伍××进行威胁追逼。伍××起初不承认,直至深夜,因惧怕丈夫毒打,遂将其与唐××通奸说成是被唐××强奸,何×极为气愤地说:"如果是通奸就

饶不了你，是强奸就不能放过他，我不把唐××打死也要把他整成残废。”随即提出要伍××勾引唐××发生两性关系，由何×当场抓获并教训唐××，并说：“这样整他，你也不负责任。”伍××为掩盖通奸之事，只好表示沉默，但暗想次日告诉唐××以后断绝往来，以免两人被害。不料，唐××第二天一早便来何家借自行车，何×借口要去赶集没有借给。同时向唐××提出要借他的弯刀给伍××上山砍柴用，唐××欣然同意，返家取刀。何×亦谎称外出，与唐××同时离家。而后，何×又中途折回告诉伍××说：“今天就是惩罚唐××的好机会，请不要错过！”说后便藏于门帘后窥视。不久，唐××带刀来到何家，被伍××诱入内室脱掉裤子，伍××乘机抓住唐××的生殖器不放，唐××不知所措。何×立即蹿出，持扁担向唐××头部一阵乱打，当场死亡。之后，何×带着唐××的弯刀向村治安干部说：“唐××带着弯刀来我家威胁强奸伍××，被我碰见，失手打死了，现在来投案！”乡干部赶到现场，见唐××已被打死，遂将何×交公安机关处理。伍××到公安机关交代了唐××遇害的整个过程。经一审人民法院审理，认定何×与伍××构成故意杀人罪，判决何×死刑，立即执行；判决伍××有期徒刑15年。一审判决后，伍××不服判决提起上诉。在二审期间，伍××的辩护人对其作了应当免除刑事处罚的辩护。

辩　护　词

审判长、审判员：

受本案被告人伍××的委托，××市××律师事务所指派我担任其故意杀人一案的二审辩护人，依法参与本案的审理。辩护人认为，一审判决书对本案诸多事实做出了较为客观的认定。但是，尚有部分事实认定错误，适用法律不当而导致量刑错误。我们在肯定一审已经正确认定的事实的基础之上，提请二审法院针对其认定错误的相关事实依法查明、认定，纠正一审判决的错误部分。具体意见如下：

一、本案中伍××不具有杀人的共同故意

根据《中华人民共和国刑法》第25条第1款的规定：“共同犯罪是指二人以上共同故意犯罪。”在客观方面，各共同犯罪人必须具有共同的犯罪行为。所谓共同的犯罪行为，是指各个共同犯罪人在实施某一犯罪的时候，每个人的行为都指向同一个目标，为完成同一犯罪而活动。在主观方面，各共同犯罪人必须具有共同犯罪的故意。每个共同犯罪人不仅认识到自己在实施某种犯罪，而且认识到是同其他人共同实施这一犯罪；各个共同犯罪人对于共同犯罪行为所引起的危害结果，抱着希望或者放任的态度。本案中，在何×流露出“教训”唐××的犯意之后，伍××出于担心自己与唐××被害虽然表面没有反对，但暗想次日告诉唐××以后断绝往来，以免两人被害，因此其内心并不具备杀害唐××的故意。当何×第二天实施对唐××的杀害行为时，尽管伍××参与了具体伤害行为，但在伍××和何×之间没有形成杀害被害人唐××的犯罪意思联络、故意杀害唐××的事先同谋，也不具有杀害唐××的临时勾结。其之所以加入伤害唐××之中，也主要是为了“教训”唐××，以断绝两人之间不正常的男女关系。可见，伍××仅具备伤害唐××的主观故意，而不具备杀害唐××的主观故意。因此，本案一审仅凭伍××参与了对被害人唐××的加害行为，就认定伍××具有杀人故意，属于客观归罪。

二、本案中伍××作为胁从犯应当依法免除处罚

根据《中华人民共和国刑法》第25条第1款关于共同犯罪的规定，伍××与何×不具有共同的杀人故意，而仅仅具有共同的伤害故意，且其伤害被害人唐××是在何×的

胁迫下参加的。根据《中华人民共和国刑法》第28条的规定,胁从犯,是在共同犯罪中被胁迫参加犯罪的人。胁从犯有两个特征:在主观上被动地参与犯罪,参加共同犯罪具有被动性和被迫性;在客观上所起的犯罪作用比较小,在共同犯罪中处于从属地位。胁迫,是指行为人因他人的威逼、恐吓,在精神上受到一定的强制,不情愿地参加了共同犯罪。本案中,伍××参加伤害唐××的犯罪活动是因为受到胁迫,而不是完全出于自愿。伍××出于怕受到丈夫的毒打,而不得已把通奸说成了强奸。从主观上看,伍××并不愿意伤害唐××。当她知道丈夫要伤害唐××时,即打算告诉唐××断绝关系,但第二天一早唐××突然来了后,一直处于丈夫的监视下的伍××被迫参加了犯罪,因此,其属于胁从犯。

《中华人民共和国刑法》第28条规定,对于被胁迫参加犯罪的,应当按照他的犯罪情节减轻处罚或者免除处罚。本案中,伍××引诱唐××脱掉裤子和抓住唐××生殖器的行为,是在受到其丈夫何×胁迫下而违背自己意志的非自愿行为,这一行为本身并不能导致或者加剧被害人唐××的死亡,而只是在何×"导演"下制造的唐××"强奸"伍××和何×以此掩盖故意杀人的幌子。可见,伍××的行为与被害人唐××死亡结果之间不具有必然的因果关系。加之,伍××抓住唐××生殖器的行为并未对其造成实质性伤害,因此,按照伍××的犯罪情节应当免除刑事处罚。一审法院判决被告人伍××有期徒刑15年,属于适用法律错误,量刑畸重,应予依法改判。

综上所述,本案中被告人伍××不具有杀害被害人唐××的故意,在受到胁迫的情形下被动加入何×犯罪当中是出于无奈,未对唐××造成实质性伤害,以及考虑到一审法院已经认定的伍××自首情节,伍××犯罪情节轻微,建议二审法院遵循我国刑法确立的罪罚相当原则对一审判决中的法律适用错误予以纠正,依法改判并免除其刑事处罚。

此致

××市中级人民法院

辩护人　曹××

2009年11月11日

十八、刑事代理词

(一)文书制作的基本知识

刑事代理词,是刑事自诉案件的自诉人、公诉案件中的被害人和附带民事诉讼中的受害人及其法定代理人或者近亲属委托的诉讼代理人,为维护受害人的合法权益,根据事实和法律,在法庭辩论阶段对追究被告人的刑事法律责任和维护被害人合法权益所作的综合辩论性发言或书面意见。

根据《刑事诉讼法》第44条的规定,公诉案件的被害人及其法定代理人或者近亲属,附带民事诉讼的当事人及其法定代理人,自案件移送审查起诉之日起,有权委托诉讼代理人。自诉案件的自诉人及其法定代理人,附带民事诉讼的当事人及其法定代理人,有权随时委托诉讼代理人。

根据《刑事诉讼法》第45条的规定,下列人员可以接受委托作为诉讼代理人:律师;人民团体或者被害人所在单位推荐的人;被害人的监护人、亲友。正在被执行刑罚或者依法被剥夺、限制人身自由的人,不得担任诉讼代理人。律师可以接受委托担任受害人的诉讼代理人,代为参加刑事诉讼活动，其中制作刑事代理词和出庭发言是其最基本的工作内容。刑事代理词对法院了解犯罪真相及其危害程度，正确地追究被告人的刑事责任及维护刑事案件被害人的合法权益有着积极作用。

（二）文书的内容及制作方法

代理词的格式与辩护词大致相同，一般包括首部、序言、正文、结束语和尾部五部分。

1. 首部

标题。应写明为“代理词”。

2. 序言

首先，写明称呼语，可以直接写“审判长、审判员（人民陪审员）”。其次，向法庭说明律师代理刑事诉讼的合法性依据，如写明“××市××律师事务所接受害人或者受害人的法定代理人（或近亲属）××的委托，指派我担任其一审或者二审阶段的诉讼代理人”。最后，可以对接受代理后的准备工作做简要交代，也可以表明对本案被告处理的基本态度。

3. 正文

正文是代理词的主体部分，是代理人为维护刑事被害人的合法权益和履行法定职责所作的主旨阐述。应该针对被告所犯罪刑，从本案的事实和证据出发，根据法律规定，阐述和论证被告人有罪、应从重处罚、加重处罚或不能从轻或者减轻、免除其刑事责任的意见和理由。通常要对被告人侵犯被害人合法权益的具体行为进行叙述，并围绕是否构成犯罪，属于何种罪名，有无从重处罚的法定条件以及从被害人所受到的侵害程度上展开论述，以配合和支持公诉。

代理人在制作代理词时，可以从以下方面进行阐述和论证。首先，说明被告人对被害人实施的具体犯罪事实，应突出说明与认定犯罪构成有关的犯罪事实、犯罪手段，以及与量刑有关的情节，并通过充分举证予以证明。其次，对人民检察院起诉书和公诉意见在适用法律或者犯罪定性方面存在异议的，代理律师应当将对分歧部分作为代理词的制作重点。特别是被害人或其法定代理人对人民检察院起诉书和公诉意见在适用法律或定性方面有不同认识时，代理律师更应当深入分析和研究。在代理律师与人民检察院起诉书和公诉意见在认定事实和适用法律上不存在异议的情况下，代理词应当以充分的证据突出揭示犯罪行为给被害人造成的伤害及其危害后果，以及给被害人造成的精神痛苦和物质损失，从而使人们加深对被告人犯罪行为的认识。总之，在对被告人的犯罪事实充分说明和充分举证之后，运用法律规定和犯罪构成理论及刑事量刑理论，对该案的适用法律及对被告人定罪量刑进行分析和论证。

二审代理词和一审代理词的撰写内容与撰写方法基本相同，但代理意见的针对性并不完全相同。一审代理词除了表达对起诉书和公诉意见在罪名认定和法律适用的不同意见之外，从本质上讲二者是相互支持的关系，共同揭露犯罪。也就是说，一审代理词对起诉书和公诉意见起着补充论证的作用，二者并不存在根本冲突。但二审代理词除了一审代理词的上述功能外，还应当对一审判决书在事实认定、法律适用上对被告人所作的有利判决表达不同的意见，通过有力的证据说明被告人不具有无罪、罪轻、减轻或者免除刑事处罚的法定情节，不构成自首或立功表现等；在人民检察院提起抗诉的情况下，二审代理词应当支持抗诉，并表达二审能够纠正一审判决错误，依法严惩罪犯与依法公正判决的愿望。被告上诉的，二审代理人认为上诉理由不能成立的，可以在二审代理词中对其上诉主张进行驳斥。

4. 结束语

一般包括两方面的内容:一是归纳或复述代理发言的基本要点;二是从定罪量刑的角度向法庭提出对被告的处理意见。

5. 尾部

代理人签名、盖章;注明年、月、日。

(三)文书样式与范例

1. 文书样式

代　理　词

审判长、审判员:

____律师事务所接受本案被害人______(或其近亲属______)的委托,指派______律师担任其诉讼代理人。接受代理后,代理人经过阅读案卷材料,会见被害人、证人和进行调查收集证据,及出席今天的庭审调查,对本案有了较为全面的了解。现发表如下意见,供合议庭在合议时参考:

____。

诉讼代理人(签名)

________年____月____日

2. 实例与范本

【实例】犯罪嫌疑人姚××(男,35岁),因负债无力偿还,离家外出。在外省D县×镇遇到了在该地贩米的同乡成×与杨×夫妇及其女儿成芹(13岁)、成红(10岁)。姚××认为成×贩米有钱且老实可欺,遂起意诈骗。姚××谎称是采购员,并以租成×的船运输化工原料为名,骗成×卖掉大米,驾船随他去外地。姚××以货款不足为由,骗得成×的现金9500元。为了达到最终占有此款的目的,姚××产生了杀人灭口的恶念。1997年9月14日,姚××将成×一家随船骗至×县交警大队南侧的偏僻处。当晚,姚××利用成×与杨×夫妇为琐事闹矛盾之机,将杨×及成芹、成红骗去县城看电影。然后,折回劝成×在电影散场母女归来时以假自缢方法吓唬杨×不再为琐事吵闹,并约定电影散场时,他在岸上用手电显示信号,成×即开始上吊,待成×上吊踢翻脚下的凳子时,由他及时施救。成×表示同意。晚9时许,姚××按约定在岸上以手电发信号示意成×开始自缢。但当成×踢翻脚下的凳子时,姚××并不施救,致成×死亡。当夜杨×母女三人看电影后因故未归,次日上午回船发现成×已"因家庭矛盾""自缢"身亡后,姚××又采用欺骗和威吓手段说:"事情闹大了,公安局要来验尸";"我与你们都要被逮捕,可能还要枪毙",声言要与杨×母女三人共同服毒自尽,骗得了杨×的信任。1997年9月16日,姚××在县城购得灭鼠药10支,骗杨×、成芹饮服,而姚××自己则将药倒入河中。因鼠药失效,杨×、成芹没有死亡。9月17日,姚××又购得"1605"农药1瓶(500克),于当晚骗杨×、成芹吞服致死,后又采用威吓手段逼成红服毒死亡。随后,姚××伪造现场并携款逃离。

在法庭审理中,被告人姚××的辩护人称,由于成×一家4人均已死亡,能够证明被告人诱逼他人自杀的直接证据仅有被告人姚××的供述,因而不能作为定案的依据。×律师事务所接受杨×的哥哥的委托,委派周××律师担任诉讼代理人,其在法庭发表了如下代理意见。

代理词

审判长、审判员:

××律师事务所接受本案被害人杨×哥哥杨××的委托,指派×××律师担任其一审阶段的诉讼代理人。接受代理后,代理人经过阅读案卷材料,会见被害人、证人和进行调查收集证据,及出席今天的庭审调查,对本案有了较为全面的了解。我发表如下意见,供合议庭在合议时参考:

一、姚××的犯罪事实清楚、证据确凿

姚××因欠债而骗取成×9500元,有债权人的证言及根据姚××供述所搜查出来的赃款赃物证实;姚××以运输化工原料为名将成×的船骗出,有证人朱×的证言证实;姚××供述自己自1997年7月19日至9月17日一直在成×一家的船上,也已经多名证人证实;姚××供认采用诱骗、威胁等手段致成×自缢死亡、杨×母女服毒死亡,与法医的鉴定相一致;姚××供述在成×死后,他先骗杨×及其女成芹喝下水剂灭鼠药,而自己将碗连同药剂一起抛入河中,此碗已在他指认的方位捞出;姚××提供的购买农药"1605"的地点、提货方法及金额等情节,也经证人证言、发票存根和现场提取的发票印证属实;公安机关根据姚××的供述在县交警大队南侧河中找到了成×的船只,船上4具尸体的衣着、位置等现场情况与姚××的供述相符。因此,本案对证据的收集和查证是应充分肯定的。

二、姚××的犯罪行为构成故意杀人罪和诈骗罪,罪恶极大,应当判处死刑并立即执行

被告人姚××通过编造虚假事实,骗得被害人成×9500元后,为了达到最终占有此款的犯罪目的,姚××产生了杀人灭口的恶念。1997年9月14日,姚××将成一家随船骗至某县交警大队南侧的偏僻处。当晚,姚××利用成×与杨×夫妇为琐事闹矛盾之机,将杨×及成芹、成红骗去县城看电影。然后,折回劝被害人成×在电影散场母女归来时以假自缢方法吓唬杨×不再为琐事吵闹,并约定电影散场时,他在岸上用手电显示信号,成×即开始上吊,待成×上吊踢翻脚下的凳子时,由他及时施救。成×表示同意。晚9时许,姚××按约定在岸上以手电发信号示意成开始自缢。但当成×踢翻脚下的凳子时,姚××并不施救,致成×死亡。被告人姚××为使诈骗行为和杀人犯罪行为不致暴露,采取欺骗、威吓手段,迫使杨×母女产生与姚××一起自尽的念头,并两次提供毒药;当杨×母女人服毒自杀时,姚××却不服毒,其主观上借被害人之手达到了杀害被害人的罪恶目的,客观上实施了借刀杀人的行为,并造成了被害人死亡的严重后果。被告人的行为与四名被害人死亡有直接的因果关系,故此姚××辩护人的辩护理由不能成立。被告人姚××的行为构成了故意杀人罪和诈骗罪。因被告人姚××所犯罪行特别严重,情节极为恶劣,并无法定从轻、减轻情节,因此人民法院应当判决其死刑,立即执行,剥夺政治权利终身。

诉讼代理人 周××

1998年5月10日

十九、刑事申诉状

(一)文书制作的基本知识

刑事申诉书,是刑事案件当事人及其法定代理人、近亲属以及认为已经发生法律效力的判决、裁定侵害其合法权益的案外人,对已经发生法律效力的判决、裁定,向人民法院或者人民检察院提出申诉并请求人民法院启动再审程序予以纠正其错误的法律文书。

1. 提出申诉应当由具有申诉权的主体行使

《刑事诉讼法》第241条规定,当事人及其法定代理人、近亲属,对已经发生法律效力的判决、裁定,可以向人民法院或者人民检察院提出申诉,但是不能停止判决、裁定的执行。《刑事诉讼法司法解释》第371条规定,当事人及其法定代理人、近亲属对已经发生法律效力的判决、裁定提出申诉的,人民法院应当审查处理。案外人认为已经发生法律效力的判决、裁定侵害其合法权益,提出申诉的,人民法院应当审查处理。申诉可以委托律师代为进行。可见,对已经发生法律效力的判决、裁定,有权向人民法院或者人民检察院提出申诉的人员包括当事人及其法定代理人、近亲属以及认为已经发生法律效力的判决、裁定侵害其合法权益的案外人。《刑事诉讼法》第106条规定,"当事人"是指被害人、自诉人、犯罪嫌疑人、被告人、附带民事诉讼的原告人和被告人;"法定代理人"是指被代理人的父母、养父母、监护人和负有保护责任的人;"近亲属"是指夫、妻、父、母、子、女、同胞兄弟姊妹。

2. 向人民法院申诉应当提交有关材料

《刑事诉讼法司法解释》第372条规定,向人民法院申诉,应当提交以下材料:(1)申诉状。应当写明当事人的基本情况、联系方式以及申诉的事实与理由。(2)原一、二审判决书、裁定书等法律文书。经过人民法院复查或者再审的,应当附有驳回通知书、再审决定书、再审判决书、裁定书。(3)其他相关材料。以有新的证据证明原判决、裁定认定的事实确有错误为由申诉的,应当同时附有相关证据材料;申请人民法院调查取证的,应当附有相关线索或者材料。申诉不符合前款规定的,人民法院应当告知申诉人补充材料;申诉人对必要材料拒绝补充且无正当理由的,不予审查。

3. 申诉应当向有管辖权的人民法院提出

《刑事诉讼法司法解释》第373条规定,申诉由终审人民法院审查处理。但是,第二审人民法院裁定准许撤回上诉的案件,申诉人对第一审判决提出申诉的,可以由第一审人民法院审查处理。上一级人民法院对未经终审人民法院审查处理的申诉,可以告知申诉人向终审人民法院提出申诉,或者直接交终审人民法院审查处理,并告知申诉人;案件疑难、复杂、重大的,也可以直接审查处理。对未经终审人民法院及其上一级人民法院审查处理,直接向上级人民法院申诉的,上级人民法院可以告知申诉人向下级人民法院提出。该解释第374条规定,对死刑案件的申诉,可以由原核准的人民法院直接审查处理,也可以交由原审人民法院审查。原审人民法院应当写出审查报告,提出处理意见,层报原核准的人民法院审查处理。

4. 人民法院对于申诉案件的处理

根据《刑事诉讼法》第242条的规定,当事人及其法定代理人、近亲属的申诉符合下列情形之一的,人民法院应当重新审判:(1)有新的证据证明原判决、裁定认定的事实确有错误,可能影响定罪量刑的。根据《刑事诉讼法司法解释》第376条的规定,具有下列情形之一,可能改变原判决、裁定据以定罪量刑的事实的证据,应当认定为本项规定的"新的证据":原判决、裁定生效后新发现的证据;原判决、裁定生效前已经发现,但未予收集的证据;原判决、裁定生效前已经收集,但未经质证的证据;原判决、裁定所依据的鉴定意见,勘验、检查等笔录或者其他证据被改变或者否定的。(2)据以定罪量刑的证据不确实、不充分、依法应当予以排除,或者证明案件事实的主要证据之间存在矛盾的。(3)原判决、裁定适用法律确有错误的。(4)违反法律规定的诉讼程序,可能影响公正审判的。(5)审判人员在审理该案件的时候,有贪污受贿、徇私舞弊、枉法裁判行为的。

《刑事诉讼法司法解释》第 375 条第 1 款规定, 对立案审查的申诉案件,应当在 3 个月内作出决定,至迟不得超过 6 个月。该条第 2 款进一步明确规定,经审查,具有下列情形之一的,应当根据《刑事诉讼法》第 242 条的规定,决定重新审判:(1)有新的证据证明原判决、裁定认定的事实确有错误,可能影响定罪量刑的;(2)据以定罪量刑的证据不确实、不充分、依法应当排除的;(3)证明案件事实的主要证据之间存在矛盾的;(4)主要事实依据被依法变更或者撤销的;(5)认定罪名错误的;(6)量刑明显不当的;(7)违反法律关于溯及力规定的;(8)违反法律规定的诉讼程序,可能影响公正裁判的;(9)审判人员在审理该案件时有贪污受贿、徇私舞弊、枉法裁判行为的。该条第 3 款规定,申诉不具有上述情形的,应当说服申诉人撤回申诉;对仍然坚持申诉的,应当书面通知驳回。

《刑事诉讼法司法解释》第 377 条规定,申诉人对驳回申诉不服的,可以向上一级人民法院申诉。上一级人民法院经审查认为申诉不符合《刑事诉讼法》第 242 条和本解释第 375 条第 2 款规定的,应当说服申诉人撤回申诉;对仍然坚持申诉的,应当驳回或者通知不予重新审判。

(二)文书的内容及制作方法

1. 首部

(1)标题。应居中写明文书名称“刑事申诉状”。

(2)申诉人的基本情况。应写明申诉人的姓名、性别、出生年月日、民族、籍贯、职业或工作单位和职务、住址等。如果申诉人正在服刑,还应当写明判刑情况和服刑的处所。如果申诉人是未成年人,应写明法定代理人的姓名、性别、职业、工作单位以及与申诉人的关系等。如果委托律师代理申诉,应写明律师的姓名及所属律师事务所的名称。

(3)案由。应写明申诉人因何案件对哪一人民法院的哪一生效判决或裁定提出申诉。一般表述为“申诉人因________一案,对________人民法院________年____月____日(____)____字第____号刑事判决(或裁定),提出申诉”。

2. 正文

(1)请求事项。应写明具体的请求事项,即请求人民法院如何处理该案。申请人的具体的请求事项应当根据具体的生效判决或裁定提出。如量刑过重或适用法律不当,可根据具体情况,提出撤销原判决,宣告无罪或者减轻处罚;如果对附带民事诉讼部分提出申诉,申诉人应就民事责任部分提出请求,并根据具体情况写明赔偿责任及其具体数额。

(2)事实和理由。应简要写明基本的案情事实和审判结果,在此基础上根据案件具体情况,重点分析和阐述判决或裁定的错误,包括认定事实错误、法律适用错误以及程序性错误等,阐明申诉请求的正当性与合法性。

(3)写明提起申诉的证据和证据来源、证人姓名和住址。

3. 尾部

(1)应写明文书致送人民法院或人民检察院的名称。

(2)申诉人的签名及注明申诉日期。

(3)附项。应附有原审判决书或裁定书的复印件以及有关的证据材料。

(三)文书样式与范例

1. 文书样式

刑事申诉状

申诉人:________(姓名、性别、出生年月日、住址等。如果申诉人正在服刑,还应当写明判刑情况和服刑的处所等)。

申诉人因________一案,对________人民法院________年____月____日(____)____字第____号刑事判决(或裁定),提出申诉。

请求事项:

____。

事实和理由:

____

____

____

____。

证据和证据来源,证人姓名和住址:

____。

此致

____________人民法院

附:1. 原审判决书(或裁定书)复印件____份

2. 证据材料____份

申诉人(签名)

________年____月____日

2. 实例与范本

【实例】原沈阳客运集团公司总经理夏××在任职期间疯狂敛财,共犯贪污罪、挪用公款罪、受贿罪、行贿罪,累计涉案金额高达2700余万元。法院查明,1997年7月至2000年9月,夏××擅自将沈阳客运集团公司公款1252.8万元转入董××及其亲友的个人账户,其中1106.8万元用于建造个人"庄园"。1998年11月至2000年4月,在董××为沈阳客运集团公司购买煤炭过程中,夏××指使董××采取虚开发票的手段,骗取沈阳客运集团公司公款279.5万元,用于个人"庄园"——"华铜镇度假村"购煤等支出。此外,从1997年开始,夏××每年以"补充沈阳客运集团公司招待费"的名义,向下属南站长途客运分公司索要"账外款"12万元,为其个人"庄园"安装卫星接收和空调设备。夏××还利用职务上的便利索贿、受贿。如1999年10月,夏××利用负责审批新开客运线路的职务便利,借沈阳靓马集团公司申请开辟客运线路之机,向沈阳靓马集团董事长王××索要阳光温室大棚两个,价值人民币17余万元。2003年2月,沈阳市中级人民法院一审判处夏××死刑。

一审宣判后,夏××不服,提出上诉。在其多条上诉理由中,夏××表示自己曾通过中间人,送给原辽宁省副省长刘××20万美元,从而牵出刘××职务犯罪案件。辽宁省高级人民法院审理后认为,夏××贪污、挪用公款、受贿、行贿的犯罪事实清楚,证据确实充分,其身为国有公司从事公务的人员，贪污、受贿数额特别巨大，情节特别严重，挪用公款数额特别巨大，且在案发后绝大部分不退还，行贿犯罪情节严重，应予严惩。原审判决定罪准确，量刑适当，为此驳回夏××的上诉，维持原判。在最高人民法院对本案进行死刑复核期间，夏××以一审、二审判决错误为由，向最高人民法院提出如下申诉状。经最高人民法院死刑复核程序，认定夏××“提供了重要办案线索”，被最高人民法院依法核准改判死缓。

刑事申诉状①

申诉人：夏××，××××年××月××日出生，××××年××月××日被辽宁省高级人民法院维持死刑原判，现羁押于××看守所。

申诉人因贪污、挪用公款、受贿、行贿一案，对辽宁省高级人民法院××××年××月××日（××××）辽刑终字第××号刑事判决，提出申诉。

请求事项：

请求最高人民法院撤销辽宁省高级人民法院××××年××月××日（××××）辽刑终字第××号刑事判决，依法改判。

事实和理由：

申诉人于案发前担任沈阳客运集团总经理期间，作为改革大潮中的弄潮儿，勇于开拓，敢为人先，成为沈阳市发展经济、推动改革的一面旗帜。但是在成绩和荣誉面前，本人放松了对自己的思想改造，因经不住金钱和物质利益的诱惑，逐步坠入了犯罪的深渊。自3年前被司法机关羁押以来，通过学习和反省，认清了自己的重大罪行，并如实供述了自己的罪行。“坦白从宽、抗拒从严”是我国刑事法律的基本政策，为了争取立功和宽大处理，申诉人供述了对原辽宁省副省长刘××行贿20万美元的犯罪事实，以此揭发了刘××的受贿犯罪行为。现申诉人对本人贪污、挪用公款、受贿、行贿案一审、二审判决中的错误作如下申诉，恳望我国最高司法机关给予切实关注，请求撤销对本人的死刑判决，并依法予以改判。

媒体：追求轰动效应，干扰司法审判。自本人案发伊始，本案尚处于立案、侦查阶段就有《××日报》《××晚报》等全国上百家报纸和网络媒体加以炒作，大造舆论，烘托气氛，甚至拍成了党政宣传教育片，由此造成了必诛本人而后快的舆论氛围。在这种不杀不足以平“民愤”、不杀不足以表彰政绩、不杀不足以邀功请赏、不杀不足以收场的舆论氛围面前，法官丧失了独立办案的能力，失去了独立审判、依法判案的理性。为了迎合媒体舆论，一审法院在事实不清、证据不足的情况，就迅速判决本人死刑。我国时下所流行的舆论干预司法、司法迎合舆论的做法，是对法治原则的亵渎，是对人权的肆意践踏。在此，请求我国最高司法机关给予关注，彻底给予解决，真正使本人罪当其罚。

一审：证据不足，枉法裁判。辽宁省沈阳市中级人民法院对本人所作的一审死刑判决，其所依据的证据主要是本案共犯即犯罪嫌疑人董××的供述，而且其供述与事实严重不符。更使人疑惑不解的是，在本案开庭前几天犯罪嫌疑人董××却被有关部门神秘释放，至今下落不明。本案中的其他证人大多数也与申诉人本人存在利害关系，其中的关键证人在庭审中无一人出庭作证。就是申诉人本人的口供，办案人员也仅仅是采用了

① 死刑复核期间，被告人及其诉讼代理人向最高人民法院所提交的申辩材料，因死刑判决尚未生效，故在严格意义上讲不是刑事申诉状。但因其与刑事申诉状具有相同的作用与功能，据此本书作者姑且称为刑事申诉状。

对申诉人不利的内容。这说明本案中定罪量刑所依据的有关证据,大部分未经过法庭调查和质证。除此之外,侦查机关在进行侦查中,有时长达7天对我进行连续的和不间断的讯问,这显然是一种变相逼供,同样也严重违反了我国刑事诉讼法的有关规定。凡此种种,充分证明本案一审是一起证据严重不足、严重违反刑事诉讼程序的枉法裁判。对本案所存在的上述严重违法办案问题作如实反映,恳求最高司法机关明察和督促纠正。

二审:抹杀重大立功表现,维持错误原判。申诉人于本案一审判决后的上诉期间,本着彻底悔罪和争取立功的态度,向司法机关依法检举了原辽宁省副省长刘××索贿20万美元的犯罪事实,此案刘××所受贿数额巨大,并经司法机关查证属实,辽宁省鞍山市中级人民法院已作出一审判决,判处刘××受贿罪有期徒刑12年。此案在辽宁省乃至全国影响巨大,根据我国刑法规定,申诉人的上述举报行为已构成重大立功表现,在量刑时应当减轻处罚。但是,在辽宁省高级人民法院对申诉人所作的二审判决中,不仅对一审判决中所存在的枉法裁判不予纠正,而且对上述重大立功情节只字未提,有意抹杀,并从维护司法机关的部门利益和特殊权威出发,错误地维持了一审原判。对此,恳请我国最高司法机关明察,并依法给予切实纠正。

上述诸种情形表明,这是一起由媒体舆论干扰司法,司法丧失独立审判原则、迎合媒体舆论、无视证据和案件事实,而有意炮制的一起死刑冤案。一审法院枉法裁判,二审法院为了维护所谓的司法权威和迎合已造成的必杀的舆论氛围,故意抹杀本人的重大立功表现。这种践踏我国司法公正和司法独立原则的行为,这种任意扩大死刑适用范围和死刑认定极不严肃的做法,是与我国最高司法机关严控死刑判决的"少杀、慎杀"精神背道而驰的。在此,申请人恳请最高人民法院依法复核,还事实真相,依法撤销对本人的死刑判决并依法改判。

此致

中华人民共和国最高人民法院

申诉人　夏××
辩护律师　李×
代书人　栾兆安
2005年2月19日

第五部分
执行业务文书

一、执行民事裁判申请书

（一）文书制作的基本知识

执行民事裁判申请书即执行人民法院民事裁判申请书，是公民、法人或其他组织向人民法院申请，请求强制执行人民法院作出的生效民事以及刑事附带民事判决书、裁定书、调解书时使用的法律文书。

1. 当事人向人民法院申请强制执行的依据

《民事诉讼法》第236条规定，发生法律效力的民事判决、裁定，当事人必须履行。一方拒绝履行的，对方当事人可以向人民法院申请执行，也可以由审判员移送执行员执行。调解书和其他应当由人民法院执行的法律文书，当事人必须履行。一方拒绝履行的，对方当事人可以向人民法院申请执行。可见，对于人民法院制作的生效民事判决、裁定、调解书，民事判裁决定、支付令，以及刑事附带民事判决、裁定、调解书，一方当事人拒不履行的，另一方当事人可以向人民法院申请执行。

2. 申请人民法院强制执行须具备的条件

（1）申请执行的法律文书已经生效。人民法院生效的判决、裁定，指已经发生法律效力的判决、裁定，包括第一审人民法院作出的生效判决、裁定；第二审人民法院作出的终审判决、裁定；最高人民法院作出的一、二审判决、裁定，依照特别程序所作出的判决，都是生效判决。调解书经送达当事人，由当事人签收后即发生法律效力。在督促程序中作出的支付令，自债务人收到支付令之日起15日内不提出异议，又不履行的，支付令发生执行的效力。公示催告程序中作出的判决自该判决公告之日起生效。

（2）申请执行人是生效法律文书确定的权利人或其继承人、权利承受人。申请执行人应当是生效法律文书中确定的权利人。生效法律文书中所确定的权利人为公民的，当其死亡时其继承人可以成为申请执行人。生效法律文书中所确定的权利人为法人或其他组织的，当其终止时，其权利承受人可以成为申请执行人。

（3）申请执行人在法定期限内提出申请。《民事诉讼法》第239条规定，申请执行的期间为2年。申请执行时效的中止、中断，适用法律有关诉讼时效中止、中断的规定。前款规定的期间,从法律文书规定履行期间的最后一日起计算;法律文书规定分期履行的,从规定的每次履行期间的最后一日起计算;法律文书未规定履行期间的,从法律文书生效之日起计算。最高人民法院《关于适用〈中华人民共和国民事诉讼法〉执行程序若干问题的解释》(以下简称《民事诉讼执行程序司法解释》)第27条规定,在申请执行时效期间的最后6个月内,因不可抗力或者其他障碍不能行使请求权的,申请执行时效中止。从中止时效的原因消除之日起,申请执行时效期间继续计算。该解释第28条规定,申请执行时效因申请执行、当事人双方达成和解协议、当事人一方提出履行要求或者同意履行义务而中断。从中断时起,申请执行时效期间重新计算。该解释第29条规定,生效法律文书规定债务人负有不作为义务的,申请执行时效期间从债务人违反不作为义务之日起计算。

(4)申请执行人应当向有管辖权的人民法院提出申请。根据《民事诉讼法》第224条的规定,发生法律效力的民事判决、裁定,由第一审人民法院或者与第一审人民法院同级的被执行的财产所在地人民法院执行。该法第226条规定,人民法院自收到申请执行书之日起超过6个月未执行的,申请执行人可以向上一级人民法院申请执行。上一级人民法院经审查,可以责令原人民法院在一定期限内执行,也可以决定由本院执行或者指令其他人民法院执行。根据《民事诉讼执行程序司法解释》第14条的规定,上述规定的6个月期间,不应当计算执行中的公告期间、鉴定评估期间、管辖争议处理期间、执行争议协调期间、暂缓执行期间以及中止执行期间。

(5)义务人在生效法律文书确定的期限内未履行义务。《民事诉讼法》第240条规定,执行员接到申请执行书或者移交执行书,应当向被执行人发出执行通知,并可以立即采取强制执行措施。据此,在法律文书规定的期限内,当事人履行了法律文书确定的全部义务的,则无须采取执行措施。

(6)生效法律文书所确定的执行的标的应当是财物或者行为,且执行标的和被执行人明确。根据《民事诉讼法司法解释》第463条第1款的规定,当事人申请人民法院执行的生效法律文书应当具备下列条件:①权利义务主体明确;②给付内容明确。根据《民事诉讼法司法解释》第472条至第475条的规定,执行中作为被执行人的法人或者其他组织分立、合并的,其权利义务由变更后的法人或者其他组织承受;被撤销的,如果依有关实体法的规定有权利义务承受人的,可以裁定该权利义务承受人为被执行人。其他组织在执行中不能履行法律文书确定的义务的,人民法院可以裁定执行对该其他组织依法承担义务的法人或者公民个人的财产。在执行中,作为被执行人的法人或者其他组织名称变更的,人民法院可以裁定变更后的法人或者其他组织为被执行人。作为被执行人的公民死亡,其遗产继承人没有放弃继承的,人民法院可以裁定变更被执行人,由该继承人在遗产的范围内偿还债务。继承人放弃继承的,人民法院可以直接执行被执行人的遗产。

3. 申请执行时应向人民法院提交的文件和证件

申请执行,应向人民法院提交下列文件和证件:(1)执行申请书。申请执行人书写执行申请书确有困难的,可以口头提出申请。人民法院接待人员对口头申请应当制作笔录,由申请执行人签字或盖章。外国一方当事人申请执行的,应当提交中文申请执行书。当事人所在国与我国缔结或共同参加的司法协助条约有特别规定的,按照条约规定办理。(2)生效法律文书副本。(3)申请执行人的身份证明。公民个人申请的,应当出示居民身份证;法人申请的,应当提交法人营业执照副本和法定代表人身份证明;其他组织申请的,应当提交营业执照副本和主要负责人身份证明。(4)继承人或权利承受人申请执行的,应当提交继承或承受权利的证明文件。(5)其他应当提交的文件或证件。(6)申请执行人委托代理人代为申请执行的,应当向人民法院提交授权委托书或特别授权书。

(二)文书的内容及制作方法

1. 首部

(1)标题。应当写明文书名称"执行申请书"。

(2)当事人的基本信息,即应当写明申请执行人(申请人)和被执行人(被申请人)的基本信息。当事人是自然人的,写明其姓名、性别、民族、年龄、职业或工作单位和职务、住所,住所与经常居住地不一致的,写经常居住地;当事人是法人或其他组织的,应写明其名称、住所、法定代表人或主要负责人的姓名和职务、出生年月日;当事人是外国人的,应在其中文译名后用括号写明其外文姓名、护照号码、国籍。有法定代理人或指定代理人的,应列项写明其姓名、性别、职业或工作单位和职务、住所与联系方式,并在姓名后括注其与当事人的关系。有委托代理人,应列项写明姓名、性别、职业或工作单位和职务、住所与联系方式,如果委托人系律师,可只写明其姓名和所在的律师事务所名称。

2. 正文

(1)执行依据。写明申请强制执行的生效法律文书的名称,一般表述为:"申请执行人×××与被执行人×××……(写明案由)一案,××××人民法院(或其他生效法律文书的作出机关)(××××)……号民事判决(或其他生效法律文书)已发生法律效力。被执行人×××未履行/未全部履行生效法律文书确定的给付义务,特向你院申请强制执行。"在上述空白处依次写明申请执行人、被执行人的姓名或者名称、案由,作出生效裁判的人民法院的名称以及裁判案号。

(2)请求事项。写明请求执行的生效裁判内容,对该内容应当严格按照被执行人未履行/未全部履行生效法律文书确定的给付义务填写。被执行人未履行生效法律文书确定的给付义务的,应当在请求事项中按照生效法律文书所确定的给付义务的先后顺序一一列明;被执行人部分履行生效法律文书确定的给付义务的,应当在请求事项中将其未履行的生效法律文书所确定的给付义务一一列明。

3. 尾部

(1)写明致送人民法院的名称。

(2)申请执行人签名或盖章,并注明年、月、日。

(3)附项。附上作为执行依据的生效法律文书副本,并按被执行人人数提供。

(三)文书样式与范例

1. 文书样式

申请执行书

(申请执行用)

申请执行人:×××,男/女,××××年××月××日出生,×族,……(写明工作单位和职务或者职业),住……。联系方式:……。

法定代理人/指定代理人:×××,……。

委托诉讼代理人:×××,……。

被执行人:×××,……。

……

(以上写明申请执行人、被执行人和其他诉讼参加人的姓名或者名称等基本信息)

申请执行人×××与被执行人×××……(写明案由)一案,××××人民法院(或其他生效法律文书的作出机关)(××××)……号民事判决(或其他生效法律文书)已发生法律效力。被执行人×××未履行/未全部履行生效法律文书确定的给付义务,特向你院申请强制执行。

请求事项:

……(写明请求执行的内容)。

此致

××××人民法院

附:生效法律文书×份

申请执行人(签名或盖章)

××××年××月××日

2. 实例与范本

【实例】原告李×与被告董××离婚纠纷一案,经××市××区人民法院依法审理于2016年8月11日作出(2016)×0115民初42548号判决,判决如下:

(1)准予原告李×与被告董××离婚;

(2)离婚后,原、被告所生之子李×乙随被告董××共同生活,原告李×自本判决生效之日起每月给付被告董××子女抚养费5000元,至李×乙18周岁止;

(3)原告李×于本判决生效之日起于每月双周周六9时至该周周日17时(寒、暑假除外)、暑假第三周周一9时至暑假末日17时、寒假第三周周一9时至寒假末日17时期间对李×乙行使探望权,由原告李×至李×乙居住处自行接送,被告董××应予配合;

(4)坐落于本市××新区××路××弄×××号××室的房屋产权及房屋内家具家电归原告李×所有,尚余贷款由原告李×负责清偿;坐落于本市××新区××路××弄××号××室的房屋产权及房屋内家具家电归被告董××所有,原告李×于本判决书生效之日起60日内支付被告董××房屋折价款200万元;

(5)原、被告各自名下的存款及有价证券归各自所有,原告李×于本判决生效之日起10日内支付被告董××财产折价款10万元;

(6)车牌为沪A7××××的小型普通客车一辆归原告李×所有,车牌为沪A8××××的小型普通客车一辆归被告董××所有。

负有金钱给付义务的当事人如未按本判决指定的期间履行给付金钱义务,应当依照《中华人民共和国民事诉讼法》第253条之规定,加倍支付迟延履行期间的债务利息。

案件受理费9500元,减半收取计4750元,由原、被告各负担半。如不服本判决,可在判决书送达之日起15日内,向本院递交上诉状,并按对方当事人的人数提出副本,上诉于××市第一中级人民法院。

对于上述判决,原、被告均未上诉,自判决之日起依法生效。对于上述判决中的第4项和第5项,在履行期限内原告李×未予履行,被告董××依法申请执行。

申请执行书

申请执行人:董××,女,1977年4月1日出生,汉族,××市××科技有限责任公司销售员,住××市××新区××路××街道×××号××室,联系电话:×××××××××××。

被申请人:李×,男,1976年8月11日出生,汉族,××市××区××中学教师,住××市××新区××路××街道×××号××室,联系电话:×××××××××××。

申请执行人董××与被执行人李××离婚纠纷一案,××市××区人民法院(2016)×0115民初42548号民事判决已发生法律效力。被执行人李×未履行生效法律文书确定的给付义务,特向你院申请强制执行。

请求事项:

1. 被申请人李×支付申请执行人董××房屋折价款200万元;

2. 被申请人支付申请执行人董××财产折价款10万元。

此致

××市××区人民法院

附:××市××区人民法院(2016)×0115民初42548号民事判决书1份

申请执行人　董××

2016年11月10日

二、被执行人财产状况表

(一)文书制作的基本知识

被执行人财产状况表,是指申请执行人申请强制执行时向人民法院提交的、说明被执行人可供执行的具体财产的名称、价值及其所在的位置等财产状况及其线索的表格。

根据最高人民法院《关于人民法院执行工作若干问题的规定(试行)》第28条的规定,申请执行人应向人民法院提供其所了解的被执行人的财产状况及其线索,说明被执行人可供执行的具体财产的名称、价值及其所在的位置等。据此,为了便于人民法院的强制执行,申请执行人在申请强制执行时应当将其所了解的被执行人的财产状况及其线索提供给执行法院,并通过填写被执行人财产状况表对被执行人可供执行的具体财产的名称、价值及其所在的位置等作出说明。

(二)文书的内容及制作方法

被执行人财产状况表为表格式文书,应当填写以下内容:

1. 当事人的基本信息

按照申请执行人和被执行人栏目的要求填写,申请执行人或被执行人为公民的,应分别填写其姓名、地址及联系电话。申请执行人或被执行人为法人或其他组织的,应分别填写其名称、地址及联系电话。

2. 提供可执行财产的线索以及需要法院核实的情况

根据被执行人财产状况表中的内容说明,申请执行人可提供的其所了解的被执行人的财产线索主要包括以下方面:银行开户、户名、账号和存款金额;动产、不动产,如房产、车辆、电器、首饰等;到期债权、可得利益(如以他人名义购置的不动产、股票、知识产权等收益);分支机构或所属公司的资产情况;其他财产情况(如保全财产的状况、期限等)。申请执行人对其所提供的财产线索中需要法院核实的情况也应当一一作出说明。

3. 签名或者盖章及注明时间

申请执行人为公民的,应当签名;申请执行人为法人或其他组织的,应当由单位加盖公章并由其法定代表人或负责人签名。最后注明提交文书的年、月、日。

此外,有需要备注的事项,可在备注栏作出说明。

(三)文书样式与范例

1. 文书样式

被执行人财产状况表

(申请执行人提供被执行人财产状况用)

<table>
<tr><td rowspan="2">申请执行人</td><td>姓名或名称</td><td></td></tr>
<tr><td>地址及电话</td><td></td></tr>
<tr><td rowspan="2">被执行人</td><td>姓名或名称</td><td></td></tr>
<tr><td>地址及电话</td><td></td></tr>
<tr><td colspan="3">内容包括:
银行开户、户名、账号和存款金额;动产、不动产,如房产、车辆、电器、首饰等;到期债权、可得利益(如以他人名义购置的不动产、股票、知识产权等收益);分支机构或所属公司的资产情况;其他财产情况(如保全财产的状况、期限等)。</td></tr>
<tr><td colspan="3">提供可执行财产的线索,以及需要法院核实的情况:</td></tr>
<tr><td colspan="3">申请执行人(签名或者盖章)
××××年××月××日</td></tr>
<tr><td colspan="3">备　注</td></tr>
</table>

2. 实例与范本

【实例】申请执行人董××与被执行人李×离婚纠纷一案,××市××区人民法院(2016)×0115民初42548号民事判决已发生法律效力。被执行人李×未履行生效法律文书确定的给付义务,董××申请强制执行时,通过填写以下被执行人财产状况表,向执行人民法院提供了被执行人可执行财产的线索。

被执行人财产状况表

<table>
<tr><td rowspan="2">申请执行人</td><td>姓名或名称</td><td>董××</td></tr>
<tr><td>地址及电话</td><td>××市××新区××路××街道×××号××室
159××××××××</td></tr>
<tr><td rowspan="2">被执行人</td><td>姓名或名称</td><td>李×</td></tr>
<tr><td>地址及电话</td><td>××市××区××路××街道×××号××室
139××××××××</td></tr>
<tr><td colspan="3">内容包括:
银行开户、户名、账号和存款金额;动产、不动产,如房产、车辆、电器、首饰等;到期债权、可得利益(如以他人名义购置的不动产、股票、知识产权等收益);分支机构或所属公司的资产情况;其他财产情况(如保全财产的状况、期限等)。</td></tr>
</table>

续表

提供可执行财产的线索,以及需要法院核实的情况: 1. 开户行:中国××银行,户名:李×,账号:××-×××××××,存款金额:36万元; 2. 一辆车牌为沪A7××××的小型普通客车; 3. 一套面积96.12平方米二室一厅的商品房,位于××市××新区××路××弄19号302室。 其中,银行开户、户名、账号和存款金额是否存入其他银行或者其银行卡需要核实。 申请执行人　董×× 2016年11月10日
备　注

三、执行异议书

(一)文书制作的基本知识

执行异议书,是在执行程序中当事人、利害关系人认为执行行为违反法律规定,或者执行过程中案外人对执行标的具有不同意见时向负责执行的法院提出的书面异议。

《民事诉讼法》第225条规定,当事人、利害关系人认为执行行为违反法律规定的,可以向负责执行的人民法院提出书面异议。当事人、利害关系人提出书面异议的,人民法院应当自收到书面异议之日起15日内审查,理由成立的,裁定撤销或者改正;理由不成立的,裁定驳回。当事人、利害关系人对裁定不服的,可以自裁定送达之日起10日内向上一级人民法院申请复议。根据《民事诉讼执行程序司法解释》第5条的规定,执行过程中,当事人、利害关系人认为执行法院的执行行为违反法律规定的,可以依照《民事诉讼法》的上述规定提出异议。执行法院审查处理执行异议,应当自收到书面异议之日起15日内作出裁定。

《民事诉讼法》第227条规定,执行过程中,案外人对执行标的提出书面异议的,人民法院应当自收到书面异议之日起15日内审查,理由成立的,裁定中止对该标的的执行;理由不成立的,裁定驳回。案外人、当事人对裁定不服,认为原判决、裁定错误的,依照审判监督程序办理;与原判决、裁定无关的,可以自裁定送达之日起15日内向人民法院提起诉讼。根据《民事诉讼执行程序司法解释》第15条的规定,案外人对执行标的主张所有权或者有其他足以阻止执行标的转让、交付的实体权利的,可以依照《民事诉讼法》的上述规定,向执行法院提出异议。该解释第16条规定,案外人异议审查期间,人民法院不得对执行标的进行处分。案外人向人民法院提供充分、有效的担保请求解除对异议标的的查封、扣押、冻结的,人民法院可以准许;申请执行人提供充分、有效的担保请求继续执行的,应当继续执行。因案外人提供担保解除查封、扣押、冻结有错误,致使该标的无法执行的,人民法院可以直接执行担保财产;申请执行人提供担保请求继续执行有错误,给对方造成损失的,应当予以赔偿。

(二)文书的内容及制作方法

1. 首部

(1)标题。应当写明文书名称"执行异议书"。

(2)异议人的基本情况。即应当写明执行异议人的基本情况。异议人是自然人的,写明其姓名、性别、出生年月日、民族、工作单位和职务或职业、住所与联系电话,住所与经常居住地不一致的,写经常居住地;异议人是法人或其他组织的,应写明其名称、住所、法定代表人或主要负责人的姓名和职务与联系电话。异议人是外国人的,应在其中文译名后用括号写明其外文姓名、护照号码、国籍。异议人有法定代理人或指定代理人的,应列项写明其姓名、性别、职业或工作单位和职务、住所,并在姓名后括注其与异议人的关系。异议人有委托代理人,应列项写明姓名、性别、工作单位和职务或职业、住所,如果委托人系律师,可只写明其姓名和所在的律师事务所名称。

2. 正文

正文部分主要阐明异议人提出执行异议的事实与理由。在执行程序中作为异议人的申请执行人、被执行人、利害关系人主要应当说明执行行为违反法律规定的事实与理由,包括执行对象错误,执行标的错误,执行措施和执行方法不当等。在执行过程中作为异议人的案外人,其主要是针对执行标的侵犯自己的民事权利提出执行异议。在阐述以上事实与理由的基础上,异议人应当根据实际情况提出自己的要求,如请求执行法院撤销或者变更执行措施或者中止执行等。

3. 尾部

(1)写明致送人民法院的名称。

(2)执行异议人签名或盖章,并注明年、月、日。

(3)附项。如附送有关证据,应注明证据的名称和件数、举证证人的姓名和住址。

(三)文书样式与范例

1. 文书样式

执行异议书

(当事人、利害关系人提出异议用)

异议人(申请执行人/被执行人/利害关系人):×××,男/女,××××年××月××日出生,×族,……(写明工作单位和职务或者职业),住……。联系方式:……。

法定代理人/指定代理人:×××,……。

委托诉讼代理人:×××,……。

(以上写明异议人和其他诉讼参加人的姓名或者名称等基本信息)

申请执行人×××与被执行人×××……(写明案由)一案,××××人民法院(或其他生效法律文书的作出机关)(××××)……号民事判决(或其他生效法律文书)已发生法律效力。××××人民法院在执行本案过程中,异议人对××××人民法院……(写明执行行为)不服,提出异议。

请求事项:

……

事实和理由:

……

此致

××××人民法院

附:1. 异议人或者复议申请人的身份证明

2. 相关证据材料

3. 送达地址和联系方式

异议人(签名或盖章)

××××年××月××日

执行异议书

（案外人提出异议用）

异议人（案外人）：×××，男/女，××××年××月××日出生，×族，……（写明工作单位和职务或者职业），住……。联系方式：……。

法定代理人/指定代理人：×××，……。

委托诉讼代理人：×××，……。

（以上写明异议人和其他诉讼参加人的姓名或者名称等基本信息）

申请执行人×××与被执行人×××……（写明案由）一案，××××人民法院（或其他生效法律文书的作出机关）（××××）……号民事判决（或其他生效法律文书）已发生法律效力。异议人对××××人民法院执行……（写明执行标的）不服，提出异议。

请求事项：

……（写明异议请求）。

事实和理由：

……

此致

××××人民法院

附：生效法律文书×份

异议人（签名或盖章）

××××年××月××日

2. 实例与范本

【实例】××省××市中级人民法院在执行××市安建公司申请执行亚太公司建设工程施工合同纠纷一案中，因被执行人亚太公司拒不履行已经发生法律效力的××省××市中级人民法院（2015）×中民三初字第18号民事判决书所确定的义务，该院于2016年9月13日作出（2016）×中执字第126号执行裁定书，查封被执行人亚太公司在××市××街开发的文汇园小区的12号楼1层10号房屋。该裁定作出后，案外人赵××提出异议，请求解除对上述房屋的查封。

执行异议书

异议人（案外人）：赵××，男，1966年3月16日出生，汉族，××市××运输公司司机，住××市××街文汇园小区12号楼1层10号房间。联系方式：×××××××××。

委托诉讼代理人：单××，××省××律师事务所律师。

申请执行人××市安建公司与被执行人亚太公司建设工程施工合同纠纷一案，××省××市中级人民法院（2015）×中民三初字第18号民事判决已发生法律效力。异议人对××市中级人民法院执行××市××街文汇园小区12号楼1层10号房间不服，提出异议。

请求事项：

解除对××市××街文汇园小区12号楼1层10号房屋的查封。

事实和理由：

××省××市中级人民法院在执行××市安建公司申请执行亚太公司建设工程施工合同纠纷一案中,因被执行人亚太公司拒不履行已经发生法律效力的××省××市中级人民法院(2015)×中民三初字第18号民事判决书所确定的义务,你院于2016年9月13日作出(2016)×中执字第126号执行裁定书,查封被执行人亚太公司在××市××街开发的文汇园小区的12号楼1层10号房屋。该房屋系案外人与亚太公司于2011年5月15日订立《商品房买卖合同》全款购买的商品房,该房屋自2012年4月9日由房屋出卖人亚太公司交付案外人以来,异议人一直使用至今。只是由于出卖人亚太公司的原因未能如期办理房屋产权证书,但不能因此而改变案外人与亚太公司所订立的《商品房买卖合同》的有效性及案外人对购买房屋所享有的占有和使用的权利,你院裁决查封该房屋没有法律依据,实属适用错误。现根据《中华人民共和国民事诉讼法》第227条的规定,提出异议,请求你院解除对××市××街文汇园小区12号楼1层10号房屋的查封。

此致

××市中级人民法院

异议人　赵××

2016年9月20日

四、提级执行申请书

(一)文书制作的基本知识

提级执行申请书,是指在人民法院收到申请执行书超过法定期间未执行的情况下,申请执行人向上一级人民法院提交的请求执行的法律文书。

《民事诉讼法》第226条规定,人民法院自收到申请执行书之日起超过6个月未执行的,申请执行人可以向上一级人民法院申请执行。上一级人民法院经审查,可以责令原人民法院在一定期限内执行,也可以决定由本院执行或者指令其他人民法院执行。

(二)文书的内容及制作方法

1. 首部

(1)标题。写明文书名称"申请书"或"提级执行申请书"。

(2)申请人的基本情况。应当写明申请执行人和被执行人的姓名、性别、出生年月日、民族、工作单位和职业或职务、住址与联系方式等基本事项。申请执行人或被执行人是法人或其他组织的,写明单位名称、住所;另起一行写明法定代表人或主要负责人的姓名、职务、联系方式。

2. 正文

(1)请求事项。写明提级执行的请求,一般表述为:"请求依法对××××人民法院执行的(××××)……执……号案件提级执行。"

(2)事实和理由。首先,写明申请执行的法律依据即说明人民法院对哪一案件的裁决已发生法律效力。一般表述为:"申请执行人×××与被执行人×××……(写明案由)一案,××××人民法院(或其他生效法律文书的作出机关)(××××)……号民事判决(或其他生效法律文书)已发生法律效力。"其次,说明申请执行人申请提级执行的事实和理由,如申请执行人向有管辖权的下级人民法院申请执行已超过6个月,下级人民法院拒绝执行或借故推脱不予执行等。在阐述上述事实和理由的基础上,请求提级执行。

3. 尾部

(1)写明致送人民法院的名称。

(2)申请人签名。申请人为法人或其他组织的,加盖单位公章并由法定代表人或者负责人签名。

(3)注明提交申请书的年、月、日。

(三)文书样式与范例

1. 文书样式

提级执行申请书

(申请提级执行用)

申请执行人:×××,男/女,××××年××月××日出生,×族,……(写明工作单位和职务或者职业),住……。联系方式:……。

法定代理人/指定代理人:×××,……。

委托诉讼代理人:×××,……。

被执行人:×××,……。

……

(以上写明申请执行人、被执行人和其他诉讼参加人的姓名或者名称等基本信息)

请求事项:

请求依法对××××人民法院执行的(××××)……执……号案件提级执行。

事实和理由:

申请执行人×××与被执行人×××……(写明案由)一案,××××人民法院(或其他生效法律文书的作出机关)(××××)……号民事判决(或其他生效法律文书)已发生法律效力。……(写明申请提级执行的事实和理由)。

此致

××××人民法院

附:生效法律文书复印件×份

申请人(签名或盖章)

××××年××月××日

2. 实例与范本

【实例】孙××与毛××民间借贷纠纷一案,××市××中级人民法院于2016年3月7日作出(2016)×民终字第109号民事判决:毛××应于本判决生效之日起10日内向孙××支行偿还借款本金28,000元及利息(暂计至2016年2月28日为5600元),履行期限届满,毛××未履行上述判决书所确定的给付义务。孙××向××市××区人民法院申请强制执行,该院决定立案执行,并向申请执行人孙××送达(2016)……执字301号受理案件通知书,并通知由法官严××负责执行。但直到当年10月底该案也没有得到执行,其间申请执行人孙××每半月左右都与执行法官严××联系,了解执行情况,但严××以各种理由搪塞孙××,孙××遂向上级法院申请提级执行。

提级执行申请书

申请执行人:孙××,女,1971年6月3日出生,汉族,××市××信息技术公司技术员,住××市××区××街道32号院202房间。联系方式:138××××××××。

被执行人:毛××,女,1968年9月4日出生,汉族,××市××信息技术公司会计,住××市××区××街道26号楼904房间。联系方式:139××××××××。

请求事项:

请求依法对××市××区人民法院执行的(2016)……执字301号案件提级执行。

事实和理由:

申请执行人孙××与被执行人毛××民间借贷纠纷一案,××市××中级人民法院(2016)×民终字第109号民事判决已发生法律效力。上述判决书所确定的履行期限届满,被执行人毛××未履行上述判决书所确定的给付义务。申请执行人向××市××区人民法院申请强制执行,该院决定立案执行,并于2016年3月7日向申请执行人送达(2016)……执字301号受理案件通知书,并通知由法官严××负责执行。但直到现在该案也没有得到执行,其间申请执行人每半月左右都与执行法官严××联系,了解执行情况,但严××以各种理由搪塞。××市××区人民法院自收到申请执行书之日起超过6个月未执行,根据《中华人民共和国民事诉讼法》第226条的规定,申请执行人向你院申请提级执行。

此致

××市××中级人民法院

附:××市××中级人民法院(2016)×民终字第109号民事判决1份

申请人 孙××

2016年10月25日

五、授权委托书

(一)文书制作的基本知识

在执行程序中,授权委托书是指当事人包括申请执行人或被申请执行人委托他人代为参加执行程序时所与委托代理人签订的书面协议。

委托代理人即受托人,是指接受当事人、法定代理人的委托,以当事人的名义,在当事人授权范围内代为进行执行程序的人。委托代理权的产生基于当事人、法定代理人或法定代表人的授权。有诉讼行为能力的当事人可以亲自委托,无诉讼行为能力的当事人应当由其法定代理人进行委托。法人、其他组织作为当事人的,应由法人的法定代表人或其他组织的主要负责人进行委托。

根据《民事诉讼法》的有关规定,委托他人代为参加诉讼活动,必须向人民法院提交由委托人签名或者盖章的授权委托书。根据最高人民法院《关于人民法院执行工作若干问题的规定(试行)》第22条的规定,申请执行人可以委托代理人代为申请执行。委托代理的,应当向人民法院提交经委托人签字或盖章的授权委托书,写明委托事项和代理人的权限。委托代理人代为放弃、变更民事权利,或代为进行执行和解,或代为收取执行款项的,应当有委托人的特别授权。

授权委托书是委托代理人参加诉讼的根据。委托人必须在授权委托书中亲自签名或盖章。侨居在国外的中华人民共和国公民从国外寄交或者托交的授权委托书,必须经中华人民共和国驻该国的使领馆证明;没有使领馆的,由与中华人民共和国有外交关系的第三国驻该国的使领馆证明,再转由中华人民共和国驻该第三国的使领馆证明,或者由当地的爱国华侨团体证明。

(二)文书的内容及制作方法

1. 首部

(1)标题。应写明文书名称“授权委托书”。

(2)委托人和受托人的基本情况。应写明委托人和受托人的姓名、性别、工作单位、住址和联系电话;委托人为单位的,应写明单位名称、单位住所、法定代表人或主要负责人的姓名、职务。

2. 正文

(1)委托事项。应当写明受委托人的姓名,具体委托事项。一般表述为在“现委托________”之后的空白处,写明受托人的姓名。“在我________与________”之间的空白处写明申请执行人与被申请执行人的姓名或名称,可表述为“现委托________在我与________一案中,作为我方参加执行程序的委托代理人。”

(2)委托权限。可表述为“委托权限如下”,其后的空白处写明委托权限即代理权限,这是授权委托书最重要的部分。委托代理人在当事人的授权范围内代理当事人行使诉讼权利,代为诉讼行为。委托代理人在代理的权限范围内所为的代理行为,视为当事人的诉讼行为,对当事人发生法律效力。委托代理人超越代理权限即授权范围所为的诉讼行为对当事人一般不发生法律效力。

根据委托人授予代理人的权限范围的不同,可以把委托代理分为一般委托代理和特别委托代理。一般委托代理,是指代理人只能代理被代理人为一般的诉讼行为,而不能够处分实体权利。特别委托代理,是指代理人除了可以为被代理人代为一般诉讼行为外,可以根据被代理人的特别授权,代为变更或者放弃民事权利,代为进行执行和解、代为收取执行款项等有关实体权益的行为。如果当事人在诉讼授权委托书中没有写明代理人在执行程序中有代理权及具体的代理事项的,则代理人在执行程序中没有代理权,不能代理当事人直接领取或者处分标的物。授权委托书仅写“全权代理”而无具体授权的,诉讼代理人无权代为放弃、变更民事权利,进行执行和解,代收执行款项。

3. 尾部

(1)委托人签名或盖章。委托人为自然人的,应当签名;委托人为法人或其他组织的,应写明委托人的全称并加盖公章。

(2)注明制作或提交文书的年、月、日。

(三)文书样式与范本

1. 文书样式

授权委托书

委托人:____。

受托人:____。

现委托________________在我________与________一案中,作为我参加执行程序的委托代理人。委托权限如下:

____

____

____。

委托人(签名或盖章)

________年____月____日

2. 文书范本

授权委托书

委托人:朱××,男,汉族,农民,住××市××区××镇××村××号。

受托人:王××,女,汉族,××市××有限责任公司职员,住××市××区××街××号。

现委托王××在我与吴××民间借款纠纷一案中,作为我参加执行程序的委托代理人。委托权限如下:代为达成和进行执行和解,代为收取执行款项。

委托人　朱××

2010年4月1日

六、执行和解协议书

(一)文书制作的基本知识

执行和解协议书,是指在执行程序中,双方当事人经平等协商,自愿就变更执行文书确定的内容所达成的书面文书。

1. 执行和解协议的订立条件

我国《民事诉讼法》第230条规定,在执行中,双方当事人自行和解达成协议的,执行员应当将协议内容记入笔录,由双方当事人签名或者盖章。申请执行人因受欺诈、胁迫与被执行人达成和解协议,或者当事人不履行和解协议的,人民法院可以根据当事人的申请,恢复对原生效法律文书的执行。据此,双方当事人自行和解而达成协议,应当符合下列条件:(1)和解协议必须在执行过程中达成。(2)和解协议必须出自当事人双方的完全自愿,即任何一方不得采取欺诈、胁迫或其他不正当手段达成。(3)和解协议的主体适格,即双方当事人必须具有诉讼行为能力。(4)和解协议的内容必须合法,即不得违反国家法律,不得损害社会的公共利益。

2. 执行和解协议的内容

最高人民法院《关于人民法院执行工作若干问题的规定(试行)》第86条规定,在执行中,双方当事人可以自愿达成和解协议,变更生效法律文书确定的履行义务主体、标的物及其数额、履行期限和履行方式。和解协议一般应当采取书面形式。执行人员应将和解协议副本附卷。无书面协议的,执行人员应将和解协议的内容记入笔录,并由双方当事人签名或盖章。据此,和解协议一般包括以下四个方面内容:(1)履行义务主体的变更。被执行人以外的第三人自愿承担被执行人应承担的义务的,经申请执行人同意,可以变更其为履行义务人。(2)标的物及其数额的变更。在执行和解协议中,权利人自愿放弃部分债权或同意对标的物的种类进行变更的,可以达成变更协议。(3)履行期限的变更。权利人同意放宽履行期限的,双方当事人可达成变更协议,对履行期限延长。(4)履行方式的变更,双方当事人可以约定以生效法律文书确定的履行方式之外的其他方式履行义务。

3. 执行和解协议的订立形式

和解协议一般应当采取书面形式。执行人员应将和解协议副本附卷。无书面协议的,执行人员应将和解协议的内容记入笔录,并由双方当事人签名或盖章。对执行程序中双方当事人自愿达成的和解协议,人民法院应当进行认真审查或者确认。经审查或者确认,和解协议符合法律规定条件的,应予批准。和解协议如不符合法律规定条件的,应不予批准,并在指出其违法情况的同时,继续执行。当事人之间达成的和解协议合法有效并已履行完毕的,人民法院作执行结案处理。

(二)文书的内容及制作方法

1. 首部

首部即标题,写明文书名称"执行和解协议书"。

2. 正文

(1)立协议人的称谓,即应当写明双方当事人的姓名或名称。是公民的,应写明公民的姓名;是法人的,应写明法人单位全称;是其他组织的,应写明单位名称。为了行文的便利,可将双方当事人分别注明是甲方和乙方。

(2)协议的内容。首先,应当叙述生效法律文书如人民法院的判决(或者裁定、调解书)的内容,即生效法律文书所确定的双方当事人的权利与义务。其次,应简要说明双方当事人作出变更的原因,如出于履行的便利,或者是出于履行义务的实现,或者是出于减轻义务人的履行义务。最后,应当将双方所达成的和解协议的内容逐条列出。

3. 尾部

(1)立协议人双方签署姓名或名称。一方或双方是法人的,写明法人单位全称并加盖公章;一方或双方是公民的,应当签名。

(2)注明订立协议书的年、月、日。

(三)文书样式与范例

1. 文书样式

执行和解协议书

甲方:____。

乙方:____。

协议内容:____

____

____。

甲方(签名或盖章)　　　　乙方(签名或盖章)

________年____月____日　　　　________年____月____日

2. 实例与范本

【实例】原告刘××为与被告王××民间借贷纠纷一案,××市中级人民法院以(2008)×民终字第××号判决书判决被告王××于本判决生效后15日内一次性归还原告刘××借款本金450,000元并支付利息(2007年3月14日前的利息为20,000元,从2007年3月14日起以本金250,000元、从2007年5月2日起以本金200,000元,按照中国人民银行规定的同类同期贷款基准利率计算利息)。届时,王××以没有执行能力为由拒绝执行,刘××依法申请执行,在执行过程中达成如下执行和解协议。

执行和解协议书

甲方:刘××,男,汉族,农民,住所地××市××区××镇××村××号。

乙方:王××,男,汉族,农民,住所地××市××区××镇××村××号。

甲方与乙方民间借贷纠纷一案,根据(2008)×民终字第××号判决书,乙方应付甲方偿还本金及利息52万元,因依法执行困难,现甲乙双方在自愿、协商的基础上达成如下和解协议:

1. 甲方同意乙方偿还甲方肆拾贰万元整(420,000元)后,即为对(2008)×民终字第××号判决的履行,双方之间的债权债务全部结清。

2. 乙方分三次向甲方偿还上述款项:乙方应于2008年5月20日前向甲方偿还20万元;应于2008年6月20日前向甲方再偿还20万元;应于2008年7月20日前向甲方偿还剩余2万元。

3. 乙方应将还款汇入甲方指定的下列银行卡号:开户行:中国××银行;户名:刘××;卡号:×××××××××××××××××××。

4. 乙方在上述第2条规定的期限内,如不能履行约定的还款义务,甲方将依法向人民法院申请恢复执行上述生效判决文书。

甲方　刘××　　　　　　　　乙方　王××

2008年3月25日　　　　　　2008年3月25日

七、执行担保保证书

(一)文书制作的基本知识

执行担保保证书,是在执行过程中,为了保证生效法律文书所确定的义务的履行,被执行人或者第三人(担保人)向人民法院提供担保,换得暂缓执行的效果而使用的法律文书。

《民事诉讼法》第231条规定,在执行中,被执行人向人民法院提供担保,并经申请执行人同意的,人民法院可以决定暂缓执行及暂缓执行的期限。被执行人逾期仍不履行的,人民法院有权执行被执行人的担保财产或者担保人的财产。

根据最高人民法院《关于人民法院执行工作若干问题的规定(试行)》第84条的规定,被执行人或其担保人以财产向人民法院提供执行担保的,应当依据《中华人民共和国担保法》(以下简称《担保法》)的有关规定,按照担保物的种类、性质,将担保物移交执行法院,或依法到有关机关办理登记手续。该规定第85条规定,人民法院在审理案件期间,保证人为被执行人提供保证,人民法院据此未对被执行人的财产采取保全措施或解除保全措施的,案件审结后如果被执行人无财产可供执行或其财产不足清偿债务时,即使生效法律文书中未确定保证人承担责任,人民法院有权裁定执行保证人在保证责任范围内的财产。根据上述规定,人民法院认可或接受被执行人的执行担保申请,作出暂缓执行决定后,执行担保即发生法律效力。暂缓执行决定的直接法律后果是被执行人获得延期履行义务的时间,在暂缓执行期限内,除被执行人主动履行义务外,申请执行人不得要求被执行人履行义务。

根据《民事诉讼法司法解释》第469条的规定,人民法院依照《民事诉讼法》第231条的规定决定暂缓执行的,如果担保是有期限的,暂缓执行的期限应与担保期限一致,但最长不得超过1年。被执行人或担保人对担保的财产在暂缓执行期间有转移、隐藏、变卖、毁损等行为的,人民法院可以恢复强制执行。根据该解释第470条的规定,民事诉讼法规定的执行担保,可以由被执行人向人民法院提供财产作担保,也可以由他人出面作担保。担保人应当具有代为履行或者代为承担赔偿责任的能力。他人提供保证的,应当向执行法院出具保证书,并将保证书副本送交申请执行人。被执行人或者他人提供财产担保的,应当参照物权法、担保法的有关规定办理相应手续。该解释第471条规定,被执行人在人民法院决定暂缓执行的期限届满后仍不履行义务的,人民法院可以直接执行担保财产,或者裁定执行担保人的财产,但执行担保人的财产以担保人应当履行义务部分的财产为限。

(二)文书的内容及制作方法

1. 首部

应写明文书名称:"执行担保保证书。"

2. 正文

(1)称呼。应写明担保人致送和收取执行担保保证书的人民法院即执行法院的名称。

(2)正文内容。首先,写明案号及当事人与案由,一般表述为:"你院在执行……号……(写明当事人及案由)一案中。"其次,写明申请暂缓执行的理由,如被执行人确有困难、遇有不可客服的情势导致执行不能等。最后,被执行人本人或者第三人作出保证承诺,一般表述为:"本人/本单位自愿提供保证。如被执行人×××在你院决定暂缓执行的期限届满后仍不履行义务,你院可以直接执行本人/本单位的财产。"

3. 尾部

(1)保证人署名。保证人为法人或者其他组织的,应加盖单位公章并由法定代表人或者负责人签名。

(2)注明承诺和提交本保证书的年、月、日。

(三)文书样式与范例

1. 文书样式

执行担保保证书

(执行担保用)

××××人民法院:

你院在执行……号……(写明当事人及案由)一案中,因……(写明申请暂缓执行的理由),被执行人向你院申请暂缓执行……(写明申请暂缓执行的期限)。本人/本单位自愿提供保证。如被执行人×××在你院决定暂缓执行的期限届满后仍不履行义务,你院可以直接执行本人/本单位的财产。

保证人(签名或者盖章)

××××年××月××日

2. 实例与范本

【实例】××银行股份公司××支行与××市××建材有限公司金融借款合同纠纷一案,××省高级人民法院于2016年9月17日作出××省高级人民法院(2016)×民终字第807号民事判决:(1)××市××建材有限公司应于本判决生效之日起十日内向××银行股份公司××支行偿还借款本金28,714,764.43元及利息(暂计至2016年8月21日为2,142,597.6

元,此后利息按《单位借款合同》的约定计至借款本息还清之日止);(2)××市××建材有限公司应于本判决生效之日起十日内向××银行股份公司××支行支付律师代理费123,640元。在判决书规定的履行期间债务人未能履行判决,债权人向法院申请执行。被执行人××市××建材有限公司以存在履行困难为由,××市××安装股份公司同意以本单位财产为其提供担保,遂向执行人民法院出具以下保证书。

执行担保保证书

××省高级人民法院:

你院在执行(2016)×民终字第807号××银行股份公司××支行与××市××建材有限公司金融借款合同纠纷一案中被执行人因确有困难向你院申请暂缓执行3个月。本单位自愿提供保证。如被执行人××市××有限公司在你院决定暂缓执行的期限届满后仍不履行义务,你院可以直接执行本单位的财产。

保证人　××市××安装股份公司
法定代表人　赖××
2016年10月11日

八、承认和执行外国法院生效判决、裁定申请书

(一)文书制作的基本知识

承认和执行外国法院生效判决、裁定申请书,是指外国法院作出的发生法律效力的判决、裁定,需要中华人民共和国人民法院承认和执行的,当事人直接向中华人民共和国有管辖权的中级人民法院递交的、请求承认和执行该判决或裁定的法律文书。

《民事诉讼法》第281条规定,外国法院作出的发生法律效力的判决、裁定,需要中华人民共和国人民法院承认和执行的,可以由当事人直接向中华人民共和国有管辖权的中级人民法院申请承认和执行,也可以由外国法院依照该国与中华人民共和国缔结或者参加的国际条约的规定,或者按照互惠原则,请求人民法院承认和执行。该法第282条规定,人民法院对申请或者请求承认和执行的外国法院作出的发生法律效力的判决、裁定,依照中华人民共和国缔结或者参加的国际条约,或者按照互惠原则进行审查后,认为不违反中华人民共和国法律的基本原则或者国家主权、安全、社会公共利益的,裁定承认其效力,需要执行的,发出执行令,依照本法的有关规定执行。违反中华人民共和国法律的基本原则或者国家主权、安全、社会公共利益的,不予承认和执行。

(二)文书内容及制作方法

申请书主要记明以下事项:申请人姓名、性别、出生年月日、工作单位和职务或职业、住址、联系方式;判决由何国法院作出,判结结果、时间;申请理由及请求和其他需要说明的情况等。具体包括以下三部分:

1. 首部

(1)标题。应写明文书名称"申请书"或"承认和执行外国法院生效判决(或裁定)申请书"。

(2)申请人的基本情况。应当写明申请人的姓名、性别、出生年月日、工作单位、住所及有效联系方式等基本情况;申请人为法人或其他组织的,应写明申请人的名称、住所和法定代表

人或主要负责人的姓名、职务及有效联系方式等基本情况。申请人委托律师代理申请的，应写明其姓名及其所在律师事务所名称。

2. 正文

（1）请求事项。具体写明请求承认和执行哪一外国法院的生效判决或裁定，其中应注明作出原生效判决的外国法院的名称，原外国法院生效判决、裁定文书案号等。

（2）事实和理由。该部分首先要简要说明外国法院作出生效判决所依据的事实和判决过程与判决结果。其次基于上述事实和我国《民事诉讼法》或其他法律规定，提出申请请求。

3. 尾部

（1）写明致送中级人民法院的名称。

（2）申请人签名。申请人是法人或其他组织的，应由法定代表人或主要负责人签名并加盖单位公章。

（3）注明提交申请书的年、月、日。

（4）附项。根据《民事诉讼法司法解释》第543条的规定，申请人向人民法院申请承认和执行外国法院作出的发生法律效力的判决、裁定，应当提交申请书，并附外国法院作出的发生法律效力的判决、裁定正本或者经证明无误的副本以及中文译本。外国法院判决、裁定为缺席判决、裁定的，申请人应当同时提交该外国法院已经合法传唤的证明文件，但判决、裁定已经对此予以明确说明的除外。中华人民共和国缔结或者参加的国际条约对提交文件有规定的，按照规定办理。可被申请承认和执行的外国法院裁判文书种类，包括判决、裁定以及依据国际公约、双边条约或者协定作出的其他裁判文书。对被申请承认和执行的外国法院裁判文书具体名称和文号的表述和援引应依据其翻译件的内容进行。

（三）文书样式与范例

1. 文书样式

申　请　书

（当事人申请承认和执行外国法院生效判决、裁定或仲裁裁决用）

申请人：×××，男/女，××××年××月××日出生，×族，……（写明工作单位和职务或者职业），住……。联系方式：……。

法定代理人/指定代理人：×××，……。

委托诉讼代理人：×××，……。

被申请人：×××，……。

……

（以上写明当事人和其他诉讼参加人的姓名或者名称等基本信息）

请求事项：

请求承认和执行××国××法院××××年××月××日作出的……号民事判决。

事实和理由：

……（写明事实和理由）。

此致

××××中级人民法院

附：1. 本申请书副本×份

2. 外国法院判决书或者仲裁裁决书正本或者经证明无误的副本以及中文译本

申请人(签名或者盖章)

××××年××月××日

2. 实例与范本

【实例】申请人黄××,女,1976年10月19日出生。现居于××省××市××街××号。黄××于1999年12月21日在××省××市与梁××(1974年2月9日出生,加拿大公民)登记结婚。随后黄××移居加拿大。由于彼此感情不和,双方向加拿大安大略省高等法院提出离婚申请。经加拿大安大略省高等法院判定(安大略省高等法院档案号为#D4909103),自2003年11月15日起双方婚姻关系解除,离婚判决生效。现黄××依照最高人民法院《关于中国公民申请承认外国法院离婚判决程序问题的规定》,向××省××市中级人民法院申请承认加拿大安大略省高等法院第#D4909103号离婚判决,承认黄××与梁××的婚姻关系已经解除,离婚已经生效。

承认外国法院生效判决申请书

申请人:黄××,女,1976年10月19日出生,汉族,现居于××省××市××街××号,联系方式:×××××××××。

请求事项:

请求承认加拿大安大略省高等法院第#D4909103号离婚判决。

事实和理由:

申请人于1999年12月21日在××省××市与梁××(1974年2月9日出生,加拿大公民)登记结婚。之后,随梁××移居加拿大。由于彼此感情不和,双方向加拿大安大略省高等法院提出离婚申请。经加拿大安大略省高等法院判决(安大略省高等法院档案号为#D4909103),自2015年11月15日起双方婚姻关系解除,离婚判决生效。现申请人依照最高人民法院《关于中国公民申请承认外国法院离婚判决程序问题的规定》,向贵院申请承认加拿大安大略省高等法院第#D4909103号离婚判决在中华人民共和国境内具有法律效力,承认申请人与梁××的婚姻关系已经解除,离婚已经生效。

此致

××市中级人民法院

附:1. 本申请书副本1份

2. 加拿大安大略省高等法院第#D4909103号离婚判决书正本及中文译本

申请人 黄××

2016年8月19日

九、执行行政裁判申请书

(一)文书制作的基本知识

执行人民法院行政裁判申请书,是公民、法人、其他组织申请人民法院强制执行人民法院作出的生效行政判决书、裁定书、行政赔偿调解书时使用的法律文书。

1. 行政案件当事人申请强制执行的依据

《行政诉讼法》第 94 条规定，当事人必须履行人民法院发生法律效力的判决、裁定、调解书。该法第 96 条规定，行政机关拒绝履行判决、裁定、调解书的，第一审人民法院可以采取下列措施：(1)对应当归还的罚款或者应当给付的款额，通知银行从该行政机关的账户内划拨。(2)在规定期限内不履行的，从期满之日起，对该行政机关负责人按日处 50 元至 100 元的罚款。(3)将行政机关拒绝履行的情况予以公告。(4)向监察机关或者该行政机关的上一级行政机关提出司法建议。接受司法建议的机关，根据有关规定进行处理，并将处理情况告知人民法院。(5)拒不履行判决、裁定、调解书，社会影响恶劣的，可以对该行政机关直接负责的主管人员和其他直接责任人员予以拘留；情节严重，构成犯罪的，依法追究刑事责任。可见，申请人应当以发生法律效力的行政判决书、行政裁定书、行政赔偿判决书和行政赔偿调解书作为申请强制执行的依据，且申请人民法院采取的强制执行措施应当符合法律、行政法规的规定。

2. 申请执行行政裁判应当具备的条件

公民、法人或其他组织向人民法院申请执行行政裁判，应当符合以下条件：

(1)执行必须以生效法律文书为依据。申请人申请执行的生效文书包括行政判决书、行政裁定书、行政赔偿判决书和行政赔偿调解书。

(2)法律文书必须发生法律效力并具有可执行内容。生效的法律文书包括最高人民法院的一审判决和裁定，第二审人民法院的终审判决和裁定，上诉期限届满当事人没有提起上诉的第一审判决和裁定。申请人申请执行一般须以被申请人履行给付义务和实施特定行为的义务为内容。

(3)申请执行必须有明确的被申请人和以该被申请人在法律文书要求的期限内未履行义务和拒绝履行法律文书设定的义务为前提，也就是被申请人以明示的或默示的方式拒绝履行人民法院生效的裁判文书，从而使该裁判文书的执行受到阻碍。

(4)申请人应当在法定期限内提出执行申请。根据《行政诉讼法》第 101 条的规定，人民法院审理行政案件，关于期间、执行等，本法没有规定的，适用《民事诉讼法》的相关规定。《民事诉讼法》第 239 条规定，申请执行的期间为 2 年。申请执行时效的中止、中断，适用法律有关诉讼时效中止、中断的规定。前款规定的期间，从法律文书规定履行期间的最后一日起计算；法律文书规定分期履行的，从规定的每次履行期间的最后一日起计算；法律文书未规定履行期间的，从法律文书生效之日起计算。

(5)申请人应当向有管辖权的人民法院提出执行申请。根据《行政诉讼法》第 101 条的规定，人民法院审理行政案件，关于期间、执行等，本法没有规定的，适用《民事诉讼法》的相关规定。《民事诉讼法》第 224 条规定，发生法律效力的民事判决、裁定，以及刑事判决、裁定中的财产部分，由第一审人民法院或者与第一审人民法院同级的被执行的财产所在地人民法院执行。法律规定由人民法院执行的其他法律文书，由被执行人住所地或者被执行的财产所在地人民法院执行。

3. 申请执行行政裁判应当提交的文件和证件

申请人申请执行人民法院行政裁判的，应当提交下列文件或证件：(1)申请执行书。申请执行人书写申请执行书确有困难的，可以口头提出申请。人民法院接待人员对口头申请应当制作笔录，由申请执行人签字或盖章。外国一方当事人申请执行的，应当提交中文申请执行书。当事人所在国与我国缔结或共同参加的司法协助条约有特别规定的，按照条约规定办理。(2)生效法律文书副本。(3)申请执行人的身份证明。公民个人申请的,应当出示居民身份证;法人申请的,应当提交法人营业执照副本和法定代表人身份证明;其他组织申请的,应当提交营业执照副本和主要负责人身份证明。(4)继承人或权利承受人申请执行的,应当提交继承或承受权利的证明文件。(5)其他应当提交的文件或证件。申请执行人委托代理人代为申请执行的,应当向人民法院提交经委托人签字或盖章的授权委托书,写明委托事项和代理人的权限。

(二)文书的内容及制作方法

1. 首部

(1)标题。应当写明文书名称"申请执行书"。

(2)当事人的基本情况。即应当写明申请执行人(申请人)和被执行人(被申请人)的基本情况。当事人是自然人的,写明其姓名、性别、年龄、民族、工作单位和职务或职业、住所,住所与经常居住地不一致的,写经常居住地;当事人是法人或其他组织的,应写明其名称、住所、法定代表人或主要负责人的姓名和职务。当事人是外国人的,应在其中文译名后用括号写明其外文姓名、护照号码、国籍。有法定代理人或指定代理人的,应列项写明其姓名、性别、工作单位和职务或职业、住所,并在姓名后括注其与当事人的关系。有委托代理人,应列项写明姓名、性别、职业或工作单位和职务、住所,如果委托人系律师,可只写明其姓名和所在的律师事务所名称。

2. 正文

(1)执行依据。写明申请强制执行的生效法律文书的名称,一般表述为:"申请执行人×××与被执行人×××……(写明案由)一案,××××人民法院(或其他生效法律文书的作出机关)(××××)……号行政判决(或其他生效法律文书)已发生法律效力。被执行人×××未履行/未全部履行生效法律文书确定的给付义务,特向你院申请强制执行。"在上述空白处依次写明申请执行人、被执行人的姓名或者名称、案由,作出生效裁判的人民法院的名称以及裁判案号。

(2)请求事项。写明请求执行的生效裁判内容,对该内容应当严格按照被执行人未履行/未全部履行生效法律文书确定的给付义务填写。被执行人未履行生效法律文书确定的给付义务的,应当在请求事项中按照生效法律文书所确定的给付义务的先后顺序一一列明;被执行人部分履行生效法律文书确定的给付义务的,应当在请求事项中将其未履行的生效法律文书所确定的给付义务一一列明。

(三)文书样式与范例

1. 文书样式

申请执行书

(申请执行用)

申请执行人:×××,男/女,××××年××月××日出生,×族,……(写明工作单位和职务或者职业),住……。联系方式:……。

法定代理人/指定代理人:×××,……。

委托诉讼代理人:×××,……。

被执行人:×××,……。

……

(以上写明申请执行人、被执行人和其他诉讼参加人的姓名或者名称等基本信息)

申请执行人×××与被执行人×××……(写明案由)一案,××××人民法院(或其他生效法律文书的作出机关)(××××)……号行政判决(或其他生效法律文书)已发生法律效力。被执行人×××未履行/未全部履行生效法律文书确定的给付义务,特向你院申请强制执行。

请求事项:

……(写明请求执行的内容)。

此致

××××人民法院

附:生效法律文书×份

申请执行人(签名或盖章)

××××年××月××日

2. 实例与范本

【实例】××电力公司对于建设项目未经环境保护验收擅自投入使用的行为,违反了《建设项目竣工环境保护验收管理办法》第9条"建设项目竣工后,建设单位应当向有审批权的环境保护行政主管部门,申请该建设项目竣工环境保护验收"的规定,××省环境保护厅根据《建设项目竣工环境保护验收管理办法》第23条的规定,作出×环罚字(2016)4号处罚决定,对××电力公司罚款8万元。该电力公司不服并提起诉讼,××市人民法院作出×行初字第168号判决,维持×环罚字(2016)4号处罚决定。该判决生效后,××电力公司拒不履行生效判决所确定的给付义务,××省环境保护厅遂申请人民法院强制执行。

申请执行书

申请执行人:××省环境保护厅,住所××市××区××中路×××号。

法定代表人:马××,该厅厅长。联系电话:×××××××××。

被执行人:××电力公司,住所××县××镇××中路×××号。

法定代表人:吴××,该公司董事长。联系电话:×××××××××。

申请执行人××省环境保护厅与被执行人电力公司行政处罚一案,××市人民法院(2016)×行初字第168号行政判决已发生法律效力。被执行人××电力公司未履行生效法律文书确定的给付义务,特向你院申请强制执行。

请求事项:

查封被申请人账户(被申请人银行账户为中国工商银行北京市××支行,账号××－××××××),并将该账户内的款项8万元整汇入以下银行账户:中国工商银行××市××支行,账号××－××××××。

此致

××市××区人民法院

附:××市人民法院(2016)×行初字第168号行政判决书1份

申请执行人　××省环境保护厅

厅长　马××

2016年7月6日

十、减刑、假释申请书

(一)文书制作的基本知识

减刑、假释申请书,是在执行刑罚期间,确有悔改表现或者有立功表现的被判处管制、拘役、有期徒刑、无期徒刑的犯罪分子向执行机关提出的请求减刑、假释的书面申请。

减刑,是指被判处管制、拘役、有期徒刑、无期徒刑的犯罪分子,在刑罚执行期间,确有悔改或者立功表现,而将原判处的刑罚予以减轻的一种制度。假释,是指对被判处有期徒刑、无期徒刑的罪犯,在执行一定刑期之后,确有悔改表现,不致再危害社会,而附条件地将其予以提前释放的制度。其特征是有条件地提前释放,但仍存在收监执行的可能性。

1. 减刑的适用条件

(1)减刑适用于被判处管制、拘役、有期徒刑、无期徒刑的犯罪分子。(2)在执行刑罚过程中认真遵守监规,接受教育改造,确有悔改或者立功表现的犯罪分子,可以减刑。确有悔改表现是指同时具备下列四个方面情形:认真服法;认真遵守监规;积极参加劳动;完成生产任务。立功表现是指具有下列情形之一的:检举、揭发狱内外犯罪活动,或者提供重要破案线索,经查证属实的;防止他人犯罪活动的;在生产、科研中进行技术革新,成绩突出的;在抢险救灾或者排除重大事故中表现积极的;有其他有利于国家和社会的突出事迹的。(3)有下列重大立功表现之一的,应当减刑:①阻止他人重大犯罪活动的;②检举监狱内外重大犯罪活动,经查证属实的;③有发明创造或者重大技术革新的;④在日常生产、生活中舍己救人的;⑤在抗御自然灾害或者排除重大事故中,有突出表现的;⑥对国家和社会有其他重大贡献的。

2. 减刑的幅度

根据《刑法》第78条第2款的规定,减刑以后实际执行的刑期不能少于下列期限:判处管制、拘役、有期徒刑的,不能少于原判刑期的1/2;判处无期徒刑的,不能少于13年。人民法院依照本法第50条第2款规定限制减刑的死刑缓期执行的犯罪分子,缓期执行期满后依法减为无期徒刑的,不能少于25年,缓期执行期满后依法减为25年有期徒刑的,不能少于20年。根据最高人民法院《关于办理减刑、假释案件具体应用法律若干问题的规定》,对有期徒刑罪犯在刑罚执行期间,符合减刑条件的减刑幅度为:如果确有悔改表现的,或者有立功表现的,一般一次减刑不超过1年有期徒刑;如果确有悔改表现并有立功表现,或者有重大立功表现的,一般一次减刑不超过2年有期徒刑。被判处10年以上有期徒刑的罪犯,如果悔改表现突出的,或者有立功表现的,一次减刑不得超过2年有期徒刑;如果悔改表现突出的并有立功表现,或者有重大立功表现的,一次减刑不得超过3年有期徒刑。在有期徒刑罪犯减刑时,对附加剥夺政治权利的刑期可以酌减。酌减后剥夺政治权利的期限,最短不得少于1年。对判处拘役或者3年以下有期徒刑、宣告缓刑的犯罪分子,一般不适用减刑。如果在缓期考验期间有重大立功表现的,可以参照《刑法》第78条的规定,予以减刑,同时相应缩减其缓刑考验期限。减刑后实际执行的刑期不能少于原判刑期的1/2,相应缩减的缓刑考验期限不能低于减刑后实际执行的刑期。判处拘役的缓刑考验期限不能少于2个月,判处有期徒刑的缓刑考验期限不能少于1年。无期徒刑罪犯在执行期间,如果确有悔改表现的,或者有立功表现的,服刑2年以后,可以减刑。减刑幅度为:对确有悔改表现的,或者有立功表现的,一般可以减为18年以上20年以下有期徒刑;对有重大立功表现的,可以减为13年以上18年以下有期徒刑。无期徒刑罪犯在刑罚执行期间又犯罪,被判处有期徒刑以下刑罚的,自新罪判决确定之日起一般在2年之内不予减刑;对新罪判处无期徒刑的,减刑的起始时间要适当延长。被判处无期徒刑的罪犯减刑后,实际执行的刑期不能少于10年,起始时间应当自无期徒刑判决确定之日起计算。根据《刑法》第50条的规定,判处死刑缓期执行的,在死刑缓期执行期间,如果没有故意犯罪,2年期满以后,减为无期徒刑;如果确有重大立功表现,2年期满以后,减为25年有期徒刑;如果故意犯罪,查证属实的,由最高人民法院核准,执行死刑。

3. 假释的适用条件

(1)适用对象只能是被判处有期徒刑、无期徒刑的罪犯。(2)必须是已经执行了一定时期的刑罚。根据《刑法》第81条的规定,被判处有期徒刑的犯罪分子,执行原判刑期1/2以上;被判处无期徒刑的犯罪分子,实际执行13年以上,才可以适用假释;如果有特殊情况,经最高人民法院核准,可以不受上述执行期限的限制。(3)罪犯必须确有悔改表现,没有再犯罪危险的。(4)对累犯以及因杀人、抢劫、强奸、绑架、爆炸、放火、投放危险物质或有组织的暴力性犯罪被判处10年以上有期徒刑、无期徒刑的犯罪分子,不得假释。

4. 减刑、假释的程序

对于犯罪分子的减刑、假释,由执行机关向中级以上人民法院提出减刑、假释建议书。人民法院应当组成合议庭进行审理,对确有悔改或者立功事实的,裁定予以减刑、假释。非经法定程序不得减刑、假释。

(二)文书的内容及制作方法

1. 首部

(1)标题。写明文书名称"减刑(或假释)申请书"。

(2)写明文书致送的刑罚执行机关。

(3)罪犯本人的基本情况和案由情况。应写明罪犯本人的姓名、性别、年龄、民族、籍贯、被判刑的日期、被判决的罪名及刑期等。

2. 正文

(1)罪犯本人自入监(或上次减刑)以来的悔改表现或立功表现事实。具体、如实地叙述事实,并且符合刑法规定的减刑、假释的法定条件,对不符合刑法规定的减刑、假释的法定条件的事实则不要叙述。

(2)申请理由及法律依据。在上述事实的基础上,说明罪犯本人已具备了减刑(或假释)的条件,根据《刑法》第78条(或第81条)的规定,正式提出减刑(或假释)申请。此外,还应说明已服刑期及所余刑期,作为监狱制作《提请减刑、假释意见书》的依据。

3. 尾部

(1)应写上"敬请　审核"等礼貌用语。

(2)写明申请人的姓名。

(3)写明申请年、月、日。

(4)附项。可以附上能够证明罪犯有悔改表现、立功表现、特殊情况的材料。

(三)文书样式与范本

1. 文书样式

减刑(假释)申请书

________________监狱:

罪犯本人的基本情况和案由情况:________________________________。

(罪犯本人自入监或上次减刑以来悔改表现或立功表现)____。

(申请减刑或假释的理由和法律依据)____。

(提出减刑或假释申请)____。

敬请

审核

申请人(签名)

________年____月____日

2. 文书范本

减刑申请书

尊敬的××公安局负责人:

罪犯姚××,男,1966年12月16日出生,汉族,××省××市××区人,2005年因合同诈骗罪被判处有期徒刑3年缓刑5年。

自2005年6月判刑以来,我在执行刑罚过程中认真遵守监规,努力接受教育改造,悔过自新。在监改期间,我能够定时到派出所报到并写汇报材料,离开居住地城市范围时,坚持向监管民警请示。2008年5月12日地震当天,我得知都江堰受灾惨重,便和朋友组建了一个有11辆装载机、12辆挖掘机的志愿救援队伍。得到有关部门许可后,当晚11时许,便开着挖掘机、装载机车队立即奔赴都江堰。到达地震现场后,凭借自己以往的救援经验,指挥志愿救援人员,快速、准确地判断搜寻幸存者的位置,慢慢移去压在受灾人员身上的重物,稳稳当当地抬出受伤伤员。通过10天的救援工作,使70多人脱离了危险,并及时得到了救治。5月21日中午,我又带领志愿人员去了漩口,打通了因泥石流而被阻断的道路。5月26日,我才从漩口撤离回居住地城市。

以上事实由同去的志愿救援人员蔡××、许×、高××、武××、张××、贾××等可以证实。此外,现场救援负责人员××镇镇长马××和××村村民杨××等人可以作证。

结合监改以来我的一贯表现和在这次抗震救灾中的突出表现,请求根据《中华人民共和国刑法》第78条的规定,给予减刑。

敬请

审核

申请人　姚××

2008年8月6日

第二编

律师非诉讼业务文书

第一部分
民事调解与仲裁业务文书

一、民事调解协议

(一) 文书制作的基本知识

民事调解协议,是指民事纠纷的双方当事人经他人调解、就解决纠纷所达成的有民事权利义务内容,并由双方当事人签字或者盖章的协议。

1. 民事调解的特点

民事调解是在调解人或调解组织(如人民调解委员会)作为第三人(或第三方)依据一定的道德规范和法律规范,通过居中调解当事人之间权利义务争执,从而使双方当事人在互解互谅和作出让步的基础上消除矛盾和化解纠纷的一种方式。调解人并不是任何一方当事人,与争议本身无关,具有中立性。调解作为解决民事纠纷的一种方式,它与当事人协商解决争议的方式一样具有自愿性,民事纠纷发生后,任何一方当事人都有权自主决定是否通过调解人或调解组织进行调解。调解解决纠纷方式具有灵活性、便利性和及时性,非常有利于节省时间、节省费用,能够及时和方便地解决争议。但是,民事调解不是法律规定的必经程序,调解协议一般也不具有法律强制执行力,当事人达成调解协议后,在一方当事人拒不履行的情况下,双方之间的纠纷还得通过诉讼方式或者仲裁方式解决。

2. 民事调解协议的生效要件

根据最高人民法院《关于审理涉及人民调解协议的民事案件的若干规定》的规定,经人民调解委员会调解所达成的调解协议具有民事合同性质。当事人应当按照约定履行自己的义务,不得擅自变更或者解除调解协议。具备下列条件的,调解协议有效:(1)当事人具有完全民事行为能力;(2)意思表示真实;(3)不违反法律、行政法规的强制性规定或者社会公共利益。有下列情形之一的,调解协议无效:(1)损害国家、集体或者第三人利益;(2)以合法形式掩盖非法目的;(3)损害社会公共利益;(4)违反法律、行政法规的强制性规定。人民调解委员会强迫调解的,调解协议无效。

3. 当事人有权请求人民法院变更或者撤销的调解协议

下列调解协议,当事人一方有权请求人民法院变更或者撤销:(1)因重大误解订立的;(2)在订立调解协议时显失公平的。一方以欺诈、胁迫的手段或者乘人之危,使对方在违背真实意思的情况下订立的调解协议,受损害方有权请求人民法院变更或者撤销。当事人请求变更的,人民法院不得撤销。由上述规定可以看出,律师参与民事调解、劝导双方当事人达成和解或帮助当事人达成调解协议,应注意调解的有效性和真实性,防止显失公平、欺诈、胁迫及乘人之危的情形出现。

(二)文书的内容及制作方法

1. 首部

(1)标题。写明文书名称“调解协议”。

(2)当事人的基本情况。分别写明甲乙双方当事人与调解人的姓名、年龄、性别、民族、住址等。当事人或调解人为法人或其他组织的,应写明其名称,法定代表人或单位负责人的姓名。

2. 正文

主要应当写明当事人双方对解决纠纷所达成的一致解决意见,包括一方或双方享有的权利或应履行的义务。必要时,也可说明一方当事人对对方当事人所作的让步。对此应当明确、具体,并注意调解的有效性、真实性、公平性与合理性。

3. 尾部

(1)双方签名、盖章。写明当事人的姓名或单位名称及其法定代表人姓名。写明调解律师或其他调解人的姓名及其所在的律师事务所或工作单位名称。当事人或调解人为法人或其他组织的,应当加盖单位公章。

(2)注明调解协议达成的年、月、日。

(三)文书样式与范例

1. 文书样式

调 解 协 议

甲方:____。

乙方:____。

甲乙双方就________纠纷事宜,经______(或______律师事务所的律师______)主持调解,达成以下意见:

____。

甲方(签名或盖章)

乙方(签名或盖章)

调解人(签名或盖章)

____年__月__日

2. 实例与范本

【实例】辛××于2008年4月15日在北京××商业管理有限公司的分店××百货(东方店)以二折的优惠价格购买××牌钻戒、耳钉类贵金属镶嵌首饰。辛××买回后在相关网站得知××牌首饰中的玉石制品获得中国名牌称号,但钻戒及耳钉未获该称号。北京××商业管理公司在出售时宣称所售商品都是中国名牌且在商品的商标上标注了中国名牌的特殊标志。辛××认为其属于欺诈行为,遂要求北京××商业管理公司返还货款12,154元,并赔偿一倍货款12,154元。北京××商业管理公司只同意退货,不同意赔偿。辛××遂到北京××区消费者协会反映,后在该消费者协会的调解下,达成调解协议解决了双方之间的纠纷。

调解协议

甲方:辛××,女,28岁,汉族,住北京市海淀区××街××路××号××房间。

乙方:北京××商业管理有限公司,住所北京市朝阳区××路××号。

法定代表人:华××;职务:总经理。

甲乙双方就××牌钻戒、耳钉类贵金属镶嵌首饰纠纷事宜,经北京××区消费者协会主持调解,达成以下协议:

1. 乙方同意甲方全部退货,乙方返还甲方全部货款12,154元,并同意赔偿甲方损失600元。

2. 甲方在乙方履行第1条承诺后,放弃通过诉讼解决双方争议和要求乙方赔偿一倍货款的权利。

3. 该协议一式两份,各持一份为凭,并自双方签字、盖章之日起生效。

甲方　辛××
乙方　北京××商业管理有限公司
调解人　北京××区消费者协会
2010年8月10日

二、司法确认调解协议申请书

(一)文书制作的基本知识

司法确认调解协议申请书,是指当事人对经人民调解委员会调解达成的调解协议,认为有必要时共同向人民法院提交的、请求确认调解协议效力的法律文书。

《中华人民共和国人民调解法》(以下简称《人民调解法》)第31条规定,经人民调解委员会调解达成的调解协议,具有法律约束力,当事人应当按照约定履行。人民调解委员会应当对调解协议的履行情况进行监督,督促当事人履行约定的义务。该法第32条规定,经人民调解委员会调解达成调解协议后,当事人之间就调解协议的履行或者调解协议的内容发生争议的,一方当事人可以向人民法院提起诉讼。该法第33条规定,经人民调解委员会调解达成调解协议后,双方当事人认为有必要的,可以自调解协议生效之日起30日内共同向人民法院申请司法确认,人民法院应当及时对调解协议进行审查,依法确认调解协议的效力。人民法院依法确认调解协议有效,一方当事人拒绝履行或者未全部履行的,对方当事人可以向人民法院申请强制执行。人民法院依法确认调解协议无效的,当事人可以通过人民调解方式变更原调解协议或者达成新的调解协议,也可以向人民法院提起诉讼。

根据《民事诉讼法》第194条的规定,申请司法确认调解协议,由双方当事人依照《人民调解法》等法律规定,自调解协议生效之日起30日内,共同向调解组织所在地基层人民法院提出。《民事诉讼法司法解释》第355条规定,当事人申请司法确认调解协议,可以采用书面形式或者口头形式。当事人口头申请的,人民法院应当记入笔录,并由当事人签名、捺印或者盖章。该解释第357条规定,当事人申请司法确认调解协议,有下列情形之一的,人民法院裁定不予受理:(1)不属于人民法院受理范围的;(2)不属于收到申请的人民法院管辖的;(3)申请确认婚姻关系、亲子关系、收养关系等身份关系无效、有效或者解除的;(4)涉及适用其他特别程序、公示催告程序、破产程序审理的;(5)调解协议内容涉及物权、知识产权确权的。人民法院受理申请后,发现有上述不予受理情形的,应当裁定驳回当事人的申请。

《民事诉讼法》第195条规定,人民法院受理申请后,经审查,符合法律规定的,裁定调解协议有效,一方当事人拒绝履行或者未全部履行的,对方当事人可以向人民法院申请执行;不符合法律规定的,裁定驳回申请,当事人可以通过调解方式变更原调解协议或者达成新的调解协议,也可以向人民法院提起诉讼。《民事诉讼法司法解释》第360条规定,经审查,调解协议有下列情形之一的,人民法院应当裁定驳回申请:(1)违反法律强制性规定的;(2)损害国家利益、社会公共利益、他人合法权益的;(3)违背公序良俗的;(4)违反自愿原则的;(5)内容不明确的;(6)其他不能进行司法确认的情形。

(二)文书的内容及制作方法

1. 首部

(1)标题。写明文书名称"申请书"或"司法确认调解协议申请书"。

(2)申请人双方的基本情况。应当写明申请人的姓名、性别、出生年月日、民族、工作单位和职业或职务、住址与联系方式等基本信息。申请人为法人或其他组织的,写明单位名称和住所;另起一行写明法定代表人、主要负责人的姓名、职务与联系方式。

2. 正文

(1)请求事项。确认双方达成的调解协议有效,可表述为:"确认申请人×××与×××于××××年××月××日达成的……(写明调解协议名称)有效。"

(2)事实和理由。首先,说明何时申请人双方在哪一调解组织的主持下达成了调解协议,并复述其内容。一般表述为:"××××年××月××日,申请人×××与×××经……(写明调解组织名称)主持调解,达成了如下调解协议:……(写明调解协议内容)。"其次,说明双方基于自愿并出于解决纠纷的目的达成调解协议,没有恶意串通、规避法律的行为。如果因为该协议内容而给国家、集体或他人造成损害的,愿意承担相应的民事责任和其他法律责任。本部分为标准格式化内容,可照抄最高人民法院公布的司法确认调解协议申请书样式所载明的内容。

3. 尾部

(1)写明致送人民法院的名称。

(2)申请人双方签名。申请人是法人或者其他组织的,写明名称、住所;另起一行写明法定代表人、主要负责人及其姓名、职务、联系方式。

(3)注明提交申请书的年、月、日。

(4)附项。《民事诉讼法司法解释》第356条规定,当事人申请司法确认调解协议,应当向人民法院提交调解协议、调解组织主持调解的证明,以及与调解协议相关的财产权利证明等材料,并提供双方当事人的身份、住所、联系方式等基本信息。当事人未提交上述材料的,人民法院应当要求当事人限期补交。

（三）文书样式与范例

1. 文书样式

申　请　书

（申请司法确认调解协议用）

申请人：×××，男/女，××××年××月××日出生，×族，……（写明工作单位和职务或者职业），住……。联系方式：……。

法定代理人/指定代理人：×××，……。

委托诉讼代理人：×××，……。

申请人：×××，男/女，××××年××月××日出生，×族，……（写明工作单位和职务或者职业），住……。联系方式：……。

法定代理人/指定代理人：×××，……。

委托诉讼代理人：×××，……。

（以上写明申请人和其他诉讼参加人的姓名或者名称等基本信息）

请求事项：

确认申请人×××与×××于××××年××月××日达成的……（写明调解协议名称）有效。

事实和理由：

××××年××月××日，申请人×××与×××经……（写明调解组织名称）主持调解，达成了如下调解协议：……（写明调解协议内容）。

申请人出于解决纠纷的目的自愿达成协议，没有恶意串通、规避法律的行为；如果因为该协议内容而给国家、集体或他人造成损害的，愿意承担相应的民事责任和其他法律责任。

此致

××××人民法院

附：调解协议及调解组织主持调解的证明等材料

申请人（签名或者盖章）

××××年××月××日

2. 实例与范本

【实例】王×与王××系兄妹关系，其父母分别于2005年、2010年先后去世，生前未留遗嘱。兄妹因继承纠纷产生争执，2016年10月9日××市××区××街道人民调解委员会主持调解，并作出人民调解协议书，确认双方父母所留位于××市××区××街道302号的独门院落和该院落内的所有房产由王×继承，所留280万元××银行存款和××热力股份有限公司股票27,900股归王××继承。后王×和王××向××××法院申请确认上述人民调解协议的效力。

申　请　书

申请人：王×，男，1962年5月11日出生，汉族，××市××建筑安装有限公司职工，住××市××区××街道39号楼1单元201房间。联系方式：135××××××××。

申请人:王××,女,1965年5月16日出生,汉族,××市××建筑安装有限公司职工,住××市××区××街道39号楼9单元801房间。联系方式:139×××××××××。

请求事项:

确认申请人王×与王××于2016年10月9日达成的遗产分割调解协议有效。

事实和理由:

2016年10月9日,申请人王×与王××经××市××区××街道人民调解委员会主持调解,达成如下调解协议:双方父母所留位于××市××区××街道302号的独门院落及该院落内的所有房产归王×继承;所留280万元××银行存款和××热力股份有限公司股票27,900股由王××继承。

申请人出于解决纠纷的目的自愿达成协议,没有恶意串通、规避法律的行为;如果因为该协议内容而给国家、集体或他人造成损害的,愿意承担相应的民事责任和其他法律责任。

此致

××市××区人民法院

附:1.遗产分割调解协议

2.××市××区××街道人民调解委员会主持调解的证明等材料

申请人 王× 王××

2016年10月12日

三、撤销确认调解协议裁定申请书

(一)文书制作的基本知识

撤销确认调解协议裁定申请书,是指当事人、利害关系人向作出确认调解协议裁定的基层人民法院提交的申请撤销确认调解协议裁定的法律文书。

《民事诉讼法司法解释》第374条第1款规定,适用特别程序作出的判决、裁定,当事人、利害关系人认为有错误的,可以向作出该判决、裁定的人民法院提出异议。人民法院经审查,异议成立或者部分成立的,作出新的判决、裁定撤销或者改变原判决、裁定;异议不成立的,裁定驳回。根据该条第2款的规定,对人民法院作出的确认调解协议的裁定,当事人有异议的,应当自收到裁定之日起15日内提出;利害关系人有异议的,自知道或者应当知道其民事权益受到侵害之日起6个月内提出。

(二)文书的内容及制作方法

1.首部

(1)标题。写明文书名称"申请书"或"撤销确认调解协议裁定申请书"。

(2)申请人和被申请人的基本情况。应当写明申请人、被申请人的姓名、性别、出生年月日、民族、籍贯、工作单位和职业或职务、住址与联系方式等基本信息。申请人或被申请人为法人或其他组织的,写明单位名称和住所;另起一行写明法定代表人、主要负责人的姓名、职务与联系方式。需说明的是,撤销确认调解协议裁定申请书的被申请人是申请司法确认调解协议的当事人,被申请人为二人或者二人以上的,应当一一列明。

2.正文

(1)请求事项。请求撤销确认调解协议裁定,可表述为:"撤销××××人民法院(××

××)……民特……号民事裁定。"

(2)事实和理由。首先,说明请求的裁定为何时由哪一人民法院作出及裁决内容,一般表述为:"××××年××月××日,××××人民法院作出(××××)……民特……号民事裁定:……(写明确认调解协议裁定结果)。"其次,写明确认调解协议裁定错误的事实和理由,如调解协议违反法律强制性规定,损害申请人的合法利益,损害国家利益、社会公共利益,违背公序良俗,违反自愿原则等。

3.尾部

(1)写明致送人民法院的名称。

(2)申请人签名。申请人是法人或者其他组织的,加盖单位公章并由法定代表人或负责人签名。

(3)注明提交申请书的年、月、日。

(4)附项。司法确认调解协议书的申请人申请撤销确认调解协议裁定的,应当附人民法院确认调解协议裁定书。

(三)文书样式与范例

1.文书样式

申　请　书

(申请撤销确认调解协议裁定用)

申请人(原申请人/利害关系人):×××,男/女,××××年××月××日出生,×族,……(写明工作单位和职务或者职业),住……。联系方式:……。

法定代理人/指定代理人:×××,……。

委托诉讼代理人:×××,……。

被申请人(原申请人):×××,……。

……

(以上写明当事人和其他诉讼参加人的姓名或者名称等基本信息)

请求事项:

撤销××××人民法院(××××)……民特……号民事裁定。

事实和理由:

××××年××月××日,××××人民法院作出(××××)……民特……号民事裁定:……(写明确认调解协议裁定结果)。

……(写明确认调解协议裁定错误的事实和理由)。

此致

××××人民法院

附:××××人民法院(××××)……民特……号民事裁定书

申请人(签名或者盖章)

××××年××月××日

2.实例与范本

【实例】魏××与××市房地产开发公司因劳动争议,于2016年8月10日在劳动合同履行地××市西区人力资源和社会保障局的主持调解下达成调解协议,并依此内容制作(2016)

西人字第236号调解书:(1)××市房地产开发公司于2016年9月15日前向魏××支付2016年1月至6月一半的工资即47,500元;(2)××市房地产开发公司于2016年10月15日前向魏××支付2016年1月至6月另一半的工资即47,500元;(3)双方就本案所涉及的其他纠纷互不追究。此后,双方于2016年8月16日向××市西区人民法院申请确认上述劳动争议调解协议的效力。该院经审理认为,双方订立的(2016)西人字第236号调解书,系双方自愿达成,双方意思表示真实,内容明确,未违反法律、行政法规的强制性规定,依法于2016年8月19日作出(2016)×0102民特798号裁定:确认申请人××市房地产开发公司与申请人魏××订立的(2016)西人字第236号调解书有效。之后,申请人××市房地产开发公司按照调解书规定的期限分两次向魏××支付全部工资,同时与申请人魏××解除劳动合同。但魏××认为,其之所以同意作出重大让步和签订调解协议就是希望纠纷解决后保持与申请人××市房地产开发公司之间的劳动合同关系,继续在该单位工作。对此,调解书签订时申请人××市房地产开发公司口头表示认可,但未订入调解书。魏××以××市房地产开发公司构成欺诈为由,向××市西区人民法院申请撤销(2016)×0102民特798号确认调解协议裁定。

申 请 书

申请人(原申请人):魏××,女,1980年2月3日出生,汉族,××市房地产开发公司职工,住××市东区××小区26号楼3门401房间。联系方式:×××××××××××。

被申请人(原申请人):××市房地产开发公司,住所××市西区××街道30号楼1门101房间。

法定代表人:李××,该公司总经理。联系方式:××××××××。

委托诉讼代理人:范××,该公司人力资源部总监。

请求事项:

撤销××市西区人民法院(2016)×0102民特798号裁定。

事实和理由:

2016年8月19日,××市西区人民法院作出(2016)×0102民特798号民事裁定:确认申请人××市房地产开发公司与申请人魏××订立的(2016)西人字第236号调解书有效。

魏××与××市房地产开发公司因劳动争议,于2016年8月10日在劳动合同履行地××市西区人力资源和社会保障局的主持调解下达成调解协议并依此内容制作(2016)西人字第236号调解书。该调解书是申请人魏××同意作出重大让步并在双方一致同意继续保持劳动关系和继续履行原先订立的劳动合同前提下签订的。××市房地产开发公司按照调解书的规定支付拖欠申请人魏××的工资后,单方解除劳动合同,违背了申请人作出重大让步和签订调解协议的初衷,也违背了其作出的与申请人继续保持劳动合同关系的承诺。可见,××市房地产开发公司本来就无意在调解书签订后继续履行与申请人的劳动合同,其之所以口头同意保持与申请人魏××的劳动合同关系,只是诱骗申请人魏××在作出对己不利的重大让步和不再追究其应当承担法律责任的基础上签订调解书。鉴于以上××市房地产开发公司对申请人的欺骗行为,申请人魏××现申请撤销你院于2016年8月19日作出的(2016)×0102民特798号确认调解协议民事裁定。

此致

××市西区人民法院

附：××市西区人民法院(2016)×0102民特798号民事裁定书

申请人 魏××

2016年10月27日

四、仲裁协议书

(一)文书制作的基本知识

仲裁协议书，是指平等民事主体在自愿协商的基础上就它们之间发生的合同纠纷和其他财产权益纠纷提交仲裁机构进行裁决所达成的书面协议书。

1. 仲裁范围与仲裁依据

根据《中华人民共和国仲裁法》(以下简称《仲裁法》)第2条至第5条的规定，平等主体的公民、法人和其他组织之间发生的合同纠纷和其他财产权益纠纷，可以仲裁。但是下列纠纷不能仲裁：婚姻、收养、监护、扶养、继承纠纷；依法应当由行政机关处理的行政争议。当事人采用仲裁方式解决纠纷，应当双方自愿，达成仲裁协议。没有仲裁协议，一方申请仲裁的，仲裁委员会不予受理。当事人达成仲裁协议，一方向人民法院起诉的，人民法院不予受理，但仲裁协议无效的除外。《民事诉讼法》第255条规定，涉外经济贸易、运输和海事中发生的纠纷，当事人在合同中订有仲裁条款或者事后达成书面仲裁协议，提交中华人民共和国涉外仲裁机构或者其他仲裁机构仲裁的，当事人不得向人民法院起诉。当事人在合同中没有订有仲裁条款或者事后没有达成书面仲裁协议的，可以向人民法院起诉。

2. 仲裁协议的形式

根据《仲裁法》第16条至第19条的规定，仲裁协议包括合同中订立的仲裁条款和以其他书面方式在纠纷发生前或者纠纷发生后达成的请求仲裁的协议。根据《仲裁法》及其司法解释的规定，仲裁协议应当采取书面形式。书面形式包括合同书、信件、电报、电传、传真、电子数据交换和电子邮件等可以有形地表现所载内容的形式。在仲裁申请书和仲裁答辩书的交换中一方当事人声称有仲裁协议而另一方当事人不做否认表示的，视为存在书面仲裁协议。

3. 仲裁协议的效力

根据《仲裁法》和《合同法》的有关规定，有下列情形之一的，仲裁协议无效：约定的仲裁事项超出法律规定的仲裁范围的；无民事行为能力人或者限制民事行为能力人订立的仲裁协议；一方采取胁迫手段，迫使对方订立的仲裁协议。仲裁协议对仲裁事项或者仲裁委员会没有约定或者约定不明确的，当事人可以补充协议；达不成补充协议的，仲裁协议无效。仲裁协议独立存在，合同的变更、解除、终止或者无效，不影响仲裁协议的效力。

(二)文书的内容及制作方法

仲裁协议书应当具有下列内容：请求仲裁的意思表示；仲裁事项；选定的仲裁委员会。

1. 首部

(1)注明文书名称“仲裁协议书”。

(2)当事人双方的基本情况。应写明仲裁协议双方当事人的姓名、住址等；当事人是法人或其他组织的，应写明其全称、地址、法定代表人姓名、职务。

2. 正文

(1)请求仲裁的意思表示。写明双方当事人一致同意将可能发生或已经发生的争议提交一个仲裁机构依法仲裁。

(2)仲裁的事项。应写明双方当事人明确约定仲裁事项,有两项或者两项以上仲裁事项的,应当一一列出。当事人约定的仲裁事项应当属于《仲裁法》规定的仲裁范围。最高人民法院《关于适用〈中华人民共和国仲裁法〉若干问题的解释》(以下简称《仲裁法司法解释》)第2条规定,当事人概括约定仲裁事项为合同争议的,基于合同成立、效力、变更、转让、履行、违约责任、解释、解除等产生的纠纷都可以认定为仲裁事项。

(3)选定的仲裁委员会。双方当事人应共同选定一个仲裁委员会进行仲裁。仲裁机构的名称应准确。仲裁协议对仲裁委员会没有约定或者约定不明确的,当事人可以补充协议;达不成补充协议的,仲裁协议无效。根据《仲裁法司法解释》第3条至第6条的规定,仲裁协议约定的仲裁机构名称不准确,但能够确定具体的仲裁机构的,应当认定选定了仲裁机构。仲裁协议仅约定纠纷适用的仲裁规则的,视为未约定仲裁机构,但当事人达成补充协议或者按照约定的仲裁规则能够确定仲裁机构的除外。仲裁协议约定两个以上仲裁机构的,当事人可以协议选择其中的一个仲裁机构申请仲裁;当事人不能就仲裁机构选择达成一致的,仲裁协议无效。仲裁协议约定由某地的仲裁机构仲裁且该地仅有一个仲裁机构的,该仲裁机构视为约定的仲裁机构。该地有两个以上仲裁机构的,当事人可以协议选择其中的一个仲裁机构申请仲裁;当事人不能就仲裁机构选择达成一致的,仲裁协议无效。根据《仲裁法司法解释》第7条的规定,当事人约定争议可以向仲裁机构申请仲裁也可以向人民法院起诉的,仲裁协议无效。但一方向仲裁机构申请仲裁,另一方未在《仲裁法》第20条第2款规定期间内提出异议的除外。

3. 尾部

(1)双方当事人签名。一方或双方为法人或其他组织的,应加盖单位公章并由法定代表人或负责人签名。

(2)写明订立仲裁协议书的年、月、日。

(三)文书样式与范本

1. 文书样式

仲裁协议书(1)

甲方:____。

乙方:____。

甲、乙双方当事人愿意提请________仲裁委员会按照《中华人民共和国仲裁法》的规定,仲裁如下争议:

(1)____;

(2)____;

(3)____。

甲方名称(姓名)	乙方名称(姓名)
法定代表人	法定代表人

地址　　　　　　　　　　　　　　　　地址
签字(盖章)　　　　　　　　　　　　　签字(盖章)
________年____月____日　　　　　　　________年____月____日

仲裁补充协议书(2)

甲方:____。
乙方:____。

根据《中华人民共和国仲裁法》,我们经过协商,愿就________年____月____日签订的________合同第________条约定的仲裁事项,达成如下补充协议:

凡因执行本合同或与本合同有关的一切争议,申请________仲裁委员会仲裁,并适用《仲裁委员会仲裁规则》。________仲裁委员会的裁决是终局的,对双方都有约束力。

甲方名称(姓名)　　　　　　　　　　　乙方名称(姓名)
法定代表人　　　　　　　　　　　　　法定代表人
签字(盖章)　　　　　　　　　　　　　签字(盖章)
________年____月____日　　　　　　　________年____月____日

2. 文书范本

仲裁协议书

甲方:北京昌平区×××小区业主委员会。

乙方:北京××物业有限责任公司。

甲、乙双方当事人愿意提请北京仲裁委员会按照《中华人民共和国仲裁法》的规定,仲裁如下争议:

1. 甲乙双方之间的物业管理合同纠纷;
2. ×××小区建筑区划内的道路、绿地所有权纠纷;
3. ×××小区建筑区划内规划用于停放汽车的车位、车库的归属纠纷;
4. ×××小区建筑物及其附属设施的维修基金归属及其使用纠纷;
5. 甲乙双方之间基于物业管理合同引起的其他纠纷。

甲方　北京昌平区×××小区业主委员会　　　乙方　北京××物业有限责任公司
法定代表人　叶××　　　　　　　　　　　　法定代表人　管××
2010年8月20日　　　　　　　　　　　　　　2010年8月20日

五、仲裁申请书

(一)文书制作的基本知识

仲裁申请书,是指纠纷发生后,当事人依据仲裁协议,向仲裁机构提交的、请求对争议事项进行仲裁裁决的法律文书。

根据《仲裁法》第21条和第22条的规定,当事人申请仲裁应当符合下列条件:有仲裁协议;有具体的仲裁请求和事实、理由;属于仲裁委员会的受理范围。当事人申请仲裁,应当向仲裁委员会递交仲裁协议、仲裁申请书及副本。根据《中国国际经济贸易仲裁委员会仲裁规则》第10条第1款和第3款的规定,当事人依据本规则申请仲裁时应提交由申请人及/或申请人授权的代理人签名及/或盖章的仲裁申请书。按照仲裁委员会制定的仲裁费用表的规定预缴仲裁费。

根据《仲裁法》第24条和第25条的规定,仲裁委员会收到仲裁申请书之日起5日内,认为符合受理条件的,应当受理,并通知当事人;认为不符合受理条件的,应当书面通知当事人不予受理,并说明理由。仲裁委员会受理仲裁申请后,应当在仲裁规则规定的期限内将仲裁规则和仲裁员名册送达申请人,并将仲裁申请书副本和仲裁规则、仲裁员名册送达被申请人。

申请人可以放弃或者变更仲裁请求。被申请人可以承认或者反驳仲裁请求,有权提出反请求。当事人应当对自己的主张提供证据。仲裁庭认为有必要收集的证据,可以自行收集。仲裁庭对专门性问题认为需要鉴定的,可以交由当事人约定的鉴定部门鉴定,也可以由仲裁庭指定的鉴定部门鉴定。当事人、法定代理人可以委托律师和其他代理人进行仲裁活动。委托律师和其他代理人进行仲裁活动的,应当向仲裁委员会提交授权委托书。

(二)文书的内容及制作方法

《仲裁法》第23条规定,仲裁申请书应当载明下列事项:当事人的基本情况;姓名、性别、年龄、职业、工作单位和住所;仲裁请求和所根据的事实、理由;证据和证据来源、证人姓名和住所。《中国国际经济贸易仲裁委员会仲裁规则》第10条第1款规定,涉外仲裁申请书应写明:申请人和被申请人的名称和住所,包括邮政编码、电话、电传、传真、电报号码、电子邮件或其他电子通信方式;申请仲裁所依据的仲裁协议;案情和争议要点;申请人的仲裁请求;仲裁请求所依据的事实和理由。仲裁申请书具体包含以下部分:

1. 首部

(1)标题。注明文书名称"申请书"或"仲裁申请书"。

(2)当事人的基本情况。应当写明申请人、被申请人姓名、性别、年龄、职业、工作单位和住所等基本事项;申请人和被申请人为法人或其他组织的,应写明法人或者其他组织的名称、住所和法定代表人或者主要负责人的姓名、职务;委托了律师或其他人作为仲裁代理人的,应在各自当事人后写明其姓名、所在律师事务所名称或工作单位。

2. 正文

(1)仲裁请求。明确写出当事人请求仲裁机构要裁决的具体事项,如要求被申请人给付货款、支付违约金、裁定被申请人违约、双倍返还定金等。

(2)事实和理由。阐明双方争议发生的具体事实,重点写明双方权益争议的焦点;针对双方争议的事实和相关证据,根据有关法律规定或双方的合同约定,在阐明双方权利、义务的基础上,提出被申请人应履行的义务和应承担的具体责任,以论证其仲裁请求的合法性。

(3)写明证据和证据来源,证人姓名及住址;在提交仲裁申请书时,并应附具申请人请求所依据的事实的证明文件。

3. 尾部

(1)写明致送仲裁委员会的名称。

(2)申请人签名。申请人为法人或其他组织的,加盖单位公章。

(3)提交申请书的年、月、日。

(4)本申请书副本及份数。申请书应当根据对方当事人的人数提供;但是对于涉外仲裁当事人提交申请书和有关证明材料以及其他文件时,应一式五份;如果当事人人数超过两人,则应增加相应份数;如果仲裁庭组成人数为一人,则可以减少两份。

(三)文书样式与范本

1. 文书样式

仲裁申请书(1)

申请人:____。

被申请人:____。

案由:____________________。

仲裁请求:

____。

事实和理由:

____

____

____。

证据和证据来源,证人姓名和住址:

____。

此致

____________仲裁委员会

附:1. 本申请书副本________份

2. 有关证据材料________份

申请人(签名或盖章)

________年____月____日

涉外仲裁申请书(2)

申请人:____。

住所(注册登记地址):____________________________________;

邮政编码:____________;电子邮箱:________________________;

电　　话:____________;传　　真:________________________;

负责人姓名、职务:______________________________________。

申请人代理人:____;

通信地址:____________;邮政编码:________________________;

电子邮箱:____________;电　　话:____________;传　　真:____________。

被申请人:____________;国　　籍:________________________;

住　　所:____________;邮政编码:________________________;

电子邮箱:____________;电　　话:____________;传　　真:____________。

案由:____________________。

仲裁请求:
____
____
____。

仲裁请求所依据的事实和理由:
____
____
____
____。

此致

中国国际经济贸易仲裁委员会

附:1. 申请人在________国注册登记的官方文件
2. 授权委托书
3. 被申请人的国籍及身份证明
4. 双方订立的合同文本
5. 被申请人验货后签署的检验合格证书
6. 进出口商品的检验证书
7. 申请人致被申请人的函件
8. 证人证言

申请人及/或申请人授权的代理人(签名或盖章)

________年____月____日

2. 文书范本

仲裁申请书

申请人:××市茂盛百货有限责任公司。

住所:××市××路××××号,邮政编码:××××××,电话:××××××××。

法定代表人:杨××,职务:总经理,电话:××××××××。

委托代理人:孙××,××市××律师事务所律师。

被申请人:××市前进鞋业有限责任公司。

住所:××市××路××号,邮政编码:××××××,电话:××××××××。

法定代表人:章××,职务:总经理。

案由:买卖合同纠纷

仲裁请求:

1. 裁决被申请人退回全部货款20万元并支付同期银行利息;
2. 裁决被申请人赔偿可得利益损失20万元;
3. 裁决被申请人支付3万元的违约金损失;
4. 裁决本案仲裁费用由被申请人承担。

事实和理由:

为了迎接“五一”黄金旅游周的到来,2007年4月16日申请人与被申请人签订了购买旅游鞋的合同,合同约定:申请人向被申请人购买×型号的旅游鞋1000双,每双价格以批发价400元(低于市场价200元)成交,被申请人的交货日期为2007年4月29日;申请人于2007年4月20日前向被申请人支付一半货款,另一半货款待被申请人将货送到申请人处并经验收合格后付清。此外,双方在合同中约定,因买卖合同引发的纠纷通过仲裁方式解决。2007年4月29日被申请人的送货员在送货途中因抽烟引起鞋箱着火,发生火灾,导致全部旅游鞋烧毁。因缺少旅游鞋这一商品,申请人不仅在“五一”黄金期间的销售收入遭受了巨大损失,而且,还使申请人因没有按时得到旅游鞋而解除了与××展销会签订的在节日期间举行商品展销合同,为此申请人向该展销会的组织者支付了违约金3万元。现根据《中华人民共和国合同法》第107条、第112条和第113条第1款的规定,请求贵仲裁委员会依法裁决被申请人退回申请人支付的20万元货款并向申请人支付同期银行利息;赔偿申请人可得利益损失(按1000双鞋每双损失200元计算)20万元以及申请人因未参加展销会而向该展销会的组织者支付的3万元违约金损失。

此致

××仲裁委员会

申请人　××市茂盛百货有限责任公司

2007年5月30日

六、仲裁答辩书

(一)文书制作的基本知识

仲裁答辩书,是指仲裁案件的被申请人为维护自己的合法权益,针对申请人在仲裁申请书中提出的仲裁请求及其内容,在仲裁规则规定的期限内向仲裁委员会提交的答辩性书面材料。

根据《仲裁法》第25条的规定,仲裁委员会受理仲裁申请后,应当在仲裁规则规定的期限内将仲裁规则和仲裁员名册送达申请人,并将仲裁申请书副本和仲裁规则、仲裁员名册送达被申请人。被申请人收到仲裁申请书副本后,应当在仲裁规则规定的期限内向仲裁委员会提交答辩书。根据《中国国际经济贸易仲裁委员会仲裁规则》第12条的规定,涉外仲裁的被申请人应在收到仲裁通知之日起45天内向仲裁委员会秘书局或其分会秘书处提交答辩书。仲裁庭认为有正当理由的,可以适当延长此期限。答辩书由被申请人及/或被申请人授权的代理人签名及/或盖章。仲裁庭有权决定是否接受逾期提交的答辩书。可见,仲裁委员会收到答辩书后,应当在仲裁规则规定的期限内将答辩书副本送达申请人。被申请人未提交答辩书的,不影响仲裁程序的进行。根据《仲裁法》第27条的规定,被申请人可以承认或者反驳仲裁请求,有权提出反请求。被申请人收到仲裁申请书副本后,在仲裁规则规定的期限内向仲裁委员会提交答辩书是其享有的一项重要权利,尽管其放弃这项权利并不影响仲裁程序的进行,但是被申请人通过提交答辩书对仲裁申请书的有关内容提出辩解或驳斥,有利于仲裁庭了解事实真相和做出公正裁决。

(二)文书的内容及制作方法

仲裁答辩状应包括下列内容:被申请人的名称和住所;对申请人的仲裁申请的答辩及所依据的事实和理由;答辩所依据的证明文件。具体来讲,仲裁答辩状由以下三部分构成:

1. 首部

(1)标题。注明文书名称“仲裁答辩书”。

(2)答辩人基本情况。答辩人是公民的,写明其姓名、性别、年龄、民族、籍贯、职业、住址;答辩人是法人或其他组织的,则写明其全称、地址及其法定代表人或主要负责人姓名、职务。涉外仲裁的答辩人还应注明其邮政编码、电话、电传、传真、电报号码、电子邮件或其他电子通信方式。答辩人委托了仲裁代理人的,应在答辩人后列明,并写明其基本情况;如果是律师,应写明其姓名、所在律师事务所名称。

2. 正文

(1)案由。主要写明答辩的案由,即“答辩人于何时收到仲裁机构转交的仲裁申请书,现提出答辩如下”。

(2)事实和理由。该部分主要阐明答辩意见,这是仲裁答辩书的核心内容。答辩意见可以有针对性地从以下方面进行阐述:通过有关证据对仲裁申请书中所提供的事实进行反驳;指出其证据之间存在的矛盾和不具有证明力;对仲裁申请理由及其法律适用错误进行反驳;指出仲裁程序中的错误,如仲裁协议无效、仲裁庭无管辖权、仲裁员具有应当回避的情形等。最后,对答辩意见作出概括与归纳,作出总结性意见。上述内容是答辩意见的一般写作方法,其应当坚持的根本原则是以实事为根据、以法律为准绳,做到以理服人,不得强词夺理,更不得颠倒是非、任意编造事实。

3. 尾部

(1)写明致送仲裁委员会的名称。

(2)答辩人签名。答辩人是法人或其他组织的,应加盖单位公章。

(3)注明答辩书提交的年、月、日。

(4)附项。答辩状副本及答辩人提供的相关证据材料。答辩书应当根据对方当事人的人数提供;但是对于涉外仲裁当事人提交答辩书和有关证明材料以及其他文件时,应一式五份;如果当事人人数超过两人,则应增加相应份数;如果仲裁庭组成人数为一人,则可以减少两份。

(三)文书样式与范本

1. 文书样式

仲裁答辩书(1)

(用于公民提交的仲裁答辩)

答辩人:____。

委托代理人:______________________________________。

答辩人于________年____月____日收到你会转来的申请人________因与我方发生的________争议而提出的仲裁申请书。现提出答辩如下:

____

____

____。

此致

____________仲裁委员会

附:1. 本答辩书副本________份

2. 有关证据材料________份

答辩人(签名或盖章)

________年____月____日

仲裁答辩书(2)

(用于法人或其他组织提交的仲裁答辩)

答辩人:____,

地址:____,

法定代表人:________________;职务:________________;电话:________________。

委托代理人:________________;工作单位:________________________________。

我方就申请人________因与我方之间发生的________争议向你会提出的仲裁请求,提出答辩如下:

____

____

____。

此致

____________仲裁委员会

附:1. 本答辩书副本________份

2. 有关证据材料________份

答辩人(签名或盖章)

________年____月____日

涉外仲裁答辩书(3)

答辩人(被申请人):____。

住所(注册登记地址):____。

邮政编码:____________;电子邮箱:____________;电话:__________;传真:______。

负责人姓名、职务:________________________________。

仲裁代理人:____。

电子邮箱:____________;电话:________;传真:____________。

申请人:____________;国籍:________________________。

身份证件名称及号码:________________________________。

住所:____。

邮政编码:____________;电子邮箱:__________;电话:________。

就贸仲委编号为________的案件中,对于申请人________年____月____日提出的仲裁请求,本公司现提出答辩如下:

____

____

____。

此致

中国国际经济贸易仲裁委员会

证据目录:

附件:1. 申请人在________国注册登记的官方文件

2. 授权委托书

3. 双方签订的合同文本

4. 商品检验证书

5. 被申请人致申请人的传真

答辩人及/或代理人(签名或盖章)

________年____月____日

2. 文书范本

仲裁答辩书

答辩人:××市前进鞋业有限责任公司。

住所:××市××路××号,邮政编码:××××××,电话:×××××××××。

法定代表人:章××,职务:总经理。

答辩人于2007年6月5日收到你会转来的申请人××市茂盛百货有限责任公司因与我方发生的买卖合同争议而提出的仲裁申请书。现提出答辩如下:

一、申请人要求答辩人赔偿其20万元的可得利益损失缺乏事实依据和法律依据

2007年4月16日申请人与被申请人签订了购买旅游鞋的合同,合同约定:申请人向答辩人以每双价格400元的批发价购买×型号的旅游鞋1000双。答辩人在2007年4月29日按照双方约定期间内送货时不慎引起鞋箱着火,发生火灾,导致全部旅游鞋烧毁,造成答辩人未在约定期间内向申请人交付货物,对此,答辩人认为应当向申请人承担违约责任。但是,《中华人民共和国合同法》第113条第1款规定:“当事人一方不履行合同义务或者履行合同义务不符合约定,给对方造成损失的,损失赔偿额应当相当于因违约所造成的损失,包括合同履行后可以获得的利益,但不得超过违反合同一方订立合同时预见到或者应当预见到的因违反合同可能造成的损失。”据此,本案中答辩人因违约给申请人所造成的损失虽然应当包括合同履行后可以获得的利益,但不得超过答辩人订立合同时预见到或者应当预见到的因违反合同可能给申请人造成的损失。而本案中申请人要求按1000双旅游鞋和200元每双计算赔偿损失,是答辩人不能预见和不应当预见的。再说,申请人也没有证据证明其在“五一”黄金旅游周期间能够将1000双旅游鞋卖出。因此,申请人要求答辩人赔偿其20万元可得利益损失的主张缺乏事实依据和法律依据。

二、答辩人对申请人要求赔偿其3万元违约金的损失不具有预见性,其赔偿主张不能成立

在本案中,对申请人因未参加展销会而向××展会组织人交付的3万元违约金损失,虽与答辩人对申请人的违约有关,但答辩人对申请人以购买的旅游鞋参加展销会之事毫不知情,在双方订立旅游鞋买卖合同时答辩人不能预见也不应当预见到申请人的这一损失。因此,根据《中华人民共和国合同法》第113条第1款的规定,答辩人对此不负赔偿责任。

综上所述,申请人要求答辩人赔偿其20万元的可得利益损失缺乏事实依据和法律

依据,答辩人对申请人要求赔偿其3万元违约金的损失不具有预见性,其赔偿主张依法不能成立。答辩人请求××仲裁委员会依法驳回申请人上述仲裁请求。

此致

××仲裁委员会

答辩人 ××市前进鞋业有限责任公司

2007年6月10日

仲裁答辩书

答辩人(被申请人):Global (NY) International Trade Co. Ltd.

住所(注册登记地址):2345, Fifth Avenue, New York, NY 10017, USA.

邮政编码:10017;电子邮箱:legalny@ global. com.

电话:(212)1234567;传真:(212)1234568.

负责人姓名、职务:Simon Smith, Chairman of Board of Directors

被申请人代理人:张××。通信地址:____________;邮政编码:________;电子邮箱:________;电话:________;传真:________。

申请人:赵××,中华人民共和国公民

身份证号码:______________;住所:________________;邮政编码:____________;

电子邮箱:______________;电话:____________传真:____________。

就贸仲委编号为________的案件中,对于申请人________年____月____日提出的仲裁请求,本公司现提出答辩如下:

2001年9月9日,被申请人与申请人在香港签订了GIT05/90号买卖皮衣的合同(见附件第____页),约定由申请人向被申请人出售××牌皮衣200件,总价款为165,751美元,付款方式为预付80%货款,余款待货交买方检验合格后30日内支付。

合同签订后,被申请人依约收取了货物,并请河北省进出口商品检验局出具了检验证书(见附件第____页至第____页)。该检验证书检验结果证明,申请人所交货物质量与合同规定严重不符。被申请人将检验结果及时通知了申请人(见附件第____页),申请人未对检验结果提出异议。因此,根据合同规定,申请人无权再向被申请人索要剩余的20%货款。

以上所述,均有相应证据予以证明。请仲裁庭查明,驳回申请人的全部仲裁请求。

此致

中国国际经济贸易仲裁委员会

证据目录:

附件:1. 第1~3页,申请人在美国注册登记的官方文件

2. 第4页,授权委托书

3. 第5页,双方签订的GIT05/90号合同文本

4. 第6~9页,商品检验证书

5. 第10页,被申请人致申请人的传真

被申请人 Global (NY) International Trade Co. Ltd.

被申请人授权的代理人 张××

2003年5月9日

七、仲裁反请求书

(一)文书制作的基本知识

仲裁反请求书,又称为仲裁反请求申请书,是指在已经进行的仲裁中被申请人以本申请的申请人为被申请人,向受理本申请的仲裁委员会提交的、请求仲裁委员会作出裁决以维护自己合法权益的法律文书。

根据《仲裁法》第27条的规定,被申请人可以承认或者反驳仲裁请求,有权提出反请求。根据《中国国际经济贸易仲裁委员会仲裁规则》第16条的规定,被申请人如有反请求,应当自收到仲裁通知之日起45天内以书面形式提交仲裁委员会。仲裁庭认为有正当理由的,可以适当延长此期限。被申请人提出反请求时,应当提交反请求书。被申请人提出反请求,应当按照仲裁委员会制定的仲裁费用表在规定的时间内预缴仲裁费。仲裁委员会认为被申请人提出反请求的手续已完备的,应将反请求书及其附件发送申请人。申请人应在接到反请求书及其附件后30天内对被申请人的反请求提交答辩。仲裁庭有权决定是否接受逾期提交的反请求答辩书。申请人对被申请人的反请求未提出书面答辩的,不影响仲裁程序的进行。根据该规则第17条的规定,被申请人也可以对其反请求提出更改;但是,仲裁庭认为其提出更改的时间过迟而影响仲裁程序正常进行的,可以拒绝受理其更改请求。

仲裁反请求是仲裁申请制度的一种特殊形式,具有下列特点:反请求只能由本申请中的被申请人对本申请中的申请人提出;反请求的请求具有独立性,反请求已经成立就不因本申请的撤回而终结,也不因本申请的申请人放弃仲裁而失效;反请求与本申请请求直接具有牵连关系,这种牵连关系可以是在仲裁标的上的牵连,也可以是争议事项所涉及的法律事实上的牵连。仲裁被申请人在答辩期间提出反请求,且该反请求属于仲裁范围且与本请求具有法律上的牵连关系,仲裁委员会就可以将反请求和本请求合并处理。

(二)文书的内容及制作方法

反请求书中应写明当事人的基本情况、具体的反请求及其所依据的事实和理由,并附具有关的证明文件。具体包括以下三部分:

1. 首部

(1)应当写明文书名称"仲裁反请求书"或"仲裁反请求申请书"。

(2)应当写明当事人的基本情况,即反请求申请人和反请求被申请人的姓名、性别、年龄、民族、籍贯、职业、住址等。反请求申请人和反请求被申请人为法人或其他组织的,应当写明其名称、住所、法定代表人的姓名和职务,并应分别在当事人姓名或名称的后面用括号中注明其在本申请中的仲裁地位,即本申请被申请人和本申请申请人。

2. 正文

(1)反请求,是反请求申请人即本申请的被申请人基于本申请的事实或法律关系,而提出的独立于本申请请求的仲裁请求。反请求申请人向仲裁委员会提出的反申请请求事项应当具体、明确。

(2)事实和理由,是反申请书的核心部分。在这一部分应写明反申请请求人请求仲裁委员会裁决纠纷和争议的事实依据与法律依据。首先,应针对本申请请求,客观、准确地阐明当事人双方争议的事实或本申请人对反请求申请人即本申请的被申请人违约或侵权的事实,在此基础上分析出双方纠纷的性质,阐述本申请人的行为给反请求人造成的危害结果、危害程度，本申请人因此所获得的利益或者反申请请求人所受到的损失等，并提出有力的证据加以支持；其次，运用相关法律的规定，阐述反请求的正当性与合法性以及本申请人应承担的责任；最后，根据有关法律的具体规定为依据，请求仲裁委员会依法裁决。

(3)证据和证据来源，证人的姓名和住址，应当写明向仲裁委员会提供的能够证明案情的证据的名称、件数或证据线索，并写明证据来源。有证人的，则应写明证人的姓名和住址。反申请请求人提供的证据必须具有真实性、合法性，与解决案件纠纷具有牵连性，而且应尽量充分，从而对其反请求提供有力的证据支持。

3. 尾部

(1)写明致送仲裁委员会的名称，应当与本申请为同一仲裁委员会。

(2)附项。应注明本反请求书副本份数，反请求书副本份数应按被反诉人的人数提交。

(3)反请求人签名。反请求人是法人或其他组织的，应加盖单位公章。

(4)最后应当写明提交反请求书的年、月、日。

(三)文书样式与范例

1. 文书样式

仲裁反请求书

反请求申请人：________________________________。

反请求被申请人：______________________________。

反请求事项：

____。

事实和理由：

____

____

____。

证据和证据来源，证人姓名和住址：

____。

此致

__________仲裁委员会

附：1. 反请求申请书副本________份

2. 证据________份

反请求申请人(签名或盖章)

________年____月____日

2. 实例与范本

【实例】1998年8月25日北京好利建设有限责任公司(甲方)与北京三人行有限责任公司(乙方)签订了《房屋租赁合同》，双方约定：甲方出租××广场西座地上第一至三层和地下一层作为酒楼营业用房；自1998年9月1日起至1999年3月31日止，乙方可以进驻现场进行局部改造和精装修，进行设备调试及试营业；自1999年4月1日起计算租期，租赁期为5年；每年租金为227万元，乙方每年4月1日前和10月1日前各支付一次，每次预付金额为113.5万元，如不能按期支付租金，拖欠期内每日加收欠交租金万分之五的滞纳金；在合同约定的租赁期内，甲、乙双方均不能无故解除本合同。如确有必要解除合同,违约方要以当年租金总额的2倍作为违约金赔付守约方;双方之间的租赁合同纠纷通过北京仲裁委员会仲裁解决。协议签订后,甲方如期将房屋交付乙方,乙方装修后以"三人行大酒楼"的名义开业营业。但乙方仅在1998年9月8日向甲方支付了定金50万元,租金从未支付。甲方作为出租人遂提起仲裁,提出如下裁决请求:裁决解除双方于1998年8月25日签订的《房屋租赁合同》,乙方即三人行公司将其承租并已装修的房屋无偿返还给甲方即好利建设公司;裁决三人行公司给付好利建设公司租金794.5万元;裁决三人行公司给付好利建设公司滞纳金1,966,387元(滞纳金暂计至2002年2月1日,自逾期之日起至实际给付之日止);裁决三人行公司给付好利建设公司违约金454万元;裁决三人行公司承担本案仲裁费。三人行公司收到北京仲裁委员会送达的好利建设公司的仲裁申请书后,提起仲裁反请求。

仲裁反请求书

反请求申请人:北京三人行餐饮有限责任公司,住所北京市丰台区××路××号。

法定代表人:林××,职务:董事长;电话:×××××××××。

反请求被申请人:北京好利建设有限责任公司,住所北京市朝阳区××路××号。

法定代表人:马××,职务:董事长;电话:×××××××××。

反请求事项:

1. 请求确认好利建设公司与三人行公司之间签订的《房屋租赁合同》无效;

2. 请求驳回建设公司的仲裁请求;

3. 请求裁决好利建设公司补偿三人行公司经济损失17,404,972.11元(实际投入6,204,972.11元,双倍租金454万元,三年预期利润666万元);

4. 请求裁决由好利建设公司负担本案仲裁费。

事实和理由:

1998年8月25日仲裁反请求申请人(乙方)与反请求被申请人(甲方)签订了《房屋租赁合同》,双方约定:甲方出租××广场西座地上第一至三层和地下一层作为酒楼营业用房;自1998年9月1日起至1999年3月31日止,乙方可以进驻现场进行局部改造和精装修,进行设备调试及试营业;自1999年4月1日起计算租期,租赁期为5年;每年租金为227万元,乙方每年4月1日前和10月1日前各支付一次,每次预付金额为113.5万元,如不能按期支付租金,拖欠期内每日加收欠交租金万分之五的滞纳金;在合同约定的租赁期内甲、乙双方均不能无故解除本合同。如确有必要解除合同,违约方要以当年租金总额的两倍作为违约金赔付守约方;双方之间的租赁合同纠纷通过北京仲裁委员会仲裁解决。协议签订并生效后,反请求申请人进驻租赁房屋现场并投资对房屋进行了局部改造和精装修。但因反请求被申请人未及时取得房屋产权证,同时不能及时提供消防验收合格证,致使反请求申请人拟设立的"三人行酒楼有限责任公司"无法获得工商行政管理部门的核准,不能营业,试营业亦无法进行。因此,因反请求被申请人无法按照合同约定提供相应的法律文件,导致双方之间的《房屋租赁合同》无效,反请求被申请人应当承担合同无效的法律后果。现请求仲裁委员会依法支持我方提出的仲裁反请求,并依法驳回反请求被申请人提出的仲裁请求。

此致

北京仲裁委员会

附:反请求申请书副本1份

反请求申请人　北京三人行餐饮有限责任公司
1999年10月31日

八、撤销仲裁裁决申请书

(一)文书制作的基本知识

撤销仲裁裁决申请书,是指仲裁裁决作出后,当事人认为该裁决具有依法应当撤销的情形时,向人民法院提交的、请求撤销仲裁裁决的法律文书。

根据《仲裁法》的规定,仲裁实行一裁终局制度,裁决书自作出之日起发生法律效力。当事人认为该裁决不符合法律规定或者违法的,可以向仲裁委员会所在地的中级人民法院提交撤销裁决申请书,从而对仲裁实行监督和纠正仲裁可能发生的错误。对此,《仲裁法》第58条规定,当事人提出证据证明裁决有下列情形之一的,可以向仲裁委员会所在地的中级人民法院申请撤销裁决:(1)没有仲裁协议的;(2)裁决的事项不属于仲裁协议的范围或者仲裁委员会无权仲裁的;(3)仲裁庭的组成或者仲裁的程序违反法定程序的;(4)裁决所根据的证据是伪造的;(5)对方当事人隐瞒了足以影响公正裁决的证据的;(6)仲裁员在仲裁该案时有索贿受贿,徇私舞弊,枉法裁决行为的。人民法院经组成合议庭审查核实裁决有前款规定情形之一的,应当裁定撤销。人民法院认定该裁决违背社会公共利益的,应当裁定撤销。该法第59条至第61条规定,当事人申请撤销裁决的,应当自收到裁决书之日起6个月内提出。人民法院应当在受理撤销裁决申请之日起2个月内作出撤销裁决或者驳回申请的裁定。人民法院受理撤销裁决的申请后,认为可以由仲裁庭重新仲裁的,通知仲裁庭在一定期限内重新仲裁,并裁定中止撤销程序。仲裁庭拒绝重新仲裁的,人民法院应当裁定恢复撤销程序。

(二)文书的内容及制作方法

1. 首部

(1)名称。注明文书名称"申请书"或"撤销仲裁裁决申请书"。

(2)申请人的基本情况。申请人为公民的,应写明其姓名、性别、出生年月日、民族、籍贯、工作单位和职务或职业、住址及联系方式;申请人是法人或其他组织的,应写明其全称、地址及其法定代表人或主要负责人姓名、职务及联系方式。申请人委托了仲裁代理人的,应在申请人后列明,并写明其基本情况;如果是律师,应写明其姓名、所在律师事务所名称。

2. 正文

(1)申请撤销事项。应明确地写出请求撤销仲裁裁决,并写明制作裁决的时间、仲裁机构名称和裁决书的案号。

(2)事实和理由。首先,裁决内容;其次,说明当事人间因何案提请仲裁并作出裁决的事实;再次,阐明申请人请求撤销裁决的事实和理由即该裁决属于法定应予撤销的情形,应举出相关证据材料加以证明;最后,说明基于所述事实,根据仲裁法的有关规定,请求人民法院撤销其提出的仲裁裁决请求。

3. 尾部

(1)写明致送人民法院的名称。

(2)申请人签名。申请人是法人或其他组织的,应加盖单位公章。

(3)注明申请书提交的年、月、日。

(4)附项。本申请副本、相关的证据材料及申请撤销的仲裁裁决书。

(三)文书样式与范例

1. 文书样式

申　请　书

(用于公民申请撤销仲裁裁决)

申请人:________(姓名),____(性别),________年____月____日出生,________________(住址),________________(工作单位和职务或者职业),________________(联系方式)。

被申请人:____________________,住所____________________。

法定代表人/主要负责人:________(姓名),________(职务),联系方式:____________。

委托诉讼代理人:________(姓名),________(单位与职务)。

……

(以上写明当事人和其他诉讼参加人的姓名或者名称等基本信息)

请求事项:

撤销________仲裁委员会________号裁决。

事实和理由:

________年____月____日,________仲裁委员会作出(______)____号裁决:________________(写明仲裁裁决结果)。

____(写明申请撤销裁决的事实和理由)。

此致

____________人民法院

附:________仲裁委员会____号裁决书

申请人(签名或者盖章)

________年____月____日

申　请　书

(用于法人或者其他组织申请撤销仲裁裁决)

申请人:________________,住所________________。

法定代表人/主要负责人:________(姓名),________(职务),联系方式:________。

委托诉讼代理人:________(姓名),________(单位与职务)。

被申请人:________(姓名),____(性别),________年____月____日出生,____________(住址),____________(工作单位和职务或者职业),________________(联系方式)。

……

(以上写明当事人和其他诉讼参加人的姓名或者名称等基本信息)

请求事项:

撤销________仲裁委员会____号裁决。

事实和理由：

________年____月____日，________仲裁委员会作出（________）____号裁决：____________（写明仲裁裁决结果）。

____

____

______________（写明申请撤销裁决的事实和理由）。

此致

____________人民法院

附：________仲裁委员会____号裁决书

申请人（签名或者盖章）

________年____月____日

2. 实例与范本

【实例】2004年7月23日甲市银泰物业发展有限公司（甲方）与乙市江海电梯有限公司（乙方），签订了《电梯设备购销及安装合同》，约定：甲方向乙方购买EFTK－1000－CO90－12∶12电梯1台用于其建设的世纪佳苑E栋，总价260,000元；甲方自合同签订之日起3天内，向乙方支付定金50,000元，乙方安排生产；定金到达乙方账户之日起80日内，乙方生产制造完毕；甲方在乙方投产前提出终止本合同时，甲方已付定金无权收回；在甲方的主体工程土建完成后，甲方应告知乙方；甲方在接到乙方的产成通知之日起1个月内不付款，则视甲方自动取消合同，甲方须向乙方偿付本合同总价的30%作为违约金；双方之间的合同纠纷由甲仲裁委员会仲裁。合同签订后，银泰物业公司向其他厂家购买并安装了电梯，江海电梯公司作为申请人遂以被申请人银泰物业公司拒不履行合同约定的义务，致使申请人遭受了较大的损失为由向甲仲裁委员会申请仲裁。现请求裁决解除双方签订的《电梯设备购销合同》，裁决被申请人支付违约金78,000元。甲仲裁委员会经审理认为，申请人与被申请人之间签订的《电梯设备购销及安装合同》，是双方的真实意思表示，不违背法律法规的禁止性规定，合法有效；银泰物业公司向其他厂家购买并安装了电梯，拒不履行合同约定的义务，应当依法承担违约责任。甲仲裁委员会于2004年12月26日作出（2004）×裁字201号裁决书，裁决甲市银泰物业公司应当向乙市江海电梯有限公司偿付本合同总价的30%作为违约金即78,000元。甲市银泰物业发展有限公司认为仲裁裁决缺乏相应的证据支持，遂向甲仲裁委员会所在地的中级人民法院申请撤销裁决。

撤销仲裁裁决申请书

申请人：甲市银泰物业发展有限公司，住所甲市××区××路××号。

法定代表人：马××，董事长，联系方式：××××××××。

被申请人：乙市江海电梯有限公司，住所市××区××路××商业大楼××室。

法定代表人：岳××，董事长，联系方式：××××××××。

申请撤销事项：

请求撤销甲仲裁委员会（2004）×裁字201号裁决。

事实和理由：

××××年××月××日甲仲裁委员会作出(2004)×裁序201号裁决:甲市银泰物业发展有限公司向乙市江海电梯公司支付违约金78,000元。

2004年7月23日甲市银泰物业发展有限公司(甲方)与乙市江海电梯有限公司(乙方)签订了《电梯设备购销及安装合同》,约定:甲方向乙方购买EFTK-1000-CO90-12:12电梯1台用于其建设的世纪佳苑E栋,总价260,000元;甲方自合同签订之日起3天内,向乙方支付定金50,000元,乙方安排生产;定金到达乙方账户之日起80日内,乙方生产制造完毕;甲方在乙方投产前提出终止本合同时,甲方已付定金无权收回;在甲方的主体工程土建完成后,甲方应告知乙方;甲方在接到乙方的产成通知之日起1个月内不付款,则视甲方自动取消合同,甲方须向乙方偿付本合同总价的30%作违约金;双方之间的合同纠纷由甲仲裁委员会仲裁。

首先,根据"甲方自合同签订之日起3天内,向乙方支付定金50,000元,乙方安排生产"的约定,申请人向电梯出卖人江海公司支付定金50,000元后,出卖人开始生产电梯。也就是说,申请人向出卖人支付定金是出卖人进行生产电梯的前提条件。申请人未支付定金,意味着双方订立的《电梯设备购销及安装合同》的解除。《中华人民共和国合同法》第97条规定,合同解除后,尚未履行的,终止履行;已经履行的,根据履行情况和合同性质,当事人可以要求恢复原状、采取其他补救措施,并有权要求赔偿损失。本案中双方合同是在双方尚未履行的情况下解除的,也不存在因一方解除合同给另一方造成损失的情况,因此任何一方都无须向另一方赔偿损失。

其次,根据"甲方在接到乙方的产成通知之日起1个月内不付款,则视甲方自动取消合同,甲方须向乙方偿付本合同总价的30%做违约金"的约定,被申请人按总价款的30%支付违约金的条件是收到申请人产成通知书后1个月不付款。本案中因申请人未支付定金而导致合同解除的情况下,也就不存在乙方即江海电梯公司根据合同生产电梯和产成电梯通知甲方即申请人的情形。而在仲裁庭审理中作为出卖人的江海电梯公司也未举证证明其已进行了生产,并向申请人发出过产成通知和提供了电梯的证据,因此,其要求申请人按总价款的30%支付违约金的条件尚未成就。

综上所述,甲仲裁委员会不顾上述事实和举证规则要求,执意裁决申请人向出卖人支付违约金78,000元,既缺乏事实依据也没有法律依据,属于适用法律错误。现申请人根据《中华人民共和国仲裁法》第58条的规定,请求贵院依法撤销甲仲裁委员会于2004年12月26日作出的(2004)×裁字201号裁决书。

此致

甲市中级人民法院

申请人　甲市银泰物业发展有限公司

2005年1月19日

九、执行仲裁裁决申请书

(一)文书制作的基本知识

执行仲裁裁决申请书,是指仲裁裁决或仲裁调解书生效后,义务人不履行仲裁裁决或调解书确定其应承担的义务时,权利人或其继承人、权利承受人向人民法院提交的请求强制义务人履行义务的法律文书。

1. 仲裁当事人申请强制执行的依据

《仲裁法》第62条规定,当事人应当履行裁决。一方当事人不履行的,另一方当事人可以依照民事诉讼法的有关规定向人民法院申请执行。受申请的人民法院应当执行。该法第63条规定,被申请人提出证据证明裁决有下列情形之一的,经人民法院组成合议庭审查核实,裁定不予执行。(1)当事人在合同中没有订立仲裁条款或者事后没有达成书面仲裁协议的;(2)裁决的事项不属于仲裁协议的范围或者仲裁机构无权仲裁的;(3)仲裁庭的组成或者仲裁的程序违反法定程序的;(4)认定事实的主要证据不足的;(5)适用法律确有错误的;(6)仲裁员在仲裁该案时有贪污受贿、徇私舞弊,枉法裁决行为的。人民法院认定执行该裁决违背社会公共利益的,裁定不予执行。该法第64条规定,一方当事人申请执行裁决,另一方当事人申请撤销裁决的,人民法院应当裁定中止执行。人民法院裁定撤销裁决的,应当裁定终结执行。撤销裁决的申请被裁定驳回的,人民法院应当裁定恢复执行。《民事诉讼法》第275条规定,仲裁裁决被人民法院裁定不予执行的,当事人可以根据双方达成的书面仲裁协议重新申请仲裁,也可以向人民法院起诉。

2. 申请强制执行须具备的条件

根据《民事诉讼法》第237条、第239条和最高人民法院《关于人民法院执行工作若干问题的规定(试行)》第18条至第22条的规定,当事人向人民法院申请执行仲裁裁决或调解书时,须具备以下条件:

(1)仲裁裁决或调解书已经生效。仲裁裁决自仲裁庭作出之日起生效,仲裁调解书自当事人双方签字时起生效。

(2)申请执行人是仲裁裁决或调解书中确定的权利人或其继承人、权利承受人。申请执行人当作为权利人的公民死亡时,其继承人可成为申请执行人;作为权利人的公民法人或其他组织终止时,承受其权利的组织,可以成为申请人。

(3)申请执行在法定期限内提出。当事人申请执行仲裁裁决必须在法律规定的期限内提出。《民事诉讼法》第239条规定,申请执行的期间为2年。申请执行时效的中止、中断,适用法律有关诉讼时效中止、中断的规定。前款规定的期间,从法律文书规定履行期间的最后一日起计算;法律文书规定分期履行的,从规定的每次履行期间的最后一日起计算;法律文书未规定履行期间的,从法律文书生效之日起计算。《民事诉讼执行程序司法解释》第27条规定,在申请执行时效期间的最后6个月内,因不可抗力或者其他障碍不能行使请求权的,申请执行时效中止。从中止时效的原因消除之日起,申请执行时效期间继续计算。该解释第28条规定,申请执行时效因申请执行、当事人双方达成和解协议、当事人一方提出履行要求或者同意履行义务而中断。从中断时起,申请执行时效期间重新计算。该解释第29条规定,生效法律文书规定债务人负有不作为义务的,申请执行时效期间从债务人违反不作为义务之日起计算。

(4)向有管辖权的人民法院提出申请。《民事诉讼法》第224条第2款规定,法律规定由人民法院执行的其他法律文书,由被执行人住所地或者被执行的财产所在地人民法院执行。《仲裁法司法解释》第29条规定,当事人申请执行仲裁裁决案件,由被执行人住所地或者被执行的财产所在地的中级人民法院管辖。《民事诉讼法》第273条规定,经中华人民共和国涉外仲裁机构裁决的,当事人不得向人民法院起诉。一方当事人不履行仲裁裁决的,对方当事人可以向被申请人住所地或者财产所在地的中级人民法院申请执行。

(5)申请执行的法律文书有给付内容,且执行标的和被执行人明确。义务人在生效法律文书确定的期限内未履行义务。《民事诉讼法》第240条规定,执行员接到申请执行书或者移交执行书,应当向被执行人发出执行通知,责令其在指定的期间履行,逾期不履行的,强制执行。被执行人不履行法律文书确定的义务,并有可能隐匿、转移财产的,执行员可以立即采取强制执行措施。

3. 申请执行时应向人民法院提交的文件和证件

申请执行,应向人民法院提交下列文件和证件:(1)申请执行书。申请执行人书写申请执行书确有困难的,可以口头提出申请。人民法院接待人员对口头申请应当制作笔录,由申请执行人签字或盖章。外国一方当事人申请执行的,应当提交中文申请执行书。当事人所在国与我国缔结或共同参加的司法协助条约有特别规定的,按照条约规定办理。(2)生效法律文书副本。(3)申请执行人的身份证明。公民个人申请的,应当出示居民身份证;法人申请的,应当提交法人营业执照副本和法定代表人身份证明;其他组织申请的,应当提交营业执照副本和主要负责人身份证明。(4)继承人或权利承受人申请执行的,应当提交继承或承受权利的证明文件。(5)其他应当提交的文件或证件。(6)申请执行仲裁机构的仲裁裁决,应当向人民法院提交有仲裁条款的合同书或仲裁协议书。申请执行国外仲裁机构的仲裁裁决的,应当提交经我国驻外使领馆认证或我国公证机关公证的仲裁裁决书中文本。(7)申请执行人委托代理人代为申请执行的,应当向人民法院提交授权委托书或特别授权书。

(二)文书的内容及制作方法

1. 首部

(1)标题。应当写明文书名称“执行申请书”或“执行仲裁裁决申请书”。

(2)当事人的基本情况。即应当写明申请执行人和被执行人的基本信息。当事人是自然人的,写明其姓名、性别、年龄、民族、职业或工作单位和职务、住所和联系方式,住所与经常居住地不一致的,写经常居住地;当事人是法人或其他组织的,应写明其名称、住所、法定代表人或主要负责人的姓名和职务、联系方式。当事人是外国人的,应在其中文译名后用括号写明其外文姓名、护照号码、国籍。有法定代理人或指定代理人的,应列项写明其姓名、性别、职业或工作单位和职务、住所、联系方式,并在姓名后括注其与当事人的关系。有委托代理人,应列项写明姓名、性别、职业或工作单位和职务、住所、联系方式,如果委托人系律师,可只写明其姓名和所在的律师事务所名称。

2. 正文

(1)执行依据。写明申请强制执行的生效法律文书的名称,一般表述为:“申请执行人×××与被执行人×××……(写明案由)一案,××××仲裁委员会(或其他生效法律文书的作出机关)(××××)……号仲裁裁决(或其他生效法律文书)已发生法律效力。被执行人×××未履行/未全部履行生效法律文书确定的给付义务,特向你院申请强制执行。”在上述空白处依次写明申请执行人、被执行人的姓名或者名称、案由,作出生效裁决的仲裁委员会的名称以及仲裁案号。

(2)请求事项。写明请求执行的生效裁决内容,对该内容应当严格按照被执行人未履行/未全部履行生效法律文书确定的给付义务填写。被执行人未履行生效法律文书确定的给付义务为两项或两项以上的,应当在请求事项中按照生效法律文书所确定的给付义务的先后顺序一一列明;被执行人部分履行生效法律文书确定的给付义务的,应当在请求事项中将其未履行的生效法律文书所确定的给付义务一一列明。

3. 尾部

(1)写明致送人民法院的名称。

(2)申请执行人签名或盖章,并注明年、月、日。

(3)附项中,如附送有关证据,应注明证据的名称和件数、举证证人的姓名和住址。同时还应附上作为执行依据的仲裁裁决书、调解书。

(三)文书样式与范例

1. 文书样式

申请执行书

(申请执行用)

申请执行人:×××,男/女,××××年××月××日出生,×族,……(写明工作单位和职务或者职业),住……。联系方式:……。

法定代理人/指定代理人:×××,……。

委托诉讼代理人:×××,……。

被执行人:×××,……。

……

(以上写明申请执行人、被执行人和其他仲裁参加人的姓名或者名称等基本信息)

申请执行人×××与被执行人×××……(写明案由)一案,××××仲裁委员会(或其他生效法律文书的作出机关)(××××)……号仲裁裁决(或其他生效法律文书)已发生法律效力。被执行人×××未履行/未全部履行生效法律文书确定的给付义务,特向你院申请强制执行。

请求事项:

……(写明请求执行的内容)。

此致

××××人民法院

附:生效法律文书×份

申请执行人(签名或盖章)

××××年××月××日

2. 实例与范本

【实例】2015年12月23日,××市××机械设备有限责任公司(甲方)与本市××实业有限责任公司(乙方)签订了《商品房买卖合同》,约定:甲方购买乙方位于××市××区××路11号××小区3号楼2102房屋,建筑面积88平方米,交易价为97.6万元;合同签订后,甲方需一次性付清总房款的95%,剩余5%(4.88万元)交房产证时一次性付清;乙方应当在商品房交付使用后90日内,将应由乙方提供的办理权属登记所需的资料报产权登记机关备案。合同签约后,甲方按约定向乙方交付了房款。甲方自2015年12月31日入住购买的房屋,但乙方一直不提供办理房屋转让登记所需的资料报产权登记机关备案,致使甲方无法办理房屋所有权证及土地使用权证。甲方遂于2016年4月1日向××市××仲裁委员会申请仲裁,该仲裁委员会于2016年4月28日依法作出如下终局裁决:(1)确认位于××市××区××路××小区3号楼2102房屋的所有权为甲方所有;(2)自本裁决生效之日起十日内,被申请人将办理上述房屋权属登记需要的资料报产权机关备案,并协助申请人办理所有权证及土地使用权证;(3)本案仲裁费5784元由被申请人负担。因甲方未在上述生效裁决所确定的履行期限内履行义务,甲方遂向××市中级人民法院申请执行。

申请执行书

申请执行人:××市××有限机械设备责任公司,住所××市××大道××号××保税区××号厂房。

法定代表人:李××,该公司总裁。联系电话:×××××××××。

委托诉讼代理人:丁××,××省××律师事务所律师。

被执行人:××市××实业有限责任公司,住所××市××路××号××大厦1303室。

法定代表人:祖××,该公司总经理。联系电话:×××××××××。

申请执行人××市××机械设备有限责任公司与被执行人××市××实业有限责任公司商品房买卖合同纠纷一案,××仲裁委员会(2016)……号仲裁裁决已发生法律效力。被执行人××市××实业有限责任公司未履行生效法律文书确定的给付义务,特向你院申请强制执行。

请求事项:

1. 将办理××市××区××路××小区3号楼2102房屋权属登记需要的资料报产权登记机关备案;

2. 协助申请执行人办理上述房屋的所有权证和土地使用权证;

3. 将申请执行人垫付的仲裁费5784元予以返还。

此致

××××人民法院

附:××仲裁委员会(2016)……号仲裁裁决书1份

申请执行人　××市××机械设备有限责任贵公司

2016年8月3日

第二部分
劳动争议调解与仲裁业务文书

一、劳动争议调解申请书

（一）文书制作的基本知识

劳动争议调解申请书，是指劳动争议发生后，当事人向劳动争议调解组织递交的、请求通过调解方式解决劳动争议的书面文书。

劳动争议调解组织，是指对劳动争议依法负有调解职责和调解义务的组织。根据《中华人民共和国劳动争议调解仲裁法》（以下简称《劳动争议调解仲裁法》）第10条的规定，我国的劳动调解组织主要包括以下三种：（1）企业劳动争议调解委员会。它是企业即用人单位依法在其内部设立的调解该企业与劳动者劳动争议的机构，企业劳动争议调解委员会由职工代表和企业代表组成。职工代表由工会成员担任或者由全体职工推举产生，企业代表由企业负责人指定。企业劳动争议调解委员会主任由工会成员或者双方推举的人员担任。（2）依法设立的基层人民调解组织。基层人民调解组织主要是指人民调解委员会。根据国务院制定的《人民调解委员会组织条例》的规定，它是在农村村民委员会和城市居民委员会下设的调解民间纠纷的群众性组织，在基层人民政府和基层人民法院的指导下进行工作。根据司法部颁布的《人民调解工作若干规定》的规定，乡镇、街道可以设立人民调解委员会，企事业单位根据需要也可以设立人民调解委员会。（3）在乡镇、街道设立的具有劳动争议调解职能的组织。

劳动争议调解是由当事人自愿申请而启动的一种争议解决程序。劳动争议发生后，当事人向调解组织申请劳动争议调解可以通过书面申请，也可以口头申请。口头申请的，调解组织应当当场记录申请人基本情况、申请调解的争议事项、理由和时间，以及被申请人的基本情况，被申请人是法人或者其他组织的，应当写明单位名称、法定代表人或者单位负责人的姓名、职务和联系方式等。最后，写明申请调解的具体日期。

（二）文书的内容及制作方法

劳动争议调解申请书一般包括以下事项：申请人和被申请人的基本情况，申请事项和事实与理由等，具体包括以下方面：

1. 首部

（1）写明标题即“申请书”或者“劳动争议调解申请书”。

(2)申请人和被申请人的基本情况。应写明申请人和被申请人的姓名、工作单位、住址、联系方式等;申请人或者被申请人是法人或者其他组织的,应当写明单位名称、住所、法定代表人或者单位负责人的姓名、职务和联系方式等。

2. 正文

(1)申请事项。说明申请人的权利要求。

(2)事实和理由。首先,说明争议事项,包括争议经过和发生的时间,申请人应当对其合法权益被被申请人侵害的情况作出具体、明确的说明。其次,根据被申请人对申请人权益的侵害情况或者双方的争议事项的性质提出调解要求,诸如按时发放工资、支付加班费、安排休息休假时间、缴纳社会保险费等。

3. 尾部

申请人应当签名、盖章,并写明申请调解的具体日期。

(三)文书样式与范本

1. 文书样式

申请书(1)

(用于劳动者申请劳动争议调解)

申请人:(姓名、性别、工作单位、住址、联系方式等)。

被申请人:(单位名称、住所、法定代表人或者单位负责人的姓名、职务和联系方式等)。

申请事项:____。

事实和理由:

____

____。

此致

________劳动争议调解组织

申请人(签名)

________年____月____日

申请书(2)

(用于用人单位申请劳动争议调解)

申请人:(单位名称、住所、法定代表人或者单位负责人的姓名、职务和联系方式等)。

被申请人:(姓名、性别、工作单位、住址、联系方式等)。

申请事项:____。

事实和理由:

____

____

____。

此致

____________劳动争议调解组织

申请人(盖章)

________年____月____日

2. 文书范本

申　请　书

申请人：俞××，男，××××年××月××日出生，住××市××街××号。联系电话：×××××××。

被申请人：甲建筑有限责任公司，住所××市××街××号。

法定代表人：朱××，董事长。联系电话：×××××××。

申请事项：

1. 支付拖欠的工资2399.9元；

2. 退回扣留的工资600元；

3. 支付放假期间的工资480元；

4. 支付解除劳动合同的经济补偿2000元。

事实和理由：

申请人于2008年4月1日受聘担任甲建筑公司的工程部部长，每月工资2000元，每月6日、7日发薪。甲公司每月在申请人的月工资中扣留200元，待年底一并发放。2008年8月6日甲公司开会宣布自2008年8月7日起放假，放假期间不发工资，暂定于至2008年9月1日上班。2008年9月1日甲公司擅自解除与申请人的劳动合同。现根据我国劳动法律、法规的有关规定，用人单位应当按时足额支付工资、不得克扣工资，因用人单位原因造成停工的情况下用人单位应当支付工资。根据《中华人民共和国劳动合同法》的规定，用人单位非法解除劳动合同的，应当向劳动者支付经济补偿。现申请人向贵调解组织申请调解，希望通过贵组织的依法、公平、公正调解，被申请人能够尽快向被申请人支付拖欠、扣留的工资和放假期间的工资，并支付解除劳动合同的经济补偿，总计5479.9元。

此致

甲建筑公司劳动争议调解委员会

申请人　俞××

2008年9月12日

二、劳动争议调解协议书

（一）文书制作的基本知识

劳动争议调解协议书，是劳动争议双方当事人在劳动争议调解组织的主持调解下，一致达成调解协议的基础上，由调解组织根据双方当事人所达成的协议而制作的书面文书。

1. 劳动争议调解协议及其特点

劳动调解的目的是使当事人在自愿的基础上达成协议、解决争议。因此，《劳动争议调解仲裁法》第13条明确规定，调解劳动争议，应当充分听取双方当事人对事实和理由的陈述，耐心疏导，帮助其达成协议。据此，在双方对争议事实基本认可而不能达成一致解决意见的情形下，调解员可以提出调解建议，使双方都可以作出一定的让步。但是，这种让步以及调解协议的达成应当坚持自愿原则，不得强迫调解和强迫当事人接受调解方案，也不得强迫当事人一定达成调解协议。

2. 劳动争议调解协议书的生效及其效力

《劳动争议调解仲裁法》第14条第1款明确规定,经调解达成协议的,应当制作调解协议书。经调解当事人所达成的协议,实际上就是当事人解决争议的方案。调解协议达成一致后,应当采用书面形式,即制作调解协议书。根据《劳动争议调解仲裁法》的规定,调解协议书由双方当事人签名或者盖章,经调解员签名并加盖调解组织印章后生效,对双方当事人具有约束力,当事人应当履行。当事人在劳动争议调解委员会主持下达成的具有劳动权利义务内容的调解协议,具有劳动合同的约束力,可以作为人民法院裁判的根据。但是,其不具有法律强制执行力,即调解协议书生效后,一方当事人拒不履行调解协议书义务的,另一方当事人无权向人民法院申请强制执行。对此,《劳动争议调解仲裁法》第15条明确规定,达成调解协议后,一方当事人在协议约定期限内不履行调解协议的,另一方当事人可以依法申请仲裁。

3. 劳动争议调解与诉讼及仲裁调解的不同

劳动争议调解与仲裁程序中仲裁庭进行的调解、诉讼中的法庭诉讼调解是不同性质的调解。劳动争议调解是劳动争议发生后在劳动争议调解组织的主持下由双方当事人自愿达成协议解决劳动争议的方式,它是在劳动争议仲裁程序尚未启动的情况下当事人通过向劳动争议调解组织提出申请进行的,它不是劳动争议解决的必经程序。劳动争议发生后当事人不愿调解,或者申请调解但调解不成,或者经劳动争议调解组织的调解达成调解协议后不履行的,可以直接向劳动争议仲裁委员会申请仲裁。当事人达成协议后经劳动争议调解组织所制作的调解协议书不具有强制执行力。而仲裁调解和诉讼调解则是仲裁庭和人民法庭审理劳动争议案件的必经程序,无论案件是否已经过劳动争议调解组织的调解,只要进入仲裁程序或诉讼程序后都应当在仲裁庭或人民法庭作出裁判之前先行调解。经仲裁庭或人民法庭调解达成协议后所制作并在送达后经双方当事人签收的调解书具有强制执行力,义务人不履行的,权利人可以依法向人民法院申请强制执行。

(二)文书的内容及制作方法

1. 首部

(1)标题。应当写明文书名称"劳动争议调解协议书"。

(2)双方当事人的基本情况。对于劳动者一方,应当写明其姓名、性别、出生年月日、工作单位和职务或职业、联系方式等。对于劳动争议的另一方用人单位,应当写明其全部名称、法定代表人或负责人的姓名及职务、联系方式。

2. 正文

(1)应当说明劳动争议双方就具体纠纷,经××劳动争议调解组织的某位或某几位调解员的主持调解下,达成以下意见。

(2)应当写明具体的双方达成的解决纠纷的协议内容,包括:①为解决纠纷被申请人应向申请人履行的义务,如支付拖欠的工资数额,解除劳动合同的经济补偿及数额,违反服务期约定或者违反竞业限制约定应承担的违约金数额等;②履行上述义务的期限,应当写明履行支付工资、经济补偿或者违约金等该义务的具体日期或者期限;③履行方式,应当写明是现金支付,还是信用卡支付或者支票支付等。

3. 尾部

(1)签名、盖章。作为纠纷的一方当事人的劳动者应签名,作为另一方当事人的用人单位应加盖单位公章,调解员签名并加盖调解组织印章。

(2)写明调解书制作的年、月、日。

（三）文书样式与范本

1. 文书样式

劳动争议调解协议书

甲方：____。

乙方：____。

甲乙双方就__________纠纷事宜，经__________（劳动争议调解组织名称）________、________（调解员姓名）主持调解，达成以下意见：

1. ____；

2. ____；

3. ____
____
____。

甲方（签字或盖章）
乙方（签字或盖章）
劳动争议调解组织（盖章）
调解员（签名）
________年____月____日

2. 文书范本

劳动争议调解协议书

甲方：××市甲建筑有限责任公司，住所××市××街××号。

法定代表人：朱××，董事长，联系电话：××××××××。

乙方：俞××，男，1976年3月21日出生，住××市××街××号，联系电话：××××××××。

甲乙双方就甲方扣留、拖欠乙方的工资和支付解除劳动合同的经济补偿纠纷事宜，经××市××区人民调解委员会调解员郑××、贾××主持调解，达成以下意见：

1. 甲方同意给付每月扣留的乙方工资200元，按5个月(2008年4月1日至8月31日)计算共1000元。

2. 甲方同意向乙方支付自2008年8月7日至8月31日放假期间的工资1442.5元。

3. 甲方同意依照《中华人民共和国劳动合同法》第47条规定的经济补偿标准的2倍向乙方支付赔偿金，共计4000元。

4. 甲方同意在本协议经双方签字、盖章生效之日起10日向乙方一次性支付上述款项。

甲方　××市甲建筑有限责任公司
乙方　俞××
××市××区人民调解委员会
调解员　郑××、贾××
2008年9月25日

三、劳动争议仲裁申请书

(一)文书制作的基本知识

劳动争议仲裁申请书,是指劳动争议发生后,当事人向劳动争议仲裁委员会提交的、请求对争议进行审理和裁决的法律文书。

1. 申请劳动争议仲裁应具备的条件

劳动争议仲裁申请,是劳动争议当事人向劳动争议仲裁机构提出裁决请求,要求劳动争议仲裁机构依法作出裁决以保护自己的合法权益的法律行为。提出仲裁申请的一方当事人为申请人,另一方则为被申请人。根据《劳动争议调解仲裁法》的有关规定,劳动争议当事人申请劳动争议仲裁应当符合下列条件:(1)仲裁申请人应当与劳动争议具有直接利害关系;(2)申请仲裁的事项应当属于劳动争议;(3)申请仲裁时未超过仲裁时效。

2. 劳动争议仲裁申请方式

《劳动争议调解仲裁法》第28条第1款规定,申请人申请仲裁应当提交书面仲裁申请,并按照被申请人人数提交副本。该条第3款规定,书写仲裁申请确有困难的,可以口头申请,由劳动争议仲裁委员会记入笔录,并告知对方当事人。从上述规定可以看出,当事人向劳动争议仲裁机构提交书面仲裁申请书是启动劳动争议仲裁程序的基本方式。但是,书写仲裁申请确有困难的申请人也可以以口头方式提出。口头申请作为一种例外方式,申请人一般是由于申请人文化程度低或者法律知识欠缺而不能正确表达自己的仲裁请求和书写仲裁申请书的人,在此情形下应当由劳动争议仲裁委员会按照书面申请书应当载明的事项记入笔录,记录人做完笔录后应当当场向申请人宣读,并由申请人签名或者盖章确认。对于案件复杂的劳动争议,当事人可以聘请法律工作人员代书。口头仲裁申请与书面仲裁申请具有同等效力。

3. 劳动争议仲裁申请的受理及不予受理的后果

《劳动争议调解仲裁法》第29条规定,劳动争议仲裁委员会收到仲裁申请之日起5日内,认为符合受理条件的,应当受理,并通知申请人;认为不符合受理条件的,应当书面通知申请人不予受理,并说明理由。对劳动争议仲裁委员会不予受理或者逾期未作出决定的,申请人可以就该劳动争议事项向人民法院提起诉讼。

(二)文书的内容及制作方法

根据《劳动争议调解仲裁法》第28条第2款的规定,仲裁申请书应当载明下列事项:劳动争议双方当事人的基本情况;仲裁请求和所根据的事实、理由;证据和证据来源、证人姓名和住所。具体包括以下三部分:

1. 首部

(1)标题。应当注明文书名称“申请书”或“劳动争议仲裁申请书”。

(2)当事人的基本情况。应当写明申请人或被申请人姓名、性别、年龄、职业、工作单位和住所等身份基本事项;申请人或被申请人为法人或其他组织的,应写明法人或者其他组织的名称、住所和法定代表人或者主要负责人的姓名、职务。申请人由法定代理人代为仲裁的,应当写明法定代理人的基本情况;申请人或者被申请人委托他人作为仲裁代理人的,应在各自当事人基本情况下面一行写明代理人的基本情况,代理人是律师的,只要写明律师的姓名和所在律师事务所名称即可。

2. 正文

(1)仲裁请求,应明确写出当事人请求仲裁机构要裁决的具体事项,有多项要求的应当一一列出,如要求被申请人给付工资、支付加班费或者解除劳动合同的经济补偿,支付违约金等;对于具有金钱内容的仲裁请求应当具体写明每一项仲裁请求的金钱数额。

(2)事实和理由,阐明双方争议发生的具体事实,重点写明双方权益争议的焦点;针对双方争议的事实和相关证据,根据有关法律的规定或双方的劳动合同约定,在阐明双方权利、义务的基础上,提出被申请人应承担的具体责任,以论证其仲裁请求的合法性。

(3)写明证据和证据来源,证人姓名及住址。

3. 尾部

(1)写明致送劳动争议仲裁委员会的名称。

(2)申请人签名。申请人为公民或其他组织的,加盖单位公章。

(3)注明提交申请书的年、月、日。

(4)应当附加说明本申请书副本份数。申请书的副本数一般是按照被申请人人数或者劳动争议仲裁委员会要求的数量提供。

(三)文书样式与范本

1. 文书样式

仲裁申请书(1)

(用于劳动者申请劳动争议仲裁)

申请人:(姓名、身份证号码、工作单位、住址、联系方式等)。

被申请人:(单位名称、住所、法定代表人或者单位负责人的姓名、职务和联系方式等)。

仲裁请求:

____。

事实和理由:

____

____

____。

证据和证据来源,证人姓名和住址:

____。

此致

____________劳动争议仲裁委员会

附:本申请书副本________份

申请人(签名或盖章)

________年____月____日

仲裁申请书(2)

(用于用人单位申请劳动争议仲裁)

申请人:(单位名称、住所、法定代表人或者单位负责人的姓名、职务和联系方式等)。

被申请人:(姓名、性别、出生年月日、工作单位、住址、联系方式等)。

仲裁请求:

____。

事实和理由:

____

____

____。

证据和证据来源,证人姓名和住址:

____。

此致

__________劳动争议仲裁委员会

附:本申请书副本______份

申请人(签名或盖章)

______年____月____日

2. 文书范本

仲裁申请书

申请人:××销售有限责任公司,住所××市××区××路35号卓越写字楼306室。

法定代表人:刘××,总经理,电话:×××××××××。

被申请人:王××,男,36岁,××省××市人,住××市××区××路×××小区××号楼301房间,电话:×××××××××。

仲裁请求:

请求裁决被申请人向申请人支付20,000元的违约金。

事实和理由:

2008年3月6日,申请人聘用被申请人为业务员,双方签订了为期2年的劳动合同。2008年4月29日,双方又补签了一份《保密与竞业限制协议书》,约定:被申请人自本单位离职后18个月内,不得直接或间接从事与销售公司有关电子防盗器、警报器、扬声器之相关行业,亦不得泄露销售公司的机密或其他会损害销售公司的事情。若违反本条规定,被申请人需赔偿申请人损失金20,000元。2008年5月被申请人以攻读硕士研究生为由,向申请人提出辞职,并办理了离职手续。半年后,申请人发现被申请人并未"读研"而是到了本市另一家与自己公司具有竞争业务的乙公司任职。被申请人的上述行为违反了双方依法订立的《保密与竞业限制协议书》。根据《劳动合同法》第23条的规定,被申请人应当按照《保密与竞业限制协议书》向申请人支付20,000元的违约金。现申请人向劳动争议仲裁委员会申请仲裁,请求贵仲裁委员会依法裁决被申请人承担违反竞业限制的违约责任,以维护申请人的合法权益。

此致

__________劳动争议仲裁委员会

申请人　××销售有限责任公司

2009年2月20日

附:本申请书副本1份

四、劳动争议仲裁答辩书

（一）文书制作的基本知识

劳动争议仲裁答辩书，是指劳动争议仲裁案件的被申请人为维护自己的合法权益，针对申请人在仲裁申请书中提出的仲裁请求及其事实与理由等，在法定期限内向仲裁委员会提交的答辩性文书。

根据《劳动争议调解仲裁法》第30条的规定，为了使申请人的仲裁请求、事实和理由让被申请人及时了解并提出答辩，劳动争议仲裁委员会受理仲裁申请后，应当在5日内将仲裁申请书副本送达被申请人。被申请人收到仲裁申请书副本后，应当在10日内向劳动争议仲裁委员会提交答辩书。为了使申请人能够及时了解被申请人提出的答辩内容，劳动争议仲裁委员会收到答辩书后，应当在5日内将答辩书副本送达申请人。被申请人未提交答辩书的，不影响仲裁程序的进行。被申请人收到仲裁申请书副本后，在规定的期限内向仲裁委员会提交答辩书是其享有的一项重要权利，尽管其放弃这项权利并不影响仲裁程序的进行，但是被申请人通过提交答辩书对仲裁申请书的有关内容提出辩解或驳斥，可以有利于仲裁庭了解事实真相和做出公正裁决。

（二）文书的内容及制作方法

1. 首部

（1）标题。要注明文书名称“劳动争议仲裁答辩书”。

（2）答辩人基本情况。答辩人是公民的，写明其姓名、性别、年龄、民族、籍贯、职业、住址；答辩人是法人或其他组织的，写明其全称、地址及其法定代表人或主要负责人姓名、职务。答辩人委托了仲裁代理人的，应在答辩人后列明，并写明其基本情况；如果是律师应写明其姓名和其所在律师事务所名称。

2. 正文

（1）案由。案由其主要内容为对何人与答辩人因何性质的劳动争议进行答辩，一般表述为“答辩人于××××年××月××日收到你会送达的申请人×××因与我方发生××劳动争议而提出的仲裁申请书。现提出答辩如下”。

（2）答辩意见，这是仲裁答辩书的核心内容。答辩意见可以有针对性地从以下方面进行阐述：通过有关证据对仲裁申请书中所提供的事实进行反驳；指出其证据之间存在的矛盾和不具有证明力；对仲裁申请理由及其法律适用错误进行反驳；指出仲裁程序中的错误，如申请人无权提出仲裁、仲裁委员会无管辖权等。最后，对答辩意见作出概括与归纳，做出总结性意见。上述内容是答辩意见的一般写作方法，其应当坚持的最根本原则是以事实为根据，以法律为准绳，做到以法以理服人，不得强词夺理，更不得颠倒是非、任意编造事实。

3. 尾部

（1）写明致送仲裁委员会的名称。

（2）答辩人签名。答辩人是法人或其他组织的，应加盖单位公章并由法定代表人或主要负责人签名。

（3）应当注明答辩书提交的年、月、日。

（4）附项。在附项栏中可以写明答辩状副本份数及答辩人提供的相关证据材料并按编号顺序附在答辩书之后。

(三)文书样式与范例

1. 文书样式

劳动争议仲裁答辩书(1)

(用于劳动者提交的仲裁答辩)

答辩人:____。

委托代理人:________工作单位:______________________________。

答辩人于________年____月____日收到你会送达的申请人________因与我方发生________争议而提出的仲裁申请书。现提出答辩如下:

____

____

____。

此致

____________仲裁委员会

附:1. 本答辩书副本________份

2. 有关证据材料________份

答辩人(签名)

委托代理人(签名)

________年____月____日

劳动争议仲裁答辩书(2)

(用于用人单位提交的仲裁答辩)

答辩人:____。

地　址:____。

法定代表人:________________职务:________________电话:________________。

委托代理人:________________工作单位:______________________________。

答辩人于________年____月____日收到你会送达的申请人________因与我方发生________争议而提出的仲裁申请书。现提出答辩如下:

____

____

____。

此致

____________仲裁委员会

附:本答辩书副本________份

答辩人(盖章)

法定代表人或负责人(签名)

________年____月____日

2. 实例与范本

【实例】2008年3月6日,××销售有限责任公司聘用王××为业务员,双方签订了为期

2年的劳动合同。2008年4月29日,双方又补签了一份《保密与竞业限制协议书》,约定:答辩人自本离职后18个月内,不得直接或间接从事与申请人××销售公司有关电子防盗器、警报器、扬声器之相关行业,亦不得泄露申请人的机密或其他会损害申请人的事情,若违反本条规定,答辩人需赔偿××销售有限责任公司损失金20,000元。2008年5月王××因复习考研与××销售有限责任公司解除了劳动合同,并办理了离职手续。后××销售公司得知王××并未复习考研,而是进入本市另一家与其经营同样业务的乙公司工作,××销售有限公司遂申请劳动争议仲裁,要求王××支付20,000元竞业限制违约金。王××收到仲裁申请书副本后,在10日内向劳动争议仲裁委员会提交了如下答辩书。

劳动争议仲裁答辩书

答辩人:王××,男,1982年5月25日出生,住××市××区××路××小区××号楼301房间;电话:××××××××。

委托代理人:戴××,××律师事务所律师。

答辩人于2009年2月26日收到你会送达的申请人××销售有限责任公司因与我方发生竞业限制争议而提出的仲裁申请书。现提出答辩如下:

首先,双方约定的《保密与竞业限制协议书》虽然规定了对答辩人的竞业限制条款,但是根据《中华人民共和国劳动合同法》第23条的规定,竞业限制条款的成立和生效应当以用人单位在竞业限制期限内按月给予劳动者经济补偿为条件。本案中申请人与答辩人补签的《保密与竞业限制协议书》中并无给予答辩人竞业限制经济补偿的规定,而劳动合同解除后申请人也未给予答辩人任何经济补偿,因此双方补签的竞业限制条款对答辩人不具有约束力,答辩人有权进入自己所熟悉的行业和有关公司工作。

其次,答辩人进入与申请人具有竞争关系的工作单位后,并未泄露答辩人的任何商业秘密,也未给申请人造成任何经济损失。

最后,答辩人在申请人××销售公司工作期间也未掌握任何商业秘密,作为一般员工也不属于负有保密义务和应当实行竞业限制的人员范围。

基于上述理由,答辩人认为申请人要求答辩人赔偿损失或承担违反竞业限制的违约责任,没有任何法律依据和事实依据,请求贵仲裁委员会依法驳回其仲裁请求。

此致

__________劳动争议仲裁委员会

附:本答辩书副本1份

答辩人　王××

2009年3月2日

五、管辖权异议书

(一)文书制作的基本知识

管辖权异议书,是指劳动争议仲裁委员会受理案件后,当事人依法提交的提出该仲裁委员会对本案无管辖权的主张和意见并要求移送至有管辖权的劳动争议仲裁委员会受理的书面文书。

1. 劳动争议管辖及其原则

劳动争议仲裁管辖,是指确定各个劳动争议仲裁委员会之间对劳动争议仲裁案件具体受理的分工权限划分。也就是说,劳动争议仲裁管辖解决的是劳动争议发生后,当事人申请仲裁时应向哪个劳动争议仲裁委员会申请仲裁和由哪个劳动争议仲裁委员会受理的问题。

《劳动争议调解仲裁法》第21条第1款规定,劳动争议仲裁委员会负责管辖本区域内发生的劳动争议。根据该规定可以看出,劳动争议仲裁委员会的管辖范围是发生于本辖区内的劳动争议,对发生于其他劳动争议仲裁委员会辖区内的劳动争议没有管辖权。可见,如何判断劳动争议发生于本辖区内,构成了判断劳动争议仲裁委员会有无管辖权的关键。对此,该条第2款规定,劳动争议由劳动合同履行地或者用人单位所在地的劳动争议仲裁委员会管辖。双方当事人分别向劳动合同履行地和用人单位所在地的劳动争议仲裁委员会申请仲裁的,由劳动合同履行地的劳动争议仲裁委员会管辖。从上述规定可以看出,只要劳动合同履行地或者用人单位所在地在劳动争议仲裁委员会的辖区内,那么发生的劳动争议就属于该劳动争议仲裁委员会管辖。劳动争议仲裁委员会之间的地位是平等的,互不隶属,不存在层级划分。可见,劳动争议仲裁管辖不实行级别管辖。劳动争议当事人对仲裁管辖应当根据上述管辖原则确定。案件受理后,劳动合同履行地和用人单位所在地发生变化的,不改变争议仲裁的管辖。

2. 当事人提出劳动争议管辖权异议应具备的条件

管辖权异议,是指劳动争议仲裁委员会受理案件后,当事人依法提出该仲裁委员会对本案无管辖权的主张和意见。当事人提出管辖权异议应当符合以下两个条件:(1)提出管辖权异议的主体应当是本案的当事人。劳动争议仲裁程序是由申请人向其认为有管辖权的仲裁委员会申请仲裁而启动仲裁程序的,因此在被申请人认为受理案件的法院无管辖权的情况下有权提出管辖权异议。(2)当事人提出管辖异议的,应当在答辩期满前书面提出。受理案件的仲裁委员会对当事人提出的管辖权异议应当进行审查。经过审查,认为当事人对管辖权的异议成立的,应将案件移送有管辖权的仲裁委员会;异议不成立的,应驳回当事人的异议。根据《劳动人事争议仲裁办案规则》第14条的规定,当事人逾期提出的,不影响仲裁程序的进行,当事人因此对仲裁裁决不服的,可以依法向人民法院起诉或者申请撤销。

(二)文书的内容及制作方法

1. 首部

(1)标题。写明文书名称“管辖权异议书”。

(2)申请人的基本情况。申请人是公民的,应写明其姓名、性别、年龄、民族、籍贯、工作单位和住址。申请人为法人或其他组织的,应写明其全称、地址及法定代表人或负责人姓名、职务。

(3)案由。写明申请人因何案件,提出管辖权异议。

2. 正文

(1)请求事项。申请人应明确请求受理该案的劳动争议仲裁委员会将本案移送至有管辖权的劳动争议仲裁委员会审理。

(2)事实和理由。首先简明扼要地说明纠纷性质;其次依照《劳动争议调解仲裁法》有关管辖的规定着重阐述本案不应由受理仲裁委员会管辖的理由,从而说明申请人对本案管辖权的异议的成立,并重申对本案的管辖异议请求。

3. 尾部

(1)写明致送劳动争议仲裁委员会的名称。

(2)申请人签名。申请人是法人或其他组织的,由法定代表人签名并加盖单位公章。

(3)注明申请日期。

(三)文书样式与范本

1. 文书样式

管辖权异议书

申请人:____。

请求事项:

____。

事实和理由:

____

____

____。

此致

__________劳动争议仲裁委员会

申请人(签名或盖章)

______年____月____日

2. 文书范本

管辖权异议书

申请人:甲市东方科技有限公司,住所甲市东城区××路××街××号。

法定代表人:朱××,总经理。联系方式:×××××××××。

请求事项:

请求贵仲裁委员会将2009年3月2日受理的王××要求我公司支付医疗费一案,移送有管辖权的甲市东城区劳动争议仲裁委员会审理。

事实和理由:

根据《中华人民共和国劳动争议调解仲裁法》第21条的规定,劳动争议仲裁委员会负责管辖本区域内发生的劳动争议。劳动争议由劳动合同履行地或者用人单位所在地的劳动争议仲裁委员会管辖。上述规定,确定了劳动争议仲裁由用人单位所在地或者劳动合同履行地的仲裁委员会的地域管辖原则。因此,本案应当由作为劳动合同履行地和甲市东方技术有限公司住所地的甲市东城区劳动争议仲裁委员会管辖,而作为劳动者王某住所地的乙市A区仲裁委员会即贵仲裁委员会无管辖权。现申请贵仲裁委员会依法将此案移送有管辖权的甲市东区劳动争议仲裁委员会审理。

此致

乙市A区劳动争议仲裁委员会

申请人　甲市东方科技有限公司

2009年3月20日

六、劳动争议仲裁反申请书

(一)文书制作的基本知识

劳动争议仲裁反申请书,又称为仲裁反请求申请书,是指在已经进行的劳动争议仲裁中被申请人以本申请的申请人为被申请人,向受理本申请的劳动争议仲裁委员会提交的、请求仲裁委员会作出裁决以维护自己合法权益的法律文书。

《劳动人事争议仲裁办案规则》第35条规定,被申请人可以在答辩期间提出反申请,仲裁委员会应当自收到被申请人反申请之日起5日内决定是否受理并通知被申请人。决定受理的,仲裁委员会可以将反申请和申请合并处理。该反申请如果是应当另行申请仲裁的争议,仲裁委员会应当书面告知被申请人另行申请仲裁;该反申请如果是不属于本规则规定应当受理的争议,仲裁委员会应当向被申请人出具不予受理通知书。被申请人在答辩期满后对申请人提出反申请的,应当另行提出,另案处理。

劳动争议仲裁反申请是仲裁申请制度的一种特殊形式,具有下列特点:(1)反申请只能由本申请中的被申请人对本申请中的申请人提出;(2)反申请的请求具有独立性,反申请已经成立就不因本申请的撤回而终结,也不因本申请的申请人放弃仲裁而失效;(3)反申请与本申请具有牵连关系,这种牵连关系可以是在仲裁标的上的牵连,也可以是争议事项所涉及的法律事实上的牵连。可见,劳动争议仲裁的被申请人在答辩期间提出反申请,且该反申请属于劳动争议的范围,与本申请具有法律上的牵连关系,劳动争议仲裁委员会可以将反申请和本申请合并处理。

(二)文书的内容及制作方法

1. 首部

(1)标题。应当写明文书名称“反申请书”或“劳动争议仲裁反申请书”。

(2)当事人的基本情况。应当写明反请求申请人和反请求被申请人的姓名、性别、年龄、民族、职业、住址等。在反请求申请人和反请求被申请人后应分别注明其在本申请中的仲裁地位,即本申请被申请人和本申请申请人。当事人为法人或其他组织的,应写明其名称、法定代表人姓名、职务等。

2. 正文

(1)反申请请求。反申请请求是反请求申请人即本申请的被申请人基于本申请事实或法律关系,而提出的仲裁请求。反请求申请人向仲裁委员会提出的反申请请求事项应当具体、明确。

(2)事实和理由。在这一部分应写明反请求申请人请求仲裁委员会裁决纠纷与争议的事实依据和法律依据。首先,应针对本申请请求,客观、准确地阐明当事人双方争议的事实或本申请人对反请求申请人侵权或者违约等事实,在此基础上分析出双方纠纷的性质,阐述本申请人的行为给反请求申请人造成的危害结果、危害程度,本申请人因此所获得的利益或者反请求申请人所受到的损失等,并提出有力的证据加以支持;其次,运用相关的法律规定,阐述反申请请求的正当性与合法性以及本申请人应承担的责任;最后,依据相关法律的具体规定,请求仲裁委员会依法裁决。

(3)证据和证据来源,证人的姓名和住址。应当写明向仲裁委员会提供的能够证明案情的证据的名称、件数或证据线索,并写明证据来源。有证人的,则应写明证人的姓名和住址。

反请求申请人提供的证据必须具有真实性、合法性，与解决案件纠纷据有关联性，而且应尽量充分，从而对其反请求提供有力的证据支持。

3. 尾部

(1)写明致送劳动争议仲裁委员会的名称，应当与本申请为同一仲裁委员会。

(2)反请求申请人签名。反请求申请人是法人或其他组织的，应加盖单位公章。

(3)应当写明提交反申请书的年、月、日。

(4)附项。应注明本反申请书副本份数，反申请书副本份数应按被反诉人的人数提交。

(三)文书样式与范本

1. 文书样式

劳动争议仲裁反申请书(1)

(用于劳动者提出劳动争议反申请)

反请求申请人：(姓名、性别、民族、出生年月日、工作单位、住址等)。

反请求被申请人：(单位名称、住所及法定代表人或负责人姓名、职务等)。

仲裁反请求：

______________________________。

事实和理由：

____

____

______________________________。

证据和证据来源，证人姓名和住址：

______________________________。

此致

__________劳动争议仲裁委员会

附：本申请书副本________份

反申请人(签名)

________年____月____日

劳动争议仲裁反申请书(2)

(用于用人单位提出劳动争议仲裁反申请)

反请求申请人：(单位名称、住所及法定代表人或负责人姓名、职务等)。

反请求被申请人：(姓名、性别、民族、出生年月日、工作单位、住址等)。

仲裁反请求：

______________________________。

事实和理由：

____

____

______________________________。

证据和证据来源，证人姓名和住址：

______________________________。

此致

___________仲裁委员会

附:本申请书副本____份

反申请人(盖章)

________年____月____日

2. 文书范本

劳动争议仲裁反申请书

反请求申请人(本申请被申请人):李××,1984年8月22日出生,××省××市人,住××市××街××号,联系电话:×××××××××。

反请求被申请人(本申请申请人):××市甲商务网络公司,住××市××街××号。

法定代表人:刁××,董事长,联系电话:×××××××××。

仲裁反请求:

请求裁决反请求被申请人支付8个月的竞业限制经济补偿,计16,000元。

事实和理由:

2006年3月10日,反请求被申请人(本申请申请人)甲商务网络公司聘用反请求申请人(本申请被申请人)李××为网络技术员进行商务网络的技术开发总监,双方签订了为期2年的劳动合同,月工资4000元。双方并在劳动合同中订入了竞业限制条款,约定:李××自甲公司离职后的2年内,不得设立商务网络公司或者到与甲商务网络公司具有竞争关系的其他商务网络公司工作;在竞业限制期间甲商务网络公司每月向李××支付月工资的一半即2000元作为经济补偿;双方解除或者终止劳动合同后,李××若违反竞业限制规定,应当向甲商务网络公司赔偿2万元的违约金。

2008年3月10日双方的劳动合同届满,双方终止劳动合同。反请求申请人要求甲公司按照劳动合同的约定每月支付2000元的竞业限制补偿,遭到甲公司的拒绝。直至双方终止劳动合同8个月后,甲公司亦未按照劳动合同的约定支付竞业限制经济补偿。在反请求申请人既不能从事自己熟悉的工作而又得不到经济补偿的情况下,遂在终止双方的劳动合同8个月后与他人合作创办了乙商务网站,而且反申请人与他人合作创办乙商务网络公司之前也通知甲公司解除双方在劳动合同中订立的竞业限制条款。在此情形下反请求申请人设立与甲公司具有竞争关系的乙公司,并未违反竞业限制规定。甲公司不仅无权要求反请求申请人承担违约责任,相反,正是在反请求申请人遵守双方订立的竞业限制条款8个月时间内,甲公司没有向反请求申请人按照双方约定支付竞业限制的经济补偿构成了违约。对此,现根据《劳动人事争议仲裁办案规则》第35条的规定,向贵劳动争议仲裁委员会提出反申请,请求贵会依法裁定驳回反请求被申请人(本申请申请人)甲公司的仲裁请求,并依法裁决其向反请求申请人支付8个月的竞业限制经济补偿金16,000元。

此致

___________劳动争议仲裁委员会

附:1. 本反申请书副本1份

2. 劳动合同书 1 份
3. 劳动合同竞业限制补充协议 1 份

反请求申请人　李××
2009 年 4 月 5 日

七、先予执行申请书

(一) 文书制作的基本知识

劳动争议仲裁先予执行申请书,是指作为劳动争议仲裁当事人的劳动者因生活急需等法定事由,在仲裁委员会受理案件后作出裁决前请求仲裁机构作出裁决,责令用人单位或者其他义务人先予执行义务的法律文书。

仲裁先予执行,是指在仲裁裁决之前,为了不影响作为申请人的劳动者的生活,对某些当事人之间权利义务关系明确的案件,仲裁庭根据当事人的申请在仲裁裁决之前作出先予执行的裁决,并及时移送人民法院执行的制度。

1. 申请仲裁先予执行的案件范围

申请仲裁先予执行应当属于先予执行的案件范围。根据《劳动争议调解仲裁法》第 44 条第 1 款的规定,申请人申请先予执行的案件为追索劳动报酬、工伤医疗费、经济补偿或者赔偿金的案件,申请人只能在上述案件范围内申请先予执行;仲裁庭裁决先予执行是依当事人的申请采取的法律行为,在当事人未经申请的情况下仲裁庭不得裁决先予执行;对于仲裁庭裁决先予执行的案件应当移送人民法院执行,劳动争议仲裁机构无权执行。

2. 裁决先予执行应当具备的条件

仲裁庭裁决先予执行的,应当符合法定条件。根据《劳动争议调解仲裁法》第 44 条第 2 款的规定,仲裁庭裁决先予执行的,应当符合下列条件:(1)当事人之间权利义务关系明确。所谓当事人之间权利义务关系明确,主要是指申请人申请先予执行的案件事实十分清楚,申请人所申请保护的权利和被申请人应当承担的义务十分明确,不存在事实不清和法律关系不明以及义务不能确定的情形。(2)不先予执行将严重影响申请人的生活。所谓不先予执行将严重影响申请人的生活,主要是指申请先予执行的当事人的生活严重依赖被申请人履行义务,如被申请人不尽快支付劳动报酬、工伤医疗费、经济补偿或者赔偿金,申请人将无法正常生活。也就是说,在作出仲裁裁决之前,如果仲裁庭不裁定先予执行,申请人将不能维持正常的生活。此外,根据该条第 3 款的规定,劳动者申请先予执行的,可以不提供担保。

(二) 文书的内容及制作方法

在劳动争议仲裁程序中,仲裁庭裁决先予执行是根据当事人的申请进行的,因此当事人申请先予执行一般应当向仲裁庭递交申请书。先予执行申请书由以下三部分构成:

1. 首部

(1)标题。应当注明文书名称“先予执行申请书”。

(2)申请人和被申请人的基本情况。申请人和被申请人的基本情况与仲裁申请书中所载明的申请人和被申请人的基本情况是一致的,其说明事项也是一样的。

2. 正文

(1)案由。说明申请人因何种纠纷于何时申请仲裁,并概括说明申请先予执行的理由。

一般是格式化语言,行文为"申请人与被申请人之间因……纠纷,于××××年××月××日向贵仲裁委员会申请仲裁,现因生活困难,特申请先予执行,请求裁决被申请人先行给付"。

(2)请求事项。应写明先予执行的标的及其数量。例如,请求裁决先予支付劳动报酬(或者工伤医疗费、经济补偿、赔偿金)××元,请求事项为两项或者两项以上的,应当分别写明请求执行的标的及其具体数额。

(3)事实和理由。应当首先简要陈述案情,说明申请人与被申请人之间所存在的债权债务关系;其次说明本案符合先予执行的条件,不先予执行将使申请人的生活受到严重影响。在制作文书时,所述实事应当准确,理由应当充分,请求先予执行的数额不得超出仲裁请求的数额。

3. 尾部

(1)写明致送劳动争议仲裁委员会的名称。

(2)申请人签名。申请人为法人或其他组织的,应加盖单位公章。

(3)写明提交申请书的年、月、日。

(三)文书样式与范本

1. 文书样式

先予执行申请书

申请人:(姓名、性别、民族、出生年月日、工作单位、住址等)。

被申请人:(单位名称、住所及法定代表人或负责人姓名、职务等)。

申请人与被申请人之间因__________纠纷,于××××年××月××日向贵仲裁委员会申请仲裁,现因生活困难,特申请裁决先予执行,请求被申请人先行给付。

请求事项:

____。

事实和理由:

____

____

____。

此致

__________劳动争议仲裁委员会

申请人(签名)

______年____月____日

2. 文书范本

先予执行申请书

申请人:兰××,28岁,××省××市人,住××市××街××号;联系电话:××××××××。

被申请人:××市甲建筑公司,住所××市××街××号。

法定代表人:张××,董事长,联系电话:××××××××。

申请人与被申请人之间因工伤保险纠纷,于2008年12月28日向贵仲裁委员会申请仲裁,现因生活困难,特申请裁决先予执行,请求被申请人先行给付。

请求事项:

甲建筑公司先予给付一次性伤残补助金、一次性支付伤残津贴及生活护理费计128,600元。

事实和理由:

申请人于2008年8月18日在被申请人工地发生四级伤残事故,因被申请人未给申请人缴纳工伤保险,故被申请人应当按照《工伤保险条例》规定的工伤保险项目和标准支付一次性伤残补助金、一次性支付伤残津贴及生活护理费计128,600元。现在申请人没有任何收入和生活来源,仅仅依靠向亲朋借款治疗和生活,如不先予执行将使申请人的生活无法维系。现根据《中华人民共和国劳动争议调解仲裁法》第44条的规定,请求仲裁委员会裁决先予执行。

此致

____________劳动争议仲裁委员会

申请人　兰××

2009年1月23日

八、撤销劳动争议仲裁裁决申请书

(一)文书制作的基本知识

撤销劳动争议仲裁裁决申请书,是指对于一裁终局的案件仲裁裁决后,当该裁决具有依法应当撤销的情形时,用人单位依法向人民法院提交的、请求撤销仲裁裁决的法律文书。

劳动争议裁决的终局裁决又称为一裁终局,其含义是指劳动争议案件经仲裁庭作出裁决后,裁决书自作出之日起发生法律效力,作出仲裁裁决的案件的处理程序即告终止。一裁终局的案件的一个特点就是用人单位不服仲裁裁决的,无权对仲裁裁决直接提起诉讼,即使仲裁裁决错误也不得提起诉讼。用人单位有证据证明仲裁裁决适用法律错误或者程序违法等情形的,只能申请撤销仲裁裁决。仲裁裁决被人民法院裁定撤销的,当事人可以自收到裁定书之日起15日内就该劳动争议事项向人民法院提起诉讼。

1. 申请撤销仲裁裁决的案件应当属于法定范围

用人单位申请撤销仲裁裁决的案件范围就是《劳动争议调解仲裁法》第47条规定的属于一裁终局的案件,即仲裁庭对下列案件所作的仲裁裁决:对追索劳动报酬、工伤医疗费、经济补偿或者赔偿金,不超过当地月最低工资标准12个月金额的争议所作的裁决;对因执行国家的劳动标准在工作时间、休息休假、社会保险等方面发生的争议所作的裁决。

2. 申请撤销仲裁裁决应当符合法定情形

根据《劳动争议调解仲裁法》第49条的规定,用人单位有证据证明本法第47条规定的仲裁裁决具有下列情形的可以申请撤销裁决:(1)适用法律、法规确有错误的。这主要是指仲裁庭对法律、法规的理解和运用错误,当法律、法规存在冲突时违背了法律适用的效力等级;违反了法律、法规适用的有关溯及力的规定等。(2)劳动争议仲裁委员会无管辖权的。(3)违反法定程序的。主要是指仲裁庭的组成不合法的,仲裁员违反有关回避规定的,违反了有关期间规定的以及违反了仲裁裁决原则等有关仲裁程序的。(4)裁决所根据的证据是伪造的。(5)对方当事人隐瞒了足以影响公正裁决的证据的。(6)仲裁员在仲裁该案时有索贿受贿、徇私舞弊、枉法裁决行为的。

3. 申请撤销仲裁裁决应当向有管辖权的人民法院提出

根据《劳动争议调解仲裁法》第49条的规定,有权受理和裁定撤销仲裁裁决的机构为劳动争议仲裁委员会所在地的中级人民法院。这里劳动争议仲裁委员会是指审理劳动争议案件并作出劳动争议仲裁裁决的劳动争议仲裁委员会,这里有权受理和裁定撤销仲裁裁决的中级人民法院是指前述仲裁委员会所在地的中级人民法院。

4. 申请撤销仲裁裁决应当在法定期限内提出

根据《劳动争议调解仲裁法》第49条第1款的规定,用人单位有证据证明本法第47条规定的终局仲裁裁决存在依法应当撤销情形之一的,可以自收到仲裁裁决书之日起30日内向劳动争议仲裁委员会所在地的中级人民法院申请撤销裁决。

(二)文书的内容及制作方法

撤销劳动争议仲裁裁决申请书应当采取书面形式,其主要由以下三部分构成:

1. 首部

(1)标题。应当注明文书名称"撤销劳动争议仲裁裁决申请书"。

(2)申请人和被申请人的基本情况。作为撤销劳动争议仲裁裁决的申请人只能是用人单位包括法人或其他组织,应写明其全称、住所及其法定代表人或主要负责人姓名、职务和联系电话。被申请人只能是劳动者,应写明其姓名、性别、年龄、民族和住所。

2. 正文

(1)申请撤销事项。应写明请求撤销仲裁裁决,并指明作出裁决的劳动争议仲裁机构名称、裁决时间和裁决书的案号。

(2)事实和理由。事实部分要简要明确地说明争议发生的原因、经过和仲裁裁决结果。理由部分主要根据有关案件事实、证据和法律规定阐述申请撤销仲裁裁决的理由,重点说明该裁决属于法定应予撤销的情形,并通过相关证据材料加以证明。最后,可作出概括并请求人民法院支持其提出的撤销仲裁裁决请求。

3. 尾部

(1)写明致送的中级人民法院名称。

(2)申请人签名。申请人是法人或其他组织的应加盖单位公章。

(3)注明申请书提交的年、月、日。

(4)附项,包括申请书副本、提供相关的证据材料名称及申请撤销的仲裁裁决书。

(三)文书样式与范本

1. 文书样式

申 请 书

(申请撤销劳动争议仲裁裁决用)

申请人:______________,住所______________。

法定代表人/主要负责人:________(姓名),________(职务),________(联系方式)。

委托诉讼代理人:________(姓名),____________(单位与职务)。

被申请人:________(姓名),____(性别),________年____月____日出生,________(住址),__________(工作单位和职务或者职业),____________(联系方式)。

……

(以上写明当事人和其他诉讼参加人的姓名或者名称等基本信息)

请求事项:

撤销________劳动争议仲裁委员会(________)____号裁决。

事实和理由:

________年____月____日,________劳动争议仲裁委员会作出____号裁决:________________(写明裁决结果)。

____

____

____________(写明申请撤销裁决的事实和理由)。

此致

____________人民法院

附:________劳动争议仲裁委员会________号裁决书

申请人(签名或者盖章)

________年____月____日

2. 文书范本

撤销仲裁裁决申请书

申请人:甲市××房地产中介公司,住所甲市××区××路××号写字楼××房间。

法定代表人:周×× ,总经理,电话:×××××××××。

被申请人:高××,男,1970年10月12日出生,汉族,甲市××房地产中介公司职工,住甲市××区××路××小区××号楼××房间。电话:×××××××××。

申请撤销事项:

请求撤销甲劳动争议仲裁委员会(2013)×劳裁终字014号仲裁裁决。

事实和理由:

2013年1月26日,××××劳动争议仲裁委员会作出(2013)×劳裁终字014号仲裁裁决:甲市××房地产中介公司补发高××工资1200元;支付赔偿金6000元。

申请人与被申请人于2010年3月15日订立劳动合同,被申请人被聘为我单位的工作人员,从事房屋中介与售楼工作,双方约定:被申请人的月工资计发方式为基本工资500元另加销售额的千分之一的提成工资。2012年3月以来至当年12月,被申请人高××的基本工资另加销售提成工资每月只有600元。高××向甲劳动争议仲裁委员会申请仲裁,要求我单位按照本市最低工资标准720元补发1200元,并支付所补发工资的5倍的赔偿金即6000元。申请人认为,该仲裁裁决适用法律错误,理由如下:

一、被申请人未按照劳动合同的约定提供正常劳动,其不享受国家规定的最低工资保障

被申请人高××自2010年3月15日与申请人订立劳动合同后的2年时间,由于其热爱本职工作,积极从事房屋中介与销售工作,其月基本工资加上提成工资每月都在2500元以上。我单位其他员工一般月工资能达到5000元。这说明,我单位实行的基本工资加提成工资具有可行性,只要员工在劳动合同约定的日工作8小时的时间内提供正常劳动,其月工资都会远远高于甲市规定的720元的月最低工资标准。但是,自2012年3月以来至当年12月,高××在上班时间往往借故与客户洽谈业务为由外出,不在单位

接待客户,致使销售成绩大幅下降。对此,我单位多次对其发出警告。以上事实说明,我单位实行基本工资加提成工资的情况下,被申请人高××之所以未达到本市公布的最低工资,是由于其本人原因造成在法定工作时间内或依法签订的劳动合同约定的工作时间内未提供正常劳动所致。因此,根据原劳动和社会保障部于2003年发布实施的《最低工资规定》第12条的规定,被申请人高××不享有最低工资保障。其要求按照本市公布的720元的最低工资标准补发工资的主张不能成立。

二、仲裁裁决书裁决申请人向被申请人支付5倍的赔偿金,适用法律错误

如上所述,被申请人高××要求申请人按照当地最低工资标准补发工资的主张依法不能成立,因此,其亦无权要求申请人支付所谓"补发工资"的赔偿。退一步讲,即使其要求按照当地最低工资标准补发工资的主张能够成立,但是,其要求按照《最低工资规定》第13条第2款的规定,即"由劳动保障行政部门责令其限期补发所欠劳动者工资,并可责令其按所欠工资的1至5倍支付劳动者赔偿金"的主张也不能成立。因为,该条规定与《中华人民共和国劳动合同法》第85条的规定相冲突。按照《中华人民共和国劳动合同法》第85条第2项的规定,用人单位低于当地最低工资标准支付劳动者工资的,应当支付其差额部分;逾期不支付的,责令用人单位按应付金额50%以上100%以下的标准向劳动者加付赔偿金。作为部门规章的《最低工资规定》其效力低于国务院制定的行政法规,更低于国家法律《中华人民共和国劳动合同法》的有关规定,因此,在二者规定相抵触的情况下,应当适用《中华人民共和国劳动合同法》的规定。可见,按照《中华人民共和国劳动合同法》第85条的规定,我单位最多向高××支付"欠发工资"1倍的赔偿金。甲劳动争议仲裁委员会适用原劳动和社会保障部发布的《最低工资规定》第13条第2款的规定,裁决我单位加付5倍的赔偿金属于适用法律错误。

综上所述,甲仲裁委员会作出的裁决缺乏事实依据和法律依据,适用法律错误。现申请人根据《中华人民共和国劳动争议调解仲裁法》第49条的规定,请求贵院依法撤销甲仲裁委员会于2013年1月26日作出的(2013)×劳裁终字014号仲裁裁决书。

此致

甲市中级人民法院

附:甲仲裁委员会(2013)甲劳裁终字014号仲裁裁决书

申请人　甲市××房地产中介公司

法定代表人　周××

2013年2月18日

第三部分
行政复议与国家赔偿业务文书

一、行政复议申请书

（一）文书制作的基本知识

行政复议申请书，是指公民、法人或者其他组织认为具体行政行为侵犯其合法权益时，向行政机关提出行政复议请求的法律文书。

1. 行政复议的范围

公民、法人或者其他组织提出行政复议的事项应当属于行政复议范围。根据《中华人民共和国行政复议法》（以下简称《行政复议法》）第6条的规定，有下列情形之一的，公民、法人或者其他组织可以依照本法申请行政复议：（1）对行政机关作出的警告、罚款、没收违法所得、没收非法财物、责令停产停业、暂扣或者吊销许可证、暂扣或者吊销执照、行政拘留等行政处罚决定不服的；（2）对行政机关作出的限制人身自由或者查封、扣押、冻结财产等行政强制措施决定不服的；（3）对行政机关作出的有关许可证、执照、资质证、资格证等证书变更、中止、撤销的决定不服的；（4）对行政机关作出的关于确认土地、矿藏、水流、森林、山岭、草原、荒地、滩涂、海域等自然资源的所有权或者使用权的决定不服的；（5）认为行政机关侵犯合法的经营自主权的；（6）认为行政机关变更或者废止农业承包合同，侵犯其合法权益的；（7）认为行政机关违法集资、征收财物、摊派费用或者违法要求履行其他义务的；（8）认为符合法定条件，申请行政机关颁发许可证、执照、资质证、资格证等证书，或者申请行政机关审批、登记有关事项，行政机关没有依法办理的；（9）申请行政机关履行保护人身权利、财产权利、受教育权利的法定职责，行政机关没有依法履行的；（10）申请行政机关依法发放抚恤金、社会保险金或者最低生活保障费，行政机关没有依法发放的；（11）认为行政机关的其他具体行政行为侵犯其合法权益的。该法第7条规定，公民、法人或者其他组织认为行政机关的具体行政行为所依据的下列规定不合法，在对具体行政行为申请行政复议时，可以一并向行政复议机关提出对该规定的审查申请：（1）国务院部门的规定；（2）县级以上地方各级人民政府及其工作部门的规定；（3）乡、镇人民政府的规定。前款所列规定不含国务院部、委员会规章和地方人民政府规章。规章的审查依照法律、行政法规办理。

2. 申请行政复议的期间

复议申请人应当在法定期间内提出行政复议申请。根据《行政复议法》第9条的规定,公民、法人或者其他组织认为具体行政行为侵犯其合法权益的,可以自知道该具体行政行为之日起60日内提出行政复议申请;但是法律规定的申请期限超过60日的除外。因不可抗力或者其他正当理由耽误法定申请期限的,申请期限自障碍消除之日起继续计算。

3. 申请行政复议的主体

根据《行政复议法》第10条的规定,认为具体行政行为侵犯其合法权益的公民、法人或者其他组织是申请人。有权申请行政复议的公民死亡的,其近亲属可以申请行政复议。有权申请行政复议的公民为无民事行为能力人或者限制民事行为能力人的,其法定代理人可以代为申请行政复议。有权申请行政复议的法人或者其他组织终止的,承受其权利的法人或者其他组织可以申请行政复议。同申请行政复议的具体行政行为有利害关系的其他公民、法人或者其他组织,可以作为第三人参加行政复议。公民、法人或者其他组织对行政机关的具体行政行为不服申请行政复议的,作出具体行政行为的行政机关是被申请人。申请人、第三人可以委托代理人代为参加行政复议。

4. 申请行政复议的方式

根据《行政复议法》第11条的规定,申请人申请行政复议,可以书面申请,也可以口头申请;口头申请的,行政复议机关应当当场记录申请人的基本情况、行政复议请求、申请行政复议的主要事实、理由和时间。

5. 行政复议管辖

复议申请人应当向具有复议管辖权的机关提出复议申请。根据《行政复议法》第12条至第14条的规定,对县级以上地方各级人民政府工作部门的具体行政行为不服的,由申请人选择,可以向该部门的本级人民政府申请行政复议,也可以向上一级主管部门申请行政复议。对海关、金融、国税、外汇管理等实行垂直领导的行政机关和国家安全机关的具体行政行为不服的,向上一级主管部门申请行政复议;对地方各级人民政府的具体行政行为不服的,向上一级地方人民政府申请行政复议。对省、自治区人民政府依法设立的派出机关所属的县级地方人民政府的具体行政行为不服的,向该派出机关申请行政复议;对国务院部门或者省、自治区、直辖市人民政府的具体行政行为不服的,向作出该具体行政行为的国务院部门或者省、自治区、直辖市人民政府申请行政复议。对行政复议决定不服的,可以向人民法院提起行政诉讼,也可以向国务院申请裁决,国务院依照本法的规定作出最终裁决。根据《行政复议法》第15条的规定,对本法第12条、第13条、第14条规定以外的其他行政机关、组织的具体行政行为不服的,按照下列规定申请行政复议:(1)对县级以上地方人民政府依法设立的派出机关的具体行政行为不服的,向设立该派出机关的人民政府申请行政复议;(2)对政府工作部门依法设立的派出机构依照法律、法规或者规章规定,以自己的名义作出的具体行政行为不服的,向设立该派出机构的部门或者该部门的本级地方人民政府申请行政复议;(3)对法律、法规授权的组织的具体行政行为不服的,分别向直接管理该组织的地方人民政府、地方人民政府工作部门或者国务院部门申请行政复议;(4)对两个或者两个以上行政机关以共同的名义作出的具体行政行为不服的,向其共同上一级行政机关申请行政复议;(5)对被撤销的行政机关在撤销前所作出的具体行政行为不服的,向继续行使其职权的行政机关的上一级行政机关申请行政复议。

6. 行政复议的受理

根据《行政复议法》第16条和第17条的规定,公民、法人或者其他组织申请行政复议,行政复议机关已经依法受理的,或者法律、法规规定应当先向行政复议机关申请行政复议、对行政复议决定不服再向人民法院提起行政诉讼的,在法定行政复议期限内不得向人民法院提起行政诉讼。公民、法人或者其他组织向人民法院提起行政诉讼,人民法院已经依法受理的,不得申请行政复议。行政复议机关收到行政复议申请后,应当在5日内进行审查,对不符合本法规定的行政复议申请,决定不予受理,并书面告知申请人;对符合本法规定,但是不属于本机关受理的行政复议申请,应当告知申请人向有关行政复议机关提出。

(二)文书的内容及制作方法

行政复议申请书包括以下内容:申请人的基本情况、行政复议请求、申请行政复议的主要事实、理由和时间等。具体包括以下部分:

1. 首部

(1)标题。注明文书名称"行政复议申请书"。

(2)当事人的基本情况。申请人为公民的,应写明其姓名、性别、年龄、民族、工作单位和住址。申请人是法人或其他组织的,应写明其全称、地址、法定代表人或主要负责人姓名、职务、电话等项内容。如果有数个申请人的,则依据他们在案件中的地位和作用,由重到轻分别依次排列。在被申请人项下,应写明其名称、住所、法定代表人的姓名和职务等基本情况。当事人委托了诉讼代理人,应在各自的委托人后写明其姓名等基本情况。

2. 正文

(1)请求事项。写明申请人的具体复议请求。可根据具体情况提出下列请求:请求撤销或变更被申请人的何种具体行政行为;请求责令被申请人履行法定职责;请求确认被申请人的何种具体行政行为违法及被申请人依法予以赔偿等。

(2)事实与理由。首先应真实、客观地陈述申请人认为被申请人侵犯其合法权益的具体行政行为,指明被申请人作出的具体行政行为缺乏事实依据与法律依据,并提供相应的证据加以证实。其次根据有关法律规定,阐明申请理由,以论证复议请求的合法性和正当性。

3. 尾部

(1)写明致送机关名称即在"此致"之后另行写明受理该复议的机关名称。

(2)申请人签名。申请人是法人或其他组织的,应加盖单位公章。

(3)写明提交申请书的年、月、日。

(4)附项。应附上本申请书副本的份数及有关证据材料的名称、件数。

(三)文书样式与范例

1. 文书样式

行政复议申请书

申请人:____。

被申请人:______________________________________。

申请人因不服被申请人________于________年____月____日作出的________具体行政行为,向________(受理该复议的机关名称)提出复议申请,请求________(具体复议请求)。

事实与理由:

____
____
____。

此致

__________(受理该复议的行政机关)

附:1. 本申请书副本____份

2. 证据____份

申请人(签名或盖章)

________年____月____日

2. 实例与范本

【实例】张××于2003年至2004年,向其所在村的村支部书记申请欲在与他人的共用走道上建街门。在征得村支部书记的同意后,张××在共用走道上建4.7延米的街门一处。后市规划委员会接到群众举报,称张××未经城市规划部门审批,擅自占用公共走道建设街门及围墙一处。市规划委于2006年11月14日立案后,对张××进行了询问,并制作了现场勘查记录。2007年10月13日市规划委对张××作出了(2007)规×执拆字第002号限期拆除通知书,认定张××未经城市规划行政管理部门批准,擅自在××县××镇××村进行违法建设的行为,违反了《××市城市规划条例》第43条的规定,责令张××在2007年10月28日前将违法建设的4.7延米的街门无条件拆除,并清理好现场。市规划委于2007年10月13日将该限拆通知对张××进行了留置送达。张××不服该限拆通知,于2007年10月24日向××市人民政府申请行政复议。

行政复议申请书

申请人:张××,男,1954年×月×日出生,汉族,退休职工,住××市××县××镇××村237号,联系方式:×××××××××××。

被申请人:××市规划委员会,住所××市××区××路60号。

法定代表人:黄××,主任。联系方式:××××××××。

申请人因不服被申请人2007年10月13日作出的(2007)规×执拆字第002号限期拆除通知书,向××市人民政府提出复议申请,请求撤销被申请人作出的上述限期拆除通知书。

事实和理由:

申请人为了家庭财产的安全,于2004年经向所在村支部书记申请在本人家门前的走道上建街门,村支部书记到现场看后认为要建的街门不影响他人,就同意了申请。2007年10月13日市规划委对申请人所作的(2007)规×执拆字第002号限期拆除通知书,缺乏事实依据和法律依据,并侵犯申请人的权利。

首先,《中华人民共和国物权法》第152条规定,宅基地使用权人依法对集体所有的土地享有占有和使用的权利,有权依法利用该土地建造住宅及其附属设施。本案中申请人在自家门前建街门是利用宅基地建造附属设施,这是作为宅基地使用权人的申请人依法所享有的权利,市规划委员会无权干涉。

其次,被申请人以申请人未经取得建设工程规划许可证作出(2007)规×执拆字第

002号限期拆除通知书的理由不能成立。《××城市规划条例》第32条第1款规定,新建、扩建、改建、翻建建筑物、构筑物、道路、管线和其他工程设施,必须持有关批准文件向市或者区、县规划局提出申请,由市或者区、县规划局根据城市规划提出的规划设计要求,核发建设工程规划许可证。该条例第43条规定,未取得建设用地规划许可证和建设工程规划许可证或者违反上述许可证的规定进行建设,严重影响城市规划的,由市或者区、县规划行政主管部门责令停止建设,限期拆除或者没收违法建筑物、构筑物或者其他设施,并可视其执行情况处以罚款;影响城市规划,尚可采取改正措施的,由市或者区、县规划局责令限期改正,并处以罚款。本案中申请人在与其他两家邻居共用的走道上建街门,而未在公共道路上建街门,因此并未侵犯公共利益,并不影响城市规划。

最后,在自家门前的宅基地上建街门也不是在城市规划范围内的建设用地上进行建设施工,因此,市城市规划委员会也无权依据《××城市规划条例》的有关规定进行制裁。

综上所述,被申请人市城市规划委员会对申请人作出的(2007)规×执拆字第002号限期拆除通知书,没有法律依据,属于超越职权和滥用职权行为,现向市人民政府提出复议申请,请求撤销被申请人作出的上述限期拆除通知书,以维护申请人的合法权益不受侵犯。

此致

××市人民政府

附:1. 本申请书副本1份

2. 证据2份:土地房产所有证1份,经过公证的村支部书记证言1份

3. (2007)规×执拆字第022号限期拆除通知书

申请人　张××

2007年10月24日

二、行政复议答辩书

(一)文书制作的基本知识

行政复议答辩书,是在行政复议过程中,被申请人收到复议申请书副本后,针对申请人所提出的复议申请请求、事实和理由,在法定期限内进行答复和辩解的一种法律文书。

根据《行政复议法》第23条的规定,行政复议机关负责法制工作的机构应当自行政复议申请受理之日起7日内,将行政复议申请书副本或者行政复议申请笔录复印件发送被申请人。被申请人应当自收到申请书副本或者申请笔录复印件之日起10日内,提出书面答复,即提交行政复议答辩书,并提交当初作出具体行政行为的证据、依据和其他有关材料。如果被申请人不按《行政复议法》第23条的规定提出书面答复、提交当初作出具体行政行为的证据、依据和其他有关材料的,依照《行政复议法》第28条第4款的规定,视为该具体行政行为没有证据、依据,复议机关将决定撤销该具体行政行为。

从上述规定可以看出,被申请人提交行政复议答辩书,既是行使阐明自己意见、维护自己所作出的具体行政行为的权利,也是被申请人应尽的义务。被申请人提交行政复议答辩书有助于复议机关全面查清案情,作出正确的复议决定。

(二)文书的内容及制作方法

1. 首部

(1)标题。写明“行政复议答辩书”。

(2)答辩人的基本情况。包括答辩人的全称、所在地址以及法定代表人的姓名、职务、联系电话等。

(3)案由。应写明因××(申请人)不服被申请人作出的××具体行政行为一案提出答辩。

2. 正文

应针对申请人所提出的事实与理由,明确地阐明自己对案件的意见和理由,并应提交当初作出具体行政行为的证据、依据和其他有关材料。如果认为申请人的请求是不合法的,则应根据自己掌握的事实与证据阐述案情,澄清事实真相,依照法律、法规的规定反驳申请人的请求,说明自己作出的具体行政行为是合法的、适当的。

3. 尾部

(1)应写明致送复议机关的名称。

(2)答辩人加盖单位公章。

(3)注明答辩书提交的年、月、日。

(三)文书样式与范本

1. 文书样式

行政复议答辩书

答辩人(名称):____________________________________。

地址:____。

法定代表人(或负责人):________;职务:__________;联系电话:__________。

因________对答辩人作出的________具体行政行为不服,申请行政复议。现对________(申请人)于________年____月____日提出的复议要求和理由,答辩如下:

____

____

____。

此致

__________(复议机关)

附:1. 作出具体行政行为的证据

2. 作出具体行政行为的依据

3. 作出具体行政行为的其他证据材料

答辩人(签名或盖章)

________年____月____日

2. 文书范本

行政复议答辩书

答辩人:××市规划委员会,住所××市××区××路60号。

法定代表人:黄××,主任。联系方式:×××××××××。

因复议申请人张××对答辩人作出的(2007)规×执拆字第002号限期拆除通知书不服,申请行政复议。现对申请人张××于2007年10月24日提出的复议要求和理由,答辩如下:

首先,《中华人民共和国城市规划法》和我市《城市规划条例》等法律法规中明确规定,新建、扩建、改建、翻建建筑物、构筑物、道路、管线和其他工程设施,均应取得规划审批手续。《中华人民共和国物权法》中相关条款是规定住宅使用权人的权利,不是说住宅使用权人可以未经规划审批和未取得施工许可证即可进行建设施工。张××在复议申请书中提到的与他人的共用走道从村庄建设和规划角度考虑属于公共道路,在公共道路上施工建设应当依据我市《城市规划条例》第32条的规定依法取得审批手续。答辩人根据调查取证情况认定,张××占用公共道路所建街门,截至目前未通过村委会和镇政府来向答辩人提出书面申请,也未依法取得建设工程施工许可证,且干扰周围利益相关人的生活。

其次,张××的街门建在了公共道路上而不是其宅基地上,其行为属于违法建设。该违法建筑属于严重违反城市规划的情形,无法采取更正措施,是不能通过补发手续使其合法化的,因此必须予以拆除。本案中申请人张××占用公共道路建设构筑物的行为是对城市规划秩序的破坏,虽然目前其所在村庄没有统一的规划,但并不意味着可以不经批准乱搭乱建,否则,农村地区的规划管理将处于无序状态和无法进行有效的管理,后果将十分严重。

综上所述,答辩人根据我市《城市规划条例行政处罚办法》第3条和《禁止违法建设若干规定》第2条的规定,认定申请人所建街门工程属违法建设,根据我市《城市规划条例》第43条的规定作出的限期拆除决定,认定事实清楚、适用法律正确。请求市人民政府依法驳回其复议请求,维持答辩人作出的(2007)规×执拆字第002号限期拆除的行政决定。

此致

××市人民政府

附:1. 作出具体行政行为的证据

2. 作出具体行政行为依据

答辩人　××市规划委员会

2007年11月5日

三、行政赔偿申请书

(一)文书制作的基本知识

行政赔偿申请书,是指行政机关及其工作人员在行使行政职权时人身权利或财产权利受到侵害的受害人或其他赔偿请求人,依法向赔偿义务机关递交的要求其赔偿的法律文书。

1. 行政赔偿范围

《中华人民共和国国家赔偿法》(以下简称《国家赔偿法》)第3条规定,行政机关及其工作人员在行使行政职权时有下列侵犯人身权情形之一的,受害人有获得赔偿的权利:(1)违法拘留或者违法采取限制公民人身自由的行政强制措施的;(2)非法拘禁或者以其他方法非法剥夺公民人身自由的;(3)以殴打、虐待等行为或者唆使、放纵他人以殴打、虐待等行为造成公民身体伤害或者死亡的;(4)违法使用武器、警械造成公民身体伤害或者死亡的;(5)造成公民身体伤害或者死亡的其他违法行为。

《国家赔偿法》第 4 条规定,行政机关及其工作人员在行使行政职权时有下列侵犯财产权情形之一的,受害人有获得赔偿的权利:(1)违法实施罚款、吊销许可证和执照、责令停产停业、没收财物等行政处罚的;(2)违法对财产采取查封、扣押、冻结等行政强制措施的;(3)违法征收、征用财产的;(4)造成财产损害的其他违法行为。

《国家赔偿法》第 5 条规定,属于下列情形之一的,国家不承担赔偿责任:(1)行政机关工作人员与行使职权无关的个人行为;(2)因公民、法人和其他组织自己的行为致使损害发生的;(3)法律规定的其他情形。《国家赔偿法》第 9 条第 1 款规定,赔偿义务机关有本法第 3 条、第 4 条规定情形之一的,应当给予赔偿。

2. 赔偿请求人和赔偿义务机关

赔偿请求人是对行政机关及其工作人员行使行政职权侵犯公民、法人和其他组织的合法权益造成的损害有权要求行政赔偿的公民、法人和其他组织。《国家赔偿法》第 6 条规定,受害的公民、法人和其他组织有权要求赔偿。受害的公民死亡,其继承人和其他有扶养关系的亲属有权要求赔偿。受害的法人或者其他组织终止的,其权利承受人有权要求赔偿。

赔偿义务机关是对行政机关及其工作人员行使行政职权侵犯公民、法人和其他组织的合法权益造成的损害负有行政赔偿义务的机关。《国家赔偿法》第 7 条规定,行政机关及其工作人员行使行政职权侵犯公民、法人和其他组织的合法权益造成损害的,该行政机关为赔偿义务机关。两个以上行政机关共同行使行政职权时侵犯公民、法人和其他组织的合法权益造成损害的,共同行使行政职权的行政机关为共同赔偿义务机关。法律、法规授权的组织在行使授予的行政权力时侵犯公民、法人和其他组织的合法权益造成损害的,被授权的组织为赔偿义务机关。受行政机关委托的组织或者个人在行使受委托的行政权力时侵犯公民、法人和其他组织的合法权益造成损害的,委托的行政机关为赔偿义务机关。赔偿义务机关被撤销的,继续行使其职权的行政机关为赔偿义务机关;没有继续行使其职权的行政机关的,撤销该赔偿义务机关的行政机关为赔偿义务机关。该法第 8 条规定,经复议机关复议的,最初造成侵权行为的行政机关为赔偿义务机关,但复议机关的复议决定加重损害的,复议机关对加重的部分履行赔偿义务。

3. 行政赔偿程序

赔偿请求人要求赔偿应当履行法定程序。根据《国家赔偿法》第 9 条第 2 款的规定,赔偿请求人要求赔偿,应当先向赔偿义务机关提出,也可以在申请行政复议或者提起行政诉讼时一并提出。该法第 10 条规定,赔偿请求人可以向共同赔偿义务机关中的任何一个赔偿义务机关要求赔偿,该赔偿义务机关应当先予赔偿。该法第 11 条规定,赔偿请求人根据受到的不同损害,可以同时提出数项赔偿要求。该法第 12 条规定,要求赔偿应当递交申请书。赔偿请求人书写申请书确有困难的,可以委托他人代书;也可以口头申请,由赔偿义务机关记入笔录。赔偿请求人不是受害人本人的,应当说明与受害人的关系,并提供相应证明。赔偿请求人当面递交申请书的,赔偿义务机关应当当场出具加盖本行政机关专用印章并注明收讫日期的书面凭证。申请材料不齐全的,赔偿义务机关应当当场或者在 5 日内一次性告知赔偿请求人需要补正的全部内容。该法第 13 条规定,赔偿义务机关应当自收到申请之日起 2 个月内,作出是否赔偿的决定。赔偿义务机关作出赔偿决定,应当充分听取赔偿请求人的意见,并可以与赔偿请求人就赔偿方式、赔偿项目和赔偿数额依照本法第四章的规定进行协商。赔偿义务机关决定赔偿的，应当制作赔偿决定书，并自作出决定之日起 10 日内送达赔偿请求人。赔偿义务机关决定不予赔偿的，应当自作出决定之日起 10 日内书面通知赔偿请求人，并说明不予赔偿的理由。该法第 14 条规定，赔偿义务机关在规定期限内未作出是否赔偿的决定，赔偿请求人可以自期限届满之日起 3 个月内，向人民法院提起诉讼。赔偿请求人对赔偿的方式、项目、数额有异议的，或者赔偿义务机关作出不予赔偿决定的，赔偿请求人可以自赔偿义务机关作出赔偿或者不予赔偿决定之日起 3 个月内，向人民法院提起诉讼。

4. 行政赔偿方式和计算标准

（1）赔偿方式。《国家赔偿法》第 32 条规定，国家赔偿以支付赔偿金为主要方式。能够返还财产或者恢复原状的，予以返还财产或者恢复原状。此外，根据该法第 35 条的规定，有本法第 3 条规定情形之一，致人精神损害的，应当在侵权行为影响的范围内，为受害人消除影响，恢复名誉，赔礼道歉；造成严重后果的，应当支付相应的精神损害抚慰金。

（2）侵犯公民人身自由和生命健康权的赔偿标准。《国家赔偿法》第 33 条规定，侵犯公民人身自由的，每日赔偿金按照国家上年度职工日平均工资计算。该法第 34 条规定，侵犯公民生命健康权的，赔偿金按照下列规定计算：①造成身体伤害的，应当支付医疗费、护理费，以及赔偿因误工减少的收入。减少的收入每日的赔偿金按照国家上年度职工日平均工资计算，最高额为国家上年度职工年平均工资的 5 倍。②造成部分或者全部丧失劳动能力的，应当支付医疗费、护理费、残疾生活辅助具费、康复费等因残疾而增加的必要支出和继续治疗所必需的费用，以及残疾赔偿金。残疾赔偿金根据丧失劳动能力的程度，按照国家规定的伤残等级确定，最高不超过国家上年度职工年平均工资的 20 倍。造成全部丧失劳动能力的，对其扶养的无劳动能力的人，还应当支付生活费。③造成死亡的，应当支付死亡赔偿金、丧葬费，总额为国家上年度职工年平均工资的 20 倍。对死者生前扶养的无劳动能力的人，还应当支付生活费。前款第 2 项、第 3 项规定的生活费的发放标准，参照当地最低生活保障标准执行。被扶养的人是未成年人的，生活费给付至 18 周岁止；其他无劳动能力的人，生活费给付至死亡时止。

（3）侵犯公民、法人和其他组织的财产权造成损害的处理。《国家赔偿法》第 36 条规定，侵犯公民、法人和其他组织的财产权造成损害的，按照下列规定处理：①处罚款、罚金、追缴、没收财产或者违法征收、征用财产的，返还财产。②查封、扣押、冻结财产的，解除对财产的查封、扣押、冻结，造成财产损坏或者灭失的，依照本条第 3 项、第 4 项的规定赔偿。③应当返还的财产损坏的，能够恢复原状的恢复原状，不能恢复原状的，按照损害程度给付相应的赔偿金。④应当返还的财产灭失的，给付相应的赔偿金。⑤财产已经拍卖或者变卖的，给付拍卖或者变卖所得的价款；变卖的价款明显低于财产价值的，应当支付相应的赔偿金。⑥吊销许可证和执照、责令停产停业的，赔偿停产停业期间必要的经常性费用开支。⑦返还执行的罚款或者罚金、追缴或者没收的金钱，解除冻结的存款或者汇款的，应当支付银行同期存款利息。⑧对财产权造成其他损害的，按照直接损失给予赔偿。

（4）行政赔偿支付依据与支付期限。《国家赔偿法》第 37 条第 2 款和第 3 款规定，赔偿请求人凭生效的判决书、复议决定书、赔偿决定书或者调解书，向赔偿义务机关申请支付赔偿金。赔偿义务机关应当自收到支付赔偿金申请之日起 7 日内，依照预算管理权限向有关的财政部门提出支付申请。财政部门应当自收到支付申请之日起 15 日内支付赔偿金。

5. 请求赔偿时效

《国家赔偿法》第 39 条规定，赔偿请求人请求国家赔偿的时效为 2 年，自其知道或者应当知道国家机关及其工作人员行使职权时的行为侵犯其人身权、财产权之日起计算，但被羁押等限制人身自由期间不计算在内。在申请行政复议或者提起行政诉讼时一并提出赔偿请求的,适用行政复议法、行政诉讼法有关时效的规定。赔偿请求人在赔偿请求时效的最后6个月内,因不可抗力或者其他障碍不能行使请求权的,时效中止。从中止时效的原因消除之日起,赔偿请求时效期间继续计算。可见,赔偿请求权人对行政机关及其工作人员行使行政职权侵犯公民、法人和其他组织的合法权益造成的损害,应当在上述时效期间内要求赔偿。否则,超过上述时效规定的,赔偿请求权消灭,赔偿请求人即使提出赔偿请求,也不会获得国家赔偿。

(二)文书的内容及制作方法

根据《国家赔偿法》第12条的规定,行政赔偿申请书应当载明下列事项:申请人的基本情况;具体的要求、事实根据和理由;申请的年、月、日。具体来讲包括以下部分:

1. 首部

(1)标题。写明文书名称"行政赔偿申请书"。

(2)申请人的基本情况。申请人是公民的,写明申请人的姓名、性别、年龄、工作单位或职业、住所。由申请人的继承人或者法定代理人或者有抚养关系的亲属来行使请求权的,还应写明继承人、法定代理人和亲属的基本情况以及与受害人的身份关系等事项。申请人为法人或其他组织的,应写明它们的名称、住所、法定代表人和主要负责人的姓名、职务。

2. 正文

(1)赔偿请求。赔偿要求应当根据受到的具体损害事实提出,赔偿请求人根据受到的不同损害可以同时提出数项赔偿要求。要求损害赔偿的数额应当具体并应按照法律规定的标准计算。

(2)事实和理由。事实部分主要叙述和说明行政机关及其工作人员在行使行政职权时的违法行为,包括其行为发生的时间、地点、起因、过程及结果。在此基础上,阐述违法行为和损害结果之间所存在的必然联系即因果关系,并以相关证据加以证明和支持。理由部分主要是运用有关的法律规定,分析、论证行政机关及其工作人员违法行使职权、违法履行职务的危害性及申请人提出赔偿请求的合法性。

(3)证据和证据来源、证人姓名和住址。《国家赔偿法》第15条明确规定,人民法院审理行政赔偿案件,赔偿请求人和赔偿义务机关对自己提出的主张,应当提供证据。赔偿义务机关采取行政拘留或者限制人身自由的强制措施期间,被限制人身自由的人死亡或者丧失行为能力的,赔偿义务机关的行为与被限制人身自由的人的死亡或者丧失行为能力是否存在因果关系,赔偿义务机关应当提供证据。因此,无论是侵权行为还是赔偿请求都应当由证据支持,有关的证明材料也应当作为附项一并附上,如证明人身伤害的程度、性质的医院证明书、医疗费收据及因此而受到其他损失的证明;对损害财产的,应提交修复费用的收据、购置同类财物的发票等;因死亡而要求赔偿的,应提交受害人死亡证明书或其他载明死亡原因、时间、地点等情况的证明书,死亡人死亡之前的职业、工资收入状况、生前抚养人的姓名、年龄、死亡人须抚养的未成年人的年龄、性别及其与死亡人的关系、因死亡而开支的丧葬费收据等。

3. 尾部

(1)写明致送赔偿义务机关的名称。

(2)申请人签名。申请人为法人或其他组织的应加盖单位公章。

(3)注明申请书提交的年、月、日。

(三)文书样式与范本

1. 文书样式

行政赔偿申请书

赔偿请求人:____。

赔偿请求人因__________(行政机关或行政机关工作人员)于________年____月____日对________(受害人)违法实施________(行为),现请求国家赔偿。

赔偿请求:

____。

事实和理由:

____

____

____。

此致

__________(赔偿义务机关)

赔偿请求人(签名或盖章)

________年____月____日

2. 文书范本

行政赔偿申请书

赔偿请求人:××市××软件开发公司,住所××市××区××路39号院。

法定代表人:何××,职务:董事长。联系方式:×××××××××。

赔偿请求人因贵局于2008年2月21日对赔偿请求人的办公场所院内的建筑违法实施强制拆除,现请求行政赔偿。

赔偿请求:

请求赔偿经济损失50,000元。

事实和理由:

为了改善办公条件和防止办公器材被雨水淋湿,2008年2月我公司在办公场所院内用空心砖搭建了2个高度为1.6米左右的遮雨棚用于储藏机器设备。贵局在既未确认我公司的遮雨棚是违章建筑,也未通知我公司自行拆除,即采取强制措施将遮雨棚拆除。贵局拆除我公司遮雨棚的行为属行政强制措施,实行行政强制措施应遵循以下基本原则:第一,必须有行政强制措施规定的立法授权。第二,行政机关必须在法定条件下使用法定方法才能直接实施行政强制措施。第三,行政机关必须经法定程序制作行政决定书和制作记录实施过程的行政文书。第四,实施行政强制措施必须尊重当事人的基本权利,听取当事人的陈述和申辩。而贵局的行为均不符合上述规定,并且根据《中华人民共和国城市规划法》贵局采取强制拆除我公司遮雨棚的措施应当有县级以上地方人民政府的授权批准。因此,贵局强制拆除我公司遮雨棚的具体行政行为违法。根据《中华人民共和国国家赔偿法》第28条的规定,对贵局给我公司造成的直接经济损失包括购买材料费、施工费计50,000元,请依法予以赔偿。否则,我公司将依法提起行政诉讼,要求贵局履行赔偿义务。

此致

××市城市规划局

赔偿请求人 ××市××软件开发公司

2008年3月10日

四、刑事赔偿申请书

(一)文书制作的基本知识

刑事赔偿申请书,是指行使侦查、检察、审判、监狱管理职权的机关及其工作人员在行使职权时人身权利或财产权利受到侵害的受害人或其他赔偿请求人,依法向赔偿义务机关递交的要求其赔偿的法律文书。

1. 刑事赔偿范围

《国家赔偿法》第17条规定,行使侦查、检察、审判职权的机关以及看守所、监狱管理机关及其工作人员在行使职权时有下列侵犯人身权情形之一的,受害人有取得赔偿的权利:(1)违反刑事诉讼法的规定对公民采取拘留措施的,或者依照刑事诉讼法规定的条件和程序对公民采取拘留措施,但是拘留时间超过刑事诉讼法规定的时限,其后决定撤销案件、不起诉或者判决宣告无罪终止追究刑事责任的;(2)对公民采取逮捕措施后,决定撤销案件、不起诉或者判决宣告无罪终止追究刑事责任的;(3)依照审判监督程序再审改判无罪,原判刑罚已经执行的;(4)刑讯逼供或者以殴打、虐待等行为或者唆使、放纵他人以殴打、虐待等行为造成公民身体伤害或者死亡的;(5)违法使用武器、警械造成公民身体伤害或者死亡的。

《国家赔偿法》第18条规定,行使侦查、检察、审判职权的机关以及看守所、监狱管理机关及其工作人员在行使职权时有下列侵犯财产权情形之一的,受害人有取得赔偿的权利:(1)违法对财产采取查封、扣押、冻结、追缴等措施的;(2)依照审判监督程序再审改判无罪,原判罚金、没收财产已经执行的。

《国家赔偿法》第19条规定,属于下列情形之一的,国家不承担赔偿责任:(1)因公民自己故意作虚伪供述,或者伪造其他有罪证据被羁押或者被判处刑罚的;(2)依照《刑法》第17条、第18条的规定不负刑事责任的人被羁押的;(3)依照《刑事诉讼法》第15条、第173条第2款、第273条第2款、第279条的规定不追究刑事责任的人被羁押的;(4)行使侦查、检察、审判职权的机关以及看守所、监狱管理机关的工作人员与行使职权无关的个人行为;(5)因公民自伤、自残等故意行为致使损害发生的;(6)法律规定的其他情形。

2. 赔偿请求人和赔偿义务机关

赔偿请求人是对行使国家侦查、检察、审判、监狱管理职权的机关及其工作人员在行使职权时侵犯公民、法人和其他组织的合法权益造成的损害,有权要求赔偿的公民、法人和其他组织。《国家赔偿法》第20条规定,赔偿请求人的确定依照本法第6条的规定,即受害的公民、法人和其他组织有权要求赔偿。受害的公民死亡,其继承人和其他有扶养关系的亲属有权要求赔偿。受害的法人或者其他组织终止的,其权利承受人有权要求赔偿。

赔偿义务机关是指对行使侦查、检察、审判职权的机关以及看守所、监狱管理机关及其工作人员在行使职权时侵犯公民、法人和其他组织的合法权益造成的损害负有刑事赔偿义务的机关。《国家赔偿法》第21条规定,行使侦查、检察、审判职权的机关以及看守所、监狱管理机关及其工作人员在行使职权时侵犯公民、法人和其他组织的合法权益造成损害的,该机关为赔偿义务机关。对公民采取拘留措施,依照本法的规定应当给予国家赔偿的,作出拘留决定的机关为赔偿义务机关。对公民采取逮捕措施后决定撤销案件、不起诉或者判决宣告无罪的,作出逮捕决定的机关为赔偿义务机关。再审改判无罪的,作出原生效判决的人民法院为赔偿义务机关。二审改判无罪,以及二审发回重审后作无罪处理的,作出一审有罪判决的人民法院为赔偿义务机关。

3. 刑事赔偿程序

《国家赔偿法》第 22 条规定,赔偿义务机关有本法第 17 条、第 18 条规定情形之一的,应当给予赔偿。赔偿请求人要求赔偿,应当先向赔偿义务机关提出。赔偿请求人提出赔偿请求,适用本法第 11 条、第 12 条的规定。该法第 11 条规定,赔偿请求人根据受到的不同损害,可以同时提出数项赔偿要求。该法第 12 条规定,要求赔偿应当递交申请书。赔偿请求人书写申请书确有困难的,可以委托他人代书;也可以口头申请,由赔偿义务机关记入笔录。赔偿请求人不是受害人本人的,应当说明与受害人的关系,并提供相应证明。赔偿请求人当面递交申请书的,赔偿义务机关应当当场出具加盖本行政机关专用印章并注明收讫日期的书面凭证。申请材料不齐全的,赔偿义务机关应当当场或者在 5 日内一次性告知赔偿请求人需要补正的全部内容。

《国家赔偿法》第 23 条规定,赔偿义务机关应当自收到申请之日起 2 个月内,作出是否赔偿的决定。赔偿义务机关作出赔偿决定,应当充分听取赔偿请求人的意见,并可以与赔偿请求人就赔偿方式、赔偿项目和赔偿数额依照本法第四章的规定进行协商。赔偿义务机关决定赔偿的,应当制作赔偿决定书,并自作出决定之日起 10 日内送达赔偿请求人。赔偿义务机关决定不予赔偿的,应当自作出决定之日起 10 日内书面通知赔偿请求人,并说明不予赔偿的理由。

《国家赔偿法》第 38 条规定,人民法院在民事诉讼、行政诉讼过程中,违法采取对妨害诉讼的强制措施、保全措施或者对判决、裁定及其他生效法律文书执行错误,造成损害的,赔偿请求人要求赔偿的程序,适用本法刑事赔偿程序的规定。

4. 刑事赔偿方式和计算标准

(1)赔偿方式。《国家赔偿法》第 32 条规定,国家赔偿以支付赔偿金为主要方式。能够返还财产或者恢复原状的,予以返还财产或者恢复原状。此外,根据该法第 35 条的规定,有本法第 3 条规定情形之一,致人精神损害的,应当在侵权行为影响的范围内,为受害人消除影响,恢复名誉,赔礼道歉;造成严重后果的,应当支付相应的精神损害抚慰金。

(2)侵犯公民人身自由和生命健康权的赔偿标准。《国家赔偿法》第 33 条规定,侵犯公民人身自由的,每日赔偿金按照国家上年度职工日平均工资计算。该法第 34 条规定,侵犯公民生命健康权的,赔偿金按照下列规定计算:①造成身体伤害的,应当支付医疗费、护理费,以及赔偿因误工减少的收入。减少的收入每日的赔偿金按照国家上年度职工日平均工资计算,最高额为国家上年度职工年平均工资的 5 倍。②造成部分或者全部丧失劳动能力的,应当支付医疗费、护理费、残疾生活辅助器具费、康复费等因残疾而增加的必要支出和继续治疗所必需的费用,以及残疾赔偿金。残疾赔偿金根据丧失劳动能力的程度,按照国家规定的伤残等级确定,最高不超过国家上年度职工年平均工资的 20 倍。造成全部丧失劳动能力的,对其扶养的无劳动能力的人,还应当支付生活费。③造成死亡的,应当支付死亡赔偿金、丧葬费,总额为国家上年度职工年平均工资的 20 倍。对死者生前扶养的无劳动能力的人,还应当支付生活费。前款第 2 项、第 3 项规定的生活费的发放标准,参照当地最低生活保障标准执行。被扶养的人是未成年人的,生活费给付至 18 周岁止;其他无劳动能力的人,生活费给付至死亡时止。

(3)侵犯公民、法人和其他组织的财产权造成损害的处理。《国家赔偿法》第 36 条规定,侵犯公民、法人和其他组织的财产权造成损害的,按照下列规定处理:①处罚款、罚金、追缴、没收财产或者违法征收、征用财产的,返还财产;②查封、扣押、冻结财产的,解除对财产的查封、扣押、冻结,造成财产损坏或者灭失的,依照本条第 3 项、第 4 项的规定赔偿;③应当返还的财产损坏的,能够恢复原状的恢复原状,不能恢复原状的,按照损害程度给付相应的赔偿金;④应当返还的财产灭失的,给付相应的赔偿金;⑤财产已经拍卖或者变卖的,给付拍卖或者变卖所得的价款;变卖的价款明显低于财产价值的,应当支付相应的赔偿金;⑥吊销许可证和执照、责令停产停业的,赔偿停产停业期间必要的经常性费用开支;⑦返还执行的罚款或者罚金、追缴或者没收的金钱,解除冻结的存款或者汇款的,应当支付银行同期存款利息;⑧对财产权造成其他损害的,按照直接损失给予赔偿。

(4)刑事赔偿支付依据与支付期限。《国家赔偿法》第 37 条第 2 款、第 3 款规定,赔偿请求人凭生效的判决书、复议决定书、赔偿决定书或者调解书,向赔偿义务机关申请支付赔偿金。赔偿义务机关应当自收到支付赔偿金申请之日起 7 日内,依照预算管理权限向有关的财政部门提出支付申请。财政部门应当自收到支付申请之日起 15 日内支付赔偿金。

5. 请求赔偿时效

《国家赔偿法》第 39 条规定,赔偿请求人请求国家赔偿的时效为 2 年,自其知道或者应当知道国家机关及其工作人员行使职权时的行为侵犯其人身权、财产权之日起计算,但被羁押等限制人身自由期间不计算在内。在申请行政复议或者提起行政诉讼时一并提出赔偿请求的,适用行政复议法、行政诉讼法有关时效的规定。赔偿请求人在赔偿请求时效的最后 6 个月内,因不可抗力或者其他障碍不能行使请求权的,时效中止。从中止时效的原因消除之日起,赔偿请求时效期间继续计算。可见,赔偿请求权人对有关机关及其工作人员行使行政职权侵犯公民、法人和其他组织的合法权益造成的损害,应当在上述时效期间内要求赔偿。否则,超过上述时效规定的,赔偿请求权消灭,赔偿请求人即使提出赔偿请求,也不会获得国家赔偿。

(二)文书的内容及制作方法

根据《国家赔偿法》第 20 条和第 12 条的规定,申请书应当载明下列事项:受害人的姓名、性别、年龄、工作单位和住所,法人或者其他组织的名称、住所和法定代表人或者主要负责人的姓名、职务;具体的要求、事实根据和理由;申请的年、月、日。具体来讲包括以下部分:

1. 首部

(1)标题。写明文书名称"刑事赔偿申请书"。

(2)申请人的基本情况。申请人是公民的,写明申请人的姓名、性别、年龄、工作单位或职业、住所。由申请人的继承人或者法定代理人或者有抚养关系的亲属来行使请求权的,应写明继承人、法定代理人和亲属的基本情况以及与受害人的身份关系等事项。申请人为法人或其他组织的,应写明它们的名称、住所、法定代表人和主要负责人的姓名、职务。

2. 正文

(1)赔偿请求。赔偿要求应当根据受到的具体损害事实提出,赔偿请求人根据受到的不同损害可以同时提出数项赔偿要求。要求损害赔偿的数额应当具体并应按照法律规定的标准计算。

(2)事实和理由。事实部分主要叙述和说明行使国家侦查、检察、审判、监狱管理职权的机关及其工作人员行使职权时的违法行为,包括其行为发生的时间、地点、起因、过程及结果。在此基础上,阐述违法行为和损害结果之间所存在的必然联系即因果关系,并以相关证据加以证明和支持。理由部分主要是运用有关法律的具体规定,分析、论证有关机关及其工作人员违法行使职权、违法履行职务的危害性及申请人提出赔偿请求的合法性。

(3)证据和证据来源、证人姓名和住址。《国家赔偿法》第26条规定,人民法院赔偿委员会处理赔偿请求,赔偿请求人和赔偿义务机关对自己提出的主张,应当提供证据。被羁押人在羁押期间死亡或者丧失行为能力的,赔偿义务机关的行为与被羁押人的死亡或者丧失行为能力是否存在因果关系,赔偿义务机关应当提供证据。因此,无论是侵权行为、危害结果还是赔偿请求都应当由证据支持,有关的证明材料也应当作为附项一并附上,如证明人身伤害的程度、性质的医院证明书、医疗费收据及因此而受到其他损失的证明;对损害财产的,应提交修复费用的收据、购置同类财物的发票等;因死亡而要求赔偿的,应提交受害人死亡证明书或其他载明死亡原因、时间、地点等情况的证明书,死亡人死亡之前的职业、工资收入状况、生前抚养人的姓名、年龄、死亡人须抚养的未成年人的年龄、性别及其与死亡人的关系、因死亡而开支的丧葬费收据等。

3. 尾部

(1)写明致送赔偿义务机关的名称。

(2)申请人签名。申请人为法人或其他组织的应加盖单位公章。

(3)注明申请书提交的年、月、日。

(三)文书样式与范本

1. 文书样式

刑事赔偿申请书

赔偿请求人:____。

赔偿请求人因__________(机关或行政机关工作人员)于________年____月____日对________(受害人)违法实施________(行为),现请求国家赔偿。

赔偿请求:

____。

事实和理由:

____

____

____。

此致

__________(赔偿义务机关)

赔偿请求人(签名或盖章)

________年____月____日

2. 文书范本

刑事赔偿申请书

赔偿请求人:林××,男,1964年×月×日出生,汉族,公司董事长,住××市××区××街××号。

赔偿请求人因××市人民检察院于2009年1月7日对赔偿请求人违法批准逮捕,现请求刑事赔偿。

赔偿请求:

1. 请求给付错误羁押期间因限制人身自由的赔偿金17,246.46元;

2. 请求为赔偿请求人消除影响,恢复名誉,赔礼道歉。

事实和理由:

2008年9月赔偿请求人作为××省××市××有限责任公司的法定代表人与××省××市××有限责任公司订立了一份标的为800多万元的货物买卖合同,因合同履行中双方发生争议。2009年1月3日赔偿请求人因涉嫌合同诈骗罪被××市公安局刑事拘留,同月7日,经××市人民检察院批准被执行逮捕,6月5日,××市人民检察院对赔偿请求人林××作出撤销逮捕决定,同日被释放,7月23日,××市公安局对赔偿请求人林××涉嫌合同诈骗一案作出撤销案件决定。现根据《中华人民共和国国家赔偿法》第26条和第30条的规定,请求作为赔偿义务机关的××市人民检察院赔偿因限制人身自由的赔偿金17,246.46元,并在侵权行为影响范围内为赔偿请求人消除影响,恢复名誉,赔礼道歉。

此致

××市人民检察院

赔偿请求人 林××

2009年8月29日

五、刑事赔偿复议申请书

(一)文书制作的基本知识

刑事赔偿复议申请书,是指刑事赔偿请求人向赔偿义务机关提出赔偿请求后,赔偿义务机关逾期不予赔偿或者赔偿请求人对赔偿数额有异议的,刑事赔偿请求人依法向赔偿义务机关的上一级机关提交的、请求启动复议程序进行审查并对刑事赔偿争议作出决定的法律文书。

《国家赔偿法》第23条规定,赔偿义务机关应当自收到申请之日起2个月内,作出是否赔偿的决定。赔偿义务机关作出赔偿决定,应当充分听取赔偿请求人的意见,并可以与赔偿请求人就赔偿方式、赔偿项目和赔偿数额依照本法第四章的规定进行协商。赔偿义务机关决定赔偿的,应当制作赔偿决定书,并自作出决定之日起10日内送达赔偿请求人。赔偿义务机关决定不予赔偿的,应当自作出决定之日起10日内书面通知赔偿请求人,并说明不予赔偿的理由。

《国家赔偿法》第24条规定,赔偿义务机关在规定期限内未作出是否赔偿的决定,赔偿请求人可以自期限届满之日起30日内向赔偿义务机关的上一级机关申请复议。赔偿请求人对赔偿的方式、项目、数额有异议的，或者赔偿义务机关作出不予赔偿决定的，赔偿请求人可以自赔偿义务机关作出赔偿或者不予赔偿决定之日起 30 日内，向赔偿义务机关的上一级机关申请复议。赔偿义务机关是人民法院的，赔偿请求人可以依照本条规定向其上一级人民法院赔偿委员会申请作出赔偿决定。可见，刑事赔偿复议程序不适用于人民法院作为赔偿义务人的情况。

《国家赔偿法》第 25 条规定，复议机关应当自收到申请之日起 2 个月内作出决定。赔偿请求人不服复议决定的，可以在收到复议决定之日起 30 日内向复议机关所在地的同级人民法院赔偿委员会申请作出赔偿决定；复议机关逾期不作决定的，赔偿请求人可以自期限届满之日起 30 日内向复议机关所在地的同级人民法院赔偿委员会申请作出赔偿决定。

（二）文书的内容及制作方法

1. 首部

（1）标题。写明文书名称“刑事赔偿复议申请书”。

（2）复议申请人的基本情况。复议申请人是公民的，写明申请人的姓名、性别、年龄、工作单位或职业、住所。由复议申请人的继承人或者法定代理人或者有抚养关系的亲属来行使请求权的，应写明继承人、法定代理人和亲属的基本情况以及与受害人的身份关系等事项。复议申请人为法人或其他组织的，应写明它们的名称、住所、法定代表人和主要负责人的姓名、职务。

2. 正文

（1）刑事赔偿复议请求。应当说明赔偿请求人即复议申请人对刑事赔偿义务机关逾期不予赔偿或者其作出的赔偿决定不服申请复议。

（2）理由部分。首先，真实、客观地陈述复议申请人对行使国家侦查、检察、监狱管理职权的机关及其工作人员行使职权的违法行为于何时向何赔偿义务机关提出赔偿申请，陈述该赔偿义务机关逾期不予赔偿或者说明赔偿请求人对赔偿决定有异议，指明赔偿义务人逾期不予赔偿违背了《国家赔偿法》的有关规定；或者指出作出的赔偿决定缺乏事实依据与法律依据，并提供相应的证据加以证实。其次，根据有关法律的规定，阐明复议申请理由，以论证刑事赔偿复议请求的合法性，请求刑事赔偿义务人的上一级机关纠正并撤销或者变更赔偿义务机关作出的刑事赔偿决定。

3. 尾部

（1）应写明致送机关的名称，该机关应当为赔偿义务机关的上一级机关。

（2）复议申请人签名。复议申请人为法人或其他组织的应加盖单位公章。

（3）注明申请书提交的年、月、日。

（三）文书样式与范本

1. 文书样式

刑事赔偿复议申请书（1）

申请人：____。

申请人因____________（刑事赔偿义务机关）对________年____月____日作出的（　　）____字第____号刑事赔偿决定逾期不予赔偿，特申请复议，理由如下：

____

____

____。

此致

__________(刑事赔偿复议机关)

申请人(签名或盖章)

______年____月____日

刑事赔偿复议申请书(2)

申请人:____。

申请人因不服__________(刑事赔偿义务机关)于______年____月____日(　　)____字第____号刑事赔偿决定,特申请复议,理由如下:

____

____

____。

此致

__________(刑事赔偿复议机关)

申请人(签名或盖章)

______年____月____日

2. 文书范本

刑事赔偿复议申请书

申请人:林××,男,1964年×月×日出生,汉族,××公司董事长,住××市××区××街××号。

申请人因××市人民检察院逾期不作刑事赔偿决定,特申请复议,理由如下:

2009年1月3日申请人因涉嫌合同诈骗罪被××市公安局刑事拘留,同月7日,经××市人民检察院批准被执行逮捕。同年6月5日××市人民检察院对申请人作出撤销逮捕决定,同日被释放。7月23日,××市公安局对申请人涉嫌合同诈骗一案作出撤销案件决定。申请人于2009年8月29日根据《中华人民共和国国家赔偿法》第26条和第30条的规定,请求作为赔偿义务机关的××市人民检察院赔偿因限制人身自由的赔偿金17,246.46元,并在侵权行为影响范围内为赔偿请求人消除影响,恢复名誉,赔礼道歉。但是,作为赔偿义务机关的××人民检察院自收到申请人的刑事赔偿申请之日起2个月内置之不理和未予赔偿。现根据《中华人民共和国国家赔偿法》第21条第1款的规定,向贵院依法申请复议,请求贵院责令××市人民检察院向申请人支付限制人身自由赔偿金17,246.46元,并在其侵权行为影响范围内为申请人消除影响。

此致

××省人民检察院

申请人　林××

2009年11月14日

六、刑事赔偿决定申请书

（一）文书制作的基本知识

刑事赔偿决定申请书，是指赔偿请求人对刑事赔偿复议机关作出的复议决定不服或者复议机关逾期不作决定或者作为赔偿义务机关的人民法院逾期不予赔偿或者赔偿请求人对赔偿数额有异议的情况下，在法定期间内依法向有管辖权的人民法院赔偿委员会提交的、请求其作出刑事赔偿决定的书面法律文书。

《国家赔偿法》第24条规定，赔偿义务机关在规定期限内未作出是否赔偿的决定，赔偿请求人可以自期限届满之日起30日内向赔偿义务机关的上一级机关申请复议。赔偿请求人对赔偿的方式、项目、数额有异议的，或者赔偿义务机关作出不予赔偿决定的，赔偿请求人可以自赔偿义务机关作出赔偿或者不予赔偿决定之日起30日内，向赔偿义务机关的上一级机关申请复议。赔偿义务机关是人民法院的，赔偿请求人可以依照本条规定向其上一级人民法院赔偿委员会申请作出赔偿决定。该法第25条规定，复议机关应当自收到申请之日起2个月内作出决定。赔偿请求人不服复议决定的，可以在收到复议决定之日起30日内向复议机关所在地的同级人民法院赔偿委员会申请作出赔偿决定；复议机关逾期不作决定的，赔偿请求人可以自期限届满之日起30日内向复议机关所在地的同级人民法院赔偿委员会申请作出赔偿决定。

人民法院赔偿委员会的决定程序是《国家赔偿法》规定的最终决定国家刑事赔偿所适用的一种非诉讼特别程序。《国家赔偿法》第27条规定，人民法院赔偿委员会处理赔偿请求，采取书面审查的办法。必要时，可以向有关单位和人员调查情况、收集证据。赔偿请求人与赔偿义务机关对损害事实及因果关系有争议的，赔偿委员会可以听取赔偿请求人和赔偿义务机关的陈述和申辩，并可以进行质证。该法第28条规定，人民法院赔偿委员会应当自收到赔偿申请之日起3个月内作出决定；属于疑难、复杂、重大案件的，经本院院长批准，可以延长3个月。该法第29条规定，中级以上的人民法院设立赔偿委员会，由人民法院3名以上审判员组成，组成人员的人数应当为单数。赔偿委员会作赔偿决定，实行少数服从多数的原则。赔偿委员会作出的赔偿决定，是发生法律效力的决定，必须执行。

（二）文书的内容及制作方法

1. 首部

（1）标题。写明文书名称“刑事赔偿决定申请书”。

（2）申请人即刑事赔偿请求人的基本情况。申请人是公民的，写明申请人的姓名、性别、年龄、工作单位或职业、住所。由复议申请人的继承人或者法定代理人或者有抚养关系的亲属来行使请求权的，应写明继承人、法定代理人和亲属的基本情况以及与受害人的身份关系等事项。复议申请人为法人或其他组织的，应写明它们的名称、住所、法定代表人和主要负责人的姓名、职务。

2. 正文

（1）案由及请求事项。该部分主要分以下两种情况概括说明：一是赔偿请求人向作为赔偿义务机关的人民法院提出刑事赔偿请求后，赔偿义务机关逾期不予赔偿或者赔偿请求人对赔偿数额有异议的，赔偿请求人请求其上一级人民法院赔偿委员会申请作出赔偿决定。二是赔偿请求人对行使国家侦查、检察、监狱管理职权的机关作出的复议决定不服或者复议机关逾期不作决定的,赔偿请求人请求复议机关所在地的同级人民法院赔偿委员会作出赔偿决定。

(2)事实与理由。事实部分主要基于行使国家侦查、检察、审判、监狱管理职权的机关及其工作人员行使职权时的违法行为给受害人造成的损害,说明赔偿请求人提出赔偿请求的简要过程及其处理结果(包括赔偿案件确认情况、赔偿义务机关的决定情况以及复议机关的复议情况),并在此基础上阐述赔偿请求人请求人民法院赔偿委员会作出刑事赔偿决定的理由。这主要分以下两种情况进行阐述:

一是赔偿请求人依法向作为赔偿义务机关的人民法院提出刑事赔偿请求,但是赔偿义务机关逾期未予赔偿,因此现根据有关法律规定请求赔偿义务机关的上一级人民法院赔偿委员会作出赔偿决定;或者赔偿义务机关作出了赔偿决定,但赔偿请求人认为适用法律错误、赔偿数额达不到国家规定的刑事赔偿标准,因此请求赔偿义务机关的上一级人民法院赔偿委员会作出或者重新作出赔偿决定,以撤销或者变更赔偿义务机关所作出的赔偿决定。

二是赔偿请求人基于对赔偿义务机关所作的刑事赔偿决定不服或其逾期未作赔偿决定,向复议机关申请复议,但赔偿请求人仍然认为复议决定适用法律错误、赔偿数额达不到国家规定的刑事赔偿标准;或者复议机关对赔偿请求人的复议申请逾期未作决定,因此赔偿请求人依法请求复议机关所在地的同级人民法院赔偿委员会作出赔偿决定;或者重新作出决定、撤销或者变更原赔偿义务机关所作的赔偿决定。

赔偿请求人和赔偿义务机关对自己提出的主张,应当提供证据。《国家赔偿法》第26条规定,人民法院赔偿委员会处理赔偿请求,赔偿请求人和赔偿义务机关对自己提出的主张,应当提供证据。被羁押人在羁押期间死亡或者丧失行为能力的,赔偿义务机关的行为与被羁押人的死亡或者丧失行为能力是否存在因果关系,赔偿义务机关应当提供证据。

3. 尾部

(1)写明该申请书致送人民法院赔偿委员会的名称。

(2)申请人签名。申请人为法人或其他组织的,应加盖单位公章。

(3)申请人提交本申请书的年、月、日。

(4)附项。有关的法律文书和证明材料。

(三)文书样式与范例

1. 文书样式

刑事赔偿决定申请书(1)

(用于不服人民法院赔偿决定提起的申请)

赔偿请求人:____________________________________。

赔偿义务机关:__________________________________。

法定代表人:__________;职务:________。

赔偿请求人________不服______人民法院于______年___月___日作出的(___)___字第___号赔偿决定,现根据《中华人民共和国国家赔偿法》第21条规定,请求贵人民法院赔偿委员会依法作出刑事赔偿决定。

事实与理由:

____

____

____。

此致

＿＿＿＿＿＿人民法院赔偿委员会

赔偿请求人(签名或盖章)

＿＿＿＿年＿＿月＿＿日

刑事赔偿决定申请书(2)

(用于人民法院逾期未作决定提起的申请)

赔偿请求人:＿＿＿＿＿＿＿＿＿＿＿＿＿＿＿＿＿＿＿＿＿＿＿＿＿＿＿＿＿＿＿＿。

赔偿义务机关:＿＿＿＿＿＿＿＿＿＿＿＿＿＿＿＿＿＿＿＿＿＿＿＿＿＿＿＿＿＿。

法定代表人:＿＿＿＿＿＿;职务:＿＿＿＿＿＿。

赔偿请求人于＿＿＿＿年＿＿月＿＿日向＿＿＿＿人民法院申请刑事赔偿,作为赔偿义务机关其在法定期间内未予赔偿。现根据《中华人民共和国国家赔偿法》第21条的规定,请求贵人民法院赔偿委员会依法作出刑事赔偿决定。

事实与理由:

＿＿＿＿＿＿＿＿＿＿＿＿＿＿＿＿＿＿＿＿＿＿＿＿＿＿＿＿＿＿＿＿＿＿＿＿

＿＿＿＿＿＿＿＿＿＿＿＿＿＿＿＿＿＿＿＿＿＿＿＿＿＿＿＿＿＿＿＿＿＿＿＿＿＿

＿＿＿＿＿＿＿＿＿＿＿＿＿＿＿＿＿＿＿＿＿＿＿＿＿＿＿＿＿＿＿＿＿＿＿＿＿。

此致

＿＿＿＿＿＿人民法院赔偿委员会

赔偿请求人(签名或盖章)

＿＿＿＿年＿＿月＿＿日

刑事赔偿决定申请书(3)

(用于不服赔偿复议决定提起的申请)

赔偿请求人:＿＿＿＿＿＿＿＿＿＿＿＿＿＿＿＿＿＿＿＿＿＿＿＿＿＿＿＿＿＿＿＿。

赔偿复议机关:＿＿＿＿＿＿＿＿＿＿＿＿＿＿＿＿＿＿＿＿＿＿＿＿＿＿＿＿＿＿。

法定代表人(负责人):＿＿＿＿＿＿;职务:＿＿＿＿＿＿。

赔偿请求人＿＿＿＿＿＿不服＿＿＿＿(赔偿复议机关)于＿＿＿＿年＿＿月＿＿日作出的(＿＿＿＿)＿＿＿＿字第＿＿＿＿号复议决定,现根据《中华人民共和国国家赔偿法》第22条的规定,请求贵人民法院赔偿委员会依法作出刑事赔偿决定。

事实和理由:

＿＿＿＿＿＿＿＿＿＿＿＿＿＿＿＿＿＿＿＿＿＿＿＿＿＿＿＿＿＿＿＿＿＿＿＿

＿＿＿＿＿＿＿＿＿＿＿＿＿＿＿＿＿＿＿＿＿＿＿＿＿＿＿＿＿＿＿＿＿＿＿＿＿＿

＿＿＿＿＿＿＿＿＿＿＿＿＿＿＿＿＿＿＿＿＿＿＿＿＿＿＿＿＿＿＿＿＿＿＿＿＿。

此致

＿＿＿＿＿＿人民法院赔偿委员会

赔偿请求人(签名或盖章)

＿＿＿＿年＿＿月＿＿日

刑事赔偿决定申请书(4)

(用于复议机关逾期未作决定提起的申请)

赔偿请求人:____。

赔偿复议机关:____。

法定代表人(负责人):____________;职务:__________。

赔偿请求人__________因不服________(刑事赔偿义务机关)作出的(____)____字第____号赔偿决定,于________年____月____日向________(刑事赔偿复议机关)申请复议,该复议机关逾期未作决定。现根据《中华人民共和国国家赔偿法》第22条的规定,请求贵人民法院赔偿委员会依法作出刑事赔偿决定。

事实和理由:

____

____

____。

此致

__________人民法院赔偿委员会

赔偿请求人(签名或盖章)

________年____月____日

2. 实例与范本

【实例】2000年2月18日屈××涉嫌故意杀人被××市××区公安分局刑事拘留,2000年4月12日经区检察分院批准逮捕。之后,公安机关对其审查起诉。2002年7月11日因检察分院认为屈××涉嫌故意杀人的证据不充分,羁押严重超期,对屈××办理取保候审。2003年7月10日解除取保候审。2006年4月25日因杀人凶手被抓获,2006年7月24日××市××区公安分局对屈××涉嫌故意杀人一案作出撤销案件决定。之后,屈××向××市××区人民检察分院申请刑事赔偿,要求赔偿因错误逮捕导致被原单位解除劳动合同的工资损失和退休前88个月少收入的工资损失计80万元,并在屈××所在单位及住所范围消除影响、赔礼道歉、恢复名誉。该检察分院认为屈××工资损失赔偿请求不属于检察机关赔偿范围,仅对屈××被限制人身权利羁押的877天作出刑事赔偿决定书,赔偿屈××64,284.10元,向屈××赔礼道歉并在屈××所在单位及住所范围内为其消除影响、恢复名誉。屈××不服,向市人民检察院申请复议,市人民检察院维持了区检察分院作出的刑事赔偿决定。屈××认为赔偿数额太低,远远不足以赔偿其损失,遂向市人民法院赔偿委员会申请作出赔偿决定。

刑事赔偿决定申请书

赔偿请求人:屈××,男,1954年×月×日出生,汉族,住××市××区××街××号。

赔偿复议机关:××市人民检察院。

法定代表人:高××,职务:院长。

赔偿请求人屈××不服××市人民检察院于2006年10月20日作出的(2006)×检

复字第101号复议决定，现根据《中华人民共和国国家赔偿法》第22条的规定，请求贵人民法院赔偿委员会依法作出刑事赔偿决定。

事实和理由：

2000年2月18日赔偿请求人因涉嫌故意杀人被××市××区公安分局刑事拘留，2006年7月24日××市××区公安分局对赔偿请求人涉嫌故意杀人一案作出撤销案件决定。同年8月6日赔偿请求人向赔偿义务机关××市××区人民检察分院申请刑事赔偿，要求其赔偿因错误逮捕导致赔偿请求人被原单位解除劳动合同的工资损失和退休前88个月少收入的工资损失计80万元，并在赔偿请求人所在单位及家庭住所范围消除影响、赔礼道歉、恢复名誉。但赔偿义务机关认为赔偿请求人对工资损失的赔偿请求不属于国家赔偿范围，仅对赔偿请求人被限制人身权利羁押的877天作出刑事赔偿决定书，赔偿64,284.10元，向赔偿请求人赔礼道歉并在赔偿请求人所在单位及住所范围为赔偿请求人消除影响、恢复名誉。赔偿请求人对赔偿义务机关作出的刑事赔偿决定不服，为此向××市人民检察院申请复议，但××市人民检察院维持了赔偿义务机关区检察分院作出的刑事赔偿决定。赔偿请求人认为，因赔偿义务机关的错误批捕致使用人单位与赔偿请求人解除劳动合同，从而给赔偿请求人造成了工资损失和退休前88个月少收入的工资损失计80万元，赔偿义务机关仅赔偿赔偿请求人64,284.10元，这与其给赔偿请求人直接造成的损失有巨大的差距，这远远不能弥补其给赔偿请求人造成的损失。现向贵赔偿委员会作出刑事赔偿决定，撤销赔偿义务机关作出的刑事赔偿决定和其上级机关作出的复议决定，以赔偿给赔偿请求人造成的全部损失。

此致

××市中级人民法院赔偿委员会

赔偿请求人　屈××

2010年1月14日

第四部分 民商事合同业务文书

一、买卖合同

(一)文书制作的基本知识

买卖合同是出卖人转移标的物的所有权于买受人,买受人支付价款的合同。在买卖合同关系中,依照约定交付标的物并转移所有权的一方当事人称为出卖人或者卖方、卖主、供方等。接受标的物并支付价款的另一方当事人称为买受人或者买方、买主、需方等。买卖的标的物就是买卖合同的权利与义务所指向的对象,即买卖的对象,也就是出卖物。

1. 买卖合同的特征

(1)买卖合同是卖方须转移财产所有权,买方须支付价款的合同。卖方不仅要将出卖物即标的物交付给买方,而且要将标的物的所有权转移给买方。为此,买方须向卖方交付价款。转移所有权这一特征,使买卖合同与一方须交付标的物的其他合同如租赁、保管等合同区别开来;买卖合同的买方须交付价款即取得所有权的对价这一特点,又使买卖合同与其他转移所有权的合同如互易、赠与合同区别开来。

(2)买卖合同是双务、有偿合同。买卖合同的当事人双方都享有权利,又都相互负有义务。任何一方从对方取得物质利益,都须向对方付出相应的物质利益,而且这种物质利益的互换是通过货币与出卖物的对价进行交换的。

(3)买卖合同是诺成、非要式合同。买卖合同自双方就买卖标的物的意思表示一致即达成协议之时起,即可成立,而不以标的物的现实交付为成立的条件。买卖合同的形式,除法律另有规定外,当事人可以自主决定合同的形式(如口头形式、书面形式或者其他形式)。

2. 买卖合同的种类

根据不同的标准和从不同的角度划分,买卖合同可以划分为以下种类:

(1)即时买卖合同和非即时买卖合同。即时买卖,是指买卖合同订立的同时,双方当事人就履行了各自的义务,即时结清,钱货两清。即时买卖的特点是交易简便、易行,一般采取口头形式,但为了证明双方曾发生的买卖关系存在以及解决事后可能出现的纠纷的需要,买受人应当向出卖人索取购物发票以及注意保存购物发票与购物小票。非即时买卖,是指双方或者一方当事人不在买卖合同成立之时完成履行义务,而是在合同成立后的一段时间内或合同规定的时间内履行合同义务的买卖。在这种买卖中,当事人约定有债务履行期限的为定期买卖,未约定债务履行期限的为不定期买卖;买方先支付款货而卖方日后才交付标的物的买卖为先付买卖,卖方交付标的物并转移所有权给买方,而买方日后才付款的买卖为信用买卖。对于非及时买卖最好采取书面形式,这样有利于当事人权利义务的明确和防止纠纷的发生。

(2)一次买卖合同和连续买卖合同。一次买卖,是指买卖双方当事人仅进行一次交易行为就结束双方之间买卖关系的买卖。不管履行期限有多长,只要卖方一次性交付标的物、买方一次性支付价款的就为一次买卖。即使双方之间有多次买卖交易,只要每次交易后都完全履行了该买卖合同,结束了本次买卖关系,各个交易也都是独立存在的,而没有连续性。连续买卖,又称分批或者分期履行买卖,是指买卖双方当事人在一定期限内,根据合同约定定期或者不定期地进行两次以上交易或者履行行为才结束双方之间合同关系的买卖。

(3)一般买卖合同和特种买卖合同。一般买卖,是指法律对其没有特别规定和要求的买卖。在法律适用上,一般买卖适用法律对买卖合同的一般规定。特种买卖,是指法律对其有特别要求的买卖。样品买卖、分期付款买卖、试样买卖、拍卖都属于特种买卖。对于特种买卖,除了适用特别规定外,亦可适用法律对一般买卖合同的有关规定。但当一般规定与特别规定发生冲突时,应排除一般规定而适用特别规定。

(4)特定物买卖和非特定物买卖。特定物买卖,是指以某一或者某些特定物为标的物的买卖。在特定物买卖中,卖方只能交付合同约定的特定标的物,而不能以其他标的物代替,在特定物灭失时即发生合同履行不能。例如,拍卖某一具有历史或文物价值的汽车,当该汽车在交付前灭失时,不能用其他汽车或同种汽车所代替。非特定物买卖,又称为种类物买卖,是指以种类物为标的物的买卖。在非特定物买卖中,因种类物为可替代物,在标的物发生灭失时并不导致合同履行不能,可以用同种类的其他物所代替。如某顾客到一商场选购了一台 IBM 牌 T50 型的笔记本电脑,当时未取走,商场当夜被盗。在这种情况下,并不能导致合同的无法履行,该顾客可以再选一台该品牌同一型号的电脑取走,而不能要求商场承担违约责任。

(5)竞争性买卖与非竞争性买卖。竞争性买卖,是指由多个意欲购买标的物的人参加竞争,各应买人竞相竞价,由出价最高者与出卖人订立买卖合同。拍卖就是一种典型的竞争性买卖。在竞争性买卖中,一个出卖人所出卖的物品,有多个人参加竞争购买,而最终该物品将由出价最高者买走。非竞争性买卖,是指由双方当事人自由协商而签订的买卖合同。在非竞争性买卖中,对于出卖人所出卖的物品,不存在有多个人参加竞争购买的情形。尽管出卖人面向不特定的多数人出卖其物品,在出卖人将物品作出标价或要价的情形下,任何一个想要购买该物品的人都可与其讨价还价,但是只有与其就该物品的买卖达成一致的那个人才能成为买受人。

3. 买卖合同的内容

根据《合同法》第 12 条和第 131 条的规定,买卖合同一般包括以下条款:当事人的名称或者姓名和住所;标的;数量;质量;价款或者报酬;履行期限、地点和方式;包装方式、检验标准和方法、结算方式、合同使用的文字及其效力;违约责任;解决争议的方法等条款。其中,当事人的权利与义务构成了买卖合同的主要内容。我国《合同法》对买卖合同当事人权利与义务作了原则性和概括性的规定,这些规定正是双方当事人订立买卖合同的基本依据。

(二)文书的内容及制作方法

1. 首部

(1)标题

标题应当载明合同名称“买卖合同”,或者根据标的物的名称来载明合同名称,如“钢材买卖合同”“家具买卖合同”等。

(2)当事人的名称或者姓名和住所

根据我国《合同法》的规定,合同是平等主体的自然人、法人、其他组织之间设立、变更、终止民事权利义务关系的协议,因此,买卖合同的当事人是由作为平等主体的自然人、法人、其他组织构成。买卖合同的双方当事人作为买卖合同权利的享有者和义务的承担者,构成了买卖合同的主体。因此,在签订买卖合同时,当事人必须具体、确定,为此,就必须写明其姓名、名称及住所。

①当事人名称或姓名。在订立书面买卖合同,作为当事人的自然人其姓名应当依其合法有效的身份证件如身份证或者户口簿所载明的为准,如乳名、笔名或者昵称、绰号、网名等一般不宜作为订立合同时的姓名。法人或者作为其他组织的名称应以在国家有关部门所登记、注册的全称为准,简称或者变更后未经登记、注册的名称一般不宜作为订立合同时的名称。

②当事人的住所。公民以他的户籍所在地的居住地为住所,经常居住地与住所不一致的,经常居住地视为住所。公民离开住所地最后连续居住一年以上的地方,为经常居住地。但住医院治病的除外。公民由其户籍所在地迁出后至迁入另一地之前,无经常居住地的,仍以其原户籍所在地为住所。公司以其主要办事机构所在地为住所。经公司登记机关登记的公司的住所只能有一个,公司的住所应当在其公司登记机关辖区内。其他经济组织如合伙企业、个人独资企业等以其主要办事机构所在地为住所。

在买卖合同签订时,如果合同的主体约定存在瑕疵,对双方当事人约定不明确,那么买卖合同就无法履行;当出现迟延履行、拒绝履行以及部分履行等违约情形时,违约责任的承担者就往往难以确定,从而构成合同风险。因此,买卖合同当事人在签订合同时,必须严格规范地书写其名称或姓名,以避免合同主体存在瑕疵和造成合同纠纷。

2. 正文

(1)买卖合同的标的物

买卖合同的标的物是买卖双方当事人之间所交易的货物,它是合同双方当事人的权利和义务共同指向的对象,它体现着当事人订立合同的意图。没有合同标的物,买卖合同就无法成立;当事人如果对买卖合同的标的物约定不明即对标的物的约定存在漏洞或者具有歧义,买卖合同的履行不仅会受到影响,而且买受人的订约目的就不能实现。对此,当事人在买卖合同中必须对标的物即货物的名称作出规范、明确、具体的约定。双方当事人买卖的货物必须为法律、行政法规所允许的可转让之物,双方所交易的货物应当为出卖人所有或者有权处分之物。

(2)标的物数量

买卖合同标的物的数量,是确定合同标的物特征的重要条件,是区别同类标的物的不同买卖的具体特征。数量即标的物的计量,是以数字和计量单位来衡量标的的尺度。订立合同必须有明确的数量规定,没有数量,合同是无法履行的。合同数量规定要明确、具体,应当按照国家规定的度量衡制度确定标的物的计量单位。

对货物数量的计量方法和计量单位,按国家标准或行业标准规定的计量方法执行;没有国家标准或行业标准的,按买卖双方商定的计量方法执行。对机电设备,必要时应当在合同中明确规定随主机的辅机、附件、配套的产品、易损耗备品、配件和安装修理工具等。对成套供应的设备,应当明确成套供应的范围,并提出成套供应的设备清单。

在买卖合同中,在无法律规定或当事人另无约定的情况下,尽管从物随主物的转移而转移,但为了减少纠纷,当事人除了对作为合同标的的主物的数量作出具体约定外,最好对作为主物的从物如随附必备品、配件、工具的数量、件数等作出约定,并对这些从物是由出卖人免费提供还是有偿提供作出约定或者说明。

产品交货数量的正负尾差,合理磅差和在途自然减(增)量规定及计算方法,有国家标准或行业标准的,在合同中应按照有关标准明确注明合理的差额和计算方法。没有国家标准或行业标准的,当事人可以在买卖合同中对产品交货数量的正负尾差或者计算方法作出约定。对于呈液态或气态以及易损耗物品,应当在合同中对交货数量的正负尾差、合理磅差和在途中的自然减增量作出约定,也可以约定一定比例的货损范围等计算方法。

(3)标的物质量

买卖合同标的物的质量,是指买卖合同标的物所体现的内在素质和外观形态的综合要求。标的物的质量标准需订得详细具体,如标的技术指标、质量要求等都要明确。在买卖合同中,应根据具体货物的外在或内在品质或属性,注明货物的品种、型号、规格、等级、花色、款式、牌号或商标等。

标的物的质量条款是判断出卖人交付的货物是否符合质量要求,亦即判断出卖人是否违约的最重要的依据之一。《合同法》第153条规定,出卖人应当按照约定的质量要求交付标的物。出卖人提供有关标的物质量说明的,交付的标的物应当符合该说明的质量要求。根据该法第154条的规定,当事人对标的物的质量要求没有约定或者约定不明确,可以协议补充;不能达成补充协议的,按照合同有关条款或者交易习惯确定。当事人就有关合同标的物的质量约定不明确,依上述规定仍不能确定的,适用下列规定:质量要求不明确的,按照国家标准、行业标准履行;没有国家标准、行业标准的,按照通常标准或者符合合同目的的特定标准履行。根据该法第155条的规定,出卖人交付的标的物不符合质量要求的,买受人可以依照本法第111条的规定要求承担违约责任。该法第148条规定,因标的物质量不符合质量要求,致使不能实现合同目的的,买受人可以拒绝接受标的物或者解除合同。买受人拒绝接受标的物或者解除合同的,标的物毁损、灭失的风险由出卖人承担。

为了防止对买卖合同标的物的质量约定存在瑕疵和漏洞,买卖合同的当事人在订立合同时可通过以下措施进行防范:

①在买卖合同签订前,买受人应当对自己所要购买的标的物的质量要求进行合理定位,在此基础上,对相关产品的出卖人提供的有关标的物质量说明进行分析,购买者一旦根据出卖人对该标的物的质量说明与出卖人签订合同,该说明就成为判断标的物是否符合质量标准的依据,出卖人交付的标的物应当符合该说明的质量要求。

②在买卖合同签订前,买受人可以尽量了解所购标的物是否存在国家标准或行业标准,如果该标的物的国家标准或行业标准符合自己对标的物的质量要求,那么,在合同中应当订明有关该标的物的质量标准的名称及其编号。

③如果买受人对买卖合同标的物的质量具有特殊要求,就应当在合同中准确无误地写明有关标的物的品质要求或技术指标。为了防止因质量标准不明确带来的风险,双方当事人也可以选择凭样品交货的买卖形式,即买卖合同的双方当事人通过封存合格的样品,并以样品

的品质或技术指标作为验收的标准。实行抽样检验质量的货物,合同中应当注明采用的抽样标准或抽验方法和比例。

(4)标的物价款

在买卖合同中标的物价款,是指买受人取得标的物而向出卖人支付的货币,即买受人取得标的物的代价。价款一般是指标的物本身的价款,对于需要在异地交付的大宗货物,标的物的价款还会涉及运费、保险费、装卸费、保管费等一切额外的相关费用。

标的物的价款条款是买卖合同的必备条款之一,买卖合同中欠缺价款条款就会导致买卖合同的履行纠纷。《合同法》第159条规定,买受人应当按照合同约定的价款数额支付;合同没有约定价款或者约定不明确的,应依照合同法规定的办法确定价款数额,即当事人可以协议补充;不能达成补充协议的,按照合同有关条款或者交易习惯确定。当事人就有关合同的价款约定不明确,依照上述规定仍不能确定的,应当按照订立合同时履行地的市场价格履行;依法应当执行政府定价或者政府指导价的,按照规定履行,即在合同规定的支付期限内,政府价格调整时,按照交付时的价格计价。逾期交付标的物的,遇价格上涨时,按照原价格执行;价格下降时,按照新价格执行。逾期提货或者逾期付款的,遇价格上涨时,按新价格执行,遇价格下降时,按原价格执行。

为了防止对买卖合同标的物的价款约定存在漏洞和产生疑义,买卖合同的当事人在订立合同时可通过以下措施进行防范:

①买卖合同的当事人应当对价款及其是否包含相关费用写清楚,同时要特别注明价款所使用的货币单位。

②买卖合同的当事人不仅应当对标的物的价款、货币种类及其单位准确写明,而且应当对标的物的附属物或添加物的价款写明,涉及运输、保险、装卸、保管的,应当在合同中订明运费、保险费、装卸费、保管费等相关费用由哪一方承担。

③买卖合同的当事人采取交易价不固定方式、随行就市的,应当订明是货物所在地、货物送达地还是义务履行地的市场价。在交易价不固定的情况下,当事人在签订合同时,最好订明一个参照价格,如权威部门公布的价格指数或商品交易的价格行情表等。

(5)标的物的交付期限、地点和交付方式

①标的物的交付期限。买卖合同标的物交付期限,是出卖人交付货物和买受人接受货物时间的界限,即出卖人交付货物和买受人接受对方交付的货物的期限。双方约定送货或代运的产品的交货日期,一般以卖方发运产品时承运部门签发的戳记日期为准,对此当事人作出不同约定者,从约定;买卖合同规定买方自提产品的交货日期,以按合同规定的提货日期为准。

标的物交付期限,是确定合同是否按时履行或者迟延履行的标准,是一方当事人要求对方当事人履行义务和判断对方是否构成违约的时间依据。根据《合同法》第138条和第139条的规定,出卖人应当按照约定的期限交付标的物。约定交付期间的,出卖人可以在该交付期间内的任何时间交付。当事人没有约定标的物的交付期限或者约定不明确的,当事人可以协议补充;不能达成补充协议的,按照合同有关条款或者交易习惯确定。按照上述方法仍不能确定的,出卖人可以随时履行,买受人也可以随时要求履行,但应当给对方必要的准备时间。出卖人未在合同规定的履行期限内交付的,则构成违约,这包括提前交付和迟延(逾期)交付两种情形。

标的物交付期限也是判断标的物毁损、灭失的风险由何方承担的一个重要方面。《合同法》第 142 条规定，标的物毁损、灭失的风险，在标的物交付之前由出卖人承担，交付之后由买受人承担，但法律另有规定或者当事人另有约定的除外。该法第 143 条规定，因买受人的原因致使标的物不能按照约定的期限交付的，买受人应当自违反约定之日起承担标的物毁损、灭失的风险。

买卖双方在合同中应将交货日期或者期限订明。对于一次性交货或提货的，最好订立具体的日期或某某日以前，不得采用"某月某日后"或"几天或几个月后"的表述；对于分期交货或提货的，在合同中应当载明交提货的次数以及每次的具体的日期或具体的时间段，避免采用"某一时间段内分几次交货或提货"这样的模糊表述，尤其应当避免未定期限的合同出现。对履行期限的约定方法主要有在合同中规定具体的履行时间或日期或规定一段履行期间。不论哪种方法，履行期限的设定必须合理、准确，不容含糊。

②标的物的交付地点。买卖合同中标的物的交付地点就是卖方交货或买方提货地点。

标的物交付地点是判断当事人是否履行合同和是否构成违约的重要依据。《合同法》第 141 条第 1 款规定，出卖人应当按照约定的地点交付标的物。根据该条第 2 款的规定，当事人没有约定交付地点或者约定不明确，当事人可以协议补充；不能达成补充协议的，按照合同有关条款或者交易习惯确定。按照上述方法仍不能确定的，适用下列规定：第一，标的物需要运输的，出卖人应当将标的物交付给第一承运人以运交给买受人；第二，标的物不需要运输，出卖人和买受人订立合同时知道标的物在某一地点的，出卖人应当在该地点交付标的物；不知道标的物在某一地点的，应当在出卖人订立合同时的营业地交付标的物。

标的物交付地点同交付期限一样，也是判断标的物毁损、灭失的风险由何方承担的一个重要方面。《合同法》第 145 条规定，当事人没有约定交付地点或者约定不明确，依照本法第 141 条第 2 款第 1 项的规定标的物需要运输的，出卖人将标的物交付给第一承运人后，标的物毁损、灭失的风险由买受人承担。该法第 146 条规定，出卖人按照约定或者依照本法第 141 条第 2 款第 2 项的规定将标的物置于交付地点，买受人违反约定没有收取的，标的物毁损、灭失的风险自违反约定之日起由买受人承担。

标的物交付地点，不仅是买卖双方当事人履行交付货物或者提取货物义务的地方和风险由谁承担的一个重要依据，而且也是确定货物验收地点的依据。在双方当事人未约定履行费用的情况下，也是确定履行费用由何方负担的依据。另外，履行地点还涉及仲裁机构或者人民法院对合同纠纷的管辖权。因此，买卖合同的当事人将交提货物的详细地点，最好在合同中订明，以防引发争议。

③标的物交付方式。标的物交付方式，主要是指出卖人的交货方式与买受人的提货方式，主要有以下几种：出卖人送货；出卖人交付第三人代运和买受人自提自运。货物运输方式主要包括公路运输、铁路运输、航空运输以及上述几种方式的联合运输，在合同规定出卖人送货的，应当订明是公路运输、铁路运输、航空运输还是联合运输。此外，还应当在合同中订明运费由哪一方负担。

（6）标的物的包装方式

标的物的包装方式，是指为了防止标的物在移动或运输途中使其表面磨损、现状改变或者质量受损而对其采取的保护措施。在货物买卖中，要将货物由所在地转移到买受人指定的地点，一般要经过搬运、运输等多种环节。因此，如果对货物的包装达不到一定的要求，很可能就会对货物造成损坏。因此，对于需要搬运、运输的标的物，买卖合同的当事人最好在合同中将其包装方式作出约定。

根据《合同法》第156条的规定,出卖人应当按照约定的包装方式交付标的物。对包装方式没有约定或者约定不明确的,当事人可以协议补充;不能达成补充协议的,按照合同有关条款或者交易习惯确定。按照上述方法仍不能确定的,应当按照通用的方式包装,没有通用方式的,应当采取足以保护标的物的包装方式。

包装方式应当根据保护货物的质量、品质、性能和表面涂漆等不受损害来确定。其内容包括对具体的包装材料、包装方法的约定。当事人约定采用国家标准或行业标准的,应当对该标准的代号或者名称在合同中载明;没有国家标准或行业标准的,由合同的双方当事人商定并在合同中写明进行包装的方法和达到的要求。

(7)标的物的验收标准和方法

标的物的验收是指买受人根据合同约定的质量标准和要求以及计量单位与计量方法对出卖人交付的标的物进行的质量和数量进行验收。标的物的验收条款应当包括对标的物的验收标准和验收方法,同时标的物的验收地点,特别是验收期限也是验收条款的重要内容。

买卖合同的买受人对出卖人交付的货物具有检验的权利,只有通过对出卖人交付的货物的质量、数量等进行检验,才能知道出卖人是否正确地履行了合同及是否应承担相应的责任。《合同法》第157条规定,买受人收到标的物时应当在约定的检验期间内检验。没有约定检验期间的,应当及时检验。该法第158条规定,当事人约定检验期间的,买受人应当在检验期间内将标的物的数量或者质量不符合约定的情形通知出卖人。买受人怠于通知的,视为标的物的数量或者质量符合约定。当事人没有约定检验期间的,买受人应当在发现或者应当发现标的物的数量或者质量不符合约定的合理期间内通知出卖人。买受人在合理期间内未通知或者自标的物收到之日起2年内未通知出卖人的,视为标的物的数量或者质量符合约定,但对标的物有质量保证期的,适用质量保证期,不适用该2年的规定。出卖人知道或者应当知道提供的标的物不符合约定的,买受人不受上述规定的通知时间的限制。

为了防止买卖合同标的物验收条款约定中的瑕疵和漏洞出现,可采取下列措施:

①当事人可以根据对标的物的数量与质量要求来设定验收条款。若通过专门的检验机构检验和验收的,最好也将检验机构的名称和检验费用由哪一方承担在合同中订明。

②正确约定验收地点。验收地点是买卖合同的买受人行使对货物检验与验收权利的地点。为了避免出现分歧,双方当事人在合同时可以约定货物交付地、货物送达地作为验收地点。

③合理设定验收期限。验收期间是货物买受人行使检验权利的期间,当事人对验收期间的设定必须合理,对买受人来讲一定能够在该期间内完成对标的物的验收。否则,如果在双方约定的验收期间内不能完成验收并在检验期间内将标的物的数量或者质量不符合约定的情形通知出卖人,就视为标的物的数量或者质量符合约定。那么,对标的物验收期间的约定对买受人来讲就构成合同风险并带来不必要的损失。

(8)付款方式与结算方式

付款方式是买受人向出卖人支付标的物价款的方式,主要有现金、支票、银行汇票、信用卡付款及电子支付方式付款等多种方式。除国家允许的现金交易外,法人之间的经济往来必须通过银行转账结算。结算方式主要包括汇兑、托收承付和委托收款等。此外,付款和结算方式也包括一次性付款、结算和分期付款、结算。

付款时间与付款地点也是买卖合同的重要条款,买受人是否在约定的时间与地点向出卖人支付标的物价款是判断买受人是否违约和是否承担违约责任的最重要的依据。根据《合同法》第 160 条的规定，买受人应当按照约定的地点支付价款。对支付地点没有约定或者约定不明确，当事人可以协议补充；不能达成补充协议的，按照合同有关条款或者交易习惯确定。按照上述方法仍不能确定的，买受人应当在出卖人的营业地支付，但约定支付价款以交付标的物或者交付提取标的物单证为条件的，在交付标的物或者交付提取标的物单证的所在地支付。根据该法第 161 条的规定，买受人应当按照约定的时间支付价款。对支付时间没有约定或者约定不明确，当事人可以协议补充；不能达成补充协议的，按照合同有关条款或者交易习惯确定。按照上述方法仍不能确定的，买受人应当在收到标的物或者提取标的物单证的同时支付。

付款与结算方式、付款与结算时间、地点，与当事人的合同利益密切相关，因此，当事人对于付款与结算方式及其时间、地点的约定必须严谨、规范，不得模糊。对于一次性付款、结算，应当在合同中订明具体的日期或者某一具体日期之前，不要采用“某月某日后”或“几天或几个月后” 等不确定日期或期限的表述。付款与结算方式往往与履行费用承担联系在一起，因此最好在合同中订明采取何种方式付款和结算。

(9)担保方式

在买卖合同订立时，为了保证货物出卖人交付货物后能够及时得到货款或者买受人支付货款后能够及时得到货物，当事人在买卖合同中可以依法订立担保条款，或者另立担保合同。

根据我国《担保法》的规定，在买卖等民事活动中债权人需要以担保方式保障其债权实现的，可以依照本法规定设定担保。担保方式包括保证、抵押、质押、留置和定金，在买卖合同中不适用留置这种担保方式。

保证，是指保证人和债权人约定，当债务人不履行债务时，保证人按照约定履行债务或者承担责任的行为。《担保法》第 17 条规定，当事人在保证合同中约定，债务人不能履行债务时，由保证人承担保证责任的，为一般保证。该法第 18 条规定，当事人在保证合同中约定保证人与债务人对债务承担连带责任的，为连带责任保证。

抵押，是指债务人或者第三人不转移抵押财产的占有，将该财产作为债权的担保。债务人不履行债务时，债权人依法将抵押财产折价或者以拍卖、变卖抵押财产的价款优先受偿。

质押，是指债务人或第三人将其动产移交债权人占有或者将权利凭证交付债权人，将该动产或权利作为债权的担保。债务人不履行债务时，债权人依法将质押物折价或者以拍卖、变卖质押物的价款优先受偿，或者就出质人的权利清偿其债权。

定金，是指当事人约定一方以给付对方定金的方式作为担保，债务人履行债务后，定金应当作抵价款或者收回。给付定金的一方不履行约定的债务的，无权要求返还定金；收受定金的一方不履行约定的债务时，应当双倍返还定金。

在买卖合同中，当事人认为有必要订立担保条款或者另行订立担保合同的，应当按照《担保法》的规定订立保证或定金条款，或者按照《物权法》的规定订立抵押或者质押条款。

(10)标的物所有权转移与保留

《合同法》第 133 条规定，标的物的所有权自标的物交付时起转移，但法律另有规定或者当事人另有约定的除外。该法第 134 条规定，当事人可以在买卖合同中约定买受人未履行支付价款或者其他义务的，标的物的所有权属于出卖人。据此，法律规定标的物所有权转移时间的，当事人在合同中对标的物的转移时间所作的约定不得违背该规定；法律未作出规定的，当事人对买卖合同标的物所有权的转移时间可以自由约定。当事人可以在买卖合同中约定买受人未履行支付价款或者其他义务的，标的物的所有权属于出卖人。

(11)买卖合同的解除

买卖合同的解除,是指买卖合同有效成立以后,当具备合同解除条件时,因当事人一方或双方的意思表示消灭合同关系的一种行为。根据《合同法》第93条至第96条的规定,除了法律规定当事人可以解除的情形外,当事人协商一致,可以解除合同。当事人在合同中可以约定一方解除合同的条件。解除合同的条件成就时,解除权人可以解除合同。法律规定或者当事人约定解除权行使期限,期限届满当事人不行使的,该权利消灭。法律没有规定或者当事人没有约定解除权行使期限,经对方催告后在合理期限内不行使的,该权利消灭。

根据最高人民法院《关于适用〈中华人民共和国合同法〉若干问题的解释(二)》[以下简称《合同法司法解释(二)》]第24条的规定,当事人对合同法第96条规定的合同解除虽有异议,但在约定的异议期限届满后才提出异议并向人民法院起诉的,人民法院不予支持;当事人没有约定异议期间,在解除合同通知到达之日起3个月以后才向人民法院起诉的,人民法院不予支持。据此,当事人如认为必要,可以在买卖合同中订明解除合同的具体条件和解除权的行使期间,以增强当事人履行合同的自觉性和减少合同解除的盲目性。

(12)违约责任

违约责任,是指当事人一方或者双方不履行、不完全履行或者不适当履行合同义务而依法应承担的责任。合同中的违约责任条款,是当事人在不履行合同义务或履行合同义务不符合约定条件时承担违约责任的依据。

在买卖合同中,对买受人来讲不履行主要是指在履行期间拒不支付货款和拒不接受货物;对于出卖人来讲不履行主要是指在履行期到来时拒不交付货物或转移货物所有权。所谓履行合同义务不符合约定,是指当事人不按照合同规定的标的的质量、数量、履行期限、履行地点和履行方式履行,即履行存在瑕疵。根据《合同法》的有关规定,买卖合同当事人承担的违约责任主要包括赔偿损失或支付违约金、承担定金责任等方式。

①赔偿损失。根据《合同法》第113条第1款的规定,当事人一方不履行合同义务或者履行合同义务不符合约定,给对方造成损失的,损失赔偿额应当相当于因违约所造成的损失,包括合同履行后可以获得的利益,但不得超过违反合同一方订立合同时预见到或者应当预见到的因违反合同可能造成的损失。

在现实买卖合同的赔偿损失责任承担中,对于守约方因违约方的违约所造成的损失以及合同履行后可以获得的利益往往因事先未在合同中作出约定,因而判断守约方当事人所主张的损失赔偿额是否超过违反合同一方订立合同时预见到或者应当预见到的因违反合同可能造成的损失具有一定的困难,双方当事人对于损失赔偿额往往存在较大的争议。为了防止违约方所承担的损失赔偿额的不确定性,双方当事人最好将任何一方违约可能给对方造成的损失范围,包括合同履行后非违约方可获得的利益等内容,在订立合同时作出明确约定。

②违约金。《合同法》第114条规定,当事人可以约定一方违约时应当根据违约情况向对方支付一定数额的违约金,也可以约定因违约产生的损失赔偿额的计算方法。约定的违约金低于造成的损失的,当事人可以请求人民法院或者仲裁机构予以增加;约定的违约金过分高于造成的损失的,当事人可以请求人民法院或者仲裁机构予以适当减少。当事人就迟延履行约定违约金的,违约方支付违约金后,还应当履行债务。据此,当事人在订立合同时可以约定违约金条款,这对于督促当事人自觉地、全面地履行合同,预知违约风险,防止违约责任的不确定性具有现实意义。

《合同法司法解释(二)》第2款规定,当事人约定的违约金超过造成损失的30%的,一般可以认定为《合同法》第 114 条第 2 款规定的“过分高于造成的损失”。因此,当事人在买卖合同中约定的违约金数额最好不要低于违约造成的损失,可以高于违约造成的损失,但约定的违约金不得超过造成损失的 30%。此外,当事人在合同中订立违约金责任条款时,应当对违约金适用的具体情形作出约定,如具体约定是在不履行、不适当履行或是在部分不履行的情形下适用,最好不要笼统地、无条件地约定违约金条款。

③定金。《合同法》第 115 条规定,当事人可以依照《担保法》约定一方向对方给付定金作为债权的担保。债务人履行债务后,定金应当抵作价款或者收回。给付定金的一方不履行约定的债务的,无权要求返还定金;收受定金的一方不履行约定的债务的,应当双倍返还定金。《担保法》第 91 条规定,定金的数额由当事人约定,但不得超过主合同标的额的 20%。因此,当事人对定金的数额的约定,不得超过主合同标的额的 20%,超过部分无效。

④定金与违约金的选择适用。《合同法》第 116 条规定,当事人既约定违约金,又约定定金的,一方违约时,对方可以选择适用违约金或者定金条款。据此,在当事人违约时,定金条款和违约金条款一般不能同时发生适用的效力,而其适用的选择权由非违约方当事人决定。可见,当事人既约定违约金,又约定定金的情况下,违约方当事人往往承担更大的交易风险。因此,双方当事人最好不要在买卖合同中同时约定违约金条款和定金条款。

(13)买卖合同争议的解决方式

买卖合同争议的解决方式,是指当发生买卖合同纠纷时当事人解决该争议的方式,其主要有以下几种,即当事人协商解决;第三人调解;仲裁机构仲裁或者法院诉讼。

根据《合同法》第 128 条的规定,当发生合同纠纷后,无论当事人在合同中有无约定,都可以通过和解或者调解解决合同争议。当事人不愿和解、调解或者和解、调解不成的,可以根据合同中已经约定的仲裁条款或纠纷发生后双方达成的仲裁协议向仲裁机构申请仲裁。当事人没有订立仲裁协议或者仲裁协议无效的,可以直接向人民法院起诉。也就是说,当事人在合同中可以自愿约定合同争议与纠纷的解决方式,合同中所作的通过和解或者调解解决合同争议的约定,并不排斥仲裁或诉讼解决方式的适用;合同中没有约定通过和解或者调解解决合同争议的情况下,亦不排斥纠纷出现时这两种解决方式的适用。但是,对于仲裁和诉讼解决方式则不能在合同中同时约定,一旦约定适用仲裁方式解决争议,那么就不能再在合同中约定适用诉讼方式解决纠纷。因此,当事人在合同中不得同时约定仲裁与诉讼为合同纠纷的解决方式。

(14)买卖合同的生效时间

买卖合同的生效时间,是指当事人订立的买卖合同开始产生法律效力亦即对当事人产生约束力的时间。根据《合同法》的有关规定,合同生效的时间,有下列几种情形:

①以成立时间为生效时间。合同一般以承诺生效的时间为成立时间;当事人采用合同书形式订立合同的,自双方当事人签字或者盖章时合同成立。根据《合同法》第 44 条第 1 款的规定,依法成立的合同,自成立时生效。

②以批准、登记时间为生效时间。根据《合同法》第 44 条第 2 款的规定,法律、行政法规规定应当办理批准、登记等手续生效的,自批准、登记时生效。对法律、行政法规特别规定应当办理批准、登记等手续才能生效的合同,当事人办理这些手续则是合同生效的必备要件,该合同也应当自完成这些手续时生效。

③以条件成就的时间为生效时间。根据《合同法》第 45 条的规定,当事人对合同的效力可以约定附条件,附生效条件的合同,自条件成就时生效。根据该法第 46 条的规定,当事人

对合同的效力可以约定附期限,附生效期限的合同,自期限届至时生效。

从上述阐释与分析可以看出,在无法律规定与当事人特别约定的情况下,合同一般以其成立时间为生效时间。在有法律规定的情况下,当事人应当遵守法律的规定。在无法律规定的情况下,当事人可以对合同的生效时间作出如下约定:合同成立的时间为合同的生效时间;当事人采用合同书形式订立合同的,可以约定自双方当事人签字或者盖章时合同生效。此外,当事人根据自己的订约目的及履约能力,亦可以对合同的效力约定附条件或期限。附生效条件的买卖合同,自条件成就时生效;附生效期限的买卖合同,在期限届至时生效。

(15)双方当事人需要约定的其他事项

合同的最大特点是具有私法的自治性,双方当事人除了对一些必要条款作出规定外,可以根据双方订立合同特点和实际情况,将双方认为的重要条款和必要内容订入合同。这样既有利于明晰双方的责任和义务,也可以免除合同漏洞与合同风险。

3. 尾部

(1)当事人签字或盖章

对于双方达成一致的合同,当事人双方应当签字或盖章认可,否则不产生法律效力。当事人为公民的,应当签署其身份证件中所载明的姓名;如果是法人或其他组织的应当加盖单位公章,并由法定代表人或单位负责人签名或加其个人名章。如果买方或卖方委托他人包括个人或单位代理签订合同的,作为代理人的个人或单位应当签章。

(2)签约时间与签约地

签约时间与签约地点往往与合同的成立与生效时间及合同的履行义务相联系,因此,双方当事人应当在合同中载明签约时间与签约地点。

(3)其他事项

可以将双方当事人的联系电话、传真号码、电子邮箱和邮政编码等联系方式在合同的尾部载明;如有必要,可以将双方的银行账号开户名称、开户银行与账号在合同中载明;对于需要公证的合同书,应当附上有关公证机关出具的加盖公章的意见书。

(三)文书示范文本

工业品买卖合同(GF—2000-0101)

合同编号:________

出卖人:____________________ 签订地点:____________________

买受人:____________________ 签订时间:________年____月____日

第一条 标的、数量、价款及交(提)货时间:

标的名称	牌号商标	规格型号	生产厂家	计量单位	数量	单价	金额	交(提)货时间及数量											
								合计											

续表

<table>
<tr><td rowspan="2">标的名称</td><td rowspan="2">牌号商标</td><td rowspan="2">规格型号</td><td rowspan="2">生产厂家</td><td rowspan="2">计量单位</td><td rowspan="2">数量</td><td rowspan="2">单价</td><td rowspan="2">金额</td><td colspan="12">交(提)货时间及数量</td></tr>
<tr><td>合计</td><td></td><td></td><td></td><td></td><td></td><td></td><td></td><td></td><td></td><td></td><td></td></tr>
<tr><td></td><td></td><td></td><td></td><td></td><td></td><td></td><td></td><td></td><td></td><td></td><td></td><td></td><td></td><td></td><td></td><td></td><td></td><td></td><td></td></tr>
<tr><td colspan="20">合计人民币金额(大写):</td></tr>
</table>

(注:空格如不够用,可以另接)

第二条　质量标准:________________________________。

第三条　出卖人对质量负责的条件及期限:________________________________。

第四条　包装标准、包装物的提供与回收:________________________________。

第五条　随附必备品、配件、工具的数量及提供办法:________________________________。

第六条　合理损失标准及计算方法:________________________________。

第七条　标的物所有权自________时起转移,但买受人未履行支付价款义务的,标的物仍属于出卖人所有。

第八条　交(提)货方式、地点:________________________________。

第九条　运输方式及到达站(港)和费用负担:________________________________。

第十条　验收标准、方法、地点及期限:________________________________。

第十一条　成套设备的安装与调试:________________________________。

第十二条　结算方式、时间及地点:________________________________。

第十三条　担保方式(也可另立担保合同):________________________________。

第十四条　本合同解除的条件:________________________________。

第十五条　违约责任:________________________________。

第十六条　合同争议的解决方式:本合同项下发生的争议,由双方当事人协商解决;也可以由当地工商行政管理部门调解;协商或调解不成的,按下列第________种方式解决:

(一)提交________仲裁委员会仲裁;

(二)依法向人民法院起诉。

第十七条　本合同自________起生效。

第十八条　其他约定事项:________________________________。

<table>
<tr><td>出卖人
出卖人(章):
住所:
法定代表人:
委托代理人:
电话:
传真:
开户银行:
账号:
邮政编码:</td><td>买受人
买受人(章):
住所:
法定代表人:
委托代理人:
电话:
传真:
开户银行:
账号:
邮政编码:</td><td>鉴(公)证意见:

鉴(公)证机关(章):
经办人:
年　月　日</td></tr>
</table>

监制部门:　　　　　　　　　　　　　　印制单位:

粮食买卖合同(GF—2000－0152)

合同编号:________

出卖人:____________________　　签订地点:________________

买受人:____________________　　签订时间:________年____月____日

第一条 粮食品种、数量、价款及交(提)货时间:

品种	产地	商标或品牌	等级	计量单位	数量	单价	金额	交(提)货时间及数量											
								合计											
合计人民币金额(大写):																			

(注:空格如不够用,可以另接)

第二条 粮食质量标准、用途:____。

第三条 包装标准、包装物的供应和回收及费用负担:________________________。

第四条 合理损耗标准及计算方法:____________________________________。

第五条 交(提)货方式、地点:____。

第六条 运输方式及到达站(港)和费用负担:____________________________。

第七条 检验标准、方法、时间、地点:__________________________________。

第八条 结算方式及期限:____。

第九条 担保方式(也可另立担保合同):________________________________。

第十条 本合同解除的条件:____。

第十一条 违约责任:____。

第十二条 合同争议的解决方式:本合同在履行过程中发生的争议,由双方当事人协商解决;协商不成的,按下列第________种方式解决:

(一)提交________仲裁委员会仲裁;

(二)依法向人民法院起诉。

第十三条 本合同自________生效。

第十四条 其他约定事项:____。

出卖人(章): 住所: 法定代表人 (签字): 委托代理人 (签字): 电话: 开户银行: 账号: 邮政编码:	买受人(章): 住所: 法定代表人 (签字): 委托代理人 (签字): 电话: 开户银行: 账号: 邮政编码:	鉴(公)证意见: 鉴(公)证机关(章): 经办人: 年　月　日

监制部门:　　　　　　　　　　　　　　印制单位:

汽车买卖合同(BF—2006－0121)

合同编号:________

出卖人(甲方):________________________________。

买受人(乙方):________________________________。

依据《中华人民共和国合同法》及其他有关法律法规的规定,甲、乙双方在平等、自愿、公平、诚实信用的基础上,就汽车买卖的有关事宜协商订立本合同。

第一条　汽车名称、数量及价款

汽车品牌		型号	
生产厂商		产地	
发动机号		合格证号	
车架号		海关单号	
商检单号		配置(标准配置/选用配置)	
数量		车身颜色	首选:　　次选:
单价(人民币)		内饰颜色	首选:　　次选:
总价(人民币)大写			
备注			

第二条　质量

1. 甲方出售的车辆,质量应符合国家关于汽车产品的强制性标准,没有强制性标准的,应符合保障人身财产安全的要求,并达到产品说明书载明的技术指标,符合车辆落籍地有关部门关于尾气排放的标准。

2. 甲方出售的车辆,应是经国家有关部门公布、备案的汽车产品目录上标明的产品或合法进口的产品,并能通过公安交通管理部门的检测,可以上牌行驶。

3. 双方对车辆是否存在质量问题有争议的,依据法律规定或者直观观察等日常生活经验能够直接确认的事实,可以直接作为判定问题的依据;需要进行鉴定的,以具有法定资质的汽车检验机构出具的书面鉴定意见为准。鉴定费由主张方垫付,由责任方承担;经鉴定无法明确责任的,由双方分担。

第三条 定金(可选填)

乙方在________年____月____日前,向甲方交付全车款的____%(此比例不得超过全车款的20%)作为定金;甲方交货后,定金抵作车款。因乙方违约导致合同解除的,乙方无权要求返还定金;因甲方违约导致合同解除的,甲方应双倍返还定金。

第四条 付款方式

乙方于本合同签订之前或签订时向甲方支付的订金,视为预付款。

乙方选择按第____种方式,如期足额将车款支付给甲方。

1. 一次性付款方式:□签订本合同时/□________年____月____日前,支付全部车价款。

2. 分期付款方式:

□签订本合同时/□________年____月____日前,支付全部车价款的____%,计人民币________元,大写________元。

________________前支付全部车价款的____%,计人民币________元,大写________元。

________前支付余款,计人民币________元,大写________元。

3. 贷款方式:见《贷款合同》。

第五条 交车时间与地点、交付及验收方式

1. 交车时间:________年____月____日前。

2. 交车方式:乙方自提□;甲方送车上门□;货交承运人□。

3. 交车地点:____。

4. 甲方交付车辆时应同时提供:

(1)销售发票;(2)(国产)车辆合格证或(进口)海关进口证明及商品检验单;(3)质量服务卡或保修手册;(4)车辆使用说明书或用户使用手册(中文);(5)随车工具及备件清单;(6)____。

5. 甲方应在交车时当场演示、检查车辆的基本使用功能,如实回答乙方的提问,配合乙方对车辆进行验收。乙方对车辆外观和基本使用功能如有异议,应当场向甲方提出,由双方进行确认。对于确属质量问题的,乙方有权要求更换车辆;对于车辆的配置等与广告宣传有出入的,乙方有权解除合同。更换车辆与解除合同的费用由甲方承担。

6. 甲方将车辆交由乙方实际支配下并向乙方交付随车文件时,双方应签订车辆交接书(见附件),即视为该车辆正式交付。自车辆正式交付时起,车辆的风险责任由乙方承担。

第六条 售后服务

1. 车辆售后服务及保修参照生产厂商关于车辆的说明书和保养手册执行。

2. 甲方应提供由生产厂商认定的两家以上的维修保养网点供乙方选择。

在保修期内车辆出现质量问题或需要保养,乙方应在生产厂商公布或双方约定的维修站进行修理和保养。

3. 乙方使用车辆前应仔细阅读车辆说明书、用户使用手册或保修手册等相关资料。在保修期内车辆由于乙方或第三方的人为破坏、使用、保养不当、装潢、改装不当,或到生产厂商认定范围以外的修理点进行修理造成的质量问题,甲方不承担责任。

4. 生产厂商的车辆说明书和保养手册的内容与国家有关规定相抵触的,按国家有关规定执行。

5. 本合同签订后,国家出台有关汽车产品修理更换退货或车内空气质量等方面的规定的,双方按国家规定执行。

6. 生产厂商的正式承诺比本合同的约定更有利于乙方的,双方按生产厂商的承诺执行。

第七条　违约责任

1. 甲方未按时交付车辆的,自延期之日起至实际交付日止,按乙方已付款依银行迟延付款的规定向乙方支付违约金。延期交付车辆超过____日的,乙方有权解除合同,并要求甲方按相当于已交车款的 ____ % 支付违约金或适用定金条款。

2. 乙方在使用后发现车辆不符合说明书中表明的质量标准,有权要求甲方承担无偿修复、补偿损失或减少价款的责任。

3. 经具有法定资质的汽车检验机构鉴定,车辆确实存在设计、制造缺陷,由此缺陷造成的人身和财产损害,乙方有权选择要求甲方或生产厂商赔偿。乙方要求甲方赔偿的,如生产厂商有过错的,甲方在承担赔偿责任后有权向生产厂商追偿;乙方要求生产厂商赔偿的,甲方有协助乙方的义务。

4. 甲方明知车辆存在严重瑕疵而未告知乙方的,或以欺诈方式销售车辆的,乙方有权要求更换车辆或解除合同,并要求甲方承担由此造成的损失。

5. 乙方未按约定支付车价款的,应依照银行迟延付款的规定向乙方支付违约金,超过____日的,甲方有权解除合同,并要求乙方按相当于未交车款的 ____% 支付违约金或适用定金条款。

6. 一方无正当理由单方解除合同的,应按 ____________ 的标准向对方支付违约金或适用定金条款。

第八条　不可抗力

因不可抗力不能履行合同的,根据不可抗力的影响,部分或者全部免除责任,但法律另有规定的除外。当事人迟延履行后发生不可抗力的,不能免除责任。

第九条　其他约定

未尽事宜,双方应通过订立补充条款或补充协议进行约定。专用车买卖可另附附件。补充条款、补充协议、附件及甲方的宣传材料、广告、公开承诺等均为本合同的组成部分。

其他约定:____

____

____。

第十条　解决争议的方法

本合同项下发生的争议,双方应协商解决,或向消费者协会等部门申请调解解决;协商或调解不成的,按下列第____种方式解决:

(一)向________人民法院提起诉讼;

(二)提交________仲裁委员会仲裁。

甲方:(盖章)	乙方:(签章)
地址:	地址:
证件名称:	证件名称:
证件号码:	证件号码:
法定代表人:	法定代表人:
委托代理人:	委托代理人:
联系电话:	联系电话:
传真:	传真:
邮政编码:	邮政编码:
签订时间:	签订时间:
签订地点:	签订地点:

附件一

车辆交接书

出卖人(甲方):____。

买受人(乙方):____。

________年____月____日____时,甲、乙双方在对________牌汽车进行验收与交接,双方确认:

1. 甲方交付给乙方的车辆品牌及型号规格为:________________________。乙方经过验收,认为该车辆符合双方于________年____月____日签订的汽车买卖合同(编号为________)的约定(发动机号:________车架号:________),同意接受。

2. 随车文件清单如下(打"√"):

(1)发票□;(2)合格证□;(3)说明书□;(4)保修卡□;(5)海关证□;(6)商检证□;(7)进口车关单□;(8)进口车商检单□;(9)其他:________。

3. 下列车辆项目完好无损、运转正常打"√",不正常的打"×",空格内可自行添加项目。

外观及漆面		灯光		电动天线					
内饰		反光镜		CD					
转向		轮胎及备胎		收放机					
制动		雨刮器		点烟器					
手刹		发动机		钥匙及遥控器					
离合器		空调		千斤顶					
排挡		门窗		随车工具					
仪表盘		电动天窗		警示牌					

4. 里程表显示数:________公里。

5. 其他交接事项：____。

本交接书自甲、乙双方签字或盖章之时起生效，视为车辆正式交付，车辆的风险责任由乙方承担。

甲方签章：　　　　　　　　　　　　　乙方签章：

时间：　　年　　月　　日　　时　　分　　时间：　　年　　月　　日　　时　　分

附件二　　　　　　　　　　　　　　　　　　　　　　合同编号：________

委托服务协议书

委托人（乙方）：____。

受托人（甲方）：____。

双方经协商一致，就办理下列委托事项达成如下协议：

一、委托事项：

乙方授权甲方代为办理下列事项（打"√"）：

（1）代办选牌□；（2）代办按揭□；（3）代办保险□；（4）代办上牌□；（5）代办装潢□；（6）代办其他项目：____。

二、委托报酬：

为甲方顺利完成委托事宜，乙方应在签订本协议时支付________元，大写________。

甲方完成上述委托事宜后，乙方应一次性付清剩余代办劳务报酬（以下简称代办费），合计________元，大写________。

三、完成各委托事项所需费用概算及代办费约定：

1. 代办选牌，代办费：________元。

2. 代办按揭，代办费：________元。

3. 代办保险：

（1）保险公司所在地及名称：____。

（2）保险期限：一年□　　二年□　　三年□

（3）第三者责任险，费用：________元。

（4）交通事故责任强制险，费用：________元。

（5）车辆损失险，费用：________元。

（6）其他险种名称及费用：____。

（7）以上保险费用合计：________元。

（8）双方特别约定：乙方委托甲方代办车辆上牌服务的，乙方应自行或委托甲方事先办妥机动车辆保险，投保险种包括但不限于交通事故责任强制险和车辆损失险。保险合同应书面约定以下内容：发生保险事故时若保险车辆尚未取得公安交通管理部门核发的行驶证和号牌，保险公司不得免除赔偿责任。

4. 代办上牌，费用概算如下：

养路费________元，车船税________元，购置税________元，注册费：________元，其他________元，合计约________元。

5. 代办装潢，装潢项目________，费用________元。

6. 代办其他项目 ________,费用 ________元。

7. 所有办理有关法定手续所需费用及政府部门规定的各项收费和国家规定的强制保险等费用,均由乙方承担。甲方应凭发票、收据向乙方结账。

四、上述费用采取下列第 ____ 种方式支付:

1. 乙方预付。2. 甲方暂先垫付。

五、上牌服务完成期限:________年____月____日前。

六、完成委托上牌服务,应随车移交如下材料:

(1)购置税凭证;(2)养路费凭证;(3)机动车保险单;(4)行驶证;(5)车船税凭证;(6)车辆牌照号码:________________________________。

七、违约责任:

1. 甲方在办理委托事项过程中车辆发生毁损、灭失的,乙方应先向保险公司索赔;保险赔付不足的部分,属于甲方责任的,由甲方承担,属于第三方责任的,甲方应协助乙方索赔。非因甲方过错导致车辆未上相关保险或保险公司以车辆未取得牌证为由拒绝赔付的,甲方不承担赔偿责任。

2. 乙方中途撤回委托解除合同的,应承担由此给甲方造成的实际损失。

3. 除不可抗力或政府有关部门的原因外,甲方未能在约定期限内完成委托事项的,乙方有权按全部车价款向甲方追索逾期利息。逾期利息自本协议约定的最后交付期限次日起算至实际交付日止,利息按人民银行同期贷款利率计算。若逾期超过30日,甲方应按全部车价款____%向乙方支付违约金,协议继续履行。

4. 因乙方未能及时提供有关材料而影响委托事项完成的,本协议履行期限相应顺延,甲方不承担违约责任。

八、解决争议的方法:同《北京市汽车买卖合同》。

九、其他约定:________________________________。

甲方签章: 乙方签章:

日期:________年____月____日 日期:________年____月____日

二、借款合同

(一)文书制作的基本知识

借款合同,是指借款人向贷款人借款,到期返还借款并支付利息的合同。交付借款的一方称为贷款人,接受借款到期返还借款并支付利息的一方为借款人。在民法理论中,借款合同属于借贷合同中的消费借贷合同。我国《合同法》所规定的借款合同包括银行借款合同和自然人为贷款人的借款合同(民间借贷合同)。

1. 借款合同的法律特征

(1)借款合同的标的是作为特殊商品的货币。借款合同属于转移财产的合同,但其转移的不是一般财产,而是作为一般等价物的特殊商品,即货币的处分权。借款合同的标的只能是货币,不能用任何其他物品或有价证券代替。这种货币可以是人民币,也可以是外币。国内借款合同的标的一般应是人民币。

(2)借款合同为诺成合同,但自然人之间的借款合同为实践合同。金融机构与其他主体之间订立的合同,自双方当事人通过协商一致时即可成立,而不需要实际交付标的物货币,所以为诺成合同。但是,根据《合同法》第210条的规定,自然人之间的借款合同,自贷款人提供借款时生效。可见,自然人之间的借款合同,不是诺成合同,而是实践合同。

(3)借款合同一般是双务、有偿合同。在借款合同中,双方当事人互负对等义务,借款人使用货币须支付利息。贷款必须付息,利随本清。但是,公民之间的借款可以不计利息。根据《合同法》第211条第1款的规定,自然人之间的借款合同对支付利息没有约定或者约定不明确的,视为不支付利息。

2. 借款合同的形式与内容

(1)借款合同的形式。《合同法》第197条第1款的规定,借款合同采用书面形式,但自然人之间借款另有约定的除外。根据这一规定,借款合同原则上应以书面形式订立,而不能用口头形式订立。发生在金融机构与其他单位、个人之间的银行借款合同必须用书面形式订立;自然人之间的借款合同,可以书面形式订立,但当事人约定用口头形式的,也可以采用口头形式订立。由于口头形式不着笔墨,一旦借款人否认借款事实或者发生其他纠纷,贷款人将因不能举证证明存在借款事实而陷于被动,并有可能造成无法挽回的损失。因此,自然人之间的借款也最好采用书面形式,并注意保存借款凭证。

(2)借款合同的内容。根据《合同法》第197条第2款的规定,借款合同的主要内容如下:借款合同的内容包括借款种类、币种、用途、数额、利率、期限和还款方式等条款。

(二)文书的内容及制作方法

1. 首部

(1)标题

标题即应当写明合同书的名称"借款合同"。

(2)借款当事人的姓名或名称和住所

贷款人和借款人是借款合同的双方当事人。作为当事人的自然人其姓名应当依其合法有效的身份证件如身份证或者户口簿所载明的为准;法人或者作为其他组织的名称应以在国家有关部门所登记、注册的名称作为订立合同时的名称。

公民以他的户籍所在地的居住地为住所,经常居住地与住所不一致的,经常居住地视为住所。公司以其主要办事机构所在地为住所。经公司登记机关登记的公司的住所只能有一个。公司的住所应当在其公司登记机关辖区内。其他经济组织如合伙企业、个人独资企业等以其主要办事机构所在地为住所。

2. 正文

(1)借款种类

根据贷款主体、贷款期限以及贷款发放方式等可以对贷款种类作不同的划分。

根据贷款主体不同可分为自营贷款、委托贷款和特定贷款。自营贷款,指贷款人以合法方式筹集的资金自主发放的贷款,其风险由贷款人承担,并由贷款人收回本金和利息。委托贷款,指由政府部门、企事业单位及个人等委托人提供资金,由贷款人(受托人)根据委托人确定的贷款对象、用途、金额期限、利率等代为发放、监督使用并协助收回的贷款。贷款人(受托人)只收取手续费,不承担贷款风险。特定贷款,指经国务院批准并对贷款可能造成的损失采取相应补救措施后责成国有独资商业银行发放的贷款。

根据贷款期限可分为短期贷款、中期贷款和长期贷款。短期贷款,系指贷款期限在1年以内(含1年)的贷款。中期贷款,系指贷款期限在1年以上(不含1年)5年以下(含5年)的贷款。长期贷款,系指贷款期限在5年(不含5年)以上的贷款。

根据贷款发放方式不同可分为信用贷款、担保贷款和票据贴现。信用贷款,指以借款人的信誉发放的贷款。担保贷款,指保证贷款、抵押贷款、质押贷款。票据贴现,指贷款人以购买借款人未到期商业票据的方式发放的贷款。

贷款种类不同,贷款合同所受的政策性调整不同,当事人双方的权利义务不同,因此在合同中应将贷款种类写明。

(2)借款币种与金额

在借款合同中借款币种是指借款人向贷款人所借货币的种类,借款金额是指借款人向贷款人所借取的货币数额。借款币种与金额是借款合同的主要内容,是双方享有合同权利和履行合同义务的主要依据,双方当事人应当在合同中对借款币种及其数额作出明确约定。对于借款币种应当载明是人民币还是何种外币,并应当载明具体的货币的名称,借款数额应当注明其货币单位。

(3)借款用途

借款用途是借款人使用借款的直接目的,决定着借款人对借款的使用方向与使用范围。借款人是否按规定用途使用借款,与其能否按期履行还款义务有直接关系。借款人擅自改变借款用途,就会使原先当事人共同预期的收益变得不确定,增加了贷款人的借款风险。我国《合同法》第 202 条规定,贷款人按照约定可以检查、监督借款的使用情况。借款人应当按照约定向贷款人定期提供有关财务会计报表等资料。该法第 203 条规定,借款人未按照约定的借款用途使用借款的,贷款人可以停止发放贷款、提前收回贷款或者解除合同。可见,按照约定的贷款用途使用借款是借款人应尽的合同义务,也是判断借款人是否违约的重要依据。因此,当事人应将贷款用途在借款合同作出明确约定。

(4)借款期限

借款期限,是借款人对借款的使用期限。我国《合同法》第 206 条规定,借款人应当按照约定的期限返还借款。对借款期限没有约定或者约定不明确,依照本法第 61 条的规定仍不能确定的,借款人可以随时返还;贷款人可以催告借款人在合理期限内返还。该法第 208 条规定,借款人提前偿还借款的,除当事人另有约定的以外,应当按照实际借款的期间计算利息。该法第 207 条规定,借款人未按照约定的期限返还借款的,应当按照约定或者国家有关规定支付逾期利息。该法第 201 条规定,贷款人未按照约定的日期、数额提供借款、造成借款人损失的,应当赔偿损失。

在有偿借款合同中,借款期限与利息成正比,借款期限越长借款人支付的利息越高。当事人如果对借款期限约定不明或者具有歧义,不仅影响到合同的履行,而且借款当事人的借款目的也有可能不能实现。因此,借款限期根据借款人的生产经营周期、还款能力和贷款人的资金供给能力由借贷双方共同商议后确定,并在借款合同中载明。根据《贷款通则》的规定,自营贷款期限最长一般不得超过 10 年,超过 10 年应当报中国人民银行备案。票据贴现的贴现期限最长不得超过 6 个月,贴现期限为从贴现之日起到票据到期日止。

(5)借款利息与利率

在有偿的借款合同中,贷款人出借货币的最终目的是收回本金及利息,利息是借款人使用借款所付出的代价。利率又称利息率,表示一定时期内利息量与本金的比率,通常用百分比表示。利率根据计量的期限标准不同,表示方法有年利率、月利率、日利率。《合同法》第 200 条规定,借款的利息不得预先在本金中扣除。利息预先在本金中扣除的,应当按照实际借款数额返还借款并计算利息。该法第 204 条规定,办理贷款业务的金融机构贷款的利率,应当按照中国人民银行规定的利率上下限确定。该法第205条规定,借款人应当按照约定的期限支付利息。对支付利息的期限没有约定或者约定不明确,依照本法第61条的规定仍不能确定,借款期间不满1年的,应当在返还借款时一并支付;借款期间1年以上的,应当在每届满1年时支付,剩余期间不满1年的,应当在返还借款时一并支付。可见,借款合同当事人之间除了利率作出约定外,还应当对利息的支付时间作出约定,否则应按照上述规定执行。

根据《合同法》第211条的规定,自然人之间的借款合同对支付利息没有约定或者约定不明的,视为不支付利息。自然人之间的借款合同约定支付利息的,借款的利率不得违背国家有关限制借款利率的规定。

(6)还款方式

还款方式包括一次性还款和分期还款,对于商品房按揭还款方式主要有等额本息还款法和等额本金还款法。还款方式与当事人的合同利益密切相关,因此,当事人在借款合同中订明采取何种方式还款。对于采取分期还款和按揭还款的,还应在合同中每次的还款日期、还款金额或者还款金额的计算方法。

(7)借款担保

在银行借贷合同中,银行为商业银行,以营利和效益为目的。商业银行的经营对象是货币,为了确保商业银行贷款的安全性,往往要求借款人提供担保,保障按期收回贷款。民间借贷中贷款人资金自借出后也有可能处于不安全状态,为保障贷款人的债权实现,双方当事人也可在借款合同中约定担保条款。

根据《合同法》第198条的规定,订立借款合同,贷款人可以要求借款人提供担保。依照《担保法》的规定,根据借款合同的性质,借款担保可选择采用保证、抵押和质押三种形式之一,在合同中订立担保条款或者另行签订担保合同。

(8)违约责任

合同中的违约责任条款,是在合同中订立的当事人在不履行合同义务或履行合同义务不符合约定所承担违约责任的依据。《合同法》第201条第1款规定,贷款人未按照约定的日期、数额提供借款,造成借款人损失的,应当赔偿损失。根据《合同法》第201条第2款、第203条、第205~207条的规定,借款人未按照约定的借款用途使用借款的,贷款人可以停止发放借款、提前收回借款或者解除合同;借款人应当按照约定的期限支付利息;借款人应当按照约定的期限返还借款;借款人未按照约定的期限返还借款的,应当按照约定或者国家有关规定支付逾期利息。

借款合同当事人可以根据《合同法》的上述内容约定承担违约责任的情形及违约责任的承担方式。但是,上述规定仅仅是原则性规定,如贷款人违约时的赔偿损失的范围、赔偿数额或者计算方法,借款人违约时应支付的逾期利息的计算方法等,应当在合同作出明晰的约定。这样,它既有利于敦促当事人履行合同义务,又有助于在违约情况发生后明确违约方的责任和对其进行追究。但是,无论是违约责任形式还是违约责任内容都应当依法订立,不能超越法律规定的限度。

(9)争议的解决方式

当发生借款合同纠纷后,无论当事人在合同中有无约定,都可以通过和解或者调解解决合同争议。当事人不愿和解、调解或者和解、调解不成的,可以根据合同中已经约定的仲裁条款或纠纷发生后双方达成的仲裁协议向仲裁机构申请仲裁。当事人没有订立仲裁协议或者仲裁协议无效的,可以直接向人民法院起诉。因此,对于仲裁和诉讼解决方式则不能在合同中同时约定,只能选择其中之一作为合同纠纷的解决方式。

(10)借款合同的生效时间

民间借款合同是以借款交付的时间为合同生效时间,因此,在民间借款合同中当事人无须对合同的生效时间作出约定。但是对于银行和其他金融机构的借款,在无法律规定与当事人特别约定的情况下,合同一般以其成立时间为生效时间。在有法律规定的情况下,当事人应当遵守法律的规定。在无法律规定的情况下,当事人可以对合同的生效时间作出如下约定:合同成立的时间为合同的生效时间;当事人采用合同书形式订立合同的,可以约定自双方当事人签字或者盖章时合同生效。此外,当事人根据自己的订约目的及履约能力,亦可以对合同的效力约定附条件或期限。附生效条件的借款合同,自条件成就时生效;附生效期限的借款合同,在期限届至时生效。

3. 尾部

(1)当事人签字或盖章

对于双方达成一致的合同,当事人双方应当签字或盖章认可,否则不产生法律效力。当事人为公民的,应当签署其身份证件中所载明的姓名,如果是法人或其他组织的应当加盖单位公章,并由法定代表人或单位负责人签名或加其个人名章。如果借款人或贷款人委托他人包括个人或单位代理签订合同的,作为委托代理人的个人或单位应当签章。

(2)签约时间与签约地点

签约时间与签约地点往往与合同的成立与生效时间及合同的履行义务相联系,因此,双方当事人应当在合同中载明签约时间与签约地点。

(3)其他事项

可以将双方当事人的联系电话、传真号码、电子邮箱和邮政编码等联系方式在合同的尾部载明;如有必要可以将双方的银行开户名称、开户银行与账号在合同中载明;对于需要鉴证或公证的合同书,应当附上有关鉴证或公证机关出具的加盖公章的鉴证书或公证书。

(三)文书参考文本

借款合同

甲方(借款人):________________________________。

乙方(贷款人):________________________________。

甲乙双方为携手合作,促进发展,满足利益,明确责任,依据《中华人民共和国合同法》等有关法律之相关规定,本着诚实信用,互惠互利原则,结合双方实际,协商一致,特签订本合同,以求共同恪守:

第一条 贷款种类:____________________________。

第二条 借款金额:____________________________。

第三条 贷款用途:____________________________。

第四条 贷款利率:____________________________。

第五条 贷款期限:____________________________。

第六条 本合同生效后,甲方在提用贷款前,应向乙方提交具体提款计划,并按提款计划提款。

乙方应在甲方按提款计划办理提款后____个营业日内将贷款放出。

第七条 甲方用下列资金,但不限于下列资金,归还本合同项下借款本息:

1. ____。

2. ____。

3. ____。

第八条 甲方应在本合同约定的借款期限内归还全部借款本息,并按乙方要求向乙方提交具体还款计划,按还款计划还款。

第九条 本合同项下贷款,自乙方划拨贷款之日起计息,按____(月、季或者年)结息。在本合同有效期内遇国家调整利率,本合同项下贷款利率也有变化时,乙方无须通知甲方,从调整之日起即按调整后贷款利率计算利息。

第十条 本合同项下借款本息,由取得乙方认可的担保人以保证或/和抵押的方式提供担保,并另行签订________(《保证合同》《抵押合同》或/和《质押合同》),作为本合同的附件。

第十一条 在本合同有效期内,乙方有权检查贷款使用情况,甲方应按乙方要求向乙方提供情况和资料。

第十二条 合同的变更、解除:

1. 本合同生效后,甲、乙任何一方不得擅自变更和解除本合同。

2. 甲方需延长借款期限,应在借款到期前________个营业日向乙方提出申请,经乙方同意(有担保人的,应经担保人同意)签订延期还款协议。

3. 甲、乙任何一方,需要变更本合同的其他条款时均应及时书面通知对方,并经双方协商一致,达成书面协议。

4. 甲乙任何一方需解除合同时,应及时书面通知对方,并就合同解除后的有关事宜协商一致达成书面协议。解除合同的协议达成后,甲方已占用乙方的贷款和应付利息应付给乙方。

5. 在本合同有效期内,甲、乙任何一方变更住所、通信地址时,应在变更后________天内书面通知对方。

第十三条 违约责任:

1. 甲方未按提款计划,按时到乙方营业部门办理提款手续,又未和乙方达成变更提款计划协议,应当按照约定的日期、数额支付利息。

2. 甲方未按本合同约定的用途使用借款,乙方有权停止发放贷款、提前收回贷款或者解除合同,对违约使用部分按银行规定加收____%的利息。

3. 甲方未按本合同约定的还款计划归还借款本息,也未与乙方签订延期还款协议,或所延期限已到仍不能归还借款时,乙方按银行规定加收____%的利息。

4. 乙方擅自提前收回已发放的贷款,应按违约金额和违约天数每日向甲方支付万分之____的违约金。

5. 甲方提前偿还借款的,应当按照实际借款的期间计算利息。

6. 甲方向乙方提供的情况、报表及其他资料不真实,乙方可责令甲方限期纠正。甲方拒不纠正时,乙方可停止发放贷款,提前收回已发放的部分或全部贷款。

7. 在本合同有效期内,甲方或保证人因经营管理不善,发生亏损或虚盈实亏,或与第三者发生债务纠纷,或者抵押财产发生损毁、灭失,危及贷款安全时,乙方可停止发放贷款,并可提前收回已发放的贷款本息。

8. 本条所列违约金的支付方式,双方约定如下:______________________。

第十四条　争议的解决方式：

甲乙双方在履行本合同中发生的争议，由双方协商或者通过调解解决。协商或者调解不成的，按下列第________种方式解决：

1. 提交____________仲裁委员会仲裁。

2. 依法向人民法院起诉。

第十五条　甲方向乙方提供的借款申请书、分期提款和还款计划、分期提款凭证、双方签订的延期还款协议书和其他有关变更合同条款的协议，以及乙方要求甲方提供的与本合同有关的其他材料，均为本合同的组成。

第十六条　本合同自甲乙双方签字或加盖单位公章之日起生效。

第十七条　甲乙双方商定的其他事项：______________________________________。

第十八条　本合同正本一式二份，甲、乙双方各执一份。

甲方(签字或盖章)　　　　　　乙方(盖章)

代表人(签字)　　　　　　　　代表人(签字)

________年____月____日　　　________年____月____日

三、承揽合同

(一)文书制作的基本知识

承揽合同，是指承揽人按照定作人的要求完成工作，交付工作成果，由定作人给付报酬的合同。在承揽合同中，约定完成工作的一方称为承揽人，其相对人称为定作人。承揽合同包括加工合同、定作合同、修理合同、复制合同、测试合同、检验合同、鉴定合同、翻译合同等诸多种类。

1. 承揽合同的特征

承揽合同属于双务合同、有偿合同、诺成合同和非要式合同，并具有以下法律特征：

(1)承揽合同是以完成一定工作为内容的合同。承揽合同的标的是完成一定的工作，其最终体现为劳动成果，这种劳动成果既可以是体力劳动成果，也可以是脑力劳动成果；既可以是物，也可以是其他财产。承揽合同的标的不是承揽人的劳动，而是承揽人完成的物化的劳动成果，这是它与劳动合同的本质区别。

(2)承揽人要以自己的设备、技术和劳动完成主要工作。定作人主要是基于承揽方的设备条件、技术能力或工作能力及其信誉与其签约，承揽方不得将承揽的主要工作交由第三方完成，但是当事人另有约定的除外。承揽人将其承揽的辅助工作交由第三人完成的，应当就第三人完成的工作成果向定作人负责。承揽合同的定作人一方对工作的质量、数量、规格、形状等的特殊要求，必然使承揽合同的标的物特定化，即有别于市场上的同类产品，以满足定作人的特殊要求。这种劳动成果的特殊性要求不能用其他物品代替定作物。

(3)承揽人对完成工作的质量、数量、期限及意外风险造成的损失承担责任。承揽人在履行合同的过程中，除对完成工作的质量、数量、期限承担责任外，还要对标的物的意外灭失或者工作条件的意外恶化造成的损失承担责任。承揽人对其由于管理不善，造成标的物被盗、浸泡、燃烧、损毁等损失，应当承担责任。

(4)承揽人应当独立完成工作任务并接受定作人的监督。在承揽合同中，定作人由于对承揽人的工作信誉、设备状况和技术水平予以认同才将某项加工任务交付承揽人，非经定作人允许，承揽人不得将加工任务转交第三人完成。如果经定作人同意，承揽人也可将其承揽的辅助性工作交由第三人承担，但是，承揽人不得从中渔利，而应负责对移交的工作进行检查和监督，并就第三人完成的工作成果对定作人负责。定作人在承揽人完成工作任务的过程中，有权对其技术水平、所用原料、工作质量等进行检查和监督，但不得妨碍承揽人的正常工作。承揽人有义务协助、配合和接受监督。

2. 承揽合同的形式与内容

根据《合同法》的有关规定，承揽合同双方当事人就合同的主要条款即合同的主要内容达成合意，承揽合同即可成立。因此，承揽合同为非要式合同，即当事人订立承揽合同既可以采取口头形式，也可以采取书面形式或者其他形式。但书面形式与口头形式相比具有很大的优点，书面承揽合同的内容既是审视合同合法性和有效性的凭证，又是当事人享有权利和承担义务的依据。因此，当事人在订立承揽合同时最好采取书面形式。

根据《合同法》第252条的规定，承揽合同的内容包括承揽的标的、数量、质量、报酬、承揽方式、材料的提供、履行期限、验收标准和方法等条款。

（二）文书的内容及制作方法

1. 首部

（1）标题

标题应当载明合同名称“承揽合同”，或者根据标的物的名称来载明合同名称，如“木材加工合同”“家具定作合同”“汽车修理合同”等。

（2）当事人的名称或者姓名和住所

承揽人和定作人构成承揽合同的双方当事人。承揽合同的当事人必须是具体确定的，必须写明其真实姓名、住所；法人或其他组织作为当事人时，必须写明企业的名称、营业地以及法定代表人或负责人的姓名。

2. 正文

（1）承揽项目

承揽项目条款是承揽合同标的条款，承揽标的是指承揽人按照定作人的要求应进行的工作成果，主要包括加工、定作、修理、复制、测试、检验等工作成果。因承揽合同内容广泛，既有加工定作和完成具体成果的，也有完成一定劳动项目的。所以为确保合同有效及避免争议，标的必须具体明确，合同中必须写明承揽的项目名称、数量、交付或者完成期限等内容。

数量，是指承揽人按照约定所要完成的工作成果的数量要求，它直接与定作人支付的代价和承揽人获得的报酬相联系，因此应当在合同中作出明确约定。因承揽项目的性质不同，计量标准或计量方法也有所不同，承揽合同必须写明完成的定作物的数量要求及其计量单位。现实生活中，有些定作物的计量单位习惯上称为“打”“包”“套”等，这是极为不规范的用语，容易引起纷争。因此，订立合同时当事人应当使用规范的计量单位和计量标准，即使使用了上述惯用的“打”“包”“套”等，也要进一步明确每打、每包、每套的实际数量或件数，以做到用规范的计量单位来计算，从而避免纠纷。

（2）报酬及其支付时间与方式

报酬是承揽人按合同的约定向定作人支付的制作、加工等费用，它是承揽合同特有的对价方式，支付报酬是定作人的法定义务。因此，报酬条款是承揽合同的必备条款。在承揽合同中应当将定作人向承揽人支付的报酬数额及其货币单位载明；报酬数额以完成的工作成果数量计算的，应当在合同中订明完成工作成果的单位计酬标准与计算方法或者报酬计算标准。若由承揽人包工包料的,应当在合同中明确约定定作人支付的价款里面是否包含购买材料的费用。

《合同法》第263条规定,定作人应当按照约定的期限支付报酬。对支付报酬的期限没有约定或者约定不明确,依照本法第61条的规定仍不能确定的,定作人应当在承揽人交付工作成果时支付;工作成果部分交付的,定作人应当相应支付。可见,报酬支付时间及其方式对双方在合同履行过程具有很大影响。对定作人而言,付款时间越晚对其越有利,可以借此约束和钳制承揽人,进而保证工作成果的质量,甚至要求获得后续服务。而对承揽人而言,则希望尽早获取报酬,最好的支付方式是在合同订立后立即付酬,至少也要分阶段或分期付酬,这样不至于在合同履行过程中陷于非常被动的境地。因此,在签订承揽合同时,双方当事人应当根据公平原则商定付酬方式与期限。采取分期付酬的,最好将分期付酬的时间与完成工作成果的进度、最后验收挂钩,在合同中约定承揽人完成工作成果的几分之几时定作人应支付几分之几的报酬,经验收达到约定标准后的多少日内支付剩余报酬。

(3)技术标准、质量要求

承揽合同的质量条款,既是承揽人据以完成工作成果的依据,也是判断承揽人完成标的物的质量是否完全、适当履行合同和承担违约责任的依据。对此,《合同法》第262条规定,承揽人交付的工作成果不符合质量要求的,定作人可以要求承揽人承担修理、重作、减少报酬、赔偿损失等违约责任。因此,双方当事人应对承揽项目或定作物的质量要求与技术标准在合同中作出明确约定,并应做到具体、清楚、准确、详尽。如果标的物或项目是执行国家标准或者行业标准、国际标准的,合同中应写明执行的标准名称、代号、编号。如果对定作物有特殊要求的,当事人可以协商确定,最好附有相应的图纸或质量说明等资料,对于相关的资料应当由双方当事人签字确认。若提供样品的,双方当事人应共同对样品进行封存并要妥善保管或者由双方到公证部门进行公证。样品还可以附有质量说明,如果样品和质量说明不一致时,一般应以质量说明为准。

(4)承揽方式与材料的提供

承揽方式是承揽人承揽项目和完成工作成果的方式,一般包括包工包料、包工但材料全部由定作人提供,或者包工但仅提供辅助材料等。采取不同的承揽方式,定作人向承揽人支付的费用不同,在包工包料的承揽方式下定作人不仅向承揽人支付报酬而且还应支付购买材料费用。因此,当事人在承揽合同中应将承揽方式作出明确约定。若承揽人提供材料的,承揽人可以要求定作人预先支付材料费,双方可以对预付材料费的数额及交付期限作出明确约定。

材料提供条款也是承揽合同中非常重要的内容,它关系到承揽方式、报酬的确定、材料风险的承担以及双方的权利和义务。根据我国《合同法》的规定,承揽合同的材料可以约定由承揽人提供,也可以约定由定作人提供。因此,双方在合同中应当明确约定哪些材料由哪一方提供。《合同法》第255条规定,承揽人提供材料的,承揽人应当按照约定选用材料,并接受定作人检验。该法第256条规定,定作人提供材料的,定作人应当按照约定提供材料。承揽人对定作人提供的材料,应当及时检验,发现不符合约定时,应当及时通知定作人更换、补齐或者采取其他补救措施。承揽人不得擅自更换定作人提供的材料,不得更换不需要修理的零部件。可见,对材料的检验不仅是确定材料是否合格的关键环节,而且也是确保承揽人能否按照约定完成工作成果的一个极为重要的环节。因此,当事人双方最好将材料的检验条款,包括检验时间、检验方式(如抽样检验、全面检验或部分检验、阶段检验或最后检验等)以及发现不合格时的异议期间在合同中订明。

(5)技术资料、图纸的提供及其保密

在承揽合同中定作人对承揽人完成工作成果负有提供技术资料和图纸的义务,而承揽人对定作人提供的技术资料和图纸依法负有保密义务。

《合同法》第257条规定,承揽人发现定作人提供的图纸或者技术要求不合理的,应当及时通知定作人。因定作人怠于答复等原因造成承揽人损失的,应当赔偿损失。据此,当事人双方可以对定作人提供技术资料、图纸的范围、时间及承揽人对定作人提供不合理的图纸或者提出的不合理的技术要求的异议期限和定作人的答复期限进行明确约定。

《合同法》第266条规定,承揽人应当按照定作人的要求保守秘密,未经定作人许可,不得留存复制品或者技术资料。据此,定作人将其不希望公开的技术资料、图纸,可与承揽人协商并作为保密条款订入合同当中,以使承揽人能明确自己的保密义务的范围和保密责任,从而减少纠纷。

(6)承揽人是否可以将承揽项目交由第三人完成

《合同法》第253条规定,承揽人应当以自己的设备、技术和劳力,完成主要工作,但当事人另有约定的除外。承揽人将其承揽的主要工作交由第三人完成的,应当就该第三人完成的工作成果向定作人负责;未经定作人同意的,定作人也可以解除合同。据此,定作人允许承揽人将其承揽的主要工作交由第二人完成的,双方最好在合同中作出明确约定;如只允许承揽人将部分承揽项目交给第三人完成的,可以对其范围作出具体约定。

《合同法》第254条规定,承揽人可以将其承揽的辅助工作交由第三人完成。承揽人将其承揽的辅助工作交由第三人完成的,应当就该第三人完成的工作成果向定作人负责。在不同承揽合同中辅助工作具有不同的内涵和外延,在实践中也往往会产生承揽人将其自认为是辅助性的工作交由第三人来完成,而定作人则认为交由第三人完成的是主要工作的纠纷。因此,承揽人应与定作人最好在合同中对主要工作和辅助性工作作出明确界定或具体说明。

(7)定作人需要完成的协助义务

在承揽合同中定作人对承揽人尽到协助义务往往是承揽人完成承揽工作和不误工期的必要条件。对此,《合同法》第259条规定,承揽工作需要定作人协助的,定作人有协助的义务。定作人不履行协助义务致使承揽工作不能完成的,承揽人可以催告定作人在合理期限内履行义务,并可以顺延履行期限;定作人逾期不履行的,承揽人可以解除合同。因此,当事人可以根据具体情况,对承揽人需要定作人协助的事项及其完成协助事项的期限,以及拒绝完成的违约责任在合同中订明。这样既可以督促定作人履行协助义务,在纠纷发生时也有利于明确双方各自应承担的责任。

(8)工作成果的交付及其验收

承揽人应当根据合同约定的期限、方式和地点向定作人交付工作成果,否则就构成违约。因此,双方当事人应将工作成果交付的期限、方式和地点在合同中作出明确规定。

验收承揽人交付的工作成果是定作人的权利,通过验收也是判断承揽人完成的工作成果是否符合质量要求和承担违约责任的依据。《合同法》第261条规定,承揽人完成工作的,应当向定作人交付工作成果,并提交必要的技术资料和有关质量证明。定作人应当验收该工作成果。该法第262条规定,承揽人交付的工作成果不符合质量要求的,定作人可以要求承揽人承担修理、重作、减少报酬、赔偿损失等违约责任。据此,当事人双方订立合同时应当约定验收条款包括验收期间、验收标准以及验收不符合标准时定作人提出异议的期间。为避免定作方通过对验收标准随意解释或设置过于苛刻、实际上承揽人难以达到的标准,来作为判断承揽人完成的工作成果不符合要求和构成违约的理由,承揽方对该条款一定要谨慎约定。

(9)承揽人对工作成果是否享有留置权

依据《合同法》第264条的规定,在定作人未向承揽人支付报酬或价款的情况下,定作人有留置其完成的工作成果的权利,但当事人双方可以通过约定对定作人的留置权进行排除。这体现了当事人意思自治原则。因此,在签订合同时定作人可以与承揽人进行协商,对定作人是否有权留置工作成果作出约定,如果约定有权留置,最好将定作人留置权行使的范围作出约定。

(10)违约责任

违约责任具有一定的法定性,它不因当事人在合同中未作约定而免除。当事人可以根据实际情况及自身需要对合同法规定的各种违约责任进行细化,将双方有可能违反本合同约定的各种情形及应承担的责任在承揽合同中订明。这样,在遵守法定性原则的前提下,对各种违约情形及其责任承担作出明确约定,既有利于敦促当事人履行合同义务,又能在违约情况发生后,有助于明确违约方的责任,对其进行追究,对失衡的权利义务关系进行救济。

(11)合同争议的解决方式

发生承揽合同纠纷时当事人可以通过协商、调解、仲裁机构仲裁或者法院诉讼解决。根据《合同法》第128条的规定,当发生合同纠纷后,无论当事人在合同中有无约定,都可以通过和解或者调解解决合同争议。当事人不愿和解、调解或者和解、调解不成的,可以根据合同中已经约定的仲裁条款或纠纷发生后双方达成的仲裁协议向仲裁机构申请仲裁。当事人没有订立仲裁协议或者仲裁协议无效的,可以直接向人民法院起诉。

根据《民事诉讼法》的有关规定,当事人约定诉讼解决争议时,可以在法律允许的范围内协议管辖法院。根据《民事诉讼法》第25条关于协议管辖的规定,合同的双方当事人可以在书面合同中协议选择被告住所地、合同履行地、合同签订地、原告住所地、标的物所在地人民法院管辖,但不得违反本法对级别管辖和专属管辖的规定。因此,双方当事人可以协商约定将来可能出现之争议的管辖法院,以便纠纷的顺利迅速解决。应当注意的是,协议管辖不得违背级别管辖的规定,同时,当事人约定的管辖法院必须是唯一的,如果约定违背级别管辖、专属管辖的规定或者约定两个或两个以上法院均有管辖权的,该约定无效。

当事人约定通过仲裁解决纠纷时,则应具体、明确地写出仲裁事项以及仲裁委员会的名称。若当事人对仲裁事项或者仲裁委员会没有约定或约定不明确且又不能达成补充协议的,则将导致仲裁条款无效。但是,对于仲裁和诉讼解决方式则不能在合同中同时约定,一旦约定适用仲裁方式解决争议,那么就不能再在合同中约定适用诉讼方式解决纠纷;反之亦然。因此,当事人在合同中不得同时约定仲裁与诉讼为合同纠纷的解决方式。

3. 尾部

首先,承揽合同双方当事人为自然人的应当签名,为法人或其他组织的应当加盖单位公章,并由单位法定代表人或负责人签名;其次,应当注明本合同签订的具体年、月、日。

(三)文书示范文本

承揽合同(GF—2000-0303)

合同编号:________

定作人:____________________签订地点:______________________________

承揽人:____________________签订时间:______________________________

第一条 承揽项目、数量、报酬及交付期限:

项目名称及内容	计量单位	数量	工作量(工时)	报酬		交付期限
				单价	金额	
合计人民币金额(大写):		¥:				

第二条 技术标准、质量要求:____。

第三条 承揽人使用的材料由________人提供。材料的检验方法、时间及提出异议的期限:____。

第四条 定作人提供技术资料、图纸等的时间、办法及保密要求:____________。

第五条 承揽人发现定作人提供的图纸、技术要求不合理的,应在________日内向定作人提出书面异议。定作人应在收到书面异议后的________日内作出答复。

第六条 定作人(是/否)允许承揽项目中的主要工作由第三人来完成;可以交由第三人完成的工作是:____。

第七条 定作人协助承揽人的事项与要求:______________________________。

第八条 工作成果交付的期限、方式及地点:____________________________。

第九条 工作成果验收标准、期限:__________________________________。

第十条 承揽人对工作成果质量负责的期限及条件:______________________。

第十一条 定作人应在________年____月____日前向承揽人(预付村材料费/交付定金)(大写):____。

第十二条 结算方式及期限:____。

第十三条 定作人未向承揽人支付报酬或的,承揽人(是/否)可以留置工作成果。

第十四条 本合同解除的条件:

(一)定作人可以随时解除合同,但应及时书面通知承揽人并承担由此给承揽人造成的损失;

(二)____。

第十五条 违约责任:

____

____。

第十六条 合同争议的解决方式:本合同项下发生的争议,由双方当事人协商解决;

也可以由当地工商行政管理部门调解;协商或调解不成的,按下列________种方式解决:

(一)提交________仲裁委员会仲裁;

(二)依法向________人民法院起诉。

第十七条 其他约定事项:____。

定作人	承揽人	
单位名称(章) 住所: 法定代表人: 委托代理人: 电话: 电报挂号: 开户银行: 账号: 邮政编码:	单位名称(章) 住所: 法定代表人: 委托代理人: 电话: 电报挂号: 开户银行: 账号: 邮政编码:	鉴(公)证意见: 经办人: 鉴(公)证机关(章) 年 月 日 [注:除国家另有规定外,鉴(公)证实行自愿原则]

修缮修理合同(BF—2001-0307)

合同编号:________

定作人:____________________签订地点:____________________

承揽人:____________________签订时间:____________________

第一条 修缮修理项目:

修缮修理项目及内容	计量单位	数量或工作量	报酬	
			单价	总价
合计人民币金额(大写):		¥:		

(注:空格如不够用,可以另接)

第二条 材料:

材料名称	商标	生产厂家	规格型号	计量单位	数量	质量	提供人	提供日期	消耗定额	材料费	
										单价	总价
合计人民币金额(大写):						¥:					

(注:空格如不够用,可以另接)

第三条 材料的检验标准、方法、时间、地点及提出异议的期限:________________。

第四条　修缮修理时间从________年____月____日到________年____月____日。

第五条　修缮修理项目的技术标准、质量要求：________________________________。

第六条　定作人提供技术资料、图纸的时间、方法及保密要求：________________。

第七条　承揽人发现定作人提供的图纸、技术要求不合理的，应在________日内向定作人提出书面异议。定作人应在收到书面异议后的________日内作出答复。

第八条　定作人（是/否）允许第三人完成修缮修理项目的主要工作；可以交由第三人完成的工作是：____。

第九条　定作人协助承揽人的事项与要求：________________________________。

第十条　修缮修理项目交付的时间、方式及地点：____________________________。

第十一条　修缮修理项目验收的标准、方法及时间：__________________________。

第十二条　定作人应在________年____月____日前向承揽人（预付材料费/交付定金）（大写）________元。

第十三条　结算方式及期限：____。

第十四条　保修期限：____。

第十五条　本合同解除的条件：

（一）定作人可以随时解除合同，但应及时书面通知承揽人并承担由此给承揽人造成的损失。

（二）____。

第十六条　定作人违约责任：____。

承揽人违约责任：____。

第十七条　合同争议的解决方式：本合同项下发生的争议，由双方当事人协商解决或申请调解解决；协商或调解不成的，按下列第________种方式解决（只能选择一种）：

（一）提交________仲裁委员会仲裁；

（二）依法向________人民法院起诉。

第十八条　其他约定事项：____。

定　作　人		承　揽　人	
定作人（章）：	住所：	承揽人（章）：	住所：
营业执照号码：	身份证号：	营业执照号码：	身份证号：
法定代表人：	委托代理人：	法定代表人：	委托代理人：
电话：	传真：	电话：	传真：
开户银行：	账号：	开户银行：	账号：
税号：	邮政编码：	税号：	邮政编码：

四、货物运输合同

（一）文书制作的基本知识

货物运输合同，简称货运合同，是承运人将货物从起运地点运输到约定地点，托运人或者收货人支付运输费用的合同。在货物运输合同中，将货物从起运地点运输到约定地点的当事人为承运人,其可以是专门从事货物运输业务的企业法人、其他经济组织和个人。将货物托付给承运人运送并支付运费的人为托运人。有的货物运输合同中要涉及收货人,即在约定的地点接收物品的人,收货人可以是货物托运人自己,也可以是第三人。作为收货人的第三人不是合同的当事人。

1. 货物运输合同的种类

根据不同的标准对货物运输合同进行分类,可以划分为以下几种:(1)根据运输工具不同,运输合同可以分为铁路运输合同、公路运输合同、航空运输合同、水上运输合同(包括海上运输)等。(2)根据运送方式多少不同,运输合同可以分为单式运输合同和多式联运合同。(3)以运输地点(包括起运地、中途地和到达地)是否在我国境内为依据,运输合同分为国内运输合同和国际运输合同。

2. 货物运输合同的形式与内容

运输合同一般采用书面形式,并往往以格式合同的形式出现,即合同是由承运人预先拟定。货运合同也往往有格式表格,订立时依要求填写。

货物运输合同一般包括以下内容:托运人、承运人;收货人的名称或姓名或凭指示的收货人;货物的名称、性质、重量、数量,收货地点;包装方式;运输费用及其支付;运输期限;货物检验方式及检验期限;货物的毁损、灭失风险承担;违约责任等。

(二)文书的内容及制作方法

1. 首部

(1)标题

标题应当载明合同名称"货物运输合同",或者根据标的物的名称来载明合同名称,如"钢材运输合同""水泥运输合同""家具运输合同"等。

(2)当事人的名称或者姓名和住所

承运人和托运人构成货物运输合同的双方当事人。货物运输合同的当事人必须是具体确定的,必须在合同中写明其真实姓名、住所;法人或其他组织作为当事人时,必须写明企业的名称、营业地以及法定代表人或负责人的姓名。

2. 正文

(1)有关货物运输的必要情况

有关货物运输的必要情况主要包括货物的名称、性质、重量、数量、单价或金额等。在货运合同中,双方必须明确托运的货物。托运人应如实告知货物的有关情况,以便于承运人采取适当的运输方式和必要的安全措施以便将货物准确安全地运送至目的地。

货物的性质、数量、单价或金额是确定运输费用和收货人提货的依据。《合同法》第304条规定,托运人办理货物运输,应当向承运人准确表明收货人的名称或者姓名或者凭指示的收货人,货物的名称、性质、重量、数量,收货地点等有关货物运输的必要情况。因托运人申报不实或者遗漏重要情况,造成承运人损失的,托运人应当承担损害赔偿责任。

货物的性质、数量、单价或金额是货物丢失、毁损或灭失时确定承运人承担赔偿责任的依据。《合同法》第311条规定,承运人对运输过程中货物的毁损、灭失承担损害赔偿责任,但承运人证明货物的毁损、灭失是因不可抗力、货物本身的自然性质或者合理损耗以及托运人、收货人的过错造成的,不承担损害赔偿责任。因此,订立货物运输合同时托运人办理托运的货物有多种或者多件的,应当在合同中或者货物承运单中写明各个货物的名称;对货物进行编号的,应注明编号顺序、货物的名称、规格、单位、单价、数量或重量与金额等。

(2)货物的起运地点与到达地点

货物的起运地点与到达地点与双方的权利义务密切相关,托运人应在约定的起运地点将货物交付承运人,而承运人则必须在约定的目的地向收货人交货,否则就构成不适当履行,应承担违约责任。因此,双方当事人应在合同中订明货物起运地与到达地。

在货运合同中订明起运地与达到地在程序法上也具有重要意义。根据《民事诉讼法》第28条的规定,因铁路、公路、水上、航空运输和联运运输合同纠纷提起的诉讼,由运输始发地、目的地或者被告住所地法院管辖。因此,当事人因货物运输合同发生纠纷向法院起诉的,起运地点与目的地点的人民法院对案件依法享有管辖权。

(3)货物的运输期限

货物的运输期限是指货物由起运地点运输到约定达到地点的期间。根据《合同法》第290条的规定,承运人应当在约定期间或者合理期间内将货物安全运输到约定地点。该法第305条规定,货物运输需要办理审批、检验等手续的,托运人应当将办理完有关手续的文件提交承运人。据此,托运人应将托运货物在约定的时间交付承运人托运,需要办理审批检验手续的,将办理完有关手续的文件提交承运人,否则将承担违约责任。承运人未在约定的货物运输期间或者合理的运输期间内将货物安全运输到约定地点的,将构成违约,因此应当承担相应的违约责任。托运人的货物交付日期与承运人的货物运到日期是判断当事人是否履行合同和构成违约的重要依据,当事人双方应当在合同中订明。

(4)货物包装要求

货物包装不仅对保证货物运输安全具有重要现实意义,而且对确定承运人是否履行义务将货物安全的运送至目的地具有重要的法律意义。根据《合同法》第306条第1款的规定,托运人应当按照约定的方式包装货物。对包装方式没有约定或者约定不明确的,当事人可以协议补充;不能达成补充协议的,按照合同有关条款或者交易习惯确定。依照上述规定仍不能确定的,应当按照通用的方式包装,没有通用方式的,应当采取足以保护标的物的包装方式。该条第2款规定,托运人违反前款规定的,承运人可以拒绝运输。因此,当事人应将货物的包装方式、包装方法或包装要求、包装标准在合同中作出明确约定。

此外,托运人托运易燃、易爆、有毒、有腐蚀性、有放射性等危险物品的,其包装要求应符合国家的有关规定。《合同法》第307条规定,托运人托运易燃、易爆、有毒、有腐蚀性、有放射性等危险物品的,应当按照国家有关危险物品运输的规定对危险物品妥善包装,作出危险物标志和标签,并将有关危险物品的名称、性质和防范措施的书面材料提交承运人。托运人违反前款规定的,承运人可以拒绝运输,也可以采取相应措施以避免损失的发生,因此产生的费用由托运人承担。

(5)收货人提货及货物验收期限

收货人既可以是托运人,也可以是托运人之外的第三人。货物运输合同中作为第三人的收货人具有提取承运人交付的货物的权利,同时,按照其与托运人的约定负有支付运费及在逾期提货时支付保管费的义务。《合同法》第309条规定,货物运输到达后,承运人知道收货人的,应当及时通知收货人,收货人应当及时提货。收货人逾期提货的,应当向承运人支付保管费等费用。

根据《合同法》第316条的规定,收货人不明或收货人无正当理由拒绝受领货物的,承运人无法向收货人交付货物的,承运人可依法提存货物。如果运输的货物不适合提存或者提存费用过高的,承运人可以发拍卖或者变卖货物,提存所得的价款。因此,在合同中应当载明收货人的姓名或名称或者凭指示的收货人。这样既可以便于承运人及时通知收货人和收货人及时收货,也可以避免因承运人无法向收货人交付货物而导致货物被提存甚至被拍卖、变卖等结果的发生。

承运人按照约定将货物运送至目的地后负有通知收货人及时提货的义务,收货人则负有及时提货和验收取货物的权利与义务。根据《合同法》第 310 条的规定,收货人提货时应当按照约定的期限检验货物。对检验货物的期限没有约定或者约定不明确,当事人可以协议补充;不能达成补充协议的,按照合同有关条款或者交易习惯确定。依照上述规定仍不能确定的,应当在合理期限内检验货物。收货人在约定的期限或者合理期限内对货物的数量、毁损等未提出异议的,视为承运人已经按照运输单证的记载交付的初步证据。可见,货物检验期间是货物运输合同极为重要的内容,它关系到承运人是否如数交付托运的货物数量以及是否承担货物毁损的赔偿等责任承担问题,因此,货物运输合同中应当对收货人提货时的检验期限作出明确约定。

(6)运输费用及其支付与货物留置权

运输费用是承运人将货物运送至目的地的应得报酬,其是承运人订立货物运输合同的目的所在。运输费用一般是根据货物性质、数量、质量及运输要求和运输里程、运输方式等综合因素,由托运人和承运人商定的,因此运输费用的数额或者计算方法、支付期限及支付方式等应当在合同中作出明确约定。托运人与收货人约定运输费由货物到达目的地后由收货人支付,承运人同意的,也应当在合同中载明货物运输费由收货人支付。

《合同法》第 315 条规定,托运人或者收货人不支付运费、保管费以及其他运输费用的,承运人对相应的运输货物享有留置权,但当事人另有约定的除外。根据《担保法》第 82 条的规定,留置是指债权人按照合同约定占有债务人的动产,债务人不按照合同约定的期限履行债务的,债权人有权依法留置该财产,以该财产折价或者以拍卖、变卖该财产的价款优先受偿。该法第 85 条规定,留置的财产为可分物的,留置物的价值应当相当于债务的金额。该法第 87 条规定,债权人与债务人应当在合同中约定,债权人留置财产后,债务人应当在不少于 2 个月的期限内履行债务。债权人与债务人在合同中未约定的,债权人留置债务人财产后,应当确定 2 个月以上的期限,通知债务人在该期限内履行债务。债务人逾期仍不履行的,债权人可以与债务人协议以留置物折价,也可以依法拍卖、变卖留置物。留置物折价或者拍卖、变卖后,其价款超过债权数额的部分归债务人所有,不足部分由债务人清偿。可见,承运人享有的货物留置权是对其运费、货物保管费及其他运输费用的担保,这种权利是一种法定权利,只要承运人和托运人未在合同中排除适用,承运人就享有留置权。当事人双方排除承运人享有留置权的,应当在合同中明确载明。

(7)违约责任

违约责任是指当事人一方不履行合同义务或者履行合同义务不符合约定时应承担的法律责任。合同当事人将各方可能出现的违约情况及应承担的违约责任在合同中订明,可以促使当事人履行债务、保证合同的顺利实现;在一方出现拒不履行合同义务或者履行合同义务不符合约定的情况下,则有利于分清责任和保护守约方的利益,降低争议解决成本。

在货物运输合同中一方当事人因不履行合同义务或者履行合同义务不符合约定,给对方造成损失的,应当承担赔偿责任。根据《合同法》第 113 条的规定,损失赔偿额应当相当于因违约所造成的损失,包括合同履行后可以获得的利益,但不得超过违反合同一方订立合同时预见到或者应当预见到的因违反合同可能造成的损失。因此,为了使违约方承担的赔偿损失额具有确定性，可以事先将合同履行后可以获得的利益以及订立合同时预见到或者应当预见到的因违反合同给对方可能造成的损失的范围、数额或计算方法等在合同中作出明确约定。

在货物运输合同中，对于运输过程中货物的毁损、灭失等损失，承运人只要不能证明货物的毁损、灭失是因不可抗力、货物本身的自然性质或者合理损耗以及托运人、收货人的过错造成的，那么，承运人就负赔偿责任。对于货物的毁损、灭失的赔偿额，当事人可以在合同中作出约定。根据《合同法》第312条的规定，当事人对货物的毁损、灭失的赔偿额没有约定或者约定不明确，依照本法第61条的规定仍不能确定的，按照交付或者应当交付时货物到达地的市场价格计算。法律、行政法规对赔偿额的计算方法和赔偿限额另有规定的，依照其规定。

(8)合同争议的解决方式

合同的争议解决方式主要由当事人协商、第三人调解、仲裁或者诉讼等几种方式，协商和调解两种方式无论在合同中是否作出约定，并不影响这两种解决方式的适用。但是，当事人不能同时在合同中约定通过仲裁和诉讼解决方式解决争议。当事人在合同中约定仲裁解决争议的，那么，只要仲裁条款约定有效，争议发生后只能通过仲裁方式解决。当事人一方提起诉讼的，法院将不予受理。

在合同中约定通过诉讼方式解决争议的，可以在合同中明确管辖法院。根据《民事诉讼法》的规定，当事人只能在被告住所地、合同履行地、合同签订地、原告住所地、标的物所在地法院间进行选择，且不能违反对级别管辖和专属管辖的规定。选择的法院只能是其中的一个，否则会导致协议管辖无效。在合同中约定通过仲裁方式解决争议的，应具体、明确地写出仲裁事项以及仲裁委员会的名称。若当事人对仲裁事项或者仲裁委员会没有约定或约定不明确且又不能达成补充协议的，则将导致仲裁条款无效。

3. 尾部

首先，货物运输合同双方当事人为自然人的应当签名，为法人或其他组织的应当加盖单位公章，并由单位法定代表人或负责人签名；其次，应当注明本合同签订的具体年、月、日。

(三)文书参考文本

货物运输合同(参考文本)

合同编号：________

甲方(托运人)：____________________签订地点：____________________

乙方(承运人)：____________________签订时间：____________________

甲乙双方为携手合作，促进发展，满足利益，明确责任，依据《中华人民共和国合同法》等有关法律及相关规定，本着诚实信用、互惠互利原则，结合双方实际，协商一致，特签订本合同，以求共同遵守：

第一条　货物名称、规格、数量、价款：

货物编号	品名	规格	单位	单价	数量	金额(元)

第二条　包装要求：____。

第三条 货物起运地点:______________________________。

货物到达地点:______________________________。

货物承运日期:______________________________。

货物运到日期:______________________________。

第四条 运输质量及安全要求:______________________________。

货物装卸责任和方法:______________________________。

收货人领取货物及验收办法:______________________________

______________________________。

第五条 运输费用、结算方式:______________________________

____

______________________________。

第六条 各方的权利义务:

一、托运人的权利义务

1. 托运人的权利:要求承运人按照合同规定的时间、地点,把货物运输到目的地。货物托运后,托运人需要变更到货地点或收货人,或者取消托运时,有权向承运人提出变更合同的内容或解除合同的要求。但必须在货物未运到目的地之前通知承运人,并应按有关规定付给承运人所需费用。

2. 托运人的义务:按约定向承运人交付运杂费。否则,承运人有权停止运输,并要求对方支付违约金。托运人托运的货物,应按照规定的标准进行包装,遵守有关危险品运输的规定,按照合同中规定的时间和数量交付托运货物。

二、承运人的权利义务

1. 承运人的权利:向托运人、收货方收取运杂费用。如果收货方不交或不按时交纳规定的各种运杂费用,承运人对其货物有扣押权。查不到收货人或收货人拒绝提取货物,承运人应及时与托运人联系,在规定期限内负责保管并有权收取保管费用,对于超过规定期限仍无法交付的货物,承运人有权按有关规定予以处理。

2. 承运人的义务:在合同规定的期限内,将货物运到指定的地点,按时向收货人发出货到的通知。对托运的货物要负责安全,保证货物无短缺、无损坏、无人为的变质,如有上述问题,应承担赔偿义务。在货物到达以后,按规定的期限,负责保管。

三、收货人的权利义务

1. 收货人的权利:在货物运到指定地点后有以凭证领取货物的权利。必要时,收货人有权向到站或中途货物所在站提出变更到站或变更收货人的要求,签订变更协议。

2. 收货人的义务:在接到提货通知后,按时提取货物,缴清应付费用,超过规定提货时,应向承运人交付保管费。

第七条 违约责任:

一、托运人责任

1. 未按合同规定的时间和要求提供托运的货物,托运人应按其价值的____%偿付给承运人违约金。

2. 由于在普通货物中夹带、匿报危险货物,错报笨重货物重量等而招致调具断裂、货物摔损、调机倾翻、爆炸、腐蚀等事故,托运人应承担赔偿责任。

3. 由于货物包装缺陷产生破损，致使其他货物或运输工具、机械设备被污染腐蚀、损坏，造成人身伤亡的，托运人应承担赔偿责任。

4. 在托运人专用线或在港、站公用线、专用铁道运载的货物，在到站卸货时，发现货物损坏、缺少，在车辆施封完好或无异状的情况下，托运人应赔偿收货人的损失。

5. 罐车发运货物，因未随车附带规格质量证明或化验报告，造成收货方无法卸货时，托运人应偿付承运人卸车费、货物保管费及违约金。

二、承运人责任

1. 不按合同规定的时间和要求配车（船）发运的，承运人应偿付托运人违约金________元。

2. 承运人如将货物错运到货地点或接货人，应无偿运至合同规定的到货地点或接货人。如果货物逾期到达，承运人应偿付逾期交货的违约金________元。

3. 运输过程中货物灭失、短少、变质、污染、损坏，承运人应按货物的实际损失（包括装费、运杂费）赔偿托运人。

4. 联运的货物发生灭失、短少、变质、污染、损坏，应由承运人承担赔偿责任的，由终点阶段的承运人向负有责任的其他承运人追偿。

5. 在符合法律和合同规定条件下运输，由于下列原因造成货物灭失、短少、变质、污染、损坏，承运人不承担违约责任：

（1）不可抗力；

（2）货物本身的自然属性；

（3）货物的合理损耗；

（4）货运人或收货方本身的过错。

第八条　本合同一式二份，合同双方各执一份。

托运人 （盖章）： 代表人： 地址： 电话： 开户银行： 账号：	承运人 （盖章）： 代表人： 地址： 电话： 开户银行： 账号：

五、租赁合同

（一）文书制作的基本知识

租赁合同，是出租人将租赁物交付承租人使用、收益，承租人支付租金的合同。在租赁合同中，提供标的物的一方当事人为出租人，一般是该物的所有人或者有处分权的人，也可以是使用权人（如转租中的出租人）；使用出租人提供的标的物并支付租金的一方当事人，为承租人；被交付使用的标的物，为租赁物；租金，则为承租人使用租赁物的代价。

1. 租赁合同的法律特征

（1）租赁合同是转移财产使用权的合同。在租赁合同中承租人一方是以支付租金为代价，取得租赁物的使用权、收益权，而出租人在转移租赁物使用权的同时，也转移了收益权。

出租人在租赁期间虽然丧失了租赁物的使用权,但租赁物的所有权仍为出租人所享有。因而,租赁合同仅转移标的物的使用权、收益权,而不转移租赁物的所有权。这是租赁合同区别于买卖合同、互易合同、赠与合同等转移财产所有权合同的根本特征,也是其区别于保管合同、仓储合同的根本特征。

(2)租赁合同有时间限制,具有期限性。租赁合同只是出租人将其财产的使用、收益权在一定期限内转移给承租人,不是永久地转移。对此,《合同法》第214条明确规定,租赁期限不得超过20年。超过20年的,超过部分无效。租赁期间届满,当事人可以续订租赁合同,但约定的租赁期限自续订之日起不得超过20年。此外,承租人只能在双方约定的期限内使用租赁物,过此期限无权再使用该物;即使双方没有明确约定租赁期限,租赁也不是无限期的,任何一方都可以随时终止租赁。

(3)租赁合同终止后承租人须返还原物。租赁期限届满后承租人应按要求返还原租赁物。承租人在租赁期限内有权使用租赁物并利用该物收益,但无权处分租赁物,租赁物的所有权仍归该物所有人所有。因此,除非租赁物在承租人使用期间灭失,在租赁期限届满或者租赁关系终止后,承租人应当将原租赁物返还给出租人,而不能以其他物代原物返还。也正因此,租赁的标的物一般只能是特定的非消耗物。以消耗物为租赁物的,则必须是不能用于消费使用。

(4)租赁合同是双务、有偿、诺成合同。在租赁关系中,一方有交付租赁物供他人使用的义务,另一方有交付租金的义务,故为双务合同和有偿合同。租赁合同经协商一致就能成立,不以交付标的物为成立条件,故为诺成合同。

2. 租赁合同的形式与内容

(1)租赁合同的形式。根据《合同法》第215条的规定,租赁期限6个月以上的,应当采用书面形式。当事人未采用书面形式的,视为不定期租赁。

(2)租赁合同的内容。《合同法》第213条规定,租赁合同的内容包括租赁物的名称、数量、用途、租赁期限、租金及其支付期限和方式、租赁物维修等条款。可见,租赁合同的主要条款,一般包括以下四个方面:租赁物条款,租赁期限条款,租金条款以及租赁物维修条款。当然,根据私法自治的理念,租赁合同当事人双方在不违背法律强制性规定的前提下,可根据当事人所欲达到的经济目的订立租赁合同条款。

(二)文书的内容及制作方法

1. 首部

(1)标题

标题应当载明合同名称"租赁合同",或者根据标的物的名称来载明合同名称,如"汽车租赁合同""房屋租赁合同"等。

(2)当事人的名称或者姓名和住所

出租人和承租人构成租赁合同的主体,出租人是提供物的使用收益权的一方,承租人是交付租金并对租赁物有使用收益权的一方。租赁合同的当事人必须是具体确定的,必须写明其真实姓名、住所,法人或其他组织作为当事人时,必须写明企业的名称、营业地以及法定代表人的姓名。

2. 正文

(1)租赁物的名称、数量及质量状况

租赁物条款是租赁合同中最关键的条款,对其约定应当包括名称、数量及相关配套设施与质量状况等内容。租赁物是出租人交付承租人使用收益的物，即租赁合同的标的物。租赁物一定是特定物或者特定化的种类物，对于租赁物条款，当事人应明确租赁物的名称，对其名称应当规范，不得使用使人引起误解的俚语、俗语或者方言。否则，将引起歧义并导致合同无法履行。

在租赁合同中对租赁物的数量必须有明确、具体的约定。租赁物的数量约定应当按照国家规定的度量衡制度确定租赁物的计量单位。租赁物有无配套设施不仅影响租赁物的效用，而且也直接影响着租金的高低。因此，在合同中还应将租赁物的相关配套设施订明。对机电设备，必要时应当在合同中明确规定随主机的辅机、附件、配套的产品、易损耗备品、配件和安装修理工具等。对成套的设备，应当明确成套设备的租赁范围，并附上成套设备清单。

租赁物之所以能够用于出租，就在于其品质具有非消耗性和完整性，承租人租赁的目的就在于利用租赁物的这种品质进行使用和获得收益。租赁物的质量状况不仅直接影响着租金的高低，而且也是判断承租人是否正确使用和保管租赁物的依据。《合同法》第 219 条规定，承租人未按照约定的方法或者租赁物的性质使用租赁物，致使租赁物受到损失的，出租人可以解除合同并要求赔偿损失。该法第 222 条规定，承租人应当妥善保管租赁物，因保管不善造成租赁物毁损、灭失的，应当承担损害赔偿责任。因此，根据租赁用途和租赁物的实际情况在租赁合同中应当将租赁物的质量状况（包括外观品质如是否存在磨损、油漆是否脱落，以及内在品质如功能是否齐全、内部设施是否完备、能否正常使用，等等），尽量作出准确的表述和明确约定。

此外，租赁物必须是流通物而不能是国家禁止流通物，以法律规定的国家禁止流通的物为租赁物的合同是无效的，如租赁物不可以是淫秽录像带、枪支、毒品等。

（2）租赁物的用途或性质及使用方法

租赁物具有非消耗性和完整性并不是说租赁物的使用不会受到损耗，但是，承租人对租赁物的使用用途或使用方法不同，租赁物所受到的损耗就不同，承租人也因此会承担不同数额的租金。《合同法》第 218 条明确规定，承租人按照约定的方法或者租赁物的性质使用租赁物，致使租赁物受到损耗的，不承担损害赔偿责任。该法第 219 条规定，承租人未按照约定的方法或者租赁物的性质使用租赁物，致使租赁物受到损失的，出租人可以解除合同并要求赔偿损失。可见，承租人按照租赁物的用途或性质及合同约定的方法使用租赁物是其基本权利，即使因此造成损耗也不承担责任。反之，如果承租人不按照租赁物的用途或性质及合同约定的方法使用租赁物就应当承担责任。因此，在租赁合同中应当将租赁物的用途或性质及使用方法作出明确约定，这是判断承租人是否构成违约和承担合同责任的依据。

（3）租赁期限

租赁期限是承租人可以使用租赁物的期限，直接关系着租赁物的使用与返还时间以及租金的收取时间，因此当事人在合同中应明确约定租赁期限。租赁期限是租赁合同一个极为重要的内容，由双方当事人协商确定。但是，双方当事人所约定的租赁期限不得违背法律规定。《合同法》第 214 条规定，租赁期限不得超过 20 年。超过 20 年的，超过部分无效。租赁期间届满，当事人可以续订租赁合同，但约定的租赁期限自续订之日起不得超过 20 年。

租赁合同双方对租赁期间没有约定或约定不明确，虽然并不影响租赁合同的成立及其效力，但是，却导致合同履行期限的不确定性，从而不利于当事人的经济活动安排。《合同法》第 232 条规定，当事人对租赁期限没有约定或者约定不明确，依照本法第 61 条的规定仍不能确定的，视为不定期租赁。当事人可以随时解除合同，但出租人解除合同应当在合理期限之前通知承租人。据此,双方当事人在合同中最好将租赁期限的起止时间作出明确约定。

(4)租金及其支付期限与方式

出租人订立租赁合同的目的就是收取租金,租金是承租人取得租赁物使用收益权的对价,也是租赁合同最核心条款之一,必不可少。如果合同中约定不付租金,那么租赁合同也就不复存在了,那就成为借用合同,是否支付租金是借用合同与租赁合同最大的区别。因此,在租赁合同租金条款中,双方应明确约定租金数额。

《合同法》第226条规定,承租人应当按照约定的期限支付租金。对支付期限没有约定或者约定不明确,依照本法第61条的规定仍不能确定,租赁期间不满1年的,应当在租赁期间届满时支付;租赁期间1年以上的,应当在每届满1年时支付,剩余期间不满1年的,应当在租赁期间届满时支付。该法第227条规定,承租人无正当理由未支付或者迟延支付租金的,出租人可以要求承租人在合理期限内支付。承租人逾期不支付的,出租人可以解除合同。

租金支付期限与支付方式、支付地点等与租赁合同双方当事人的合同权利和义务紧密相连,也是判断双方当事人是否违约的重要方面,因此双方当事人应当在合同中对此作出明确约定。租金的支付一般有按月支付、按季支付、半年一付或一年一付等方式,应在合同明确约定采取何种方式支付、每次支付的具体日期或期间以及每次支付租金的数额。

(5)租赁物的维修

承租人支付租金取得租赁物的使用收益权,为了能够正常地使用收益,实现承租人的利益要求,租赁物必须保持正常的状态,否则可能会影响承租人的使用收益。租赁物的维修是经常出现的问题,维修条款也是非常重要的合同内容。为了避免合同履行中出现纷争,双方在合同中应约定租赁物的维修条款,明确双方的维修义务,维修范围以及费用的承担。

《合同法》第218条规定,承租人按照约定的方法或者租赁物的性质使用租赁物,致使租赁物受到损耗的,不承担损害赔偿责任。该法第220条规定,出租人应当履行租赁物的维修义务,但当事人另有约定的除外。可见,租赁物维修是出租人的法定义务,当事人没有另外约定的,维修费用理应由出租人承担。但是,由于承租人直接占有租赁物,对损害的实际情况比较了解,对维修租赁物也更加方便。因此,双方可根据实际情况约定由承租人承担维修义务和承担维修费用。

《合同法》第221条规定,承租人在租赁物需要维修时可以要求出租人在合理期限内维修。出租人未履行维修义务的,承租人可以自行维修,维修费用由出租人负担。因维修租赁物影响承租人使用的,应当相应减少租金或者延长租期。可见,承租人在租赁物需要维修时可以要求出租人在合理期限内维修。对此,双方当事人可以在合同中对租赁物维修影响承租人使用的天数和出租人应当相应减少租金或者延长租期作出规定。同时,为了减少和避免事后争议,最好将因维修租赁物影响承租人使用的天数与应当相应减少租金或者延长租期之间的计算方法在合同中作出约定。例如,约定“因租赁物维修影响承租人使用1天,承租人应当相应减收1天的租金”,或者“因租赁物维修影响承租人使用1天,承租人应当相应延长租期1天”。

(6)租赁物的改善或增设他物

在合同履行过程中,承租人为了提高租赁物的性能及使用价值,有时需要对租赁物进行改善或增设他物。但是,租赁物的改善或增设他物应当取得出租人的同意。《合同法》第223条规定:承租人经出租人同意,可以对租赁物进行改善或者增设他物。承租人未经出租人同意,对租赁物进行改善或者增设他物的,出租人可以要求承租人恢复原状或者赔偿损失。因此，双方当事人可以在合同中约定是否允许承租人对租赁物进行改善或增设他物。允许承租人对租赁物进行改善或增设他物的，应当进一步明确约定对租赁物改善的范围、改善方式或增设他物的内容和具体的部位等，以及约定合同期间届满时，对于租赁物的改善或者增设的他物如何处置方式，如恢复原状、折价补偿或者承租人抛弃即承租人有权无偿获得；不允许承租人对租赁物进行改善或增设他物的，可以对承租人擅自对租赁物进行改善或增设他物应承担的具体法律责任作出约定，如恢复原状或者赔偿损失。

(7)租赁物的转租

转租就是承租人不退出租赁关系，而将租赁物出租给次承租人。《合同法》第224条规定，承租人经出租人同意，可以将租赁物转租给第三人。承租人转租的，承租人与出租人之间的租赁合同继续有效，第三人对租赁物造成损失的，承租人应当赔偿损失。承租人未经出租人同意转租的，出租人可以解除合同。据此，出租人和承租人可以在合同中约定承租人是否具有转租权。合同约定承租人享有转租权的，可以在合同中进一步约定因转租所获得的超过租金的收益是属于承租人还是出租人。租赁合同禁止承租人转租的，可以对承租人违反约定将租赁物转租他人应承担的违约责任在合同中订明。

(8)租赁期间占有、使用租赁物的收益归属

承租人订立租赁合同及其交付租金的目的为了对租赁物进行占有、使用或收益，因此，一般来说租赁期间占有使用租赁物取得的收益应归承租人所有。但是，根据《合同法》第225条的规定，当事人另有约定的除外。因此，租赁双方也可以约定在租赁期间因占有、使用租赁物获得的收益归出租人所有。

(9)租赁期届满时的租赁物返还

租赁合同的出租人所转移的是租赁物的占有、使用或收益权，而非所有权，租赁期间届满合同终止后，承租人应当将原物返还给出租人。《合同法》第235条规定，租赁期间届满，承租人应当返还租赁物。返还的租赁物应当符合按照约定或者租赁物的性质使用后的状态。据此，双方在合同中可以明确约定返还租赁物的时间、地点、方式，并可以在合同中订立有关返还租赁物的验收条款，对验收方法与验收方式也可以在合同中订明。

(10)违约责任

根据《合同法》的规定，出租人应承担违约责任的情形主要包括：不按照约定将租赁物交付承租人；对损坏的租赁物不及时修复；租赁物存在权利瑕疵而影响承租人的使用收益；在约定的租赁期间擅自单方解除合同等。承租人应承担违约责任的情形主要包括：不按照约定使用租赁物；不妥善保管租赁物；擅自转租租赁物；不如约支付租金；擅自单方解除合同等。为了促使当事人全面适当地履行合同义务和明确各自应承担的违约责任，当事人在合同中对双方的各种违约情形及其应承担的违约责任依法作出明确约定。在合同中约定违约方承担违约金责任或损害赔偿的，可以根据违约的情形具体约定违约金或损害赔偿的具体数额或者计算方法。

(11)合同争议的解决方式

根据《合同法》《民事诉讼法》的有关规定，当事人之间的合同纠纷有以下解决途径：自行和解、调解、仲裁还有诉讼。和解以及民间调解具有间接迅速的特点，但不具有法定的强制执行力。仲裁裁决和法院判决虽具有强制执行力，即一方当事人不履行生效的仲裁裁决和法院判决的，对方可申请法院强制执行，但是不能在合同中同时约定其二者作为争议解决方式。

当事人如果约定诉讼，可以在法律允许的范围内协议管辖法院。根据《民事诉讼法》第

25条关于协议管辖的规定,合同的双方当事人可以在书面合同中协议选择被告住所地、合同履行地、合同签订地、原告住所地、标的物所在地人民法院管辖,但不得违反本法对级别管辖和专属管辖的规定。因此,双方当事人可以协商约定将来可能出现之争议的管辖法院,以便纠纷的顺利迅速解决。同时,应当注意的是,当事人约定的管辖法院必须是明确的和唯一的,如果约定两个或两个以上法院均有管辖权的,该约定无效。

3. 尾部

(1)租赁合同双方当事人为自然人的应当签名,为法人或其他组织的应当加盖单位公章,并由单位法定代表人或负责人签名。

(2)应当注明本合同签订的具体年、月、日。

(三)文书示范文本

租赁合同(GF—2000-0601)

合同编号:________

出租人:____________________签订地点:________________________

承租人:____________________签订时间:________________________

第一条 租赁物:

1. 名称:____。

2. 数量及相关配套设施:____________________________________。

3. 质量状况:____。

第二条 租赁期限自________年____月____日至________年____月____日。租赁期限届满,双方有意续订的,可在租赁期满前____日内续订租赁合同。(注:租赁期限不得超过二十年,超过二十年的,超过部分无效。)

第三条 租赁物的用途或性质:____________________________________。

租赁物的使用方法:____。

第四条 租金、租金支付期限及方式:

租金(大写):____。

支付方式与期限:____。

第五条 租赁物交付的时间、地点、方式及验收:________________________。

第六条 租赁物的维修:

1. 出租人维修范围及时间:______________________________________。

出租人未履行维修义务的,承租人可以自行维修,维修费用由出租人承担。因租赁物维修影响承租人使用的,出租人应当相应(减少租金/延长租期)。

2. 承租人维修范围及费用承担:__________________________________。

第七条 租赁物的改善或增设他物:

出租人(是/否)允许承租人对租赁物进行改善或增设他物。不得因改善或增设他物损坏租赁物。

租赁合同期满时,对租赁物的改善或增设的他物的处理办法是:____________。

第八条 出租人(是/否)允许承租人转租租赁物。

第九条 在租赁期间因占有、使用租赁物获得的收益,归________所有。

第十条 租赁期满返还租赁物的时间、地点、方式及验收:__________________。

第十一条　违约责任：____。

违约金或损失赔偿额计算方法：________________________________。

第十二条　合同争议的解决方式：本合同项下发生的争议，由双方当事人协商解决，也可以由当地工商行政管理部门调解；协商或调解不成的，按下列第________种方式解决：

（一）提交____________仲裁委员会仲裁；

（二）依法向________人民法院起诉。

第十三条　租赁期届满，双方有意续订的，可以在租期满前____日续订租赁合同。

第十四条　租赁期满返还租赁物的返还时间为：____________________。

第十五条　其他约定事项：____。

第十六条　本合同未作规定的，按照《中华人民共和国合同法》的规定执行。

出租人 出租人（章）： 住所： 法定代表人： 委托代理人： 电话： 开户银行： 账号： 邮政编码：	承租人 承租人（章）： 住所： 法定代表人： 委托代理人： 电话： 开户银行： 账号： 邮政编码：	鉴（公）证意见： 鉴（公）证机关（章） 经办人： 年　　月　　日

六、融资租赁合同

（一）文书制作的基本知识

融资租赁合同，是出租人根据承租人对出卖人、租赁物的选择，向出卖人购买租赁物，提供给承租人使用，承租人支付租金的合同。在融资租赁中，租赁双方当事人仍是出租人和承租人，但也涉及租赁物的供货人即出卖人。

1. 融资租赁合同的法律特征

（1）租赁物是由出租人依照承租人的要求购买的。这是融资租赁合同不同于租赁合同的重要特征，也是融资租赁合同与买卖等合同的区别之一。在融资租赁合同中，租赁物在合同订立时并不存在，出租人必须按照承租人指定的标的物购买。出租人购置租赁物的行为与出租行为是联系在一起的，共同构成融资租赁关系的内容。一般情况下，在融资租赁中，供货人（出卖人）是承租人事先选择的，出租人应当向承租人选择的供货人购买物件，而不能擅自更改供货人而向其他供货人购买。出租人应当根据承租人对租赁物和供货人的选定和要求，同供货人签订买卖合同。当然，经过协商，出租人也可以根据承租人对租赁物的要求或者合同约定为承租人选择相应的供货人。

（2）出租人对购买、交付承租人使用、收益的租赁物具有所有权。根据《合同法》第 242 条的规定，出租人享有租赁物的所有权。在传统租赁中，租赁关系终止后，承租人应当将租赁物原物返还给出租人。而在融资租赁中，根据该法第 250 条的规定，于租赁关系终止后，承租人对租赁物的归属有选择权，即或是将租赁物返还给出租人，或是以支付租赁物残余的价值购买租赁物而取得其所有权。

(3)出租人对租赁标的物一般不承担瑕疵担保责任。在融资租赁合同中,一般情况下,买卖的标的物即租赁物是承租人事先指定的,出租人仅是依承租人的指示和要求去购买租赁物。所以,出租人一般对租赁物不负瑕疵担保责任。但是,承租人依赖出租人的技能确定租赁物或者出租人干预选择租赁物的,出租人对租赁物应负瑕疵担保责任。

(4)承租人须向出租人支付约定的租金,但租金非为使用租赁物的代价。在租赁合同中,承租人须向出租人支付租金,并且租金为承租人对租赁物使用而获得收益的代价。在融资租赁合同中,因其也为"租赁"而非买卖,故承租人也须支付"租金",但因其为"融资"租赁,所以承租人支付的代价并非是对租赁物使用而获取收益的代价,而是"融资"的代价,租金实际上是承租人分期对出租人购买租赁物的价金的本息和其应获取的利润等费用的偿还。因此,融资租赁合同中所确立的租金标准要高于租赁合同中的租金标准。

2. 融资租赁合同的形式与内容

《合同法》第238条规定,融资租赁合同的内容包括租赁物名称、数量、规格、技术性能、检验方法、租赁期限、租金构成及其支付期限和方式、币种、租赁期间届满租赁物的归属等条款。融资租赁合同应当采用书面形式。

(二)文书的内容及制作方法

1. 首部

(1)标题

应当载明合同的名称"融资租赁合同"。

(2)当事人的名称与住所

融资租赁合同的各方当事人作为合同权利的享有者和义务的承担者,构成了融资租赁合同的主体。融资租赁合同出租人具有特殊性,只能是有资格专营融资租赁业务的租赁公司,而不是其他法人或其他组织和自然人;承租人一般为法人或其他组织而不是自然人。在签订融资租赁合同时,对于当事人事项应在合同中具体、明确地载明其名称、住所及法定代表人或负责人姓名。

2. 正文

(1)合同说明

说明双方所订立的合同性质为融资租赁合同以及双方订立融资租赁合同的依据。首先,应说明出租人根据出租人的需要和委托,按照出租人提供的租赁财产的名称、品质、规格、数量和金额等要求,购进本合同有关条款或其附件规定的租赁物出租给承租人,并由承租人承租。其次,应说明承租人是否依赖出租人的技能确定租赁物或者是否在出租人的干预下选择租赁物。《合同法》第244条规定,租赁物不符合约定或者不符合使用目的的,出租人不承担责任,但承租人依赖出租人的技能确定租赁物或者出租人干预选择租赁物的除外。据此,在合同中作出前述说明,在租赁物不符合约定或者不符合使用目的的情况下有利于明确是否由出租人承担责任。

(2)租赁物情况说明

在融资租赁合同中,出租人必须根据承租人对出卖人和租赁物的选择出资购买租赁物。出租人须将购买的租赁物交付承租人使用、收益。这是融资租赁合同最基础的性质。融资租赁合同的标的物包括动产(机器设备、飞机、汽车等)、不动产(厂房)等及其附属的产权和专有技术等。有些融租项目应当报经有关部门批准,出租人才能经营。另外,涉及融资租赁业务时，国家有禁止性规定和标的不符合国家引进外资产业政策的，不得成为融资租赁合同的标的物。因此，为了便于出租人履行购买租赁物和出租人受领租赁物及确定租金额，双方应在合同中对租赁物的名称、性质、规格、数量、金额等作出明确具体的约定。在合同中对租赁物的名称及其他情况作出说明，也有利于双方审查融资租赁合同的标的是否为限制流通物及是否需要有关部门的许可。

(3)租赁物的交货和验收

在融资租赁合同中，出租人根据承租人对出卖人、租赁物的选择订立的买卖合同，出卖人应当按照约定向承租人交付标的物，承租人享有与受领标的物有关的买受人的权利。可见，融资租赁合同中租赁物的交付义务不是由出租人承担，而是由出卖人承担，即出卖人负有按照约定将租赁物及时地交付给承租人的义务并对标的物负瑕疵担保责任。出卖人应向承租人而不是买受人(出租人)承担交付义务。出卖人在约定时间内不向承租人交付租赁物，即构成违约，应向承租人承担违约责任。但是，因出租人的过错致使租赁物不能交付或迟延交付或者使承租人不能占有和使用租赁物的，承租人有权要求出租人采取补救措施，履行义务。否则，承租人有权解除合同，并要求损失赔偿。可见，出卖人是否交付租赁物不仅是判断出卖人是否构成违约的依据，而且也是判断出租人(买受人)是否履行义务的依据。因此，在融资租赁合同中应当将租赁物的交付期限、交付地点和交付方式作出明确约定。

在融资租赁合同中承租人享有与受领标的物有关的买受人的权利，主要包括：接受符合约定的租赁物，或者拒收不符合约定的租赁物；有权对出卖人交付的租赁物进行验收；有权接受出卖人随同交付的有关标的物的单证或者资料。因此，在合同中应明确约定检验期限。承租人应在该期间内对租赁物进行检验，并及时将检查结果告知出租人，若在约定期限内承租人没有就租赁物向出租人提出异议，即视租赁物品质、规格和数量等符合约定。

(4)索赔权及其行使

根据《合同法》第240条的规定，因出卖人不履行买卖合同规定的义务而产生的索赔权利，出租人可以转让给承租人。在一般情况下，如出卖人未按约定向承租人履行义务的，出租人应当向出卖人主张权利，请求出卖人履行义务。但是，如果出租人将其本来享有的向出卖人索赔权转让给了承租人，那么，承租人则有权向出卖人索赔，此时，作为租赁物的出资购买者即出租人有义务协助承租人向出卖人索赔。出租人不履行或者不及时履行上述协助义务，造成承租人损失的，出租人应当负赔偿责任。据此，出租人和承租人在租赁合同中应当就出租人、出卖人、承租人三方在买卖合同所约定的出卖人不履行义务的索赔权由何方行使作出明确约定，约定承租人行使索赔权的，可以在融资租赁合同中就出租人不履行或者不及时履行上述协助义务，造成承租人损失的赔偿责任范围、赔偿损失的计算方法作出明确约定。

(5)租赁期限

租赁期限也是融资租赁合同的重要条款，一般来讲，租赁期限也是融资租赁合同的有效期限。根据我国《合同法》的规定，在此期限内，承租人享有占有、使用租赁物的权利及支付租金、妥善保管、使用租赁物及租赁物的维修义务。承租人占有租赁物期间，租赁物造成第三人的人身伤害或者财产损害的，出租人不承担责任。此外，出租人的任意解除权的行使、租赁物所有权的归属问题，都与租赁期间有关，双方当事人有必要在融资租赁合同中对租赁期限加以明确约定。

(6)租金金额的确定及其支付方式

依照合同的约定收取租金，是出租人的主要权利，也是出租人参与融资租赁关系的主要目的。融资租赁中的租金既是承租人使用租赁物的代价,也是融资的代价。租金实际上是承租人分期对出租人购买租赁物的价金的本息和出租人应获得的利润、手续费、保险费等费用的偿还。因此,只要承租人接受了出卖人交付的标的物,不论其对标的物的使用是否收益,出租人均有权请求承租人依合同约定或者法律规定的金额和方式交付租金。《合同法》第243条规定,融资租赁合同的租金,除当事人另有约定的以外,应当根据购买租赁物的大部分或者全部成本以及出租人的合理利润确定。据此,当事人应当根据购买租赁物的大部分或者全部成本以及出租人的合理利润,在合同中明确约定租金的计算方法,或者由双方协商采取其他方式确定租金。在此,还应当对租金是以人民币或者何种外币计算作出明确约定。

《合同法》第248条规定,承租人应当按照约定支付租金。承租人经催告后在合理期限内仍不支付租金的,出租人可以要求支付全部租金;也可以解除合同,收回租赁物。可见,按照合同约定的期限交付租金是承租人的主要义务,而融资合同的租金是分期交付的,因此,当事人在合同中应当明确约定每一期租金的交付期限或者具体时间。按照合同约定的方式交付租金也是承租人应尽的义务。支付方式,主要有现金、支票、银行汇票、信用卡付款及电子支付方式等多种方式。因此,当事人应当对租金的支付方式作出明确约定。此外,根据支付方式的不同,合同中还应对支付时间、地点、开户银行、账号等载明。

(7)保证金与担保

在融资租赁合同中租赁物一般价格昂贵,投资周期长,且出租人一般不会采取收回租赁物挽回损失,因此,为了降低合同风险出租人往往会要求承租人交纳保证金或者设定担保条款。

保证金是承租人为保证合同义务的履行而在合同成立时向出租人交纳的一定数额的金钱,在承租人不能按照约定期限支付租金时出租人可以从保证金中抵扣相当于租金的款项。租赁保证金一般不计利息,在租赁期满时由出租人返还或冲抵最后一期租金的全部或一部分。融资租赁合同的担保应当适用《担保法》与《物权法》规定的担保方式,但当事人应在融资租赁合同中明确约定使用哪种或哪几种担保方式。

(8)租赁期间及其届满后的租赁物所有权归属

《合同法》第242条规定,出租人享有租赁物的所有权。承租人破产的,租赁物不属于破产财产。据此,融资租赁合同当事人双方可以在合同中约定在租赁期内,租赁物的所有权属于出租人。承租人对租赁对象仅有占有和使用收益权,在租期内出租人应当保证承租人对租赁物的占有和使用。

《合同法》第250条规定,出租人和承租人可以约定租赁期间届满租赁物的归属。对租赁物的归属没有约定或者约定不明确,依照本法第61条的规定仍不能确定的,租赁物的所有权归出租人。据此,当事人可以在合同中对租赁期间届满时租赁物的归属明确约定属于出租人所有还是承租人所有;约定出租人所有的,可以约定在租赁期满后由承租人退租、续租或按约定的价款由承租人留购租赁物。

(9)违约责任

违约责任是合同中的重要条款,应对其作出具体规定,它既有利于敦促当事人履行合同义务,又能在违约情况发生后,有助于明晰违约方的责任,对其进行追究,对失衡的权利义务关系进行救济。违约金条款可以根据双方可能存在的违约情形设定违约责任承担方式。在合同中约定违约方承担违约金责任或损害赔偿的,可以根据违约的情形具体约定违约金或损害赔偿的具体数额或者计算方法。

(10)合同争议的解决方式

发生合同纠纷时当事人可以通过协商、调解、仲裁机构仲裁或者法院诉讼解决。根据《合同法》第128条的规定,当发生合同纠纷后,无论当事人在合同中有无约定,都可以通过和解或者调解解决合同争议。当事人不愿和解、调解或者和解、调解不成的,可以根据合同中已经约定的仲裁条款或纠纷发生后双方达成的仲裁协议向仲裁机构申请仲裁。当事人没有订立仲裁协议或者仲裁协议无效的,可以直接向人民法院起诉。

根据《民事诉讼法》第25条关于协议管辖的规定,合同的双方当事人可以在书面合同中协议选择被告住所地、合同履行地、合同签订地、原告住所地、标的物所在地人民法院管辖,但不得违反本法对级别管辖和专属管辖的规定。因此,双方当事人可以协商约定将来可能出现之争议的管辖法院,以便纠纷的顺利迅速解决。应当注意的是,协议管辖不得违背级别管辖、专属管辖的规定,同时,当事人约定的管辖法院必须是唯一的,如果约定违背级别管辖、专属管辖的规定或者约定两个或两个以上法院均有管辖权的,该约定无效。

当事人约定通过仲裁解决纠纷时,则应具体、明确地写出仲裁事项以及仲裁委员会的名称。若当事人对仲裁事项或者仲裁委员会没有约定或约定不明确且又不能达成补充协议的,则将导致仲裁条款无效。但是,对于仲裁和诉讼解决方式则不能在合同中同时约定,一旦约定适用仲裁方式解决争议,那么就不能再在合同中约定适用诉讼方式解决纠纷;反之亦然。因此,当事人在合同中不得同时约定仲裁与诉讼为合同纠纷的解决方式。

3. 尾部

(1)租赁合同双方当事人一般为法人或其他组织,应当加盖单位公章,并由单位法定代表人或负责人签名。合同中订立担保的,担保人应当加盖单位公章并由法定代表人签名。

(2)应当注明本合同签订的具体年、月、日。

(三)文书参考文本

融资租赁合同

合同号码:________

出租人(以下简称甲方):________________________________。

地址:____。

法定代表人:________________;电话:________________。

承租人(以下简称乙方):________________________________。

地址:____。

法定代表人:________________;电话:________________。

根据《中华人民共和国合同法》及有关规定,为明确出租方与承租方的权利义务关系,经双方协商一致,签订本合同。

第一条　租赁物件

甲方根据乙方的要求及乙方的自主选定,以租给乙方为目的,为乙方融资购买附表第(1)项所记载的物件(以下简称租赁物件)租与乙方,乙方则向甲方承租并使用该物件。

第二条　租赁期间

租赁期间如附表第(5)项所记载,并以本合同第五条第1款所规定的乙方签收提单日为起租日或以本合同第五条第2款所规定的甲方寄出提单日为起租日。

第三条 租金

1. 甲方为乙方融资购买租赁物件,乙方承租租赁物件须向甲方支付租金,租金及其给付时间、地点、币种和次数,均按附表第(9)项的规定进行。

2. 前款租金是根据附表第(7)项所记载的概算成本(以下简称概算成本)计算的。但租赁物件起租之日,当实际成本与概算成本有出入时,以实际成本为准,租金按实际成本相应计算。

3. 前款的实际成本,是指甲方为购买租赁物件和向乙方交货以外汇和人民币分别所支付的全部金额、费用及其利息的合计额[其利息均从甲方支付或实际负担之日至租赁物件起租日,以外币(　　)____%/年的利率和人民币____%/年的利率计算]。

4. 根据本条第2、3款,当实际成本与概算成本有出入时,甲方向乙方提供《租赁物件实际成本计算书》及《实际租金表》,向乙方通知实际成本的金额和以实际成本为准,对附表第(8)、(9)、(10)、(11)、(12)项的调整,乙方承认上述的调整。该调整不属于合同的变更或修改,且不论租赁物件使用与否,乙方都以《实际租金表》中载明的日期、金额、币种等向甲方支付租金。

5. 本合同租金币种由乙方选定,在合同履行期间不得变更。如因汇率变化给乙方造成的利润盈亏,由乙方受益或负担。

第四条 租赁物件的购买

1. 乙方根据自己的需要,通过调查卖方的信用,自主选定租赁物件及卖方。乙方对租赁物件的名称、规格、型号、性能、质量、数量、技术标准及服务内容、品质、技术保证及价格、交货时间等享有全部的决定权,并直接与卖方商定,乙方对自行的决定及选定负全部责任。甲方根据乙方的选定与要求与卖方签订购买合同。乙方同意并确认附表第(1)项所记载的有关合同的全部条款,并在购买合同上签字。

2. 乙方须向甲方提供甲方认为必要的各种批准或许可证明。

3. 甲方负责筹措购买租赁物件所需的资金,并根据购买合同,办理各项有关的进口手续。

4. 有关购买租赁物件应交纳的海关关税、增值税及国家新征税项和其他税款,国内运费及其他必须支付的国内费用,均由甲方负担,并按有关部门的规定与要求,由甲方按时直接支付。乙方对此不承担任何责任。

第五条 租赁物件的交付

1. 租赁物件在附表第(3)项的交付地点,由卖方或甲方(包括其代理人)向乙方交付。甲方收到提单后,立即电报通知乙方凭授权委托书向甲方领取提单,乙方同时向甲方出具租赁物件收据,乙方签收提单后,即视为甲方完成向乙方交付租赁物件。乙方签收提单日为本合同起租日。乙方凭提单在交付地点接货,并不得以任何理由拒收货物。

2. 如乙方未在甲方通知的日期领取提单或者乙方拒收提单,甲方将提单挂号寄送乙方,即视为甲方已完成向乙方交付租赁物件及乙方将租赁物件收据已交付甲方。在此种情况下,甲方寄出提单日为本合同起租日。

3. 租赁物件到达交付地点后,由甲方运输代理人(外运公司)办理报关、提货手续。且无论乙方及时接货与否,在租赁物件到达交付地点后,由乙方对租赁物件自负保管责任。

4. 因不可抗力等不属于甲方原因而引起的延迟运输、卸货、报关,从而延误了乙方接受租赁物件的时间,或导致乙方不能按时按受租赁物件,甲方不承担责任。不可抗力包括:政府行为、战争、自然灾害。

5. 乙方在交付地点接货后,应按照国家有关规定在购买合同指定的地点和时间进行商检,并及时向甲方提交商检报告副本。

第六条　租赁物件瑕疵的处理

1. 由于乙方享有本合同第四条第1款所规定的权利,因此,如卖方延迟租赁物件的交货,或提供的租赁物件与购买合同所规定的内容不符,或在安装调试、操作过程中及质量保证期间有质量瑕疵等情况,按照购买合同的规定,由购买合同的卖方负责,甲方不承担赔偿责任,乙方不得向甲方追索。第三人就出卖标的物主张权利,出租人不承担责任,但出租人购买该标的物时明知第三人对买卖标的物享有权利的除外。

2. 租赁物迟延交货和质量瑕疵的索赔权归出租方所有,出租方可以将索赔权部分或全部转让给承租方。索赔权是否转让应当在购买合同中明确。

3. 承租人占有租赁物期间、租赁物造成第三人财产损害或人身伤害的,出租人不承担责任。

租赁物件的保管、使用和费用应由承租人承担。

第七条　乙方在租赁期间内的权利义务

1. 乙方在租赁期间内,可完全使用租赁物件。

2. 乙方除非征得甲方的书面同意,不得将租赁物件迁离附表第(4)项所记载的设置场所,不得转让第三者或允许他人使用。

3. 乙方平时应对租赁物件给予良好的维修保养使其保持正常状态和发挥正常效能。租赁物件的维修保养,由乙方负责处理,并承担其全部费用。如需更换其零件,在未得到甲方书面同意时,应只用租赁物件原制造厂所供应的零件更换。

4. 因租赁物件本身及其设置、保管、使用等致第三者遭受损害时乙方应负赔偿责任。

第八条　租赁物件的灭失及毁损

1. 在合同履行期间,租赁物件灭失及毁损风险,由乙方承担(但正常损耗不在此限)。

如租赁物件灭失或毁损,乙方应立即通知甲方,甲方可选择下列方式之一,由乙方负责处理并负担一切费用。

(1)将租赁物件复原或修理至完全正常使用之状态。

(2)更换与租赁物件同等状态、性能的物件。

2. 租赁物件灭失或毁损至无法修复的程度时,乙方按《实际租金表》所记载的约定损失金额,赔偿给甲方。

3. 根据前款,乙方将所定损失金额及任何其他应付的款项交纳给甲方时,甲方将租赁物件(以其现状)及对第三者的权利(如有时)转交给乙方。

第九条　保险

在租赁物件到达附表第(4)项所规定的设置场所的同时,由乙方以甲方的名义对租赁物件投保,并使之在本合同履行完毕之前持续有效,保险金额与币种按本合同所规定的约定损失金与币种。保险费用由甲方承担。

保险事故发生,乙方须立即通知甲方,并即行将一切有关必要的文件交付甲方用于下列事项:

(1)作为第八条第1款第(1)或(2)项所需费用的支付。

(2)作为第八条第2款及其他乙方应付给甲方的款项。

第十条 租赁保证金

1. 乙方将附表第(8)项所记载的租赁保证金,作为其履行本合同的保证,在本合同订立的同时,交付甲方。

2. 乙方如违反本合同任何条款或当有第十二条第1~5款的情况时,甲方从租赁保证金中扣抵乙方应支付给甲方的款项。

第十一条 违反合同的处理

1. 如乙方不支付租金或不履行合同所规定其他义务时,甲方有权采取下列措施:

(1)要求即时付清部分或全部租金及一切应付款项。

(2)径行收回租赁物件,并由乙方赔偿甲方的全部损失。

2. 虽然甲方采取前款(1)、(2)项的措施,但并不因之免除本合同规定的乙方其他义务。

3. 在租赁物件交付之前,由于乙方违反本合同而给甲方造成的一切损失,乙方也应负责赔偿。

4. 当乙方未按照本合同规定支付应付的到期租金和其他款项给甲方,或未按时偿还甲方垫付的任何费用时,甲方除有权采取前3款措施外,乙方应按附表第(13)项所记载的利率支付迟延支付期间的迟延利息,迟延利息将从乙方每次支付的租金中首先扣抵,直至乙方向甲方付清全部逾期租金及迟延利息为止。

5. 乙方如发生关闭、停业、合并、分立等情况时,应立即通知甲方并提供有关证明文件,如上述情况致使本合同不能履行时,甲方有权采取本条第1款的措施,并要求乙方及担保人对甲方由此而发生的损失承担赔偿责任。

租赁期间,承租人破产的、租赁物不属于破产财产。

第十二条 甲方权利的转让

甲方在合同履行期间在不影响乙方使用租赁物件的前提下,随时可将本合同规定的全部或部分权利转让给第三者,但必须及时通知乙方。

第十三条 合同的修改

本合同所有附件的修改,必须经甲乙双方及担保人签署书面协议方能生效。

第十四条 租赁期满后租赁物件的处理

乙方在租赁期满并全部履行完毕合同规定的义务时,乙方有权对租赁物件作如下选择:

1. 自费将租赁物件归还甲方,并保证使租赁物件除正常损耗外,保持良好状态;或

2. 租赁期满30天前,以书面通知甲方,按附表第(10)项和第(12)项所记载的续租租金和续租所定损失金额(其他条件与本合同相同)继续承担;或

3. 乙方向甲方支付产权转移费人民币________元,甲方即将租赁物件所有权转移给乙方。

第十五条 担保

担保人担保和负责乙方切实履行本合同各项条款,如乙方不按照本合同的规定向甲方缴纳其应付的租金及其他款项时,担保人按照本合同项下担保人所出具的担保函履行担保责任。

第十六条 争议的解决

有关本合同的一切争议，双方应友好协商解决；协商不成时，应按下列第____种方式解决：

1. 提交________仲裁委员会仲裁；

2. 依法向人民法院提起诉讼。

第十七条 乙方提供必要的情况和资料

乙方同意按甲方要求定期或随时向甲方提供能反映乙方企业真实状况的资料和情况，包括：乙方资产负债表、乙方利润表、乙方财务情况变动表以及其他必要的明细情况表。

甲方要求乙方提供上述情况和资料时，乙方不得拒绝。

第十八条 合同、附表及附件

1. 本合同附表及第____号购买合同、《租赁物件实际成本计算书》、《担保函》、《租赁物件收据》均为本合同附件，与本合同具有同等效力。

经双方确认的往来信函、传真、电子邮件等，将作为本合同的组成部分，具有合同效力。

2. 本合同自甲、乙双方及担保人签字、盖章后即生效。本合同书正本一式____份，由甲方、乙方和担保人各执一份。

甲方：（盖章） 乙方：（盖章） 担保人：（盖章）

法定代表人：（签字） 法定代表人：（签字） 法定代表人：（签字）

附1

附表

(1)	租赁物件(制造厂)	(详见本合同附件第________号购买合同)
(2)	卖方	
(3)	交付地点	(详见本合同附件第________号购买合同所规定之目的港)
(4)	租赁物件设置场所	
(5)	租赁期间	____个月(以租赁物件提单交付之日为起算日)
(6)	预计交付期及租赁物件收据交付期	预计交付期：　年　月于　港口装船(详见上述购买合同) 租赁物件收据交付期：于租赁物件提单期签收当日
(7)	概算成本	外汇(　)　人民币
(8)	保证金	
(9)	租金及其支付方法	租金：　支付方法：　支付地点：
(10)	续租租金	

续表

(11)	所定损失金	第一次租金支付前	第一次租金支付后
		第二次租金支付后	第三次租金支付后
		第四次租金支付后	第五次租金支付后
		第六次租金支付后	第七次租金支付后
		第八次租金支付后	第九次租金支付后
		第十次租金支付后	第十一次租金支付后
(12)	续租所定损失		
(13)	迟延利息	以中国银行的贷款和人民币贷款的贷款利率×120%计算金额	
(14)	附带条款		

签订时间:________年____月____日　　　　　　　　签订地点:

附2

租金偿还保证书

________租赁公司:

我单位同意作为被保证方(承租人)________公司与贵公司签订的第____号融资租赁合同的保证人,承担以下担保责任、义务:我单位保证被保证方按与贵公司订立的《融资租赁合同》的规定向贵公司支付租金;当被担保人不履行与贵公司订立的《融资租赁合同》支付租金时承担________(一般或者连带)保证责任。

担保人(盖章)

________年____月____日

七、保管合同

(一)文书制作的基本知识

保管合同是保管人保管寄存人交付的保管物,并返还该物的合同。在保管合同中,保管物品的一方当事人为保管人或称受寄托人;交付物品保管的一方为寄存人或者称寄托人;被保管的物品,即保管的对象为保管物。

1. 保管合同的特征

(1)寄存人须将保管物交付给保管人占有。也就是说,在保管期间,保管人对保管物享有占有权;而寄存人则丧失对该物的占有权。寄存人应当将保管物交给保管人,保管人也必须实际占有、控制保管物。

(2)保管合同以物品的保管为目的,保管人须保管寄存人交付的物品。寄存人将保管物交付给保管人,就是为了让保管人保管该物。如果双方约定一方交付物品给另一方,另一方使用该物或者利用该物收益，那么，这种合同不是保管合同，而是借用合同或者租赁合同。在保管合同中，保管人一般只能看管保管物，而不应当使用保管物及利用保管物获得收益。

（3）保管人必须返还保管物。因为保管物的占有权只是暂时转移给保管人，而不是永久地让保管人占有。应寄存人要求，或者在保管期间届满时，保管人应当将保管物按原状返还给寄存人。至于寄存人是否支付保管费，则不是保管合同的必备条件。保管合同可以是有偿的，也可以是无偿的，是否有偿则取决于当事人双方的约定。

（4）保管合同原则上为实践合同。《合同法》第367条规定，保管合同自保管物交付时成立，但当事人另有约定的除外。一般情况下保管合同的成立，不仅须有当事人双方的意思表示一致，而且须有交付保管物于保管人的行为。可见，保管合同具有实践合同的性质。但是，当事人另有约定的，则按当事人的约定确立合同的成立，如当事人在签订保管合同时特别约定自双方签字或者盖章时合同成立，那么，就应当按照该约定确定合同的成立时间。此种情形下并不以保管物的交付时间确立合同的成立，此种情况下保管合同为诺成合同而不是实践合同。

2. 保管合同的形式与内容

《合同法》对保管合同的订立形式并无特别规定须采用书面形式，因此为非要式合同。当事人订立保管合同，当事人可以采取书面形式、口头形式或其他形式。因书面形式具有固化合同内容的特点，在争议发生后又起到关键的证据作用，因此当事人往往采用书面形式订立合同。但是，对于一般的商场购物、酒店住宿或者火车站候车寄存包裹，因商场或火车站都提供了保管箱和寄存人自己掌握开箱钥匙或开箱密码，而且包裹寄存时间较短，一般无须订立书面保管合同。

在实践中，书面保管合同可以包括以下条款：当事人的名称或者姓名和住所；保管物的名称、性质、数量、价值、瑕疵，保管场所，保管物的特殊保管措施，保管人对贵重保管物品声明，保管期限，合同争议的解决方式等。

（二）文书的内容及制作方法

1. 首部

（1）标题

标题应当载明合同名称“保管合同”，或者根据标的物的名称来载明合同名称，如“电脑保管合同”“文物保管合同”“档案保管合同”等。

（2）当事人的名称或者姓名和住所

寄存人和保管人构成保管合同的双方当事人。保管合同的当事人必须是具体确定的，应在合同中写明其姓名、住所；当事人为法人或其他组织的，应写明单位的名称、营业地以及法定代表人或负责人的姓名。

2. 正文

（1）有关保管物的基本情况

保管物是寄托人交付给保管人保管的物品，一般具有特定性。《合同法》第378条规定，保管人保管货币的，可以返还相同种类、数量的货币。保管其他可替代物的，可以按照约定返还相同种类、品质、数量的物品。可见，除了货币和按照约定由其他可替代物返还的物品外，寄存人取回保管物时只能取回自己寄存的保管物，而不能取回他人的物品或以其他物品替代。在保管合同中保管人负有妥善保管的义务，并负有以寄存人寄存的数量、价值和寄存时的状态返还保管物的义务。可见，保管物的名称、性质、数量、价值或金额、瑕疵等内容，不仅是确定保管方法、寄存人取回保管物的依据，而且是确定保管费用或保管物毁损、灭失时要求保管人承担赔偿责任的依据。因此，在保管合同中有必要对保管物的名称、性质、数量、价值或金额、瑕疵等真实情况作出详细说明。

(2)保管场所或保管方法及特殊保管措施

保管场所是保管人对保管物进行保管和履行保管义务的场所，也是寄存人取回保管物的场所，根据保管合同的具体情况确定保管场所，有利于寄存人领取保管物品。保管方法的恰当与否直接关系保管物在保管合同期间能否得到妥善保管，进而影响保管合同目的的实现。根据《合同法》第369条的规定，保管人应当按照当初约定的保管场所或方法保管寄存人寄存的物品。除紧急情况或者为了维护寄存人利益的以外，不得擅自改变保管场所或方法。因此，保管合同当事人可以根据实际需要约定保管场所或保管方法。当事人在对保管方法进行约定时，应该根据保管物的性质或品质、数量、价值，瑕疵等各种影响保管方法的因素对保管方法进行明确的约定。保管方法确定后，保管人应该依双方在保管合同中明确约定的保管方法履行对保管物的保管义务。

保管物因性质或品质要求以及存在瑕疵的，应该采取相应的保管措施，甚至需要采取特殊的保管措施。对此，《合同法》第370条规定，寄存人交付的保管物有瑕疵或者按照保管物的性质需要采取特殊保管措施的，寄存人应当将有关情况告知保管人。寄存人未告知，致使保管物受损失的，保管人不承担损害赔偿责任；保管人因此受损失的，除保管人知道或者应当知道并且未采取补救措施的以外，寄存人应当承担损害赔偿责任。据此，寄存人交付的保管物有瑕疵或者按照保管物的性质需要采取特殊保管措施的，寄存人不仅应当履行告知义务，而且双方可以从有利于保管寄存物的角度考虑，最好将保管人需要采取的特殊保管措施在合同中作出明确约定，保管人如不按约定采取特殊措施致使保管物造成损失的，届时寄存人可据此追究其赔偿责任。

(3)保管人对保管物的验收与给付保管凭证

寄存人应按照双方对保管物有关情况的约定将保管物交付保管人，保管人有权当场验收并在验收完毕后签发保管凭证。特别是在口头订立保管合同时，保管凭证上所注明的保管物的状态决定了保管人在保管期限届满后所交还的保管物应当保持的状态。因此，在寄存人将保管物交付给保管人时，保管人应当对保管物进行验收，并应在保管凭证上对保管物的有关情况如保管物的名称、性质、数量、价值、瑕疵等，详细加以注明。《合同法》第368条规定，寄存人向保管人交付保管物的，保管人应当给付保管凭证，但另有交易习惯的除外。保管凭证是保管人开具的证明收到保管物，以及证明当事人之间存在保管合同关系的单据。在双方之间没有既定交易习惯可以遵循的情况下，保管人不给付保管凭证的，寄存人应当索要。

(4)寄存人对货币、有价证券或者其他贵重物品的声明

保管物中有货币、有价证券或其他贵重物品时寄存人的事先声明，不仅影响对保管物的保管方法，而且影响保管物灭失、毁损情形下保管人和寄存人的责任承担和责任追究问题。《合同法》第375条规定，寄存人寄存货币、有价证券或者其他贵重物品的，应当向保管人声明，由保管人验收或者封存。寄存人未声明的，该物品毁损、灭失后，保管人可以按照一般物品予以赔偿。据此，寄存人寄存保管物时如果有货币、有价证券或者其他贵重物品的，应当向保管人声明。为了便于争议发生后的举证，应当在保管合同或者保管人签发的保管凭证中载明货币的种类及数量、有价证券的名称和数额或者贵重物品的名称、价值或者特征等。

(5)保管期间

保管期间是保管人保管寄存人交付的保管物的期间,保管期间是保管合同的重要内容。在有偿的保管合同中保管期间的长短往往与保管费用挂钩,保管期间越长费用越高。在保管期间,保管人负有采取适当的保管方法对保管物妥善保管的义务。虽然寄存人领取保管物不受保管期间的限制,但是,该期间对保管人却具有约束力。《合同法》第376条规定,寄存人可以随时领取保管物。当事人对保管期间没有约定或者约定不明确的,保管人可以随时要求寄存人领取保管物;约定保管期间的,保管人无特别事由,不得要求寄存人提前领取保管物。可见,当事人最好对保管期间作出明确约定。如果保管期间保管人在订立合同时知道寄存人有需要提前领取保管物的特别事由,也可以在合同中订明这些事由。这样既有利于合同的履行,当争议发生时也有利于确定双方的责任。

(6)保管人能否将保管物转交第三人保管

《合同法》第371条规定,保管人不得将保管物转交第三人保管,但当事人另有约定的除外。保管人违反前款规定,将保管物转交第三人保管,对保管物造成损失的,应当承担损害赔偿责任。据此,当事人可以在合同中约定保管人能否将保管物转交第三人保管。合同中约定保管人可以将保管物转交第三人保管的,因第三人原因造成保管物损失的,保管人不承担赔偿责任。

(7)保管人或第三人能否使用保管物

寄存人订立保管合同的目的就是将保管物交由保管人保管,届时按照保管物的原有状态或者妥善保管后的应有状态取回保管物。《合同法》第372条规定,保管人不得使用或者许可第三人使用保管物,但当事人另有约定的除外。据此,只要当事人双方未在合同中约定保管人可以使用保管物或者许可第三人使用保管物,保管人自己不仅不得使用保管物,亦无权许可他人使用保管物,否则应当向寄存人承担违约责任。因此,寄存人同意保管人或者第三人使用保管物的,应当在合同中作出明确规定。

(8)保管费的数额及其支付与保管物的留置权

保管合同既可以是有偿合同又可以是无偿合同。对于有偿保管合同,当事人应当对保管费的数额作出明确约定。《合同法》第366条规定,寄存人应当按照约定向保管人支付保管费。当事人对保管费没有约定或者约定不明确,依照本法第61条的规定仍不能确定的,保管是无偿的。据此,当事人对保管费没有约定或者约定不明确的,可在合同生效后对保管费进行协议补充;不能达成补充协议的,应按照合同相关条款或者交易习惯确定。按照上述方法仍不能确定保管费的,则保管合同是无偿的,寄托人无须向保管人支付保管费。在有偿的保管合同中,保管费是保管人保管寄存人交付的保管物应得的报酬,支付保管费也是寄存人最主要的义务。因此,双方当事人有必要在保管合同中对保管费的支付期限与支付方式作出明确约定。支付方式,主要有现金、支票、银行汇票、信用卡付款及电子支付方式付款等多种方式,因此保管合同中应该写明采用何种支付方式。

留置权是指债权人按照合同约定占有债务人的动产,债务人不按照合同约定的期限履行债务的,债权人有依法规定留置该财产并以该财产折价或者以拍卖、变卖该财产的价款优先受偿的权利。《合同法》第380条规定,寄存人未按照约定支付保管费以及其他费用的,保管人对保管物享有留置权,但当事人另有约定的除外。《中华人民共和国物权法》(以下简称《物权法》)第232条规定,法律规定或者当事人约定不得留置的动产,不得留置。该法第233条规定,留置财产为可分物的,留置财产的价值应当相当于债务的金额。该法第236条规定,留置权人与债务人应当约定留置财产后的债务履行期间;没有约定或者约定不明确的,留置权人应当给债务人2个月以上履行债务的期间,但鲜活易腐等不易保管的动产除外。债务人逾期未履行的,留置权人可以与债务人协议以留置财产折价,也可以就拍卖、变卖留置财产所得的价款优先受偿。留置财产折价或者变卖的,应当参照市场价格。可见,保管人享有的保管物留置权是对其应得到的保管费用的担保,这种权利是一种法定权利,只要当事人未在合同中排除适用,保管人就享有留置权。当事人双方排除保管人享有留置权的,应当在合同中作出明确约定。

(9)保管人对保管物及孳息的归还义务

《合同法》第376条规定,保管期间届满或者寄存人提前领取保管物的,保管人应当将原物及其孳息归还寄存人。所谓孳息,是指原物产生的物。孳息分法定孳息和天然孳息。我们认为不管是法定孳息还是天然孳息,保管人都应该在保管期限届满后将其归还给寄存人。《合同法》第378条规定,保管人保管货币的,可以返还相同种类、数量的货币。保管其他可替代物的,可以按照约定返还相同种类、品质、数量的物品。可见,对于货币以外的可替代物,可以在合同中约定是否可以替代返还,否则保管人对于货币以外的其他可替代物不得替代返还。

(10)违约责任

违约责任的承担具有一定的法定性,它不因当事人在合同中未作约定而免除。但是,如果在合同中订入违约条款,它既有利于敦促当事人履行合同义务,又能在违约情况发生后,有助于明晰违约方的责任。因此,当事人可以针对双方履行合同不符合约定或不履行合同义务等各种情形所应当承担的违约责任在保管合同中订明。订立违约责任时应当依法约定,一方面不得违背《合同法》及有关法律、行政法规的强制性规定,另一方面对于违约方应承担的违约责任可以在法律允许的范围内由双方自由约定。

(11)合同争议的解决方式

在发生合同争议后,双方当事人协商解决争议。如果协商不能解决争议的,可以经由第三人调解。协商或者调解不成的,可以选择仲裁或者向人民法院提起诉讼。可见,在合同中订立合同争议的解决方式不是合同的必备条款。当事人未在合同中订立仲裁条款的,当事人可以在争议发生后订立仲裁条款,并根据仲裁条款所选择的仲裁委员会进行仲裁。当事人未在合同中订立仲裁条款而争议发生后亦未订立仲裁协议的,或者订立的仲裁条款或者仲裁协议无效的,合同争议发生后任何一方都可以直接向人民法院起诉解决争议。

3. 尾部

首先,保管合同双方当事人为自然人的应当签名,为法人或其他组织的应当加盖单位公章,并由单位法定代表人或负责人签名;其次,应当注明本合同签订的具体年、月、日。

(三)文书示范文本

保管合同(GF—2000-0801)

合同编号:________

保管人:____。

寄存人:____。

签订时间:____________________签订地点:____________________。

第一条　保管物:

保管物名称：____。

性质：____。

数量：____。

价值：____。

瑕疵：____。

保管费（大写）：________元。

第二条　保管场所：____。

第三条　保管方法：____。

第四条　保管物（是/否）需要采取特殊保管措施。特殊保管措施是：____________。

第五条　保管物中（是/否）有货币、有价证券或者其他贵重物品____________。

第六条　保管期限：从________年____月____日至________年____月____日。

第七条　寄存人交付时，保管人应当验收，并给付保管凭证。

第八条　寄存人（是/否）允许保管人将保管物转交他人保管。

第九条　寄存人（是/否）允许保管人使用或者（是/否）允许保管人许可第三人使用保管物。

第十条　保管费的支付方式与时间：____________________________。

第十一条　寄存人未向保管人支付保管费的，保管人（是/否）有权留置保管物。

第十二条　保管期限届满，保管人应当将保管物及孳息归还寄存人。

第十三条　违约责任______________________________________。

第十四条　合同争议的解决方式：本合同项下发生的争议，由双方当事人协商解决，也可以由当地工商行政管理部门调解；协商或调解不成的，按下列第____种方式解决：

（一）提交________仲裁委员会仲裁；

（二）依法向人民法院起诉。

第十五条　本合同自保管物（交付/________）时成立。

第十六条　其他约定事项：________。

保管人（章）： 住所： 法定代表人： 委托代理人： 电话： 邮政编码：	寄存人（章）： 住所： 法定代表人： 委托代理人： 电话： 邮政编码：

八、仓储合同

（一）文书制作的基本知识

仓储合同是保管人储存存货人交付的仓储物，存货人支付仓储费的合同。在仓储合同中提供仓储场所并储存货物的一方为保管人，而支付仓储费用并将货物交付保管人保管的一方是存货人。

1. 仓储合同的特征

仓储合同就其性质来说，是一种特殊的保管合同。对此，我国《合同法》第395条规定，本章没有规定的,适用保管合同的相关规定。可见,仓储合同和保管合同有许多的类似之处。但由于仓储业的经营性质,使仓储合同又具有了与保管合同不同的特点。

(1)仓储合同与保管合同的保管人不同。仓储合同中的保管人须是专门从事仓储保管业务的经营者,即仓库经营人。仓储合同的保管人必须具备必要的仓储资格、仓储场地和仓储设备。仓储资格是指仓储保管人具有依法登记的经营仓储业务范围,仓储场所和仓储设备是指专门用于堆放和藏存仓储物的仓库等场所和保管仓储物品处于良好状态所需的设施。而在保管合同中,法律对保管人的资格并无特殊要求,即任何具有民事行为能力的单位和个人都可以成为保管人。

(2)仓储合同具有有偿性、双务性和诺成性。仓储合同的存货人必须按照约定将保管物交给保管人并支付保管费用,而保管人必须按照双方约定保管仓储物,因此,仓储合同是有偿的双务合同。而保管合同则不一定是有偿合同,当事人约定保管人对保管物无偿保管或者依法确定为无偿保管的情况下,保管合同则为无偿的单务合同。仓储合同是诺成合同,并不以交付保管物为成立条件,该合同自双方意思表示一致即成立。而保管合同一般是实践合同,自寄存人交付保管物之时起成立,交付保管物是保管合同成立的条件(当事人另有约定的除外)。

(3)保管凭证的可让与性不同。仓储合同中保管人签发的仓单是存货人提取仓储物的凭证。存货人或者仓单持有人在仓单上背书并经保管人签字或者盖章的,可以转让提取仓储物的权利。可见,仓单还是一种可以转让的有价证券。而在保管合同中,保管人签发的保管凭证仅是一种保管单据,不能转让。

2. 仓储合同的形式与内容

《合同法》对仓储合同的订立形式并无特别规定须采用书面形式,因此为非要式合同。当事人订立仓储合同,当事人可以采取书面形式、口头形式或其他形式。

仓储合同的主要条款一般包括:货物的品名和种类;货物的数量、规格、质量、包装;货物验收;仓储的条件和要求;货物的入库手续、时间、地点;仓储期间;计费项目、标准、结算方法与时间;责任的划分和违约的处理;等等。

(二)文书的内容及制作方法

1. 首部

(1)标题

标题应当载明合同名称"仓储合同",或者根据标的物的名称来载明合同名称,如"钢材仓储合同""图书仓储合同""水果仓储合同"等。

(2)当事人的名称或者姓名和住所

存货人和保管人构成仓储合同的双方当事人。仓储合同的当事人必须是具体确定的,存货人为自然人的,应在合同中写明其姓名、住所;当事人为法人或其他组织的,应写明单位的名称、营业地以及法定代表人或负责人的姓名。

2. 正文

(1)有关仓储物的基本情况

仓储合同的保管物是存货人交付的,由保管人保管的货物,一般是特定物或是特定化了的种类物。在合同有效期届满时,保管人应该将保管的原物归还存货人。为防止不同存货人的存储物混淆和便于保管人顺利提取保管物,在存储合同中应对仓储物的品名、性质、品种规格、质量、数量或包件数等作出明确约定。

保管物的性质不同就要求采取不同的保管方法及必要的安全仓储措施，因此，在仓储合同中有必要标明仓储物的名称和性质。《合同法》第383条规定，储存易燃、易爆、有毒、有腐蚀性、有放射性等危险物品或者易变质物品，存货人应当说明该物品的性质，提供有关资料。存货人违反前款规定的，保管人可以拒收仓储物，也可以采取相应措施以避免损失的发生，因此产生的费用由存货人承担。因此，对于危险物品或者易变质物品和需要采取特殊仓储措施的物品，可以在合同中作出明确约定。这样既有利于仓储物的保护，在发生安全事故或者仓储物变质和损坏的情况下也有利于确定属于何方的责任。

保管物数量、品种规格、价值或金额等内容，不仅是确定保管方法、存货人取回存储物的依据，而且是确定保管费用或存储物毁损、灭失时要求保管人承担赔偿责任的依据。因此，在存储合同中有必要对保管物的数量、品种规格、价值或金额、瑕疵等真实情况作出详细说明。其中，对保管物的数量要采取符合国家标准或行业标准计量单位，如保管物以“包”“箱”“车”等为单位的，必须明确每包、每箱、每车的重量或符合国家标准或行业标准计量单位的数量，以防止出现不同的理解，产生歧义。

(2)储存场所及存储要求

储存场所就是保管人为仓储存货人货物的地方。在签订仓储合同时，标明储存场所的具体位置，可以方便存货人或仓单持有人能够及时、准确地提取储存物。因此，仓储合同或者仓单除表明仓储场所之外，还应对仓储物占用的仓库的位置和面积作具体的规定。

仓储合同中存储人交付的存储物应当符合安全存储的要求，可以在合同中订明包装的具体要求。如包装物的外层包装用料，内层包装要求，易碎物品还必须有撑垫的装置，易腐物品和危险物品也应该有相应的具体要求和明显的标记。《合同法》第394条规定，储存期间，因保管人保管不善造成仓储物毁损、灭失的，保管人应当承担损害赔偿责任。因仓储物的性质、包装不符合约定或者超过有效储存期造成仓储物变质、损坏的，保管人不承担损害赔偿责任。据此，在合同中对仓储物的保管方法与保管方式作出明确约定，当货损发生时有利于确定责任方。

货物在仓储期间，由于货物自然性质不同，对存储的要求和条件也就不一样，尤其是需要进行特殊存储的货物，更应该对其仓储要求和条件作出详细的规定。例如，有些货物需要在冷冻库中储存，而有的货物需要在高温高压之下储存，有的货物则要求必须在阴凉、通风的条件下储存等。特别是那些易燃、易爆、易渗漏、易腐烂、有毒等危险物品更需要明确其特别的保管要求以及储存条件和方法。原则上，有国家标准或行业标准的，应执行国家或行业标准；没有国家或行业标准的，按合同约定的要求和方法执行。存货人对于这些危险保管物品，在提交保管人储存时，不得隐瞒或伪报，并且有义务向保管人提供相关的技术资料。保管人也因此应具备专门的仓库、设备并配备有专业技术知识的人员负责管理。

(3)仓储物验收方法及期限

存货人应按照对存储物有关情况的约定将存储物交付保管人，保管人有权当场验收并在验收完毕后交付仓单。验收就是指保管人对存货人送交储存的货物进行检查与核查以确定其处于良好保管状态的过程，也是保管人按合同规定履行仓储保管义务，在储存期间届满之后将处于完好状态的货物交还存货人或仓单持有人的必要前提。《合同法》第384条规定，保管人应当按照约定对入库仓储物进行验收。保管人验收时发现入库仓储物与约定不符合的，应当及时通知存货人。保管人验收后，发生仓储物的品种、数量、质量不符合约定的，保管人应当承担损害赔偿责任。因此，货物验收由保管方负责。保管方的正常验收项目为货物的品名、规格、数量、外包装状况，以及无须开箱拆捆就可直观辨认的质量情况等。验收包装内的货物品名、规格、种类、数量,以外包装或货物上的标记为准,外包装或货物上无标记的,以存货人提供的资料为准;散装的货物按国家有关规定或合同的约定进行验收。

验收的期限是指货物和验收资料全部送达保管人之日起,至验收报告送出之日止。日期均以运输或邮电部门的戳记或送达的签收日期为准。保管人应当按照约定的期限检验仓储的货物。保管人在约定的期限内对货物的数量、质量状况、毁损等未提出异议的,或者保管人在约定的检验期间未对仓储物检验的,应视为存货人交付的仓储物符合约定。除依法应当免责的情形外,因仓储物本身的原因及其他原因造成的仓储物毁损,数量及重量不足,或者验收不准等,保管人应当向存货人承担赔偿损失的责任。

仓储合同双方当事人在合同中对货物验收地内容、标准、方法及验收期限作出规定,可以为验收工作提供规范的依据,也可以防止一方利用另一方验收工作的失误进行欺诈。

(4)储存期间

储存期间是保管人保管存货人交付的仓储物的期间,在仓储合同中储存期间的长短与保管费用挂钩,储存期间越长费用越高。《合同法》第392条规定,储存期间届满,存货人或者仓单持有人应当凭仓单提取仓储物。存货人或者仓单持有人逾期提取的,应当加收仓储费;提前提取的,不减收仓储费。

在储存期间保管人负有按照约定的方法或者按照妥善保管仓储物的要求保管仓储物的义务,而存货人负有按照约定支付仓储费的义务。《合同法》第391条规定,当事人对储存期间没有约定或者约定不明确的,存货人或者仓单持有人可以随时提取仓储物,保管人也可以随时要求存货人或者仓单持有人提取仓储物,但应当给予必要的准备时间。该法第393条规定,储存期间届满,存货人或者仓单持有人不提取仓储物的,保管人可以催告其在合理期限内提取,逾期不提取的,保管人可以提存仓储物。因此,仓储合同的当事人除不定期合同外一般应当对储存期间作出明确约定,这对于明确双方的权利义务和仓储物毁损、灭失的责任承担都极为重要。

(5)仓储物的损耗标准及计算方法

货物由于本身的物理或化学性质,可能会在存储或运输期间发生损耗或误差等现象。为了合理地分配仓储物因发生的损耗或误差带来的合同风险,双方当事人应当对货物保管中发生的仓储物的损耗、误差标准及计算方法在仓单或者合同中作出的明确规定。有国家或行业标准的,按国家或行业标准的规定执行;没有国家或行业标准的,由双方根据行业惯例或仓储物的实际情况作出合理的规定。货物存储期间,损耗量在法律规定或约定的标准范围内,保管人不承担责任;超过了标准范围的,保管人应当承担责任。

(6)仓储费及其支付期限与支付方式

仓储费是保管人对存货人的仓储物履行存储和保管义务应得的报酬,其数额一般是根据仓储物的种类、占用的仓储空间、仓储期限等收费计算项目和标准决定的。计算项目包括保管费、转仓费、出入库装卸搬运费、车皮、站台、包装整理、商品养护等费用(依据具体的储存物不同,计费的项目也不同)。

存货人应当按照约定的仓储费数额、期限及支付方式履行付费义务。对于结算方式,主要有现金、支票、银行汇票、信用卡付款及电子支付方式付款等多种方式。因此,仓储合同中应该写明采用何种付款方式。根据付款的方式不同,合同中还应对支付时间、地点、开户银行、账号等作记载。

对于这一合同条款的明确规定,对于仓储营业人尤为重要。实践中常常发生因存货人恶意利用合同中没有明确规定这方面的内容或者规定得不明确，而趁机压价，或者想拖欠不交保管费等。为了保护自己的合法利益，仓库营业人要认真斟酌这一合同条款的规定，不使其产生歧义。

(7)仓单的签发及其交付

仓单，就是保管人在收到仓储物时向存货人签发的表示收到一定数量的仓储物，并以此来代表相应的财产所有权利的法律文书。《合同法》第385条规定，存货人交付仓储物的，保管人应当给付仓单。该法第386条规定，保管人应当在仓单上签字或者盖章。仓单包括下列事项：①存货人的名称或者姓名和住所；②仓储物的品种、数量、质量、包装、件数和标记；③仓储物的损耗标准；④储存场所；⑤储存期间；⑥仓储费；⑦仓储物已经办理保险的，其保险金额、期间以及保险人的名称；⑧填发人、填发地和填发日期。该法第387条规定，仓单是提取仓储物的凭证。存货人或者仓单持有人在仓单上背书并经保管人签字或者盖章的，可以转让提取仓储物的权利。从性质上来说，仓单应该是一种有价证券，它代表着与仓储物同等价值的财产权利。同时，它也代表着仓储物的所有权，是一种物权证券，仓单持有人可以处分自己的权利，对仓储物拥有完整的支配权。但是根据我国《合同法》的规定，仓单上的权利的转移在背书转让时尚需保管人签字或盖章，因此，仓单应当是一种不完全的物权证券。仓单上所记载的事项直接体现了双方当事人在仓储合同中的主要权利和义务。因此，制作仓单必须遵守严格法律规定的内容及其要求，存货人或者仓单持有人的仓单未并经保管人签字或者盖章的，不得转让提取仓储物的权利。

(8)违约责任

违约责任是双方约定在一方违约时所应承担的责任。违约即违反合同约定，一方不履行、迟延履行或不完全履行(不当履行)合同所规定义务的情形。当事人可以在合同中对各方可能违约的情形及其应承担的责任(如违约金责任、赔偿损失或解除合同等)作出约定，以便于明确责任以及违约发生后的纠纷解决。

在仓储合同中，当事人除了对各方违反约定义务的各种情形及其应当承担的违约责任在保管合同中订明外，还可以对保管人、存货人违反法定义务的情形及其应承担的违约责任作出约定。《合同法》第388条规定，保管人根据存货人或者仓单持有人的要求，应当同意其检查仓储物或者提取样品。该法第389条规定，保管人对入库仓储物发现有变质或者其他损坏的，应当及时通知存货人或者仓单持有人。该法第390条规定，保管人对入库仓储物发现有变质或者其他损坏，危及其他仓储物的安全和正常保管的，应当催告存货人或者仓单持有人作出必要的处置。因情况紧急，保管人可以作出必要的处置，但事后应当将该情况及时通知存货人或者仓单持有人。订立违约责任时应当依法约定，一方面不得违背《合同法》及有关法律、行政法规的强制性规定，另一方面对于违约方应承担的违约责任可以在法律允许的范围内由双方自由约定。

(9)合同争议的解决方式

在发生合同争议后，双方当事人可以协商解决争议；如果协商不能解决争议的，可以经由第三人调解。协商或者调解不成的，可以选择仲裁或者向人民法院提起诉讼。可见，在合同中订立合同争议的解决方式不是合同的必备条款。当事人未在合同中订立仲裁条款的，当事人可以在争议发生后订立仲裁条款，并根据仲裁条款所选择的仲裁委员会进行仲裁。当事人未在合同中订立仲裁条款而争议发生后亦未订立仲裁协议的，或者订立的仲裁条款或者仲裁协议无效的，合同争议发生后任何一方都可以直接向人民法院起诉解决争议。

3. 尾部

首先,仓储合同双方当事人为自然人的应当签名,为法人或其他组织的应当加盖单位公章,并由单位法定代表人或负责人签名;其次,应当注明本合同签订的具体年、月、日。

(三)文书示范文本

仓储合同(GF—2000-0901)

合同编号:________

保管人:____________________ 签订时间:____________________

存货人:____________________ 签订地点:____________________

第一条 仓储物:

品名	品种规格	性质	数量	质量	包装	件数	标记

(注:空格如不够用,可以另接)

第二条 储存场所、储存物占用仓库位置及面积:____________________。

第三条 仓储物(是/否)有瑕疵。

瑕疵是:____________________。

第四条 仓储物(是/否)需要采取特殊保管措施。

特殊保管措施是:____________________。

第五条 仓储物入库检验的方法、时间与地点:____________________。

第六条 存货人交付仓储物后,保管人应当给付仓单。

第七条 储存期限:从________年____月____日至________年____月____日。

第八条 仓储物的损耗标准及计算方法:____________________。

第九条 保管人发现仓储物有变质或损坏的,应及时通知存货人或仓单持有人。

第十条 仓储物(是/否)已办理保险,险种名称:________;保险金额:________;保险期限:________;保险人名称:____________________。

第十一条 仓储物出库检验的方法与时间:____________________。

第十二条 仓储费(大写):____________________。

第十三条 结算方式与时间及期限:____________________。

第十四条 存货人未向保管人支付仓储费的,保管人(是/否)可以留置仓储物。

第十五条 违约责任:____________________。

第十六条 合同争议的解决方式:在本合同履行过程中发生的争议,由双方当事人协商解决,也可以由当地工商行政管理部门调解;协商或调解不成的,按下列第________种方式解决:

(一)提交________仲裁委员会仲裁;

(二)依法向人民法院起诉。

第十七条　其他约定事项：______________________________。

存货人：(章) 住所： 法定代表人：(签字) 委托代理人： 电话： 开户银行： 账号： 邮政编码：	保管人：(章) 住所： 法定代表人：(签字) 委托代理人： 电话： 开户银行： 账号： 邮政编码：

九、赠与合同

(一)文书制作的基本知识

赠与合同,是指一方当事人即赠与人将自己的财产无偿地给予另一方即受赠人,受赠人表示接受赠与的合同。

赠与合同具有以下法律特征：

(1)赠与合同是一种双方法律行为。赠与作为一种合同,是双方的法律行为,因此,只有当事人双方的意思表示一致时才能成立。一方有赠与的意思表示,而另一方无接受赠与的愿望和意思表示,赠与合同不能成立。

(2)赠与为转移财产所有权的合同。赠与的财产为赠与人自己的财产,是赠与人依法享有所有权的财产。通过赠与这种法律行为,赠与人的财产转归受赠人所有。不转移财产所有权的合同,不为赠与合同。或者说,如果一方不是转移财产归对方所有,而是提供其他财产权利或其他服务,则不为赠与。根据《合同法》的规定,赠与人的物的所有权经赠与标的交付或者登记转移。《合同法》第187条规定,赠与的财产依法需要办理登记等手续的,应当办理登记手续。此种情况下,赠与财产的所有权经登记而转移。赠与不需办理登记手续的,标的物的所有权自交付转移。赠与财产的所有权一经转移于受赠人,除法定事由外,赠与人不得撤销赠与和停止履行赠与义务。根据该法第188条的规定,赠与具有救灾、扶贫等社会公益、道德义务性质的或者经过公证机关公证的赠与合同,赠与人不交付赠与的财产的,受赠人可以要求交付。

(3)赠与为单务无偿合同。这里的无偿是指赠与人给予受赠人财物而不以受赠人的对待给付为条件。如果一方不是无偿地转移财产归对方所有,即一方给予他方一定财物,他方也须给予另一方一定财物或者价金,则属于买卖、互易,而不为赠与。赠与合同虽然是双方当事人的法律行为,需要双方意思表示一致和实施一定的行为,但却是单务合同。这里的单务是指仅有赠与人负担将其财产给付受赠人的义务,而受赠人并不负担对待给付义务。即使附义务的赠与,受赠人履行所附的义务也不是赠与人履行义务的对价,不是向赠与人为给付的履行行为。

(二)文书的内容及制作方法

1. 首部

(1)标题

标题应当载明合同名称“赠与合同”,或者根据标的物的名称来载明合同名,如“房屋赠与合同”“汽车赠与合同”等。

(2)当事人的名称或者姓名和住所

赠与合同的当事人包括赠与人和受赠人。赠与人应当是具有完全民事行为能力的公民与法人,限制民事行为能力人经其法定代理人的同意可以赠与他人财物,法人的分支机构在法人的授权范围内可以成为赠与人。作为民事主体的公民、法人和其他组织都可以作为受赠人,作为无民事行为能力人及限制民事行为人的未成年人或精神病人与智障者都可成为纯获利益的受赠人。

在签订赠与合同时,赠与人与受赠人必须具体、确定,为此,就必须写明其姓名或者名称及住所。作为当事人的自然人其姓名应当依其合法有效的身份证件如身份证或者户口簿所载明的为准;法人或者作为其他组织的名称应以在国家有关部门所登记、注册的全称为准,简称或者变更后未经登记、注册的名称不宜作为订立合同时的名称。

公民以他的户籍所在地的居住地为住所,经常居住地与住所不一致的,经常居住地视为住所。公民离开住所地最后连续居住一年以上的地方,为经常居住地。公司以其主要办事机构所在地为住所。经公司登记机关登记的公司的住所只能有一个。公司的住所应当在其公司登记机关辖区内。其他经济组织如合伙企业、个人独资企业等以其主要办事机构所在地为住所。

2. 正文

(1)赠与财产的基本情况

赠与财产是指赠与人无偿给予受赠与人的财产。赠与财产作为一种特定化了的财产,其应当明确、具体,即在赠与合同中,双方当事人应当载明赠与财产的名称、数量、质量与价值等。

①赠与财产的名称。当事人在合同中必须对赠与物按其公认的规范名称作出明确、具体的约定,不得使用俚语、俗语或者方言等容易引起歧义的名称。

②赠与财产的数量。对于赠与财产的数量必须按照国家规定的度量衡制度确定标的物的计量单位。对赠与财产数量的计量方法和计量单位,按国家或主管部门规定的计量方法执行;国家或主管部门没有规定的,按买卖双方商定的计量方法执行。对于所赠与的财产具有主物和从物之分的,赠与的财产是主物的,应当在赠与合同中载明所赠与的财产是否包含从物。除法律另有规定或者当事人另有约定外,赠与主物的效力及于从物,从物随主物的转移而转移。

③赠与财产的质量和价值。对于赠与财产的质量如技术指标、质量要求、规格、型号、性能、款式、价值等,如有必要,亦可在赠与合同中作出详细具体的规定。赠与现金应当说明数额及货币种类。

④赠与的财产属不动产的,应将该不动产所处的详细位置及状况等在赠与合同中载明。如赠与财产为房产的,应在合同中应当写明房屋的坐落地点、结构、面积、产权证号及发证机关等。

(2)赠与目的

赠与人向受赠人赠与财物,一般不附有义务。只是为了实现一定的结果而进行赠与,其所要达到的这一结果,就是赠与目的。在赠与合同中可以载明赠与人的赠与目的,如赠与财产的目的是用于被赠与人的学习费用,或赠与的目的是救助失学儿童等。赠与人不得要求结果的实现,只是在结果不能实现时,可以要求受赠人返还赠与财产,对此赠与人和受赠人可以约定赠与的条件，在条件成就时赠与合同生效。

(3)赠与合同所附义务

所谓附义务的赠与合同，是指受赠人对于赠与人或第三人承担一定的给付义务的赠与，受赠人的所承担的这一义务是赠与合同的一部分，即该义务是受赠人接受赠与时而承担的附随义务。附随义务并不是赠与合同的必备条款，赠与当事人应根据实际情况而设定。根据《合同法》第190条的规定，赠与可以附义务。赠与附义务的，受赠人应当按照约定履行义务。因此，在赠与合同中，应当注明该赠与合同是否是附义务的赠与合同；如果是，就应当载明所附的具体义务。

(4)赠与物的瑕疵说明

赠与合同为无偿合同，因此赠与的财产有瑕疵的，赠与人一般不承担责任。但根据《合同法》第191条的规定，在下列情况下，赠与人应当承担瑕疵担保责任：①赠与人故意不告知赠与的财产瑕疵或者保证无瑕疵，造成受赠人损失的，赠与人应当承担损害赔偿责任。②附义务的赠与，赠与的财产有瑕疵的，不管赠与人主观上是否有故意不告知瑕疵或者保证无瑕疵，赠与人都应当在附义务的限度内承担与出卖人相同的瑕疵担保责任。据此，赠与合同中，应当载明赠与物是否具有瑕疵，赠与物存在瑕疵的，应当在合同中载明该瑕疵的具体内容。

(5)赠与财产的交付时间、地点及方式

在赠与合同中，赠与人的主要义务是按照合同约定的期限、地点、方式将赠与标的物交付受赠人，并转移其所有权于受赠人。因此，在赠与合同中应当载明赠与财产的交付时间、地点和交付方式，需要办理财产所有权转移登记的，应当在合同中载明办理财产所有权转移的时间。

(6)本合同争议的解决方式

合同争议的解决方式主要有当事人协商解决、第三人调解、仲裁机构仲裁或者法院诉讼四种。无论当事人在合同中有无约定，都可以通过和解或者调解解决合同争议。当事人不愿和解、调解或者和解、调解不成的，可以根据合同中已经约定的仲裁条款或纠纷发生后双方达成的仲裁协议向仲裁机构申请仲裁。在当事人没有订立仲裁条款与仲裁协议或者仲裁、条款与仲裁协议无效的，可以直接向人民法院起诉。因此，当事人在合同中不得同时约定仲裁与诉讼为合同纠纷的解决方式。

(7)本合同的生效时间

赠与合同的双方当事人可以在赠与合同中约定本合同自赠与人交付赠与财产时生效或者本合同经公证生效；而对于法律、行政法规规定应当办理批准、登记等手续生效的，双方当事人约定的赠与合同生效时间不得违背上述规定。

3. 尾部

(1)当事人签名或盖章

对于双方达成一致的合同，当事人双方应当签名或盖章认可，否则不产生法律效力。当事人为公民的，应当签署其身份证件中所载明的姓名，如果是法人或其他组织的应当加盖单位公章，并由法定代表人或单位负责人签名或加盖个人名章。

(2)签约时间

签约时间往往与合同的成立与生效时间及合同的履行义务相联系，因此，双方当事人应当在合同中载明签约时间。

(3)其他事项

可以将双方当事人的联系电话、传真号码、电子邮箱和邮政编码等联系方式在合同的尾部载明;对于需要公证的赠与合同书,应当附上有关鉴证或公证机关出具的加盖公章的公证书。

(三)文书示范文本

赠与合同(GF—2000－1301)

合同编号:________

赠与人:______________________ 签订时间:______________________

受赠人:______________________ 签订地点:______________________

第一条 赠与财产的名称、数量、质量和价值:

(一)名称:____。

(二)数量:____。

(三)质量:____。

(四)价值:____。

赠与的财产属不动产的,该不动产所处的详细位置及状况:__________________。

第二条 赠与目的:____。

第三条 本赠与合同(是/否)是附义务的赠与合同。所附义务是:____________。

第四条 赠与物(是/否)有瑕疵。瑕疵是指赠与物的________________________。

第五条 赠与财产的交付时间、地点及方式:______________________________。

第六条 合同争议的解决方式:本合同在履行过程中发生的争议,由双方当事人协商解决;协商不成的,按下列第________种方式解决:

(一)提交________仲裁委员会仲裁;

(二)依法向人民法院起诉。

第七条 本合同未作规定的,按照《中华人民共和国合同法》的规定执行。

第八条 本合同经双方当事人________生效。

第九条 其他约定事项:____。

赠与人:(章)	受赠人:(章)
住所:	住所:
法定代表人:	法定代表人:
居民身份证号码:	居民身份证号码:
委托代理人:	委托代理人:
电话:	电话:
开户银行:	开户银行:
账号:	账号:
邮政编码:	邮政编码:

十、委托合同

(一)文书制作的基本知识

委托合同是委托人和受托人约定,由受托人处理委托人事务的合同。在委托合同中,委托他人处理自己事务的一方当事人为委托人,接受委托的另一方当事人为受托人。

1. 委托合同的特征

(1)委托合同的订立一般以双方的相互信任为前提。委托合同是建立在当事人相互信任基础上的。也就是说,委托合同具有严格的人身特性,委托人与受托人以相互信赖作为订立合同的基础。

(2)受托人处理或管理委托事务的费用由委托人承担。委托合同是一种典型的提供劳务的合同。委托合同订立后,受托人应依委托人的指示在委托的权限内办理受委托的事务,与第三人发生民事法律关系,受托人处理事务的后果,包括风险在内一般均由委托人承担,这是委托合同与承揽合同、保管合同、仓储合同、劳动合同等其他类似合同的主要区别所在。

(3)委托合同为诺成合同。委托合同自双方当事人意思表示一致时即可成立,不以物的交付或当事人实际为履行行为作为合同成立的要件。一般来说,委托合同是基于双方当事人的信任而产生的,只要双方当事人就委托事务达成一致,即可以成立委托合同关系,因此委托合同属于诺成合同。

(4)委托合同可以是有偿的,也可以是无偿的。至于有偿与否,完全由当事人自由协商而定,法律原则上不予干预。

2. 合同的形式与内容

《合同法》对委托合同的订立形式并无规定须采用书面形式,因此为非要式合同。当事人订立委托合同,当事人可以采取书面形式、口头形式和其他形式。因书面形式具有固化合同内容的特点,在争议发生后又起到关键的证据作用,因此当事人往往采用书面形式订立合同。

在实践中,书面委托合同可以包括以下条款:当事人的姓名或名称、地址等情况、委托事项、受托人的报酬条款、处理委托事务的费用支付条款、违约责任条款等。合同当事人在不违背合同法的强制性规定的前提下,参照合同法的有关规定,可根据订立合同的目的自由约定合同条款。

(二)文书的内容及制作方法

1. 首部

(1)标题

标题应当载明合同名称“委托合同”,或者根据委托事项来载明合同名称,如“房屋出售委托合同”“汽车出租委托合同”等。

(2)当事人的名称或者姓名和住所

委托人和受托人是委托合同的主体。委托人是委托受托人办理委托事务的人,在委托合同中,无论是自然人还是法人,都可以成为委托人。作为委托人的无民事行为能力人,其委托行为只能通过其法定代理人进行。限制行为能力人订立委托合同应取得其法定代理人的允许或事后追认。受托人是受委托人之托以委托人的名义办理事务的人,其多是自然人,法人也可以作为受托人。受托人可以是一人,也可以是多人。委托合同的当事人必须是具体确定的,委托人为自然人的,应在合同中写明其姓名、住所;当事人为法人或其他组织的,应写明单位的名称、营业地以及法定代表人或负责人的姓名。

2. 正文

(1)委托事务及其范围

委托合同的标的是受托人为委托人处理委托事务。《合同法》第397条规定,委托人可以特别委托受托人处理一项或者数项事务,也可以概括委托受托人处理一切事务。可见,委托可以划分为特别委托与概括委托两种。特别委托是指委托人将一项或数项具体事务委托给受托人处理,如委托律师制作法律意见书、参加商务谈判。在特别委托的情况下,受托人处理事务的权限是明确和具体的,受托人只能在委托授权的范围内处理委托事务。概括委托则是委托人委托受托人处理与某方面活动相关的可能发生的一切事项,或者与委托人相关的一切活动的某方面的事项,如某企业委托一律师担任企业股份制改造的法律顾问,那么该律师的顾问工作就包括凡与企业股份改造相关的全部法律咨询、法律意见书的出具等,而不是仅就某一股份改造事项担任法律顾问。

委托合同的本质属性是受托人根据委托人的授权范围内和指示处理委托事务,但是法律规定应当由公民亲自完成的法律行为则不能委托他人处理,如公民进行结婚、离婚登记,订立遗嘱或订立收养协议等具有人身性的各种法律事务就不得委托他人办理。当事人在委托合同中,应将具体的委托事项或委托事务的范围约定清楚,而且委托事务亦不得违反法律、行政法规的强制性规定或者社会公共利益。

(2)委托事务的转委托处理

委托合同是基于委托人对受托人的信任而订立的,因此,委托事务原则上应由受托人亲自办理。对此,《合同法》第399条规定,受托人应当按照委托人的指示处理委托事务。需要变更委托人指示的,应当经委托人同意;因情况紧急,难以和委托人取得联系的,受托人应当妥善处理委托事务,但事后应当将该情况及时报告委托人。该法第400条规定,受托人应当亲自处理委托事务。经委托人同意,受托人可以转委托。转委托经同意的,委托人可以就委托事务直接指示转委托的第三人,受托人仅就第三人的选任及其对第三人的指示承担责任。转委托未经同意的,受托人应当对转委托的第三人的行为承担责任,但在紧急情况下受托人为维护委托人的利益需要转委托的除外。转委托经委托人同意的,委托人可以就委托事务直接指示转委托的第三人,受托人仅就第三人的选任及其对第三人的指示承担责任。因此,在合同中可以明确约定受托人是否有权进行转托委托,这对于发生转委托纠纷的情况下确定委托人是否应承担责任的基本依据。

(3)涉及第三人时的委托人与第三人关系

在委托合同中,受托人接受委托后,在委托人的授权范围内以自己的名义与第三人订立合同时,往往涉及委托人与第三人的关系以及受托人与第三人订立的合同的履行及责任承担问题。对此,《合同法》第402条规定,受托人以自己的名义,在委托人的授权范围内与第三人订立的合同,第三人在订立合同时知道受托人与委托人之间的代理关系的,该合同直接约束委托人和第三人,但有确切证据证明该合同只约束受托人和第三人的除外。该法第403条规定,受托人以自己的名义与第三人订立合同时,第三人不知道受托人与委托人之间的代理关系的,受托人因第三人的原因对委托人不履行义务,受托人应当向委托人披露第三人,委托人因此可以行使受托人对第三人的权利,但第三人与受托人订立合同时如果知道该委托人就不会订立合同的除外。受托人因委托人的原因对第三人不履行义务,受托人应当向第三人披露委托人,第三人因此可以选择受托人或者委托人作为相对人主张其权利,但第三人不得变更选定的相对人。委托人行使受托人对第三人的权利的,第三人可以向委托人主张其对受托人的抗辩。第三人选定委托人作为其相对人的,委托人可以向第三人主张其对受托人的抗辩以及受托人对第三人的抗辩。据此,委托人和受托人在委托合同中可以就受托人能否以自己的名义与第三人订立合同,以及就受托人以自己的名义订立合同时是否披露委托人及其与受托人的关系等作出约定,从而在发生纠纷后可有利于问题的解决。

(4)受托人的委托事务处理报告义务

在委托合同中受托人根据委托人的指示和要求处理委托事务,而处理委托事务的结果由委托人承担,因此,受托人应当对处理委托事务的结果向委托人报告。对此,《合同法》第401条规定,受托人应当按照委托人的要求,报告委托事务的处理情况。委托合同终止时,受托人应当报告委托事务的结果。为了使受托人自觉履行报告义务,委托人可以对报告事项的范围、内容、时间和方式等要求告知受托人或者在委托合同中作出明确约定。

(5)受托人处理委托事务所取得财产的转交

《合同法》第404条规定,受托人处理委托事务取得的财产,应当交付给委托人。因为受托人是为委托人处理事务的,所以,受托人因处理委托事务而收取的财产包括现金财产、有价证券等非现金财产以及其他动产和不动产等,都应当交付委托人。受托人向受托人交付的财产包括受托人和转托第三人因处理委托事务所取得的财产。据此,为了使受托人及时转交处理委托事务取得的财产和明确财产转交中的毁损、灭失风险承担,双方当事人应当在委托合同中将交付财产的时间、地点及交付方式等,可根据具体情况作出明确约定。

(6)处理委托事务的费用支付时间及其方式

在委托合同中,因受托人是为委托人的利益处理委托事务,因此,受托人在处理委托事务时所支付的费用,应当由委托人负担。《合同法》第398条规定,委托人应当预付处理委托事务的费用。受托人为处理委托事务垫付的必要费用,委托人应当偿还该费用及其利息。可见,承担处理委托事务的费用方式包括两种:一是由委托人预付;二是由受托人垫付,而后由委托人偿还。在委托人拒绝按照约定向受托人预付处理委托事务的费用的情况下,受托人有权拒绝处理委托事务,亦可因此解除委托合同。为了防止因委托人拖延支付费用而影响合同的履行,委托合同中可以对处理委托事务的费用支付方式、支付范围及支付时间作出明确约定。至于是以现金支付还是以支票等其他方式支付,一次性支付还是分期支付,也可以在合同中订明。

(7)报酬及支付方式

《合同法》第405条规定,受托人完成委托事务的,委托人应当向其支付报酬。因不可归责于受托人的事由,委托合同解除或者委托事务不能完成的,委托人应当向受托人支付相应的报酬。当事人另有约定的,按照其约定。委托合同的有偿和无偿问题,不仅涉及受托人的报酬支付,而且还涉及受托人的责任承担。《合同法》第406条规定,有偿的委托合同,因受托人的过错给委托人造成损失的,委托人可以要求赔偿损失。无偿的委托合同,因受托人的故意或者重大过失给委托人造成损失的,委托人可以要求赔偿损失。受托人超越权限给委托人造成损失的,应当赔偿损失。因此,订立委托合同时最好将有偿委托还是无偿委托作出明确约定;约定有偿委托的,最好将委托人向受托人支付的报酬数额以及支付期限、支付方式等一同在合同中订明。

(8)合同的解除与终止

委托合同是基于当事人之间的相互了解和相互信任基础上订立的,因此,当事人之间若失去了信任基础,或者委托人不能完成委托事务或者处理委托事务已无必要等,委托人或者受托人都可以随时解除委托合同。《合同法》第410条明确规定,委托人或者受托人可以随时解除委托合同。因解除合同给对方造成损失的,除不可归责于该当事人的事由以外,应当赔偿损失。据此,合同当事人可以在合同中对一方可以解除合同的条件、不可归责于或者可归责该方当事人的事由,以及因解除合同应当承担赔偿损失的范围、数额或计算方法等作出明确约定。

委托合同的正常终止是在委托事项处理完毕以及当事人的合同义务履行完毕而终止,而在委托人或者受托人死亡、丧失民事行为能力或者破产的,也会导致委托合同终止即非正常终止。《合同法》第411条规定,委托人或者受托人死亡、丧失民事行为能力或者破产的,委托合同终止,但当事人另有约定或者根据委托事务的性质不宜终止的除外。据此,因委托人死亡、丧失民事行为能力或者破产,致使委托合同终止将损害委托人或者其继承人或者其他权利人利益的,当事人可以对上述情形下并不导致合同终止作出约定。

(9)违约责任

违约责任是一方不履行、迟延履行或不完全履行(不当履行)合同所规定义务应承担的责任。当事人可以在合同中对各方可能违约的情形及其应承担的责任(如违约金责任、赔偿损失或解除合同等)作出约定,以便于明确责任以及违约发生后的纠纷解决。

此外,合同当事人对一方当事人不履行法定义务应承担的法律责任也可以依法作出约定。例如,《合同法》第401条规定,受托人应当按照委托人的要求,报告委托事务的处理情况。委托合同终止时,受托人应当报告委托事务的结果。该法第407条规定,受托人处理委托事务时,因不可归责于自己的事由受到损失的,可以向委托人要求赔偿损失。该法第408条规定,委托人经受托人同意,可以在受托人之外委托第三人处理委托事务。因此给受托人造成损失的,受托人可以向委托人要求赔偿损失。合同当事人可以在合同中对一方应违反上述义务应当承担赔偿损失的范围、数额或计算方法等作出明确约定。

当事人在合同中未约定违约责任的,一方违约时其承担的违约责任并不因此而免除,当事人可以依法申请仲裁解决或者依法向人民法院提起诉讼,由仲裁机构或者人民法院依法裁决。

3. 尾部

首先,委托合同双方当事人为自然人的应当签名,为法人或其他组织的应当加盖单位公章,并由单位法定代表人或负责人签名;其次,应当注明本合同签订的具体年、月、日。

(三)文书示范文本

委托合同(BF—2001-1001)

合同编号:________

委托人:____________________ 签订地点:____________________

受托人:____________________ 签订时间:____________________

第一条 委托人委托受托人处理__________事务。

第二条 委托人处理委托事务的权限与具体要求:__________________________。

第三条 委托期限:自________年____月____日至________年____月____日。

第四条 委托人(是/否)允许受托人把委托事务转委托给第三人处理。

第五条 受托人有将委托事务处理情况向委托人如实报告的义务。

第六条 委托人预付受托人处理委托事务的费用的数额、时间、方式:__________。

第七条 受托人将处理委托事务所取得的财产转交给委托人的时间、地点、方式:

____。

第八条 委托事务完成后的报酬及支付时间、方式:__________________________。

因不可归责于受托人的事由,委托合同解除或者委托事务不能完成的,委托人应向受托人支付报酬如下:____;

支付时间、方式为:____。

第九条　受托人处理委托事务时,因不可归责于自己的事由受到损失的,可以向委托人要求赔偿损失。

第十条　有偿的委托合同,因受托人的过错给委托人造成损失的,委托人可以要求赔偿损失。

无偿的委托合同,因受托人的故意或者重大过失给委托人造成损失的,委托人可以要求赔偿损失。受托人超越权限给委托人造成损失的,应当赔偿损失。

第十一条　本合同解除的条件:委托人或者受托人可以随时解除合同。因解除合同给对方造成损失的,除不可归责于该当事人的事由以外,应当赔偿损失。

第十二条　委托人违约责任:____。

受托人违约责任:____。

第十三条　合同争议的解决方式:本合同项下发生的争议,由双方当事人协商解决或申请调解解决;协商或调解不成的,按下列第________种方式解决:(只能选择一种)

(一)提交________仲裁委员会仲裁;

(二)依法向人民法院起诉。

第十四条　其他约定事项:____。

委　托　人		受　托　人	
委托人:(章)	住所:	受托人:(章)	住所:
营业执照号码:	身份证号:	营业执照号码:	身份证号:
法定代表人:	委托代理人:	法定代表人:	委托代理人:
电话:	传真:	电话:	传真:
开户银行:	账号:	开户银行:	账号:

十一、行纪合同

(一)文书制作的基本知识

行纪合同是行纪人以自己的名义为委托人从事贸易活动,委托人支付报酬的合同。在行纪合同中,以自己名义办理贸易业务的当事人是行纪人,委托行纪人办理业务并给付报酬的当事人为委托人。

1. 行纪合同的构成种类及其特点

在通常情况下,行纪由两个部分组成。首先,由委托人以委托的方式授予行纪人进行交易的有关权利,行纪人进行交易的结果归属委托人,但委托人与第三人之间不产生任何直接关系,亦不得对第三人主张权利。其次,根据委托人的委托,行纪人以自己的名义与第三人进行交易,该交易行为应当受买卖规则的制约。对与之交易的第三人而言,行纪人自享权利、自负义务和法律责任。

从业务内容上讲,行纪分为两类:一是卖出行纪,又称代销(或者寄售)行纪,即行纪人以自己名义卖出委托人出售的物品;二是买入行纪,又称代购行纪,即行纪人以自己名义买入委托人要求的物品。

行纪合同与委托合同具有共同的一面,如行纪人也是接受委托处理委托人的事务,行纪合同也是提供服务的合同;行纪合同也是以当事人双方的相互信任为前提订立的。正是基于二者具有这些共性,因此,我国《合同法》第423条规定,行纪合同一章没有规定的,适用委托合同的有关规定。但是,二者又具有以下不同点:

(1)委托事项的范围不同。行纪合同中所指的事务为特定的,仅限于购销、寄售等贸易性的法律行为,而委托合同中的委托事项不仅限于法律行为,还有事实行为。

(2)行纪人和受托人的主体地位不同。行纪合同中,行纪人应当以自己的名义进行活动,即行纪人卖出或者买入具有市场定价的商品,行纪人一般是作为买卖合同的一方当事人(买受人或者出卖人)出现的,其与第三人订立的合同不能对委托人直接发生效力。而委托合同中,受托人可以以委托人的名义,也可以以自己名义进行活动。

(3)处理事务的权限不同。受托人的活动是在委托人授权的范围内或者只能按照委托人的指示处理事务,其后果由委托人承担。但是,行纪人低于委托人指定的价格卖出或者高于委托人指定的价格买入的,应当经委托人同意。未经委托人同意,行纪人补偿其差额的,该买卖对委托人发生效力。委托人对价格有特别指示的,行纪人不得违背该指示卖出或者买入。

(4)行纪合同和委托合同的有偿性不同。行纪合同是有偿合同,而委托合同既可以是有偿的,也可以是无偿的。

(5)处理事务的费用承担不同。在行纪合同中,行纪人一般是以自己的费用处理委托事务;而在委托合同中,受托人处理委托事务的费用由委托人承担,一般则由委托人预付,受托人垫付的,委托人也得偿还。

2. 行纪合同的形式与内容

《合同法》对行纪合同的订立形式并无规定须采用书面形式,因此为非要式合同。当事人订立行纪合同,可以采取书面形式、口头形式和其他形式。因书面形式具有固化合同内容的特点,在争议发生后又起到关键的证据作用,因此当事人订立行纪合同最好采用书面形式。

订立行纪合同一般应载明以下主要条款:代购、代售物品的品名、规格及数量;物品的质量标准及其价格;货物交付及货款支付时间及方式;酬金时间及支付方式、结算方式;违约责任等有关的条款。

(二)文书的内容及制作方法

1. 首部

(1)标题

应当注明合同的名称“行纪合同”或者“商品代销合同”“商品代购合同”等。

(2)当事人的姓名或名称及住所

行纪合同的双方当事人作为行纪合同权利的承受者和义务的承担者,构成了行纪合同的主体。行纪活动多是在特定经济领域中运用的一种交易方式,如证券交易、期货交易和其他商业交易等。法律和行政法规要求行纪人应取得行政许可和依法登记的,行纪人应当依法审批、登记和取得相应的经营资质。

订立行纪合同的当事人必须是具体确定的,委托人为自然人的,应在合同中写明其真实姓名、住所;当事人为法人或其他组织的,应写明单位的名称、营业地以及法定代表人或负责人的姓名。

2. 正文

（1）委托买入或卖出货物的基本情况

委托人委托行纪人买入或卖出货物的名称、数量、质量、价格等是行纪人从事贸易活动的基本依据，因此，委托人委托行纪人买入或卖出货物的名称、数量、质量、价格等应当在合同中作出明确约定。

在行纪合同中必须对委托人委托买入或卖出的货物的规范名称载明，不得使用俚语、俗语或者方言。数量即货物的计量，是以数字和计量单位来衡量标的的尺度。合同数量规定必须按照国家规定的度量衡制度确定标的物的计量单位。货物的质量标准须订得详细具体，如技术指标、质量要求等都要明确，必要时也应在合同中载明货物的外在或内在品质或属性，注明货物生产厂家、货物的品种、型号、规格、等级、花色、款式、牌号或商标等。

行纪人一般应当按照委托人的指定价格买入卖出货物的价格。因此，买入或卖出货物的价格是行纪合同的重要条款。《合同法》第418条规定，行纪人低于委托人指定的价格卖出或者高于委托人指定的价格买入的，应当经委托人同意。未经委托人同意，行纪人补偿其差额的，该买卖对委托人发生效力。行纪人高于委托人指定的价格卖出或者低于委托人指定的价格买入的，可以按照约定增加报酬。没有约定或者约定不明确，依照本法第61条的规定仍不能确定的，该利益属于委托人。委托人对价格有特别指示的，行纪人不得违背该指示卖出或者买入。据此，行纪合同中委托人委托行纪人买入或卖出货物的价格，不仅关系行纪人买入或卖出货物的效力与责任承担，而且还关系行纪人的报酬获得，因此，行纪合同对此务必作出明确约定。

（2）买入或卖出的货物的交付及其方式

委托人负有及时领取买入物的义务。行纪人按照委托人的指示和要求为其购买的货物，委托人应当及时受领，并支付报酬，及时接受货物，有利于及时解除行纪人的保管义务和意外灭失的风险责任。如果经行纪人催告，委托人无正当理由拒绝受领的，行纪人可以按照合同法的有关规定将货物进行提存。为了便于委托人受领货物，要将委托人受领货物的时间、方式及地点等作出明确规定。

在行纪合同中约定行纪人接受委托人交付货物的时间、地点、方式有利于合同履行，也有利于确定双方的权利和义务。在合同中，要明确规定是行纪人自提货物还是由委托人交送或者邮寄，是在委托人处交付货物还是在行纪人处交付或由第三人交付。这些都关系双方当事人的利益及风险责任负担，因此，最好在合同中将上述事项作出明确约定。

（3）行纪人处理委托事务费用的承担

行纪费用是指行纪人为处理、完成委托人指令的交易事务所支出的正常费用，包括货物的保管、场地的占用和货物购买或销售等人员工资和劳务费用支出等费用。《合同法》第415条规定，行纪人处理委托事务支出的费用，由行纪人负担，但当事人另有约定的除外。可见，行纪费用以行纪人负担为原则，以委托人负担为例外。因此，行纪人在处理和完成委托事务过程中支出的费用，如差旅费、场地费、运输费及利息、工资等，除委托人与行纪人特别约定由委托人承担或由委托人与行纪人分担外，应当由行纪人负担。因行纪业务广泛，各类行纪合同中的委托人与行纪人的情况也各不相同，在确定以行纪人负担其处理委托事务支出费用的同时，当事人应从实际情况出发，可以根据具体情况约定行纪人处理委托事务支出的费用由委托人承担，或者双方按照一定的比例共同承担。

(4)买入货物或卖出货物的货款支付与结算

行纪合同的行纪人是以自己的名义从事委托人委托的贸易活动,即行纪人接受委托人的委托买入货物或者卖出货物。在前一种情况下,委托人应当向行纪人支付购货货款;在后一种情况下,行纪人卖出货物后应当向委托人结算货款。为了防止合同履行的不确定性,委托人与行纪人最好在合同中将委托人向行纪人支付购货货款或行纪人向委托人结算货款的时间、地点及期限、方式在合同中订明,如约定行纪人应当在售出货物的多少日内,在行纪人的办公地点结算货款等。

(5)报酬的计算方式及支付期限

《合同法》第422条规定,行纪人完成或者部分完成委托事务的,委托人应当向其支付相应的报酬。据此,按照合同约定的报酬数额或计算标准与支付期限和支付方式向行纪人支付报酬,是委托人的最主要的一项义务。委托人支付行纪人的报酬计算方式有以下几种情况:①如合同已经按照约定履行,如果行纪人完成了委托事务,这时委托人就要按照约定的报酬全额予以支付;②如果行纪人只完成了部分委托事务的,委托人应当按照一定的比例支付相应的报酬;③如果行纪人因委托人的过错致使合同义务全部或部分不能履行的,有权请求给付全部报酬;如果行纪人因不可归责的事由(如不可抗力)致使合同义务不能全部履行的,但已经履行的部分具有独立利益的,行纪人可以就已履行部分请求给付报酬。因此,当事人在合同中应当对行纪人的报酬数额或计算标准与支付期限和支付方式作出明确约定,这是判断委托人是否履行合同和承担违约责任的依据。

行纪报酬的支付期限,可以在行纪合同作出明确约定,并按约定执行。如果合同未约定支付期限,委托人应当在行纪人完成或者部分完成委托事务后的合理期限内支付。关于支付方式,则应当根据实际情况确定。可以一次性支付,也可以通过提成支付,通过银行结算的,可以通过票据结算,也可以通过划拨结算。

(6)对行纪人增加报酬的约定

委托人对行纪人下达价格指令,是行纪人与第三人进行交易的前提。行纪人应当执行委托人的价格限定指示,即出卖物品的,卖出的价格不得低于委托人指示的最低限价;买入物品的,买入的价格不得高于委托人指示的最高限价。若行纪人低于委托人指示价格卖出或高于委托人指示价格买入,应当征得委托人的同意,否则属于行纪人违反委托人的价格指示的行为,委托人可以不接受该交易结果。若行纪人低于委托人指示价格卖出或高于委托人指示价格买入时,虽然未征得委托人的同意,但行纪人补足了这一差额的,该买卖对委托人发生效力。

行纪人如果高于委托人指定的价格卖出或者低于委托人指定的价格买入的,因为给委托人带来了利益,委托人不但要承认此买卖对自己的效力,而且还应按约定给行纪人增加报酬。为了鼓励行纪人给委托人带来更大利益,当事人双方最好在行纪合同中对行纪人上述情形的报酬计算方法作出约定。这样也可以防止因约定不明所引发的纠纷。行纪合同对增加行纪人报酬没有约定或者约定不明确的,根据《合同法》第61条的规定,行纪人与委托人可以协议补充,行纪人与委托人就增加报酬达不成补充协议的,依据合同的有关条款或者交易习惯确定,仍不能确定的,则该利益属于委托人。

(7)行纪人对货物的留置权

在行纪合同中,行纪人享有留置权。《合同法》第422条规定,行纪人完成或者部分完成委托事务的,委托人应当向其支付相应的报酬。委托人逾期不支付报酬的,行纪人对委托物享有留置权,但当事人另有约定的除外。委托人违反行纪合同的约定,在超过规定期限不支付报酬时，行纪人即可对委托物予以留置。行纪人留置委托物后，应当按照《物权法》第 18 章“留置权”所规定的程序和方式，实现其留置权。行纪人留置权并不是法律的强制性规定，当事人可以特别约定排除其适用。因此，如果当事人在行纪合同中约定行纪人无留置权，则行纪人对委托物不享有留置权，行纪人应当遵从其约定。如果合同中没有这样的特别约定，行纪人则享有留置权。

(8)违约责任

违约责任是一方不履行、迟延履行或不完全履行(不当履行)合同所规定义务应承担的责任。当事人可以在合同中对各方可能违约的情形及其应承担的责任(如违约金责任、赔偿损失或解除合同等)作出约定，以便于明确责任以及违约发生后的纠纷解决。

此外，合同当事人对一方当事人不履行法定义务应承担的法律责任也可以依法作出约定。例如，《合同法》第 416 条规定，行纪人占有委托物的，应当妥善保管委托物。该法第 417 条规定，委托物交付给行纪人时有瑕疵或者容易腐烂、变质的，经委托人同意，行纪人可以处分该物；和委托人不能及时取得联系的，行纪人可以合理处分。根据上述规定，行纪合同当事人可以在合同中对下列事项作出明确约定：行纪人未采取妥善措施保管委托物所造成的损失赔偿范围或计算方法；未经委托人同意或者未与委托人联系处理有瑕疵或者容易腐烂、变质的委托物应承担的法律责任等。

当事人在合同中未约定违约责任的，一方违约时其承担的违约责任并不因此而免除，另一方当事人可以依法申请仲裁解决或者依法向人民法院提起诉讼，要求违约当事人承担违约责任，由仲裁机构或者人民法院依法裁决。

3. 尾部

首先，行纪合同双方当事人为自然人的应当签名，为法人或其他组织的应当加盖单位公章，并由单位法定代表人或负责人签名；其次，应当注明本合同签订的具体年、月、日。

(三)文书示范文本与参考文本

行纪合同(GF—2000－1101)

合同编号：________

委托人：______________________　签订地点：______________

行纪人：______________________　签订时间：______________

第一条　委托人委托行纪人买入(卖出)的货物、数量、价格：

货物名称	商标或品牌	规格型号	生产厂家	计量单位	数量	单价	金额	质量标准	包装要求
合计人民币金额(大写)：									

(注：空格如不够用，可以另接)

第二条　委托人将委托卖出的货物交付行纪人的时间、地点、方式及费用负担：______
____。

第三条　行纪人将买入的货物交付委托人的时间、地点、方式及费用负担：________
____。

第四条　委托人与行纪人结算货款的方式、地点及期限：____________________。

第五条 报酬的计算方式及支付期限:____。

第六条 行纪人以高于委托人指定的价格卖出货物时,报酬的计算方法:________________。

行纪人以低于委托人指定的价格买入货时,报酬的计算方法:________________。

第七条 委托人委托行纪人处理委托事务的期限为:________________________。

第八条 本合同解除的条件:____。

第九条 委托人未向行纪人支付报酬或货物的,行纪人(是/否)可以留置货物。

第十条 违约责任:____。

第十一条 合同争议的解决方式:本合同在履行过程中发生的争议,由双方当事人协商解决;也可由当地工商行政管理部门调解;协商或调解不成的,按下列第________种方式解决:

(一)提交________仲裁委员会仲裁。

(二)依法向人民法院起诉。

第十二条 其他约定事项:____。

第十三条 本合同未作规定的,按《中华人民共和国合同法》的规定执行。

委托人 委托人:(章) 住所: 法定代表人: 居民身份证号码: 委托代理人: 电话: 开户银行: 账号: 邮政编码:	行纪人 行纪人:(章) 住所: 法定代表人: 居民身份证号码: 委托代理人: 电话: 开户银行: 账号: 邮政编码:	鉴(公)证意见: 鉴(公)证机关(章) 经办人: 年 月 日

房地产代理销售合同

甲方:____。

地址:________;邮政编码:________;电话:________。

法定代表人:________,职务:________。

乙方:________房地产中介代理有限公司。

地址:________;邮政编码:________;电话:________。

法定代表人:________,职务:________。

甲乙双方经过友好协商,根据《中华人民共和国合同法》的有关规定,就甲方委托乙方(独家)代理销售甲方开发经营或拥有的________事宜,在互惠互利的基础上达成以下协议,并承诺共同遵守。

第一条 合作方式和范围

甲方指定乙方为在________(地区)的独家销售代理,销售甲方指定的,由甲方在

________兴建的________项目,该项目为(别墅、写字楼、公寓、住宅),销售面积共计________平方米。

第二条　合作期限

1. 本合同代理期限为________个月,自________年____月____日至________年____月____日。在本合同到期前的____天内,如甲乙双方均未提出反对意见,本合同代理期自动延长____个月。合同到期后,如甲方或乙方提出终止本合同,则按本合同中合同终止条款处理。

2. 在本合同有效代理期内,除非甲方或乙方违约,双方不得单方面终止本合同。

3. 在本合同有效代理期内,甲方不得在________地区指定其他代理商。

第三条　费用负担

本项目的推广费用(包括但不仅包括报纸电视广告、印制宣传材料、售楼书、制作沙盘等)由甲方负责支付。该费用应在费用发生前一次性到位。

具体销售工作人员的开支及日常支出由乙方负责支付。

第四条　销售价格

销售基价(本代理项目各层楼面的平均价)由甲乙双方确定为________元/平方米,乙方可视市场销售情况征得甲方认可后,有权灵活浮动。甲方所提供并确认的销售价目表为本合同的附件。

第五条　代理佣金及支付

1. 乙方的代理佣金为所售的________项目价目表成交额的____%,乙方实际销售价格超出销售基价部分,甲乙双方按五五比例分成。代理佣金由甲方以人民币形式支付。

2. 甲方同意按下列方式支付代理佣金:

甲方在正式销售合同签订并获得首期房款后,乙方对该销售合同中指定房地产的代销即告完成,即可获得本合同所规定的全部代理佣金。甲方在收到首期房款后应不迟于3天将代理佣金全部支付给乙方,乙方在收到甲方转来的代理佣金后应开具收据。

乙方代甲方收取房价款,并在扣除乙方应得佣金后,将其余款项返还甲方。

3. 乙方若代甲方收取房款,属一次性付款的,在合同签订并收齐房款后,应不迟于5天将房款汇入甲方指定银行账户;属分期付款的,每两个月一次将所收房款汇给甲方。乙方不得擅自挪用代收的房款。

4. 因客户对临时买卖合约违约而没收的定金,由甲乙双方五五分成。

第六条　甲方的责任

1. 甲方应向乙方提供以下文件和资料:

(1)甲方营业执照副本复印件和银行账户。

(2)新开发建设项目,甲方应提供政府有关部门对开发建设____________项目批准的有关证照(包括:国有土地使用权证书、建设用地批准证书和规划许可证、建设工程规划许可证和开工证)和销售____________项目的商品房销售证书、外销商品房预售许可证、外销商品房销售许可证;旧有房地产,甲方应提供房屋所有权证书、国有土地使用权证书。

(3)关于代售的项目所需的有关资料,包括:外形图、平面图、地理位置图、室内设备、建设标准、电器配备、楼层高度、面积、规格、价格、其他费用的估算等。

(4)乙方代理销售该项目所需的收据、销售合同,以实际使用的数量为准,余数全部退给甲方。

(5)甲方正式委托乙方为＿＿＿＿＿＿项目销售(独家)代理的委托书。

以上文件和资料,甲方应于本合同签订后2天内向乙方交付齐全。

甲方保证若客户购买的＿＿＿＿＿＿的实际情况与其提供的材料不符合或产权不清,所发生的任何纠纷均由甲方负责。

2. 甲方应积极配合乙方的销售,负责提供看房车,并保证乙方客户所订的房号不发生误订。

3. 甲方应按时按本合同的规定向乙方支付有关费用。

第七条　乙方的责任

1. 在合同期内,乙方应做以下工作:

(1)制定推广计划书(包括市场定位、销售对象、销售计划、广告宣传等);

(2)根据市场推广计划,制订销售计划,安排时间表;

(3)按照甲乙双方议定的条件,在委托期内,进行广告宣传、策划;

(4)派送宣传资料、售楼书;

(5)在甲方的协助下,安排客户实地考察并介绍项目、环境及情况;

(6)利用各种形式开展多渠道销售活动;

(7)在甲方与客户正式签署售楼合同之前,乙方以代理人身份签署房产临时买卖合约,并收取定金;

(8)乙方不得超越甲方授权向客户作出任何承诺。

2. 乙方在销售过程中,应根据甲方提供的＿＿＿＿＿＿项目的特性和状况向客户作如实介绍,尽力促销,不得夸大、隐瞒或过度承诺。

3. 乙方应信守甲方所规定的销售价格,非经甲方授权,不得擅自给客户任何形式的折扣。在客户同意购买时,乙方应按甲乙双方确定的付款方式向客户收款。若遇特殊情况(如客户一次性购买多个单位),乙方应告知甲方,作个案协商处理。

4. 乙方收取客户所付款项后不得挪作他用,不得以甲方的名义从事本合同规定的代售房地产以外的任何其他活动。

第八条　合同的终止和变更

1. 在本合同到期时,双方若同意终止本合同,双方应通力协作妥善处理终止合同后的有关事宜,结清与本合同有关的法律经济等事宜。本合同一旦终止,双方的合同关系即告结束,甲乙双方不再互相承担任何经济及法律责任,但甲方未按本合同的规定向乙方支付应付费用的除外。

2. 经双方同意可签订变更或补充合同,其条款与本合同具有同等法律效力。

第九条　其他事项

1. 本合同一式两份,甲乙双方各执一份,经双方代表签字盖章后生效。

2. 在履约过程中发生的争议,双方可通过协商、诉讼方式解决。

甲方:＿＿＿＿＿　　　　乙方:＿＿＿＿＿

代表人:＿＿＿＿＿　　　　代表人:＿＿＿＿＿

＿＿＿＿年＿＿月＿＿日　　　　＿＿＿＿年＿＿月＿＿日

十二、居间合同

(一)文书制作的基本知识

居间合同,是居间人向委托人报告订立合同的机会或者提供订立合同的媒介服务,委托人支付报酬的合同。其中报告订立合同机会或者提供订立合同的媒介服务的一方为居间人,给付报酬的一方为委托人。

1. 居间合同的种类

根据居间内容的不同,居间分为两类:

(1)报告居间,即报告订约机会,是指居间人受委托人的委托与指示,寻觅可与委托人订立合同的相对人,从而为委托人订约提供机会。

(2)媒介居间,即提供订约媒介服务,是指居间人斡旋于交易双方当事人之间,介绍双方订立合同,促成双方的交易。

2. 居间合同的法律特征

(1)居间人为委托人报告订约机会或为订约媒介,这一特征体现了居间合同的居间性。居间合同的居间性特点,表现为居间人不是交易主体,不直接参与交易双方的谈判和缔约过程,不承担交易带来的后果,也不是交易任何一方的代理人。居间人与直接交易的任何一方当事人都存在居间合同关系,只是分别接受交易双方当事人的委托,向委托人报告订约机会或者提供媒介服务。

(2)居间合同为双务、有偿、诺成。居间人与委托人之间互负权利义务,且具有有偿性即委托人利用居间人报告的订约机会和提供的媒介服务,成功与居间人的另一方委托人促成交易的或者建立其他民事关系的,委托人应当向居间人支付报酬。但是居间人对于取得报酬具有不确定性。居间人未促成合同成立的,无权要求委托人支付报酬。居间合同自居间人和委托人对居间内容达成一致时成立。

3. 居间合同的形式与内容

《合同法》对居间合同的订立形式并无规定须采用书面形式或其他特殊形式,因此为非要式合同。当事人订立居间合同,可以采取书面形式、口头形式和其他形式。因书面形式具有固化合同内容的特点,在争议发生后又起到关键的证据作用,因此当事人订立居间合同最好采用书面形式。

居间合同的主要条款有:委托方和居间人的姓名或名称和地址等情况、委托事项、居间费用的数额或计算方法、违约责任及当事人认为应当约定的其他事项。

(二)文书的内容及制作方法

1. 首部

(1)标题

应当注明合同的名称"居间合同",或者根据居间事项注明合同名称,如"房屋租赁居间合同""房屋买卖居间合同"等。

(2)当事人的姓名或名称及住所

居间合同的双方当事人包括委托人和居间人。委托人是指委托居间人提供中介活动的人,包括法人和其他组织、自然人。居间人可以是某一法律关系中一方委托的居间人,也可以是双方共同委托的居间人,居间人从事居间活动一般应当依法注册登记;法律法规规定经有关部门许可批准的,应当依法审批。未经登记注册或依法审批的,不得从事居间活动。

订立居间合同的当事人必须是具体确定的,委托人为自然人的,应在合同中写明其姓名、住所;当事人为法人或其他组织的,应写明单位的名称、营业地以及法定代表人或负责人的姓名。

2. 正文

(1)委托事项及具体要求

委托事项是委托人委托居间人提供居间活动即中介服务的具体事项,对于委托事项即居间人向委托人报告订立合同的机会或者提供订立合同的媒介服务的约定应当具体、明确,以便居间人所提供的居间活动具有针对性。委托事项应当属于居间人的经营范围并应当具有合法性。居间人在接受委托人委托时,要了解委托事项的性质,弄清楚是否为国家法律、政策所禁止。

(2)报酬及支付期限与方式

在居间合同中,居间人要求委托人支付报酬应当以居间达到目的为条件,即以居间人促成委托人与第三人的合同成立为条件。居间合同没有促成合同成立的,不得请求支付报酬。《合同法》第426条第1款规定,居间人促成合同成立的,委托人应当按照约定支付报酬。对居间人的报酬没有约定或者约定不明确的,居间人与委托人可以协议补充;不能达成补充协议的,按照合同有关条款或者交易习惯确定。依照上述规定仍不能确定的,根据居间人的劳务合理确定。据此,为了避免居间人的报酬支付纠纷,居间人与委托人应当在合同中将居间人的报酬数额或计算方法作出明确约定。

《合同法》第426条第1款还规定,因居间人提供订立合同的媒介服务而促成合同成立的,由该合同的当事人平均负担居间人的报酬。但是,作者认为,该规定属于指导性规范,并不具有强制性,居间人的报酬可以由经居间人促成合同成立的双方当事人中的一方承担,或者按照不同的比例承担。对此,可以根据不同情况在合同中作出明确约定。

居间人的居间报酬的支付时间,一般是在其促成合同成立之后支付,至于支付的具体时间、支付方式可以在居间合同中作出明确约定。居间人所促成的合同成立后,如果因法定事由而被宣告无效或者被撤销时,居间人也不能请求支付报酬;已经支付报酬的,居间人应当予以返还。

(3)居间费用的负担

居间费用是指居间人从事报告或媒介的居间活动所支出的必要费用。居间费用应当由谁承担,直接涉及居间人和委托人的利益。根据《合同法》第426条第2款和第427条的规定,居间费用的负担可以分为以下两种情况:①居间人促成合同成立的,居间活动的费用,由居间人负担。②居间人未促成合同成立的,不得要求支付报酬,但可以要求委托人支付从事居间活动支出的必要费用。必要费用,当指为委托人办理居间事务支出的各种合理费用,如在房屋租赁活动中,居间人带领租房人看房所支出的交通费或乘坐出租车费用、与出租人的通话电话费等。对于居间活动的费用,居间人放弃或者合同中约定由居间人承担的,委托人则不必支付。为了防止因居间费用支付引起合同纠纷,双方当事人在居间合同中应当对居间费用由何方承担、居间费用的构成、计算方法等依法作出明确约定。

(4)违约责任

在居间合同中,委托人义务主要有:委托人就应当按照约定支付居间报酬;居间人未促成合同成立的,不得要求支付报酬,但可以要求委托人支付从事居间活动支出的必要费用。根据《合同法》第425条的规定,居间人应当就有关订立合同的事项向委托人如实报告。居间人故意隐瞒与订立合同有关的重要事实或者提供虚假情况,损害委托人利益的,不得要求支付报酬并应当承担损害赔偿责任。对于居间合同当事人一方违反上述义务的情形,可以在合同中依法订立违约责任条款，以使违约责任明确化并督促当事人自觉履行合同义务。

（5）合同争议的解决方式

在合同发生争议后，双方可以进行协商和通过调解解决。在未约定仲裁裁决的情况下也可以直接提起诉讼。但是，双方对于争议的解决一旦选择了仲裁方式，即订立了仲裁条款或仲裁协议，该协议就会自动排斥法院的管辖权，即双方不能直接向法院起诉，而只能诉诸仲裁；即使双方向法院起诉，法院也将拒绝受理。

3. 尾部

首先，居间合同双方当事人为自然人的，应当签名；为法人或其他组织的，应当加盖单位公章，并由单位法定代表人或负责人签名。其次，应当注明本合同签订的具体年、月、日。

（三）文书示范文本

居间合同（BF—2001－1201）

合同编号：________

委托人：____________________　签订地点：________________

居间人：____________________　签订时间：________________

第一条　委托事务及具体要求：____。

第二条　居间期限：从________年____月____日至________年____月____日。

第三条　委托人（是/否）允许居间人把委托事务转委托给第三人处理。

第四条　居间人应当就委托事务处理情况向委托人如实报告。

第五条　报酬及支付方式、期限：居间人促成合同成立的，报酬为：________，支付时间及方式为：________；未促成合同成立的，居间人不得要求支付报酬。

第六条　居间费用及支付方式：居间人促成合同成立的，居间活动的费用由居间人负担；未促成合同成立的，委托人应向居间人支付必要费用如下：________，支付方式为：____。

第七条　本合同解除的条件：____。

第八条　委托人违约责任：____。

居间人违约责任：____。

第九条　合同争议的解决方式：本合同项下发生的争议，由双方当事人协商解决或申请调解解决；协商或调解不成的，按下列第________种方式解决：（只能选择一种）

（一）提交________仲裁委员会仲裁；

（二）依法向________人民法院起诉。

第十条　其他约定事项：____。

委　托　人		居　间　人	
委托人：（章）	住所：	居间人：（章）	住所：
营业执照号码：	身份证号：	营业执照号码：	身份证号：
法定代表人：	委托代理人：	法定代表人：	委托代理人：
电话：	传真：	电话：	传真：
开户银行：	账号：	开户银行：	账号：
税号：	邮政编码：	税号：	邮政编码：

十三、保证合同

(一)文书制作的基本知识

保证合同,是保证人与债权人订立的关于保证人在债务人不履行债务时,保证人按照约定履行债务或者承担责任的书面协议。

1. 保证的特征

《中华人民共和国担保法》(以下简称《担保法》)第6条规定,保证,是指保证人和债权人约定,当债务人不履行债务时,保证人按照约定履行债务或者承担责任的行为。保证具有以下特征:

(1)保证具有从属性。保证的从属性是指保证债务与所担保的主债务具有主从关系,即保证债务从属于主债务,主要表现为:①保证债务以主债务的存在为前提。如果主债务无效或者不成立,则保证债务也不发生效力,除非当事人另有约定。②保证债务的范围从属于主债务。保证责任的范围由保证人和债权人在合同中约定,保证责任可少于主债务,但不得大于主债务。③债权人向主债务人请求履行、起诉等中断诉讼时效的行为,对保证债务发生同样的效力。根据《担保法》第25条的规定,债权人对一般保证的债务人在保证期间提起诉讼的,保证期间适用诉讼时效中断。

(2)保证具有补充性。保证的补充性是指只有当债务人未履行其债务时,保证人才向债权人履行债务或者承担责任。在一般保证中,当债务人有履约能力时,债权人应先向债务人为履行请求,当债权人未向债务人请求其履行债务而直接向保证人请求代为履行债务时,保证人享有先诉抗辩权,即保证人在主合同纠纷未经审判或者仲裁,并就债务人财产依法强制执行依然不能履行债务之前,保证人对债权人请求其履行债务的请求可以拒绝,不承担责任。此外,保证的补充性还表现在:当同一债权既有保证又有物的担保时,保证人仅对物的担保以外的债权承担保证责任;当债权人放弃物的担保时,保证人在债权人放弃权利的范围内免除其保证责任。

(3)保证具有伴随性。保证具有伴随性是指当主债权发生移转时,保证人对新的债权人承担保证责任。根据《担保法》的规定,保证期间,债权人依法将主债权转让给第三人的,保证人在原保证担保的范围内继续承担保证责任。在保证期间,债权人许可债务人转让债务时,应当取得保证人的书面同意,保证人对未经其同意转让的债务,不再承担保证责任。

最高人民法院《关于适用〈中华人民共和国担保法〉若干问题的解释》(以下简称《担保法司法解释》)第28条至第30条作了进一步的规定:①保证期间,债权人依法将主债权转让给第三人的,保证债权同时转让,保证人在原保证担保的范围内对受让人承担保证责任。但是保证人与债权人事先约定仅对特定的债权人承担保证责任或者禁止债权转让的,保证人不再承担保证责任。②保证期间,债权人许可债务人转让部分债务未经保证人书面同意的,保证人对未经其同意转让部分的债务,不再承担保证责任。但是,保证人仍应当对未转让部分的债务承担保证责任。③保证期间,债权人与债务人对主合同数量、价款、币种、利率等内容作了变动,未经保证人同意的,如果减轻债务人的债务的,保证人仍应当对变更后的合同承担保证责任;如果加重债务人的债务的,保证人对加重的部分不承担保证责任。债权人与债务人对主合同履行期限作了变动,未经保证人书面同意的,保证期间为原合同约定的或者法律规定的期间。债权人与债务人协议变动主合同内容，但并未实际履行的，保证人仍应当承担保证责任。

2. 保证合同的形式与内容

《担保法》第13条规定，保证人与债权人应当以书面形式订立保证合同。《担保法司法解释》第22条规定，第三人单方以书面形式向债权人出具担保书，债权人接受且未提出异议的，保证合同成立。主合同中虽然没有保证条款，但是，保证人在主合同上以保证人的身份签字或者盖章的，保证合同成立。可见，保证合同为要式合同，只要以书面形式证明保证人同意对债权人的主债权提供保证的，保证合同成立。当事人订立保证合同未采用书面形式的无效。

《担保法》第15条规定，保证合同应当包括以下内容：(1)被保证的主债权种类、数额；(2)债务人履行债务的期限；(3)保证的方式；(4)保证担保的范围；(5)保证的期间；(6)双方认为需要约定的其他事项。保证合同不完全具备前款规定内容的，可以补正。

(二)文书的内容及制作方法

1. 首部

(1)标题

应当注明合同的名称“保证合同”，或者根据保证人的具体保证事项注明合同名称，如“借款保证合同”等。

(2)当事人的姓名或名称及住所

保证合同是主合同当事人以外的第三人即保证人为了保证债务人按期履行债务和保证债权人债权的实现而与债权人签订的合同。因此，保证人和债权人是保证合同的双方当事人。订立保证合同的当事人必须是具体的和确定的，保证人和债权人是自然人的，应在合同中写明其真实姓名、住所。保证人和债权人是法人和其他组织的，应写明单位的名称、营业地以及法定代表人或负责人的姓名。如保证人是两个或两个以上的法人或其他组织的，应在合同中写明每个保证人的姓名或名称、住所或营业地。

《担保法》第7条规定，具有代为清偿债务能力的法人、其他组织或者公民，可以作保证人。因此，作为保证人的法人、其他组织或公民应当拥有一定的财力并具有代为清偿债务的能力。根据《担保法》的规定，国家机关不得为保证人，但经国务院批准为使用外国政府或者国际经济组织贷款进行转贷的除外。学校、幼儿园、医院等以公益为目的的事业单位、社会团体不得为保证人。企业法人的分支机构、职能部门不得为保证人。企业法人的分支机构有法人书面授权的，可以在授权范围内提供保证。任何单位和个人不得强令银行等金融机构或者企业为他人提供保证；银行等金融机构或者企业对强令其为他人提供保证的行为，有权拒绝。

2. 正文

(1)被保证的主债权种类、数额

被保证的主债权就是由保证合同所约定的保证人提供担保的债权，根据《担保法》的规定，在借贷、买卖、货物运输、加工承揽等民事活动中，债权人可以要求债务人对自己的债权提供保证这种担保方式，因此，在保证合同中应将被保证的主债权的种类写明。

被保证的主债权的数额是债权人对债务人所享有的债权数额。《担保法》第14条规定，保证人与债权人可以就单个主合同分别订立保证合同，也可以协议在最高债权额限度内就一定期间连续发生的借款合同或者某项商品交易合同订立一个保证合同。据此，主债权的数额不仅与保证方式有密切的关系,而且一般情况下它也是担保人为债权人的债权应提供担保的数额。因此,在保证合同中应将主债权的数额订明。

(2)债务人履行债务的期限

债务人履行债务的期限,是指主合同中债务人向债权人履行债务的期限。它是主合同的债务人履行合同义务的时间界限,是确定主合同是否按时履行或者迟延履行的标准。根据《担保法》的规定,主债务的履行期届满,债务人不能履行债务时,债权人可以依法要求保证人承担保证责任。《担保法司法解释》第 33 条规定,主合同对主债务履行期限没有约定或者约定不明的,保证期间自债权人要求债务人履行义务的宽限期届满之日起计算。可见,主债务的履行期限不仅是债权人要求债务人履行义务的时间依据,而且也是保证人履行保证义务的时间依据。因此,在保证合同中应当将主合同所约定的债务人履行债务的期限载明。

(3)保证的方式

保证方式不同,保证人所承担的保证责任不同,因此,保证合同当事人应当根据不同的情况,将担保方式在合同中订明。

首先,一般保证和连带责任保证是两种最基本保证方式。《担保法》第 17 条第 1 款规定,当事人在保证合同中约定,债务人不能履行债务时,由保证人承担保证责任的,为一般保证。根据该条第 2 款的规定,一般保证的保证人享有先诉抗辩权,即一般保证的保证人在主合同纠纷未经审判或者仲裁,并就债务人财产依法强制执行仍不能履行债务前,对债权人可以拒绝承担保证责任。根据该条第 3 款的规定,有下列情形之一的,保证人不得行使先诉抗辩权:①债务人住所变更,致使债权人要求其履行债务发生重大困难的;②人民法院受理债务人破产案件,中止执行程序的;③保证人以书面形式放弃前款规定的权利的。该法第 18 条规定,当事人在保证合同中约定保证人与债务人对债务承担连带责任的,为连带责任保证。连带责任保证的债务人在主合同规定的债务履行期届满没有履行债务的,债权人可以要求债务人履行债务,也可以要求保证人在其保证范围内承担保证责任。该法第 19 条规定,当事人对保证方式没有约定或者约定不明确的,按照连带责任保证承担保证责任。因此,在订立保证合同时,当事人应在合同中最好明确约定是一般保证还是连带保证,以防发生担保方式争议。

其次,有两个以上保证人的保证,按承担保证责任的方式,可将保证分为按份保证和连带保证。《担保法》第 12 条规定,同一债务有两个以上保证人的,保证人应当按照保证合同约定的保证份额,承担保证责任。没有约定保证份额的,保证人承担连带责任,债权人可以要求任何一个保证人承担全部保证责任,保证人都负有担保全部债权实现的义务。已经承担保证责任的保证人,有权向债务人追偿,或者要求承担连带责任的其他保证人清偿其应当承担的份额。《担保法司法解释》第 19 条规定,两个以上保证人对同一债务同时或者分别提供保证时,各保证人与债权人没有约定保证份额的,应当认定为连带共同保证。连带共同保证的保证人以其相互之间约定各自承担的份额对抗债权人的,人民法院不予支持。该解释第 20 条规定,连带共同保证的债务人在主合同规定的债务履行期届满没有履行债务的,债权人可以要求债务人履行债务,也可以要求任何一个保证人承担全部保证责任。连带共同保证的保证人承担保证责任后,向债务人不能追偿的部分,由各连带保证人按其内部约定的比例分担。没有约定的,平均分担。该解释第 21 条规定,按份共同保证的保证人按照保证合同约定的保证份额承担保证责任后,在其履行保证责任的范围内对债务人行使追偿权。因此,有两个以上保证人的保证,最好将各个保证人所承担的是按份保证还是连带保证作出明确约定。

最后,根据保证所担保的债务是否具有持续性,可将保证划分为持续的保证和一时的保证。持续的保证是指保证人为持续性债权关系中的债务人所作的保证；一时的保证是指对一次性给付的债权关系所作的保证。我国《担保法》规定的最高额保证就是持续的保证；就单个主合同分别订立保证合同就是一时保证。该法第 14 条规定，保证人与债权人可以就单个主合同分别订立保证合同，也可以协议在最高债权额限度内就一定期间连续发生的借款合同或者某项商品交易合同订立一个保证合同。《担保法司法解释》第 23 条规定，最高额保证合同的不特定债权确定后，保证人应当对在最高债权额限度内就一定期间连续发生的债权余额承担保证责任。因此，订立最高额保证合同时保证人应将所保证的连续性债权的最高额度及债权连续发生的期间订明。

（4）保证担保的范围

《担保法》第 21 条规定，保证担保的范围包括主债权及利息、违约金、损害赔偿金和实现债权的费用。保证合同另有约定的，按照约定。当事人对保证担保的范围没有约定或者约定不明确的，保证人应当对全部债务承担责任。可见，根据保证所担保的范围不同，可将保证划分为部分保证和全部保证。担保全部债务的保证是全部保证；只对债务的部分担保履行的，是部分保证。保证合同应对保证人所保证的债务范围作出明确规定，保证合同对保证范围未明确规定的，应推定为保证全部债务。部分保证的保证人仅在约定的保证范围内承担保证责任。对于新增加的债务，未经保证人同意担保的，保证人不承担保证责任。

（5）保证的期间

保证期间是保证人保证主债权实现的期间，亦即当债务人不履行对债权人所负的到期债务时，保证人按照保证合同的约定代为清偿债务及承担责任的期间，保证人与债权人应当在保证合同中约定保证的期间。根据《担保法司法解释》第 31 条的规定，保证期间不因任何事由发生中断、中止、延长的法律后果。

《担保法》第 25 条第 1 款规定，一般保证的保证人与债权人未约定保证期间的，保证期间为主债务履行期届满之日起 6 个月。该法第 26 条第 1 款规定，连带责任保证的保证人与债权人未约定保证期间的，债权人有权自主债务履行期届满之日起 6 个月内要求保证人承担保证责任。该法第 27 条规定，保证人依照本法第 14 条规定就连续发生的债权作保证，未约定保证期间的，保证人可以随时书面通知债权人终止保证合同，但保证人对于通知到债权人前所发生的债权，承担保证责任。《担保法司法解释》第 37 条规定，最高额保证合同对保证期间没有约定或者约定不明的，如最高额保证合同约定有保证人清偿债务期限的，保证期间为清偿期限届满之日起 6 个月。没有约定债务清偿期限的，保证期间自最高额保证终止之日或自债权人收到保证人终止保证合同的书面通知到达之日起 6 个月。

根据《担保法司法解释》第 32 条至第 33 条的规定，保证合同约定的保证期间不得早于或者等于主债务履行期限。保证合同约定的保证期间早于或者等于主债务履行期限的，视为没有约定，保证期间为主债务履行期届满之日起 6 个月。保证合同不得约定保证人承担保证责任直至主债务本息还清时为止等类似内容。保证合同约定保证人承担保证责任直至主债务本息还清时为止等类似内容的，视为约定不明，保证期间为主债务履行期届满之日起 2 年。

当事人在保证合同中明确约定保证期间，可有利于保证合同的履行及保证人的责任承担，否则，往往因保证期间不明确引起纠纷或因债权人不及时催告保证人履行保证义务而使主债权丧失保证。

（6）双方认为需要约定的其他事项

合同的最主要的特点就是当事人在遵循法律、行政法规的强制性规定的前提下，自由约定其内容,即只要双方当事人在自愿的基础上所达成的一致意见都可以订入合同。因此,对于保证合同也一样,除了上述主要内容外,合同当事人认为应当在合同中约定的其他事项,也可以由各方协商一致后作出约定。

3. 尾部

首先,保证合同双方当事人为自然人的应当签名,为法人或其他组织的应当加盖单位公章,并由单位法定代表人或负责人签名;其次,应当注明本合同签订的具体年、月、日。

(三)文书参考文本

贷款保证合同

合同编号:________

保证人(甲方):____。

地址:____。

法定代表人:__________电话:__________开户金融机构及账号:__________。

贷款人(乙方):____。

法定地址:____。

法定代表人或负责人:________________电话:____________________。

为确保________年____字第____号借款合同(以下简称借款合同)的履行,甲方愿意向乙方提供保证担保。乙方经审查,同意接受甲方的保证。甲、乙双方根据有关的法律规定,经协商一致,订立本合同,共同遵守执行。

第一条　甲方担保的主债权为乙方依据________年____字____号借款合同向________发放的贷款,本金金额为________(　　)________元整,贷款期限自________年____月____日至________年____月____日。

第二条　本合同的保证方式为连带责任保证,即甲方对借款合同中的借款人的债务承担连带责任。如借款人没有按借款合同约定履行或者没有全部偿清其债务,乙方有权直接要求甲方承担保证责任。甲方应在接到乙方《催收到(逾)期贷款通知书》之日起____个工作日内履行清偿义务。

第三条　保证担保的范围为借款合同项下的贷款本金________(货币种类)________元整及利息、借款人应支付的违约金(包括罚息)和赔偿金及实现贷款债权的费用(包括诉讼费、律师费等)。

第四条　保证期限自本合同生效之日起至借款合同履行期间届满之日后两年。

第五条　本合同的效力独立于被保证的借款合同,借款合同无效或可撤销不影响本合同的效力。

第六条　保证期间,借款合同的当事人双方协议变更借款合同内容,除展期或增加本金金额之外,无须事先取得本合同甲方的同意,保证人在变更后的保证范围内承担保证责任。

借款合同未经保证人同意而展期的,保证人仍在原保证期间内承担保证责任。借款合同双方未经保证人同意而增加借款金额的,保证人仍在原借款金额内承担保证责任。

第七条　保证期间,甲方发生机构变更、撤销或其他足以影响保证能力等情形的,甲方应提前____天书面通知乙方,本合同项下的全部义务由变更后的机构承担或由甲方在

____日之内落实为乙方所接受的新的保证人。

第八条 保证期间,乙方有权对甲方的资金状况和财产状况进行监督,有权要求甲方提供其收入证明或财务报表等资料,甲方应如实提供。

第九条 保证期间,甲方不得向第三方提供超出其自身负担能力的担保。

第十条 发生以下情况之一,乙方有权要求甲方提前承担保证责任,甲方同意提前承担保证责任。

1. 甲方违反本合同第七条、第八条、第九条的约定或者发生其他严重违约行为;

2. 借款合同履行期间,借款人死亡、宣告失踪或丧失民事行为能力致使乙方贷款债权落空,或者借款人有《借款合同》约定的违约情形的。

第十一条 甲方不承担保证责任或者违反本合同约定的其他义务的,应向乙方支付被保证的借款合同项下贷款金额____%的违约金,因此给乙方造成经济损失且违约金数额不足以弥补所受损失的,还应赔偿乙方的实际经济损失。

对上述违约金、赔偿金以及甲方未承担保证责任的贷款本金、利息和其他费用,乙方有权直接用甲方存款账户中的资金予以抵销。

第十二条 本合同有效期内,甲、乙任何一方不得擅自变更或解除合同。需要变更或解除合同时,应经双方协商一致,达成书面协议。协议未达成前,本合同条款仍然有效。

第十三条 因本合同发生的争议,由甲、乙双方通过协商解决。协商不成,可以向乙方所在地人民法院起诉。

第十四条 合同的修改、补充和解释

1. 本合同经双方书面同意,可以修改或补充;本合同的任何修改和补充均构成本合同不可分割的一部分。

2. 本合同的未尽事宜,应根据本合同所担保的借款合同的有关条款予以解释或处理。

3. 本合同任何条款的无效均不影响其他条款的效力。

第十五条 争议解决、法律适用与管辖

本合同适用中华人民共和国法律。凡因履行本合同而产生的纠纷,双方应通过友好协商解决。在协商无效时,双方同意采用下述第____种方式解决:

1. 向债权人所在地人民法院起诉,通过司法程序解决;

2. 由________仲裁委员会进行仲裁。

与诉讼或仲裁有关的所有费用均由保证人承担,但法院判决或仲裁委员会裁决另有规定的除外。

第十六条 合同生效

本保证合同及其修改、补充在合同双方签字、盖章后生效。本合同一式____份,甲乙双方及借款人各执____份,具有同等的法律效力。

甲方 (盖章)________

法定代表人或受权代理人 (签名)________

________年____月____日

乙方 (盖章)________

法定代表人或受权代理人 (签名)________

________年____月____日

十四、定金合同

(一)文书制作的基本知识

定金合同是合同当事人约定一方给付对方一定数额的金钱作为合同订立或履行的担保,因金钱交付方或收取方一方的原因致使合同不能订立或不能履行时,由金钱交付方或收取方按照交付或收取的金钱数额依法承担责任的书面协议。

1. 定金合同的特点

定金是合同当事人的一方以确保合同的订立、成立或履行为目的,依法律规定或者当事人双方的约定,由当事人一方在合同订立时或订立后、履行前,预先交付给另一方的金钱。定金合同具有以下特点:

(1)定金合同的客体为金钱。保证是以人的信用来担保债权的实现,抵押、质押和留置属于物的担保,即以抵押物、质物或留置的物的价值担保债权实现;而定金则是以特定数额的金钱来担保合同的订立或履行。根据《担保法》第91条的规定,定金的数额由当事人约定,但不得超过主合同标的额的20%。

(2)定金合同为实践合同。定金合同从实际交付定金之日起生效,即当事人在订立定金合同后,按照约定应当交付定金的一方未向另一方实际交付定金的,定金合同不能生效。

(3)定金合同作为主合同的从合同主要是通过定金罚则来担保主合同的履行。《担保法》第89条明确规定,债务人履行债务后,定金应当抵作价款或者收回。给付定金的一方不履行约定的债务的,无权要求返还定金;收受定金的一方不履行约定的债务的,应当双倍返还定金。根据《担保法司法解释》第118条的规定,当事人交付留置金、担保金、保证金、订约金、押金或者订金等,但没有约定定金性质的,不适用定金罚则。当事人主张定金权利的,人民法院不予支持。

2. 定金合同的形式与内容

《担保法》第90条规定,定金应当以书面形式约定。因此,定金合同属于要式合同,采用口头形式订立的,定金合同不能成立。根据《担保法司法解释》的规定,定金合同的书面形式可以是单独订立的书面合同,包括当事人之间的具有担保性质的信函、传真等,也可以是主合同中的担保条款。

根据《担保法》的有关规定,定金合同主要包括以下内容:被担保的主债权种类、数额;债务人履行债务的期限;定金数额;定金的交付时间;当事人认为需要约定的其他事项。

(二)文书的内容及制作方法

1. 首部

(1)标题

应当载明合同的名称即"定金合同"。

(2)当事人的姓名或名称及住所

在定金合同中,担保人和债权人是合同的双方当事人,即交付定金的一方是担保人,收受定金的一方债权人。担保人或债权人既可以是自然人,也可以是法人或其他组织。担保人或债权人是自然人,应当在定金合同中将其姓名与住所写明;是法人或其他组织的,应将其单位名称和法定代表人的名称、姓名与住所写明。

2. 正文

(1)被担保的主债权种类、数额

根据《担保法》及《担保法司法解释》的规定,在民事商事活动中,为了保证合同的订立、成立、履行等可以订立定金条款或者定金合同。在定金合同中,被担保的主债权就是由定金合同所担保的主合同债权,如借款合同中贷款人的债权、买卖合同中买方或卖方的债权等,在定金合同中应将主债权的种类写清。

根据《担保法》第 89 条和《担保法司法解释》的规定,根据定金所担保的内容不同,可分为四种性质不同的定金:订约定金、成约定金、违约定金和解约定金。当事人约定以交付定金作为订立主合同担保的为立约定金;当事人约定以交付定金作为主合同成立或者生效要件的为成约定金;当事人约定以交付定金作为履行担保的为违约定金;当事人为保留单方解除主合同的权利而交付的定金为解约定金。因此,当事人在订立定金合同时,应将定金所担保的内容作出明确约定。

定金所担保的主债权的数额是主合同的标的数额,根据《担保法》的规定,定金的数额不得超过主合同标的额的 20% 。可见,担保人即债务人为债权人所担保的债权数额即主合同标的额决定担保人所提供的定金数额,因此,在定金合同中应将主合同标的额作出明确约定。

(2)债务人履行债务的期限

债务人履行债务的期限,是指主合同中债务人向债权人履行债务的时间。它是主合同的债务人履行合同义务的时间界限,是确定主合同是否按时履行或者迟延履行的标准。它不仅是债权人要求债务人履行义务和承担违约责任的时间依据,而且也是债权要求担保人履行担保义务的时间依据。因此,在定金合同中应当将主合同所约定的债务人履行债务的期限载明。

(3)定金数额

根据《担保法》第 89 条的规定,当事人可以约定一方向对方给付定金作为债权的担保。债务人履行债务后,定金应当抵作价款或者收回。给付定金的一方不履行约定的债务的,无权要求返还定金;收受定金的一方不履行约定的债务的,应当双倍返还定金。《担保法司法解释》第 115 条规定,当事人约定以交付定金作为订立主合同担保的,给付定金的一方拒绝订立主合同的,无权要求返还定金;收受定金的一方拒绝订立合同的,应当双倍返还定金。该解释第 116 条规定,当事人约定以交付定金作为主合同成立或者生效要件的,给付定金的一方未支付定金,但主合同已经履行或者已经履行主要部分的,不影响主合同的成立或者生效。该解释第 117 条规定,定金交付后,交付定金的一方可以按照合同的约定以丧失定金为代价而解除主合同,收受定金的一方可以双倍返还定金为代价而解除主合同。对解除主合同后责任的处理,适用《合同法》的规定。

定金数额是定金合同的重要内容,其数额应当由双方作出约定。根据《担保法》第 91 条的规定,双方约定的定金数额没有下限限制,但其上限不得超过主合同标的额的 20% 。当事人约定的定金超过主合同标的额的 20% 的,超过的部分无效。在定金合同的履行中,实际交付的定金数额多于或者少于约定数额,视为变更定金合同;收受定金一方提出异议并拒绝接受定金的,定金合同不生效。因当事人一方迟延履行或者其他违约行为,致使合同目的不能实现,可以适用定金罚则。但法律另有规定或者当事人另有约定的除外。当事人一方不完全履行合同的,应当按照未履行部分所占合同约定内容的比例,适用定金罚则。当事人约定的定金数额超过主合同标的额 20% 的,超过的部分,人民法院不予支持。因不可抗力、意外事件致使主合同不能履行的,不适用定金罚则。因合同关系以外第三人的过错,致使主合同不能履行的,适用定金罚则。受定金处罚的一方当事人,可以依法向第三人追偿。

(4)定金的交付时间

在定金合同中,债务人通过交付债权人定金而担保主合同的订立、有效及其履行,定金合同自定金交付时生效。定金是否按约定期限交付是判断定金合同是否生效的重要依据,《担保法》第90条明确规定,当事人在定金合同中应当约定交付定金的期限。因此,定金合同的当事人应当将定金交付的时间在合同中订明。

3. 尾部

首先,定金合同双方当事人为自然人的应当签名,为法人或其他组织的应当加盖单位公章,并由单位法定代表人或负责人签名;其次,应当注明本合同签订的具体年、月、日。

(三)文书参考文本

1. 参考格式

定金合同

甲方(担保人即债务人):______________________________。

乙方(债权人):______________________________。

第一条 被担保的主债权种类、数额:______________________________。

第二条 债务人履行债务的期限:______________________________。

第三条 定金数额:______________________________。

第四条 定金的交付时间:______________________________。

第五条 甲方履行主合同中所约定的债务的,定金应当抵作价款或者收回。若甲方不履行上述债务的,无权要求返还定金;若乙方违约,应当双倍返还定金。

第六条 当事人认为需要约定的其他事项:______________________________。

第七条 本合同____日起生效,本合同一式二份,甲乙双方各执一份为凭。

甲方(签名、盖章) 乙方(签名、盖章)

代表人(签名) 代表人(签名)

________年____月____日 ________年____月____日

2. 参考范例

定金合同

甲方(房屋买受人):张××,女,汉族,1968年6月7日出生。住北京朝阳区花家地×号院××楼××房间。

乙方(房屋出卖人):孙××,女,汉族,1972年3月19日出生。住北京海淀区中关村××路××号楼××房间。

为了担保双方于2016年8月20日订立的房屋买卖合同的顺利履行和防止双方违约,甲乙双方特订立本定金合同,内容约定如下:

第一条 本定金合同所担保的主债权为乙方向甲方出卖位于××区××小区第××号楼××号房间的全部房款人民币壹佰捌拾陆万元整。

第二条 甲方保证于2016年10月15日前将上述房款分两次全部支付给乙方;在甲方付清全部房款的当日,甲乙双方应携带各自的身份证件、乙方并携带房屋产权证到甲方所在区的城市房地产管理部门办理房屋产权过户登记手续。

第三条　甲方应于本定金合同订立之时向乙方交付定金人民币贰拾万元整。

第四条　甲方在双方约定的房款支付期限内不能按时付清全部房款的，无权要求返还定金；因乙方原因不能进行过户登记的，乙方应当向甲方双倍返还定金。

第五条　本合同自甲方向乙方交付定金时起生效，本合同一式二份，甲乙方各执一份为凭。

甲方　张××　　　　乙方　孙××

2016年8月22日　　　　2016年8月22日

十五、抵押合同

（一）文书制作的基本知识

抵押合同，是抵押人和抵押权人订立的就抵押人将其提供的抵押财产作为向抵押权人履行义务的担保的书面协议。

1. 抵押的特点

《物权法》第179条规定，为担保债务的履行，债务人或者第三人不转移财产的占有，将该财产抵押给债权人的，债务人不履行到期债务或者发生当事人约定的实现抵押权的情形，债权人有权就该财产优先受偿。前款规定的债务人或者第三人为抵押人，债权人为抵押权人，提供担保的财产为抵押财产。根据上述规定，抵押具有以下特点：（1）抵押属于物的担保，或称担保物权，抵押权是在抵押人的特定财产上设定权利，抵押人以其特定的财产提供担保，以确保债权的实现。（2）抵押人既可以是债务人也可以是第三人。（3）抵押权的设定是在债务人或者第三人的财产上设定的，且该抵押财产不移转给抵押权人占有。（4）抵押权的实现方式是当债务人不履行债务时，设定抵押权的债权人即抵押权人有权依法将抵押财产折价或者以拍卖、变卖抵押财产并从所得价款中优先受偿。

2. 抵押权的法律特征

抵押权的法律特征有以下几个方面的体现：

（1）抵押权是一种担保物权。抵押权是以担保债权实现为目的，在债务人或第三人提供的特定的财产上设立的一种物权。因此，抵押权具有物权的特征：其一，抵押权是对物的支配权，而债权是对人的请求权；其二，抵押权具有物权的追及效力，在抵押期间，如果抵押人未通知抵押权人转让抵押物的，抵押人的转让行为无效。

（2）抵押权具有从属性。抵押权的从属性具有以下含义：①发生上的从属性，即抵押权是以主债权的存在为存在前提，债权无效时，抵押权当然不存在。对此，《物权法》第172条规定，设立担保物权，应当依照本法和其他法律的规定订立担保合同。担保合同是主债权债务合同的从合同。主债权债务合同无效，担保合同无效，但法律另有规定的除外。②处分上的从属性，即抵押权随主债权转移而转移。对此，《物权法》第192条规定，抵押权不得与债权分离而单独转让或者作为其他债权的担保。债权转让的，担保该债权的抵押权一并转让，但法律另有规定或者当事人另有约定的除外。③消灭上的从属性，即抵押权随主债权消灭而消灭。《物权法》第177条规定，有下列情形之一的，担保物权消灭：①主债权消灭；②担保物权实现；③债权人放弃担保物权；④法律规定担保物权消灭的其他情形。

（3）抵押权具有特定性。抵押权的特定性具有两个含义：①抵押权的标的必须特定。债务人或第三人提供的作担保的财产只能是现成特定的财产，以未来的财产作抵押是无效的；②抵押权所担保的债权必须特定,即抵押权只能担保债务人特定债务,而不是概括地对其债务进行担保。

(4)抵押权具有不可分性。抵押权的不可分性指抵押权效力是不可分的,它担保着债权全部,效力及于抵押财产的全部。具体表现为:①抵押财产部分灭失的,未灭失部分仍担保全部债权;②主债权部分受偿时,债权人可就未受偿部分对全部抵押财产行使权利;③抵押设立后,抵押人的行为足以使抵押物价值减少时,抵押权人有权要求抵押人停止其行为。《物权法》第193条规定,抵押财产价值减少的,抵押权人有权要求恢复抵押财产的价值,或者提供与减少的价值相应的担保。抵押人不恢复抵押财产的价值也不提供担保的,抵押权人有权要求债务人提前清偿债务。

(5)抵押权具有物上代位性。抵押权的物上代位性,是指当抵押物改变其原有形态或者性质时,只要还维持交换价值,抵押物的物理上的变形物或经济上的代表物在实质上仍是抵押权的客体,抵押权的效力及于该变形物或代表物上。抵押权物上代位性包括两方面内容:①抵押人因抵押财产受损而受有赔偿时,抵押权人有权请求就抵押人所得到的赔偿作为抵押财产。②抵押财产毁损、灭失时,物上代位是在抵押人的保险金请求权上和所有权侵害之损害赔偿请求权上成立。《物权法》第174条规定,担保期间,担保财产毁损、灭失或者被征收等,担保物权人可以就获得的保险金、赔偿金或者补偿金等优先受偿。被担保债权的履行期未届满的,也可以提存该保险金、赔偿金或者补偿金等。

(6)抵押权具有优先受偿性。抵押权的优先受偿性是指债务人不履行到期债务或者发生当事人约定的实现抵押权的情形,设定抵押的债权与非设定抵押的债权相比应当优先受偿;在债务人破产时,抵押权人可就抵押财产优先获得清偿。

3. 抵押合同的形式与内容

根据《物权法》第185条第1款的规定,设立抵押权,当事人应当采取书面形式订立抵押合同。

根据《物权法》第185条第2款的规定,抵押合同一般包括下列条款:(1)被担保债权的种类和数额;(2)债务人履行债务的期限;(3)抵押财产的名称、数量、质量、状况、所在地、所有权归属或者使用权归属;(4)担保的范围。

(二)文书的内容及制作方法

1. 首部

(1)标题

应当载明合同的名称即“抵押合同”。

(2)当事人的姓名或名称及住所

在抵押合同中,抵押当事人包括抵押权人和抵押人。其中,提供抵押财产的债务人或者第三人为抵押人;对抵押财产享有抵押权的债权人为抵押权人。

抵押人是指依据其与债权人的约定,将自己的财产设立抵押作为主债权的担保,当主债权不能按期实现或者发生当事人约定的实现抵押权的情形时,以折价或者以拍卖、变卖抵押财产所得价款偿还债务的法人、其他组织或公民。它既可以是主合同的债务人,又可以是主合同当事人之外的第三人。抵押人是对抵押物有所有权或处分权的债务人或者第三人,其在法律上一般没有资格限制。

抵押权人是指依据其与抵押人的约定,当债务人不能按时履行主债权时,有权依法将抵押财产折价或者以拍卖、变卖抵押财产并从所得价款中优先受偿的公民、法人和其他组织。抵押权人的资格因不同的抵押而有所不同。在借贷抵押中,抵押贷款的抵押权人只能是银行或其他金融机构。我国不允许非金融性公司、企业以及个人从事贷款业务,贷款人必须是中国人民银行批准有贷款业务经营权的银行或非银行金融机构。对其他债权的抵押,抵押权人可以是银行或其他金融机构,也可以是公司、企业及其他组织和个人。

在抵押合同中,应将抵押人和债权人的姓名或名称写清楚,如有两个或两个以上的抵押人或担保人提供抵押和其他担保时,应将每个抵押人或担保人的姓名或名称写清楚。

2. 正文

(1)被担保的主债权种类、数额

根据《物权法》第171条的规定,债权人在借贷、买卖等民事活动中,为保障实现其债权,需要担保的,可以依照本法和其他法律的规定设立担保物权。可见,在抵押合同中,被担保的主债权就是由抵押合同所担保的主合同债权。例如,借款合同中设立抵押权的贷款人的债权,买卖合同中设立抵押权的买方或卖方的债权就是主债权。抵押人和债权人在抵押合同中应将主债权的种类写清楚。

被担保的主债权的数额是主合同中债权人对债务人所享有的债权数额,也是抵押人为债权人所担保的债权数额,抵押权人要求抵押人所提供的抵押财产的多少一般是由主债权数额来决定的。因此,在抵押合同中亦必须载明主债权的数额。

《物权法》第203条规定,为担保债务的履行,债务人或者第三人对一定期间内将要连续发生的债权提供担保财产的,债务人不履行到期债务或者发生当事人约定的实现抵押权的情形,抵押权人有权在最高债权额限度内就该担保财产优先受偿。最高额抵押权设立前已经存在的债权,经当事人同意,可以转入最高额抵押担保的债权范围。因此,抵押人与抵押权人可以订立最高额抵押合同,即抵押人与抵押权人协议在最高债权额限度内,以抵押物对一定期间内连续发生的债权作担保。在最高额抵押合同中,被担保的主债权的最高额的限度必须确定。

(2)债务人履行债务的期限

债务人履行债务的期限,是指主合同中债务人向债权人履行债务的时间。它是主合同的债务人履行合同义务的时间界限,是确定主合同是否按时履行或者迟延履行的标准。在设立抵押的情况下,债务人不履行到期债务或者发生当事人约定的实现抵押权的情形,债权人有权就该财产优先受偿。可见,债务履行期限不仅是债权人要求债务人履行义务的时间依据,而且也是债权人要求抵押人履行担保义务的时间依据。因此,在抵押合同中应当将主合同所约定的债务人履行债务的期限载明。

(3)抵押物的名称、数量、质量、状况、所在地、所有权权属或者使用权权属

在抵押合同中提供担保的财产就是抵押物,抵押人提供的抵押财产应当符合《物权法》及相关法律的要求。

《物权法》第180条规定,债务人或者第三人有权处分的下列财产可以抵押:①建筑物和其他土地附着物;②建设用地使用权;③以招标、拍卖、公开协商等方式取得的荒地等土地承包经营权;④生产设备、原材料、半成品、产品;⑤正在建造的建筑物、船舶、航空器;⑥交通运输工具;⑦法律、行政法规未禁止抵押的其他财产。抵押人可以将前款所列财产一并抵押。第181条规定,经当事人书面协议,企业、个体工商户、农业生产经营者可以将现有的以及将有的生产设备、原材料、半成品、产品抵押,债务人不履行到期债务或者发生当事人约定的实现抵押权的情形,债权人有权就实现抵押权时的动产优先受偿。该法第182条规定,以建筑物抵押的,该建筑物占用范围内的建设用地使用权一并抵押。以建设用地使用权抵押的,该土地上的建筑物一并抵押。抵押人未依照前款规定一并抵押的,未抵押的财产视为一并抵押。第183条规定,乡镇、村企业的建设用地使用权不得单独抵押。以乡镇、村企业的厂房等

建筑物抵押的,其占用范围内的建设用地使用权一并抵押。

《物权法》第 184 条规定,下列财产不得抵押:①土地所有权;②耕地、宅基地、自留地、自留山等集体所有的土地使用权,但法律规定可以抵押的除外;③学校、幼儿园、医院等以公益为目的的事业单位、社会团体的教育设施、医疗卫生设施和其他社会公益设施;④所有权、使用权不明或者有争议的财产;⑤依法被查封、扣押、监管的财产;⑥法律、行政法规规定不得抵押的其他财产。国家禁止抵押的财产以及在有关法律关系中的当事人约定不得设立抵押的财产不得作为抵押物。

抵押物的名称应在抵押合同中写明,抵押物的名称应当规范、准确。抵押物为多项财产的,应将每一抵押物的名称分别列出。根据《担保法司法解释》的规定,抵押权设定前为抵押物的从物的,抵押权的效力及于抵押物的从物。但是,抵押物与其从物为两个以上的人分别所有时,抵押权的效力不及于抵押物的从物。因此,抵押物有从物的,最好在抵押合同中将抵押物及其从物的名称以及其所有权与使用权权属注明。

抵押物的数量包括多方面的内容,诸如物品的体积、重量,面积、件数以及其他界定抵押财产的外部特征的计量方法等,应根据主合同的性质及抵押合同的要求在合同中写明。抵押财产的质量包括花色、品种、型号、等级及质量标准亦应当在合同中载明。

对抵押的财产应当在合同中载明抵押物的所在位置。如果是房屋抵押,应当注明房屋的坐落位置[房屋所在市、区(县)、街道(镇)、路、楼、单元、楼层和房号],房屋类型,房屋结构,建筑面积和房地产价值。押押所担保的债权不得超出其抵押物的价值。

抵押物是否存在权利瑕疵直接决定着抵押合同的效力及其处分,因此,在抵押合同中应当将抵押物的所有权权属和使用权权属载明。

(4)抵押担保的范围

《物权法》第 173 条规定,担保物权的担保范围包括主债权及其利息、违约金、损害赔偿金、保管担保财产和实现担保物权的费用。当事人另有约定的,按照约定。据此,当事人应在抵押合同中约定担保范围,并载明抵押人的担保是部分担保还是全部担保。抵押合同的当事人可以约定对其中某部分进行担保,部分担保的抵押人仅在约定的范围承担担保责任。财产抵押后,该财产的价值大于所担保债权的余额部分,可以再次抵押,但不得超出其余额部分。根据《物权法》第 186 条的规定,抵押权人在债务履行期届满前,不得与抵押人约定债务人不履行到期债务时抵押财产归债权人所有。

(5)抵押登记

抵押合同当事人应当依据《物权法》的要求进行抵押登记。该法第 187 条规定,以本法第 180 条第 1 款第 1 项至第 3 项规定的财产或者第 5 项规定的正在建造的建筑物抵押的,应当办理抵押登记。抵押权自登记时设立。该法第 188 条规定,以本法第 180 条第 1 款第 4 项、第 6 项规定的财产或者第 5 项规定的正在建造的船舶、航空器抵押的,抵押权自抵押合同生效时设立;未经登记,不得对抗善意第三人。该法第 189 条规定,企业、个体工商户、农业生产经营者以本法第 181 条规定的动产抵押的,应当向抵押人住所地的工商行政管理部门办理登记。抵押权自抵押合同生效时设立;未经登记,不得对抗善意第三人。依照本法第 181 条规定抵押的,不得对抗正常经营活动中已支付合理价款并取得抵押财产的买受人。

(6)当事人认为需要约定的其他事项

抵押合同当事人认为应当在合同中约定的其他事项,而上述条款未涉及的,由各方协商一致后作出约定。例如,抵押物的占管和责任、抵押权人处置抵押物的情形以及处分抵押物所得价款的分配顺序，在本合同有效期内对抵押财产的转让及处分限制，被担保的债权既有物的担保又有人的担保时的债权实现方式等内容，当事人认为需要约定的，也可以在合同中作出具体约定。

3. 尾部

首先，抵押合同双方当事人为法人的，应当由双方的法定代表人或者法定代表人授权的代理人签名并加盖单位公章后才能生效，其他任何人的签名和除单位公章之外的任何章都无效。合同当事人为不具备法人资格的其他组织的，则由其主要负责人或主要负责人授权的代理人签名。合同的双方或一方为公民的，则应当由其亲笔签名或其授权委托的代理人签名。其次，在合同中应当载明合同的签订日期。

（三）文书参考文本

住房抵押合同

合同编号：________

抵押人（借款人）：________________________________。

身份证号码：________________________________。

住所：________________________________。

抵押权人（贷款银行）：________________________________。

法定代表人：________________________________。

地址：________________________________。

抵押人因购买住房向抵押权人申请住房借款，愿将所购商品住房抵押给抵押权人。抵押权人经审查，同意向抵押人发放贷款。为明确各自的权利、义务，根据中华人民共和国的有关法律、法规，经双方协商，订立本合同，共同遵守。

第一条　本合同是抵押人与抵押权人于________年____月____日签订个人住房借款合同（编号________）的从合同。抵押期限____年，自抵押登记日起至借款到期日后两年止。

第二条　抵押物

（1）房屋坐落：________市________区（县）________街道（镇）________路________楼________单元________层________号。

（2）房屋类型：____________。（3）房屋结构：____________。

（4）建筑面积：____________。（5）房地产价值：____________。

（6）房地产权证编号：____________。（7）购房合同编号：____________。

第三条　担保范围

抵押物担保范围包括借款合同第一条所列借款金额、利息、罚息及抵押权人实现债权的费用等。

第四条　公证

抵押权人、抵押人自本合同签订之日起的________日内，向抵押权人所在地的公证机关办理合同强制执行公证，费用由抵押人负担。

第五条　抵押物的保险

1. 抵押人应按借款期限办妥抵押商品房保险，保险金额不少于购房总价款，保险费用由抵押人支付。

2. 保险单须注明抵押权人为保险赔偿金的第一受益人，并将保险单正本交抵押权人执管。

3. 被保险的抵押物如发生保险责任范围内的灾害事故,抵押人应当立即通知贷款银行,并采取有效措施防止损失扩大,获得的保险赔偿金应优先偿还贷款本息。

4. 抵押物发生保险责任范围以外的人为毁损,由抵押人负全部责任。

第六条 抵押登记

1. 抵押人以所购买住房作抵押,抵押当事人双方向不动产登记机关办理抵押登记手续,申领抵押登记证明。在抵押人申领《房地产其他权利证明》后,应将《房地产其他权利证明》、购房合同、保险单正本交给抵押权人执管。

2. 抵押登记的费用由抵押人负担。

3. 贷款本息等全部清偿完毕后,抵押当事人双方向原不动产登记部门办理抵押注销手续,并由抵押权人将购房合同、保险单正本退还抵押人。

第七条 抵押物的占管和责任

1. 抵押物由抵押人占管。抵押人在占管期内应保持抵押物的安全、完好。抵押物人为毁损、灭失以及发生其他使抵押物价值减损的情况时,抵押权人有权要求抵押人修复抵押物,或在________日内重新提供相应的经抵押权人认可的其他等值抵押物。

2. 已设定抵押权的抵押物,未经抵押权人书面同意,抵押人不得自行以出售、转让、交换、赠与、出租、出借等方式处置抵押物。

3. 抵押权人有权检查由抵押人占管的抵押物。

第八条 抵押物的处置

抵押人不履行借款合同债务时,抵押权人有权依法以该抵押物转让或以拍卖、变卖该抵押物所得的价款优先受偿。有下列情形之一,抵押权人有权处分抵押物:

1. 抵押人连续超过________个月或累计________个月以上没有偿还贷款本息和相关费用的;

2. 借款合同履行期限届满,借款人未能清偿债务的。

第九条 处分抵押物所得价款的分配顺序

1. 支付处分抵押物所需的费用及有关税款;

2. 清偿借款人所欠抵押权人贷款本息、罚息;

3. 其余部分退还抵押人,如有不足则向借款人追索。

第十条 合同纠纷的处理

在履行合同期间发生争议,双方应协商解决,协商不成时,抵押当事人可依法向有管辖权的人民法院提出诉讼。合同经公证后具有强制执行效力的,抵押权人可向人民法院申请强制执行。

第十一条 合同生效

本合同自不动产登记机构发给抵押登记证明之日起生效,抵押人依约按时还清贷款本息和相关费用后,本合同即告终结。

第十二条 附则

本合同正本一式五份,抵押权人二份;抵押人、公证机关、房地产登记机构各执一份,副本按需确定。

抵押人(签章)　　　　抵押权人(盖章)

法定代表人或委托代理人(签章)

签署地点:____________________　　　　签署日期:________年____月____日

十六、质权合同

(一)文书制作的基本知识

质权合同是质押人和债权人订立的就质押人提供的质押财产包括动产或者权利作为向债权人履行义务的担保的书面协议。其中,提供质押财产的债务人或者第三人叫出质人,债权人叫质权人,出质人移交的动产叫质物,出质的财产权利叫权利质权。

1. 质权的特点

质押是指债务人或者第三人以其动产或者权利之凭证移交债权人占有,将该动产或者权利作为债权的担保。债务人不履行债务时,债权人有权依法以该动产折价或者以拍卖、变卖该动产的价款或变卖该权利凭证所代表的权利优先受偿。质权有以下特点:

(1)质权具有占有性。质权与抵押权都是在债务人或者第三人的特定财产上设定权利,即出质人与抵押人都以其特定的财产提供担保以确保债权的实现。在质权担保中,质押人应当将质押财产或权利凭证交付质权人占有,而在抵押担保中,抵押人并不需要将抵押财产移转于抵押权人占有,抵押财产的占有权仍属于抵押人。质权和抵押权虽都是在债务人或者第三人的特定财产上设定权利,但是作为质权和抵押权的标的是不尽相同的。质权的标的是动产或者权利,但不包括不动产;而抵押权的标的既可以是动产又可以是不动产,还可以是抵押人依法可以处分的土地使用权。

(2)质权具有附随性。订立质权合同的目的是保证债权人债权的实现,因此,质权合同是债务人与债权人订立的主合同的从合同。质权合同的从属性表现在以下几个方面:①存在上的从属性。根据《物权法》第172条的规定,作为担保合同之一的质权合同是主债权债务合同即主合同的从合同。主债权债务合同无效,担保合同无效,但法律另有规定的除外。②消灭上的从属性,即质权随主合同的消灭而消灭。《物权法》第177条规定,有下列情形之一的,担保物权消灭:①主债权消灭;②担保物权实现;③债权人放弃担保物权;④法律规定担保物权消灭的其他情形。

(3)质权具有优先受偿性。根据《物权法》第219条的规定,债务人履行债务或者出质人提前清偿所担保的债权的,质权人应当返还质押财产。债务人不履行到期债务或者发生当事人约定的实现质权的情形,质权人可以与出质人协议以质押财产折价,也可以就拍卖、变卖质押财产所得的价款优先受偿。质押财产折价或者变卖的,应当参照市场价格。

2. 质权合同的形式与内容

根据《物权法》第210条的规定,债权人与出质人以动产设立质权的,应当采取书面形式订立质权合同。根据该法第224条、第226条、第227条和第228条的规定,以汇票、支票、本票、债券、存款单、仓单、提单出质的,以基金份额、股权出质的,以注册商标专用权、专利权、著作权等知识产权中的财产权出质的,以应收账款出质的,当事人应当订立书面合同。

根据《物权法》的有关规定,质权合同一般包括下列条款:(1)被担保债权的种类和数额;(2)债务人履行债务的期限;(3)质押财产的名称、数量、质量、状况,或者成为权利质权有关权利凭证、权利种类、权利名称、面额、数量等;(4)担保的范围;(5)质押财产交付或登记的时间等。

(二)文书的内容及制作方法

1. 首部

(1)标题

应当载明合同的名称即“质权合同”,或根据出质人出质财产的性质或标的载明质权合同名称,如“动产质权合同”“股权质权合同”等。

(2)当事人的姓名或名称及住所

在质权合同中,质权合同当事人包括出质人和质权人。其中,提供质权的债务人或者第三人为出质人;对质权利享有质权的债权人为质权人。在质权合同中,应将出质人和质权人的姓名或名称写清楚,如有两个或两个以上的出质人提供担保时,应将每个出质人的姓名或名称写清楚。

出质人是指依据其与债权人的约定,将自己的财产设立质权作为主债权的担保,当主债权不能按期实现时,以折价或者以拍卖、变卖出质财产所得价款偿还债务的法人、其他组织或公民,他既可以是主合同的债务人,又可以是主合同当事人之外的第三人。出质人是对质物或质押权利具有所有权或处分权的债务人或者第三人,其在法律上一般没有资格限制。

质权人是指依据其与出质人的约定,当债务人不能按时履行主债权时,有权依法将质物或质押权利折价或者以拍卖、变卖并从所得价款中优先受偿的公民、法人和其他组织。在贷款合同中质权人只能是银行或其他金融机构。我国不允许非金融性公司、企业以及个人从事贷款业务,贷款人必须是中国人民银行批准的有贷款业务经营权的银行或非银行金融机构。对其他债权设立质权的,质权人可以是银行或其他金融机构,也可以是公司、企业及其他组织和个人。

2. 正文

(1)被担保的主债权种类、数额

根据《物权法》第171条的规定,债权人在借贷、买卖等民事活动中,为保障实现其债权,需要担保的,可以依照本法和其他法律的规定设立担保物权。可见,在质权合同中,被担保的主债权就是由质权合同所担保的主合同债权。例如,借款合同中设立质权的贷款人的债权,买卖合同中设立质权的买方或卖方的债权就是主合同债权。出质人和债权人在抵押合同中应将主债权的种类写清楚。被担保的主债权的数额是主合同中债权人对债务人所享有的债权数额,也是出质人为债权人所担保的债权数额,质权人要求债务人所提供的动产质权或权利质权一般是由主债权数额来决定的。因此,在质权合同中必须载明主债权的数额。

《物权法》第222条第1款规定,出质人与质权人可以协议设立最高额质权。根据该条第2款和第203条的规定,为担保债务的履行,债务人或者第三人对一定期间内将要连续发生的债权提供担保财产的,债务人不履行到期债务或者发生当事人约定的实现质权的情形,质权人有权在最高债权额限度内就该担保财产优先受偿。最高额质权设立前已经存在的债权,经当事人同意,可以转入最高额抵押担保的债权范围。因此,出人与质权人可以订立最高额质权合同,即出质人与质权人协议在最高债权额限度内,以出质财产对一定期间内连续发生的债权作担保。在最高额质权合同中,被担保的主债权的最高额的限度必须确定。

(2)债务人履行债务的期限

债务人履行债务的期限,是指主合同中债务人向债权人履行债务的时间。它是主合同的债务人履行合同义务的时间界限,是确定主合同是否按时履行或者迟延履行的标准。在设立质权的情况下,债务人不履行到期债务或者发生当事人约定的实现质权的情形,债权人有权就该财产优先受偿。根据《物权法》第220条的规定,出质人可以请求质权人在债务履行期届满后及时行使质权;质权人不行使的,出质人可以请求人民法院拍卖、变卖质押财产。出质人请求质权人及时行使质权,因质权人怠于行使权利造成损害的,由质权人承担赔偿责任。可见,债务履行期限不仅是债权人要求债务人履行义务的时间依据,而且也是质权人要求出质人履行担保义务或出质人请求质权人行使质权的时间依据。因此,在质权合同中应当将主合同所约定的债务人履行债务的期限载明。

此外,根据《物权法》第211条的规定,出质人以动产质押的,质权人在债务履行期届满前,不得与出质人约定债务人不履行到期债务时质押财产归债权人所有。但是,根据第225条的规定,汇票、支票、本票、债券、存款单、仓单、提单的兑现日期或者提货日期先于主债权到期的,质权人可以兑现或者提货,并与出质人协议将兑现的价款或者提取的货物提前清偿债务或者提存。根据该法第226条第2款、第227条第2款和第228条第2款的规定,经出质人与质权人协商同意,出质人转让基金份额、股权所得的价款;出质人转让或者许可他人使用出质的知识产权中的财产权所得的价款;出质人转让应收账款所得的价款,应当向质权人提前清偿债务或者提存。

(3)质物的名称、数量、质量、状况或权利质权的名称、金额

根据质权合同的标的不同,可以分为动产质权合同和权利质权合同。在动产质押中提供担保的动产就是质物,根据《物权法》第209条的规定,法律、行政法规禁止转让的动产不得出质。因质物的数量、质量及其权属对于保障质权人债权的实现具有直接的意义,所以应当在抵押合同中作出明确约定。质物的名称应当规范、准确;质物的数量包括多方面的内容,诸如物品的体积、重量,面积、件数以及其他界定质物的外部特征的计量方法等,对此应根据主合同的性质及质权合同的要求在合同中写明。质押财产的质量包括花色、品种、型号、等级及质量标准亦应当在合同中载明。

在权利质权中,债务人或者第三人有权处分的下列权利可以出质:①汇票、支票、本票;②债券、存款单;③仓单、提单;④可以转让的基金份额、股权;⑤可以转让的注册商标专用权、专利权、著作权等知识产权中的财产权;⑥应收账款;⑦法律、行政法规规定可以出质的其他财产权利。在质权合同中应当载明权利质权的种类及其票面金额等。

(4)担保的范围

《物权法》第173条规定,担保物权的担保范围包括主债权及其利息、违约金、损害赔偿金、保管担保财产和实现担保物权的费用。当事人另有约定的,按照约定。据此,当事人应在质权合同中约定担保范围,并载明出质人的担保是部分担保还是全部担保。质权合同的当事人约定对其中某部分进行担保,部分担保的出质人仅在约定的范围承担担保责任。

(5)质押财产交付的时间

根据《物权法》第212条的规定,出质人以动产质押的,质权自出质人交付质押财产时设立。根据该法第224条的规定,以汇票、支票、本票、债券、存款单、仓单、提单出质的,质权自权利凭证交付质权人时设立;没有权利凭证的,质权自有关部门办理出质登记时设立。根据该法第226条第1款的规定,以基金份额、证券登记结算机构登记的股权出质的,质权自证券登记结算机构办理出质登记时设立;以其他股权出质的,质权自工商行政管理部门办理出质登记时设立。根据该法第227条第1款的规定,以注册商标专用权、专利权、著作权等知识产权中的财产权出质的,质权自有关主管部门办理出质登记时设立。该法第228条第1款规定,以应收账款出质的,质权自信贷征信机构办理出质登记时设立。可见,在以动产和以汇票、支票、本票、债券、存款单、仓单、提单等票据、权利凭证设立质押的,财产交付的时间就是

质权发生效力的时间。出质人是否按照约定的时间交付出质财产是判断出质人是否履行出质义务和债权人是否享有质权的重要依据,因此,债权人与出质人对质押财产的交付时间应当在质权合同中作出明确约定。

(6)质押权利登记(本部分内容仅适用于权利质押)

根据《物权法》第224条的规定,以汇票、支票、本票、债券、存款单、仓单、提单出质的,当事人应当订立书面合同。质权自权利凭证交付质权人时设立;没有权利凭证的,质权自有关部门办理出质登记时设立。该法第226条第1款规定,以基金份额、股权出质的,当事人应当订立书面合同。以基金份额、证券登记结算机构登记的股权出质的,质权自证券登记结算机构办理出质登记时设立;以其他股权出质的,质权自工商行政管理部门办理出质登记时设立。该法第227条第1款规定,以注册商标专用权、专利权、著作权等知识产权中的财产权出质的,当事人应当订立书面合同。质权自有关主管部门办理出质登记时设立。该法第228条第1款规定,以应收账款出质的,当事人应当订立书面合同。质权自信贷征信机构办理出质登记时设立。因此,质权经登记才生效的,质权合同当事人应当依法向有关部门办理出质登记。为了便于质权合同的履行,出质人和债权人可以对办理出质登记的时间在质权合同作出明确约定。

(7)当事人认为需要约定的其他事项

质权合同当事人认为应当在质权合同中约定的其他事项,而上述条款未涉及的,由各方协商一致后作出约定。例如,质权人的权利与义务、质权人处置质物或质押权利的情形以及处分所得价款的分配顺序,被担保的债权既有物的担保又有人的担保时的债权实现方式等内容,当事人认为需要约定的,也可以在合同中作出具体约定。

3. 尾部

首先,质权合同双方当事人为法人或其他组织的,应当由双方的法定代表人或者法定代表人授权的代理人签名并加盖单位公章后才能生效,其他任何人的签名和除单位公章之外的任何章都无效。合同当事人为不具备法人资格的其他组织的,则由其主要负责人或主要负责人授权的代理人签名。合同的双方或一方为公民的,则应当由其亲笔签名或其授权委托的代理人签字。其次,在合同中应当载明合同的签订日期。

(三)文书参考文本

质权借款合同

甲方(借款人):____。

证件类型及号码:____。

住所:____。

邮政编码:____________________联系电话:____________________。

乙方(贷款人即质权人):______________________________________。

住所:____。

邮政编码:____________________联系电话:____________________。

丙方(出质人即担保人):______________________________________。

证件类型及号码:____。

住所:____。

邮政编码:____________________联系电话:____________________。

甲方向乙方申请借款,乙方经审查,同意向甲方提供本合同项下的借款。为了确保本合同项下债务的履行，丙方愿意为本合同项下的债权提供质权担保，乙方经审查，同意接受丙方所提供的担保。

为明确甲、乙、丙三方的权利、义务，依照国家有关法律、法规之现定，特订立本合同，以期三方共同遵守。

第一条　借款金额为人民币（大写）________（￥________）。

第二条　借款期限为________，自________年____月____日起至________年____月____日止。

如果上述约定的借款期限的起始日及到期日与借款借据的记载不一致的，以借款借据载明的日期为准。借款借据是本合同不可分割的组成部分，与本合同具有同等法律效力。

第三条　借款用途为：____。

第四条　利率、利息的计算与支付

1. 借款利率为：________；借款种类为：________________________________。

2. 本合同项下的借款本金一经乙方按本合同第六条的约定划付，即视为乙方已经放款，甲方已经承借有关金额，该笔借款自划入甲方账户之日开始计息。

3. 甲方的付息方式为以下第________项：

（1）本合同项下的借款，实行到期一次还本付息，利随本清。

（2）本合同项下的借款，按________结息，利息支付日为________，借款到期结清本息。

（3）其他：____。

4. 本合同履行期间，如遇中国人民银行调整借款利率，借款期限在一年以下（含一年）的，本合同利率不变；借款期限在一年以上的，本合同利率按中国人民银行的规定作相应调整，此调整不视为对本合同的修改，乙方不再另行通知甲方。

第五条　为确保本合同项下的借款本息得以全部清偿，由丙方向乙方提供质权担保。

1. 本合同项下丙方提供的质权为：

（1）定期储蓄存单共________张，计人民币/外币（大写）________________。

（2）国库券共________张，计人民币（大写）____________________________。

（3）××借记卡内定期存款，计人民币/外币（大写）____________________。

（4）其他：____。

上述质权合计人民币（大写）________元（外币按本合同签订日外汇买入价汇率折成人民币），质权详情见《质权收据》。

2. 本合同项下质权的质押率为________%。

3. 丙方质权担保的范围为本合同约定的主债权之本金、利息（含罚息、复利）、违约金、损害赔偿金、质物的保管费用、实现质权的费用（包括但不限于处分质物的费用、诉讼费、律师费、差旅费）和所有其他应付费用。

4. 丙方以存单或××借记卡出质时，存单和××借记卡内的存款在出质期间按银行相应存款利率计息。本合同项下的质权在出质存续期间内所产生的孳息也属于本合同项下的质权。

第六条　甲方已在乙方处开立活期存款账户，账号为________。乙方应在本合同生效且甲方办妥借款手续后________个银行营业日内将贷款一次性全额转入上述账户中；

贷款发放后,甲方应于任何应付款日前将本息额存入上述账户,并授权乙方于该付款日直接划收相应款项(或者甲方于任何应付款日以现金向乙方支付本息)。

第七条 发生下列情况之一时,乙方有权提前收回贷款本息:

1. 甲方未按本合同的约定按期足额支付借款本金或利息以及其他应付款项。

2. 甲方未按本合同约定的用途使用借款且经乙方指出后仍不更正。

3. 甲方发生失业、失踪、死亡、处于限制民事行为能力或丧失民事行为能力状态等,其继承人、财产代管人、监护人等拒绝履行本合同或不能履行本合同。

4. 未经乙方书面同意,质权被擅自转让、赠与、再出质或以其他方式处置。

5. 质权的价值明显减少可能危及乙方贷款的安全,而甲方又未能及时提供乙方认可的其他担保。

6. 甲方涉及诉讼、仲裁,由司法机关宣布对其财产予以没收,或限制其处分权,或存在该种情况发生的可能性。

7. 甲方向乙方提交的与本借款有关的证明文件、资料不真实、不完整、不合法。

8. 甲方明确表示或以自己的行为表明不履行本合同项下的任何义务。

9. 其他足以威胁乙方在本合同项下贷款安全的情况。

第八条 甲方变更住所或联系方式时,应于变更后____日内通知乙方。

第九条 本合同有效期内,若甲方发生可能影响其按期支付本合同项下借款本息的事件时,均应在该等事件发生之日起____日内通知乙方。

第十条 如甲方提前归还本合同项下全部或部分款项的,应至少提前____个银行营业日向乙方提出书面申请,该书面申请送达乙方处即为不可撤销。在征得乙方同意后,甲方按乙方确定的提前还款日归还全部或部分借款本息。乙方按照本合同约定的利率和实际借款天数收取利息。

第十一条 甲方如申请展期,至少应在借款到期日前提前____日向乙方提出书面申请,经乙方同意后,可办理相关展期手续。

第十二条 若甲方逾期支付借款本金及利息,自逾期之日起,乙方有权对未偿还的借款本金依逾期天数每日计收________的罚息;同时对应付而未付的利息计收复利。

若甲方未按本合同约定的用途使用借款,对甲方违约使用的资金,乙方有权根据违约使用的天数每日计收________的罚息。

上述款项,乙方有权从甲方在乙方开立的任何存款账户中扣收。

第十三条 丙方承诺:

1. 丙方对本合同项下的质权具有合法的所有权,本合同项下的质权如为共有,已取得共有人同意。

2. 丙方在本合同签订前未对本台同项下的质权设立过任何质权,在该质权之上亦不存在任何其他第三者权利。

3. 在本合同有效期间,丙方将质权移交给乙方占有。如质权为存单或××借记卡,则丙方同意乙方将其出质的存单或××借记卡内的存款冻结。

4. 未经乙方书面同意,丙方不以任何理由要求对质权予以解冻、办理挂失、提前支取或向第三方进行馈赠、转让或再出质或以任何其他方式处置质权。

5. 丙方没有亦不会采取任何有可能使乙方遭受损失或使质权减值的行为。

6. 当本合同项下的质权出现任何争议或受到任何来自第三方的侵害时,丙方有义务采取措施以使乙方免受侵害。

7. 当借款展期时,丙方自动按本合同的有关约定,继续对展期借款提供质权担保。

第十四条　本合同项下的质权在本合同签订后____个银行营业日内由丙方交与乙方,乙方应向丙方开具《质权收据》。《质权收据》为本合同的有效组成部分。

第十五条　质权的实现:

1. 本合同履行期限届满,甲方不履行或不完全履行还款义务的,乙方可以在本合同履行期限届满日以兑现、扣收或其他方式处分质权,并以所得款项优先受偿。

2. 乙方依据本合同的约定提前收回贷款的,其在本合同项下的债权未能实现或未能全部实现的,乙方可以于通知甲方及丙方提前收回贷款的当日以兑现、扣收或其他方式处分质权,并以所得款项优先受偿。

3. 如果出质的存款是外币的,在处分质权时,应由乙方按处分质权当日的外汇买入价先办理结汇,再予以清偿。

4. 如果处分质权所得的款项不足以清偿全部债权时,乙方有权通过其他方式实现债权;如果处分质权所得的款项在清偿债权后仍有剩余的,乙方应在处分质权后____日内将剩余的部分返还丙方。

第十六条　发生下列情况之一的,本合同自行终止:

1. 甲方按本合同的规定按期足额清偿了全部债务。

2. 乙方依据本合同第15条的约定实现了质权。

本合同因本条第1款而终止的,乙方应在甲方还清贷款后五日内将质权返还丙方。

第十七条　本合同生效后,甲、乙、丙三方均应履行本合同规定的义务,任何一方不履行或不完全履行本合同所规定义务的,应当承担相应的违约责任,并赔偿由此给他方造成的损失。

第十八条　甲、乙、丙三方约定,乙方所得款项按下列顺序清偿乙方的债权:(1)实现债权的费用;(2)损害赔偿金;(3)违约金;(4)复利;(5)罚息;(6)利息;(7)本金。

第十九条　甲、乙、丙三方在履行本合同中发生的争议,由三方协商解决。如协商不成需通过诉讼方式解决的,由________方所在地法院管辖。

第二十条　本合同自甲方或其委托代理人签字、乙方法定代表人/主要负责人或其委托代理人签章并加盖公章、丙方或其委托代理人签字之日起成立,自□丙方将质权交付乙方之日起生效□办理质权登记之日起生效。

第二十一条　本合同生效后,除法律规定和本合同约定的情形外,甲、乙、丙三方任何一方不得擅自变更或提前解除本合同。需要变更或解除时,应经甲、乙、丙 三方协商一致,并达成书面协议。

第二十二条　在本合同中约定的通知,采用电报、传真方式的,一经发出即视为已送达;采用邮寄方式的,在投邮____日后,即视为已送达。

第二十三条　三方约定的其他事项:________________________________。

第二十四条　本合同正本一式____份,甲、乙、丙及________各执一份,其法律效力相同。

第二十五条　本合同项下质权的共有权人________同意将本合同项下的质权出质,并同意接受本合同条款。

共有人(签字):________________________________。

证件名称:____________;证件号码:________________________。

共有人(签字):____。

证件名称:____________;证件号码:______________________________。

第二十六条 在签署本合同时,乙方就本合同的全部条款已向甲方和丙方进行了详细的说明和解释,三方对合同的全部条款均无异议,并对当事人有关权利义务和责任限制或免除条款的法律含义有准确无误的理解。

第二十七条 本合同于________年____月____日由甲、乙、丙三方在________签订。

甲方(签名)	乙方(签名) 法定代表人/主要负责人	丙方(签名)
(或委托代理人)(签章)	(或委托代理人)(签章)	(或委托代理人)(签章)

动产质权合同

出质人(以下称甲方):____。

质权人(以下称乙方):____。

为确保________年____字第____号合同(以下称主合同)的履行,甲方愿意以其有权处分的财产作质押。

乙方经审查,同意接受甲方的财产质押。双方经协商一致,按以下条款订立本合同:

第一条 甲方用作质押的财产为:(附详细质物清单及出质人所有权证明)

(1)质物名称:____。

(2)规格:____。

(3)数量:____。

(4)账面价格:____。

第二条 本合同项下质押财产共作价人民币(大写)________元整,质押率为________%,实际质押额为(大写)________元整。

第三条 甲方应在本合同订立后五日内将质物移交乙方占有,双方商定移交事项如下:____。

第四条 在质押有效期内,乙方应负责妥善保管质物,并不得挪用,甲方一次性向乙方支取保管费________元整。

第五条 甲方应按乙方要求,对质押财产中的________办理财产保险,并将保险单交乙方保存。投保期限应长于主合同约定期限。如主合同经双方同意延长期限的,甲方应办理延长投保期限的手续。保险财产如发生意外损失,所得赔偿金应由甲方到________银行办理专项存款,并将存款单交由乙方保管。

第六条 在本合同有效期内,甲方如需转让质物,须经乙方书面同意,并将转让所得款项交________银行专项存储,存款单交由乙方保管,或者以该款项提前清偿债务。

第七条 本合同项下有关公证、保险、鉴定、登记,运输及保管等费用由甲方承担。

第八条 在本合同有效期内,甲方如发生分立、合并,由变更后的机构承担或分别承担本合同项下义务。甲方被宣布解散或破产,乙方有权提前处分质物。

第九条 出现下列情况之一时,乙方有权依法定方式处分质押财产:

(1)主合同债务履行期限届满或经延期后仍未履行债务;

(2)债务人死亡而无继承人或继承人放弃继承的;

(3)债务人被宣告解散、破产的。

处理质物所得价款,不足清偿债务的,乙方有权另行追索;价款偿还债务还有剩余的,乙方应退还给甲方。

第十条 本合同生效后,甲、乙任何一方不得擅自变更或解除合同。需要变更或解除合同的,应经双方协商一致,达成书面协议。协议未达成前,本合同条款仍然有效。

第十一条 主合同债务人按合同约定的期限履行合同的,质权即自动终止,乙方应返还质物及有关单据。

第十二条 违约责任

(1)依照本合同第4条的约定,因乙方保管不善造成质物毁损的,甲方有权要求乙方恢复质物原状;或者要求乙方赔偿因此而遭受的损失。

(2)乙方擅自挪用质物的,甲方有权要求乙方停止挪用行为,或返还原物,亦可请求赔偿因此而遭受的损失。

(3)甲方因隐瞒质押财产存在共有、争议、被查封、被扣押或其他类似情况而给乙方造成经济损失的,应给予赔偿。

(4)甲、乙任何一方违反第九条约定,应向对方支付主合同项下债务总额万分之________的违约金。

(5)在本合同有效期内,未经出质人同意,变更主合同条款或转让主合同项下的义务,甲方可自行解除本合同,并要求乙方返还质物及有关单据。

(6)本条所列违约金的支付方式,双方商定如下:____。

第十三条 双方商定的其他事项:____。

第十四条 争议的解决方式:

甲、乙双方在履行本合同中发生的争议,由双方协商或通过调解解决。协商或调解不成,按下列________方式解决:

(1)向合同签订地人民法院起诉;(2)向合同签订地的合同仲裁机构申请仲裁。

第十五条 本合同由甲、乙双方法定代表人或其授权的委托代理人签字并加盖单位公章,自质物移交完毕之日起生效。

第十六条 本合同一式二份,甲、乙双方各执一份。

附:质物清单及有关证书、单据一式________份。

甲方(公章)
法定代表人或委托代理人(签章)
________年____月____日

乙方(公章)
法定代表人或委托代理人(签章)
________年____月____日
签订合同地点:________

十七、劳动合同

(一)文书制作的基本知识

劳动合同是劳动者与用人单位确立劳动关系、明确双方权利和义务的协议。在劳动合同关系中,为用人单位提供劳动并接受其劳动用工管理的一方当事人是劳动者,通常又被称为员工、职工或者雇员;而依法招用和管理劳动者并向劳动者支付劳动报酬的一方当事人是用人单位,又被称为企业主、雇主或者资方。

1. 劳动合同的特征

劳动合同作为建立劳动关系和确立用人单位与劳动者双方权利义务的具有社会性质的合同,不同于当事人一方提供劳务,而另一方要为此支付劳务费、服务费或者加工费、工程款的劳务合同、承揽合同、建设工程合同、运输合同和委托合同等民事合同。劳动合同中的劳动者与提供劳务的民事合同相比具有下列特征:

(1)在劳动合同中用人单位获得劳动的使用、管理和支配权,是以向劳动者支付工资、奖金和津贴等劳动报酬为代价的。用人单位向劳动者支付的劳动报酬,不仅受双方订立的劳动合同的约束,而且要受国家制定的工资政策和工资标准的干预,用人单位支付给劳动者的工资不得低于当地最低工资标准;劳动者接受用人单位的安排加班的,用人单位还应当依法向劳动者支付加班费。承揽合同、运输合同、建设工程合同、委托合同中的劳务提供方当事人是以完成和交付工作成果或者提供中介服务作为获得劳务费、加工费、工程款或者服务费的代价,即承揽方、承运方、施工方、受委托方按照合同约定的质量标准、数量完成工作成果以及按照合同约定的地点和期限交付工作成果和完成委托事项的,才能得到合同约定的劳务费、加工费、工程款或者服务费。

(2)在劳动合同中,劳动者完成劳动是由用人单位提供劳动条件并在劳动过程中通过劳动者与用人单位提供的生产资料的有机结合实现的。用人单位与劳动者之间的劳动关系一般是自用工之日起建立,也就是说,劳动关系的建立之日就是劳动合同的履行之始。在劳动合同的履行中,劳动者作为劳动的提供者和付出者,通过利用用人单位所提供的工作条件,使用用人单位提供的劳动厂房、工具、技术手段和信息资料等,才有可能为用人单位生产物质产品和创造精神文化成果。劳动者在劳动过程中需要遵守用人单位的规章制度和接受用人单位的劳动管理。而在提供劳务的民事合同中,作为提供劳务的一方当事人,如果接受另一方的委托,或者承揽了加工任务或者承包了建设项目后,主要是通过自己的工具和技术手段,并有权自主决定完成的方式,不需要遵守另一方的规章制度和接受其劳动管理,届时只要按照合同约定向另一方交付工作成果或者完成委托的任务即可。

(3)劳动合同是劳动者与用人单位建立劳动关系和确立双方之间的劳动权利和义务关系为内容的。在劳动合同法律关系中,劳动者在接受用人单位的管理和支配及获得劳动报酬的同时,用人单位应依法建立和完善规章制度,应当对劳动者提供符合法律法规要求的劳动安全卫生保护以及劳动条件和社会保障。而在提供劳务的民事合同中作为提供劳务的一方当事人,其并不具有劳动合同中劳动者所享有的劳动保障、劳动保护等劳动权利,其只享有民事合同权利。劳动争议发生后,用人单位和劳动者可以通过劳动争议调解或者劳动争议仲裁解决。作为民事合同的双方当事人,其只能按照民事纠纷的解决方式解决,而不能申请劳动争议调解和劳动争议仲裁。

2. 劳动合同的形式与内容

《中华人民共和国劳动合同法》(以下简称《劳动合同法》)第10条规定,建立劳动关系,应当订立书面劳动合同。已建立劳动关系,未同时订立书面劳动合同的,应当自用工之日起一个月内订立书面劳动合同。用人单位与劳动者在用工前订立劳动合同的,劳动关系自用工之日起建立。书面合同是指以文字等可以有形地再现内容的方式达成的协议。书面形式包括合同书、信件和数据电文(包括电报、电传、传真、电子数据交换和电子邮件)等可以有形地表现所载内容的形式。《中华人民共和国电子签名法》(以下简称《电子签名法》)第4条规定,能够有形地表现所载内容,并可以随时调取查用的数据电文,视为符合法律、法规要求的书面形式。

《劳动合同法》第17条规定,劳动合同应当具备以下条款:(1)用人单位的名称、住所和法定代表人或者主要负责人;(2)劳动者的姓名、住址和居民身份证或者其他有效身份证件号码;(3)劳动合同期限;(4)工作内容和工作地点;(5)工作时间和休息休假;(6)劳动报酬;(7)社会保险;(8)劳动保护、劳动条件和职业危害防护;(9)法律、法规规定应当纳入劳动合同的其他事项。劳动合同的上述必备条款必须在合同中载明,根据《劳动合同法》第81条规定,用人单位提供的劳动合同文本未载明本法规定的劳动合同必备条款的,由劳动行政部门责令改正;给劳动者造成损害的,应当承担赔偿责任。劳动合同除前款规定的必备条款外,用人单位与劳动者可以约定试用期、培训、保守秘密、补充保险和福利待遇等其他事项。劳动合同的选择性条款是由双方当事人根据需要在合同中自愿订立的,当事人未在合同中约定上述条款的,劳动行政部门并不加以干预。

(二)文书的内容及制作方法

1. 首部

(1)标题

应当载明合同的名称即"劳动合同"。

(2)当事人的姓名或名称及住所

用人单位和劳动者是劳动合同的双方当事人。根据《劳动合同法》第17条第1款第1项和第2项的规定,在签订劳动合同时,应当在合同中载明用人单位的名称、住所和法定代表人;劳动者的姓名、居民身份证号码等事项。

在劳动合同中,用人单位是指与劳动者建立劳动关系的我国境内的中外企业、个体经济组织、民办非企业单位等组织及其依法设立和授权的分支机构,以及与劳动者建立劳动关系的国家机关、事业单位、社会团体及其依法设立和授权的分支机构。作为用人单位的法人或者其他组织、民办非企业单位以及国家机关、事业单位或社会团体及其依法设立和授权的分支机构,其名称应以在国家有关部门所登记、注册的全称为准,简称或者变更后未经登记、注册的名称不宜作为订立劳动合同时的名称。公司以其主要办事机构所在地为住所,其他经济组织如合伙企业、个人独资企业和用人单位的分支机构等以其主要办事机构所在地为住所。公司或国家机关及事业单位其法定代表人以及其他组织的负责人以国家工商管理部门或有关国家机关颁发的法人或非法人执照上所载明的为准。

作为订立劳动合同的劳动者应当是达到法定劳动年龄的公民,其在劳动合同中使用的姓名,应以其合法有效的身份证件(如身份证或者户口簿)载明的为准,乳名、笔名或者昵称、绰号、网名等一般不宜作为订立劳动合同时的姓名。其住所以其户籍所在地的居住地为住所,经常居住地与住所不一致的,以经常居住地为住所。劳动者的身份证件号码以国家公安部门颁发的身份证件所载明的为准。

2. 正文

(1)劳动合同期限

劳动合同期限,是双方当事人履行合同与接受履行的时间,即当事人履行合同义务的时间界限。《劳动合同法》第 12 条规定,劳动合同分为固定期限劳动合同、无固定期限劳动合同和以完成一定工作任务为期限的劳动合同。劳动合同的双方当事人可以根据自己的愿望与对方协商确定适当期限的劳动合同。

对于固定期限劳动合同,应当在合同中明确约定合同的起止时间;对于无固定期限劳动合同,应当对合同的开始时间订明,并明确约定双方签订的劳动合同为无固定期限劳动合同;对于以完成一定工作任务为期限的劳动合同,应当在合同中明确约定所要完成的工作任务。劳动合同期限对双方当事人的利益密切相关,它是判断当事人是否履行了合同义务、是否如期实现合同利益以及是否构成违约的重要依据。因此对期限条款的订立必须严谨、规范,不得模糊。

当事人订立劳动合同不得违背《劳动合同法》有关劳动合同期限的规定。根据《劳动合同法》第 14 条第 2 款的规定,有下列情形之一,劳动者提出或者同意续订、订立劳动合同的,除劳动者提出订立固定期限劳动合同外,应当订立无固定期限劳动合同:①劳动者在该用人单位连续工作满 10 年的;②用人单位初次实行劳动合同制度或者国有企业改制重新订立劳动合同时,劳动者在该用人单位连续工作满 10 年且距法定退休年龄不足 10 年的;③连续订立两次固定期限劳动合同,且劳动者没有本法第 39 条和第 40 条第 1 项、第 2 项规定的情形,续订劳动合同的。用人单位自用工之日起满 1 年不与劳动者订立书面劳动合同的,视为用人单位与劳动者已订立无固定期限劳动合同。

此外,《劳动合同法实施条例》第 12 条规定,地方各级人民政府及县级以上地方人民政府有关部门为安置就业困难人员提供的给予岗位补贴和社会保险补贴的公益性岗位,其劳动合同不适用劳动合同法有关无固定期限劳动合同的规定以及支付经济补偿的规定。

(2)工作内容与工作地点

工作内容,是劳动合同中确定的劳动者应当履行的劳动义务的主要内容,包括劳动者从事劳动的职位与劳动职责、工作范围以及劳动生产任务所要达到的效果、指标等。工作内容体现着对劳动者的技能、技术和管理能力的要求与体力和智力付出,并与劳动者的工资水平挂钩。工作内容直接影响劳动者的权利义务,是劳动合同的必备条款,用人单位与劳动者订立劳动合同时应当明确约定劳动者的工作岗位、工种或者职务,做到定岗定位。这样,将有利于劳动合同的履行,可以防止用人单位对工作内容的随意变更和预防劳动合同纠纷的发生。

工作地点是劳动者完成劳动合同所约定的工作的具体地点和具体场所,也是用人单位与劳动者履行劳动合同的具体地点。劳动者离工作地点的远近不仅直接影响劳动者的休息时间和交通费用的支出,对于已婚者来讲也将影响家庭生活和对子女的照顾、教育。工作地点直接影响劳动者的权利义务,是劳动合同的重要内容,因此,用人单位与劳动者订立劳动合同时应当对工作地点尽量作出明确具体的约定,如用人单位的总部和分部不在同一市区甚至不在同一城市的,应当具体约定工作地点在何处。这样,可以预防劳动合同履行中因工作地点不明确或者因用人单位随意变更劳动者的工作地点引发的纠纷。

(3)工作时间和休息休假

工作时间,是指劳动者在用人单位从事工作或者生产的时间,即劳动者在一定时间内必须用来完成其负担的工作的时间。工作时间可以依时、日、周、月、年来计算。工作时间是我国劳动法律制度的重要组成部分,在法定或者约定工作时间之外的时间为劳动者自由支配的时间。

根据《劳动法》和相关法规的规定,按照行业特点和工作特点,我国的工作制即用人单位对于劳动者劳动进行计时计量的方式可以划分为以下几种:①标准工时制,是指法律规定的,在正常情况下,职工从事工作的时间的制度。我国目前实行劳动者每日工作 8 小时,每周工作 40 小时这一标准工时制度。②非标准工时制。因工作性质或者生产特点的限制,不能实行每日工作 8 小时、每周工作 40 小时标准工时制度的,按照国家有关规定,可以实行其他工作和休息办法。非标准工时制主要包括不定时工作制或综合计算工时工作制。不定时工作制,是指企业因生产特点不能实行标准工时制,经劳动行政部门审批,对某些职工实行的每日没有固定工作时数的工时制度。综合计时工作制,是指企业因生产特点不能实行标准工时制,经劳动行政部门审批,对某些特殊行业的职工实行的分别以周、月、季、年等为周期,综合计算工作时间的工时制度。

用人单位实行标准工时制的,在与劳动者签订劳动合同时不得约定每日工作 8 小时以上、每周工作超过 40 小时或者每周工作 6 天、休息 1 天,或者工作 7 天、无休息日,以及法定节假日劳动者照常上班而不安排补休、补假或者劳动者放弃或者不享受带薪年休等违背劳动法律法规的内容。因工作性质或者生产特点的限制,不能实行每日工作 8 小时、每周工作 40 小时标准工时制度的,用人单位与劳动者在签订劳动合同时应当按照国家有关规定,将实行的综合工时制或不定时工时制或其他工作和休息办法作出明确约定。特别是在实行不定时工时制时,最好在劳动合同中对劳动计量方法及其与劳动报酬的关系,以及劳动者的工作方式和休息方式作出明确约定,合理地确定劳动的计量方法与劳动者的工作及休息时间,不得将不定时工时制变为无限时工时制和无休息休假工时制。

(4)劳动报酬

劳动报酬是指用人单位依据国家有关规定及劳动合同的约定,以货币形式直接支付给本单位劳动者的劳动报酬,一般包括计时工资、计件工资、奖金、津贴和补贴、加班费以及特殊情况下支付的工资等。其中,工资是劳动者劳动收入的主要组成部分。

在订立劳动合同时劳动者的以下劳动收入不得计入工资范围:①单位支付给劳动者个人的社会保险福利费用,如生活困难补助费、计划生育补贴、丧葬抚恤救济费等;②劳动保护方面的费用,如用人单位支付给劳动者的工作服、解毒剂、清凉饮料费用等;③按规定未列入工资总额的各种劳动报酬及其他劳动收入,如根据国家规定发放的创造发明奖、国家星火奖、自然科学奖、科学技术进步奖、合理化建议和技术改进奖、中华技能大奖等,以及稿费、讲课费、翻译费等。劳动报酬的内容和标准不得低于国家法律、行政法规规定的当地最低工资标准,也不得低于集体合同中规定的工资标准。

《劳动合同法》第 18 条规定,劳动合同对劳动报酬和劳动条件等标准约定不明确,引发争议的,用人单位与劳动者可以重新协商;协商不成的,适用集体合同规定;没有集体合同或者集体合同未规定劳动报酬的,实行同工同酬;没有集体合同或者集体合同未规定劳动条件等标准的,适用国家有关规定。因此,当事人在订立劳动合同时,在坚持依法订立的前提下,应将劳动报酬所包含的具体内容及其数额,支付时间与支付方式等协商一致,并在劳动合同中作出明确约定。

(5)社会保险

社会保险是指当劳动者在年老、患病、伤残等原因暂时或者永久丧失劳动能力或失业等无生活来源时从国家和社会获得物质帮助的一种社会救济和保障制度。我国的社会保险包括养老保险、医疗保险、失业保险、工伤保险、生育保险五种。社会保险的种类、适用范围和对象以及用人单位和劳动者所缴纳的社会保险费用都具有法定性,社会保险条款应当依法订立,用人单位不得在劳动合同中减轻或者免除为劳动者缴纳社会保险的义务,也不得加重劳动者缴纳有关社会保险的义务。

(6)劳动保护、劳动条件和职业危害防护

劳动保护、劳动条件和职业危害防护是指在劳动合同中约定的用人单位对劳动者所从事的劳动必须提供的生产、工作条件和劳动安全卫生保护措施,即用人单位保证劳动者完成劳动任务和工作中的安全健康保护的基本要求,包括劳动场所和设备、劳动安全卫生设施、劳动防护用品等。劳动保护、劳动条件和职业危害防护是劳动合同的必备条款,用人单位与劳动者订立劳动合同时应当将劳动保护、劳动条件和职业危害防护的具体内容作出明确约定。

用人单位不仅必须为劳动者提供必要的劳动条件和劳动保护,而且提供的劳动保护和劳动条件必须符合国家的有关规定。对于上述内容属于强制性规定的,都具有当然的法律效力,是劳动合同中当事人权利、义务关系的当然的组成部分。无论当事人是否在合同内容中予以规定,用人单位的法定义务并不以未在合同中约定而免除。因此,用人单位与劳动者订立劳动合同时不得通过约定降低或者免除对劳动者的安全和劳动保护标准,这种约定是无效的。用人单位与劳动者约定的劳动保护、劳动条件和职业危害防护应当符合国家法律法规的强制性规定。如果没有强制性规定的,劳动合同中约定的劳动保护措施应当切实保护劳动者从事正常劳动的人身安全;根据工作性质需要为劳动者提供特殊保护的,即需要超过法律法规规定的劳动保护标准的,双方当事人应当在合同中作出特别约定。

(7)试用期(选择性条款)

根据《劳动合同法》第17条的规定,试用期并不是劳动合同的必备条款,而是劳动合同的选择性条款。劳动者与用人单位作为劳动合同的双方当事人,可以根据自己的具体情况和双方签订的劳动合同的内容与具体要求,在劳动合同中选择约定试用期。在劳动合同中不约定试用期的,在劳动关系建立之后,用人单位不得在劳动合同期间内另行规定试用期。

劳动合同的试用期应当依法签订,不得超过试用期的法定期限和法定次数。《劳动合同法》第19条规定,劳动合同期限3个月以上不满1年的,试用期不得超过1个月;劳动合同期限1年以上不满3年的,试用期不得超过2个月;3年以上固定期限和无固定期限的劳动合同,试用期不得超过6个月。同一用人单位与同一劳动者只能约定一次试用期。以完成一定工作任务为期限的劳动合同或者劳动合同期限不满3个月的,不得约定试用期。试用期包含在劳动合同期限内。劳动合同仅约定试用期的,试用期不成立,该期限为劳动合同期限。

劳动合同约定的试用期工资,不得低于法定标准。《劳动合同法》第20条和《劳动合同法实施条例》第15条规定,劳动者在试用期的工资不得低于本单位相同岗位最低档工资的80%或者不得低于劳动合同约定工资的80%,并不得低于用人单位所在地的最低工资标准。

(8)专项技术培训与服务期(选择性条款)

根据《劳动合同法》第22条的规定,用人单位为劳动者提供专项培训费用,对其进行专业技术培训的,可以与该劳动者订立协议,约定服务期。服务期条款不是劳动合同的必备条款,在劳动合同中约定服务期应符合以下条件:用人单位需要对劳动者进行专业技术培训,并且用人单位为劳动者提供专项培训费用的。在符合约定服务期条款的情况下，用人单位未与劳动者订立服务期协议和约定服务期条款的，专项技术培训结束后，劳动者解除劳动合同的，用人单位无权要求劳动者返还或者赔偿培训费。因此，服务期的约定应通过书面形式，并经双方协商一致；服务期的期限应当约定明确。

根据《劳动合同法》第 22 条的规定，用人单位为劳动者提供专项培训费用，对其进行专业技术培训的，可以与该劳动者订立协议，约定服务期。这里的所谓专业技术培训，是指用人单位通过向国内外专业技术培训机构或者科研院所支付专项培训费用，对作为本单位员工的劳动者进行脱产专业技术培训的活动。用人单位对劳动者进行的上岗培训或者劳动合同履行中为适应工作需要由本单位所进行的岗位培训，不属于专项技术培训，也无须脱产和提供专项培训费用，因此，双方无须订立服务期协议和约定服务期。

用人单位为劳动者提供专项培训费用，对其进行专业技术培训，在培训结束后，劳动者未履行服务期协议即与用人单位解除劳动合同的，用人单位有权要求接受专项技术培训的劳动者支付或者退还全部培训费用。在双方约定的服务期届满前劳动者向用人单位提供了一定期限的服务，但是在双方约定的服务期届满前劳动者提前解除劳动合同的，用人单位有权要求劳动者支付违约金。对此，根据《劳动合同法》第 22 条第 2 款的规定，用人单位要求劳动者支付的违约金不得超过服务期尚未履行部分所应分摊的培训费用。《劳动合同法实施条例》第 16 条规定，《劳动合同法》第 22 条第 2 款规定的培训费用，包括用人单位为了对劳动者进行专业技术培训而支付的有凭证的培训费用、培训期间的差旅费用以及因培训产生的用于该劳动者的其他直接费用。

(9)保密事项与竞业限制(选择性条款)

《劳动合同法》第 23 条第 1 款规定，用人单位与劳动者可以在劳动合同中约定保守用人单位的商业秘密和与知识产权相关的保密事项。根据《劳动合同法》第 17 条第 2 款的规定，劳动合同中的保密事项并不是劳动合同的必备条款，而是劳动合同的选择性条款，也就是说，在用人单位认为有必要的情况下，可以与劳动者协商的基础上在劳动合同中订入保密事项或者在劳动合同之外另行订立保密协议，同时保密事项的约定应当明确、具体。

根据《劳动合同法》第 23 条第 2 款的规定，对负有保密义务的劳动者，用人单位可以在劳动合同或者保密协议中与劳动者约定竞业限制条款。竞业限制条款，是指用人单位与知悉或掌握其商业秘密或知识产权的劳动者在劳动合同中约定的在劳动合同终止或者解除后的一定期限内，劳动者不得到生产与本单位同类产品或者经营同类业务的有竞争关系的其他用人单位任职，也不得自己开业生产或者经营与用人单位有竞争关系的同类产品或者业务。劳动合同中的竞业限制条款也不是劳动合同的必备条款，如果用人单位认为没有必要，即使在劳动合同中已经订入了保密条款或者另行订立了保密协议，也可以不必订立竞业限制条款。

《劳动合同法》第 24 条第 1 款规定，竞业限制的人员限于用人单位的高级管理人员、高级技术人员和其他负有保密义务的人员。竞业限制的范围、地域、期限由用人单位与劳动者约定，竞业限制的约定不得违反法律、法规的规定。《劳动合同法》第 24 条第 2 款规定，在解除或者终止劳动合同后，前款规定的人员到与本单位生产或者经营同类产品、从事同类业务的有竞争关系的其他用人单位，或者自己开业生产或者经营同类产品、从事同类业务的竞业限制期限，不得超过 2 年。

《劳动合同法》第 23 条第 2 款规定，用人单位与劳动者有竞业限制约定的，应当同时在劳动合同中约定在劳动合同终止或者解除后在竞业限制期限内按月给予劳动者经济补偿。可见,劳动合同中约定竞业限制条款,而未同时约定用人单位在竞业限制期限内按月给予劳动者经济补偿的,该竞业限制条款无效,在劳动合同终止或者解除后劳动者不受竞业限制条款的限制。因此,在订立竞业限制协议或有关竞业限制条款时,应同时将用人单位在竞业限制期限内按月给予劳动者经济补偿的数额等作出约定。

(10)补充保险和福利待遇(选择性条款)

补充保险,是用人单位和劳动者依法参加社会保险、按时足额缴纳社会保险费的法定义务之外,用人单位根据本单位实际情况为劳动者建立的保险,主要包括补充医疗保险;补充工伤保险等。补充保险是对法定保险的补充,因此对法定保险的不足能够起到补充的作用。而补充保险条款则是选择项条款,用人单位许诺为劳动者提供补充保险的,为了便于履行和防止事后纠纷的发生,最好在劳动合同中将补充保险的种类、缴纳的数额或者计算方法等载明。

福利待遇,在这里应当是指企业在社会保险和工资之外,为保障作为企业员工的劳动者的工作生活和发展所提供的一些福利性支出,如住房补贴、交通补助、免费午餐、在职免费培训等。这种在法定社会保险和国家强制推行的社会福利之外的企业福利,是作为用人单位的企业为了增加企业的人才竞争优势而主动许诺为劳动者提供的,因此,为了使这种许诺具有法律效力,应将用人单位许诺的这些福利待遇的具体内容订入劳动合同之中。

3. 尾部

《劳动合同法》第16条规定,劳动合同由用人单位与劳动者协商一致,并经用人单位与劳动者在劳动合同文本上签名或者盖章生效。劳动合同文本由用人单位和劳动者各执一份。因此,作为劳动合同当事人的用人单位为法人的,应当由双方的法定代表人或者法定代表人授权的代理人签名并加盖单位公章。用人单位为不具备法人资格的其他组织的,则由其主要负责人或主要负责人授权的代理人签名并加盖单位公章。劳动者一方则应当由其亲笔签名。在合同中应当载明劳动合同的签订日期。

(三)文书参考文本

劳动合同

甲方(用人单位)名称:______________________________。

住所:______________________________。

法定代表人(或主要负责人):______________________________。

联系电话:______________________________。

乙方(劳动者)姓名:________________性别:________。

出生年月:__________;文化程度:____________________。

户籍所在地:__________;身份证号码:____________________。

现居住地址:______________________________。

联系电话:______________________________。

根据《劳动法》《劳动合同法》等规定,甲乙双方在平等自愿、协商一致、诚实信用的基础上,签订本合同。

一、劳动合同期限

第一条　合同期限采取下列第________种形式:

1. 固定期限。合同期自________年____月________日起，至________年____月____日止。其中，试用期自________年____月____日起，至________年____月____日止。

2. 无固定期限。合同期自________年____月____日起。其中，试用期自________年____月____日起，至________年____月____日止。

3. 以完成一定工作任务为期限。甲方聘请乙方完成的工作任务为________，本合同自________年____月____日起，至________工作任务完成时终止。其完成的标志是____。

二、工作内容和工作地点

第二条　乙方接受甲方聘用，担任____________岗位（工种）工作。

第三条　根据甲方的岗位（工种）作业特点，乙方的工作区域或工作地点为_______。

第四条　乙方工作应达到____标准。

三、工作时间和休息休假

第五条　乙方所在的岗位实行下列第________种工时制。

1. 标准工时工作制。乙方每日工作时间为____小时，每周工作____天。

2. 综合计算工时工作制。在综合计算工时周期内，平均日工作时间和平均周工作时间不超过法定标准工作时间。

3. 不定时工作制。

实行综合计算工时工作制、不定时工作制的，须经劳动行政部门批准。

第六条　甲方因工作需要，经与工会和乙方协商后可以延长工作时间，一般每日不得超过1小时；因特殊原因需要延长工作时间的，在保障乙方身体健康的条件下延长工作时间每日不得超过3小时，每月不得超过36小时。

第七条　甲方保证乙方在合同期内依法享受国家规定的各项休息休假的权利。

四、劳动报酬

第八条　甲方按照国家、本省（或直辖市）有关规定，根据本单位经济效益和生产经营特点等情况，制定本单位的工资分配制度。甲方应按照本单位的工资分配制度，结合乙方所在岗位及技能水平、劳动成果等情况，确定乙方的工资水平。

第九条　本合同的工资计发形式为：____________________。

1. 计时形式。乙方的月工资为________元（其中试用期间工资为________元）。

2. 计件形式。乙方的劳动定额为________，计件单价为________________________。

3. 其他形式。____________________。

第十条　甲方应以货币形式按月支付乙方的劳动报酬，每月____日为发薪日。

第十一条　甲方安排乙方延长工作时间或在休息日、法定节假日工作的，应依法安排乙方补休或支付加班加点工资。

五、社会保险和福利待遇

第十二条　在合同期限内，甲乙双方必须按照国家和本省（或直辖市）有关规定，参加社会保险，按时足额缴纳社会保险费，其中依法应由乙方缴纳的部分，由甲方从乙方工资报酬中代扣代缴。

第十三条　乙方患职业病或因工负伤有关待遇，按照国家、本省（或直辖市）有关规定执行。

第十四条 乙方患病或非因工负伤有关待遇,按照国家、本省(或直辖市)和本单位《集体合同》的有关规定执行。

第十五条 乙方因工死亡及因病或非因工死亡的有关待遇,按照国家、本省(或直辖市)有关规定执行。

六、劳动保护、劳动条件及职业危害

第十六条 甲方对可能产生职业病危害的岗位,应当向乙方履行如实告知义务,并对乙方进行劳动安全卫生教育,防止在劳动过程中发生事故,减少职业危害。

第十七条 甲方应严格执行国家和本省(或直辖市)有关劳动安全、劳动保护、职业卫生等规定,为乙方提供符合国家规定的劳动安全卫生条件和必要的劳动防护用品,保障乙方的安全和健康。

第十八条 乙方在劳动过程中必须严格遵守安全操作规程。乙方对甲方管理人员违章指挥、强令冒险作业,有权拒绝执行。

第十九条 甲方按照国家关于女职工、未成年工的特殊保护规定,对乙方提供保护。甲方安排乙方从事接触职业病危害作业的,应定期对乙方进行职业健康检查。

七、劳动合同的履行与变更

第二十条 甲乙双方应按照本合同约定,依法、全面履行各自的义务。

第二十一条 经甲乙双方协商一致,可以变更本合同约定的内容,并以书面形式确定。

八、劳动合同的解除与终止

第二十二条 甲乙双方解除、终止本合同及支付经济补偿金,应当按照《劳动合同法》《劳动合同法实施条例》等有关国家规定执行。

第二十三条 甲方在解除或者终止劳动合同时应当向乙方出具解除或者终止劳动合同的证明,并在十五日内为乙方办理档案和社会保险关系转移手续。

第二十四条 在解除和终止劳动合同时,乙方应当按照双方约定办理工作交接。甲方依照《劳动合同法》《劳动合同法实施条例》等有关国家规定应当向乙方支付经济补偿的,在甲乙双方办理工作交接时支付。

九、争议处理

第二十五条 甲乙双方因履行劳动合同发生争议,应协商解决,协商不成或不愿协商的,可以向甲方劳动争议调解委员会申请调解;调解不成的,可以向劳动争议仲裁委员会申请仲裁。甲乙任何一方也可以直接向劳动争议仲裁委员会申请仲裁。对仲裁裁决不服的,可以向人民法院起诉。

十、其他事项

第二十六条 双方约定的其他事项________________________________。

第二十七条 本合同一式两份,甲乙双方各执一份。

甲方(公章) 乙方(签名)

法定代表人或委托代理人(签章)

________年____月____日 ________年____月____日

劳动合同变更书

经甲、乙双方协商一致,同意对________年____月____日签订的劳动合同内容做以下变更:____。

甲方:(公章)　　　　　　　　　　乙方:(签字或盖章)

法定代表人:(主要负责人)

或委托代理人:(签章)

________年____月____日　　　　　　　　________年____月____日

劳动合同续订书

甲、乙双方原订劳动合同已于________年____月____日期满,经双方协商同意续订合同。

合同期限采取下列第________种形式:

1. 固定期限。合同期自________年____月________日起,至________年____月____日止。

2. 无固定期限。合同期自________年____月____日起。

3. 以完成一定工作任务为期限。本合同自________年____月____日起,至________工作任务完成时终止。其完成的标志是______________________________。

4. 双方需要约定的其他内容:____。

甲方:(公章)　　　　　　　　　　乙方:(签字)

法定代表人或委托代理人:(签章)

________年____月____日　　　　　　　　________年____月____日

十八、人身保险合同

(一)文书制作的基本知识

人身保险合同,是以人的生命和身体为保险标的协议。人身保险是以人的生命和身体为保险标的,以被保险人的死亡、残废为保险事故的保险。当被保险人的生命或身体因意外事故、意外灾难、疾病、衰老等原因,以致死亡、残废或丧失劳动能力,或保险期满时生存,保险人都应按照保险合同的规定,向被保险人或受益人给付保险金。人身保险合同的当事人包括投保人和保险人。

1. 人身保险合同的特征

(1)人身保险的保险标的是人的生命和身体。由于人的生命和身体的价值是无法用金钱估算的,因此,人身保险的保险费及保险金额是由保险人与投保人商定的。而在财产保险中,由于财产保险的保险标的是财产,因此,保险金额是根据保险标的的价值大小确定的。

(2)人身保险的目的带有储蓄性质。人身保险的储蓄性是指保险费率中含有储蓄因素,保险费是以分期支付的形式集中起来,而最终由保险人以保险金的形式返还给被保险人或受益人。而财产保险的目的是在于发生保险事故时,由保险人补偿被保险人所遭受的损失。

(3)人身保险的保险金带有定额给付的性质。在人身保险中,只要发生合同订明的事故或达到合同约定的期限,保险人都要给付保险金,不管被保险人是否遭受损失或者是否已从其他途径得到补偿。

(4)人身保险合同的保险人不具有代位求偿权。人身保险的被保险人因第三者的行为而发生死亡、伤残或者疾病等保险事故的,保险人向被保险人或者受益人给付保险金后,不得享有向第三者追偿的权利。但被保险人或者受益人仍有权向第三者请求赔偿。在人身保险中,保险人给付保险金是其合同义务,人身保险的保险标的即人的生命和身体的价值不具有财产性,保险人给付保险金目的不在于弥补被保险人的财产损失,被保险人或其受益人对加害人损害赔偿请求权不得让与,从而保险人也无权代位行使。

2. 人身保险的种类

根据《中华人民共和国保险法》(以下简称《保险法》)的规定,人身保险根据其内容不同,可以分为人寿保险、健康保险和意外伤害保险。

(1)人寿保险,又叫生命保险,即以被保险人的生死为保险标的,以一定期限内的死亡或期满生存为保险事故的保险。人寿保险,可分为生存保险、死亡保险和生死"两全"保险。生存保险是以被保险人在保险期满时仍然生存为给付条件的人寿保险。死亡保险,是以被保险人的死亡为保险事故的人寿保险,其又分为定期寿险和终身寿险。前者的保险期限为一特定期间,超过该期间被保险人仍然生存,保险公司不承担保险责任。而后者则是被保险人的一生,被保险人的死亡无论在什么时间发生,保险公司都应当按照合同的约定向被保险人的受益人给付死亡保险金。生死"两全"保险,是指被保险人在保险期内死亡,或者在保险期满时仍然生存,保险人都负有支付保险金义务的人寿保险。

(2)健康保险,又叫疾病保险,健康保险是以被保险人在保险期限内的疾病、分娩及其所致残废或者死亡为保险事故,保险人按照合同约定给付保险金的保险。健康保险可分为以下几类:第一类是以重大疾病为给付保险金条件的重大疾病保险,即被保险人只要患保险条款所列的疾病,都可获得保险人的定额给付。第二类是以约定的医疗费用为给付保险金条件的医疗保险,即被保险人因进行医疗发生的费用,由保险人按照约定的比例和限额进行给付。第三类是以因意外伤害、疾病导致被保险人收入中断或减少为给付保险金条件的收入保障保险,即被保险人因意外伤害、疾病使工作能力丧失或降低时,由保险人按照约定的标准向其支付保险金的一种保险。

(3)意外伤害保险是指以被保险人的身体利益为保险标的,以被保险人遭受意外伤害或者因伤害而致伤残、致死为保险事故的保险。构成人身意外伤害的保险事故须具备以下条件:具有意外性,即保险事故是被保人非故意造成的;具有外部性,即保险事故是被保险人身体外部原因造成的;具有直接性和突发性,即事故原因与伤害结果之间具有直接的因果关系,并在瞬间造成伤害,来不及预防。

此外,根据被保险人的人数,可将人身保险分为单独保险和团体保险。单独保险是以某一特定人为被保险人的保险。团体保险是以集体投保方式投保的死亡、伤残定期保险。

3. 人身保险合同的内容及形式

(1)人身保险合同的形式。《保险法》第13条第1款和第2款规定,投保人提出保险要求,经保险人同意承保,保险合同成立。保险人应当及时向投保人签发保险单或者其他保险凭证。保险单或者其他保险凭证应当载明当事人双方约定的合同内容。当事人也可以约定采用其他书面形式载明合同内容。在现实保险中，人身保险合同一般由保险条款、投保单、保险单、保险凭证、批单和特别约定组成。凡涉及本保险合同相关事项的约定，均应采用书面形式。

保险条款，是由保险人提供的载明保险合同的基本内容与当事人和关系人权利义务关系的格式文书，其内容是由保险人事先拟就并经保监会批准备案的格式条款。一旦投保人选择了某种形式的险种，就意味着其对该种保险条款的认可。

投保单，又称"投保书""要保书"，是投保人向保险人递交的申请订立保险合同的书面要约，其一经保险人接受，即成为合同的组成部分。投保单主要载明以下内容：第一，包含"投保须知"、投保人和被保险人相关信息、受益人信息（如指定有受益人）、投保险种、投保金额、保险费交纳、有关告知事项等信息；第二，投保须知应对投保人需要注意的事项进行说明和必要的提示。投保人应当如实填写投保单，并亲笔签字确认。应保证所填写内容的真实性和完整性，如果不真实或隐瞒有关事项，将会影响合同的效力。

保险单，是保险人与投保人之间订立保险合同的一种书面证明，其载明了保险合同的主要内容。保险单包括但不限于以下事项：第一，合同信息栏主要包括：保单编号、合同签发日/生效日、投保人/被保险人相关信息等内容；第二，承保信息栏主要包括：险种名称、保险费、交费期间、保险金额、保险期间等。当发生保险事故时，保险单是被保险人或其受益人向保险人索赔的主要依据，也是保险人处理赔付的依据。

保险凭证，又称"小保单"，其上面不印保险条款，但其与保险单具有同等效力，凡是保险凭证上没有载明的内容，均以与该凭证标的相同的保险单所载内容为准。在一张团体保险单项下，需要给每位参加保险的人签发一张单独的凭证。

批单，是指在保险单出具后，保险人应投保人的要求，对保险单中有关内容进行更改而出具的批改书。批单对保险单所作的更改内容将取代保单的有关内容，因此，批单是保险合同的重要组成部分。对保险合同中的同一内容作不同批改的，后出的批单其效力优于前出的批单。

特别约定，是指保险合同当事人对保险条款或保险单中未规定的事项在协商一致的基础上所作的约定，或者对保险条款或保险单中规定的事项所作的不同约定。在特别约定的内容与保险单中规定的保险条款不一致时，以特别约定的内容为准。

（2）格式条款的效力及其解释方法。根据《保险法》第 17 条第 1 款的规定，订立保险合同，采用保险人提供的格式条款的，保险人向投保人提供的投保单应当附格式条款，保险人应当向投保人说明合同的内容。该法第 19 条规定，采用保险人提供的格式条款订立的保险合同中的，下列条款无效：①免除保险人依法应承担的义务或者加重投保人、被保险人责任的；②排除投保人、被保险人或者受益人依法享有的权利的。根据该法第 30 条的规定，采用保险人提供的格式条款订立的保险合同，保险人与投保人、被保险人或者受益人对合同条款有争议的，应当按照通常理解予以解释。对合同条款有两种以上解释的，人民法院或者仲裁机构应当作出有利于被保险人和受益人的解释。

（3）人身保险合同的内容。根据《保险法》第 18 条第 1 款的规定，保险合同应当包括下列事项：保险人的名称和住所；投保人、被保险人的姓名或者名称、住所，以及人身保险的受益人的姓名或者名称、住所；保险标的；保险责任和责任免除；保险期间和保险责任开始时间；保险金额；保险费以及支付办法；保险金赔偿或者给付办法；违约责任和争议处理；订立合同的日期。该条第 2 款规定，投保人和保险人可以约定与保险有关的其他事项。

(二)文书的内容及制作方法

1. 首部

(1)标题

应载明合同的名称“人身保险合同”,或根据具体的人身保险内容载明合同的名称,如“人寿保险合同”“养老年金保险合同”“意外伤害保险合同”等。

(2)当事人与关系人的名称或姓名、住所

人身保险合同的当事人包括投保人和保险人。在人身保险合同中,投保人是指与保险人订立保险合同,并按照合同约定负有支付保险费义务的人。保险人是指与投保人订立保险合同,并按照合同约定承担给付保险金责任的保险公司。

人身保险合同的投保人,应当具有完全民事行为能力,此外,根据《保险法》第12条的规定,人身保险的投保人在保险合同订立时,对被保险人应当具有保险利益。根据该法第31条的规定,投保人对下列人员具有保险利益:①本人;②配偶、子女、父母;③前项以外与投保人有抚养、赡养或者扶养关系的家庭其他成员、近亲属;④与投保人有劳动关系的劳动者。除前款规定外,被保险人同意投保人为其订立合同的,视为投保人对被保险人具有保险利益。订立合同时,投保人对被保险人不具有保险利益的,合同无效。

人身保险合同的关系人包括被保险人和受益人。人身保险合同的被保险人是指其人身受保险合同保障,享有保险金请求权的人。能充当被保险人的必须是自然人,法人、未出生的胎儿不能成为被保险人。《保险法》第33条规定,投保人不得为无民事行为能力人投保以死亡为给付保险金条件的人身保险,保险人也不得承保。父母为其未成年子女投保的人身保险,不受前款规定限制。但是,因被保险人死亡给付的保险金总和不得超过国务院保险监督管理机构规定的限额。该法第34条第1款和第3款规定,以死亡为给付保险金条件的合同,未经被保险人同意并认可保险金额的,合同无效。父母为其未成年子女投保的人身保险,不受本条第1款规定限制。

受益人是指人身保险合同中由被保险人或者投保人指定的享有保险金请求权的人。投保人、被保险人可以为受益人。根据《保险法》第39条的规定,人身保险的受益人由被保险人或者投保人指定。投保人指定受益人时须经被保险人同意。投保人为与其有劳动关系的劳动者投保人身保险,不得指定被保险人及其近亲属以外的人为受益人。被保险人为无民事行为能力人或者限制民事行为能力人的,可以由其监护人指定受益人。该法第40条规定,被保险人或者投保人可以指定一人或者数人为受益人。受益人为数人的,被保险人或者投保人可以确定受益顺序和受益份额;未确定受益份额的,受益人按照相等份额享有受益权。该法第41条规定,被保险人或者投保人可以变更受益人并书面通知保险人。保险人收到变更受益人的书面通知后,应当在保险单或者其他保险凭证上批注或者附贴批单。投保人变更受益人时须经被保险人同意。根据该法第43条第2款的规定,受益人故意造成被保险人死亡、伤残、疾病的,或者故意杀害被保险人未遂的,该受益人丧失受益权。

在人身保险合同中,应当载明保险人、投保人、被保险人和受益人的名称和住所。作为保险人的保险公司和投保人是法人或者其他组织的,其名称应以在国家有关部门所登记、注册的名称为准,简称或者变更后未经登记、注册的名称不宜作为订立合同时的名称。投保人(是自然人的)和被保险人的姓名应当依其合法有效的身份证件如身份证或者户口簿所载明的为准,如乳名、笔名或者昵称、绰号、网名等不宜作为订立合同时的姓名。公民以他的户籍所在地的居住地为住所,公司和合伙企业、个人独资企业等其他组织以其主要办事机构所在地为住所。作为保险人的保险公司,应当在合同中载明法定代表人或负责人的姓名以及保险代理人的姓名、通信地址、电话、传真、电子邮箱等联系方式。

2. 正文

(1)保险标的

人身保险是以人的生命和身体为保险标的,以被保险人的死亡、残废为保险事故的保险。根据保险标的不同,可将人身保险分为人寿保险、健康保险和意外伤害保险。人身保险合同的标的,是人身保险合同当事人权利义务的对象,决定人身保险合同的性质及合同的内容。当事人在订立保险合同时,如果不能正确地认识所要签订的合同标的及其性质,就不能准确地约定当事人的权利和义务。因此,投保人和保险人在订立保险合同时必须对保险标的作出准确的约定。

(2)保险责任和责任免除

保险责任条款也叫危险条款,其具体规定保险人所承担的风险范围。保险人承担保险责任应当符合下列条件:投保事故发生在保险责任以内;保险责任发生在保险期以内;赔偿数额以保险金额为限度。可见,保险责任范围是保险人承担责任的范围,也是投保人、被保险人或者受益人要求保险人承担保险责任的范围。保险标的不同,保险人所承担的保险责任的范围就不同。因此,订立人身保险合同时当事人必须对保险责任的范围作出明确约定。

保险责任免除是指发生特定情况时,保险人不承担给付保险金责任,该项条款通常被称为免责条款。根据《保险法》第 17 条的规定,订立保险合同,采用保险人提供的格式条款的,保险人向投保人提供的投保单应当附格式条款,保险人应当向投保人说明合同的内容。对保险合同中免除保险人责任的条款,保险人在订立合同时应当在投保单、保险单或者其他保险凭证上作出足以引起投保人注意的提示,并对该条款的内容以书面或者口头形式向投保人作出明确说明;未作提示或者明确说明的,该条款不产生效力。该法第 19 条规定,采用保险人提供的格式条款订立的保险合同中的下列条款无效:①免除保险人依法应承担的义务或者加重投保人、被保险人责任的;②排除投保人、被保险人或者受益人依法享有的权利的。

人身保险合同中的免责条款应当依法订立。《保险法》第 43 条规定,投保人故意造成被保险人死亡、伤残或者疾病的,保险人不承担给付保险金的责任。投保人已交足 2 年以上保险费的,保险人应当按照合同约定向其他权利人退还保险单的现金价值。受益人故意造成被保险人死亡、伤残、疾病的,或者故意杀害被保险人未遂的,该受益人丧失受益权。该法第 44 条规定,以被保险人死亡为给付保险金条件的合同,自合同成立或者合同效力恢复之日起 2 年内,被保险人自杀的,保险人不承担给付保险金的责任,但被保险人自杀时为无民事行为能力人的除外。保险人依照前款规定不承担给付保险金责任的,应当按照合同约定退还保险单的现金价值。该法第 45 条规定,因被保险人故意犯罪或者抗拒依法采取的刑事强制措施导致其伤残或者死亡的,保险人不承担给付保险金的责任。投保人已交足 2 年以上保险费的,保险人应当按照合同约定退还保险单的现金价值。

(3)保险期间和保险责任开始时间

在人身保险合同中,人身保险的保险期间指保险人承担保险责任的有效期间,即保险责任开始至保险责任终止的保险有效期间。保险期间一般不同于保险合同的效力期间,人身保险合同成立后,保险人按照约定的时间开始承担保险责任。因此在合同中对保险期间与保险责任开始的时间必须予以载明。

人身保险的保险期限,一般是从保险合同双方当事人约定的起保日的零时开始生效,至期满日的24时止。因此不能认为投保人已将投保单送达保险人,保险责任就已开始。无特殊情况保险人一般不在被保险人投保的当时开始起保,如投保人坚持要求投保时立即起保的,应认真了解情况,并在投保单与保险单上批明在某年某月某日时起保,以明确责任。保险期限一经确定,无特殊原因,一般不予随意变更,但是保险人和被保险人可以根据保险条款规定或实际情况的变更,提出改变或终止保险责任期限。

(4)保险金额

在人身保险合同中,保险金额是当事人双方约定的、在保险事故或事件发生时,保险人应给付保险金责任的最高限额。同时,保险金额也是保险人收取保险费的计算基础。在人身保险合同中,因人身价值是不能像财产那样可以衡量的,所以保险金额是由人身保险合同的双方当事人约定的。投保人可以根据自身的经济状况和支付能力投保任何金额的人身保险,除非法律规定人身保险的限额或保险人的限制,一般不存在重复保险和超额保险的问题。

(5)保险费以及支付办法

在人身保险合同中,支付保险费是投保人最基本的义务。保险费的支付办法包括一次付清、分期付款、现金付款和转账支付等形式。《保险法》第35条规定,投保人可以按照合同约定向保险人一次支付全部保险费或者分期支付保险费。因此,当事人在人身保险合同中,应当载明投保人所交付的保险费数额、时间和交付方式。分期交付的,应对每次交付的数额、时间等作出明确约定。

《保险法》第36条规定,合同约定分期支付保险费,投保人支付首期保险费后,除合同另有约定外,投保人自保险人催告之日起超过30日未支付当期保险费,或者超过约定的期限60日未支付当期保险费的,合同效力中止,或者由保险人按照合同约定的条件减少保险金额。被保险人在前款规定期限内发生保险事故的,保险人应当按照合同约定给付保险金,但可以扣减欠交的保险费。该法第37条规定,合同效力依照本法第36条规定中止的,经保险人与投保人协商并达成协议,在投保人补交保险费后,合同效力恢复。但是,自合同效力中止之日起满2年双方未达成协议的,保险人有权解除合同。保险人依照前款规定解除合同的,应当按照合同约定退还保险单的现金价值。

(6)保险金给付办法

人身保险合同当事人约定的保险事故或事件发生后,保险人应当按照约定向被保险人或受益人给付保险金。保险金支付是保险人承担的基本保险责任,保险金支付应采取金钱给付的方法。

根据《保险法》第21条的规定,投保人、被保险人或者受益人知道保险事故发生后,应当及时通知保险人。故意或者因重大过失未及时通知,致使保险事故的性质、原因、损失程度等难以确定的,保险人对无法确定的部分,不承担给付保险金的责任,但保险人通过其他途径已经及时知道或者应当及时知道保险事故发生的除外。该法第23条规定,保险人收到被保险人或者受益人的给付保险金的请求后,应当及时作出核定;情形复杂的,应当在30日内作出核定,但合同另有约定的除外。保险人应当将核定结果通知被保险人或者受益人;对属于保险责任的,在与被保险人或者受益人达成给付保险金的协议后10日内,履行给付保险金义务。保险合同对给付保险金的期限有约定的,保险人应当按照约定履行给付保险金义务。保险人未及时履行前款规定义务的,除支付保险金外,应当赔偿被保险人或者受益人因此受到的损失。因此,人身保险合同的当事人可以根据保险标的的具体情况,在合同中约定保险金的支付期限与具体的支付办法。

(7)违约责任

违约责任是合同当事人一方不履行合同义务或者履行合同义务不符合约定时所承担的法律责任。违约责任具有一定的法定性,一般不因当事人未在合同中约定而免除。为了促使合同双方全面切实履行合同和预知违约风险,可以针对合同双方的各种违约情形及其应承担的违约责任在合同中作出约定,只要其不违反《合同法》《保险法》的强制性规定就是有效的。

(8)争议处理方式

合同争议的解决方式主要有以下四种方式,即当事人协商解决、第三人调解、仲裁机构仲裁或者法院诉讼。无论当事人在合同中有无约定,都可以通过协商达成和解或者由第三人调解解决合同争议。当事人不愿和解、调解或者和解、调解不成的,可以根据合同中已经约定的仲裁条款或纠纷发生后双方达成的仲裁协议向仲裁机构申请仲裁。在当事人没有订立仲裁条款与仲裁协议或者仲裁条款与仲裁协议无效的,人身保险合同的投保人、被保险人或受益人可以直接向人民法院起诉。

在此,应当特别注意以下两点:一是被保险人或受益人通过诉讼方式解决保险纠纷的,应当遵守诉讼时效的有关规定。根据《保险法》第26条的规定,人寿保险以外的其他保险的被保险人或者受益人,向保险人请求给付保险金的诉讼时效期间为2年,自其知道或者应当知道保险事故发生之日起计算。人寿保险的被保险人或者受益人向保险人请求给付保险金的诉讼时效期间为5年,自其知道或者应当知道保险事故发生之日起计算。二是根据《保险法》第38条的规定,保险人对人寿保险的保险费,不得用诉讼方式要求投保人支付。

(9)其他约定事项

首先,应当对特别事项作出约定。《保险法》第18条第2款规定,投保人和保险人可以约定与保险有关的其他事项。保险合同的条款,有的是法律规定必须列入的,有的则是由保险合同当事人双方约定的,前者称为保险合同的基本条款,后者称为保险合同的特约条款。由于保险种类很多,每一个保险人的保险业务方式也不尽相同,因此保险合同除法定记载事项外,投保人和保险人还可以就与保险有关的其他事项作出约定,这些针对其他事项所作的约定也就是保险合同的特约条款。所谓保险合同的特约条款,是指保险合同当事人于基本条款之外,自由约定的履行特种义务的条款,其实质是对基本条款的修正或者限制。在保险实务中人身保险合同的特约条款具体包括:退赔条款、保险事故通知条款、索赔期限条款、自杀条款、误报年龄条款、年龄限制条款、弱体保险条款,等等。

其次,在人身保险合同中可以对有关名词和技术术语进行定义和解释。人身保险合同所涉及的标的具有很强的专业性,势必涉及大量的专业术语和专有名词,同时在订立合同时也涉及一些法律专有名词和法律术语,为了防止歧义和发生误解,并有利于有关合同当事人准确地理解其含义,在有关的人身保险合同中,应对条款中出现的医学术语、健康险术语做出科学合理的解释。描述保险责任时,应对涉及的疾病种类、手术种类、医疗费用做出合理解释:该解释不能与医学界、法学界的解释有较大分歧;该解释应具有明确的判断标准。若保险费费率与职业有关,保险金给付金额与遭受到的残疾程度有关,应在条款中明确说明。

最后,当事人可以对人身保险合同的效力约定条件或期限。《保险法》第13条第3款规定,依法成立的保险合同,自成立时生效。投保人和保险人可以对合同的效力约定附条件或者附期限。根据《合同法》第45条的规定,附生效条件的合同,自条件成就时生效。附解除条件的合同,自条件成就时失效。当事人为自己的利益不正当地阻止条件成就的,视为条件已成就;不正当地促成条件成就的,视为条件不成就。根据该法第46条的规定,附生效期限的合同,自期限届至时生效。附终止期限的合同,自期限届满时失效。

3. 尾部

人身保险合同是以书面形式订立的合同,当事人应当签名或盖章认可,否则不产生法律效力。当事人为公民的,应当签署其身份证件中所载明的姓名,如果是法人或其他组织的应当加盖单位公章,并由法定代表人或单位负责人签名或加盖其个人名章。如果是当事人委托他人代理签订合同的,委托代理人应当签章。订立合同的时间关系到保险期间的计算以及投保人开始履行交纳保险费义务的时间,因此应在合同中予以载明。

(三)文书参考文本

××保险股份公司人生终身寿险(万能型)条款

第一章　保险合同的成立与生效

第一条　保险合同的构成

本保险条款、保险单或其他保险凭证、投保书、与保险合同有关的投保文件、合法有效的声明、批注、批单、附加险合同、其他书面协议都是您与我们之间订立的保险合同的构成部分。

本人生终身寿险(万能型)合同以下简称为“本主险合同”。

第二条　保险合同的成立与生效

投保人提出保险申请、本公司同意承保,本主险合同成立。

本主险合同自本公司同意承保、收取首期期交保险费并签发保险单开始生效,具体生效日以保险单所载的日期为准。

本主险合同生效日以后每年的对应日是保单周年日。保单年度、保险费约定支付日均以该日期计算。

如果当月无对应的同一日,则以该月最后一日作为对应日。

第三条　犹豫期

自投保人签收本主险合同次日起,有10日的犹豫期。在此期间请投保人认真审视本主险合同,如果投保人认为本主险合同与投保人的需求不相符,投保人可以在此期间提出解除本主险合同,本公司将无息退还投保人所支付的全部保险费。

解除本主险合同时,投保人需要填写申请书,并提供保险合同及有效身份证件。自本公司收到投保人解除合同的书面申请时起,本主险合同即被解除,合同解除前发生的保险事故本公司不承担保险责任。

第四条　保险期间

本主险合同的保险期间为终身,自本主险合同生效日起至被保险人身故时止。

第二章　保单账户

第五条　保单账户与保单账户价值

本公司于本主险合同生效日设立保单账户,用于记录本主险合同的保单账户价值。

在本主险合同有效期内,保单账户价值随着扣除初始费用后的保险费、持续交费特别奖励、保单利息计入保单账户而增加;随着保障成本的收取、保单账户价值的部分领取而减少。

被保险人身故或现金价值退还后,保单账户终止。

在本主险合同有效期内,本公司每年会向投保人寄送保单年度报告,告知投保人保单账户价值的具体状况。

第六条 保险费的支付

本主险合同的保险费分为期交保险费和追加保险费。

投保时,投保人可以和本公司约定每一保单年度支付的期交保险费金额,并在保险单上载明。约定的金额须符合本公司当时的投保规定。

在本主险合同有效期内,投保人可以在保险费约定支付日向本公司支付期交保险费。

第七条 保险费的追加

如果下列条件均符合,投保人可以随时支付追加保险费:

1. 每一保单年度支付的期交保险费不低于6000元;

2. 各期应付期交保险费均已支付;

3. 每次支付的追加保险费不低于1000元,并且为100元的整数倍。

本公司有权改变支付追加保险费的条件。

第八条 期交保险费增加

投保人在支付各期应付期交保险费后,可以申请增加期交保险费金额至6000元。

经本公司审核同意后,投保人应当按照增加后的金额,向本公司支付以后各期的期交保险费。

在增加期交保险费后,每一保单年度投保人支付的期交保险费中增加的部分分别依次归属于第1保单年度及以后各保单年度。期交保险费中投保时约定部分、增加部分归属的保单年度各自分别计算。

第九条 期交保险费缓交

投保人可以选择暂缓支付期交保险费,如果保单账户价值足以支付保障成本,本主险合同继续有效。如果投保人恢复支付,须按顺序依次支付缓交的各期期交保险费。所交的期交保险费分别归属到相应的保单年度。

第十条 持续交费特别奖励

如果下列条件均符合,自第4保单年度起,本公司将发放持续交费特别奖励并计入保单账户:

1. 本主险合同生效日起3年内的每一期应付期交保险费,均在其保险费约定支付日或其后的60日内支付;

2. 以前各期期交保险费均已支付,并且当期应付期交保险费在保险费约定支付日或其后的60日内支付。

持续交费特别奖励等于当期应付期交保险费的2%,但对于当期应付期交保险费中增加的部分,仅对其中归属于第4保单年度及以后保单年度的部分发放持续交费特别奖励。

追加保险费和补交的缓交期交保险费均不享有持续交费特别奖励。

第十一条 保单利息

每月第1日为结算日,保单利息在每月结算日或本主险合同终止时结算并计入保单账户。本公司按本主险合同每日24时的保单账户价值与日利率计算当日保单利息,并按计息天数加总得出结算时保单利息。

在结算日结算的,计息天数为本主险合同上个月的实际经过天数,日利率为公布的结算利率。

在本主险合同终止时结算的,计息天数为本主险合同当月的实际经过天数,日利率为本主险合同规定的保证利率对应的日利率。

自第2保单年度起在每个保单年度的第1个结算日零时,或本主险合同终止时,如果按保证利率计算的保单账户价值高于实际保单账户价值,本公司按差额结算额外的保单利息并计入保单账户。

第十二条 初始费用收取

投保人每次支付保险费后,本公司收取保险费的一定比例作为初始费用,扣除初始费用后的保险费计入保单账户。

初始费用占期交保险费的比例见下表:

每期期交保险费	归属的保单年度				
	第1保单年度	第2保单年度	第3保单年度	第4~5保单年度	第6保单年度及以后各保单年度
0~6000元的部分(年交方式) 0~3000元的部分(半年交方式) 0~1500元的部分(季交方式) 0~500元的部分(月交方式)	50%	25%	15%	10%	5%
超出6000元的部分(年交方式) 超出3000元的部分(半年交方式) 超出1500元的部分(季交方式) 超出500元的部分(月交方式)	5%	5%	5%	5%	5%

初始费用占追加保险费的比例不超过5%,具体比例以本公司当时的规定为准。

第十三条 保障成本

1. 保障成本

本公司对本主险合同承担的保险责任收取相应的保障成本。年保障成本根据被保险人的年龄、性别、危险保额及风险程度决定。每千元危险保额应收取的年保障成本见附表。如果根据被保险人的风险程度需要增加年保障成本的,将会在保险单上批注。

2. 保障成本的收取

在每月结算日,本公司按照该月的实际天数从保单账户中扣除保障成本。每日的保障成本为年保障成本的1/365。如果有欠交的保障成本,本公司也同时收取。

第十四条　部分领取

本公司在犹豫期后可以申请部分领取保单账户价值，申请部分领取需填写部分领取申请书并提供保险合同及投保人的有效身份证件，同时满足如下条件：

1. 被保险人当时未发生保险事故；

2. 领取金额和领取后的保单账户价值均符合本公司规定的最低金额要求。

在本公司收到投保人的部分领取申请书后，保单账户价值按领取的金额等额减少。本公司自收到部分领取申请书之日起30日内向投保人给付。对每一保单年度的前两次部分领取，本公司不收取部分领取手续费；对同一保单年度以后的各次部分领取，本公司每次收取部分领取手续费20元，部分领取手续费直接从给付的保单账户价值中扣除。本公司可以改变上述部分领取手续费的收费标准，但最高不超过每次50元。

第三章　保险合同提供的保障

第十五条　保险金额

1. 基本保险金额

本主险合同的基本保险金额由投保人在投保时与本公司约定并在保险单上载明，投保时的基本保险金额须符合本公司当时的投保规定。若该金额发生变更，则以变更后的金额为基本保险金额。

2. 保险金额

本主险合同的保险金额等于保单账户价值的105%和基本保险金额两者的较大者。

第十六条　保险责任

在本主险合同有效期内，本公司承担如下保险责任：

被保险人身故，本公司按身故当时的保险金额给付“身故保险金”，本主险合同终止。给付的身故保险金已包含身故当时的保单账户价值。

第十七条　责任免除

因下列情形之一导致被保险人身故的，本公司不承担给付保险金的责任：

1. 投保人对被保险人的故意杀害、故意伤害；

2. 被保险人故意犯罪或者抗拒依法采取的刑事强制措施；

3. 被保险人自本主险合同成立或者合同效力恢复之日起2年内自杀，但被保险人自杀时为无民事行为能力人的除外；

4. 被保险人主动吸食或注射毒品；

5. 被保险人酒后驾驶、无合法有效驾驶证驾驶，或驾驶无有效行驶证的机动车；

6. 战争、军事冲突、暴乱或武装叛乱；

7. 核爆炸、核辐射或核污染。

发生上述第1项情形导致被保险人身故的，本主险合同终止，本公司向受益人退还被保险人身故当时本主险合同的现金价值。

发生上述其他情形导致被保险人身故的，本主险合同终止，本公司向投保人退还被保险人身故当时本主险合同的现金价值。

如果投保人曾申请增加基本保险金额，若被保险人在增加的部分生效之日起2年内因自杀导致身故，本公司对该部分不承担给付保险金责任，但被保险人自杀时为无民事行为能力人的除外。

第十八条 宣告死亡处理

在本主险合同有效期内,如果被保险人失踪且被法院宣告死亡,本公司以法院判决宣告死亡之日作为被保险人的死亡时间,按本主险合同的约定给付身故保险金,本主险合同终止。

如果被保险人在宣告死亡后重新出现或者受益人确知其没有死亡的,受益人应于知道后30日内向本公司退还已给付的保险金,本主险合同的效力依法确定。

第十九条 受益人的指定和变更

投保人或者被保险人可以指定一人或多人为身故保险金受益人。受益人为多人时,可以确定受益顺序和受益份额;如果没有确定份额,各受益人按照相等份额享有受益权。

投保人或者被保险人可以变更受益人并书面通知本公司。本公司收到变更受益人的书面通知后,在保险单或其他保险凭证上批注或附贴批单。

投保人在指定和变更受益人时,必须经过被保险人同意。

被保险人身故后,有下列情形之一的,保险金作为被保险人的遗产,由本公司依照《中华人民共和国继承法》的规定履行给付保险金的义务:

1. 没有指定受益人,或者受益人指定不明无法确定的;

2. 受益人先于被保险人身故,没有其他受益人的;

3. 受益人依法丧失受益权或者放弃受益权,没有其他受益人的。

受益人与被保险人在同一事件中身故,且不能确定身故先后顺序的,推定受益人身故在先。

受益人故意造成被保险人身故、伤残、疾病的,或者故意杀害被保险人未遂的,该受益人丧失受益权。

第二十条 基本保险金额的变更

下列情形会引起基本保险金额变更:

1. 在本公司收到投保人的追加保险费后,基本保险金额按追加保险费等额增加。

2. 在本公司收到投保人的部分领取申请书后,基本保险金额按领取的保单账户价值等额减少。

3. 在本主险合同有效期内,经本公司同意,投保人可以变更基本保险金额。

(1)申请增加基本保险金额

投保人可以向本公司申请增加基本保险金额,但每个保单年度最多只能申请1次。在申请增加基本保险金额时,必须同时满足以下条件:

——本主险合同生效满1年;

——在被保险人65周岁的保单周年日之前申请;

——各期应付期交保险费均已支付。

经本公司审核同意后,增加的部分从下一个结算日的零时起生效。

(2)申请减少基本保险金额

在本主险合同生效1年后,投保人可随时向本公司申请减少基本保险金额,但每个保单年度最多只能申请1次。

经本公司同意后,减少的部分从下一个结算日的零时起效力终止。

第四章　申请领取保险金

第二十一条　保险事故通知

请投保人或受益人在知道保险事故发生后10日内通知本公司。

如果投保人或受益人故意或者因重大过失未及时通知,致使保险事故的性质、原因、损失程度等难以确定的,本公司对无法确定的部分,不承担给付保险金的责任,但本公司通过其他途径已经及时知道或者应当及时知道保险事故发生或者虽未及时通知但不影响本公司确定保险事故的性质、原因、损失程度的除外。

第二十二条　保险金申请

在申请保险金时,请按照下列方式办理:

由受益人填写保险金给付申请书,并提供下列证明和资料:

1. 保险合同;
2. 受益人的有效身份证件;
3. 国家卫生行政部门认定的医疗机构、公安部门或其他相关机构出具的被保险人的死亡证明;
4. 所能提供的与确认保险事故的性质、原因等有关的其他证明和资料。

保险金作为被保险人遗产时,必须提供可证明合法继承权的相关权利文件。

以上证明和资料不完整的,本公司将一次性通知受益人补充提供有关证明和资料。

第二十三条　保险金的给付

本公司在收到保险金给付申请书及上述有关证明和资料后,将在5日内作出核定;情形复杂的,在30日内作出核定。

对属于保险责任的,本公司在与受益人达成给付保险金的协议后10日内,履行给付保险金义务;若本公司在收齐相关证明和资料后第30日仍未作出核定,除支付保险金外,本公司将从第31日起按超过天数赔偿受益人因此受到的利息损失。利息按照我们公示的利率按单利计算,且保证该利率不低于中国人民银行公布的同期金融机构人民币活期存款基准利率。

对不属于保险责任的,本公司自作出核定之日起3日内向受益人发出拒绝给付保险金通知书并说明理由。

第二十四条　保险金领取方式选择权

受益人在领取保险金时,可以一次性领取,或者与本公司签订转换年金保险合同,将领取的保险金作为一次交清的保险费购买转换年金保险。转换年金保险的领取金额按照购买当时本公司提供的年金领取标准确定。

第二十五条　未还款项

本公司在给付各项保险金、退还现金价值或返还保险费时,如果投保人有欠交的保障成本或其他未还清款项的,本公司会在扣除上述欠款后给付。

第二十六条　诉讼时效

受益人向本公司请求给付保险金的诉讼时效期间为5年,自其知道或者应当知道保险事故发生之日起计算。

第五章　合同效力的中止及恢复

第二十七条　宽限期与效力中止

本主险合同有效期内,在每月结算日零时如果保单账户价值不足以支付保障成本,则自该结算日的次日零时起60日为宽限期。宽限期内发生的保险事故,本公司仍会承担保险责任,但在给付保险金时会扣减您欠交的保障成本。

如果投保人宽限期结束之后仍未支付保险费,则本主险合同自宽限期满的次日零时起效力中止。在本主险合同效力中止期间,本公司不承担保险责任。

第二十八条　效力恢复

本主险合同效力中止后2年内,投保人可以申请恢复合同效力。经投保人与本公司协商并达成协议,在投保人补交保险费之日起,合同效力恢复。

自本主险合同效力中止之日起满2年投保人和本公司未达成协议的,本主险合同终止。

第六章　解除保险合同

第二十九条　投保人解除合同的手续及风险

投保人在犹豫期后可以申请解除本主险合同,请填写解除合同申请书并向本公司提供下列资料:

1. 保险合同;

2. 投保人的有效身份证件。

自本公司收到解除合同申请书时起,本主险合同终止。本公司自收到解除合同申请书之日起30日内向投保人退还本主险合同的现金价值。对于已收取的本主险合同终止日之后的保障成本,本公司将无息一并退还。

投保人在犹豫期后解除合同会遭受一定损失。

第七章　其他需要注意的事项

第三十条　明确说明与如实告知

订立本主险合同时,本公司会向投保人说明本主险合同的内容。对本主险合同中免除本公司责任的条款,本公司在订立合同时会在投保书、保险单或其他保险凭证上作出足以引起投保人注意的提示,并对该条款的内容以书面或口头形式向投保人作出明确说明,未作提示或者明确说明的,该条款不产生效力。

本公司就投保人和被保险人的有关情况提出询问,投保人应当如实告知。

如果投保人故意或者因重大过失未履行前款规定的如实告知义务,足以影响本公司决定是否同意承保、提高应扣除的保障成本或者降低基本保险金额的,本公司有权解除本主险合同。

如果投保人故意不履行如实告知义务,对于本主险合同解除前发生的保险事故,本公司不承担给付保险金的责任,并不退还保险费。

如果投保人因重大过失未履行如实告知义务,对保险事故的发生有严重影响的,对于本主险合同解除前发生的保险事故,本公司不承担给付保险金的责任,但会退还保险费。

本公司在合同订立时已经知道投保人未如实告知的情况的,本公司不得解除合同;发生保险事故的,本公司承担给付保险金的责任。

前条规定的合同解除权,自本公司知道有解除事由之日起,超过30日不行使而消灭。自本主险合同成立之日起超过2年的,本公司不得解除合同;发生保险事故的,本公司承担给付保险金的责任。

第三十一条　投保年龄

指投保时被保险人的年龄,投保年龄以周岁计算,本主险合同接受的投保年龄为18

周岁至60周岁。

第三十二条　年龄错误

投保人在申请投保时,应将与有效身份证件相符的被保险人的出生日期在投保书上填明,如果发生错误按照下列方式办理:

1. 投保人申报的被保险人年龄不真实,本公司有权更正并根据被保险人的真实年龄收取以后各月的保障成本。如果真实年龄不符合本主险合同约定投保年龄限制的,本公司有权解除合同,并向投保人退还本主险合同的现金价值。

本公司行使合同解除权适用本主险合同第三十条本公司合同解除权的限制的规定。

2. 如果本公司已收取的保障成本高于应收取的保障成本,并且被保险人未发生保险事故,多收的保障成本将无息计入保单账户,但如果被保险人已发生保险事故,则多收的保障成本无息随身故保险金退还给身故保险金受益人。

3. 如果被保险人发生保险事故,并且距保险事故发生时最近一次已收取的保障成本低于应收取的保障成本,本公司有权按照该次已收取的保障成本与应收取的保障成本的比例调整当时的危险保额,身故保险金相应调整为身故当时的保单账户价值和调整后危险保额之和。

第三十三条　现金价值

本主险合同的现金价值等于保单账户价值。

第三十四条　合同内容变更

在本主险合同有效期内,经投保人与本公司协商一致,可以变更本主险合同的有关内容。变更本主险合同的,应当由本公司在保险单或者其他保险凭证上批注或者附贴批单,或者由投保人与本公司订立书面的变更协议。

第三十五条　联系方式变更

为了保障投保人的合法权益,投保人的住所、通信地址或电话等联系方式变更时,请及时以书面形式或双方认可的其他形式通知本公司。若投保人未以书面形式或双方认可的其他形式通知本公司,本公司按本主险合同载明的最后住所或通信地址所发送的有关通知,均视为已送达给投保人。

第三十六条　争议处理

本主险合同履行过程中,双方发生争议不能协商解决的,可以达成仲裁协议通过仲裁解决,也可依法直接向法院提起诉讼。

第三十七条　释义

保单年度:指从保险合同生效日或生效对应日零时起至下一年度保险合同生效对应日零时止的期间为一个保单年度。

保险费约定支付日:指保险合同生效日在每月、每季、每半年或每年(根据交费方式确定)的对应日。如果当月无对应的同一日,则以该月最后一日为对应日。

有效身份证件:指由政府主管部门规定的证明个人身份的证件,如居民身份证、按规定可使用的有效护照、军官证、警官证、士兵证等证件。

结算利率:本公司每月根据国务院保险监督管理机构的有关规定,确定上个月的结算利率,并在结算日起6个工作日内公布。结算利率为日利率,保证不低于零。

保证利率:本主险合同的保证利率为年利率1.75%,对应的日利率为0.004795%。

保证利率之上的投资收益是不确定的。

危险保额:指结算日零时的保险金额减去保单账户价值后的数值。

毒品:指中华人民共和国刑法规定的鸦片、海洛因、甲基苯丙胺(冰毒)、吗啡、大麻、可卡因以及国家规定管制的其他能够使人形成瘾癖的麻醉药品和精神药品,但不包括由医生开具并遵医嘱使用的用于治疗疾病但含有毒品成分的处方药品。

酒后驾驶:指经检测或鉴定,发生事故时车辆驾驶人员每百毫升血液中的酒精含量达到或超过一定的标准,公安机关交通管理部门依据《道路交通安全法》的规定认定为饮酒后驾驶或醉酒后驾驶。

无合法有效驾驶证驾驶:指下列情形之一:

1. 没有取得驾驶资格;
2. 驾驶与驾驶证准驾车型不相符合的车辆;
3. 持审验不合格的驾驶证驾驶;
4. 持学习驾驶证学习驾车时,无教练员随车指导,或不按指定时间、路线学习驾车。

无有效行驶证:指下列情形之一:

1. 未取得行驶证;
2. 机动车被依法注销登记的;
3. 未依法按时进行或通过机动车安全技术检验。

机动车:指以动力装置驱动或者牵引,上道路行驶的供人员乘用或者用于运送物品以及进行工程专项作业的轮式车辆。

周岁:指按有效身份证件中记载的出生日期计算的年龄,自出生之日起为零周岁,每经过1年增加1岁,不足1年的不计。

《××人生终身寿险(万能型)》年保障成本表(略)

十九、财产保险合同

(一)文书制作的基本知识

财产保险合同,是投保人与保险人约定的以财产及其相关利益为保险标的的协议。在财产保险合同中,投保人是指与保险人订立保险合同,并按照合同约定负有支付保险费义务的人。保险人是指与投保人订立保险合同,并按照合同约定承担给付保险金责任的保险公司。

1. 财产保险合同的法律特点

(1)财产保险合同的标的是财产或财产利益。财产保险合同的标的主要是补偿财产的实际损失,所以财产保险又被称为“损失保险”。财产保险合同是以投保人的财产及其相关利益为保险标的的这一特点,就决定了当财产保险事故发生后,保险人应当按照投保人的财产或财产利益损失对被保险人进行赔偿。对此,《保险法》第55条第1款和第2款明确规定,投保人和保险人约定保险标的的保险价值并在合同中载明的,保险标的发生损失时,以约定的保险价值为赔偿计算标准。投保人和保险人未约定保险标的的保险价值的,保险标的发生损失时,以保险事故发生时保险标的的实际价值为赔偿计算标准。

(2)财产保险价值具有确定性。财产保险合同中保险事故发生虽具有不确定性,但是,作为财产保险合同标的的财产或利益的价值是能够确定的。保险价值通常通过以下方式确定:保险合同当事人在合同中约定保险价值;未约定保险价值的,以保险事故发生时保险标的的实际价值确定；在海上保险合同中一般是以保险责任开始的实际价值确定。保险价值是当事人约定保险金额和确定保险人承担保险责任的基础。《保险法》第59条规定，保险事故发生后，保险人已支付了全部保险金额，并且保险金额等于保险价值的，受损保险标的的全部权利归于保险人；保险金额低于保险价值的，保险人按照保险金额与保险价值的比例取得受损保险标的的部分权利。

（3）保险人具有代为求偿权。《保险法》第60条规定，因第三者对保险标的的损害而造成保险事故的，保险人自向被保险人赔偿保险金之日起，在赔偿金额范围内代位行使被保险人对第三者请求赔偿的权利。前款规定的保险事故发生后，被保险人已经从第三者取得损害赔偿的，保险人赔偿保险金时，可以相应扣减被保险人从第三者已取得的赔偿金额。保险人依照本条第一款规定行使代位请求赔偿的权利，不影响被保险人就未取得赔偿的部分向第三者请求赔偿的权利。

2. 财产保险的种类

根据《保险法》第95条第2项的规定，保险公司的财产保险业务包括财产损失保险、责任保险、信用保险、保证保险等保险业务。

（1）财产损失保险，是指以被保险人的财产事故为保险标的的保险，当保险标的因保险事故遭受损失时保险人依法承担赔偿责任。根据财产标的的不同，可以将财产保险划分为以下种类：①事故灾害险，即保险人承保因火灾和其他自然灾害及意外事故引起的直接经济损失，险种主要有企业财产保险、家庭财产保险、家庭财产两全保险等财产险种。②货物运输保险，即保险人承保货物运输过程中自然灾害和意外事故引起的财产损失，险种主要有国内外铁路、航空、水路或海上货物运输保险等。③运输工具保险，即保险人承保运输工具因遭受自然灾害和意外事故造成运输工具本身的损失，险种主要有汽车、机动车辆保险、船舶保险、飞机保险和其他运输工具保险。④农业保险，即保险人承保种植业、养殖业、饲养业、捕捞业在生产过程中因自然灾害或意外事故而造成的损失。⑤工程保险，即保险人承保中外合资企业、引进技术项目及与外贸有关的各专业工程的综合性危险所致损失，以及国内建筑和安装工程项目险种如建筑工程一切险、安装工程一切险、机器损害保险、船舶建造险以及其他工程险。

（2）责任保险，是指以被保险人对第三者依法应负的赔偿责任为保险标的的保险。如产品责任险、雇主责任保险、机动车交通事故责任强制保险、职业责任险等均属于责任保险。《保险法》第65条规定，保险人对责任保险的被保险人给第三者造成的损害，可以依照法律的规定或者合同的约定，直接向该第三者赔偿保险金。责任保险的被保险人给第三者造成损害，被保险人对第三者应负的赔偿责任确定的，根据被保险人的请求，保险人应当直接向该第三者赔偿保险金。被保险人怠于请求的，第三者有权就其应获赔偿部分直接向保险人请求赔偿保险金。责任保险的被保险人给第三者造成损害，被保险人未向该第三者赔偿的，保险人不得向被保险人赔偿保险金。

（3）信用保险，是指以商品赊销和信用放贷中的债务人的信用作为保险标的，在债务人未能如约清偿债务而使债权人招致损失时，由保险人向被保险人即债权人提供风险保障的一种保险。根据保险标的性质的不同，可以将信用保险分为商业信用保险、银行信用保险和国家信用保险。根据保险标的所处地理位置的不同，可以将信用保险分为国内信用保险和出口信用保险。

（4）保证保险，是指以借款合同债务的不履行即债务人违约为标的的保险。在保证保险合同中,投保人是借款合同的债务人,亦即从银行借款债务人;被保险人是借款合同的债权人。目前保险公司所开展的保证保险有机动车消费贷款保证保险。保证保险和信用保险,均以债务履行为保险标的,均以债务人届期不履行债务为保险事故,但二者的差别仅在于投保人不同。在保证保险中投保人是借款合同的债务人,而在信用保险中投保人则是借款合同的债权人。

3. 财产保险合同的形式与内容

(1)财产保险合同的形式。《保险法》第13条第1款和第2款规定,投保人提出保险要求,经保险人同意承保,保险合同成立。保险人应当及时向投保人签发保险单或者其他保险凭证。保险单或者其他保险凭证应当载明当事人双方约定的合同内容。当事人也可以约定采用其他书面形式载明合同内容。财产保险合同一般由保险条款、投保单、保险单、保险凭证、批单和特别约定组成。凡涉及本保险合同相关事项的约定,均应采用书面形式。

①保险条款,是指由保险人提供的载明保险合同的基本内容与当事人和关系人权利义务关系的格式文书,其内容是由保险人事先拟就并经保监会批准备案的格式条款。一旦投保人选择了某种形式的险种,就意味着其对该种保险条款的认可。

②投保单,又称"投保书""要保书",是投保人向保险人递交的申请订立保险合同的书面要约,其一经保险人接受,即成为合同的组成部分。投保单是保险人事先拟定并向投保人提供的载明投保人、被保险人名称和住所、身份证号码,职业或经营范围,保险标的的名称、种类、数量及坐落地点、投保金额等栏目。投保人应当如实填写投保单,并保证所填写内容的真实性和完整性。如果不真实或隐瞒有关事项,将会影响合同的效力。

③保险单,是保险人与投保人之间订立保险合同的一种书面证明,其载明了保险合同当事人的权利义务与违约责任。当发生保险事故保险标的遭受损失时,保险单是投保人向保险人索赔的主要依据,也是保险人处理赔付的依据。

④保险凭证,又称"小保单",其上面不印保险条款,但其与保险单具有同等效力,凡是保险凭证上没有载明的内容,均以与该凭证标的相同的保险单所载内容为准。财产保险凭证主要在以下情形下使用:在货物运输保险订有预约合同的条件下,需要对每一笔货运签发单独的凭证;在加入机动车辆第三者责任险的情况下,保险人通常要签发保险凭证,便于被保险人携带以备有关部门检查之用。

⑤批单,是指在保险单出具后,保险人应投保人的要求,对保险单中有关内容进行更改而出具的批改书。批单对保险单所作的更改内容将取代保单的有关内容,因此,批单是保险合同的重要组成部分。对保险合同中的同一内容作不同批改的,后出的批单其效力优于前出的批单。

⑥特别约定,是指保险合同当事人对保险条款或保险单中未规定的事项在协商一致的基础上所作的约定,或者对保险条款或保险单中规定的事项所作的不同约定。在特别约定的内容与保险单中规定的保险条款不一致时,以特别约定的内容为准。

(2)财产保险合同的内容。根据《保险法》第18条第1款的规定,保险合同应当包括下列事项:保险人的名称和住所;投保人、被保险人的姓名或者名称、住所,以及人身保险的受益人的姓名或者名称、住所;保险标的;保险责任和责任免除;保险期间和保险责任开始时间;保险金额;保险费以及支付办法;保险金赔偿办法;违约责任和争议处理;订立合同的年、月、日。该条第2款规定,投保人和保险人可以约定与保险有关的其他事项。

（二）文书的内容及制作方法

1. 首部

（1）标题

应载明合同的名称“财产保险合同”，或根据具体的人身保险内容载明合同的名称，如“机动车交通事故责任强制保险合同”“货物运输保险合同”“信用保险合同”等。

（2）保险当事人与关系人的名称或姓名、住所

财产保险合同的当事人包括投保人和保险人。投保人是指与保险人订立保险合同，并按照合同约定负有支付保险费义务的人。保险人是指与投保人订立保险合同，并按照合同约定承担赔偿保险金责任的保险公司。被保险人则为财产保险合同的关系人。

根据《保险法》的规定，要具有完全民事行为能力并对保险标的具有保险利益的人才可以成为投保人。保险利益是指投保人对保险标的具有的法律上承认的利益。作为保险人的保险公司要承担赔偿或者给付保险金的责任，因此保险公司不仅应符合公司法中成立公司的要件，而且其设立必须经金融监督管理部门批准，其注册资本不得低于2亿元。被保险人是指其财产受保险合同保障，享有保险金请求权的人。《保险法》规定，投保人可以为被保险人。因此，被保险人可以是投保人，也可以是投保人之外的人。

在财产保险合同中，应当载明保险人的名称和住所，投保人、被保险人的姓名或名称和住所。投保人和被保险人是自然人的，其姓名应当依其合法有效的身份证件如身份证或者户口簿所载明的姓名为准，如乳名、笔名或者昵称、绰号、网名等不能作为订立合同时的姓名；作为保险人的保险公司及作为法人或其他组织的投保人和被保险人，其名称应以在国家有关部门所登记、注册的全称为准，简称或者变更后未经登记、注册的名称不宜作为订立合同时的名称。公民以他的户籍所在地的居住地为住所，公司或其他组织以其主要办事机构所在地为住所。作为保险人的保险公司，应当在合同中载明法定代表人或负责人的姓名以及项目联系人的姓名、通信地址、电话、传真、电子信箱等联系方式。

2. 正文

（1）保险标的

财产保险合同的标的是指作为保险对象的财产及其有关利益。根据《保险法》第12条第5款的规定，投保人或者被保险人对保险标的应当具有法律上承认的利益。因此，保险利益是保险合同的客体。投保人只有对保险标的享有保险利益，该保险合同才为有效合同。如果投保人对保险标的不具有保险利益，则其与保险公司所订的保险合同无效。如若投保人以赃物投保，由于其对赃物不具有法律上承认的利益，因此其与保险公司就赃物所投的保险合同为无效合同。

根据财产标的不同，财产保险合同当事人的权利义务不同。合同的标的，是合同当事人权利义务的对象，合同的标的决定合同的性质。当事人在订立保险合同时，如果不能正确地认识所要签订的合同标的及其性质，就不能准确地约定当事人的权利和义务。因此，投保人和保险人在订立保险合同时必须对保险标的作出准确的约定。

（2）保险责任和责任免除

保险责任条款也叫危险条款，其具体规定保险人所承担的风险范围，当事人必须对保险责任的范围作出约定。在财产保险合同中保险责任免除是指发生特定情况时，保险人不负赔偿的责任，该项条款通常被称为免责条款。

投保人与保险人签订保险合同并按照约定交付保险费后，财产保险合同条款中所载明的

责任范围即成为保险人的承担责任范围。在保险责任范围内发生的财产损失,保险人应根据合同的约定或法律规定承担赔偿责任。保险人承担保险责任应当符合下列条件:投保财产损害发生在保险责任以内;保险责任发生在保险期以内;赔偿数额以保险金额为限度。可见,保险责任范围是保险人承担责任的范围,也是投保人或被保险人要求保险人承担保险责任的范围。

一般来说,保险标的不同,保险人的保险责任和责任免除范围也就不同。保险责任与责任免除一般都是由保险人通过格式条款或格式文本的形式提供的,投保人对此没有协商的可能。因此,保险人对其提供的保险责任和责任免除条款应承担特别义务。《保险法》第 17 条规定,订立保险合同,采用保险人提供的格式条款的,保险人向投保人提供的投保单应当附格式条款,保险人应当向投保人说明合同的内容。对保险合同中免除保险人责任的条款,保险人在订立合同时应当在投保单、保险单或者其他保险凭证上作出足以引起投保人注意的提示,并对该条款的内容以书面或者口头形式向投保人作出明确说明;未作提示或者明确说明的,该条款不产生效力。该法第 19 条规定,采用保险人提供的格式条款订立的保险合同中的下列条款无效:①免除保险人依法应承担的义务或者加重投保人、被保险人责任的;②排除投保人、被保险人或者受益人依法享有的权利的。

(3)保险期间和保险责任开始时间

在财产保险合同中,财产保险的保险期限指保险责任的开始至保险责任终止的保险有效期限;是保险人对保险财产在发生保险责任范围内的自然灾害或意外事故所遭受的损失,承担赔偿责任的期限。也就是说,只有当保险事故或事件发生在保险期间内时,保险人才予以承担赔偿责任。因此在合同中对保险期间必须予以载明。

财产保险的保险期间,一般从保险合同双方当事人约定的起保日的零时开始生效,期满日的 24 时止。因此,不能认为投保人已将投保单送达保险人,保险责任就已开始。无特殊情况,保险人一般不在投保人投保的当时开始起保,如投保人坚持要求投保时立即起保的,应认真了解情况,并在投保单与保险单上批注在某年某月某日时起保,以明确责任。财产保险的保险期限分为定期保险和不定期保险,定期保险是指具有一定具体的时限的保险,是以具体的年月日时来计算保险责任的开始和终止。其中,超过 1 年期的为长期保险,1 年以下的为短期保险,长期保险和短期的保险费率不同。保险期限一经确定,无特殊原因,一般不予随意变更,但是保险人和投保人可以根据保险条款规定或实际情况的变更,提出改变或终止保险责任期限。

《保险法》第 14 条规定,保险合同成立后,投保人按照约定交付保险费,保险人按照约定的时间开始承担保险责任。因此,保险合同当事人除了在保险合同中约定保险期间及其起止时间之外,当事人应当对保险人承担保险责任开始的时间即保险责任开始的时间作出明确约定。

(4)保险价值

保险价值是保险标的的价值,保险价值是确定保险金额的依据。《保险法》第 55 条第 1 款和第 2 款规定,投保人和保险人约定保险标的的保险价值并在合同中载明的,保险标的发生损失时,以约定的保险价值为赔偿计算标准。投保人和保险人未约定保险标的的保险价值的,保险标的发生损失时,以保险事故发生时保险标的的实际价值为赔偿计算标准。据此可见,在财产保险合同中,保险价值的确定有两种方式:一种是定值保险;另一种是不定值保险。在定值保险中,当发生保险责任范围内的财产损失时,不论所保财产的实际价值是多少,保险人都按保险合同上载明的保险价值计算赔偿金额。在不定值保险中,保险价值在保险事故发生时,按照当时保险标的的实际价值确定。也就是说,对于不定值的保险价值,投保人与保险人在订立保险合同时并不加以约定,因此,不定值保险合同中,并不记载保险财产的价值,只记载保险金额。而对于定值财产保险合同,由投保人和保险人约定并在合同中载明保险标的价值。

(5)保险金额

财产保险合同中的保险金额是当事人双方约定的、在保险事故或事件发生时,保险人应赔偿的最高限额。同时,又是保险人收取保险费的计算基础。《保险法》第55条第3款和第4款规定,保险金额不得超过保险价值。超过保险价值的,超过部分无效,保险人应当退还相应的保险费。保险金额低于保险价值的,除合同另有约定外,保险人按照保险金额与保险价值的比例承担赔偿保险金的责任。

在投保人重复保险的情况下,保险金额也不得超过保险价值。重复保险是指投保人对同一保险标的、同一保险利益、同一保险事故分别与两个以上保险人订立保险合同,且保险金额总和超过保险价值的保险。《保险法》第56条第1款至第3款规定,重复保险的投保人应当将重复保险的有关情况通知各保险人。重复保险的各保险人赔偿保险金的总和不得超过保险价值。除合同另有约定外,各保险人按照其保险金额与保险金额总和的比例承担赔偿保险金的责任。重复保险的投保人可以就保险金额总和超过保险价值的部分请求各保险人按比例返还保险费。

(6)保险费以及支付办法

在财产保险合同中,支付保险费是投保人最基本的义务。保险费是指投保人参加保险时,根据其投保时所订的保险费率,向保险人交付的费用。保险费的计算通常根据保险金额、保险费率和保险期限的长短进行计算。保险费的数额同保险金额的大小、保险费率的高低成正比,即保险金额越大、保险费率越高则保险费越高。根据《保险法》第14条的规定,保险合同成立后,投保人按照约定交付保险费。保险费的支付办法包括一次付清、分期付款、现金付款和转账支付等形式。因此,当事人在财产保险合同中,应当载明投保人所交付的保险费数额、时间和交付方式。分期交付的,应对每次交付的数额、时间等作出明确约定。

根据《保险法》第49条的规定,保险标的转让的,被保险人或者受让人应当及时通知保险人,但货物运输保险合同和另有约定的合同除外。因保险标的的转让导致危险程度显著增加的,保险人自收到前款规定的通知之日起30日内,可以按照合同约定增加保险费或者解除合同。根据该法第51条的规定,投保人、被保险人未按照约定履行其对保险标的的安全应尽责任的,保险人有权要求增加保险费或者解除合同。根据该法第52条的规定,在合同有效期内,保险标的的危险程度显著增加的,被保险人应当按照合同约定及时通知保险人,保险人可以按照合同约定增加保险费或者解除合同。该法第53条规定,有下列情形之一的,除合同另有约定外,保险人应当降低保险费,并按日计算退还相应的保险费:①据以确定保险费率的有关情况发生变化,保险标的的危险程度明显减少的;②保险标的的保险价值明显减少的。因此,财产保险合同当事人可以根据保险标的的不同情况,对增加或减少保险费的情形作出明确约定。

(7)保险金赔偿办法

财产保险事故发生后,保险人依法向被保险人赔偿保险金是其承担的基本保险责任,保险金赔偿通常采取金钱给付的方法。但是,对于财产保险,保险人也可以根据财产保险合同的标的性质采取修复、重置等方法进行保险赔偿。在保险条款中,一般规定保险财产全部损失及部分损失时的赔偿办法以及保险人的代位赔偿权,但对这些条款的约定应当遵守法律的规定。

根据《保险法》第57条的规定,保险事故发生后,被保险人为防止或者减少保险标的的损失所支付的必要的、合理的费用,由保险人承担;保险人所承担的费用数额在保险标的损失赔偿金额以外另行计算,最高不超过保险金额的数额。该法第64条规定,保险人、被保险人为查明和确定保险事故的性质、原因和保险标的的损失程度所支付的必要的、合理的费用,由保险人承担。

根据《保险法》第58条的规定,保险标的发生部分损失,当事人双方解除合同解除的,保险人应当将保险标的未受损失部分的保险费,按照合同约定扣除自保险责任开始之日起至合同解除之日止应收的部分后,退还投保人。该法第59条规定,保险事故发生后,保险人已支付了全部保险金额,并且保险金额等于保险价值的,受损保险标的的全部权利归于保险人;保险金额低于保险价值的,保险人按照保险金额与保险价值的比例取得受损保险标的的部分权利。该法第60条规定,因第三者对保险标的的损害而造成保险事故的,保险人自向被保险人赔偿保险金之日起,在赔偿金额范围内代位行使被保险人对第三者请求赔偿的权利。前款规定的保险事故发生后,被保险人已经从第三者取得损害赔偿的,保险人赔偿保险金时,可以相应扣减被保险人从第三者已取得的赔偿金额。保险人依照本条第1款规定行使代位请求赔偿的权利,不影响被保险人就未取得赔偿的部分向第三者请求赔偿的权利。

(8)违约责任

违约责任是合同当事人一方不履行合同义务或者履行合同义务不符合约定时所承担的法律责任。违约责任具有一定的法定性,一般不因当事人未在合同中约定而免除。为了促使合同双方全面切实履行合同和预知违约风险,可以针对合同双方的各种违约情形及其应承担的违约责任在合同中作出约定,只要其不违反《合同法》《保险法》的强制性规定就是有效的。

(9)争议处理方式

合同争议的解决方式主要有以下三种方式,即当事人协商解决、第三人调解、仲裁机构仲裁或者法院诉讼。无论当事人在合同中有无约定,都可以通过协商达成和解或者由第三人调解解决合同争议。当事人不愿和解、调解或者和解、调解不成的,可以根据合同中已经约定的仲裁条款或纠纷发生后双方达成的仲裁协议向仲裁机构申请仲裁。在当事人没有订立仲裁条款与仲裁协议或者订立的仲裁条款与仲裁协议无效的,财产保险合同的投保人、被保险人可以直接向人民法院起诉。

在此,应当特别注意的是,投保人、被保险人通过诉讼方式解决保险纠纷的,应当遵守诉讼时效的有关规定。《保险法》第26条进一步明确规定,财产保险的被保险人向保险人请求给付保险金的诉讼时效期间为2年,自其知道或者应当知道保险事故发生之日起计算。

(10)其他约定事项

根据《保险法》第18条第2款的规定,除该条第1款规定的必备保险条款外,投保人和保险人还可以就与保险有关的其他事项作出约定。

首先,对特约条款作出约定。保险合同的条款,有的是法律规定必须列入的,有的则是由保险合同当事人双方约定的,前者称为保险合同的基本条款,后者称为保险合同的特约条款。由于保险种类很多,每一个保险人的保险业务方式也不尽相同,因此保险合同除法定记载事项外,投保人和保险人还可以就与保险有关的其他事项作出约定,这些针对其他事项所作的约定也就是保险合同的特约条款。所谓保险合同的特约条款，是指保险合同当事人于基本条款之外，自由约定的履行特种义务的条款，其实质是对基本条款的修正或者限制。在保险实务中财产保险合同的特约条款具体包括：防灾防损条款、危险增加条款、保证条款、退赔条款、无赔偿优惠条款、保险事故通知条款、索赔期限条款、代位求偿条款、保险标的的过户和保险单的转让条款中的贷款条款，等等。

其次，对有关名词和技术术语进行定义和解释。保险保险合同所涉及的标的具有很强的专业性，势必涉及大量的专业术语和专有名词，同时在订立合同时也涉及一些法律专有名词和法律术语，为了防止歧义和发生误解，并有利于有关合同当事人准确地理解其含义，在保险保险合同中可以对有关名词和技术术语进行定义和解释。《保险法》第 30 条规定，采用保险人提供的格式条款订立的保险合同，保险人与投保人、被保险人或者受益人对合同条款有争议的，应当按照通常理解予以解释。对合同条款有两种以上解释的，人民法院或者仲裁机构应当作出有利于被保险人和受益人的解释。

最后，当事人可以对财产保险合同的效力约定条件或期限。《保险法》第 13 条第 3 款规定，依法成立的保险合同，自成立时生效。投保人和保险人可以对合同的效力约定附条件或者附期限。根据《合同法》第 45 条的规定，附生效条件的合同，自条件成就时生效。附解除条件的合同，自条件成就时失效。当事人为自己的利益不正当地阻止条件成就的，视为条件已成就；不正当地促成条件成就的，视为条件不成就。根据《合同法》第 46 条的规定，附生效期限的合同，自期限届至时生效。附终止期限的合同，自期限届满时失效。

3. 尾部

财产保险合同是以书面形式订立的合同，当事人应当签名或盖章认可，否则不产生法律效力。当事人为公民的，应当签署其身份证件中所载明的姓名，如果是法人或其他组织的应当加盖单位公章，并由法定代表人或单位负责人签名或加盖其个人名章。如果是当事人委托他人代理签订合同的，委托代理人应当签章。订立合同的时间关系到保险期间的计算以及投保人开始履行交纳保险费义务的时间，因此应在合同中予以载明。

(三)文书参考文本

××保险公司家庭财产保险基本险条款与附加条款

家庭财产保险基本险条款

保险财产范围

第一条 本保险承保下列家庭财产：

(一)房屋(包括房屋交付使用时已存在的室内附属设备，如固定装置的水暖、气暖、卫生、供水、管道煤气及供电设备、厨房配套的设备等)；

(二)房屋装修(包括与房屋装修配套的室内附属设备，如固定装置的水暖、气暖、卫生、供水、管道煤气及供电设备、厨房配套的设备等)；

(三)家用电器、床上用品、服装、家具。

第二条 下列财产不在保险财产范围以内：

(一)金银、首饰、珠宝、货币、有价证券、票证、邮票、古玩、文件、账册、技术资料、图表、家畜、花草、树木、宠物、照相机、音像制品以及其他无法鉴定价值的财产；

(二)处于紧急危险状态下的财产；

(三)用于生产经营的财产；

(四)其他不属于第一条所列范围的财产。

保险责任

第三条 保险财产在保险单列明的地址由于下列原因造成的损失,本公司负责赔偿:

(一)火灾、爆炸;

(二)空中运行物体坠落、外界物体倒塌;

(三)台风、暴风、暴雨、龙卷风、雷击、洪水、冰雹、雪灾、崖崩、冰凌、泥石流和自然灾害引起地陷或下沉。

责任免除

第四条 保险财产由于下列原因造成的损失,本公司不负赔偿责任:

(一)地震、海啸;

(二)战争、军事行为、敌对行为、恐怖活动、暴动、罢工、没收、征用;

(三)核反应、核辐射、放射性污染;

(四)被保险人及其家庭成员、寄居人、雇佣人员的故意行为;

(五)家用电器因使用过度或超电压、碰线、漏电、自身发热等原因所造成的自身损毁;

(六)保险财产本身缺陷、保管不善、变质、霉烂、受潮、虫咬、自然磨损;

(七)未按要求施工导致建筑物地基下陷下沉,建筑物出现裂缝、倒塌的损失;

(八)置放于阳台或露天的财产,或用芦席、稻草、油毛毡、麦秆、芦苇、杆、帆布等材料为外墙、棚顶的简陋罩棚下的财产及罩棚,由于暴风、暴雨所造成的损失;

(九)其他不属于保险责任范围内的原因导致的损失。

保险金额

第五条 保险房屋、房屋装修的保险金额由被保险人根据其购置价格或重置价值确定,并在保险单上列明。

保险房屋、房屋装修的保险价值分别为其出险时的重置价值。

第六条 家用电器、服装、家具、床上用品的保险金额由被保险人根据其需要,按实际价值或其他估价方式确定。

赔偿处理

第七条 被保险人索赔时,应当向本公司提供保险单、损失清单、发票、其他必要的单证。

第八条 保险房屋、房屋装修发生保险责任范围内损失时,本公司按照保险金额与保险价值的比例承担赔偿责任,按以下方式计算赔偿金额:

(一)全部损失

保险金额等于或高于保险价值时,其赔偿金额以不超过保险价值为限;保险金额低于保险价值时,按保险金额赔偿。

(二)部分损失

保险金额等于或高于保险价值时,其赔偿金额按实际损失计算;保险金额低于保险价值时,其赔偿金额按保险金额与保险价值比例计算。

第九条 保险的家用电器、床上用品、服装、家具遭受保险责任范围内的损失时,本公司按照出险当时保险财产的实际价值计算赔偿,但最高不超过保险单分项列明的保险金额。

第十条　发生保险事故时,被保险人所支付的必要的、合理的施救费用的赔偿金额在保险财产损失以外另行计算,最高不超过保险金额,若受损保险财产按比例赔偿时,该项费用也按相同比例进行赔偿。

第十一条　发生保险责任范围内的损失后,应由第三者赔偿或牵涉第三者责任的,被保险人可以向本公司或第三者索赔。被保险人如向本公司索赔,应自收到赔款之日起,向本公司转移向第三者代位索赔的权利。在本公司行使代位索赔权利时,被保险人应积极协助,并向本公司提供必要的文件及有关情况。

第十二条　保险财产遭受部分损失经本公司赔偿后,保险合同继续有效,但其保险金额相应减少。减少金额由本公司出具批单批注。被保险人需恢复保险金额时,应补交保险费。

第十三条　保险事故发生时,如另有其他保险对同一保险财产承保同一责任,不论该保险是否由被保险人或他人以其名义投保,本公司仅按比例承担赔偿责任。

第十四条　被保险人的索赔期限,自其知道保险事故发生之日起,不得超过两年。

被保险人义务

第十五条　被保险人应遵守国家及有关部门关于消防、安全等方面的规定,采取合理的预防措施,防止保险事故的发生,对本公司及有关部门提出的消除不安全因素和隐患的合理建议,应认真付诸实施。

第十六条　在保险合同有效期内,保险地址如有变更,被保险人应当及时书面向保险人申请办理批改手续。

第十七条　保险事故发生时,被保险人应尽力采取必要的措施,防止或减少损失,并立即通知本公司。如果发生盗窃,应立即通知当地公安局。

第十八条　被保险人如果不履行第十五条至第十七条规定的各项义务,本公司有权拒绝赔偿,或者自书面通知之日起终止保险合同。

其他事项

第十九条　保险合同成立后,被保险人可随时书面申请解除合同,本公司亦可提前十五天发出通知解除保险合同。对保险合同有效期间的保险费,前者本公司按短期费率计收,后者按日计收。

第二十条　被保险人和本公司发生争议不能达成协议时,可选择以下两种方式之一解决:

1. 向________仲裁委员会申请仲裁;
2. 向________人民法院提起诉讼。

附加盗抢险条款

第一条　投保范围

本保险为个人房屋保险或个人财产保险(以下简称主险)的附加险,投保人只有在投保主险的基础上方可投保本附加险。本条款与主险条款相抵触之处,以本附加险条款为准,本附加险条款未规定的,适用主险条款的规定。

第二条　保险责任

被保险人存放在保险单所载明的保险地址室内的保险财产,由于遭受经公安部门确认的盗窃、抢劫行为而丢失,从案发时起三个月后,被盗抢的保险财产仍未查获的,丢失保险财产的直接损失,本公司按本附加险条款的规定负责赔偿。

第三条 责任免除

由于下列原因造成的损失,本公司不负责赔偿:

(一)保险财产因窗外钩物行为所致的损失;

(二)因未锁房门致使保险财产遭受盗窃的损失;

(三)被保险人的家庭成员、家庭雇佣人员、暂居人员盗抢或者纵容他人盗抢而造成保险财产的损失;

(四)保险财产在存放处所无人居住或无人看管超过三十天的情况下遭受的盗窃损失;

(五)不属于主险保险单保险财产范围内的财产遭受的盗窃损失;

(六)手提电话、便携式电脑所遭受的盗窃损失;

(七)置放于阳台或露天的财产,或用芦席、稻草、油毛毡、麦秆、芦苇、杆、帆布等材料为外墙、棚顶的简陋罩棚下的财产及罩棚遭受的盗窃损失。

第四条 保险金额

除非另有约定,本附加险关于家用电器、服装、家具、床上用品的各项保险金额以个人财产保险中对应的各分项保险金额为限。

第五条 赔偿处理

(一)保险标的发生盗抢事故后,被保险人应立即向当地公安部门如实报案,并同时通知本公司;被保险人未及时报案或通知本公司导致本公司无法对保险事故进行合理查勘的,本公司对无法确认的部分有权拒绝赔偿。

(二)从案发时起三个月后,被盗抢的保险财产仍未查获,在被保险人出具盗窃事故报告、被盗抢保险财产的购物发票、损失清单、公安部门的证明材料及其他与确认保险事故的性质、原因、损失程度等有关的证明和资料后,本公司在对应的分项保险金额内予以赔付。

(三)盗抢责任损失赔偿后,被保险人应将权益转让给本公司,破案追回的保险标的应归本公司所有,被保险人如愿意收回被追回的保险标的,其已领取的赔款必须退还给本公司,本公司对被追回保险标的的损毁部分按照实际损失给予补偿。

附加盗抢险费率

保险金额由投保人选择确定,年缴费率为0.1%。

附加门、窗、锁恶意破坏损失险条款

第一条 投保范围

本保险为个人房屋保险或个人财产保险(以下简称主险)的附加险,投保人只有在投保主险并附加盗抢险的基础上方可投保本附加险。本条款与主险条款相抵触之处,以本附加险条款为准。本附加险条款未规定的,适用主险条款的规定。

第二条 保险责任

被保险房屋所附属的门、窗、锁,由于遭受盗窃、抢劫过程中的撬、砸行为所致的损失,经公安部门确认的,本公司按本附加险条款的规定在赔偿限额内负责赔偿。

第三条 责任免除

(一)被保险人的家庭成员、家庭雇佣人员、暂居人员盗抢或者纵容他人盗抢而造成保险财产的损失；

（二）保险财产在存放处所无人居住或无人看管超过十五天的情况下遭受的盗窃损失。

第四条　赔偿限额

本附加险条款的赔偿限额由投保人和本公司约定并在保单上列明。

第五条　赔偿处理

（一）保险标的发生盗抢事故后，被保险人应立即向当地公安部门如实报案，并同时通知本公司；被保险人未及时报案或通知本公司导致本公司无法对保险事故进行合理查勘的，本公司对无法确认的部分有权拒绝赔偿。

（二）从案发时起三个月后，被损坏门、窗、锁的损失仍未从盗抢人处获得赔偿的，在被保险人出具盗窃事故报告、损失清单、公安部门的证明材料及本公司认为必要的其他单证后，本公司在赔偿限额内赔偿将受损的门、窗、锁恢复到原状态的费用。

（三）损失赔偿后，被保险人应将该部分向第三者追偿的权益转让给本公司。

附加门、窗、锁恶意破坏损失险费率

赔偿限额由投保人选择确定，年缴费率0.2%。

附加水暖管爆裂损失险条款

第一条　投保范围

本保险为个人房屋保险或个人财产保险（以下简称主险）的附加险，投保人只有在投保主险的基础上方可投保本附加险。本条款与主险条款相抵触之处，以本附加险条款为准，本附加险条款未规定的，适用主险条款的规定。

第二条　保险责任

因高压、碰撞、严寒、高温造成水暖管爆裂，对由此造成的水暖管本身损失以及其他保险财产遭受水浸、腐蚀的直接物质损失，本公司按本附加险条款的规定负责赔偿。

第三条　责任免除

由于下列原因造成的损失，本公司不负赔偿责任：

（一）水暖管年久失修、腐蚀变质以及未采取必要的防护措施；

（二）被保险人私自改动原管道设计；

（三）水暖管安装、检修、试水、试压；

（四）发生水暖管爆裂损失时，应由被保险人自行负担的免赔额部分。

附加水暖管爆裂损失险费率

房屋及室内财产整体投保，按照个人房屋保险费率的20%计费；或者指定保险财产和保险金额，费率0.1%。

二十、委托拍卖合同

（一）文书制作的基本知识

委托拍卖合同，是指拍卖人与委托人就拍卖物品所签订的书面协议。委托人是指将拍卖标的委托拍卖人拍卖的一方当事人。拍卖人是指依照《中华人民共和国拍卖法》（以下简称

《拍卖法》)和《中华人民共和国公司法》(以下简称《公司法》)设立的从事拍卖活动的企业法人。所拍卖的物品或者财产权利称为拍卖标的。

拍卖是指以公开竞价的方式,将特定物品或者财产权利转让给最高应价者的买卖形式。这里所说的"特定物品"并非仅仅指具有特殊性质或者特殊用途的特种物,而是指用于拍卖的某种物品,这种物品因拍卖而被特定化,具有不可替代性。

委托拍卖是按照法定程序进行的。《拍卖法》在第四章专门对拍卖程序进行了规定,拍卖主要经过拍卖委托、公告和展示、实施、成交四个阶段。

《拍卖法》第42条规定,拍卖人接受委托的,应当与委托人签订书面委托拍卖合同。该法第44条规定,委托拍卖合同应当载明以下事项:(1)委托人、拍卖人的姓名或者名称、住所;(2)拍卖标的的名称、规格、数量、质量;(3)委托人提出的保留价;(4)拍卖的时间、地点;(5)拍卖标的交付或者转移的时间、方式;(6)佣金及其支付的方式、期限;(7)价款的支付方式、期限;(8)违约责任;(9)双方约定的其他事项。

(二)文书的内容及制作方法

1. 首部

(1)标题

应载明合同的名称"委托拍卖合同",或根据委托拍卖的标的名称载明合同名称,如"汽车委托拍卖合同"等。

(2)委托人、拍卖人的姓名或者名称、住所

委托人是指委托拍卖人拍卖物品或者财产权利的公民、法人或者其他组织。拍卖人是指依照《拍卖法》和《公司法》设立的从事拍卖活动的企业法人。委托人为公民的,订立委托合同时应在合同中载明其合法有效的身份证件上的姓名;作为法人和其他组织的委托人与作为拍卖人的法人,在委托拍卖合同中应载明其在国家有关部门登记、注册的其单位名称。公民以其户籍所在地的居住地为住所,经常居住地与住所不一致的,以经常居住地为住所。公司或其他组织以其主要办事机构所在地为住所。

根据《拍卖法》第21条的规定,委托人要求对其身份保密的,拍卖人应当为其保密。该法第22条规定,拍卖人及其工作人员不得以竞买人的身份参与自己组织的拍卖活动,并不得委托他人代为竞买。该法第41条规定,委托人委托拍卖物品或者财产权利,应当提供身份证明和拍卖人要求提供的拍卖标的的所有权证明或者依法可以处分拍卖标的的证明及其他资料。

2. 正文

(1)拍卖标的的名称、规格、数量、质量

拍卖标的应当是委托人所有或者依法可以处分的物品或者财产权利。法律、行政法规禁止买卖的物品或者财产权利,不得作为拍卖标的。依照法律或者按照国务院的规定需经审批才能转让的物品或者财产权利,在拍卖前,应当依法办理审批手续。如果委托拍卖的是文物,在拍卖前,应当经拍卖人住所地的文物行政管理部门依法鉴定、许可。

拍卖标的的名称约定应当准确。当事人如果对拍卖合同的标的名称约定不明或者具有歧义,就有可能引发拍卖合同纠纷,进而影响拍卖合同的履行。因此,当事人在拍卖合同中必须对标的物的名称作出规范、明确、具体的约定,不得使用俚语、俗语或者方言。

拍卖合同标的的规格、数量,是确定合同标的物特征的重要条件,是区别同类标的物的具体特征。规格、数量即标的物的计量,是以数字和计量单位来衡量标的物的尺度。订立拍卖合同必须有明确的规格、数量规定,规格、数量规定要明确、具体,必须按照国家规定的度量衡

制度确定标的物的计量单位。对拍卖标的物的规格、数量的计量方法和计量单位，按国家或行业标准的计量方法执行；没有国家或行业标准的，按双方商定的计量方法执行。对拍卖标的物为多件物的，应当列出拍卖物的构成清单，并注明一同拍卖还是分别拍卖。

拍卖合同标的物的质量，是指拍卖合同标的物所体现的具体特征，也就是标的物内在素质和外观形态的综合要求。《拍卖法》第61条规定，拍卖人、委托人违反本法第18条第2款、第27条的规定，未说明拍卖标的的瑕疵，给买受人造成损害的，买受人有权向拍卖人要求赔偿；属于委托人责任的，拍卖人有权向委托人追偿。拍卖人、委托人在拍卖前声明不能保证拍卖标的的真伪或者品质的，不承担瑕疵担保责任。可见，拍卖标的的质量条款是判断委托人交付的拍卖物是否符合质量要求，以及是否承担瑕疵担保责任和委托人撤回拍卖标的的重要依据。因此，标的物的质量标准需订得详细具体，应根据具体拍卖物的外在或内在品质或属性，注明拍卖物的品种、型号、年代、等级、花色、款式、牌号或商标等。拍卖标的存在瑕疵的，委托人应当向拍卖人说明拍卖标的的瑕疵。

(2)委托人提出的保留价

委托人提出的保留价即底价，委托人有权确定拍卖标的的保留价并要求拍卖人保密。拍卖国有资产，依照法律或者按照国务院规定需要评估的，应当经依法设立的评估机构评估，并根据评估结果确定拍卖标的的保留价。根据《拍卖法》第50条的规定，拍卖标的无保留价的，拍卖师应当在拍卖前予以说明。拍卖标的有保留价的，竞买人的最高应价未达到保留价时，该应价不发生效力，拍卖师应当停止拍卖标的的拍卖。该法第51条规定，竞买人的最高应价经拍卖师落槌或者以其他公开表示买定的方式确认后，拍卖成交。因此，委托拍卖合同中应对拍卖是否保留底价作出明确约定，委托人提出保留底价的，应当对保留价的数额订明。

(3)拍卖的时间和地点

拍卖时间和地点是拍卖合同约定的拍卖人对拍卖标的公开向社会拍卖的时间和地点。因拍卖时间和地点不同，所拍得的拍卖标的价款就可能不同，因此，拍卖人应当按拍卖合同中约定的时间和地点对拍卖标的进行拍卖。未经委托人同意，拍卖人擅自变更拍卖时间与地点，因此给委托人造成损失的应依法承担违约责任。

《拍卖法》第45条规定，拍卖人应当于拍卖日7日前发布拍卖公告。该法第46条规定，拍卖公告应当载明下列事项：①拍卖的时间、地点；②拍卖标的；③拍卖标的的展示时间、地点；④参与竞买应当办理的手续；⑤需要公告的其他事项。该法第47条规定，拍卖公告应当通过报纸或者其他新闻媒介发布。该法第48条规定，拍卖人应当在拍卖前展示拍卖标的，并提供查看拍卖标的的条件及有关资料。拍卖标的的展示时间不得少于2日。拍卖的时间、地点与拍卖公告的发布时间和发布内容、拍卖标的的展示时间、地点有直接的关系，因此，在委托拍卖合同中应当将拍卖的时间和地点载明。

(4)拍卖标的交付或者转移的时间、方式

拍卖标的交付或转移的时间，是委托人将拍卖标的交付给拍卖人开始占有或由拍卖人将占有的标的物转移给买受人的时间。标的交付方式主要是指委托人交付标的的方式与拍卖人提取标的的方式。拍卖标的的交付占有，是拍卖人在拍卖前展示拍卖标的和提供查看拍卖标的的条件及有关资料的前提。拍卖标的交付拍卖人后，拍卖人负有保管义务。因保管不善造成拍卖标的损害、灭失的，拍卖人应当向委托人承担赔偿责任。拍卖成交后，委托人和拍卖人也负有将拍卖标的交付和转移给买受人的义务。《拍卖法》第40条规定，买受人未能按照约定取得拍卖标的的，有权要求拍卖人或者委托人承担违约责任。买受人未按照约定受领拍卖标的的,应当支付由此产生的保管费用。因此,委托拍卖合同双方当事人应将拍卖标的的交付或转移时间、方式订明。

(5)佣金及其支付方式、期限

佣金是拍卖成交后拍卖人向委托人、买受人收取的费用。《拍卖法》第56条规定,委托人、买受人可以与拍卖人约定佣金的比例。委托人、买受人与拍卖人对佣金比例未作约定,拍卖成交的,拍卖人可以向委托人、买受人各收取不超过拍卖成交价5%的佣金。收取佣金的比例按照同拍卖成交价成反比的原则确定。拍卖未成交的,拍卖人可以向委托人收取约定的费用;未作约定的,可以向委托人收取为拍卖支出的合理费用。可见,拍卖人与委托人在委托拍卖合同中所约定的佣金收取比例,是拍卖人收取佣金和委托人支付佣金的依据,因此,双方应当在委托拍卖合同中将佣金所占的拍卖标的价款的比例作出明确约定。基于同样的道理,在拍卖未成交时,拍卖人向委托人收取费用的,也应当在合同中订明。

佣金付款方式主要有现金、支票、银行汇票、信用卡付款及电子支付方式付款等多种方式。除国家允许的现金交易外,法人之间的经济往来必须通过银行转账结算。结算方式主要包括汇兑、托收承付和委托收款等。此外,付款和结算方式也包括一次性付款、结算和分期付款、结算。佣金或拍卖费用的支付方式与期限,是委托人向拍卖人履行支付义务的依据,因此,委托拍卖合同中应当对佣金或拍卖费用的支付采取何种方式与何时支付作出明确约定。

(6)价款的支付方式、期限

《拍卖法》第38条规定,买受人是指以最高应价购得拍卖标的的竞买人。该法第51条规定,竞买人的最高应价经拍卖师落槌或者以其他公开表示买定的方式确认后,拍卖成交。可见,拍卖标的的价款,是指以最高应价购得拍卖标的的竞买人即买受人向委托人支付的价款。按照委托拍卖合同约定的方式和期限取得拍卖标的的价款是委托人最主要的权利,也是买受人应当履行的最主要义务。该法第39条规定,买受人应当按照约定支付拍卖标的的价款,未按照约定支付价款的,应当承担违约责任,或者由拍卖人征得委托人的同意,将拍卖标的再行拍卖。拍卖标的再行拍卖的,原买受人应当支付第一次拍卖中本人及委托人应当支付的佣金。再行拍卖的价款低于原拍卖价款的,原买受人应当补足差额。可见,买受人是否按照约定支付拍卖标的的价款是判断其承担违约责任和对拍卖标的再行拍卖的依据,因此,委托拍卖合同中应将拍卖标的价款的支付方式与支付期限订明。

(7)违约责任

违约责任,是指当事人一方或者双方不履行合同义务或履行合同义务不符合约定而依法应承担的责任。

根据《拍卖法》第58条的规定,委托人委托拍卖其没有所有权或者依法不得处分的物品或者财产权利的,应当依法承担责任。拍卖人明知委托人对拍卖的物品或者财产权利没有所有权或者依法不得处分的,应当承担连带责任。根据该法第61条第1款的规定,拍卖人、委托人未说明拍卖标的的瑕疵,给买受人造成损害的,买受人有权向拍卖人要求赔偿;属于委托人责任的,拍卖人有权向委托人追偿。该法第39条第1款规定,买受人应当按照约定支付拍卖标的的价款,未按照约定支付价款的,应当承担违约责任,或者由拍卖人征得委托人的同意,将拍卖标的再行拍卖。该法第40条第1款规定,买受人未能按照约定取得拍卖标的的,有权要求拍卖人或者委托人承担违约责任。

违约责任,具有一定的法定性,其不因当事人未在合同中订明而免除。但是,为了避免合同纠纷发生后违约责任承担的不确定性和出于控制合同风险的考虑，拍卖合同的双方当事人在订立合同时，可以根据双方各自有可能违反本合同上述约定的各种情形及其应当承担的违约责任方式依法在合同中订明。这样一方面可以督促当事人履行合同，另一方面当纠纷发生时也有利于明确各自应承担的法律责任。

（8）双方认为应当约定的其他事项

委托拍卖合同当事人认为上述条款未涉及的其他事项，需要订入合同内容的，经双方协商一致也可以作出约定。如双方当事人如认为必要，可以对委托人撤回拍卖标的时应当向拍卖人支付的费用以及对拍卖标的进行鉴定与费用承担等在委托拍卖合同中作出约定等。

3. 尾部

（1）委托拍卖合同双方当事人为法人的，应当由双方的法定代表人或者法定代表人授权的代理人签字并加盖单位公章后才能生效。委托人为不具备法人资格的其他组织的，则由其主要负责人或主要负责人授权的代理人签名。委托人为公民的，则应当由其亲笔签名或其授权委托的代理人签名。

（2）在合同中应当载明合同的签订日期。

（三）文书参考文本

委托拍卖合同

甲方（委托人）：____。

身份证件号码：____________；电话：____________；

通信地址：____________；邮编：______________。

乙方（拍卖人）：____。

法定代表人：____________；电话：____________；

住所：____。

根据《中华人民共和国拍卖法》和其他有关法律、法规规定，甲乙双方经协商一致，签订本合同。

第一条　甲方就下述物品委托乙方依法公开拍卖：

1. 拍卖物名称：____。

2. 品种规格：____。

3. 数量：____。

4. 质量：____。

第二条　委托人保证对拍卖标的拥有无争议的所有权和处分权，并根据拍卖人的要求提供拍卖标的有关证明和资料，说明知道或应当知道的拍卖标的瑕疵。

第三条　拍卖标的的保留价为人民币________元，拍卖标的起拍价由拍卖人确定。

第四条　拍卖人承诺在________年____月____日前在________举行拍卖会，对委托拍卖物进行拍卖。

第五条　委托人同意拍卖人按落槌价的____%收取佣金，佣金将从拍卖所得价款中扣除。

第六条　除委托人与本公司另有约定外，委托人应按如下规则向本公司支付保险费：

1. 拍卖标的未成交的，支付相当于保留价（无保留价的按拍卖标的约定保险金额）____%的保险费；

2. 拍卖标的成交的,支付相当于落槌价____%的保险费。

第七条 拍卖标的成交的,委托人应当向拍卖人支付人民币________元的图录和宣传费用。拍卖标的不成交的,拍卖人免收(或收取人民币________元的)图录和宣传费用。

第八条 拍卖标的成交的,由拍卖人依法代扣委托人应缴纳之税费,并在缴纳完成后将纳税凭证交付给委托人。

第九条 拍卖人应自拍卖成交日起____天内在扣除佣金、税金、保险费和其他必要费用后的拍卖价款汇入委托人提供的银行账户。

第十条 委托人在拍卖公告前撤回拍卖标的的,应当向拍卖人支付如下费用:_____
____。

第十一条 委托人在拍卖公告后但在拍卖前撤回拍卖标的的,除应当支付第十条约定的费用外,还应当承担拍卖人已经发生的________等费用及因委托人撤拍而造成竞买人所发生的损失。委托人在约定期限不履行付款义务的,拍卖人有权从拍卖价款中予以扣除。

第十二条 拍卖人有足够理由证明拍卖标的存在下列情况之一的,拍卖人可以中止拍卖活动,并有权追究委托人法律责任:

1. 拍卖标的的权属状况与委托人声明的不一致;

2. 拍卖标的存在委托人未声明的重大瑕疵;

3. ____。

第十三条 拍卖标的不成交的,委托人应当在拍卖活动结束后的____日内取回拍卖物品,逾期未取回的,拍卖人按________元/日收取保管费。委托人要求以邮寄方式取回拍卖物的,应当书面向拍卖人提出,并承担邮寄费和保险费。拍卖人不承担拍卖物自交付邮局之后的毁损、灭失的损害赔偿责任。

第十四条 违约责任

1. 委托人委托拍卖法律、法规禁止拍卖没有所有权和依法不得处分的物品或者财产权利的,应赔偿拍卖人因此所造成的损失。

2. 委托人对已知的拍卖物瑕疵未加说明的,应赔偿因此给拍卖人所造成的损失。

3. 拍卖人在拍卖前的任何时候,对拍卖物经核实或者鉴定后认为依法不宜拍卖的,可以撤除该拍卖物并不再拍卖;在本合同生效后拍卖开始之前,委托人撤回委托拍卖物的,应征得拍卖人同意,并按实际支付为拍卖支出的合理费用;无故撤回委托拍卖物的,应按拍卖物保留价的____%向拍卖人支付违约金。

4. 拍卖人逾期向委托人支付拍卖物成交价款的,应向委托人支付应付价款____%的违约金。

5. 拍卖人违反合同约定泄露拍卖物保留价的,应向委托人按拍卖物保留价的____%支付违约金。

6. 拍卖人保管不善造成拍卖标的毁损、灭失的,应参照该标的保留价予以赔偿。无保留价的,应参照同类拍卖物品的市场价予以赔偿。

7. 委托人参与竞买或委托他人竞买的,拍卖人有权解除合同,委托人因此给拍卖人造成的损失应负赔偿责任。

第十五条 合同争议的解决方式:本合同项下发生的争议,由双方当事人协商解决或申请调解解决;协商或调解不成的,按下列第________种方式解决:(只能选择一种)

（一）提交________仲裁委员会仲裁；

（二）依法向________人民法院起诉。

第十六条　本合同经双方当事人签字、盖章后生效，有效期至________年____月____日止。

第十七条　其他约定：____。

委托人（盖章）　　　　　　　　拍卖人（盖章）

委托代理人（盖章）　　　　　　法定代表人（签名）

________年____月____日　　　　________年____月____日

第五部分 其他民事业务文书

一、财产分割协议

(一)文书制作的基本知识

财产分割协议,又称分产契约,是财产共有人之间就各共有人应获财产份额进行分割,或者部分共有人从共同财产中分出自己的份额时所订立的书面协议。

1. 共有财产及其分割

财产可以由两个以上的公民、法人共有。共有分为按份共有和共同共有。按份共有人按照各自的份额,对共有财产分享权利,分担义务。共同共有人对共有财产享有权利,承担义务。《物权法》第93条规定,不动产或者动产可以由两个以上单位、个人共有。共有包括按份共有和共同共有。

(1)按份共有。《物权法》第94条规定,按份共有人对共有的不动产或者动产按照其份额享有所有权。据此,在按份共有的情况下,各个共有人虽对共有财产共享所有权,但每个共有人对共同财产的所有权仅享有一定的份额,而不是每个人享有完整的所有权,即各个共有人按照一定的比例对共有财产分享所有权。按份共有的发生,可以基于当事人的意思,如数人共同出资购买同一物品而形成按份共有;或基于法律的规定形成按份共有,如继承人分割遗产形成按份共有。该法第103条规定,共有人对共有的不动产或者动产没有约定为按份共有或者共同共有,或者约定不明确的,除共有人具有家庭关系等外,视为按份共有。该法第104条规定,按份共有人对共有的不动产或者动产享有的份额,没有约定或者约定不明确的,按照出资额确定;不能确定出资额的,视为等额享有。根据该法第99条的规定,共有人约定不得分割共有的不动产或者动产,以维持共有关系的,应当按照约定,但共有人有重大理由需要分割的,可以请求分割;没有约定或者约定不明确的,按份共有人可以随时请求分割。因分割对其他共有人造成损害的,应当给予赔偿。

(2)共同共有。《物权法》第95条规定,共同共有人对共有的不动产或者动产共同享有所有权。据此,在共同共有的情况下,各个共有人对共有财产享有平等的占有、使用、收益和处分的权利,并且这些权利的行使及于共有财产的全部。共同共有的发生一般是基于共同的法律关系,如数个继承人对于共同继承的遗产约定共同继承、不进行分割地共同继承;基于婚姻关系所形成的夫妻共有财产。根据该法第99条的规定,共有人约定不得分割共有的不动产或者动产,以维持共有关系的,应当按照约定,但共有人有重大理由需要分割的,可以请求分割;没有约定或者约定不明确的,共同共有人在共有的基础丧失或者有重大理由需要分割时可以请求分割。因分割对其他共有人造成损害的,应当给予赔偿。

《婚姻法》第17条规定,在婚姻关系存续期间所得的下列财产属于共同财产:①工资、奖金。②生产、经营的收益。③知识产权的收益。知识产权的收益是指婚姻关系存续期间,实际取得或者已经明确可以取得的财产性收益,包括作品在出版、上演、播映后而取得的报酬,或允许他人使用而获得的报酬;专利权人转让专利权或许可他人使用其专利所取得的报酬;商标所有人转让商标权或许可他人使用其注册商标所取得的报酬。④继承或赠与所得的财产。并非所有继承的财产或受赠财产都是共同财产,如果遗嘱中或赠与合同中确定只归夫或妻一方所有的,该财产就归被确定的一方所有。⑤其他应当归共同所有的财产。但是,根据该法第19条的规定,夫妻可以通过书面形式约定婚姻关系存续期间所得的财产以及婚前财产归各自所有、共同所有或部分各自所有、部分共同所有。据此,双方对夫妻共同财产作出约定的,就应当按照约定确定夫妻共同财产,未有约定或约定不明确的,应当按照该法第17条的规定确定夫妻共同财产。

2. 共同财产分割方式

按份共有人请求按照其在共同财产中的份额分割共有财产或共同共有人请求依法分割共有财产的情况下,都涉及对动产或不动产的分割方式。《物权法》第100条规定,共有人可以协商确定分割方式。达不成协议,共有的不动产或者动产可以分割并且不会因分割减损价值的,应当对实物予以分割;难以分割或者因分割会减损价值的,应当对折价或者拍卖、变卖取得的价款予以分割。共有人分割所得的不动产或者动产有瑕疵的,其他共有人应当分担损失。据此,共有人可以协商确定分割方式;达不成协议的,共有财产的分割方式可分为以下三种:

(1)实物分割,即共有的不动产或者动产可以分割并且不会因分割减损价值的,应当对实物予以分割,也就是将原共有财产分配于各共有人。

(2)变价分割,即难以分割或者因分割会减损价值,而各共有人都无意愿接受共有财产的,应当拍卖或变卖共有财产,并以取得的价款进行分割。

(3)作价补偿,即对于难以分割或者因分割会减损价值的共有财产,共有人中的一人或数人愿意分得共有物的,因其取得的共有财产的价值超过应得份额或部分,在对共有财产按照市面价格折价后,对未取得共有财产的共有人按照其应得份额或部分给予金钱,对未足额分得实物的共有人给予部分金钱以补足其应得份额或部分。

接受当事人的委托,为当事人制作分产契约是律师业务之一。在从事这项业务时,律师应当确认当事人是否具有主体资格,意思表示是否真实,财产分割是否符合法律规定。在符合条件和当事人取得完全一致的情况下,律师可以代为制作财产分割协议。

(二)文书的内容及制作方法

1. 首部

(1)标题。应写明文书名称“财产分割协议”或“分产契约”。

(2)当事人的基本情况。分别写明参加析产的双方或多方共有人各自的姓名、性别、年龄、民族、职业或工作单位及住址等基本情况,同时还应注明他们相互之间的关系。

2. 正文

首先,财产分割的原因。应根据具体情况简要写明具体原因,如析家分产、离婚财产分割等。其次,说明共同财产的范围与具体分配方案即在说明共有财产情况的基础上,再说明一致达成的分割财产内容,即每一个共有人分得的具体财产情况,并写明分得的财产的名称、数量、位置、价值等。

3. 尾部

(1)立约人、见证人分别签名、盖章。由律师代为书写的,还应注明律师姓名及其所在律师事务所名称。

(2)注明立约的时间。

(三)文书样式与范本

1. 文书样式

财产分割协议

立约人:甲方:________________________________。

乙方:________________________________。

财产分割原因:

________________________________。

财产范围与分割方案:

____

____

________________________________。

立约人(签名)

______年____月____日

2. 文书范本

财产分割协议

甲方:胡××,男,汉族,1970年7月出生,住××市××区××路××楼××号房间,××市××文化公司职工,系乙方刘××的配偶。

乙方:刘××,女,汉族,1978年2月出生,住所同上,××市××房地产公司职工,系甲方胡××的配偶。

现因甲乙双方感情确已破裂,自愿协议离婚。根据《中华人民共和国婚姻法》第39条的规定,对双方婚姻关系存续期间双方的共同财产,经协商、自愿达成如下分割协议:

第一条　婚姻期间双方所购××市××小区26栋3门501室二室一厅86平方米的商品房(×房权证××字第××××××号)归乙方所有,但乙方应对甲方补偿20万元。

第二条　婚姻关系存续期间甲方以双方共同财产所购买的甲上市公司的2000股股票和乙方以双方共同财产所购买的乙上市公司的1200股股票,分别由甲、乙各自所有和处分。

第三条　甲乙双方夫妻共同财产中以甲方名义在××技术有限责任公司的30万元

出资，乙方同意甲方支付20万元的补偿后该出资作为甲方的个人财产出资，乙方对以甲方名义在该技术公司的出资不再享有任何权利，亦不承担任何责任。

甲方　胡××　　　　乙方　刘××
2016年10月7日　　　　2016年10月7日

二、财产约定协议

（一）文书制作的基本知识

财产约定协议，一般是指具有婚姻关系的双方当事人对婚姻关系存续期间所得的财产以及婚前财产的归属所达成的书面协议。

1. 夫妻法定共同财产

《婚姻法》第17条规定，在婚姻关系存续期间所得的下列财产属于共同财产：(1)工资、奖金。(2)生产、经营的收益。(3)知识产权的收益。知识产权的收益是指婚姻关系存续期间，实际取得或者已经明确可以取得的财产性收益，包括作品在出版、上演、播映后而取得的报酬，或允许他人使用而获得的报酬；专利权人转让专利权或许可他人使用其专利所取得的报酬；商标所有人转让商标权或许可他人使用其注册商标所取得的报酬。(4)继承或赠与所得的财产。并非所有继承的财产或受赠财产都是共同财产，如果遗嘱中或赠与合同中确定只归夫或妻一方所有的，该财产就归被确定的一方所有。(5)其他应当归共同所有的财产。最高人民法院《关于适用〈中华人民共和国婚姻法〉若干问题的解释（二）》[以下简称《婚姻法司法解释（二）》]第11条规定，婚姻关系存续期间，下列财产属于《婚姻法》第17条规定的"其他应当归共同所有的财产"：(1)一方以个人财产投资取得的收益；(2)男女双方实际取得或者应当取得的住房补贴、住房公积金；(3)男女双方实际取得或者应当取得的养老保险金、破产安置补偿费。

2. 夫妻法定个人财产

《婚姻法》第18条规定，法定个人财产包括：(1)一方的婚前财产。婚前财产是指在夫妻结婚登记之前或在得到法律认可的事实婚姻成立之前一方拥有所有权的财产，包括一方享有单独所有权的财产以及与其他人共同享有所有权的财产。(2)因一方身体受到伤害获得的医疗费、残疾人生活补助费等费用。(3)遗嘱或赠与合同中确定只归一方的财产。(4)一方专用的生活物品。(5)其他应当归一方的财产。这包括用于一方的职业需要的书籍、工具等财产，带有纪念意义的奖章、奖品等。根据《婚姻法司法解释（二）》第13条的规定，军人的伤亡保险金、伤残补助金、医药生活补助费属于个人财产。最高人民法院《关于适用〈中华人民共和国婚姻法〉若干问题的解释（一）》[以下简称《婚姻法司法解释（一）》]第19条规定，《婚姻法》第18条规定为夫妻一方的所有的财产，不因婚姻关系的延续而转化为夫妻共同财产。但当事人另有约定的除外。

3. 夫妻约定财产制

根据《婚姻法》第19条第1款的规定，夫妻财产的约定应当采取书面形式。对于婚姻关系存续期间所得的财产以及婚前财产可以作出以下几种约定：全部归各自所有或全部归共同所有；部分各自所有，部分共同所有。因此，夫妻既可以通过书面协议约定将属于一方的婚前财产全部或者部分归该方的个人财产，也可以通过书面协议约定婚姻关系存续期间一方所得的财产的全部或部分属于另一方的个人财产。双方对婚姻关系存续期间所得财产以及婚前财产没有约定或约定不明确的,适用《婚姻法》第17条、第18条的规定。

根据《婚姻法》第19条第2款的规定,夫妻对婚姻关系存续期间所得的财产以及婚前财产的约定,对双方具有约束力。但是,如果该财产约定为婚前约定,且双方未能结婚的,则该约定不能生效,对双方不具有约束力。

(二)文书的内容及制作方法

1. 首部

(1)标题。应写明文书名称"财产约定协议"。

(2)当事人的基本情况。分别写明双方各自的姓名、性别、年龄、民族、籍贯、职业或工作单位、住址等基本情况,同时还应注明双方相互之间的关系是夫妻关系还是未婚妻与未婚夫之间的关系。

2. 正文

约定内容包括对婚姻关系存续期间所得的财产归属的约定和婚前财产归属的约定,约定方式有以下三种:财产归各自所有、共同所有或部分各自所有、部分共同所有,并写明约定的财产的名称、数量、价值或位置等。

3. 尾部

(1)立约人、见证人分别签名、盖章。由律师代为书写的,还应注明律师姓名及其所在律师事务所名称。

(2)注明立约的时间。

(三)文书样式与范本

1. 文书样式

财产约定协议

甲方:______________________________。

乙方:______________________________。

约定内容:

____

____

______________________________。

甲方(签名)

乙方(签名)

见证人(签名)

______年____月____日

2. 文书范本

财产约定协议

甲方:胡××,男,汉族,1970年7月出生,住××市××区××路××楼××号房间,××市××文化公司职工,系乙方刘××的配偶。

乙方：刘××，女，汉族，1978年2月出生，住所同上，××市××房地产公司职工，系甲方胡××的配偶。

现甲乙双方根据《婚姻法》第19条的规定，对双方婚前财产和婚姻关系存续期间双方所得财产的归属，经协商、自愿达成如下协议：

第一条　甲方婚前购买并已登记于乙方名下的××市××小区××号楼××一套两室一厅××平方米的商品房（×房权证××字第××××××号）归乙方所有，由双方共同居住。

第二条　甲方的其他婚前财产和乙方的婚前财产归各自所有，由双方共同使用。

第三条　每月甲方拿出婚后全部收入的二分之一，乙方拿出婚后全部收入的三分之一，作为双方的共同财产，用于双方的生活和股市投资，收益为双方共同所有。

第四条　每月甲乙双方各自拿出本协议第三条的收入作为共同财产后的其他收入，为各自所有，不属于婚后共同财产。

第五条　本协议自双方签字之日起生效。

第六条　本协议一式两份，各持一份为凭。

附：1. 甲方与乙方婚前财产清单

2. 甲方与乙方婚后收入明细表

甲方　胡××　　　　乙方　刘××

2016年5月1日　　　　2016年5月1日

三、离婚协议

（一）文书制作的基本知识

离婚协议，又称离婚协议书，是指离婚双方当事人在自愿协商基础上就离婚后对子女抚养和婚姻存续期间的共同财产分割、共同债务承担等问题所达成书面协议。

根据《婚姻法》的规定，离婚有自愿离婚（协议离婚）和诉讼离婚两种形式。自愿离婚是离婚双方当事人自愿离婚并就离婚后的子女和财产问题在协议中作出适当处理和达成一致的情况下，通过向婚姻登记机关提交离婚协议并由婚姻登记机关发给离婚证件即准予离婚的一种形式。诉讼离婚是在夫妻双方感情确已破裂的情况下夫妻一方或双方直接向人民法院提出离婚诉讼并由人民法院通过开庭审理依法判决离婚的一种形式。

根据《婚姻法》第31条的规定，向婚姻登记机关提交离婚协议，离婚双方当事人并就离婚后子女和财产问题在协议中作出适当处理和明确规定是自愿离婚的必备条件。根据《婚姻法》第32条的规定，诉讼离婚则不要求离婚双方当事人向法院提交离婚协议。但是，无论自愿离婚还是诉讼离婚都涉及以下问题：离婚后子女的抚养、教育；生活费、教育费的承担；离婚后不直接抚养子女的父或母对子女的探望权的行使；离婚时夫妻的共同财产处理、共同的债务承担；离婚时一方因另一方抚育子女、照料老人、协助工作等付出较多义务的补偿；离婚时一方对生活困难的另一方的帮助等。因此，在离婚时如果能够通过签订离婚协议对以上涉及的问题自愿、协商达成一致，将会减少不必要的麻烦；否则，对上述问题只能通过提起诉讼由人民法院进行判决。

根据《婚姻法》第39条的规定，离婚时，夫妻的共同财产由双方协议处理；协议不成时，由人民法院根据财产的具体情况、照顾子女和女方权益的原则判决。《婚姻法司法解释（二）》

第 8 条规定,离婚协议中关于财产分割的条款或者当事人因离婚就财产分割达成的协议,对男女双方具有法律约束力。当事人因履行上述财产分割协议发生纠纷提起诉讼的,人民法院应当受理。该解释第 9 条规定,男女双方协议离婚后 1 年内就财产分割问题反悔,请求变更或者撤销财产分割协议的,人民法院应当受理。人民法院审理后,未发现订立财产分割协议时存在欺诈、胁迫等情形的,应当依法驳回当事人的诉讼请求。

(二)文书的内容及制作方法

1. 首部

(1)标题。写明文书名称"离婚协议"。

(2)当事人的基本情况。分别写明离婚双方当事人的姓名、性别、出生年月日、职业、工作单位、住址等基本情况。

2. 正文

离婚当事人自愿离婚时在向婚姻登记机关递交的离婚协议中,应当载明双方自愿离婚的意思表示。除此之外,离婚双方当事人订立的离婚协议一般应当对以下内容作出约定:

(1)关于子女是由男方还是由女方抚养的约定。根据《婚姻法》第 36 条第 3 款的规定,离婚后,哺乳期内的子女,以随哺乳的母亲抚养为原则。哺乳期后的子女的直接抚养权可以由双方自由约定。

(2)关于非直接抚养方即未直接行使抚养权的父或者母应承担的抚养费的数额及其支付年限、支付时间和支付方式的约定。根据《婚姻法》第 37 条的规定,离婚后,一方抚养的子女,另一方应负担必要的生活费和教育费的一部或全部,负担费用的多少和期限的长短,由双方协议。"抚养费"包括子女生活费、教育费、医疗费等费用。根据《婚姻法》的有关规定,父母对子女的抚养、教育义务不因离婚和不直接行使抚养权而免除,离婚后的父或母也应当对不能独立生活的子女履行抚养义务,抚养期限一般应到子女年满 18 周岁即成年为止。但子女年满 18 周岁而尚在校接受高中及其以下学历教育,或者丧失或未完全丧失劳动能力等非因主观原因而无法维持正常生活的,未与子女共同生活的作为离婚当事人一方的父或母仍负有给付抚养费的义务。

(3)关于不直接抚养子女的父或母的探望权及其行使方式作出约定。根据《婚姻法》第 38 条的规定,离婚后,不直接抚养子女的父或母,有探望子女的权利,另一方有协助的义务。因此,为了便于一方行使探望权和不影响另一方的生活,离婚双方当事人可以在协商的基础上对行使探望权利的方式、时间在离婚协议中作出明确约定。

(4)关于共同财产的处理约定。根据《婚姻法》的规定,夫妻婚姻关系存续期间所取得的财产的归属未作出约定的,夫妻的共同财产实行法定制,即按照《婚姻法》及其有关司法解释的规定确定;夫妻婚姻关系存续期间所取得的财产的归属另行作出约定的,按照双方的约定确定。根据该法第 39 条的规定,离婚时,夫妻的共同财产由双方协议处理,因此,离婚双方当事人可以对共同财产的归属和处理方式在离婚协议中作出明确规定。

(5)关于共同债务处理的约定。《婚姻法》第 41 条规定,离婚时,原为夫妻共同生活所负的债务,应当共同偿还。共同财产不足清偿的,或财产归各自所有的,由双方协议清偿;协议不成时,由人民法院判决。据此,离婚双方当事人在共同财产不足清偿共同债务或约定婚姻存续期间财产归各自所有的情况下,对原为夫妻共同生活所负的债务的承担可以在离婚协议中作出明确约定,诸如约定由一方承担或者双方按比例承担或者约定双方各自承担一定的数额。

(6)关于一方对另一方进行补偿的约定。《婚姻法》第40条规定,夫妻书面约定婚姻关系存续期间所得的财产归各自所有,一方因抚育子女、照料老人、协助另一方工作等付出较多义务的,离婚时有权向另一方请求补偿,另一方应当予以补偿。据此,离婚协议中对符合本条条件下的一方对另一方的财产补偿方式或补偿数额等可以作出明确约定。

(7)关于一方对另一方进行帮助的约定。《婚姻法》第42条规定,离婚时,如一方生活困难,另一方应从其住房等个人财产中给予适当帮助。具体办法由双方协议;协议不成时,由人民法院判决。据此,离婚协议中可以对符合本条条件下的一方对另一方的财产帮助方式、帮助期限和财产帮助数额等作出明确约定。

3. 尾部

离婚双方当事人应当在离婚协议上签名,并注明协议订立的时间。在此应说明的是,一方当事人拒绝在离婚协议上签名的,离婚协议无效。

(三)文书样式与范本

1. 文书样式

离婚协议书

甲方(男方):____。

乙方(女方):____。

甲乙双方经过充分考虑、协商,现就自愿离婚问题达成协议如下:

第一条 双方因性格不合(或者生活方式不同,或者因生活中存在的矛盾)致使夫妻感情已经完全破裂,已经丧失共同生活的基础。因此,双方均同意解除婚姻关系。

第二条 子女的抚养归属权及抚养费(含生活费、教育费、医疗费等)的负担数额或比例,非直接抚养一方负担抚养费的期限及给付上述费用的具体时间、方式。

第三条 非直接抚养一方对子女的探望权的行使及行使探望权的时间、地点和方式。

第四条 夫妻共同财产与共同债权的分割及确认方式。

第五条 对夫妻关系存续期间共同债务的承担和具体处理办法。

第六条 离婚时一方对另一方的补偿或离婚后的帮助。

甲方(签名)　　　　　　　　　　乙方(签名)

________年____月____日　　　　________年____月____日

2. 文书范本

离婚协议书

甲方(男方):黄××,身份证号码:××××××××××××××××××。

住址:××市××区××路××小区34号楼306室。

乙方(女方):吴××,身份证号码:××××××××××××××××××。

住址:××市××区××街××号院7号楼603室。

甲乙双方夫妻感情完全破裂并已经丧失共同生活的基础,现双方均同意解除婚姻关系和就女儿抚养、双方共同财产处理等事项自愿达成如下协议:

第一条 甲乙双方所生女儿黄××(2006年3月12日出生,2周岁)归乙方直接抚养。甲方每月支付抚养费(包括生活费和教育费)2000元,直至女儿年满18周岁。上述费用由甲方每月5日汇入乙方持有的××银行卡中,银行卡号为:________________。

第二条 女儿因生病的住院费及其他医疗费用由双方共同承担,甲方承担60%,乙方承担40%。

第三条 甲方有权每周三、周日探望女儿2次,探望地点可由乙方安排;甲方每月有权接回女儿共同生活1天,具体时间由甲乙双方临时协商。

第四条 甲方自单位分得的房改房××市××区××路××院201室的两室一厅(×房权证××字第××××××号)房屋及房屋内的家用电器、家具和其他全部生活用品归乙方所有,由乙方和女儿共同居住和使用,离婚后1个月内甲乙双方到房地产管理部门办理房屋产权过户登记。

第五条 甲乙双方在结婚后共同购买的一部丰田汽车归甲方所有。

第六条 结婚后甲方以双方共同财产所购买的甲上市公司的2000股股票和乙方以双方共同财产所购买的乙上市公司的1200股股票,分别由甲、乙各自所有和处分。

甲方 黄×× 乙方 吴××

2008年5月1日 2008年5月1日

四、收养协议

(一)文书制作的基本知识

收养协议,是指收养人为了与他人子女建立拟制父母子女关系,收养人和送养人依法订立的书面协议。

收养是指公民收养他人子女为自己的子女,从而使收养人和被收养人之间建立拟制血亲关系的民事法律行为。收养关系一经确立,收养人与被收养人之间即产生父母子女或祖父母孙子女关系,以及相应的法律上的权利义务,同时被收养人与其亲生父母及其近亲属的权利义务关系随即解除。根据《中华人民共和国收养法》(以下简称《收养法》)第4条的规定,被收养人为不满14周岁的丧失父母的孤儿、查找不到生父母的弃婴和儿童、生父母有特殊困难无力抚养的子女。该法第5条规定,孤儿的监护人、社会福利机构、有特殊困难无力抚养子女的生父母可以作为送养人。该法第6条规定,收养人必须具备无子女,有抚养教育被收养人的能力,未患有在医学上认为不应当收养子女的疾病,年满30周岁。

根据《收养法》的规定,收养三代以内同辈旁系血亲的子女可以不受被收养人的生父母有特殊困难无力抚养和被收养人不满14周岁的限制。华侨收养三代以内旁系血亲的子女,不受收养人无子女的限制。收养人只能收养1名子女,但收养孤儿、残疾儿童或者社会福利机构抚养的查找不到生父母的弃婴和儿童,可以不受收养人无子女和收养1名的限制。无配偶的男性收养女性的,收养人与被收养人的年龄应当相差40周岁以上,但公民收养三代以内同辈旁系血亲的子女除外。

根据《收养法》的规定,生父母送养子女,须双方共同送养。生父母一方下落不明或者查找不到的,可以单方送养。有配偶者收养子女,须夫妻共同收养。收养人收养与送养人送养,须双方自愿。收养年满10周岁以上的未成年人的,应当征得被收养人同意。收养应当在县级以上人民政府民政部门登记。收养关系自登记之日起成立。

（二）文书的内容及制作方法

1. 首部

（1）标题。写明文书名称“收养协议书”。

（2）当事人的基本情况。分别写明收养人、被收养人和作为送养人的公民的姓名、性别、籍贯、年龄、职业、工作单位、住址等基本情况。送养人为社会福利机构的，应当写明单位名称和法定代表人或负责人的姓名、职务等。

2. 正文

（1）送养原因，即送养人因何故将被收养人送给他人抚养。

（2）收养原因，即收养人因何故收养被收养人。

（3）被收养人和收养人的权利、义务。

3. 尾部

（1）送养人和收养人都为公民的，由双方签名；送养人为社会福利机构的，应加盖单位公章。

（2）注明协议签订日期和协议订立地点。

（三）文书样式与范本

1. 文书样式

收 养 协 议

收养人：（姓名、性别、民族、出生年月日、婚否、籍贯、职业、工作单位、住址）。

送养人：（姓名、性别、民族、出生年月日、籍贯、职业、工作单位、住址）。

被收养人：（姓名、性别、民族、出生年月日）。

根据《收养法》的规定，经收养人和送养人协商一致，达成以下协议：

一、收养原因：

____。

二、送养原因：

____。

三、被收养人和收养人的权利和义务：

____。

四、其他约定内容：

____

____。

收养人（签名）　　　　　　　　　　送养人（签名或盖章）

协议订立时间 ________年____月____日　　协议订立地点 ____________

2. 文书范本

收养子女协议

收养人：朱××，男，汉族，1965年2月19日出生，大学教师，住××省××市××区××路××小区××号楼××房间。

收养人：林××，女，汉族，1967年12月1日出生，大学教师，住址同上，系朱××的配偶。

送养人:刘××,男,汉族,1968年4月11日出生,农民,××省××县××镇××村人,系被收养人刘×生父。

送养人:张××,女,汉族,1970年6月29日出生,农民,住址同上,系刘××的配偶,被收养人刘×生母。

被收养人:刘×,女,汉族,2006年7月12日出生,系送养人刘××和张××之亲生女。

根据《中华人民共和国收养法》的规定,经收养人和送养人自愿协商,就朱××、林××收养刘×达成以下协议:

第一条 收养人朱××和林××结婚近15年,因林××身体原因一直未能生育,现膝下无子女,兹愿共同收养刘×为养女。

第二条 送养人刘××和张××因体弱有病,对刘×无力尽到养育和教育之责,现同意送养。

第三条 收养关系自依法登记之日起,被收养人刘×将与收养人共同生活,并改名为朱×。

第四条 自收养关系成立之日起,收养人朱××、林××与被收养人刘×之间即依法成立养父母与养子女关系,送养人刘××、张××和刘×之间的父母子女关系即告解除。

第五条 自收养关系成立之日起,收养人将尽到抚养、教育被收养人的义务,保证被收养人刘×身心健康,送养人刘××、张××亦无权干涉收养家庭内部事务。

第六条 在本协议签订后10日内,收养人和送养人双方到××民政局办理收养登记手续。

收养人 朱××、林×× 送养人 刘××、张××

协议签订时间 2010年9月29日 签订地点 ××县××镇××村委会

五、遗嘱

(一)文书制作的基本知识

遗嘱,是遗嘱人生前对自己的遗产或其他事务作出处理,并于死亡时发生效力的法律行为。《中华人民共和国继承法》(以下简称《继承法》)第16条规定,公民可以依照本法规定立遗嘱处分个人财产,并可以指定遗嘱执行人。公民通过立遗嘱处分个人财产时,可以立遗嘱将个人财产指定由法定继承人的一人或者数人继承,也可以立遗嘱将个人财产赠给国家、集体或者法定继承人以外的人。

1. 遗嘱的有效要件

遗嘱作为一种民事法律行为,不论采取何种形式,其应当具备以下要件:

(1)遗嘱人立遗嘱时必须有民事行为能力。《继承法》第22条第1款规定,无行为能力人或者限制行为能力人所立的遗嘱无效。据此,无行为能力人所立的遗嘱,即使其本人后来有了行为能力,仍属无效遗嘱。遗嘱人立遗嘱时有行为能力,后来丧失了行为能力,不影响遗嘱的效力。

(2)遗嘱须是遗嘱人的真实意思表示。《继承法》第22条第2款至第4款规定,遗嘱必须表示遗嘱人的真实意思,受胁迫、欺骗所立的遗嘱无效。伪造的遗嘱无效。遗嘱被篡改的,篡改的内容无效。

(3)遗嘱内容须合法。遗嘱内容不得违反法律、行政法规的强制性规定。违反法律、行政法规的强制性规定的遗嘱无效,遗嘱人以遗嘱处分了属于国家、集体或他人所有的财产,遗嘱的这部分,应认定无效。

2. 遗嘱的形式及遗嘱的撤销、变更

根据《继承法》第17条的规定,遗嘱有公证遗嘱、自书遗嘱、代书遗嘱、录音遗嘱和遗嘱人在危急情况下的口头遗嘱等形式。

(1)公证遗嘱。《继承法》第17条第1款规定,公证遗嘱由遗嘱人经公证机关办理。根据《公证法》第26条规定,遗嘱公证应当由遗嘱人本人到公证机构亲自办理,不得委托他人办理。

(2)自书遗嘱。《继承法》第17条第2款规定,自书遗嘱由遗嘱人亲笔书写,签名,注明年、月、日。最高人民法院《关于贯彻执行〈中华人民共和国继承法〉若干问题的意见》(以下简称《继承法司法解释》)第40条规定,公民在遗书中涉及死后个人财产处分的内容,确为死者真实意思的表示,有本人签名并注明了年、月、日,又无相反证据的,可按自书遗嘱对待。

(3)代书遗嘱。《继承法》第3款规定,代书遗嘱应当有两个以上见证人在场见证,由其中一人代书,注明年、月、日,并由代书人、其他见证人和遗嘱人签名。

(4)录音遗嘱。《继承法》第17条第4款规定,以录音形式立的遗嘱,应当有两个以上见证人在场见证。

(5)口头遗嘱。《继承法》第17条第5款规定,遗嘱人在危急情况下,可以立口头遗嘱。口头遗嘱应当有两个以上见证人在场见证。危急情况解除后,遗嘱人能够用书面或者录音形式立遗嘱的,所立的口头遗嘱无效。

《继承法》第20条规定,遗嘱人可以撤销、变更自己所立的遗嘱。立有数份遗嘱,内容相抵触的,以最后的遗嘱为准。自书、代书、录音、口头遗嘱,不得撤销、变更公证遗嘱。根据《继承法司法解释》第42条的规定,遗嘱人以不同形式立有数份内容相抵触的遗嘱,其中有公证遗嘱的,以最后所立公证遗嘱为准;没有公证遗嘱的,以最后所立的遗嘱为准。可见,公证遗嘱的效力高于其他形式的遗嘱效力;公证遗嘱与其他形式的遗嘱内容抵触的,应当以公证遗嘱为准。

3. 遗嘱见证人及其应当具备的条件

根据《继承法》的规定,遗嘱人在通过代书、录音和口头形式立遗嘱时,应当有两个以上的见证人在场见证。但是,见证人应当具有完全民事行为能力,且与遗嘱人无利害关系。对此,《继承法》第18条规定,下列人员不能作为遗嘱见证人:(1)无行为能力人、限制行为能力人;(2)继承人、受遗赠人;(3)与继承人、受遗赠人有利害关系的人。《继承法司法解释》第36条规定,继承人、受遗赠人的债权人、债务人,共同经营的合伙人,也应当视为与继承人、受遗赠人有利害关系,不能作为遗嘱的见证人。遗嘱属于单方的法律行为。遗嘱人处理遗产或其他事务,不需要征得指定继承人的同意,遗嘱人只要具有遗嘱能力,遗嘱内容是遗嘱人的真实意思表示,遗嘱内容合法,并符合法定方式,其遗嘱就依法生效。因此,受托人接受遗嘱人的委托代书遗嘱时,应有符合法定条件的两个以上的见证人在场见证。

(二)文书的内容及制作方法

1. 首部

(1)标题。写明文书名称“遗嘱”,或者将遗嘱人的姓名写入标题,如“×××遗嘱”。

(2)订立遗嘱人的基本情况。写明其姓名、年龄、性别、民族、籍贯、住址等。

(3)代书人与见证人的基本情况。委托他人代书的,应写明受托人和见证人的姓名、年龄、性别、住址等情况;受托人为律师的,写明其所在的事务所名称及代书遗嘱的律师姓名即可。

2. 正文

首先,写明遗嘱人订立遗嘱的意思表示。其次,写明订立遗嘱人通过遗嘱所要处理的财产名称、数额及所在地等。最后,应写明指定继承人的姓名和遗嘱人对遗产的处理意见。指定两人以上的继承人的,应分别列明指定继承人的姓名及他们各自继承的份额。此外,要写明所订立遗嘱的份数和保存人,并注明立遗嘱的时间和地点。

3. 尾部

(1)立遗嘱人、代书人和见证人签名或盖章。

(2)注明制作遗嘱的年、月、日。

(三)文书样式与范本

1. 文书样式

遗　嘱

立遗嘱人:(姓名、性别、民族、出生年月日、籍贯、详细住址等)。

为了____________,特请________和________作为见证人,并由________代书遗嘱如下:

一、立遗嘱人所有的财产名称、数额、价值:

____。

二、立遗嘱人对所有财产的处理意见:

____

____

____。

三、其他:

____。

本遗嘱一式____份,由________、________、________保存。

立遗嘱地点:____________;立遗嘱时间:____________。

立遗嘱人(签名)

见证人(签名)

代书人(签名)

________年____月____日

2. 文书范本

遗　嘱

立遗嘱人:姚××,男,汉族,居民身份证号:××××××××××××××××××。

住址：××市××区××路××号院××号房间。

为了证明本人所立遗嘱的真实性，特请蔡××和高××作为见证人，并由高××代书遗嘱如下：

一、立遗嘱人所购买的××市××区××路××号院××号三室一厅（房屋所有权号为：×房权证××字第××××××号）的房屋归儿子姚甲继承。

二、立遗嘱人在××银行的存款（存折号为：×××××××）50万元归女儿姚乙继承。

三、立遗嘱人家中所收藏的清朝××画家的两幅山水画赠与好友周××所有。

本遗嘱一式三份，由姚××、蔡××、高××各自保存一份。

立遗嘱地点：××市××区××路××号院××号房间。

立遗嘱时间：2009年12月20日上午10时20分。

立遗嘱人　姚××
见证人　蔡××、高××
代书人　高××
2009年12月20日

六、遗赠扶养协议

（一）文书制作的基本知识

遗赠扶养协议，是受扶养的公民和扶养人之间关于扶养人承担受扶养人的生养死葬的义务，受扶养人将财产遗赠给扶养人的书面协议。

《继承法》第31条规定，公民可以与扶养人签订遗赠扶养协议。按照协议，扶养人承担该公民生养死葬的义务，享有受遗赠的权利。根据这一规定，遗赠扶养协议从签订时起发生法律效力，扶养人的义务从协议生效时起履行，而其权利自被扶养人死亡时才能得以实现。遗赠扶养协议一经签订，双方就要切实履行协议所约定的义务。扶养人应当按照协议的约定履行抚养义务，而受扶养人不得对自己的财产作出不利于扶养人的处分。因扶养人不全面、适当履行扶养义务的，受扶养人可以解除协议；因受扶养人的擅自处分行为，致使扶养人无法实现受遗赠权利的，扶养人有权解除遗赠扶养协议和要求受扶养人补偿其已经付出的扶养费用。

根据遗赠扶养协议履行扶养义务，从而享有继承权，是我国《继承法》规定的继承方式之一。《继承法》第5条规定，继承开始后，按照法定继承办理，有遗嘱的，按照遗嘱继承或者遗赠办理；有遗赠扶养协议的，按照协议办理。《继承法司法解释》第5条进一步规定："被继承人生前与他人订有遗赠扶养协议，同时又立有遗嘱的，继承开始后，如果遗赠扶养协议与遗嘱没有抵触，遗产分别按协议和遗嘱处理；如果有抵触，按协议处理，与协议抵触的遗嘱全部或部分无效。"上述内容，规定了遗赠扶养协议作为继承方式的最优先适用性。

（二）文书的内容及制作方法

1. 首部

（1）标题。写明文书名称"遗赠扶养协议"。

（2）当事人的基本情况。应分别写明扶养人和受扶养人的姓名、年龄、性别、民族、住址等。

2. 正文

遗赠扶养协议的正文包括遗赠和扶养两个方面。首先,遗赠的内容应当写明遗赠财产的种类、名称、数量和基本状况等;其次,扶养的内容应当写明提供的扶养包含哪些方面、具体方式、达到的标准或要求等。

3. 尾部

遗赠扶养协议双方当事人应当在协议上签名,并注明订立遗赠扶养协议的年、月、日。

(三)文书样式与范本

1. 文书样式

遗赠扶养协议

受扶养人:(姓名、性别、民族、出生年月日、籍贯、详细住址等)。

扶养人:(姓名、性别、民族、出生年月日、籍贯、详细住址等)。

受扶养人和扶养人双方在自愿、平等、协商的基础上,就遗赠和扶养事宜达成如下协议:

一、遗赠财产的种类、名称、数量和基本状况等。

二、扶养包含的具体内容、具体方式、达到的标准或要求等。

三、双方当事人拒绝履行或不适当履行协议的后果。

受扶养人:×××　　　　扶养人:×××

见证人:×××、×××

签字时间:________年____月____日　　　　签约地点:____________

2. 文书范本

遗赠扶养协议

甲方(受扶养人):贾××,男,汉族,1938年10月20日出生,××市××区××镇××村村民。

乙方(扶养人):陆××,男,汉族,1972年5月7日出生,××市××区××镇××村村民。

甲方因年老体衰、身边无子女照顾,长期以来依靠乙方照顾。现甲乙双方经村委会主任白××见证,在自愿、平等、协商的基础上就遗赠和扶养事宜达成如下协议:

第一条　甲方将自己居住的院落和瓦房五间、脱粒机一台、自行车一辆、衣柜一个、书桌和餐桌各一个、木椅六把和全部劳动工具作为遗赠物品,在甲方去世后全部归乙方所有。

第二条　乙方同意接受上述遗赠,自本协议生效之日起甲方与乙方共同生活,乙方保证悉心照顾甲方。甲方的衣、食、住、行、医疗费用由乙方承担,并保证甲方的生活水平保持全村平均水平以上。甲方去世后的丧葬费用全部亦由乙方承担。

第三条　甲乙双方应当全面、适当履行本协议。乙方拒绝履行扶养义务的,甲方有权解除协议;甲方擅自处分遗赠物品的,乙方有权解除协议和要求甲方补偿乙方已经付出的扶养费用。

第四条　本协议自双方签字之日起生效。本协议一式三份,甲方、乙方和村委会主任白××各持一份为凭。

甲方:×××　　　　乙方:×××　　　　证人:白××

签字时间:________年____月____日　　　　签约地点:____________

七、债务追偿催促书

(一)文书制作的基本知识

债务追偿催促书,是指债权人向债务人发送的以催促债务人在指定期间偿还欠款或清结债务的一种书面文书。

债是按照合同的约定或者依照法律的规定,在当事人之间产生的特定的权利和义务关系。享有权利的人是债权人,负有义务的人是债务人。债权人有权要求债务人按照合同的约定或者依照法律的规定履行义务。具体来说,债包括以下几种:

(1)合同之债。合同是平等主体的自然人、法人、其他组织之间设立、变更、终止民事权利义务关系的协议。依法成立的合同,对当事人具有法律约束力。当事人应当按照约定履行自己的义务,不得擅自变更或者解除合同。依法成立的合同,受法律保护。当事人对依法订立并生效的合同负有全面、适当、及时履行的义务,否则构成违约应依法承担违约责任。如在买卖合同中出卖人交付货物后,买受人拖欠或拒绝支付的货款;借款合同中借款人拒绝偿还和拖欠的借款与利息;租赁合同中承租人拒绝支付和拖欠的租金;承租合同中定作人拒绝支付和拖欠的报酬;建设工程合同中发包人拒绝支付和拖欠的工程款等都属于合同之债。

(2)侵权行为之债。《中华人民共和国侵权责任法》(以下简称《侵权责任法》)第2条规定,侵害民事权益,应当依照本法承担侵权责任。本法所称民事权益,包括生命权、健康权、姓名权、名誉权、荣誉权、肖像权、隐私权、婚姻自主权、监护权、所有权、用益物权、担保物权、著作权、专利权、商标专用权、发现权、股权、继承权等人身、财产权益。该法第3条规定,被侵权人有权请求侵权人承担侵权责任。从上述规定可以看出,民事主体的民事权利包括人格权和财产权依法受到保护,侵害民事主体的人格权或财产权的,应依法承担侵权责任。因侵犯民事主体的人身权或财产权而发生的侵权责任就构成侵权行为之债。根据该法第15条的规定,承担侵权责任的方式主要有:停止侵害;排除妨碍;消除危险;返还财产;恢复原状;赔偿损失;赔礼道歉;消除影响、恢复名誉。以上承担侵权责任的方式,可以单独适用,也可以合并适用。该法第16条规定,侵害他人造成人身损害的,应当赔偿医疗费、护理费、交通费等为治疗和康复支出的合理费用,以及因误工减少的收入。造成残疾的,还应当赔偿残疾生活辅助具费和残疾赔偿金。造成死亡的,还应当赔偿丧葬费和死亡赔偿金。

(3)不当得利之债。不当得利是指没有合法根据获得利益,因此而使他人利益遭受损害的事实。《民法通则》第92条规定,没有合法根据,取得不当利益,造成他人损失的,应当将取得的不当利益返还受损失的人。对此,《民法总则》第122条规定,因他人没有法律根据,取得不当利益,受损失的人有权请求其返还不当利益。因此,遭受损失的一方有权请求不当得利人返还所得的利益,而不当得利人则负有返还的义务。可见,不当得利为债的发生原因之一。

(4)无因管理之债。无因管理,是指没有法定的或者约定的义务,为避免他人利益受损失进行管理或者服务的行为。《民法通则》第93条规定,没有法定的或者约定的义务,为避免他人利益受损失进行管理或者服务的,有权要求受益人偿付由此而支付的必要费用。对此,《民法总则》第121条规定,没有法定的或者约定的义务,为避免他人利益受损失而进行管理的人,有权请求受益人偿还由此支出的必要费用。司法实践中,管理人可以要求受益人偿付的必要费用,包括在管理活动中直接支出的费用,以及在该活动中受到的实际损失。可见,无因管理是管理人和受益人之间为法律规定的债的发生原因。

(5)其他形式的债。除了合同、侵权行为、不当得利和无因管理是债的发生原因之外,其他法律事实也会引起债的发生。如因缔约过失会在缔约当事人之间会发生债权债务关系。一方因对方假借订立合同,恶意磋商;故意隐瞒与订立合同有关的重要事实或者提供虚假情况等违背诚信原则行为造成的损失,有权要求对方承担损害赔偿责任。

在债务发生后,债权人可以使用债务追偿催促书来催告债务人履行义务。债务追偿催促书具有中断诉讼时效的功能,它是债权人积极行使请求权的证明,因此债务追偿催促书对于债权人行使债权具有现实意义。

(二)文书的内容及制作方法

1. 首部

(1)标题,即写明文书名称"债务追偿催促书"。

(2)债务人名称,应写明如债务人的姓名,法人或其他组织的名称,法定代表人或主要负责人的姓名等。

2. 正文

首先,据实说明债权人、债务人之间债权债务关系形成的原因及法律依据。其次,告知债务人拖欠债务的事实,包括具体的债务种类、数额等。再次,指明债务人不履行到期债务应承担的法律责任。一般应根据债务人拒绝履行义务的具体情况,指出其应当承担的具体法律责任,如解除合同、强制履行或赔偿损失等。最后,通知债务人履行义务的期限,并提出债务人届时不履行的解决办法或法律后果,如提起诉讼或申请仲裁等。

3. 尾部

(1)写明债权人姓名或单位名称及其法定代表人姓名。

(2)注明年、月、日。

(三)文书样式与范本

1. 文书样式

债务追偿催促书

债务人(单位名称或姓名):________________________。

一、债务发生原因及所欠债务数额:

____

____。

二、债务人在法律上应承担的责任:

____

____。

三、解决办法或法律后果:

____

____。

四、其他事项：

____

____。

债权人(签名或盖章)

________年____月____日

2. 文书范本

债务追偿催促书

××市××担保有限责任公司：

根据2009年6月1日你公司与我单位就债务人刘××向我单位借款所订立的担保合同的规定，你公司对刘××向我单位借款100万元承担连带保证责任。根据刘××与我单位订立的借款合同规定，刘××应于2010年6月1日偿还100万元借款及借款利息。自还款期限届满之日，我单位多次催促刘××还款，刘××皆以无力偿还为由拒不履行还款义务。现根据《中华人民共和国担保法》的规定，请求你公司依法全面履行担保义务，在2010年7月31日前替刘××归还贷款100万元及其全部利息。如逾期不偿还贷款，我单位将依法提起诉讼，对此造成的一切后果概由你公司承担。

债权人 中国××银行××市××分行

负责人 马××

2010年7月20日

第六部分
房地产业务文书

一、房屋买卖合同

(一)文书制作的基本知识

房屋买卖合同是房屋出卖人转移房屋的所有权于买受人,买受人支付价款的合同。在房屋买卖合同关系中,依照约定交付房屋并转移所有权的一方当事人称为出卖人即卖房人;接受房屋并支付价款的另一方当事人称为买受人即买房人(或购房人)。

1. 房屋买卖合同的特点

(1)房屋买卖合同的标的物是不动产。不动产是指土地以及房屋、林木等地上定着物。房屋买卖合同的标的物是不动产,即房屋,这是房屋买卖合同与其他买卖合同的最大区别。作为不动产的房屋与土地具有不可分割性。根据我国房地产管理法规定,房屋所有权转让时该房屋占用范围内的土地使用权同时转让。因此,房屋买受人支付合同约定的价款后,在取得房屋所有权的同时,也取得了该房屋所占土地的使用权。

(2)房屋买卖合同为要式合同。买卖房屋必须签订书面房屋买卖合同,并必须由买卖双方到房屋所在地的房管机关办理产权过户手续。房屋买卖合同的双方当事人所订立的合同依法成立并生效后,双方当事人应当向房地产管理部门办理过户手续后,房屋所有权才能转移给买房人,即卖房人才最终完成了房屋的交付。未经过户登记或产权登记的,即使买房人交付了合同约定的房款,卖房人将房屋已交付买房人占有和使用,买房人仍未取得所购房屋的所有权。这是房屋买卖合同与其他一般买卖合同的又一显著区别。

(3)房屋所有人出卖房屋时,房屋共有人和承租人享有优先购买权。房屋所有人出卖共有房屋时,在同等条件下,共有人有优先购买权。房屋所有人出卖出租的房屋时,应在合理期限内通知承租人在同等条件下有优先购买权。所谓"同等条件",是指房价相同外,还包括房款交付期限、方式同等条件相同。房屋所有人出卖房屋时,侵犯共有人、承租人优先购买权的,应依法承担法律责任。

2. 房屋买卖合同的种类

根据不同的标准和从不同的角度划分,房屋买卖合同可以划分为以下种类:

(1)商品房买卖合同与经济适用房买卖合同。商品房买卖合同,是指房地产开发企业将尚未建成或者已竣工的房屋向社会销售并转移房屋所有权于买房人,买房人支付价款的合同。它包括商品房现售和预售两种。经济适用房买卖合同,是指房地产开发企业将尚未建成或者已竣工的普通住宅以中低收入家庭住房困难户为供应对象进行销售并转移房屋所有权于买房人,买房人支付价款的合同。

(2)商品房现售合同与商品房预售合同。商品房现售合同,是指房地产开发企业将已经竣工并验收合格的商品房出售给买房人,并由买房人支付房屋价款的行为。也就是说,现房销售合同,是在房屋已经建成时,买方能够见到其现实形态包括其户型及房间格局、水、电、气等设备及其质量状况,以及在卖方具备了商品房销售许可证的基础上,买卖双方签订的商品房买卖合同。商品房预售合同,是指房地产开发企业将尚未建成的商品房预先出售给买房人,并由买房人支付定金或者预付房屋价款的行为。也就是说,商品房预售合同是在房屋未建或尚未建成时签订的,买房人并未见到房屋的最终形态,是买房人在了解房地产开发企业的资质状况和等级以及房屋出售人具备预售房屋条件的基础上,买卖双方所签订的书面合同。

(3)已购公有住房买卖合同与城市私有房屋买卖合同。已购公有住房,是指城镇居民按照国家和本市城镇住房制度改革政策的规定,购买并领取了房改成本价或标准价房屋所有权证的住房。已购公有住房买卖合同,是指出售已购公房的人与买房人签订的已购公房买卖合同。私有房屋,是指公民依法拥有所有权,并为自己使用或支配的房屋。城市私有房屋买卖合同,是指城市私有房屋所有人将私有房屋出售给买房人,并由买房人支付房屋价款的合同。

(4)一手房买卖合同与二手房买卖合同。一手房,主要是指买房人直接从开发商或其代理销售商处所购买的商品房或经济适用房。一手房买卖合同,是指买房人直接与开发商或其代理销售商处签订商品房或经济适用房买卖合同,由购买人向开发商支付房款而由开发商交付房屋并转移房屋所有权的合同。二手房,主要是指卖房人将其直接从开发商或其代理销售商处购买的商品房或经济适用房即一手房,取得房屋所有权后,再将其作为出卖对象的房屋。二手房买卖合同,是指卖房人将其直接从开发商或其代理销售商处购买的商品房或经济适用房,取得房屋所有权后,再将该房屋作为出卖对象与他人订立合同,由卖房人交付房屋与转移房屋所有权给后买人并由后买人交付房款的合同。

3. 房屋买卖合同的形式与内容

根据《商品房销售管理办法》第16条的规定,商品房销售时,房地产开发企业和买受人应当订立书面商品房买卖合同。商品房买卖合同应当明确以下主要内容:(1)当事人名称或者姓名和住所;(2)商品房基本状况;(3)商品房的销售方式;(4)商品房价款的确定方式及总价款、付款方式、付款时间;(5)交付使用条件及日期;(6)装饰、设备标准承诺;(7)供水、供电、供热、燃气、通信、道路、绿化等配套基础设施和公共设施的交付承诺和有关权益、责任;(8)公共配套建筑的产权归属;(9)面积差异的处理方式;(10)办理产权登记有关事宜;(11)解决争议的方法;(12)违约责任;(13)双方约定的其他事项。从中可以看出,房屋买卖合同主要由以下条款构成:房屋买卖合同的当事人;房屋买卖合同的标的;标的的数量;标的的质量;房屋价款;付款期限与付款方式;房屋交付;违约责任和争议解决方式等内容。

(二)文书的内容及制作方法

1. 首部

(1)标题

应写明合同的名称"房屋买卖合同",或根据不同的房屋买卖合同标的写明合同名称,如

“经济适用房买卖合同”“二手房买卖合同”等。

(2)房屋买卖合同当事人名称、姓名与住所

在房屋买卖合同中出卖人和买受人为双方当事人。在商品房和经济适用房买卖中作为出卖人的房地产开发企业一般为法人,在二手房或私有房屋买卖合同中,出卖人一般为自然人。在订立房屋买卖合同时出卖人或买受人为法人的,应写明出卖人或买受人的全称、公司的注册地址、营业执照注册号、企业资质证书号、法定代表人的姓名及公司联系电话与邮政编码;出卖人或买受人为自然人的,应写明出卖人或买受人的姓名、家庭住址及联系电话。出卖人或买受人通过委托他人出卖房屋的,委托代理人为公民个人的,应当写明委托代理人的姓名、地址、邮政编码、联系电话;委托代理人为委托代理机构的,应当写明该机构的名称、注册地址、营业执照注册号、法定代表人、联系电话、邮政编码。

在房屋买卖合同中,作为当事人的自然人其姓名应当以其合法有效的身份证件如身份证或者户口簿所载明的为准,如乳名、笔名或者昵称、绰号、网名等一般不宜作为订立合同时的姓名;法人或者作为其他组织的当事人的名称应以在国家有关部门所登记、注册的全称为准,简称或者变更后未经登记、注册的名称不宜作为订立房屋买卖合同时的名称。

为了防范房屋买卖合同纠纷和合同漏洞的发生,在房屋买卖合同订立时当事人可采取以下防范措施:

(1)买受人应当凭自己的身份证件和以自己的姓名购房。在房屋买卖合同中,如果购房人以他人的身份证明和他人名义与开发商签订房屋买卖合同,该购房人其实只是充当他人的代理人的角色,其签约行为所产生的后果应由他人即被代理人承担,该被代理人应当承担还款义务并有权取得房屋所有权。特别是在隐名购房人以他人即被代理人名义支付房款的情况下,在无法办理房屋产权过户登记时,其购房目的将无法实现。

(2)买受人应认真审查房屋买卖合同的另一方当事人是否具备主体资格。开发商不具备房地产开发企业所应当具备的条件的,其将不具有从事商品房开发的资格,此时其与买房人所签订的房屋买卖合同将无效。在房屋买卖合同无效的情况下,尽管买房人可以要求开发商退回全部房款或预付款,但是,往往由于开发商或其代理人对于买房人所交付的巨额预付款或房款拒不退款或者无力退款,因而将使买房人承担一定的交易风险。

(3)房屋买卖合同当事人应当注意审查代理人的代理资格。房屋买卖合同的当事人委托代理人签订房屋买卖合同时,当事人的代理人应当取得被代理人授权委托书并在授权范围内签订房屋买卖合同。为了避免房屋买卖合同纠纷和减少房屋买卖风险,在房屋买卖的一方当事人持有他人房屋产权证、身份证复印件以他人名义签订房屋买卖合同时,房屋买卖合同的另一方当事人应当要求其提供授权委托书和代理人证明,认真审核其是否具有作为买受人、出卖人或者代理人的资格和相关手续。如果不具备相应的资格(如身份证明、产权人资格证明)或不能提供相关手续(如授权委托书)等情形下,就应当拒绝签订合同。

2. 正文

(1)房屋买卖合同的标的

房屋买卖合同的标的是指作为出卖物的房屋,即土地上的房屋等建筑物及构筑物。根据《城市房地产管理法》的规定,作为出卖物的房屋,是由依法取得国有土地使用权的房地产开发商或有关单位,在取得的土地上所建造的房屋。商品房买卖合同标的的签订应当包括以下方面:

首先,在商品房买卖合同中应当载明项目建设依据即商品房项目的建设依据。①应写明

出卖人即开发商以何种方式取得房屋开发的土地使用权，同时应载明建设开发用地的位置和编号。根据《城市房地产管理法》的规定，出卖人取得开发土地的方式主要有划拨、出让方式。对于以出让方式获得土地使用权的，应当注明土地使用权出让合同号；以划拨方式获得土地使用权的，应当注明土地使用权划拨批准文件号；对于通过转让方式获得划拨土地使用权的，应当注明划拨土地使用权转让批准文件号。②应当写明该地块土地面积、规划用途和土地使用年限。对于规划用途应当分别情况写明为商品房开发、经济适用房开发或者宾馆或者豪华宾馆开发。对于土地使用年限应当写明所批准的使用年限。土地使用者通过转让方式取得的土地使用权，其使用年限为土地使用权出让合同规定的使用年限减去原土地使用者已使用年限后的剩余年限。③应当在商品房买卖合同中写明出卖人经批准，在上述地块上建设商品房现定名或暂定名，并注明建设工程规划许可证号和施工许可证号。

其次，在商品房买卖合同中应当载明商品房的性质及其销售依据。即在合同中写明买受人购买的房屋为商品房还是经济适用房；是现房还是预售房。如果是预售房应注明预售房的批准机关和房屋预售许可证号。

最后，在商品房买卖合同中应当载明房屋的基本情况。①在合同中应当写明房屋的坐落地点、结构、面积，产权证号机发证机关等。如果买受人所购买的房屋是商品房，那么应当在合同中写明买受人购买的商品房（以下简称该商品房）的坐落位置，具体写明其为本上述第①点规定的项目中的第几幢（座）、第几单元（层）、第几号房（其房屋平面图应作为房屋买卖合同附件一，房号以附件一上表示为准）。②写明该商品房的用途、结构、层高。用途应说明为住宅用房、商用用房还是商住两用房；结构应说明是砖混结构还是钢筋混凝土结构；并说明该商品房层高为多少层、建筑层数地上多少层、地下多少层。还须说明该商品房阳台是封闭式还是非封闭式。③应说明该商品房的面积，即应说明该商品房合同约定或产权登记的建筑面积共多少平方米，其中，套内建筑面积多少平方米，公共部位与公用房屋分摊建筑面积多少平方米（有关公共部位与公用房屋分摊建筑面积构成说明应作为合同附件二）。

房屋买卖合同的标的物是不动产，根据《合同法》和《房地产管理法》的有关规定，房屋买卖合同的标的应当符合下列要求：

①作为标的物的房屋须依法可以转让。《合同法》第 132 条第 2 款规定，出卖的标的物，法律、行政法规禁止或者限制转让的标的物，依照其规定。据此，有关法律、行政法规明确规定禁止转让或者限制转让，当事人应当严格遵循这些规定，擅自买卖的就会引发纠纷甚至导致所签订的房屋买卖合同无效。《房地产管理法》第 37 条规定，下列房地产，不得转让：以出让方式取得土地使用权的，不符合本法第 38 条规定的条件的；司法机关和行政机关依法裁定、决定查封或者以其他形式限制房地产权利的；依法收回土地使用权的；共有房地产，未经其他共有人书面同意的；权属有争议的；未依法登记领取权属证书的；法律、行政法规规定禁止转让的其他情形。

②应当符合房屋出售的条件。商品房现售，应当符合以下条件：现售商品房的房地产开发企业应当具有企业法人营业执照和房地产开发企业资质证书；取得土地使用权证书或者使用土地的批准文件；持有建设工程规划许可证和施工许可证；已通过竣工验收；拆迁安置已经落实；供水、供电、供热、燃气、通信等配套基础设施具备交付使用条件，其他配套基础设施和公共设施具备交付使用条件或者已确定施工进度和交付日期；物业管理方案已经落实。商品房预售应当符合下列条件：已交付全部土地使用权出让金，取得土地使用权证书；持有建设工程规划许可证和施工许可证；按提供预售的商品房计算，投入开发建设的资金达到工程建设

总投资的25%以上,并已经确定施工进度和竣工交付日期。商品房预售实行许可制度。开发企业进行商品房预售,应当向房地产管理部门申请预售许可,取得《商品房预售许可证》。未取得《商品房预售许可证》的,不得进行商品房预售。

③出卖人对其出卖的房屋应当有所有权或者有处分权。根据《合同法》第132条第1款的规定,出卖的标的物,应当属于出卖人所有或者出卖人有权处分。出卖人应当是其出卖物的所有人,或者是有权转让出卖物所有权的人。对依法不享有所有权或处分权的标的物,如非法占有的他人房屋等,出卖人无权出卖。未经所有人或有权处分人同意买卖的房屋,须事后经有权处分人的同意,否则将有可能引发买卖行为的效力纠纷。在房屋按份共有或共同共有的情况下,应当经占份额2/3以上的按份共有人或者全体共同共有人同意,但共有人之间另有约定的除外。否则,所订买卖合同无效,出卖人应承担由此产生的法律责任。

④商品房买卖合同订立后和房屋交付前出卖人不得擅自对房屋进行抵押和出卖。根据最高人民法院《关于审理商品房买卖合同纠纷案件适用法律若干问题的解释》第8条的规定,商品房买卖合同订立后和房屋交付前出卖人未告知买受人又将该房屋抵押给第三人或又将该房屋出卖给第三人,导致商品房买卖合同目的不能实现的,无法取得房屋的买受人可以请求解除合同、返还已付购房款及利息、赔偿损失,并可以请求出卖人承担不超过已付购房款1倍的赔偿责任。

⑤出卖人订立商品房买卖合同时不得故意隐瞒有关事项。根据最高人民法院《关于审理商品房买卖合同纠纷案件适用法律若干问题的解释》第9条的规定,出卖人订立商品房买卖合同时,具有下列情形之一,导致合同无效或者被撤销、解除的,买受人可以请求返还已付购房款及利息、赔偿损失,并可以请求出卖人承担不超过已付购房款1倍的赔偿责任:第一,故意隐瞒没有取得商品房预售许可证明的事实或者提供虚假商品房预售许可证明;第二,故意隐瞒所售房屋已经抵押的事实;第三,故意隐瞒所售房屋已经出卖给第三人或者为拆迁补偿安置房屋的事实。

(2)房屋买卖合同标的数量

房屋买卖合同标的的数量即标的的计量,是以数字和计量单位来衡量房屋的间数、面积等。订立合同必须有明确的数量规定,没有数量,合同是无法履行的。房屋买卖合同对房屋数量的规定要明确、具体,必须按照国家规定的计量单位和计算方法进行计量与测量房屋面积。必须明确商品房销售面积、分摊的共用建筑面积和共用建筑部位。当事人应当在合同中约定是以建筑面积还是套内建筑面积为依据进行面积确认及面积差异的处理方法。

房屋买卖合同的当事人对房屋面积的约定,应当遵照国家有关房屋面积的测量的有关规定。当没有国家法律法规规定或地方法规可依的情况下,当事人应当遵循公平、诚信的有关原则,对房屋面积作出约定。

最高人民法院《关于审理商品房买卖合同纠纷案件适用法律若干问题的解释》第14条规定,出卖人交付使用的房屋套内建筑面积或者建筑面积与商品房买卖合同约定面积不符,合同有约定的,按照约定处理;合同没有约定或者约定不明确的,按照以下原则处理:①面积误差比绝对值在3%以内(含3%),按照合同约定的价格据实结算,买受人请求解除合同的,不予支持;②面积误差比绝对值超出3%,买受人请求解除合同、返还已付购房款及利息的,应予支持。买受人同意继续履行合同,房屋实际面积大于合同约定面积的,面积误差比在3%以内(含3%)部分的房价款由买受人按照约定的价格补足,面积误差比超出3%部分的房价款由出卖人承担，所有权归买受人；房屋实际面积小于合同约定面积的，面积误差比在3%以内（含3%）部分的房价款及利息由出卖人返还买受人，面积误差比超过3%部分的房价款由出卖人双倍返还买受人。

(3)房屋买卖合同标的质量

房屋买卖合同标的的质量体现房屋的具体特征，也就是房屋内在素质和外观形态的综合要求。房屋的质量条款需要订得详细具体，如技术指标、质量要求、规格、户型、能功、楼层、朝向等都要明确。房屋买卖合同的质量条款必须符合国家有关规定和标准化的要求。如果是双方协商的标准，应当在合同中具体写明指标和数据，或者另附协议书，或者提交样品。

在房屋买卖合同中，出卖人应当按照约定的质量要求交付房屋。出卖人与买受人订立合同时，如果对标的物的质量没有特别约定，对质量要求不明确的，应当按照国家标准、行业标准履行；没有国家标准、行业标准的，按照通常标准或者符合合同目的的特定标准履行。如果出卖人交付达不到约定的质量标准或者依法确定的质量标准，应当承担违约责任。

出卖人提供有关房屋质量说明的，房屋出卖人交付的房屋应当符合该说明的质量要求。出卖人交付的房屋不符合质量要求的，买受人可以依照《合同法》的规定要求开发商承担违约责任。对此，最高人民法院《关于审理商品房买卖合同纠纷案件适用法律若干问题的解释》第3条规定，商品房的销售广告和宣传资料为要约邀请，但是出卖人就商品房开发规划范围内的房屋及相关设施所作的说明和允诺具体、确定，并对商品房买卖合同的订立以及房屋价格的确定有重大影响的，应当视为要约。该说明和允诺即使未载入商品房买卖合同，亦应当视为合同内容，当事人违反的，应当承担违约责任。

(4)房屋买卖合同标的价款

价款，在房屋买卖合同中是指买受人取得房屋而向出卖人支付的货币，即买受人取得标的物房屋的代价，也就是房款。房屋销售价款由买卖双方协商议定；但是，享受国家优惠政策的居民住宅价格，应当实行政府指导价或者政府定价。价款一般是房屋本身的价款，但房屋作为不动产，往往还包括过户登记费、房屋保险费、契税及房屋大修基金等相关费用。在订立房屋买卖合同时双方当事人应当对价款及其是否包含相关费用写清楚，同时要特别注明价款所使用的货币（人民币或其他外币）单位。

出卖人与买受人可以在房屋买卖合同中选择约定按下述方式之一计算该商品房价款：①按建筑面积计算，该商品房单价为何种货币单位每平方米的价格是多少，总金额为何种货币单位多少。②按套内建筑面积计算，该商品房单价为何种货币单位每平方米的价格是多少，总金额为何种货币单位多少。③按套（或单元）计算，该商品房总价款为何种货币单位多少。

为了防止对房屋买卖合同标的物的价款约定存在漏洞，房屋买卖合同的当事人在签订合同时可通过以下措施进行防范：

①房屋买卖合同的当事人不仅应当对房屋的价款、货币种类及其单位准确写明，而且应当对买卖房屋的附属设施或添加物的价款写明，并应注明这些相关费用由哪一方承担；如果是免费赠送地下室、车库、停车车位或者免费室内装修的，也应当对赠送的面积、地点及装修标准在合同中写明。

②房屋买卖合同的当事人采取交易价不固定方式或随行就市的，应当订明履行价格的确定方法。为了避免纠纷的发生，在交易价不固定的情况下，当事人在签订合同时，最好订明一个参照价格，如权威部门公布的价格指数或房屋交易的行情表等。

(5)房屋价款支付期限与付款方式

付款期限,是指买受人向出卖人支付房款的时间。它是买受人履行合同义务的时间界限,是确定买受人是否按时履行或者迟延履行的标准,是房屋出卖人要求买受人履行义务的时间依据。在房屋买卖合同中对付款期限的约定应当明确、具体,如定明付款日期是某年某月某日,或者是在某一期间内履行。

付款方式,是买受人向出卖人完成付款义务的方式。对于付款方式应当订明买受人对所购房屋是一次性付款,还是分期付款或者采取其他方式。此外,对付款支付方式如是以汇票、支票,还是现金或者信用证,也可以在合同中载明。

为了防止对买卖合同的履行期限、地点和方式约定存在瑕疵,买卖合同的当事人在订立合同时可通过以下措施进行防范:

①付款期限与买卖合同的双方当事人的利益密切相关,它是判断房屋买受人是否履行了合同义务以及是否构成违约、出卖人是否如期实现合同利益的重要依据。因此,对付款期限条款的订立必须严谨、规范、不得模糊。对于一次性付款的,最好订立具体的日期或某某日以前,不得采用"某月某日后"或"几天或几个月后"的表述;对于分期付款的,在合同中应当载明付款的次数以及每次付款的具体的日期或具体的时间段,避免采用"某一时间段内分几次付款"这样的模糊表述;尤其应当避免未定付款期限的合同出现。

②付款地点与房屋的交付时间、履行费用承担和付款方式具有很大的关联性,房屋买卖合同当事人最好在权衡上述各种因素后,遵从公平和诚信原则在合同中明确载明,以防止合同纠纷与交易风险,从而有利于双方当事人履行合同和实现预期的经济目的。

③为了避免房屋买受人承担违约责任的不确定性,在房屋买卖合同中应订明买受人逾期付款的违约责任条款。如订明:买受人如未按本合同规定的时间付款,按下列方式处理:逾期在多少日之内,自本合同规定的应付款期限之第二天起至实际全额支付应付款之日止,买受人按日向出卖人支付逾期应付款万分之几的违约金,合同继续履行;逾期超过多少日后,出卖人有权解除合同。出卖人解除合同的,买受人按累计应付款的百分之几向出卖人支付违约金。买受人愿意继续履行合同的,经出卖人同意,合同继续履行,自本合同规定的应付款期限之第二天起至实际全额支付应付款之日止,买受人按日向出卖人支付逾期应付款万分之几的违约金。

(6)房屋买卖合同标的物交付

房屋交付,是指出卖人将房屋交付买受人占有、支配和使用并依法转移所有权。根据《物权法》第6条的规定,交付房屋作为不动产物权的设立形式应当依照法律规定登记。在现实房屋买卖中房屋交付既包括出卖人将房屋交付买受人占有、使用(一般情形下表现为交钥匙),也包括将房屋产权即所有权由出卖人依法登记为买受人两个方面。交房方式与期限对房屋买卖合同的双方当事人的利益密切相关,它是判断当事人是否履行了合同义务、是否如期实现合同利益以及是否构成违约的重要依据。因此,对交房期限条款的订立必须严谨、规范,不得模糊。

在房屋买卖合同中,双方当事人所签订的房屋买卖合同如果对房屋的交付时间约定不够明确,或未明确约定是以开发商将房屋交付卖房人占有使用(交钥匙),还是以开发商办理房屋产权过户登记与交付房产证作为房屋的交付,将导致房屋出卖人和买受人产生不同的理解,并因此使其中的一方承担了一定的交易风险。根据最高人民法院《关于审理商品房买卖合同纠纷案件适用法律若干问题的解释》的规定,主要包括以下风险:

①房屋毁损、灭失的风险,在交付使用前由出卖人承担,交付使用后由买受人承担;买受人接到出卖人的书面交房通知,无正当理由拒绝接收的,房屋毁损、灭失的风险自书面交房通知确定的交付使用之日起由买受人承担,但法律另有规定或者当事人另有约定的除外。

②由于出卖人的原因,买受人在下列期限届满未能取得房屋权属证书的,除当事人有特殊约定外,出卖人应当承担违约责任:a. 商品房买卖合同约定的办理房屋所有权登记的期限;b. 商品房买卖合同的标的物为尚未建成房屋的,自房屋交付使用之日起90日;c. 商品房买卖合同的标的物为已竣工房屋的,自合同订立之日起90日。合同没有约定违约金或者损失数额难以确定的,可以按照已付购房款总额,参照中国人民银行规定的金融机构计收逾期贷款利息的标准计算。

③商品房买卖合同约定或者《城市房地产开发经营管理条例》第33条规定的办理房屋所有权登记的期限届满后超过1年,由于出卖人的原因,导致买受人无法办理房屋所有权登记,买受人请求解除合同和赔偿损失的,应予支持。

为了防范房屋买卖合同对房屋的交付的期限和交付方式约定存在漏洞,买卖合同的当事人在签订合同时可通过以下措施:

首先,应对房屋交付期限与交付条件作出明确约定。当事人在房屋买卖合同中,应当对交付房屋的具体方式及其时间订立得具体、明确,不得模糊(如不得在合同书中签订"在几个月或几年之后交付"等不确定性的时间),否则将产生歧义,从而引起纠纷和损害购房人的权益。具体来讲,房屋买卖合同应当订明出卖人在某年某月某日前,依照国家和地方人民政府的有关规定,将具备下列哪种条件,并符合本合同约定的商品房交付买受人使用:①该商品房经验收合格。②该商品房经综合验收合格。③该商品房经分期综合验收合格。④该商品房取得商品住宅交付使用批准文件。⑤或其他具体情形。此外,对合同可能延期交付的情形亦可订明:如遇下列特殊原因,除双方协商同意解除合同或变更合同外,出卖人可据实予以延期:①遭遇不可抗力,且出卖人在发生之日起几日内告知买受人的;②其他具体情形。

其次,应对房屋交付的方式作出约定。在房屋买卖合同中,因不动产的所有权转移采取公示公信原则,买卖双方只要不进行产权过户登记,买卖房屋就不发生所有权转移。为了避免纠纷,买卖双方最好对房屋的交付方式作出明确约定,即以出卖人将房屋交给买受人实际占有使用为交付,还是以办理房屋的产权登记为交付。

(7)房屋买卖合同预告登记

《物权法》第20条规定,当事人签订买卖房屋或者其他不动产物权的协议,为保障将来实现物权,按照约定可以向登记机构申请预告登记。预告登记后,未经预告登记的权利人同意,处分该不动产的,不发生物权效力。预告登记后,债权消灭或者自能够进行不动产登记之日起3个月内未申请登记的,预告登记失效。可见,房屋买卖合同当事人在合同中设定合同预告登记条款和按照约定进行预告登记,是制约房屋出卖人在房屋登记和转移房屋所有权前再行出卖房屋和保证买受人获得房屋所有权的一个必要条款,因此,在房屋买卖合同中双方当事人在协商一致的基础上可将房屋买卖合同预告登记条款订入合同。

(8)房屋买卖合同违约责任

违约责任,是指当事人一方或者双方不履行、不完全履行或者不适当履行合同义务而依法应承担的责任,它以支付违约金和赔偿损失、继续履行等为承担方式。合同中的违约责任条款,是当事人在不履行合同义务或履行合同义务不符合约定条件时承担违约责任的依据。对违约责任条款的制作应在遵循有关强制性规定的前提下,根据自愿性原则作出约定。违约责任也具有一定的任意性,合同当事人可以对违约责任的具体范围及其承担方式作出规定。对违约责任在合同中事先作出约定,可以避免合同纠纷发生后违约责任承担的不确定性,并有利于合同当事人控制合同的未来风险。

首先,当事人可以约定一方违约时应当根据违约情况向对方支付一定数额的违约金,也可以约定因违约产生的损失赔偿额的计算方法。但是,约定的违约金计算方法存在歧义或不够明确,就有可能出现对违约金条款的争议。在商品房买卖合同中没有约定违约金数额或者损失赔偿额计算方法的情况下,违约金数额或者损失赔偿额可以参照以下标准确定:逾期付款的,按照未付购房款总额,参照中国人民银行规定的金融机构计收逾期贷款利息的标准计算。逾期交付使用房屋的,按照逾期交付使用房屋期间有关主管部门公布或者有资格的房地产评估机构评定的同地段同类房屋租金标准确定。

其次,房屋买卖合同当事人在合同中订立违约金责任条款时,应当对违约金适用的具体情形作出约定,如具体约定是在不履行、不适当履行或是在部分不履行的情形下适用。不得笼统地、无条件地约定违约金条款。

最后,注意选择适用定金条款或违约金条款。根据《合同法》的规定,在房屋买卖合同当事人违约时,定金条款和违约金条款不能同时发生适用的效力,而其适用的选择权由非违约方当事人决定。因此,当事人最好不要在合同中将两者同时约定。当事人对定金的数额的约定,不得超过主合同标的额的20%,超过部分无效。

(9)房屋买卖合同争议解决方式

解决争议的方式,是指当发生合同纠纷时,当事人解决该争议的具体方式。主要有以下几种方式:当事人协商解决;第三人调解;仲裁机构仲裁或者法院诉讼。

房屋买卖合同的当事人可以在合同中约定采取和解或调解的方式解决合同争议,但对此所作的约定并不排除仲裁或者诉讼解决方式。当事人可以在房屋买卖合同中约定仲裁解决方式或诉讼解决方式,但二者只能选择其一,不能在合同中同时约定适用这两种解决争议的方式,否则约定无效。

3. 尾部

首先,房屋合同双方当事人为法人的,应当由双方的法定代表人或者法定代表人授权的代理人签字并加盖单位公章后才能生效。买受人为不具备法人资格的其他组织的,则由其主要负责人或主要负责人授权的代理人签字。买受人为公民的,则应当由其亲笔签名或其授权委托的代理人签字。其次,在合同中应当载明合同的签订日期。

(三)文书示范文本

商品房买卖合同(预售)示范文本(GF—2014-0171)

合同编号:

出卖人:____。

买受人:____。

中华人民共和国住房和城乡建设部
中华人民共和国国家工商行政管理总局 制定

二〇一四年四月

说 明

1. 本合同文本为示范文本，由中华人民共和国住房和城乡建设部、中华人民共和国国家工商行政管理总局共同制定。各地可在有关法律法规、规定的范围内，结合实际情况调整合同相应内容。

2. 签订本合同前，出卖人应当向买受人出示《商品房预售许可证》及其他有关证书和证明文件。

3. 出卖人应当就合同重大事项对买受人尽到提示义务。买受人应当审慎签订合同，在签订本合同前，要仔细阅读合同条款，特别是审阅其中具有选择性、补充性、修改性的内容，注意防范潜在的市场风险和交易风险。

4. 本合同文本【 】中选择内容、空格部位填写内容及其他需要删除或添加的内容，双方当事人应当协商确定。【 】中选择内容，以画"√"方式选定；对于实际情况未发生或双方当事人不作约定时，应当在空格部位打"×"，以示删除。

5. 出卖人与买受人可以针对本合同文本中没有约定或者约定不明确的内容，根据所售项目的具体情况在相关条款后的空白行中进行补充约定，也可以另行签订补充协议。

6. 双方当事人可以根据实际情况决定本合同原件的份数，并在签订合同时认真核对，以确保各份合同内容一致；在任何情况下，出卖人和买受人都应当至少持有一份合同原件。

专业术语解释

1. 商品房预售：是指房地产开发企业将正在建设中的取得《商品房预售许可证》的商品房预先出售给买受人，并由买受人支付定金或房价款的行为。

2. 法定代理人：是指依照法律规定直接取得代理权的人。

3. 套内建筑面积：是指成套房屋的套内建筑面积，由套内使用面积、套内墙体面积、套内阳台建筑面积三部分组成。

4. 房屋的建筑面积：是指房屋外墙（柱）勒脚以上各层的外围水平投影面积，包括阳台、挑廊、地下室、室外楼梯等，且具有上盖，结构牢固，层高2.20m以上（含2.20m）的永久性建筑。

5. 不可抗力：是指不能预见、不能避免并不能克服的客观情况。

6. 民用建筑节能：是指在保证民用建筑使用功能和室内热环境质量的前提下，降低其使用过程中能源消耗的活动。民用建筑是指居住建筑、国家机关办公建筑和商业、服务业、教育、卫生等其他公共建筑。

7. 房屋登记：是指房屋登记机构依法将房屋权利和其他应当记载的事项在房屋登记簿上予以记载的行为。

8. 所有权转移登记：是指商品房所有权从出卖人转移至买受人所办理的登记类型。

9. 房屋登记机构：是指直辖市、市、县人民政府建设（房地产）主管部门或者其设置的负责房屋登记工作的机构。

10. 分割拆零销售：是指房地产开发企业将成套的商品住宅分割为数部分分别出售给买受人的销售方式。

11. 返本销售：是指房地产开发企业以定期向买受人返还购房款的方式销售商品房的行为。

12. 售后包租：是指房地产开发企业以在一定期限内承租或者代为出租买受人所购

该企业商品房的方式销售商品房的行为。

商品房买卖合同(预售)

出卖人向买受人出售其开发建设的房屋,双方当事人应当在自愿、平等、公平及诚实信用的基础上,根据《中华人民共和国合同法》《中华人民共和国物权法》《中华人民共和国城市房地产管理法》等法律的规定,就商品房买卖相关内容协商达成一致意见,签订本商品房买卖合同。

第一章 合同当事人

出卖人:____________________

通信地址:____________________

邮政编码:____________________

营业执照注册号:____________________

企业资质证书号:____________________

法定代表人:__________联系电话:__________

委托代理人:__________联系电话:__________

委托销售经纪机构:____________________

通信地址:____________________

邮政编码:____________________

营业执照注册号:____________________

经纪机构备案证明号:____________________

法定代表人:__________联系电话:__________

买受人:____________________

【法定代表人】【负责人】:____________________

【国籍】【户籍所在地】:____________________

证件类型:【居民身份证】【护照】【营业执照】【______】,证号:__________

出生日期:________年____月____日,性别:__________

通信地址:____________________

邮政编码:__________ 联系电话:__________

【委托代理人】【法定代理人】:____________________

【国籍】【户籍所在地】:____________________

证件类型:【居民身份证】【护照】【营业执照】【______】,证号:__________

出生日期:________年____月____日,性别:__________

通信地址:____________________

邮政编码:__________联系电话:__________

(买受人为多人时,可相应增加)

第二章 商品房基本状况

第一条 项目建设依据

1.出卖人以【出让】【划拨】【______】方式取得坐落于__________地块的建设用地使用权。该地块【国有土地使用证号】【______】为__________,土地使用权面积为__________平方米。买受人购买的商品房(以下简称该商品房)所占用的土地用途为______,土地使用权终止日期为________年____月____日。

2. 出卖人经批准,在上述地块上建设的商品房项目核准名称为________________,建设工程规划许可证号为____________,建筑工程施工许可证号为________________。

第二条 预售依据

该商品房已由__________批准预售,预售许可证号为________________________。

第三条 商品房基本情况

1. 该商品房的规划用途为【住宅】【办公】【商业】【______】。

2. 该商品房所在建筑物的主体结构为______________,建筑总层数为____________层,其中地上____________层,地下____________层。

3. 该商品房为第一条规定项目中的________________【幢】【座】【______】______单元______层______号。房屋竣工后,如房号发生改变,不影响该商品房的特定位置。该商品房的平面图见附件一。

4. 该商品房的房产测绘机构为__________________,其预测建筑面积共____平方米,其中套内建筑面积____平方米,分摊共有建筑面积____平方米。该商品房共用部位见附件二。

该商品房层高为____米,有____个阳台,其中____个阳台为封闭式,____个阳台为非封闭式。阳台是否封闭以规划设计文件为准。

第四条 抵押情况

与该商品房有关的抵押情况为【抵押】【未抵押】。

抵押类型:____________________________,抵押人:________________________,

抵押权人:____________________________,抵押登记机构:__________________,

抵押登记日期:________________________,债务履行期限:__________________。

抵押类型:____________________________,抵押人:________________________,

抵押权人:____________________________,抵押登记机构:__________________,

抵押登记日期:________________________,债务履行期限:__________________。

抵押权人同意该商品房转让的证明及关于抵押的相关约定见附件三。

第五条 房屋权利状况承诺

1. 出卖人对该商品房享有合法权利;

2. 该商品房没有出售给除本合同买受人以外的其他人;

3. 该商品房没有司法查封或其他限制转让的情况;

4. ____;

5. ____。

如该商品房权利状况与上述情况不符,导致不能完成本合同登记备案或房屋所有权转移登记的,买受人有权解除合同。买受人解除合同的,应当书面通知出卖人。出卖人应当自解除合同通知送达之日起15日内退还买受人已付全部房款(含已付贷款部分),并自买受人付款之日起,按照____%(不低于中国人民银行公布的同期贷款基准利率)计算给付利息。给买受人造成损失的,由出卖人支付【已付房价款一倍】【买受人全部损失】的赔偿金。

第三章 商品房价款

第六条 计价方式与价款

出卖人与买受人按照下列第____种方式计算该商品房价款:

1. 按照套内建筑面积计算,该商品房单价为每平方米______(币种)______元,总价款为______(币种)______元(大写____________________元整)。

2. 按照建筑面积计算,该商品房单价为每平方米______(币种)______元,总价款为______(币种)______元(大写____________________元整)。

3. 按照套计算,该商品房总价款为____________(币种)____________元(大写____________________元整)。

4. 按照______计算,该商品房总价款为____________(币种)____________元(大写____________________元整)。

第七条 付款方式及期限

(一)签订本合同前,买受人已向出卖人支付定金______(币种)______________元(大写),该定金于【本合同签订】【交付首付款】【______】时【抵作】【______】商品房价款。

(二)买受人采取下列第______种方式付款:

1. 一次性付款。买受人应当在________年____月____日前支付该商品房全部价款。

2. 分期付款。买受人应当在________年____月____日前分______期支付该商品房全部价款,首期房价款______(币种)______元(大写:____________________________元整),应当于________年____月____日前支付。

3. 贷款方式付款:【公积金贷款】【商业贷款】【______】。买受人应当于________年____月____日前支付首期房价款______________(币种)______________元(大写____________________元整),占全部房价款的______%。

余款______(币种)______元(大写____元整)向________________(贷款机构)申请贷款支付。

4. 其他方式:____。

(三)出售该商品房的全部房价款应当存入预售资金监管账户,用于本工程建设。

该商品房的预售资金监管机构为__________________,预售资金监管账户名称为______________________,账号为____________________。

该商品房价款的计价方式、总价款、付款方式及期限的具体约定见附件四。

第八条 逾期付款责任

除不可抗力外,买受人未按照约定时间付款的,双方同意按照下列第____种方式处理:

1. 按照逾期时间,分别处理[(1)和(2)不作累加]。

(1)逾期在____日之内,买受人按日计算向出卖人支付逾期应付款万分之____的违约金。

(2)逾期超过____日[该期限应当与本条第(1)项中的期限相同]后,出卖人有权解除合同。出卖人解除合同的,应当书面通知买受人。买受人应当自解除合同通知送达之日起____日内按照累计应付款的____%向出卖人支付违约金,同时,出卖人退还买受人已付全部房款(含已付贷款部分)。

出卖人不解除合同的,买受人按日计算向出卖人支付逾期应付款万分之____[该比率不低于第(1)项中的比率]的违约金。

本条所称逾期应付款是指依照第七条及附件四约定的到期应付款与该期实际已

付款的差额;采取分期付款的,按照相应的分期应付款与该期的实际已付款的差额确定。

2. ____。

第四章　商品房交付条件与交付手续

第九条　商品房交付条件

该商品房交付时应当符合下列第1、2、____、____项所列条件:

1. 该商品房已取得建设工程竣工验收备案证明文件;

2. 该商品房已取得房屋测绘报告;

3. ____;

4. ____。

该商品房为住宅的,出卖人还需提供《住宅使用说明书》和《住宅质量保证书》。

第十条　商品房相关设施设备交付条件

(一)基础设施设备

1. 供水、排水:交付时供水、排水配套设施齐全,并与城市公共供水、排水管网连接。使用自建设施供水的,供水的水质符合国家规定的饮用水卫生标准,______________;

2. 供电:交付时纳入城市供电网络并正式供电,______________________________;

3. 供暖:交付时供热系统符合供热配建标准,使用城市集中供热的,纳入城市集中供热管网,____;

4. 燃气:交付时完成室内燃气管道的敷设,并与城市燃气管网连接,保证燃气供应,____;

5. 电话通信:交付时线路敷设到户;

6. 有线电视:交付时线路敷设到户;

7. 宽带网络:交付时线路敷设到户。

以上第1、2、3项由出卖人负责办理开通手续并承担相关费用;第4、5、6、7项需要买受人自行办理开通手续。

如果在约定期限内基础设施设备未达到交付使用条件,双方同意按照下列第____种方式处理:

(1)以上设施中第1、2、3、4项在约定交付日未达到交付条件的,出卖人按照本合同第十二条的约定承担逾期交付责任。

第5项未按时达到交付使用条件的,出卖人按日向买受人支付______元的违约金;第6项未按时达到交付使用条件的,出卖人按日向买受人支付______元的违约金;第7项未按时达到交付使用条件的,出卖人按日向买受人支付______元的违约金。出卖人采取措施保证相关设施于约定交付日后____日之内达到交付使用条件。

(2)____。

(二)公共服务及其他配套设施(以建设工程规划许可为准)

1. 小区内绿地率:________年____月____日达到______________________;

2. 小区内非市政道路:________年____月____日达到______________________;

3. 规划的车位、车库:________年____月____日达到______________________;

4. 物业服务用房:________年____月____日达到______________________;

5. 医疗卫生机构:________年____月____日达到______________________;

6. 幼儿园:________年____月____日达到________________________________;
7. 学校:________年____月____日达到________________________________;
8. ____;
9. ____。

以上设施未达到上述条件的,双方同意按照以下方式处理:

1. 小区内绿地率未达到上述约定条件的,________________________________;
2. 小区内非市政道路未达到上述约定条件的,____________________________;
3. 规划的车位、车库未达到上述约定条件的,____________________________;
4. 物业服务用房未达到上述约定条件的,________________________________;
5. 其他设施未达到上述约定条件的,____________________________________。

关于本项目内相关设施设备的具体约定见附件五。

第十一条 交付时间和手续

(一)出卖人应当在________年____月____日前向买受人交付该商品房。

(二)该商品房达到第九条、第十条约定的交付条件后,出卖人应当在交付日期届满前____日(不少于10日)将查验房屋的时间、办理交付手续的时间地点以及应当携带的证件材料的通知书面送达买受人。买受人未收到交付通知书的,以本合同约定的交付日期届满之日为办理交付手续的时间,以该商品房所在地为办理交付手续的地点。

____。

交付该商品房时,出卖人应当出示满足第九条约定的证明文件。出卖人不出示证明文件或者出示的证明文件不齐全,不能满足第九条约定条件的,买受人有权拒绝接收,由此产生的逾期交付责任由出卖人承担,并按照第十二条处理。

(三)查验房屋

1. 办理交付手续前,买受人有权对该商品房进行查验,出卖人不得以缴纳相关税费或者签署物业管理文件作为买受人查验和办理交付手续的前提条件。

2. 买受人查验的该商品房存在下列除地基基础和主体结构外的其他质量问题的,由出卖人按照有关工程和产品质量规范、标准自查验次日起____日内负责修复,并承担修复费用,修复后再行交付。

(1)屋面、墙面、地面渗漏或开裂等;
(2)管道堵塞;
(3)门窗翘裂、五金件损坏;
(4)灯具、电器等电气设备不能正常使用;
(5)____;
(6)____。

3. 查验该商品房后,双方应当签署商品房交接单。由于买受人原因导致该商品房未能按期交付的,双方同意按照以下方式处理:

(1)____;
(2)____。

第十二条 逾期交付责任

除不可抗力外,出卖人未按照第十一条约定的时间将该商品房交付买受人的,双方同意按照下列第____种方式处理:

1. 按照逾期时间，分别处理[（1）和（2）不作累加]。

（1）逾期在____日之内[该期限应当不多于第八条第1（1）项中的期限]，自第十一条约定的交付期限届满之次日起至实际交付之日止，出卖人按日计算向买受人支付全部房价款万分之____的违约金[该违约金比率应当不低于第八条第1（1）项中的比率]。

（2）逾期超过____日[该期限应当与本条第（1）项中的期限相同]后，买受人有权解除合同。买受人解除合同的，应当书面通知出卖人。出卖人应当自解除合同通知送达之日起15日内退还买受人已付全部房款（含已付贷款部分），并自买受人付款之日起，按照____%（不低于中国人民银行公布的同期贷款基准利率）计算给付利息；同时，出卖人按照全部房价款的____%向买受人支付违约金。

买受人要求继续履行合同的，合同继续履行，出卖人按日计算向买受人支付全部房价款万分之____[该比率应当不低于本条第1（1）项中的比率]的违约金。

2. ____。

第五章　面积差异处理方式

第十三条　面积差异处理

该商品房交付时，出卖人应当向买受人出示房屋测绘报告，并向买受人提供该商品房的面积实测数据（以下简称实测面积）。实测面积与第三条载明的预测面积发生误差的，双方同意按照第____种方式处理。

1. 根据第六条按照套内建筑面积计价的约定，双方同意按照下列原则处理：

（1）套内建筑面积误差比绝对值在3%以内（含3%）的，据实结算房价款；

（2）套内建筑面积误差比绝对值超出3%时，买受人有权解除合同。

买受人解除合同的，应当书面通知出卖人。出卖人应当自解除合同通知送达之日起15日内退还买受人已付全部房款（含已付贷款部分），并自买受人付款之日起，按照____%（不低于中国人民银行公布的同期贷款基准利率）计算给付利息。

买受人选择不解除合同的，实测套内建筑面积大于预测套内建筑面积时，套内建筑面积误差比在3%以内（含3%）部分的房价款由买受人补足；超出3%部分的房价款由出卖人承担，产权归买受人所有。实测套内建筑面积小于预测套内建筑面积时，套内建筑面积误差比绝对值在3%以内（含3%）部分的房价款由出卖人返还买受人；绝对值超出3%部分的房价款由出卖人双倍返还买受人。

$$\text{套内建筑面积误差比}=\frac{\text{实测套内建筑面积}-\text{预测套内建筑面积}}{\text{预测套内建筑面积}}\times 100\%$$

2. 根据第六条按照建筑面积计价的约定，双方同意按照下列原则处理：

（1）建筑面积、套内建筑面积误差比绝对值均在3%以内（含3%）的，根据实测建筑面积结算房价款。

（2）建筑面积、套内建筑面积误差比绝对值其中有一项超出3%时，买受人有权解除合同。

买受人解除合同的，应当书面通知出卖人。出卖人应当自解除合同通知送达之日起15日内退还买受人已付全部房款（含已付贷款部分），并自买受人付款之日起，按照____%（不低于中国人民银行公布的同期贷款基准利率）计算给付利息。买受人选择不解除合同的，实测建筑面积大于预测建筑面积时，建筑面积误差比在3%以内（含3%）部分的房价款由买受人补足，超出3%部分的房价款由出卖人承担，产权归买受人所有。实测建筑面积小于预测建筑面积时,建筑面积误差比绝对值在3%以内(含3%)部分的房价款由出卖人返还买受人;绝对值超出3%部分的房价款由出卖人双倍返还买受人。

$$建筑面积误差比 = \frac{实测建筑面积 - 预测建筑面积}{预测套内建筑面积} \times 100\%$$

(3)因设计变更造成面积差异,双方不解除合同的,应当签署补充协议。

3. 根据第六条按照套计价的,出卖人承诺在房屋平面图中标明详细尺寸,并约定误差范围。该商品房交付时,套型与设计图纸不一致或者相关尺寸超出约定的误差范围,双方约定如下:________________。

4. 双方自行约定:________________。

第六章 规划设计变更

第十四条 规划变更

(一)出卖人应当按照城乡规划主管部门核发的建设工程规划许可证规定的条件建设商品房,不得擅自变更。双方签订合同后,涉及该商品房规划用途、面积、容积率、绿地率、基础设施、公共服务及其他配套设施等规划许可内容经城乡规划主管部门批准变更的,出卖人应当在变更确立之日起10日内将书面通知送达买受人。出卖人未在规定期限内通知买受人的,买受人有权解除合同。

(二)买受人应当在通知送达之日起15日内做出是否解除合同的书面答复。买受人逾期未予以书面答复的,视同接受变更。

(三)买受人解除合同的,应当书面通知出卖人。出卖人应当自解除合同通知送达之日起15日内退还买受人已付全部房款(含已付贷款部分),并自买受人付款之日起,按照____%(不低于中国人民银行公布的同期贷款基准利率)计算给付利息;同时,出卖人按照全部房价款的____%向买受人支付违约金。买受人不解除合同的,有权要求出卖人赔偿由此造成的损失,双方约定如下:________________。

第十五条 设计变更

(一)双方签订合同后,出卖人按照法定程序变更建筑工程施工图设计文件,涉及下列可能影响买受人所购商品房质量或使用功能情形的,出卖人应当在变更确立之日起10日内将书面通知送达买受人。出卖人未在规定期限内通知买受人的,买受人有权解除合同。

1. 该商品房结构形式、户型、空间尺寸、朝向;
2. 供热、采暖方式;
3. ________________;
4. ________________;
5. ________________。

(二)买受人应当在通知送达之日起15日内做出是否解除合同的书面答复。买受人逾期未予以书面答复的,视同接受变更。

(三)买受人解除合同的,应当书面通知出卖人。出卖人应当自解除合同通知送达之日起15日内退还买受人已付全部房款(含已付贷款部分),并自买受人付款之日起,按照____%(不低于中国人民银行公布的同期贷款基准利率)计算给付利息;同时,出卖人按照全部房价款的____%向买受人支付违约金。买受人不解除合同的,有权要求出卖人赔偿由此造成的损失,双方约定如下:________________。

第七章 商品房质量及保修责任

第十六条 商品房质量

（一）地基基础和主体结构

出卖人承诺该商品房地基基础和主体结构合格，并符合国家及行业标准。经检测不合格的，买受人有权解除合同。买受人解除合同的，应当书面通知出卖人。出卖人应当自解除合同通知送达之日起15日内退还买受人已付全部房款（含已付贷款部分），并自买受人付款之日起，按照____%（不低于中国人民银行公布的同期贷款基准利率）计算给付利息。给买受人造成损失的，由出卖人支付【已付房价款一倍】【买受人全部损失】的赔偿金。因此而发生的检测费用由出卖人承担。买受人不解除合同的，____________。

（二）其他质量问题

该商品房质量应当符合有关工程质量规范、标准和施工图设计文件的要求。发现除地基基础和主体结构外质量问题的，双方按照以下方式处理：

（1）及时更换、修理；如给买受人造成损失的，还应当承担相应赔偿责任。

（2）经过更换、修理，仍然严重影响正常使用的，买受人有权解除合同。买受人解除合同的，应当书面通知出卖人。出卖人应当自解除合同通知送达之日起15日内退还买受人已付全部房款（含已付贷款部分），并自买受人付款之日起，按照%____（不低于中国人民银行公布的同期贷款基准利率）计算给付利息。给买受人造成损失的，由出卖人承担相应赔偿责任。因此而发生的检测费用由出卖人承担。买受人不解除合同的，____________。

（三）装饰装修及设备标准

该商品房应当使用合格的建筑材料、构配件和设备，装置、装修、装饰所用材料的产品质量必须符合国家的强制性标准及双方约定的标准。不符合上述标准的，买受人有权要求出卖人按照下列第（1）、____方式处理（可多选）：

（1）及时更换、修理；

（2）出卖人赔偿双倍的装饰、设备差价；

（3）____；

（4）____。

具体装饰装修及相关设备标准的约定见附件六。

（四）室内空气质量、建筑隔声和民用建筑节能措施

1. 该商品房室内空气质量符合【国家】【地方】标准，标准名称：__________，标准文号：________________。

该商品房为住宅的，建筑隔声情况符合【国家】【地方】标准，标准名称：__________，标准文号：________________。

该商品房室内空气质量或建筑隔声情况经检测不符合标准，由出卖人负责整改，整改后仍不符合标准的，买受人有权解除合同。买受人解除合同的，应当书面通知出卖人。出卖人应当自解除合同通知送达之日起15日内退还买受人已付全部房款（含已付贷款部分），并自买受人付款之日起，按照____%（不低于中国人民银行公布的同期贷款基准利率）计算给付利息。给买受人造成损失的，由出卖人承担相应赔偿责任。经检测不符合标准的，检测费用由出卖人承担，整改后再次检测发生的费用仍由出卖人承担。因整改导致该商品房逾期交付的，出卖人应当承担逾期交付责任。

2. 该商品房应当符合国家有关民用建筑节能强制性标准的要求。未达到标准的，出

卖人应当按照相应标准要求补做节能措施,并承担全部费用;给买受人造成损失的,出卖人应当承担相应赔偿责任。________________________________。

第十七条　保修责任

(一)商品房实行保修制度。该商品房为住宅的,出卖人自该商品房交付之日起,按照《住宅质量保证书》承诺的内容承担相应的保修责任。该商品房为非住宅的,双方应当签订补充协议详细约定保修范围、保修期限和保修责任等内容。具体内容见附件七。

(二)下列情形,出卖人不承担保修责任:

1. 因不可抗力造成的房屋及其附属设施的损害;

2. 因买受人不当使用造成的房屋及其附属设施的损害;

3. ____。

(三)在保修期内,买受人要求维修的书面通知送达出卖人____日内,出卖人既不履行保修义务也不提出书面异议的,买受人可以自行或委托他人进行维修,维修费用及维修期间造成的其他损失由出卖人承担。

第十八条　质量担保

出卖人不按照第十六条、第十七条约定承担相关责任的,由______承担连带责任。

关于质量担保的证明见附件八。

第八章　合同备案与房屋登记

第十九条　预售合同登记备案

(一)出卖人应当自本合同签订之日起【30日内】【____日内】(不超过30日)办理商品房预售合同备案手续,并将本合同登记备案情况告知买受人。

(二)有关预售合同登记备案的其他约定如下:______________;_______________。

第二十条　房屋登记

(一)双方同意共同向房屋交易管理部门申请办理该商品房的房屋所有权交易手续。

(二)因出卖人的原因,买受人未能在该商品房交付之日起____日内办结该商品房的交易手续的,双方同意按照下列第____种方式处理:

1. 买受人有权解除合同。买受人解除合同的,应当书面通知出卖人。出卖人应当自解除合同通知送达之日起15日内退还买受人已付全部房款(含已付贷款部分),并自买受人付款之日起,按照____%(不低于中国人民银行公布的同期贷款基准利率)计算给付利息。买受人不解除合同的,自买受人应当完成房屋所有权登记的期限届满之次日起至实际完成房屋所有权登记之日止,出卖人按日计算向买受人支付全部房价款万分之三的违约金。

2. ____。

(三)因买受人的原因未能在约定期限内完成该商品房的房屋所有权交易手续的,出卖人不承担责任。

第九章　前期物业管理

第二十一条　前期物业管理

(一)出卖人依法选聘的前期物业服务企业为__________________________。

(二)物业服务时间从________年____月____日到________年____月____日。

(三)物业服务期间,物业收费计费方式为【包干制】【酬金制】【______】。物业服务费为______元/月·平方米(建筑面积)。

（四）买受人同意由出卖人选聘的前期物业服务企业代为查验并承接物业共用部位、共用设施设备，出卖人应当将物业共用部位、共用设施设备承接查验的备案情况书面告知买受人。

（五）买受人已详细阅读前期物业服务合同和临时管理规约，同意由出卖人依法选聘的物业服务企业实施前期物业管理，遵守临时管理规约。业主委员会成立后，由业主大会决定选聘或续聘物业服务企业。

该商品房前期物业服务合同、临时管理规约见附件九。

第十章　其他事项

第二十二条　建筑物区分所有权

（一）买受人对其建筑物专有部分享有占有、使用、收益和处分的权利。

（二）以下部位归业主共有：

1. 建筑物的基础、承重结构、外墙、屋顶等基本结构部分，通道、楼梯、大堂等公共通行部分，消防、公共照明等附属设施、设备，避难层、设备层或者设备间等结构部分；

2. 该商品房所在建筑区划内的道路（属于城镇公共道路的除外）、绿地（属于城镇公共绿地或者明示属于个人的除外）、占用业主共有的道路或者其他场地用于停放汽车的车位、物业服务用房；

3. ____。

（三）双方对其他配套设施约定如下：

1. 规划的车位、车库：____；

2. 会所：____；

3. ____。

第二十三条　税费

双方应当按照国家的有关规定，向相应部门缴纳因该商品房买卖发生的税费。因预测面积与实测面积差异，导致买受人不能享受税收优惠政策而增加的税收负担，由________________承担。

第二十四条　销售和使用承诺

1. 出卖人承诺不采取分割拆零销售、返本销售或者变相返本销售的方式销售商品房；不采取售后包租或者变相售后包租的方式销售未竣工商品房。

2. 出卖人承诺按照规划用途进行建设和出售，不擅自改变该商品房使用性质，并按照规划用途办理房屋登记。出卖人不得擅自改变与该商品房有关的共用部位和设施的使用性质。

3. 出卖人承诺对商品房的销售，不涉及依法或者依规划属于买受人共有的共用部位和设施的处分。

4. 出卖人承诺已将遮挡或妨碍房屋正常使用的情况告知买受人。具体内容见附件十。

5. 买受人使用该商品房期间，不得擅自改变该商品房的用途、建筑主体结构和承重结构。

6. ____。

7. ____。

第二十五条　送达

出卖人和买受人保证在本合同中记载的通信地址、联系电话均真实有效。任何根据本合同发出的文件,均应采用书面形式,以【邮政快递】【邮寄挂号信】【______】方式送达对方。任何一方变更通信地址、联系电话的,应在变更之日起____日内书面通知对方。变更的一方未履行通知义务导致送达不能的,应承担相应的法律责任。

第二十六条　买受人信息保护

出卖人对买受人信息负有保密义务。非因法律、法规规定或国家安全机关、公安机关、检察机关、审判机关、纪检监察部门执行公务的需要,未经买受人书面同意,出卖人及其销售人员和相关工作人员不得对外披露买受人信息,或将买受人信息用于履行本合同之外的其他用途。

第二十七条　争议解决方式

本合同在履行过程中发生的争议,由双方当事人协商解决,也可通过消费者协会等相关机构调解;或按照下列第____种方式解决:

1. 依法向房屋所在地人民法院起诉。

2. 提交________________仲裁委员会仲裁。

第二十八条　补充协议

对本合同中未约定或约定不明的内容,双方可根据具体情况签订书面补充协议(补充协议见附件十一)。

补充协议中含有不合理的减轻或免除本合同中约定应当由出卖人承担的责任,或不合理的加重买受人责任、排除买受人主要权利内容的,仍以本合同为准。

第二十九条　合同生效

本合同自双方签字或盖章之日起生效。本合同的解除应当采用书面形式。

本合同及附件共____页,一式____份,其中出卖人____份,买受人____份,【______】____份,【______】____份。合同附件与本合同具有同等法律效力。

出卖人(签字或盖章):______　　买受人(签字或盖章):______

【法定代表人】(签字或盖章):______　　【法定代表人】(签字或盖章):______

【委托代理人】(签字或盖章):______　　【委托代理人】(签字或盖章):______

【法定代理人】(签字或盖章):______

签订时间:________年____月____日　　签订时间:________年____月____日

签订地点:_____________　　签订地点:_____________

附件一　房屋平面图(应当标明方位)

1. 房屋分层分户图(应当标明详细尺寸,并约定误差范围)

2. 建设工程规划方案总平面图

附件二　关于该商品房共用部位的具体说明(可附图说明)

1. 纳入该商品房分摊的共用部位的名称、面积和所在位置

2. 未纳入该商品房分摊的共用部位的名称、所在位置

附件三　抵押权人同意该商品房转让的证明及关于抵押的相关约定

1. 抵押权人同意该商品房转让的证明

2. 解除抵押的条件和时间

3. 关于抵押的其他约定

附件四　关于该商品房价款的计价方式、总价款、付款方式及期限的具体约定

附件五　关于本项目内相关设施、设备的具体约定

1. 相关设施的位置及用途

2. 其他约定

附件六　关于装饰装修及相关设备标准的约定

交付的商品房达不到本附件约定装修标准的，按照本合同第十六条第三款约定处理。出卖人未经双方约定增加的装置、装修、装饰，视为无条件赠送给买受人。

双方就装饰装修主要材料和设备的品牌、产地、规格、数量等内容约定如下：

1. 外墙：【瓷砖】【涂料】【玻璃幕墙】【______】；______________________。

2. 起居室：

(1)内墙：【涂料】【壁纸】【______】；______________________。

(2)顶棚：【石膏板吊顶】【涂料】【______】；______________________。

(3)室内地面：【大理石】【花岗岩】【水泥抹面】【实木地板】【______】；__________。

3. 厨房：

(1)地面：【水泥抹面】【瓷砖】【______】；______________________。

(2)墙面：【耐水腻子】【瓷砖】【______】；______________________。

(3)顶棚：【水泥抹面】【石膏吊顶】【______】；______________________。

(4)厨具：______________________________________。

4. 卫生间：

(1)地面：【水泥抹面】【瓷砖】【______】；______________________。

(2)墙面：【耐水腻子】【瓷砖】【______】；______________________。

(3)顶棚：【水泥抹面】【石膏吊顶】【______】；______________________。

(4)卫生器具：__________________________________。

5. 阳台：【塑钢封闭】【铝合金封闭】【断桥铝合金封闭】【不封闭】【______】；______。

6. 电梯：

(1)品牌：______________________________________；

(2)型号：______________________________________。

7. 管道：______________________________________。

8. 窗户：______________________________________。

9. ____。

10. ____。

附件七　关于保修范围、保修期限和保修责任的约定

该商品房为住宅的，出卖人应当提供《住宅质量保证书》；该商品房为非住宅的，双方可参照《住宅质量保证书》中的内容对保修范围、保修期限和保修责任等进行约定。该商品房的保修期自房屋交付之日起计算，关于保修期限的约定不应低于《建设工程质量管理条例》第四十条规定的最低保修期限。

(一)保修项目、期限及责任的约定

1. 地基基础和主体结构：

保修期限为：__________(不得低于设计文件规定的该工程的合理使用年限)；______。

2. 屋面防水工程、有防水要求的卫生间、房间和外墙面的防渗漏：

保修期限为：__________(不得低于5年)；______________________________。
3. 供热、供冷系统和设备：
保修期限为：__________(不得低于2个采暖期、供冷期)；__________________。
4. 电气管线、给排水管道、设备安装：
保修期限为：__________(不得低于2年)；______________________________。
5. 装修工程：
保修期限为：__________(不得低于2年)；______________________________。
6. ____。
7. ____。
8. ____。
(二)其他约定
附件八　关于质量担保的证明
附件九　关于前期物业管理的约定
1. 前期物业服务合同
2. 临时管理规约
附件十　出卖人关于遮挡或妨碍房屋正常使用情况的说明
(如该商品房公共管道检修口、柱子、变电箱等有遮挡或妨碍房屋正常使用的情况)
附件十一　补充协议

商品房买卖合同(现售)示范文本(GF—2014－0172)

合同编号：

出卖人：____。
买受人：____。

中华人民共和国住房和城乡建设部
中华人民共和国国家工商行政管理总局　制定
二〇一四年四月

说　明

1. 本合同文本为示范文本，由中华人民共和国住房和城乡建设部、中华人民共和国国家工商行政管理总局共同制定。各地可在有关法律法规、规定的范围内，结合实际情况调整合同相应内容。

2. 签订本合同前，出卖人应当向买受人出示有关权属证书或证明文件。

3. 出卖人应当就合同重大事项对买受人尽到提示义务。买受人应当审慎签订合同，在签订本合同前，要仔细阅读合同条款，特别是审阅其中具有选择性、补充性、修改性的内容，注意防范潜在的市场风险和交易风险。

4. 本合同文本【　】中选择内容、空格部位填写内容及其他需要删除或添加的内容，双方当事人应当协商确定。【　】中选择内容，以画"√"方式选定；对于实际情况未发生或双方当事人不作约定时，应当在空格部位打"×"，以示删除。

5. 出卖人与买受人可以针对本合同文本中没有约定或者约定不明确的内容，根据所售项目的具体情况在相关条款后的空白行中进行补充约定，也可以另行签订补充协议。

6. 双方当事人可以根据实际情况决定本合同原件的份数，并在签订合同时认真核对，以确保各份合同内容一致；在任何情况下，出卖人和买受人都应当至少持有一份合同原件。

专业术语解释

1. 商品房现售：是指房地产开发企业将竣工验收合格的商品房出售给买受人，并由买受人支付房价款的行为。

2. 法定代理人：是指依照法律规定直接取得代理权的人。

3. 套内建筑面积：是指成套房屋的套内建筑面积，由套内使用面积、套内墙体面积、套内阳台建筑面积三部分组成。

4. 房屋的建筑面积：是指房屋外墙（柱）勒脚以上各层的外围水平投影面积，包括阳台、挑廊、地下室、室外楼梯等，且具有上盖，结构牢固，层高2.20m以上（含2.20m）的永久性建筑。

5. 不可抗力：是指不能预见、不能避免并不能克服的客观情况。

6. 民用建筑节能：是指在保证民用建筑使用功能和室内热环境质量的前提下，降低其使用过程中能源消耗的活动。民用建筑是指居住建筑、国家机关办公建筑和商业、服务业、教育、卫生等其他公共建筑。

7. 房屋登记：是指房屋登记机构依法将房屋权利和其他应当记载的事项在房屋登记簿上予以记载的行为。

8. 所有权转移登记：是指商品房所有权从出卖人转移至买受人所办理的登记类型。

9. 房屋登记机构：是指直辖市、市、县人民政府建设（房地产）主管部门或者其设置的负责房屋登记工作的机构。

10. 分割拆零销售：是指房地产开发企业将成套的商品住宅分割为数部分分别出售给买受人的销售方式。

11. 返本销售：是指房地产开发企业以定期向买受人返还购房款的方式销售商品房的行为。

商品房买卖合同（现售）

出卖人向买受人出售其开发建设的房屋，双方当事人应当在自愿、平等、公平及诚实信用的基础上，根据《中华人民共和国合同法》《中华人民共和国物权法》《中华人民共和国城市房地产管理法》等法律的规定，就商品房买卖相关内容协商达成一致意见，签订本商品房买卖合同。

第一章　合同当事人

出卖人：______________________________

通信地址：______________________________

邮政编码：______________________________

营业执照注册号：______________________________

企业资质证书号：______________________________

法定代表人：______________联系电话：______________

委托代理人：______________联系电话：______________

委托销售经纪机构：______________________________

通信地址:____________________

邮政编码:____________________

营业执照注册号:____________________

经纪机构备案证明号:____________________

法定代表人:__________联系电话:____________________

买受人:____________________

【法定代表人】【负责人】:____________________

【国籍】【户籍所在地】:____________________

证件类型:【居民身份证】【护照】【营业执照】【______】,证号:__________

出生日期:______年____月____日,性别:__________

通信地址:____________________

邮政编码:__________ 联系电话:____________________

【委托代理人】【法定代理人】:____________________

【国籍】【户籍所在地】:____________________

证件类型:【居民身份证】【护照】【营业执照】【______】,证号:__________

出生日期:______年____月____日,性别:__________

通信地址:____________________

邮政编码:__________联系电话:____________________

(买受人为多人时,可相应增加)

第二章 商品房基本状况

第一条 项目建设依据

1. 出卖人以【出让】【划拨】【______】方式取得坐落于__________地块的建设用地使用权。该地块【国有土地使用证号】【______】为__________,土地使用权面积为__________平方米。买受人购买的商品房(以下简称该商品房)所占用的土地用途为______,土地使用权终止日期为______年____月____日。

2. 出卖人经批准,在上述地块上建设的商品房项目核准名称为__________,建设工程规划许可证号为__________,建筑工程施工许可证号为__________。

第二条 销售依据

该商品房已取得【建设工程竣工验收备案证明文件】【《房屋所有权证》】,【备案号】【《房屋所有权证》证号】为____________________,【备案机构】【房屋登记机构】为____________________。

第三条 商品房基本情况

1. 该商品房的规划用途为【住宅】【办公】【商业】【______】。

2. 该商品房所在建筑物的主体结构为__________,建筑总层数为____层,其中地上____层,地下____层。

3. 该商品房为第一条规定项目中的__________【幢】【座】【______】______单元______层______号。该商品房的平面图见附件一。

4. 该商品房的房产测绘机构为__________,其实测建筑面积共____平方米,其中套内建筑面积____平方米,分摊共有建筑面积____平方米。该商品房共用部位见附件二。

该商品房层高为____米，有____个阳台，其中____个阳台为封闭式，____个阳台为非封闭式。阳台是否封闭以规划设计文件为准。

第四条　抵押情况

与该商品房有关的抵押情况为【抵押】【未抵押】。

抵押人：____________________，抵押权人：____________________，

抵押登记机构：____________________，抵押登记日期：____________________，

债务履行期限：____。

抵押权人同意该商品房转让的证明及关于抵押的相关约定见附件三。

第五条　租赁情况

该商品房的租赁情况为【出租】【未出租】。

出卖人已将该商品房出租，【买受人为该商品房承租人】【承租人放弃优先购买权】。

租赁期限：从________年____月____日至________年____月____日。出卖人与买受人经协商一致，自本合同约定的交付日至租赁期限届满期间的房屋收益归【出卖人】【买受人】所有。

____。

出卖人提供的承租人放弃优先购买权的声明见附件四。

第六条　房屋权利状况承诺

1. 出卖人对该商品房享有合法权利；

2. 该商品房没有出售给除本合同买受人以外的其他人；

3. 该商品房没有司法查封或其他限制转让的情况；

4. ____；

5. ____。

如该商品房权利状况与上述情况不符，导致不能完成房屋所有权转移登记的，买受人有权解除合同。买受人解除合同的，应当书面通知出卖人。出卖人应当自解除合同通知送达之日起15日内退还买受人已付全部房款（含已付贷款部分），并自买受人付款之日起，按照____%（不低于中国人民银行公布的同期贷款基准利率）计算给付利息。给买受人造成损失的，由出卖人支付【已付房价款一倍】【买受人全部损失】的赔偿金。

第三章　商品房价款

第七条　计价方式与价款

出卖人与买受人按照下列第____种方式计算该商品房价款：

1. 按照套内建筑面积计算，该商品房单价为每平方米______（币种）______元，总价款为______（币种）______元（大写____________________元整）。

2. 按照建筑面积计算，该商品房单价为每平方米__________（币种）__________元，总价款为______（币种）______元（大写____________________元整）。

3. 按照套计算，该商品房总价款为____________（币种）____________元（大写____________________元整）。

4. 按照______计算，该商品房总价款为____________（币种）____________元（大写____________________元整）。

第八条　付款方式及期限

（一）签订本合同前，买受人已向出卖人支付定金______（币种）________________

元(大写________元整),该定金于【本合同签订】【交付首付款】【______】______时【抵作】【______】商品房价款。

(二)买受人采取下列第____种方式付款:

1. 一次性付款。买受人应当在________年____月____日前支付该商品房全部价款。

2. 分期付款。买受人应当在________年____月____日前分______期支付该商品房全部价款,首期房价款______(币种)______元(大写:________元整),应当于________年____月____日前支付。

3. 贷款方式付款:【公积金贷款】【商业贷款】【______】。买受人应当于________年____月____日前支付首期房价款______(币种)______元(大写________元整),占全部房价款的______%。

余款______(币种)______元(大写________元整)向________(贷款机构)申请贷款支付。

4. 其他方式:________。

(三)双方约定全部房价款存入以下账户:账户名称为________,开户银行为________,账号为________。

该商品房价款的计价方式、总价款、付款方式及期限的具体约定见附件五。

第九条 逾期付款责任

除不可抗力外,买受人未按照约定时间付款的,双方同意按照下列第____种方式处理:

1. 按照逾期时间,分别处理[(1)和(2)不作累加]。

(1)逾期在____日之内,买受人按日计算向出卖人支付逾期应付款万分之____的违约金。

(2)逾期超过____日[该期限应当与本条第(1)项中的期限相同]后,出卖人有权解除合同。出卖人解除合同的,应当书面通知买受人。买受人应当自解除合同通知送达之日起____日内按照累计应付款的____%向出卖人支付违约金,同时,出卖人退还买受人已付全部房款(含已付贷款部分)。

出卖人不解除合同的,买受人按日计算向出卖人支付逾期应付款万分之____[该比率不低于第(1)项中的比率]的违约金。

本条所称逾期应付款是指依照第八条及附件五约定的到期应付款与该期实际已付款的差额;采取分期付款的,按照相应的分期应付款与该期的实际已付款的差额确定。

2. ________。

第四章 商品房交付条件与交付手续

第十条 商品房交付条件

该商品房交付时应当符合下列第1、2、____、____项所列条件:

1. 该商品房已取得建设工程竣工验收备案证明文件;

2. 该商品房已取得房屋测绘报告;

3. ________;

4. ________。

该商品房为住宅的,出卖人还需提供《住宅使用说明书》和《住宅质量保证书》。

第十一条　商品房相关设施设备交付条件

（一）基础设施设备

1. 供水、排水：交付时供水、排水配套设施齐全，并与城市公共供水、排水管网连接。使用自建设施供水的，供水的水质符合国家规定的饮用水卫生标准，________________；

2. 供电：交付时纳入城市供电网络并正式供电，________________________；

3. 供暖：交付时供热系统符合供热配建标准，使用城市集中供热的，纳入城市集中供热管网，____；

4. 燃气：交付时完成室内燃气管道的敷设，并与城市燃气管网连接，保证燃气供应，____；

5. 电话通信：交付时线路敷设到户；

6. 有线电视：交付时线路敷设到户；

7. 宽带网络：交付时线路敷设到户。

以上第1、2、3项由出卖人负责办理开通手续并承担相关费用；第4、5、6、7项需要买受人自行办理开通手续。

如果在约定期限内基础设施设备未达到交付使用条件，双方同意按照下列第____种方式处理：

（1）以上设施中第1、2、3、4项在约定交付日未达到交付条件的，出卖人按照本合同第十三条的约定承担逾期交付责任。

第5项未按时达到交付使用条件的，出卖人按日向买受人支付______元的违约金；第6项未按时达到交付使用条件的，出卖人按日向买受人支付______元的违约金；第7项未按时达到交付使用条件的，出卖人按日向买受人支付______元的违约金。出卖人采取措施保证相关设施于约定交付日后____日之内达到交付使用条件。

（2）____。

（二）公共服务及其他配套设施（以建设工程规划许可为准）

1. 小区内绿地率：________年____月____日达到________________________；

2. 小区内非市政道路：________年____月____日达到________________________；

3. 规划的车位、车库：________年____月____日达到________________________；

4. 物业服务用房：________年____月____日达到________________________；

5. 医疗卫生机构：________年____月____日达到________________________；

6. 幼儿园：________年____月____日达到________________________；

7. 学校：________年____月____日达到________________________；

8. ____；

9. ____。

以上设施未达到上述条件的，双方同意按照以下方式处理：

1. 小区内绿地率未达到上述约定条件的，________________________；

2. 小区内非市政道路未达到上述约定条件的，________________________；

3. 规划的车位、车库未达到上述约定条件的，________________________；

4. 物业服务用房未达到上述约定条件的，________________________；

5. 其他设施未达到上述约定条件的，________________________。

关于本项目内相关设施设备的具体约定见附件六。

第十二条 交付时间和手续

(一)出卖人应当在________年____月____日前向买受人交付该商品房。

(二)该商品房达到第十条、第十一条约定的交付条件后,出卖人应当在交付日期届满前____日(不少于10日)将查验房屋的时间、办理交付手续的时间地点以及应当携带的证件材料的通知书面送达买受人。买受人未收到交付通知书的,以本合同约定的交付日期届满之日为办理交付手续的时间,以该商品房所在地为办理交付手续的地点。

____。

交付该商品房时,出卖人应当出示满足第十条约定的证明文件。出卖人不出示证明文件或者出示的证明文件不齐全,不能满足第十条约定条件的,买受人有权拒绝接收,由此产生的逾期交付责任由出卖人承担,并按照第十三条处理。

(三)查验房屋

1. 办理交付手续前,买受人有权对该商品房进行查验,出卖人不得以缴纳相关税费或者签署物业管理文件作为买受人查验和办理交付手续的前提条件。

2. 买受人查验的该商品房存在下列除地基基础和主体结构外的其他质量问题的,由出卖人按照有关工程和产品质量规范、标准自查验次日起____日内负责修复,并承担修复费用,修复后再行交付。

(1)屋面、墙面、地面渗漏或开裂等;

(2)管道堵塞;

(3)门窗翘裂、五金件损坏;

(4)灯具、电器等电气设备不能正常使用;

(5)____;

(6)____。

3. 查验该商品房后,双方应当签署商品房交接单。由于买受人原因导致该商品房未能按期交付的,双方同意按照以下方式处理:

(1)____;

(2)____。

第十三条 逾期交付责任

除不可抗力外,出卖人未按照第十二条约定的时间将该商品房交付买受人的,双方同意按照下列第____种方式处理:

1. 按照逾期时间,分别处理[(1)和(2)不作累加]。

(1)逾期在____日之内[该期限应当不多于第九条第1(1)项中的期限],自第十二条约定的交付期限届满之次日起至实际交付之日止,出卖人按日计算向买受人支付全部房价款万分之____的违约金[该违约金比率应当不低于第九条第1(1)项中的比率]。

(2)逾期超过____日[该期限应当与本条第(1)项中的期限相同]后,买受人有权解除合同。买受人解除合同的,应当书面通知出卖人。出卖人应当自解除合同通知送达之日起15日内退还买受人已付全部房款(含已付贷款部分),并自买受人付款之日起,按照____%(不低于中国人民银行公布的同期贷款基准利率)计算给付利息;同时,出卖人按照全部房价款的____%向买受人支付违约金。

买受人要求继续履行合同的,合同继续履行,出卖人按日计算向买受人支付全部房价款万分之____[该比率应当不低于本条第1(1)项中的比率]的违约金。

2. ____。

第五章　商品房质量及保修责任

第十四条　商品房质量

（一）地基基础和主体结构

出卖人承诺该商品房地基基础和主体结构合格，并符合国家及行业标准。经检测不合格的，买受人有权解除合同。买受人解除合同的，应当书面通知出卖人。出卖人应当自解除合同通知送达之日起15日内退还买受人已付全部房款（含已付贷款部分），并自买受人付款之日起，按照____%（不低于中国人民银行公布的同期贷款基准利率）计算给付利息。给买受人造成损失的，由出卖人支付【已付房价款一倍】【买受人全部损失】的赔偿金。因此而发生的检测费用由出卖人承担。

买受人不解除合同的，____。

（二）其他质量问题

该商品房质量应当符合有关工程质量规范、标准和施工图设计文件的要求。发现除地基基础和主体结构外质量问题的，双方按照以下方式处理：

（1）及时更换、修理；如给买受人造成损失的，还应当承担相应赔偿责任。

（2）经过更换、修理，仍然严重影响正常使用的，买受人有权解除合同。买受人解除合同的，应当书面通知出卖人。出卖人应当自解除合同通知送达之日起15日内退还买受人已付全部房款（含已付贷款部分），并自买受人付款之日起，按照____%（不低于中国人民银行公布的同期贷款基准利率）计算给付利息。给买受人造成损失的，由出卖人承担相应赔偿责任。因此而发生的检测费用由出卖人承担。

买受人不解除合同的，____。

（三）装饰装修及设备标准

该商品房应当使用合格的建筑材料、构配件和设备，装置、装修、装饰所用材料的产品质量必须符合国家的强制性标准及双方约定的标准。不符合上述标准的，买受人有权要求出卖人按照下列第(1)、____、____方式处理（可多选）：

（1）及时更换、修理；

（2）出卖人赔偿双倍的装饰、设备差价；

（3）____；

（4）____。

具体装饰装修及相关设备标准的约定见附件七。

（四）室内空气质量、建筑隔声和民用建筑节能措施

1. 该商品房室内空气质量符合【国家】【地方】标准，标准名称：________________，标准文号：________________。

该商品房为住宅的，建筑隔声情况符合【国家】【地方】标准，标准名称：__________，标准文号：________________。

该商品房室内空气质量或建筑隔声情况经检测不符合标准，由出卖人负责整改，整改后仍不符合标准的，买受人有权解除合同。买受人解除合同的，应当书面通知出卖人。出卖人应当自解除合同通知送达之日起15日内退还买受人已付全部房款（含已付贷款部分），并自买受人付款之日起，按照____%（不低于中国人民银行公布的同期贷款基准利率）计算给付利息。给买受人造成损失的，由出卖人承担相应赔偿责任。经检测不符

合标准的,检测费用由出卖人承担,整改后再次检测发生的费用仍由出卖人承担。因整改导致该商品房逾期交付的,出卖人应当承担逾期交付责任。

2. 该商品房应当符合国家有关民用建筑节能强制性标准的要求。

未达到标准的,出卖人应当按照相应标准要求补做节能措施,并承担全部费用;给买受人造成损失的,出卖人应当承担相应赔偿责任。

第十五条　保修责任

(一)商品房实行保修制度。该商品房为住宅的,出卖人自该商品房交付之日起,按照《住宅质量保证书》承诺的内容承担相应的保修责任。该商品房为非住宅的,双方应当签订补充协议详细约定保修范围、保修期限和保修责任等内容。具体内容见附件八。

(二)下列情形,出卖人不承担保修责任:

1. 因不可抗力造成的房屋及其附属设施的损害;

2. 因买受人不当使用造成的房屋及其附属设施的损害;

3. ____。

(三)在保修期内,买受人要求维修的书面通知送达出卖人____日内,出卖人既不履行保修义务也不提出书面异议的,买受人可以自行或委托他人进行维修,维修费用及维修期间造成的其他损失由出卖人承担。

第十六条　质量担保

出卖人不按照第十四条、第十五条约定承担相关责任的,由______承担连带责任。

关于质量担保的证明见附件九。

第六章　房屋登记

第十七条　房屋登记

(一)双方同意共同向房屋交易管理部门申请办理该商品房的房屋交易手续。

(二)因出卖人的原因,买受人未能在该商品房交付之日起____日内办结交易手续的,双方同意按照下列第____种方式处理:

1. 买受人有权解除合同。买受人解除合同的,应当书面通知出卖人。出卖人应当自解除合同通知送达之日起15日内退还买受人已付全部房款(含已付贷款部分),并自买受人付款之日起,按照____%(不低于中国人民银行公布的同期贷款基准利率)计算给付利息。买受人不解除合同的,自买受人应当完成房屋所有权登记的期限届满之次日起至实际完成房屋所有权登记之日止,出卖人按日计算向买受人支付全部房价款万分之____的违约金。

2. ____。

(三)因买受人的原因未能在约定期限内完成该商品房的房屋交易手续的,出卖人不承担责任。

第七章　物业管理

第十八条　物业管理

(一)出卖人依法选聘的前期物业服务企业为________________________。

(二)物业服务时间从________年____月____日到________年____月____日。

(三)物业服务期间,物业收费计费方式为【包干制】【酬金制】【______】。物业服务费为______元/月·平方米(建筑面积)。

(四)买受人同意由出卖人选聘的前期物业服务企业代为查验并承接物业共用部位、

共用设施设备,出卖人应当将物业共用部位、共用设施设备承接查验的备案情况书面告知买受人。

(五)买受人已详细阅读前期物业服务合同和临时管理规约,同意由出卖人依法选聘的物业服务企业实施前期物业管理,遵守临时管理规约。

(六)业主大会设立前适用该章约定。业主委员会成立后,由业主大会决定选聘或续聘物业服务企业。

该商品房前期物业服务合同、临时管理规约见附件十。

第八章 其他事项

第十九条 建筑物区分所有权

(一)买受人对其建筑物专有部分享有占有、使用、收益和处分的权利。

(二)以下部位归业主共有:

1. 建筑物的基础、承重结构、外墙、屋顶等基本结构部分,通道、楼梯、大堂等公共通行部分,消防、公共照明等附属设施、设备,避难层、设备层或者设备间等结构部分;

2. 该商品房所在建筑区划内的道路(属于城镇公共道路的除外)、绿地(属于城镇公共绿地或者明示属于个人的除外)、占用业主共有的道路或者其他场地用于停放汽车的车位、物业服务用房;

3. ______________________________。

(三)双方对其他配套设施约定如下:

1. 规划的车位、车库:______________________________;

2. 会所:______________________________;

3. ______________________________。

第二十条 税费

双方应当按照国家的有关规定,向相应部门缴纳因该商品房买卖发生的税费。

第二十一条 销售和使用承诺

1. 出卖人承诺不采取分割拆零销售、返本销售或者变相返本销售的方式销售商品房。

2. 出卖人承诺按照规划用途进行建设和出售,不擅自改变该商品房使用性质,并按照规划用途办理房屋登记。出卖人不得擅自改变与该商品房有关的共用部位和设施的使用性质。

3. 出卖人承诺对商品房的销售,不涉及依法或者依规划属于买受人共有的共用部位和设施的处分。

4. 出卖人承诺已将遮挡或妨碍房屋正常使用的情况告知买受人。具体内容见附件十一。

5. 买受人使用该商品房期间,不得擅自改变该商品房的用途、建筑主体结构和承重结构。

6. ______________________________。

7. ______________________________。

第二十二条 送达

出卖人和买受人保证在本合同中记载的通信地址、联系电话均真实有效。任何根据本合同发出的文件,均应采用书面形式,以【邮政快递】【邮寄挂号信】【______】方式送达对方。任何一方变更通信地址、联系电话的,应在变更之日起____日内书面通知对方。变更的一方未履行通知义务导致送达不能的,应承担相应的法律责任。

第二十三条　买受人信息保护

出卖人对买受人信息负有保密义务。非因法律、法规规定或国家安全机关、公安机关、检察机关、审判机关、纪检监察部门执行公务的需要,未经买受人书面同意,出卖人及其销售人员和相关工作人员不得对外披露买受人信息,或将买受人信息用于履行本合同之外的其他用途。

第二十四条　争议解决方式

本合同在履行过程中发生的争议,由双方当事人协商解决,也可通过消费者协会等相关机构调解;或按照下列第____种方式解决:

1. 依法向房屋所在地人民法院起诉。

2. 提交仲裁委员会仲裁。

第二十五条　补充协议

对本合同中未约定或约定不明的内容,双方可根据具体情况签订书面补充协议(补充协议见附件十二)。

补充协议中含有不合理的减轻或免除本合同中约定应当由出卖人承担的责任,或不合理的加重买受人责任、排除买受人主要权利内容的,仍以本合同为准。

第二十六条　合同生效

本合同自双方签字或盖章之日起生效。本合同的解除应当采用书面形式。

本合同及附件共____页,一式____份,其中出卖人____份,买受人____份,【______】____份,【______】____份。合同附件与本合同具有同等法律效力。

出卖人(签字或盖章):	买受人(签字或盖章):
【法定代表人】(签字或盖章):	【法定代表人】(签字或盖章):
【委托代理人】(签字或盖章):	【委托代理人】(签字或盖章):
	【法定代理人】(签字或盖章):
签订时间:________年____月____日	签订时间:________年____月____日
签订地点:____________	签订地点:____________

附件一　房屋平面图(应当标明方位)

1. 房屋分层分户图(应当标明详细尺寸,并约定误差范围)

2. 建设工程规划方案总平面图

附件二　关于该商品房共用部位的具体说明(可附图说明)

1. 纳入该商品房分摊的共用部位的名称、面积和所在位置

2. 未纳入该商品房分摊的共用部位的名称、所在位置

附件三　抵押权人同意该商品房转让的证明及关于抵押的相关约定

1. 抵押权人同意该商品房转让的证明

2. 解除抵押的条件和时间

3. 关于抵押的其他约定

附件四　出卖人提供的承租人放弃优先购买权的声明

附件五 关于该商品房价款的计价方式、总价款、付款方式及期限的具体约定

附件六 关于本项目内相关设施、设备的具体约定

1. 相关设施的位置及用途

2. 其他约定

附件七 关于装饰装修及相关设备标准的约定

交付的商品房达不到本附件约定装修标准的,按照本合同第十四条第三款约定处理。出卖人未经双方约定增加的装置、装修、装饰,视为无条件赠送给买受人。双方就装饰装修主要材料和设备的品牌、产地、规格、数量等内容约定如下:

1. 外墙:【瓷砖】【涂料】【玻璃幕墙】【______】;

____。

2. 起居室:

(1)内墙:【涂料】【壁纸】【______】;

____。

(2)顶棚:【石膏板吊顶】【涂料】【______】;

____。

(3)室内地面:【大理石】【花岗岩】【水泥抹面】【实木地板】【______】;

____。

3. 厨房:

(1)地面:【水泥抹面】【瓷砖】【______】;

____。

(2)墙面:【耐水腻子】【瓷砖】【______】;

____。

(3)顶棚:【水泥抹面】【石膏吊顶】【______】;

____。

(4)厨具:____。

4. 卫生间:

(1)地面:【水泥抹面】【瓷砖】【______】;

____。

(2)墙面:【耐水腻子】【瓷砖】【______】;

____。

(3)顶棚:【水泥抹面】【石膏吊顶】【______】;

____。

(4)卫生器具:____。

5. 阳台:【塑钢封闭】【铝合金封闭】【断桥铝合金封闭】【不封闭】【______】;

____。

6. 电梯:

(1)品牌:____;

(2)型号:____。

7. 管道:____。

8. 窗户:____。

附件八 关于保修范围、保修期限和保修责任的约定

该商品房为住宅的,出卖人应当提供《住宅质量保证书》;该商品房为非住宅的,双方可参照《住宅质量保证书》中的内容对保修范围、保修期限和保修责任等进行约定。

该商品房的保修期自房屋交付之日起计算,关于保修期限的约定不应低于《建设工程质量管理条例》第四十条规定的最低保修期限。

(一)保修项目、期限及责任的约定

1. 地基基础和主体结构:

保修期限为:__________(不得低于设计文件规定的该工程的合理使用年限);

____。

2. 屋面防水工程、有防水要求的卫生间、房间和外墙面的防渗漏:

__________保修期限为:__________(不得低于5年);

____。

3. 供热、供冷系统和设备:__________保修期限为:__________(不得低于2个采暖期、供冷期);

____。

4. 电气管线、给排水管道、设备安装:__________保修期限为:__________(不得低于2年);

____。

5. 装修工程:__________保修期限为:__________(不得低于2年);

____。

6. ____。

7. ____。

8. ____。

(二)其他约定

____。

附件九 关于质量担保的证明

附件十 关于物业管理的约定

1. 前期物业服务合同

2. 临时管理规约

附件十一 出卖人关于遮挡或妨碍房屋正常使用情况的说明

(如该商品房公共管道检修口、柱子、变电箱等有遮挡或妨碍房屋正常使用的情况)

附件十二 补充协议

二手房屋买卖合同

出卖人(甲方):____。

买受人(乙方):____。

甲、乙双方遵循自愿、公平和诚实信用的原则,经协商一致订立本合同,以资共同遵守。

第一条 甲乙双方【未通过经纪机构居间介绍】【通过__________公司居间介绍(房地产执业经纪人:__________,经纪人执业证书号:__________)】由乙方购买甲方自有

的房屋及该房屋占用范围内的土地使用权(以下简称房地产),房地产具体状况如下:

(一)甲方依法取得的房地产权证号为:____________________;

(二)该房地产坐落在________省________市________区【县】________路【乡、镇】________小区【村】________号________室。

房屋类型:________________;结构:________________。

(三)房屋建筑面积__________平方米,该房屋占用范围内的土地使用权【面积】【分摊面积】__________平方米。

(四)房屋平面图和房地产四至房屋(附件一)。

(五)该房屋占用范围的土地所有权为【国有】【集体所有】;国有土地使用权以下列第____种方式获得:1. 出让方式;2. 划拨方式;3. ____________________方式。

(六)随房屋同时转让的附属设备及装饰情况(附件二)。

(七)甲方转让房地产的权利状况(包括抵押、租赁等情况)见附件三。

第二条 甲、乙双方经协商一致,同意上述房地产转让价款为(__________币)计______________元。(大写):________仟________佰________拾________万________千________百________拾________元整。

第三条 甲方同意乙方按照下列第____种方式付款:

1. 一次性付款,乙方应当在本合同签订后的____日内一次性支付甲方。

2. 分期付款,乙方分____期向甲方支付房款,在________年____月____日前全部付清。

第一期 在________年____月____日前,付人民币____________________万元;

第二期 在________年____月____日前,付人民币____________________万元;

第三期 在________年____月____日前,付人民币____________________万元;

____;

____。

第四条 甲、乙双方同意,甲方于________年____月____日前腾出该房屋并通知乙方进行验收交接。乙方应在收到通知之日起的____日内对房屋及装饰、设备情况进行查验。

查验后,甲、乙双方通过下列第____种方式作为房屋转移占有的标志。1. 签订房屋交接书;2. 甲方将房屋钥匙交付给乙方;3. ____________________。

第五条 甲方承诺,自本合同签订之日起至该房屋验收交接期间,凡已纳入本合同附件二的各项房屋装饰及附属设备被损坏或被拆除的,应按被损坏或被拆除的房屋装饰及附属设备【估值____倍】【价值__________元】向乙方支付违约金。

第六条 甲、乙双方确认,自本合同签订之日起____日内,【甲乙双方共同】【委托__________】向房地产交易中心申请办理转让过户手续。

甲方承诺,在乙方或委托他人办理转让过户时,积极给予协助。由于甲方故意拖延或者不及时提供相关材料的,乙方按本合同第十一条追究甲方的违约责任。

第七条 上述房地产毁损、灭失的风险责任自该房地产【所有权转移】【转移占有】之日起转移给乙方。

第八条 本合同生效后,甲、乙双方因完成产权过户登记而发生的税费由__________方承担(或者按有关法律法规的规定缴纳)。

在上述房地产【所有权转移】【转移占有】前未支付的物业管理费、水、电、燃气、通信费等其他费用,由甲方负担。自【权利转移】【转移占有】后该房地产所发生的费用乙方负担。

第九条　乙方未按本合同协议约定期限付款的,应当向甲方支付违约金,违约金按乙方逾期未付款日万分之____计算,违约金自本合同应付款期限之第二日起算至实际付款之日止。逾期超过____日后乙方仍未付款的,除乙方应向甲方支付的违约金外,甲、乙双方同意按下列第____项处理。

一、合同继续履行,乙方还应继续向甲方支付违约金至实际付款之日止,违约金按乙方逾期未付款日万分之____计算。

二、甲方有权单方解除合同。甲方单方解除合同的,应书面通知乙方,乙方承担赔偿责任,赔偿金额为总价款的____%。甲方可从乙方已付款中扣除相当于违约金和赔偿金部分的价款,余款返还给乙方,已付款不足违约金和赔偿金部分的,乙方应在接到书面通知之日起____日向甲方支付。

三、____。

第十条　甲方未按本合同协议约定的期限将上述房地产交付(包括房地产交接以及房地产所有权转移)给乙方,应当向甲方支付违约金,违约金按乙方已付款日万分之____计算,违约金自本合同第四条和第六条约定的应当交付之日起至实际交付之日止。逾期超过____日后甲方仍未交付的,除甲方应向乙方支付日违约金外,甲、乙双方同意按下列第____项处理。

一、合同继续履行,甲方还应继续向乙方支付违约金至实际交付之日止,违约金按乙方已付款日万分之____计算。

二、乙方有权单方解除合同。乙方单方解除合同的,应书面通知甲方,甲方承担赔偿责任,赔偿金额为总价款的____%。甲方应在接到书面通知之日起____日内退还乙方已支付的房价款,并支付违约金和赔偿金。

三、____。

第十一条　经甲、乙双方协商一致,在不违反有关法律法规、本合同原则的前提下,双方订立的补充条款和补充协议及附件为本合同的组成部分。本合同补充条款与正文条款不一致的,以补充条款为准。

第十二条　本合同自【甲、乙双方签订】【______________________公证处公证】【__________】之日起生效。

第十三条　甲、乙双方在履行本合同过程中若发生争议,应协商解决,协商不能解决的,以下列第______种方式解决。

1. 提交__________仲裁委员会仲裁。

2. 依法向人民法院起诉。

第十四条　本合同一式______份,甲、乙双方各执______份,递交________________房地产交易中心一份。

补充条款

____

____。

附件一　房屋平面图及房地产四至范围

附件二　随房屋同时转让的附属设备及装饰情况

设备：

装饰：

附件三　该房屋的权利状况说明：

1. 抵押说明：

____

____；

2. 租赁说明：

____

____；

3. 房屋共有人对出售该房地产的意见：

（同意出售上述房屋）。

出卖人（签字或盖章）：	买受人（签字或盖章）：
【委托代理人】（签字或盖章）：	【委托代理人】（签字或盖章）：
【法定代理人】（签字或盖章）：	【法定代理人】（签字或盖章）：
签订时间：________年____月____日	签订时间 ：________年____月____日
签订地点：____________________	签订地点：____________________

二、房屋租赁合同

（一）文书制作的基本知识

房屋租赁合同是房屋出租人将房屋交付承租人使用收益，承租人支付租金的合同。在租赁合同中，提供房屋的一方当事人为出租人，一般是该房屋的所有人或者有处分权的人，也可以是使用权人（如转租中的出租人）；使用出租人提供的房屋并支付租金的一方当事人为承租人；被交付使用的房屋为租赁房屋；租金，则为承租人使用租赁房屋的代价。

1. 房屋租赁合同的法律特点

（1）房屋租赁合同是转移财产使用权的合同。在房屋租赁合同中承租人一方是以支付租金为代价，取得租赁房屋的使用收益权，而出租人在转移房屋使用权的同时，也转移了收益权。房屋出租人在租赁期间虽然丧失了租赁房屋的使用权，但租赁房屋的所有权仍为出租人所享有。因而，房屋租赁合同仅转移租赁房屋的使用收益权，而不转移租赁房屋的所有权。这是租赁合同区别于房屋买卖合同、房屋互易合同、房屋赠与合同等转移财产所有权合同的根本特征。

（2）房屋租赁合同有时间限制，具有期限性。房屋租赁合同只是出租人将其作为不动产的房屋的使用收益权在一定期限内转移给承租人，不是永久地转移。承租人只能在双方约定的期限内使用租赁房屋，过此期限无权再使用租赁房屋；即使双方没有明确约定租赁期限，租赁也不是无限期的，任何一方都可以随时终止租赁。《合同法》第214条规定，租赁期限不得超过20年。超过20年的，超过部分无效。租赁期间届满，当事人可以续订租赁合同，但约定的租赁期限自续订之日起不得超过20年。这也体现了房屋租赁具有时间限制和具有期限性的特点。

(3)房屋租赁合同终止后承租人须返还房屋。房屋租赁期限届满后承租人应按要求返还租赁房屋。承租人在租赁期限内有权使用租赁房屋并利用该房屋收益,但无权处分租赁房屋。因此,除非租赁房屋在承租人使用期间灭失,在租赁期限届满或者租赁关系终止后,承租人应当将原租赁房屋返还给出租人,而不能以其他房屋代原房屋返还。

(4)房屋租赁合同的出租人享有同等条件下的优先购买权。《合同法》第230条规定,出租人出卖租赁房屋的,应当在出卖之前的合理期限内通知承租人,承租人享有以同等条件优先购买的权利。根据最高人民法院《关于审理城镇房屋租赁合同纠纷案件具体应用法律若干问题的解释》(以下简称《城镇房屋租赁合同司法解释》)第21条的规定,出租人出卖租赁房屋未在合理期限内通知承租人或者存在其他侵害承租人优先购买权情形,承租人有权请求出租人承担赔偿责任。但是,根据该解释第24条的规定,具有下列情形之一,承租人主张优先购买房屋的,人民法院不予支持:①房屋共有人行使优先购买权的;②出租人将房屋出卖给近亲属,包括配偶、父母、子女、兄弟姐妹、祖父母、外祖父母、孙子女、外孙子女的;③出租人履行通知义务后,承租人在十五日内未明确表示购买的;④第三人善意购买租赁房屋并已经办理登记手续的。

(5)房屋承租人及其共同居住人与租赁房屋具有相对稳定的关系。《合同法》第292条规定,租赁物在租赁期间发生所有权变动的,不影响租赁合同的效力。据此,在房屋租赁关系存续期间,出租人无论通过买卖还是赠与等方式将租赁房屋的所有权转让给第三人的,原房屋租赁合同继续有效。作为租赁房屋新所有权人的第三人既不得以房屋所有权发生变动为由解除或终止原租赁合同,也无权擅自变更原租赁合同的内容。在动产租赁中,当承租人死亡后,租赁关系即告终止。而在住房租赁中,当承租人死亡后,其租赁关系并不当然终止。《合同法》第234条规定,承租人在房屋租赁期间死亡的,与其生前共同居住的人可以按照原租赁合同租赁该房屋。因此,在房屋租赁期间承租人死亡后,与其生前共同居住的人仍居住原租赁房屋的,出租人不得以承租人已经死亡为由解除或终止房屋租赁合同,也不能提高租金或擅自变更房屋租赁合同的内容。

2. 房屋租赁合同的形式与内容

(1)房屋租赁合同的形式。根据《合同法》第215条的规定,租赁期限6个月以上的,应当采用书面形式。当事人未采用书面形式的,视为不定期租赁。

(2)租赁合同的内容。《合同法》第213条规定,租赁合同的内容包括租赁物的名称、数量、用途、租赁期限、租金及其支付期限和方式、租赁物维修等条款。可见,房屋租赁合同的主要条款,一般包括以下四个方面:租赁物条款、租赁期限条款、租金条款以及租赁物维修条款。当然,根据私法自治的理念,租赁合同当事人双方在不违背法律强制性规定的前提下,可根据当事人所达到的经济目的订立房屋租赁合同条款。

(二)文书的内容及制作方法

1. 首部

(1)标题

应当写明合同名称“房屋租赁合同”。

(2)当事人的名称或者姓名和住所

房屋出租人和承租人构成房屋租赁合同的主体,出租人是提供房屋给对方使用收益的一方,承租人是交付租金并对租赁房屋有使用收益权的一方。房屋租赁合同的当事人必须是具体确定的,必须写明其真实姓名、住所、身份证号码等,当事人为法人或其他组织的,必须写明企业的名称、住所地以及法定代表人或负责人的姓名。

2. 正文

(1)租赁房屋所在位置、数量及质量状况

房屋租赁合同的标的条款是租赁合同中最关键的条款,该条款应对租赁房屋所在的具体位置、房屋面积、间数及相关配套设施与质量状况等内容作出明确约定。

租赁房屋所在的位置不仅是决定着租赁房屋的特定化,而且也是影响租金高低和承租人生活质量的一个重要因素,因此在房屋租赁合同中应将租赁房屋所在的具体位置包括楼房号或者院落号及房间号载明。

租赁房屋的数量主要包括房屋面积和间数,也是影响租金数额的一个重要因素,因此,在房屋租赁合同中应载明租赁房屋的具体建筑面积或使用面积,卧室、客厅、厨房和卫生间的间数。

租赁房屋的已有设备、配套设施不仅是影响租金的一个重要因素,而且与租赁房屋的用途和租赁合同解除或租赁期限届满后的返还有关,因此,也应将已有设备和有关配套设施的名称、件数或者品牌在合同中订明。

房屋的内在和外在品质及有关设施、设备的质量状况,不仅直接影响着租金的高低,而且也是判断承租人是否正确使用和对租赁房屋尽到善良保管义务的依据。《合同法》第 219 条规定,承租人未按照约定的方法或者租赁物的性质使用租赁物,致使租赁物受到损失的,出租人可以解除合同并要求赔偿损失。该法第 222 条规定,承租人应当妥善保管租赁物,因保管不善造成租赁物毁损、灭失的,应当承担损害赔偿责任。因此,根据租赁房屋用途和租赁房屋的实际情况在租赁合同中应当将租赁物的质量状况(包括外观品质如是否存在墙面磨损、油漆是否脱落,以及内在品质如功能是否齐全、内部设施是否完备、能否正常使用等),尽量作出准确的表述和明确约定。

在订立房屋租赁合同时,出租人对所出租的房屋应当具有所有权或处分权,转租他人房屋的应当具有转租权。根据《城镇房屋租赁合同司法解释》第 2 条和第 3 条的规定,出租人不得就未取得建设工程规划许可证或者未按照建设工程规划许可证的规定建设的房屋与承租人订立租赁合同,出租人不得就未经批准或者未按照批准内容建设的临时建筑与承租人订立租赁合同。否则,将导致房屋租赁合同无效。

(2)租赁房屋的用途或性质及使用方法

租赁房屋的用途主要包括家庭住宅用房和企业经营用房,承租人对租赁房屋的使用用途和使用方法不同,租赁房屋所受到的损耗就不同,承租人也因此会承担不同数额的租金。

《合同法》第 218 条明确规定,承租人按照约定的方法或者租赁物的性质使用租赁物,致使租赁物受到损耗的,不承担损害赔偿责任。该法第 219 条规定,承租人未按照约定的方法或者租赁物的性质使用租赁物,致使租赁物受到损失的,出租人可以解除合同并要求赔偿损失。可见,在房屋租赁合同中,承租人按照租赁房屋的用途或性质及合同约定的方法使用租赁房屋是其基本权利,即使因此造成损耗也不承担责任。反之,承租人不按照租赁房屋的用途或性质及合同约定的方法使用租赁房屋,致使租赁物受到损失的,就应当承担责任。因此,在租赁合同中应当将租赁房屋的用途或性质及使用方法作出明确约定,这是判断承租人是否构成违约和承担合同责任的依据。

(3)房屋租赁期限

房屋租赁期限是承租人可以使用租赁房屋的期限,直接关系着租赁房屋的使用与返还时间以及租金的收取时间,因此租赁期限是租赁合同一个极为重要的内容,双方当事人在协商一致的基础上,对此应在合同中作出明确约定。但是,双方当事人所约定的租赁期限不得违背法律规定。《合同法》第 214 条规定,租赁期限不得超过 20 年。超过 20 年的,超过部分无效。租赁期间届满,当事人可以续订租赁合同,但约定的租赁期限自续订之日起不得超过 20 年。

房屋租赁合同双方对租赁期限没有约定或约定不明确,虽然并不影响租赁合同成立及其效力,但是,却导致合同履行期限的不确定性,从而不利于当事人的经济活动安排。《合同法》第 232 条规定,当事人对租赁期限没有约定或者约定不明确,依照本法第 61 条的规定仍不能确定的,视为不定期租赁。当事人可以随时解除合同,但出租人解除合同应当在合理期限之前通知承租人。因此,双方当事人在合同中最好将租赁期限的起止时间作出明确约定。

(4)租金及其支付期限与方式

房屋出租人订立租赁合同的目的就是收取租金,租金是承租人取得租赁房屋使用收益权的对价,也是租赁合同最核心条款之一,必不可少。如果合同中约定不付租金,租赁合同也就不复存在了,那就成为借用合同,是否支付租金是借用合同与租赁合同最大的区别。因此,在房屋租赁合同租金条款中,双方应当明确约定租金数额。

《合同法》第 226 条规定,承租人应当按照约定的期限支付租金。对支付期限没有约定或者约定不明确,依照本法第 61 条的规定仍不能确定,租赁期间不满 1 年的,应当在租赁期间届满时支付;租赁期间 1 年以上的,应当在每届满 1 年时支付,剩余期间不满 1 年的,应当在租赁期间届满时支付。该法第 277 条规定,承租人无正当理由未支付或者迟延支付租金的,出租人可以要求承租人在合理期限内支付。承租人逾期不支付的,出租人可以解除合同。可见,租金支付期限与支付方式、支付地点等与租赁合同双方当事人的合同权利和义务紧密相连,也是判断双方当事人是否违约的重要依据,因此双方当事人应当在合同中对此作出明确约定。租金的支付一般有按月支付、按季支付、半年一付或一年一付等方式,应在合同明确约定采取何种方式支付以及每次支付的具体日期或期间与每次支付租金的数额。

(5)租赁房屋及相关设施、设备维修

房屋租赁合同中,承租人支付租金取得租赁房屋的使用收益权。为了能够正常地使用收益,实现承租人的利益要求,租赁房屋必须保持正常的状态,否则可能会影响承租人的使用收益。在房屋租赁期间,租赁房屋中的自来水管道、煤气炉灶、厕所洁具等出现问题,导致承租人无法正常使用租赁房屋和有关设施是经常发生的事情,因此,维修条款也是非常重要的合同内容。为了避免合同履行中出现纷争,双方应当在合同中约定租赁房屋的维修条款,明确双方的维修义务,维修范围以及费用的承担。

《合同法》第 218 条规定,承租人按照约定的方法或者租赁物的性质使用租赁物,致使租赁物受到损耗的,不承担损害赔偿责任。该法第 220 条规定,出租人应当履行租赁物的维修义务,但当事人另有约定的除外。可见,租赁房屋维修一般是房屋出租人的义务,当事人没有另外约定的,维修义务理应由出租人承担。但是,由于承租人直接占有租赁物,对损害的实际情况比较了解,对维修租赁房屋也更加方便。因此,双方可根据实际情况约定由承租人承担维修义务。

房屋租赁合同中未约定由承租人承担维修义务的,根据《合同法》第 221 条的规定,承租人在租赁房屋需要维修时可以要求出租人在合理期限内维修。出租人未履行维修义务的,承租人可以自行维修,维修费用由出租人负担。因维修租赁房屋影响承租人使用的,应当相应减少租金或者延长租期。据此,双方当事人可以在合同中对因租赁房屋维修影响承租人使用的天数和出租人应当相应减少租金或者延长租期的天数作出约定。例如,“因租赁房屋维修影响承租人使用1天,承租人应当相应减收1天的租金”,或者“因租赁房屋维修影响承租人使用1天,承租人应当相应延长租期1天”。

(6)租赁房屋的改善或增设他物

在房屋租赁期间,承租人为了提高租赁房屋的性能及使用价值,有时需要对租赁房屋进行装饰装修等改善或增设他物。但是,租赁房屋的改善或增设他物应当取得出租人的同意。《合同法》第223条规定:承租人经出租人同意,可以对租赁物进行改善或者增设他物。承租人未经出租人同意,对租赁物进行改善或者增设他物的,出租人可以要求承租人恢复原状或者赔偿损失。因此,双方当事人可以在合同中约定是否允许承租人对租赁房屋进行改善或增设他物。允许承租人对租赁房屋进行改善或增设他物的,可以进一步明确约定对租赁房屋改善的范围、改善方式或增设他物的内容和具体的部位等。此外,还可以约定合同期间届满时,对于租赁物的改善或者增设的他物的处置方式,如恢复原状、折价补偿或者承租人抛弃即出租人有权无偿获得。不允许承租人对租赁房屋进行改善或增设他物的,可以对承租人擅自对租赁房屋进行改善或增设他物应承担的具体法律责任作出约定,如恢复原状或者赔偿损失。

根据《城镇房屋租赁合同司法解释》第9条的规定,承租人经出租人同意装饰装修,租赁合同无效时,未形成附合的装饰装修物,出租人同意利用的,可折价归出租人所有;不同意利用的,可由承租人拆除。因拆除造成房屋毁损的,承租人应当恢复原状。已形成附合的装饰装修物,出租人同意利用的,可折价归出租人所有;不同意利用的,由双方各自按照导致合同无效的过错分担现值损失。

根据《城镇房屋租赁合同司法解释》第10条的规定,承租人经出租人同意装饰装修,租赁期间届满或者合同解除时,除当事人另有约定外,未形成附合的装饰装修物,可由承租人拆除。因拆除造成房屋毁损的,承租人应当恢复原状。该解释第11条规定,承租人经出租人同意装饰装修,合同解除时,双方对已形成附合的装饰装修物的处理没有约定的,人民法院按照下列情形分别处理:①因出租人违约导致合同解除,承租人请求出租人赔偿剩余租赁期内装饰装修残值损失的,应予支持。②因承租人违约导致合同解除,承租人请求出租人赔偿剩余租赁期内装饰装修残值损失的,不予支持。但出租人同意利用的,应在利用价值范围内予以适当补偿。③因双方违约导致合同解除,剩余租赁期内的装饰装修残值损失,由双方根据各自的过错承担相应的责任。④因不可归责于双方的事由导致合同解除的,剩余租赁期内的装饰装修残值损失,由双方按照公平原则分担。法律另有规定的,适用其规定。

根据《城镇房屋租赁合同司法解释》第12条的规定,承租人经出租人同意装饰装修,租赁期间届满时,承租人请求出租人补偿附合装饰装修费用的,不予支持。但当事人另有约定的除外。该解释第13条规定,承租人未经出租人同意装饰装修或者扩建发生的费用,由承租人负担。出租人请求承租人恢复原状或者赔偿损失的,人民法院应予支持。该解释第14条规定,承租人经出租人同意扩建,但双方对扩建费用的处理没有约定的,人民法院按照下列情形分别处理:①办理合法建设手续的,扩建造价费用由出租人负担;②未办理合法建设手续的,扩建造价费用由双方按照过错分担。

(7)租赁物的转租及收益归属

房屋转租就是承租人不退出租赁关系,而将租赁房屋出租给次承租人的行为。《合同法》

第224条规定,承租人经出租人同意,可以将租赁物转租给第三人。承租人转租的,承租人与出租人之间的租赁合同继续有效,第三人对租赁物造成损失的,承租人应当赔偿损失。承租人未经出租人同意转租的,出租人可以解除合同。据此,承租人和出租人可以在合同中约定承租人是否具有转租权。合同约定承租人享有转租权的,可以在合同中进一步约定因转租所获得的超过租金的收益是属于承租人还是出租人。房屋租赁合同禁止承租人转租的,可以对承租人违反约定将租赁房屋转租他人应承担的违约责任在合同中订明。

(8)租赁期届满时的租赁房屋返还

房屋租赁合同的出租人所转移的是租赁物的占有、使用收益权,而非所有权,租赁期间届满合同终止后,承租人应当将租赁房屋返还给出租人。《合同法》第235条规定,租赁期间届满,承租人应当返还租赁物。返还的租赁物应当符合按照约定或者租赁物的性质使用后的状态。据此,双方应在合同中可以明确约定返还租赁房屋的时间,并可以在合同中订立有关返还租赁房屋的验收条款,对验收方法与验收方式也可以在合同中订明。

(9)违约责任

根据《合同法》的规定,房屋出租人应承担违约责任的情形主要包括:不按照约定将租赁房屋交付承租人;对损坏的租赁房屋及其设施、设备不及时修复;租赁房屋存在权利瑕疵而影响承租人的使用收益;在约定的租赁期间未届满时擅自单方解除合同等。承租人应承担违约责任的情形主要包括:不按照约定的用途或方法使用租赁房屋;不妥善保管租赁房屋及其内部设施和有关设备;擅自转租租赁房屋;不按约定支付租金;擅自提前解除合同等。

为了促使各方当事人全面、适当地履行合同义务和明确各自应承担的违约责任,可以在合同中对双方的各种违约情形及其应承担的违约责任依法作出明确约定。约定违约方承担违约金责任或损害赔偿的,可以根据违约的情形具体约定违约金或损害赔偿的具体数额或者计算方法。

(10)合同争议的解决方式

根据《民事诉讼法》的有关规定,当事人之间的合同纠纷有以下解决途径:协商、调解、仲裁还有诉讼。当事人通过自愿协商达成和解及民间调解具有简便快捷解决纠纷的特点,但不具有法定的强制执行力。仲裁裁决和法院判决具有强制执行力,即一方当事人不履行生效的仲裁裁决和法院判决的,对方可申请法院强制执行。但是其二者不能在合同中同时约定作为争议解决方式。

当事人如果约定诉讼,可以在法律允许的范围内协议管辖法院。根据《民事诉讼法》第25条关于协议管辖的规定,合同的双方当事人可以在书面合同中协议选择被告住所地、合同履行地、合同签订地、原告住所地、标的物所在地人民法院管辖,但不得违反本法对级别管辖和专属管辖的规定。因此,双方当事人可以协商约定将来可能出现之争议的管辖法院,以便纠纷的顺利迅速解决。同时,应当注意的是,当事人约定的管辖法院必须是明确和唯一的,如果约定两个或两个以上法院均有管辖权的,该约定无效。

3. 尾部

(1)房屋租赁合同双方当事人为自然人的应当签名,为法人或其他组织的应当加盖单位公章,并由单位法定代表人或负责人签名。

(2)应当注明本合同签订的具体年、月、日。

(三)文书示范文本

房屋租赁合同

(自行成交版)

出租人(甲方):____。

身份证件名称及编号:____________________________。

承租人(乙方):____。

身份证件名称及编号:____________________________。

依据《中华人民共和国合同法》及有关法律、法规的规定,甲乙双方在平等、自愿的基础上,就房屋租赁的有关事宜达成协议如下:

第一条 房屋基本情况

(一)房屋坐落于________市________区(县)________街道办事处(乡镇)________,建筑面积________平方米。

(二)房屋权属状况:甲方持有(□房屋所有权证/□公有住房租赁合同/□房屋买卖合同/□其他房屋来源证明文件),房屋所有权证书编号:________或房屋来源证明名称:________,房屋所有权人(公有住房承租人、购房人)姓名或名称:________,房屋(□是/□否)已设定了抵押。

第二条 房屋租赁情况及登记备案

租赁用途为居住的,居住人数为:________,最多不超过________人。

租赁用途为非居住的,甲方应自订立房屋租赁合同之日起____日内,到房屋所在地的房屋行政管理部门办理房屋租赁合同备案手续。

第三条 租赁期限

(一)房屋租赁期自________年____月____日至________年____月____日,共计________年________个月。甲方应于________年____月____日前将房屋按约定条件交付给乙方。《房屋交割清单》(见附件)经甲乙双方交验签字盖章并移交房门钥匙及________后视为交付完成。

(二)租赁期满或合同解除后,甲方有权收回房屋,乙方应按照原状返还房屋及其附属物品、设备设施。甲乙双方应对房屋和附属物品、设备设施及水电使用等情况进行验收,结清各自应当承担的费用。

乙方继续承租的,应提前____日向甲方提出(□书面/□口头)续租要求,协商一致后双方重新签订房屋租赁合同。

第四条 租金及押金

(一)租金标准及支付方式:________元/(□月/□季/□半年/□年),租金总计:人民币________元整(¥:________)。

支付方式:(□现金/□转账支票/□银行汇款),押________付________,各期租金支付日期:________,________,________。

(二)押金:人民币________元整(¥:________),租赁期满或合同解除后,房屋租赁押金除抵扣应由乙方承担的费用、租金,以及乙方应当承担的违约赔偿责任外,剩余部分应如数返还给乙方。

第五条 其他相关费用的承担方式

租赁期内的下列费用中,________由甲方承担,________由乙方承担:

(1)水费;(2)电费;(3)电话费;(4)电视收视费;(5)供暖费;(6)燃气费;(7)物业管理费;(8)房屋租赁税费;(9)卫生费;(10)上网费;(11)车位费;(12)室内设施维修费;(13)________费用。

本合同中未列明的与房屋有关的其他费用均由甲方承担。如乙方垫付了应由甲方支付的费用,甲方应根据乙方出示的相关缴费凭据向乙方返还相应费用。

第六条 房屋维护及维修

(一)甲方应保证房屋的建筑结构和设备设施符合建筑、消防、卫生等方面的安全条件,不得危及人身安全;承租人保证遵守国家、________市的法律法规规定以及房屋所在小区的物业管理规约。

(二)租赁期内,甲乙双方应共同保障房屋及其附属物品、设备设施处于适用和安全的状态:

1. 对于房屋及其附属物品、设备设施因自然属性或合理使用而导致的损耗,乙方应及时通知甲方修复。甲方应在接到乙方通知后的________日内进行维修。逾期不维修的,乙方可代为维修,费用由甲方承担。因维修房屋影响乙方使用的,应相应减少租金或延长租赁期限。

2. 因乙方保管不当或不合理使用,致使房屋及其附属物品、设备设施发生损坏或故障的,乙方应负责维修或承担赔偿责任。

第七条 转租

除甲乙双方另有约定以外,乙方需事先征得甲方书面同意,方可在租赁期内将房屋部分或全部转租给他人,并就受转租人的行为向甲方承担责任。

第八条 合同解除

(一)经甲乙双方协商一致,可以解除本合同。

(二)因不可抗力导致本合同无法继续履行的,本合同自行解除。

(三)甲方有下列情形之一的,乙方有权单方解除合同:

1. 迟延交付房屋达________日的。

2. 交付的房屋严重不符合合同约定或影响乙方安全、健康的。

3. 不承担约定的维修义务,致使乙方无法正常使用房屋的。

4. ____。

(四)乙方有下列情形之一的,甲方有权单方解除合同,收回房屋:

1. 不按照约定支付租金达____日的。

2. 欠缴各项费用达________元的。

3. 擅自改变房屋用途的。

4. 擅自拆改变动或损坏房屋主体结构的。

5. 保管不当或不合理使用导致附属物品、设备设施损坏并拒不赔偿的。

6. 利用房屋从事违法活动、损害公共利益或者妨碍他人正常工作、生活的。

7. 擅自将房屋转租给第三人的。

8. ____。

(五)其他法定的合同解除情形。

第九条 违约责任

(一)甲方有第八条第三款约定的情形之一的,应按月租金的________%向乙方支付违约金;乙方有第八条第四款约定的情形之一的,应按月租金的________%向甲方支付违约金,甲方并可要求乙方将房屋恢复原状或赔偿相应损失。

（二）租赁期内,甲方需提前收回房屋的,或乙方需提前退租的,应提前________日通知对方,并按月租金的________%向对方支付违约金;甲方还应退还相应的租金。

（三）因甲方未按约定履行维修义务造成乙方人身、财产损失的,甲方应承担赔偿责任。

（四）甲方未按约定时间交付房屋或者乙方不按约定支付租金但未达到解除合同条件的,以及乙方未按约定时间返还房屋的,应按标准支付违约金。

（五）____。

第十条　合同争议的解决办法

本合同项下发生的争议,由双方当事人协商解决;协商不成的,依法向有管辖权的人民法院起诉,或按照另行达成的仲裁条款或仲裁协议申请仲裁。

第十一条　其他约定事项

____

____

____。

本合同经双方签字盖章后生效。本合同(及附件)一式____份,其中甲方执____份,乙方执____份,________执____份。

本合同生效后,双方对合同内容的变更或补充应采取书面形式,作为本合同的附件。附件与本合同具有同等的法律效力。

出租人(甲方)盖章:　　　　　　　　承租人(乙方)盖章:

委托代理人:　　　　　　　　　　　国籍:

联系方式:　　　　　　　　　　　　委托代理人:

　　　　　　　　　　　　　　　　　联系方式:

________年____月____日　　　　　　________年____月____日

房屋租赁合同

（中介成交版）

出租人(甲方):____。

身份证件名称及编号:____。

承租人(乙方):____。

身份证件名称及编号:____。

居间人(丙方):____。

备案证明编号:____。

依据《中华人民共和国合同法》及有关法律、法规的规定,甲方与乙方在丙方的居间撮合下,在平等、自愿的基础上,就房屋租赁的有关事宜达成协议如下:

第一条　房屋基本情况

（一）房屋坐落于________市________区(县)________街道办事处(乡镇)________,建筑面积________平方米。

（二）房屋权属状况:甲方持有(□房屋所有权证/□公有住房租赁合同/□房屋买卖合同/□其他房屋来源证明文件),房屋所有权证书编号:________或房屋来源证明名称:________,房屋所有权人(公有住房承租人、购房人)姓名或名称:________,房屋

(□是 / □否) 已设定了抵押。

第二条 房屋租赁情况及登记备案

租赁用途为居住的,居住人数为:________,最多不超过________人。

租赁用途为非居住的,甲方应自订立房屋租赁合同之日起____日内,到房屋所在地的房屋行政管理部门办理房屋租赁合同备案手续。

第三条 租赁期限

(一)房屋租赁期自________年____月____日至________年____月____日,共计________年________个月。甲方应于________年____月____日前将房屋按约定条件交付给乙方。《房屋交割清单》(见附件)经甲乙双方交验签字盖章并移交房门钥匙及________后视为交付完成。

(二)租赁期满或合同解除后,甲方有权收回房屋,乙方应按照原状返还房屋及其附属物品、设备设施。甲乙双方应对房屋和附属物品、设备设施及水电使用等情况进行验收,结清各自应当承担的费用。

乙方继续承租的,应提前____日向甲方提出(□书面 / □口头)续租要求,协商一致后双方重新签订房屋租赁合同。

第四条 租金及押金

(一)租金标准及支付方式:________元/(□月/ □季/ □半年/ □年),租金总计:人民币________元整(¥:________)。

支付方式:(□现金/□转账支票/□银行汇款),押________付________,各期租金支付日期:________,________,________。

(二)押金:人民币________元整(¥:________),租赁期满或合同解除后,房屋租赁押金除抵扣应由乙方承担的费用、租金,以及乙方应当承担的违约赔偿责任外,剩余部分应如数返还给乙方。

第五条 其他相关费用的承担方式

租赁期内的下列费用中,________由甲方承担,________由乙方承担:

(1)水费;(2)电费;(3)电话费;(4)电视收视费;(5)供暖费;(6)燃气费;(7)物业管理费;(8)房屋租赁税费;(9)卫生费;(10)上网费;(11)车位费;(12)室内设施维修费;(13)________费用。

本合同中未列明的与房屋有关的其他费用均由甲方承担。如乙方垫付了应由甲方支付的费用,甲方应根据乙方出示的相关缴费凭据向乙方返还相应费用。

第六条 居间服务

(一)丙方应当认真负责地为甲乙双方订立房屋租赁合同提供机会或媒介服务,如实报告有关订立房屋租赁合同的事项,并协助甲乙双方办理物业交验。

(二)本合同签订后(□即时/ □________日内),甲方应向丙方支付月租金的________%即人民币________元整(¥:________)作为佣金,支付方式:□现金/□转账支票/□银行汇款;乙方应向丙方支付月租金的________%即人民币________元整(¥:________)作为佣金,支付方式:□现金/□转账支票/□银行汇款。甲乙双方支付的佣金总和应不超过月租金标准。

(三)本合同签订后,如租赁双方解除、中止或变更租赁关系的,租赁双方仍应向丙方支付所约定的佣金。

第七条　房屋维护及维修

（一）甲方应保证出租房屋的建筑结构和设备设施符合建筑、消防、卫生等方面的安全条件，不得危及人身安全；乙方保证遵守国家、________市的法律法规规定以及房屋所在小区的物业管理规约。

（二）租赁期内，甲乙双方应共同保障该房屋及其附属物品、设备设施处于适用和安全的状态：

1. 对于该房屋及其附属物品、设备设施因自然属性或合理使用而导致的损耗，乙方应及时通知甲方修复。甲方应在接到乙方通知后的________日内进行维修。逾期不维修的，乙方可代为维修，费用由甲方承担。因维修房屋影响乙方使用的，应相应减少租金或延长租赁期限。

2. 因乙方保管不当或不合理使用，致使该房屋及其附属物品、设备设施发生损坏或故障的，乙方应负责维修或承担赔偿责任。

第八条　转租

除甲乙双方另有约定以外，乙方需事先征得甲方书面同意，方可在租赁期内将房屋部分或全部转租给他人，并就受转租人的行为向甲方承担责任。

第九条　合同解除

（一）经甲乙双方协商一致，可以解除本合同。

（二）因不可抗力导致本合同无法继续履行的，本合同自行解除。

（三）甲方有下列情形之一的，乙方有权单方解除合同：

1. 迟延交付房屋达________日的。

2. 交付的房屋严重不符合合同约定或影响乙方安全、健康的。

3. 不承担约定的维修义务，致使乙方无法正常使用房屋的。

4. ____。

（四）乙方有下列情形之一的，甲方有权单方解除合同，收回房屋：

1. 不按照约定支付租金达________日的。

2. 欠缴各项费用达________元的。

3. 擅自改变房屋用途的。

4. 擅自拆改变动或损坏房屋主体结构的。

5. 保管不当或不合理使用导致附属物品、设备设施损坏并拒不赔偿的。

6. 利用房屋从事违法活动、损害公共利益或者妨碍他人正常工作、生活的。

7. 擅自将房屋转租给第三人的。

8. ____。

（五）其他法定的合同解除情形。

第十条　违约责任

（一）甲方有第九条第三款约定的情形之一的，应按月租金的________%向乙方支付违约金；乙方有第九条第四款约定的情形之一的，应按月租金的________%向甲方支付违约金，甲方并可要求乙方将房屋恢复原状或赔偿相应损失。

（二）租赁期内，甲方需提前收回该房屋的，或乙方需提前退租的，应提前________日通知对方，并按月租金的________%支付违约金，甲方还应退还相应的租金。

（三）因甲方未按约定履行维修义务造成乙方人身、财产损失的，甲方应承担赔偿责任。

(四)甲方未按约定时间交付该房屋或者乙方不按约定支付租金但未达到解除合同条件的,以及乙方未按约定时间返还房屋的,应按标准支付违约金。

(五)丙方提供虚假信息、隐瞒重要事实或有恶意串通行为的,除退还已收取的佣金外,还应赔偿由此给甲方或乙方造成的损失。

(六)____。

第十一条 合同争议的解决办法

本合同项下发生的争议,由三方当事人协商解决;协商不成的,依法向有管辖权的人民法院起诉,或按照另行达成的仲裁条款或仲裁协议申请仲裁。

第十二条 其他约定事项

____
____
____。

本合同经三方签字盖章后生效。本合同(及附件)一式____份,其中甲方执____份,乙方执____份,丙方执____份,________执____份。

本合同生效后,各方对合同内容的变更或补充应采取书面形式,作为本合同的附件。附件与本合同具有同等的法律效力。

出租人(甲方)盖章:
委托代理人:
联系方式:

________年____月____日

承租人(乙方)盖章:
国籍:
委托代理人:
联系方式:

________年____月____日

居间人(丙方)盖章:
联系方式:

________年____月____日

经纪执业人员签字:
资格注册证书编号:

附件

房屋交割清单

房屋附属家具、电器、装修及其他设备设施状况及损赔

名称	品牌	单位	数量	单价	损赔额	名称	品牌	单位	数量	单价	损赔额

其他相关费用

项目	单位	单价	起计时间	起计底数	项目	单位	单价	起计时间	起计底数
水费					上网费				
电费					车位费				
电话费					租赁税费				
收视费									
供暖费									
燃气费									
物业费									
卫生费									

交房确认	对上述情况，乙方经验收，认为符合房屋交验条件，并且双方已对水、电、燃气等费用结算完结，同意接收。	
	交房日期：　　　　　年　　月　　日	
	甲方（出租人）签章：	乙方（承租人）签章：
退房确认	甲乙双方已对房屋和附属物品、设备设施及水电使用等情况进行了验收，并办理了退房手续。有关费用的承担和房屋及其附属物品、设备设施的返还 □无纠纷／□附以下说明： ____________________。	
	退房日期：　　　　　年　　月　　日	
	甲方（出租人）签章：	乙方（承租人）签章：

三、房屋赠与合同

（一）文书制作的基本知识

房屋赠与合同，是指一方当事人即赠与人将自己的房屋无偿地给予另一方即受赠人，受赠人表示接受赠与的合同。

房屋赠与合同具有以下法律特征：

（1）房屋赠与合同是一种双方法律行为。赠与作为一种合同，是双方的法律行为，因此，只有当事人双方的意思表示一致时才能成立。一方有赠与的意思表示，而另一方无接受赠与的意思表示，赠与合同不能成立。

（2）房屋赠与为单务无偿合同。这里的无偿是指赠与人给予受赠人房屋而不以受赠人支付对价为条件。如果一方不是无偿地转移房屋所有权归对方所有，即一方给予他方房屋，他方也须给予对方一定财物或者价金，则不为赠与。赠与合同虽然是双方当事人的法律行为，需要双方意思表示一致和实施一定的行为，但仅有赠与人负担将其房屋给付受赠人的义务，而受赠人并不负担对等给付义务。因此,房屋赠与合同为单务合同。即使附义务的赠与,受赠人履行所附的义务也不是赠与人履行义务的对价,不是向赠与人为给付的履行行为。

(3)房屋赠与合同为转移房屋所有权的合同。房屋赠与合同的标的只能是赠与人依法享有所有权的房屋,而不能是他人的房屋。如果将与他人共有的房屋作为赠与的标的,应当遵守共有人之间对共有房屋处分的有关约定;共有人对处分共有房屋没有约定的,将共有房屋赠与他人应当经占份额2/3以上的按份共有人或者全体共同共有人同意。根据《物权法》第9条的规定,不动产物权的设立、变更、转让和消灭,经依法登记,发生效力;未经登记,不发生效力,但法律另有规定的除外。因此,在房屋赠与中赠与人要实现赠与房屋所有权的转移,不仅要将房屋交付受赠人占有、使用,而且必须将赠与房屋的所有权依法经登记机构登记在受赠人的名下。根据《物权法》第14条的规定,作为不动产物权的房屋所有权设立、变更、转让,自记载于不动产登记簿时发生效力。赠与房屋所有权转让依法登记后,受赠人获得房屋产权证书。赠与财产的所有权一经转移于受赠人,除法定事由外,赠与人不得撤销赠与和停止履行赠与义务。

(二)文书的内容及制作方法

1. 首部

(1)标题

标题应当载明合同名称“房屋赠与合同”。

(2)当事人的名称或者姓名和住所

房屋赠与合同的当事人包括赠与人和受赠人。赠与人应当是具有完全民事行为能力的公民与法人,限制民事行为能力人经其法定代理人的同意可以赠与他人财物,法人的分支机构在法人的授权范围内可以成为赠与人。作为民事主体的公民、法人和其他组织都可以作为受赠人,作为无民事行为能力人及限制民事行为人的未成年人或精神病人与智障者也都可成为纯获利益的受赠人。

在签订赠与合同时,赠与人与受赠人必须具体、确定,为此,就必须写明其姓名或者名称及住所。作为当事人的自然人其姓名应当依其合法有效的身份证件如身份证或者户口簿所载明的为准;法人或者作为其他组织的名称应以在国家有关部门所登记、注册的全称为准,简称或者变更后未经登记、注册的名称不宜作为订立合同时的名称。

公民以他的户籍所在地的居住地为住所,经常居住地与住所不一致的,经常居住地视为住所。公民离开住所地最后连续居住1年以上的地方,为经常居住地。公司以其主要办事机构所在地为住所。经公司登记机关登记的公司的住所只能有一个。公司的住所应当在其公司登记机关辖区内。其他经济组织如合伙企业、个人独资企业等以其主要办事机构所在地为住所。

2. 正文

(1)赠与房屋的基本情况

赠与房屋的基本情况条款是房屋赠与合同中最关键的条款,该条款应对赠与房屋所在的具体位置、房屋面积、间数及相关配套设施与质量状况等内容作出明确说明,主要应在合同中写明房屋的坐落地点、房间数量、面积、产权证号及发证机关等。

(2)房屋赠与目的

赠与目的体现赠与人进行赠与的意图。在房屋赠与合同中可以载明赠与人的赠与目的,如赠与房屋的目的是用于被赠与人的生活居住或者用于被赠与人的商业经营,或赠与的目的是作为被赠与人的结婚用房等。赠与人不得要求结果的实现，只是在结果不能实现时，可以要求受赠人返还赠与财产，对此赠与人和受赠人可以约定赠与的条件，在条件成就时赠与合同生效。

(3)房屋赠与合同所附义务

所谓附义务的赠与合同，是指受赠人对于赠与人或第三人承担一定的给付义务的赠与，受赠人所承担的这一义务是赠与合同的一部分，即该义务是受赠人接受赠与时而承担的附随义务。附随义务并不是赠与合同的必备条款，赠与当事人应根据实际情况而设定。

根据《合同法》第 190 条的规定，赠与可以附义务。赠与附义务的，受赠人应当按照约定履行义务。因此，在赠与合同中，应当注明该赠与合同是否是附义务的赠与合同；如果是，就应当载明所附的具体义务。如房屋赠与合同中可以约定受赠人将出租赠与房屋的租金，在房屋赠与人的有生之年交付赠与人。根据该法第 192 条第 3 项的规定，受赠人不履行赠与合同约定的义务的，赠与人可以撤销赠与。

(4)赠与房屋的瑕疵说明

赠与合同为无偿合同，因此赠与的财产有瑕疵的，赠与人一般不承担责任。但根据《合同法》第 191 条的规定，在下列情况下，赠与人应当承担瑕疵担保责任：①赠与人故意不告知赠与的财产瑕疵或者保证无瑕疵，造成受赠人损失的，赠与人应当承担损害赔偿责任。②附义务的赠与，赠与的财产有瑕疵的，不管赠与人主观上是否有故意不告知瑕疵或者保证无瑕疵，赠与人都应当在附义务的限度内承担与出卖人相同的瑕疵担保责任。据此，房屋赠与合同中，应当载明赠与房屋是否具有瑕疵，赠与房屋存在瑕疵的，最好在合同中载明该瑕疵的具体内容。这是判断赠与人是否承担瑕疵担保责任的依据。

(5)赠与房屋的交付

在赠与合同中，赠与人的主要义务是按照合同约定的期限、地点、方式将赠与标的物交付受赠人，并转移其所有权于受赠人。因此，在房屋赠与合同中应当载明赠与房屋的交付时间和交付方式，因房屋赠与需要办理房屋所有权转移登记，在合同中最好载明办理财产所有权转移的时间。

(6)房屋赠与公证

公证条款并不是赠与合同的必备条款，但是赠与人对经过公证的赠与合同的标的具有交付义务。根据《合同法》第 188 条的规定，赠与具有救灾、扶贫等社会公益、道德义务性质的或者经过公证机关公证的赠与合同，赠与人不交付赠与的财产的，受赠人可以要求交付。因此，为了房屋赠与的慎重起见和保证赠与房屋的交付，当事人认为必要的可以在房屋赠与合同中订立公证条款，并对公证时间和公证机构作出约定。当事人仅约定公证条款而未履行公证约定的，公证条款无效。

3. 尾部

(1)当事人签字或盖章。对于双方达成一致的合同，当事人双方应当签字或盖章认可，否则不产生法律效力。当事人为公民的，应当签署其身份证件中所载明的姓名，如果是法人或其他组织的应当加盖单位公章，并由法定代表人或单位负责人签名或加其个人名章。如果房屋赠与人或受赠人委托他人包括个人或单位代理签订合同的，作为委托代理人的个人或单位应当签名盖章。

(2)签约时间。签约时间往往与合同的成立与合同的履行义务相联系，因此，双方当事人应当在合同中载明签约时间。

(3)其他事项。可以将双方当事人的联系电话、传真号码、电子邮箱和邮政编码等联系方式在合同的尾部载明;对于约定公证的房屋赠与,应当附上有关公证机关出具的加盖公章的公证书。

(三)文书参考文本

赠与合同

赠与人:________________　　签订时间:________年____月____日

受赠人:________________　　签订地点:____________________

第一条　赠与房屋的坐落位置、面积与房间数量和价值等

一、坐落位置:____。

二、面积与房间数量:____。

三、价值:____。

第二条　赠与目的:____。

第三条　本赠与合同(是/否)是附义务的赠与合同。所附义务是:____________。

第四条　赠与房屋(是/否)有瑕疵。瑕疵是指赠与物的______________________。

第五条　赠与房屋的交付时间、地点及方式:______________________________。

第六条　合同争议的解决方式:本合同在履行过程中发生的争议,由双方当事人协商解决;协商不成的,按下列第________种方式解决:

(一)提交________仲裁委员会仲裁;

(二)依法向人民法院起诉。

第七条　本合同未作规定的,按照《中华人民共和国合同法》的规定执行。

第八条　本合同经双方当事人________生效。

第九条　其他约定事项:____________。

赠与人(章): 住所: 法定代表人: 居民身份证号码: 委托代理人: 电话: 开户银行 账号 邮政编码:	受赠人(章): 住所: 法定代表人: 居民身份证号码: 委托代理人: 电话: 开户银行: 账号: 邮政编码:

四、房屋抵押合同

(一)文书制作的基本知识

1. 房屋抵押合同的概念

房屋抵押合同,是指抵押人和抵押权人订立的就抵押人提供的房屋作为向抵押权人履行义务的担保的书面协议。

《物权法》第179条规定,为担保债务的履行,债务人或者第三人不转移财产的占有,将该

财产抵押给债权人的,债务人不履行到期债务或者发生当事人约定的实现抵押权的情形,债权人有权就该财产优先受偿。前款规定的债务人或者第三人为抵押人,债权人为抵押权人,提供担保的财产为抵押财产。根据上述规定,抵押具有以下特点:(1)抵押属于物的担保,或称担保物权,抵押权是在他人的特定财产上设定权利,抵押人以其特定的财产提供担保,以确保债权的实现。(2)抵押人既可以是债务人也可以是第三人。(3)抵押权的设定是在债务人或者第三人的财产上设定的,且该抵押财产不移转给抵押权人占有。(4)抵押权的实现方式是当债务人不履行债务时,设定抵押权的债权人即抵押权人有权依法将抵押财产折价或者以拍卖、变卖抵押财产并从所得价款中优先受偿。

2. 抵押合同的形式与内容

根据《物权法》第185条第1款的规定,设立抵押权,当事人应当采取书面形式订立抵押合同。

根据《物权法》第185条第2款的规定,房屋抵押合同一般包括下列条款:(1)被担保债权的种类和数额;(2)债务人履行债务的期限;(3)抵押房屋的数量、质量、状况、所在地、所有权归属或者使用权归属;(4)担保的范围。

(二)文书的内容及制作方法

1. 首部

(1)标题

应当载明合同的名称即"房屋抵押合同"。

(2)当事人的姓名或名称及住所

在房屋抵押合同中,抵押当事人包括抵押权人和抵押人。其中,提供抵押房屋的债务人或者第三人为抵押人;对抵押房屋享有抵押权的债权人为抵押权人。

房屋抵押合同中的抵押人是指依据其与债权人的约定,将自己的房屋设立抵押作为主债权的担保,当主债权不能按期实现或者发生当事人约定的实现抵押权的情形时,以折价或者以拍卖、变卖抵押房屋所得价款偿还债务的法人、其他组织或公民。它既可以是主合同的债务人,又可以是主合同当事人之外的第三人。抵押人是对抵押房屋有所有权或处分权的债务人或者第三人,其在法律上一般没有资格限制。

房屋抵押合同中的抵押权人是指依据其与抵押人的约定,当债务人不能按时履行主债权时,有权依法将抵押房屋折价或者以拍卖、变卖抵押房屋并从所得价款中优先受偿的公民、法人和其他组织。抵押权人的资格因不同性质的抵押而有所不同。在借款抵押中,抵押贷款的抵押权人只能是银行或其他金融机构。我国不允许非金融性公司、企业以及个人从事贷款业务,贷款人必须是中国人民银行批准有贷款业务经营权的银行或非银行金融机构。对其他债权的抵押,抵押权人可以是银行或其他金融机构,也可以是公司、企业及其他组织和个人。

在房屋抵押合同中,应将抵押人和债权人的姓名或名称写清楚,如有两个或两个以上的抵押人或担保人提供抵押和其他担保时,应将每个抵押人或担保人的姓名或名称写清楚。

2. 正文

(1)被担保的主债权种类、数额

根据《物权法》第171条的规定,债权人在借贷、买卖等民事活动中,为保障实现其债权,需要担保的,可以依照本法和其他法律的规定设立担保物权。可见,在抵押合同中,被担保的主债权就是由抵押合同所担保的主合同债权,如借款合同中设立抵押权的贷款人的债权,买卖合同中设立抵押权的买方或卖方的债权就是主债权。抵押人和债权人在抵押合同中应将主债权的种类写清。被担保的主债权的数额是主合同中债权人对债务人所享有的债权数额，也是抵押人为债权人所担保的债权数额，抵押权人要求抵押人所提供的抵押财产的多少一般是由主债权数额来决定的。因此，在抵押合同中亦必须载明主债权的数额。

《物权法》第203条规定，为担保债务的履行，债务人或者第三人对一定期间内将要连续发生的债权提供担保财产的，债务人不履行到期债务或者发生当事人约定的实现抵押权的情形，抵押权人有权在最高债权额限度内就该担保财产优先受偿。最高额抵押权设立前已经存在的债权，经当事人同意，可以转入最高额抵押担保的债权范围。因此，抵押人与抵押权人可以订立最高额抵押合同，即抵押人与抵押权人协议在最高债权额限度内，以抵押物对一定期间内连续发生的债权作担保。在最高额房屋抵押合同中，被担保的主债权的最高额的限度必须确定。

(2)债务人履行债务的期限

债务人履行债务的期限，是指主合同中债务人向债权人履行债务的时间。它是主合同的债务人履行合同义务的时间界限，是确定主合同是否按时履行或者迟延履行的标准。在设立房屋抵押的情况下，债务人不履行到期债务或者发生当事人约定的实现抵押权的情形，债权人有权就该房屋依法处分所得价款优先受偿。可见，债务履行期限不仅是债权人要求债务人履行义务的时间依据，而且也是债权人要求抵押人履行担保义务的时间依据。因此，在抵押合同中应当将主合同所约定的债务人履行债务的期限载明。

(3)抵押房屋的数量、质量、状况、所在地、所有权权属或者使用权权属

在房屋抵押合同中提供担保的房屋就是抵押物，抵押人提供的抵押房屋应当符合《物权法》及相关法律的要求，即债务人或者第三人对抵押房屋应当具有所有权或有权处分权。根据《物权法》第182条的规定，以建筑物抵押的，该建筑物占用范围内的建设用地使用权一并抵押。以建设用地使用权抵押的，该土地上的建筑物一并抵押。抵押人未依照前款规定一并抵押的，未抵押的财产视为一并抵押。《物权法》第183条规定，乡镇、村企业的建设用地使用权不得单独抵押。以乡镇、村企业的厂房等建筑物抵押的，其占用范围内的建设用地使用权一并抵押。根据《物权法》第184条的规定，下列房产不得抵押：①作为学校、幼儿园、医院等以公益为目的的事业单位、社会团体的教育设施、医疗卫生设施和其他社会公益设施的房屋；②所有权、使用权不明或者有争议的房产；③依法被查封、扣押、监管的房产；④国家禁止以及在有关法律关系中的当事人约定不得设立抵押的房产不得作为抵押房屋。

抵押房屋的数量包括建筑面积、间数、房屋价值等内容，抵押房屋的质量主要包括建设年份、户型、结构等应当在合同中载明。在合同中载明抵押房屋的所在位置，即房屋所在市、区(县)、街道(镇)、路、楼、单元、楼层和房号。抵押所担保的债权不得超出其抵押物的价值。抵押房屋是否存在权利瑕疵直接决定着抵押合同的效力及其处分，因此，在抵押合同中应当将抵押物的所有权权属和使用权权属载明。

(4)抵押担保的范围

《物权法》第173条规定，担保物权的担保范围包括主债权及其利息、违约金、损害赔偿金、保管担保财产和实现担保物权的费用。当事人另有约定的，按照约定。据此，当事人应在抵押合同中约定担保范围，并载明抵押人的担保是部分担保还是全部担保。抵押合同的当事人可以约定对其中某部分进行担保，部分担保的抵押人仅在约定的范围承担担保责任。财产抵押后，该财产的价值大于所担保债权的余额部分，可以再次抵押，但不得超出其余额部分。根据《物权法》第186条的规定，抵押权人在债务履行期届满前，不得与抵押人约定债务人不

履行到期债务时抵押财产归债权人所有。

(5)抵押登记

抵押合同当事人应当依据《物权法》的要求进行抵押登记。根据该法第187条的规定,以房屋或者正在建造的房屋等建筑物抵押的,应当办理抵押登记。抵押权自登记时设立。抵押权自抵押合同生效时设立;未经登记,不得对抗善意第三人。

(6)当事人认为需要约定的其他事项

抵押合同当事人认为应当在合同中约定的其他事项,而上述条款未涉及的,由各方协商一致后作出约定。

3. 尾部

首先,房屋抵押合同双方当事人为法人或其他组织的,应当由双方的法定代表人或者法定代表人授权的代理人签字并加盖单位公章后才能生效,其他任何人的签字和除单位公章之外的任何章都无效。合同当事人为不具备法人资格的其他组织的,则由其主要负责人或主要负责人授权的代理人签字。合同的双方或一方为公民的,则应当由其亲笔签名或其授权委托的代理人签字。其次,在合同中应当载明合同的签订日期。

(三)文书参考文本

参见本书第二编第四部分“十五、抵押合同”中的参考文本。

五、国有土地使用权出让合同

(一)文书制作的基本知识

土地使用权出让合同,是指国家与公民、法人或者其他组织所达成的有关土地使用权转移给公民、法人或其他组织,而公民、法人或其他组织向国家支付土地使用权出让金的合同。《城市房地产管理法》第8条规定,土地使用权出让,是指国家将国有土地使用权(以下简称土地使用权)在一定年限内出让给土地使用者,由土地使用者向国家支付土地使用权出让金的行为。

1. 国有土地使用权出让方式

根据《中华人民共和国城市房地产管理法》(以下简称《城市房地产管理法》)第10条至第14条的规定,土地使用权出让,必须符合土地利用总体规划、城市规划和年度建设用地计划。县级以上地方人民政府出让土地使用权用于房地产开发的,须根据省级以上人民政府下达的控制指标拟订年度出让土地使用权总面积方案,按照国务院规定,报国务院或者省级人民政府批准。土地使用权出让,由市、县人民政府有计划、有步骤地进行。出让的每幅地块、用途、年限和其他条件,由市、县人民政府土地管理部门会同城市规划、建设、房产管理部门共同拟订方案,按照国务院规定,报经有批准权的人民政府批准后,由市、县人民政府土地管理部门实施。

《物权法》第135条规定,建设用地使用权人依法对国家所有的土地享有占有、使用和收益的权利,有权利用该土地建造建筑物、构筑物及其附属设施。该法第136条规定,建设用地使用权可以在土地的地表、地上或者地下分别设立。新设立的建设用地使用权,不得损害已设立的用益物权。该法第137条规定,设立建设用地使用权,可以采取出让或者划拨等方式。工业、商业、旅游、娱乐和商品住宅等经营性用地以及同一土地有两个以上意向用地者的,应当采取招标、拍卖等公开竞价的方式出让。严格限制以划拨方式设立建设用地使用权。采取划拨方式的,应当遵守法律、行政法规关于土地用途的规定。

2. 土地使用权出让合同的形式与内容

《城市土地管理法》第15条规定,土地使用权出让,应当签订书面出让合同。土地使用权出让合同由市、县人民政府土地管理部门与土地使用者签订。

《物权法》第138条进一步明确规定,采取招标、拍卖、协议等出让方式设立建设用地使用权的,当事人应当采取书面形式订立建设用地使用权出让合同。建设用地使用权出让合同一般包括下列条款:(1)当事人的名称和住所;(2)土地界址、面积等;(3)建筑物、构筑物及其附属设施占用的空间;(4)土地用途;(5)使用期限;(6)出让金等费用及其支付方式;(7)解决争议的方法。

(二)文书的内容及制作方法

1. 首部

(1)标题

载明合同名称"国有土地使用权出让合同"。

(2)当事人的名称和住所

国有土地使用权出让合同的双方当事人为土地使用权出让人和受让人。有权代表国家出让国有土地的出让人为市、县人民政府;而受让人为依法取得国有土地使用权并缴纳土地出让金的法人和其他组织。

在出让人栏目应写明具体的出让人即市政府或县政府名称。在受让人栏目应写明受让人名称,法人或者作为其他组织的名称应以在国家有关部门所登记、注册的全称为准,简称或者变更后未经登记、注册的名称不宜作为订立合同时的名称。

2. 正文

(1)出让宗地的基本情况

出让土地的基本情况是土地使用权出让合同中最重要的条款之一,应写明出让人出让给受让人的宗地位置、编号和面积等。为了进一步确定其基本情况,应当根据宗地四至及界址点坐标制作《出让宗地界址图》作为附件附在合同文本后面。

(2)出让宗地的用途

出让宗地的用途是受土地利用总体规划、城市规划和年度建设用地计划制约的。出让的每幅地块、用途、年限和其他条件,由市、县人民政府土地管理部门会同城市规划、建设、房产管理部门共同拟订方案,按照国务院规定,报经有批准权的人民政府批准后,由市、县人民政府土地管理部门实施。因此,在土地使用权出让合同中应当载明出让宗地的用途。

《城市房地产管理法》第18条规定,土地使用者需要改变土地使用权出让合同约定的土地用途的,必须取得出让方和市、县人民政府城市规划行政主管部门的同意,签订土地使用权出让合同变更协议或者重新签订土地使用权出让合同,相应调整土地使用权出让金。

(3)出让宗地的交付期限与条件

出让宗地交付是指政府将出让宗地交付受让人占有,获得出让的土地是受让人的最重要的权利,交付宗地是出让人最主要的义务。出让人应当按照约定的时间和条件交付出让宗地,因此,双方当事人应在土地使用权出让合同中订明宗地交付的期限或具体时间。

出让宗地的条件是指出让人交付宗地时该宗地应当达到的条件,对此,双方当事人可以根据具体情况(如达到场地平整和周围基础设施三通即通路、通电、通水)在合同中作出约定。

(4)出让金数额及其缴纳方式

出让金是受让人得到受让宗地的土地使用权所付出的代价,它是通过拍卖、招标方式或双方协议出让土地使用权的方式决定的。《城市房地产管理法》第17条规定,土地使用者按照出让合同约定支付土地使用权出让金的,市、县人民政府土地管理部门必须按照出让合同约定,提供出让的土地;未按照出让合同约定提供出让的土地的,土地使用者有权解除合同,由土地管理部门返还土地使用权出让金,土地使用者并可以请求违约赔偿。可见,受让人是否按照约定如数缴纳土地出让金以及出让人在收取土地出让金后是否提供土地是判断双方当事人是否违约和承担违约责任的重要依据,因此,在合同中应当订明土地使用权出让金的总数额或按每平方米的单价计算总金额的方法。

受让人取得土地使用权需要交付定金的,应在合同中订明交付定金的时间与具体数额。土地使用权出让金的缴纳分一次性缴纳和分期缴纳,需要一次性缴纳的,应当订明缴纳的时间或期限。需要分期缴纳的,应当将每次交付的时间或期限与数额订明。分期支付土地出让金的,受让人在支付第二期及以后各期土地出让金时应支付的利息及其计算方法也应在合同中订明。

(5)土地使用权出让年限

受让人在合同约定的出让期限内对受让的宗地享有使用收益权,因此,双方当事人应当依法对本合同项下的土地使用权出让年期作出约定。

《城市房地产管理法》第20条规定,国家对土地使用者依法取得的土地使用权,在出让合同约定的使用年限届满前不收回;在特殊情况下,根据社会公共利益的需要,可以依照法律程序提前收回,并根据土地使用者使用土地的实际年限和开发土地的实际情况给予相应的补偿。《城市房地产管理法》第14条规定,土地使用权出让最高年限由国务院规定。根据国务院1990年5月19日发布的《城镇国有土地使用权出让和转让暂行条例》第12条的规定,土地使用权出让的最高年限按用途确定为:居住用地70年;工业用地50年;教育、科技、文化、卫生、体育用地50年;商业、旅游、娱乐和别墅用地40年;综合用地或其他用地50年。《物权法》第148条规定,建设用地使用权期间届满前,因公共利益需要提前收回该土地的,应当依照本法第42条的规定对该土地上的房屋及其他不动产给予补偿,并退还相应的出让金。

(6)宗地利用或投资要求

土地使用权受让人应当按照土地使用权出让合同约定的用途和要求开发利用受让宗地。受让人利用宗地进行房地产开发的,在本合同项下宗地范围内新建建筑物的要求,如主体建筑物性质及附属建筑物性质,建筑容积率,建筑密度和建筑系数,建筑限高,绿地比例及其他土地利用要求等事项应在合同中订明。

受让人利用宗地进行投资的,可以对受让人在《出让合同》项下受让宗地的投资总额的最低限额作出约定。属于工业建设项目的,可以对受让人在《出让合同》项下受让宗地的项目固定资产投资额、单位用地面积投资强度的最低限额等作出约定。属于工业建设项目的,对受让人在受让宗地中用于企业内部行政办公及生活服务设施的用地不超过受让宗地面积的限额也可以作出相应约定。此外,也可在合同中订立受让人不得在受让宗地范围内建造成套住宅、专家楼、宾馆、招待所和培训中心等非生产性设施的条款。

(7)建设动工与竣工期限

受让人应当按照土地使用权出让合同约定的期限动工和按照约定的期限竣工,不能按期开工建设的,应提前向出让人提出延建申请。因此,双方当事人应当在合同中对受让人同意动工的期限或具体日期以及完成项目建设的期限作出明确约定。

(8)违约责任

为了促使各方当事人全面、适当地履行合同义务和明确各自应承担的违约责任,可以在合同中对双方的各种违约情形及其应承担的违约责任依法作出明确约定。约定违约方承担违约金责任或损害赔偿的,可以根据违约的情形具体约定违约金或损害赔偿的具体数额或者计算方法。

(9)合同争议的解决方式

根据《合同法》《民事诉讼法》的有关规定,当事人之间的合同纠纷有以下解决途径:协商、调解、仲裁或诉讼。当事人通过自愿协商达成和解及民间调解具有简便快捷解决纠纷的特点,但不具有法定的强制执行力。仲裁裁决和法院判决具有强制执行力,即一方当事人不履行生效的仲裁裁决和法院判决的,对方可申请法院强制执行。但是其二者不能在合同中同时约定作为争议解决方式。

3. 尾部

合同双方当事人应当加盖单位公章,由单位法定代表人或负责人签名,并应注明本合同签订的具体年、月、日。

(三)文书参考文本

国有土地使用权出让合同

第一章 总 则

第一条 本合同当事人双方:

出让人:中华人民共和国________省(自治区、直辖市)________市(县)________。

受让人:____。

根据《中华人民共和国土地管理法》《中华人民共和国合同法》和其他法律、行政法规、地方性法规的规定,双方本着平等、自愿、有偿、诚实信用的原则,订立本合同。

第二条 出让人根据法律的授权出让土地使用权,出让土地的所有权属中华人民共和国,国家对其拥有宪法和法律授予的司法管辖权、行政管理权以及其他按中华人民共和国法律规定由国家行使的权力和因社会公众利益所必需的权益。地下资源、埋藏物和市政公用设施均不属于土地使用权出让范围。

第二章 出让土地的交付与出让金的缴纳

第三条 出让人出让给受让人的宗地位于________,宗地编号为________,宗地总面积(大写)________平方米(小写________平方米)。宗地四至及界址点坐标见附件《出让宗地界址图》。

第四条 本合同项下出让宗地的用途为____。

第五条 出让人同意在________年____月____日前将出让宗地交付给受让人,出让方同意在交付土地时该宗地应达到本条第________款规定的土地条件:

(一)达到场地平整和周围基础设施________通,即通________________。

(二)周围基础设施达到________通,即通________,但场地尚未拆迁和平整,建筑物和其他地上物状况如下:________________________________。

(三)现状土地条件____。

第六条 本合同项下的土地使用权出让年期为________,自出让方向受让方实际交付土地之日起算,原划拨土地使用权补办出让手续的,出让年期自合同签订之日起算。

第七条 本合同项下宗地的土地使用权出让金为每平方米人民币(大写)________元(小写________元);总额为人民币(大写)________元(小写________元)。

第八条 本合同经双方签字后________日内,受让人须向出让人缴付人民币(大写)________元(小写________元)作为履行合同的定金,定金抵作土地使用权出让金。

第九条 受让人同意按照本条第________款的规定向出让人支付上述土地使用权出让金。

(一)本合同签认之日起________日内,一次性付清上述土地使用权出让金。

(二)按以下时间和金额分________期向出让人支付上述土地使用权出让金。

第一期 人民币大写________元(小写________元),付款时间:________年____月____日之前。

第二期 人民币大写________元(小写________元),付款时间:________年____月____日之前。

第________期 人民币大写________元(小写________元),付款时间:________年____月____日之前。

第________期 人民币大写________元(小写________元),付款时间:________年____月____日之前。

分期支付土地出让金的,受让人在支付第二期及以后各期土地出让金时,按照银行同期贷款利率向出让人支付相应的利息。

第三章 土地开发建设与利用

第十条 本合同签订后________日内,当事人双方应依附件《出让宗地界址图》所标示坐标实地验明各界址点界桩,受让人应妥善保护土地界桩,不得擅自改动,界桩遭受破坏或移动时,受让人应立即向出让人提出书面报告,申请复界测量,恢复界桩。

第十一条 受让人在本合同项下宗地范围内新建建筑物的,应符合下列要求:

主体建筑物性质________________________________;

附属建筑物性质________________________________;

建筑容积率____________________________________;

建筑密度______________________________________;

建筑限高______________________________________;

绿地比例______________________________________;

其他土地利用要求______________________________。

第十二条 受让人同意在本合同项下宗地范围内一并修建下列工程,并在建后无偿移交给政府:

(1)____。

(2)____。

(3)____。

第十三条 受让人同意在________年____月____日之前动工建设。

不能按期开工建设的,应提前30日向出让人提出延建申请,但延建时间最长不得超过一年。

第十四条 受让人在受让宗地内进行建设时,有关用水、用气、污水及其他设施同宗地外主管线、用电变电站接口和引入工程应按有关规定办理。

受让人同意政府为公用事业需要而敷设的各种管道与管线进出、通过、穿越受让宗地。

第十五条 受让人在按本合同约定支付全部土地使用权出让金之日起30日内,应持本合同和土地使用权出让金支付凭证,按规定向出让人申请办理土地登记,领取《国有土地使用证》,取得出让土地使用权。

出让人应在受理土地登记申请之日起30日内,依法为受让人办理出让土地使用权登记,颁发《国有土地使用证》。

第十六条 受让人必须依法合理利用土地,其在受让宗地上的一切活动,不得损害或者破坏周围环境和设施,使国家或他人遭受损失的受让人应负责赔偿。

第十七条 在出让期限内,受让人必须按照本合同规定的土地用途和土地使用条件利用土地,需要改变本合同规定的土地用途和土地使用条件的,必须依法办理有关批准手续,并向出让人申请,取得出让人同意,签订土地使用权出让合同变更协议或者重新签订土地使用权出让合同,相应调整土地使用权出让金,办理土地变更登记。

第十八条 政府保留对本合同项下宗地的城市规划调整权,原土地利用规划如有修改,该宗地已有的建筑物不受影响,但在使用期限内该宗地建筑物、附着物改建、翻建、重建或期限届满申请续期时,必须按届时有效的规划执行。

第十九条 出让人对受让人依法取得的土地使用权,在本合同约定的使用年限届满前不得收回;在特殊情况下,根据社会公共利益需要提前收回土地使用权的,出让人应当依照法定程序报批,并根据收回时地上建筑物、其他附着物的价值和剩余年期土地使用权价格给予受让人相应的补偿。

第四章 土地使用权转让、出租、抵押

第二十条 受让人按照本合同约定已经支付全部土地使用出让金,领取《国有土地使用证》,取得出让土地使用权后,有权将本合同项下的全部或部分土地使用权转让、出租、抵押,但首次转让(包括出售、交换和赠与)剩余年期土地使用权时,应当经出让人认定符合下列第________款规定之条件:

(一)按照本合同约定进行投资开发,完成开发投资总额的百分之二十五以上;

(二)按照本合同约定进行投资开发,形成工业用地或其他建设用地条件。

第二十一条 土地使用权转让、抵押,转让、抵押双方应当签订书面转让、抵押合同;土地使用权出租期限超过六个月的,出租人和承租人也应当签订书面出租合同。

土地使用权的转让、抵押及出租合同,不得违背国家法律、法规和本合同的规定。

第二十二条 土地使用权转让,本合同和登记文件中载明的权利、义务随之转移,转让后,其土地使用权的使用年限为本合同约定的使用年限减去已经使用年限后的剩余年限。

本合同项下的全部或部分土地使用权出租后,本合同和登记文件中载明的权利、义务仍由受让人承受。

第二十三条 土地使用权转让、出租、抵押,地上建筑物、其他附着物随之转让、出租、抵押;地上建筑物、其他附着物随之转让、出租、抵押、土地使用权随之转让、出租、抵押。

第二十四条 土地使用权转让、出租、抵押的,转让、出租、抵押双方应在相应的合同

签订之日起30日内,持本合同和相应的转让、出租、抵押合同及《国有土地使用证》,到土地行政主管部门申请办理土地登记。

第五章　期限届满

第二十五条　本合同约定的使用年限届满,土地使用者需要继续使用本合同项下宗地的,应当至迟于届满前一年向出让人提交续期申请书,除根据社会公共利益需要收回本合同项下土地的,出让人应当予以批准。

出让人同意续期的受让人应当依法办理有偿用地手续,与出让人重新签订土地有偿使用合同,支付土地有偿使用费。

第二十六条　土地出让期限届满,受让人没有提出续期申请或者虽申请续期但依照本合同第二十五条规定未获批准的,受让人应当交回《国有土地使用证》,出让人代表国家收回土地使用权,并依照规定办理土地使用权注销登记。

第二十七条　土地出让期限届满,受让人未申请续期的本合同项下土地使用权和地上建筑物及其他附着物由出让人代表国家无偿收回,受让人应当保持地上建筑物、其他附着物的正常使用功能,不得人为破坏,地上建筑物、其他附着物失去使用功能的,出让人可要求受让人移动或拆除地上建筑物、其他附着物,恢复场地平整。

第二十八条　土地出让期限届满,受让人提出续期申请而出让人根据本合同第二十五条之规定没有批准续期的,土地使用权由出让人代表国家无偿收回,但对于地上建筑物及其他附着物,出让人应当根据收回时地上建筑物,其他附着物的残余价值给予受让人相应补偿。

第六章　不可抗力

第二十九条　任何一方对由于不可抗力造成的部分或全部不能履行本合同不负责任,但应在条件允许下采取一切必要的补救措施以减少因不可抗力造成的损失。当事人迟延履行后发生不可抗力的,不能免除责任。

第三十条　遇有不可抗力的一方,应在________小时内将事件的情况以信件、电报、电传、传真等书面形式通知另一方,并且在事件发生后________日内,向另一方提交合同不能履行或部分不能履行或需要延期履行理由的报告。

第七章　违约责任

第三十一条　受让人必须按照本合同约定,按时支付土地使用权出让金。如果受让人不能按时支付土地使用权出让金的,自滞纳之日起,每日按迟延支付款项的________‰向出让人缴纳滞纳金,延期付款超过6个月的,出让人有权解除合同,收回土地,受让人无权要求返还定金,出让人并可请求受让人赔偿因违约造成的其他损失。

第三十二条　受让人按合同约定支付土地使用权出让金的,出让人必须按照合同约定,按时提供出让土地。由于出让人未按时提供出让土地而致使受让人对本合同项下宗地占有延期的,每延期一日,出让人应当按受让人已经支付的土地使用权出让金的________‰向受让人给付违约金。出让人延期交付土地超过6个月的,受让人有权解除合同,出让人应当双倍返还定金,并退还已经支付土地使用权出让金的其他部分,受让人并可请求出让人赔偿因违约造成的其他损失。

第三十三条　受让人应当按照合同约定进行开发建设,超过合同约定的动工开发是期满一年未动工开发的,出让人可以向受让人征收相当于土地使用权出让金20%以下的土地闲置费;满2年未动工开发的,出让人可以无偿收回土地使用权;但因不可抗力或者政府、政府有关部门的行为或者动工开发必需的前期工作造成动工开发迟延的除外。

第三十四条 出让人交付的土地未能达到合同约定的土地条件的,应视为违约。受让人有权要求出让人按照规定的条件履行义务,并且赔偿延误履行而给受让人造成的直接损失。

第八章 通知和说明

第三十五条 本合同要求或允许的通知和通信,不论以何种方式传递,均自实际收到时起生效。

第三十六条 当事人变更通知、通信地址或开户银行、账号的,应在变更后15日内,将新的地址或开户银行、账号通知另一方。因当事人一方迟延通知而造成的损失,由过错方承担责任。

第三十七条 在缔结本合同时,出让人有义务解答受让人对于本合同所提出的问题。

第九章 适用法律及争议解决

第三十八条 本合同订立、效力、解释、履行及争议的解决均适用中华人民共和国法律。

第三十九条 因履行本合同发生争议,由争议双方协商解决,协商不成的,按本条第________款规定的方式解决。

(一)提交________仲裁委员会仲裁;

(二)依法向人民法院起诉。

第十章 附 则

第四十条 本合同依照本条第________款之规定生效。

(一)本合同项下宗地出让方案业经________人民政府批准,本合同自双方签订之日起生效。

(二)本合同项下宗地出让方案尚需经________人民政府批准,本合同自________人民政府批准之日起生效。

第四十一条 本合同一式____份,具有同等法律效力,出让人、受让人各执____份。

第四十二条 本合同和附件共________页,以中文书写为准。

第四十三条 本合同的金额、面积等项应当同时以大、小写表示,大、小写数额应当一致,不一致的,以大写为准。

第四十四条 本合同于________年____月____日在中华人民共和国________省(自治区、直辖市)________市(县)签订。

第四十五条 本合同未尽事宜,可由双方约定后作为合同附件,与本合同具有同等法律效力。

出让人(章):	受让人(章):
住所:	住所:
法定代表人(委托代理人)(签名):	法定代表人(委托代理人)(签名):
电话:	电话:
传真:	传真:
电报:	电报:
开户银行:	开户银行:
账号:	账号:

邮政编码：　　　　　　　　　　　　　　邮政编码：

________年____月____日　　　　　　　　________年____月____日

附件：

界址图粘贴线

北↑

比例尺 1:

出让宗地界址图（注明边长：米）

国有土地使用权出让合同补充协议

根据　　市（县）国让（合）字（200　）第　　号《国有土地使用权出让合同》（以下简称《出让合同》）第四十五条的约定，出让人中华人民共和国________省（自治区、直辖市）________市（县）局，与受让人________，双方就合同中有关土地开发利用等未尽事宜，约定如下：

第一条　受让人除按照《出让合同》第十三条第一款约定日期动工建设外，同意在________年____月____日前完成项目施工建设，并申请竣工验收。

受让人按照《出让合同》第十三条第二款约定提出延建申请，并经出让人同意延建的，其项目竣工和申请竣工验收日期可按同意延建的时间相应顺延。

第二条　受让人同意《出让合同》项下受让宗地的投资总额不低于________万元人民币。属于工业建设项目的，受让人同意《出让合同》项下受让宗地的项目固定资产投资额不低于经批准或登记备案的________万元人民币，单位用地面积投资强度不低于每公顷________万元人民币，项目固定资产投资包括建筑物、构筑物、设备投资和地价款等。

第三条　受让人除按照《出让合同》第十一条各项约定履行外，同意该受让宗地容积率不低于________，建筑系数不低于________%。

第四条　属于工业建设项目的，受让人同意该受让宗地中用于企业内部行政办公及生活服务设施的用地不超过受让宗地面积的________%，即不超过________公顷。受让人不得在受让宗地范围内建造成套住宅、专家楼、宾馆、招待所和培训中心等非生产性设施。

第五条　受让人按照《出让合同》第十三条约定日期动工建设，但已开发建设面积占建设总面积比例不足三分之一或已投资额占总投资额不足25%，且未经批准中止开发建设连续满一年的，也视为土地闲置，出让人有权向受让人征收土地闲置费。

第六条　出让人、受让人双方同意将《出让合同》第三十三条约定的土地闲置费标准定为相当于出让宗地土地使用权出让金总额的________%，即人民币________元。

第七条　受让人因自身原因终止该项目投资建设，向出让人提出终止履行《出让合同》并申请退还土地的，出让人报经原批准土地出让方案的人民政府或机关批准后，区分情况分别按以下约定退还除《出让合同》第八条约定的定金以外的全部或部分土地使用权出让金（不计利息），收回土地使用权，但该宗地范围内已建的建筑物、构筑物不予补偿,出让人还可要求受让人清除已建建筑物、构筑物,恢复场地平整。

(一)受让人在《出让合同》约定的动工建设日期届满一年前不少于60日向出让人提出申请的,出让人在扣除定金后退还受让人已支付的土地使用权出让金;

(二)受让人在合同约定的动工建设日期超过一年但未满二年,并在届满二年前不少于60日向出让人提出申请的,出让人应在扣除《出让合同》第八条约定的定金,并按照本补充协议第六条约定征收土地闲置费后,将剩余的已付土地使用权出让金退还受让人。

第八条　因自身原因减少项目投资规模,而导致部分建设用地空闲,且具备分割条件,并能重新用于开发建设的,受让人须在项目完成建设前90日向出让人提出退还相应面积建设用地申请。经市、县人民政府批准后,出让人与受让人签订土地使用权出让合同变更协议,由出让方收回相应部分的土地使用权,将所收回土地对应的土地出让金在扣除相应比例的定金后,退还给受让人。

第九条　受让人未能按照《出让合同》第十三条第一款约定日期或第二款同意延建所另行约定日期动工建设的,每延迟一日,应向出让人支付相当于土地使用权出让金总额________‰的违约金;造成土地闲置的,还应当按照本补充协议第六条的约定支付土地闲置费。

第十条　受让人未能按照本补充协议第一条第一款约定日期或第二款同意延建所另行约定日期完成项目建设并申请竣工验收的,每延迟一日,应向出让人支付相当于土地使用权出让金总额________‰的违约金。

第十一条　在项目竣工验收后60日内,受让人应向出让人提供工程竣工验收资料及项目竣工决算审计报告等有关资料,由出让人按照《出让合同》第十一条及本补充协议第二条、第三条、第四条约定的投资额、投资强度、土地利用强度等指标,对该宗地的实际投资强度、土地利用强度等进行复核。

受让人实际投资强度、土地利用强度不能满足双方约定的指标的,属于违约,出让人有权收取违约金,并可要求受让人继续履约。

第十二条　项目投资总额、固定资产投资额和单位用地面积投资强度未达到本补充协议第二条约定标准的,出让人可以按照实际差额部分占约定投资总额和投资强度指标的比例,要求受让人支付相当于同比例土地使用权出让金的违约金。

第十三条　项目建筑容积率、建筑密度等任何一项指标低于《出让合同》第十一条和本补充协议第三条约定标准的,出让人可以按照实际差额部分占约定标准的比例,要求受让人支付相当于同比例土地使用权出让金的违约金。

第十四条　工业建设项目的绿化比例以及企业内部行政办公及生活服务设施用地所占比例等任何一项指标超过《出让合同》第十一条和本补充协议第四条约定标准的,受让人应当向出让人支付相当于土地使用权出让金总额________%的违约金,并自行拆除相应的绿化和建筑设施。

第十五条　在出让期限内,受让人要求改变《出让合同》规定的土地用途等土地使用条件的,双方同意按照本条第____款规定办理:

(一)由出让人收回土地使用权后,依法重新出让。

(二)按照《出让合同》第十七条的约定办理改变土地用途和土地使用条件批准手续后,由受让人按照批准变更时新旧土地使用条件下该宗地的土地市场价格差额补交土地使用权出让金。

第十六条 ［其他事项］：____

____。

出让人（章）： 受让人（章）：

法定代表人（委托代理人）（签名）： 法定代表人（委托代理人）（签名）：

________年____月____日 ________年____月____日

六、房屋征收与补偿安置协议

（一）文书制作的基本知识

房屋征收与补偿安置协议，是房屋征收部门与被征收人依法就被征收房屋的补偿方式、补偿金额和支付期限、用于产权调换房屋的地点和面积、搬迁费、临时安置费或者周转用房、停产停业损失、搬迁期限、过渡方式和过渡期限等事项所订立的协议。

《国有土地上房屋征收与补偿条例》第17条规定，作出房屋征收决定的市、县级人民政府对被征收人给予的补偿包括：（1）被征收房屋价值的补偿；（2）因征收房屋造成的搬迁、临时安置的补偿；（3）因征收房屋造成的停产停业损失的补偿。市、县级人民政府应当制定补助和奖励办法，对被征收人给予补助和奖励。该条例第24条规定，市、县级人民政府及其有关部门应当依法加强对建设活动的监督管理，对违反城乡规划进行建设的，依法予以处理。市、县级人民政府作出房屋征收决定前，应当组织有关部门依法对征收范围内未经登记的建筑进行调查、认定和处理。对认定为合法建筑和未超过批准期限的临时建筑的，应当给予补偿；对认定为违法建筑和超过批准期限的临时建筑的，不予补偿。

《国有土地上房屋征收与补偿条例》第25条规定，房屋征收部门与被征收人依照本条例的规定，就补偿方式、补偿金额和支付期限、用于产权调换房屋的地点和面积、搬迁费、临时安置费或者周转用房、停产停业损失、搬迁期限、过渡方式和过渡期限等事项，订立补偿协议。补偿协议订立后，一方当事人不履行补偿协议约定的义务的，另一方当事人可以依法提起诉讼。该条例第26条规定，房屋征收部门与被征收人在征收补偿方案确定的签约期限内达不成补偿协议，或者被征收房屋所有权人不明确的，由房屋征收部门报请作出房屋征收决定的市、县级人民政府依照本条例的规定，按照征收补偿方案作出补偿决定，并在房屋征收范围内予以公告。补偿决定应当公平，包括本条例第25条第1款规定的有关补偿协议的事项。被征收人对补偿决定不服的，可以依法申请行政复议，也可以依法提起行政诉讼。可见，拆迁补偿协议应当采取书面形式，具备必要的条款，内容应当符合《国有土地上房屋征收与补偿条例》及相关法律和行政法规的规定。

（二）文书的内容及制作方法

1. 首部

（1）标题

应当载明协议的名称“房屋征收与补偿安置协议”。

（2）房屋征收部门和被征收人的基本情况

《国有土地上房屋征收与补偿条例》第4条第1款和第2款规定，市、县级人民政府负责本行政区域的房屋征收与补偿工作。市、县级人民政府确定的房屋征收部门（以下简称房屋征收部门）组织实施本行政区域的房屋征收与补偿工作。该条例第5条规定，房屋征收部门可以委托房屋征收实施单位,承担房屋征收与补偿的具体工作。房屋征收实施单位不得以营利为目的。房屋征收部门对房屋征收实施单位在委托范围内实施的房屋征收与补偿行为负责监督,并对其行为后果承担法律责任。可见,房屋征收部门是征收补偿协议的一方当事人,而接受其委托的房屋征收实施单位则不是征收补偿协议的一方当事人,它只能在房屋征收部门的委托授权范围内从事房屋征收与补偿的具体工作。征收补偿协议的另一方当事人是被征收人,即被征收房屋的所有权人。因此,在征收补偿协议中应当分别写明房屋征收部门的名称、法定代表人及其住所。被征收人是自然人的,应载明其姓名、年龄、民族、职业和住所等基本情况;被征收人为法人或其他组织的,应载明其名称、法定代表人或负责人及单位住所。

2. 正文

(1)被征收房屋现状

首先,应说明房屋征收范围内房屋的权属、区位、用途、建筑面积、使用面积或居住面积或房屋间数等情况。其次,被征收人为家庭或公民个人的,应说明其正式户口人数、常住人口人数和应安置人口人数,在协议中载明应同时将上述人员的姓名、性别和与被征收户主的关系写明。最后,要说明被征收房屋的产权状况即所有权人、是否设立抵押,是否出租等。

(2)征收补偿方式

《国有土地上房屋征收与补偿条例》第21条规定,被征收人可以选择货币补偿,也可以选择房屋产权调换。被征收人选择房屋产权调换的,市、县级人民政府应当提供用于产权调换的房屋,并与被征收人计算、结清被征收房屋价值与用于产权调换房屋价值的差价。因旧城区改建征收个人住宅,被征收人选择在改建地段进行房屋产权调换的,作出房屋征收决定的市、县级人民政府应当提供改建地段或者就近地段的房屋。据此,在征收补偿协议中应当写明征收补偿方式是货币补偿还是产权调换。

(3)征收补偿金额与支付期限

《国有土地上房屋征收与补偿条例》第19条规定,对被征收房屋价值的补偿,不得低于房屋征收决定公告之日被征收房屋类似房地产的市场价格。被征收房屋的价值,由具有相应资质的房地产价格评估机构按照房屋征收评估办法评估确定。对评估确定的被征收房屋价值有异议的,可以向房地产价格评估机构申请复核评估。对复核结果有异议的,可以向房地产价格评估专家委员会申请鉴定。房屋征收评估办法由国务院住房城乡建设主管部门制定,制定过程中,应当向社会公开征求意见。因此,在订立征收补偿协议时,应当载明对被征收房屋的补偿价值。该条例第27条第1款规定,实施房屋征收应当先补偿、后搬迁。因此,征收补偿协议应当对支付征收补偿的时间作出明确约定,房屋征收部门应当在约定的期限内向被征收人支付征收补偿,在约定的征收补偿期限内未给予被征收人补偿的,被征收人有权拒绝搬迁。

(4)产权调换房屋的地点和面积及差价补偿

被征收人未选择货币补偿,而是选择房屋产权调换作为房屋征收补偿的,征收补偿协议中应当载明产权调换房屋的面积、间数、地段。根据《国有土地上房屋征收与补偿条例》第21条第2款的规定,被征收人选择房屋产权调换的,市、县级人民政府除了应当提供用于产权调换的房屋外,应当与被征收人计算、结清被征收房屋价值与用于产权调换房屋价值的差价。在被征收人所得的补偿金额高于产权调换房屋价值的,应当由房屋征收部门向被征收人支付差价;被征收人所得的补偿金额低于产权调换房屋价值的,被征收人应当向房屋征收部门支付差价。因此,在征收补偿协议中应当将双方商定的差价计算方法及其数额载明。

(5)搬迁费、临时安置费或者周转用房

《国有土地上房屋征收与补偿条例》第22条规定,因征收房屋造成搬迁的,房屋征收部门应当向被征收人支付搬迁费;选择房屋产权调换的,产权调换房屋交付前,房屋征收部门应当向被征收人支付临时安置费或者提供周转用房。据此,征收补偿协议中应当载明房屋搬迁费的计算办法、支付标准或支付数额;选择房屋产权调换的,征收补偿协议应当载明房屋征收部门支付临时安置费的标准或数额。由房屋征收部门提供周转房的,应当在协议中载明所提供的安置用房的建筑面积、使用面积、间数及安置地点。

(6)停产停业损失的补偿

《国有土地上房屋征收与补偿条例》第23条规定,对因征收房屋造成停产停业损失的补偿,根据房屋被征收前的效益、停产停业期限等因素确定。具体办法由省、自治区、直辖市制定。可见,因房屋征收给从事生产、经营用房的被征收人造成停产停业损失的,应当依法进行补偿。在征收协议中应当载明给予停产停业补偿标准、计算方法或补偿数额。

(7)搬迁期限

搬迁期限是被征收人撤离被征收房屋的期限。《国有土地上房屋征收与补偿条例》第27条第2款规定,作出房屋征收决定的市、县级人民政府对被征收人给予补偿后,被征收人应当在补偿协议约定或者补偿决定确定的搬迁期限内完成搬迁。该条例第28条规定,被征收人在法定期限内不申请行政复议或者不提起行政诉讼,在补偿决定规定的期限内又不搬迁的,由作出房屋征收决定的市、县级人民政府依法申请人民法院强制执行。强制执行申请书应当附具补偿金额和专户存储账号、产权调换房屋和周转用房的地点和面积等材料。因此,双方应在征收补偿协议中对搬迁期限作出明确约定。

(8)搬迁过渡方式和过渡期限

搬迁过渡期限是指被搬迁人自被征收房屋迁出和在入住安置房屋之前过渡时间。搬迁过渡方式主要有被拆迁人租房居住、借房居住或由房屋征收部门临时安置等方式。征收补偿协议的双方应在拆迁补偿协议中将搬迁过渡方式及过渡期限订明。

3. 尾部

房屋征收部门应当加盖单位公章,其法定代表人或负责人和被征收人户主应签名,并应注明本合同签订的具体年、月、日。

(三)文书参考文本

房屋征收与补偿安置协议

甲方(房屋征收部门):____。

地址:______________________________;邮编:____________;电话:____________。

法定代表人:________;职务:________。

乙方(被征收人):________。

地址:______________________________;邮编:____________　电话:____________。

甲方因建设需要,须拆除乙方使用的房屋,根据《国有土地上房屋征收与补偿条例》及相关法规、政策的有关规定,甲乙双方经协商,就房屋征收补偿达成如下协议。

第一条　被征收房屋现状

(一)乙方在征收范围内有房屋________间,建筑面积________平方米,使用面积________平方米,居住面积________平方米。

(二)乙方有正式户口________人,常住人口________人,应安置人口________人,分别是(姓名、性别、年龄、关系等)。

(三)被征收房屋的产权属于________。

第二条 征收补偿方式

乙方选择下列第________种方式进行征收补偿:

1. 货币补偿;

2. 房屋产权调换;

3. 货币补偿和产权调换项结合。

第三条 被征收房屋补偿

甲方对乙方按以下第________种方式进行补偿:

1. 甲方按每平方米________元作价补偿,甲方支付乙方征收补偿费________元;甲方应在本协议签订后的________日内向乙方一次性支付。

2. 甲方以________市________区________小区________号楼________门________房间,________室________厅________卫,________平方米的房屋与乙方被征收房屋的产权调换。此外,甲方须向乙方补偿房屋差价为:________元;或者乙方须向甲方补偿房屋差价为:________元。

第四条 搬迁费支付

因征收房屋造成搬迁的,房屋征收部门应当向被征收人一次性支付搬迁费________元。

第五条 支付临时安置费或者提供周转用房

1. 被征收人选择房屋产权调换的,产权调换房屋交付前,房屋征收部门应当按每人________元的标准向被征收人支付临时安置费。

2. 房屋征收部门未向被征收人支付临时安置费,乙方无房居住的,由甲方应按下列标准向乙方提供周转用房:乙方临时安置到________市________区________小区________号楼________门________房间,建筑面积________平方米,使用面积________平方米,居住面积________平方米。甲方负责为乙方办理住房进住手续。

第六条 停产停业损失的补偿

因征收房屋造成乙方停产停业损失的,根据房屋被征收前的效益、停产停业期限等因素确定按照下列标准补偿乙方人民币________元。

第七条 违章建筑拆除

乙方私自搭建的违章建筑或附属设施应在________年____月____日前自行拆除,逾期不拆除的,甲方有权决定拆除。

第八条 搬迁期限

被征收人给予补偿后,应当自本协议签订之日起____日内完成搬迁,并将房屋交付甲方。

第九条 搬迁过渡方式和过渡期限

乙方安置属于临时过渡的,应在收到甲方正式安置通知____日内迁入安置住房内。逾期不搬迁的,不再享受各种补助费,并每逾期一天罚款________元。

第十条 强制执行

被征收人在法定期限内不申请行政复议或者不提起行政诉讼,在补偿决定规定的期限内又不搬迁的，由作出房屋征收决定的市、县级人民政府依法申请人民法院强制执行。

第十一条　本合同一式二份，甲、乙双方各持一份为凭。

第十二条　本协议自双方签字盖章之日起生效。

甲方(盖章)：　　　　　　　　　　　　乙方(签名或盖章)：

法定代表人：________　　　　　　　　委托代理人：________

委托代理人：________

________年____月____日　　　　　　　________年____月____日

第七部分
企业登记与破产业务文书

一、企业名称预先核准申请书

(一)文书制作的基本知识

企业名称是一个企业区别于其他企业的标志,是代表企业的符号,也是企业实施民事法律行为和承担法律责任的必要条件。企业对其名称具有专有权。

1. 企业名称要求及其构成

企业营业执照上只准标明一个企业名称,经企业登记机关核准登记的企业名称受法律保护。企业法人名称中不得含有其他法人的名称,国家工商行政管理总局另有规定的除外。企业名称中不得含有另一个企业名称。企业分支机构名称应当冠以其所从属企业的名称。企业不得使用法律禁止使用的名称。企业不得使用对国家、社会或者公共利益有损害的名称,不得使用外国国家(地区)、国际组织的名称,不得使用外国文字或汉语拼音字母组成的名称,或以数字组成的名称。企业名称需译成外文使用的,由企业依据文字翻译原则自行翻译使用,不需报工商行政管理机关核准登记。根据国家工商行政管理总局颁布的《企业名称登记管理实施办法》第9条的规定,企业名称应当由行政区划、字号、行业、组织形式依次组成,法律、行政法规和本办法另有规定的除外。

(1)所在地行政区划的名称,即企业申请登记的登记主管机关所在地行政区划的名称。企业名称中的行政区划是本企业所在地县级以上行政区划的名称或地名。市辖区的名称不能单独用作企业名称中的行政区划。市辖区名称与市行政区划连用的企业名称,由市工商行政管理局核准。省、市、县行政区划连用的企业名称,由最高级别行政区的工商行政管理局核准。具备下列条件的企业法人,可以将名称中的行政区划放在字号之后,组织形式之前:①使用控股企业名称中的字号;②该控股企业的名称不含行政区划。经国家工商行政管理总局核准,符合下列条件之一的企业法人,可以使用不含行政区划的企业名称:①国务院批准的;②国家工商行政管理总局登记注册的;③注册资本(或注册资金)不少于5000万元的;④国家工商行政管理总局另有规定的。除国务院决定设立的企业外,企业名称不得冠以"中国""中华""全国""国家""国际"等字样。在企业名称中间使用"中国""中华""全国""国家""国际"等字样的,该字样应是行业的限定语。使用外国(地区)出资企业字号的外商独资企业、外方控股的外商投资企业,可以在名称中间使用“(中国)”字样。

(2)企业字号,即构成本企业与其他企业区别标志的文字符号,是狭义上的商号。企业名称中的字号应当由2个以上的字组成。行政区划不得用作字号,但县以上行政区划的地名具有其他含义的除外。企业名称可以使用自然人投资人的姓名作为字号,如“北京法豪文化发展有限责任公司”中的“法豪”即为字号。企业的字号是其名称的最重要的组成部分,保护已登记企业名称的专用权其实质就是保护企业的字号不被他人非法使用。

(3)企业所属行业或经营特点,即公司的主要营业性质或范围。公司应当依照其主营业务,根据国家行业分类标准划分的类别,在公司名称中标明所属行业或经营特点,如“北京法豪文化发展有限责任公司”中的“文化”即是其行业。企业名称中的行业表述应当是反映企业经济活动性质所属国民经济行业或者企业经营特点的用语。企业名称中行业用语表述的内容应当与企业经营范围一致。企业经济活动性质分别属于国民经济行业不同大类的,应当选择主要经济活动性质所属国民经济行业类别用语表述企业名称中的行业。企业名称中不使用国民经济行业类别用语表述企业所从事行业的,应当符合以下条件:①企业经济活动性质分别属于国民经济行业5个以上大类;②企业注册资本(或注册资金)1亿元以上或者是企业集团的母公司;③与同一工商行政管理机关核准或者登记注册的企业名称中字号不相同。企业为反映其经营特点,可以在名称中的字号之后使用国家(地区)名称或者县级以上行政区划的地名。上述地名不视为企业名称中的行政区划,如“北京法豪四川火锅有限公司”“北京法豪韩国烧烤有限公司”,其中“四川火锅”“韩国烧烤”均视为企业的经营特点。企业名称不应当明示或者暗示有超越其经营范围的业务。

(4)企业组织形式,是由企业的设立条件和企业承担责任的不同决定的。我国的企业组织形式主要有公司和合伙企业、个人独资企业等法人和非法人企业。企业名称中必须体现企业的特定组织形式如“北京法豪文化发展有限责任公司”中的“有限责任公司”就是其组织形式。《公司法》第2条规定,本法所称公司是指依照本法在中国境内设立的有限责任公司和股份有限公司。该法第8条规定,依照本法设立的有限责任公司,必须在公司名称中标明有限责任公司或者有限公司字样。依照本法设立的股份有限公司,必须在公司名称中标明股份有限公司或者股份公司字样。此外,一人有限责任公司应当在公司登记中注明自然人独资或者法人独资,并在公司营业执照中载明。《合伙企业法》第2条规定,本法所称合伙企业,是指自然人、法人和其他组织依照本法在中国境内设立的普通合伙企业和有限合伙企业。该法第15条规定,合伙企业名称中应当标明“普通合伙”字样。该法第56条规定,特殊的普通合伙企业名称中应当标明“特殊普通合伙”字样。该法第62条规定,有限合伙企业名称中应当标明“有限合伙”字样。《个人独资企业法》第11条规定,个人独资企业的名称应当与其责任形式及从事的营业相符合。因此,个人独资企业的名称中不得使用“有限”“有限责任”或者“公司”字样。

2. 企业名称预先核准程序

根据《中华人民共和国公司登记管理条例》(以下简称《公司登记管理条例》)和《企业名称登记管理实施办法》的规定,企业设立登记应依法向有管辖权的工商行政管理机关申请名称预先核准。

《企业名称登记管理实施办法》第4条规定,各级工商行政管理机关应当依法核准登记企业名称。超越权限核准的企业名称应当予以纠正。该办法第5条规定,工商行政管理机关对企业名称实行分级登记管理。国家工商行政管理总局主管全国企业名称登记管理工作,并负责核准下列企业名称:(1)冠以“中国”“中华”“全国”“国家”“国际”等字样的;(2)在名称中间使用“中国”“中华”“全国”“国家”等字样的;(3)不含行政区划的。地方工商行政管理局负责核准前款规定以外的下列企业名称:(1)冠以同级行政区划的;(2)同级行政区划放在字号之后,组织形式之前的。

《公司登记管理条例》第17条规定,设立公司应当申请名称预先核准。法律、行政法规或者国务院决定规定设立公司必须报经批准,或者公司经营范围中属于法律、行政法规或者国务院决定规定在登记前须经批准的项目的,应当在报送批准前办理公司名称预先核准,并以公司登记机关核准的公司名称报送批准。该条例第18条规定,设立有限责任公司,应当由全体股东指定的代表或者共同委托的代理人向公司登记机关申请名称预先核准;设立股份有限公司,应当由全体发起人指定的代表或者共同委托的代理人向公司登记机关申请名称预先核准。申请名称预先核准,应当提交下列文件:(1)有限责任公司的全体股东或者股份有限公司的全体发起人签署的公司名称预先核准申请书;(2)全体股东或者发起人指定代表或者共同委托代理人的证明;(3)国家工商行政管理总局规定要求提交的其他文件。该条例第19条规定,预先核准的公司名称保留期为6个月。预先核准的公司名称在保留期内,不得用于从事经营活动,不得转让。

《企业名称登记管理实施办法》第22条第2款规定,设立其他企业可以申请名称预先核准。该办法第23条规定,申请企业名称预先核准,应当由全体出资人、合伙人、合作者(以下统称投资人)指定的代表或者委托的代理人,向有名称核准管辖权的工商行政管理机关提交企业名称预先核准申请书。企业名称预先核准申请书应当载明企业的名称(可以载明备选名称)、住所、注册资本、经营范围、投资人名称或者姓名、投资额和投资比例、授权委托意见(指定的代表或者委托的代理人姓名、权限和期限),并由全体投资人签名盖章。企业名称预先核准申请书上应当粘贴指定的代表或者委托的代理人身份证复印件。

《企业名称登记管理实施办法》第24条规定,直接到工商行政管理机关办理企业名称预先核准的,工商行政管理机关应当场对申请预先核准的企业名称作出核准或者驳回的决定。予以核准的,发给《企业名称预先核准通知书》;予以驳回的,发给《企业名称驳回通知书》。通过邮寄、传真、电子数据交换等方式申请企业名称预先核准的,按照《企业登记程序规定》执行。

(二)文书的内容及制作方法

企业名称预先核准申请书一般为工商行政管理机关提供的格式文本,因此,应根据其说明和要求填写。要填写的内容主要有《投资人授权委托意见》和《名称预先核准申请表》。

1. 投资人授权委托意见

投资人授权委托意见是指作为投资人委托代表人或代理人向工商行政管理机关办理企业名称预先核准时,由投资人填写的授权委托意见。该授权委托意见由以下内容构成:

(1)代表人或代理人的姓名或名称及委托事项。不能亲自到工商行政管理机关办理企业名称预先核准的投资人可以委托其他投资人作为代表人办理企业名称预先核准事宜;全部投资人也可以委托其他人即非投资人作为代理人办理企业名称预先核准事宜。但无论哪种情况,委托人都应当准确填写被委托人或代理人的姓名,并准确说明委托事项。可表述为“兹授权委托×××(姓名或名称)作为代表或代理人办理企业名称预先核准事宜”。

(2)授权期限。授权期限是委托人授权代表人或代理人办理企业名称预先核准的期限,在授权期限届满后即代表人或代理人即无权办理企业名称预先核准事宜。因此,投资人应将授权期限的起止年月日作出明确约定。

(3)授权权限。投资人授权代表人或代理人办理企业名称预先核准事宜中,将可能发生需要修改申报文件、需要更正申报文件中的错误文字内容、改变预先商定的企业名称等。对此,应在授权委托意见中对代表人或代理人有无修改或能否作出决定的期限作出明确约定。代表人或代理人只能在授权的范围内从事活动,超越授权的行为无效。

(4)代表或代理人与投资人签名。代表或代理人根据要求提供身份证复印件并签名,注明身份证或身份证明文件号码,写明通信地址和邮政编码。全体投资人签名。办理内资名称预先核准的由全体股东(投资人、合伙人)签字或盖章,其中自然人股东(自然人投资者、合伙人)由本人签字;法人股东(法人投资者)加盖本单位公章;股份有限公司由董事会成员签字。办理外资名称预先核准的,合资、合作企业由中方投资者加盖单位公章,外方法人投资者由其法定代表人签名,自然人投资者由本人签名;独资企业自然人投资者由本人签名,法人投资者由其法定代表人签名。最后应注明年、月、日。

2. 名称预先核准申请表

(1)写明申请名称。申请名称即向工商行政管理机关申请预先核准的企业名称,除了填写该名称外,还应在备选字号栏目中填写几个备选字号,当申请名称已被他人登记注册时作为备用。如果申请核准的字号为他人登记注册使用的字号,应当取得字号合法拥有人的许可,并应向工商行政管理机关提供许可协议。

(2)企业类型。企业类型主要有内资和外资两大类型;其中内资主要包括有限责任公司(国有独资、自然人独资和法人独资)、股份有限公司、合伙企业(普通合伙、有限合伙和特殊普通合伙)、个人独资企业、农民专业合作组织、个体工商户、全民所有制企业、集体所有制企业和股份合作企业。外资企业主要包括独资企业(含港资、澳资和台资独资)、合资企业(含港资、澳资、台资)、合作企业(港资、澳资、台资)、外国公司分支机构、港澳个体工商户等。在名称预先核准申请表中应根据具体情况填写。

(3)企业住所。企业以其主要办事机构所在地为住所。这里所填的住所,是指企业的主要办事机构所在地。住所与经营场所不同,一个公司可以有多个经营场所,但经企业登记机关登记的企业的住所只能有一个,企业的住所只能在其企业登记机关辖区内。"住所"栏目应填写的地点应当具体,如"××市(县)××区(镇)××街道(村)××号"。

(4)企业的经营范围。企业的经营范围,是指企业营业活动的具体领域。企业的经营范围确定了企业营业活动的范围,也就明确了企业的行为能力。一般而言,企业行为不能超出公司的经营范围。企业经营范围中有法律、行政法规规定必须报经审批的项目的,应当办理审批范围手续,并应按批准的范围填写。"主营业务"是指企业所从事的主要经营项目(占单位增加值较大部分),如信息咨询、科技开发等。企业名称中的行业用语表述应当与其"主营业务"一致,不应当明示或者暗示有超越其经营范围的业务。申请跨行业从事经营活动的,经营范围中的第一项应当作为主营行业。

(5)投资人的基本情况。①投资人名称或姓名。投资人为自然人的,应当准确地填写投资人姓名;投资人为法人或其他组织的,应填写其名称。投资人名称或姓名应当与资格证明文件上的名称或身份证明文件的姓名一致,境外投资人应按照翻译原则填写中文名称或姓名,填写准确无误。申请设立分支机构,应在"投资人名称或姓名"栏目中填写所隶属企业名称。申请设立集团,应在"投资人名称或姓名"栏目中填写子企业名称。②投资人证照或身份证件号码。投资人为法人或其他组织的,应当填写其证照名称及其编号;投资人为自然人的,应填写其合法有效的身份证或居民户口簿上的证件号码。③投资人类型。根据投资人的不同,可根据是自然人、企业法人、事业法人、社团法人或其他经济组织等选择填写。④投资额。

可根据不同投资人拟出资的具体数额填写。⑤投资人的国别(地区)或省市(县)。外资企业的投资人填写国别(地区),内资企业投资人填写证照核发机关所在地省、市(县)。

(三)文书参考文本

企业名称预先核准申请书

> 敬　告
>
> 1. 请您认真阅读本表内容和有关注解事项。在申办登记过程中如有疑问,请您登录"××工商"网站(www.××××.gov.cn)—"网上办事"—"登记注册"模块查询相关内容,或直接到工商部门现场咨询。
> 2. 提交申请前,请您了解相关法律、法规,确知所享有的权利和应承担的义务。
> 3. 请您如实反映情况,确保申请材料的真实性。
> 4. 本申请书的电子版可通过上述网址获取。
> 5. 本申请书请使用正楷字体手填或打印填写。选择手工填写的,请您使用蓝黑或黑色墨水,保持字迹工整,避免涂改。选择打印填写的,请您填好后使用A4纸打印,按申请书完整页码顺序装订成册。

××市工商行政管理局
郑 重 承 诺

本人____________,接受投资人(合伙人)委托,现向登记机关申请名称预先核准,并郑重承诺:如实向登记机关提交有关材料,反映真实情况,并对申请材料实质内容的真实性负责。

委托人(投资人或合伙人之一)①　　　　申请人(被委托人)②

(签字或盖章)　　　　　　　　　　　(签字)

> 申请人身份证明复印件粘贴处
>
> [身份证明包括:中华人民共和国公民身份证(正反面)、护照(限外籍人士)、长期居留证明(限外籍人士)、港澳永久性居民身份证或特别行政区护照、台湾地区永久性居民身份证或护照、台胞证、军官退休证等]

联系电话:________________邮政编码:________________

通信地址:____

申请日期:　　　　年　　月　　日

注:①委托人可以是本申请书第3页"投资人(合伙人)名录"表中载明的任一投资人(合伙人)。委托人是自然人的,由本人亲笔签字;委托人为非自然人的,加盖其公章;委托人为外方非自然人的,由其法定代表人签字。

②申请人(被委托人)是指受投资人委托到登记机关办理名称预先核准的自然人,也可以是投资人(合伙人)中的自然人,由后者亲自办理的,无须委托人签字。

企业名称预先核准申请表

<table>
<tr><td>申请名称</td><td colspan="4"></td></tr>
<tr><td rowspan="3">备选字号</td><td>1</td><td></td><td>4</td><td></td></tr>
<tr><td>2</td><td></td><td>5</td><td></td></tr>
<tr><td>3</td><td></td><td>6</td><td></td></tr>
<tr><td>主营业务[①]</td><td colspan="4"></td></tr>
<tr><td rowspan="3">企业类型[②]</td><td colspan="4">内资：
公司制：□有限责任公司　□股份有限公司
非公司制：□全民所有制企业　□集体所有制企业　□股份合作
□合伙企业（□普通合伙　□有限合伙　□特殊普通合伙）
□个人独资企业　□农民专业合作组织　□个体工商户</td></tr>
<tr><td colspan="4">外资：□外资企业（全部由外国投资者投资）　□合资经营企业
□合作经营企业　□股份有限公司
□合伙企业（□普通合伙　□有限合伙　□特殊普通合伙）
□港澳台个体工商户</td></tr>
<tr><td colspan="4">□分支机构</td></tr>
<tr><td>字号许可方式
（无此项可不填写）</td><td colspan="2">□投资人字号/姓名许可
□商标授权许可
□非投资人字号许可</td><td>许可方名称（姓名）
及证照或证件号码</td><td></td></tr>
<tr><td>注册资本（金）或
资金数额或出资额
（营运资金）</td><td colspan="4">（小写）____________万元（如为外币请注明币种）________</td></tr>
<tr><td>备注说明</td><td colspan="4"></td></tr>
</table>

注：①“主营业务”是指企业所从事的主要经营项目。例如，信息咨询、科技开发等。企业名称中的行业用语表述应当与其“主营业务”一致。主营业务包括两项及以上的，以第一项主营业务确定行业用语。

②填写“企业类型”栏目时，请在相应选项对应的“□”内打“√”。“√”选“分支机构”类型的，请对其所从属企业的类型也进行“√”选。例如，北京华达贸易有限公司分公司的“企业类型”请选择有限责任公司和分支机构两种类型。

投资人（合伙人）名录[①]

序号	投资人（合伙人）[②]名称或姓名	投资人（合伙人）证照或身份证件号码	投资人[③]（合伙人）类型	拟投资额（出资额）（万元）	国别[④]（地区）或省市（县）
1					
2					

续表

序号	投资人(合伙人)② 名称或姓名	投资人(合伙人)证照或身份证件号码	投资人③(合伙人)类型	拟投资额(出资额)(万元)	国别④(地区)或省市(县)
3					
4					
5					
6					

注:①请您认真阅读《投资办照通用指南及风险提示》中有关投资人资格的说明,避免后期更换投资人给您带来不便。
②投资人(合伙人)名称或姓名应当与资格证明文件上的名称或身份证明文件的姓名一致,境外投资人(合伙人)名称或姓名应翻译成中文,填写准确无误。申请设立分支机构,请在"投资人(合伙人)名称或姓名"栏目中填写所隶属企业名称。
③"投资人(合伙人)类型"栏,填自然人、企业法人、事业法人、社团法人或其他经济组织。
④"国别(地区)或省市(县)"栏内,外资企业的投资人(合伙人)填写其所在国别(地区),内资企业投资人(合伙人)填写证照核发机关所在省、市(县)。

二、企业设立登记申请书

(一)文书制作的基本知识

企业设立登记是指企业登记申请人提出申请,经企业登记机关核准,将企业设立的事实记载在案并取得企业营业执照的过程。

1. 企业设立登记的效力

根据《中华人民共和国公司法》(以下简称《公司法》)、《中华人民共和国合伙企业法》(以下简称《合伙企业法》)和《中华人民共和国个人独资企业法》(以下简称《个人独资企业法》)的规定,设立企业应当依法向企业登记机关申请设立登记。对于企业设立来讲,法律、行政法规规定设立企业必须报经批准的,应当履行审批手续。企业设立申请,经企业登记机关核准登记注册后,即发生以下法律效力:依法设立的企业,由企业登记机关发给企业营业执照。营业执照签发日期为企业成立日期。企业自取得营业执照之日起即取得了合法经营的资格。企业对其营业执照所载明的企业名称具有专用权,企业可以自主使用和转让。

2. 企业设立的条件

根据《公司法》《合伙企业法》《个人独资企业法》的规定,公司和各类企业的设立应当符合法定条件。

《公司法》第23条规定,设立有限责任公司,应当具备下列条件:(1)股东符合法定人数;(2)有符合公司章程规定的全体股东认缴的出资额;(3)股东共同制定公司章程;(4)有公司名称,建立符合有限责任公司要求的组织机构;(5)有公司住所。该法第76条规定,设立股份有限公司,应当具备下列条件:(1)发起人符合法定人数;(2)有符合公司章程规定的全体发起人认购的股本总额或者募集的实收股本总额;(3)股份发行、筹办事项符合法律规定;

(4)发起人制定公司章程,采用募集方式设立的经创立大会通过;(5)有公司名称,建立符合股份有限公司要求的组织机构;(6)有公司住所。

《合伙企业法》第14条规定,设立普通合伙企业,应当具备下列条件:有两个以上合伙人。合伙人为自然人的,应当具有完全民事行为能力;有书面合伙协议;有合伙人认缴或者实际缴付的出资;有合伙企业的名称和生产经营场所;法律、行政法规规定的其他条件。根据该法第60条的规定,有限合伙企业及其合伙人适用《合伙企业法》第三章有限合伙企业的有关的规定;本章未作规定的,适用该法第二章第一节至第五节关于普通合伙企业及其合伙人的规定。该法第61条规定,有限合伙企业由2个以上50个以下合伙人设立;但是,法律另有规定的除外。有限合伙企业至少应当有1个普通合伙人。

《个人独资企业法》第8条规定,设立个人独资企业应当具备下列条件:(1)投资人为一个自然人;(2)有合法的企业名称;(3)有投资人申报的出资;(4)有固定的生产经营场所和必要的生产经营条件;(5)有必要的从业人员。

3. 企业设立登记的基本程序

(1)公司的设立程序。《公司法》第6条规定,设立公司,应当依法向公司登记机关申请设立登记。符合本法规定的设立条件的,由公司登记机关分别登记为有限责任公司或者股份有限公司;不符合本法规定的设立条件的,不得登记为有限责任公司或者股份有限公司。法律、行政法规规定设立公司必须报经批准的,应当在公司登记前依法办理批准手续。该法第7条第1款规定,依法设立的公司,由公司登记机关发给公司营业执照。公司营业执照签发日期为公司成立日期。该法第14条规定,公司可以设立分公司。设立分公司,应当向公司登记机关申请登记,领取营业执照。分公司不具有法人资格,其民事责任由公司承担。

①有限责任公司的设立。《公司登记管理条例》第20条进一步明确规定,设立有限责任公司,应当由全体股东指定的代表或者共同委托的代理人向公司登记机关申请设立登记。设立国有独资公司,应当由国务院或者地方人民政府授权的本级人民政府国有资产监督管理机构作为申请人,申请设立登记。法律、行政法规或者国务院决定规定设立有限责任公司必须报经批准的,应当自批准之日起90日内向公司登记机关申请设立登记;逾期申请设立登记的,申请人应当报批准机关确认原批准文件的效力或者另行报批。申请设立有限责任公司,应当向公司登记机关提交下列文件:公司法定代表人签署的设立登记申请书;全体股东指定代表或者共同委托代理人的证明;公司章程;股东的主体资格证明或者自然人身份证明;载明公司董事、监事、经理的姓名、住所的文件以及有关委派、选举或者聘用的证明;公司法定代表人任职文件和身份证明;企业名称预先核准通知书;公司住所证明;国家工商行政管理总局规定要求提交的其他文件。法律、行政法规或者国务院决定规定设立有限责任公司必须报经批准的,还应当提交有关批准文件。该条例第22条规定,公司申请登记的经营范围中属于法律、行政法规或者国务院决定规定在登记前须经批准的项目的,应当在申请登记前报经国家有关部门批准,并向公司登记机关提交有关批准文件。

②股份有限公司的设立。根据《公司登记管理条例》第21条的规定,设立股份有限公司,应当由董事会向公司登记机关申请设立登记。以募集方式设立股份有限公司的,应当于创立大会结束后30日内向公司登记机关申请设立登记。申请设立股份有限公司,应当向公司登记机关提交下列文件:公司法定代表人签署的设立登记申请书;董事会指定代表或者共同委托代理人的证明;公司章程;发起人的主体资格证明或者自然人身份证明;载明公司董事、监事、经理姓名、住所的文件以及有关委派、选举或者聘用的证明;公司法定代表人任职文件和身份证明;企业名称

预先核准通知书;公司住所证明;国家工商行政管理总局规定要求提交的其他文件。以募集方式设立股份有限公司的,还应当提交创立大会的会议记录;以募集方式设立股份有限公司公开发行股票的,还应当提交国务院证券监督管理机构的核准文件。法律、行政法规或者国务院决定规定设立股份有限公司必须报经批准的,还应当提交有关批准文件。该条例第22条规定,公司申请登记的经营范围中属于法律、行政法规或者国务院决定规定在登记前须经批准的项目的,应当在申请登记前报经国家有关部门批准,并向公司登记机关提交有关批准文件。

(2)合伙企业的设立程序。根据《合伙企业法》和《合伙企业登记管理办法》的有关规定,设立合伙企业,应当由全体合伙人指定的代表或者共同委托的代理人向企业登记机关申请设立登记。申请设立合伙企业,应当向企业登记机关提交下列文件:全体合伙人签署的设立登记申请书;全体合伙人的身份证明;全体合伙人指定代表或者共同委托代理人的委托书;合伙协议;全体合伙人对各合伙人认缴或者实际缴付出资的确认书;主要经营场所证明;国务院工商行政管理部门规定提交的其他文件。法律、行政法规或者国务院规定设立合伙企业须经批准的,还应当提交有关批准文件。合伙企业的经营范围中有属于法律、行政法规或者国务院规定在登记前须经批准的项目的,应当向企业登记机关提交批准文件。全体合伙人决定委托执行事务合伙人的,应当向企业登记机关提交全体合伙人的委托书。执行事务合伙人是法人或者其他组织的,还应当提交其委派代表的委托书和身份证明。法律、行政法规规定设立特殊的普通合伙企业,需要提交合伙人的职业资格证明的,应当向企业登记机关提交有关证明。申请人提交的登记申请材料齐全、符合法定形式,企业登记机关能够当场登记的,应予当场登记,发给合伙企业营业执照。除前述规定情形外,企业登记机关应当自受理申请之日起20日内,作出是否登记的决定。予以登记的,发给合伙企业营业执照;不予登记的,应当给予书面答复,并说明理由。合伙企业营业执照的签发之日,为合伙企业的成立日期。《合伙企业法》第12条规定,合伙企业设立分支机构,应当向分支机构所在地的企业登记机关申请登记,领取营业执照。

(3)个人独资企业的设立程序。根据《个人独资企业登记管理办法》第7条的规定,设立个人独资企业,应当由投资人或者其委托的代理人向个人独资企业所在地登记机关申请设立登记。该办法第9条规定,投资人申请设立登记,应当向登记机关提交下列文件:投资人签署的个人独资企业设立申请书;投资人身份证明;企业住所证明;国家工商行政管理局规定提交的其他文件。从事法律、行政法规规定须报经有关部门审批的业务的,应当提交有关部门的批准文件。委托代理人申请设立登记的,应当提交投资人的委托书和代理人的身份证明或者资格证明。根据该办法第10条的规定,个人独资企业设立申请书应当载明下列事项:企业的名称和住所;投资人的姓名和居所;投资人的出资额和出资方式;经营范围及方式。个人独资企业投资人以个人财产出资或者以其家庭共有财产作为个人出资的,应当在设立申请书中予以明确。该办法第11条规定,登记机关应当在收到本办法第9条规定的全部文件之日起15日内,作出核准登记或者不予登记的决定。予以核准的发给营业执照;不予核准的,发给企业登记驳回通知书。该办法第12条规定,个人独资企业营业执照的签发日期为个人独资企业成立日期。

4. 企业设立登记事项

企业登记事项是指企业登记主管机关进行企业注册时所包含的具体内容,它体现着企业的权利能务和行为能力。企业权利能力的内容,取决于企业设立的具体目的及其经营范围。企业的行为能力,是指企业以自己的意思表示取得权利、承担义务的能力。企业的类型不同,其登记事项也就不同,因而其权利能力和行为能力也就不同。即使同一类型的企业,虽然登记事项相同，但因其登记事项的内容不同，其权利能力和行为能力也不相同。企业的行为能力与它的权利能力同时产生，同时终止。企业行为能力的范围和内容与其权利能力的范围及其内容是同一的。依法核准的企业登记注册事项，是企业从事合法经营的法律依据，是登记主管机关监督检查的基础。因此，在企业设立登记时应当仔细斟酌，根据自身的实际情况和法律规定决定设立企业的类型以及企业设立事项的具体内容。

（1）公司的设立登记事项。根据《公司登记管理条例》第 9 条的规定，公司的登记事项包括：名称、住所、法定代表人姓名、注册资本、公司类型、经营范围、营业期限、有限责任公司股东或者股份有限公司发起人的姓名或者名称。该条例第 10 条规定，公司的登记事项应当符合法律、行政法规的规定。不符合法律、行政法规规定的，公司登记机关不予登记。

（2）合伙企业的设立登记事项。根据《合伙企业登记管理办法》第 6 条的规定，合伙企业的登记事项应当包括：名称、主要经营场所、执行事务合伙人、经营范围、合伙企业类型、合伙人姓名或者名称及住所、承担责任方式、认缴或者实际缴付的出资数额、缴付期限、出资方式和评估方式。合伙协议约定合伙期限的，登记事项还应当包括合伙期限。执行事务合伙人是法人或者其他组织的，登记事项还应当包括法人或者其他组织委派的代表（以下简称委派代表）。

（3）个人独资企业的设立登记事项。根据《个人独资企业登记管理办法》第 8 条的规定，个人独资企业的登记事项应当包括：企业名称、企业住所、投资人姓名和居所、出资额和出资方式、经营范围及方式。

（二）文书的内容及制作方法

1. 企业设立登记申请表

（1）企业名称。企业名称是指拟设立登记的企业名称。企业名称是指一个公司区别于其他企业的名字。按照公司和企业登记管理的有关行政法规和部门规章及《企业名称登记管理实施办法》的有关规定，设立公司应当申请名称预先核准，设立其他企业可以申请名称预先核准。因此，在这里所填写的企业名称应当是经企业登记机关预先核准的企业名称。对此，应当严格按照预先核准的名称填写。

（2）企业住所（经营场所）。企业以其主要办事机构所在地为住所。住所与经营场所不同，一个企业可以有多个经营场所，但只能有一个住所。企业住所应当符合下列规定：企业住所是企业主要办事机构所在地；经企业登记机关登记的企业的住所只能有一个；企业的住所应当在其公司登记机关辖区内。企业设立分支机构的，应登记营业场所。在“住所企业住所（经营场所）”栏目中，应填写为“×××市（县）××区（镇）××街道（村）××号（门牌号）”。

（3）法定代表人（负责人、投资人）姓名。根据《公司法》第 13 条的规定，公司法定代表人依照公司章程的规定，由董事长、执行董事或者经理担任，并依法登记。因此，法定代表人是由公司章程规定的代表公司行使职权的负责人。负责人是指企业设立的分支机构的负责人。在合伙企业中，按照合伙协议的约定或者经全体合伙人决定，可以委托一个或者数个合伙人对外代表合伙企业，执行合伙事务。因此，执行事务合伙人相当于企业负责人。投资人指个人独资企业的投资人。因此，应根据企业类型，将企业法定代表人、负责人和或投资人的有效身份证件中载明的姓名填写本栏目中。

（4）注册资本（出资数额）。《公司法》第 26 条规定，有限责任公司的注册资本为在公司登记机关登记的全体股东认缴的出资额。法律、行政法规以及国务院决定对有限责任公司注册资本实缴、注册资本最低限额另有规定的，从其规定。该法第 80 条规定，股份有限公司采取发起设立方式设立的，注册资本为在公司登记机关登记的全体发起人认购的股本总额。在发起人认购的股份缴足前,不得向他人募集股份。股份有限公司采取募集方式设立的,注册资本为在公司登记机关登记的实收股本总额。法律、行政法规以及国务院决定对股份有限公司注册资本实缴、注册资本最低限额另有规定的,从其规定。因此,对于公司的注册资本的数额应当按照上述规定填写。出资数额指合伙企业的合伙人认缴的出资或个人独资企业申报的出资,法律对此没有具体的数额要求,应当由投资人根据实际情况填写。

(5)经营范围。企业应根据自身的经营特点如实填写,企业申请登记的经营范围中有法律、行政法规规定必须报经审批的项目的,应当在申请登记前报经有关行政部门审批。公民、法人或者其他组织从事特定活动,依法需要取得行政许可的,应当向有关行政机关提出申请并取得行政许可。因此,应将许可经营项目和一般经营项目分别填写。

(6)营业期限。营业期限是公司设立人或发起人在公司章程或合伙协议中商定的或者个人独资企业的投资人决定的企业存续期间,在企业设立登记时应将营业期限的年限可填写为多少年或永久存续。

(7)副本数。按照规定,企业根据业务需要可以向登记机关申请核发若干执照副本,请将申领份数填写清楚。

2. 单位投资者名录

单位投资者名录是作为设立企业的投资人为单位(包括有限责任公司、股份有限责任公司、合伙企业或者个人独资企业)时,应填写的内容。该名录应当填写以下内容:出资单位名称、住所、法定代表人(投资人为合伙企业的,应填写合伙企业执行事务合伙人;投资人为个人独资企业的,应填写个人投资人)、营业执照号码和备注。对于出资单位应根据其企业的类型如有限责任公司、股份有限责任公司、普通合伙企业、特殊的普通合伙企业、有限合伙企业或者个人独资企业,填写其营业执照上的企业名称的全称和营业执照注册号。合伙企业应在"备注"栏内填写出资单位承担责任的方式是有限责任还是连带责任,以及是否是新设立企业的执行事务合伙人,并填写其委派代表的姓名。募集设立的股份有限公司应在"备注"栏内标注投资者是否为认股人。

3. 自然人投资者名录

自然人投资者名录是作为设立企业的股东、发起人、合伙人和个人独资企业投资人为自然人时应填写的内容。填写内容主要包括:投资人有效身份证件上所载明的姓名、性别、民族、户籍登记住址、证件名称及号码、国籍和备注等栏目。合伙企业应在"备注"栏内注明出资的自然人承担责任的方式是无限连带责任还是有限责任以及是否是执行事务合伙人。募集设立的股份有限公司应在"备注"栏内标注投资者是否为认股人。

4. 投资者注册资本、出资额缴付情况

作为设立企业的法人投资者、自然人投资者均应填写本表中的有关栏目。作为设立企业的法人投资人的名称应当填写其依法取得的营业执照上载明的名称;作为设立企业的自然人投资人的姓名应当填写其有效身份证件中载明的姓名。

《公司法》第 26 条第 1 款规定,有限责任公司的注册资本为在公司登记机关登记的全体股东认缴的出资额。根据该法第 28 条第 1 款的规定,股东应当按期足额缴纳公司章程中规定的各自所认缴的出资额。

《公司法》第 27 条规定,股东可以用货币出资,也可以用实物、知识产权、土地使用权等可以用货币估价并可以依法转让的非货币财产作价出资;但是,法律、行政法规规定不得作为出资的财产除外。对作为出资的非货币财产应当评估作价,核实财产,不得高估或者低估作价。

法律、行政法规对评估作价有规定的,从其规定。该法第 28 条规定,股东应当按期足额缴纳公司章程中规定的各自所认缴的出资额。股东以货币出资的,应当将货币出资足额存入有限责任公司在银行开设的账户;以非货币财产出资的,应当依法办理其财产权的转移手续。股东不按照前款规定缴纳出资的,除应当向公司足额缴纳外,还应当向已按期足额缴纳出资的股东承担违约责任。该法第 29 条规定,股东认足公司章程规定的出资后,由全体股东指定的代表或者共同委托的代理人向公司登记机关报送公司登记申请书、公司章程、验资证明等文件,申请设立登记。该法第 30 条规定,有限责任公司成立后,发现作为设立公司出资的非货币财产的实际价额显著低于公司章程所定价额的,应当由交付该出资的股东补足其差额;公司设立时的其他股东承担连带责任。

《公司法》第 82 条规定,发起人的出资方式,适用本法第 27 条的规定。该法第 83 条规定,以发起设立方式设立股份有限公司的,发起人应当书面认足公司章程规定其认购的股份;一次缴纳的,应即缴纳全部出资;分期缴纳的,应即缴纳首期出资。以非货币财产出资的,应当依法办理其财产权的转移手续。发起人不依照前款规定缴纳出资的,应当按照发起人协议承担违约责任。发起人首次缴纳出资后,应当选举董事会和监事会,由董事会向公司登记机关报送公司章程以及法律、行政法规规定的其他文件,申请设立登记。该法第 84 条规定,以募集设立方式设立股份有限公司的,发起人认购的股份不得少于公司股份总数的 35%;但是,法律、行政法规另有规定的,从其规定。

《合伙企业法》第 16 条规定,合伙人可以用货币、实物、知识产权、土地使用权或者其他财产权利出资,也可以用劳务出资。合伙人以实物、知识产权、土地使用权或者其他财产权利出资,需要评估作价的,可以由全体合伙人协商确定,也可以由全体合伙人委托法定评估机构评估。合伙人以劳务出资的,其评估办法由全体合伙人协商确定,并在合伙协议中载明。该法第 17 条规定,合伙人应当按照合伙协议约定的出资方式、数额和缴付期限,履行出资义务。以非货币财产出资的,依照法律、行政法规的规定,需要办理财产权转移手续的,应当依法办理。根据《个人独资企业法》第 8 条第 3 项的规定,设立个人独资企业应当有投资人申报的出资。

根据上述规定可以看出,有限责任公司的股东和股份责任公司的发起人应将注册资本的认缴情况、设立时实际缴付情况和分期缴付情况按照登记申请书的要求进行填写。"认缴情况"填写投资者出资总额的情况,公司制企业应在合计的出资额中填写货币出资的数额,其他企业无须填写货币出资数额。"分期缴付情况"按照章程、合伙协议约定的期次填写,个人独资企业不填分期缴付情况。"出资方式"栏,公司制企业应依据章程以"货币""实物""知识产权""土地使用权""股权"的表述方式填写;合伙企业应依据合伙协议以"货币""实物""土地使用权""知识产权""劳务"的表述方式填写并注明评估方式;个人独资企业的投资人如以个人财产或以其家庭共有财产作为个人出资的,应在"出资方式"栏内注明。投资人若以多种方式出资,应按每种方式分行填写。

5. 法定代表人、负责人登记表

公司法定代表人、企业分支机构负责人、个人独资企业投资人、执行事务合伙人首先应当按照下列栏目填写:企业名称、姓名、性别、证件名称及号码、国籍、户籍登记住址、民族、文化程度、政治面貌、出生日期、联系电话等,其中,外籍人员无须填写政治面貌、民族。其次应当填写个人简历。个人简历应当自具有完全民事行为能力之日填起至今,并不得间断。根据《民法通则》第 11 条的规定,18 周岁以上的公民是成年人,具有完全民事行为能力,可以独立进行民事活动,是完全民事行为能力人。16周岁以上不满18周岁的公民,以自己的劳动收入为主要生活来源的,视为完全民事行为能力人。公司法定代表人、企业分支机构负责人、个人独资企业投资人、执行事务合伙人其具有完全民事行为能力的时间应根据上述规定确定。填写的内容应包括每一阶段的起止时间、所在单位名称和任职情况。再次由设立企业对证明其具有完全民事行为能力和任命或委派法定代表人或负责人加盖公章。全民所有制、集体所有制企业及其分支机构、集体所有制(股份合作)企业的分支机构应在“盖章(签字)”处加盖任命单位公章;个人独资企业分支机构应在“盖章(签字)”处由投资人签字;分公司应在“盖章(签字)”处加盖公司公章,其他类型企业无须盖章、签字。合伙企业委托执行事务合伙人或委派执行分支机构事务负责人的,应由全体合伙人在“盖章(签字)”处签字;但全体合伙人均为执行事务合伙人的,无须全体合伙人签字。合伙企业执行事务合伙人是法人或其他组织的,本表填写其委派代表的情况。最后应当按照要求在个人简历登记表的右上方的粘贴处粘贴一寸免冠近照。

6. 企业法定代表人(主要负责人)承诺

《公司法》第146条规定,有下列情形之一的,不得担任公司的董事、监事、高级管理人员:(1)无民事行为能力或者限制民事行为能力;(2)因贪污、贿赂、侵占财产、挪用财产或者破坏社会主义市场经济秩序,被判处刑罚,执行期满未逾5年,或者因犯罪被剥夺政治权利,执行期满未逾5年;(3)担任破产清算的公司、企业的董事或者厂长、经理,对该公司、企业的破产负有个人责任的,自该公司、企业破产清算完结之日起未逾3年;(4)担任因违法被吊销营业执照、责令关闭的公司、企业的法定代表人,并负有个人责任的,自该公司、企业被吊销营业执照之日起未逾3年;(5)个人所负数额较大的债务到期未清偿。公司违反前款规定选举、委派董事、监事或者聘任高级管理人员的,该选举、委派或者聘任无效。董事、监事、高级管理人员在任职期间出现本条第1款所列情形的,公司应当解除其职务。因此,在企业设立登记申请书中,法定代表人、主要负责人包括分支机构的负责人,合伙企业的执行事务合伙人(委派代表),个人独资企业的投资人,应当向工商行政管理机关郑重声明不具有《公司法》第146条第1款规定的任何一种情形,并承诺本表所填内容不含虚假成分,现亲笔签字确认和注明年、月、日。

7. 董事会成员、经理、监事任职证明

董事会成员、经理、监事任职证明是设立登记有限责任公司和股份有限责任公司的董事会成员、经理、监事任职必须填写的内容,其填写事项包括姓名、性别、国籍、民族、证件名称及号码、户籍登记住址、出生日期、政治面貌、文化程度、职务、任职期限、产生方式和联系电话等。

根据《公司法》第44条第1款和第3款的规定,有限责任公司设董事会,其成员为3人至13人。但是,本法第50条另有规定的除外。董事会设董事长1人,可以设副董事长。两个以上的国有企业或者两个以上的其他国有投资主体投资设立的有限责任公司,其董事会成员中应当有公司职工代表;其他有限责任公司董事会成员中可以有公司职工代表。董事会中的职工代表由公司职工通过职工代表大会、职工大会或者其他形式民主选举产生。董事长、副董事长的产生办法由公司章程规定。该法第45条第1款规定,董事任期由公司章程规定,但每届任期不得超过3年。董事任期届满,连选可以连任。根据该法第49条的规定,有限责任公司可以设经理,由董事会决定聘任或者解聘。但是,根据该法第50条的规定,股东人数较少或者规模较小的有限责任公司,可以设1名执行董事,不设董事会。执行董事可以兼任公司经理。该法第51条规定，有限责任公司设监事会，其成员不得少于3人。股东人数较少或者规模较小的有限责任公司，可以设1名至2名监事，不设监事会。监事会应当包括股东代表和适当比例的公司职工代表，其中职工代表的比例不得低于1/3，具体比例由公司章程规定。监事会中的职工代表由公司职工通过职工代表大会、职工大会或者其他形式民主选举产生。监事会设主席1人，由全体监事过半数选举产生。监事会主席召集和主持监事会会议；监事会主席不能履行职务或者不履行职务的，由半数以上监事共同推举1名监事召集和主持监事会会议。董事、高级管理人员不得兼任监事。该法第52条第1款规定，监事的任期每届为3年。监事任期届满，连选可以连任。

根据《公司法》第108条的规定，股份有限公司设董事会，其成员为5人至19人。董事会成员中可以有公司职工代表。董事会中的职工代表由公司职工通过职工代表大会、职工大会或者其他形式民主选举产生。董事任期由公司章程规定，但每届任期不得超过3年。董事任期届满，连选可以连任。该法第109条规定，董事会设董事长1人，可以设副董事长。董事长和副董事长由董事会以全体董事的过半数选举产生。该法第113条规定，股份有限公司设经理，由董事会决定聘任或者解聘。本法第49条关于有限责任公司经理职权的规定，适用于股份有限公司经理。该法第114条规定，公司董事会可以决定由董事会成员兼任经理。根据该法第117条的规定，股份有限公司设监事会，其成员不得少于3人。监事会应当包括股东代表和适当比例的公司职工代表，其中职工代表的比例不得低于1/3，具体比例由公司章程规定。监事会中的职工代表由公司职工通过职工代表大会、职工大会或者其他形式民主选举产生。监事会设主席1人，可以设副主席。监事会主席和副主席由全体监事过半数选举产生。董事、高级管理人员不得兼任监事。本法第52条关于有限责任公司监事任期的规定，适用于股份有限公司监事。

其中，职务应当填写是董事长、董事、执行董事、经理还是监事、监事会主席，其任职期限及其产生方式应当符合《公司法》的规定。姓名应当由其本人亲自填写，如不能在表中签名的，应另提交董事长（执行董事）、董事、经理、监事会主席、监事对登记事项签字确认的文件。本任职证明应当由全体股东盖章（签字），股东为自然人的，由股东签字；股东为非自然人的，加盖股东单位公章。不能在此页盖章（签字）的，应提交有关选举、聘用证明文件。请将董事（理事）、经理人员的身份证复印件粘贴在下一页。

8. 企业住所（经营场所）证明

企业以其主要办事机构所在地为住所，拟设立企业的住所或其拟设立的分支机构的经营场所，是企业设立登记申请书中必须填写的事项。企业住所（经营场所）证明中应首先填写拟设立的企业或企业分支机构的名称。其次应填写企业住所（经营场所）的具体地址，如“××市（县）××区（镇）××街道（村）××号房间”。再次应填写财产权人证明，证明内容应载明产权人同意将位于上述地址的多大面积的房屋以何种方式（如自有、租赁或借用）提供给该企业使用，并载明使用期限为多少年。产权人应在“产权人证明”栏内签字、盖章。产权人为单位的加盖单位公章，产权人为自然人的由本人签字，同时提交由产权单位盖章或产权人签字的《房屋所有权证》复印件。最后注明年、月、日。

9. 住所（经营场所）登记表

将住宅楼内的房屋改变为经营性用房作为住所（经营场所）的，应当符合国家法律、法规、管理规约的规定，并按以下要求提交有关文件：已经取得《房屋所有权证》的，提交由产权人签字的房屋所有权证复印件；购买的商品房未取得《房屋所有权证》的，提交由购房人签字或购房单位盖章的购房合同复印件及加盖房地产开发商公章的商品房预售许可证复印件;租赁商品房或开发商以所开发的商品房自用作为住所,尚未取得《房屋所有权证》的,可提交开发商的房屋预售许可证及营业执照的复印件;取得《再就业优惠证》的下岗失业人员以其租赁的公有住房作为住所的,应当提交公有住房租赁合同复印件,并由本人在"产权人签字"处签字,但该签字不具有证明产权归签字人所有的效力;以其购买单位房改房作为经营住所的,应提交购买单位房改房合同及购房发票的复印件。除提交上述文件外,还应填写《住所(经营场所)登记表》及《关于同意将住宅改变为经营性用房的证明》。

《住所(经营场所)登记表》应当填写拟设立登记的企业(公司)名称和住所(经营场所)。根据《物权法》第77条的规定,业主不得违反法律、法规以及管理规约,将住宅改变为经营性用房。业主将住宅改变为经营性用房的,除遵守法律、法规以及管理规约外,应当经有利害关系的业主同意。因此,本企业(公司)将住宅改变为经营性用房,应作出"遵守有关房屋管理的法律、法规以及管理规约的规定"和"已经有利害关系的业主同意的承诺"。对该承诺,公司股东或企业出资人应签名并注明年、月、日。

《关于同意将住宅改变为经营性用房的证明》是由企业设立人、投资人或出资人申请将住宅改变为作为企业住所或经营场所即经营性用房时向企业登记机构提交的证明文件。该证明文件的首部应当载明致送的公司登记机关名称。正文应首先写明申请目的,即申请人(拟设立登记的企业)申请将位于何处的住宅房作为住所(经营场所)。其次说明改变该房屋的使用用途已经有利害关系的业主同意,并已经居委会(业主委员会)确认。最后由居民委员会(业主委员会)盖章,并注明年、月、日。

10. 企业秘书(联系人)登记表

本表是为了工商管理行政部门保持与企业的联系、沟通、管理和传达有关政策的便利而要求设立登记企业应填写表格。企业秘书(联系人)的职责包括以下内容:及时转达工商行政管理部门对企业主要负责人传达的信息及相关的法律、法规、规章及政策性意见;向工商行政管理部门反映企业的需求或意见;保证工商行政管理部门与企业联系的及时畅通;接受工商行政管理部门的约见。担任企业秘书(联系人)的人员应当是下列人员之一:本企业正式工作人员;企业聘请的常年法律顾问;本企业的法定代表人(负责人、执行合伙企业事务的合伙人、投资人)或代表机构首席代表。外国地区企业常驻代表机构的秘书(联系人)应由首席代表或本机构聘用的雇员担任;合伙企业执行事务合伙人是法人或其他组织的,秘书(联系人)应是其委派的代表。

本登记表填写内容包括:企业名称、企业住所、秘书或联系人的姓名、证件号码及类型、秘书或联系人的居住地、通信地址、邮政编码、联系方式(包括固定电话、移动电话、电子邮件、传真电话)。秘书(联系人)身份证件复印件粘贴处粘贴其身份证复印件。对上述填写内容由法定代表人(负责人、执行事务合伙人、投资人、代表机构的首席代表)声明:"本人指定本表所填人员担任本企业的秘书(联系人)。本人对所填写内容予以确认。"最后,法定代表人(负责人、执行事务合伙人、投资人、代表机构的首席代表)签名,并注明年、月、日。

11. 核发《企业营业执照》情况

在本表格中由企业登记机关的发照人员签名,并注明发照的具体年、月、日。由领照人员声明领取1份营业执照正本1份和多少份副本。最后,由领照人员签名并注明领照的具体年、月、日。

(三)文书参考文本

公司设立登记申请书

公司名称:____________________

敬　告
1.请您认真阅读本表内容和有关注解事项。在申办登记过程中如有疑问,请您登录"××工商"网站(www.××××.gov.cn)—"网上办事"—"登记注册"模块查询相关内容,或直接到工商部门现场咨询。 2.提交申请前,请您了解相关法律、法规,确知所享有的权利和应承担的义务。 3.请您如实反映情况,确保申请材料的真实性。 4.本申请书的电子版可通过上述网址获取。 5.本申请书请使用正楷字体手填或打印填写。选择手工填写的,请您使用蓝黑或黑色墨水,保持字迹工整,避免涂改。选择打印填写的,请您填好后使用A4纸打印,按申请书完整页码顺序装订成册。

××市工商管理局
郑重承诺

本人____________拟任________________(公司名称)的法定代表人,现向登记机关提出公司设立申请,并就如下内容郑重承诺:

1.如实向登记机关提交有关材料,反映真实情况,并对申请材料实质内容的真实性负责。

2.经营范围涉及照后审批事项的,在领取营业执照后,将及时到相关审批部门办理审批手续,在取得审批前不从事相关经营活动。需要开展未经登记的后置审批事项经营的,将在完成经营范围变更登记后,及时办理相应审批手续,未取得审批前不从事相关经营活动。不从事本市产业政策禁止和限制类项目的经营活动。

3.本人不存在《公司法》第一百四十六条所规定的不得担任法定代表人的情形。

4.本公司一经设立将自觉参加年度报告,依法主动公示信息,对报送和公示信息的真实性、及时性负责。

5.本公司一经设立将依法纳税,依法缴纳社会保险费,自觉履行法定统计义务,严格遵守有关法律法规的规定,诚实守信经营。

法定代表人签名:

年　月　日

登记基本信息表

公司名称			
住　　所①	××市　　　区(县)　　　　　　(门牌号)		
生产经营地②	省(区、市)　　　市　　　县　　　　(门牌号)		
法定代表人③		注册资本④	万元
公司类型			

续表

经营范围			
营业期限	长期/____年	申请副本数	________份
股东(发起人)名称或姓名			

注:①填写住所时请列明详细地址,精确到门牌号或房间号,如"北京市××区××路(街)××号××室"。

②生产经营地用于核实税源,请如实填写详细地址;如不填写,视为与住所一致。发生变化的,由企业向税务主管机关申请变更。

③公司"法定代表人"指依据章程确定的董事长(执行董事或经理)。

④"注册资本"有限责任公司为在公司登记机关登记的全体股东认缴的出资额;发起设立的股份有限公司为在公司登记机关登记的全体发起人认购的股本总额;募集设立的股份有限公司为在公司登记机关登记的实收股本总额。

法定代表人、董事、经理、监事信息表[①]

股东在本表的盖章或签字视为对下列人员职务的确认。如可另行提交下列人员的任职文件,则无须股东在本表盖章或签字。

姓名	现居所[②]	职务信息			是否为法定代表人[⑤]	法定代表人移动电话
		职务[③]	任职期限	产生方式[④]		
全体股东盖章(签字)[⑥]:						

注:①本页不够填的,可复印续填。

②"现居所"栏,中国公民填写户籍登记住址,非中国公民填写居住地址。

③"职务"指董事长(执行董事)、副董事长、董事、经理、监事会主席、监事。上市股份有限

公司设置独立董事的应在“职务”栏内注明。

④“产生方式”按照章程规定填写，董事、监事一般应为“选举”或“委派”；经理一般应为“聘任”。

⑤担任公司法定代表人的人员，请在对应的“是否为法定代表人”栏内填“√”，其他人员勿填此栏。

⑥“全体股东盖章（签字）”处，股东为自然人的，由股东签字；股东为非自然人的，加盖股东单位公章。不能在此页盖章（签字）的，应另行提交有关选举、聘用的证明文件。

请将董事、经理、监事人员的身份证件复印件粘贴在本页，本页如不够粘贴可复印使用。

董事、经理、监事身份证件复印件粘贴处 （请正反面粘贴）	

董事、经理、监事身份证件复印件粘贴处 （请正反面粘贴）	

董事、经理、监事身份证件复印件粘贴处 （请正反面粘贴）	

住所证明

公司名称	
住　　所①	××市　　　　区（县）　　　　　（门牌号）
产权人证明②	同意将上述地址提供给该公司使用。 产权人盖章（签字）： 年　月　日

续表

需要证明情况③	上述住所产权人为______________,房屋用途为______________。 特此证明。 证明单位公章: 证明单位负责人签字: 年 月 日

注:①请在"住所"一栏写清详细地址,精确到门牌号或房间号,如"北京市××区××路(街)××号××室"。

②产权人为单位的,应在"产权人证明"一栏内加盖公章;产权人为自然人的,由产权人亲笔签字。同时需提交由产权人盖章或签字的《房屋所有权证》复印件。

③若住所暂未取得《房屋所有权证》,可由有关部门在"需要证明情况"一栏盖章,视为对该房屋权属、用途合法性的确认。具体可出证的情况请参见《投资办照通用指南及风险提示》。

自然人股东(发起人)身份证明粘贴页

请将自然人股东的身份证件复印件粘贴在本页,本页如不够粘贴可复印使用。

身份证件复印件粘贴处(请正反面粘贴)

身份证件复印件粘贴处(请正反面粘贴)

财务负责人信息[1]

姓 名		移动电话	
(身份证件复印件粘贴处)			

企业联系人信息[②]

姓　　名		移动电话	
（身份证件复印件粘贴处）			
企业公共联系方式	固定电话		
	电子邮箱		

敬请留意：

①财务负责人：一般由总会计师或财务总监担任，全面负责企业的财务管理、会计核算与监督工作。发生变化的，由企业向税务主管机关申请变更。

②企业联系人：负责本企业与工商等部门的联系沟通，及时转达工商部门对企业传达的信息及相关的法律、法规、规章及政策性意见；向工商部门反映企业的需求或意见。联系人凭本人个人信息登录企业信用信息公示系统依法向社会公示本企业有关信息。联系人应了解登记相关法规和企业信息公示有关规定，熟悉操作企业信用信息公示系统。企业联系人一经确认应当保持相对稳定，发生变化的，可以在企业申办变更登记时向登记机关进行备案。

核发营业执照情况

发照人员签字		发照日期	年　月　日
领执照情况	本人领取了执照正本一份，副本　　　份。 签字：　　　　　　　　　年　　月　　日		
备　　注			

三、合伙协议

（一）文书制作的基本知识

合伙协议，是由全体合伙人就设立合伙企业，在遵循自愿、平等、公平、诚实信用原则基础上，由全体合伙人在协商一致的基础上，就设立合伙企业类型及合伙人在合伙企业中的权利与义务等事项所订立的法律文书。

1. 合伙企业的种类

《合伙企业法》第2条第1款规定，合伙企业是指自然人、法人和其他组织依照本法在中国境内设立的普通合伙企业和有限合伙企业。可见，我国的合伙企业具有普通合伙企业和有限合伙企业两种基本形式，而普通合伙企业中又包括特殊的普通合伙企业。

（1）普通合伙企业。《合伙企业法》第2条第2款规定，普通合伙企业由普通合伙人组成，合伙人对合伙企业债务承担无限连带责任。本法对普通合伙人承担责任的形式有特别规定的，从其规定。可见，普通合伙企业主要是指由普通合伙人组成，合伙人对企业债务承担无限连带责任的企业。所谓普通合伙人是指按照合伙协议的约定出资并对合伙企业的债务承担无限连带责任的合伙人。所谓无限连带责任是指合伙人以自己的全部财产对合伙企业的债务承担无限责任;而合伙人之间对合伙企业债务的承担是连带的即所有合伙人对合伙企业的债务都负有全部偿还的义务,当偿还的数额超过自己应承担的数额时有权向其他合伙人追偿。

(2)特殊的普通合伙企业。根据《合伙企业法》第2条第2款的规定,本法对普通合伙人承担责任的形式有特别规定的,从其规定。该法第55条第1款和第2款规定,以专业知识和专门技能为客户提供有偿服务的专业服务机构,可以设立为特殊的普通合伙企业。特殊的普通合伙企业是指合伙人依照本法第57条的规定承担责任的普通合伙企业。该法第57条规定,一个合伙人或者数个合伙人在执业活动中因故意或者重大过失造成合伙企业债务的,应当承担无限责任或者无限连带责任,其他合伙人以其在合伙企业中的财产份额为限承担责任。合伙人在执业活动中非因故意或者重大过失造成的合伙企业债务以及合伙企业的其他债务,由全体合伙人承担无限连带责任。该法第58条规定,合伙人执业活动中因故意或者重大过失造成的合伙企业债务,以合伙企业财产对外承担责任后,该合伙人应当按照合伙协议的约定对给合伙企业造成的损失承担赔偿责任。

(3)有限合伙企业。《合伙企业法》第2条第3款规定,有限合伙企业由普通合伙人和有限合伙人组成,普通合伙人对合伙企业债务承担无限连带责任,有限合伙人以其认缴的出资额为限对合伙企业债务承担责任。

2. 合伙企业协议的形式与内容

《合伙企业法》第4条规定,合伙协议依法由全体合伙人协商一致、以书面形式订立。书面形式是指以文字等可以有形式再现内容的方式达成的协议。根据《合同法》第11条的规定,书面形式是指合同书、信件和数据电文(包括电报、电传、传真、电子数据交换和电子邮件)等可以有形地表现所载内容的形式。《电子签名法》第4条规定,能够有形地表现所载内容,并可以随时调取查用的数据电文,视为符合法律、法规要求的书面形式。合伙协议是合伙企业设立登记的法定条件之一,也是明确合伙人之间的权利义务的主要依据,因此采取书面形式订立合伙协议既是法律要求也是维护合伙人的利益和防范合伙企业发生纠纷的必要措施。

《合伙企业法》第18条的规定,设立普通合伙企业,合伙协议应当载明下列事项:(1)合伙企业的名称和主要经营场所的地点;(2)合伙目的和合伙经营范围;(3)合伙人的姓名或者名称、住所;(4)合伙人的出资方式、数额和缴付期限;(5)利润分配、亏损分担方式;(6)合伙事务的执行;(7)入伙与退伙;(8)争议解决办法;(9)合伙企业的解散与清算;(10)违约责任。根据该法第63条的规定,设立有限合伙企业,合伙协议除符合本法第18条的规定外,还应当载明下列事项:(1)普通合伙人和有限合伙人的姓名或者名称、住所;(2)执行事务合伙人应具备的条件和选择程序;(3)执行事务合伙人权限与违约处理办法;(4)执行事务合伙人的除名条件和更换程序;(5)有限合伙人入伙、退伙的条件、程序以及相关责任;(6)有限合伙人和普通合伙人相互转变程序。

(二)文书的内容及制作方法

1. 首部

首部为标题,应当载明"合伙协议",或者根据拟设立的合伙企业的种类载明合伙协议的名称,如"普通合伙协议""有限合伙协议"等。

2. 正文

(1)合伙企业的名称和主要经营场所的地点

合伙企业的名称是区别不同企业及其不同企业类型的标志,是企业实施民事法律行为和承担法律责任的必要条件。因此,设立合伙企业,必须在合伙协议中载明合伙企业的名称。根据《中华人民共和国合伙企业登记管理办法》(以下简称《合伙企业登记管理办法》)第 7 条的规定,合伙企业名称中的组织形式后应当标明“普通合伙”“特殊普通合伙”或者“有限合伙”字样,并符合国家有关企业名称登记管理的规定。合伙企业只能使用一个名称。经企业登记机关核准登记的企业名称受法律保护。

经营场所是合伙协议的绝对必要记载事项,也是设立合伙企业的法定条件之一,因此,在合伙协议中必须载明合伙协议的主要经营场所。主要经营场所是指合伙企业的主要经营活动的场所与地点或主要办事机构所在地。根据《合伙企业登记管理办法》第 8 条的规定,经企业登记机关登记的合伙企业主要经营场所只能有一个,并且应当在其企业登记机关登记管辖区域内。在合伙协议中应当对合伙企业的主要经营场所填写准确,可填写为“×××市(县)××区(镇)××路(街道)××号房间”。

(2)合伙目的和合伙经营范围

合伙目的是指合伙企业的经营目的或财产目的。合伙经营范围是指合伙企业所从事的主要业务范围,包括生产、经营的商品类别、品种及服务项目。合伙企业的经营范围是体现合伙企业权利能力和行为能力的主要标志,因此,必须在合伙协议中作出明确规定。合伙企业从事经营活动,必须遵守法律、行政法规,经营范围中需要审批的项目应依法经有关部门审批。诸如,对于国家禁止经营的,如买卖枪支、弹药,毒品等,不得从事经营;对于施行垄断经营的行业一般由国家控制经营,合伙企业不得介入;对于国家限制经营的行业,如银行、保险、医院、学校、律师事务所和会计师事务所等中介机构一般采取行政许可和市场准入制度,只有经过有关行政管理部门依法审核、批准,方可从事经营。对于不受国家限制或禁止以及不必经过审批的经营范围,在合伙协议中具体载明即可。

(3)合伙人的姓名或者名称、住所

根据《合伙企业法》第 2 条的规定,合伙企业,是指自然人、法人和其他组织依照本法在中国境内设立的普通合伙企业和有限合伙企业。可见,合伙人可以是自然人、法人和其他组织。该法第 3 条规定,国有独资公司、国有企业、上市公司以及公益性的事业单位、社会团体不得成为普通合伙人。根据该法第 18 条第 3 项的规定,合伙人的姓名或者名称、住所是合伙协议的绝对记载事项。根据该法第 63 条第 1 项的规定,设立有限合伙企业,合伙协议应当载明普通合伙人和有限合伙人的姓名或者名称、住所。

合伙人是自然人的,其姓名应当依其合法有效的身份证件如身份证或者户口簿所载明的为准,如乳名、笔名或者昵称、绰号、网名等不能作为订立合伙协议时的姓名;法人或者其他组织的名称应以在国家有关部门所登记、注册的全称为准,简称或者变更后未经登记、注册的名称不能作为订立合伙协议时的名称。设立有限合伙企业时应当对合伙人是何种合伙人即普通合伙人还是有限合伙人在合伙协议中载明。

公民以他的户籍所在地的居住地为住所,经常居住地与住所不一致的,经常居住地视为住所。法人或其他组织以其主要办事机构或主要经营场所为住所。在合伙协议中应将合伙人的住所载明。

(4)合伙人出资的方式、数额和缴付出资的期限

合伙人的出资,是指合伙人以其合法所有或依法能够支配的财产及财产权利对设立中的合伙企业进行入资。合伙人的出资方式是指合伙人以何种财产向合伙企业出资。根据《合伙企业法》第16条第1款的规定,普通合伙人可以用货币、实物、知识产权、土地使用权或者其他财产权利出资,也可以用劳务出资。该法第64条规定,有限合伙人可以用货币、实物、知识产权、土地使用权或者其他财产权利作价出资。有限合伙人不得以劳务出资。

合伙人的出资数额是指合伙人对合伙企业具体出资额,包括一定量的货币额或者以其他方式出资时评估价值数额或协商价值数额。根据《合伙企业法》第16条第2款和第3款的规定,合伙人以实物、知识产权、土地使用权或者其他财产权利出资,需要评估作价的,可以由全体合伙人协商确定,也可以由全体合伙人委托法定评估机构评估。合伙人以劳务出资的,其评估办法由全体合伙人协商确定,并在合伙协议中载明。合伙人缴付出资的期限是指在合伙人为设立合伙企业在合伙协议中商定和载明的缴付货币或转移财产权利的日期或期限。

《合伙企业法》第17条规定,合伙人应当按照合伙协议约定的出资方式、数额和缴付期限,履行出资义务。以非货币财产出资的,依照法律、行政法规的规定,需要办理财产权转移手续的,应当依法办理。该法第65条规定,有限合伙人应当按照合伙协议的约定按期足额缴纳出资;未按期足额缴纳的,应当承担补缴义务,并对其他合伙人承担违约责任。可见,出资方式、数额和缴付期限是判断合伙人是否履行合伙协议和承担违约责任的依据,因此,合伙人应当在合伙协议中对每一个合伙人的出资方式、数额和缴付期限作出明确约定。

(5)利润分配和亏损分担办法

合伙企业的利润,是指合伙企业的总收入除去合伙企业的经营成本及税后所得。合伙企业的亏损,则是指合伙企业的总收入与经营成本之间的差额。《合伙企业法》第33条第1款规定,合伙企业的利润分配、亏损分担,按照合伙协议的约定办理;合伙协议未约定或者约定不明确的,由合伙人协商决定;协商不成的,由合伙人按照实缴出资比例分配、分担;无法确定出资比例的,由合伙人平均分配、分担。因此,合伙企业中合伙人按照合伙协议的约定分享利润和承担亏损的义务,合伙人应当在合伙协议中对此作出明确约定。合伙人可以通过以下方式约定利润分配和亏损办法:约定按照出资比例分配利润和承担亏损;由合伙人平均分配利润和承担亏损;或者根据合伙人的出资比例及对企业的经营贡献、责任大小等其他因素综合考虑,对各合伙人的利润分享和亏损承担比例或者具体数额作出约定。不管采取何种方式,都应当由合伙人在公平、自愿、平等的基础上自由商定。

合伙人应当在合伙协议约定的利润分享和亏损分担办法不得违背《合伙企业法》的有关规定。根据该法第33条第2款的规定,在普通合伙协议中,合伙人不得约定将全部利润分配给部分合伙人或者由部分合伙人承担全部亏损。根据该法第57条的规定,在特殊的普通合伙企业中,一个合伙人或者数个合伙人在执业活动中因故意或者重大过失造成合伙企业债务的,应当承担无限责任或者无限连带责任,其他合伙人以其在合伙企业中的财产份额为限承担责任。合伙人在执业活动中非因故意或者重大过失造成的合伙企业债务以及合伙企业的其他债务,由全体合伙人承担无限连带责任。因此,合伙人在特殊的普通合伙协议时,对亏损分担办法的约定亦不得违背该条规定。该法第69条规定,有限合伙企业不得将全部利润分配给部分合伙人;但是,合伙协议另有约定的除外。根据该条规定,在有限合伙协议中,合伙人可以约定有限合伙企业的全部利润分配给部分合伙人,但对于亏损则不得约定由部分合伙人承担。

(6)合伙事务的执行

合伙事务主要包括对合伙企业的经营决策、对经营决策事项的执行和落实以及对执行合伙事务的监督。合伙事务的执行主要是指对合伙人经营决策事项的执行和处理合伙企业与外部有关的事务。《合伙企业法》第26条规定,合伙人对执行合伙事务享有同等的权利。按照合伙协议的约定或者经全体合伙人决定,可以委托一个或者数个合伙人对外代表合伙企业,执行合伙事务。作为合伙人的法人、其他组织执行合伙事务的,由其委派的代表执行。该法第27条规定,依照本法第26条第2款规定委托一个或者数个合伙人执行合伙事务的,其他合伙人不再执行合伙事务。不执行合伙事务的合伙人有权监督执行事务合伙人执行合伙事务的情况。可见,合伙协议中可以约定由合伙人委托的代表即执行事务合伙人执行合伙事务。合伙事务不论是由执行合伙人执行还是由合伙人分别执行,在不亲自执行合伙事务的情形下,合伙人对执行合伙事务具有监督权、异议权;合伙人为了解合伙企业的经营状况和财务状况,有权查阅合伙企业会计账簿等财务资料。受委托执行合伙事务的合伙人不按照合伙协议或者全体合伙人的决定执行事务的,其他合伙人可以决定撤销该委托。合伙人的这些权利不得在合伙协议中排除。

《合伙企业法》第30条规定,合伙人对合伙企业有关事项作出决议,按照合伙协议约定的表决办法办理。合伙协议未约定或者约定不明确的,实行合伙人一人一票并经全体合伙人过半数通过的表决办法。本法对合伙企业的表决办法另有规定的,从其规定。因此,合伙人最好在合伙协议约定对合伙企业有关事项作出决议的表决办法。

根据《合伙企业法》第31条的规定,除合伙协议另有约定外,合伙企业的下列事项应当经全体合伙人一致同意:①改变合伙企业的名称;② 改变合伙企业的经营范围、主要经营场所的地点;③ 处分合伙企业的不动产;④转让或者处分合伙企业的知识产权和其他财产权利;⑤以合伙企业名义为他人提供担保;⑥聘任合伙人以外的人担任合伙企业的经营管理人员。据此,合伙人可以在合伙协议中,对上述事项的决定程序作出不同的规定,诸如:可以约定上述事项须经过半数以上或者2/3以上,或者须经占出资额一半或2/3以上比例的合伙人同意,等等。

《合伙企业法》第32条规定,合伙人不得自营或者同他人合作经营与本合伙企业相竞争的业务。除合伙协议另有约定或者经全体合伙人一致同意外,合伙人不得同本合伙企业进行交易。合伙人不得从事损害本合伙企业利益的活动。据此,为了合伙企业的共同利益,或者在不损害本合伙企业和其他合伙人利益的情况下,若允许某个合伙人可以与同本合伙企业进行交易,或者允许其在合伙活动之外进行与本合伙企业相同的业务的,应当在合伙协议中作出明确规定。

合伙人按照合伙协议的约定出资是其法定义务,在合伙协议订立并依法生效后,非经法定程序,合伙人不得任意增加或减少出资。对此,《合伙企业法》第34条明确规定,合伙人按照合伙协议的约定或者经全体合伙人决定,可以增加或者减少对合伙企业的出资。因此,合伙人在合伙协议中可以对增加或者出资的情形及其程序作出规定。

(7)执行事务合伙人应具备的条件和选择程序(只适用于有限合伙企业)

在有限合伙企业中,合伙人由普通合伙人和有限合伙人构成。普通合伙人对合伙企业债务承担无限连带责任,即对合伙企业的债务,普通合伙人与其他合伙人(包括有限合伙人)的责任是连带的;且普通合伙人承担的责任是无限的,当其在合伙企业中的财产不足以清偿其应承担的债务时,应以其在合伙企业之外的其他财产予以清偿。而有限合伙人,仅以其认缴的出资额为限对合伙企业债务承担责任,其对合伙企业的债务既不与其他合伙人承担连带责任,也不承担无限责任。在有限合伙企业中,一般说来普通合伙人较有限合伙人承担更大的责任,有限合伙企业能否盈利、其事业能否获得发展,对普通合伙人有更加直接的利害关系。因此,《合伙企业法》第67条规定,有限合伙企业由普通合伙人执行合伙事务。执行事务合伙人可以要求在合伙协议中确定执行事务的报酬及报酬提取方式。该法第68条第1款规定,有限合伙人不执行合伙事务,不得对外代表有限合伙企业。

尽管有限合伙人不承担无限连带责任,但是,为了保障其出资能够保值和升值,选择适当的执行事务合伙人极为重要,因此,选择执行事务合伙人是有限合伙人与普通合伙人的共同权利。对此,《合伙企业法》第63条第2项规定,在合伙协议中应当载明执行事务合伙人应具备的条件以及选择程序。执行事务合伙人负责执行企业的经营决策事项并代表合伙企业处理外部有关的事务,因此,执行事务合伙人所具备的条件应当根据合伙企业的性质、经营目的和经营范围和执行事项等在合伙协议中作出具体要求。为了防止执行事务合伙人选择中的不公和少数合伙人说了算,并做到有章可循,也应当在合伙协议中对选择程序作出明确规定。对于执行事务合伙人的选择程序可以作如下规定,如由全体合伙人一人一票,根据少数服从多数的原则选出;或者由全体合伙人一人一票,过半数者或过2/3者当选;或者由普通合伙人竞选,由过参加投票人的半数者当选,等等。总之,在合伙协议中所规定的执行事务合伙人的选择程序,应当以有利于实现合伙目的的实现和保证合伙财产的保值增值为出发点,由全体合伙人平等、自愿、协商的基础上加以规定,要充分体现合伙企业的自治性特点。

(8)执行事务合伙人权限与违约处理办法(只适用于有限合伙企业)

在有限合伙企业中,有限合伙人不执行合伙事务,不得对外代表有限合伙企业。执行事务合伙人执行合伙事务,代表合伙企业进行经营活动,由全体合伙人按照《合伙企业法》的规定和合伙协议的约定承担民事责任。因此,在合伙协议中应当对执行事务合伙人权限与违约处理办法作出规定。这样,可以限制执行事务合伙人滥用权力和给其他合伙人造成损失。根据《合伙企业法》的规定,只有不违反法律和行政法规的强制性规定,合伙协议对该条的规定具有任意性,即只要有利于保证和督促执行事务合伙人执行合伙事务,并且由全体合伙人协商一致和在合伙协议中载明,合伙协议生效后即产生法律约束力。为了保证执行事务合伙人严格按照合伙协议规定的权限行使权力和加强其责任意识,应当在授予其权力的同时对其滥用权力和超越权限的违约处理办法作出规定,以便当其违反规定行使权力时按照规定的办法进行处理。

(9)执行事务合伙人的除名条件和更换程序(只适用于有限合伙企业)

在有限合伙企业中,执行事务合伙人的执行能力、工作态度和工作作风及其人品,不仅影响到合伙事务的执行,而且影响到有限合伙企业的发展和全体合伙人的财产权益。因此,执行事务合伙人不符合合伙协议规定的条件的,合伙企业有权将其除名而更换符合条件的其他普通合伙人作为执行事务合伙人。为了实现顺利更换和避免除名争议的发生,因此,《合伙企业法》第63条第4项明确规定,应将执行事务合伙人的除名条件和更换程序在合伙协议中载明。对于执行事务合伙人的除名条件,可以根据执行事务合伙人给合伙事务造成危害的不当行为作出规定。如规定有下列情形之一的,可将执行事务合伙人除名:执行事务合伙人濒临破产、严重丧失商业信誉的;未履行出资义务的;因故意或者重大过失给合伙企业造成严重损失的;与合伙企业有同业竞争行为或有其他不正当行为的,等等。对执行事务合伙人的更换程序,可以参照上述第(7)部分规定的执行事务合伙人的选择程序作出规定。

(10)入伙与退伙

入伙,是指合伙企业存续期间,原合伙人之外的人包括公民、法人或其他组织,接受合伙企业的入伙条件,加入合伙企业成为新合伙人。《合伙企业法》第 43 条规定,新合伙人入伙,除合伙协议另有约定外,应当经全体合伙人一致同意,并依法订立书面入伙协议。订立入伙协议时,原合伙人应当向新合伙人如实告知原合伙企业的经营状况和财务状况。可见,在新合伙人的入伙程序上不需要经全体合伙人一致同意即只需要部分合伙人同意(如半数合伙人或多数合伙人)即可入伙的,应当在合伙协议中作出明确约定。因此,在新合伙人入伙时应当遵照合伙协议约定的入伙程序并应依法订立书面入伙协议。该法第 44 条规定,入伙的新合伙人与原合伙人享有同等权利,承担同等责任。入伙协议另有约定的,从其约定。新合伙人对入伙前合伙企业的债务承担无限连带责任。据此,入伙协议中可以约定入伙的新合伙人与原合伙人不享有同等权利和不承担同等责任。

退伙,是指合伙企业存续期间,合伙人退出合伙企业,不再为该合伙企业的合伙人。退伙分为法定事由的退伙、任意退伙和当然退伙。《合伙企业法》第 45 条规定了法定退伙事由,即合伙协议约定合伙期限的,在合伙企业存续期间,有下列情形之一的,合伙人可以退伙:①合伙协议约定的退伙事由出现;②经全体合伙人一致同意;③发生合伙人难以继续参加合伙的事由;④其他合伙人严重违反合伙协议约定的义务。该法第 46 条规定了任意退伙,即合伙协议未约定合伙期限的,合伙人在不给合伙企业事务执行造成不利影响的情况下,可以退伙,但应当提前 30 日通知其他合伙人。合伙人违反上述第 45 条、第 46 条的规定退伙的,应当赔偿由此给合伙企业造成的损失。该法第 48 条规定了当然退伙,即合伙人有下列情形之一的,当然退伙:①作为合伙人的自然人死亡或者被依法宣告死亡;②个人丧失偿债能力;③作为合伙人的法人或者其他组织依法被吊销营业执照、责令关闭、撤销,或者被宣告破产;④法律规定或者合伙协议约定合伙人必须具有相关资格而丧失该资格;⑤合伙人在合伙企业中的全部财产份额被人民法院强制执行。

《合伙企业法》第 51 条规定,合伙人退伙,其他合伙人应当与该退伙人按照退伙时的合伙企业财产状况进行结算,退还退伙人的财产份额。退伙人对给合伙企业造成的损失负有赔偿责任的,相应扣减其应当赔偿的数额。退伙时有未了结的合伙企业事务的,待该事务了结后进行结算。该法第 52 条规定,退伙人在合伙企业中财产份额的退还办法,由合伙协议约定或者由全体合伙人决定,可以退还货币,也可以退还实物。该法第 53 条规定,退伙人对基于其退伙前的原因发生的合伙企业债务,承担无限连带责任。该法第 54 条规定,合伙人退伙时,合伙企业财产少于合伙企业债务的,退伙人应当依照本法第 33 条第 1 款的规定分担亏损。

(11)有限合伙人入伙、退伙的条件、程序以及相关责任(只适用于有限合伙企业)

根据《合伙企业法》第 63 条第 5 项的规定,设立有限合伙企业时,有限合伙人入伙、退伙的条件、程序以及相关责任是合伙协议的绝对必要记载事项。

有限合伙人入伙,是指有限合伙企业存续期间,原合伙人之外的人包括公民、法人或其他组织作为有限合伙人,接受合伙企业的入伙条件,加入有限合伙企业。该法第 77 条规定,新入伙的有限合伙人对入伙前有限合伙企业的债务,以其认缴的出资额为限承担责任。在有限合伙协议中,可以对有限合伙企业存续期间,有限合伙人入伙的条件(包括其出资方式、技术要求、业务能力及信誉要求等),根据该合伙企业的特点作出约定。对新的有限合伙人的入伙程序应当在合伙协议中载明,可以作如下约定:应当经全体合伙人一致同意,或者应当经全体普通合伙人一致同意,或者经全体合伙人的 2/3 以上同意等,并依法订立书面入伙协议。对于该程序无论如何规定,都应当由全体合伙人在平等、自愿和充分协商的基础上一致同意。

有限合伙人的退伙,除了符合法定情形下当然退伙外,在合伙协议中可以对有限的退伙条件及其程序作出规定,只要符合这些条件和并通过退伙程序,有限合伙人就可以退伙。《合伙企业法》第78条规定,有限合伙人有本法第48条第1款第1项、第3项至第5项所列情形之一的,当然退伙。该法第79条规定,作为有限合伙人的自然人在有限合伙企业存续期间丧失民事行为能力的,其他合伙人不得因此要求其退伙。因此,合伙协议所约定的有限合伙人的退伙条件,不得违背上述规定。对于有限合伙人的退伙程序,可以参照合伙协议规定的有限合伙人的入伙程序加以订立。

新有限合伙人入伙和退伙,都会发生权利享有和义务承受和责任承担问题,对此,在合伙协议或者入伙协议中应当作出明确规定。根据《合伙企业法》的规定,有限合伙人其以出资为限对合伙企业承担有限责任。《合伙企业法》第77条进一步明确规定,新入伙的有限合伙人对入伙前有限合伙企业的债务,以其认缴的出资额为限承担责任。该法第81条规定,有限合伙人退伙后,对基于其退伙前的原因发生的有限合伙企业债务,以其退伙时从有限合伙企业中取回的财产承担责任。因此,合伙协议或入伙协议、退伙协议对新入伙或退伙的有限合伙人的相关责任规定,不得违背《合伙企业法》的上述规定。

(12)有限合伙人与普通合伙人相互转变程序(只适用于有限合伙企业)

《合伙企业法》第83条规定,有限合伙人转变为普通合伙人的,对其作为有限合伙人期间有限合伙企业发生的债务承担无限连带责任。该法第84条规定,普通合伙人转变为有限合伙人的,对其作为普通合伙人期间合伙企业发生的债务承担无限连带责任。可见,在有限合伙企业中,有限合伙人可以转变为普通合伙人,普通合伙人也可以转化为有限合伙人。但是,这种转变必须遵循一定的程序。该法第82条规定,除合伙协议另有约定外,普通合伙人转变为有限合伙人,或者有限合伙人转变为普通合伙人,应当经全体合伙人一致同意。可见,对有限合伙人与普通合伙人相互转变程序,可以在有限合伙协议中作出约定。对于有限合伙人与普通合伙人相互转变程序在合伙协议中有约定的,有限合伙人与普通合伙人的转换就应当遵循这一约定程序,在合伙协议中没有约定的情形下,这种转换就应当经全体合伙人一致同意。

(13)合伙企业的解散与清算

合伙企业的解散,是指因出现法定事由或约定事由,使合伙企业终结和归于消灭的法律行为。《合伙企业法》第85条规定了合伙企业的解除事由,即合伙企业有下列情形之一的,应当解散:①合伙期限届满,合伙人决定不再经营;②合伙协议约定的解散事由出现;③全体合伙人决定解散;④合伙人已不具备法定人数满30天;⑤合伙协议约定的合伙目的已经实现或者无法实现;⑥依法被吊销营业执照、责令关闭或者被撤销;⑦法律、行政法规规定的其他原因。

合伙企业的清算,是指终结已经解散的合伙企业的一切法律关系,处理合伙企业的剩余财产及债权、债务的程序。《合伙企业法》第86条规定,合伙企业解散,应当由清算人进行清算。清算人由全体合伙人担任;经全体合伙人过半数同意,可以自合伙企业解散事由出现后15日内指定一个或者数个合伙人,或者委托第三人担任清算人。自合伙企业解散事由出现之日起15日内未确定清算人的,合伙人或者其他利害关系人可以申请人民法院指定清算人。清算人被确定后应当履行法定职责,对合伙企业财产进行清算,并依法办理合伙企业的注销登记。

《合伙企业法》第89条规定,合伙企业财产在支付清算费用和职工工资、社会保险费用、法定补偿金以及缴纳所欠税款、清偿债务后的剩余财产,依照本法第33条第1款的规定进行分配。该法第91条规定,合伙企业注销后,原普通合伙人对合伙企业存续期间的债务仍应承担无限连带责任。该法第92条规定，合伙企业不能清偿到期债务的，债权人可以依法向人民法院提出破产清算申请，也可以要求普通合伙人清偿。合伙企业依法被宣告破产的，普通合伙人对合伙企业债务仍应承担无限连带责任。

(14)违约责任

合伙人所承担的违约责任，是指合伙人不履行合伙协议或者履行不符合合伙协议的约定应承担的法律责任。《合伙企业法》第103条第1款规定，合伙人违反合伙协议的，应当依法承担违约责任。可见，违约责任具有法定性，它不因当事人在合同中未作约定而免除。但是，如果在协议中订入违约条款，它既有利于敦促当事人履行合同义务，又能在违约情况发生后，有助于明晰违约方的责任、对其进行追究，并有利于对失衡的权利义务关系进行救济。

在合伙协议中，合伙人违约的情况主要包括：合伙人不履行出资义务或者履行出资义务不符合约定；违反合伙协议，向合伙人以外的人转让其在合伙企业中的全部或者部分财产份额；合伙人以其在合伙企业中的财产份额出质未经其他合伙人同意；执行事务合伙人违反约定程序、擅自处理合伙事务给合伙企业造成损失；合伙人违反合伙协议的约定，从事与本合伙企业相竞争的业务或者与本合伙企业进行交易，给合伙企业或者其他合伙人造成损失的，等等。针对这些情形，当事人应对各种违约情形下承担的违约责任进行细化，并在合同中说明，这样，当纠纷能发生时，可以简化解决纠纷的程序，以免带来不必要的麻烦。

(15)争议的解决方式

《合伙企业法》第103条第1款规定，合伙人履行合伙协议发生争议的，合伙人可以通过协商或者调解解决。不愿通过协商、调解解决或者协商、调解不成的，可以按照合伙协议约定的仲裁条款或者事后达成的书面仲裁协议，向仲裁机构申请仲裁。合伙协议中未订立仲裁条款，事后又没有达成书面仲裁协议的，可以向人民法院起诉。调解和协商解决纠纷具有自愿性，纠纷当事人不能因在合伙协议中载明这两种解决方式而排斥仲裁或者诉讼解决方式。但是，仲裁与诉讼解决方式具有排斥性，在合伙协议中不能同时约定仲裁和诉讼为解决纠纷的方式。

(16)合伙人认为应当在合伙协议中载明的其他事项

除了上述内容之外，合伙人对那些与自己的利益密切相关，并认为有必要在协议中明确的内容，诸如合伙人在合伙企业清算前，合伙人能否分割合伙企业的财产；合伙人向合伙人以外的人转让其在合伙企业中的财产份额的程序；有限合伙人能否将其在有限合伙企业中的财产份额出质等事项，也可以在合伙协议中载明，这样对于合伙企业的经营与防止合伙纠纷能够发挥积极的作用。

3. 尾部

根据《合伙企业法》第19条的规定，合伙协议经全体合伙人签名、盖章后生效。修改或者补充合伙协议，应当经全体合伙人一致同意；但是，合伙协议另有约定的除外。合伙协议未约定或者约定不明确的事项，由合伙人协商决定；协商不成的，依照本法和其他有关法律、行政法规的规定处理。可见，合伙协议因合伙人的签字或者盖章而发生法律效力，因此合伙人应当在合伙协议上签字、盖章，并注明签订时间。发生法律生效的合伙协议是判断合伙人是否履行协议和承担责任的依据，因此，合伙人应当持有合伙协议并注意妥善保存。

(三)文书参考文本

合 伙 协 议

第一条　根据《中华人民共和国民法通则》和《中华人民共和国合伙企业法》及《中

华人民共和国合伙企业登记管理办法》的有关规定,经协商一致订立协议。

第二条 本企业为合伙企业,是根据协议自愿组成的共同经营体。合伙人愿意遵守国家有关的法律、法规、规章,依法纳税,守法经营。

第三条 企业的名称:________________。

第四条 合伙人姓名:________________。

第五条 合伙人共出资________________万元。

第六条 本协议中的各项条款与法律、法规、规章不符的,以法律、法规、规章的规定为准。

第七条 企业经营场所:________________。

第八条 合伙目的:________________。

第九条 经营范围:(注:根据实际情况具体填写)________________。

第十条 合伙人姓名及其住所

姓名	住所

第十一条 合伙人的出资方式、数额和缴付出资的期限

合伙人	出资方式	出资数额(万元)	出资权属证明	缴付出资期限	占出资总额比例

第十二条 利润分配和亏损分担办法

1. 企业的利润和亏损,由合伙人依照以下比例分配和分担:(合伙协议未约定利润分配和亏损分担比例的,由合伙人平均分配和分担)。

2. 合伙企业存续期间,合伙人依据合伙协议的约定或者经全体合伙人决定,可以增加对合伙企业的出资,用于扩大经营规模或者弥补亏损。

3. 企业年度的或者一定时期的利润分配或亏损分担的具体方案,由全体合伙人协商决定或者按照合伙协议约定的办法决定。

第十三条 合伙企业事务执行

1. 执行合伙企业事务的合伙人对外代表企业。委托合伙人________为执行合伙企业事务的合伙人,其他合伙人不再执行合伙企业事务。不参加执行事务的合伙人有权监督执行事务的合伙人,检查其执行合伙企业事务的情况,并依照约定向其他不参加执行事务的合伙人报告事务执行情况以及合伙企业的经营状况和财务状况,收益归全体合伙人,所产生的亏损或者民事责任,由全体合伙人承担。

2. 合伙协议约定或者经全体合伙人决定,合伙人分别执行合伙企业事务时,合伙人

可以对其他合伙人执行的事务提出异议,暂停该事务的执行。如果发生争议由全体合伙人共同决定。被委托执行合伙企业事务的合伙人不按照合伙协议或者全体合伙人的决定执行事务的,其他合伙人可以决定撤销该委托。

第十四条 入伙、退伙

1. 新合伙人入伙时,经全体合伙人同意,并依法订立书面协议。订立书面协议时,原合伙人向新合伙人告知合伙企业的经营状况和财物状况。

2. 新合伙人与原合伙人享有同等权利,承担同等责任。新合伙人对入伙前合伙企业债务承担连带责任。

3. 协议约定合伙企业经营期限的,有下列情形之一时,合伙人可以退伙:

(1)合伙协议约定的退伙事由出现;

(2)经全体合伙人同意退伙;

(3)发生合伙人难于继续参加合伙企业的事由;

(4)其他合伙人严重违反合伙协议约定的义务。

协议未约定合伙企业经营期限的,合伙人在不给合伙企业事务执行造成不利影响的情况下,可以退伙,但应当提前三十日通知其他合伙人。擅自退伙的,应当赔偿由此给其他合伙人造成的损失。

第十五条 解散与清算

1. 本企业发生了法律规定的解散事由,致使合伙企业无法存续、合伙协议终止,合伙人的合伙关系消灭。

2. 企业解散、经营资格终止,不得从事经营活动,只可从事一些与清算活动相关的活动。

3. 企业解散后,由清算人对企业的财产债权债务进行清理和结算,处理所有尚未了结的事务,还应当通知和公告债权人。

4. 清算人主要职责:

(1)清理企业财产,分别编制资产负债表和财产清单;

(2)处理与清算有关的合伙企业未了结的事务;

(3)清缴所欠税款;

(4)清理债权、债务;

(5)处理合伙企业清偿债务后的剩余财产;

(6)代表企业参与民事活动。

清算结束后,编制清算报告,经全体合伙人签字、盖章,在15日内向企业登记机关报送清算报告,办理企业注销登记。

第十六条 违约责任

1. 合伙人违反合伙协议的,依法承担违约责任;

2. 合伙人履行合伙协议发生争议,通过协商或者调解解决,合伙人不愿通过协商、调解解决或者协商、调解不成的,可以依据合伙协议中的仲裁条款或者事后达成的书面仲裁协议,向仲裁机构申请仲裁。当事人没有在合伙协议中订立仲裁条款,事后又没有达成书面仲裁协议的,可以向人民法院起诉。

全体合伙人签字:

________年____月____日

四、有限责任公司章程

(一)文书制作的基本知识

有限责任公司章程,是指由有限责任公司最初设立时的全体股东经协商一致,依法制定的用以规定公司组织与行为,规定公司与股东之间、股东与股东之间权利与义务关系的公司必备书面法律文件。

1. 有限责任公司章程的特点

(1)有限责任公司章程是公司股东在自愿、协商基础上制定的规范性文件。有限责任公司章程是由公司设立时的股东为规范公司内部各种权利义务关系而制定的一种规范性文件,其内容包括规定公司的组织结构形式、内部关系。公司章程不同于国家法律,它仅仅是股东共同意思的表示,反映了股东的共同意志,是公司开展业务活动的基本准则公司。因此,公司章程由公司自觉执行,效力也仅限于公司及其股东和高级管理人员。

(2)有限责任公司章程是国家有关行政部门对其进行管理和监督的基本依据。公司章程是公司设立的基本要求,也是公司取得权利能力和行为能力,从事经营活动和获得企业法人资格的基本依据。公司章程经登记管理机关登记核准后,就成为国家工商行政部门、税务部门对其进行管理和监督的基本依据。

2. 有限责任公司章程的形式与内容

设立有限责任公司,依法进行公司设立登记必须提交公司章程,公司章程应由股东共同制定并应采取书面形式。《公司法》第25条规定,有限责任公司章程应当载明下列事项:(1)公司名称和住所;(2)公司经营范围;(3)公司注册资本;(4)股东的姓名或者名称;(5)股东的出资方式、出资额和出资时间;(6)公司的机构及其产生办法、职权、议事规则;(7)公司法定代表人;(8)股东会会议认为需要规定的其他事项。股东应当在公司章程上签名、盖章。由股东签字、盖章,并经依法生效的有限公司章程,对公司及全体股东和公司的权力机构、执行机构和监督机构及公司法定代表人、董事长、董事、监事、公司经理等高级管理人员具有法律约束力。

(二)文书的内容及制作方法

1. 首部

(1)标题

标题应当载明“有限责任公司章程”,或者根据公司登记机关已经核准的公司名称载明公司章程名称,如“北京东方前沿文化发展有限责任公司章程”。

(2)引言

在引言部分主要说明制定公司章程的依据、公司设立的出资人和设立公司的名称。例如,可表述为:“依据《中华人民共和国公司法》(以下简称《公司法》)及有关法律、法规的规定,由×××、×××和北京法豪文化有限责任公司等三方共同出资,设立北京××有限责任公司(以下简称公司),特制定本章程。”

2. 正文

(1)公司名称和住所

公司名称是区别不同公司的标志,是代表公司的符号,是公司实施民事法律行为和承担法律责任的必要条件。因此,设立有限责任公司,必须在公司章程中载明公司的名称。该名称应当标明有限责任公司字样，并且是已经过公司登记机关预先核准的名称。《公司登记管理条例》第 11 条规定，公司名称应当符合国家有关规定。公司只能使用一个名称。经公司登记机关核准登记的公司名称受法律保护。

公司住所是公司章程的绝对必要记载事项，也是公司注册登记的必要事项，因此，在公司章程中必须载明公司的住所。《公司法》第 10 条规定，公司以其主要办事机构所在地为住所。《公司登记管理条例》第 12 条规定，公司的住所是公司主要办事机构所在地。经公司登记机关登记的公司的住所只能有一个。公司的住所应当在其公司登记机关辖区内。因此，在公司章程中应当对公司的住址填写准确，“公司的住所”可填写为“×××市(县)××区(镇)××路(街道)××号楼××房间”。

(2)公司经营范围

公司的经营范围是指公司依法记载于公司章程中的生产、经营的商品类别、品种及服务项目。《公司法》第 12 条规定，公司的经营范围由公司章程规定，并依法登记。公司可以修改公司章程，改变经营范围，但是应当办理变更登记。公司的经营范围中属于法律、行政法规规定须经批准的项目，应当依法经过批准。依法应当批准的项目主要是指属于国家专营、特许经营和限制经营的项目。公司的经营范围应当由设立公司的股东根据拟设立的公司的目的及公司的经营特点，在公司章程中作出明确规定。公司申请登记的经营范围中有法律、行政法规规定必须报经审批的项目的，应当在申请登记前报经国家有关部门审批；公司申请登记的经营范围中须经有关部门许可的项目的，应获得行政许可。

(3)公司注册资本

根据《公司法》第 26 条的规定，有限责任公司的注册资本为在公司登记机关登记的全体股东认缴的出资额。法律、行政法规以及国务院决定对有限责任公司注册资本实缴、注册资本最低限额另有规定的，从其规定。据此，除法律、行政法规以及国务院决定对特定行业注册资本最低限额另有规定的外，有限责任公司注册资本实行认缴制，其注册资本数额由股东根据拟设立的有限责任的经营目的、经营范围和经营目标，由全体股东达成一致后在公司章程中载明。法律、行政法规以及国务院决定对特定行业注册资本最低限额另有规定的，有限责任公司的注册资本额不得低于法律、行政法规以及国务院决定所规定的最低限额。

(4)股东的姓名或者名称

有限责任公司的股东是公司设立的出资者，以其认缴的出资额为限对公司承担责任。根据《公司法》第 23 条第 1 项的规定，股东符合法定人数是有限责任公司设立的必备条件之一。该法第 24 条规定，有限责任公司由 50 个以下股东出资设立。根据该法第 58 条的规定，有限责任公司也可以由 1 个股东出资设立，这种由 1 个股东出资设立的有限责任公司为一人有限责任公司。因此，设立有限责任公司的股东不得超过 50 人。有限责任公司的股东可以是公民，也可以是法人或其他组织。根据该法第 59 条第 2 款的规定，一个自然人只能投资设立一个一人有限责任公司。该一人有限责任公司不能投资设立新的一人有限责任公司。有限责任公司章程必须载明股东的姓名或者名称。股东是公民的，应当在公司章程中载明其身份证或户口簿等有效身份证件中所使用的姓名；股东是法人或其他组织的，应当在公司章程中载明其在有关登记机关登记的名称或其设立机关认可的名称。

(5)认缴的出资额、出资时间、出资方式

有限责任公司的注册资本为在公司登记机关登记的全体股东认缴的出资额。公司成立后，股东不得抽逃出资。因此，有限责任公司的股东应当将各自认缴的出资额在公司章程中作出明确规定。

有限责任公司的各个股东对于认缴的出资额可以一次足额缴纳,也可以分期足额缴纳。对于一次缴纳的,应当将各个股东的具体缴纳数额、缴纳期限在股东出资协议中订明;对于分期缴纳的,应将各个股东每次缴纳的期限、数额额及其出资方式在股东出资协议中作出明确约定。

有限责任公司股东的出资方式包括货币出资和非货币出资两种。根据《公司法》第27条的规定,股东可以用货币出资,也可以用实物、知识产权、土地使用权等可以用货币估价并可以依法转让的非货币财产作价出资;但是,法律、行政法规规定不得作为出资的财产除外。对作为出资的非货币财产应当评估作价,核实财产,不得高估或者低估作价。法律、行政法规对评估作价有规定的,从其规定。根据该法第28条的规定,股东应当按期足额缴纳公司章程中规定的各自所认缴的出资额。股东以货币出资的,应当将货币出资足额存入有限责任公司在银行开设的账户;以非货币财产出资的,应当依法办理其财产权的转移手续。股东不按照前款规定缴纳出资的,除应当向公司足额缴纳外,还应当向已按期足额缴纳出资的股东承担违约责任。根据该法第30条的规定,有限责任公司成立后,发现作为设立公司出资的非货币财产的实际价额显著低于公司章程所定价额的,应当由交付该出资的股东补足其差额;公司设立时的其他股东承担连带责任。

(6)股东会的组成及其职权

根据《公司法》第36条的规定,股东会是有限责任公司的权力机构,股东会由全体股东组成。股东会依照《公司法》的规定行使职权。根据《公司法》第37条第1款的规定,股东会行使下列职权:①决定公司的经营方针和投资计划;②选举和更换非由职工代表担任的董事、监事,决定有关董事、监事的报酬事项;③审议批准董事会的报告;④审议批准监事会或者监事的报告;⑤审议批准公司的年度财务预算方案、决算方案;⑥审议批准公司的利润分配方案和弥补亏损方案;⑦对公司增加或者减少注册资本作出决议;⑧对发行公司债券作出决议;⑨对公司合并、分立、变更公司形式、解散和清算等事项作出决议;⑩修改公司章程;⑪其他职权,即除了上述职权外由股东协商确定的其他职权可由股东会行使,对此应在公司章程中载明。该法第37条第2款规定,对前款所列事项股东以书面形式一致表示同意的,可以不召开股东大会,直接作出决定,并由全体股东在决定文件上签名、盖章。该法第61条规定,一人有限责任公司不设股东会。股东作出本法第37条第1款所列决定时,应当采用书面形式,并由股东签名后置备于公司。

(7)股东会的议事规则

股东会作为有限责任公司的非常设权力机构,其行使职权和进行决策的方式主要通过召开股东会会议进行的。因此,有限责任公司章程中应当载明股东会的议事规则。

《公司法》第38条规定,首次股东会会议由出资最多的股东召集和主持,依照本法规定行使职权。该法第39条规定,股东会会议分为定期会议和临时会议。定期会议应当按照公司章程的规定按时召开。代表1/10以上表决权的股东,1/3以上的董事,监事会或者不设监事会的公司的监事提议召开临时会议的,应当召开临时会议。据此,有限责任公司章程应当载明召开定期会议的时间及定期会议的议事内容以及召开临时会议的情形,但召开临时会议的时间则无须在公司章程中依法载明。

《公司法》第40条规定,有限责任公司设立董事会的,股东会会议由董事会召集,董事长主持;董事长不能履行职务或者不履行职务的,由副董事长主持;副董事长不能履行职务或者不履行职务的，由半数以上董事共同推举一名董事主持。有限责任公司不设董事会的，股东会会议由执行董事召集和主持。董事会或者执行董事不能履行或者不履行召集股东会会议职责的，由监事会或者不设监事会的公司的监事召集和主持；监事会或者监事不召集和主持的，代表1/10以上表决权的股东可以自行召集和主持。

《公司法》第41条规定，召开股东会会议，应当于会议召开15日以前通知全体股东；但是，公司章程另有规定或者全体股东另有约定的除外。股东会应当对所议事项的决定作成会议记录，出席会议的股东应当在会议记录上签名。据此，有限责任公司章程对于召开股东会会议的通知时间与该条规定不同的，应当在公司章程中载明。

《公司法》第42条规定，股东会会议由股东按照出资比例行使表决权；但是，公司章程另有规定的除外。据此，公司章程可以规定在召开股东会会议进行决定有关事项时，由股东按照出资比例行使表决权。不按照上述方式行使表决权的，公司章程可以规定按照全体股东协商确定的其他方式行使表决权，其他方式有多种形式：诸如按股东一人一票，少数服从多数的方式；或者由过半数或者2/3以上的多数行使表决权，等等。无论采取何种表决方式，公司章程都应当对此作出明确规定。

《公司法》第43条规定，股东会的议事方式和表决程序，除本法有规定的外，由公司章程规定。股东会会议作出修改公司章程、增加或者减少注册资本的决议，以及公司合并、分立、解散或者变更公司形式的决议，必须经代表2/3以上表决权的股东通过。据此，股东会的议事方式和表决程序，除了《公司法》有规定的以外，即《公司法》没有规定的，如有必要，也可以在公司章程中作出规定。但是，股东会会议作出修改公司章程、增加或者减少注册资本的决议，以及公司合并、分立、解散或者变更公司形式的决议，必须经代表2/3以上表决权的股东通过，公司章程所作出的规定不得违背上述强制性规定。

（8）董事会的构成及任期

设董事会的有限责任公司，董事会是由股东会选举产生的董事组成的、为公司常设的业务执行和经营决策机构。在有限责任公司章程中应当对董事长、副董事长的产生办法及董事的任期作出明确规定。

《公司法》第44条第1款规定，有限责任公司设董事会，其成员为3人至13人；但是，本法第51条另有规定的除外。根据该法第50条第1款的规定，股东人数较少或者规模较小的有限责任公司，可以设1名执行董事，不设董事会。该法第44条第2款和第3款规定，2个以上的国有企业或者2个以上的其他国有投资主体投资设立的有限责任公司，其董事会成员中应当有公司职工代表；其他有限责任公司董事会成员中可以有公司职工代表。董事会中的职工代表由公司职工通过职工代表大会、职工大会或者其他形式民主选举产生。董事会设董事长1人，可以设副董事长。董事长、副董事长的产生办法由公司章程规定。

《公司法》第45条规定，董事任期由公司章程规定，但每届任期不得超过3年。董事任期届满，连选可以连任。董事任期届满未及时改选，或者董事在任期内辞职导致董事会成员低于法定人数的，在改选出的董事就任前，原董事仍应当依照法律、行政法规和公司章程的规定，履行董事职务。

（9）董事会的职权及其议事规则

董事会作为有限责任公司的业务执行和经营决策机构，董事会对股东会负责。根据《公司法》第46条的规定，董事会行使下列职权：①召集股东会会议，并向股东会报告工作；②执行股东会的决议；③决定公司的经营计划和投资方案；④制订公司的年度财务预算方案、决算方案;⑤制订公司的利润分配方案和弥补亏损方案;⑥制订公司增加或者减少注册资本以及发行公司债券的方案;⑦制订公司合并、分立、变更公司形式、解散的方案;⑧决定公司内部管理机构的设置;⑨决定聘任或者解聘公司经理及其报酬事项,并根据经理的提名决定聘任或者解聘公司副经理、财务负责人及其报酬事项;⑩制定公司的基本管理制度;⑪公司章程规定的其他职权,即除了上述职权外由董事会享有的其他职权应在公司章程中作出明确规定。根据该法第50条的规定,股东人数较少或者规模较小的有限责任公司,可以设1名执行董事,不设立董事会。执行董事的职权由公司章程规定。

董事会在公司业务执行和经营决策中,应当按照公司章程规定的议事方式和表决程序即议事规则进行,因此,公司章程必须对董事会的议事规则作出明确规定。《公司法》第47条规定,董事会会议由董事长召集和主持;董事长不能履行职务或者不履行职务的,由副董事长召集和主持;副董事长不能履行职务或者不履行职务的,由半数以上董事共同推举1名董事召集和主持。该法第48条规定,董事会的议事方式和表决程序,除本法有规定的外,由公司章程规定。董事会应当对所议事项的决定作成会议记录,出席会议的董事应当在会议记录上签名。董事会决议的表决,实行一人一票。

(10)经理的设立及其职权

经理是由董事会决定聘任的主持公司的具体日常经营管理工作的执行人,其负责落实董事会的公司经营和业务决策。根据《公司法》第49条的规定,有限责任公司可以设经理,由董事会决定聘任或者解聘。经理对董事会负责,行使下列职权:①主持公司的生产经营管理工作,组织实施董事会决议;②组织实施公司年度经营计划和投资方案;③拟订公司内部管理机构设置方案;④拟订公司的基本管理制度;⑤制定公司的具体规章;⑥提请聘任或者解聘公司副经理、财务负责人;⑦决定聘任或者解聘除应由董事会决定聘任或者解聘以外的负责管理人员;⑧董事会授予的其他职权。公司章程对经理职权另有规定的,从其规定。经理列席董事会会议。根据该法第50条规定,对于不设立董事会的股东人数较少或者规模较小的有限责任公司,执行董事可以兼任公司经理。因此,有限责任公司章程可以根据本公司的实际,对公司经理的职权作出与上述规定不同的规定,有限责任公司经理的职权以公司章程载明的为准。

(11)监事会的构成及任期

监事会为经营规模较大的有限责任公司的常设监督机构,对股东会负责。《公司法》第51条规定,有限责任公司设立监事会,其成员不得少于3人。股东人数较少或者规模较小的有限责任公司,可以设1名至2名监事,不设立监事会。监事会应当包括股东代表和适当比例的公司职工代表,其中职工代表的比例不得低于1/3,具体比例由公司章程规定。监事会中的职工代表由公司职工通过职工代表大会、职工大会或者其他形式民主选举产生。监事会设主席1人,由全体监事过半数选举产生。监事会主席召集和主持监事会会议;监事会主席不能履行职务或者不履行职务的,由半数以上监事共同推举1名监事召集和主持监事会会议。董事、高级管理人员不得兼任监事。

《公司法》第52条规定,监事的任期每届为3年。监事任期届满,连选可以连任。监事任期届满未及时改选,或者监事在任期内辞职导致监事会成员低于法定人数的,在改选出的监事就任前,原监事仍应当依照法律、行政法规和公司章程的规定,履行监事职务。

(12)监事会的职权及议事规则

根据《公司法》第53条的规定,监事会、不设监事会的公司的监事行使下列职权:①检查公司财务;②对董事、高级管理人员执行公司职务的行为进行监督,对违反法律、行政法规、公司章程或者股东会决议的董事、高级管理人员提出罢免的建议;③当董事、高级管理人员的行为损害公司的利益时,要求董事、高级管理人员予以纠正;④提议召开临时股东会会议,在董事会不履行本法规定的召集和主持股东会会议职责时召集和主持股东会会议;⑤向股东会会议提出提案;⑥依照本法第151条的规定,对董事、高级管理人员提起诉讼;⑦公司章程规定的其他职权。该法第54条规定,监事可以列席董事会会议,并对董事会决议事项提出质询或者建议。监事会、不设监事会的公司的监事发现公司经营情况异常,可以进行调查;必要时,可以聘请会计师事务所等协助其工作。

监事会行使职权主要是通过召开定期会议或临时会议来进行的,因此,在公司章程中应当将召开定期会议的时间、召开临时会议的情形及议事方式和表决程序等议事规则作出明确规定。《公司法》第55条规定,监事会每年度至少召开一次会议,监事可以提议召开临时监事会会议。监事会的议事方式和表决程序,除本法有规定的外,由公司章程规定。监事会决议应当经半数以上监事通过。监事会应当对所议事项的决定作成会议记录,出席会议的监事应当在会议记录上签名。

(13)公司的法定代表人

根据《民法通则》的规定,依照法律或者法人组织章程规定,代表法人行使职权的负责人,是法人的法定代表人。《公司法》第13条规定,公司法定代表人依照公司章程的规定,由董事长、执行董事或者经理担任,并依法登记。公司法定代表人变更,应当办理变更登记。因此,在公司章程中应当明确规定是由董事长、执行董事还是经理担任公司的法定代表人。

(14)股东会会议认为需要规定的其他事项

除了上述绝对必要记载事项外,公司股东会会议认为与股东利益密切相关并认为需要在章程中作出规定的事项,也应当在有限责任公司章程中作出明确规定。例如,股东是否按照出资比例分取红利以及在公司新增资本时是否按照出资比例优先认缴出资;股权转让的条件、程序等可以对此在公司章程中作出明确约定。此外,对于公司的存续年限、公司的解散和清算等可以在公司章程中载明。

3. 尾部

公司章程不仅是公司设立登记应向公司登记机关提供的必备文件,而且也是股东行使权利和履行义务的基本依据,因此,《公司法》第25条第2款规定,股东应当在公司章程上签名、盖章。由股东签名、盖章的公司章程,除了向公司登记机关提交的一份和公司存有备份外,应当根据股东人数制作,并由每一股东持有一份。此外,应注明股东签名、盖章的年、月、日。

(三)文书参考文本

________有限(责任)公司章程

第一章　总　　则

第一条　依据《中华人民共和国公司法》(以下简称《公司法》)及有关法律、法规的规定,由________等________方共同出资,设立________有限(责任)公司(以下简称公司),特制定本章程。

第二条　本章程中的各项条款与法律、法规、规章不符的,以法律、法规、规章的规定为准。

第二章　公司名称和住所

第三条　公司名称:____。

第四条　住所:____。

第三章　公司经营范围

第五条　公司经营范围:(注:根据实际情况具体填写。最后应注明"以工商行政管理机关核定的经营范围为准")

第四章　公司注册资本及股东的姓名(名称)、出资额、出资时间、出资方式

第六条　公司注册资本:________万元人民币。

第七条　股东的姓名(名称)、认缴的出资额、出资时间、出资方式如下:

股东姓名或名称	认缴情况		
	认缴出资额	出资时间	出资方式
合计			

第五章　公司的机构及其产生办法、职权、议事规则

第八条　股东会由全体股东组成,是公司的权力机构,行使下列职权:

(一)决定公司的经营方针和投资计划;

(二)选举和更换非由职工代表担任的董事、监事,决定有关董事、监事的报酬事项;

(三)审议批准董事会(或执行董事)的报告;

(四)审议批准监事会(或监事)的报告;

(五)审议批准公司的年度财务预算方案、决算方案;

(六)审议批准公司的利润分配方案和弥补亏损的方案;

(七)对公司增加或者减少注册资本作出决议;

(八)对发行公司债券作出决议;

(九)对公司合并、分立、解散、清算或者变更公司形式作出决议;

(十)修改公司章程;

(十一)其他职权。(注:由股东自行确定,如股东不作具体规定应将此条删除)

第九条　股东会的首次会议由出资最多的股东召集和主持。

第十条　股东会会议由股东按照出资比例行使表决权。(注:此条可由股东自行确定按照何种方式行使表决权)

第十一条　股东会会议分为定期会议和临时会议。

召开股东会会议,应当于会议召开十五日以前通知全体股东。(注:此条可由股东自行确定时间)

定期会议按定时(注:由股东自行确定)召开。代表十分之一以上表决权的股东,三分之一以上的董事,监事会或者监事(不设监事会时)提议召开临时会议的,应当召开临时会议。

第十二条　股东会会议由董事会召集,董事长主持;董事长不能履行职务或者不履行职务的,由副董事长主持;副董事长不能履行职务或者不履行职务的,由半数以上董事

共同推举一名董事主持。

（注：有限责任公司不设董事会的，股东会会议由执行董事召集和主持）

董事会或者执行董事不能履行或者不履行召集股东会会议职责的，由监事会或者不设监事会的公司的监事召集和主持；监事会或者监事不召集和主持的，代表十分之一以上表决权的股东可以自行召集和主持。

第十三条　股东会会议作出修改公司章程、增加或者减少注册资本的决议，以及公司合并、分立、解散或者变更公司形式的决议，必须经代表三分之二以上表决权的股东通过。（注：股东会的其他议事方式和表决程序可由股东自行确定）

第十四条　公司设董事会，成员为________人，由________产生。董事任期________年（注：每届不得超过三年），任期届满可连选连任。

董事会设董事长一人，副董事长________人，由________产生。（注：股东自行确定董事长、副董事长的产生方式）

（注：有限公司不设董事会的，此条应改为：公司不设董事会，设执行董事一人，由股东会选举产生。执行董事任期________年，任期届满可连选连任）

第十五条　董事会行使下列职权：

（一）负责召集股东会，并向股东会议报告工作；

（二）执行股东会的决议；

（三）审定公司的经营计划和投资方案；

（四）制订公司的年度财务预算方案、决算方案；

（五）制订公司的利润分配方案和弥补亏损方案；

（六）制订公司增加或者减少注册资本以及发行公司债券的方案；

（七）制订公司合并、分立、变更公司形式、解散的方案；

（八）决定公司内部管理机构的设置；

（九）决定聘任或者解聘公司经理及其报酬事项，并根据经理的提名决定聘任或者解聘公司副经理、财务负责人及其报酬事项；

（十）制定公司的基本管理制度；

（十一）其他职权。（注：由股东自行确定，如股东不作具体规定应将此条删除）

（注：股东人数较少或者规模较小的有限责任公司，可以设一名执行董事，不设董事会。执行董事的职权由股东自行确定）

第十六条　董事会会议由董事长召集和主持；董事长不能履行职务或者不履行职务的，由副董事长召集和主持；副董事长不能履行职务或者不履行职务的，由半数以上董事共同推举一名董事召集和主持。

第十七条　董事会决议的表决，实行一人一票。

董事会的议事方式和表决程序。（注：由股东自行确定）

第十八条　公司设经理，由董事会决定聘任或者解聘。经理对董事会负责，行使下列职权：

（一）主持公司的生产经营管理工作，组织实施董事会决议；

（二）组织实施公司年度经营计划和投资方案；

（三）拟订公司内部管理机构设置方案；

（四）拟定公司的基本管理制度；

(五)制定公司的具体规章;

(六)提请聘任或者解聘公司副经理、财务负责人;

(七)决定聘任或者解聘除应由董事会决定聘任或者解聘以外的负责管理人员;

(八)董事会授予的其他职权。

(注:以上内容也可由股东自行确定)

经理列席董事会会议。

第十九条 公司设监事会,成员________人,监事会设主席一人,由全体监事过半数选举产生。监事会中股东代表监事与职工代表监事的比例为________:________。(注:由股东自行确定,但其中职工代表的比例不得低于三分之一)

监事的任期每届为三年,任期届满可连选连任。

(注:股东人数较少、规格较小的公司可以设一至二名监事,此条应改为:公司不设监事会,设监事________人,由股东会选举产生。监事的任期每届为三年,任期届满可连选连任)

第二十条 监事会或者监事行使下列职权:

(一)检查公司财务;

(二)对董事、高级管理人员执行公司职务的行为进行监督,对违反法律、行政法规、公司章程或者股东会决议的董事、高级管理人员提出罢免的建议;

(三)当董事、高级管理人员的行为损害公司的利益时,要求董事、高级管理人员予以纠正;

(四)提议召开临时股东会会议,在董事会不履行本法规定的召集和主持股东会会议职责时,召集和主持股东会会议;

(五)向股东会会议提出提案;

(六)依照《公司法》第一百五十二条的规定,对董事、高级管理人员提起诉讼;

(七)其他职权。(注:由股东自行确定,如股东不作具体规定应将此条删除)

监事可以列席董事会会议。

第二十一条 监事会每年度至少召开一次会议,监事可以提议召开临时监事会会议。

第二十二条 监事会决议应当经半数以上监事通过。

监事会的议事方式和表决程序。(注:由股东自行确定)

第六章 公司的法定代表人

第二十三条 董事长为公司的法定代表人。(注:也可是执行董事或经理,由股东自行确定)

第七章 股东会会议认为需要规定的其他事项

第二十四条 股东之间可以相互转让其部分或全部出资。

第二十五条 股东向股东以外的人转让股权,应当经其他股东过半数同意。股东应就其股权转让事项书面通知其他股东征求同意,其他股东自接到书面通知之日起满三十日未答复的,视为同意转让。其他股东半数以上不同意转让的,不同意的股东应当购买该转让的股权;不购买的,视为同意转让。

经股东同意转让的股权,在同等条件下,其他股东有优先购买权。两个以上股东主张行使优先购买权的,协商确定各自的购买比例;协商不成的,按照转让时各自的出资比例行使优先购买权。

（注：可由股东另行确定股权转让的办法）

第二十六条　公司的营业期限为________年，自公司营业执照签发之日起计算。

第二十七条　有下列情形之一的，公司清算组应当自公司清算结束之日起30日内向原公司登记机关申请注销登记：

（一）公司被依法宣告破产；

（二）公司章程规定的营业期限届满或者公司章程规定的其他解散事由出现，但公司通过修改公司章程而存续的除外；

（三）股东会决议解散或者一人有限责任公司的股东决议解散；

（四）依法被吊销营业执照、责令关闭或者被撤销；

（五）人民法院依法予以解散；

（六）法律、行政法规规定的其他解散情形。

（注：本章节内容除上述条款外，股东可根据《公司法》的有关规定，将认为需要记载的其他内容一并列明）

第八章　附　　则

第二十八条　公司登记事项以公司登记机关核定的为准。

第二十九条　本章程一式________份，并报公司登记机关一份。

全体股东亲笔签名、盖公章：

________年____月____日

五、有限责任公司股权转让协议

（一）文书制作的基本知识

股权转让协议，是公司股东作为股份的持有人即股份的出让人与股份的受让人就股权转让的权利义务关系所达成的协议。

1. 股权转让及其种类

有限责任公司的股东以其认缴的出资取得原始股东的资格与地位，并以其出资额为限对公司承担有限责任。有限责任公司依法设立后，公司股东依法享有资产收益、参与重大决策和选择管理者等权利。有限责任公司的股东可以依法进行股权转让。股东权是公司股东依据出资及股东资格所拥有的资产受益、依法参与公司的管理和决策事务的权利及股份处分权利。股权转让，即股东权的转让，是公司股东行使处分权的基本形式，是公司的股东将其包括股东资格或股东地位等在内的股东权利依法转让给他人的行为。股权转让包括以下几种：

（1）全部股权转让和部分股权转让。所谓全部股权转让，是指股东将其所持有的全部公司股权转让给受让人，受让人将作为新股东加入公司，而股权让与人则脱离原公司关系，由受让人取代其地位。部分股权转让，则是公司股东将其所持有的部分股权转让给受让人，受让人作为公司新股东将加入公司，让与人出让股权后并不退出公司，受让人在受让的股权范围内、让与人在出让后所持有的股权范围内享有股东权利和承担股东义务。

（2）公司内部股权转让和外部股权转让。所谓公司内部股权转让，是指公司股东将股权全部或者部分转让给公司其他股东的行为。外部股权转让是指公司股东将其股权全部或部分转让给公司股东以外的人的行为。

(3)自愿转让与强制执行转让。股权自愿转让是指股权出让人与受让人在自愿、协商的基础上通过达成股权转让协议所进行的股权转让。股权强制执行转让是指人民法院依照法律规定的强制执行程序将股东的股权所进行的转让。在股权自愿转让的情况下股权出让人与受让人需要达成股权转让协议,而在股权强制执行转让的情况下并不需要签订股权转让协议。

2. 股权转让的特点

(1)转让股权时除转让人外的其他股东具有优先购买权。根据《公司法》第71条第3款的规定,股东向股东以外的人转让股权,经股东同意转让的,在同等条件下,其他股东有优先购买权。两个以上股东主张行使优先购买权的,协商确定各自的购买比例;协商不成的,按照转让时各自的出资比例行使优先购买权。根据该条第4款的规定,公司章程对股权转让另有规定的,从其规定。该法第72条规定,人民法院依照法律规定的强制执行程序转让股东的股权时,应当通知公司及全体股东,其他股东在同等条件下有优先购买权。其他股东自人民法院通知之日起满20日不行使优先购买权的,视为放弃优先购买权。

(2)股权转让应当循序《公司法》或公司章程所规定的转让程序。《公司法》第71条第2款规定,股东向股东以外的人转让股权,应当经其他股东过半数同意。股东应就其股权转让事项书面通知其他股东征求同意,其他股东自接到书面通知之日起满30日未答复的,视为同意转让。其他股东半数以上不同意转让的,不同意的股东应当购买该转让的股权;不购买的,视为同意转让。根据该条第4款的规定,公司章程对股权转让另有规定的,股权转让应当按照公司章程所规定的程序。该法第73条规定,依照本法第71条、第72条转让股权后,公司应当注销原股东的出资证明书,向新股东签发出资证明书,并相应修改公司章程和股东名册中有关股东及其出资额的记载。对公司章程的该项修改不需再由股东会表决。

3. 股权转让协议的形式与内容

《合同法》第10条规定,当事人订立合同,有书面形式、口头形式和其他形式。法律、行政法规规定采用书面形式的,应当采用书面形式。当事人约定采用书面形式的,应当采用书面形式。因《公司法》和《公司登记管理条例》都未规定股权转让协议应当采取书面形式,因此,从理论上讲股权转让协议既可以采取口头形式,也可以采取书面形式。但因股权转让不仅涉及股权出让人和受让人双方之间的关系,而且涉及公司其他股东和公司利益,加之口头协议存在不能固化协议内容等不足,当事人最好采用书面形式订立股权转让协议。

股权转让协议一般包括以下条款:股权转让双方当事人的名称或者姓名及住址;转让股权的数量;价款;履行期限、地点;违约责任及解决争议的方法等。

(二)文书的内容及制作方法

1. 首部

(1)标题

标题应载明"股权转让协议"。

(2)出让人与受让人的姓名或名称与住所

股权出让人与受让人是股权转让协议的双方当事人。作为股权转让人的股东应当是依法具有公司股东资格的公民、法人和其他组织。作为股东的自然人一般应当是具有完全民事行为能力人,但是,因合法继承、赠与而取得股东资格的无民事行为能力人和限制民事行为能力人转让股权时应当得到其法定代理人的同意。股权受让人应当是完全民事行为能力人。

在签订股权转让协议时,作为当事人的自然人其姓名应当依其合法有效的身份证件如身份证或者户口簿所载明的为准,如乳名、笔名或者昵称、绰号等不能作为订立协议时的姓名;法人或者作为其他组织的名称应以在国家有关部门所登记、注册的全称为准,简称或者变更后未经登记、注册的名称不宜作为订立协议时的名称。

公民以他的户籍所在地的居住地为住所,企业以其主要办事机构所在地为住所。经企业登记机关登记的公司的住所只能有一个。企业的住所应当在其公司登记机关辖区内。

(3)引言

引言主要说明双方订立股权转让协议所遵循的基本原则和出让人就所持有的某有限责任公司的股权转让受让人达成如下协议。可表述为:“现甲方和乙方在自愿、平等和协商的基础上,就甲方在××有限责任公司中的股权转让给乙方的有关事宜达成以下协议。”

2. 正文

(1)股权转让数额

股权转让数额是股权出让人所转让的股份数额,它是股权转让协议的必备条款。在有限责任公司中,股东所持股份一般是其以货币出资额或者非货币出资经过依法评估所得的货币额除以公司的注册资本所得的比例,并在公司章程中所载明的股东所持有或占有的股份数额。有限责任公司股东的股权转让既可以是全部转让,也可以是部分转让。股东所转让的股份数额不同,不仅导致股权的转让价款不同,而且会导致公司股东的不同。在全部股权转让的情况下,股权出让人则脱离原公司关系,由受让人取代其股东地位。在部分股权转让的情况下,受让人作为公司新股东将加入公司,出让人转让股权后并不退出公司,出让人和受让人在各自持有的股权范围内享有股东权利和承担股东义务。因此,在股权转让时应将股权转让的数额即股份数或者转让的股份比例在股权转让协议中作出明确约定。

(2)股权转让价款

股权转让价款,是指股权受让人取得股权而向股权出让人支付的价款,即受让人取得股权和成为公司股东的代价。股权转让的每股价格及全部价款往往受公司的经营状况和未来发展潜力的影响,并围绕着股权价值(股权出让人的出资额及其增值或投资损失额)上下波动的。也就是说,股权价款及每股的价格具有市场波动性。但是其最终是由股权出让人与受让人在平等、协商与讨价还价基础上所一致达成的。股权转让价款是股权转让协议的核心条款,也是判断双方当事人是否履约和承担违约责任的重要依据,因此,在股权转让协议中务必将股权转让的价款数额及其货币单位作出明确约定。

(3)价款支付期限与支付方式

股权价款交付期限是股权受让人将股权转让价款交付股权出让人的期限。股权转让价款交付期限与双方当事人的利益密切相关,它是判断股权受让人是否如约履行支付股权转让价款义务的重要依据。因此,在股权转让协议中应当对股权转让价款的支付期限作出明确、具体的约定。股权转让价款交付期限可以分为一次性交付或分期交付。对于一次性交付价款的,最好约定具体的日期或某年月日以前支付,不得采用“某年某月某日后”或“几天或几个月后支付”的表述;对于分期支付股权转让价款的,在协议中应当载明履行的次数以及每次履行的具体的日期或具体的时间段,避免采用“某一时间段内分几次履行”这样的模糊表述;尤其应当避免未定期限的出现。

股权转让受让人支付股权价款的方式即付款方式,主要有现金、支票、银行汇票、信用卡付款及电子支付方式付款等多种方式。结算方式主要包括汇兑、托收承付和委托收款,因此,最好在合同中订明采取何种付款方式与结算方式。股权受让人为法人或其他组织的,支付股权转让价款应当遵守国家的有关付款和结算制度。

(4)股权转让程序与股权变更登记

根据《公司法》的规定,股权转让必须符合该法和公司章程的有关规定,在公司章程对股权转让条件及其程序有特别规定的情况下,股权转让应当符合公司章程的有关规定。在公司章程未就股权转让程序作出特别规定的情形下,应当遵守《公司法》的有关规定。根据《公司法》第71条的规定,在公司章程没有另外规定的情况下,股东向股东以外的人转让股权,应当经其他股东过半数同意。经股东同意转让的股权,在同等条件下,其他股东有优先购买权。据此,股权转让协议中应当将股权出让人向受让方提供公司同意转让和不存在其他股东行使优先购买权的有关证明文件及其时间作出约定。

根据《公司法》及《公司登记管理条例》的有关规定,股份转让协议转让后,应当自转让股权之日起30日内申请变更登记,并应当提交新股东的主体资格证明或者自然人身份证明,由工商部门依法办理工商变更登记。据此,股权转让的有关当事人最好在协议中订明股权转让变更的期限以及为完成工商变更登记股权出让人应负的协助义务,如在协议中规定出让人签署、提供与股权转让有关的所有必需的文件,同时保证这些文件的真实性和有效性。如果登记机关要求各方对本协议或对与股权转让有关的其他文件进行修改,则各方应当在不违反本协议的目的的前提下,根据登记机关的要求对有关的文件进行修改等。

(5)股权转让时间

股权转让时间是股权出让人依法将持有的公司股权转让给受让人的时间,自此时起股权转让协议项下的股权将转移给受让人。在股权转让协议中未约定股权转让时间的情况下,往往因双方当事人的认识不同导致对股权转让时间的争议,实践中存在以下确定股权转让时间的不同观点:股东会通过决议同意股权转让协议的时间;公司注销原股东的出资证明书,向新股东签发出资证明书的时间;修改公司章程和股东名册的时间;公司向工商登记机关申请变更股东登记的时间。为了防止纠纷,双方当事人最好约定上述情形之一作为股权转让的时间,并在股权转让协议中订明。

(6)违约责任

根据《合同法》第107条的规定,违约责任是当事人一方不履行合同义务或者履行合同义务不符合约定的应承担的法律责任,违约责任承担方式主要有承担继续履行、赔偿损失和解除合同等。当事人一方违约的,只要不存在法定免责事由的,就应当向另一方承担违约责任。为了促使各方当事人全面、适当地履行合同义务和明确各自应承担的违约责任,可以在合同中对双方的各种违约情形及其应承担的违约责任依法作出明确约定。约定违约方承担损害赔偿责任的,可以根据违约的情形具体约定损害赔偿的具体数额或者计算方法。

(7)争议解决方式

合同争议的解决方式主要有以下几种方式,即当事人协商解决、第三人调解、仲裁机构仲裁或者法院诉讼。无论当事人在合同中有无约定,都可以通过和解或者调解解决合同争议。当事人不愿和解、调解或者和解、调解不成的,可以根据合同中已经约定的仲裁条款或纠纷发生后双方达成的仲裁协议向仲裁机构申请仲裁。在当事人没有订立仲裁条款与仲裁协议或者仲裁条款与仲裁协议无效的,可以直接向人民法院起诉。因此,当事人在股权转让协议中不得同时约定仲裁与诉讼为纠纷的解决方式。

(8)其他约定事项

除了上述条款,当事人也可以将双方认为的重要条款和必要内容,如保证条款、保密条款或协议生效条款等订入协议。这样更有利于明晰双方的责任和义务,同时又可以免除合同漏洞与合同风险。

所谓保证条款,主要是指股权出让人保证所转让股权不存在诸如在股权上设置质押等权利瑕疵和其他无权转让的情形,以及受让人保证具有支付股权价款的合法资金来源等内容。

所谓保密条款,主要是指在股权转让协议中设置的股权受让人对在股权转让谈判中所了解和知悉的目标公司及对方当事人的财务经营状况、商业秘密或经营信息负有保密义务的条款。为了使双方当事人互负的保密责任更加明确,可以对转让人与受让人所负的保密事项和具体范围在协议中订明。

当事人约定的生效条款应当符合法律规定。我国《合同法》第44条规定,依法成立的合同,自成立时生效。法律、行政法规规定应当办理批准、登记等手续生效的,依照其规定。《公司登记管理条例》第34条第1款规定,有限责任公司变更股东的,应当自变更之日起30日内申请变更登记,并应当提交新股东的主体资格证明或者自然人身份证明。但这一规定并不是股权转让协议的生效要件。因我国《公司法》及《公司登记管理条例》都未规定办理登记手续是股权转让协议的生效要件,因此,在股权转让中,只要转让人与受让人就股权转让的内容达成了一致意见,且不违背《公司法》和公司章程的有关规定,该股权转让协议即生效。根据《合同法》第45条的规定,当事人可以在股权转让协议中设立附条件和附期限条款。当事人根据自己的订约目的及履约能力,对合同的生效设立条件或期限。对于附生效条件和期限的合同,自条件成就和期限届至时生效。

3. 尾部

首先,签字或盖章。以书面形式订立的合同,是当事人履行合同义务与享有合同权利以及认定其行为是否构成违约的基本依据,因此,当事人双方都应当持有具有相同内容的书面合同各一份。对于双方达成一致的合同,当事人双方应当签字或盖章认可,否则不产生法律效力。当事人为公民的,应当签署其身份证件中所载明的姓名;如果是法人或其他组织的,应当加盖单位公章,并由法定代表人或单位负责人签名或加盖其个人名章。

其次,注明签约时间与地点。签约时间与签约地点往往与合同的成立与生效时间及合同的履行义务、纠纷发生时的管辖确定相联系,因此,双方当事人应当在合同中载明签约时间与签约地点。

(三)文书参考文本

________有限责任公司股权转让协议

转让方(以下简称甲方):____。
住所地:____。
法定代表人:____。

受让方(以下简称乙方):____。
住所地:____。
法定代表人:____。

____________公司(以下简称目标公司)是于________年____月____日经________

依法登记设立的________企业,公司投资总额为人民币________万元,注册资金为人民币________万元,其中甲方持有目标公司________%的股权。

现甲、乙双方根据《中华人民共和国合同法》《中华人民共和国公司法》等法律的规定,经友好协商,本着平等互利的原则,就甲方转让所持目标公司的全部(或部分)股权事宜达成如下协议:

第一条 股权转让数额及价款

甲方同意根据本协议所规定的条件以人民币________元将其在公司拥有的________%的股权转让给乙方,乙方同意以此价格受让甲方在公司拥有的________%的股权。

第二条 股权转让价款支付及支付方式

乙方保证依本协议第一条规定的价款,在本协议签订后____日内一次性通过银行转账方式支付给甲方(分期支付的,应列明每次支付的具体时间和数额),甲方开户行及银行账号为________________________________。

第三条 股权交割及股权变更登记

甲方应在本协议订立后____日内督促目标公司和协助乙方向工商管理部门申请股权转让变更登记,签署、提供与股权转让有关的所有必需文件,并在不违背本协议目的的前提下根据工商管理部门的要求对提供的有关文件进行必要的修改。

第四条 债权债务的分担

1. 本协议生效后,乙方承认目标公司的原章程和有关经营合同,保证按原章程和经营合同的规定承继甲方在公司应享有的权利、义务和责任。

2. 本协议生效后,乙方按所持在目标公司中股份比例分享利润和分担风险及亏损(包含转让前该股份应享有和分担的公司债权债务)。

第五条 保证和陈述

1. 甲方保证依本协议所转让给乙方的股权已获得目标公司其他股东的同意和董事会的决议批准,目标公司的其他股东已书面承诺放弃同等条件下的优先购买权。

2. 甲方保证对其向乙方转让的股权享有完全的所有权和处分权,没有设置任何质押权或其他担保债权及其他影响股权转让效力的情形。

第六条 保密条款

1. 对本次股权转让合同中,甲方与乙方对所了解的对方的全部资料,包括但不限于出让方、受让方的经营情况、财务情况、商业秘密、技术秘密等全部情况,均有义务保密,除非法律有明确规定或司法机关强制要求,任何一方不得对外公开或使用。

2. 甲方与乙方在对外公开或宣传本次股权转让事宜时,采用经协商的统一口径,保证各方的商誉不受侵害。未经另一方同意,任何一方不得擅自对外发表有关本次股权转让的言论、文字。

第七条 违约责任

1. 任何一方因违反于本协议项下作出的声明、保证及其他义务的,应承担违约责任,赔偿给对方因此遭受的全部经济损失。

2. 甲方违反本协议之任何一项义务、声明和保证,须向乙方支付违约金,违约金为转让价款总额的________%。因此导致乙方无法受让合同标的,则甲方应向乙方退还已支付的所有款项,并赔偿乙方由此遭受的全部损失。

3. 乙方违反本协议之任何一项义务、声明和保证,须向甲方支付违约金,违约金为转让价款总额的________%。因此造成甲方损失的,则乙方应向甲方赔偿由此遭受的全部损失。

4. 乙方在本协议生效日之后非依法单方解除合同,则甲方有权要求乙方支付违约金,违约金为转让价款总额的________%。甲方在本协议生效之后非依法单方解除合同,则乙方有权要求甲方支付违约金,违约金为转让价款总额的________%。

5. 在本协议生效后____日内甲方未能协助乙方共同完成股权转让的全部法律手续(包括但不限于变更登记等),乙方有权解除本合同。合同解除后,甲方应向乙方退还已支付的所有款项,并赔偿乙方由此遭受的全部损失。

第八条 争议解决方式

因执行本协议所发生的或与本协议有关的一切争议,双方应通过友好协商解决;协商不成的,按下列第________种方式解决:

1. 提交________仲裁委员会仲裁。

2. 依法向人民法院起诉。

第九条 其他约定事项:________________。

甲方:(盖章)	乙方:(盖章)
法定代表人(授权代表):(签名)	法定代表人(授权代表):(签名)
________年____月____日	________年____月____日

六、股份有限公司章程

(一)文书制作的基本知识

股份有限公司章程,是指由公司的发起人经协商一致,依法以书面形式制定的、用以规定公司组织与行为的基本规则,是规定公司与发起人、未来股东之间以及股东与股东之间权利与义务关系的公司必备书面法律文件。

1. 股份有限公司章程的特点

(1)股份有限公司章程是公司的根本准则。公司章程是公司设立人为规范公司内部各种权利义务关系而制定的一种规范性文件,其内容包括规定公司的组织结构形式、内部关系和开展业务活动的基本准则。公司章程不同于国家法律,是公司股东在自愿、协商基础上制定的规范性文件。因此,公司章程由公司自觉执行,效力也仅限于公司及其股东和高级管理人员。

(2)股份有限公司章程是国家有关行政部门对其进行管理和监督的基本依据。公司章程是公司设立的基本要求,也是公司取得企业法人资格、从事经营活动的基本依据。公司的一切业务活动,都必须符合其章程的规定。同时,公司章程经登记管理机关核准后,就成为国家工商行政部门、税务部门对其进行管理和监督的基本依据。

2. 股份有限公司章程的形式与内容

股份有限公司章程具有要式性。设立股份有限公司,发起人必须制定公司章程,股份有限公司章程应当采取书面形式。发起人应当在公司章程上签名、盖章,采用募集方式设立的经创立大会通过。

根据《公司法》第81条的规定,股份有限公司章程应当载明下列事项:(1)公司名称和住所;(2)公司经营范围;(3)公司设立方式;(4)公司股份总数、每股金额和注册资本;(5)发起人的姓名或者名称、认购的股份数、出资方式和出资时间;(6)董事会的组成、职权、任期和议事规则;(7)公司法定代表人;(8)监事会的组成、职权、任期和议事规则;(9)公司利润分配办法;(10)公司的解散事由与清算办法;(11)公司的通知和公告办法;(12)股东大会会议认为需要规定的其他事项。

(二)文书的内容及制作方法

1. 首部

(1)标题

标题应当载明"股份有限责任公司章程",或者根据公司登记机关已经核准的公司名称载明公司章程名称,如"北京东方前沿文化发展股份有限责任公司章程"。

(2)引言

在引言部分主要说明制定公司章程的依据、公司设立的出资人和设立公司的名称。例如,可表述为:"依据《中华人民共和国公司法》(以下简称《公司法》)及有关法律、法规的规定,由×××、×××和北京甲文化有限责任公司三方共同出资,设立北京××股份有限公司(以下简称公司),特制定本章程。"

2. 正文

(1)公司名称和住所

公司名称是区别不同公司的标志,是代表公司的符号;是公司实施民事法律行为和承担法律责任的必要条件。因此,设立股份有限公司,必须在公司章程中载明公司的名称。该名称应当标明股份有限公司或股份公司字样,并且是已经过公司登记机关预先核准的名称。《公司登记管理体例》第11条规定,公司名称应当符合国家有关规定。公司只能使用一个名称。经公司登记机关核准登记的公司名称受法律保护。

公司住所是公司章程的绝对必要记载事项,也是公司注册登记的必要事项,因此,在公司章程中必须载明公司的住所。《公司法》第10条规定,公司以其主要办事机构所在地为住所。《公司登记管理条例》第12条规定,公司的住所是公司主要办事机构所在地。经公司登记机关登记的公司的住所只能有一个。公司的住所应当在其公司登记机关辖区内。因此,在公司章程中应当对公司的住址填写准确,"公司住所"可填写为"×××市(县)××区(镇)××路(街道)××号房间"。

(2)公司经营范围

公司经营范围是指公司依法记载于公司章程中的生产、经营的商品类别、品种及服务项目。《公司法》第12条规定,公司的经营范围由公司章程规定,并依法登记。公司可以修改公司章程,改变经营范围,但是应当办理变更登记。公司的经营范围中属于法律、行政法规规定须经批准的项目,应当依法经过批准。依法应当批准的项目主要是指属于国家专营、特许经营和限制经营的项目。公司的经营范围应当根据公司发起人拟设立的股份有限公司的目的及经营特点,在公司章程中作出明确规定。公司申请登记的经营范围中有法律、行政法规规定必须报经审批的项目的,应当在申请登记前报经国家有关部门审批;公司申请登记的经营范围中须经有关部门许可的项目的,应获得行政许可。

(3)公司设立方式

《公司法》第77条规定,股份有限公司的设立,可以采取发起设立或者募集设立的方式。发起设立,是指由发起人认购公司应发行的全部股份,不向发起人之外的任何人募集股款而设立公司。募集设立，是指由发起人认购公司应发行股份的一部分，其余股份向社会公开募集或者向特定对象募集而设立公司。发起设立与募集设立在股权权利、义务和公司设立程序等方面都有一定的区别，因此，在股份有限公司章程中必须载明采取何种方式设立股份有限公司。

（4）公司股份总数、每股金额和注册资本

股份有限公司的全部资本划分为股份，每股金额相等。公司股份总数就是公司的全部资本金额除以每股金额所得数。《公司法》第80条规定，股份有限公司采取发起设立方式设立的，注册资本为在公司登记机关登记的全体发起人认购的股本总额。在发起人认购的股份缴足前，不得向他人募集股份。股份有限公司采取募集方式设立的，注册资本为在公司登记机关登记的实收股本总额。法律、行政法规及国务院决定对股份有限公司注册资本实缴、注册资本最低限额另有规定的，从其规定。因此，股份有限公司章程应当将公司股份总数、每股金额和注册资本载明。

（5）发起人的姓名或者名称、认购的股份数、出资方式和出资时间

股份有限公司的发起人是指依法筹办设立股份有限公司、制订公司章程，并根据《公司法》的要求认购拟设立的公司股份和依法承担公司设立责任的出资者。该法第78条规定，设立股份有限公司，应当有2人以上200人以下为发起人，其中须有半数以上的发起人在中国境内有住所。该法第79条第2款规定，发起人应当签订发起人协议，明确各自在公司设立过程中的权利和义务。股份公司的发起人在公司依法登记成立后即为公司的股东，以其认缴的出资额为限对公司承担责任。股份公司的发起人是公民的，应当在公司章程中载明其身份证或户口簿等有效身份证件中所使用的姓名；是法人或其他组织的，应当在公司章程中载明其在有关登记机关登记的名称或其设立机关认可的名称。

《公司法》第126条第1款规定，股份的发行，实行公平、公正的原则，同种类的每一股份应当具有同等权利。可见，股东以其持有的股份多寡享有权利和承担义务。该法第83条第1款和第2款规定，以发起设立方式设立股份有限公司的，发起人应当书面认足公司章程规定其认购的股份并按照公司章程规定缴纳出资。发起人不依照前款规定缴纳出资的，应当按照发起人协议承担违约责任。该法第84条规定，以募集设立方式设立股份有限公司的，发起人认购的股份不得少于公司股份总数的35%；但是，法律、行政法规另有规定的，从其规定。

《公司法》第82条规定，发起人的出资方式，适用本法第27条的规定。根据该法第27条的规定，股东可以用货币出资，也可以用实物、知识产权、土地使用权等可以用货币估价并可以依法转让的非货币财产作价出资；但是，法律、行政法规规定不得作为出资的财产除外。对作为出资的非货币财产应当评估作价，核实财产，不得高估或者低估作价。法律、行政法规对评估作价有规定的，从其规定。根据该法第83条的规定，发起人应当按期足额缴纳公司章程中规定其认购的出资额。以非货币财产出资的，应当依法办理其财产权的转移手续。因此，必须在股份有限公司章程中载明发起人认购的股份数，缴纳的次数及时间。

（6）股东大会的组成、职权和议事规则

①股东大会的组成。股东大会是股份有限公司的最高权力机关。股东大会由全体股东组成。股份有限公司以发起方式设立的，股东大会的股东由全体发起人构成；以募集方式设立的，股东大会的股东由发起人和购买公司股份的股东构成。股东大会作为股份有限公司的权力机关，依照《公司法》规定行使职权。

②股东大会的职权。《公司法》第99条规定,本法第37条第1款关于有限责任公司股东会职权的规定,适用于股份有限公司股东大会。据此,股东大会行使下列职权:决定公司的经营方针和投资计划;选举和更换非由职工代表担任的董事、监事,决定有关董事、监事的报酬事项;审议批准董事会的报告;审议批准监事会或者监事的报告;审议批准公司的年度财务预算方案、决算方案;审议批准公司的利润分配方案和弥补亏损方案;对公司增加或者减少注册资本作出决议;对发行公司债券作出决议;对公司合并、分立、变更公司形式、解散和清算等事项作出决议;修改公司章程;公司章程规定的其他职权。根据该法第104条的规定,本法和公司章程规定公司转让、受让重大资产或者对外提供担保等事项必须经股东大会作出决议的,董事会应当及时召集股东大会会议,由股东大会就上述事项进行表决。

③股东大会的召开、主持与会议通知。《公司法》第100条规定,股东大会应当每年召开一次年会。有下列情形之一的,应当在两个月内召开临时股东大会:董事人数不足本法规定人数或者公司章程所定人数的2/3时;公司未弥补的亏损达实收股本总额1/3时;单独或者合计持有公司10%以上股份的股东请求时;董事会认为必要时;监事会提议召开时;公司章程规定的其他情形。该法第101条规定,股东大会会议由董事会召集,董事长主持;董事长不能履行职务或者不履行职务的,由副董事长主持;副董事长不能履行职务或者不履行职务的,由半数以上董事共同推举1名董事主持。董事会不能履行或者不履行召集股东大会会议职责的,监事会应当及时召集和主持;监事会不召集和主持的,连续90日以上单独或者合计持有公司10%以上股份的股东可以自行召集和主持。该法第102条规定,召开股东大会会议,应当将会议召开的时间、地点和审议的事项于会议召开20日前通知各股东;临时股东大会应当于会议召开15日前通知各股东;发行无记名股票的,应当于会议召开30日前公告会议召开的时间、地点和审议事项。单独或者合计持有公司3%以上股份的股东,可以在股东大会召开10日前提出临时提案并书面提交董事会;董事会应当在收到提案后2日内通知其他股东,并将该临时提案提交股东大会审议。临时提案的内容应当属于股东大会职权范围,并有明确议题和具体决议事项。股东大会不得对前两款通知中未列明的事项作出决议。无记名股票持有人出席股东大会会议的,应当于会议召开5日前至股东大会闭会时将股票交存于公司。

④股东大会的议事规则。《公司法》第103条规定,股东出席股东大会会议,所持每一股份有一表决权。但是,公司持有的本公司股份没有表决权。股东大会作出决议,必须经出席会议的股东所持表决权过半数通过。但是,股东大会作出修改公司章程、增加或者减少注册资本的决议,以及公司合并、分立、解散或者变更公司形式的决议,必须经出席会议的股东所持表决权的2/3以上通过。根据该法第104条的规定,《公司法》和公司章程规定公司转让、受让重大资产或者对外提供担保等事项必须经股东大会作出决议的,董事会应当及时召集股东大会会议,由股东大会就上述事项进行表决。该法第105条规定,股东大会选举董事、监事,可以根据公司章程的规定或者股东大会的决议,实行累积投票制。本法所称累积投票制,是指股东大会选举董事或者监事时,每一股份拥有与应选董事或者监事人数相同的表决权,股东拥有的表决权可以集中使用。该法第106条规定,股东可以委托代理人出席股东大会会议,代理人应当向公司提交股东授权委托书,并在授权范围内行使表决权。

⑤股东大会会议记录及签名。《公司法》第107条规定,股东大会应当对所议事项的决定做成会议记录,主持人、出席会议的董事应当在会议记录上签名。会议记录应当与出席股东的签名册及代理出席的委托书一并保存。

(7)董事会的组成、任期、职权和议事规则

①董事会的组成与任期。董事会为股份有限公司常设的业务执行和经营决策机关，对股东大会负责。《公司法》第108条第1款至第3款规定，股份有限公司设董事会，其成员为5人至19人。董事会成员中可以有公司职工代表。董事会中的职工代表由公司职工通过职工代表大会、职工大会或者其他形式民主选举产生。本法第45条关于有限责任公司董事任期的规定，适用于股份有限公司董事。该法第45条规定，董事任期由公司章程规定，但每届任期不得超过3年。董事任期届满，连选可以连任。董事任期届满未及时改选，或者董事在任期内辞职导致董事会成员低于法定人数的，在改选出的董事就任前，原董事仍应当依照法律、行政法规和公司章程的规定，履行董事职务。

②董事会的职权《公司法》第108条第4款规定，本法第46条关于有限责任公司董事会职权的规定，适用于股份有限公司董事会。根据该法第47条的规定，董事会行使下列职权：召集股东会会议，并向股东会报告工作；执行股东会的决议；决定公司的经营计划和投资方案；制订公司的年度财务预算方案、决算方案；制订公司的利润分配方案和弥补亏损方案；制订公司增加或者减少注册资本以及发行公司债券的方案；制订公司合并、分立、变更公司形式、解散的方案；决定公司内部管理机构的设置；决定聘任或者解聘公司经理及其报酬事项，并根据经理的提名决定聘任或者解聘公司副经理、财务负责人及其报酬事项；制定公司的基本管理制度；公司章程规定的其他职权。

③董事长及副董事长的产生办法及其职权。《公司法》第109条规定，董事会设董事长1人，可以设副董事长。董事长和副董事长由董事会以全体董事的过半数选举产生。董事长召集和主持董事会会议，检查董事会决议的实施情况。副董事长协助董事长工作，董事长不能履行职务或者不履行职务的，由副董事长履行职务；副董事长不能履行职务或者不履行职务的，由半数以上董事共同推举1名董事履行职务。

④董事会的召开、通知与议事规则。《公司法》第110条规定，董事会每年度至少召开2次会议，每次会议应当于会议召开10日前通知全体董事和监事。代表1/10以上表决权的股东、1/3以上董事或者监事会，可以提议召开董事会临时会议。董事长应当自接到提议后10日内，召集和主持董事会会议。董事会召开临时会议，可以另定召集董事会的通知方式和通知时限。该法第111条规定，董事会会议应有过半数的董事出席方可举行。董事会作出决议，必须经全体董事的过半数通过。董事会决议的表决，实行一人一票。该法第112条规定，董事会会议，应由董事本人出席；董事因故不能出席，可以书面委托其他董事代为出席，委托书中应载明授权范围。董事会应当对会议所议事项的决定做成会议记录，出席会议的董事应当在会议记录上签名。董事应当对董事会的决议承担责任。董事会的决议违反法律、行政法规或者公司章程、股东大会决议，致使公司遭受严重损失的，参与决议的董事对公司负赔偿责任。但经证明在表决时曾表明异议并记载于会议记录的，该董事可以免除责任。

(8)公司法定代表人

根据《民法通则》的规定，依照法律或者法人组织章程规定，代表法人行使职权的负责人，是法人的法定代表人。《公司法》第13条规定，公司法定代表人依照公司章程的规定，由董事长、执行董事或者经理担任，并依法登记。公司法定代表人变更，应当办理变更登记。因此，在公司章程中应当明确规定是由董事长、执行董事还是经理担任公司的法定代表人。

(9)监事会的组成、任期、职权和议事规则

①监事会的组成和任期。《公司法》第117条规定,股份有限公司设立监事会,其成员不得少于3人。监事会应当包括股东代表和适当比例的公司职工代表,其中职工代表的比例不得低于1/3,具体比例由公司章程规定。监事会中的职工代表由公司职工通过职工代表大会、职工大会或者其他形式民主选举产生。监事会设主席1人,可以设副主席。监事会主席和副主席由全体监事过半数选举产生。监事会主席召集和主持监事会会议;监事会主席不能履行职务或者不履行职务的,由监事会副主席召集和主持监事会会议;监事会副主席不能履行职务或者不履行职务的,由半数以上监事共同推举1名监事召集和主持监事会会议。董事、高级管理人员不得兼任监事。本法第52条关于有限责任公司监事任期的规定,适用于股份有限公司监事。根据该法第52条的规定,监事的任期每届为3年。监事任期届满,连选可以连任。监事任期届满未及时改选,或者监事在任期内辞职导致监事会成员低于法定人数的,在改选出的监事就任前,原监事仍应当依照法律、行政法规和公司章程的规定,履行监事职务。

②监事会的职权。《公司法》第118条规定,本法第53条、第54条关于有限责任公司监事会职权的规定,适用于股份有限公司监事会。监事会行使职权所必需的费用,由公司承担。该法第53条规定,监事会、不设监事会的公司的监事行使下列职权:a. 检查公司财务;b. 对董事、高级管理人员执行公司职务的行为进行监督,对违反法律、行政法规、公司章程或者股东会决议的董事、高级管理人员提出罢免的建议;c. 当董事、高级管理人员的行为损害公司的利益时,要求董事、高级管理人员予以纠正;d. 提议召开临时股东会会议,在董事会不履行本法规定的召集和主持股东会会议职责时召集和主持股东会会议;e. 向股东会会议提出提案;f. 依照本法第152条的规定,对董事、高级管理人员提起诉讼;g. 公司章程规定的其他职权。该法第54条规定,监事可以列席董事会会议,并对董事会决议事项提出质询或者建议。监事会、不设监事会的公司的监事发现公司经营情况异常,可以进行调查;必要时,可以聘请会计师事务所等协助其工作。

③监事会的议事规则。《公司法》第119条规定,监事会每6个月至少召开一次会议。监事可以提议召开临时监事会会议。监事会的议事方式和表决程序,除本法有规定的外,由公司章程规定。监事会决议应当经半数以上监事通过。监事会应当对所议事项的决定做成会议记录,出席会议的监事应当在会议记录上签名。因此,监事会的议事方式和表决程序,除本法有规定的外,应当由公司章程作出具体规定。

(10)公司利润分配办法

《公司法》第166条规定,公司分配当年税后利润时,应当提取利润的10%列入公司法定公积金。公司法定公积金累计额为公司注册资本的50%以上的,可以不再提取。公司的法定公积金不足以弥补以前年度亏损的,在依照前款规定提取法定公积金之前,应当先用当年利润弥补亏损。公司从税后利润中提取法定公积金后,经股东大会决议,还可以从税后利润中提取任意公积金。公司弥补亏损和提取公积金后所余税后利润,股份有限公司按照股东持有的股份比例分配,但股份有限公司章程规定不按持股比例分配的除外。据此,公司章程规定的税后利润的分配方式可以不按持股比例分配,但利润分配的具体办法必须在公司章程中载明。

(11)公司的解散事由与清算办法

公司的解散,是指因出现《公司法》规定的解散事由使公司终结和归于消灭的法律行为。

根据《公司法》第180条的规定，公司因下列原因解散：①公司章程规定的营业期限届满或者公司章程规定的其他解散事由出现，但公司通过修改公司章程而存续的除外；②股东会或者股东大会决议解散；③因公司合并或者分立需要解散；④依法被吊销营业执照、责令关闭或者被撤销；⑤人民法院依照本法第182条的规定予以解散。该法第182条规定，公司经营管理发生严重困难，继续存续会使股东利益受到重大损失，通过其他途径不能解决的，持有公司全部股东表决权10%以上的股东，可以请求人民法院解散公司。

公司的清算，是指终结已经解散的有限责任公司的一切法律关系，处理有限责任公司的剩余财产及债权、债务的程序。《公司法》第183条规定，公司因本法第180条第1项、第2项、第3项、第5项规定而解散的，应当在解散事由出现之日起15日内成立清算组，开始清算。有限责任公司的清算组由股东组成，股份有限公司的清算组由董事或者股东大会确定的人员组成。逾期不成立清算组进行清算的，债权人可以申请人民法院指定有关人员组成清算组进行清算。人民法院应当受理该申请，并及时组织清算组进行清算。

股份有限公司的解散及清算，必须遵循《公司法》规定的法定事由及其程序。公司章程中关于股份有限公司解散和清算的有关条款，应根据《公司法》将需要记载的内容在公司章程中载明。

(12)公司的通知和公告办法

根据《公司法》的规定，股份有限公司召开股东大会和临时股东大会，应当在法定期间内将会议召开的时间、地点和审议的事项通知股东；董事会召开会议应当通知全体董事和监事；公司的合并、分立、减少注册资本、公司的清算需要进行公告和通知债权人。《公司法》对公司有关事项的通知和公告办法有明确规定的，应当遵循有关规定；《公司法》没有明确规定的，公司章程中应当载明公司的有关通知和公告办法。通知办法可采取信函通知、电报通知或者电子邮件通知等，公告办法主要是报纸公告，应当在公司章程中载明公告报纸的名称。

(13)股东大会会议认为需要规定的其他事项

除了上述绝对必要记载事项外，股份有限公司股东大会会议可以在公司章程中将那些认为需要规定的事项作出规定，诸如股份有限公司的股份发行与转让、公司的营业期限等有关内容。但对这些内容的规定，不得违背《公司法》的有关规定。

3. 尾部

公司章程不仅是公司设立登记应向公司登记机关提供的必备文件，而且也是股东行使权利和履行义务的基本依据。因此，股份有限公司章程由发起人制定并由全体发起人签名和注明签名时间，股份有限公司以募集方式设立的须经股东创立大会依法通过方能生效。

(三)文书参考文本

________股份有限公司章程

第一章　总　　则

第一条　依据《中华人民共和国公司法》(以下简称《公司法》)及有关法律、法规的规定，由________等________方共同发起设立，特制定本章程。

第二条　本章程中的各项条款与法律、法规、规章不符的，以法律、法规、规章的规定为准。

第二章　公司名称和住所

第三条　公司名称：____。

第四条　住所:____。

第三章　公司经营范围

第五条　公司经营范围:(注:根据实际情况参照《国民经济行业分类》具体填写,最后应注明“以工商行政管理机关核定的经营范围为准”)

第四章　公司设立方式

第六条　公司设立方式:发起设立。

第五章　公司股份总数、每股金额和注册资本

第七条　公司股份总数:________万股。

第八条　公司股份每股金额:________元。

第九条　公司注册资本:________万元人民币。

第十条　公司增加或减少注册资本,必须召开股东大会并做出决议。

第六章　发起人的姓名(名称)、认购的股份数、出资方式和出资时间

第十一条　发起人的姓名(名称)、认购的股份数、出资方式和出资时间如下:

发起人姓名或名称	认缴情况		
	认购的股份数	出资方式	出资时间
合计			

第七章　公司股东大会的组成、职权和议事规则

第十二条　公司股东大会由全体发起人(股东)组成。股东大会是公司的权力机构,其职权是:

(一)决定公司的经营方针和投资计划;

(二)选举和更换非由职工代表担任的董事、监事,决定有关董事、监事的报酬事项;

(三)审议批准董事会的报告;

(四)审议批准监事会的报告;

(五)审议批准公司的年度财务预算方案、决算方案;

(六)审议批准公司的利润分配方案和弥补亏损方案;

(七)对公司增加或者减少注册资本作出决议;

(八)对发行公司债券作出决议;

(九)对公司合并、分立、解散、清算或者变更公司形式作出决议;

(十)修改公司章程;

(十一)公司章程规定的其他职权。(注:由股东发起人自行确定,如发起人不作具体规定应将此条删除)

对上述所列事项股东以书面形式一致表示同意的,可以不召开股东大会,直接作出决定,并由全体股东在决定文件上签名、盖章。

第十三条　股东大会应当每年召开一次年会,有下列情形之一的,应当在两个月内召开临时股东大会:

(一)董事人数不足《公司法》规定人数或者公司章程所定人数的三分之二时;

(二)公司未弥补的亏损达实收股本总额三分之一时;

(三)单独或合计持有公司百分之十以上股份的股东请求时;

(四)董事会认为必要时;

(五)监事会提议召开时;

(六)其他情形。(注:股东可以自行约定,如没有则删除此条)

第十四条　股东大会会议由董事会召集,董事长主持;董事长不能履行职务或不履行职务的,由副董事长主持;副董事长不能履行职务的,由半数以上董事共同推举一名董事主持。

董事会不能履行或者不履行召集股东大会会议职责的,监事会应当及时召集和主持;监事会不召集和主持的,连续九十日以上单独或者合计持有公司百分之十以上股份的股东可以自行召集和主持。

第十五条　召开股东大会会议,应当将会议召开的时间、地点和审议的事项于会议召开二十日前通知各股东;临时股东大会应当于会议召开十五日前通知各股东;发行无记名股票的,应当于会议召开三十日前公告会议召开的时间、地点和审议的事项。

单独或者合计持有公司百分之三以上股份的股东,可以在股东大会召开十日前提出临时提案并书面提交董事会;董事会应当在收到提案后二日内通知其他股东;并将该临时提案提交股东大会审议。临时提案的内容应当属于股东大会职权范围,并有明确议题和具体决议事项。

股东大会不得对前两款通知中未列明的事项作出决议。

无记名股票持有人出席股东大会会议的,应当于会议召开五日前至股东大会闭会时将股票交存于公司。

第十六条　股东大会作出决议,必须经出席会议的股东所持表决权过半数通过。股东大会作出修改公司章程、增加或者减少注册资本的决议,以及公司合并、分立、解散或者变更公司形式的决议,必须经出席会议的股东所持表决权的三分之二以上通过。(注:其他重大事项的规则由股东自行约定)

第十七条　股东可以委托代理人出席股东大会会议,代理人应当向公司提交股东授权委托书,并在授权范围内行使表决权。

第十八条　股东大会应当将所议事项的决定作成会议记录,主持人、出席会议的董事应当在会议记录上签名。会议记录应当与出席会议股东的签名册及代理出席的委托书一并保存。

第八章　董事会的组成、职权和议事规则

第十九条　公司设董事会,成员为________人,非由职工代表担任的董事由股东大会选举产生;职工代表董事由公司职工通过职工代表大会(或职工大会)或者其他形式,民主选举产生。董事任期________年,任期届满可连选连任。

董事任期届满未及时改选,或者董事在任期内辞职导致董事会成员低于法定人数的,在改选出的董事就任前,原董事仍应当依照法律、行政法规和公司章程的规定,履行董事职责。

董事会设董事长一人,副董事长________人,由董事会以全体董事过半数选举产生。

第二十条 董事会行使下列职权:

(一)负责召集股东大会,并向股东大会报告工作;

(二)执行股东大会的决议;

(三)审定公司的经营计划和投资方案;

(四)制订公司的年度财务预算方案、决算方案;

(五)制订公司的利润分配方案和弥补亏损方案;

(六)制订公司增加或者减少注册资本以及发行公司债券的方案;

(七)制订公司合并、分立、变更公司形式、解散的方案;

(八)决定公司内部管理机构的设置;

(九)决定聘任或者解聘公司经理及其报酬事项,并根据经理的提名决定聘任或者解聘公司副经理、财务负责人及其报酬事项;

(十)制定公司的基本管理制度;

(十一)其他职权。(注:由发起人自行确定,如发起人不作具体规定应将此条删除)

第二十一条 董事会会议由董事长召集和主持;副董事长协助董事长履行职务,董事长不能履行职务或者不履行职务的,由副董事长履行职务;副董事长不能履行职务或者不履行职务的,由半数以上董事共同推举一名董事履行职务。

第二十二条 董事会每年度至少召开两次会议,每次会议应当于会议召开十日前通知全体董事和监事。

代表十分之一以上表决权的股东、三分之一以上董事或者监事,可以提议召开董事会临时会议。董事长应当自接到提议后十日内,召集和主持董事会议。

董事会召开临时会议的通知方式和通知时间由发起人或董事自行约定。

第二十三条 董事会会议有过半数的董事出席方可举行。董事会作出决议,必须经全体董事过半数通过。

董事会决议的表决,实行一人一票。

第二十四条 董事会会议应由董事本人出席;董事因故不能出席,可以书面委托其他董事代为出席,委托书中应载明授权范围。

第二十五条 董事会应当将会议所议事项的决定作成会议记录,出席会议的董事应当在会议记录上签名。

董事应当对董事会的决议承担责任。董事会的决议违反法律、行政法规或者公司章程、股东大会决议,致使公司遭受严重损失的,参与决议的董事对公司负赔偿责任。但经证明在表决时曾表明异议并记载于会议记录的,该董事可以免除责任。

第二十六条 公司设经理,由董事会决定聘任或者解聘。经理对董事会负责,行使下列职权:

(一)主持公司的生产经营管理工作,组织实施董事会决议;

(二)组织实施公司年度经营计划和投资方案;

(三)拟订公司内部管理机构设置方案;

(四)拟定公司的基本管理制度;

(五)制定公司的具体规章;

(六)提请聘任或者解聘公司副经理、财务负责人;

（七）决定聘任或者解聘除应由董事会决定聘任或者解聘以外的负责管理人员；

（八）董事会授予的其他职权。

（注：以上内容也可由发起人自行确定）

经理列席董事会会议。

第九章　公司的法定代表人

第二十七条　董事长为公司的法定代表人。（注：由发起人按照《公司法》第13条自行约定）

第二十八条　法定代表人行使下列职权：（注：由发起人自行确定）

第十章　监事会的组成、职权和议事规则

第二十九条　公司设监事会，成员________人（注：不得少于3人），监事会中股东代表监事与职工代表监事的比例为________：________（注：由股东自行确定，但其中职工代表的比例不得低于三分之一）。监事会中的股东代表监事由股东大会选举产生，职工代表由公司职工通过职工代表大会（职工大会或者其他形式）民主选举产生。

监事会设主席一人，（副主席________人），由全体监事过半数选举产生。监事会主席召集和主持监事会会议；监事会主席不能履行职务或者不履行职务的，由监事会副主席召集和主持；监事会副主席不能履行职务或者不履行职务的，由半数以上监事共同推举一名监事召集和主持监事会会议。

董事、高级管理人员不得兼任监事。

监事的任期每届为三年，任期届满可连选连任。

监事任期届满未及时改选，或者监事在任期内辞职导致监事会成员低于法定人数的，在改选出的监事就任前，原监事仍应当依照法律、行政法规和公司章程的规定，履行监事职务。

第三十条　监事会行使下列职权：

（一）检查公司财务；

（二）对董事、高级管理人员执行公司职务的行为进行监督，对违反法律、行政法规、公司章程或者股东会决议的董事、高级管理人员提出罢免的建议；

（三）当董事、高级管理人员的行为损害公司的利益时，要求董事、高级管理人员予以纠正；

（四）提议召开临时股东大会，在董事会不履行本法规定的召集和主持股东大会职责时召集和主持股东大会；

（五）向股东大会提出提案；

（六）依照《公司法》第一百五十二条的规定，对董事、高级管理人员提起诉讼；

（七）其他职权。（注：由发起人自行确定，如发起人不作具体规定应将此条删除）

监事可以列席董事会会议。

第三十一条　监事会每六个月至少召开一次会议，监事可以提议召开临时监事会会议。

第三十二条　监事会决议应当经半数以上监事通过。

监事会应当将所议事项的决定作成会议记录，出席会议的监事应当在会议记录上签名。

第三十三条　监事会的议事方式和表决程序，除《公司法》有规定外，由股东在公司章程中自行约定。

第十一章 公司利润分配办法

第三十四条 公司分配当年税后利润时,应当提取利润的百分之十列入公司法定公积金。公司的法定公积金不足以弥补以前年度亏损的,在依照前款规定提取法定公积金前,应当先用当年利润弥补亏损。

第三十五条 税后利润的分配方式由股东自行约定。

第十二章 公司的解散事由与清算办法

第三十六条 公司有以下情形之一时,解散并进行清算:

(一)公司章程规定的营业期限届满或者公司章程规定的其他解散事由出现;

(二)股东会或者股东大会决议解散;

(三)因公司合并或者分立需要解散;

(四)依法被吊销营业执照、责令关闭或者被撤销;

(五)人民法院依照《公司法》第一百八十三条的规定予以解散;

(六)其他解散事由出现。(注:由股东自行约定,如不做具体规定应删除此条)

第三十七条 公司因第三十六条第(一)项规定而解散的,可以经出席股东大会会议的股东所持表决权的三分之二以上通过修改公司章程而存续。

第三十八条 公司因第三十六条第(一)、(二)、(四)、(五)项规定而解散的,应当在解散事由出现之日起十五日内成立清算组,开始清算(清算组的组成及职权由股东约定)。

第三十九条 清算组应当自成立之日起十日内通知债权人,并于六十日内在报纸上公告。

第四十条 在申报债权期间,清算组不得对债权人进行清偿。

第十三章 公司的通知和公告办法

第四十一条 公司有下列情形之一的,应予通知:(注:由发起人自行约定)

第四十二条 公司通知可采用邮递或送达形式,必要时也可采用函电的方式。除国家法律、法规规定的公告事项外,公司通知可采用公告形式。(注:由股东自行约定)

第十四章 股东大会会议认为需要规定的其他事项

第四十三条 股东持有的股份可以依法转让。

第四十四条 股东大会选举董事、监事,可以实行累计投票制。

第四十五条 公司的营业期限为________年(注:由股东自行约定),自公司营业执照签发之日起计算。

第四十六条 公司登记事项以公司登记机关核定的为准。

第四十七条 本章程一式________份,并报公司登记机关一份。

(注:本章节内容除上述条款外,股东可根据《公司法》的有关规定,将认为需要记载的其他内容一并列明)

全体股东亲笔签名、盖章:

________年____月____日

七、企业变更登记申请书

(一) 文书制作的基本知识

企业变更登记申请书,是企业变更登记事项时向企业登记机关递交的申请变更登记的书面文书。

1. 公司变更登记程序

公司申请变更登记应提交的文件。《公司登记管理条例》第 26 条规定,公司变更登记事项,应当向原公司登记机关申请变更登记。未经变更登记,公司不得擅自改变登记事项。根据《公司法》第 7 条第 3 款的规定,公司营业执照记载的事项发生变更的,公司应当依法办理变更登记,由公司登记机关换发营业执照。根据该条例的规定,公司申请变更登记,除了提交公司法定代表人签署的变更登记申请书外,应当向公司登记机关提交下列文件:

①依照《公司法》作出的变更决议或者决定。根据《公司法》第 43 条第 2 款的规定,有限责任公司股东会会议作出修改公司章程、增加或者减少注册资本的决议,以及公司合并、分立、解散或者变更公司形式的决议,必须经代表 2/3 以上表决权的股东通过。根据该法第 103 条第 2 款的规定,股份有限公司股东大会作出决议,必须经出席会议的股东所持表决权过半数通过。但是,股东大会作出修改公司章程、增加或者减少注册资本的决议,以及公司合并、分立、解散或者变更公司形式的决议,必须经出席会议的股东所持表决权的 2/3 以上通过。

②国家工商行政管理总局规定要求提交的其他文件。公司变更登记事项涉及修改公司章程的,应当提交由公司法定代表人签署的修改后的公司章程或者公司章程修正案。变更登记事项依照法律、行政法规或者国务院决定规定在登记前须经批准的,还应当向公司登记机关提交有关批准文件。公司变更住所的,应当在迁入新住所前申请变更登记,并提交新住所使用证明。公司变更类型的,应当按照拟变更的公司类型的设立条件,在规定的期限内向公司登记机关申请变更登记,并提交有关文件。有限责任公司因股东转让股权申请变更登记的,应当提交新股东的主体资格证明或者自然人身份证明。公司因合并、分立申请登记的,应提交合并协议和合并、分立决议或者决定以及公司在报纸上登载公司合并、分立公告的有关证明和债务清偿或者债务担保情况的说明。法律、行政法规或者国务院决定规定公司合并、分立必须报经批准的,还应当提交有关批准文件。

申请人到公司登记机关提交申请文件、材料原件的,应当当场作出准予登记的决定;申请人通过信函方式提交申请文件、材料原件的,应当自受理之日起 15 日内作出准予登记的决定。公司登记机关需要对申请文件、材料核实的,应当自受理之日起 15 日内作出是否准予登记的决定。作出准予公司变更登记决定的,应当出具《准予变更登记通知书》,告知申请人自决定之日起 10 日内,换发营业执照。

2. 合伙企业变更登记程序

根据《合伙企业登记管理办法》的规定,合伙企业登记事项发生变更的,执行合伙事务的合伙人应当自作出变更决定或者发生变更事由之日起 15 日内,向原企业登记机关申请变更登记。合伙企业申请变更登记,应当向原企业登记机关提交下列文件:(1)执行事务合伙人或者委派代表签署的变更登记申请书;(2)全体合伙人签署的变更决定书,或者合伙协议约定的人员签署的变更决定书;(3)国务院工商行政管理部门规定提交的其他文件。法律、行政法规或者国务院规定变更事项须经批准的,还应当提交有关批准文件。申请人提交的申请材料齐全、符合法定形式,企业登记机关能够当场变更登记的,应予当场变更登记。除上述当场变更的情形外,企业登记机关应当自受理申请之日起20日内,作出是否变更登记的决定。予以变更登记的,应当进行变更登记;不予变更登记的,应当给予书面答复,并说明理由。合伙企业变更登记事项涉及营业执照变更的,企业登记机关应当换发营业执照。

3. 个人独资企业变更登记程序

根据《个人独资企业登记管理办法》的规定,个人独资企业变更企业名称、企业住所、经营范围及方式,应当在作出变更决定之日起15日内向原登记机关申请变更登记。个人独资企业变更投资人姓名和居所、出资额和出资方式,应当在变更事由发生之日起15日内向原登记机关申请变更登记。个人独资企业申请变更登记,应当向登记机关提交下列文件:(1)投资人签署的变更登记申请书;(2)国家工商行政管理局规定提交的其他文件。从事法律、行政法规规定须报经有关部门审批的业务的,应当提交有关部门的批准文件。个人独资企业因转让或者继承致使投资人变化的,个人独资企业可向原登记机关提交转让协议书或者法定继承文件,申请变更登记。个人独资企业改变出资方式致使个人财产与家庭共有财产变换的,个人独资企业可向原登记机关提交改变出资方式文件,申请变更登记。委托代理人申请变更登记的,应当提交投资人的委托书和代理人的身份证明或者资格证明。登记机关应当在收到全部文件之日起15日内,作出核准登记或者不予登记的决定。予以核准的,换发营业执照或者发给变更登记通知书;不予核准的,发给企业登记驳回通知书。

(二)文书的内容及制作方法

1. 企业变更登记申请表

(1)企业名称。公司名称变更登记的,应当以预先核准的公司名称进行公司名称变更登记,其他企业名称变更的可以申请名称预先核准。因此,在企业名称变更登记时对变更后的名称应填写经企业登记机关预先核准的企业名称。对此,应当严格按照预先核准的名称填写。

(2)企业住所(经营场所)。企业住所应当符合下列规定:企业住所是企业主要办事机构所在地;经企业登记机关登记的企业的住所只能有一个;企业的住所应当在其公司登记机关辖区内。合伙企业、个人独资企业和企业的分支机构,应登记营业场所。根据《公司登记管理条例》第29条的规定,公司变更住所的,应当在迁入新住所前申请变更登记,并提交新住所使用证明。公司变更住所跨公司登记机关辖区的,应当在迁入新住所前向迁入地公司登记机关申请变更登记;迁入地公司登记机关受理的,由原公司登记机关将公司登记档案移送迁入地公司登记机关。《个人独资企业管理办法》第16条规定,个人独资企业变更住所跨登记机关辖区的,应当向迁入地登记机关申请变更登记。迁入地登记机关受理的,由原登记机关将企业档案移送迁入地登记机关。在"住所企业住所(经营场所)"栏目中,对变更后的内容应填写为"×××市(县)××区(镇)××街道(村)××号(门牌号)"。

(3)法定代表人姓名(负责人、投资人)。公司法定代表人、公司和企业分支机构的负责人、合伙企业中的合伙事务执行人和个人独资企业投资人变更的,应当办理变更登记。因此,在向企业登记机关申请变更登记时,应根据企业类型不同将变更后的企业法定代表人、负责人和或投资人的有效身份证件中载明的姓名填写变更栏目中。

(4)注册资本(出资数额)。公司的注册资金代表着公司的民事行为能力和责任能力。因此,公司登记设立后,随着其经营规模的扩大和获利的增加,有限责任公司经代表2/3以上表决权的股东通过决议或者股份有限公司经出席会议的股东所持表决权过半数通过决议,就可以增加注册资本。合伙人可以根据合伙协议的规定变更注册出资额,个人独资企业的投资人可以自主决定变更注册出资额。

(5)经营范围。企业应根据自身的经营特点依法变更经营范围。企业申请变更登记的经营范围中有法律、行政法规规定必须报经审批的项目的,应当在申请登记前报经有关行政部门审批。公民、法人或者其他组织从事特定活动,依法需要取得行政许可的,应当向有关行政机关提出申请并取得行政许可。因此,应将许可经营项目和一般经营项目分别填写。

(6)营业期限。营业期限是公司设立人或发起人在公司章程或合伙协议中商定的或者个人独资企业的投资人决定的企业存续期间,在企业设立登记的营业期限到期的,可以申请变更。

2. 单位投资者名录

单位投资者名录是作为设立企业的投资人为单位(包括有限责任公司、股份有限责任公司、合伙企业或者个人独资企业)时应填写的内容。单位投资者发生变更的,应在该名录根据新的单位投资者填写以下内容:出资单位名称、住所、法定代表人(投资人为合伙企业的,应填写合伙企业执行事务合伙人;投资人为个人独资企业的,应填写个人投资人)、营业执照号码和备注。对于出资单位应根据其企业的类型如有限责任公司、股份有限责任公司、普通合伙企业、特殊的普通合伙企业、有限合伙企业或者个人独资企业,填写其营业执照上的企业名称的全称和营业执照注册号。合伙企业应在“备注”栏内填写出资单位承担责任的方式是有限责任还是连带责任,以及是否是新设立企业的执行事务合伙人,并填写其委派代表的姓名。募集设立的股份有限公司应在“备注”栏内标注投资者是否为认股人。

3. 自然人投资者名录

自然人投资者名录是作为设立企业的股东、发起人、合伙人和个人独资企业投资人为自然人时应填写的内容。自然人投资人因股权转让、新的股东入资、新的合伙人入伙或发生个人独资企业转让的,应当在企业变更登记表中根据新的投资人填写自然人投资者名录。填写内容主要包括:投资人有效身份证件上所载明的姓名,性别、民族、户籍登记住址、证件名称及号码、国籍和备注等栏目。合伙企业应在“备注”栏内注明出资的自然人承担责任的方式是无限连带责任还是有限责任以及是否是执行事务合伙人。募集设立的股份有限公司应在“备注”栏内标注投资者是否为认股人。

4. 投资者注册资本、出资额缴付情况

作为企业的法人投资者、自然人投资者均应填写本表中的有关栏目。作为企业的法人投资人的名称应当填写其依法取得的营业执照上载明的名称;作为企业的自然人投资人的姓名应当填写其有效身份证件中载明的姓名。

有限责任公司的股东因股权转让或吸收新的股东入资的,在进行投资者变更登记时应将投资者注册资本的认缴情况、实际缴付情况和分期缴付情况按照登记申请书的要求进行填写。“认缴情况”填写投资者出资总额的情况,公司制企业应在合计的出资额中填写货币出资的数额,其他企业无须填写货币出资数额。“分期缴付情况”按照章程、合伙协议约定的期次填写,个人独资企业不填分期缴付情况。“出资方式”栏,公司制企业应依据章程以“货币”“实物”“知识产权”“土地使用权”“股权”的表述方式填写;合伙企业应依据合伙协议以“货币”“实物”“土地使用权”“知识产权”“劳务”的表述方式填写并注明评估方式;个人独资企业的投资人如以个人财产或以其家庭共有财产作为个人出资的,应在“出资方式”栏内注明。

投资人若以多种方式出资,应按每种方式分行填写。

5. 法定代表人、负责人登记表

根据《公司法》第13条的规定,公司法定代表人依照公司章程的规定,由董事长、执行董事或者经理担任,并依法登记。公司法定代表人变更,应当办理变更登记。公司法定代表人、企业分支机构负责人、个人独资企业投资人、执行事务合伙人进行变更登记时,首先,应当按照下列栏目填写:企业名称、姓名、性别、证件名称及号码、国籍、户籍登记住址、民族、文化程度、政治面貌、出生日期、联系电话等,其中,外籍人员无须填写政治面貌、民族。其次,应当填写个人简历。个人简历应当自具有完全民事行为能力之日填起至今,并不得间断。填写的内容应包括每一阶段的起止时间、所在单位名称和任职情况。再次,由设立企业对证明其具有完全民事行为能力和任命或委派法定代表人或负责人加盖公章。全民所有制、集体所有制企业及其分支机构、集体所有制(股份合作)企业的分支机构应在"盖章(签字)"处加盖任命单位公章;个人独资企业分支机构应在"盖章(签字)"处由投资人签字;分公司应在"盖章(签字)"处加盖公司公章,其他类型企业无须盖章、签字。合伙企业委托执行事务合伙人或委派执行分支机构事务负责人的,应由全体合伙人在"盖章(签字)"处签字;但全体合伙人均为执行事务合伙人的,无须全体合伙人签字。合伙企业执行事务合伙人是法人或其他组织的,本表填写其委派代表的情况。最后,应当按照要求在个人简历登记表的右上方的粘贴处粘贴一寸免冠近照。

6. 企业法定代表人(主要负责人)承诺

《公司法》第146条规定,有下列情形之一的,不得担任公司的董事、监事、高级管理人员:(1)无民事行为能力或者限制民事行为能力;(2)因贪污、贿赂、侵占财产、挪用财产或者破坏社会主义市场经济秩序,被判处刑罚,执行期满未逾5年,或者因犯罪被剥夺政治权利,执行期满未逾5年;(3)担任破产清算的公司、企业的董事或者厂长、经理,对该公司、企业的破产负有个人责任的,自该公司、企业破产清算完结之日起未逾3年;(4)担任因违法被吊销营业执照、责令关闭的公司、企业的法定代表人,并负有个人责任的,自该公司、企业被吊销营业执照之日起未逾3年;(5)个人所负数额较大的债务到期未清偿。公司违反前款规定选举、委派董事、监事或者聘任高级管理人员的,该选举、委派或者聘任无效。董事、监事、高级管理人员在任职期间出现本条第1款所列情形的,公司应当解除其职务。因此,在企业变更登记申请书中,法定代表人、主要负责人包括分支机构的负责人、合伙企业的执行事务合伙人(委派代表)、个人独资企业的投资人应当向工商行政管理机关郑重声明不具有《公司法》第146条第1款规定的任何一种情形,并承诺本表所填内容不含虚假成分,现亲笔签字确认和注明年、月、日。

7. 董事会成员、经理、监事任职证明

董事会成员、经理、监事任职证明是设立登记有限责任公司和股份有限责任公司的董事会成员、经理、监事任必须填写的内容,其填写事项包括姓名、性别、国籍、民族、证件名称及号码、户籍登记住址、出生日期、政治面貌、文化程度、职务、任职期限、产生方式和联系电话等。其中,职务应当填写是董事长、董事、执行董事、经理还是监事、监事会主席,其任职期限及其产生方式应当符合《公司法》的规定。姓名应当由其本人亲自填写,如不能在表中签名的,应另提交董事长(执行董事)、董事、经理、监事会主席、监事对登记事项签字确认的文件。本任职证明应当由全体股东盖章(签字),股东为自然人的,由股东签字;股东为非自然人的,加盖股东单位公章。不能在此页盖章(签字)的,应提交有关选举、聘用证明文件。请将董事(理事)、经理人员的身份证复印件粘贴在下一页。

8. 企业住所(经营场所)证明

企业以其主要办事机构所在地为住所,拟设立企业的住所或其拟设立的分支机构的经营场所,是企业变更登记申请书中必须填写事项。公司住所、合伙企业和个人独资企业经营场变更的,在进行变更登记时应出具所企业住所(经营场所)证明。首先,在该证明中应填写拟设立的企业或企业分支机构的名称。其次,应填写企业住所(经营场所)的具体地址,如"××市(县)××区(镇)××街道(村)××号房间"。再次,应填写财产权人证明,证明内容应载明产权人同意将位于上述地址的多大面积的房屋以何种方式(如自有、租赁或借用)提供给该企业使用,并载明使用期限为多少年。产权人应在"产权人证明"栏内签字、盖章。产权人为单位的加盖单位公章,产权人为自然人的由本人签字,同时提交由产权单位盖章或产权人签字的《房屋所有权证》复印件。最后,注明年、月、日。

9. 住所(经营场所)登记表

将住宅楼内的房屋改变为经营性用房作为住所(经营场所)的,应当符合国家法律、法规、管理规约的规定,并按以下要求提交有关文件:已经取得《房屋所有权证》的,提交由产权人签字的房屋所有权证复印件;购买的商品房未取得《房屋所有权证》的,提交由购房人签字或购房单位盖章的购房合同复印件及加盖房地产开发商公章的商品房预售许可证复印件;租赁商品房或开发商以所开发的商品房自用作为住所,尚未取得《房屋所有权证》的,可提交开发商的房屋预售许可证及营业执照的复印件;取得《再就业优惠证》的下岗失业人员以其租赁的公有住房作为住所的,应当提交公有住房租赁合同复印件,并由本人在"产权人签字"处签字,但该签字不具有证明产权归签字人所有的效力;以其购买单位房改房作为经营住所的,应提交购买单位房改房合同及购房发票的复印件。除提交上述文件外,还应填写《住所(经营场所)登记表》及《关于同意将住宅改变为经营性用房的证明》。

《住所(经营场所)登记表》应当填写企业(公司)名称和住所(经营场所)。根据《物权法》第77条的规定,业主不得违反法律、法规以及管理规约,将住宅改变为经营性用房。业主将住宅改变为经营性用房的,除遵守法律、法规以及管理规约外,应当经有利害关系的业主同意。因此,本企业(公司)将住宅改变为经营性用房,应作出"遵守有关房屋管理的法律、法规以及管理规约的规定"和"已经有利害关系的业主同意的承诺"。对该承诺,公司股东或企业出资人应签名并注明年、月、日。

《关于同意将住宅改变为经营性用房的证明》是由企业设立人、投资人或出资人申请将住宅改变为作为企业住所或经营场所即经营性用房时向企业登记机构提交的证明文件。该证明文件的首部应当载明致送的公司登记机关名称。正文应首先写明申请目的,即申请人(拟设立登记的企业)申请将位于何处的住宅房作为住所(经营场所)。其次说明改变该房屋的使用用途已经有利害关系的业主同意,并已经居委会(业主委员会)确认。最后由居民委员会(业主委员会)盖章,并注明年、月、日。

10. 核发《企业营业执照》情况

在本表格中由企业登记机关的发照人员签名,并注明发照的具体日期。由领照人员声明领取1份营业执照正本1份和多少份副本。最后,由领照人员签名并注明领照的具体年、月、日。

(三)文书参考文本

公司变更(改制)登记申请书

注册号/统一社会信用代码:____________________

公　　司　　名　　称:____________________

敬　告
1. 请您认真阅读本表内容和有关注解事项。在申办登记过程中如有疑问,请您登录"××工商"网站(www.××××.gov.cn.)—"网上办事"—"登记注册"模块查询相关内容,或直接到工商部门现场咨询。 2. 提交申请前,请您了解相关法律、法规,确知所享有的权利和应承担的义务。 3. 请您如实反映情况,确保申请材料的真实性。 4. 本申请书的电子版可通过上述网址获取。 5. 本申请书请使用正楷字体手填或打印填写。选择手工填写的,请您使用蓝黑或黑色墨水,保持字迹工整,避免涂改。选择打印填写的,请您填好后使用A4纸打印,按申请书完整页码顺序装订成册。

××市工商行政管理局
郑 重 承 诺

本人作为____________________(公司名称)的法定代表人,现向登记机关提出下列申请,并郑重承诺:

1. 本公司如实向登记机关提交有关材料,反映真实情况,并对申请材料实质内容的真实性负责。

2. 经营范围涉及照后审批事项的,在领取营业执照后,将及时到相关审批部门办理审批手续,在取得审批前不从事相关经营活动。需要开展未经登记的后置审批事项经营的,将在完成经营范围变更登记后,及时办理相应审批手续,未取得审批前不从事相关经营活动。不从事本市产业政策禁止和限制类项目的经营活动。

3. 本人不存在《公司法》第一百四十六条所规定的不得担任法定代表人的情形。

4. 本公司自觉参加年度报告,依法主动公示信息,对报送和公示信息的真实性、及时性负责。

5. 本公司依法纳税,依法缴纳社会保险费,自觉履行法定统计义务,严格遵守有关法律法规的规定,诚实守信经营。

申请变更事项(请在以下所列事项前"□"中画"√")

□公司名称　□法定代表人　□住所　□注册资本

□经营范围　□营业期限　□股东　□公司类型

□股东(发起人)改变姓名或名称　□集团名称/简称

申请备案事项(请在以下所列事项前"□"中画"√")

□公司章程(含股东内部转让部分股权)　□董事　□经理　□监事

□公司增设分公司　□分公司名称变更　□分公司注销

□取消经营范围中后置标注内容　□修改经营范围中后置标注内容

□公司清算组成员及清算组负责人　□其他

法定代表人签字①：
（清算组负责人签字②）
年 月 日

注：①申请公司法定代表人变更的，由原法定代表人或者拟任法定代表人签字。
②申请公司清算组成员及清算组负责人备案的，由清算组负责人签字。

变更（改制）登记申请表（一）

（备案申请表）

事　项	原登记内容	申请变更后内容
公司名称		
住　所①		
法定代表人		
注册资本	（万元）	（万元）
经营范围		
营业期限	年	年
公司类型		
集团名称/简称（仅企业集团变更填写）	/	/
公司增设分公司		
公司清算组成员及清算组负责人		

注：①填写住所时请列明详细地址，精确到门牌号或房间号，如"北京市××区××路（街）××号××室"。

变更（改制）登记申请表（二）

（备案申请表）

事　项	原核准登记内容	申请变更后登记内容
股东		

续表

事　　项	原核准登记内容	申请变更后登记内容
董事成员		
监事成员		
经　理		
其他事项		

注:①上述事项如涉及变更的,应完整填写变更前后的内容,不变的事项可不填写。

②本表未列出的登记事项发生变化的或申请备案事项的,请在"其他事项"栏内填写。

③本页不够填的,可复印续填。

(涉及公司高级管理人员变更的填写此页)

法定代表人、董事、经理、监事信息表[①]

姓名[②]	民族	现居所[③]	职务信息			是否为法定代表人[⑥]	法定代表人移动电话
			职务[④]	任职期限	产生方式[⑤]		

注:①本页不够填的,可复印续填。

②请在此页完整填写新任职人员的信息。本次未发生变化人员仅需填写"姓名"及"职务"两栏即可。

③"现居所"栏,中国公民填写户籍登记住址,非中国公民填写居住地址。

④"职务"指董事长(执行董事)、副董事长、董事、经理、监事会主席、监事。上市股份有限公司设置独立董事的应在"职务"栏内注明。

⑤"产生方式"按照章程规定填写,董事、监事一般应为"选举"或"委派";经理一般应为"聘任"。

⑥法定代表人变更的，新任法定代表人应具有完全民事行为能力，且需符合《企业法人法定代表人登记管理规定》对法定代表人的任职资格要求。担任法定代表人的人员，请在对应的"是否为法定代表人"栏内填"√"，其他人员勿填此栏。

请将新任职董事、经理、监事的身份证件复印件粘贴在本页，本页如不够可复印使用。

董事、经理、监事身份证件复印件粘贴处
（请正反面粘贴）

董事、经理、监事身份证件复印件粘贴处
（请正反面粘贴）

董事、经理、监事身份证件复印件粘贴处
（请正反面粘贴）

［涉及自然人股东（发起人）变更的，请将其身份证件复印件粘贴在本页，本页如不够粘贴可复印使用。］

自然人股东（发起人）身份证明粘贴页

身份证件复印件粘贴处（请正反面粘贴）

身份证件复印件粘贴处(请正反面粘贴)

身份证件复印件粘贴处(请正反面粘贴)

住所证明

公司名称	
住　　所①	市　　　区(县)　　　(门牌号)
产权人证明②	同意将上述地址提供给该公司使用。 产权人盖章(签字): 年　月　日
需要证明情况③	上述住所产权人为＿＿＿＿＿＿,房屋用途为＿＿＿＿＿＿。 特此证明。 证明单位公章: 证明单位负责人签字: 年　月　日

注:①请在"住所"一栏写清详细地址,精确到门牌号或房间号,如"北京市××区××路(街)××号××室"。

②产权人为单位的,应在"产权人证明"一栏内加盖公章;产权人为自然人的,由产权人亲笔签字。同时需提交由产权人盖章或签字的《房屋所有权证》复印件。

③若住所暂未取得《房屋所有权证》,可由有关部门在"需要证明情况"一栏盖章,视为对该房屋权属、用途合法性的确认。具体可出证的情况请参见《投资办照通用指南及风险提示》。

企业联系人或公共联系方式发生变化的填写此页

企业联系人信息①

姓　　名		移动电话	
（身份证件复印件粘贴处）			
企业公共联系方式	固定电话		
	电子邮箱		

敬请留意：

①企业联系人：负责本企业与工商等部门的联系沟通，及时转达工商部门对企业传达的信息及相关的法律、法规、规章及政策性意见；向工商部门反映企业的需求或意见。联系人凭本人个人信息登录企业信用信息公示系统依法向社会公示本企业有关信息。联系人应了解登记相关法规和企业信息公示有关规定，熟悉操作企业信用信息公示系统。

核发营业执照（备案通知书）情况

发照（通知书）人员签字		发照（通知书）日期	年　月　日
领执照（通知书）情况	本人领取了执照正本____份，副本____份/备案通知书____份。 签字：　　　　　　　　年　月　日		
备　　注			

八、破产申请书

（一）文书制作的基本知识

破产申请书，是破产申请人依法向人民法院提交的、请求人民法院受理破产案件并启动对债务人实施破产程序的法律文书。

1. 破产申请书的种类

根据破产申请的目的不同，破产申请书分为破产重整申请书、破产和解申请书与破产清算申请书。根据《中华人民共和国企业破产法》（以下简称《企业破产法》）第 7 条的规定，破产案件在法院受理前，作为申请人的债权人可以向人民法院提出对债务人进行重整或者破产清算的申请；作为债务人的申请人可以向人民法院提出重整、和解或者破产清算申请。企业法人已解散但未清算或者未清算完毕，资产不足以清偿债务的，依法负有清算责任的人只能向人民法院申请破产清算。根据《企业破产法》第 70 条第 2 款的规定，债权人申请对债务人进行破产清算的,在人民法院受理破产申请后、宣告债务人破产前,债务人或者出资额占债务人注册资本1/10以上的出资人,可以向人民法院申请重整。根据该法第95条规定,债务人可以在人民法院受理破产申请后、宣告债务人破产前,向人民法院申请和解。因此,申请人的请求目的应当根据上述规定依法提出。

2. 申请人提出破产申请的条件

《企业破产法》第2条规定,企业法人不能清偿到期债务,并且资产不足以清偿全部债务或者明显缺乏清偿能力的,依照本法规定清理债务。企业法人有前款规定情形,或者有明显丧失清偿能力可能的,可以依照本法规定进行重整。该法第7条规定,债务人有本法第2条规定的情形,可以向人民法院提出重整、和解或者破产清算申请。债务人不能清偿到期债务,债权人可以向人民法院提出对债务人进行重整或者破产清算的申请。企业法人已解散但未清算或者未清算完毕,资产不足以清偿债务的,依法负有清算责任的人应当向人民法院申请破产清算。从上述规定可以看出,在符合该法第2条规定的情况下,申请人提出破产申请还应当符合下列条件:

(1)破产企业为企业法人和适用《企业破产法》进行破产清算的其他组织。也就是说,适用《企业破产法》进行破产的企业应当是企业法人和适用破产法进行破产清算的其他组织。在我国,企业法人包括国有企业法人、国有独资公司与法人型私营企业、三资企业、上市公司与非上市公司、有限责任公司与股份有限公司,甚至金融机构等。该法第135条规定,其他法律规定企业法人以外的组织的清算,属于破产清算的,参照适用本法规定的程序。《合伙企业法》第92条第1款规定,合伙企业不能清偿到期债务的,债权人可以依法向人民法院提出破产清算申请,也可以要求普通合伙人清偿。《个人独资企业法》第27条第1款规定,个人独资企业解散,由投资人自行清算或者由债权人申请人民法院指定清算人进行清算。因此,合伙企业和个人独资企业依法进行的破产清算应当参照《企业破产法》的程序进行。

(2)申请人可以是债权人或债务人和依法负有清算责任的人。依法有权向人民法院提出申请,请求宣告债务人破产的人共有三种:一是债权人,二是债务人,三是企业法人已解散但未清算或者未清算完毕,资产不足以清偿债务的,依法负有清算责任的人。人民法院依法宣告债务人破产,必须以申请人的申请为前提,在没有申请人的情况下,人民法院不能依职权宣告债务人破产。向人民法院申请破产还债,必须提交书面申请。

3. 企业破产案件的管辖

《企业破产法》第3条规定,破产案件由债务人住所地人民法院管辖。根据最高人民法院《关于审理企业破产案件若干问题的规定》第1条和第2条的规定,企业破产案件由债务人住所地人民法院管辖。债务人住所地指债务人的主要办事机构所在地。债务人无办事机构的,由其注册地人民法院管辖。基层人民法院一般管辖县、县级市或者区的工商行政管理机关核准登记企业的破产案件;中级人民法院一般管辖地区、地级市(含本级)以上的工商行政管理机关核准登记企业的破产案件;纳入国家计划调整的企业破产案件,由中级人民法院管辖。

4. 破产申请书的形式与内容

《企业破产法》第8条规定,向人民法院提出破产申请,应当提交破产申请书和有关证据。

破产申请书应当载明下列事项:(1)申请人、被申请人的基本情况;(2)申请目的;(3)申请的事实和理由;(4)人民法院认为应当载明的其他事项。债务人提出申请的,还应当向人民法院提交财产状况说明、债务清册、债权清册、有关财务会计报告、职工安置预案以及职工工资的支付和社会保险费用的缴纳情况。

（二）文书的内容及制作方法

1. 首部

（1）标题

写明文书名称“破产申请书”，或根据申请破产的目的载明文书名称，如“破产重整申请书”“破产和解申请书”“破产清算申请书”。

（2）申请人和被申请人的基本情况

申请人是债权人且为自然人的，应写明其姓名、性别、年龄、民族、职业或工作单位和职务、住所。申请人是法人或是其他组织的，应写明其名称和住所，并另起一行写明法定代表人及其姓名和职务。申请人有法定代理人的，应写明其基本情况并注明其与申请人的关系。被申请人一般是不能清偿到期债务，并且资产不足以清偿全部债务或者明显缺乏清偿能力的企业法人，或者是适用《企业破产法》进行破产清算的其他组织。被申请人为法人的，应写明其名称和住所，并另起一行写明法定代表人及其姓名和职务。被申请人为合伙企业或个人独资企业等其他组织的，应写明其名称和经营场所，并另起一行写明合伙事务执行人或负责人的姓名和职务。申请人是作为债务人的企业法人向法院申请破产的，在破产申请书中只需列明申请人的具体情况。有委托代理人的，应在申请人或被申请人的后面另起一行写明其姓名、性别、职业或工作单位和职务、住所，如果委托代理人系律师的，可只写明其姓名和其所在的律师事务所即可。

2. 正文

（1）请求目的

请求目的是申请人提出破产申请所达到的目的。根据《企业破产法》的规定，破产程序包括重整、和解和破产清算三种程序，因此，破产申请书应当载明其请求目的是申请破产企业重整、和解还是破产清算。

（2）事实和理由

事实和理由是破产申请书的核心内容，在这一部分应当写明申请人请求人民法院受理破产案件的事实依据和法律依据。首先，应围绕申请目的说明作为债务人的企业具备破产重整、和解或破产清算的事实发生过程、客观事实，论证和说明符合破产重整、和解或破产清算的条件。其次，申请人应做到对事实的陈述清晰、准确，论证和说明应当充分，提供的证据应当确凿、可靠。最后，由于申请人和申请目的不同，这部分内容的侧重点也应当有所不同。

申请人是债权人时，事实和理由应着重说明和阐述以下内容：首先，应说明申请人与被申请人之间的债权债务关系发生的根据、时间、地点，债权的数额，债权的担保状况，履行期限，简要说明向被申请人追偿债务的经过情况以及被申请人无力偿付的事实；其次，在此基础上根据相关证据论证作为被申请人的企业法人不能清偿到期债务，并且资产不足以清偿全部债务或者明显缺乏清偿能力；最后，根据《企业破产法》的有关条文请求人民法院受理案件，依法裁定被申请人即债务人破产整顿或破产清算。

申请人是债务人时，事实和理由阐应重点阐述以下内容：首先，陈述作为债务人的申请人的债权和债务等经营和亏损状况；其次，在此基础上说明作为申请人的企业法人不能清偿到期债务，并且资产不足以清偿全部债务或者明显缺乏清偿能力的现实，以论证申请破产重整、破产和解和破产清算的必要性;最后,根据《企业破产法》的有关条文请求人民法院受理案件,依法裁定被申请人即债务人破产整顿、破产和解或破产清算。

(3)人民法院认为应当载明的其他事项

人民法院为了了解破产原因、及时受理案件和作出裁决,要求申请人在破产申请书中载明的其他事项,申请人也应当在申请书中载明。

3. 尾部

首先,写明致送的法院名称,分两行写为"此致 ×××人民法院"。其次,申请人签名或盖章。如果申请人是法人或者其他组织的应写明申请人的单位名称,并由法定代表人或主要负责人签名或盖章,申请人是公民的应由本人签字。最后,注明提交申请书的年、月、日。

4. 附项

(1)债权人提出申请的,应当向人民法院提交下列材料:债权发生的事实与证据;债务人不能清偿到期债务的证据。

(2)债务人提出申请的,还应当向人民法院提交财产状况说明、债务清册、债权清册、有关财务会计报告、职工安置预案以及职工工资的支付和社会保险费用的缴纳情况。

(三)文书样式与范本

1. 文书样式

破产申请书(1)

(用于债务人申请破产)

申请人:____。

住所:____。

法定代表人:________,职务:________,联系方式:________。

请求目的:破产重整(或破产和解/破产清算)

事实和理由:

____

____

____。

此致

________人民法院

申请人(单位盖章)

________年____月____日

破产申请书(2)

(用于债权人申请债务人破产)

申请人:____。

住所:____。

法定代表人:______________,职务:______________,联系方式:__________。

被申请人____。

住所:____。

法定代表人(负责人):__________,职务:__________,联系方式:______________。

请求目的:破产重整(或者破产清算)。

事实与理由:

____

____

____。

此致

__________人民法院

申请人(单位盖章)

________年____月____日

2. 文书范本

破产申请书

申请人:××市××电力设备工程有限公司。

住所:××市××区××路××号。

法定代表人:戴××; 职务:董事长;电话:×××××××××。

请求目的:请求破产清算。

事实和理由:

××市××电力设备工程有限公司设立于1993年5月24日,注册资金500万元,其中××市电力设备厂出资300万元,王××出资200万元,为中外合资经营企业,企业法人营业执照注册号为1102212556107。公司因经营效益不佳,多年来连续亏损,现已停止生产经营,原在职职工392人已全部分流,已退休职工为88人。经委托××会计师事务所对公司资产进行审计,资产总额4,194,310.64元,负债总额7,820,672.85元,资产负债率为186.5%。现公司已不能清偿到期债务,且公司资产不足以清偿全部债务。申请人根据《中华人民共和国企业破产法》第2条和第7条的规定向贵院申请破产清算,请予受理。

此致

××市中级人民法院

申请人　××市××电力设备工程有限公司(盖章)

2010年8月22日

九、破产重整计划草案

(一)文书制作的基本知识

1. 破产重整计划草案的概念

破产重整计划草案,是在人民法院裁定债务人重整之日起的法定期间内,债务人或者管理人同时向人民法院和债权人会议提交的有关对债务人的重整作出计划安排的书面文件。

2. 重整计划草案的提交期限及其延长

《企业破产法》第79条规定,债务人或者管理人应当自人民法院裁定债务人重整之日起

6个月内,同时向人民法院和债权人会议提交重整计划草案。前款规定的期限届满,经债务人或者管理人请求,有正当理由的,人民法院可以裁定延期3个月。债务人或者管理人未按期提出重整计划草案的,人民法院应当裁定终止重整程序,并宣告债务人破产。

3. 重整计划草案的制作主体

《企业破产法》第80条规定,债务人自行管理财产和营业事务的,由债务人制作重整计划草案。管理人负责管理财产和营业事务的,由管理人制作重整计划草案。

4. 重整计划草案的内容及生效

《企业破产法》第81条规定,重整计划草案应当包括下列内容:(1)债务人的经营方案;(2)债权分类;(3)债权调整方案;(4)债权受偿方案;(5)重整计划的执行期限;(6)重整计划执行的监督期限;(7)有利于债务人重整的其他方案。

根据《企业破产法》第84条第1款和第2款的规定,人民法院应当自收到重整计划草案之日起30日内召开债权人会议,对重整计划草案进行表决。出席会议的同一表决组的债权人过半数同意重整计划草案,并且其所代表的债权额占该组债权总额的2/3以上的,即为该组通过重整计划草案。根据该法第86条的规定,各表决组均通过重整计划草案时,重整计划即为通过。自重整计划通过之日起10日内,债务人或者管理人应当向人民法院提出批准重整计划的申请。人民法院经审查认为符合本法规定的,应当自收到申请之日起30日内裁定批准,终止重整程序,并予以公告。根据该法第88条的规定,重整计划草案未获得通过且未依法获得批准,或者已通过的重整计划未获得批准的,人民法院应当裁定终止重整程序,并宣告债务人破产。根据该法第89条第1款和第92条第1款的规定,经人民法院裁定批准的重整计划由债务人负责执行,重整计划对债务人和全体债权人均有约束力。

(二)文书的内容及制作方法

1. 首部

(1)标题。标题应载明"重整计划草案"或根据破产企业的名称载明标题,如"××公司破产重整计划草案"。

(2)引言。主要说明该重整计划草案制作的依据、制作人和被提交人。可以作如下表述:"××××年××月××日××人民法院以(××××)民破字第×号民事裁定书裁定债务人××公司进行重整。根据《中华人民共和国破产法》第79条、第81条之规定,债务人(或管理人)制作如下重整草案,现分别提交××人民法院审查和债权人会议讨论。"

2. 正文

(1)债务人的经营方案。重整计划的制订及重整计划草案被通过和批准后的执行,其目的是对濒临破产的企业进行拯救,而债务人的经营方案则是拯救债务人的主要内容之一,也是债权人投票是否通过重整计划草案的重要依据。因此,债务人的经营方案应当根据债务人自身的实际情况,直面债务人的经营困境,着眼于制定出既现实可行又能拯救债务人走出困境、防止破产和具有拯救前景的经营方案,包括经营范围的调整、企业决策和执行机构的改组、管理人员的变动;企业经营策略和营销策略的转变;企业的股权转让、增加股东出资;企业裁员措施等。此外,还应将企业经营借款及所需经营资金的解决、经营指标和企业脱困预期等在债务人的经营方案中作出规划安排。

(2)债权分类。根据债权的性质不同对债权进行分类,是保证权益实质上相同的债权人权利平等所采取的必要步骤,也是债权人分组对重整计划草案进行表决的依据。因此,重整计划草案中应当载明对债权即债务人所欠的各类债务进行划分的内容。根据《企业破产法》

第82条的规定,债权分为以下几类:①对债务人的特定财产享有担保权的债权;②债务人所欠职工的工资和医疗、伤残补助、抚恤费用,所欠的应当划入职工个人账户的基本养老保险、基本医疗保险费用,以及法律、行政法规规定应当支付给职工的补偿金;③债务人所欠税款;④普通债权,即以上各类债权之外的对债务人的特定财产不享有担保权的债权。在对债权进行上述分类时,除第②类外,应将每一类债权的各个债权人及其所享有的债权列明。对第②类债权,应当将债务人所欠职工的工资和医疗、伤残补助、抚恤费用,所欠的应当划入职工个人账户的基本养老保险、基本医疗保险费用,以及法律、行政法规规定应当支付给职工的补偿金,在准确统计、核算的基础上分别列出。

(3)债权调整方案。重整的目的就是使债务人摆脱困境、实现良性发展,从而有利于债权人债权的实现和避免债务人破产清算程序情形下的债权损失。因此,为了达到重整的预期目的,重整计划草案中应当对债权调整方案作出明确规定。对于债权调整方案可分别各类债权,采取不同的调整方法:如调整债权的实现方式,将债权转为股权;延期偿还;减免利息和减免本金偿还额度等。《企业破产法》第83条规定,重整计划不得规定减免债务人欠缴的本法第82条第1款第2项规定以外的社会保险费用;该项费用的债权人不参加重整计划草案的表决。根据该法第94条的规定,按照重整计划减免的债务,自重整计划执行完毕时起,债务人不再承担清偿责任。

(4)债权受偿方案。重整计划草案中,在债权作出调整的同时,应当对调整后的债权受偿方案作出明确规定,内容包括:规定延期偿还的债权的受偿期限、受偿方式如由一次性偿付调整为分期偿付;对担保债权其因延期清偿所受的损失的补偿,普通债权所获得的清偿比例等。

(5)重整计划的执行期限。重整计划的执行期限是指重整计划自人民法院批准生效之日到重整计划的执行结束之日。重整计划的执行期限也就是落实重整计划的期限,因此,该期间应根据债务人的实际情况和摆脱破产困境的实际需要确定。没有明确的重整计划执行期限,就会导致破产重整的不确定性。这样,既不利于债务人的拯救,也不利于债权人的债权保护。因此,对重整计划的执行期限应当作出明确的、合理的规定。

(6)重整计划执行的监督期限。根据《企业破产法》第89条的规定,重整计划由债务人负责执行。人民法院裁定批准重整计划后,已接管财产和营业事务的管理人应当向债务人移交财产和营业事务。因此,在重整计划开始生效后的一段时间内,为了防止债务人利用移交的财产和重整计划执行的时机损害债权人的利益,应当设定一个监督期。该法第90条规定,自人民法院裁定批准重整计划之日起,在重整计划规定的监督期内,由管理人监督重整计划的执行。在监督期内,债务人应当向管理人报告重整计划执行情况和债务人财务状况。该法第91条规定,监督期届满时,管理人应当向人民法院提交监督报告。自监督报告提交之日起,管理人的监督职责终止。管理人向人民法院提交的监督报告,重整计划的利害关系人有权查阅。经管理人申请,人民法院可以裁定延长重整计划执行的监督期限。

(7)有利于债务人重整的其他方案。因为处于破产重整中的债务人的情况千差万别,重整计划方案无论怎样不同,但其目的都应当是有利于债务人的重整和摆脱濒临的破产困境。因此,除了上述规定的重整方案外,对于有利于债务人重整的其他方案可以在重整计划草案中作出规定,以供债权人会议讨论通过。

3. 尾部

由制作人债务人或管理人盖章或签名,并注明制作时间。

(三)文书样式与范本

1. 文书样式

破产重整计划草案

××人民法院：

债权人会议：

________年____月____日××人民法院以(××××)民破字第×号民事裁定书裁定债务人××公司进行重整。根据《中华人民共和国企业破产法》第79条、第81条之规定，债务人(或管理人)制作如下重整草案，现分别提交××人民法院审查和债权人会议讨论。

一、债务人的经营方案

1. 经营范围的调整；
2. 企业决策和执行机构的改组、管理人员的变动；
3. 企业经营策略和营销策略的转变；
4. 企业的股权转让、增加股东出资；
5. 企业经营借款及所需经营资金的解决；
6. 企业裁员措施；
7. 经营指标和企业脱困预期。

二、债权分类

根据会计审计报告，截至________年____月____日债务人××公司负债总额人民币________元，具体分为以下几类：

1. 对债务人××公司的特定财产享有担保权的债权总额为人民币________元，包括以下债权：

(1)甲银行贷款人民币________元，以债务人的××财产(如办公大楼)作为抵押；

(2)乙银行贷款人民币________元，以债务人的××财产(如××地块使用权)作为抵押；

(3)丙银行贷款人民币________元，以债务人的××财产(如所持有的××公司的股票××股)质押贷款。

2. 劳动债权总额人民币________元，包括以下债权：

(1)职工工资人民币________元；

(2)医疗、伤残补助、抚恤费用人民币________元；

(3)应当缴纳的职工个人账户的基本养老保险人民币________元；

(4)应当缴纳的职工基本医疗保险费用人民币________元；

(5)根据法律、行政法规规定应当支付给职工的补偿金人民币________元。

3. 税款债权总额人民币________元。

4. 普通债权总额人民币________元，包括以下债权：

(1)所欠甲公司××款(如货款)人民币________元；

(2)所欠乙公司××款(如工程款)人民币________元；

(3)所欠丙公司××款(如材料款)人民币________元。

三、债权调整方案和清偿方案

1. 下列担保债权即××银行贷款人民币________元；××银行贷款人民币

________元和××银行贷款人民币________元，按照债权额的________%予以偿还。债权人在重整期间暂停行使担保权，上述银行债权的本金偿还期自________年____月____日起至________年____月____日偿还完毕。

2. 下列劳动债权，包括职工工资人民币________元，医疗、伤残补助、抚恤费用人民币________元，应当缴纳的职工个人账户的基本养老保险人民币________元，应当缴纳的职工基本医疗保险费用人民币________元，将在________年____月____日之前按照债权额的________%予以偿还；根据法律、行政法规规定应当支付给职工的补偿金人民币________元，将在________年____月____日之前按照债权额的________%予以偿还。

3. 税款债权总额人民币________元，将在________年____月____日之前按照债权额的________%予以偿还。

4. 普通债权总额人民币________元，按照债权额的________%予以偿还。清偿期限如下：

(1)所欠甲公司××款人民币________元，将在________年____月____日之前按照偿还比例偿还；

(2)所欠乙公司××款人民币________元，将在________年____月____日之前按照偿还比例偿还；

(3)所欠丙公司××款人民币________元，将在________年____月____日之前按照偿还比例偿还。

四、重整计划的执行期限

自人民法院裁定批准重整计划之日起至债务人××公司清偿完毕债权清册之全部债权的期间，为重整计划的期间。重整计划执行期间将按照偿还计划于________年____月____日偿还所有债权完毕之日终止。

五、重整计划执行的监督期限

自人民法院裁定批准重整计划之日起的________个月为重整计划监督期。在监督期内，债务人向管理人报告重整计划执行情况和债务人财务状况。

监督期届满时，管理人向人民法院提交监督报告。自监督报告提交之日起，管理人的监督职责终止。

管理人向人民法院提交的监督报告，重整计划的利害关系人有权查阅。

经管理人申请，人民法院可以裁定延长重整计划执行的监督期限。

××公司(或××公司管理人)(盖章)

________年____月____日

2. 文书范本

浙江海纳科技股份有限公司重整计划草案①

杭州市中级人民法院：

债权人会议：

2007年9月14日，杭州市中级人民法院(以下简称杭州中院)依法受理了债权人袁

① 载http://app.finance.ifeng.com/data/stock/ggzw/000925/13239475，2007年11月26日访问。

建华申请对浙江海纳科技股份有限公司(以下简称浙江海纳)进行破产重整一案,并指定浙江海纳重组清算组为管理人。2007 年 9 月 19 日,杭州中院在《人民法院报》刊发破产重整案件受理公告,公告中同时明确了债权申报事项和《中华人民共和国企业破产法》(以下简称《破产法》)第十四条规定的应当载明的其他事项。

2007 年 9 月 26 日,杭州中院经审查认为:浙江海纳已经不能清偿债权人的到期债务,同时依据管理人提供的浙江海纳资产状况说明,浙江海纳已严重资不抵债,依照《破产法》第七十四条之规定,裁定浙江海纳进入破产重整程序。该裁定刊发在 2007 年 9 月 28 日的《人民法院报》上。重整期间自杭州中院裁定浙江海纳重整之日起。

管理人成立以来,认真履行管理人法定职责,接管了浙江海纳的财产和营业事务;为维护债权人的合法权益,经杭州中院许可,决定浙江海纳继续营业,并聘任浙江海纳全部原管理人员负责营业事务;聘请中介机构协助完成重整工作、制作重整计划草案。现管理人依据《破产法》第七十九条之规定,在法定期限内向杭州中院和债权人会议正式提交本重整计划草案。

基于以下事实:

1. 浙江海纳原实际控制人利用控制地位,违法违规挪用公司资金 2.51 亿元(本金),并为其控制的其他关联企业借款及欠款提供连带责任保证担保 3.95 亿元(本金),使浙江海纳资产质量严重下降,负债金额急剧增加,已严重资不抵债,且不能清偿到期债务呈连续状态;

2. 浙江海纳全部财产被执行法院查封、冻结,正常生产经营难以为继;

3. 专业评估机构的评估结果显示:在假设清算的前提条件下,浙江海纳重整申请受理日的资产清算价值为 99,640,667.51 元;在持续经营假设的前提条件下,浙江海纳重整申请受理日的资产价值为 110,728,700.00 元;

4. 经法院确认,参加浙江海纳重整程序的普通债权总额为 542,480,523.44 元;

5. 如果破产清算,在假设清算期为一年的前提下,债权人可能获得 14.82% 的比例清偿;

6. 如果破产清算,所有非流通股股东和所有中小流通股股东的投资权益为零;

7. 如果破产清算,浙江海纳的资产将大幅贬值,对社会资源造成浪费;

8. 如果破产清算,浙江海纳本部及下属企业的员工将会失业,增加社会负担,造成社会不稳定因素。

为避免破产清算,管理人根据《破产法》的相关规定及浙江海纳的实际情况,拟订本浙江海纳重整计划草案,具体包括:

(一)偿债资金来源

由于浙江海纳自身已基本丧失了偿债能力,为避免被法院宣告破产还债,管理人与浙江海纳的实际大股东深圳市大地投资发展有限公司(以下简称大地投资)进行了多次协商,最终确定,大地投资以浙江海纳持续经营条件下的资产价值 11,072.87 万元为基数,提供等值现金,用于完成浙江海纳重整计划。

其中 1227.26 万元现金用于购买浙江海纳截至重整受理日的全部对外应收款,以提高浙江海纳的资产质量,同时使浙江海纳彻底摆脱“飞天系”对其资产造成的不利影响,转让价格为上述资产的账面价值。转让完成后,大地投资自行向债务企业行使权利,承担不能收回的风险,浙江海纳收到转让款后,优先支付重整期间发生的重整费用和共益债权799万元，剩余428.26万元全部用于清偿债权人。

另外9845.61万元现金由大地投资代浙江海纳直接用于清偿债权人，大地投资代偿后，形成对浙江海纳9845.61万元新的债权。

因此，可用于清偿债权的现金合计10,273.87万元。

（二）债权分类

经法院确认，因浙江海纳不存在对特定财产享有担保权的债权；不存在职工的工资和医疗、伤残补助、抚恤费用，以及应当划入职工个人账户的基本养老保险、基本医疗保险费用，以及法律、行政法规规定应当支付给职工的补偿金债权；不存在税款债权；只存在普通债权。普通债权人共计15家，普通债权本金总额共计40,522.89万元。

（三）债权调整及受偿方案

根据用于清偿的现金总额，普通债权本金将获得25.35%的清偿。

普通债权人在重整计划执行期内获得上述比例现金一次性清偿后，免除浙江海纳剩余本金债权和全部利息债权及其他债权。

（四）重整计划的执行期限和重整计划执行的监督期限

如本重整计划草案获得债权人会议表决通过，管理人将申请法院裁定批准，法院裁定批准之日起30个自然日为重整计划的执行期，重整计划执行的监督期与重整计划的执行期相同，监督期内，管理人负责监督重整计划的执行。

（五）关于重整计划的特别说明

1. 如果本重整计划草案获得普通债权组表决通过，重整计划即通过，管理人将在2日内向杭州中院申请批准重整计划。

2. 杭州中院经审查认为符合《破产法》规定的，将自收到上述申请之日起30日内裁定批准，如果法院裁定批准，浙江海纳及大地投资将负责在重整计划执行期内执行重整计划，管理人进行监督。

3. 经法院裁定批准的重整计划，对浙江海纳和全体债权人均有约束力。

4. 债权人未依照《破产法》规定申报债权的，在重整计划执行期间不得行使权利；在重整计划执行完毕后，可以按照重整计划规定的同类债权的清偿条件行使权利。

5. 债权人对浙江海纳的保证人和其他连带债务人所享有的权利，不受重整计划的影响。

6. 按照重整计划减免的债务，自重整计划执行完毕时起，浙江海纳不再承担任何清偿责任。

浙江海纳科技股份有限公司管理人

二〇〇七年十月二十四日

十、破产和解协议草案

（一）文书制作的基本知识

1. 破产和解协议草案的概念

破产和解协议草案，是债务人向人民法院申请破产和解时所提交的有关债务清偿条件的书面文件。

2. 破产和解协议草案的通过及生效

根据《企业破产法》第96条第1款的规定,人民法院经审查认为和解申请符合本法规定的,应当裁定和解,予以公告,并召集债权人会议讨论和解协议草案。该法第97条规定,债权人会议通过和解协议的决议,由出席会议的有表决权的债权人过半数同意,并且其所代表的债权额占无财产担保债权总额的2/3以上。该法第98条规定,债权人会议通过和解协议的,由人民法院裁定认可,终止和解程序,并予以公告。管理人应当向债务人移交财产和营业事务,并向人民法院提交执行职务的报告。该法第99条规定,和解协议草案经债权人会议表决未获得通过,或者已经债权人会议通过的和解协议未获得人民法院认可的,人民法院应当裁定终止和解程序,并宣告债务人破产。

根据《企业破产法》第100条第1款的规定,经人民法院裁定认可的和解协议,对债务人和全体和解债权人均有约束力。该法第102条第1款规定,债务人应当按照和解协议规定的条件清偿债务。该法第106条规定,按照和解协议减免的债务,自和解协议执行完毕时起,债务人不再承担清偿责任。该法第104条规定,债务人不能执行或者不执行和解协议的,人民法院经和解债权人请求,应当裁定终止和解协议的执行,并宣告债务人破产。人民法院裁定终止和解协议执行的,和解债权人在和解协议中作出的债权调整的承诺失去效力。和解债权人因执行和解协议所受的清偿仍然有效,和解债权未受清偿的部分作为破产债权。前款规定的债权人,只有在其他债权人同自己所受的清偿达到同一比例时,才能继续接受分配。有本条第1款规定情形的,为和解协议的执行提供的担保继续有效。

3. 破产和解协议草案的内容

《企业破产法》对和解协议草案的内容没有明确规定,但根据破产实践和有关司法解释规定,破产和解协议草案一般包括以下内容:(1)和解债务人的财产状况说明;(2)清偿债务的财产来源;(3)清偿债务的办法;(4)清偿债务的期限。

(二)文书的内容及制作方法

1. 首部

(1)标题。标题应载明“破产和解协议草案”,或根据破产企业的名称载明标题,如“××公司破产和解协议草案”。

(2)引言。主要说明该破产和解协议草案制作的依据和制作目的。可以作如下表述:“债务人因出现破产原因,现向人民法院申请破产和解,并提交该和解协议草案,请求债权人会议讨论并予以通过。”

2. 正文

(1)和解债务人的财产状况说明。债务人的财产状况包括债务人的现有财产和享有的债权等情况,债务人的财产状况是决定债权人是否同意和解协议草案的重要因素。因此,债务人应当在和解协议草案中将其财产状况,包括固定资产、流动资产、各种非担保债权以及债务人所享有的债务人的到期债权和未到期债权等作出详细说明。

(2)清偿债务的财产来源。债务人能够提供的用于清偿债务的财产,是和解协议草案中提出的清偿债务办法得以实现的保证,也是决定债权人是否同意和解协议草案的重要因素。因此,债务人应当在和解协议中将用于清偿债务的财产载明,包括债务人的未来营业收入、可追回的货款和其他债款、出资人的投资、可变卖的财产、第三人提供的贷款及其他可得收入如专利申请权、专利转让权、商标转让权和著作权转让等知识产权转让收入等。《企业破产法》第96条第2款规定,对债务人的特定财产享有担保权的权利人,自人民法院裁定和解之日起可以行使权利。因此,债权人对债务人享有担保权的特定财产不能作为清偿债务的财产来源。

(3)清偿债务的办法。和解不仅是以债务人的现有财产而且以其将来财产作为偿还债权人的财产来源,通过和解虽然需要债权人作出偿还债务等让步,但可以使债务人能够继续经营并使债权人能够获得比债务人破产情形下更多的清偿。因此,债务人在和解协议草案中制订的清偿债务办法能够照顾债务人和债权人双方的利益,对其债务清偿办法能够做到具体可行。例如,要求债权人减少偿还本金、减少利息、延长偿还期限及同意第三人承担债务、债权转为股权、实物折抵现金偿还等。债务人制定清偿债务办法应当坚持公平清偿的原则,做到对同一顺序的债权的减让和偿还适用相同的比例。

(4)清偿债务的期限。清偿债务的期限是和解协议的重要内容,经人民法院裁定认可的和解协议,对债务人和全体和解债权人均有约束力。债务人应当按照和解协议约定的期限履行债务,在和解协议约定的履行期限到来之前债权人也不得要求实行债权。根据《企业破产法》第104条的规定,清偿债务的期限届满债务人不能按照约定履行清偿义务的,会导致人民法院经和解债权人请求,应当裁定终止和解协议的执行,并宣告债务人破产的后果。因此,清偿债务的期限制定得应当合理,既能保证债务人有足够的时间清偿债务和摆脱困境,同时也不能没有限制。至于清偿债务的期限可以根据债务人的实际情况规定一次性清偿和分期偿还,对于分期偿还的,应当规定每期偿还的时间和具体偿还数额。

(5)债务人和债权人认为需要约定的其他内容。债务人和债权人认为需要约定的其他内容,可以在和解协议草案中载明,和解协议草案被人民法院裁定生效后就成为执行和解的依据。

3. 尾部

由制作人(本和解协议草案的债务人)盖章,并注明制作本草案的日期。

(三)文书样式

破产和解协议草案

债权人会议:

为了扭转债务人的破产困境,最大限度地清偿债权人的债权,现根据《中华人民共和国企业破产法》的有关规定,债务人制定如下和解协议草案,请债权人会议予以讨论通过。

一、和解债务人的财产状况说明

1. 债务人的现有财产:(1)固定资产;(2)流动资产。

2. 债务人享有的债权:(1)债务人所享有的债务人的到期债权;(2)债务人所享有的债务人的未到期债权。

二、清偿债务的财产来源

1. 债务人的未来营业收入;

2. 债务人可追回的货款和其他债款;

3. 出资人的追加投资;

4. 债务人可变卖的财产;

5. 债务人可转让的财产收入(如债务人所持有的上市公司股票的转让所得);

6. 债务人可转让的财产权利收入(如专利申请权、专利转让权、商标转让权和著作

权转让等知识产权转让收入);

7. 银行可提供的贷款;

8. 债务人的其他清偿债务财产来源。

三、清偿债务的办法

1. 债务人减少偿还的债权(包括本金、利息)金额或比例;

2. 债权人同意第三人承担债务;

3. 债权转为股权办法;

4. 实物折抵现金偿还等。

四、清偿债务的期限

1. 债务人一次性清偿债务及其期限;

2. 债务人分期偿还数额及每次偿还期限。

债务人(盖章)

________年____月____日

十一、破产财产分配方案

(一)文书制作的基本知识

破产财产分配方案是指由破产管理人拟定并提交债权人会议讨论的载明破产财产如何在债权人之间分配的书面文件。

1. 破产财产分配方案的制订依据

破产财产分配是指在人民法院裁定债务人破产而启动破产程序后,破产管理人将变价后的破产财产,按照法定清偿顺序和依法确定的分配方案对破产债权人进行清偿的顺序。因此,破产财产分配方案的制订应遵循以下原则:

(1)按照法定清偿顺序制订分配方案。根据《企业破产法》第113条的规定,破产财产在优先清偿破产费用和共益债务后,依照下列顺序清偿:①破产人所欠职工的工资和医疗、伤残补助、抚恤费用,所欠的应当划入职工个人账户的基本养老保险、基本医疗保险费用,以及法律、行政法规规定应当支付给职工的补偿金;②破产人欠缴的除前项规定以外的社会保险费用和破产人所欠税款;③普通破产债权。破产财产不足以清偿同一顺序的清偿要求的,按照比例分配。破产企业的董事、监事和高级管理人员的工资按照该企业职工的平均工资计算。

(2)以货币分配方式为原则,其他分配方式为例外。《企业破产法》第114条规定,破产财产的分配应当以货币分配方式进行。但是,债权人会议另有决议的除外。因为破产财产主要以拍卖和其他方式变卖破产人的财产得来的货币形式存在,但是,不能拍卖或其他方式变卖的破产财产经债权人会议决议以现物分配的,可以进行现物分配。以现物分配的破产财产应当合理估价或定价。

2. 破产财产分配方案的内容及其生效

《企业破产法》第115条第1款和第2款规定,管理人应当及时拟定破产财产分配方案,提交债权人会议讨论。破产财产分配方案应当载明下列事项:(1)参加破产财产分配的债权人名称或者姓名、住所;(2)参加破产财产分配的债权额;(3)可供分配的破产财产数额;(4)破产财产分配的顺序、比例及数额;(5)实施破产财产分配的方法。

根据《企业破产法》第64条的规定，债权人会议的决议，由出席会议的有表决权的债权人过半数通过，并且其所代表的债权额占无财产担保债权总额的1/2以上。但是，本法另有规定的除外。债权人认为债权人会议的决议违反法律规定，损害其利益的，可以自债权人会议作出决议之日起15日内，请求人民法院裁定撤销该决议，责令债权人会议依法重新作出决议。债权人会议的决议，对于全体债权人均有约束力。根据该法第65条第2款和第3款的规定，破产财产分配方案经债权人会议二次表决仍未通过的，由人民法院裁定。人民法院对该裁定可以在债权人会议上宣布或者另行通知债权人。该法第115条第3款规定，债权人会议通过破产财产分配方案后，由管理人将该方案提请人民法院裁定认可。该法第116条第1款规定，破产财产分配方案经人民法院裁定认可后，由管理人执行。该法第120条规定，破产人无财产可供分配的，管理人应当请求人民法院裁定终结破产程序。管理人在最后分配完结后，应当及时向人民法院提交破产财产分配报告，并提请人民法院裁定终结破产程序。人民法院应当自收到管理人终结破产程序的请求之日起15日内作出是否终结破产程序的裁定。裁定终结的，应当予以公告。

（二）文书的内容及制作方法

1. 首部

（1）标题

标题应载明“破产财产分配方案”，或根据破产企业的名称载明标题，如“××公司破产财产分配方案”。

（2）引言

主要说明该破产财产分配方案制作的依据和制作目的。根据呈送的对象不同，可以分别作如下表述：“××人民法院于××××年××月××日裁定宣告债务人××公司破产。此后，破产管理人依法完成了对破产财产的清理、变价出售工作，现依据《中华人民共和国企业破产法》的有关规定，拟定如下破产财产分配方案，请求债权人会议讨论并予以通过”或者“××公司破产财产分配方案于××××年××月××日经债权人会议依法讨论通过，现将该方案提请贵院依法裁定认可。”

2. 正文

（1）参加破产财产分配的债权人名称或者姓名、住所

在破产程序中参加破产财产分配的债权人主要包括：职工债权人即被破产人拖欠工资和医疗、伤残补助、抚恤费用、基本养老保险、基本医疗保险费用和拖欠法律、行政法规规定的补偿金的职工，被破产人拖欠工伤保险费用、失业保险费用或生育保险费用的职工；破产人欠交税款时的主管税务机关以及上述债权人之外的拥有普通破产债权的债权人。参加破产财产分配的债权人是自然人的，应当在破产财产分配方案中载明其有效身份证件中的姓名和住所；债权人是法人或其他组织的应当在破产财产分配方案中载明其营业执照上的名称和住所或营业地。

（2）参加破产财产分配的债权额

在破产财产分配方案中应当将参加破产财产分配的职工债权人、主管税务机关和有关拥有普通破产债权的债权人的债权额分别注明。对于已经优先受偿的担保债权以及优先清偿的破产费用和共益债务不得在分配方案中列出，但是，对于已经放弃了优先受偿权的债权、未完全受偿的优先受偿债权应当作为普通债权，其债权额应当列出。

（3）可供分配的破产财产数额

可供分配的破产财产数额，是破产财产总额优先清偿的破产费用和共益债务后的余额。

这是确定参加破产财产分配的债权人的债权能否得到清偿或者能够清偿多少的依据,因此,在破产财产分配方案中对于可供分配的破产财产数额应当载明。

(4)破产财产分配的顺序、比例及数额

根据《企业破产法》第113条的规定,破产财产在优先清偿破产费用和共益债务后,依照法定顺序清偿。也就是说,可供分配的破产财产数额不足以清偿该条规定的全部破产债权的,应当优先清偿该条规定的顺序在先的债权;在清偿顺序在先的破产债权后尚有余额的,再赔偿下一顺序的破产债权;破产财产不足以清偿同一顺序的清偿要求的,按照比例分配。因此,破产财产的分配顺序、比例和数额应当按照《企业破产法》第113条的规定确定顺序、比例和数额,并应在分配方案中载明。

(5)实施破产财产分配的方法

破产财产分配的方法是将破产财产分配给债权人的方法,包括货币财产分配和非货币财产分配,一次性分配和多次分配以及破产财产支付方式等。实施破产财产分配的方法是破产财产分配方案的重要内容,对于采取的具体分配方法应当在分配方案中作出明确、具体的规定。在货币分配之外存在现物分配的,应当分别说明货币分配的具体数额以及现物分配的物品名称及其定价;采取一次性分配的,应当说明具体的分配时间、地点;采取多次分配的,应当说明多次分配的原因,并载明每次参加分配的债权人名单及其数额、每次分配的时间、地点和通知方式等。

(6)其他事项说明

①对于附生效条件或者解除条件的债权的提存说明。《企业破产法》第117条规定,对于附生效条件或者解除条件的债权,管理人应当将其分配额提存。管理人依照前款规定提存的分配额,在最后分配公告日,生效条件未成就或者解除条件成就的,应当分配给其他债权人;在最后分配公告日,生效条件成就或者解除条件未成就的,应当交付给债权人。据此,破产财产中存在附生效条件或者解除条件的债权,应当将其提存数额及其处理办法在破产财产分配方案中作出说明。

②对于债权人未受领的破产财产分配额提存说明。《企业破产法》第118条规定,债权人未受领的破产财产分配额,管理人应当提存。债权人自最后分配公告之日起满2个月仍不领取的,视为放弃受领分配的权利,管理人或者人民法院应当将提存的分配额分配给其他债权人。据此,对于债权人未受领的破产财产分配额提存及其处理办法应在破产财产分配方案中作出说明。

③对于诉讼或者仲裁未决的债权的提存说明。《企业破产法》第119条规定,破产财产分配时,对于诉讼或者仲裁未决的债权,管理人应当将其分配额提存。自破产程序终结之日起满2年仍不能受领分配的,人民法院应当将提存的分配额分配给其他债权人。据此,对于诉讼或者仲裁未决的债权的提存及其处理办法应在破产财产分配方案中作出说明。

④对于破产管理人或债权人认为有必要说明的其他事项,也可以在破产财产分配方案中作出说明。

(三)文书参考样式

破产财产分配方案(1)

债权人会议:

××人民法院于××××年××月××日裁定宣告债务人××公司破产。此后,破产管理人依法完成了对破产财产的清理、变价出售工作，现依据《中华人民共和国企业破产法》的有关规定，拟定如下破产财产分配方案，请求债权人会议讨论并予以通过。

一、参加破产财产分配的债权人名称或者姓名、住所

1. 职工债权人（根据具体人数按以下内容分别列出）

姓名：×××，住所：××市××区（乡、镇）××路（村）××号。

2. 税务机关

名称：××税务所，住所：××市××区（乡、镇）××路××号。

3. 债权人（根据普通债权人的人数按以下内容分别列出）

债权人单位名称：×××，住所：××市××区（乡、镇）××路（村）××号。

债权人姓名：×××，住所：××市××区（乡、镇）××路（村）××号。

二、参加破产财产分配的债权额

1. 职工债权额人民币________元，包括以下部分：职工工资人民币________元；医疗、伤残补助、抚恤费用人民币________元；职工个人账户的基本养老保险人民币________元；职工基本医疗保险费用人民币________元；职工补偿金人民币________元。

2. 税款债权总额人民币________元。

3. 普通债权总额人民币________元。

三、可供分配的破产财产数额

可供分配的破产财产数额是破产财产总额优先清偿破产费用和共益债务后的余额，为人民币________元。

四、破产财产分配的顺序、比例及数额

破产财产在优先清偿破产费用和共益债务后，依照下列顺序清偿。破产财产不足以清偿同一顺序的清偿要求的，按照比例分配。破产企业的董事、监事和高级管理人员的工资按照该企业职工的平均工资计算。

第一顺序应付的债权为人民币__________元，该顺序应偿付债权的清偿率为________%。其中：

（1）破产人所欠职工的工资和医疗、伤残补助、抚恤费用人民币________元；

（2）所欠的应当划入职工个人账户的基本养老保险、基本医疗保险费用人民币________元；

（3）法律、行政法规规定应当支付给职工的补偿金人民币________元。

第二顺序应付的债权为人民币__________元，该顺序应偿付债权的清偿率为________%。其中：

（1）破产人欠缴的除第一顺序以外的社会保险费用第二顺序应付的债权为人民币________元；

（2）破产人所欠税款第二顺序应付的债权为人民币________元。

第三顺序应偿付的普通债权为人民币________元，清偿率为________%。其中：

（1）××公司人民币________元；

（2）××企业人民币________元；

（3）××组织人民币________元；

（4）×××（自然人）人民币________元。

……

五、实施破产财产分配的方法

1. 货币分配的具体数额以及现物分配的物品名称及其定价;

2. 一次性分配或多次分配的具体时间、地点;

3. 货币分配与实物分配的财产交付方式。

六、其他事项说明

1. 附生效条件或者解除条件的债权的提存说明;

2. 债权人未受领的破产财产分配额提存说明;

3. 诉讼或者仲裁未决的债权的提存说明;

4. 其他必要事项说明。

××企业破产管理人(盖章)

××××年××月××日

破产财产分配方案(2)

××人民法院:

××公司破产财产分配方案于××××年××月××日经债权人会议依法讨论通过,现将该方案提请贵院依法裁定认可。

一、参加破产财产分配的债权人名称或者姓名、住所

1. 职工债权人(根据具体人数按以下内容分别列出)

姓名:×××,住所:××市××区(乡、镇)××路(村)××号。

2. 税务机关

名称:××税务所,住所:××市××区(乡、镇)××路××号。

3. 债权人(根据普通债权人的人数按以下内容分别列出)

债权人单位名称,住所:××市××区(乡、镇)××路(村)××号。

债权人姓名:×××,住所:××市××区(乡、镇)××路(村)××号。

二、参加破产财产分配的债权额

1. 职工债权额人民币________元,包括以下部分:职工工资人民币________元;医疗、伤残补助、抚恤费用人民币________元;职工个人账户的基本养老保险人民币________元;职工基本医疗保险费用人民币________元;职工补偿金人民币________元。

2. 税款债权总额人民币________元。

3. 普通债权总额人民币________元。

三、可供分配的破产财产数额

可供分配的破产财产数额是破产财产总额优先清偿破产费用和共益债务后的余额,为人民币________元。

四、破产财产分配的顺序、比例及数额

破产财产在优先清偿破产费用和共益债务后,依照下列顺序清偿。破产财产不足以清偿同一顺序的清偿要求的,按照比例分配。破产企业的董事、监事和高级管理人员的工资按照该企业职工的平均工资计算。

第一顺序应付的债权为人民币________元,该顺序应偿付债权的清偿率为________%。其中:

(1)破产人所欠职工的工资和医疗、伤残补助、抚恤费用人民币________元;

(2)所欠的应当划入职工个人账户的基本养老保险、基本医疗保险费用人民币________元;

(3)法律、行政法规规定应当支付给职工的补偿金人民币________元。

第二顺序应付的债权为人民币________元,该顺序应偿付债权的清偿率为________%。其中:

(1)破产人欠缴的除第一顺序以外的社会保险费用第二顺序应付的债权为人民币________元;

(2)破产人所欠税款第二顺序应付的债权为人民币________元。

第三顺序应偿付的普通债权为人民币________元,清偿率为________%。其中:

(1)××公司人民币________元;

(2)××企业人民币________元;

(3)××组织人民币________元;

(4)×××(自然人)人民币________元。

……

五、实施破产财产分配的方法

1. 货币分配的具体数额以及现物分配的物品名称及其定价;

2. 一次性分配或多次分配的具体时间、地点;

3. 货币分配与实物分配的财产交付方式。

六、其他事项说明

1. 附生效条件或者解除条件的债权的提存说明;

2. 债权人未受领的破产财产分配额提存说明;

3. 诉讼或者仲裁未决的债权的提存说明;

4. 其他必要事项说明。

××企业破产管理人(盖章)

××××年××月××日

十二、企业注销登记申请书

(一)文书制作的基本知识

企业注销登记是指企业因解散、被撤销、被宣告破产或其他原因停止营业时,由清算组织或清算人、投资人向经企业登记机关申请,将企业消灭的事实记载在案并取消其营业资格的登记行为。经企业登记机关注销登记,企业终止。

1. 企业注销登记应在法定期限提出申请

《公司登记管理条例》第42条规定,有下列情形之一的,公司清算组应当自公司清算结束之日起30日内向原公司登记机关申请注销登记:(1)公司被依法宣告破产;(2)公司章程规定的营业期限届满或者公司章程规定的其他解散事由出现,但公司通过修改公司章程而存续的除外;(3)股东会、股东大会决议解散或者一人有限责任公司的股东、外商投资的公司董事会决议解散;(4)依法被吊销营业执照、责令关闭或者被撤销;(5)人民法院依法予以解散;(6)法律、行政法规规定的其他解散情形。

《合伙企业登记管理办法》第22条规定,合伙企业依照合伙企业法的规定解散的,清算人应当自清算结束之日起 15 日内,向原企业登记机关办理注销登记。

《个人独资企业登记管理办法》第 18 条规定,个人独资企业依照《个人独资企业法》第 26 条规定解散的,应当由投资人或者清算人于清算结束之日起 15 日内向原登记机关申请注销登记。

《企业破产法》第 121 条规定,管理人应当自破产程序终结之日起 10 日内,持人民法院终结破产程序的裁定,向破产人的原登记机关办理注销登记。

2. 企业申请注销应当依法提交有关文件

《公司登记管理条例》第 43 条规定,公司申请注销登记,应当提交下列文件:(1)公司清算组负责人签署的注销登记申请书;(2)人民法院的破产裁定、解散裁判文书,公司依照《公司法》作出的决议或者决定,行政机关责令关闭或者公司被撤销的文件;(3)股东会、股东大会、一人有限责任公司的股东、外商投资的公司董事会或者人民法院、公司批准机关备案、确认的清算报告;(4)《企业法人营业执照》;(5)法律、行政法规规定应当提交的其他文件。国有独资公司申请注销登记,还应当提交国有资产监督管理机构的决定,其中,国务院确定的重要的国有独资公司,还应当提交本级人民政府的批准文件。有分公司的公司申请注销登记,还应当提交分公司的注销登记证明。

《合伙企业登记管理办法》第 23 条规定,合伙企业办理注销登记,应当提交下列文件:(1)清算人签署的注销登记申请书;(2)人民法院的破产裁定,合伙企业依照合伙企业法作出的决定,行政机关责令关闭、合伙企业依法被吊销营业执照或者被撤销的文件;(3)全体合伙人签名、盖章的清算报告;(4)国务院工商行政管理部门规定提交的其他文件。合伙企业办理注销登记时,应当缴回营业执照。

《个人独资企业登记管理办法》第 19 条规定,个人独资企业申请注销登记,应当向登记机关提交下列文件:(1)投资人或者清算人签署的注销登记申请书;(2)投资人或者清算人签署的清算报告;(3)国家工商行政管理局规定提交的其他文件。个人独资企业办理注销登记时,应当缴回营业执照。

(二)文书的内容及制作方法

企业注销登记申请书一般为工商行政管理机关提供的格式文本,因此,应根据其说明和要求填写。要填写的内容主要有企业注销登记申请书和企业注销登记申请表。

1. 企业注销登记申请书

企业注销登记申请书主要说明注销的企业名称和注册号及注销请求,可表述为“现向登记机关申请注册号为××××,××公司或企业(企业名称)的注销登记”。法定代表人(公司清算组负责人)投资人、清算人签字。其中,有限责任公司、股份有限公司申请注销登记的,由公司清算组负责人签字;分公司申请注销登记,由公司法定代表人签字;全民所有制、集体所有制申请注销登记的,由企业法定代表人签字;全民所有制、集体所有制企业经营单位申请注销登记的,应由隶属企业法定代表人签字;个人独资企业或其分支机构申请注销登记的,由投资人或清算人签字;合伙企业或其分支机构申请注销登记的,由清算人签字。最后,注明日期。

2. 企业注销登记申请表

企业注销登记申请表主要填写以下内容:首先,主要填写要注销的企业名称,该名称应当以营业执照上载明的企业名称为准。其次,要说明注销原因,企业被依法宣告破产;公司章程规定的营业期限届满或者出现公司章程规定的其他解散事由;企业依法被吊销营业执照、责令关闭或者被撤销等,无论何种原因都应当如实填写。再次,填写主办单位(主管部门)或清算组织证明清理债权债务情况及同意注销的意见。全民所有制、集体所有制、集体所有制(股份合作)企业设立的法人企业应由主办单位(主管部门)或清算组织在"主办单位(主管部门)或清算组织证明清理债权、债务情况及同意注销的意见"栏内盖章,并对债权债务清理、职工工资情况及税款是否结清的情况详细说明;其他企业不填。最后,主办单位(主管部门)盖章或清算组负责人签字。

(三)文书参考文本

企业注销登记申请书

注　　册　　号:____________________

企业名称(盖章):____________________

敬　　告
1. 申请人在填表前,应认真阅读本表内容和有关注解事项。 2. 申请人应了解相关的法律、法规,并确知其享有的权利和应承担的义务。 3. 申请人应如实向企业登记机关提交有关材料和反映真实情况,并对申请材料实质内容的真实性负责。 4. 提交的申请文件、证件应当是原件,确有特殊情况只能提交复印件的,应当在复印件注明与原件一致,并由申请人或被委托人签字。 5. 提交的申请文件、证件应当使用 A4 纸。 6. 填写申请书应字迹工整,不得涂改,应使用蓝黑或黑色墨水。

现向登记机关申请____________________(企业名称)的注销登记,并郑重承诺:

如实向登记机关提交有关材料,反映真实情况,并对申请材料实质内容的真实性负责。

法定代表人(公司清算组负责人、投资人、清算人)签字:

联系电话:

年　　月　　日

注:1. 有限责任公司、股份有限公司申请注销登记的,由公司清算组负责人签字。

2. 分公司申请注销登记的,由公司法定代表人签字。

3. 全民所有制、集体所有制申请注销登记的,由企业法定代表人签字;全民所有制、集体所有制企业经营单位申请注销登记的,应由隶属企业法定代表人签字。

4. 个人独资企业或其分支机构申请注销登记的,由投资人或清算人签字。

5. 合伙企业或其分支机构申请注销登记的,由清算人签字。

企业注销登记申请表

名　　称	
注销原因①	
清税情况	□已经清理完毕　　　□未涉及纳税义务
外伤投资企业相关审批部门盖章②	
主办单位(主管部门)或清算组织证明清理债权债务情况及同意注销的意见③	主办单位(主管部门)盖章:

注:①因未参加年检被吊销营业执照申请注销登记的,应在"注销原因"栏内注明"因未参加年检依法被吊销营业执照,申请办理注销登记。申请解除法定代表人(负责人)的警示限制"。

②外商投资企业注销时需要海关等有关审批部门确认同意注销的,可单独提交有关部门的确认文件,或由审批部门在"外商投资企业相关审批部门盖章"一栏盖章确认。

③全民所有制、集体所有制、集体所有制(股份合作)企业设立的法人企业应由主办单位(主管部门)或清算组织在"主办单位(主管部门)或清算组织证明清理债权债务情况及同意注销的意见"栏内盖章,并对债权债务清理、职工工资情况及税款是否结清的情况详细说明;其他企业无须填写此栏。

企业注销登记审核意见表

<table>
<tr><td>审　查
意　见</td><td colspan="3">经审查,材料齐全、符合法定形式,建议准予注销登记。

审查员签字:　　　　　　年　　月　　日</td></tr>
<tr><td>核　准
意　见</td><td colspan="3">准予注销登记。

核准人签字:　　　　　　年　　月　　日</td></tr>
<tr><td>领通知书人签字</td><td></td><td>领通知书日期</td><td>年　　月　　日</td></tr>
<tr><td>发通知书人签字</td><td></td><td>发通知书日期</td><td>年　　月　　日</td></tr>
<tr><td>备　　注</td><td colspan="3"></td></tr>
</table>

第八部分
法律咨询业务文书

一、法律意见书

(一)文书制作的基本知识

1. 法律意见书的概念

法律意见书是法律专业人员接受当事人或其代理人的委托,对当事人进行的法律事务或法律行为所涉及的有关法律问题,运用法律知识进行阐述与分析,通过作出明确结论或提出法律对策而出具给当事人的书面意见,是律师、法律专家等法律专业人员以其法律知识为当事人提供的法律参考意见。

2. 法律意见书的特点

(1)法律意见书是法律专业人员接受当事人或其代理人的委托而就其法律问题出具的书面意见。在出具法律意见的专业法律人员与当事人或其委托人之间存在委托关系。这种委托关系既可以是无偿委托,也可以是有偿委托。委托人应当就委托事项向受托人明确说明,并应当提供有关证据和书面材料作为受托人出具法律意见的事实依据。

(2)法律意见书是包括律师、法律专家等法律专业人员根据委托人或其代理人的陈述、提供的相关证据和书面材料的基础上,在对有关事实真伪作出判断和依据有关法律规定作出的。因此,法律意见书被委托人采纳的,它仅代表委托人一方的观点。在诉讼或仲裁中法律意见书仅起到代理词、辩护词或答辩状的作用,不具有司法指导性。

3. 法律意见书的形式与内容

目前法律和有关行政法规对法律意见书的形式及内容并无明确规定,但实践中法律意见书一般采取书面形式,其内容主要包括引言、出具法律意见书的事实依据、法律分析与法律论证、法律结论或法律对策等。

(二)文书的内容及制作方法

1. 首部

(1)标题

写明文书名称“法律意见书”。

(2)引言

主要说明委托人与委托事项。委托人为自然人的,应当写明姓名;委托人为法人或其他组织的,应当写明其名称。委托人为诉讼代理人的,应当列出诉讼代理人的姓名或名称。委托事项即咨询内容,亦即请求法律专业人员对何事项出具法律意见书。本部分作为引言,也可以作如下表述:“受×××的委托,就××事项(如‘××省××市××小区业主在维权过程中实施的有关行为’)的法律性质以及相关法律问题,进行了法律论证。”

(3)有关证据和证据材料

凡是能够证明案件的一切事实就是证据,主要包括以下种类:书证,物证,以声音、图像及计算机储存的数据等视听材料,证人证言,当事人的陈述、鉴定意见及勘验笔录等。有关证据和证据材料是说明事实真相和进行法律论证的依据和事实基础,因此,委托人或其代理人对该部分内容的提供应当力求真实、全面和富有针对性,切忌捏造、伪造、涂改和篡改证据材料。在上述证据和证据材料的基础上,可以概括说明需要论证的法律问题。

2. 正文

本部分是法律意见书的核心。首先,说明案件事实。对于事实清楚或当事人对法律事实没有争议的,可直接根据有关证据和证据材料进行法律论证。如果当事人基于有关行为或案件事实的认定及其性质存在争议,那么,就应当根据有关证据和证据材料概括说明纠纷的起因、经过和结果。其次,依据相关事实对涉及的法律问题逐项进行分析和论证。法律分析和论证应当从维护委托人的合法权益入手,针对其遇到的不同法律问题展开,并注意详略得当、层次分明,引用的法律条文必须准确、全面。最后,在上述分析和论证的基础上,作出概括性结论或提出具体处理和解决问题的归纳性意见,以供委托人或有关部门在解决有关问题时作为参考。

3. 尾部

由出具法律意见的法律专业人员亲笔签名并注明出具法律意见的年、月、日。

(三) 文书样式与范本

1. 文书样式

法律意见书

咨询(或委托)单位名称:______________________________。

咨询(或委托)事项:______________________________。

出具法律意见书的依据:

______________________________。

对委托事项的情况分析:

______________________________。

对委托事项的处理意见:

______________________________。

法律意见出具者(签名或者盖章)

________年____月____日

2. 文书范本

法律意见书

受原告×××的委托，我所聘请×××教授、×××研究员和我所×××和×××律师组成专家组，于2011年×月××日在××大学法学院，对×××等七名原告诉中国××出版社著作权侵权一案的相关法律问题进行了专家论证。

一、原告向本专家组提供了以下证据资料

原被告之间签订的《图书出版合同》、被侵权作品《民事合同签订指南与纠纷防范》、侵权作品《最新公民常用合同范本全书》、原告《起诉状》、被告《一审答辩状》、侵权内容与被侵权内容对照表。

二、本案基本事实与论证问题

根据以上涉案证据材料，我们认定本案的基本事实为：原、被告双方于2006年5月19日签订《图书出版合同》，约定原告创作的《民事合同签订指南与纠纷防范》一书由被告出版。该合同第一条约定：甲方授予乙方出版上述作品的图书、电子、音像专有出版权，有效期为10年。甲方同意乙方转载、摘编上述作品。原告作品于2006年11月出版后，被告于2007年12月出版了《最新公民常用合同范本全书》。被告作品出版后，原告自新华书店发现被告作品《最新公民常用合同范本全书》中买卖合同、保证合同、定金合同、抵押合同、质押合同、赠与合同、借款合同等章节中的“文书要点”中的全部内容和“制作依据”的部分内容，共有216段，直接来自原告作品《民事合同签订指南与纠纷防范》中的第一节“范本（文本）说明与签约指南”、第二节“合同纠纷及防范对策”的有关内容。被告作品侵权原告作品达275处，1208行，每行32字，计38,656字，双方对此均无异议。

侵权作品中有以下示范文本与参考文本来自原告作品上述各章第三节“文本范例”：工业品买卖合同、汽车买卖合同、借款保证合同、定金合同、动产抵押合同、股权质押合同、租赁合同、承揽合同、定作合同、修缮合同、货物运输合同、委托合同、赠与合同、借款合同、保管合同、仓储合同、居间合同、行纪合同，共1235行，每行32字，计39,520字。其中，定金合同、借款保证合同、货物运输合同、借款合同、保管合同等参考文本（计322行，10,304字）为原告撰写，其他为国家工商行政管理部门公布的合同示范文本。

被告作品中并未注明上述内容来自原告作品，既未给作为原告的著作权人署名也未向原告支付任何报酬。被告坚持认为其使用原告作品有合同依据，在提交的答辩意见中质问：“原告与以出版为业的出版社签订出版合同，在出版合同中同意出版社摘编其作品，这种摘编的同意不是摘编出版授权又能是什么？”此外，被告认为原告作品中的合同示范文本与参考文本不受法律保护，被告作品中使用与原告作品中相同的合同示范文本与参考文本不构成侵权，其主张一审法院应驳回原告的全部诉讼请求。

鉴于此，原告特委托我们对本案中被告作品使用原告作品中的上述原创内容和合同范本和参考文本的行为是否构成侵权进行论证。

三、对本案被告使用原告作品的行为及其性质的论证

（一）被告主张其出版的《最新公民常用合同范本全书》大量使用原告作品内容为合法出版的理由不能成立

2006年5月19日就被告出版原告作品《民事合同签订指南与纠纷防范》《商事合同

签订指南与纠纷防范》两书,原、被告之间签订图书出版合同,第一条约定:甲方授予乙方出版上述作品的图书、电子、音像专有出版权,有效期为10年。甲方同意乙方转载、摘编上述作品。

1.“转载、摘编”的含义只能进行通常理解

在双方签订的出版合同文本中仅载明“甲方(原告,即著作权人)同意乙方(被告,即××出版社)转载、摘编上述作品”,但出版合同中并未对“转载、摘编”的含义作出明确说明,也未对其“转载、摘编”的具体内容作出其他约定,因此,在此情形下对“转载、摘编”的含义只能进行通常的理解。根据《著作权法》第32条第2款的规定,作品的转载、摘编权只适用于报纸杂志(其他报刊可以转载或者作为文摘、资料刊登),而不适用于出版社,即出版社对于出版作品没有转载、摘编权。据此,本案中对“转载、摘编”的含义只能理解为乙方摘编著作权人的作品由报纸、杂志等媒体转载之用,或者以此用于图书情报等新书征订,而不能理解为被告将著作权人的作品加以摘录、编辑和出版。也就是说,被告的行为不是通常理解的转载、摘编行为,而是纯粹的出版发行和获利行为。

正像被告向法庭提交的证据材料《现代汉语词典》2005年第5版,第1709页复印件指出的,摘编:摘下来加以编辑(多用于书名或文章标题)。举例:将资料摘编成书。可见,这里的摘编仅指对原作品的部分摘录并加以编辑,而并不含有对摘编内容的复制、发表、出版、发行与获利等含义;另外,尽管有“将资料摘编成书”的例句,但这里的摘编并不意味着“摘编”就是成书出版。作为动词的“摘编”一词可以在不同语境中使用,如把书中的部分内容摘编后用于评论,用于转载,用于学习等。因此,被告提供的上述证明材料不能作为被告对原告作品进行摘录剽窃与出版、发行和获利的合法依据。

2. 被告以“合同”这种合法形式企图达到非法使用他人作品的目的,不受法律保护

被告在提交的答辩意见中质问:“原告与以出版为业的出版社签订出版合同,在出版合同中同意出版社摘编其作品,这种摘编的同意不是摘编出版授权又能是什么?”抛开格式条款这一点不谈,被告将合同中的“摘编”视为出版,继而达到未经著作权人同意和授权即占有和支配他人作品的目的,这种目的不仅与《著作权法》规定保护知识产权和鼓励原创作品的立法目的相冲突,而且这种不劳而获、不用任何付出即利用他人作品获利的行为已构成著作权侵权。因此,被告以“合同”这种合法形式追求其非法目的和侵犯原告的合法权益的行为不受法律保护。

3. 对格式条款的争议,应当作出对其提供者不利的解释

原告与被告签订的《图书出版合同》文本由被告提供,在合同文本的正文部分,除了双方协商后增加的手写第10条和第4条由原告填写的作品交付时间外,其他条款如第1条有关乙方(被告)的图书专有出版权、合同有效期限及转载、摘编权;第2条关于甲方(原告)侵犯第三人责任的承担;第3条关于作品内容及质量要求;第5条关于出版时间;第6条关于对甲方行使著作许可权的限制;第8条关于未尽事宜的协商等,都是由被告早已拟定好的,是不可更改和协商的条款。

《图书出版合同》第7条作为对稿酬支付形式与版税率的规定,按常理应当由双方约定,但在被告提供的格式文本中也体现了不容协商的霸道性和对原告极为不利的内容。该条规定:“乙方向甲方以版税形式支付稿酬,第一版的版税为8%,该书是否修订再版由乙方决定,如果乙方决定再版,第二版及以后的版税为7%,修订由甲方负责。”该条不仅由被告拟定不容原告协商,而且内容违背了《著作权法》的有关规定和出版业的通行规

则。《著作权法》第10条第3项规定,著作权人享有作品的修改权,即修改或者授权他人修改作品的权利;国家版权局《图书出版合同(标准样式)》第14条也规定,再版修改的决定权在著作权人,然而被告提供的格式文本中规定再版修改的决定权在作为出版者的被告;按照出版界的惯例第二版的版税率等于或高于第一版的版税率,而被告提供的格式文本中规定第二版的版税率低于第一版的版税率。

通过上述分析,双方订立的《图书出版合同》应当认定为格式合同。对格式条款中的"转载、摘编"含义,作为提供格式条款的被告负有提请原告注意和对其含义解释的义务。然而,被告在订立图书出版合同时,既未提请原告注意,也未向原告作出说明解释。对此,《合同法》第41条明确规定,对格式条款的理解发生争议的,应当按通常理解予以解释。对格式条款有两种以上解释的,应当作出不利于提供格式条款一方的解释。因此,本案中双方当事人对"摘编"存在不同理解的情况下,应当作出对原告有利的解释。

(二)被告作品中有关合同范本和参考文本摘自原告作品,破坏了原告作品的完整性

根据《著作权法》第10条的规定,著作权人享有作品的完整保护权,不容他人任意割裂,因此,本案中原告作品的第一节合同范本签约指南、第二节合同订立中的纠纷及其防范以及第三节合同文本范例是一个有机整体,内容完整性不容破坏。被告以原告作品中的范本或者参考范本是在签约指南与纠纷防范之后,而被告作品是合同范本、参考文本是在文书制作依据与制作要点之前,来否认其作品中的合同范本、参考文本摘自原告作品的理由不能成立。在被告提交的答辩意见中,仅承认借款保证合同、货物运输合同、借款合同和保管合同参考文本为摘自原告作品,其他合同范本未摘自原告作品的主张同样不能成立。如上所述,这些示范文本已经与原告的作品构成了一个统一整体,在被告承认"摘编"原告作品相关内容的同时,也同样等于承认利用了原告的这部分内容,因此,原告的这部分内容也应当得到保护。

(三)被告将原告作品的内容直接据为已有、另行出版,构成对原告的侵权,且性质极为恶劣

被告作品侵权原告作品内容的每一句话,都是直接来自原告作品。其侵权手法为:将原告作品的相关内容打破原来的章节,进行先后顺序调换,如将原告作品中的文书范本或参考文本放在前面、内容讲解放在后面,并进行段落跨越式大段照搬,以制造原创假象,达到掩盖其剽窃行为的目的。被告出版的《最新公民常用合同范本全书》其大部分内容除来自原告作品外,还有部分原告作品之外的内容,其并不是像被告所说的这是一本"摘编"作品,相反它是以一本独立作品,即以不同于原告作品的书名和被告享有完全的著作权的面目出现的。被告出版的《最新公民常用合同范本全书》不仅既未取得原告的授权,亦未说明其照抄、照搬的内容来源于原告作品,也未给原告作者署名。被告作为出版单位,其行为不仅直接违背了民事活动和合同履行应当遵循的诚信原则,而且违背了保护原创作品和著作权人知识产权的出版宗旨,对于侵犯原告对作品的署名权、保护作品完整权及获取报酬权等著作人身权和财产权,具有直接的主观故意和主观恶意。

综上所述,我们认为本案中被告以其提供的《图书出版合同》中的格式条款规定的"摘编"权,作为其出版和发行《最新公民常用合同范本全书》一书获利的合法依据不能成立;被告作品中有关合同范本和参考文本摘自原告作品破坏了原告作品的完整性,这些应当计入侵权字数。被告所实施的侵权行为是其明知作为著作权人的原告未授权其出版侵权作品《最新公民常用合同范本全书》,也明知被侵权作品《民事合同签订指南与

纠纷防范》的稿件来源和署名及其所编辑出版物的内容的情况下,利用其作为出版者直接掌握和控制被侵权作品的便利条件,并以稿件提供者和侵权行为的直接实施者对原告作品进行剽窃,情节极为严重、性质极为恶劣,应依法承担著作权侵权责任。

专家论证组成员:(签名)
论证地点:××大学××大楼××室法学院办公室
2010年12月22日

二、法律建议书

(一)文书制作的基本知识

1. 法律建议书的概念

法律建议书是法律专业人员在一定法律事实基础上依据宪法、法律和行政法规,建议国家权力机关、政府部门或有关单位采取某种行为或不采取某种行为的书面文书。

2. 法律建议书的特点

(1)法律建议书的提出具有主动性。法律意见书是法律专业人员基于当事人的委托而出具的,具有被动性。而法律建议书则是包括法律专家、法官、律师等法律专业人员基于法律赋予的公民权利或职责要求,向国家权力机关、政府部门或有关单位主动提出的。

(2)法律建议书的内容应当具有合理性和合法性。法律建议书是基于法律或行政法规、部门规章的违宪性、违法性或不合理性及其现实危害性以及政府部门或有关单位所存在的违法行为,而提出的废除、修改有关法律、行政法规、部门规章、单位管理制度及更改其有关违法行为而提出的合理化和合法化建议。

3. 法律建议书的形式与内容

目前法律和有关行政法规对法律建议书的形式及内容并无明确规定,但实践中法律建议书顾名思义应采取书面形式,其内容主要包括致送的单位名称、引言、法律分析与法律论证、总结或法律对策等。

(二)文书的内容及制作方法

1. 首部

(1)标题

写明文书名称"法律建议书",或根据建议事项载明名称如"关于对《××公司劳动管理制度》修改的建议"等。

(2)致送单位名称

载明法律建议书所致送的单位名称,如废除法律或者建议全国人大常委会审查国务院制定的行政法规的建议或立法建议,致送单位为全国人大常委会;如对修改××公司劳动管理制度的建议,应致送公司的执行机构董事会或法定代表人即可。

(3)引言

主要说明建议事项即对哪一事项或哪些事项提出法律建议。

2. 正文

本部分是法律建议书的核心,主要是论证所提出的法律意见及其内容的必要性、正确性和可行性。建议事项不同,论证和阐述的角度不同。如对法律、行政法规、部门规章抑或企业规章制度进行修改、废止的建议，主要论述其内容与现实的脱节、与新的法律、行政法规的冲突、引起的混乱及其现实危害性等，在此基础上提出具体的修改内容或修改要求。如立法建议，应侧重论证制定有关法律、行政法规或部门规章的必要性、可行性及其包含的主要内容等。法律建议应当具有现实性、针对性，论证到位、说理透彻，切忌言之无物、无病呻吟、为提建议而提建议。

3. 尾部

由提出法律建议的法律专业人员亲笔签名并注明提出法律建议的日期。

(三) 文书样式与范本

1. 文书样式

法律建议书

××公司董事会(或××机关)：

现对________________情况，现提出如下建议：

____

____

____。

××律师事务所

×××律师

________年____月____日

2. 文书范本

法律建议书

××有限责任公司董事会：

《××有限责任公司管理规程》是于2003年根据《劳动法》及其相关的行政法规和部门规章制定的，该规程的某些内容与已经生效的《中华人民共和国劳动合同法》《中华人民共和国劳动合同法实施条例》有明显的冲突，现建议依法进行修改。修订内容及其依据说明如下：

一、关于劳动合同内容的修改建议

1. 关于劳动合同的签订时间与试用期规定

《××有限责任公司管理规程》(以下简称《公司管理规程》)中规定本公司招聘员工的试用期为6个月至1年，且经试用期间考核符合录用条件的，于试用期届满时双方订立劳动合同；试用期间经考核不符合录用条件的不得签订劳动合同，但可以再延长同等期限的试用期；延长后的试用期届满经考核仍不符合录用条件的，单位有权辞退，且不予支付经济补偿。试用期间的工资为劳动合同签订后正式工资的50%。上述规定与《中华人民共和国劳动合同法》(以下简称《劳动合同法》)及其实施条例规定不符，主要存在以下问题：

(1)《劳动合同法》第10条规定，建立劳动关系，应当订立书面劳动合同。已建立劳动关系，未同时订立书面劳动合同的，应当自用工之日起1个月内订立书面劳动合同。用人单位与劳动者在用工前订立劳动合同的，劳动关系自用工之日起建立。该法第97条第2款规定，本法施行前已建立劳动关系，尚未订立书面劳动合同的，应当自本法施行之日起1个月内订立。因此,《劳动合同法》生效后,应当将《公司管理规程》中规定的与新招员工的签订书面劳动合同,由原来的"试用期届满时订立劳动合同"修改为"自用工之日起1个月内订立书面劳动合同"。对于《劳动合同法》施行前已建立劳动关系,尚未订立书面劳动合同的员工,公司应当自本法施行之日起1个月内补签书面劳动合同。

(2)《劳动合同法》第19条规定,劳动合同期限3个月以上不满1年的,试用期不得超过1个月;劳动合同期限1年以上不满3年的,试用期不得超过2个月;3年以上固定期限和无固定期限的劳动合同,试用期不得超过6个月。同一用人单位与同一劳动者只能约定一次试用期。以完成一定工作任务为期限的劳动合同或者劳动合同期限不满3个月的,不得约定试用期。试用期包含在劳动合同期限内。劳动合同仅约定试用期的,试用期不成立,该期限为劳动合同期限。据此,劳动合同试用期应当依法设定,试用期可以设置3个档次,而每个档次的试用期应当根据劳动合同的期限设置。每个档次的试用期都应当在法定期限内,即不能超过其最高法定期限。公司与同一劳动者只能约定一次试用期,不得以任何理由再延长同等期限的试用期或者约定二次或二次以上的试用期。

(3)《劳动合同法》第20条和《劳动合同法实施条例》第15条规定,劳动者在试用期的工资不得低于本单位相同岗位最低档工资的80%或者不得低于劳动合同约定工资的80%,并不得低于用人单位所在地的最低工资标准。据此,在劳动合同中约定的劳动者在试用期的工资应当符合以下条件:①劳动者在试用期的工资不得低于本单位相同岗位的最低档工资的80%,并不得低于用人单位所在地的最低工资标准。也就是说,试用期间的工资可以等于或者高于本单位相同岗位最低档工资的80%,且不得低于用人单位所在地的最低工资标准。②劳动合同约定的试用期间的工资不得低于劳动合同约定工资的80%,同时试用期间的工资也不得低于用人单位所在地的最低工资标准。③本单位相同岗位最低档工资的80%和劳动合同约定正式工资的80%,二者都高于当地最低工资标准且二者并不相等时,劳动者在试用期的工资至少应当符合其中之一。可见,《公司管理规程》中关于试用期间的工资为劳动合同签订后工资的50%的规定与上述不符,应依法予以纠正。

2. 关于员工专项技术培训和违约责任承担的规定

《公司管理规程》规定:公司加强对员工进行岗位技能培训并为重要岗位上的员工脱产学习和进行专业技术培训创造条件。参加岗位技能培训和专业技术培训的员工应当与公司签订培训合同,并在培训结束的3~5年内不得辞职、离职,否则应向公司赔偿全部培训费用和返还培训期间领取的全部工资。上述规定与《劳动合同》及其实施条例的规定不符,主要存在以下问题:

(1)《劳动合同法》第22条第1款规定,用人单位为劳动者提供专项培训费用,对其进行专业技术培训的,可以与该劳动者订立协议,约定服务期。这里的所谓专业技术培训,是指用人单位通过向国内外专业技术培训机构或者科研院所支付专项培训费用,对作为本单位员工的劳动者进行脱产专业技术培训的活动。用人单位对劳动者进行的上岗培训或者劳动合同履行中为适应工作需要由本单位所进行的岗位培训,不属于专项技术培训,也无须脱产和提供专项培训费用,因此,双方无须订立服务期协议和约定服务期,也不受服务期的约束。可见,《公司管理规程》关于与参加专业技术培训的员工签订培训合同和受服务期约束的规定符合《劳动合同法》的上述规定,但与参加岗位培训的员工签订培训合同并受服务期约束的规定而应当予以修改。

(2)《劳动合同法》第22条第2款规定,劳动者违反服务期约定的,应当按照约定向用人单位支付违约金。违约金的数额不得超过用人单位提供的培训费用。用人单位要求劳动者支付的违约金不得超过服务期尚未履行部分所应分摊的培训费用。根据《劳动合同法实施条例》第16条规定,培训费用包括用人单位为了对劳动者进行专业技术培训而支付的有凭证的培训费用、培训期间的差旅费用以及因培训产生的用于该劳动者的其他直接费用,并不包括脱产培训期间员工领取的工资。根据上述规定,参加公司岗位培训的员工辞职、离职的,无须向单位支付违约金。而接受专项技术培训的员工在服务期未满而离职、辞职的,应当按照上述规定支付违约金,但是,接受专项技术培训的员工领取的工资不属于培训费用,公司不能要求离职、辞职的员工返还。因此,《公司管理规程》中关于违反服务期员工承担的违约责任的规定应当依法进行修改。

二、关于劳动管理制度的修改建议

1. 关于公司规章制度的规定

《公司管理规程》规定:公司员工劳动纪律由公司总经理联合部门经理制定,由董事会批准后生效。员工在一个月内违反了用人单位的规章制度10次以上,诸如迟到、早退或上班时间上网聊天的,公司有权解除其劳动合同。上述规定与《劳动合同》及其实施条例规定不符,主要存在以下问题:

(1)《劳动合同法》第4条规定,用人单位应当依法建立和完善劳动规章制度,保障劳动者享有劳动权利、履行劳动义务。用人单位在制定、修改或者决定有关劳动报酬、工作时间、休息休假、劳动安全卫生、保险福利、职工培训、劳动纪律以及劳动定额管理等直接涉及劳动者切身利益的规章制度或者重大事项时,应当经职工代表大会或者全体职工讨论,提出方案和意见,与工会或者职工代表平等协商确定。在规章制度和重大事项决定实施过程中,工会或者职工认为不适当的,有权向用人单位提出,通过协商予以修改完善。用人单位应当将直接涉及劳动者切身利益的规章制度和重大事项决定公示,或者告知劳动者。据此,公司规章制度中直接涉及劳动者切身利益的规章制度的制定、修改程序应当符合上述规定,否则,对公司员工无效。因此,《公司管理规程》关于员工劳动纪律制定程序的规定应当依法修改。

(2)根据《劳动合同法》第39条第2项的规定,劳动者严重违反用人单位的规章制度的,用人单位可以解除劳动合同。可见,劳动者具有违反用人单位规章制度,但未达到严重程度的,用人单位不得解除劳动合同。因此,何为"一般违反用人单位规章制度",何为"严重违反用人单位规章制度",应当在《公司管理规程》中作出界定,并经《劳动合同法》第4条规定的程序加以制定方能有效。

2. 关于公司实行末位淘汰制的规定

《公司管理规程》规定:公司实行"末位淘汰制",公司根据员工的绩效考核表现进行评判并以此对员工进行自高而低的名次排列,凡在业绩总排名中处于末端的占全体员工10%的员工予以淘汰和终止劳动合同。上述规定与《劳动合同》及其实施条例规定不符,主要存在以下问题:

《劳动合同法》第44条和《劳动合同法实施条例》第21条的规定,有下列情形之一的,劳动合同终止:(1)劳动合同期满的;(2)劳动者达到法定退休年龄的;(3)劳动者死亡,或者被人民法院宣告死亡或者宣告失踪的;(4)用人单位被依法宣告破产的;(5)用人单位被吊销营业执照、责令关闭、撤销或者用人单位决定提前解散的;(6)法律、行政法规规定的其他情形。《劳动合同法实施条例》第13条明确规定,用人单位与劳动者不得在《劳动合同法》第44条规定的劳动合同终止情形之外约定其他的劳动合同终止条件。因此,《公司管理规程》规定公司实行"末位淘汰制"作为劳动合同终止的条件违反了上述规定,应当予以废止。

建议人(签名)

2008年9月20日

三、合同审查意见书

(一)文书制作的基本知识

1. 合同审查意见书的概念

合同审查意见书是指法律专业人员受当事人的委托或用人单位的指派,对当事人或用人单位所提供的合同文本的订立主体、形式、内容、效力等依法进行全面审查和分析,并提出修改意见的书面意见。

2. 合同审查意见书的特点

(1)合同审查意见书是对合同签订之前提出的修改意见。合同是当事人之间从事民事、商事和经贸活动的重要法律文件,具有很强的专业性,因此,当事人在签订重要的合同之前,为了慎重起见,有必要对合同进行全面和整体性审查。对合同的审查应当由法律专业人员对合同所使用的概念是否准确,逻辑是否清晰,各条款之间是否存在冲突,内容是否完备等诸方面进行全面、系统审查,从而避免用词歧义、防范合同漏洞和由此带来的合同风险,从而有利于实现当事人订立合同的目的。

(2)合同审查意见书是在对合同全面、整体审查的基础上提出的纠错性意见。通过精通相关法律的律师和其他法律专业人员对合同文本进行审查,对合同的违法的、不合理的及不规范的内容进行修改,提出系统、完整的修改意见,有利于保证合同的合法性、公平性和规范性。

(3)合同审查意见书应当尊重当事人的合同自由。合同的内容是当事人协商一致的产物,但是,《合同法》提供了一系列可供当事人选择的默示性规则。对这些规则所规定的内容,只要当事人未作不同规定的,就适用默示规则;当事人作出不同规定的,合同审查意见书应当尊重当事人所作的不同规定,如果改变这些内容应当经双方当事人协商。

3. 合同审查意见书的形式与内容

目前法律和有关行政法规对法律意见书的形式及内容并无明确规定,但实践中法律建议书顾名思义应采取书面形式,其内容主要包括引言、合同存在的问题分析、合同内容修改意见等。

(二)文书的内容及制作方法

1. 首部

(1)标题。标题应载明文书名称"合同审查意见书",或根据合同名称载明文书名称,如"技术合同审查意见""租赁合同审查意见"等。

(2)引言。主要说明送审人的姓名或名称、送审时间以及送审合同的名称、编号等,可表述为:"现根据《中华人民共和国合同法》及相关法律法规及送审人的订约目的,对×××(姓名)或××公司(名称)于××××年××月××日送审的××(编号)××合同(合同名称)

进行审查,并出具下列意见。”

2. 正文

(1)问题说明。问题说明是在对合同各条款及其内容进行全面审查的基础上,对合同所使用的不清晰的概念,不规范的用语,各条款内容之间存在的矛盾、逻辑结构的混乱,欠缺的必备条款以及条文设置得不合理、不公平,权利义务的失衡以及履行上存在的困难等问题作出详细说明,并分析说明其可能带来的风险及法律后果。

(2)修改意见。修改意见应当主要针对合同中存在的具体问题,立足于委托人订立合同的目的和其对合同内容的基本要求,根据有关法律的规定提出切实可行的整体修改、局部修改和有关条款内容的调整及个别的文字修改意见。

3. 尾部

写明合同审查人所在的单位名称及其姓名,注明出具审查意见的时间。

(三)文书样式与范本

1. 文书样式

合同审查意见书

合同名称:________________

合同编号:________________

送审人:________________

送审时间:________________

一、合同基本情况:____。

二、合同存在的主要问题:____。

三、审查修改意见及法律根据:____。

四、其他:____。

审查人(签名)

________年____月____日

2. 文书范本

合同审查意见书

××图书策划有限责任公司:

根据《中华人民共和国合同法》与《中华人民共和国著作权法》(以下简称《著作权法》)的有关规定及贵公司与中国××出版社的订约目的,现审查人对贵公司于2010年3月20日送审的第156号图书出版合同(以下简称图书出版合同)进行了全面审查,出具下列意见:

一、图书出版合同存在的问题及其法律分析

1. 图书出版合同第1条规定:甲方授予乙方出版上述作品的图书、电子、音像专有出版权,有效期为10年。甲方同意乙方转载、摘编上述作品。该条规定主要存在以下

问题:

(1)根据双方订立出版合同的标的来看是出版文字作品,其表现形式是以图书、电子光盘的形式出版、发行,作为以电子文档形式存在的作品亦可以网络作品的形式在网站发表。因文字作品与音像作品其表现形式、创作形式有着实质性的差异,文字作品产生后音像作品并不必然产生和必然存在,因此,作为著作权人的作者在订立图书出版合同时对于尚未能存在的音像作品无法授权,其只能就文字作品的图书和电子图书专有出版权进行授权。因此,作为出版者的乙方无法要求甲方转让其创作作品的音像专有出版权。

(2)根据《著作权法》第33条第2款的规定,著作权人向报社、期刊社投稿的作品刊登后,除著作权人声明不得转载、摘编的外,其他报刊可以转载或者作为文摘、资料刊登,但应当按照规定向著作权人支付报酬。从上述规定可以看出,转载、摘编不适用于图书作品,且转载、摘编的主体是其他报刊。那么,图书出版合同第1条规定的"甲方同意乙方转载、摘编上述作品"到底是什么含义?作为出版者的乙方既不是报社也不是杂志社如何转载、摘编?看来这种授权是没必要的。如果是另有他图或者其他目的,出版者作为格式合同提供者负有解释和说明的义务,或者根据出版者的意图和目的作出明确约定。否则,只能会引起混乱、制造矛盾和引发纠纷。

2. 图书出版合同第3条规定:甲方完成的作品内容不违反宪法、法律和政策的有关规定,并应达到出版要求的质量。书稿应达到齐、清、定,体例应统一。如书稿未达到出版要求的质量,乙方有权终止合同,将原稿退回甲方。该条规定主要存在以下问题:

(1)我国的宪法、法律和政策是一个庞大、纷杂的系统,且法律与法律之间可能有不同的规定和冲突,政策也可能与法律不协调,或者有的政策出台时有其合理性,而随着时间的推移其合理性甚至合法性已经丧失,那么,作者撰写并期望能够出版的作品如何做到既不违反宪法又不违反法律和政策呢?可以说,保证作品的政治原则和党性原则不违反宪法是作者能够做到的,也是能够判定其内容是否违背宪法的。但是,什么是"作品内容不违反法律和政策的有关规定"?是指作品的思想内容违反法律和政策的有关规定,还是指引用的法律条文违反了法律和政策的有关规定?如何断定?因此,图书出版合同第3条规定的"甲方完成的作品内容不违反宪法、法律和政策的有关规定"的含义太宽泛,且不具有可操作性,如果不对该条上述约定作出明确、具体的界定,事后就可能成为作为出版者的乙方随意毁弃合同和故意违反合同的借口。那么,将无法体现合同的严肃性和合同订立与履行的诚信原则。

(2)图书出版合同第3条中关于"书稿应达到齐、清、定,体例应统一。如书稿未达到出版要求的质量,乙方有权终止合同,将原稿退回甲方"的规定,是对甲方即著作权人交付作品的质量要求。但是,该规定也同样存在着模糊之处,即"齐、清、定"的含义和所指内容没有作出界定与说明。另外,"如书稿未达到出版要求的质量,乙方有权终止合同"一句中的"质量"指的是什么?是指作品应达到"齐、清、定"的质量标准,还是有其他质量要求?如果还有其他质量要求,应当作出具体、明确的约定,使之具有可操作性,不得含混不清、模棱两可。

3. 图书出版合同第4条规定:甲方应于2010年8月15日前将达到出版要求质量的上述作品交付乙方。甲方因故不能按时交稿的,双方另行约定交稿日期。甲方仍不能交稿的,乙方有权终止合同,并应按本合同第7条约定稿酬的10%向乙方支付违约金。第

5条规定：乙方应当于收到甲方交来达到出版要求质量的稿件后2个月内出版上述作品。上述两条规定主要存在以下问题：

按照《民法通则》和《合同法》的规定，合同双方当事人的地位平等，双方当事人享有同等的权利和承担同等的义务，任何一方都没有凌驾于另一方的特权。因此，乙方于收到甲方交来达到出版要求质量的稿件后2个月内不能出版上述作品的，应承担与作为著作权人的甲方在延期后仍不能按约定的期限交付作品相同的违约责任。但是，图书出版合同仅规定甲方承担承担违约责任而未规定乙方承担同等的违约责任，可见双方的权利义务不对等，有违合同订立的平等原则。

4. 图书出版合同第7条规定：乙方向甲方以版税形式支付稿酬，第一版的版税率为8%，该书是否修订再版由乙方决定，如果乙方决定修订再版，第二版及以后的版税率为7%。该条规定主要存在以下问题：

(1)《著作权法》第10条第3项规定，著作权人享有作品的修改权，即修改或者授权他人修改作品的权利。国家版权局《图书出版合同(标准样式)》第14条规定，乙方重印应事先通知甲方。如果甲方需要对作品进行修改，应于收到通知后____日内答复乙方，否则乙方可按原版重印。可见，无论《著作权法》还是作为出版业行业规则的《图书出版合同(标准样式)》都规定再版修改的决定权在著作权人，图书出版合同第7条竟然规定再版修改的决定权在作为乙方的出版社，这不仅剥夺和限制了著作权人的权利及其行使，而且也不利于学术的发展进步。该条充分体现了作为强势一方的出版社对法律赋予著作权人权利的公然践踏，及其作为格式合同提供者的蛮横，因此，对上述规定应当依法予以纠正。

(2)按照常识和出版界的惯例，版税率的高低是与出版成本成反比，与出版发行册数成正比，而出版成本与印刷发行册数也成反比。也就是说，出版发行册数越多，出版成本就越低，而版税率就应当越高。因此，出版界的通行规则是第二版的版税率一般是等于或者高于第一版的版税率。而作为出版社的乙方提供的图书出版合同中规定第二版的版税率低于第一版的版税率是违反出版业常规的，其作为格式合同的提供者没有任何平等、协商的法律意识，其凌驾于著作权人之上的强势地位暴露无遗。对此，建议双方通过平等、协商后予以纠正。

(3)图书出版合同第7条仅仅规定了版税率，而未明确规定版税即稿酬的计算方法。稿酬计算标准与计算方法是图书出版合同的重要内容，是判断出版者是否履行支付稿酬义务和承担违约责任的重要依据。根据国家版权局《图书出版合同(标准样式)》第11条第3款的规定，版税＝图书定价×版税率×印数。在双方当事人未在图书出版合同中订明版税计算方法的情况下，就有可能因出版社主张按照销售册数而不是印数计算版税而引起争议。因此，建议双方在图书出版合同中对按照版税支付作者稿酬的计算方法作出明确约定。

(4)在出版社采取版税向作者支付稿酬的情况下，作者领取的稿酬与印数成正比，印数越多，作者获得的稿酬就越多。反之，印数越少、稿酬就越少。因此，为了防止作者承担过大的稿酬风险，可以在出版合同中订立保底印数。这样一来，出版社的首次印数低于保底印数的，应当按照保底印数支付；首次印数超过保底印数的，应当按照实际印数支付首次印刷稿酬。

5. 通观中国××出版社向甲方提供的图书出版合同的全部条款规定，对支付稿酬的时间没有作出明确规定。稿酬支付时间是图书出版合同的重要内容,该期限是著作权人要求出版社支付稿酬的时间界限,也是判断出版社是否构成迟延履行付酬义务和承担违约责任的依据。尽管稿酬支付时间没有约定或者约定不明确的情况下可以根据《合同法》第61条和第62条确立的原则解决,即当事人就稿酬支付时间可以协议补充;不能达成补充协议的,按照合同有关条款或者交易习惯确定。按照上述规定仍不能确定的,适用下列规定:履行期限不明确的,债务人可以随时履行,债权人也可以随时要求履行,但应当给对方必要的准备时间。但是,在合同存在漏洞引起纠纷的情况下,当事人之间很难按照上述履行规则加以协商自行解决。也就是说,上述规则一般只能成为人民法院解决合同纠纷时的漏洞填补规则。因此,著作权人与出版社在订立图书出版合同时应当将出版社向著作权人支付稿酬的期限或时间作出明确约定。

二、图书出版合同上述条款的修改意见

通过以上对作为乙方的中国××出版社向作为甲方的××图书策划有限责任公司提供的图书出版合同存在问题的分析,建议有关条款修改为下列内容:

1. 第1条(由原第1条修改) 甲方授予乙方以图书形式、电子出版物形式(包括通过网络向读者提供可供个人电脑下载、打印及阅读的电子图书形式)出版、发行上述作品的专有出版权,有效期为10年。甲方同意乙方对上述作品进行摘编后到其他报刊上转载。

2. 原第3条修改为以下两条即第3条和第4条(其后各条序号顺延)。

第3条 根据本合同出版发行的作品不得含有下列内容:(1)反对宪法确定的基本原则;(2)危害国家统一、主权和领土完整;(3)危害国家安全、荣誉和利益;(4)煽动民族分裂,侵害少数民族风俗习惯,破坏民族团结;(5)泄露国家机密;(6)宣扬淫秽、迷信或者渲染暴力,危害社会公德和民族优秀文化传统;(7)侮辱或者诽谤他人;(8)法律、法规规定禁止的其他内容。

第4条 甲方交付乙方出版的书稿应当达到以下质量要求:内容准确无误,具有原创性,逻辑结构清晰,无版权纠纷;稿件应达到齐、清、定,体例应保持统一。"齐"是指正文与附件(如前言、后记、内容摘要等)一次交齐;"清"是指用统一规格的稿纸誊写清样(交软盘的同时须交一份与软盘内容一致的、统一规格打印样);"定"是指交付正式定稿。

3. 第5条(由原第4条修改) 甲方应于2006年8月15日前将达到出版要求质量的上述作品交付乙方。甲方因故不能按时交稿的,应在交稿期限届满前15日通知乙方,双方另行约定交稿日期。甲方到期仍不能交稿的,应按本合同第8条约定稿酬的10%向乙方支付违约金。乙方有权终止合同。

4. 第6条(由原第5条修改)乙方应当于收到甲方交来达到出版要求质量的稿件后2个月内出版上述作品。因故不能按时出版的,应在出版期限届满前15日通知甲方,并按本合同第8条约定稿酬的10%向甲方支付违约金,双方另行约定出版日期。乙方在另行约定的出版期限内仍不能出版的,应按本合同第8条约定稿酬的20%向甲方支付违约金。甲方有权终止合同。

5. 原第7条修改为以下三条即第8条、第9条和第10条(其后各条序号顺延)。

第8条 乙方采用版税形式向甲方支付稿酬:第一版的版税率为8%,第二版的版税率为10%。版税=图书定价×版税率×印数。图书首次印刷1个月内,支付首印版税;图书重印时,根据发行数6个月结算一次。

第9条 乙方承诺上述作品的首次印刷数量不少于8000册,少于8000册时按8000册计算稿酬。

第10条 上述作品首次出版1年内,乙方可以自行决定重印。首次出版1年后,乙方重印应事先通知甲方。如甲方需要对作品进行修改,应接到通知后10日内通知乙方,否则乙方可按原版重印。

审查人(签名)

2010年8月1日

四、律师见证书

(一)文书制作的基本知识

律师见证书是律师应当事人的请求,依法对其亲眼所见或亲自审查的法律事实或法律行为的真实性、合法性予以证明的法律文书。

在法律活动的发生过程中,律师应邀以法律见证书的形式对当事人的法律活动予以证明,既可以促使当事人认真对待其实施的法律行为,又可以在发生纠纷时向人民法院提供可靠的证据材料。

(二)文书的内容及制作方法

1. 首部

(1)标题,写明文书名称"法律见证书"。

(2)写明委托人的基本情况。委托人是自然人的,应当写明其姓名、性别、民族、出生年月日或身份证号码、住址等。如果是单位,应当写明其全称、单位住所地,并写明其法定代表人或负责人的姓名和职务。

2. 正文

正文部分主要写明见证事项、见证过程和见证结论等。对于见证事项,首先,应当说明律师见证何种行为,如订立合同、遗嘱或其他法律行为。其次,审查有关见证材料,即律师在见证事项中所审查的与当事人行为有关的材料,如当事人资格证明材料、合同书、遗嘱等。最后,在上述基础上作出见证结论,即律师对自己亲临见证现场所目睹的当事人所从事的法律行为和所审查的材料,明确作出其是否符合客观性、真实性、合法性标准的法律评语。

3. 尾部

(1)参加见证活动的委托人签名,见证律师签名并加盖所在的事务所印章。

(2)注明年、月、日。

(三)文书样式与范本

1. 文书样式

律师见证书

委托见证人:____。

身份证号码:____。

住址:____。

××律师事务所接受____________委托进行____________事项见证。

见证律师审查了委托人提供的________文件。

兹证明:____

____。

____律师事务所

______律师

________年____月____日

2. 文书范本

律师见证书

委托见证人:何××

身份证号码:××××××××××××××××××

住址:××市××区××路××号院××房间

××律师事务所接受何××委托,指派单××和马××二位律师作为见证人对其订立遗嘱行为进行了见证。

根据《中华人民共和国民法通则》《中华人民共和国继承法》的有关规定,见证律师审查了委托人提供的身份证件及订立遗嘱所涉及的房屋产权证明、购车发票等凭证,在其住所见证了其立遗嘱的全过程。

兹证明:何××的身份证件、其出示的房屋产权证明(房屋所有权证号:×房权证×字第××号)、一辆捷达车(车牌号:×A ×××××)的购车发票真实,其于2010年10月6日订立遗嘱处分包括其房屋、汽车和其他财产的行为是其自愿行为和真实意思表示,其订立遗嘱的程序符合《中华人民共和国继承法》的有关规定。

××市××律师事务所(盖章)

见证律师　单××、马××

2010年10月6日

五、授权声明

(一)文书制作的基本知识

授权声明是律师根据受聘担任常年法律顾问单位及其法定代表人的授权,或者临时接受委托人的授权,就涉及授权人的某种事实或者权益问题,在报刊上、网络媒体上登载的公开表明立场的文字材料或者通过新闻发布会等形式向社会公众所作的口头声明。

授权声明主要是用公开声明的方式来为委托人澄清事实,说明真相,表明立场与主张,以维护委托人的人格尊严或合法权益免受进一步的侵害。委托人通过声明要求他人终止某项不法行为或向社会公众发出警示,还可以起到扩大宣传和维护自己声誉的作用。

(二)文书的内容及制作方法

1. 首部

首部即标题,一般可写为"授权声明",也可以写为"×××(公民、法人或其他组织)授权×××律师发表声明"或"律师授权声明"。

2. 正文

正文一般包括两部分。前半部分写明权利受到侵害的状况等内容。后半部分写明当事人的立场以及将要采取的措施等内容，以警告侵权人停止侵权；或者告知社会公众谨防上当受骗等。

3. 尾部

××律师事务所×××律师签名及注明发表声明的年、月、日。

(三)文书样式与范本

1. 文书样式

授权声明

________(公民或组织)授权________律师事务所________律师声明：

一、(当事人需澄清的事实、需说明的真相或权利受侵害等情况)________________；

二、(当事人的立场和将要采取的措施等)________________________________。

____市____律师事务所

______律师

________年____月____日

2. 文书范本

授权声明

××市××建筑材料公司授权××市××律师事务所马××律师发表如下声明：

××市××建筑材料公司是一家生产PVC面板的大型绿色环保企业，其生产的××牌PVC面板是一种被广泛应用于国内数以千计的大型宾馆、酒店、写字楼的绿色环保材料，因其科技含量高、绿色无污染等特点得到了市场的广泛认可和消费者的好评。但是，近来某些业内竞争者通过网络留言等方式散布谣言，污蔑××牌PVC面板甲醛超标和造成了用户中毒。这纯系捏造、无中生有，其做法严重损害了公司形象，给××市××建筑材料公司和合作厂商带来了严重侵害。为此，××市××建筑材料公司依法授权本律师发表以下严正声明：

凡有上述不法行为的企业和个人必须立即停止不法宣传；对此前发布和传播谣言的行为，本律师将依据我国有关法律和行政法规的有关规定，代表××市××建筑材料公司采取法律行动，依法追究其法律责任。

××市××律师事务所

律师　马××

2010年10月22日

六、资信调查报告

(一)文书制作的基本知识

资信调查报告是受托人向委托人提交的，说明被调查者的资质、资金、履约能力、信用等情况的书面文书。资信调查报告可供委托人了解被调查者的资信情况，以供谈判、签约、投资等决策时参考。

(二)文书的内容及制作方法

1. 首部

(1)标题,注明文书名称"资信调查报告"。

(2)委托人的基本情况。委托人为自然人的,应当写明其姓名;委托人为法人或其他组织的,则应当写明其名称。

(3)调查事项。调查事项可以是一项,也可以是数项,调查事项为数项的应一一写明。

2. 正文

受托人即调查人可根据调查事项的具体要求,一般从以下方面着手撰写资信调查报告:首先应说明受托人所采取的调查方式、调查步骤和调查途径。其次应说明具体的调查内容及其调查结果,这部分一般包括以下内容:被调查者的主体资格;被调查者的经济状况,主要包括被调查者的注册资金、经营规模、生产能力、债权、债务、经济效益等;商业信誉,主要包括被调查者的产品质量、履约能力、信用程度、信用等级等。资信调查报告的内容应当以委托调查的事项为准,调查事项未涉及的内容则不必进行调查和向受托人报告。

3. 尾部

(1)写明作为调查人的律师姓名及其所在的律师事务所名称。

(2)注明提出报告的具体日期。

(三)文书样式与范本

1. 文书样式

资信调查报告

委托人名称或姓名:______________________________。

调查方式、途径、步骤简要说明:______________________。

调查结果:__________________________________。

____市____律师事务所

律师(签名)

________年____月____日

2. 文书范本

资信调查报告

××市××技术开发公司:

接受贵公司委托后,本律师事务所曾××律师和刘××律师对××市××房地产开发有限公司的主体资格、履约能力和信誉等资信状况,通过工商部门、税务部门并到该公司实地了解,及与其以往客户和员工个别座谈,进行了全面、系统的调查,现就其资信调查情况报告如下:

一、被调查对象××房地产开发有限公司具有订立合同的主体资格。该公司是于1997年7月经××市房地产管理局许可并于当年10月经××市工商行政管理局登记注册的有限责任公司,该公司企业法人注册号为________。成立日期为1997年10月19日;住所:××市××区××小区××号;法定代表人:牟××;注册资金:1亿元人民币;经营范围:房地产开发、建设,房屋出售。该公司于2010年3月23日通过年检注册;现有职工和管理人员150多人。

二、被调查对象××房地产开发有限公司具有相应的履约能力。根据该公司向税务部门的纳税报表得知，去年该公司年利润为________万元，上缴税金________万元。去年竞拍的1个占地________平方米的房产开发项目于近期开工，由××银行贷款________万元和自有资金________万元用于购买建筑材料和进行开发支出。

三、被调查对象××房地产开发有限公司信誉良好。自1997年成立以来，其开发的住宅商品房销路良好，住户对其房屋质量表示认可，无拖延交房等违约情形。目前亦不存在与业主或其供货商之间的诉讼纷争。

××市××律师事务所
律师（签名）
2010年8月25日

七、法律顾问合同

（一）文书制作的基本知识

法律顾问合同是聘请方与被聘用的法律服务提供者之间签订的有关聘请该法律服务工作者担任法律顾问和确定双方之间权利义务的书面协议。

《中华人民共和国律师法》（以下简称《律师法》）第29条规定，律师担任法律顾问的，应当按照约定为委托人就有关法律问题提供意见，草拟、审查法律文书，代理参加诉讼、调解或者仲裁活动，办理委托的其他法律事务，维护委托人的合法权益。可见，律师接受公民、法人和其他组织的聘请，担任法律顾问，是律师的主要业务活动之一。律师担任法律顾问，根据服务对象不同可分为个人法律顾问、企业法律顾问、政府法律顾问和其他组织或单位法律顾问；按照聘请的期限不同可以分为常年法律顾问和临时法律顾问；按照服务的项目不同可以分为专项法律顾问和综合法律顾问。

法律顾问合同一般采取书面形式，其内容包括双方当事人的基本情况，法律顾问的工作范围、工作时间、地点，工作报酬及支付方式，违约责任等。

（二）文书的内容及制作方法

1. 首部

（1）标题。应注明文书名称“法律顾问合同”。

（2）当事人的基本情况，即应当写明双方当事人的姓名或名称，聘请方和被聘请方为自然人的应当写明其姓名，为法人或其他组织的应写明其全称。应聘方为律师事务所的，应写明其名称和被指派作为法律顾问的律师姓名。

2. 正文

（1）法律顾问工作的范围

《合同法》第397条规定，委托人可以特别委托受托人处理一项或者数项事务，也可以概括委托受托人处理一切事务。可见，委托可以划分为特别委托与概括委托两种。法律顾问合同中的被聘请方一般为常年法律顾问，其工作范围可以特别委托一项或某几项法律事务，也可以概括委托为委托人的全部法律事务。在特别委托时应当逐项列举：如为甲方解答法律问题，必要时提供法律意见；协助草拟、修改、审查合同和有关法律意见；接受甲方委托，参与合同谈判；接受甲方委托，担任代理人，参加诉讼、非诉讼、调解、仲裁活动。在概括委托时应当说明委托处理的法律事务的概括范围。

(2)法律顾问的工作时间、地点

法律顾问的工作时间,是指法律顾问为委托人从事顾问工作的时间,即法律顾问在一定时间内必须用来完成其负担的顾问工作的时间。因专职法律顾问是用人单位的工作人员,其工作时间是按照法定或者约定工作时间执行。与聘请方签订顾问合同的法律顾问为兼职法律顾问,因此,应当在法律顾问协议中将提供法律顾问工作的时间应作出明确约定。法律顾问工作时间应当按照有利于顾问单位的需要和及时得到法律顾问的服务和帮助的订约目的进行约定,可以约定每月、每周或某日为法律顾问的工作时间,或者根据聘请单位的安排,随时约定。

法律顾问的工作地点是指法律顾问为顾问单位提供法律顾问工作的具体地点和具体场所。法律顾问的工作地点一般是聘请单位,当然,双方也可以根据有利于满足聘请单位的需要和及时得到法律顾问的服务和帮助的订约目的约定其他地点。

(3)律师收费及其支付方式

律师收费是律师为聘请方提供法律服务所获得的报酬,是聘请方聘请律师处理有关法律事务应付出的代价。根据《律师服务收费管理办法》的规定,律师作为法律顾问按市场调节价收费。对此,该办法第9条规定,实行市场调节的律师服务收费,由律师事务所与委托人协商确定。律师事务所与委托人协商律师服务收费应当考虑以下主要因素:①耗费的工作时间;②法律事务的难易程度;③委托人的承受能力;④律师可能承担的风险和责任;⑤律师的社会信誉和工作水平等。该办法第10条规定,律师服务收费可以根据不同的服务内容,采取计件收费、按标的额比例收费和计时收费等方式。计件收费一般适用于不涉及财产关系的法律事务;按标的额比例收费适用于涉及财产关系的法律事务;计时收费可适用于全部法律事务。因此,法律顾问合同双方当事人可以依照上述规定,确定法律顾问的收费标准和收费方式。在法律顾问合同中,应将聘请方向受聘的法律顾问支付的律师费用的数额以及支付期限、支付方式等一并在合同中订明。

(4)法律顾问的聘用期限

法律顾问的聘用期限,是法律顾问合同生效至合同终止的期限,法律顾问的聘用期限应当根据聘请方的需要而设定。《合同法》第410条明确规定,委托人或者受托人可以随时解除委托合同。因解除合同给对方造成损失的,除不可归责于该当事人的事由以外,应当赔偿损失。据此,尽管法律顾问合同中的双方当事人都可以在合同约定的期限届满前解除合同,但因提前解除合同给对方造成损失的,除不可归责于该当事人的事由以外,应当赔偿损失。因此,法律顾问合同约定的聘用期限对双方都具有约束力,对期限的约定应当慎重,合同当事人可以在合同中对一方可以提前解除合同而无须承担赔偿责任的条件、不可归责于该方当事人的事由等作出明确约定。

(5)违约责任

违约责任是一方不履行、迟延履行或不完全履行(不当履行)合同所规定义务应承担的责任。当事人可以在合同中对各方可能违约的情形及其应承担的责任(如违约金责任、赔偿损失或解除合同等)作出约定,以便于明确责任以及违约发生后的纠纷解决。此外,合同当事人对一方当事人不履行法定义务应承担的法律责任也可以依法作出约定。《合同法》第406条规定,有偿的委托合同,因受托人的过错给委托人造成损失的,委托人可以要求赔偿损失。无偿的委托合同,因受托人的故意或者重大过失给委托人造成损失的,委托人可以要求赔偿损失。受托人超越权限给委托人造成损失的,应当赔偿损失。因法律顾问合同一般为有偿合同

（双方约定无偿的除外），因此，聘请方和作为受聘方的法律顾问可以在合同中对法律顾问因过错和超越权限给聘请方造成的损失、应当承担赔偿损失的范围、数额或计算方法等作出明确约定。当事人在合同中未约定违约责任的，一方违约时其承担的违约责任并不因此而免除，当事人可以依法申请仲裁解决或者依法向人民法院提起诉讼，由仲裁机构或者人民法院依法裁决。

（6）双方认为应当约定的其他事项

法律顾问合同当事人认为上述条款未涉及的其他事项，需要订入合同内容的，经双方协商一致也可以作出约定。如双方当事人如认为必要，可以将律师处理法律顾问事务的出差费用、聘请方的协助义务等事项订入合同。

3. 尾部

首先，法律顾问合同双方当事人为自然人的应当签名，为法人或其他组织的应当加盖单位公章，并由单位法定代表人或负责人签名；其次，应当注明本合同签订的具体年、月、日。

（三）文书参考文本

法律顾问合同

甲方（聘请方）：______________________________。

乙方（受聘方）：______________________________。

甲方因需要，根据《中华人民共和国律师法》的有关规定，聘请乙方的律师为法律顾问，经双方协商订立如下协议，共同遵照履行。

一、乙方委派律师________担任甲方的法律顾问，为甲方提供法律帮助，依法维护甲方的合法权益。

二、法律顾问工作范围：

1. 为甲方解答法律问题，必要时提供法律意见；

2. 协助草拟、修改、审查合同和有关法律意见；

3. 接受甲方委托，参与合同谈判；

4. 接受甲方委托，担任代理人，参加诉讼、非诉讼、调解、仲裁活动；

5. 接受甲方委托，办理其他法律事务。

三、律师的工作时间、地点，根据甲方的提议，随时联系约定。

四、甲方向乙方每年缴纳聘请律师费________元。参加诉讼、非诉讼、调解、仲裁以及项目谈判，乙方收费标准根据提供法律服务的难易程度、耗时长短和标的额的大小等因素由双方商定。

五、律师受甲方委托外出，差旅费、食宿费、电话费等必要支出由甲方承担。

六、甲方应向律师提供与业务有关的情况、资料和必要的工作条件。

七、因可归责于乙方原因给甲方造成损失的，乙方除应向甲方退还部分或全部律师费用外，还应向甲方承担赔偿责任。

八、本合同自双方签字之日起生效，期限为________年。

九、本合同一式两份，双方各执一份，具有同等效力。

甲方（签名或盖章）　　　　　　　　乙方（签名或盖章）

________年____月____日　　　　　　________年____月____日

第三编

律师事务所业务文书

第一部分
法律服务协议书与委托书

一、民事诉讼委托代理协议

（一）文书制作的基本知识

民事诉讼委托代理协议，是指委托人与律师事务所之间订立的、确定律师作为诉讼代理人参加民事诉讼，明确委托人与律师事务所在代理民事诉讼过程中相互权利义务关系的书面协议。

根据《民事诉讼法》第58条的规定，当事人、法定代理人可以委托1~2人作为诉讼代理人。律师、基层法律工作者；当事人的近亲属或工作人员；当事人所在社区、单位及有关的社会团体推荐的公民，可以被委托为诉讼代理人。根据《律师法》第28条的规定，民事诉讼当事人、法定代理人可以委托律师作为诉讼代理人。该法第25条规定，律师承办业务，由律师事务所统一接受委托，与委托人签订书面委托合同，按照国家规定统一收取费用并如实入账。

根据《律师法》第30条的规定，律师担任诉讼法律事务代理人或者非诉讼法律事务代理人的，应当在受委托的权限内，维护委托人的合法权益。该法第32条规定，委托人可以拒绝已委托的律师为其继续辩护或者代理，同时可以另行委托律师担任辩护人或者代理人。律师接受委托后，无正当理由的，不得拒绝辩护或者代理。但是，委托事项违法、委托人利用律师提供的服务从事违法活动或者委托人故意隐瞒与案件有关的重要事实的，律师有权拒绝辩护或者代理。

（二）文书的内容及制作方法

民事诉讼委托代理协议主要包括以下内容：

（1）注明文书名称“民事诉讼委托代理协议”，写明委托人的姓名与受委托人即律师事务所名称及案由。

（2）委托代理协议的基本内容：①委托事项，写明接受委托的律师事务所的某一律师作为哪一案件中的诉讼代理人，进行民事诉讼活动。②委托权限，即委托人委托律师处理民事诉讼事务的权限。诉讼委托代理人应当在委托人的授权范围和授权期限内进行代理活动，其超出授权范围和期限而进行的诉讼代理活动，一般对当事人不发生效力。诉讼代理人代为承认、放弃、变更诉讼请求，进行和解，提起反诉或者上诉，必须有委托人的特别授权。③委托期限，写明委托人委托该律师进行民事诉讼活动的起止期间,也即该协议的有效期限。④本协议的解除条件等。

(3)委托人与诉讼代理人签名、盖章,注明文书制作日期。

(三)文书样式

民事诉讼委托代理协议

委托人(以下简称甲方):____。

受委托人(以下简称乙方):____。

甲方(原告)因与__________纠纷一案,委托乙方律师代理诉讼,经双方协议,订立以下条款,以资共同遵守。

一、乙方接受甲方的委托,指派__________律师为甲方诉讼代理人。

二、甲方委托乙方代理权限:

1. 甲方委托乙方为第一审的诉讼代理人

乙方代理权限:(代为调查、取证、答辩、出庭应诉、庭外和解,代为提出、变更、放弃、承认诉讼请求和调解、和解,提出反诉)。

2. 甲方委托乙方为第二审的诉讼代理人

乙方代理权限:(代为提起上诉、调查取证、答辩、出庭应诉、庭外和解,代为提出、变更、放弃、承认诉讼请求和调解、和解)。

3. 甲方委托乙方代理申请执行程序的代理人

乙方代理权限:(代为向法院提起执行程序及相关工作,代为收转被执行标的;甲方委托乙方上述________项代理工作)。

三、双方协商同意律师代理费及交纳办法如下:

1. 如一次性付清,甲方应在本协议签署之________日内,向乙方支付全额代理费人民币________元;

2. 如分期支付,甲方应在本协议签订之________日内,向乙方支付第一笔代理费人民币________元,其余代理费于________之前缴足,共计人民币________元;

3. 风险条款,甲方应在本协议签署之________日内,向乙方支付代理费人民币________元,如__________甲方向乙方加付人民币________元;

4. 其他特别规定:____。

四、乙方指派律师受甲方委托到甲方所在地和乙方所在地以外的地方工作时,除非另有特别约定,办案律师的交通、食宿等差旅费由甲方依据票据实报实销。

五、乙方律师须认真负责保护甲方合法权益,按时出庭,并严格遵守律师职业道德,为甲方的文件资料、商业秘密以及个人隐私保守秘密。如违反,而给甲方造成损失的,乙方将承担相应赔偿责任。

六、如乙方承办律师不按规定程序认真负责地从事代理事务,与对方当事人或其代理人恶意串通,损害甲方权益的,甲方有权单方解除委托代理协议,要求乙方如数退还或拒付代理费,并可依法要求乙方承担相应的法律责任。

七、甲方须真实地向律师叙述案情,提供有关案件的证据及乙方要求的其他材料。乙方接受委托后,如发现甲方弄虚作假,隐瞒事实,有权中止代理,依约所收费用不予退还,由此产生的后果由甲方承担。

八、如乙方无故终止履行合同，代理费全部退还甲方；如甲方无故终止，代理费不退回。

九、本合同有效期限自签订之日起至本案办理终结止（判决、调解、案外和解及撤销诉讼）。

十、甲方未如约交纳代理费的，乙方有权单方面终止其代理工作和本代理协议，已收费用不再退还。如乙方在甲方未交纳全部代理费的情况下已经履行了全部工作，则乙方除有权要求甲方如数缴清代理费外，还可要求甲方支付未缴清款每日百分之一的违约金。

十一、本协议如需补充、变更或提前终止，双方应协商一致后决定。

十二、因委托代理或相关事宜产生纠纷时，双方应尽量协商解决，协商不成时，任何一方有权向人民法院起诉。

十三、本协议一式两份，甲乙双方各执一份。

甲　　方： 代 表 人： 地　　址： 邮　　编： 联系电话： 传　　真：	乙　　方： 受托律师： 地　　址： 邮　　编： 联系电话： 传　　真：
签订时间：　　　　________年____月____日	签订地点：

二、民事诉讼代理授权委托书

（一）文书制作的基本知识

民事诉讼代理授权委托书，是指民事诉讼活动当事人单方出具的，明确代理律师在代理委托人参加民事诉讼过程中代理权限范围的法律文书。

《民事诉讼法》第59条规定，民事案件当事人委托律师作为诉讼代理人参加民事诉讼，必须向受理案件的人民法院提交由委托人签名或盖章的授权委托书。授权委托书必须记明委托事项和权限。诉讼代理人代为承认、放弃、变更诉讼请求，进行和解，提起反诉或者上诉，必须有委托人的特别授权。侨居在国外的中华人民共和国公民从国外寄交或者托交的授权委托书，必须经中华人民共和国驻该国的使领馆证明；没有使领馆的，由与中华人民共和国有外交关系的第三国驻该国的使领馆证明，再转由中华人民共和国驻该第三国使领馆证明，或者由当地的爱国华侨团体证明。该法第60条规定，诉讼代理人的权限如果变更或者解除，当事人应当书面告知人民法院，并由人民法院通知对方当事人。

（二）文书的内容及制作方法

（1）注明文书名称“授权委托书”。

（2）委托人、受委托人的基本情况。委托人是公民的，应写明其姓名、性别、年龄和住址等基本情况;委托人是法人或是其他组织的,应写明其全称、地址及法定代表人或主要负责人的姓名、职务。作为受委托人的律师应写明其姓名和所在律师事务所名称。

(3)委托事项与授权范围。应写明下列内容:①委托事项,即写明委托人在何纠纷中委托代理律师代为参加民事诉讼活动。②授权范围,写明委托人授权代理律师代其进行哪些诉讼行为。委托人需要对代理律师进行特别委托授权时,应具体写明授予代理律师代为提出、承认、放弃或变更诉讼请求,进行和解,代为反诉或上诉的权利。委托人对委托代理人的授权范围一定要准确、具体,即应写明是一般委托代理还是特别委托代理及其具体授权范围;委托人在授权范围内仅写"全权代理"的,人民法院一般认为委托代理人只有一般委托代理权限,而无权代委托人处理实体问题。

(4)委托人签名或盖章,并注明委托日期。

(三)文书样式

授权委托书

委托人:(姓名、性别、出生年月日、住址、联系方式等)________________。

受委托人:(姓名、性别、出生年月日、工作单位、联系方式等)________________。

现委托上列受委托人在我与________因________纠纷一案中,作为我的________诉讼代理人。

委托诉讼代理人________的代理权限为:________________。

委托诉讼代理人________的代理权限为:________________。

……

委托人(签名或盖章)

________年____月____日

三、行政诉讼委托代理协议

(一)文书制作的基本知识

行政诉讼委托代理协议,是行政诉讼的当事人或其法定代理人与律师事务所之间订立的、确定律师作为诉讼代理人参加行政诉讼,明确委托人与律师事务所在代理行政诉讼过程中相互权利义务关系的书面协议。

根据《行政诉讼法》第31条的规定,当事人、法定代理人,可以委托1~2人代为诉讼。律师、基层法律服务工作者;当事人的近亲属或者工作人员;当事人所在社区、单位以及有关社会团体推荐的公民,可以接受委托为诉讼代理人。根据《律师法》第28条第2项的规定,行政案件当事人可以委托律师作为诉讼代理人。根据该法第25条的规定,律师承办业务,由律师事务所统一接受委托,与委托人签订书面委托合同,按照国家规定统一收取费用并如实入账。根据《行政诉讼法》第100条的规定,外国人、无国籍人、外国组织在中华人民共和国进行行政诉讼,委托律师代理诉讼的,应当委托中华人民共和国律师机构的律师。

根据《律师法》第32条的规定,委托人可以拒绝已委托的律师为其继续辩护或者代理,同时可以另行委托律师担任辩护人或者代理人。律师接受委托后,无正当理由的,不得拒绝辩护或者代理。但是,委托事项违法、委托人利用律师提供的服务从事违法活动或者委托人故意隐瞒与案件有关的重要事实的,律师有权拒绝辩护或者代理。

(二)文书的内容及制作方法

(1)注明文书名称“委托代理协议”,写明委托人的姓名与受委托人即律师事务所名称及案由。

(2)委托代理协议的基本内容,包括:①委托事项,写明接受委托的律师事务所的某一律师作为哪一案件中的诉讼代理人,代理进行行政诉讼活动。②委托权限,应即写明委托人授权代理律师代其进行哪些诉讼行为。根据《律师法》第30条的规定,律师担任诉讼法律事务代理人或者非诉讼法律事务代理人的,应当在受委托的权限内,维护委托人的合法权益。委托人需要对代理律师进行特别委托授权时,应具体写明授予代理律师代为提出、承认、放弃或变更诉讼请求,进行和解,代为反诉或上诉的权利。委托人对委托代理人的授权范围一定要准确、具体,即应写明是一般委托代理还是特别委托代理及其具体授权范围;委托人在授权范围内仅写“全权代理”的,人民法院一般认为委托代理人只有一般委托代理权限,而无权代委托人处理实体问题。③委托期限,写明受托人接受委托代理行政诉讼活动的起止期间,也即该协议的有效期限。④本协议的解除条件等。

(3)委托人与诉讼代理人签名、盖章,注明文书制作日期。

(三)文书样式

行政诉讼委托代理协议

________(以下简称甲方)________行政诉讼一案,委托________律师事务所(以下简称乙方)的律师出庭代理。经双方协议,订立以下各条,共同遵照履行:

一、乙方接受甲方的委托,指派________律师为甲方________行政诉讼案的第________审诉讼代理人。

二、乙方律师必须认真负责保护甲方合法权益,并按时出庭。

三、甲方必须真实地向律师叙述案情,提供有关本案证据。乙方接受委托后,发现甲方捏造事实、弄虚作假,有权中止代理,依约所收费用不予退还。

四、如乙方无故终止履行协议,代理费全部退还甲方;如甲方无故终止,代理费不退回。

五、甲方委托乙方代理权限:____

____。

六、根据《律师业务收费管理办法及收费标准》的规定,甲方于协议签订之日起向乙方支付代理费________元;涉及财产关系的案件,甲方向乙方支付费用________元。支付方式和期限如下:____

____。

七、本协议有效期限,自签订之日起至本案审结止(判决、裁定或撤销诉讼)。

八、本协议未尽事宜,或一方要求变更本协议条款,需另行协议。

甲方: 乙方:律师事务所

法定代表人: 法定代表人:

________年____月____日 ________年____月____日

四、代理行政诉讼授权委托书

(一)文书制作的基本知识

代理行政诉讼授权委托书,是行政诉讼当事人或其法定代理人向人民法院出具的,明确代理律师在代理参加行政诉讼过程中代理权限范围的法律文书。

根据《行政诉讼法》第31条的规定,行政诉讼的当事人、法定代理人可以委托1~2人代为诉讼。律师、基层法律服务工作者;当事人的近亲属或者工作人员;当事人所在社区、单位以及有关社会团体所推荐的公民,可以接受委托为诉讼代理人。

最高人民法院《关于执行〈中华人民共和国行政诉讼法〉若干问题的解释》第25条规定,当事人委托诉讼代理人,应当向人民法院提交由委托人签名或者盖章的授权委托书。委托书应当载明委托事项和具体权限。公民在特殊情况下无法书面委托的,也可以口头委托。口头委托的,人民法院应当核实并记录在卷;被诉机关或者其他有义务协助的机关拒绝人民法院向被限制人身自由的公民核实的,视为委托成立。当事人解除或者变更委托的,应当书面报告人民法院,由人民法院通知其他当事人。

(二)文书的内容及制作方法

(1)标题,写明文书名称"授权委托书"。

(2)委托事项,应写明委托人因何案由的行政案件,特委托哪一律师事务所的某律师代理参加行政诉讼。

(3)代理人的代理权限,应写明委托人授权代理律师代其进行哪些诉讼行为。根据《律师法》第30条的规定,律师担任诉讼法律事务代理人或者非诉讼法律事务代理人的,应当在受委托的权限内,维护委托人的合法权益。委托人需要对代理律师进行特别委托授权时,应具体写明授予代理律师代为提出、承认、放弃或变更诉讼请求,进行和解,代为反诉或上诉的权利。委托人对委托代理人的授权范围一定要准确、具体,即应写明是一般委托代理还是特别委托代理及其具体授权范围;委托人在授权范围内仅写"全权代理"的,人民法院一般认为委托代理人只有一般委托代理权限,而无权代委托人处理实体问题。

(4)委托人签字或盖章。授权委托书须经委托人签字或盖章方可生效。

(5)注明文书制作的年、月、日。

(三)文书样式

授权委托书

我与________的________行政案件,已由________人民法院受理,特委托________律师事务所________律师为我的代理人,参加行政诉讼。

代理人的代理权限如下:____。

委托人:(签名)

________年____月____日

五、为犯罪嫌疑人提供法律帮助委托协议

(一)文书制作的基本知识

根据《刑事诉讼法》第36条的规定,辩护律师在侦查期间可以为犯罪嫌疑人提供法律帮助;代理申诉、控告;申请变更强制措施;向侦查机关了解犯罪嫌疑人涉嫌的罪名和案件有关情况,提出意见。该法第37条第1款规定,辩护律师可以同在押的犯罪嫌疑人、被告人会见和通信。其他辩护人经人民法院、人民检察院许可,也可以同在押的犯罪嫌疑人、被告人会见和通信。该条第4款规定,辩护律师会见在押的犯罪嫌疑人、被告人,可以了解案件有关情况,提供法律咨询等;自案件移送审查起诉之日起,可以向犯罪嫌疑人、被告人核实有关证据。辩护律师会见犯罪嫌疑人、被告人时不被监听。

根据《律师办理刑事案件规范》第13条的规定,律师受理案件须办理以下手续:律师事务所与委托人签署《委托协议》一式两份,一份交委托人,另一份交律师事务所存档。

(二)文书的内容及制作方法

为犯罪嫌疑人提供法律帮助的委托协议,一般应包括如下内容:

(1)委托人姓名及接受该委托的律师事务所名称。

(2)委托事项。应写明接受委托的律师事务所的名称及其所指派的承办律师的姓名和服务对象即犯罪嫌疑人的姓名。

(3)委托律师的权限。主要包括为犯罪嫌疑人提供法律咨询、代理申诉、控告。犯罪嫌疑人被逮捕的,聘请的律师可以为其申请取保候审。对委托律师的权限应当在委托协议中载明,并载明委托人根据《律师服务收费管理办法》向律师事务所缴纳的委托费用。根据该办法第5条第4项和第5项的规定,律师事务所依法提供下列刑事诉讼法律服务包括:为刑事案件犯罪嫌疑人提供法律咨询、代理申诉和控告、申请取保候审,担任被告人的辩护人或自诉人、被害人的诉讼代理人以及代理各类诉讼案件的申诉实行政府指导价。该办法第6条规定,政府指导价的基准价和浮动幅度由各省、自治区、直辖市人民政府价格主管部门会同同级司法行政部门制定。

(4)该委托书的有效期限,自双方签订之日起至本案侦查终结止。

(5)由委托人、受托的律师事务所及承办律师签字或盖章,并注明具体的年、月、日。

(三)文书样式

为犯罪嫌疑人提供法律帮助委托协议

委托人________经与________律师事务所协商,达成以下协议:

一、________律师事务所指派________律师为犯罪嫌疑人________提供法律帮助。

二、委托律师权限:____。

三、根据《律师业务收费办法》的规定,委托人向________律师事务所缴纳委托费用________元。

四、本委托协议有效期自双方签订之日起至本案侦查终结止。

五、本委托协议如需变更,另行协商。

委托方:(签名)　　　　　　　　受托方:律师事务所(盖章)

________年____月____日　　　　　　________年____月____日

六、刑事辩护授权委托书

(一)文书制作的基本知识

《律师法》第31条规定,律师担任辩护人的,应当根据事实和法律,提出犯罪嫌疑人、被告人无罪、罪轻或者减轻、免除其刑事责任的材料和意见,维护犯罪嫌疑人、被告人的合法权益。《刑事诉讼法》第33条规定,犯罪嫌疑人自被侦查机关第一次讯问或者采取强制措施之日起,有权委托辩护人;在侦查期间,只能委托律师作为辩护人。被告人有权随时委托辩护人。侦查机关在第一次讯问犯罪嫌疑人或者对犯罪嫌疑人采取强制措施的时候,应当告知犯罪嫌疑人有权委托辩护人。人民检察院自收到移送审查起诉的案件材料之日起3日以内,应当告知犯罪嫌疑人有权委托辩护人。人民法院自受理案件之日起3日以内,应当告知被告人有权委托辩护人。犯罪嫌疑人、被告人在押期间要求委托辩护人的,人民法院、人民检察院和公安机关应当及时转达其要求。犯罪嫌疑人、被告人在押的,也可以由其监护人、近亲属代为委托辩护人。辩护人接受犯罪嫌疑人、被告人委托后,应当及时告知办理案件的机关。

《刑事诉讼法》第37条规定,辩护律师可以同在押的犯罪嫌疑人、被告人会见和通信。其他辩护人经人民法院、人民检察院许可,也可以同在押的犯罪嫌疑人、被告人会见和通信。辩护律师持律师执业证书、律师事务所证明和委托书或者法律援助公函要求会见在押的犯罪嫌疑人、被告人的,看守所应当及时安排会见,至迟不得超过48小时。危害国家安全犯罪、恐怖活动犯罪、特别重大贿赂犯罪案件,在侦查期间辩护律师会见在押的犯罪嫌疑人,应当经侦查机关许可。上述案件,侦查机关应当事先通知看守所。辩护律师会见在押的犯罪嫌疑人、被告人,可以了解案件有关情况,提供法律咨询等;自案件移送审查起诉之日起,可以向犯罪嫌疑人、被告人核实有关证据。辩护律师会见犯罪嫌疑人、被告人时不被监听。辩护律师同被监视居住的犯罪嫌疑人、被告人会见、通信,适用第1款、第3款、第4款的规定。该法第38条规定,辩护律师自人民检察院对案件审查起诉之日起,可以查阅、摘抄、复制本案的案卷材料。其他辩护人经人民法院、人民检察院许可,也可以查阅、摘抄、复制上述材料。

根据《律师办理刑事案件规范》的规定,担任辩护人,须在犯罪嫌疑人已被人民检察院审查起诉或者被告人已被提起公诉之后;担任二审辩护人或诉讼代理人,须在一审判决宣告以后。犯罪嫌疑人、被告人的亲属或者其他人代为委托的,须在会见时得到犯罪嫌疑人、被告人的确认。律师受理刑事案件,应当在侦查、审查起诉、一审、二审、申诉各阶段应分阶段签署授权委托书。委托人签署《授权委托书》一式三份,一份呈交办案机关,一份由承办律师存档,一份交委托人保存。

(二)文书的内容及制作方法

授权委托书应填写以下基本内容:(1)委托人姓名;(2)接受委托的律师事务所的名称和具体承办律师的姓名;(3)案件的性质、名称;(4)作为辩护对象的犯罪嫌疑人或被告人的姓名;(5)委托书的有效期限;(6)委托人签名或盖章,并注明年、月、日。

(三)文书样式

刑事辩护授权委托书(1)

委托人________根据《刑事诉讼法》第三十三条的规定,特聘请________律师事务所律师________为涉嫌________案件的犯罪嫌疑人________的律师。

本委托书有效期自即日起至本案侦查终结止。

委托人(签名)

________年____月____日

(注:本委托书一式三份,委托人、律师事务所各持一份,交侦查机关一份)

刑事辩护授权委托书(2)

委托人________根据法律的规定,特聘请________律师事务所律师________为________案件的被告人________的辩护人。本委托书有效期自即日起至________止。

委托人(签名)

________年____月____日

七、刑事辩护委托协议

(一)文书制作的基本知识

《刑事诉讼法》第33条规定,犯罪嫌疑人自被侦查机关第一次讯问或者采取强制措施之日起,有权委托辩护人;在侦查期间,只能委托律师作为辩护人。被告人有权随时委托辩护人。侦查机关在第一次讯问犯罪嫌疑人或者对犯罪嫌疑人采取强制措施的时候,应当告知犯罪嫌疑人有权委托辩护人。人民检察院自收到移送审查起诉的案件材料之日起3日以内,应当告知犯罪嫌疑人有权委托辩护人。人民法院自受理案件之日起3日以内,应当告知被告人有权委托辩护人。犯罪嫌疑人、被告人在押期间要求委托辩护人的,人民法院、人民检察院和公安机关应当及时转达其要求。犯罪嫌疑人、被告人在押的,也可以由其监护人、近亲属代为委托辩护人。辩护人接受犯罪嫌疑人、被告人委托后,应当及时告知办理案件的机关。

根据《律师办理刑事案件规范》的规定,律师收案应分别根据下列情况办理委托手续:担任辩护人,须在犯罪嫌疑人已被人民检察机关审查起诉或者被告人已被提起公诉之后;担任二审辩护人或诉讼代理人,须在一审判决宣告以后;犯罪嫌疑人、被告人的亲属或者其他人代为委托的,须在会见时得到犯罪嫌疑人、被告人的确认。律师受理刑事案件,应当在侦查、审查起诉、一审、二审、申诉各阶段分别办理委托手续;也可以一次性签订委托协议。律师受理案件须办理以下手续:律师事务所与委托人签署《委托协议》一式两份,一份交委托人,另一份交律师事务所存档。

根据《律师法》第32条的规定,委托人可以拒绝已委托的律师为其继续辩护,同时可以另行委托律师担任辩护人。律师接受委托后,无正当理由的,不得拒绝辩护。但是,委托事项违法、委托人利用律师提供的服务从事违法活动或者委托人故意隐瞒与案件有关的重要事实的,律师有权拒绝辩护。

(二)文书的内容及制作方法

刑事辩护委托协议属于格式化文书,其内容由双方当事人协商,制作方法如下:(1)委托人与受委托的律师及律师事务所的姓名与名称。(2)协议的具体内容,应写明接受委托的律师事务所的名称、委派律师的姓名及其辩护的具体案件名称和犯罪嫌疑人(或被告人)的姓名。(3)委托人向律师事务所缴纳委托费用数额。(4)该委托协议的生效期限。(5)委托人签字,受委托的律师事务所盖章,并注明具体的年、月、日。

(三)文书样式

刑事辩护委托协议

委托人________经与________律师事务所协商,达成以下协议:

一、________律师事务所指派________律师担任________案件的被告人(犯罪嫌疑人)________的辩护人。

二、根据《律师业务收费办法》的规定,委托人________向律师事务所缴纳的委托费用________元。

三、本委托协议有效期自双方签订之日起至________止。

四、本委托协议如需变更,另行协商。

委托人:(签名)　　　　受托方:律师事务所(盖章)

________年____月____日　　　　________年____月____日

八、刑事案件代理委托协议

(一)文书制作的基本知识

《刑事诉讼法》第44条规定,公诉案件的被害人及其法定代理人或者近亲属,附带民事诉讼的当事人及其法定代理人,自案件移送审查起诉之日起,有权委托诉讼代理人。自诉案件的自诉人及其法定代理人,附带民事诉讼的当事人及其法定代理人,有权随时委托诉讼代理人。人民检察院自收到移送审查起诉的案件材料之日起3日以内,应当告知被害人及其法定代理人或者其近亲属、附带民事诉讼的当事人及其法定代理人有权委托诉讼代理人。人民法院自受理自诉案件之日起3日以内,应当告知自诉人及其法定代理人、附带民事诉讼的当事人及其法定代理人有权委托诉讼代理人。

根据《律师办理刑事案件规范》的规定,律师受理刑事案件,应当在侦查、审查起诉、一审、二审、申诉各阶段分别办理委托手续,也可以一次性签订委托协议。律师受理案件律师事务所与委托人签署《委托协议》一式两份,一份交委托人,另一份交律师事务所存档。

(二)文书的内容及制作方法

刑事辩护委托协议属于格式化文书,其内容有双方当事人协商,制作方法如下:

(1)委托人与受委托的律师及律师事务所的姓名与名称。

(2)协议的具体内容,即应写明接受委托的律师事务所委派律师的姓名及其代理的具体案件名称和哪一审级的诉讼代理人;委托律师代理权限。根据《刑事诉讼法司法解释》的规定,经人民法院许可,诉讼代理人可以查阅、摘抄、复制与本案有关的材料。作为诉讼代理人的律师向证人或者其他有关单位和个人收集、调取与本案有关的材料,因证人或者有关单位、个人不同意,申请人民法院收集、调取,人民法院认为有必要的,应当同意。代理律师直接申请人民法院收集、调取证据,人民法院认为代理律师不宜或者不能向证人或者其他有关单位、个人收集、调取,并确有必要的,应当同意。人民法院根据代理律师的申请收集、调取证据时,辩护律师可以在场。此外,代理律师的一项重要代理事项就是接受委托出庭参加诉讼活动。

(3)委托人向律师事务所缴纳委托费用数额。根据《律师服务收费管理办法》第5条第4项的规定,律师担任被害人的诉讼代理人的,律师事务所的法律服务实行政府指导价。该办法第6条规定,政府指导价的基准价和浮动幅度由各省、自治区、直辖市人民政府价格主管部门会同同级司法行政部门制定。

(4)该委托协议的生效期限。该期限一般是自双方在代理委托协议上签名、盖章之日起生效,自委托事项完成之日结束。

(5)委托人签名,受委托的律师事务所盖章,并注明具体的年、月、日。

(三)文书样式

刑事案件代理委托协议

委托人________与________律师事务所达成如下协议:

一、________律师事务所指派________律师为________案的第________审诉讼代理人,出庭代理。

二、委托律师代理权限:____。

三、根据《律师业务收费办法》的规定,委托人向________律师事务所缴纳委托费用________元。

四、本委托协议有效期自双方签订之日起至________止。

五、本委托协议如需变更,另行协商。

委托人:

(签名)

________年____月____日

受托方:

律师事务所(盖章)

________年____月____日

(注:本协议书一式两份,委托人、律师事务所各持一份,用于刑事公诉、刑事自诉、刑事附带民事诉讼案件)

九、刑事诉讼授权委托书

(一)文书制作的基本知识

《律师法》第33条规定,犯罪嫌疑人被侦查机关第一次讯问或者采取强制措施之日起,受委托的律师凭律师执业证书、律师事务所证明和委托书或者法律援助公函,有权会见犯罪嫌疑人、被告人并了解有关案件情况。律师会见犯罪嫌疑人、被告人,不被监听。可见,授权委托书是律师办理刑事案件和参与刑事诉讼的必备文书。

根据《律师办理刑事案件规范》的规定,律师受理刑事案件,应当在侦查、审查起诉、一审、二审、申诉各阶段分阶段签署授权委托书。委托人签署《授权委托书》一式三份,一份呈交办案机关,一份由承办律师存档,一份交委托人保存。

(二)文书的内容及制作方法

授权委托书包括以下基本内容:

(1)委托事项说明。主要说明委托双方当事人及其委托关系,包括委托人姓名,接受委托的律师事务所的名称和具体承办律师的姓名,案件的性质,作为代理对象的姓名。

(2)载明委托律师代理权限和代理期限。《律师法》第34条规定,受委托的律师自案件审查起诉之日起,有权查阅、摘抄和复制与案件有关的诉讼文书及案卷材料。受委托的律师自案件被人民法院受理之日起,有权查阅、摘抄和复制与案件有关的所有材料。该法第35条规定,受委托的律师根据案情的需要,可以申请人民检察院、人民法院收集、调取证据或者申请人民法院通知证人出庭作证。律师自行调查取证的,凭律师执业证书和律师事务所证明,可以向有关单位或者个人调查与承办法律事务有关的情况。根据《刑事诉讼法》的规定,根据委托人的授权,律师具有担任辩护人或代理人出庭参加诉讼的权利。《律师法》第30条规定,律师担任诉讼法律事务代理人或者非诉讼法律事务代理人的,应当在受委托的权限内,维护委托人的合法权益。因此,载明律师的权限是授权委托书最核心的内容。此外,应在委托书载明委托的有效期限。

(3)委托人签名或盖章,并注明年、月、日。

(三)文书样式

授权委托书

一、委托人________根据法律的规定,特聘请________律师事务所________为________案件________的诉讼代理人。

二、委托律师代理权限:____。

三、本委托书有效期自即日起至________止。

委托人: 受托方:

(签字) 律师事务所(盖章)

________年____月____日 ________年____月____日

(注:本委托书一式三份,由委托人、律师事务所各持一份,交检察院或法院一份,用于刑事公诉、刑事自诉、刑事附带民事诉讼案件)

第二部分
律师事务所业务信函文书

一、刑事辩护与代理函

（一）文书制作的基本知识

根据《律师办理刑事案件规范》第13条的规定，律师受理刑事案件，必须有律师事务所开具的介绍信，并由律师呈交办案机关。可见，律师事务所函是律师接受当事人委托，担任刑事案件犯罪嫌疑人、被告人的辩护律师或被害人的诉讼代理人办案时，向有关机关提交的书面凭证。

根据《刑事诉讼法》和《律师法》的有关规定，在刑事诉讼中，律师接受刑事案件犯罪嫌疑人的聘请，为其提供法律咨询，代理申诉、控告，申请取保候审，接受犯罪嫌疑人、被告人的委托或者人民法院的指定，担任辩护人，接受自诉案件自诉人、公诉案件被害人或者其近亲属的委托，担任代理人，参加诉讼。在从事这些业务时，律师应当向有关机关呈交律师事务所函。根据律师呈交办案机关和委托人的不同，律师办理刑事案件中律师事务所函可分为向侦查机关提交的律师事务所函；向检察机关、审判机关提交所的律师事务所函和用于刑事诉讼中的代理活动的律师事务所函。

（二）文书的内容及制作方法

律师事务所函由司法部统一印制，采用填充式的表格。律师事务所函包括存根和信函两部分。存根部分除了注明“律师事务所函”外，内容包括领函人签名，注明交付机关名称，开具信函的事由，批准人签名，注明开具信函的时间。该函之存根由律师事务所留存、归档。信函部分其内容除了注明标题和序号外，包括：（1）呈送的机关名称，即人民检察院或人民法院或公安机关的名称。（2）该函所要具体介绍的事项，主要包括委托人的姓名、承办律师的姓名、案件名称、犯罪嫌疑人、被告人或被害人的姓名等。（3）由律师事务所盖章，并注明年、月、日。

(三)文书样式

[格式1]

存根

律师事务所函

领函人:

交付:

事由:

批准人:

时间:

律师事务所函

〔 〕第 号

________________:

本所接受________的委托,指派________律师,担任________案件犯罪嫌疑人________的律师。

特此函告

律师事务所(盖章)

年 月 日

附:授权委托书1份

(注:本函用于向侦查机关提交)

[格式2]

存根

律师事务所函

领函人:

交付:

事由:

批准人:

时间:

律师事务所函

〔 〕第 号

________________:

本所接受________的委托,指派________律师担任你院办理的________案件被告人(犯罪嫌疑人)________的辩护人。

特此函告

律师事务所(盖章)

年 月 日

附:授权委托书1份

(注:本函用于向检察机关、审判机关提交)

[格式3]

存根

律师事务所函

领函人:

交付:

事由:

批准人:

律师事务所函

〔 〕第 号

________________:

本所接受________的委托,指派________担任你院办理的________案件的诉讼代理人。

特此函告

律师事务所(盖章)

年 月 日

附:授权委托书1份

时间:	(注:本函用于刑事公诉案件、自诉案件、刑事附带民事诉讼案件向检察院、法院提交)

二、指定律师辩护函

(一)文书制作的基本知识

《刑事诉讼法》第34条规定,犯罪嫌疑人、被告人因经济困难或者其他原因没有委托辩护人的,本人及其近亲属可以向法律援助机构提出申请。对符合法律援助条件的,法律援助机构应当指派律师为其提供辩护。犯罪嫌疑人、被告人是盲、聋、哑人,或者是尚未完全丧失辨认或者控制自己行为能力的精神病人,没有委托辩护人的,人民法院、人民检察院和公安机关应当通知法律援助机构指派律师为其提供辩护。犯罪嫌疑人、被告人可能被判处无期徒刑、死刑,没有委托辩护人的,人民法院、人民检察院和公安机关应当通知法律援助机构指派律师为其提供辩护。该法第267条规定,未成年犯罪嫌疑人、被告人没有委托辩护人的,人民法院、人民检察院、公安机关应当通知法律援助机构指派律师为其提供辩护。可见,指定辩护函,就是接受法律援助机构指派的律师事务所出具的,由该所指派律师担任刑事案件犯罪嫌疑人、被告人或上诉人辩护律师的书面文书。

(二)文书的内容及制作方法

指定辩护函是一种格式化文书,其包括以下内容:(1)呈送的人民法院名称,即作出指定辩护决定的人民法院的全称。(2)接受指定辩护的内容,包括作出接受指定辩护表示的依据,指定辩护的律师姓名及所担任指定辩护案件的名称和被告人或上诉人的姓名。(3)律师事务所盖章,并注明年、月、日。

(三)文书样式

存根

指定辩护函 领函人: 交付: 事由: 批准人:	指定辩护函 ________人民法院: 　　根据《中华人民共和国刑事诉讼法》第三十四条(第二百六十七条)的规定及贵院的来函,本所指派________律师担任________案被告人(上诉人)的辩护人。 特此函告 律师事务所(盖章) 年　　月　　日

三、律师事务所专用介绍信

(一)文书制作的基本知识

根据《刑事诉讼法》第36条的规定,辩护律师在侦查期间可以为犯罪嫌疑人提供法律帮助;代理申诉、控告;申请变更强制措施;向侦查机关了解犯罪嫌疑人涉嫌的罪名和案件有关情况,提出意见。该法第37条规定,辩护律师可以同在押的犯罪嫌疑人、被告人会见和通信。

其他辩护人经人民法院、人民检察院许可,也可以同在押的犯罪嫌疑人、被告人会见和通信。辩护律师持律师执业证书、律师事务所证明和委托书或者法律援助公函要求会见在押的犯罪嫌疑人、被告人的,看守所应当及时安排会见,至迟不得超过48小时。危害国家安全犯罪、恐怖活动犯罪、特别重大贿赂犯罪案件,在侦查期间辩护律师会见在押的犯罪嫌疑人,应当经侦查机关许可。上述案件,侦查机关应当事先通知看守所。辩护律师会见在押的犯罪嫌疑人、被告人,可以了解案件有关情况,提供法律咨询等;自案件移送审查起诉之日起,可以向犯罪嫌疑人、被告人核实有关证据。辩护律师会见犯罪嫌疑人、被告人时不被监听。辩护律师同被监视居住的犯罪嫌疑人、被告人会见、通信,适用第1款、第3款、第4款的规定。对此,《律师法》第30条也明确规定,律师参加诉讼活动,依照诉讼法律的规定,可以同被限制人身自由的人会见。

根据《律师办理刑事案件规范》第20条的规定,承办律师接受委托后,应及时与侦查机关取得联系,向其提交《授权委托书》、律师事务所介绍信,并出示律师执业证。根据该规范第26条的规定,律师会见在押犯罪嫌疑人时,应当携带律师事务所出具的会见犯罪嫌疑人的专用介绍信。

(二)文书的内容及制作方法

律师会见在押犯罪嫌疑人、被告人专用介绍信属于格式化信函,应当按要求填写:(1)应写明接受介绍信单位的名称,即有关公安机关、人民检察院或人民法院的名称。(2)律师会见在押犯罪嫌疑人、被告人的法律依据。(3)写明会见律师的姓名、案件名称和被会见的在押犯罪嫌疑人或被告人的姓名。在“律师会见在押犯罪嫌疑人的函”中还应当写明要求会见的时间安排。(4)由出具该函的律师事务所盖章,并注明年、月、日。

(三)文书样式

[格式1]

存根

律师会见在押犯罪嫌疑人、被告人专用介绍信

领函人:

交付:

事由:

批准人:

时间:

律师会见在押犯罪嫌疑人、被告人专用介绍信

〔 〕第 号

________________:

根据《中华人民共和国刑事诉讼法》第三十六条、第三十七条、第一百八十二条以及《中华人民共和国律师法》第三十三条的规定,现指派我所________律师前往你处会见________案的在押犯罪嫌疑人(被告人),请予安排。

特此函告

律师事务所(盖章)

年 月 日

(本介绍信用于会见犯罪嫌疑人、被告人时向看守所、羁押场所提交)

［格式 2］

存根

律师会见在押犯罪嫌疑人的函

领函人：

交付：

批准人：

时间：

律师会见在押犯罪嫌疑人的函

〔　〕第　号

________________：

根据《中华人民共和国刑事诉讼法》第三十六条、第三十七条以及《中华人民共和国律师法》第三十条的规定，我所________律师前往________会见________案的在押犯罪嫌疑人________。

时间：________年____月____日________时，请安排。

特此函告

律师事务所（盖章）

年　月　日

（注：本函用于侦查阶段会见犯罪嫌疑人前向侦查机关提交）

四、会见在押犯罪嫌疑人申请书

（一）文书制作的基本知识

《刑事诉讼法》第 37 条规定，辩护律师可以同在押的犯罪嫌疑人、被告人会见和通信。其他辩护人经人民法院、人民检察院许可，也可以同在押的犯罪嫌疑人、被告人会见和通信。辩护律师持律师执业证书、律师事务所证明和委托书或者法律援助公函要求会见在押的犯罪嫌疑人、被告人的，看守所应当及时安排会见，至迟不得超过 48 小时。危害国家安全犯罪、恐怖活动犯罪、特别重大贿赂犯罪案件，在侦查期间辩护律师会见在押的犯罪嫌疑人，应当经侦查机关许可。上述案件，侦查机关应当事先通知看守所。辩护律师会见在押的犯罪嫌疑人、被告人，可以了解案件有关情况，提供法律咨询等；自案件移送审查起诉之日起，可以向犯罪嫌疑人、被告人核实有关证据。辩护律师会见犯罪嫌疑人、被告人时不被监听。辩护律师同被监视居住的犯罪嫌疑人、被告人会见、通信，适用第 1 款、第 3 款、第 4 款的规定。

（二）文书的内容及制作方法

会见在押犯罪嫌疑人申请书为格式化文书，包括：

（1）申请人，即应当写明作为申请人的律师的姓名及其所在的律师事务所的名称，通信地址或联系方法。

（2）申请事项及申请的依据。应写明会见在押犯罪嫌疑人的姓名、被拘留（逮捕）所涉嫌的案件名称。写明聘请律师的犯罪嫌疑人或其家属的姓名和拟会见的在押犯罪嫌疑人姓名。鉴于该案涉及国家秘密，根据《刑事诉讼法》第 37 条的规定，提出申请，请予批准。

(3)写明致送的机关名称,申请人签名及其所在的律师事务所加盖公章,并注明年、月、日。

(三)文书样式

存根

存根	正本
会见在押犯罪嫌疑人申请书 (涉及国家秘密案件用)	会见在押犯罪嫌疑人申请书 (涉及国家秘密案件用) 申请人:________律师事务所________律师。
领函人: 交付:	通信地址或联系方法:________________。 申请事项:会见在押犯罪嫌疑人________因涉嫌________一案被拘留(逮捕)。我接受犯罪嫌疑人或其家属________的聘请,拟会见在押犯罪嫌疑人________。鉴于该案涉及国家秘密,根据《中华人民共和国刑事诉讼法》第三十七条规定,提出申请,请予批准。
事由:	此致 ________________
批准人: 时间:	申请人(签名) 律师事务所(盖章) 年 月 日 (注:本申请书用于侦查阶段向侦查机关提交)

第三部分
律师事务所管理必备表格

一、解答法律咨询登记表

（一）文书制作的基本知识

解答法律咨询登记表，是律师对公民、法人和其他组织等服务对象所提出的咨询问题给予解答、作出说明、提出建议及解决办法时填写的一种表格，是律师事务所用于记录和保存律师解答法律咨询的有关情况的登记表格。

（二）文书的内容及制作方法

解答法律咨询登记表包括以下内容：

（1）咨询人的基本情况，应写明咨询人姓名、性别、年龄、工作单位、住址等内容。

（2）咨询内容，应当将咨询者所咨询的问题进行概括、归纳和使之具体化，并用简洁的语言记录在案。

（3）解答摘要，将解答咨询问题的法律依据以及所作的具体解答内容进行简要记录。

（三）文书样式

<table>
<tr><td colspan="6">××律师事务所解答法律咨询登记表</td><td>类别</td><td></td></tr>
<tr><td rowspan="2">询问人</td><td>姓名</td><td></td><td>性别</td><td></td><td>年龄</td><td>民族</td><td></td></tr>
<tr><td>工作单位
及职业</td><td></td><td>住址</td><td></td><td></td><td>电话</td><td></td></tr>
<tr><td>询问内容</td><td colspan="7"></td></tr>
<tr><td>解答摘要</td><td colspan="7">解答人：</td></tr>
<tr><td>备注</td><td colspan="4"></td><td>交费</td><td colspan="2"></td></tr>
</table>

填表日期：________年____月____日

二、法律顾问单位基本情况登记表

(一)文书制作的基本知识

法律顾问单位基本情况登记表,是律师事务所记载受聘的法律顾问单位基本情况的表格。律师事务所对法律顾问单位基本情况的进行登记,对于律师了解受聘单位的基本情况和开展工作是十分必要的。

(二)文书的内容及制作方法

按照顾问单位基本情况登记表所载明的事项逐项填写即可。

(三)文书样式

××律师事务所法律顾问单位基本情况登记表

单位全称					
详细地址					
法定代表人		职务		电话	
联系人		职务		电话	
单位主管部门			职工人数		
单位分支机构					
企业性质			企业类型		
行业及业务范围					
工作时间及工作方式					
签订合同时间			合同期限		
月收费额			承办律师		
备注					

填表日期:________年____月____日

三、律师事务所收结案表

(一)文书制作的基本知识

律师事务所收结案表,是记载律师收结案基本情况的表格。根据司法部《律师事务所业务档案管理办法》的规定，律师承办业务形成的文件材料，必须严格按照本办法规定的要求立卷归档。律师业务档案按年度和一案一卷、一卷一号原则立卷。两个以上律师共同承办同一案件或同一法律事务一般应合并立卷，但不同律师事务所律师合办的法律事务除外。律师承办跨年度的业务，应在办结年立卷。律师担任常年法律顾问，应做到一单位一卷。因此，制作和填写收结案表是律师事务所的一项不可或缺的事务性工作。

（二）文书的内容及制作方法

按表中所列内容认真、准确地填写，并做到字体整齐、清晰。

（三）文书样式

××律师事务所收结案表

案件类别：　　　　　　　　　　　　　　　　　　　　字　　号

<table>
<tr><td rowspan="2">案件情况</td><td colspan="2">当事人姓名</td><td colspan="2"></td><td>案由</td><td></td></tr>
<tr><td colspan="2">承办法院</td><td colspan="2"></td><td>预计开庭时间</td><td></td></tr>
<tr><td rowspan="5">案件来源</td><td rowspan="3">刑事</td><td rowspan="2">家属委托</td><td>姓名</td><td></td><td>同当事人关系</td><td></td></tr>
<tr><td>住址或单位电话</td><td colspan="3"></td></tr>
<tr><td>指定法院</td><td colspan="4"></td></tr>
<tr><td rowspan="2">民事</td><td rowspan="2">委托</td><td>委托人姓名</td><td colspan="3"></td></tr>
<tr><td>地址或单位电话</td><td colspan="3"></td></tr>
<tr><td>领导指示</td><td colspan="6"></td></tr>
<tr><td>费用交纳情况</td><td colspan="6"></td></tr>
<tr><td>结案日期及判决结果</td><td colspan="6"></td></tr>
<tr><td>备注</td><td colspan="6"></td></tr>
</table>

填表人：　　　　　　　　　　　　　　　　填表日期：________年____月____日

图书在版编目(CIP)数据

律师文书写作技能与范例／栾兆安著. --4版. --北京：法律出版社，2017.6(2024.6重印)

ISBN 978-7-5197-0843-6

Ⅰ. ①律… Ⅱ. ①栾… Ⅲ. ①律师-法律文书-写作-中国 Ⅳ. ①D926.13

中国版本图书馆CIP数据核字(2017)第109618号

律师文书写作技能与范例(第四版)
LÜSHI WENSHU XIEZUO JINENG YU FANLI(DI-SI BAN)

栾兆安 著

策划编辑 何海刚
责任编辑 何海刚
装帧设计 汪奇峰

出版发行 法律出版社
编辑统筹 司法实务出版分社
责任校对 王晓萍
责任印制 胡晓雅
经　　销 新华书店

开本 787毫米×1092毫米 1/16
印张 47.75　**字数** 1172千
版本 2017年6月第4版
印次 2024年6月第18次印刷
印刷 天津嘉恒印务有限公司

地址:北京市丰台区莲花池西里7号(100073)
网址:www.lawpress.com.cn
投稿邮箱:info@lawpress.com.cn
举报盗版邮箱:jbwq@lawpress.com.cn

销售电话:010-83938349
客服电话:010-83938350
咨询电话:010-63939796

书号:ISBN 978-7-5197-0843-6
定价:118.00元

凡购买本社图书,如有印装错误,我社负责退换。电话:010-83938349